Unangemessene Betriebsausgaben, Repräsentationsaufwendungen
und betrieblich bedingte Mehraufwendungen

Studien zum Steuer-, Bilanz- und Gesellschaftsrecht

Herausgegeben von André Meyer

Band 8

PETER LANG

Berlin - Bruxelles - Chennai - Lausanne - New York - Oxford

Elena Mengling

Unangemessene Betriebsausgaben, Repräsentationsaufwendungen und betrieblich bedingte Mehraufwendungen

Eine systematische Einordnung und rechtsdogmatische Untersuchung der Abzugsbeschränkungen und Abzugsverbote nach § 4 Abs. 5 S. 1 Nr. 1-7 EStG

PETER LANG

Berlin - Bruxelles - Chennai - Lausanne - New York - Oxford

Bibliografische Information der Deutschen Nationalbibliothek
Die Deutsche Nationalbibliothek verzeichnet diese Publikation in der Deutschen Nationalbibliografie; detaillierte bibliografische Daten sind im Internet über http://dnb.d-nb.de abrufbar.

Zugl.: Bayreuth, Univ., Diss., 2024

DE 703
ISSN 2566-7122
ISBN 978-3-631-93185-1 (Print)
E-ISBN 978-3-631-93733-4 (E-PDF)
E-ISBN 978-3-631-93734-1 (E-PUB)
DOI 10.3726/b22967

Verlegt durch Peter Lang GmbH, Berlin (Deutschland)

info@peterlang.com

Diese Publikation wurde begutachtet.

www.peterlang.com

Meinen Eltern und Schwestern

Danksagung

Diese Arbeit entstand im Wesentlichen während meiner Tätigkeit als Wissenschaftliche Mitarbeiterin am Lehrstuhl für Bürgerliches Recht und Steuerrecht, Gesellschafts- und Bilanzrecht (Zivilrecht XI) der Universität Bayreuth. Sie wurde von der dortigen Rechts- und Wirtschaftswissenschaftlichen Fakultät im Sommersemester 2024 zur Promotion angenommen.

Mein herzlicher Dank gilt meinem Doktorvater, Herrn *Prof. Dr. André Meyer, LL.M. Taxation*, der nicht nur im Rahmen meines Schwerpunktstudiums maßgeblich dazu beigetragen hat, mein Interesse am Steuerrecht zu wecken, sondern auch den fachlichen Anstoß für diese Arbeit gegeben hat. Sein großes Vertrauen und seine uneingeschränkte Unterstützung während des gesamten Promotionsprozesses waren unverzichtbar für das Gelingen dieser Arbeit. Besonderer Dank gilt darüber hinaus Herrn *Prof. Dr. Karl-Georg Loritz*, der in kürzester Zeit das Zweitgutachten erstellt hat. Herzlich bedanken möchte ich mich auch bei meinen Kolleginnen und Kollegen des Lehrstuhls Zivilrecht XI, allen voran Herrn *Dr. Johannes Pohl*, der mir stets ein guter Freund war und mich bis heute mit seiner Leidenschaft für die Rechtswissenschaft inspiriert. Besonderer Dank gebührt daneben Frau *Stefanie Raak*, die schon während des Schwerpunktstudiums eine unverzichtbare Wegbegleiterin für mich wurde und auch bei dieser Arbeit durch ihr unermüdliches Korrekturlesen wertvolle Hilfe geleistet hat.

Nur unzureichend lässt sich mit wenigen Worten beschreiben, welchen Anteil meine wunderbare Familie am Gelingen dieses Projektes hatte. Meine Schwestern *Lara* und *Melanie Schlüchtermann* hatten stets ein offenes Ohr für mich und konnten mich in jeder Lage des Promotionsprozesses mit ihrer starken und unnachgiebigen Art motivieren. Meine geliebten Eltern *Prof. Dr. Jörg* und *Ute Schlüchtermann* haben mich seit je her bedingungslos unterstützt und mir die vielen Möglichkeiten eröffnet, ohne die ich nicht da wäre, wo ich heute bin. Ihnen und meinen Schwestern ist diese Arbeit gewidmet. Meinen letzten und zugleich tiefsten Dank möchte ich meinem wundervollen Mann *Dr. Veit Mengling* aussprechen. Seiner unerschütterlichen Geduld und seinem uneingeschränkten Verständnis für die Herausforderungen des Promotionsprozesses ist es zu verdanken, dass diese Arbeit gelingen konnte.

Nürnberg, im Februar 2025 *Dr. Elena Mengling*

Inhaltsübersicht

Inhaltsverzeichnis

Einführung in die Problematik und Forschungsfrage

Die Abgrenzung der Erwerbssphäre des Steuerpflichtigen von seiner Privatsphäre gehört seit jeher zu den Wesensmerkmalen des deutschen Einkommensteuerrechts.[1] Auf ihrer Grundlage erfolgt die Differenzierung zwischen abziehbaren Erwerbsaufwendungen und grundsätzlich unbeachtlichen Privataufwendungen und damit die Verwirklichung des für das Einkommensteuerrecht fundamentalen objektiven Nettoprinzips.[2] Gleichzeitig liegt hierin ein für die steuerliche Praxis äußerst relevantes Problemfeld, das jeden Steuerpflichtigen betrifft und sowohl die Finanzverwaltung[3] als auch die Finanzgerichte[4] vielfach beschäftigt.[5] Denn obgleich die Frage danach, ob eine Aufwendung einen betrieblichen oder privaten Ursprung hat, auf den ersten Blick vermeintlich leicht zu beantworten ist, bestehen in diesem Bereich erhebliche Abgrenzungsschwierigkeiten und Rechtsunsicherheiten.[6]

Dies folgt zum einen daraus, dass der Gesetzgeber mit § 4 Abs. 4, 5 EStG sowie § 9 Abs. 1 EStG und § 12 Abs. 1 EStG zwar gleich mehrere Normen geschaffen hat, die sich auf der Ausgabenseite mit der Abgrenzung der Erwerbssphäre zur Privatsphäre beschäftigen.[7] Einheitliche Abgrenzungskriterien können dem Gesetz jedoch nicht entnommen werden. So beschränkt sich die Regelung des § 4 Abs. 4 EStG darauf, dass Betriebsausgaben Aufwendungen sind, *„die durch den Betrieb veranlasst sind"*. Eine klarstellende Definition aus der hervorgeht, wann diese betriebliche Veranlassung vorliegt und wann im Gegensatz dazu von einer privaten Veranlassung auszugehen ist, hat der Gesetzgeber nicht ins Gesetz

---

1 *Loschelder,* in: Schmidt, EStG, § 12, Rn. 1; *Mellinghoff,* FS P. Kirchhof, Bd. 2, S. 1889; *Tappe,* DStJG 40 (2017), S. 333, 340; *Tipke,* StuW 1979, 193, 193.

2 *Loschelder,* in: Schmidt, EStG, § 12, Rn. 1; *Mellinghoff,* FS P. Kirchhof, Bd. 2, S. 1889.

3 Vgl. etwa BMF BStBl. I 2010, 614, 614 ff.

4 Vgl. diesbezüglich nur die grundlegende Entscheidung zur steuerlichen Behandlung gemischter Aufwendungen von BFH GrS BStBl. II 2010, 672, 672 ff.

5 Hierzu auch *Seer,* DStJG 45 (2023), S. 13, 17; *Tipke,* DStJG 3 (1980), S. 1, 2.

6 *Tipke,* DStJG 3 (1980), S. 1, 2; vgl. auch BVerfGE 152, 274, 318; *Seer,* DStJG 45 (2023), S. 13, 17.

7 *Fissenewert,* in: Herrmann/Heuer/Raupach, EStG/KStG, § 12 EStG, Rn. 3; *Kröger,* StuW 1978, 289, 289; *Thürmer,* in: Brandis/Heuermann, EStG, § 12, Rn. 60; *Tipke,* StuW 1979, 193, 195.

aufgenommen[8] und es damit der steuerjuristischen Dogmatik überlassen, die Abgrenzung zwischen den beiden Sphären handhabbar auszugestalten.[9]

Zum anderen fällt es insbesondere im Grenz- oder Schnittstellenbereich[10] zwischen der Erwerbs- und der Privatsphäre schwer, eine einheitliche Systematik und Terminologie für die einzelnen Aufwendungsposten zu finden.[11] So werden in Rechtsprechung und Literatur verschiedene Begriffe wie „gemischt(e) (veranlasste) Aufwendungen“[12], „Aufwendungen, die die Lebenssphäre berühren“[13], „Repräsentationsaufwendungen“[14] oder „betrieblich/beruflich bedingte Mehraufwendungen“[15] herangezogen, um Ausgaben zu beschreiben, die sowohl zur betrieblichen/beruflichen als auch zur privaten Sphäre Bezüge aufweisen und daher ihrer Natur nach nicht eindeutig einer Sphäre zugeordnet werden können[16]. Die Verwendung dieser Terminologien soll dazu beitragen, den Graubereich zwischen Erwerbssphäre und Privatsphäre besser zu umreißen und klare Abgrenzungsmerkmale zu schaffen. Tatsächlich trägt sie jedoch verstärkt zu den bestehenden Rechtsunsicherheiten bei, da die Begrifflichkeiten

---

8 *Ruppe,* DStJG 3 (1980), S. 103, 105; *Söhn,* DStJG 3 (1980), S. 13, 15.

9 *Wacker,* BB 2018, 2519, 2523.

10 *Tipke,* StuW 1979, 193, 197 spricht hier von der „Misch- oder Grauzone“; siehe zudem *G. Kirchhof,* DStR 2013, 1876, 1876; *G. Kirchhof,* in: BeckOK EStG, § 12, Rn. 42 („dritter Bereich“); *Meyer,* in: BeckOK EStG, § 4, Rn. 2691 („Graubereich“); *Tappe,* DStJG 40 (2017), S. 333, 343 („Grenzbereich zwischen beruflich und privat“); vgl. auch *Jochum,* DStZ 2010, 665, 670 f.

11 *Tipke,* StuW 1979, 193, 197; *Tipke,* DStJG 3 (1980), S. 1, 2. Siehe auch *P. Kirchhof,* DStR 2003, Beih. 5 zu Heft 37, 1, 4: „Ein übergeordnetes Konzept jedoch ist nicht erkennbar“.

12 BFH BStBl. II, 2010, 672; *Frotscher/Watrin,* in: Frotscher/Geurts, EStG, § 4, Rn. 583; *Meurer,* in: Lademann, EStG, § 4, Rn. 542; *Meyer,* in: BeckOK EStG, § 4, Rn. 2228; *Nacke,* in: Littmann/Bitz/Pust, EStG, § 4, Rn. 1628.

13 BFH, BStBl. II 2014, 679, 679; BFH BStBl. II 1987, 853, 854; BFH BStBl. II 1978, 93, 93; *Drüen,* in: Brandis/Heuermann, EStG, § 4, Rn. 870; *Helkenberg,* Unangemessenheit von Betriebsausgaben, S. 19, 47; *Meurer,* in: Lademann, EStG, § 4, Rn. 542; *Steilen,* BB 1992, 755, 756.

14 BFH BStBl. II 1986, 904, 904; *Ehlers,* DStR 1973, 269; *Fissenewert,* in: Herrmann/Heuer/Raupach, EStG/KStG, § 12 EStG, Rn. 56; *Heuer,* StbJb. 1959/60, 327, 379; *Leisner-Egensperger,* FR 2006, 705, 709; *Leisner-Egensperger,* DStZ 2010, 673, 679; *Söhn,* DStJG 3 (1980), S. 49.

15 BFH BStBl. II 2013, 282, 282; *Gärtner,* Gemischt veranlasste Aufwendungen, S. 252; *Jochum,* DStZ 2010, 665, 667; *Ruppe,* DStJG 3 (1980), 103, 122; *Tipke,* StuW 1979, 193, 196 spricht von „beruflich veranlassten Mehraufwendungen“.

16 *Meyer,* in: BeckOK EStG, § 4, Rn. 2691.

uneinheitlich und wenig zielgerichtet angewandt werden.[17] So wird beispielsweise der Begriff der *Repräsentationsaufwendungen* seit jeher sowohl im Rahmen von § 4 Abs. 5 S. 1 Nr. 7 EStG[18] als auch im Rahmen von § 12 Nr. 1 S. 2 EStG[19] verwendet. Eine gesetzliche Definition hierfür fehlt jedoch.[20]

Auch tragen die gewählten Formulierungen nicht immer dazu bei, die praktisch relevante Frage nach der Veranlassung einer Aufwendung nachvollziehbar zu beantworten. Begrifflich könnte eine Aufwendung, welche die Lebensführung nur *berührt*, eine bewusste Abgrenzung zur *privaten Mitveranlassung* schaffen und damit auch systematisch von den reinen Privataufwendungen abzugrenzen sein.[21] Dennoch gibt es Stimmen in Rechtsprechung und Literatur, die der Auffassung sind, dass das *Berühren der Lebensführung* und die *private Mitveranlassung* inhaltlich gleichzusetzen seien.[22] Ähnlich verhält es sich mit dem Begriff der *betrieblich/beruflich bedingten Mehraufwendung*. Hier könnte bereits der Wortlaut einen Hinweis auf die betriebliche/berufliche Veranlassung der genannten Aufwendung geben. Trotzdem wird teilweise vertreten, dass es sich hierbei um typische Kosten der Lebensführung iSd § 12 Nr. 1 EStG, also um *privat (mit-)veranlasste Aufwendungen* handelt.[23] Diese und ähnliche Überlegungen machen deutlich, dass sich bislang keine einheitliche Terminologie und Systematik im Graubereich zwischen erwerblichen und privaten Aufwendungen eingestellt hat.

Gerade hierin liegt jedoch eine der wichtigsten Aufgaben der einkommensteuerrechtlichen Dogmatik. Die Notwendigkeit einer Abgrenzung der Erwerbsaufwendungen des Steuerpflichtigen von seinen Privataufwendungen folgt unmittelbar aus dem objektiven Nettoprinzip[24] und geht damit auf eines der

---

17 So auch *Hey*, in: Tipke/Lang, Steuerrecht, Rn. 8.239.

18 So die Bezeichnung im Entwurf des Steueränderungsgesetzes 1960, BT-Drs. III/1811, 8.

19 So die Bezeichnung in der amtlichen Begründung RStBl. 1935, 33, 41.

20 So auch *Gärtner*, Gemischt veranlasste Aufwendungen, S. 229.

21 So argumentieren bspw. BFH BStBl. II 1987, 853, 854; *Drüen*, in: Brandis/Heuermann, EStG, § 4, Rn. 870; *Meurer*, in: Lademann, EStG, § 4, Rn. 731; *Meyer*, in: BeckOK EStG, § 4, Rn. 2220; *Stapperfend*, in: Herrmann/Heuer/Raupach, EStG/KStG, § 4 EStG, Rn. 1620.

22 Vgl. etwa BFH BStBl. II 1987, 108, 110; BFH BStBl. II 1986, 904, 905; BFH BStBl. II 1979, 387, 387; *Drüen*, in: Brandis/Heuermann, EStG, § 4, Rn. 869; *Feldgen*, in: Korn, EStG, § 4, Rn. 1143; *Hey*, in: Tipke/Lang, Steuerrecht, Rn. 8.291; *Maetz*, in: Bordewin/Brandt, EStG, § 4, Rn. 2973; *Tipke*, StuW 1979, 193, 203.

23 So z.B. *Drenseck*, DB 1987, 2483; *Jochum*, DStZ 2010, 665, 667; *Söhn*, FS Offerhaus, S. 477, 479 f.; *Tipke*, StuW 1979, 193, 196.

24 *Ruppe*, DStJG 3 (1980), S. 103, 105.

elementarsten Prinzipien des deutschen Einkommensteuerrechts zurück. Danach unterliegt der Einkommensteuer grundsätzlich nur das Nettoeinkommen, also der Saldo aus den Erwerbseinnahmen und den betrieblichen bzw. beruflichen Erwerbsaufwendungen.[25] Für eine Durchbrechung des objektiven Nettoprinzips müssen nach Ansicht des BVerfG grundsätzlich gewichtige Gründe vorliegen.[26] Derartige Durchbrechungen kommen insbesondere für Aufwendungen in Betracht, die Bezüge zur Lebensführung des Steuerpflichtigen oder Dritter aufweisen.[27] Gerade bei solchen Aufwendungen, die sowohl die betriebliche/berufliche als auch die private Sphäre des Steuerpflichtigen betreffen und keiner der beiden Sphären eindeutig zugeordnet werden können, entzünden sich die genannten Abgrenzungsschwierigkeiten somit.[28] Daher ist es Aufgabe des Gesetzgebers, in diesem weiten und kaum zu überblickenden Bereich angemessene Regelungen zur Vereinfachung und Typisierung zu schaffen.[29]

Eine der Regelungen, mit denen der Gesetzgeber dieser Aufgabe nachkommen will, ist § 4 Abs. 5 S. 1 Nr. 1-7 EStG.[30] Danach dürfen bestimmte Aufwendungen, die die Lebensführung des Steuerpflichtigen oder anderer Personen berühren, den Gewinn nicht mindern, soweit sie nach allgemeiner Verkehrsauffassung als unangemessen anzusehen sind.[31] Der Gesetzgeber hat hier einen Katalog von Abzugsbeschränkungen und -verboten geschaffen, der typisierend die steuerliche Behandlung bestimmter Aufwendungen mit Bezug zur privaten Lebensführung regelt und damit Rechtsklarheit schaffen soll.[32] Die Bedeutung dieses Kataloges für die Frage nach der Abgrenzung der Betriebs- von der Privatsphäre ist dabei nicht zu unterschätzen. So dient § 4 Abs. 5 S. 1 EStG nicht nur der bereichsspezifischen Konkretisierung des Betriebsausgabenbegriffs nach § 4 Abs. 4 EStG.[33]

---

25 BVerfGE 122, 210, 233; BVerfGE 101, 297, 310; BVerfGE 99, 280, 291.

26 BVerfGE 122, 210, 234; BVerfGE 107, 27, 48; BVerfGE 81, 228, 237.

27 Vgl. BVerfGE 152, 274, 317; BVerfGE 101, 297, 310; *Englisch,* DStR 2009, Beih. 34, 92, 97; *Görke,* DStR 2009, Beih. 34, 106, 108, *Loschelder,* in: Schmidt, EStG, § 4, Rn. 521.

28 *Söhn,* DStJG 3 (1980), S. 13, 32.

29 So auch BFH GrS BStBl. II 2010, 672, 684; *Meyer,* Leistungsfähigkeitsprinzip, S. 137 ff.; *Meyer,* in: BeckOK EStG, § 4, Rn. 2691.

30 Siehe auch *Tipke,* StuW 1979, 193, 197.

31 So die Anordnung der Generalklausel nach § 4 Abs. 5 S. 1 Nr. 7 EStG. Siehe hierzu *Drüen,* in: Brandis/Heuermann, EStG, § 4, Rn. 670; *Hey,* in: Tipke/Lang, Steuerrecht, Rn. 8.287; *Meurer,* in: Lademann, EStG, § 4, Rn. 548.

32 So *Drüen,* in: Brandis/Heuermann, EStG, § 4, Rn. 670; *Hey,* in: Tipke/Lang, Steuerrecht, Rn. 8.250; *Spilker,* in: K/S/M, EStG, § 4, Rn. F 5.

33 So *Meyer,* in: BeckOK EStG, § 4, Rn. 2220; vgl. auch *Tipke,* Steuerrechtsordnung II, S. 777.

Der Katalog stellt neben § 9 Abs. 1 EStG zudem die einzige Regelung dar, aus deren Wortlaut unmittelbar eine gesetzliche Wertung für die Abgrenzung der Erwerbs- von der Privatsphäre erkennbar wird. So gibt § 4 Abs. 4 EStG an, dass Betriebsausgaben vorliegen, wenn die Aufwendungen *„betrieblich veranlasst“* sind. Nach § 12 Nr. 1 S. 2 EStG dürfen *„Aufwendungen für die Lebensführung“* weder bei den einzelnen Einkunftsarten noch vom Gesamtbetrag der Einkünfte abgezogen werden. In beiden Vorschriften wird die Abgrenzung der Erwerbs- von der Privatsphäre mit Hilfe unbestimmter Rechtsbegriffe geregelt, welche durch die Rechtsprechung auszufüllen sind.[34] Dem Katalog des § 4 Abs. 5 S. 1 EStG kann demgegenüber unmittelbar entnommen werden, welche Wertungen der Gesetzgeber für einzelne Aufwendungen, wie beispielsweise dem häuslichen Arbeiten nach § 4 Abs. 5 S. 1 Nr. 6b und 6c EStG, anstellt. § 4 Abs. 5 S. 1 Nr. 1-7 EStG leistet damit für die gesamte Abgrenzungsproblematik einen nicht zu unterschätzenden Beitrag.[35]

Dies zugrunde gelegt verwundert es nicht, dass zu § 4 Abs. 5 S. 1 Nr. 1-7 EStG zahlreiche Entscheidungen ergangen sind und auch in der Literatur einige Diskussionen darüber geführt werden. Vieles ist in diesem Zusammenhang fraglich und höchst umstritten. So bestehen schon bezüglich der systematischen Einordnung der in § 4 Abs. 5 S. 1 Nr. 1-7 EStG geregelten Abzugsbeschränkungen und -verbote und damit einhergehend deren verfassungsrechtlicher Zulässigkeit Meinungsverschiedenheiten. Der Wortlaut und die systematische Stellung des Einleitungssatzes lassen darauf schließen, dass es sich bei den in § 4 Abs. 5 S. 1 Nr. 1-7 EStG genannten Aufwendungen dem Grunde nach um Betriebsausgaben handelt, die aufgrund ihrer Nähe zur allgemeinen Lebensführung nur eingeschränkt zum Abzug zugelassen werden.[36] Nach diesem Verständnis stellt § 4 Abs. 5 S. 1 Nr. 1-7 EStG eine Einschränkung der Abziehbarkeit nach § 4 Abs. 4 EStG und damit einhergehend eine rechtfertigungsbedürftige Durchbrechung des objektiven Nettoprinzips

---

34 Für den Begriff der „betrieblichen Veranlassung“ siehe *Wacker,* BB 2018, 2519, 2523. Für den Begriff der „Aufwendungen für die Lebensführung“ siehe *G. Kirchhof,* in: BeckOK EStG, § 12, Rn. 8; *Offerhaus,* BB 1979, 667, 667.

35 So auch *Gärtner,* Gemischt veranlasste Aufwendungen, S. 241.

36 Vgl. BFH BStBl. II 1992, 342, 343; BFH BStBl. II 1974, 210, 210; siehe *Drüen,* in: Brandis/Heuermann, EStG, § 4, Rn. 551; *Helkenberg,* Unangemessenheit von Betriebsausgaben, S. 19; *Frotscher/Watrin,* in: Frotscher/Geurts, EStG, § 4, Rn. 667; *Maetz,* in: Bordewin/Brandt, EStG, § 4, Rn. 2261; *Meurer,* in: Lademann, EStG, § 4, Rn. 658; *Meyer,* in: BeckOK EStG, § 4, Rn. 2695 f.; *Nacke,* in: Littmann/Bitz/Pust, EStG, § 4, Rn. 1663.

dar.[37] Eine Betrachtung der aufgezählten Aufwendungen im Einzelnen lässt jedoch Zweifel daran aufkommen, ob es sich tatsächlich ausschließlich um *betrieblich veranlasste Aufwendungen* iSd § 4 Abs. 4 EStG handelt. So wird vertreten, dass die Nähe zur privaten Lebensführung bei einzelnen Aufwendungen stärker ausgeprägt sei als bei anderen und zuweilen sogar von einer *privaten (Mit-) Veranlassung* ausgegangen werden müsse.[38] Nach *Offerhaus* gehören beispielsweise Aufwendungen für Wohnen und Verpflegung zu den typischen Lebensführungskosten, so dass auch die Aufwendungen für Familienheimfahrten im Rahmen einer doppelten Haushaltsführung nach § 4 Abs. 5 S. 1 Nr. 6 EStG gleichzeitig betrieblich und privat veranlasst sind.[39] *P. Kirchhof* geht davon aus, dass für die rechtliche Bewertung einer Ausgabe zwischen der veranlassenden Handlung und deren Wirkung unterschieden werden müsse, und qualifiziert Aufwendungen für Geschenke (§ 4 Abs. 5 S. 1 Nr. 1 EStG), für die Bewirtung (§ 4 Abs. 5 S. 1 Nr. 2 EStG), für Gästehäuser (§ 4 Abs. 5 S. 1 Nr. 3 EStG), für Jagd, Fischerei und Jachten (§ 4 Abs. 5 S. 1 Nr. 4 EStG) sowie andere unangemessene Aufwendungen (§ 4 Abs. 5 S. 1 Nr. 7 EStG) als originäre Privataufwendungen mit teilweise betrieblicher Wirkung. Von reinen Betriebsausgaben iSd § 4 Abs. 4 EStG könne seiner Meinung nach nicht ausgegangen werden.[40] Nach diesem Verständnis macht der Gesetzgeber mit § 4 Abs. 5 S. 1 EStG also Aufwendungen, die tatsächlich privat mitveranlasst sind, *konstitutiv* zu Betriebsausgaben und lässt deren steuerlichen Abzug anschließend teilweise zu.[41] Eine Durchbrechung des objektiven Nettoprinzips liegt nach dieser Ansicht gerade nicht vor.[42]

Fraglich ist damit nicht nur, wie § 4 Abs. 5 S. 1 Nr. 1-7 EStG systematisch in das Gefüge der Abzugsregelungen einzuordnen und verfassungsrechtlich zu rechtfertigen ist. Unklar bleibt darüber hinaus auch, um welche Art von

---

37 *Drüen,* in: Brandis/Heuermann, EStG, § 4, Rn. 551, 670, 674; *Frotscher/Watrin,* in: Frotscher/Geurts, EStG, § 4, Rn. 665; *Helkenberg,* Unangemessenheit von Betriebsausgaben, S. 19; *Maetz,* in: Bordewin/Brandt, EStG, § 4, Rn. 2360; *Meyer,* in: BeckOK EStG, § 4, Rn. 2695 f.

38 Siehe *Lang,* Bemessungsgrundlage, S. 335; *Spilker,* in: K/S/M, EStG, § 4, Rn. F 8; *Tipke,* StuW 1979, 193, 196 f.; *Tipke,* DStJG 3 (1980), S. 1, 8.

39 *Offerhaus,* BB 1979, 667, 668; ebenso BVerfG, BeckRS 1988, 6631; BFH BStBl. II 1998, 211, 212; *Jochum,* DStZ 2010, 665, 667; *Lang,* Bemessungsgrundlage, S. 338; *Söhn,* DStJG 3 (1980), 13, 48; *Söhn,* StuW 1983, 193, 198; *Söhn,* FS Offerhaus, S. 477, 479; *Tipke,* StuW 1979, 193, 196.

40 Siehe *P. Kirchhof,* DStJG 3 (1980), S. 201, 211.

41 So *Lang,* Bemessungsgrundlage, S. 336 f.; *Söhn,* StuW 1983, 193, 202; *Spilker,* in: K/S/M, EStG, § 4, Rn. F 9.

42 Siehe *Lang,* Bemessungsgrundlage, S. 336 f.; *Spilker,* in: K/S/M, EStG, § 4, Rn. F 9.

Aufwendungen es sich bei den genannten Abzugsbeschränkungen und -verboten handelt. Die ersten Abzugsbestimmungen für Geschenke, Beherbergungen und Aufwendungen für Jachten, Jagd- oder Angelausflüge und ähnliche Zwecke in § 4 Abs. 5 S. 1 Nr. 1, 3 und 4 EStG sind bereits 1960 durch das StÄndG vom 30.7.1960[43] eingeführt worden. Von diesem ursprünglichen Katalog erfasst waren nur Aufwendungen, welche die Lebensführung des Steuerpflichtigen oder eines Dritten berühren.[44] Ziel des Gesetzgebers war es, mit Hilfe der Abzugsverbote dem aufkommenden Spesenunwesen im deutschen Finanzwesen einen Riegel vorzuschieben und unangemessene *Repräsentationsaufwendungen* vom Betriebsausgabenabzug auszuschließen, um einer wachsenden Missbrauchsgefahr entgegen zu wirken.[45] Nach dem historischen Willen des Gesetzgebers stellt sich der ursprüngliche Katalog damit als eine Aufzählung unangemessener Repräsentationsaufwendungen dar.[46] Inzwischen sind jedoch einige Verbote und Beschränkungen hinzugekommen, welche nicht unmittelbar auf diesen Gedanken der übertriebenen betrieblichen Repräsentation zurückgeführt werden können.[47] Mehraufwendungen für die Wege des Steuerpflichtigen zwischen Wohnung und Betriebsstätte (§ 4 Abs. 5 S. 1 Nr. 6 EStG) oder eine betrieblich veranlasste doppelte Haushaltsführung (§ 4 Abs. 5 S. 1 Nr. 6a EStG) sind beispielsweise weniger auf ein Repräsentationsbedürfnis des Steuerpflichtigen zurückzuführen als vielmehr darauf, dass eine räumliche Trennung zwischen Wohnung und Arbeitsstätte existiert[48]. Auch beim häuslichen Arbeiten (§ 4 Abs. 5 S. 1 Nr. 6b und 6c EStG) besteht der Grund für die getätigten Aufwendungen regelmäßig nicht in einer erhofften betrieblichen Repräsentation,[49] sondern darin, dass der Steuerpflichtige angesichts der voranschreitenden Digitalisierung des Arbeitens seine Erwerbstätigkeit vorwiegend in der häuslichen Wohnung ausübt[50]. Fraglich ist damit, ob auch heute noch alle in § 4 Abs. 5 S. 1 Nr. 1-7 EStG genannten Aufwendungen allein auf den Gedanken der betrieblichen Repräsentation zurückzuführen sind

---

43 Steueränderungsgesetz vom 30.7.1960, BGBl. I 1960, 616, BStBl. 1960, 516.

44 *Meurer,* in: Lademann, EStG, § 4, Rn. 657; *Spilker,* in: K/S/M, EStG, § 4, Rn. F 1.

45 Siehe hierzu den Entwurf des Steueränderungsgesetzes 1960, BT-Drs. III/ 1811, 8; vgl. BFH BStBl. II 1981, 58, 59 f.; siehe auch *Helkenberg,* Unangemessenheit von Betriebsausgaben, S. 11; *Meurer,* in: Lademann, EStG, § 4, Rn. 657; *Meyer,* in: BeckOK EStG, § 4, Rn. 2705; *Steilen,* BB 1992, 755, 757.

46 *Maetz,* in: Bordewin/Brandt, EStG, § 4, Rn. 2255.

47 *Meyer,* in: BeckOK EStG, § 4, Rn. 2705.

48 *Jochum,* DStZ 2010, 665, 668.

49 So auch *Meyer,* in: BeckOK EStG, § 4, Rn. 2776.3.

50 Vgl. *Wittwer,* FR 2021, 1019, 1021.

und ihre Rechtfertigung in der Missbrauchsvermeidung finden. Der Gesetzgeber hat in den vergangenen Jahren aus unterschiedlichen Motiven heraus Anlass dazu gesehen, den Abzug der Erwerbsaufwendungen weiter einzuschränken, und daher den Katalog des § 4 Abs. 5 S. 1 EStG stetig erweitert[51], so dass heute ein heterogenes Bild entsteht.[52] Welche Rolle dabei die betriebliche Repräsentation oder die private Lebensführung des Steuerpflichtigen spielt, ist in Literatur und Rechtsprechung bislang nicht abschließend geklärt.

Die bisherigen Ausführungen machen deutlich, dass § 4 Abs. 5 S. 1 Nr. 1-7 EStG eine viel diskutierte, aber auch kritisierte Norm darstellt. Zugleich fällt bei näherer Betrachtung der relevanten Quellen auf, dass sich die Diskussionen zumeist an einzelnen Aufwendungen des Kataloges entzünden und die Bedeutung der Norm in ihrer Gesamtheit oftmals nicht genügend in den Blick genommen wird. So fehlt es bislang an einer detaillierten Auseinandersetzung mit der Frage, ob § 4 Abs. 5 S. 1 Nr. 1-7 EStG einer übergeordneten Dogmatik folgt. Dieser Forschungsfrage soll in der vorliegenden Arbeit nachgegangen werden.

Die Arbeit verfolgt dabei mehrere Ziele. Zum einen soll geklärt werden, ob die in § 4 Abs. 5 S. 1 Nr. 1-7 EStG geregelten Sachverhalte systematisch einer Sphäre zugeordnet werden können. Relevant ist hierbei nicht nur die Frage der Abgrenzung zwischen Erwerbs- und Privatsphäre, sondern ebenso das Verhältnis der Sphären zueinander und zu den Aufwendungen, die im Grenzbereich, d.h. in der nicht klar umrissenen Misch- oder Grauzone dazwischen liegen. Zum anderen soll das Verhältnis der Abzugsbeschränkungen und -verbote zum objektiven Nettoprinzip geklärt werden. Ob im Rahmen des § 4 Abs. 5 S. 1 Nr. 1-7 EStG ein Verstoß gegen das objektive Nettoprinzip angenommen werden kann, hängt maßgeblich davon ab, was man unter der betrieblichen Veranlassung iSd § 4 Abs. 4 EStG versteht und was der Gesetzgeber in Bezug auf die Abgrenzung der Erwerbs- von der Privatsphäre regeln darf. Schließlich soll ein gemeinsamer Nenner gesucht werden, der übergeordnet für alle Aufwendungen des § 4 Abs. 5 S. 1 Nr. 1-7 EStG gilt. Relevante Vergleichskriterien sind hierbei insbesondere das Niveau einer möglichen betrieblichen oder privaten Veranlassung, das hinter der Abzugsbestimmung stehende Telos, das Maß der Unangemessenheit einer Aufwendung sowie die Gründe, die eine Durchbrechung des objektiven Nettoprinzips rechtfertigen können.

---

51 Zuletzt wurde § 4 Abs. 5 S. 1 Nr. 6c EStG als Reaktion auf die wegen der Corona-Pandemie veränderten Arbeitswelt mit dem JStG 2022 vom 16.12.22, BGBl. I 2022, 2294, eingeführt.

52 *Meyer*, in: BeckOK EStG, § 4, Rn. 2690.

Die weiteren Abzugsbeschränkungen nach § 4 Abs. 5 S. 1 Nr. 8-13 EStG werden aus der Forschungsfrage ausgenommen, da Sinn und Zweck dieser Bestimmungen die Wahrung der Rechtsordnung (§ 4 Abs. 5 S. 1 Nr. 8, 8a, 10 und 12 EStG) bzw. die Normierung bestimmter Regelungsanliegen (§ 4 Abs. 5 S. 1 Nr. 9, 11 und 13 EStG)[53], nicht aber die steuerliche Behandlung von Aufwendungen mit Berührungspunkten zur Lebensführung ist. Diese Abzugsbeschränkungen sind daher für die zugrundeliegende Untersuchung der Aufwendungen im Schnittbereich zwischen Erwerbs- und Privatsphäre nicht von Bedeutung.

53 Näher hierzu *Meyer,* in: BeckOK EStG, § 4, Rn. 2709.

Gang der Untersuchung

Die Untersuchung der Forschungsfrage erfolgt in zwei Schritten. Zunächst wird im 1. bis 3. Teil der Arbeit der rechtliche Rahmen abgesteckt, in dessen Grenzen sich der Abzugskatalog des § 4 Abs. 5 S. 1 Nr. 1-7 EStG bewegt. Anschließend wird im 4. Teil der eigentlichen Forschungsfrage nachgegangen, wie § 4 Abs. 5 S. 1 Nr. 1-7 EStG systematisch in das aufgezeigte Gesamtgefüge der einkommensteuerrechtlichen Abzugsbestimmungen einzuordnen ist und ob die einzelnen Tatbestände des Abzugskataloges einer übergeordneten Dogmatik folgen.

Der 1. Teil der Arbeit dient zunächst der Darstellung des verfassungsrechtlichen Rahmens. Für die Frage der verfassungsrechtlichen Zulässigkeit des § 4 Abs. 5 S. 1 Nr. 1-7 EStG ist insbesondere relevant, was der Gesetzgeber hinsichtlich der steuerlichen Behandlung von Aufwendungen im Abgrenzungsbereich zwischen Erwerbs- und Privatsphäre regeln darf. Die Beantwortung dieser Frage hängt nicht nur von verfassungsrechtlichen Grundsätzen ab, sondern vor dem Hintergrund des Folgerichtigkeitsgebots auch davon, welche Belastungsentscheidungen der Gesetzgeber einfachrechtlich bereits getroffen hat. Daher muss die Analyse des gesetzgeberischen Gestaltungsspielraums im Rahmen dieser Arbeit auf zwei Ebenen erfolgen. Im 1. Teil wird zunächst auf das verfassungsrechtlich verankerte Leistungsfähigkeitsprinzip und dessen Konkretisierung durch das objektive und subjektive Nettoprinzip eingegangen. Für die Forschungsfrage entscheidend ist hierbei insbesondere, welche Bedeutung dem objektiven Nettoprinzips im rechtlich schwer zu greifenden *Graubereich* zukommt und welcher Gestaltungsspielraum sich hierdurch hinsichtlich der steuerlichen Behandlung gemischter Aufwendungen für den Gesetzgeber eröffnet.

Im 2. und 3. Teil wird sodann der einfachgesetzliche Rahmen, der für alle einkommensteuerlichen Abzugsbestimmungen gilt, abgesteckt. Da sich die Regelung des § 4 Abs. 5 S. 1 Nr. 1-7 EStG im Spannungsfeld zwischen betrieblichen und privaten Aufwendungen bewegt, muss im Vorfeld der eigentlichen Forschungsfrage systematisch analysiert werden, welche Vorgaben das Einkommensteuergesetz für dieses Spannungsfeld macht. Untersucht wird dabei im 2. Teil zunächst, was Erwerbssaufwendungen sowie Privataufwendungen sind und wie die beiden Bereiche rechtlich voneinander abzugrenzen sind. Anschließend folgt im 3. Teil eine umfassende Untersuchung des problematischen *Grenz- und Schnittstellenbereichs*, der bildlich gesprochen zwischen den beiden Sphären liegt. Hierbei soll zunächst übergeordnet analysiert werden, wie der *Graubereich* rechtlich ausgestaltet ist, welchen Gestaltungsspielraum der Gesetzgeber in dieser Sphäre angesichts des verfassungsrechtlichen Folgerichtigkeitsgebots hat, das mit seiner Bindungswirkung mittelbar ins einfache Recht hineinwirkt, und wo die genauen Grenzen zu den reinen Erwerbs- und Privataufwendungen verlaufen. Anschließend soll definiert werden, was *Repräsentationsaufwendungen* und *betrieblich/beruflich bedingte Mehraufwendungen* sind und in welchem Verhältnis sie jeweils zu den *echten gemischt veranlassten Aufwendungen* stehen. Da die verschiedenen Aufwendungen innerhalb des *Graubereichs* inhaltlich nicht alle gleichzusetzen sind, müssen sie auch begrifflich voneinander abgegrenzt werden. Bislang hat sich in diesem Bereich jedoch im wissenschaftlichen Diskurs keine einheitliche Systematik und Terminologie für alle Aufwendungen des *Graubereichs* eingestellt. Ziel des 2. und 3. Teils ist es daher, die beiden Randbereiche der Erwerbs- und Privatsphäre deutlich abzustecken und für den *Graubereich* dazwischen eine einheitliche Systematik und Terminologie zu entwickeln, auf die im weiteren Verlauf der Arbeit zurückgegriffen werden kann.

Im 4. Teil der Arbeit wird sodann der eigentlichen Forschungsfrage nachgegangen. Hierbei wird zunächst auf die beiden wesentlichen Ansichten eingegangen, die im Schrifttum über die rechtliche Wirkung des Einleitungssatzes nach § 4 Abs. 5 S. 1 EStG sowie die sphärische Einordnung der Aufwendungen in § 4 Abs. 5 S. 1 Nr. 1-7 EStG vertreten werden. Maßgebliche Unterschiede ergeben sich hierbei insbesondere hinsichtlich der Frage, ob alle Aufwendungen des Abzugskataloges ein einheitliches Veranlassungsniveau aufweisen und in welchem Verhältnis § 4 Abs. 5 S. 1 Nr. 1-7 EStG zu anderen Abzugsbeschränkungen und -verboten des Einkommensteuerrechts, insbesondere zu § 12 Nr. 1 S. 2 EStG, steht. Anschließend werden die beiden Literaturansichten einer umfassenden kritischen Würdigung unterzogen, bei der der Abzugskatalog aus übergeordneter Sicht auf seine maßgeblichen rechtlichen Besonderheiten hin untersucht wird. Hierzu gehören neben dem Niveau der betrieblichen oder privaten Veranlassung der Aufwendungen auch das Telos der Abzugsbestimmungen, die rechtliche Wirkung des für alle Tatbestände gleichermaßen geltenden Einleitungssatzes, die hinter den Aufwendungen stehende Repräsentationswirkung, die Nähe der betroffenen Aufwendungen zur Lebensführung sowie die verfassungsrechtliche Zulässigkeit der unterschiedlichen Abzugsbestimmungen. Dogmatisch wird bei der Untersuchung dieser Gesichtspunkte zunächst auf die gängigen Auslegungsmethoden des Wortlauts, der historischen Entwicklung, der Systematik und des Telos der Norm zurückgegriffen. Anschließend wird die Abzugsbeschränkung nach § 4 Abs. 5 S. 1 Nr. 7 EStG, welche oftmals aufgrund ihrer generalklauselartigen

Regelung[54] als „Schlüssel zum Verständnis des § 4 Abs. 5 EStG" bezeichnet wird,[55] in die Analyse mit einbezogen und dabei der Frage nachgegangen, welchen übergeordneten Maßstab die Bestimmung für die übrigen Tatbestände des Abzugskataloges vermittelt. Im Anschluss daran wird ein rechtlicher Vergleich zwischen § 4 Abs. 5 S. 1 Nr. 1-7 EStG und seiner Schwestervorschrift des § 9 Abs. 1 S. 3 Nr. 4, 5, 5a EStG gezogen, um herauszufinden, ob die rechtliche Einordnung des § 4 Abs. 5 S. 1 Nr. 1-7 EStG vor dem Hintergrund, dass § 9 Abs. 1 S. 3 Nr. 4, 5, 5a EStG zwar inhaltlich strukturgleiche Abzugsbeschränkungen und -verbote regelt, im Einleitungssatz des § 9 Abs. 1 S. 3 EStG aber einen anderen Wortlaut aufweist, anders zu bewerten ist. Schließlich werden die einzelnen Aufwendungsposten des § 4 Abs. 5 S. 1 Nr. 1-7 EStG im Hinblick auf mögliche Rechtfertigungsgründe für eine Durchbrechung des objektiven Nettoprinzips untersucht, um zu analysieren, ob sich hieraus übergeordnete Gemeinsamkeiten für alle Tatbestände des Abzugskataloges ergeben. Ziel des Kapitels ist es, über alle Aufwendungsbestimmungen des § 4 Abs. 5 S. 1 Nr. 1-7 EStG hinweg die maßgeblichen Unterschiede und Gemeinsamkeiten herauszuarbeiten, welche Aufschluss darüber geben, ob es eine übergeordnete Dogmatik gibt, der alle Tatbestände des Kataloges gleichermaßen folgen.

---

54 BFH BStBl. II 1981, 58, 59; *P. Kirchhof*, DStJG 3 (1980), S. 201, 203; vgl. auch *Hey*, in: Tipke/Lang, Steuerrecht, Rn. 8.287, die von einer Grundvorschrift spricht, welche den § 4 Abs. 5 S. 1 EStG eigentlich einleiten müsste.

55 BFH BStBl. II 1981, 58, 59; siehe auch *Nacke*, in: Littmann/Bitz/Pust, EStG, § 4, Rn. 1661; *Loschelder*, in: Schmidt, EStG, § 4, Rn. 601; *Bode*, in: Kirchhof/Seer, EStG, § 4, Rn. 196.

Erster Teil: Verfassungsrechtlicher Rahmen

§ 1 Einleitung

In der Einführung wurde bereits angesprochen, dass sich die Abzugsregelungen des § 4 Abs. 5 S. 1 Nr. 1-7 EStG in dem äußerst umstrittenen Spannungsfeld zwischen Erwerbs- und Privatsphäre bewegen. In diesem Graubereich existieren nur wenige konkrete Vorgaben des Steuergesetzgebers. Die vorhandenen Regelungen der § 4 Abs. 4 EStG, § 9 Abs. 1 S. 1 EStG und § 12 Nr. 1 S. 1, 2 EStG sind nur bedingt aussagekräftig und enthalten unbestimmte Rechtsbegriffe, so dass die konkrete Auslegung dieser Bestimmungen der steuerjuristischen Dogmatik überlassen ist. Durch diese Gesetzeslage entsteht der Eindruck, der Gesetzgeber habe sich in Bezug auf die Abgrenzung von Erwerbs- und Privataufwendungen darauf beschränkt, einzelne systematische Grundsatzentscheidungen zu treffen, aus denen nur andeutungsweise erkennbar wird, welche Aufwendungen der Erwerbssphäre und welche der Privatsphäre zuzuordnen sind. Die konkrete Ausgestaltung der Abzugsregelungen, ebenso wie die Frage, wie gemischte Aufwendungen[56] steuerlich zu behandeln sind, scheint er dagegen vollständig der Rechtsprechung und steuerrechtlichen Wissenschaft überlassen zu haben.

Ein ganz anderes Bild ergibt sich hingegen, wenn man daneben die Abzugskataloge des § 4 Abs. 5 S. 1 EStG und des § 9 Abs. 1 S. 3 Nr. 4, 5, 5a EStG, § 9 Abs. 4a, 5 EStG betrachtet. Diese enthalten konkrete Vorgaben über die Zuordnung und steuerliche Behandlung einzelner Aufwendungen. Allgemeine Grundsatzentscheidungen und unbestimmte Rechtsbegriffe werden hier nicht verwendet. Anders als sonst, scheint der Gesetzgeber in diesem Bereich spezifische Zuordnungsentscheidungen getroffen zu haben, die dem Rechtsanwender nur wenig Auslegungsspielraum im Hinblick auf die sphärische Einordnung und steuerliche Behandlung der genannten Aufwendungen eröffnen. Gleichzeitig fällt jedoch auf, dass die verschiedenen Aufwendungspositionen in den Abzugskatalogen scheinbar willkürlich und unsystematisch nebeneinander geregelt sind.

---

56 Der Begriff „gemischte Aufwendung" wird im Rahmen dieser Arbeit untechnisch als Synonym für alle Aufwendungen im Graubereich verwendet. Wie sich noch zeigen wird, ist terminologisch und systematisch allerdings zwischen „echten gemischt veranlassten Aufwendungen", „Repräsentationsaufwendungen" und „betrieblich/beruflich bedingten Mehraufwendungen" zu differenzieren.

Eine übergeordnete Dogmatik, der alle Abzugstatbestände folgen, ist auf den ersten Blick nicht erkennbar. Vor diesem Hintergrund stellt sich für das grundlegende Verständnis und die systematische Einordnung der Abzugsregelungen nach § 4 Abs. 5 S. 1 Nr. 1-7 EStG die Frage, welchen Entscheidungsspielraum der Gesetzgeber im Steuerrecht allgemein und besonders in dem problematischen Graubereich zwischen Erwerbs- und der Privatsphäre hat. Fraglich ist, ob der Gesetzgeber innerhalb des Mischbereichs eigenmächtig über die Zuordnung und Abziehbarkeit einzelner Aufwendungen entscheiden darf und welche Grenzen ihm hierbei gesetzt sind.[57] Kann der Gesetzgeber nach freiem Ermessen vom objektiven Nettoprinzip abweichen, indem er den Katalog des § 4 Abs. 5 S. 1 EStG beliebig um neue Abzugsbeschränkungen und -verbote erweitert? Die Beantwortung dieser Fragen kann nicht allein auf verfassungsrechtlicher Ebene vorgenommen werden, sondern muss aufgrund der durch das Folgerichtigkeitsgebot entstehenden mittelbaren Einwirkung des Verfassungsrechts auf das normenhierarchisch darunter liegende einfache Recht auch auf Ebene des Einkommensteuergesetzes erfolgen.[58] Daher wird die nachstehende Untersuchung des gesetzgeberischen Gestaltungsspielraums in zwei Kapitel aufgeteilt:

Im 1. Teil der Arbeit geht es darum, den verfassungsrechtlichen Rahmen abzustecken, der den Gestaltungsspielraum des Steuergesetzgebers regelt. Zentraler Prüfungsmaßstab ist hierbei der allgemeine Gleichheitssatz des Art. 3 Abs. 1 GG[59], der für das Steuerrecht bereichsspezifisch zu konkretisieren ist[60]. Nach der langjährigen Rechtsprechung des Bundesverfassungsgerichts ergeben sich hieraus mit dem Leistungsfähigkeitsprinzip und dem Folgerichtigkeitsgebot zwei eng miteinander verbundene Leitlinien, die den Entscheidungsspielraum des Steuergesetzgebers verfassungsrechtlich einschränken.[61] Daneben sind die Maßstäbe und Grenzen des objektiven sowie des subjektiven Nettoprinzips zu beachten, mit Hilfe derer der einfache Gesetzgeber im Bereich des Einkommensteuerrechts die wirtschaftliche Leistungsfähigkeit des Steuerpflichtigen bemisst[62]. Nach

---

57 Siehe hierzu auch *Lang*, StuW 2007, 3, 4.

58 Vgl. auch *Thiemann*, JZ 2015, 866, 868.

59 Vgl. BVerfGE 13, 181, 202 f.; *Friauf*, DStJG 12 (1989); S. 3, 27; *Jahndorf*, StuW 2016, 256, 258; *Schilling*, Zwangsläufiger Aufwand, S. 38.

60 Vgl. BVerfGE 107, 27, 46; BVerfGE 105, 73, 111; BVerfGE 105, 17, 45; BVerfGE 93, 319, 348 f.; BVerfGE 75, 108, 157.

61 Vgl. etwa BVerfGE 141, 1, 40; BVerfGE 127, 224, 245; BVerfGE 126, 286, 295 f.; BVerfGE 122, 210, 230 f.; BVerfGE 120, 1, 44; BVerfGE 116, 164, 180 f.; BVerfGE 107, 27, 46 f.; BVerfGE 105, 73, 125.

62 Vgl. BVerfGE 112, 268, 274; BVerfGE 107, 27, 47.

Darlegung der allgemeinen Grundsätze wird anschließend zu untersuchen sein, welche verfassungsrechtlichen Besonderheiten im Graubereich zwischen Erwerbs- und Privatsphäre gelten. Angesichts der Nähe gemischter Aufwendungen zu den steuerlich unbeachtlichen Privataufwendungen ist hierbei insbesondere streitig, inwieweit der Gesetzgeber auch im Graubereich an die Vorgaben des objektiven Nettoprinzips gebunden ist und welche Rechtfertigungsanforderungen in dieser Sphäre bei möglichen Durchbrechungen des Prinzips gelten.

Auf die bislang wenig erforschten weiteren Grenzen des gesetzgeberischen Gestaltungsspielraums, die sich vor dem Hintergrund des Folgerichtigkeitsgebots mittelbar aus den bereits vom Gesetzgeber getroffenen Grundentscheidungen innerhalb des einfachen Rechts ergeben, wird sodann im 2. und 3. Teil der Arbeit näher eingegangen.

§ 2 Gesetzgeberischer Gestaltungsspielraum im Steuerrecht

A. Bindung an den allgemeinen Gleichheitssatz nach Art. 3 Abs. 1 GG

I. Einführung

Das BVerfG hatte sich bereits mehrfach mit der Frage zu beschäftigen, welcher Gestaltungsspielraum dem Gesetzgeber im Steuerrecht aus verfassungsrechtlicher Sicht zukommt.[63] Dabei hat es stets betont, dass der Steuergesetzgeber neben den grundrechtlichen Vorgaben der Art. 1 Abs. 1, Art. 20 Abs. 1, Art. 6, 12 und 14 GG insbesondere auch den allgemeinen Gleichheitssatz des Art. 3 Abs. 1 GG[64] zu wahren habe.[65] Diesem kommt im Steuerrecht als „zentrale Verteilungsnorm für

---

63 Vgl. etwa BVerfGE 152, 274 (Erstausbildungskosten); BVerfGE 126, 268 (häusliches Arbeitszimmer); BVerfGE 122, 210 (Neuregelung der Pendlerpauschale); BVerfG 112, 268 (Abziehbarkeit von Kinderbetreuungskosten).

64 Ungeachtet seines Wortlauts bindet Art. 3 Abs. 1 GG, wonach alle Menschen „vor dem Gesetz“ gleich sind, nach mittlerweile unstreitiger Ansicht nicht nur die vollziehende und rechtsprechende, sondern gem. Art. 1 Abs. 3, 20 Abs. 3 GG auch die rechtsetzende Gewalt. Vgl. hierzu BVerfGE 84, 239, 269; BVerfGE 42, 64, 72; BVerfGE 3, 58, 135; BVerfGE 1, 14, 52; siehe zudem *Birk/Desens/Tappe*, Steuerrecht, § 2, Rn. 172; *Bowitz*, Objektives Nettoprinzip, S. 116 f.; *Desens*, StuW 2016, 240, 242; *Hey*, in: Tipke/Lang, Steuerrecht, Rn. 3.110; *Schomäcker*, Steuerverfassungsrecht, S. 55.

65 Vgl. etwa BVerfGE 127, 1, 27 f.; BVerfGE 97, 332, 346; BVerfGE 82, 60, 86; BVerfGE 66, 214, 223; BVerfGE 43, 108, 118; BVerfGE 35, 324, 335; BVerfGE 26, 302, 310; BVerfGE 13, 331, 338; BVerfGE 6, 55, 70. Für eine detaillierte Darstellung

die steuerliche Belastungswirkung"[66] grundlegende Bedeutung zu.[67] So fordert Art. 3 Abs. 1 GG nach überwiegender Ansicht die gleichmäßige Verteilung steuerlicher Lasten nach sachgerechten Kriterien und bindet den Gesetzgeber damit an den Grundsatz der Steuergerechtigkeit.[68] Damit einher geht die Notwendigkeit, Art. 3 Abs. 1 GG für den Bereich des Steuerrechts und insbesondere des Einkommensteuerrechts rechtsspezifisch anzupassen.[69] Denn eine gerechte Lastenverteilung kann nur erreicht werden, wenn geeignete Vergleichsmaßstäbe herangezogen werden, die den Eigenheiten des jeweiligen Sachbereichs entsprechen.[70] Da der allgemeine Gleichheitssatz die entsprechenden Differenzierungskriterien nicht aus sich selbst heraus liefert, sondern insoweit wertungsoffen ist,[71] bedarf es für

---

aller grundrechtlicher Vorgaben, an die der Steuergesetzgeber gebunden ist, siehe *Breinersdorfer,* DStR 2010, 2492, 2492 ff.; *Schomäcker,* Steuerverfassungsrecht, S. 55 ff.

66 So *Birk,* Leistungsfähigkeitsprinzip, S. 161.

67 Zur zentralen Bedeutung des Gleichheitssatzes im Steuerrecht vgl. BVerfGE 84, 239, 268 f.; siehe zudem *Hey,* in: Tipke/Lang, Steuerrecht, Rn. 3.110; *Lang,* Bemessungsgrundlage, S. 115 ff.; *Mellinghoff,* FS Spindler, S. 153, 160; *Schilling,* Zwangsläufiger Aufwand, S. 38; *Thiemann,* JZ 2015, 866, 869; *Tipke,* JZ 2009, 533, 534; *Tipke,* Steuerrechtsordnung I, S. 282 ff.

68 St. Rspr. vgl. BVerfG DStR 2024, 155, 164; BVerfGE 152, 274, 313; BVerfGE 145, 106, 142; BVerfGE 123, 111, 120; BVerfGE 122, 210, 231; BVerfGE 120, 1, 44; BVerfGE 116, 164, 180; BVerfGE 112, 268, 279; BVerfGE 71, 39, 57 f.; BVerfGE 43, 108, 118; BVerfGE 26, 302, 310; BVerfGE 13, 331, 338 f.; BVerfGE 6, 55, 70 f.; aus dem Schrifttum siehe *Englisch,* FS Lang, S. 167, 172; *Friauf,* DStJG 12 (1989), S. 3, 27 f.; *Hey,* in: Tipke/Lang, Steuerrecht, Rn. 3.110; *P. Kirchhof,* in: K/S/M, EStG, § 2, Rn. A 167; *Mellinghoff,* FS Spindler, S. 153, 160; *Ratschow,* in: Brandis/Heuermann, EStG, § 2, Rn. 10; *Schomäcker,* Steuerverfassungsrecht, S. 55; *Tipke,* Steuerrechtsordnung I, S. 240; *Waldhoff/Goldmann,* in: K/S/M, EStG, § 1, Rn. A 101; a.A. *Drüen,* in: Tipke/Kruse, AO/FGO, § 3 AO, Rn. 42, der die Steuergerechtigkeit nicht unmittelbar aus Art. 3 Abs. 1 GG herleitet, sondern als „allgemeinen Ausdruck der austeilenden Gerechtigkeit" versteht.

69 Vgl. BVerfGE 103, 310, 318; BVerfGE 93, 121, 135; BVerfGE 43, 108, 120; BVerfGE 8, 51, 68 f.; näher hierzu *Bowitz,* Objektives Nettoprinzip, S. 122 f.; *Birk,* Leistungsfähigkeitsprinzip, S. 156 ff.; *Meyer,* Leistungsfähigkeitsprinzip, S. 113 ff.

70 *Eckhoff,* FS P. Kirchhof, Bd. 2, S. 1601, 1604; *Hey,* in: Tipke/Lang, Steuerrecht, Rn. 3.117; *Mellinghoff,* FS Bareis, S. 171, 176 f.; *Meyer,* Leistungsfähigkeitsprinzip, S. 116 f.; *Palm,* JöR 64 (2016), 457, 464; *Tipke,* JZ 2009, 533, 534.

71 *Droege,* StuW 2011, 105, 108; *Drüen,* StuW 2008, 3, 8; *Drüen,* in: Tipke/Kruse, AO/FGO, § 3 AO, Rn. 44; *Englisch,* FS Lang, S. 167, 172; *Hey,* in: Tipke/Lang, Steuerrecht, Rn. 3.121; *Mellinghoff,* FS Bareis, S. 171, 176 f.; *Meyer,* Leistungsfähigkeitsprinzip, S. 114; *Palm,* JöR 64 (2016), 457, 464 f.; *Tipke,* Steuerrechtsordnung I, S. 312 ff.;

das Steuerrecht einer bereichspezifischen Konkretisierung des Art. 3 Abs. 1 GG durch das Leistungsfähigkeitsprinzip.[72] Wie im Folgenden gezeigt wird, wirkt sich diese Konkretisierung auch auf den Gestaltungsspielraum des Steuergesetzgebers aus.

II. Allgemeine Maßstäbe des Art. 3 Abs. 1 GG

Nach allgemeinen Grundsätzen gebietet Art. 3 Abs. 1 GG zunächst, wesentlich Gleiches gleich und wesentlich Ungleiches ungleich zu behandeln.[73] Dies gilt sowohl für ungleiche Belastungen als auch für ungleiche Begünstigungen.[74] Liegt eine rechtlich relevante Ungleichbehandlung vor, bedarf diese der verfassungsrechtlichen Rechtfertigung.[75] Dabei ist es zwar grundsätzlich Aufgabe des Gesetzgebers, diejenigen Sachverhalte tatbestandlich zu bestimmen, an die das Gesetz dieselben Rechtsfolgen knüpft und die daher als rechtlich gleich zu qualifizieren sind. Bei der Auswahl und Festlegung der jeweiligen Tatbestände hat der Gesetzgeber allerdings sachgerechte Entscheidungen zu treffen.[76] Die Maßstäbe und Kriterien dafür, unter welchen Voraussetzungen der Gesetzgeber den Gleichheitssatz verletzt, lassen sich dabei nicht abstrakt und allgemein definieren, sondern nur in Bezug auf den jeweils betroffenen Sach- und Regelungsbereich bestimmen.[77]

Waldhoff/Goldmann, in: K/S/M, EStG, § 1, Rn. A 101; vgl. zudem BVerfGE 112, 164, 174; BVerfGE 93, 121, 134 f.; BVerfGE 84, 239, 269 f.; BVerfGE 75, 108, 157.

72 St. Rspr. vgl. BVerfGE 148, 217, 244; BVerfGE 145, 106, 142 f.; BVerfGE 93, 121, 134 f.; BVerfGE 84, 239, 268; BVerfGE 78, 249, 287; BVerfGE 76, 256, 329; BVerfGE 75, 108, 157; BVerfGE 6, 55, 67; aus der Literatur siehe statt vieler *Drüen,* StuW 2008, 3, 8; *Drüen,* in: Tipke/Kruse, AO/FGO, § 3 AO, Rn. 44; *Hey,* in: Tipke/Lang, Steuerrecht, Rn. 3.121; *Jahndorf,* StuW 2016, 256, 258; *Palm,* JöR 64 (2016), 457, 465.

73 St. Rspr. vgl. grundlegend BVerfGE 3, 58, 135; BVerfGE 1, 14, 52; vgl. ferner BVerfG DStR 2024, 155, 163; BVerfGE 152, 274, 311; BVerfGE 145, 106, 141; BVerfGE 133, 377, 407; BVerfGE 127, 224, 244; BVerfGE 116, 164, 180; BVerfGE 110, 412, 431; BVerfGE 98, 365, 385; BVerfGE 86, 81, 87; BVerfGE 42, 64, 72.

74 Vgl. BVerfG DStR 2024, 155, 163; BVerfGE 162, 277, 305; BVerfGE 160, 41, 63; BVerfGE 152, 274, 311; BVerfGE 148, 217, 242; BVerfGE 148, 147, 183; BVerfGE 126, 268, 277; BVerfGE 122, 210, 230; BVerfGE 116, 164, 180; BVerfGE 110, 412, 431.

75 Vgl. BVerfGE 152, 274, 311 f.; BVerfGE 116, 164, 180 f.; BVerfGE 107, 27, 45 f.; BVerfGE 99, 88, 95.

76 St. Rspr. vgl. BVerfG DStR 2024, 155, 163; BVerfGE 164, 347, 393; BVerfGE 162, 277, 305; BVerfGE 160, 41, 63; BVerfGE 152, 274, 311; BVerfGE 145, 106, 142; BVerfGE 141, 1, 38; BVerfGE 115, 381, 389; BVerfGE 107, 218, 244; BVerfGE 75, 108, 157.

77 St. Rspr. vgl. BVerfG DStR 2024, 155, 163 f.; BVerfGE 164, 347, 393; BVerfGE 162, 277, 305; BVerfGE 160, 41, 63; BVerfGE 152, 274, 312; BVerfGE 148, 217, 243;

Je nach Regelungsgegenstand und Differenzierungsmerkmalen begründet der allgemeine Gleichheitssatz daher nach mittlerweile ständiger Rechtsprechung des BVerfG[78] unterschiedliche Grenzen für den Gesetzgeber, die – abhängig von der Intensität der Beeinträchtigung – stufenlos von gelockerten auf das Willkürverbot beschränkten Bindungen bis hin zur strengen Verhältnismäßigkeitsanforderungen reichen können.[79] Als Kriterien zur Bestimmung des jeweiligen Prüfungsmaßstabs innerhalb der stufenlosen Skala zieht das BVerfG dabei die Unausweichlichkeit der Ungleichbehandlung, die Nähe zur durch Art. 3 Abs. 3 GG verbotenen Diskriminierung, die Betroffenheit von Freiheitsgrundrechten sowie die Anknüpfung an personen- statt an sachverhaltsbezogene Merkmale heran.[80]

III. Besonderheiten der steuerrechtsspezifischen Konkretisierung

1. Grundlagen

Im Steuerrecht hat das BVerfG die Maßstäbe und Kriterien des Art. 3 Abs. 1 GG für den gesetzgeberischen Gestaltungsspielraum lange Zeit in zwei Stufen konkretisiert.[81] Hierbei nahm das Gericht an, dass der Gesetzgeber bei der Auswahl des Steuergegenstandes und der Bestimmung des Steuersatzes einen weitreichenden

BVerfGE 145, 106, 142; BVerfGE 122, 210, 230; BVerfGE 121, 108, 119; BVerfGE 120, 125, 144; BVerfGE 112, 164, 174.

78 Sog. „Stufenlos-Formel" des BVerfG, vgl. *Kischel,* in: BeckOK GG, Art. 3, Rn. 28.

79 St. Rspr. seit BVerfGE 129, 49, 69; vor allem zum Steuerrecht vgl. BVerfG DStR 2024, 155, 164; BVerfGE 164, 347, 394; BVerfGE 162, 277, 305; BVerfGE 160, 41, 64; BVerfGE 152, 274, 312; BVerfGE 148, 217, 243; BVerfGE 148, 147, 184; BVerfGE 145, 106, 142. Anders zuvor noch die Entscheidungen BVerfGE 68, 143, 152 f.; BVerfGE 67, 290, 297; BVerfGE 66, 214, 222 f., in denen das Gericht den gleichheitsrechtlichen Kontrollmaßstab auch im Steuerrecht zunächst auf eine reine Willkürprüfung beschränken wollte, näher dazu *Birk,* Leistungsfähigkeitsprinzip, S. 156 ff.; *Desens,* StuW 2016, 240, 242; *Meyer,* Leistungsfähigkeitsprinzip, S. 113 ff. Zur Entwicklung der BVerfG-Rechtsprechung hinsichtlich der Anforderungen an die Rechtfertigung von Ungleichbehandlungen iSd Art. 3 Abs. 1 GG siehe auch *Britz,* NJW 2014, 346, 347 ff.; *Kischel,* in: BeckOK GG, Art. 3, Rn. 28; speziell zum Steuerrecht siehe *Birk/Desens/Tappe,* Steuerrecht, § 3, Rn. 173; *Eichberger,* DStJG 39 (2016), S. 97, 111 f.; *Hey,* in: Tipke/Lang, Steuerrecht, Rn. 3.124.

80 Siehe *Britz,* NJW 2014, 346, 349 f.; *Eichberger,* DStJG 39 (2016), S. 97, 113; *Hey,* in: Tipke/Lang, Steuerrecht, Rn. 3.124; *Kischel,* in: BeckOK GG, Art. 3, Rn. 45.

81 Vgl. BVerfGE 123, 1, 19; BVerfGE 84, 239, 268 f. Näher hierzu *Drüen,* StuW 2008, 3, 8; *Hey,* DStR 2009, 2561, 2562; *Hey,* in: Tipke/Lang, Steuerrecht, Rn. 3.125; *F. Kirchhof,* BB 2017, 662, 664; *Mellinghoff,* FS Spindler, S. 153, 161.

Entscheidungsspielraum habe,[82] der nur durch das Willkürverbot begrenzt werde[83]. Der allgemeine Gleichheitssatz sei in diesen Fällen nur dann verletzt, wenn sich überhaupt kein sachlicher Grund für die Ungleichbehandlung finde.[84] Bei der weiteren Ausgestaltung des Steuertatbestandes vertrat das Gericht hingegen die Auffassung, dass der weite Gestaltungsspielraum durch zwei eng miteinander verbundene Leitlinien beschränkt werde: zum einen durch das Gebot der Besteuerung nach Maßgabe der finanziellen Leistungsfähigkeit und zum anderen durch das Gebot der Folgerichtigkeit.[85] In diesem Bereich sei der Prüfungsmaßstab des Art. 3 Abs. 1 GG von einer bloßen Willkürkontrolle auf eine strikte Verhältnismäßigkeitsprüfung verengt,[86] so dass jede Ungleichbehandlung eines besonderen sachlichen Grundes bedürfe.[87]

In jüngeren Entscheidungen des BVerfG findet sich diese zweistufige Konkretisierung des gesetzgeberischen Gestaltungsspielraums nicht mehr.[88] Stattdessen

82 Vgl. BVerfGE 152, 274, 313; BVerfGE 148, 147, 184; BVerfGE 145, 106, 143 f.; BVerfGE 139, 1, 13; BVerfGE 126, 268, 277; BVerfGE 123, 1, 19; BVerfGE 122, 210, 230 f.; BVerfGE 117, 1, 30; BVerfGE 107, 27, 47; BVerfGE 93, 121, 136; BVerfGE 50, 57, 77; BVerfGE 27, 58, 66.

83 Vgl. BVerfGE 137, 350, 366; BVerfGE 135, 126, 145; BVerfGE 123, 111, 120; BVerfGE 50, 57, 77; aus dem Schrifttum siehe *Drüen*, StuW 2008, 3, 8; *Palm*, JöR 64 (2016), 457, 466; *Papier*, DStR 2007, 973, 975; *Ratschow*, in: Brandis/Heuermann, EStG, § 2, Rn. 11; *Thiemann*, JZ 2015, 866, 869. Kritisch hierzu *Hennrichs*, FS Lang, S. 237, 241 ff.; *Hey*, FR 2008, 1033, 1034; *Hey*, DStR 2009, 2561, 2563; *Meyer*, Leistungsfähigkeitsprinzip, S. 130 f.; *Tipke*, Steuerrechtsordnung II, S. 576 ff., die zutreffend anmerken, dass der Steuergesetzgeber auch schon bei der Auswahl der Besteuerungsgegenstände nicht völlig frei in seiner Entscheidung ist, sondern an die verfassungsrechtlichen Vorgaben und insbesondere das Leistungsfähigkeitsprinzip gebunden ist.

84 Vgl. BVerfGE 123, 111, 123; BVerfGE 120, 1, 31; *Hey*, DStR 2009, 2561, 2562; *Thiemann*, JZ 2015, 866, 869.

85 St. Rspr. vgl. BVerfGE 152, 274, 313 f.; BVerfGE 126, 268, 277 f.; BVerfGE 122, 210, 230 f.; BVerfGE 117, 1, 30; BVerfGE 116, 164, 180; BVerfGE 107, 27, 46 f.; BVerfGE 105, 73, 125.

86 *F. Kirchhof*, BB 2017, 662, 664; *Schomäcker*, Steuerverfassungsrecht, S. 56. Zur dahinterstehenden „inversen Anwendung" des Gleichheitssatzes siehe *F. Kirchhof*, BB 2017, 662, 664.

87 Vgl. BVerfGE 139, 1, 13 f.; BVerfGE 126, 268, 278; BVerfGE 122, 210, 231; BVerfGE 116, 164, 180 f.; BVerfGE 105, 73, 126; siehe *Friauf*, DStJG 12 (1989), S. 3, 28 f.; *F. Kirchhof*, BB 2017, 662, 664.

88 Mit dieser Feststellung auch *Ratschow*, in: Brandis/Heuermann, EStG, § 2, Rn. 11; *Wernsmann*, in: Hübschmann/Hepp/Spitaler, AO/FGO, § 4 AO, Rn. 445a; vgl. *Hey*, FR 2020, 578, 579.

legt das Gericht nunmehr auch im Steuerrecht einen stufenlosen Prüfungsmaßstab an,[89] aus dem es unterschiedliche Anforderungen an die Rechtfertigung von Ungleichbehandlungen und damit einhergehend die Kontrolldichte des Gerichtes ableitet.[90] Hiernach ist Art. 3 Abs. 1 GG jedenfalls dann verletzt, wenn sich ein vernünftiger, aus der Natur der Sache ergebender oder sonst wie sachlich einleuchtender Grund für eine gesetzliche Differenzierung nicht finden lässt.[91] Ausgangspunkt der Rechtfertigungsprüfung ist nach der stufenlosen Prüfung offenbar nur noch das Willkürverbot,[92] wonach eine Ungleichbehandlung bereits dann verfassungsrechtlich gerechtfertigt ist, wenn sich ein wie auch immer gearteter sachlicher Grund dafür findet.[93] Anders als nach der zweistufigen Prüfung wird eine strenge Bindung an den Verhältnismäßigkeitsgrundsatz bei dem stufenlosen Maßstab nur noch angenommen, wenn und soweit sich die Ungleichbehandlung von Personen oder Sachverhalten auf die Ausübung grundrechtlich geschützter Freiheiten auswirken kann.[94] Eine Differenzierung zwischen der

---

89 Deutlich diesbezüglich BVerfG BStBl. II 2016, 557, 561; vgl. auch BVerfG DStR 2024, 155, 164; BVerfGE 164, 347, 394; BVerfGE 162, 277, 306; BVerfGE 160, 41, 64; BVerfGE 158, 282, 327; BVerfGE 152, 274, 312; BVerfGE 148, 217, 243; BVerfGE 148, 147, 184; BVerfGE 145, 106, 142; BVerfGE 139, 285, 309; BVerfGE 139, 1, 12.

90 Vgl. auch *Drüen,* in: Tipke/Kruse, AO/FGO, § 3 AO, Rn. 45; *Eichberger,* DStJG 39 (2016), S. 97, 112; *Eichberger,* FS BFH, Bd. 1, S. 501, 506; *Hey,* in: Tipke/Lang, Steuerrecht, Rn. 3.124; *G. Kirchhof,* in: BeckOK EStG, § 2, Rn. 50; *Kischel,* in: BeckOK GG, Art. 3, Rn. 169a; *Ratschow,* in: Brandis/Heuermann, EStG, § 2, Rn. 11; *Wernsmann,* in: Hübschmann/Hepp/Spitaler, AO/FGO, § 4 AO, Rn. 445a.

91 Vgl. BVerfG DStR 2024, 155, 164; BVerfGE 164, 347, 394; BVerfGE 162, 277, 306; BVerfGE 160, 41, 64; BVerfGE 152, 274, 312; BVerfGE 148, 147, 185; BVerfGE 145, 106, 143.

92 Deutlich wird dies insbesondere mit der Formulierung in BVerfGE 145, 106, 144, wonach die „Entscheidung des Gesetzgebers […] nur daraufhin zu überprüfen [ist], ob sie auf sachwidrigen, willkürlichen Erwägungen beruht"; vgl. auch BVerfGE 137, 350, 367. Siehe zudem BVerfGE 152, 274, 318: „Das Bundesverfassungsgericht kann nur eingreifen und eine vom Gesetzgeber getroffene Lösung beanstanden, wenn sich dieser bei der Abgrenzung evident nicht mehr vom Gerechtigkeitsgedanken leiten lässt, sondern willkürlich verfährt".

93 So auch *Ratschow,* in: Brandis/Heuermann, EStG, § 2, Rn. 11; vgl. *Gersch,* in: Klein, AO, § 3, Rn. 12; *Hey,* FR 2020, 578, 581; *Hey,* in: Tipke/Lang, Steuerrecht, Rn. 3.125; *G. Kirchhof,* in: BeckOK EStG, § 2, Rn. 50; a.A. *Wernsmann,* in: Hübschmann/Hepp/Spitaler, AO/FGO, § 4 AO, Rn. 445a.

94 Vgl. BVerfG DStR 2024, 155, 164; BVerfGE 164, 347, 395; BVerfGE 162, 277, 306; BVerfGE 160, 41, 64 f.; BVerfGE 158, 282, 327 f.; BVerfGE 152, 274, 313; BVerfGE 148, 217, 243; BVerfGE 148, 147, 184; BVerfGE 145, 106, 145. Nach dieser

lediglich willkürbegrenzten Auswahl des Steuergegenstandes und der streng verhältnismäßigkeitsgebundenen weiteren Ausgestaltung der Tatbestände wird nicht mehr vorgenommen,[95] was dazu führt, dass nicht klar vorhersehbar ist, welchen konkreten Rechtfertigungsmaßstab das BVerfG im Einzelfall prüft.[96] Dieses Problem verschärft sich zusätzlich durch den offenen Widerspruch, den das BVerfG bei der stufenlosen Prüfung im Hinblick auf das Folgerichtigkeitsgebot formuliert. So führt das Gericht auch in den jüngeren Entscheidungen weiterhin aus, dass der Gesetzgeber verpflichtet sei, die Besteuerung an der wirtschaftlichen Leistungsfähigkeit auszurichten und die Ausgestaltung des steuerrechtlichen Ausgangstatbestandes vor diesem Hintergrund folgerichtig im Sinne der Belastungsgleichheit umzusetzen.[97] Gegensätzlich zu der Grundaussage, dass Art. 3 Abs. 1 GG jedenfalls dann verletzt sei, wenn sich kein sachlich einleuchtender Grund für die Ungleichbehandlung finde, weist das Gericht sodann – ebenso wie in den früheren Entscheidungen – darauf hin, dass Ausnahmen von der folgerichtigen Umsetzung des steuerrechtlichen Ausgangstatbestandes eines *besonderen* sachlichen Grundes bedürften, der die Ungleichbehandlung nach Art und Ausmaß zu rechtfertigen vermag.[98] Bei Verstößen gegen das Folgerichtigkeitsgebot nimmt das BVerfG also offenbar auch weiterhin eine strenge Bindung des Gesetzgebers an den Grundsatz der Verhältnismäßigkeit an.[99] Wann das Gericht allerdings von einem Verstoß gegen das Folgerichtigkeitsgebot ausgeht, ist vor dem Hintergrund der stufenlosen Prüfung ebenfalls nicht mehr vorhersehbar, wie etwa die Entscheidung zu

---

Rechtsprechung wird eine zunehmende Verschärfung der verfassungsrechtlichen Anforderungen außerdem angenommen, je weniger die Merkmale, an die die gesetzliche Differenzierung anknüpft, für Einzelne verfügbar ist.

95 So auch *Wernsmann,* in: Hübschmann/Hepp/Spitaler, AO/FGO, § 4 AO, Rn. 445a.

96 Auf dieses Problem weisen auch *Drüen,* in: Tipke/Kruse, AO/FGO, § 3 AO, Rn. 44; *Hey,* FR 2020, 578, 579; *Hey,* in: Tipke/Lang, Steuerrecht, Rn. 3.125 hin; siehe zudem *Eichberger,* FS BFH, Bd. 1, S. 501, 513.

97 Vgl. BVerfG DStR 2024, 155, 164; BVerfGE 164, 347, 395; BVerfGE 162, 277, 306; BVerfGE 160, 41, 65; BVerfGE 158, 282, 328; BVerfGE 152, 274, 313 f.; BVerfGE 148, 147, 184; BVerfGE 145, 106, 144.

98 Vgl. BVerfG DStR 2024, 155, 164; BVerfGE 164, 347, 395 f.; BVerfGE 162, 277, 306; BVerfGE 160, 41, 65 f.; BVerfGE 158, 282, 328; BVerfGE 152, 274, 313 f.; BVerfGE 148, 147, 184; BVerfGE 145, 106, 144.

99 So auch *G. Kirchhof,* in: BeckOK EStG, § 2, Rn. 63; *Ratschow,* in: Brandis/Heuermann, EStG, § 2, Rn. 11; vgl. zudem a.A. *Eichberger,* FS BFH, Bd. 1, S. 501, 512 f.; *Kischel,* in: BeckOK GG, Art. 3, Rn. 155.

den Erstausbildungskosten[100] zeigt.[101] In dieser Entscheidung, auf die im weiteren Verlauf noch näher eingegangen wird,[102] hat das BVerfG zunächst Ausführungen dazu gemacht, dass die Ausgestaltung des steuerrechtlichen Ausgangstatbestandes folgerichtig im Sinne der Belastungsgleichheit erfolgen müsse und Abweichungen hiervon eines besonderen sachlichen Grundes bedürften.[103] Anschließend hat es die gesetzgeberische Zuordnungsentscheidung einer gemischten Aufwendung allerdings nur anhand einer Willkürkontrolle überprüft, ohne zuvor einen möglichen Verstoß gegen das Folgerichtigkeitsgebot untersucht zu haben.[104]

Um solche Widersprüche zu vermeiden und den Anforderungen des Grundgesetztes hinreichend gerecht zu werden, ist es erforderlich, einen einheitlichen Verhältnismäßigkeitsmaßstab anzuwenden, der dem besonderen Wertesystem des Steuerrechts entspricht.[105] Ein Rückzug auf bloße Willkürkontrollen, wie ihn das BVerfG mit der stufenlosen Prüfung neuerdings vorzunehmen scheint, ist dabei abzulehnen.[106] Zum einen ist die Grundrechtsprüfung im Steuerrecht zumeist auf den allgemeinen Gleichheitssatz nach Art. 3 Abs. 1 GG beschränkt,[107] da die Hürden für eine Anwendung der Art. 12 Abs. 1, Art. 14 Abs. 1 GG mit den Voraussetzungen einer berufsregelnden Tendenz[108] bzw. erdrosselnden Wirkung hoch sind[109]. Wenn außerdem noch geringe Anforderungen an den Rechtfertigungsmaßstab des Art. 3 Abs. 1 GG gestellt werden, schränkt dies den Grundrechtschutz im Steuerrecht zu sehr ein. Zum anderen kann dem BVerfG nicht darin zugestimmt werden, dass jeder sachlich einleuchtende Grund ausreicht, um Abweichungen von sachgerechten Grundwertungen des Steuerrechts zu rechtfertigen.[110] Je nach Intensität der Ungleichbehandlung bedarf es unterschiedlich starker Anforderungen an den Rechtfertigungsmaßstab. Da die Willkürprüfung

---

100 BVerfGE 152, 274.

101 So auch *Hey*, FR 2020, 578, 579; *Hey*, in: Tipke/Lang, Steuerrecht, Rn. 3.125. Zu Recht kritisch auch *Meyer*, in: BeckOK EStG, § 4, Rn. 2863.2.

102 Siehe Teil 1 § 3 B.V.

103 Vgl. BVerfGE 152, 274, 313 f.

104 Vgl. BVerfGE 152, 274, 322 ff.

105 So auch *Drüen*, in: Tipke/Kruse, AO/FGO, § 3 AO, Rn. 44; *Hey*, in: Tipke/Lang, Steuerrecht, Rn. 3.125.

106 So auch *Hey*, in: Tipke/Lang, Steuerrecht, Rn. 3.125.

107 Vgl. auch *Hey*, FS BFH, Bd. 1, S. 451, 474; *Hey*, FR 2020, 578, 579; *Eichberger*, FS BFH, Bd. 1, S. 501, 501 f.

108 *Birk/Desens/Tappe*, Steuerrecht, § 2, Rn. 188.

109 Näher hierzu in Teil 1 § 2 B.III.3.

110 So auch *Hey*, FR 2020, 578, 581; *Hey*, in: Tipke/Lang, Steuerrecht, Rn. 3.125; *Schön*, JöR 2016, 515, 535.

aber keinen Raum für Abwägungen nach der Schwere des Eingriffs bietet, kann dem nur mit Hilfe der Verhältnismäßigkeitsprüfung hinreichend Rechnung getragen werden.[111] Aus diesen Gründen sind Ungleichbehandlungen im Rahmen der weiteren Ausgestaltung der Steuertatbestände (vormals zweite Stufe) auch weiterhin am Grundsatz der Verhältnismäßigkeit zu messen. Die Anforderungen an den Rechtfertigungsmaßstab und die Kontrolldichte des BVerfG steigen dabei je nach Art und Ausmaß der Ungleichbehandlung von einer eher großzügigen bis hin zu einer strengen Prüfung der Verhältnismäßigkeit.[112] Zudem wird der gesetzgeberische Gestaltungsspielraum in diesem Bereich durch das Leistungsfähigkeitsprinzip und das Gebot der Folgerichtigkeit begrenzt. Deren Verwirklichung kann nur dann ein hohes Maß erreichen, wenn der gesetzgeberische Gestaltungsspielraum für Durchbrechungen eng gefasst wird.[113] Daher bedarf jede Abweichung von der einmal getroffenen Belastungsentscheidung des Gesetzgebers – wie es das BVerfG auch heute noch ausführt – eines besonderen sachlichen Grundes.[114] Da § 4 Abs. 5 S. 1 Nr. 1-7 EStG die tatbestandliche Ausgestaltung bestimmter steuerrechtlicher Abzugsbeschränkungen und -verbote betrifft,[115] werden die für den gesetzgeberischen Gestaltungsspielraum maßgeblichen Grund sätze des Leistungsfähigkeitsprinzips und Folgerichtigkeitsgebots im Folgenden kurz dargestellt.

2. *Gebot der Besteuerung nach Maßgabe der finanziellen Leistungsfähigkeit*

Die erste Grenze des gesetzgeberischen Gestaltungsspielraums im Steuerrecht bildet das Gebot der Besteuerung nach Maßgabe der finanziellen Leistungsfähigkeit. Dieses fordert, dass Steuerpflichtige bei gleicher Leistungsfähigkeit gleich hoch besteuert werden (horizontale Steuergerechtigkeit), während die

---

111 *Hey*, FR 2020, 578, 581; *Hey*, in: Tipke/Lang, Steuerrecht, Rn. 3.125.

112 So im Ergebnis auch *Desens*, StuW 2016, 240, 245; *Drüen*, in: Tipke/Kruse, AO/FGO, § 3 AO, Rn. 46; *Eichberger*, DStJG 39 (2019), S. 97, 113 f.; *Eichberger*, FS BFH, Bd. 1, S. 501, 511; *Hey*, FS BFH, Bd. 1, S. 451, 474.

113 So zutreffend *Desens*, StuW 2016, 240, 244.

114 So auch *Eichberger*, DStJG 39 (2016), S. 97, 114; *Ratschow*, in: Brandis/Heuermann, EStG, § 2, Rn. 11; siehe zudem *Drüen*, in: Tipke/Kruse, AO/FGO, § 3 AO, Rn. 46; *Eichberger*, FS BFH, Bd. 1, S. 501, 512 f.; *Kischel*, in: BeckOK GG, Art. 3, Rn. 155, die zutreffend darauf hinweisen, dass zwischen der Prüfungsdichte des BVerfG und dem Gestaltungsspielraum des Gesetzgebers zu differenzieren ist, und Abweichungen vom Folgerichtigkeitsgebot nicht stets eine erhöhte Prüfungsintensität im Sinne einer *strengen* Verhältnismäßigkeitskontrolle auslösen – auch wenn für deren Rechtfertigung ein *besonderer* Sachgrund erforderlich ist.

115 Vgl. auch *Mellinghoff*, FS Spindler, S. 153, 164.

Besteuerung höherer Einkommen, im Vergleich zur steuerlichen Belastung niedrigerer Einkommen, in einem angemessenen Verhältnis stehen muss (vertikale Steuergerechtigkeit).[116] Anders als die Weimarer Reichsverfassung in Art. 134[117] enthält das Grundgesetz heute keine ausdrückliche Bestimmung mehr darüber, wie die steuerlichen Lasten zu verteilen sind.[118] Daher sind die Rechtsgrundlage und damit einhergehend die rechtliche Verbindlichkeit und Aussagekraft des Leistungsfähigkeitsprinzips umstritten.[119] Nach Ansicht des BVerfG folgt das Leistungsfähigkeit unmittelbar aus Art. 3 Abs. 1 GG[120] bzw. aus dem Grundsatz der Steuergerechtigkeit, der seinerseits im allgemeinen Gleichheitssatz verankert ist[121]. Hieraus wird gefolgert, dass dem Leistungsfähigkeitsprinzip selbst Verfassungsrang zukomme[122] und Abweichungen hiervon grundsätzlich der Rechtfertigung bedürften.[123] Auch die Literatur geht überwiegend davon aus, dass das Leistungsfähigkeitsprinzip als Fundamentalprinzip der Steuergerechtigkeit[124]

---

116 BVerfG DStR 2024, 155, 164; BVerfGE 160, 41, 65; BVerfGE 152, 274, 313; BVerfGE 127, 224, 245; BVerfGE 126, 286, 295 f.; BVerfGE 123, 111, 120; BVerfGE 121, 108, 119 f.; BVerfGE 116, 164, 180 f.; BVerfGE 110, 412, 433; BVerfGE 107, 27, 46 f.; BVerfGE 105, 73, 125 f.; BVerfGE 99, 246, 260; BVerfGE 82, 60, 89; grundlegend hierzu *Birk,* Leistungsfähigkeitsprinzip, S. 165 ff., 170 ff.; siehe zudem *Desens,* StuW 2016, 240, 242; *Mellinghoff,* FS Spindler, S. 153, 162.

117 Art. 134 WRV lautete: „Alle Staatsbürger ohne Unterschied tragen im Verhältnis ihrer Mittel zu allen öffentlichen Lasten nach Maßgabe der Gesetze bei."

118 Vgl. BVerfGE 6, 55, 70; *Arndt,* NVwZ 1988, 787, 789; *Birk,* FS P. Kirchhof, Bd. 2, S. 1591; *Birk,* StuW 2011, 354, 357; *Droege,* StuW 2011, 105, 108; *Tipke,* StuW 1988, 262, 270.

119 Näher hierzu *Arndt,* NVwZ 1988, 787, 790 ff.; *Drüen,* in: Tipke/Kruse, AO/FGO, § 3 AO, Rn. 50 f.; *Englisch,* Wettbewerbsgleichheit, S. 571 ff.; *Lang,* Bemessungsgrundlage, S. 97 ff.; *Meyer,* Leistungsfähigkeitsprinzip, S. 121 ff.; *Schober,* in: BeckOK AO, § 3, Rn. 71 ff.; *Tipke,* StuW 1988, 262, 270.

120 BVerfGE 93, 121, 135; BVerfGE 82, 60, 86; vgl. BVerfGE 120, 1, 44.

121 Vgl. BVerfGE 148, 217, 244; BVerfGE 117, 1, 30; BVerfGE 105, 17, 46; BVerfGE 66, 214, 223; BVerfGE 61, 319, 343 f.; BVerfGE 47, 1, 29 f. Siehe zu diesem Zusammenhang auch bereits Teil 1 § 2 A III.1.

122 Dazu *Birk,* FS P. Kirchhof, Bd. 2, S. 1591, 1592; *Desens,* StuW 2016, 240 f.; *Schomäcker,* Steuerverfassungsrecht, S. 56 f.

123 Vgl. BVerfGE 122, 210, 231; BVerfGE 107, 27, 47; *Tipke,* Steuerrechtsordnung I, S. 329 ff.; *Schomäcker,* Steuerverfassungsrecht, S. 56 f.

124 *Hey,* in: Tipke/Lang, Steuerrecht, Rn. 3.40; *Lang,* Bemessungsgrundlage, S. 97; *Tipke,* Steuerrechtsordnung I, S. 491, 504.

Verbindlichkeit für den Steuergesetzgeber entfaltet.[125] Die Begründungen hierfür fallen allerdings vielfältiger aus.[126] Ein Teil des Schrifttums geht – ebenso wie das BVerfG – davon aus, dass das Leistungsfähigkeitsprinzip seinen Ursprung in Art. 3 Abs. 1 GG habe.[127] Namentlich *Birk* ist dagegen der Meinung, dass ein Leistungsfähigkeitsprinzip, das sich allein auf die Verteilung steuerlicher Lasten bezieht, nicht zielführend sei, da die gefundenen Ergebnisse jederzeit durch Sozialleistungen, die für den Steuerzahler entlastend wirken, unterlaufen werden könnten.[128] Aus diesem Grund leitet er das Leistungsfähigkeitsprinzip nicht allein aus dem allgemeinen Gleichheitssatz, sondern zusätzlich aus einer Verbindung des Sozialstaatsprinzips mit verschiedenen Freiheitsrechten ab.[129] *Tipke* räumt dem Leistungsfähigkeitsprinzip ebenfalls Verfassungsrang ein,[130] folgert diesen jedoch nicht unmittelbar aus dem Grundgesetz, sondern aus dem von außen an die Verfassung herangetragenen, ethischen Gebot eines gerechten Verteilungsmaßstabs.[131]

Daneben gibt es andere Stimmen im Schrifttum,[132] die den verbindlichen Charakter des Leistungsfähigkeitsprinzips ablehnen und dem Prinzip keine

---

125 Vgl. statt vieler *Birk*, Leistungsfähigkeitsprinzip, S. 50 f.; *Birk*, FS P. Kirchhof, Bd. 2, S. 1591, 1592; *Friauf*, DStJG 12 (1989), S. 3, 27 f.; *P. Kirchhof*, Besteuerung im Verfassungsstaat, S. 22; *Lang*, FS Kruse, S. 313, 315; *Papier*, DStR 2007, 973, 975; *Schilling*, Zwangsläufiger Aufwand, S. 39; *Schomäcker*, Steuerverfassungsrecht, S. 56 f.; *Tipke*, BB 2007, 1525, 1527; *Weber-Grellet*, Steuern im modernen Verfassungsstaat, S. 162.

126 Näher hierzu *Englisch*, Wettbewerbsgleichheit, S. 571 ff.; *Lang*, Bemessungsgrundlage, S. 122 ff.; *Schilling*, Zwangsläufiger Aufwand, S. 39, Fn. 113; *Schober*, in: BeckOK AO, § 3, Rn. 71 ff.

127 Vgl. *Birk*, FS P. Kirchhof, Bd. 2, S. 1591, 1592; *Friauf*, DStJG 12 (1989), S. 3, 27; *Hey*, in: Tipke/Lang, Steuerrecht, Rn. 3.121; *F. Kirchhof*, BB 2017, 662; *Lang*, Bemessungsgrundlage, S. 15, 124 f.; *Papier*, DStR 2007, 973, 975; *Schomäcker*, Steuerverfassungsrecht, S. 56 f.; konkreter *Meyer*, Leistungsfähigkeitsprinzip, S. 119, der herausarbeitet, dass das Leistungsfähigkeitsprinzip *nicht aus* dem allgemeinen Gleichheitssatz *folgt*, sondern *in ihm zur Geltung kommt*.

128 Vgl. *Birk*, Leistungsfähigkeitsprinzip, S. 102; *Birk*, StuW 2011, 354, 362.

129 *Birk*, Leistungsfähigkeitsprinzip, S. 135 ff.; *Birk*, StuW 2011, 354, 362; ähnlich auch *Waldhoff/Goldmann*, in: K/S/M, EStG, § 1, Rn. A 100; *Weber-Grellet*, Steuern im modernen Verfassungsstaat, S. 166 f. Siehe zudem *P. Kirchhof*, Besteuerung im Verfassungsstaat, S. 23 f., der das Leistungsfähigkeitsprinzip aus Art. 14 und Art. 3 GG ableitet; kritisch dagegen *F. Kirchhof*, BB 2017, 662, 665.

130 *Tipke*, BB 2007, 1525, 1527.

131 *Tipke*, Steuerrechtsordnung I, S. 481 ff.

132 Siehe etwa *Arndt*, FS Mühl, S. 17, 29 ff.; *Arndt*, NVwZ 1988, 787, 790 ff.; *Drüen*, DStJG 37 (2014), S. 9, 47 f., *Drüen*, StuW 2019, 205; 209; *Drüen*, in: Tipke/Kruse,

grundlegende Bedeutung für den Gestaltungsspielraum des Steuergesetzgebers beimessen wollen.[133] Ihrer Meinung nach stellt das Leistungsfähigkeitsprinzip kein systemtragendes Prinzip mit Verfassungsrang dar, sondern liefert lediglich einen sachlichen Differenzierungsgrund für den Gesetzgeber, der neben vielen anderen Gründen als Rechtfertigung für eine Ungleichbehandlung herangezogen werden kann.[134] Darüber hinaus dürfe der Stellenwert sowie die Aussagekraft des Leistungsfähigkeitsprinzips, die eher in einer ideologischen als rechtlichen Funktion bestehe[135], aber nicht überschätzt werden[136]. Diese Ansicht lässt sich unter anderem auf die vielfach getätigte Aussage zurückführen, das Leistungsfähigkeitsprinzip sei vieldeutig[137] und für eine konkrete Anwendung zu vage und unbestimmt[138]. Selbst Befürworter wie *Birk*[139] und *Lang*[140] räumen ein, dass das Leistungsfähigkeitsprinzip höchst abstrakt ist und hieraus noch keine konkreten Schlussfolgerungen für den gesetzgeberischen Gestaltungsspielraum gezogen

---

AO/FGO, § 3 AO, Rn. 50 f.; *Kruse,* DStJG 5 (1989), S. 71, 77 ff.; *Walz,* Steuergerechtigkeit, S. 116 ff., 158 ff. Siehe zur jüngst wieder neu aufgekommenen Diskussion über die verfassungsrechtliche Bedeutung des Leistungsfähigkeitsprinzips und seiner Ableitung aus dem allgemeinen Gleichheitssatz nur *Hongler/Kempny/Valta,* IStR 2024, 350, 350 ff.; *Kempny,* StuW 2021, 85, 85 ff.; *Siegel,* DStR 2023, 1617, 1617 ff.; *Waldhoff,* DStR 2023, 381, 381 ff.

133 Näher dazu *Lang,* DStJG 24 (2001), S. 49, 56 ff.; *Tipke,* Steuerrechtsordnung I, S. 481 ff.

134 So etwa *Arndt,* FS Mühl, S. 17, 33; *Arndt,* NVwZ 1988, 787, 791; *Drüen,* in: Tipke/Kruse, AO/FGO, § 3 AO, Rn. 50a; *Kruse,* DStJG 5 (1989), S. 71, 80; vgl. *Kischel,* AöR 124 (1999), S. 174, 207.

135 So etwa *Kruse,* DStJG 5 (1989), S. 71, 81.

136 *Drüen,* DStJG 37 (2014), S. 9, 48; *Drüen,* StuW 2019, 205; 209; *Drüen,* in: Tipke/Kruse, AO/FGO, § 3 AO, Rn. 50; relativierend auch *F. Kirchhof,* BB 2017, 662, 667.

137 Sog. „Vieldeutigkeitsthese“, *Lang,* DStJG 24 (2001), S. 49, 57; siehe etwa BVerfGE 47, 1, 29 f.; BVerfGE 43, 108, 120; *Arndt,* FS Mühl, S. 17, 30; *Drüen,* in: Tipke/Kruse, AO/FGO, § 3 AO, Rn. 50; *Kruse,* DStJG 5 (1989), S. 71, 80 f.; *Walz,* Steuergerechtigkeit, S. 117; vgl. auch *Kempny,* StuW 2021, 85, 88.

138 Siehe etwa *Arndt,* NVwZ 1988, 787, 791; *Birk,* FS P. Kirchhof, Bd. 2, S. 1591, 1592; *Drüen,* in: Tipke/Kruse, AO/FGO, § 3 AO, Rn. 43; *Kruse,* DStJG 5 (1989), S. 71, 81; *Lang,* DStJG 24 (2001), S. 49, 57; siehe auch *Walz,* Steuergerechtigkeit, S. 107 („Leerformel“); weitere Nachweise bei *Kempny,* StuW 2021, 85, 86; *Weber-Grellet,* Steuern im modernen Verfassungsstaat, S. 163 f.

139 *Birk,* Leistungsfähigkeitsprinzip, S. 52; *Birk,* FS P. Kirchhof, Bd. 2, S. 1591, 1592 f.

140 *Lang,* Bemessungsgrundlage, S. 125; *Lang,* DStJG 24 (2001), S. 49, 57.

werden können.[141] Auch wenn das Leistungsfähigkeitsprinzip einen steuerrechtsspezifischen Vergleichsmaßstab für Art. 3 Abs. 1 GG liefert, lassen sich hieraus dennoch keine konkreten Angaben über die Höhe des Steuersatzes oder einen gerechten Tarifverlauf entnehmen.[142] So ist schon nicht klar, wie die finanzielle Leistungsfähigkeit im Einzelnen zu bestimmen ist.[143]

Der rechtlichen Maßgeblichkeit des Leistungsfähigkeitsprinzips widerspricht dies indessen nicht.[144] Ebenso wie andere systemtragende Grundprinzipien ist auch das Leistungsfähigkeitsprinzip notwendigerweise offen formuliert und erhält seinen Inhalt erst durch gesetzgeberische Ausfüllung und Konkretisierung.[145] Als steuerspezifischer Vergleichsmaßstab des allgemeinen Gleichheitssatzes ist das Leistungsfähigkeitsprinzip in die Werteordnung des Grundgesetzes eingebunden.[146] Sein Inhalt wird daher zunächst durch die Grundrechte und übrigen Wertvorstellungen des Grundgesetzes konkretisiert.[147] Für den Gesetzgeber lässt sich hieraus zugleich der verbindliche verfassungsrechtliche Rahmen zur Gestaltung einer leistungsfähigkeitsgerechten Besteuerung abstecken.[148] Unterhalb dieser

---

141 Siehe auch *Drüen*, StuW 2019, 205, 209; *Englisch*, Wettbewerbsgleichheit, S. 571 f.; *Schilling*, Zwangsläufiger Aufwand, S. 40; *Tipke*, StuW 1988, 262, 272.

142 *Bowitz*, Objektives Nettoprinzip, S. 77; *Müller-Franken*, StuW 1997, 3, 16; *Pohmer*, FinArch 46 (1988), S. 135, 137; *Söhn*, FinArch 46 (1988), S. 154, 160.

143 Näher hierzu *Birk/Desens/Tappe*, Steuerrecht, § 1, Rn. 35; *Hennrichs*, FS Lang, S. 237, 239 f.

144 So auch *F. Kirchhof*, BB 2017, 662; *Lang*, Bemessungsgrundlage, S. 99 f.; *Lang*, FS Kruse, S. 313; 317; *Meyer*, Leistungsfähigkeitsprinzip, S. 134; *Schomäcker*, Steuerverfassungsrecht, S. 58; *Tipke*, StuW 1988, 262, 272; *Waldhoff*, DStR 2023, 381, 386 f.; *Weber-Grellet*, Steuern im modernen Verfassungsstaat, S. 164 f.

145 Hierzu *Birk*, Leistungsfähigkeitsprinzip, S. 147; *Birk*, FS P. Kirchhof, Bd. 2, S. 1591, 1593; *Hey*, in: Tipke/Lang, Steuerrecht, Rn. 3.16, 3.41; *Lang*, Bemessungsgrundlage, S. 99, 125; *Lang*, FS Kruse, S. 313; 319; *Schilling*, Zwangsläufiger Aufwand, S. 40; *Waldhoff*, DStR 2023, 381, 386 f. Siehe darüber hinaus *Meyer*, Leistungsfähigkeitsprinzip, S. 134 ff., der dem Leistungsfähigkeitsprinzip konkrete Vorgaben entnimmt und dabei absolute sowie relative Grenzen für den gesetzgeberischen Gestaltungsspielraum herausstellt.

146 *Schilling*, Zwangsläufiger Aufwand, S. 40. Siehe auch *Tipke*, StuW 1988, 262, 270.

147 Zur Bedeutung der verfassungsrechtlichen Wertvorstellungen für den Inhalt des Leistungsfähigkeitsprinzips siehe *Englisch*, Wettbewerbsgleichheit, S. 571 f.; *Meyer*, Leistungsfähigkeitsprinzip, S. 122 ff.; *Lang*, Bemessungsgrundlage, S. 128; *Weber-Grellet*, Steuern im modernen Verfassungsstaat, S. 164.

148 *Birk*, FS P. Kirchhof, Bd. 2, S. 1591, 1592; *Lang*, Bemessungsgrundlage, S. 132; *Schilling*, Zwangsläufiger Aufwand, S. 40; *Schomäcker*, Steuerverfassungsrecht, S. 58. Siehe zudem *Birk*, Leistungsfähigkeitsprinzip, S. 54, der in diesem Zusammenhang von

verfassungsrechtlichen Konkretisierungsebene bleibt es dem Gesetzgeber dagegen selbst überlassen, die weiteren Prämissen und Wertaussagen des Leistungsfähigkeitsprinzips festzulegen.[149] Dabei ist er nicht völlig frei in seiner Entscheidung. Vielmehr muss der Gesetzgeber einmal getroffene Grundsatzentscheidungen, mit denen das Leistungsfähigkeitsprinzip einfachrechtlich konkretisiert werden soll,[150] folgerichtig im Sinne der Belastungsgleichheit umsetzen.[151] Mit jeder weiteren Konkretisierungsentscheidung wird der Gestaltungsspielraum des Gesetzgebers somit stärker eingeschränkt[152] und der Gesetzgeber in gewissem Maße „Gefangener der eigenen Entscheidungen"[153]. Dieses Folgerichtigkeitsgebot ist in der Rechtsprechung des BVerfG zum zentralen Prüfungsmaßstab geworden[154] und bildet, neben dem Leistungsfähigkeitsprinzip, die zweite verfassungsrechtliche Grenze des gesetzgeberischen Gestaltungsspielraums.

3. *Gebot der Folgerichtigkeit*

Nach ständiger Rechtsprechung des BVerfG wird das Gebot der Folgerichtigkeit[155] ebenfalls aus dem allgemeinen Gleichheitssatz des Art. 3 Abs. 1 GG abgeleitet[156]

„Primärableitungen" des Leistungsfähigkeitsprinzips spricht, die den gesetzgeberischen Gestaltungsspielraum durch alternativlose Wertentscheidungen einengen.

149 *Englisch,* FS Lang, S. 167, 181; *Lang,* Bemessungsgrundlage, S.128; *Schilling,* Zwangsläufiger Aufwand, S. 41; *Schomäcker,* Steuerverfassungsrecht, S. 58. Vgl. auch *Drüen,* DStJG 37 (2014), S. 9, 48; *Drüen,* StuW 2019, 205, 209; *Waldhoff,* DStR 2023, 381, 386 f.

150 Im Bereich des Einkommensteuerrechts konkretisiert der Gesetzgeber das Leistungsfähigkeitsprinzip mit dem objektiven und subjektiven Nettoprinzip. Näher hierzu in Teil 1 § 2 B. und C.

151 Vgl. BVerfGE 122, 210, 231; BVerfGE 105, 73, 126; BVerfGE 99, 88, 95; *Birk,* Leistungsfähigkeitsprinzip, S. 52; *Hey,* in: Tipke/Lang, Steuerrecht, Rn. 3.118; *F. Kirchhof,* BB 2017, 662, 664; *Tipke,* Steuerrechtsordnung I, S. 327.

152 *Birk,* Leistungsfähigkeitsprinzip, S. 52; *Drüen,* StuW 2008, 3, 9.

153 *Di Fabio,* JZ 2007, 749, 754.

154 *P. Kirchhof,* AöR 128 (2003), S. 1, 44; *P. Kirchhof,* StuW 2006, 3, 14. Zur grundlegenden Bedeutung des Folgerichtigkeitsgebots siehe auch *Birk,* DStR 2009, 877, 881; *Mellinghoff,* FS Spindler, S. 153, 164; *Palm,* JöR 64 (2016), 457, 466 f.; *Payandeh,* AöR 136 (2011), S. 578, 594.; *Ratschow,* in: Brandis/Heuermann, EStG, § 2, Rn. 15.

155 Näher zur Entwicklung des Folgerichtigkeitsgebots siehe *Bowitz,* Objektives Nettoprinzip, S. 127 ff.; *Brückner,* Folgerichtige Gesetzgebung, S. 38 ff.

156 Das Schrifttum stimmt dieser gleichheitsrechtlichen Verankerung des Folgerichtigkeitsgebots überwiegend zu; siehe z.B. *Birk,* FS P. Kirchhof, Bd. 2, S. 1591, 1597 f.; *Breinersdorfer,* DStR 2010, 2492, 2949; *Di Fabio,* JZ 2007, 749, 754; *Englisch,* FS Lang, S. 167; 179; *Mellinghoff,* FS Spindler, S. 153, 164; *Thiemann,* in: Linien der

und erlangt damit Verfassungsrang[157]. Es fordert den Gesetzgeber dazu auf, einmal getroffene Belastungsentscheidungen folgerichtig im Sinne der Belastungsgleichheit umzusetzen.[158] Hat der Gesetzgeber im Bereich des einfachen Rechts eine Grundsatzentscheidung getroffen, so bindet das Folgerichtigkeitsgebot ihn an diese Entscheidung[159] und gebietet deren konsequente und widerspruchsfreie Ausgestaltung.[160] Gefordert wird also ein „Mindestmaß an Systemorientierung".[161] Abweichungen von der einmal getroffenen Belastungsentscheidung bedürfen eines besonderen sachlichen Grundes, der die Ungleichbehandlung nach Art und Ausmaß zu rechtfertigen vermag.[162]

In der Literatur ist das Folgerichtigkeitsgebot zuletzt zunehmend in Kritik geraten.[163] Auch wenn dem Folgerichtigkeitsgebt selbst Verfassungsrang zugesprochen wird, liegen die Anknüpfungspunkte für dessen Prüfung im Bereich des einfachen Rechts.[164] Hieraus wird teilweise gefolgert, dass auch die einfachrecht-

---

Rechtsprechung des BVerfG, Bd. 2, S. 179, 189 f.; zuweilen finden sich aber auch andere Ansichten; siehe etwa *Drüen,* JZ 2010, 91, 94; *P. Kirchhof,* AöR 128 (2003), S. 1, 44; *P. Kirchhof,* StuW 2006, 3, 14; *Palm,* JöR, 64 (2016), S. 457, 470, die das Folgerichtigkeitsgebot nicht nur aus Art. 3 Abs. 1 GG, sondern auch aus dem Rechtsstaatsprinzip herleiten; näher hierzu *Brückner,* Folgerichtige Gesetzgebung, S. 177 ff.

157 Vgl. BVerfGE 122, 210, 234; BVerfGE 82, 60, 86 f.; aus der Literatur siehe *Drüen,* StuW 2008, 3, 9; *Jahndorf,* StuW 2016, 256, 259; *Payandeh,* AöR 136 (2011), S. 578, 595; *Ratschow,* in: Brandis/Heuermann, EStG, § 2, Rn. 15; *Thiemann,* in: Linien der Rechtsprechung des BVerfG, Bd. 2, S. 179, 193; a.A. dagegen *Birk/Desens/Tappe,* Steuerrecht, § 2, Rn. 174; *Eichberger,* DStJG 39 (2016), S. 97, 114; *Schomäcker,* Steuerverfassungsrecht, S. 59 f.

158 Vgl. BVerfG DStR 2024, 155, 164; BVerfGE 164, 347, 395; BVerfGE 162, 277, 308; BVerfGE 160, 41, 65; BVerfGE 127, 224, 245; BVerfGE 123, 111, 122; BVerfGE 120, 1, 29; BVerfGE 117, 1, 31; BVerfGE 99, 88, 95; BVerfGE 93, 121, 136; BVerfGE 84, 239, 271.

159 *Drüen,* StuW 2008, 3, 9; *P. Kirchhof,* StuW 2017, 3, 8; *Palm,* JöR 64 (2016), S. 457, 465; *Schneider,* DStR 2009, Beih. zu Heft 34, 88, 89. Näher zur Selbstbindung des Gesetzgebers siehe *Bowitz,* Objektives Nettoprinzip, S. 148.

160 *Birk,* DStR 2009, 877, 881; *Breinersdorfer,* DStR 2010, 2492, 2494; *Eckhoff,* FS P. Kirchhof, Bd. 2, S. 1601, 1606; *Ratschow,* in: Brandis/Heuermann, EStG, § 2, Rn. 15.

161 *Birk,* DStR 2009, 877, 881.

162 Siehe diesbezüglich bereits Teil 1 § 2 A.III.3.

163 Näher hierzu *Bowitz,* Objektives Nettoprinzip, S. 162 ff.; *Hey,* in: Tipke/Lang, Steuerrecht, Rn. 3.120; *Palm,* JöR 64 (2016), S. 457, 467 ff.; *Payandeh,* AöR 136 (2011), S. 578, 595 ff.; *Ratschow,* in: Brandis/Heuermann, EStG, § 2, Rn. 17 ff.

164 So ausdrücklich etwa BVerfGE 107, 27, 54; siehe auch *Brückner,* Folgerichtige Gesetzgebung, S. 42; *Ratschow,* in: Brandis/Heuermann, EStG, § 2, Rn. 15.

lichen Grundentscheidungen im Rahmen des Folgerichtigkeitsgebots zumindest mittelbar verfassungsrechtliche Bedeutung erhielten und damit die Normenhierarchie auf unzulässige Weise aufgeweicht werde.[165] Hierdurch entstehe die Gefahr einer übermäßigen Eingrenzung der legislativen Gestaltungsfreiheit.[166] An anderer Stelle ist zudem zu lesen, dass das Folgerichtigkeitsgebot für sich genommen inhaltsleer sei und keine eigenen Aussagen treffe, die über die bereits bestehenden Anforderungen des allgemeinen Gleichheitssatzes hinausgingen.[167] Aus diesen Gründen wird bei der Anwendung und Konkretisierung des Folgerichtigkeitsgebots inzwischen vermehrt zu Vorsicht und Zurückhaltung gemahnt.[168]

Auch das BVerfG scheint sich mittlerweile vom Konzept des Folgerichtigkeitsgebots als verfassungsrechtliche Leitlinie distanziert zu haben.[169] So hat das Gericht den Grundsatz der Folgerichtigkeit in seiner Entscheidung über Erstausbildungskosten[170] und auch im Beschluss zu § 8c KStG[171] zwar zunächst abstrakt angesprochen, anschließend aber nicht mehr zur Anwendung gebracht.[172] Zudem betont das BVerfG schon seit längerem, dass die Systemwidrigkeit einer

---

165 So etwa *Kischel,* in: Epping/Hillgruber, BeckOK GG, Art. 3, Rn. 154; *Kischel,* AöR 124 (1999), S. 174, 204 f.; *Leisner-Egensperger,* DÖV 2013, 533, 534; *Lepsius,* JZ 2009, 260, 262; *Ratschow,* in: Brandis/Heuermann, EStG, § 2, Rn. 15; *Tappe,* JZ 2016, 27. In diese Richtung auch *Thiemann,* JZ 2015, 866, 870.

166 So etwa *Kischel,* AöR 124 (1999), S. 174, 206; *Lepsius,* JZ 2009, 260, 262; *Palm,* JöR 64 (2016), S. 457, 471. In diesem Punkt zustimmend auch *Englisch,* FS Lang, S. 167, 177. Siehe zudem *Müller-Franken,* NJW 2009, 55, 55: „verfassungsrechtliche Zementierung einer einfachrechtlichen Position".

167 So etwa *Brückner,* Folgerichtig Gesetzgebung, S. 177; *Jahndorf,* StuW 2016, 256, 259; *Kischel,* in: BeckOK GG, Art. 3, Rn. 155.1; *Payandeh,* AöR 136 (2011), S. 578, 598; *Ratschow,* in: Brandis/Heuermann, EStG, § 2, Rn. 18; vgl. auch *Hongler/Kempny/Valta,* IStR 2024, 350, 352. Näher hierzu *Bowitz,* Objektives Nettoprinzip, S. 167 ff.; *Englisch,* FS Lang, S. 167, 169 ff.

168 Siehe etwa *Englisch,* FS Lang, S. 167, 171 (Gebrauch „mit Augenmaß"); *Palm,* JöR 64 (2016), S. 457, 471; *Thiemann,* in: Linien der Rechtsprechung des BVerfG, Bd. 2, S. 179, 188; *Thiemann,* JZ 2015, 866, 870; ähnlich auch *Drüen,* JZ 2010, 91, 94 („regulatives Prinzip").

169 So auch die Feststellungen von *Drüen,* JZ 2010, 91, 93; *Kempny* JöR 64 (2016), S. 477, 490; *Hey,* FS BFH, Bd. 1, S. 451, 469; *Kischel,* in: BeckOK GG, Art. 3, Rn. 156; *Palm,* JöR 64 (2016), S. 457, 472; *Ratschow,* in: Brandis/Heuermann, EStG, § 2, Rn. 20; *Thiemann,* JZ 2015, 866, 870.

170 BVerfGE 152, 274.

171 BVerfGE 145, 106.

172 Vgl. BVerfGE 152, 274, 313 ff.; BVerfGE 145, 106, 144 ff.; siehe auch *Hey,* FR 2020, 578, 579; *Ratschow,* in: Brandis/Heuermann, EStG, § 2, Rn. 20.

gesetzlichen Regelung für sich genommen keine Verletzung des allgemeinen Gleichheitssatzes und keinen eigenständigen Verfassungsverstoß begründe.[173] Stattdessen könne eine Durchbrechung des Folgerichtigkeitsgebots lediglich ein Indiz dafür sein, dass ein Verstoß gegen Art. 3 Abs. 1 GG vorliegt.[174] Eine allgemeine Pflicht des Gesetzgebers zur konsistenten und folgerichtigen Rechtssetzung kann aus dem Folgerichtigkeitsgebot jedenfalls nicht abgeleitet werden.[175] Zudem ist der Gesetzgeber weder verpflichtet, bei der Ausgestaltung eines Rechtsgebiets überhaupt ein bestimmtes Regelungssystem zu schaffen, noch ist er verpflichtet, ein einmal aufgestelltes System vollkommen unverändert beizubehalten.[176] So hat das BVerfG in seiner Entscheidung zur Pendlerpauschale[177] explizit darauf hingewiesen, dass der Gesetzgeber im Rahmen des Folgerichtigkeitsgebots grundlegende Systemwechsel vornehmen könne, ohne dabei an frühere Belastungsentscheidung gebunden zu sein.[178] Voraussetzung hierfür sei allerdings ein „Mindestmaß an neuer Systemorientierung".[179]

Aber auch ohne Systemwechsel zwingt das Folgerichtigkeitsgebot den Gesetzgeber nicht zur starren Einhaltung seiner einfachrechtlichen Belastungsentscheidungen.[180] Abweichungen von einer einmal getroffenen Ausgangsentscheidung sind nach ständiger Rechtsprechung des BVerfG rechtfertigungsbedürftig, aber eben auch rechtfertigungsfähig.[181] So darf der Gesetzgeber in Abweichung vom Folgerichtigkeitsgebot außerfiskalische Förderungs- und Lenkungsziele verfolgen.[182] Zudem darf er zur Vereinfachung des Steuerrechts generalisierende, typi-

173 Vgl. BVerfGE 123, 111, 123 ff.; BVerfGE 104, 74, 87; BVerfGE 85, 238, 247; BVerfGE 78, 104, 123; BVerfGE 75, 382, 395 f.; BVerfGE 61, 138, 148 f.; BVerfGE 59, 36, 49.

174 Vgl. BVerfGE 104, 74, 87; BVerfGE 61, 138, 148; BVerfGE 59, 36, 49; so auch *Eichberger,* FS BFH, Bd. 1, S. 501, 511; so auch *Schober,* in: BeckOK AO, § 3, Rn. 77; *Thiemann,* in: Linien der Rechtsprechung des BVerfG, Bd. 2, S. 179, 193.

175 *Payandeh,* AöR 136 (2011), S. 578, 612; *Schomäcker,* Steuerverfassungsrecht, S. 60; vgl. *Bowitz,* Objektives Nettoprinzip, S. 164 f.

176 *Eckhoff,* FS P. Kirchhof, Bd. 2, S. 1601, 1606.

177 BVerfGE 122, 210. Näheres zu dieser Entscheidung in Teil 1 § 3 B.III.

178 BVerfGE 122, 210, 241 f.; vgl. auch BVerfG DStR 2024, 155, 164 f.; BVerfGE 126, 268, 280 f. Näher hierzu *Brückner,* Folgerichtige Gesetzgebung, S. 51 ff.; *Thiemann,* Linien der Rechtsprechung des BVerfG, Bd. 2, S. 179, 201 f.

179 Vgl. BVerfGE 126, 268, 280 f.; BVerfGE 122, 210, 241 f.

180 *Ratschow,* in: Brandis/Heuermann, EStG, § 2, Rn. 16.

181 *Bowitz,* Objektives Nettoprinzip, S. 164.

182 Vgl. BVerfG DStR 2024, 155, 165; BVerfGE 160, 41, 67; BVerfGE 122, 210, 231; BVerfGE 116, 164, 182; BVerfGE 105, 73, 112.

sierende und pauschalierende Regelungen treffen.[183] Rein fiskalische Zwecke zur staatlichen Einnahmenerhöhung oder Haushaltskonsolidierung genügen dagegen nicht.[184] Letztendlich stellt das Folgerichtigkeitsgebot mithin keine absoluten Grenzen für den gesetzgeberischen Gestaltungsspielraum auf.[185] Seine maßgebliche Bedeutung erhält es erst durch die Identifizierung von Subprinzipien,[186] die den Rahmen der gesetzgeberischen Selbstbindung durch Konkretisierung des Leistungsfähigkeitsprinzips vorgeben und dem Folgerichtigkeitsgebot damit mehr Wertung verleihen.[187] Diese Subprinzipien rücken somit ins Zentrum der verfassungsrechtlichen Prüfung.[188] Wie stark sie ihrerseits den gesetzgeberischen Gestaltungsspielraum einschränken, hängt davon ab, welche Bindungswirkung den Subprinzipien zukommt. Fraglich ist also insbesondere, ob die gesetzgeberische Ausgangsentscheidung selbst Verfassungsrang erlangt oder aus anderen Gründen der Disponibilität des Gesetzgebers entzogen ist, nachdem sie einmal getroffen wurde.[189]

Im Einkommensteuerrecht wird das Leistungsfähigkeitsprinzip durch das objektive und subjektive Nettoprinzip konkretisiert.[190] Für die Bestimmung des gesetzgeberischen Gestaltungsspielraums in diesem Bereich kommt es mithin maßgeblich darauf an, ob und bejahendenfalls unter welchen Voraussetzungen der Gesetzgeber Abweichungen von diesen Subprinzipien vornehmen bzw. diese wiederum durch andere Subprinzipien relativieren darf.[191] Entscheidend ist also

---

183 Vgl. BVerfGE 152, 274, 315; BVerfGE 101, 297, 310; BVerfGE 96, 1, 9; BVerfGE 81, 228; BVerfGE 78, 214, 226 f.

184 Vgl. BVerfG DStR 2024, 155, 165; BVerfGE 123, 111, 121; BVerfGE 122, 210, 236 f; BVerfGE 116, 164, 182; BVerfGE 105, 17, 45. Auf die einzelnen Rechtfertigungsgründe wird an späterer Stelle im Zusammenhang mit dem objektiven Nettoprinzip näher eingegangen; siehe hierzu Teil 1 § 2 B.IV.2.

185 Deutlich *Drüen*, JZ 2010, 91, 93: „Insgesamt ist der Zwang des Gesetzgebers zur Folgerichtigkeit auch nach der Rechtsprechung des BVerfG keineswegs absolut.“; so auch *Bowitz*, Objektives Nettoprinzip, S. 164.

186 Näher zu den konkretisierenden Subprinzipien *Drüen*, DStJG 37 (2014), S. 9, 48; *Englisch*, FS Lang, S. 167, 180 f.; *Hey*, in: Tipke/Lang, Steuerrecht, Rn. 3.14; *Tipke*, Steuerrechtsordnung I, S. 67 ff.

187 *Drüen*, StuW 2008, 3, 6; *Schober*, in: BeckOK AO, § 3, Rn. 77; vgl. *Drüen*, JZ 2010, 91, 94.

188 *Drüen*, JZ 2010, 91, 94.

189 *Drüen*, JZ 2010, 91, 94; *Schober*, in: BeckOK AO, § 3, Rn. 77.1 f.

190 Vgl. BVerfGE 152, 274, 316; BVerfGE 122, 220, 233; BVerfGE 107, 27, 46; *Tipke*, FS Raupach, S. 177, 192; *Drenseck*, FR 2006, 1, 3; *Drüen*, DStJG 37 (2014), S. 9, 48.

191 Hierzu auch *Drüen*, StuW 2008, 3, 9.

die im Folgenden zu untersuchende Reichweite und Bindungswirkung des objektiven und subjektiven Nettoprinzips.

B. Objektives Nettoprinzip

I. Inhaltliche Bedeutung

Das objektive Nettoprinzip ist vor allem in § 2 Abs. 2 EStG gesetzlich verankert.[192] Hiernach unterliegt der Einkommensteuer grundsätzlich nur das Netto- oder Reineinkommen, also der Saldo aus Erwerbseinnahmen und betrieblich/beruflich veranlassten Erwerbsaufwendungen.[193] Hintergrund dieses Prinzips ist die Erwägung, dass der Steuerpflichtige nur aus dem Teil der Einnahmen Steuern zahlen kann, der ihm für den eigenen Verbrauch tatsächlich zur Verfügung steht.[194] Was der Steuerpflichtige zur Erzielung der Einkünfte aufwendet, steht ihm zur Erbringung seiner Steuerlast nicht mehr zur Verfügung und ist für den Gesetzgeber daher nicht disponibel.[195] Erwerbssichernde Aufwendungen müssen daher grundsätzlich die Bemessungsgrundlage mindern.[196] Wird der Abzug von Erwerbsaufwendungen beschränkt oder vollständig ausgeschlossen, so stellt dies einen Verstoß gegen das objektive Nettoprinzip dar und wirkt damit einer Besteuerung nach der wirtschaftlichen Leistungsfähigkeit entgegen.[197]

---

192 *Birk/Desens/Tappe,* Steuerrecht, § 5, Rn. 612; *Bowitz,* Objektives Nettoprinzip, S. 30; *Hey,* in: Tipke/Lang, Steuerrecht, Rn. 8.54; *Lang,* Bemessungsgrundlage, S. 60; *Schneider,* DStR 2009, Beih. zu Heft 34, 87, 88; *Tipke,* Steuerrechtsordnung II, S. 763.

193 *Lang,* Bemessungsgrundlage, S. 60 ff.; *Ruppe,* DStJG 3 (1980), S. 103, 105; *Schneider,* DStR 2009, Beih. zu Heft 34, 87, 88; *Söhn,* DStJG 3 (1980), S. 13, 18; *Tipke,* Steuerrechtsordnung II, S. 763.

194 *Birk/Desens/Tappe,* Steuerrecht, § 5, Rn. 611, vgl. auch *Hey,* in: Tipke/Lang, Steuerrecht, Rn. 8.54; *Lang,* Bemessungsgrundlage, S. 60; *Tipke,* JZ 2009, 533, 538.

195 *Bowitz,* Objektives Nettoprinzip, S. 29; *P. Kirchhof,* K/S/M, EStG, § 2, Rn. A 126; *Ruppe,* DStJG 3 (1980), S. 103, 105; *Söhn,* DStJG 3 (1980), S. 13, 18; *Tipke,* StuW 1979, 193, 194; *Tipke,* Steuerrechtsordnung II, S. 763. Kritisch zu dieser Erklärung *Kempny,* StuW 2021, 85, 101, der ausführt, dass der eigentliche Grund dafür, dass Erwerbsaufwendungen die Bemessungsgrundlage der Einkommensteuer mindern, darin liegt, dass andernfalls begrifflich und in der Sache nicht das *Einkommen* besteuert würde, sondern die Einnahmen oder der Umsatz (Hervorhebung durch den Autor).

196 *Bowitz,* Objektives Nettoprinzip, S. 29; *Tipke,* StuW 1979, 193, 194.

197 Vgl. *Englisch,* DStR 2009, Beih. zu Heft 34, 92, 93; *Gärtner,* Gemischt veranlasste Aufwendungen, S. 63; *Spilker,* in: K/S/M, EStG, § 4, Rn. F 9; *Strahl,* KÖSDI 2003, 13833, 13834.

Ob derartige Durchbrechungen verfassungsrechtlich zulässig sind oder gerechtfertigt werden können, hängt maßgeblich davon ab, welcher verfassungsrechtliche Stellenwert dem objektiven Nettoprinzip zugesprochen wird und welche Grenzen daraus für den gesetzgeberischen Gestaltungsspielraum folgen. Daher wird im Folgenden zunächst untersucht, welchen verfassungsrechtlichen Stellenwert das objektive Nettoprinzip hat und welche Auswirkungen für den gesetzgeberischen Gestaltungsspielraum damit verbunden sind. Anschließend wird auf die äußersten Grenzen des Gestaltungsspielraums eingegangen, welche im Zusammenhang mit dem objektiven Nettoprinzip durch die im Grundgesetz verankerte Finanzverfassung sowie die Grundrechte der Berufsfreiheit (Art. 12 Abs. 1 GG) und der Eigentumsfreiheit (Art. 14 Abs. 1 GG) gesetzt werden. Da der Abzugskatalog des § 4 Abs. 5 S. 1 Nr. 1-7 EStG im 4. Teil der Arbeit auch dahingehend untersucht wird, ob sich eine übergeordnete Dogmatik bereits daraus ergibt, dass mögliche Durchbrechungen des objektiven Nettoprinzips über alle Tatbestände hinweg mit den gleichen Gründen gerechtfertigt werden können,[198] wird zum Abschluss dieses Kapitels außerdem abstrakt darauf eingegangen, welche Rechtfertigungsgründe dem Gesetzgeber bei Verstößen gegen das objektive Nettoprinzip grundsätzlich zur Verfügung stehen.

II. Verfassungsrechtlicher Stellenwert und Bedeutung für den gesetzgeberischen Gestaltungsspielraum

1. Problemaufriss

Zur Feststellung des gesetzgeberischen Gestaltungsspielraums stellt sich im Ausgangspunkt zunächst die Frage, inwieweit dem objektiven Nettoprinzip selbst Verfassungsrang zukommt.[199] Als Verfassungsprinzip stünde das objektive Nettoprinzip über dem Einkommensteuergesetz und der einfache Gesetzgeber wäre bereits aufgrund der Normenhierarchie daran gebunden.[200] Unabhängig von einer etwaigen Selbstbindung des Gesetzgebers im Wege des Folgerichtigkeitsgebots wäre das Prinzip damit nicht austauschbar und jede Änderung oder grundlegende Reformierung des Einkommensteuergesetzes müsste mit den Regelungen des objektiven Nettoprinzips in Einklang stehen.[201] Ob und bejahendenfalls in

---

198 Siehe hierzu Teil 4 § 18 D.

199 Siehe auch *Bowitz,* Objektives Nettoprinzip, S. 43.

200 *Bowitz,* Objektives Nettoprinzip, S. 43.

201 *Bowitz,* Objektives Nettoprinzip, S. 43.

welchem Umfang dem objektiven Nettoprinzip Verfassungsrang zukommt, ist in Rechtsprechung und Literatur allerdings umstritten.[202]

2. *Auffassung der Rechtsprechung*

Das BVerfG hat bislang explizit offen gelassen, ob dem objektiven Nettoprinzip selbst Verfassungsrang zukommt.[203] In früheren Entscheidungen hat das Gericht sogar abgestritten, dass dem Einkommensteuerrecht überhaupt ein Nettoprinzip zugrunde liegt und dies auf die gesetzlich geregelten Abzugsbeschränkungen in § 4 Abs. 5 EStG und § 12 EStG zurückgeführt.[204] Inzwischen geht das BVerfG jedoch davon aus, dass dem objektiven Nettoprinzip jedenfalls verfassungsrechtliche Bedeutung zukommt.[205] So nimmt es an, dass das objektive Nettoprinzip zu den Grundsatzentscheidungen des einfachen Gesetzgebers gehöre, die im Rahmen des verfassungsrechtlich verankerten Folgerichtigkeitsgebotes[206] folgerichtig im Sinne der Belastungsgleichheit umzusetzen seien.[207] Ob daraus auch folgt, dass dem objektiven Nettoprinzip selbst Verfassungsrang zukommt, oder ob darin lediglich eine einfachrechtliche Grundentscheidung zu sehen ist, lässt das Gericht nach wie vor offen.[208] Jedenfalls könne der Gesetzgeber – wie auch sonst im Rahmen des Folgerichtigkeitsgebotes – das objektive Nettoprinzip bei

---

202 Siehe *Bergkemper*, StuW 2006, 311; *Drüen*, StuW 2008, 3, 4.

203 Vgl. BVerfGE 152, 274, 317; BVerfG BStBl. II 2016, 557, 562; BVerfGE 127, 224, 248; BVerfGE 122, 210, 234; BVerfGE 107, 27, 48. Siehe auch *Bowitz*, Objektives Nettoprinzip, S. 44; *Breinersdorfer*, DStR 2010, 2492, 2494; *Hennrichs*, FS Lang, S. 237, 245; *Hey*, in: Tipke/Lang, Steuerrecht, Rn. 8.55. Näher zur Entwicklung der Rechtsprechung *Desens*, StuW 2016, 240, 248.

204 Vgl. etwa BVerfGE 34, 103, 115 ff. Hierzu auch *Bowitz*, Objektives Nettoprinzip, S. 44, 135 f.; *Tipke*, Steuerrechtsordnung II, S. 764, die zu Recht darauf hinweisen, dass das BVerfG mit dieser Argumentation in systemwidriger Weise das Vorliegen der Regel mit den bestehenden Ausnahmen negiert, anstatt die Rechtfertigung der Ausnahmen von der Regel zu untersuchen. Siehe außerdem *Lang*, StuW 2007, 3, 5.

205 Vgl. BVerfGE 122, 210, 234. Siehe auch *Gärtner*, Gemischt veranlasste Aufwendungen, S. 64; *Seiler*, DStJG 34 (2011), S. 61, 63.

206 Hierzu bereits Teil 1 § 2 A.III.3.

207 Vgl. BVerfGE 152, 274, 313 f.; BVerfGE 126, 268, 280; BVerfGE 123, 111, 121; BVerfGE 122, 210, 234; BVerfGE 107, 27, 46; BVerfGE 105, 73, 126; BVerfGE 99, 280, 290; BVerfGE 66, 214, 223.

208 Vgl. BVerfGE 152, 274, 316 ff.; BVerfGE 126, 268, 280; BVerfGE 123, 111, 121; BVerfGE 122, 210, 234; BVerfGE 107, 27, 46; BVerfGE 105, 73, 126; BVerfGE 99, 280, 290; BVerfGE 66, 214, 223; BVerfGE 43, 108, 119; siehe *Bowitz*, Objektives Nettoprinzip, S. 44; *Drüen*, StuW 2008, 3, 5; *Schneider*, DStR 2009, Beih. zu Heft 34, 87; *Seiler*, DStJG 34 (2011), S. 61, 63.

Vorliegen gewichtiger[209] oder besonderer sachlicher Gründe[210] durchbrechen und sich dabei generalisierender, typisierender und pauschalierender Regelungen bedienen[211]. Auch bei diesem Rechtfertigungsmaßstab ist in den jüngeren Entscheidungen des BVerfG allerdings ein zunehmender Wandel erkennbar,[212] wonach der verfassungsrechtliche Prüfungsmaßstab von einer strengen Verhältnismäßigkeitskontrolle auf eine reine Willkürkontrolle reduziert wird, bei der jeder sachliche Grund ausreicht, um Abweichungen vom objektiven Nettoprinzip zu rechtfertigen.[213] Wie oben bereits ausgeführt wurde, ist ein solcher Rückzug auf eine reine Evidenzkontrolle aufgrund der besonderen Wertungen des Steuerrechts grundsätzlich abzulehnen.[214]

Auch der BFH[215] begreift das objektive Nettoprinzip als Ausprägung des Folgerichtigkeitsgebots.[216] Zwar lässt er die Frage nach dem Verfassungsrang des objektiven Nettoprinzips ebenso wie das BVerfG offen. In einem Vorlagebeschluss aus dem Januar 2008 betont er aber, dass das objektive Nettoprinzip zu den gesetzgeberischen Grundsatzentscheidungen im Einkommensteuerrecht gehört und somit zumindest über den Gedanken der Folgerichtigkeit im Rahmen des Art. 3 Abs. 1 GG verfassungsrechtliche Bedeutung erlangt.[217] Der Gesetzgeber sei daher nicht völlig frei darin, Ausnahmen vom objektiven Nettoprinzip zu normieren. Er müsse insbesondere darauf achten, dass sich die Fälle, in denen er eine

---

209 BVerfGE 127, 224, 248; BVerfGE 81, 228, 237.

210 BVerfGE 126, 268, 278; BVerfGE 122, 210, 234; BVerfGE 107, 27, 48; BVerfGE 105, 73, 126; BVerfGE 99, 280, 290; vgl. BVerfGE 123, 111, 121 f., wobei dort anschließend auf eine bloße Willkürkontrolle verwiesen wird: „Eine steuergesetzliche Abweichung [...] verletzt nur dann das aus Art. 3 Abs. 1 GG folgende Gebot folgerichtiger Umsetzung, wenn sich kein sachlicher Grund für diese Abweichung finden lässt, die einfachgesetztliche „Ausnahmevorschrift" also als willkürlich zu bewerten ist." Ob das BVerfG bei Durchbrechungen des objektiven Nettoprinzips nunmehr stets das Vorliegen eines irgendwie gearteten sachlichen Rechtfertigungsgrundes ausreichen lässt, ist bislang nicht endgültig absehbar, siehe *Hey,* FR 2020, 578, 585 f.

211 Vgl. BVerfGE 127, 224, 248; BVerfGE 123, 111, 121; BVerfGE 107, 27, 48; BVerfGE 101, 297, 310; BVerfGE 96, 1, 9; BVerfGE 81, 228, 237. Zu den Rechtfertigungsgründen im Einzelnen siehe Teil 1 § 2 B.IV.2.

212 Mit dieser Feststellung etwa *Drüen,* JZ 2009, 91, 93; *Hey,* FR 2020, 578, 579.

213 Vgl. etwa BVerfGE 152, 274, 322 ff.; BVerfGE 145, 106, 144; BVerfGE 123, 111, 121.

214 Siehe hierzu bereits Teil 1 § 2 A.III.1.

215 Näher zur Rechtsprechung des BFH *Bergkemper,* StuW 2006, 311, 312 ff.; *Seiler,* DStJG 34 (2011), S. 61, 64 f.; *Lang,* StuW 2007, 3, 5 f.

216 Vgl. BFH GrS BStBl. II 2010, 672, 681; BFH BStBl. II 2008, 234, 244; BFH BStBl. II 2007, 121, 124. Siehe auch *Lehner,* DStR 2009, 185, 186.

217 Vgl. BFH BStBl. II 2008, 234, 244; vgl. auch BFH GrS BStBl. II 2010, 672, 681.

betrieblich/beruflich veranlasste Aufwendung nicht als absetzbaren Erwerbsaufwand anerkennt, so weitgehend von allen übrigen Fällen unterscheiden, dass diese unterschiedliche Behandlung im Hinblick auf den allgemeinen Gleichheitssatz sachlich gerechtfertigt ist.[218] Darüber hinaus sei das objektive Nettoprinzip bei der Rechtsanwendung als Auslegungsrichtschnur heranzuziehen.[219]

3. *Auffassungen der Literatur*

In der Literatur wird die Frage nach dem Verfassungsrang des objektiven Nettoprinzips ausdrücklich beantwortet. Hier werden im Wesentlichen drei Ansichten vertreten,[220] die im Folgenden kurz dargestellt werden sollen. Eine Ansicht geht davon aus, dass dem objektiven Nettoprinzip selbst kein Verfassungsrang zukommt.[221] Zwar nutze der einfache Gesetzgeber das objektive Nettoprinzip als Instrument zur Ermittlung der verfassungsrechtlich maßgeblichen wirtschaftlichen Leistungsfähigkeit. Allein aus diesem Grund erlange das Prinzip selbst jedoch noch keinen Verfassungsrang.[222] Es sei am Maßstab der Verfassung zu messen, ohne dabei selbst verfassungsrechtlicher Maßstab zu werden.[223] Eine verfassungsrechtliche Bindung des Gesetzgebers ergibt sich nach dieser Ansicht daher nicht unmittelbar aus dem objektiven Nettoprinzip, sondern nur mittelbar aus dem in Art. 3 Abs. 1 GG verankerten Folgerichtigkeitsgebot.[224] Ausnahmen von dem Grundsatz folgerichtiger Umsetzung dieser Grundsatzentscheidung seien möglich, bedürften aber eines besonderen Rechtfertigungsgrundes.[225] Im Ergebnis

---

218 BFH BStBl. II 2008, 234, 244.

219 BFH GrS BStBl. II 2010, 672, 681; vgl. BFH GrS BStBl. II 1999, 778, 780; BFH GrS BStBl. II 1995, 281, 284.

220 Siehe zu den verschiedenen Ansichten auch *Drüen*, StuW 2008, 3, 4 ff.; *Lang*, StuW 2007, 3, 4 ff.; *Paetsch*, DStR 2009, Beih. zu Heft 34, 78 ff.; *Seiler*, DStJG 34 (2011), S. 62, 65.

221 So etwa *Desens*, StuW 2016, 240, 248, 250; *Hongler/Kempny/Valta*, IStR 2024, 350, 352; *G. Kirchhof*, in: BeckOK EStG, § 2, Rn. 71; *Palm*, DStR 2002, 152, 154; *Schober*, in: BeckOK AO, § 3, Rn. 78.1; wohl auch *Drenseck*, FR 2006, 1, 4; *Droege*, StuW 2011, 105, 109.

222 Zu diesem Argument etwa *Schneider*, DStR 2009, Beih. zu Heft 34, 88, 89, der allerdings im Ergebnis eine differenzierende Ansicht vertritt, näher hierzu sogleich.

223 *Bowitz*, Objektives Nettoprinzip, S. 113; *Schneider*, DStR 2009, Beih. zu Heft 34, 88, 89. Siehe diesbezüglich auch *Drüen*, StuW 2008, 3, 6: „Das Steuerrecht ist verfassungslimitiert, nicht verfassungsprädisponiert."

224 Vgl. *G. Kirchhof*, FS Lang, S. 563, 584; *G. Kirchhof*, DStR 2009, Beih. zu Heft 34, 135, 142; *G. Kirchhof*, in: BeckOK EStG, § 2, Rn. 72; *Strahl*, KÖSDI 2003, 13833, 13835 f.

225 Vgl. *G. Kirchhof*, in: BeckOK EStG, § 2, Rn. 72; *Strahl*, KÖSDI 2003, 13833, 13835 f.

deckt sich diese Ansicht mit der in der Rechtsprechung vertretenen Sichtweise. Der einzige Unterschied besteht darin, dass das BVerfG und der BFH die Frage nach dem Verfassungsrang des objektiven Nettoprinzips bislang explizit offen gelassen haben, während die genannten Vertreter der Literatur sie ausdrücklich verneinen.[226] Dies wird oftmals damit begründet, dass das objektive Nettoprinzip von strukturgebenden Grundelementen (konkret den Erwerbseinnahmen und -ausgaben) abhängig sei, die ihrerseits so komplex und variabel seien, dass eine Annahme des Verfassungsrangs für das objektive Nettoprinzip unmöglich sei.[227]

Nach anderer, wohl herrschender Meinung kommt dem objektiven Nettoprinzip selbst Verfassungsrang zu.[228] Dies wird insbesondere darauf zurückgeführt, dass es für eine leistungsfähigkeitsgerechte Besteuerung im Einkommensteuerrecht keine sachgerechte Alternative zum objektiven Nettoprinzip gebe.[229] Ausdruck wirtschaftlicher Leistungsfähigkeit könne nur das Reineinkommen sein, weswegen das objektive Nettoprinzip nicht nur der einfachrechtlichen Ermittlung wirtschaftlicher Leistungsfähigkeit diene, sondern ein verfassungsrechtlich zwingendes Subprinzip des Leistungsfähigkeitsprinzips darstelle, das für die Einkommensteuer grundsätzlich maßgebend sein müsse.[230] Zudem sei die Rechtsprechung des BVerfG nicht nachvollziehbar, wonach das Leistungsfähigkeitsprinzip und das Gebot der Folgerichtigkeit nach Maßgabe des Gleichheitssatzes Verfassungsrang hätten, das objektive Nettoprinzip als Konkretisierung des Leistungsfähigkeitsprinzips dagegen nicht.[231] Hieraus wird gefolgert, dass auch das objektive Nettoprinzip konsequenterweise Verfassungsrang haben müsse. Als

---

226 Siehe auch *Gärtner,* Gemischt veranlasste Aufwendungen, S. 66.

227 Vgl. *Schneider,* DStR 2009, Beih. zu Heft 34, 88, 89; ähnlich auch *G. Kirchhof,* DStR 2009, Beih. zu Heft 34, 135, 142 f.; *Schober,* in: BeckOK AO, § 3, Rn. 78.1.

228 So etwa *Englisch,* DStR 2009, Beih. zu Heft 34, 92; *Hennrichs,* FS Lang, S. 237, 246; *Hey,* in: Tipke/Lang, Steuerrecht, Rn. 8.55; *Lang,* Bemessungsgrundlage, S. 184; *Mellinghoff,* FS Bareis, S. 171, 178 f.; *Seiler,* DStJG 34 (2011), S. 62, 70; *Söhn,* DStJG 3 (1980), S. 13, 18; *Tipke,* FS Raupach, S. 177, 178, *Tipke,* JZ 2009, 533, 537. Siehe ferner *Lehner,* DStR 2009, 185: „bereichsspezifische verfassungsrechtliche Verankerung des objektiven Nettoprinzips".

229 *Hey,* in: Tipke/Lang, Steuerrecht, Rn. 8.55; *Englisch,* DStR 2009, Beih. zu Heft 34, 92, 96. Näher hierzu *Bowitz,* Objektives Nettoprinzip, S. 79 f.; a.A. *Palm,* DStR 2002, 152, 154.

230 So *Englisch,* DStR 2009, Beih. zu Heft 34, 92; *Söhn,* DStJG 3 (1980), S. 13, 18; *Tipke,* FS Raupach, S. 177, 178; vgl. *Lang,* StuW 2007, 3, 4; siehe auch *Gorski,* Harzburger Protokoll 1978, S. 58, 62 f.: „Das Nettoprinzip gehört also – als Bestandteil des Leistungsfähigkeitsprinzips – zur Grundstruktur der Einkommensbesteuerung".

231 So *Tipke,* BB 2007, 1525, 1527; *Tipke,* JZ 2009, 533, 537 f.

Ausgangspunkt hierfür wird zumeist der allgemeine Gleichheitssatz des Art. 3 Abs. 1 GG genannt.[232] Daneben werden aber auch verschiedene andere Rechtsgründe vertreten, die von der Finanzverfassung[233] bis zu verschiedenen Grundrechten wie der Eigentumsgarantie (Art. 14 Abs. 1 GG)[234] oder der Berufsfreiheit (Art. 12 Abs. 1 GG)[235] reichen.[236] Auch Befürworter des Verfassungsrangs gehen allerdings unabhängig von der Rechtsgrundlage davon aus, dass dieser nicht absolut wirke und Durchbrechungen grundsätzlich möglich seien.[237] Voraussetzung hierfür seien besondere sachliche Gründe, die nicht rein fiskalischer Natur sein dürfen.[238] Mögliche Rechtfertigungsgründe könnten hierbei außerfiskalische Förderungs- und Lenkungszwecke ebenso wie Typisierungen zur Wahrung von Persönlichkeitsrechten des Steuerpflichtigen oder zur Missbrauchsbekämpfung im Grenzbereich zwischen Erwerbs- und Privataufwendungen sein.[239]

Schließlich wird im Rahmen der dritten Literaturansicht vertreten, dass das objektive Nettoprinzip nicht in Gänze Verfassungsrang habe, sondern nur ein verfassungsrechtlich gebotenes Mindestmaß aufweise, das unmittelbar aus dem Leistungsfähigkeitsprinzip folge.[240] Hiernach soll es einen verfassungsrechtlich verbindlichen Kerngehalt des objektiven Nettoprinzips geben, der auf den Bereich beschränkt ist, der sich eindeutig und zwangsläufig aus dem

---

232 Vgl. *Lang,* StuW 2007, 3, 4; *Tipke,* JZ 2009, 533, 538.

233 So z.B. *Englisch,* DStR 2009, Beih. zu Heft 34, 92 f.; *Wernsmann,* DStR 2009, Beih. zu Heft 34, 101; kritisch hierzu *Hennrichs,* FS Lang, S. 237, 247.

234 Siehe etwa *Hennrichs,* FS Lang, S. 237, 247; *Lehner,* DStR 2009, 185, 189 ff.; *Mellinghoff,* FS Bareis, S. 171, 178 f.

235 Siehe z.B. *Hennrichs,* FS Lang, S. 237, 247; *Mellinghoff,* FS Bareis, S. 171, 178 f.

236 *Seiler,* DStJG 34 (2011), S. 62, 65. Wie sogleich gezeigt wird, ergeben sich aus der Finanzverfassung und einzelnen Grundrechten absolute Beschränkungen, die den gesetzgeberischen Gestaltungsspielraum unabhängig vom Verfassungsrang des objektiven Nettoprinzips zumindest an äußerste Grenzen des objektiven Nettoprinzips binden. Siehe hierzu Teil 1 § 2 B.III.

237 So *Hennrichs,* FS Lang, S. 237, 247; *Englisch,* DStR 2009, Beih. zu Heft 34, 92, 96; *Söhn,* DStJG 3 (1980), S. 13, 18; *Tipke,* Steuerrechtsordnung II, S. 767; siehe auch *Drüen,* StuW 2008, 3, 6; *Gärtner,* Gemischt veranlasste Aufwendungen, S. 67.

238 Siehe *Englisch,* DStR 2009, Beih. zu Heft 34, 92, 96 f.; *Söhn,* DStJG 3 (1980), S. 13, 18.

239 Vgl. *Englisch,* DStR 2009, Beih. zu Heft 34, 92, 96 f.

240 Vgl. etwa *Desens,* StuW 2016, 240, 248, 250; *Jachmann,* StuW 1998, 193, 202; *Schneider,* DStR 2009, Beih. zu Heft 34, 88, 89, 91, der dem objektiven Nettoprinzip jedenfalls nicht „im Ganzen" Verfassungsrang beimessen will; *Thiemann,* JZ 2015, 866; *Wernsmann,* DStR 2008, Beih. zu Heft 17, 37, 40; *Wernsmann,* DStR 2009, Beih. zu Heft 34, 101.

Leistungsfähigkeitsprinzip ergibt.[241] Da dem Steuerpflichtigen nur diejenigen Mittel nicht mehr zur Verfügung stünden, die durch notwendige, unvermeidbare und deshalb indisponible Aufwendungen aufgebracht werden,[242] folge aus dem Leistungsfähigkeitsprinzip nicht, dass jeder gewillkürte berufliche Aufwand steuerlich zu berücksichtigen sei.[243] Verfassungsrechtlich geboten sei vielmehr nur der Abzug notwendiger bzw. zwangsläufiger Erwerbsaufwendungen.[244] Aus Leistungsfähigkeitsgesichtspunkten sei daher zu gewährleisten, dass Erwerbseinnahmen um die notwendigen erwerbsbezogenen Aufwendungen gekürzt werden.[245] Diese differenzierende Betrachtungsweise wird vielfach auf eine Rechtsprechung des BVerfG zurückgeführt,[246] wonach es für die verfassungsrechtlich gebotene Besteuerung nach finanzieller Leistungsfähigkeit nicht nur auf die Unterscheidung zwischen betrieblichem/beruflichem oder privatem Veranlassungsgrund für Aufwendungen ankomme, sondern auch auf die Unterscheidung zwischen freier oder beliebiger Einkommensverwendung einerseits und zwangsläufigem,

---

241 *Desens,* StuW 2016, 240, 248, 250; *Meyer,* Leistungsfähigkeitsprinzip, S. 123 f., 139; vgl. auch *Schneider,* DStR 2009, Beih, zu Heft 34, 87, 91: „auf seine Kernaussage reduziertes objektives Nettoprinzip".

242 Siehe *G. Kirchhof,* DStR 2009, 135, 142; *Jachmann,* StuW 1998, 193, 202; *Schneider,* DStR 2009, Beih. zu Heft 34, 87, 90; in diese Richtung auch *Bowitz,* Objektives Nettoprinzip, S. 87 f.

243 Siehe *Birk,* StuW 1989, 213, 216; *Bowitz,* Objektives Nettoprinzip, S. 86; *Drenseck,* GS Trzaskalik, S. 283, 293; *Schneider,* DStR 2009, Beih. zu Heft 34, 87, 90; *Stapperfend,* DStJG 24 (2001), S. 329, 366 f.; vgl. *Leisner-Egensperger,* BB 2007, 639, 643.

244 Siehe *Birk,* StuW 1989, 212, 216; *Bowitz,* Objektives Nettoprinzip, S. 87; *Cropp,* FR 2016, 58; *Desens,* StuW 2016, 240, 250; *Drenseck,* GS Trzaskalik, S. 283, 287 f.; *Droege,* StuW 2011, 105, 110; *Jachmann,* StuW 1998, 193, 202; *Jachmann,* DStR 2009, Beih. zu Heft 34, 129 f.; *Krüger,* in: Schmidt, EStG, § 9, Rn. 4; *Meyer,* Leistungsfähigkeitsprinzip, S. 139; *Schneider,* DStR 2009, Beih. zu Heft 34, 87, 90; *Wernsmann,* DStR 2008, Beih. zu Heft 17, 37, 40; a.A. *Englisch,* DStR 2009, Beih. zu Heft 34, 92, 99; *Seiler,* DStJG 34 (2011), S. 61, 78 f.; Richter/*Söhn,* StuW 2008, 117, 122.

245 Vgl. BFH BStBl. II 2008, 234, 250; siehe *Bowitz,* Objektives Nettoprinzip, S. 87; *Jachmann,* DStR 2009, Beih. zu Heft 34, 129 f.; *Schneider,* DStR 2009, Beih. zu Heft 34, 88, 90; *Wernsmann,* DStR 2008, Beih. zu Heft 17, 37, 40.

246 Siehe etwa *Bowitz,* Objektives Nettoprinzip, S. 87; *Cropp,* FR 2016, 58, 59; *Schneider,* DStR 2009, Beih. zu Heft 34, 88, 90. A.A. *Meyer,* Leistungsfähigkeit, S. 137 f., Fn. 741, der davon ausgeht, dass diese Rechtsprechung nur auf „privat veranlassten Aufwand" bezogen ist und damit für das objektive Nettoprinzip keine Bedeutung hat; vgl. auch *G. Kirchhof,* DStR 2013, 1867, 1869; Richter/*Söhn,* StuW 2008, 117, 122 f. Zur Entwicklung der Rechtsprechung im Einzelnen siehe *Desens,* StuW 2016, 240, 249.

pflichtbestimmtem Aufwand andererseits.[247] Hieraus wird im Schrifttum für das objektive Nettoprinzip teilweise der allgemeingültige Schluss gezogen, dass der Gestaltungsspielraum des Gesetzgebers davon abhängig sei, ob der Steuerpflichtige sich einer Erwerbsaufwendung entziehen kann oder diese unvermeidbar ist und daher notwendigerweise anfällt.[248] Je zwangsläufiger eine Aufwendung sei, desto geringer werde der gesetzgeberische Gestaltungsspielraum zur Einschränkung des objektiven Nettoprinzips und desto höhere Anforderungen seien an deren Rechtfertigung zu stellen.[249] Nach dieser differenzierenden Ansicht wird für die Frage nach dem verfassungsrechtlichen Stellenwert des objektiven Nettoprinzips also danach unterschieden, ob zwangsläufige oder gewillkürte Erwerbsaufwendungen vorliegen. Ein aus dem Leistungsfähigkeitsprinzip abgeleiteter Verfassungsrang wird dem objektiven Nettoprinzip nur in Bezug auf die steuerliche Berücksichtigung zwingender, betriebs- bzw. berufsnotwendiger Erwerbsaufwendungen zugesprochen.

4. Stellungnahme

Die Gegenüberstellung der verschiedenen Ansichten macht zunächst deutlich, dass die grundsätzliche verfassungsrechtliche Bedeutung des objektiven Nettoprinzips von allen anerkannt wird. Auch besteht Einigkeit darüber, dass der Gesetzgeber an die Vorgaben des objektiven Nettoprinzips grundsätzlich gebunden ist und Durchbrechungen nur bei Vorliegen besonderer, außerfiskalischer Rechtfertigungsgründe möglich sind. Diese Bindungswirkung begründet die Rechtsprechung und ein Teil der Literatur mit den Grundsätzen des Folgerichtigkeitsgebotes, während der andere Teil des Schrifttums sich diesen „Umweg" spart und die eingeschränkte Dispositionsbefugnis des Gesetzgebers direkt mit dem selbständigen Verfassungsrang des objektiven Nettoprinzips begründet.[250] Auf den ersten Blick ergeben sich damit keine großen Unterschiede zwischen den verschiedenen Ansichten. Zu beachten ist allerdings, dass die

---

247 Vgl. bereits BVerfGE 122, 210, 234 f.; BVerfGE 112, 268, 280; BVerfGE 107, 27, 49; BVerfGE 43, 108, 119 f.; vgl. BFH BStBl. II 2008, 234, 250.

248 Vgl. *Desens,* StuW 2016, 240, 249; *Drenseck,* GS Trzaskalik, S. 283, 288; *Leisner-Egensperger,* BB 2007, 643, 644; *Schneider,* DStR 2009, Beih. zu Heft 34, 88, 90; a.A. *Englisch,* DStR 2009, Beih. zu Heft 34, 92, 99; *Seiler,* DStJG 34 (2011), S. 61, 79, Fn. 55; Richter/*Söhn,* StuW 2008, 117, 122.

249 Siehe *Drenseck,* GS Trzaskalik, S. 283, 288; *Drüen,* StuW 2008, 3, 11; *Jachmann,* DStR 2009, Beih. zu Heft 34, 129, 131; *Lehner,* DStR 2009, 185, 191; kritisch hierzu *Englisch,* DStR 2009, Beih. zu Heft 34, 92, 99; *Seiler,* DStJG 34 (2011), 61, 79 f.

250 Vgl. auch *Englisch,* DStR 2009, Beih. zu Heft 34, 92, 96.

Folgerichtigkeitsdogmatik der Rechtsprechung eine entscheidende Lücke aufweist, welche mit dem Leistungsfähigkeitsprinzip nicht vereinbar ist.[251] Stützt man das objektive Nettoprinzip allein auf Folgerichtigkeitsgesichtspunkte, führt dies dazu, dass der Gesetzgeber – wie auch sonst im Rahmen der Folgerichtigkeit[252] – frei darin wäre, das objektive Nettoprinzip im Wege eines grundlegenden Systemwechsels abzuschaffen.[253] Er wäre dann nicht mehr an die ursprüngliche Grundsatzentscheidung gebunden, sondern müsste sich nur noch an der neuen Systementscheidung orientieren. Da das objektive Nettoprinzip als sachgerechter Maßstab zur Ermittlung der wirtschaftlichen Leistungsfähigkeit jedoch alternativlos ist, kann ein solcher Systemwechsel nicht mit dem Leistungsfähigkeitsprinzip nach Art. 3 Abs. 1 GG in Einklang gebracht werden.[254] Der Gesetzgeber kann nicht völlig frei über das objektive Nettoprinzip disponieren.[255] Die Ansicht der Rechtsprechung, wonach es offenbleiben könne, ob dem objektiven Nettoprinzip Verfassungsrang zukommt, ist daher abzulehnen.

Richtig ist dagegen die differenzierende Literaturansicht, wonach das objektive Nettoprinzip allein in seinem Kerngehalt im Leistungsfähigkeitsprinzip verwurzelt ist und nur insoweit selbst Verfassungsrang hat. Zwingende, notwendige Erwerbsaufwendungen, denen sich der Steuerpflichtige nicht entziehen kann, mindern die wirtschaftliche Leistungsfähigkeit und müssen daher verfassungsrechtlich berücksichtigt werden.[256] Insoweit folgt das objektive Nettoprinzip unmittelbar aus Art. 3 Abs. 1 GG.[257] Hiervon zu unterscheiden ist allerdings die

---

251 Vgl. auch *Hey,* in: Tipke/Lang, Steuerrecht, Rn. 8.55; *Englisch,* DStR 2009, Beih. zu Heft 34, 92, 96.

252 Siehe hierzu bereits Teil 1 § 2 A.III.3.

253 So etwa *Droege,* StuW 2011, 105, 109; *G. Kirchhof,* in: BeckOK EStG, § 2, Rn. 72.

254 Vgl. auch *Bowitz,* Objektives Nettoprinzip, S. 80; *Drüen,* StuW 2008, 3, 10; *Hey,* in: Tipke/Lang, Steuerrecht, Rn. 8.55; *Englisch,* DStR 2009, Beih. zu Heft 34, 92, 96; *Tipke,* BB 2007, 1525, 1527. Dies ergibt sich auch bereits aus dem Typus der Einkommensteuer im finanzverfassungsrechtlichen Sinn, hierzu sogleich in Teil 1 § 2 B.III.2.

255 Vgl. *Drüen,* StuW 2008, 3, 11; *Englisch,* DStR 2009, Beih. zu Heft 34, 92; *Hey,* in: Tipke/Lang, Steuerrecht, Rn. 8.55; *Kreft,* in: Herrmann/Heuer/Raupach, EStG/KStG, § 9 EStG, Rn. 6; *Lehner,* DStR 2009, 185, 189 ff.; *Söhn,* DStJG 3 (1980), S. 13, 18, Fn. 28; *Tipke,* JZ 2009, 533, 538; deutlich auch *Tipke,* BB 2007, 1525, 1527: „Das Nettoprinzip lässt keinen Gestaltungsspielraum zu".

256 Näher hierzu *Cropp,* FR 2016, 58, 59; *Jachmann,* DStR 2009, Beih. zu Heft 34, 129, 130.

257 So zutreffend *Meyer,* Leistungsfähigkeitsprinzip, S. 140; a.A. *Schneider,* DStR 2009, Beih. zu Heft 34, 87, 90, der das verfassungsrechtliche Gebot der Berücksichtigung

einfachrechtliche Ausgestaltung der Erwerbsaufwendungen im Einkommensteuergesetz.[258] Hier hat der Gesetzgeber mit dem Veranlassungsprinzip nach § 4 Abs. 4 EStG[259] eine sehr weite Definition[260] für Erwerbsaufwendungen gewählt, die über das verfassungsrechtlich gebotene Maß der zwangsläufigen Erwerbsaufwendungen hinausgeht[261] und auch solche Erwerbsaufwendungen erfasst, die der Steuerpflichtige freiwillig tätigt[262]. Soweit diese einfachrechtliche Definition über den verfassungsrechtlichen Kern des objektiven Nettoprinzips hinausgeht, ist der Gesetzgeber nicht mehr unmittelbar an Art. 3 Abs. 1 GG, sondern lediglich an den Maßstab des Folgerichtigkeitsgebots gebunden.[263] Die unmittelbare verfassungsrechtliche Anknüpfung des objektiven Nettoprinzips ist damit auf solche Erwerbsaufwendungen beschränkt, die für den Betrieb/Beruf erforderlich sind.

5. *Schlussfolgerungen für den gesetzgeberischen Gestaltungsspielraum*

Für den gesetzgeberischen Gestaltungsspielraum folgt daraus, dass der Anknüpfungspunkt für die Gleichheitsprüfung sich danach unterscheidet, ob zwangsläufige oder freiwillige Erwerbsaufwendung vorliegen. Liegen zwangsläufige Erwerbsaufwendung vor, so ist der Gesetzgeber nicht nur an das Folgerichtigkeitsgebot, sondern darüber hinaus auch unmittelbar an Art. 3 Abs. 1 GG gebunden und kann den steuerlichen Abzug der entsprechenden Erwerbsaufwendungen damit nur bei Vorliegen verfassungsrechtlicher Rechtfertigungsgründe

---

notwendiger Erwerbsaufwendungen nicht aus Art. 3 Abs. 1 GG, sondern aus Art. 14 Abs. 1 GG ableitet.

258 Vgl. *Birk*, StuW 1989, 213, 216; *Bowitz*, Objektives Nettoprinzip, S. 80 ff.; *Drenseck*, GS Trzaskalik, S. 283, 288; *Jachmann*, StuW 1998, 193, 202.

259 Näheres zum Veranlassungsprinzip siehe Teil 2 § 7 und Teil 3 § 9 B.

260 Siehe *Birk*, StuW 1989, 213, 216: „weitestgehende Formel"; *Bowitz*, Objektives Nettoprinzip, S. 86; *Meyer*, in: BeckOK EStG, § 4, Rn. 2693; vgl. *Schneider*, DStR 2009, Beih. zu Heft 34, 87, 91.

261 Vgl. *Birk*, StuW 1989, 213, 216; *Bowitz*, Objektives Nettoprinzip, S. 80 ff.; *Drenseck*, GS Trzaskalik, S. 283, 288; *Thiemann*, JZ 2015, 866, 874. Deutlich auch *Schneider*, DStR 2009, Beih. zu Heft 34, 87, 90: „Die Differenzierung zwischen beruflich veranlassten Erwerbsaufwendungen und privat veranlassten Privataufwendungen und auch die Fallgruppe der gemischt veranlassten Aufwendungen sind jeweils einfachrechtliche Kategorien, die einkommensteuerrechtlicher Systematik folgen, die das Verfassungsrecht aber so nicht aufgreifen muss."

262 Vgl. *Wernsmann*, DStR 2009, Beih. zu Heft 34, 101.

263 Vgl. *Desens*, StuW 2016, 240, 249 f.; *Drenseck*, GS Trzaskalik, S. 283, 289; *Meyer*, Leistungsfähigkeitsprinzip, S. 140, Fn. 755; *Schneider*, DStR 2009, Beih. zu Heft 34, 88, 89; *Thiemann*, JZ 2015, 866, 874.

ausschließen. Grundlegende Systemwechsel, die dazu führen würden, dass das objektive Nettoprinzip vollständig abgeschafft wird, sind nicht mit der Verfassung vereinbar. Soweit das einfache Recht mit der weiten Definition des § 4 Abs. 4 EStG allerdings den verfassungsrechtlich gebotenen Abzug von zwingenden Erwerbsaufwendungen übersteigt, kommt dem Gesetzgeber ein weitreichender Entscheidungsspielraum zu,[264] der nur an den Grundsätzen des Folgerichtigkeitsgebots zu messen ist.[265] In diesem Bereich kann er grundlegende Systemänderungen vornehmen und beispielsweise die Abziehbarkeit einer Erwerbsaufwendung davon abhängig machen, ob sie zwangsläufig oder betriebsnotwendig ist.[266] Einschränkungen des gesetzgeberischen Gestaltungsspielraums können sich in diesem Bereich nur daraus ergeben, dass der Gesetzgeber auf Ebene des einfachen Rechts bereits weitreichendere Grundsatzentscheidungen getroffen hat, an die er im Rahmen des Folgerichtigkeitsgebots gebunden ist. Die einfachrechtlichen Entscheidungen, die diesbezüglich im Zusammenhang mit § 4 Abs. 5 S. 1 Nr. 1-7 EStG maßgeblich sind, werden daher an späterer Stelle gesondert untersucht.[267]

III. Weitere Grenzen des gesetzgeberischen Gestaltungsspielraums

1. Einleitung

Neben den Grenzen, die das objektive Nettoprinzip dem Gesetzgeber im Rahmen seines verfassungsrechtlichen Kerngehalts selbst setzt, gibt es mit der Finanzverfassung sowie der Berufs- und Eigentumsfreiheit noch zwei weitere Schranken, die im Zusammenhang mit dem Grundsatz einer Nettobesteuerung stehen. Diese stecken jedenfalls die äußersten Grenzen des gesetzgeberischen Gestaltungsspielraums ab und sind daher für die Frage, welche Einschränkungen der Gesetzgeber im Rahmen der Besteuerung betrieblicher oder gemischter Aufwendungen vornehmen darf, ebenfalls von Bedeutung.

---

264 Vgl. *Jachmann*, DStR 2009, Beih. zu Heft 34, 129, 131; *Thiemann*, JZ 2015, 866, 874.

265 Vgl. *Bowitz*, Objektives Nettoprinzip, S. 88; *Schilling*, Zwangsläufiger Aufwand, S. 69.

266 Vgl. *Birk*, StuW 1989, 213, 216; *Bowitz*, Objektives Nettoprinzip, S. 88; *Drenseck*, GS Trzaskalik, S. 283, 288.

267 Siehe Teil 3 § 9 C. und Teil 4 § 17.

2. *Finanzverfassung*

Absolute Grenzen werden dem Gesetzgeber zunächst durch die Finanzverfassung gesetzt, welche das objektive Nettoprinzip verfassungsrechtlich vorzeichnet.[268] Im X. Abschnitt des Grundgesetzes, der mit der Überschrift „Das Finanzwesen“[269] überschrieben ist, werden bestimmte Steuerarten hervorgehoben und deren Aufkommen sowie Gesetzgebungs- und Verwaltungskompetenz gesetzlich geregelt. Genannt wird dabei auch die Einkommensteuer, deren Aufkommen nach Art. 106 Abs. 3 S. 1 GG dem Bund, den Ländern und den Gemeinden gemeinschaftlich zukommt. Nach Ansicht des BVerfG sind die in Art. 105, 106 GG bezeichneten Steuerarten vom Verfassungsgeber in ihrer historischen Bedeutung aufgenommen und damit als zulässige Form des Steuerzugriffs anerkannt worden.[270] Damit einher gehe zwar nicht die grundsätzliche Billigung aller Normen der einzelnen Steuergesetze,[271] trotzdem könne daraus gefolgert werden, dass das Grundgesetz die Steuerarten dieses traditionell gewachsenen Katalogs zwar nicht in ihrer konkreten Ausgestaltung, wohl aber als Typus verfassungsrechtlich anerkennt.[272] Damit wird der Gesetzgeber durch die Finanzverfassung einem verbindlichen Rahmen unterworfen,[273] wonach er die genannten Steuern nur unter

---

268 Näher hierzu *Bowitz,* Objektives Nettoprinzip, S. 45 ff.; *Drüen,* StuW 2008, 3, 6 ff.; *Wernsmann,* DStR 2007, 1149, 1151; *Wernsmann,* DStR 2009, Beih. zu Heft 34, 101, 101. Siehe auch *Englisch,* DStR 2009, Beih. zu Heft 34, 92, 92 f., der hierin ein Argument für den Verfassungsrang des objektiven Nettoprinzips sieht.

269 Im Folgenden: Finanzverfassung.

270 Vgl. BVerfGE 93, 121, 136 f.; BVerfGE 26, 1, 8; BVerfGE 21, 12, 25; BVerfGE 16, 306, 317; BVerfGE 14, 76, 90 f.; BVerfGE 7, 244, 252. Kritisch hierzu *Tipke,* Steuerrechtsordnung I, S. 300 ff.; *Trzaskalik,* Gutachten E für den 63. DJT, S. 45, die betonen, dass traditionell gewachsene Steuern nicht zwingend gerecht sind und allein die Tatsache, dass eine Steuer traditionell gewachsen ist, daher nicht als Begründung für die verfassungsrechtliche Legitimation einer Steuerart herangezogen werden sollte.

271 Vgl. bereits BVerfGE 26, 1, 8.

272 Vgl. BVerfGE 93, 121, 136 f.; BVerfGE 21, 12, 25; BVerfGE 16, 306, 317 f.; BVerfGE 14, 76, 90 f.; BVerfGE 7, 244, 252; aus der Literatur siehe *Bowitz,* Objektives Nettoprinzip, S. 47; *Drüen,* StuW 2008, 3, 7; *Englisch,* DStR 2009, Beih. zu Heft 34, 92, 93; *P. Kirchhof,* K/S/M, EStG, § 2, Rn. A 69 f., A 150 ff.; a.A. *G. Kirchhof,* FS Lang, S. 563, 565, der annimmt, dass die Verfassung sich nicht auf das hergebrachte System der Einkommensteuer festlegt.

273 Vgl. *Bowitz,* Objektives Nettoprinzip, S. 47; *Vogel,* DStJG 12 (1989), S. 123, 142. Ähnlich auch *Drüen,* StuW 2008, 3, 7, nach dem die Finanzverfassung die „Essentialia der Steuertypen“ festschreibt.

Wahrung der typusprägenden Merkmale modifizieren darf.[274] Gesetzgeberische Änderungen dürfen demzufolge nicht so wesentlich ausfallen, dass eine Steuer nicht mehr dem in der Finanzverfassung angelegten Steuertyps entspricht.[275] Die Identität der Einkommensteuer muss daher als Typus durch den Gesetzgeber grundsätzlich gewahrt bleiben.[276] Diese Identität besteht historisch gewachsen[277] darin, nur das Nettoeinkommen, d.h. den Unterschied zwischen Einnahmen und Ausgaben, Erträgen und Aufwendungen zu besteuern.[278] Eine Bruttobesteuerung auf Einkommen wäre nach den in der Finanzverfassung genannten Steuertypen nicht als Einkommensteuer, sondern als Umsatzsteuer einzustufen.[279] Hieraus folgt, dass das objektive Nettoprinzip zu den identitätskonstituierenden und typusprägenden Merkmalen der Einkommensteuer gehört[280] und jedenfalls in seiner Grundaussage finanzverfassungsrechtlich vorgegeben ist.[281] Strukturelle Änderungen der Einkommensteuer, die dazu führen, dass aus der Nettobesteuerung eine Bruttobesteuerung wird, sind dem Gesetzgeber daher bereits finanzverfassungsrechtlich verwehrt.[282]

Festzuhalten ist allerdings, dass dem gesetzgeberischen Gestaltungsspielraum hierdurch nur eine äußerste Grenze[283] dahingehend gesetzt wird, dass Erwerbsaufwendungen überhaupt noch abziehbar sein müssen. Punktuelle

---

274 *Bowitz,* Objektives Nettoprinzip, S. 47; *Drüen,* StuW 2008, 3, 7; *Vogel,* DStJG 12 (1989), S. 123, 142.

275 *Bowitz,* Objektives Nettoprinzip, S. 47.

276 *Isensee,* Verhandlungen des 57. DJT (1988), Band II, Sitzungsbericht N, S. N 35.

277 Näher hierzu *Bowitz,* Objektives Nettoprinzip, S. 48 ff.; *Ruppe,* DStJG 3 (1980), S. 103, 108 ff.; *Schön,* StuW 1995, 366, 368 f.

278 *Bowitz,* Objektives Nettoprinzip, S. 55; *P. Kirchhof,* in: K/S/M, EStG, § 2, Rn. A 68, A 70, *Vogel,* DStJG 12 (1989), S. 123, 142; *Vogel,* DStJG 12 (1989), S. 123, 143; *Wernsmann,* DStR 2007, 1149, 1151.

279 *Drüen,* StuW 2008, 3, 7; *Englisch,* DStR 2009, Beih. zu Heft 34, 92, 93; *Ismer,* Bildungsaufwand, S. 344, Fn. 47; *Wernsmann,* DStR 2007, 1149, 1151; vgl. auch *Hey,* in: Tipke/Lang, Steuerrecht, Rn. 8.55; *Vogel,* DStJG 12 (1989), S. 123, 143.

280 *Drüen,* StuW 2008, 3, 7; *Englisch,* DStR 2009, Beih. zu Heft 34, 92 f.; *Isensee,* Verhandlungen des 57. DJT (1988), Band II, Sitzungsbericht N, S. N 46; *Ismer,* Bildungsaufwand, S. 344.

281 *Bowitz,* Objektives Nettoprinzip, S. 56.

282 *Bowitz,* Objektives Nettoprinzip, S. 56; *Drüen,* StuW 2008, 3, 7; vgl. auch BVerfGE 34, 103, 117: „[Ihre Grenze findet] die[se] Gestaltungsfreiheit darin, daß die Grundstruktur der Einkommen- und Körperschaftsteuer als eine Steuer, die auf den von einem bestimmten Steuersubjekt bezogenen Gewinn ausgerichtet ist, nicht verändert wird […]".

283 Siehe *Jachmann,* DStR 2009, Beih. zu Heftt 34, 129 f.: „grober Rahmen".

Durchbrechungen der Absetzbarkeit verstoßen noch nicht gegen die Finanzverfassung und können demzufolge auch nicht durch sie abgewehrt werden.[284] Erst wenn alle Abzugsbeschränkungen und -verbote zusammen genommen die absolute Grenze der Bruttobesteuerung überschreiten, hat der Gesetzgeber gegen die finanzverfassungsrechtlichen Beschränkungen verstoßen.[285] Durch den in Art. 105, 106 GG vorgegebenen Grundtypus der Einkommensteuer kann daher nur eine Orientierung am objektiven Nettoprinzip erlangt werden, nicht jedoch dessen idealtypische Verwirklichung.[286] Nähere Konkretisierungen, worin der Einkommensteuertypus im Einzelnen besteht, sind den Vorgaben der Finanzverfassung nicht zu entnehmen und obliegen daher dem einfachen Gesetzgeber.[287] Engere Schranken, als diejenigen, die Art. 3 Abs. 1 GG dem Gesetzgeber ohnehin setzt, können der Finanzverfassung mithin nicht entnommen werden.

3. *Berufsfreiheit (Art. 12 Abs. 1 GG) und Eigentumsfreiheit (Art. 14 Abs. 1 GG)*

Weitere Einschränkungen des gesetzgeberischen Gestaltungsspielraums werden darüber hinaus den Grundrechten der Berufsfreiheit (Art. 12 Abs. 1 GG) und der Eigentumsfreiheit (Art. 14 Abs. 1 GG) entnommen.[288] Nach Ansicht des BVerfG verbieten die Freiheitsrechte jedenfalls solche steuerlichen Eingriffe, die derart erdrosselnd wirken, dass die Erwerbstätigkeit des Steuerpflichtigen wirtschaftlich sinnlos erscheint und der wirtschaftliche Erfolg damit durch die Besteuerung grundlegend beeinträchtigt wird.[289] Je nach Intensität der Abzugsverbote könnte auch eine Durchbrechung des objektiven Nettoprinzips diese verfassungswidrigen Konsequenzen auslösen, weshalb in der grundrechtlichen Verankerung von Berufs- und Eigentumsfreiheit ebenfalls eine äußerste Grenze des gesetzgeberischen

---

284 *Drüen,* StuW 2008, 3, 7; *Englisch,* DStR 2009, Beih. zu Heft 34, 92, 93; *Wernsmann,* DStR 2007, 1149, 1151.

285 Vgl. *Drüen,* StuW 2008, 3, 7; *Englisch,* DStR 2009, Beih. zu Heft 34, 92, 93; *Ismer,* Bildungsaufwand, S. 345. In diese Richtung auch *Vogel,* DStJG 12 (1989), S. 123, 143.

286 *Ismer,* Bildungsaufwand, S. 345. Siehe auch *Bowitz,* Objektives Nettoprinzip, S. 57: „Nach alledem ist das objektive Nettoprinzip in der Finanzverfassung nur sehr grundsätzlich festgeschrieben."

287 *Bowitz,* Objektives Nettoprinzip, S. 56; *Vogel,* DStJG 12 (1989), S. 123, 143 f.; *Schön,* StuW 1995, 366, 369.

288 Näher hierzu *Bowitz,* Objektives Nettoprinzip, S. 57 ff.; *Englisch,* DStR 2009, Beih, zu Heft 34, 92, 94; *Ismer,* Bildungsaufwand, S. 346 ff.

289 Vgl. BVerfGE 93, 121, 137; BVerfGE 87, 153, 169. Siehe hierzu auch *Bowitz,* Objektives Nettoprinzip, S. 59 ff.; *Englisch,* DStR 2009, Beih, zu Heft 34, 92, 94; *Ismer,* Bildungsaufwand, S. 346.

Gestaltungsspielraums gesehen wird.[290] Auch hierbei handelt es sich jedoch nur um eine sehr grundsätzliche, absolute Beschränkung, die nur in Extremfällen Bedeutung erlangt.[291] So hängt die Frage nach der erdrosselnden Wirkung einer Abzugsbeschränkung von den Gegebenheiten des Einzelfalls[292] und der finanziellen Situation eines durchschnittlichen Steuerpflichtigen ab, der sich in der betreffenden Lage befindet.[293] Einzelne Abzugsverbote und allgemeine Abzugsbeschränkungen führen nicht bei allen Steuerpflichtigen gleichermaßen zu einem Eingriff in den Kernbereich der Eigentumsgarantie.[294] Selbst im Fall eines vollständigen Abzugsverbots sämtlicher – auch zwangsläufiger – Erwerbsaufwendungen kann nicht mit Sicherheit davon ausgegangen werden, dass der wirtschaftliche Erfolg des Steuerpflichtigen grundlegend beeinträchtigt wird.[295] Denn auch in diesem Fall kann dessen Berufsausübung dennoch geeignet sein, eine hinreichende Existenzgrundlage für sich und seine Familie zu schaffen.[296] Spezifische Grenzen, wie ein allgemeines, umfassendes Abzugsgebot im Sinne des objektiven Nettoprinzips, werden dem Steuergesetzgeber durch die Freiheitsrechte daher nicht gesetzt.[297]

---

290 Vgl. nur *Bowitz,* Objektives Nettoprinzip, S. 67; *Englisch,* DStR 2009, Beih. zu Heft 34, 92, 94; *Lehner,* DStR 2009, 185, 189 f.

291 Vgl. *Gorski,* Harzburger Protokoll 1978, S. 58, 74.

292 *Bowitz,* Objektives Nettoprinzip, S. 67; *Englisch,* DStR 2009, Beih. zu Heft 34, 92, 94.

293 Vgl. etwa BVerwG NVwZ 2023, 1406, 1412, das die erdrosselnde Wirkung einer kommunalen Verpackungssteuer an der Finanzkraft durchschnittlich ertragsstarker Betriebe im Gemeindegebiet bemisst; BVerwG ZfWG 2021, 465, 468, wonach bei der Prüfung der Erdrosselungswirkung einer Spielgerätesteuer nicht der einzelne Spielhallenbetreiber, sondern ein durchschnittlicher Betreiber in dem betreffenden Gemeindegebiet zugrunde zu legen ist; BFH/NV 2018, 1065, 1068, der bei der Prüfung der erdrosselnden Wirkung einer Vergnügungssteuer ebenfalls auf den durchschnittlichen Unternehmer im Gemeindegebiet abstellt.

294 *Bowitz,* Objektives Nettoprinzip, S. 67; *Englisch,* DStR 2009, Beih, zu Heft 34, 92, 94; vgl. *Gorski,* Harzburger Protokoll 1978, S. 58, 75.

295 *Bowitz,* Objektives Nettoprinzip, S. 67; *Englisch,* DStR 2009, Beih. zu Heft 34, 92, 94.

296 *Bowitz,* Objektives Nettoprinzip, S. 67; *Ismer,* Bildungsaufwand, S. 349.

297 Vgl. *Bowitz,* Objektives Nettoprinzip, S. 67; *Englisch,* DStR 2009, Beih. zu Heft 34, 92, 94; *Droege,* StuW 2011, 105, 107 f.; *Drüen,* StuW 2008, 3, 8.

IV. Ausnahmen

1. Rechtfertigungserfordernis bei Durchbrechungen und Beschränkungen

Will der Gesetzgeber vom objektiven Nettoprinzip abweichen, bedarf es hierfür eines besonderen sachlichen Grundes.[298] Für zwangsläufige Erwerbsaufwendungen folgt dieses hohe Rechtfertigungserfordernis bereits daraus, dass der Kernbereich des objektiven Nettoprinzips selbst Verfassungsrang hat und der Gesetzgeber in diesem Bereich unmittelbar an Art. 3 Abs. 1 GG gebunden ist. Ausgaben für notwendige Arbeitsmittel und sonstige Aufwendungen, die nach objektiven Maßstäben für den Betrieb/Beruf erforderlich sind, stehen nicht zur Disposition des Gesetzgebers.[299] Aber auch bei freiwilligen Erwerbsaufwendungen können Abzugsbeschränkungen und -verbote nur gerechtfertigt werden, wenn ein besonderer sachlicher Grund vorliegt. Dies ergibt sich daraus, dass der Gesetzgeber auch außerhalb des Kernbereichs des objektiven Nettoprinzips an das Gebot der Folgerichtigkeit gebunden ist und Abweichungen von einer einmal getroffenen Belastungsentscheidung nach hier vertretener Ansicht ebenfalls eines besonderen Rechtfertigungsgrundes bedürfen.[300] Unterschiede zwischen zwangsläufigen/notwendigen und freiwilligen Erwerbsaufwendungen ergeben sich jedoch hinsichtlich der Anforderungen, die an die Rechtfertigungsintensität möglicher Durchbrechungen des objektiven Nettoprinzips zu stellen sind. Während Abweichungen vom Kernbereich des objektiven Nettoprinzips wegen des damit verbundenen Eingriffs in den Schutzbereich des Art. 3 Abs. 1 GG am oberen Ende der Rechtfertigungsskala bei der strengen Verhältnismäßigkeitsprüfung anzusiedeln sind, sinken die Anforderungen an die Rechtfertigungsintensität, je weniger zwangsläufig eine Aufwendung anfällt und je weiter sie damit vom Kernbereich entfernt liegt.[301] Jede Durchbrechung oder Beschränkung des objektiven Nettoprinzips bedarf eines besonderen Rechtfertigungsgrundes, der ein geeignetes, erforderliches und angemessenes Mittel darstellt, um ein legitimes Ziel zu erreichen.[302] Da-

---

298 Vgl. BVerfGE 126, 268, 280; BVerfGE 122, 210, 235; BVerfGE 107, 27, 48; BVerfGE 81, 228, 237; *Drüen*, StuW 2008, 3, 11; *Englisch*, DStR 2009, Beih. zu Heft 34, 92, 96; *Hey*, in: Tipke/Lang, Steuerrecht, Rn. 8.55; a.A. dagegen neuerdings offenbar das BVerfG, siehe hierzu nochmals Teil 1 § 2 A.III.1.

299 Vgl. BVerfGE 126, 268, 282 f.; *Loschelder*, in: Schmidt, EStG, § 4, Rn. 521; *Meyer*, in: BeckOK EStG, § 4, Rn. 2704.1.

300 Siehe hierzu Teil 1 § 2 A.III.1.

301 Vgl. auch *Drenseck*, GS Trzaskalik, S. 283, 288; *Drüen*, StuW 2008, 3, 11; *Jachmann*, DStR 2009, Beih. zu Heft 34, 129, 131; *Lehner*, DStR 2009, 185, 191.

302 *Drüen*, StuW 2008, 3, 11.

runter zu verstehen ist aber nicht ein absolut gewichtiger Grund, sondern ein Grund, der in Relation zu der fraglichen Aufwendung besonders wichtig ist.[303] Je zwangsläufiger eine Erwerbsaufwendung anfällt, desto höhere Anforderungen sind an den besonderen Grund zu stellen, der ein Abzugsverbot oder eine Abzugsbeschränkung dieser Aufwendung rechtfertigt.[304] Daher besteht bei Abzugsbeschränkungen der Höhe nach, bei denen die steuerliche Berücksichtigung des notwendigen Erwerbsaufwandes weiterhin gewährleistet ist, mehr Raum für eine verfassungsrechtliche Rechtfertigung als bei Abzugsbeschränkungen dem Grunde nach, die neben freiwillig getätigten Betriebsausgaben/Werbungskosten auch zwangsläufige Erwerbsaufwendungen vollständig vom Abzug ausschließen.[305]

Für die im 4. Teil der Arbeit vorzunehmende Untersuchung einer möglichen übergeordneten Dogmatik der Tatbestände in § 4 Abs. 5 S. 1 Nr. 1-7 EStG wird es unter anderem von Bedeutung sein, ob die dort geregelten Abzugsbeschränkungen und -verbote gegen das objektive Nettoprinzip verstoßen und bejahendenfalls über alle Tatbestände hinweg mit den gleichen sachlichen Gründen gerechtfertigt werden können. Daher soll im Folgenden abstrakt untersucht werden, welche besonderen Rechtfertigungsgründe dem Gesetzgeber bei Verstößen gegen das objektive Nettoprinzip grundsätzlich zur Verfügung stehen und welche Voraussetzungen dabei an die jeweiligen Rechtfertigungsgründe geknüpft werden.

2. *Rechtfertigungsgründe*

a) Einleitung

Nach ständiger Rechtsprechung kommen als potenzielle Rechtfertigungsgründe für Durchbrechungen des objektiven Nettoprinzips insbesondere Förderungs- und Lenkungszwecke ebenso wie Typisierungs- und Vereinfachungserfordernisse

---

303 *Drüen,* StuW 2008, 3, 11; siehe auch *Bowitz,* Objektives Nettoprinzip, S. 200.

304 Vgl. auch BVerfGE 126, 268, 282 f.; *Bowitz,* Objektives Nettoprinzip, S. 203; *Desens,* StuW 2016, 240, 249; *Drüen,* StuW 2008, 3, 11.

305 So im Ergebnis auch *Bowitz,* Objektives Nettoprinzip, S. 220 ff.; *Desens,* StuW 2016, 240, 249; *Drenseck,* GS Trzaskalik, S. 283, 288; *Drüen,* in Brandis/Heuermann, EStG, § 4, Rn. 674; vgl. zudem BVerfGE 126, 268, 282 f., wonach Aufwendungen, die nach objektiven Maßstäben für die betriebliche Tätigkeit erforderlich sind, abzugsfähig bleiben müssen; hierzu auch *Meyer,* in: BeckOK EStG, § 4, Rn. 2704.1.

in Betracht.[306] Eng mit der Typisierung zusammen hängt zudem die Missbrauchsabwehr sowie die Vollzugssicherung.[307] Die einzelnen Fallgruppen sind nicht immer trennscharf voneinander abzugrenzen, sondern gehen teilweise ineinander über.[308] Auch schließen sich die Rechtfertigungsgründe nicht gegenseitig aus. Kommen mehrere Gründe zum Tragen, so kann deren Kumulation zu einer Verstärkung jedes einzelnen Rechtfertigungsgrundes führen.[309] Rein fiskalische Gründe können eine Durchbrechung des objektiven Nettoprinzips nach überwiegender Ansicht nicht rechtfertigen.[310] Dies wird darauf zurückgeführt, dass der staatliche Finanzbedarf gerade den Bezugspunkt gleichheitsrechtlicher Vorgaben zur sachgerechten und gleichmäßigen Lastenverteilung bildet und daher nicht als Rechtfertigungsgrund für seine Missachtung geeignet ist.[311] Der Staat muss auch dann auf eine gleichheitsrechtliche Lastenverteilung achten, wenn er auf Einsparungsmaßnahmen angewiesen ist.[312]

b) Förderungs- und Lenkungszwecke

Den ersten tauglichen Rechtfertigungsgrund für Durchbrechungen des objektiven Nettoprinzips bilden außerfiskalische Förderungs- und Lenkungszwecke,[313]

---

306 Vgl. BVerfGE 126, 268, 279; BVerfGE 107, 27, 49; siehe *Breinersdorfer*, DStR 2010, 2492, 2494; *Englisch*, DStR 2009, Beih. zu Heft 34, 92, 97; *Jahndorf*, StuW 2016, 256, 260; *Mellinghoff*, FS Spindler, S. 153, 165; *Seiler*, DStJG 34 (2011), 61, 70.

307 Vgl. *Drüen*, StuW 2008, 3, 13; vgl. *Krüger*, in: Schmidt, EStG, § 9, Rn. 4.

308 Siehe *Bowitz*, Objektives Nettoprinzip, S. 200; *Drüen*, StuW 2008, 3, 12.

309 *Drüen*, StuW 2008, 3, 12.

310 St. Rspr. vgl. BVerfGE 160, 41, 66; BVerfG BStBl. II 2016, 801, 805; BVerfGE 135, 126, 150 f.; BVerfGE 126, 268, 278; BVerfGE 122, 210, 231 f.; BVerfGE 116, 164, 182; BVerfGE 105, 17, 45; BVerfGE 82, 60, 89; BVerfGE 19, 76, 84 f.; BVerfGE 14, 42, 54; BVerfGE 13, 248, 260; BVerfGE 6, 55, 80. Herrschende Literatur siehe *Breinersdorfer*, DStR 2010, 2492, 2495; *Drüen*, StuW 2008, 3, 12; *Englisch*, DStR 2009, Beih. zu Heft 34, 92, 97; *Hey*, in: Tipke/Lang, Steuerrecht, Rn. 3.130; *Hey*, FR 2008, 1033, 1036; *Jahndorf*, StuW 2016, 256, 260; *Mellinghoff*, FS Spindler, S. 153, 165 f.; *Seiler*, DStJG 34 (2011), 61, 71; *Tipke*, BB 2007, 1525, 1528; deutlich auch *Lang*, StuW 2007, 3, 7: „Der Fiskalismus ist der schlimmste Feind des Nettoprinzips."; a.A. *Leisner-Egensperger*, BB 2007, 639, 644, die vertritt, dass der Gesetzgeber im Rahmen seines Gestaltungsspielraums „auch Haushaltsregeln abwägend berücksichtigen" dürfe.

311 So etwa *Drüen*, StuW 2008, 3, 12; *Hey*, in: Tipke/Lang, Steuerrecht, Rn. 3.130; *Englisch*, DStR 2009, Beih. zu Heft 34, 92, 97. Siehe zudem *Breinersdorfer*, DStR 2010, 2492, 2495.

312 Vgl. BVerfGE 122, 210, 233; BVerfGE 116, 164, 182; BVerfGE 105, 17, 45; BVerfGE 82, 60, 89; BVerfGE 19, 76, 84 f.

313 Näher hierzu *Hey*, in: Tipke/Lang, Steuerrecht, Rn. 3.131 ff.

die der Gesetzgeber nach ständiger Rechtsprechung insbesondere in den Bereichen Verkehrs-, Umwelt- oder Wirtschaftspolitik verfolgen darf,[314] um durch mittelbare Verhaltenssteuerung auf Wirtschaft und Gesellschaft gestaltend Einfluss zu nehmen[315]. Nach Ansicht des BVerfG ist der Steuergesetzgeber grundsätzlich nicht gehindert, außerfiskalische Förderungs- und Lenkungszwecke aus Gründen des Gemeinwohls zu verfolgen.[316] Voraussetzung hierfür sei allerdings, dass der vom Gesetzgeber verfolgte Zweck im Gesetzestext oder den Begründungsmaterialien[317] deutlich zum Ausdruck kommt.[318] So fordert das BVerfG in ständiger Rechtsprechung, dass die Förderungs- und Lenkungsziele von einer erkennbaren gesetzgeberischen Entscheidung getragen werden und ihrerseits gleichheitsrechtlich ausgestaltet sind.[319] Im Urteil zur Pendlerpauschale[320] reichte die bloße Benennung ökologischer Vorteile daher nicht aus, um die Abzugsbeschränkung für Aufwendungen betreffend die Fahrten zwischen Wohnung und regelmäßiger Arbeitsstätte zu rechtfertigen. Vielmehr hätte es nach Ansicht des BVerfG einer erkennbaren Auseinandersetzung des Gesetzgebers mit Argumenten des Umweltschutzes sowie einer konkreten Begründung des damit verfolgten Lenkungszwecks bedurft.[321]

c) Typisierung und Pauschalierung zu Vereinfachungszwecken

Der zweite und wohl wichtigste Rechtfertigungsgrund für Durchbrechungen des objektiven Nettoprinzips ist die Befugnis des Gesetzgebers zur Typisierung

---

314 Vgl. nur BVerfGE 127, 224, 245 f.; BVerfGE 126, 268, 278; BVerfGE 122, 210, 231; *Drüen*, StuW 2008, 3, 11; für weitere Nachweise siehe *Drüen*, in: Tipke/Kruse, AO/FGO, § 3 AO, Rn. 46.

315 Vgl. BVerfGE 122, 210, 232; BVerfGE 117, 1, 31; BVerfG BStBl. II 2007, 192, 202; BVerfGE 105, 73, 112.

316 Vgl. BVerfG DStR 2024, 155, 165; BVerfGE 160, 41, 67; BVerfGE 122, 210, 231; BVerfGE 117, 1, 31; BVerfGE 116, 164, 182; BVerfGE 110, 274, 292; BVerfGE 105, 73, 112; BVerfGE 99, 280, 296; BVerfGE 93, 121, 147.

317 Vgl. BVerfGE 122, 210, 238.

318 *Drüen*, StuW 2008, 3, 12; *P. Kirchhof*, StuW 2017, 3, 15.

319 Vgl. BVerfG DStR 2024, 155, 165; BVerfGE 162, 277, 309; BVerfGE 160, 41, 67 f.; BVerfGE 122, 210, 232; BVerfGE 117, 1, 32; BVerfGE 116, 164, 182; BVerfGE 110, 274, 293; BVerfGE 105, 73, 112 f.; BVerfGE 93, 121, 147.

320 BVerfGE 122, 210.

321 Vgl. BVerfGE 122, 210, 239 ff.; siehe auch *Breinersdorfer*, DStR 2010, 2492, 2495; *Drüen*, StuW 2008, 3, 12.

und Pauschalierung.[322] Jedes Gesetz muss in Distanz zum konkreten Einzelfall auf abstrakte und verallgemeinernde Regelungen zurück greifen.[323] Daher räumt das BVerfG auch dem Steuergesetzgeber in ständiger Rechtsprechung ein, insbesondere zur Ordnung und Abwicklung von Massenerscheinungen die Vielzahl der bestehenden Einzelfälle in einem Gesamtbild zu erfassen, das die regelungsbedürftigen Sachverhalte nach den Erfahrungen des Gesetzgebers zutreffend widergibt.[324] Auf dieser Grundlage darf er sich zu Vereinfachungszwecken[325] generalisierender, typisierender und pauschalierender Regelungen bedienen, ohne wegen der damit unvermeidlich verbundenen Härten gegen den allgemeinen Gleichheitssatz zu verstoßen.[326] Auch hierbei ist der Entscheidungsspielraum des Gesetzgebers allerdings nicht unbegrenzt. Ebenso wie Durchbrechung des objektiven Nettoprinzips, die zu Lenkungszwecken ergehen, muss auch die Typisierung bzw. Pauschalierung einer gesetzlichen Regelung im rechten Verhältnis zu der damit notwendig verbundenen Ungleichbehandlung stehen,[327] also geeignet,

322 Näher hierzu *Bowitz*, Objektives Nettoprinzip, S. 205 ff.; *Englisch*, Wettbewerbsgleichheit, S.159 ff.; *Isensee*, StuW 1994, 3, 9 ff.

323 Vgl. BVerfGE 127, 224, 257; BVerfGE 122, 210, 232; BVerfGE 96, 1, 6; BVerfGE 82, 126, 151; *Isensee*, StuW 1994, 3, 8; *Mellinghoff*, FS Spindler, S. 153, 165; *P. Kirchhof*, StuW 2017, 3, 11; *P. Kirchhof*, in: Kirchhof, EStG, Einleitung, Rn. 34.

324 Vgl. BVerfGE 152, 274, 314 f.; BVerfGE 145, 106, 145 f.; BVerfGE 133, 377, 412; BVerfGE 126, 268, 278; BVerfGE 122, 210, 232; BVerfGE 112, 268, 280; BVerfGE 105, 73, 127; BVerfGE 99, 280, 290; BVerfGE 84, 348, 359; BVerfGE 78, 214, 227; BVerfGE 11, 245, 254.

325 Hierbei geht es maßgeblich darum, den Steuerpflichtigen von seiner Darlegungs- und Beweislast zu befreien und die Arbeit der Finanzverwaltung in Massefällen praktikabler und ressourcenschonender zu gestalten; vgl. BVerfGE 127, 224, 257; BVerfGE 96, 1, 7; BVerfGE 81, 108, 117; BVerfGE 27, 364, 387 f.; siehe zudem *Bowitz*, Objektives Nettoprinzip, S. 220; *Drüen*, StuW 2008, 3, 13; *Hey*, in: Tipke/Lang, Steuerrecht, Rn. 3.147; *Steenken*, Gesetzliche Pauschalierung, S. 5; *Tipke*, Steuerrechtsordnung I, S. 349, 355 f. Darüber hinaus wird die Gesetzesanwendung und der Gesetzesvollzug erleichtert, siehe hierzu *Isensee*, StuW 1994, 3, 10; *Tipke*, Steuerrechtsordnung II, S. 777.

326 Vgl. BVerfGE 152, 274, 314; BVerfGE 127, 224, 257; BVerfGE 122, 210, 232; BVerfGE 105, 73, 127; BVerfGE 99, 280, 290; BVerfGE 96, 1, 6; BVerfGE 84, 348, 359 f.; BVerfGE 82, 126, 151 f.; BVerfGE 78, 214, 227.

327 BVerfGE 152, 274, 314; BVerfGE 127, 224, 257; BVerfGE 120, 1, 30; BVerfGE 117, 1, 31; BVerfGE 110, 274, 292; siehe *P. Kirchhof*, StuW 2017, 3, 11; vgl. auch *G. Kirchhof*, in BeckOK EStG, § 12, Rn. 31.

erforderlich und angemessen sein[328]. Rein fiskalische Erwägungen, die nur in fadenscheinige Praktikabilitätserwägungen eingehüllt werden,[329] taugen dagegen nicht als Rechtfertigungsgrund.[330]

Inhaltlich versteht das BVerfG unter einer *Typisierung*, dass „bestimmte in wesentlichen Elementen gleich geartete Lebenssachverhalte normativ zusammengefasst“[331] werden. Im Einzelfall bestehende und durchaus bekannte Besonderheiten können hiernach im Wege der Generalisierung vernachlässigt werden.[332] Zudem darf der Gesetzgeber sich grundsätzlich am Normalfall orientieren und ist nicht gehalten, allen Eigenheiten der Lebenswirklichkeit durch Sonderregelungen Rechnung zu tragen.[333] Dabei ist allerdings darauf zu achten, dass die gewählte gesetzliche Verallgemeinerung auf eine möglichst breite Beobachtung zurückgreift, die alle betreffenden Personengruppen und Regelungsgegenstände mit einschließt.[334] Insbesondere darf der Gesetzgeber keinen atypischen Fall als Leitbild für die Typisierung wählen, sondern muss realitätsgerecht den typischen Durchschnittsfall als Maßstab zugrunde legen.[335]

Mit der *Pauschalierung* ist demgegenüber die Typisierung rechnerischer Grundlagen gemeint.[336] Da das Steuerrecht ein Rechtsgebiet ist, bei dem es sowohl zur Ermittlung der Bemessungsgrundlage als auch zur Bestimmung der Steuerschuld auf ein zahlenmäßiges Ergebnis ankommt, spielt nicht nur die qualitative Untersuchung einzelner Sachverhalte, sondern insbesondere auch deren

328 So in der Sache BVerfGE 123, 1, 19; BVerfGE 103, 310, 319; BVerfGE 84, 348, 364 f.; vgl. auch BVerfGE 152, 274, 315; siehe zudem *Bowitz*, Objektives Nettoprinzip, S. 216; *Drüen*, StuW 2008, 3, 13 f.; *Hey*, in: Tipke/Lang, Steuerrecht, Rn. 3.147; *Jachmann*, DStR 2009, Beih. zu Heft 34, 129, 131.

329 Siehe *Lang*, StuW 2007, 3, 7.

330 Siehe *Drüen*, StuW 2008, 3, 13 f.

331 BVerfGE 152, 274, 314; BVerfGE 122, 210, 232; BVerfGE 111, 115, 137.

332 Vgl. BVerfGE 152, 274, 314; BVerfGE 122, 210, 232; BVerfGE 96, 1, 6; BVerfGE 82, 159, 185 f. Näher hierzu *Jachmann*, StuW 1998, 193, 203 f.

333 Vgl. BVerfGE 152, 274, 314; BVerfGE 122, 210, 232; BVerfGE 96, 1, 6; BVerfGE 82, 159, 185 f.

334 BVerfGE 152, 274, 314 f.; BVerfGE 122, 210, 232; BVerfGE 96, 1, 6; BVerfGE 87, 234, 255; BVerfGE 84, 348, 359.

335 St. Rspr. BVerfGE 152, 274, 314 f.; BVerfGE 127, 224, 257; BVerfGE 122, 210, 232; BVerfGE 116, 164, 182 f.; siehe auch *Hey*, in: Tipke/Lang, Steuerrecht, Rn. 3.148; *P. Kirchhof*, StuW 2006, 3, 15; *Lang*, StuW 2007, 3, 11.

336 *Bowitz*, Objektives Nettoprinzip, S. 210; *Hey*, in: Tipke/Lang, Steuerrecht, Rn. 3.147; *Pahlke*, Beih. zu DStR 2011, 66, 68; *Steenken*, Gesetzliche Pauschalierung, S. 10; *Tipke*, Steuerrechtsordnung I, S. 349.

quantitative Ermittlung für die Gesetzgebung eine entscheidende Rolle.[337] Als Unterart der Typisierung[338] ist daher auch die Pauschalierung zur Rechtfertigung von Durchbrechungen des objektiven Nettoprinzips vom BVerfG anerkannt.[339] Dabei ist es dem Gesetzgeber gestattet, anstelle der tatsächlichen Aufwendung betragsmäßig fixierte, unterstellte Aufwendungen für die Besteuerung zugrunde zu legen.[340] Beispielhaft hierfür sind etwa die als Entfernungspauschale grundsätzlich zugrunde gelegten 0,30 EUR pro Kilometer für Aufwendungen des Steuerpflichtigen für die Wege zwischen seiner Wohnung und der ersten Tätigkeitsstätte nach § 9 Abs. 1 S. 3 Nr. 4 S. 2, Abs. 4 EStG.[341] Hinsichtlich des gesetzgeberischen Gestaltungsspielraum ist bei den Pauschalierungen zwischen widerlegbaren und unwiderlegbaren Pauschalierungen zu unterscheiden.[342] *Widerlegbare Pauschalierungen* führen dazu, dass auch höhere Aufwendungen abgesetzt werden können, wenn ein entsprechender Nachweis durch den Steuerpflichtigen erbracht wird.[343] Solche Pauschalierungen, zu denen etwa die Werbungskostenpauschale nach § 9a S. 1 Nr. 1a EStG gehört,[344] haben grundsätzlich den Zweck, die Nachweisführung durch den Steuerpflichtigen und eine entsprechende Kontrolle durch die Finanzverwaltung einzusparen.[345] Darüber hinaus führen sie zu einer Begünstigung des Steuerpflichtigen, dessen tatsächliche Aufwendungen unterhalb der Pauschale liegen.[346] Aus diesem Grund müssen widerlegbare Pauschalierungen nicht auf einer realitätsgerechten Durchschnittsbetrachtung beruhen.[347] Auch

---

337 *Bowitz,* Objektives Nettoprinzip, S. 210.

338 *Bowitz,* Objektives Nettoprinzip, S. 210; *Ruppe,* DStJG 21 (1998), S. 29, 40, Fn. 41; *Tipke,* Steuerrechtsordnung I, S. 349.

339 Vgl. BVerfGE 127, 224, 259 f.

340 *Ruppe,* DStJG 21 (1998), S. 29, 40.

341 Siehe *Bowitz,* Objektives Nettoprinzip, S. 210.

342 Näher hierzu *Bowitz,* Objektives Nettoprinzip, S. 211 ff.; *Ruppe,* DStJG 21 (1998), S. 29, 51 ff.; *Steenken,* Gesetzliche Pauschalierung, S. 10; *Tipke,* Steuerrechtsordnung I, S. 349.

343 *Bowitz,* Objektives Nettoprinzip, S. 211 ff.; *Ruppe,* DStJG 21 (1998), S. 29, 51 ff.; *Steenken,* Gesetzliche Pauschalierung, S. 10; *Tipke,* Steuerrechtsordnung I, S. 349.

344 *Bowitz,* Objektives Nettoprinzip, S. 212.

345 Siehe *Bowitz,* Objektives Nettoprinzip, S. 212 f.; *Ruppe,* DStJG 21 (1998), S. 29, 52 f.; *Steenken,* Gesetzliche Pauschalierung, S. 10.

346 *Bowitz,* Objektives Nettoprinzip, S. 212 f.; *Ruppe,* DStJG 21 (1998), S. 29, 52 f.

347 Vgl. BVerfGE 96, 1, 9 f.; BVerfGE 44, 283, 295; BVerfGE 17, 1, 23 f.; siehe auch *Bowitz,* Objektives Nettoprinzip, S. 213; *Ruppe,* DStJG 21 (1998), S. 29, 52; *Steenken,* Gesetzliche Pauschalierung, S. 10.

unwiderlegbare Pauschalierungen sind grundsätzlich zulässig.[348] Da diese jedoch benachteiligend für den Steuerpflichtigen sein können, ist der Gestaltungsspielraum des Gesetzgebers diesbezüglich auf eine realitätsgerechte Durchschnittsbetrachtung beschränkt.[349]

d) Missbrauchsabwehr und Vollzugssicherung

Schließlich ist auch die Missbrauchsabwehr als legitimer Rechtfertigungsgrund für Durchbrechungen des objektiven Nettoprinzips von Rechtsprechung und Literatur grundsätzlich anerkannt.[350] So wurden etwa die Abzugsverbote für Geschenke (§ 4 Abs. 5 S. 1 Nr. 1 EStG),[351] Gästehäuser (§ 4 Abs. 5 S. 1 Nr. 3 EStG) und Jagd, Fischerei sowie Segel- und Motorjachten (§ 4 Abs. 5 S. 1 Nr. 4 EStG)[352] laut den jeweiligen Gesetzesmaterialien eingeführt, um dem Missbrauch des steuerlichen Spesenabzugs zu begegnen.[353] Voraussetzung dieses Rechtfertigungsgrundes ist allerdings, dass eine entsprechende Missbrauchsgefahr auch tatsächlich begründet ist.[354] Allzu pauschaler Missbrauchsverdacht führt zu uferlosen Einschränkungen des objektiven Nettoprinzips und eignet sich demzufolge nicht als Rechtfertigungsgrund.[355] Vielmehr darf die einschränkende Regelung nicht weiter gehen als unbedingt nötig[356] und muss wiederum dem Grundsatz der Verhältnismäßigkeit

---

348 Siehe hierzu BVerfGE 101, 297, 310: „Der Gleichheitssatz fordert allerdings nicht, daß der Gesetzgeber stets den gewillkürten tatsächlichen Aufwand berücksichtigt, vielmehr kann es auch genügen, daß er für bestimmte Arten von Aufwendungen nur den Abzug eines in realitätsgerechter Höhe typisierten Betrages gestattet“; vgl. BVerfGE 96, 1, 9; *Bowitz,* Objektives Nettoprinzip, S. 214.

349 Vgl. BVerfGE 96, 1, 9 f.; BVerfGE 44, 283, 295; BVerfGE 17, 1, 23 f.; *Bowitz,* Objektives Nettoprinzip, S. 214.

350 Vgl. BVerfGE 127, 224, 255 ff.; BVerfGE 101, 297, 310 f.; BVerfGE 89, 15, 24; zustimmend *Bowitz,* Objektives Nettoprinzip, S. 212; *Drüen,* StuW 2008, 3, 13; *Hey,* FR 2008, 1033, 1037; *Krüger,* in: Schmidt, EStG, § 9, Rn. 4; *Thiel,* FR 2007, 729, 730; siehe auch *Gabel,* Missbrauchsnormen im Steuerrecht, S. 100, 134.

351 Vgl. BT-Drs. 7/1470, 221.

352 Vgl. BT-Drs. 3/1811, 8.

353 Näheres hierzu später in Teil 4 § 17 B.II.3. und 4.

354 *Bowitz,* Objektives Nettoprinzip, S. 212; vgl. *Drüen,* StuW 2008, 3, 13; *Hey,* FR 2008, 1033, 1037.

355 Vgl. *Drüen,* StuW 2008, 3, 13; *Jachmann,* DStR 2009, Beih. zu Heft 34, 129, 131.

356 *Thiel,* FR 2008, 729, 730. Siehe auch *Hey,* FR 2008, 1033, 1037: „Besonders restriktiv ist die Rechtsprechung zur Missbrauchsvermeidung.“

entsprechen.[357] Darüber hinaus muss die Verhinderung von Steuergestaltungen Hauptzweck der Abzugsbeschränkung bleiben.[358] Rein fiskalisch motivierte Regelungen, die eine Missbrauchsvermeidung nur als Alibi vorschieben, können Durchbrechungen des objektiven Nettoprinzips nicht rechtfertigen.[359] Schließlich ist zu beachten, dass die Missbrauchsabwehr in enger Verbindung mit der Typisierungsbefugnis des Gesetzgebers steht.[360] Daraus folgt, dass der gesetzgeberische Gestaltungsraum auch beim Vorliegen von Missbrauchsgefahren nicht unbegrenzt ist. Auch in diesem Fall muss der Gesetzgeber von einem typischen Missbrauchsfall ausgehen und darf sich nicht am atypischen Fall orientieren.[361]

Häufig in Zusammenhang mit der Missbrauchsabwehr stehen darüber hinaus Typisierungen, die der Sicherung des Gesetzesvollzugs dienen.[362] Diese Typisierungen können Eingriffe in Freiheitsrechte wie Art. 13 Abs. 1 GG oder das Recht auf informationelle Selbstbestimmung aus dem allgemeinen Persönlichkeitsrecht nach Art. 2 Abs. 1 GG iVm Art. 1 Abs. 1 GG vermeiden oder wenigstens vermindern[363] und genießen damit ein höheres Gewicht, als wenn sie allein aus Praktikabilitätsgründen gerechtfertigt werden sollen.[364] Wenn sie außerdem eine Sachverhaltsermittlung vermeiden, die rechtlich oder tatsächlich mit Schwierigkeiten verbunden oder sogar überhaupt nicht möglich ist, können sie geeignet sein, Durchbrechungen des objektiven Nettoprinzips zu rechtfertigen.[365] Eine solche Begründung erkannte das BVerfG beispielsweise als Rechtfertigungsgrund für die Abzugsbeschränkung von Aufwendungen für ein häusliches Arbeitszimmer nach § 4 Abs. 5 S. 1 Nr. 6b EStG in der Fassung des Steueränderungsgesetzes 2007[366] an, wenn es davon ausging, dass eine effektive Kontrolle der tatsächlichen Nutzung des Arbeitszimmers wegen des engen Zusammenhangs zur privaten Lebensführung des Steuerpflichtigen und des Schutzes durch Art. 13 Abs. 1 GG

357 Vgl. *Bowitz,* Objektives Nettoprinzip, S. 212; *Drüen,* StuW 2008, 3, 13; *Jachmann,* DStR 2009, Beih. zu Heft 34, 129, 131; *Thiel,* FR 2008, 729, 730.

358 *Thiel,* FR 2008, 729, 730. Siehe auch *Hey,* FR 2008, 1033, 1037.

359 Siehe hierzu bereits Teil 1 § 2 IV.2.a.; näher hierzu *Bowitz,* Objektives Nettoprinzip, S. 213; *Drüen,* StuW 2008, 3, 13 f.

360 Vgl. *Drüen,* StuW 2008, 3, 13; *Krüger,* in: Schmidt, EStG, § 9, Rn. 4.

361 *Drüen,* StuW 2008, 3, 13.

362 Vgl. BVerfGE 126, 268, 282; BVerfGE 84, 239, 273; *Bowitz,* Objektives Nettoprinzip, S. 121.

363 *Bowitz,* Objektives Nettoprinzip, S. 121; *Englisch,* Wettbewerbsgleichheit, S. 165, vgl. *Jachmann,* StuW 1998, 193, 203; *P. Kirchhof,* FS Tipke, S. 27, 42 ff.

364 *Bowitz,* Objektives Nettoprinzip, S. 121; *Englisch,* Wettbewerbsgleichheit, S. 165.

365 *Bowitz,* Objektives Nettoprinzip, S. 121 f.

366 Steueränderungsgesetz 2007 vom 19.07.2006, BGBl. I 2006, 1652.

wesentlich eingeschränkt oder sogar unmöglich sei[367] und das für den Regelfall geltende Abzugsverbot des § 4 Abs. 5 S. 1 Nr. 6b EStG daher für mit der Verfassung vereinbar erklärte.[368]

C. Subjektives Nettoprinzip

I. Bedeutung und verfassungsrechtliche Verankerung

Neben dem objektiven Nettoprinzip gibt es noch ein weiteres Prinzip, das den gesetzgeberischen Gestaltungsspielraum im Steuerrecht einschränkt. Aus dem Charakter der Einkommensteuer als Personensteuer folgt, dass nicht nur notwendige Erwerbsaufwendungen für die Steuerzahlung indisponibel sind, sondern auch diejenigen Aufwendungen, die der Steuerpflichtige zwingend für sich oder seine Familie benötigt und die er daher nicht für Zwecke der Steuerzahlung aufbringen kann.[369] Deswegen ist allgemein anerkannt,[370] dass neben dem objektiven Nettoprinzip auch ein subjektives Nettoprinzip[371] existieren muss, welches die steuerliche Berücksichtigung unvermeidbaren, zwangsläufigen und pflichtbestimmten Privataufwandes verfassungsrechtlich vorgibt.[372] Dieses subjektive Nettoprinzip spielt nicht nur für der Frage des gesetzgeberischen Gestaltungsspielraums,

---

367 Vgl. zu diesem Aspekt auch BFH/NV 2022, 1266, 1268 f.

368 Vgl. BVerfGE 126, 268, 281 f.; BVerfGE 101, 297, 305 ff.; a.A. *Meyer,* in: BeckOK EStG, § 4, Rn. 2776 ff. Näheres zur Entscheidung BVerfGE 126, 268 in Teil 1 § 3 B.IV.

369 Vgl. *Hey,* in: Tipke/Lang, Steuerrecht, Rn. 8.42; *G. Kirchhof,* FR 2020, 749, 754; *Mellinghoff,* FS Bareis, S. 171, 178; *Mellinghoff,* FS P. Kirchhof, Bd. 2, S. 1889, 1891; *Musil,* in: Herrmann/Heuer/Raupach, EStG/KStG, § 2 EStG, Rn. 808; *Seer,* in: Kirchhof/Seer, EStG, § 2, Rn. 8; *Tipke,* StuW 1979, 193, 194.

370 Siehe statt aller *Hey,* in: Tipke/Lang, Steuerrecht, Rn. 8.42, 8.71; *G. Kirchhof,* FR 2020, 749, 754; *G. Kirchhof,* DStR 2013, 1867; *P. Kirchhof,* in: K/S/M, EStG, § 2, Rn. A 129; *Mellinghoff,* FS Bareis, S. 171, 178; *Moes,* DStR 2023, 2369, 2369; *Musil,* in: Herrmann/Heuer/Raupach, EStG/KStG, § 2 EStG, Rn. 808; *Tipke,* Steuerrechtsordnung II, S. 785.

371 Teilweise wird auch vom *existenzsichernden Nettoprinzip* gesprochen, siehe etwa *P. Kirchhof,* in: K/S/M, EStG, § 2, Rn. A 129; *Mellinghoff,* FS P. Kirchhof, Bd. 2, S. 1889, 1891.

372 Siehe statt vieler *Birk,* FS P. Kirchhof, Bd. 2, S. 1591, 1598; *Hey,* in: Tipke/Lang, Steuerrecht, Rn. 8.71; *G. Kirchhof,* FR 2020, 749, 754; *G. Kirchhof,* in: BeckOK EStG, § 12, Rn. 22; *Mellinghoff,* FS P. Kirchhof, Bd. 2, S. 1889, 1893; *Musil,* in: Herrmann/Heuer/Raupach, EStG/KStG, § 2 EStG, Rn. 808; *Söhn,* FinArch 46 (1988), S. 154, 156. In diesem Punkt zustimmend auch *Moes,* DStR 2023, 2369, 2370 f., der allerdings die weitergehende Festlegung von Literatur und Rechtsprechung, wonach existenzsichernde Privataufwendungen demzufolge zwingend von der

sondern auch für die sphärische Einordnung der betrieblich/beruflich bedingten Mehraufwendungen, welche im 3. und 4. Teil der Arbeit untersucht werden, eine entscheidende Rolle. Seine inhaltliche und verfassungsmäßige Bedeutung soll daher bereits an dieser Stelle dargestellt werden.

Anders als beim objektiven Nettoprinzip erkennt das BVerfG in ständiger Rechtsprechung die verfassungsunmittelbare Geltung des subjektiven Nettoprinzips an.[373] Verfassungsrechtlich verankert[374] ist das subjektive Nettoprinzip zunächst im allgemeinen Gleichheitssatz nach Art. 3 Abs. 1 GG, der in seiner steuerlichen Konkretisierung neben der objektiven auch die subjektive Leistungsfähigkeit umfasst.[375] Darüber hinaus ergibt sich die Verpflichtung des Staates zur Sicherung des Existenzminimums bereits aus der Unantastbarkeit der Menschenwürde nach Art. 1 Abs. 1 GG iVm dem Sozialstaatsprinzip gemäß Art. 20 Abs. 1 GG.[376] Danach hat der Staat das Einkommen des Bürgers insoweit steuerfrei zu stellen, als dieser es zur Schaffung der Mindestvoraussetzungen eines menschenwürdigen Daseins für sich und seine Familie benötigt.[377] Ist zugleich das Existenzminimum der Familie betroffen, tritt ergänzend und verstärkend der Schutz des Art. 6 Abs. 1 GG hinzu.[378] Schließlich kann das subjektive Netto-

---

einkommensteuerlichen Bemessungsgrundlage abziehbar sein müssen, als „steuertechnisches Missverständnis" kritisiert.

373 Vgl. BVerfGE 122, 210, 234 f.; BVerfGE 120, 125, 155; BVerfGE 110, 412, 433; BVerfGE 107, 27, 48; BVerfGE 82, 198, 207; BVerfGE 82, 60, 85; BVerfGE 68, 143, 152 f.; BVerfGE 67, 290, 297; BVerfGE 66, 214, 223; BVerfGE 61, 319, 344. Kritisch hierzu *Moes,* Steuerfreiheit des Existenzminimums, S. 149 ff.

374 Die einfachrechtliche Umsetzung des subjektiven Nettoprinzips ergibt sich aus mehreren unzusammenhängenden Normen, die über das gesamte EStG verteilt sind, näher hierzu Teil 2 § 6.

375 Vgl. BFH BStBl. II 2021, 83, 85; BFH BStBl. II 2017, 988, 991; siehe *Hey,* in: Tipke/Lang, Steuerrecht, Rn. 8.74; *G. Kirchhof,* in: BeckOK EStG, § 12, Rn. 22; *Mellinghoff,* FS P. Kirchhof, Bd. 2, S. 1889, 1891; *Söhn,* FinArch 46 (1988), S. 154, 167.

376 Vgl. BFH BStBl. II 2021, 83, 85; BFH BStBl. II 2017, 988, 991; siehe *Hey,* in: Tipke/Lang, Steuerrecht, Rn. 8.74; *G. Kirchhof,* in: BeckOK EStG, § 12, Rn. 22; *Mellinghoff,* FS Bareis, S. 171, 179; *Mellinghoff,* FS P. Kirchhof, Bd. 2, S. 1889, 1891; *Tipke,* Steuerrechtsordnung II, S. 798.

377 Vgl. BVerfGE 120, 125, 155; BVerfGE 99, 246, 260; BVerfGE 87, 153, 169; BFH BStBl. II 2021, 83, 85; BFH BStBl. II 2017, 988, 991.

378 Vgl. BVerfGE 82, 198, 206; BVerfGE 82, 60, 86; BFH BStBl. II 2021, 83, 85 f.; BFH BStBl. II 2017, 988, 991; siehe *Hey,* in: Tipke/Lang, Steuerrecht, Rn. 8.71; *G. Kirchhof,* in: BeckOK EStG, § 12, Rn. 22; *Mellinghoff,* FS P. Kirchhof, Bd. 2, S. 1889, 1891 f. Näher hierzu *Schilling,* Zwangsläufiger Aufwand, S. 70 ff.

prinzip auch auf das freiheitsrechtlich begründete Verbot, erdrosselnde Steuern zu erheben (Art. 2 Abs. 1, Art. 12 Abs. 1, Art. 14 Abs. 1 GG), gestützt werden.[379]

Daran, dass beim subjektiven Nettoprinzip die Menschenwürde nach Art. 1 Abs. 1 GG betroffen ist, wird bereits erkennbar, dass dieses – anders als das objektiven Nettoprinzip – nicht durch einfachrechtliche Bestimmungen eingeschränkt werden kann.[380] Es ist keiner Rechtfertigung zugänglich,[381] so dass der verfassungsrechtliche Schutz des unvermeidbaren Privataufwandes im Ausgangspunkt stärker ausgeprägt ist als derjenige für zwangsläufige Erwerbsaufwendungen.[382] Andererseits folgt aus dem subjektiven Nettoprinzip aber nur die Verpflichtung, den existenziellen Lebensbedarf steuerlich zu berücksichtigen.[383] Darüberhinausgehende Privataufwendungen, die der Steuerpflichtige nach seinem freien Willen tätigt, müssen nicht von der Besteuerung ausgenommen werden.[384] Der zweite wesentliche Unterschied zwischen dem objektiven und dem subjektiven Nettoprinzip besteht daher darin, dass der Steuerpflichtige selbst sowohl über die Höhe der abziehbaren notwendigen Erwerbsaufwendungen als auch der abziehbaren freiwilligen Erwerbsaufwendungen entscheiden kann,[385] während der steuerlich beachtliche Lebensbedarf nicht nach den tatsächlichen Aufwendungen bemessen wird, sondern allein nach dem objektivierten Bedarf, den der Gesetzgeber realitätsgerecht typisieren muss.[386]

---

379 Vgl. BVerfGE 122, 210, 234 f.; BVerfGE 120, 125, 154 f.; BVerfGE 87, 153, 169; siehe *Hey,* in: Tipke/Lang, Steuerrecht, Rn. 8.74; *G. Kirchhof,* in: BeckOK EStG, § 12, Rn. 22. Näher hierzu *Lehner,* DStR 1992, 1642, 1643 f.

380 Vgl. *G. Kirchhof,* DStR 2013, 1867, 1868; *Mellinghoff,* FS P. Kirchhof, Bd. 2, S. 1889, 1892; *Söhn,* FinArch 46 (1988), S. 154, 170.

381 Vgl. BVerfGE 99, 216, 232 ff.; BVerfGE 89, 346, 354 f.; BVerfGE 87, 153, 169 f.; BVerfGE 82, 198, 206 f.; BVerfGE 82, 60, 87 f.

382 Im Einzelnen hängt der verfassungsrechtliche Schutz des subjektiven Nettoprinzips jedoch von dessen Umfang ab, der bislang nicht abschließend geklärt ist, siehe hierzu sogleich.

383 Vgl. BVerfGE 87, 153, 171; *Söhn,* FinArch 46 (1988), S. 154, 168.

384 Vgl. *G. Kirchhof,* in: BeckOK EStG, § 12, Rn. 23; *Mellinghoff,* FS P. Kirchhof, Bd. 2, S. 1889, 1892; *Tipke,* Steuerrechtsordnung, S. 785 f.

385 Siehe diesbezüglich Teil 1 § 2 B.II.4.

386 Vgl. BVerfGE 120, 125, 155; BVerfGE 99, 216, 233; *Jachmann,* StuW 1998, 193, 204; *Jachmann,* DStR 2009, Beih. zu Heft 34, 129, 130; *G. Kirchhof,* DStR 2009, 153, 142 f.; *G. Kirchhof,* DStR 2013, 1867, 1868; *G. Kirchhof,* in: BeckOK EStG, § 12, Rn. 23; *Mellinghoff,* FS P. Kirchhof, Bd. 2, S. 1889, 1892; *Söhn,* Fin-Arch 46 (1988), S. 154, 168. Wie diese Typisierung bzw. Pauschalierung konkret aussieht, wird an späterer Stelle im Zusammenhang mit den betrieblich/beruflich bedingten Mehraufwendungen analysiert, siehe Teil 3 § 12 D.

II. Grenzen für den gesetzgeberischen Gestaltungsspielraum

1. G. Kirchhofs *Differenzierung zwischen drei Kategorien privater Aufwendungen*

a) Grundlegendes

Welche Schranken sich für den gesetzgeberischen Gestaltungsspielraum aus dem subjektiven Nettoprinzip ergeben, hängt maßgeblich davon ab, welche privaten Aufwendungen hiervon umfasst sind. Das BVerfG hat die Frage des Umfangs des subjektiven Nettoprinzips bislang nicht abschließend geklärt.[387] In der Literatur gibt es aber vermehrt Bestrebungen, den Bereich privater Aufwendungen weiter zu konkretisieren, um den gesetzgeberischen Gestaltungsspielraum im Rahmen des subjektiven Nettoprinzips genauer abstecken zu können und zugleich auf Ebene des einfachen Rechts nachvollziehbare Kriterien zu schaffen, mit denen die sphärische Einordnung der betreffenden Aufwendung innerhalb der Privatsphäre erleichtert wird.[388] Nach dieser Konkretisierung, welche vornehmlich auf *G. Kirchhof* zurückzuführen ist,[389] werden die Aufwendungen der privaten Lebenssphäre abhängig von der Zwangsläufigkeit ihrer Entstehung in drei unterschiedliche Kategorien aufgeteilt.[390] Während die Terminologie der drei Kategorien dabei inner-

---

387 Deutlich hierzu etwa BFH/NV 2014, 1954, 1960: „Wieweit über den Schutz des Existenzminimums hinaus auch sonstige unvermeidbare oder zwangsläufige private Aufwendungen zu berücksichtigen sind, ist nach Auffassung des BVerfG selbst verfassungsrechtlich bislang noch nicht abschließend geklärt"; vgl. BVerfGE 107, 27, 48; siehe auch *Hey,* in: Tipke/Lang, Steuerrecht, Rn. 8.73; *G. Kirchhof,* DStR 2013, 1867, 1868; *Mellinghoff,* FS Bareis, S. 171, 179; *Mellinghoff,* FS P. Kirchhof, Bd. 2, S. 1889, 1893; *Schilling,* Zwangsläufiger Aufwand, S. 50; *Strahl,* KÖSDI 2003, 13833, 13834.

388 Siehe insbesondere *G. Kirchhof,* DStR 2013, 1867, 1868 f.; *G. Kirchhof,* in: BeckOK EStG, § 12, Rn. 36 ff.; vgl. auch *Gärtner,* Gemischt veranlasste Aufwendungen, S. 79 ff.

389 *G. Kirchhof,* DStR 2013, 1867, 1869; *G. Kirchhof,* in: BeckOK EStG, § 12, Rn. 36.

390 Siehe etwa *Gärtner,* Gemischt veranlasste Aufwendungen, S. 71 ff.; *G. Kirchhof,* DStR 2013, 1867, 1869; *G. Kirchhof,* in: BeckOK EStG, § 12, Rn. 36. Allgemein für eine Differenzierung der Privataufwendungen auch *Wassermeyer,* StuW 1981, 245, 248: „Es entspricht einer weitreichenden „Unsitte", die Begriffe „privat" und „Lebensführung" inhaltsgleich zu setzen." Siehe zudem *Mellinghoff,* FS P. Kirchhof, Bd. 2, S. 1889, 1895 ff., der zwischen „Existenzbedarf" und „Weitere[n] Privataufwendungen" unterscheidet und *Söhn,* FinArch 46 (1988), S. 154, 157, der zwischen *indisponiblen* Privataufwendungen, die den Gesetzgeber zur steuerlichen Berücksichtigung verpflichten, und *disponiblen* Privataufwendungen, bei denen das nicht der Fall ist, unterscheidet.

halb dieser Literaturansicht nicht immer einheitlich ausfällt, sind der Sache nach stets die drei gleichen Typen bzw. Stufen[391] gemeint: Unterschieden wird jeweils nach Privataufwendungen, die den Steuerpflichtigen zwingend treffen und für seine Existenz unvermeidbar sind (*existenznotwendige und zwingende, pflichtbestimmte Privataufwendungen*),[392] Privataufwendungen, die zwar nicht zwingend, aber dennoch verpflichtend sind und den Steuerpflichtigen typischerweise treffen (*verpflichtende Privataufwendungen*)[393] und allen übrigen Privataufwendungen, die der Steuerpflichtige freiwillig tätigt (*freiwillige Privataufwendungen*)[394]. Es wird angebracht, dass die Differenzierung zwischen diesen drei Kategorien zwar nicht immer trennscharf sei und im Laufe der Zeit Veränderungen unterliege.[395] Sie trage aber trotzdem dazu bei, den gesetzgeberischen Gestaltungsspielraum im Rahmen des subjektiven Nettoprinzips näher zu umreißen, und sei daher erforderlich, um ein besseres Verständnis für die Aufwendungen der Privatsphäre zu erlangen.[396] Da eine nachvollziehbare Untergliederung des Privatbereichs nicht nur den verfassungsrechtlichen Rahmen klarer absteckt, sondern auch für die einfachrechtliche Abgrenzung zwischen reinen Privataufwendungen und gemischten Aufwendungen – insbesondere den betrieblich/beruflich bedingten Mehraufwendungen – hilfreich ist, werden die von der Literatur vertretenen Formen privater Aufwendungen im Folgenden inhaltlich dargestellt und sodann kritisch gewürdigt.

---

391 *G. Kirchhof*, in: BeckOK EStG, § 12, Rn. 36.

392 *Gärtner*, Gemischt veranlasste Aufwendungen, S. 76 spricht hier von „Lebensführungskosten i.e.S. – typische, existenznotwendige Privataufwendungen“, *G. Kirchhof*, DStR 2013, 1867, 1869; *G. Kirchhof*, in: BeckOK EStG, § 12, Rn. 36 nennt diese Aufwendungen „Zwingende, pflichtbestimmte Aufwendungen“ oder „Existenzminimum“.

393 Siehe *Gärtner*, Gemischt veranlasste Aufwendungen, S. 76: „Lebensführungskosten i.e.S. – typische, nicht existenznotwendige Privataufwendungen“; *G. Kirchhof*, DStR 2013, 1867, 1869; *G. Kirchhof*, in: BeckOK EStG, § 12, Rn. 36: „Mittlere Sphäre“, „verpflichtende private Aufwendungen“.

394 Siehe *Gärtner*, Gemischt veranlasste Aufwendungen, S. 76: „Lebensführungskosten i.w.S. – sonstige Privataufwendungen“; *G. Kirchhof*, DStR 2013, 1867, 1869; *G. Kirchhof*, in: BeckOK EStG, § 12, Rn. 36: „Aufwendungen freiwilliger Vermögensverwendung“.

395 So *Gärtner*, Gemischt veranlasste Aufwendungen, S. 74; *G. Kirchhof*, in: BeckOK EStG, § 12, Rn. 36.

396 Vgl. *Gärtner*, Gemischt veranlasste Aufwendungen, S. 74; *G. Kirchhof*, DStR 2013, 1867, 1869; *G. Kirchhof*, in: BeckOK EStG, § 12, Rn. 36.

b) Existenznotwendige und zwingende, pflichtbestimmte Privataufwendungen

Die erste von der Literatur angenommene Kategorie privater Aufwendungen, betrifft die *existenznotwendigen und zwingenden bzw. pflichtbestimmten Privataufwendungen*. In diesem Bereich wird ausgeführt, dass Aufwendungen, die der Steuerpflichtige für sich oder seine Familie zur Sicherung eines menschenwürdigen Existenzminimums aufbringen muss, seine wirtschaftliche Leistungsfähigkeit mindern und daher nach Art. 3 Abs. 1 GG zwingend steuerlich zu berücksichtigen sind.[397] Nach der maßgeblichen Konkretisierung durch das BVerfG gehörten zu den *existenznotwendigen Aufwendungen* die notwendigen Aufwendungen[398] für „Nahrung, Kleidung, Hausrat, Unterkunft, Heizung, Hygiene und Gesundheit", für den Betreuungs- und Erziehungsbedarf der Kinder sowie für die „Möglichkeit zur Pflege zwischenmenschlicher Beziehungen und zu einem Mindestmaß an Teilhabe am gesellschaftlichen, kulturellen und politischen Leben".[399] Diese Aufwendungen fielen zwingend an und stünden daher ebenso wie zwingende, betriebsnotwendige Erwerbsaufwendungen[400] nicht zur Disposition des Gesetzgebers.[401] Daneben wird angenommen, dass *zwingende, pflichtbestimmte Privataufwendungen*, die über das typische Existenzminimum hinausgehen und denen sich der Steuerpflichtige nicht ohne weiteres entziehen kann, ebenfalls nicht zur Disposition des Gesetzgebers stehen.[402] Auch diese Mittel seien für den Steu-

---

397 Vgl. BVerfGE 122, 210, 234 f.; BFH GrS BStBl. II 2010, 672, 684; BFH/NV 2014, 1954, 1960; *Söhn,* FinArch 46 (1988), S. 154, 162.

398 Gemeint ist nur der notwendige Aufwand in „normaler" Höhe, von dem ein etwaig betrieblich/beruflich bedingter *Mehr*aufwand abzugrenzen ist, vgl. *Söhn,* StuW 1983, 193, 199. Siehe auch *Drenseck,* DB 1987, 2483: „nur der Grundlebensbedarf"; *Söhn,* DStJG 3 (1980), S. 48, Fn. 173; *Söhn,* FR 1980, 301, 306: „Normalaufwand"; *Tipke,* StuW 1979, 193, 202: „Die normalen und typischen Ausgaben für den Unterhalt des Steuerpflichtigen". Zur Bedeutung und steuerlichen Behandlung betrieblich/beruflich bedingter Mehraufwendungen siehe Teil 3 § 12 E.

399 Vgl. BVerfGE 125, 175, 223; BVerfGE 120, 125, 155 f.; BVerfGE 99, 246, 261; BVerfGE 87, 153, 171 ff; BVerfGE 82, 60, 86 ff. Zur parallelen Bewertung durch die Finanzverwaltung siehe BMF BStBl. I 2010, 614, 614 f. Siehe ferner *Fissenewert,* in: Herrmann/Heuer/Raupach, EStG/KStG, § 12 EStG, Rn. 33; *G. Kirchhof,* FR 2020, 749, 754; *G. Kirchhof,* in: BeckOK EStG, § 12, Rn. 98; *Thürmer,* in: Brandis/Heuermann, EStG, § 12, Rn. 101 f.; *Söhn,* FS Spindler, S. 795, 803.

400 Siehe hierzu bereits Teil 1 § 2 B.II.4.

401 Vgl. *G. Kirchhof,* DStR 2013, 1867, 1868; *Söhn,* FinArch 46 (1988), S. 154, 162.

402 *G. Kirchhof,* DStR 2013, 1867, 1868; *G. Kirchhof,* FR 2020, 749, 754; *G. Kirchhof,* in: BeckOK EStG, § 12, Rn. 25 ff.; *Thiemann,* JZ 2015, 866, 872; vgl. auch BVerfGE 122,

erpflichtigen nicht frei verfügbar, so dass er hieraus keine Steuern entrichten könne.[403] Ob eine Privataufwendung zwangsläufig ist, hänge dabei nicht davon ab, ob eine etwaige rechtliche Zahlungspflicht besteht, die unabhängig von ihrem Gegenstand – beispielsweise dem Beginn eines Prozesses oder dem Vertrag zum Erwerb eines Hauses – freiwillig eingegangen wurde.[404] Entscheidend sei vielmehr, dass die Aufwandsposition unabhängig von einer willentlichen Entscheidung des Steuerpflichtigen notwendigerweise anfällt.[405]

c) Verpflichtende Privataufwendungen

Unterhalb der *existenznotwendigen Aufwendungen* wird ein zweiter Bereich privaten Aufwands angenommen, der dadurch geprägt ist, dass die Aufwendungen zwar nicht zwangsläufig anfallen, gleichwohl aber für den Steuerpflichtigen verpflichtend sind.[406] Hiervon betroffen seien Ausgaben, die der Steuerpflichtige aus Konventionen, ethischen, kulturellen, sozialen oder gesetzlichen Vorgaben, zur Vorsorge oder für die über das Existenzminimum hinausgehende Bildung seiner Kinder tätige.[407] In diesem „zweiten Bereich der Verpflichtung“ sei der gesetzgeberische Gestaltungsspielraum fraglich.[408] Zwar gebe das subjektive Nettoprinzip vor, dass der Existenzbedarf steuerlich zu verschonen ist. Da *verpflichtende Aufwendungen* jedoch nur eine Nähe zum Existenzminimum aufwiesen,[409] ohne dieses selbst abzubilden, sei unklar, ob und wie die Ausgaben in diesem mittleren

---

210, 234 f.; BVerfGE 112, 268, 280; BVerfGE 107, 27, 49; BVerfGE 87, 153, 170.

403 *Gärtner*, Gemischt veranlasste Aufwendungen, S. 73 f.; *G. Kirchhof*, DStR 2013, 1867, 1869; *G. Kirchhof*, in: BeckOK EStG, § 12, Rn. 26; *Söhn*, FS Offerhaus, S. 477, 479; vgl. auch BVerfGE 112, 268, 280; BVerfGE 87, 153, 170.

404 So aber noch BFH BStBl. II 2011, 1015, 1017.

405 So *G. Kirchhof*, DStR 2013, 1867, 1869 ff.; *G. Kirchhof*, in: BeckOK EStG, § 12, Rn. 25; vgl. beispielsweise auch BFH BStBl. II 2021, 86, 88 f.; BFH BStBl. II 2015, 800, 801, wonach Prozesskosten grundsätzlich nicht zu dem steuerlich zu verschonenden Existenzminimum gehören; anders zuvor noch BFH BStBl. II 2011, 1015, 1017.

406 So *G. Kirchhof*, DStR 2013, 1867, 1869; *G. Kirchhof*, in: BeckOK EStG, § 12, Rn. 36.

407 So *G. Kirchhof*, DStR 2013, 1867, 1869; *G. Kirchhof*, in: BeckOK EStG, § 12, Rn. 36, 55.

408 So *G. Kirchhof*, DStR 2013, 1867, 1869.

409 Beispielweise seien die Kosten der Kinderbetreuung (§ 10 Abs. 1 Nr. 5 EStG), die Aufwendungen für die eigene Berufsausbildung (§ 10 Abs. 1 Nr. 7 EStG) oder für die Aufwendungen für die Schuldbildung der Kinder (§ 10 Abs. 1 Nr. 9 EStG) zwar notwendige Ausgaben, denen sich der Steuerpflichtige nicht ohne weiteres entziehen kann. Trotzdem gehörten sie nicht zu den *existenznotwendigen Privataufwendungen*, die nach der Konkretisierung des BVerfG bereits im Wege des subjektiven

Bereich steuerlich zu berücksichtigen sind.[410] *G. Kirchhof* geht diesbezüglich davon aus, dass dem Gesetzgeber hier ein weiter, gleichwohl aber verfassungsrechtlich begrenzter Entscheidungsspielraum zukomme und begründet dies mit der Nähe der verpflichtenden Aufwendungen zum Existenzminimum.[411] Auch nach Ansicht des BVerfG müsse der Gesetzgeber die „unterschiedlichen Gründe, die den Aufwand veranlassen", heranziehen und „im Lichte betroffener Grundrechte differenzierend" würdigen.[412] Demnach seien auch die verpflichtenden Privataufwendungen aus dem mittleren Bereich der drei Kategorien vor dem Hintergrund von Art. 1 Abs. 1 iVm Art. 20 Abs. 1 GG, Art. 3 Abs. 1 GG und Art. 6 Abs. 1 GG zu betrachten und umso eher vom steuerlichen Abzug zuzulassen, je näher sie am Bereich des Existenzminimums liegen und je stärker ein Aufwand die genannten Grundrechte betrifft.[413]

d) Freiwillige Privataufwendungen

Die *freiwilligen Privataufwendungen* schließlich decken nach Ansicht *G. Kirchhofs* und anderer Vertreter des Schrifttums alle übrigen Aufwendungen der privaten Lebensführung ab.[414] Diese Aufwendungen würden freiwillig vom Steuerpflichtigen getätigt und seien daher als beliebige Vermögensverwendung steuerlich grundsätzlich nicht zu berücksichtigen.[415] Sie seien gerade nicht zwangsläufig oder notwendig, sondern dienten allein den persönlichen Interessen und Bedürfnissen des Steuerpflichtigen,[416] weshalb sie ebenso unterbleiben könnten[417]. Eine verfassungsrechtliche Pflicht zur Berücksichtigung der freiwilligen Privataufwendungen komme dem Gesetzgeber nach dem subjektiven Nettoprinzip gerade nicht zu,[418] die Grundsätze des Folgerichtigkeitsgebots fänden aber auch hier Anwendung,

Nettoprinzips Berücksichtigung fänden; siehe *G. Kirchhof*, in: BeckOK EStG, § 12, Rn. 26, 55.

410 Vgl. *G. Kirchhof*, in: BeckOK EStG, § 12, Rn. 26, 36, 55.

411 Siehe *G. Kirchhof*, DStR 2013, 1867, 1869; *G. Kirchhof*, in: BeckOK EStG, § 12, Rn. 36.

412 Vgl. BVerfGE 122, 210, 234 f.; BVerfGE 112, 268, 280 f.

413 So *G. Kirchhof*, DStR 2013, 1867, 1869; *G. Kirchhof*, in: BeckOK EStG, § 12, Rn. 36.

414 Vgl. *Gärtner*, Gemischt veranlasste Aufwendungen, S. 74; *G. Kirchhof*, DStR 2013, 1867, 1869; *G. Kirchhof*, in: BeckOK EStG, § 12, Rn. 54.

415 Siehe *G. Kirchhof*, DStR 2013, 1867, 1869; *G. Kirchhof*, in: BeckOK EStG, § 12, Rn. 54.

416 Vgl. *Tipke*, StuW 1979, 193, 194.

417 Vgl. *G. Kirchhof*, in: BeckOK EStG, § 12, Rn. 36, 55.

418 So *G. Kirchhof*, DStR 2013, 1867, 1869; *G. Kirchhof*, in: BeckOK EStG, § 12, Rn. 36.

so dass eine einmal getroffene Entscheidung, privaten Aufwand zum Abzug zuzulassen, folgerichtig umgesetzt werden müsse.[419]

2. *Kritische Würdigung*

Der von *G. Kirchhof* vorgenommenen Kategorisierung des Privatbereichs ist zunächst dahingehend zuzustimmen, dass die Frage, ob das subjektive Nettoprinzip Anwendung findet, abhängig davon ist, wie zwangsläufig die betreffende Aufwendung anfällt. Insoweit verhält es sich mit notwendigen Privataufwendungen ähnlich wie mit notwendigen Erwerbsaufwendungen: Fallen die Aufwendungen zwangsläufig an und kann der Steuerpflichtige sich der Position daher nicht entziehen, ist der gesetzgeberische Gestaltungsspielraum von Verfassungs wegen eingeschränkt. Anders als *G. Kirchhof* annimmt, richtet sich die Zwangsläufigkeit einer Privataufwendung allerdings nicht allein danach, ob eine unfreiwillig entstandene Rechtspflicht zur Zahlung besteht. Nach der Rechtsprechung des BVerfG[420] sind verfassungsrechtlich zwangsläufig vielmehr nur Aufwendungen in Höhe des Existenzminimums.[421] Zudem ist nicht nachvollziehbar, inwiefern sich zwangsläufige und pflichtbestimmte Privataufwendungen (1. Kategorie) von solchen Privataufwendungen unterscheiden, die verpflichtend anfallen (2. Kategorie). Wenn der Steuerpflichtige sich zivilrechtlich dazu verpflichtet, eine Zahlung vorzunehmen, kann er vom Gläubiger auch dazu gezwungen werden, dieser Zahlungspflicht nachzukommen. Gesellschaftliche Konventionen und soziale oder ethische Vorgaben begründen demgegenüber gerade keine Verpflichtung, sondern lediglich eine erwartete Verhaltensweise, die von Verfassungs wegen aber keine steuerliche Berücksichtigung finden muss. Vor diesem Hintergrund ist die von *G. Kirchhof* vertretene mittlere Kategorie der verpflichtenden Privataufwendungen abzulehnen und eine Differenzierung der Privatsphäre allein nach der ersten und dritten Kategorie vorzunehmen, also danach, ob die Aufwendungen existenznotwendig und in Höhe des Existenzminimums zwangsläufig sind oder aber freiwillig anfallen und damit zu

---

419 So *G. Kirchhof,* FR 2020, 749, 754; vgl. auch *Moes,* DStR 2023, 2369, 2370.

420 Vgl. etwa BVerfGE 152, 274, 320; BVerfGE 120, 125, 131; BVerfGE 107, 28, 47 ff.; vgl. auch *Englisch,* DStJG 37 (2014), S. 159, 167.

421 So auch *Moes,* DStR 2023, 2369, 2372; *Moes,* Steuerfreiheit des Existenzminimums, S. 147. In welcher Höhe Aufwendungen vom Existenzminimum erfasst werden, wird wiederum durch den Sozialgesetzgeber im Sozialhilfeniveau konkretisiert, näher hierzu in Teil 3 § 12 D.

den steuerlich unbeachtlichen, übrigen Privataufwendungen gehören.[422] Bezüglich des gesetzgeberischen Gestaltungsspielraums ergibt sich hieraus, dass das subjektive Nettoprinzip nur im Bereich der existenznotwendigen, zwingenden Privataufwendungen Geltung erlangt und der Gesetzgeber ansonsten im Bereich der freiwilligen Privataufwendungen lediglich an das Gebot der Folgerichtigkeit gebunden ist.[423]

3. *Zusammenfassung*

Zusammenfassend ist festzuhalten, dass der Gesetzgeber durch das subjektive Nettoprinzip dazu verpflichtet wird, neben den Erwerbsaufwendungen auch bestimmte Privataufwendungen, über die der Steuerpflichtige nicht frei entscheiden kann, steuerlich zu berücksichtigen. Welche Dispositionsbefugnis dem Gesetzgeber dabei im Einzelnen zukommt, hängt maßgeblich davon ab, ob die betreffenden Aufwendungen vom verfassungsrechtlich geschützten Existenzminimum erfasst sind. Wenn der Steuerpflichtige die Aufwendungen zur Sicherung eines menschenwürdigen Daseins für sich und seine Familie verwenden muss, ist der Gesetzgeber nach dem subjektiven Nettoprinzip verpflichtet, die Aufwendungen zum steuerlichen Abzug zuzulassen. Welche Aufwendungen dabei in welcher Höhe zur Sicherung der Existenzgrundlage erforderlich sind, hat der Gesetzgeber im Wege der Typisierung und Pauschalierung festzulegen. Privataufwendungen, die über den unvermeidbaren Aufwand hinausgehen und freiwillig getätigt werden, unterfallen nicht der Bestimmung des subjektiven Nettoprinzips und stehen somit zur Disposition des Gesetzgebers. In diesem Bereich wird der gesetzgeberische Gestaltungsspielraum allein durch die Vorgaben des Folgerichtigkeitsgebots eingeschränkt.

D. Zwischenergebnis

Festzuhalten ist damit, dass der Gesetzgeber bei der weiteren Ausgestaltung der Steuertatbestände mit dem Leistungsfähigkeitsprinzip und dem Folgerichtigkeitsgebot an zwei eng miteinander verbundene Leitlinien gebunden ist, die seinen Gestaltungsspielraum aus verfassungsrechtlicher Sicht einschränken. Das Leistungsfähigkeitsprinzip wird dabei konkretisiert durch das objektive Nettoprinzip auf der einen und das subjektive Nettoprinzip auf der anderen Seite. Das objektive

---

422 So auch *Moes,* DStR 2023, 2369, 2370; im Ergebnis auch *Unger,* in: BeckOK EStG, § 33, Rn. 9.

423 Vgl. auch *Moes,* DStR 2023, 2369, 2370; *Moes,* Steuerfreiheit des Existenzminimums, S. 180.

Nettoprinzip gibt vor, dass zwingende, betriebsnotwendige *Erwerbsaufwendungen* grundsätzlich zum steuerlichen Abzug zuzulassen sind; insoweit kommt dem Prinzip selbst Verfassungsrang zu. Darüber hinaus entfaltet das objektive Nettoprinzip aber auch mittelbar Bindungswirkung im Wege des Folgerichtigkeitsgebotes, soweit der Gesetzgeber im Rahmen des einfachen Rechts bereits grundlegende Belastungsentscheidungen getroffen hat. Hat er derartige Belastungsentscheidungen getroffen, so muss der Gesetzgeber diese folgerichtig iSd Belastungsgleichheit umsetzen. Durchbrechungen des objektiven Nettoprinzips bedürfen stets eines besonderen sachlichen Grundes. Dabei steigen die Rechtfertigungsanforderungen, die an diesen besonderen Grund zu stellen sind, je zwangsläufiger die betreffende Erwerbsaufwendung anfällt. Das subjektive Nettoprinzip gibt daneben vor, dass existenzsichernde und zwingende, pflichtbestimmte *Privataufwendungen*, die der Gesetzgeber typisierend festlegt, stets steuerlich zu berücksichtigen sind. Abweichungen vom subjektiven Nettoprinzip können nicht gerechtfertigt werden. Freiwillige Privataufwendungen, die allein der persönlichen Bedürfnisbefriedigung des Steuerpflichtigen dienen, müssen demgegenüber keine steuerliche Berücksichtigung finden.

§ 3 Besonderheiten des gesetzgeberischen Gestaltungsspielraums im Graubereich zwischen Erwerbs- und Privatsphäre

A. Problemdarstellung

Zu den Erwerbsaufwendungen auf der einen Seite und den Privataufwendungen auf der anderen Seite tritt noch ein *dritter steuerlicher Bereich,*[424] der in Bezug auf den Gestaltungsspielraum des Gesetzgebers ebenfalls verfassungsrechtlichen Grenzen unterliegt. Dieser sog. *Grau- oder Mischbereich*[425] steht einfachrechtlich zwischen der Erwerbs- und der Privatsphäre und betrifft Aufwendungen, die

424 Siehe *Jochum,* DStZ 2010, 665, 670 ff.; *G. Kirchhof,* DStR 2013, 1867, 1870; *G. Kirchhof,* FR 2020, 749, 754; *G. Kirchhof,* in: BeckOK EStG, § 12, Rn. 42; *Meyer,* in: BeckOK EStG, § 4, Rn. 2691; *Tappe,* DStJG 40 (2017), S. 333, 339 ff.; vgl. *Tipke,* StuW 1979, 193, 197.

425 *Tipke,* StuW 1979, 193, 197 spricht hier von der „Misch- oder Grauzone"; siehe zudem *G. Kirchhof,* DStR 2013, 1876; *G. Kirchhof,* in: BeckOK EStG, § 12, Rn. 42: „dritter Bereich"; *Meyer,* in: BeckOK EStG, § 4, Rn. 2691: „Graubereich"; *Tappe,* DStJG 40 (2017), S. 333, 343: „Grenzbereich zwischen beruflich und privat".

weder der einen noch der anderen Sphäre eindeutig zugewiesen werden können.[426] Innerhalb dieses Graubereichs ist einiges umstritten und rechtlich schwer zu greifen.[427] Die gesetzlichen Regelungen sind unsystematisch über das gesamte Einkommensteuergesetz verteilt und zum Großteil unvollständig, weshalb sie nur schwer rechtlich eingeordnet werden können. Eine zentrale Regelung zur Bestimmung und Abgrenzung sämtlicher Formen gemischter Aufwendungen gibt es nicht.[428] Darüber hinaus besteht Uneinigkeit darüber, wie weit der Graubereich zu fassen ist und welche Aufwendungen im Einzelnen dazu gehören. Diesen Fragen, die sich auf die einfachrechtliche Einordnung und Abgrenzung der Aufwendungen im Graubereich beziehen, wird im 3. Teil der Arbeit eingehend nachgegangen.[429] Für die Ermittlung des verfassungsrechtlichen Rahmens ist jedoch bereits an dieser Stelle maßgeblich, welcher Gestaltungsspielraum dem Gesetzgeber aus verfassungsrechtlicher Sicht im *Grau- oder Mischbereich* zukommt[430] und welche Besonderheiten dabei gegenüber denjenigen Aufwendungen gelten, die eindeutig entweder der Erwerbs- oder der Privatsphäre zugeordnet werden können. Diesbezüglich besteht zwar weitgehende Einigkeit darüber, dass sich das subjektive Nettoprinzip angesichts seines verfassungsrechtlichen Stellenwertes[431] auch im Graubereich auf den Gestaltungsspielraum des Gesetzgebers auswirkt.[432]

---

426 Vgl. *G. Kirchhof,* DStR 2013, 1867, 1870; *G. Kirchhof,* FR 2020, 749, 754; *G. Kirchhof,* in: BeckOK EStG, § 12, Rn. 42; *Meyer,* in: BeckOK EStG, § 4, Rn. 2691; *Tappe,* DStJG 40 (2017), S. 333, 339 f.; *Tipke,* StuW 1979, 193, 197.

427 So auch *Jachmann,* StuW 1998, 193, 204.

428 Vgl. *Tipke,* StuW 1979, 193, 197.

429 Siehe hierzu Teil 3 § 8 und § 9.

430 Siehe auch *Lang,* StuW 2007, 3, 9 f.

431 Siehe nochmals Teil 1 § 2 C.I.

432 Vgl. *Hey,* in: Tipke/Lang, Steuerrecht, Rn. 8.73; *G. Kirchhof,* FS Lang, S. 563, 567 f.; Richter/*Söhn,* StuW 2008, 117, 122; *Thiemann,* JZ 2015, 866, 873; *Wernsmann,* DStR 2007, 1149, 1153. Auch der private Teil einer gemischten Aufwendung steht nach dem subjektiven Nettoprinzip nicht ohne Weiteres zur Disposition des Gesetzgebers, wenn er für die Existenzsicherung des Steuerpflichtigen oder seiner Angehörigen unvermeidbar ist; vgl. BVerfGE 152, 274, 317 f. Hinsichtlich dieses Aufwendungsteils ist es daher zutreffend, dass der ansonsten im Graubereich bestehende weite Typisierungs- und Gestaltungsspielraum des Gesetzgebers verengt wird, siehe hierzu *Hey,* in: Tipke/Lang, Steuerrecht, Rn. 8.73; *Thiemann,* JZ 2015, 866, 873. Das BVerfG hat eine entsprechende verfassungsrechtliche Pflicht zur einkommensteuerrechtlichen Berücksichtigung privat mitveranlasster Kosten bislang in drei Fällen angenommen und sich dabei jeweils auf Art. 6 Abs. 1 GG bezogen. Zu diesen Fällen gehören zum einen die Kosten einer auswärtigen Unterbringung von Kindern im Zusammenhang mit einer beruflichen Ausbildung (vgl. BVerfGE 89, 346, 354 f.), zum anderen die

Angesichts der bestehenden Meinungsverschiedenheiten über den verfassungsrechtlichen Stellenwert des objektiven Nettoprinzips[433] ist allerdings umstritten, inwieweit auch das objektive Nettoprinzip im Bereich gemischter Aufwendungen Geltung erlangt und ob der Umstand, dass eine betriebliche Aufwendung zugleich Bezüge zur privaten Lebensführung aufweist, einen geeigneten Rechtfertigungsgrund für mögliche Durchbrechungen des objektiven Nettoprinzips darstellt.

Zur Untersuchung dieser Fragen wird im Folgenden zunächst die wesentliche Rechtsprechung, die das BVerfG hinsichtlich des gesetzgeberischen Gestaltungsspielraums bei gemischten Aufwendungen erlassen hat, analysiert. Sodann wird auf Grundlage der dabei gefundenen Erkenntnisse der Frage nachgegangen, ob einfachrechtliche Abzugsbeschränkungen für Aufwendungen, die Bezüge zu beiden Sphären aufweisen, einen Eingriff in das objektive Nettoprinzip begründen können und welche Besonderheiten bejahendenfalls auf Ebene der verfassungsrechtlichen Rechtfertigung zu berücksichtigen sind. Schließlich wird im 3. und 4. Teil der Arbeit gesondert auf die Frage eingegangen, welche Belastungsentscheidungen der Gesetzgeber hinsichtlich der steuerlichen Behandlung gemischter Aufwendungen im einfachen Recht bereits getroffen hat und seinen Gestaltungsspielraum damit vor dem Hintergrund des Folgerichtigkeitsgebots selbst eingeschränkt hat.[434]

B. Rechtsprechung des BVerfG

I. Einführung

Das BVerfG hatte sich bereits in mehreren Fällen mit den verfassungsrechtlichen Grenzen des gesetzgeberischen Gestaltungsspielraums im Graubereich zwischen Erwerbs- und Privatsphäre zu beschäftigen.[435] Eine Zusammenschau der maßgeb-

---

Kosten einer doppelten Haushaltsführung bei beiderseits berufstätigen Ehegatten (vgl. BVerfGE 107, 27, 53 ff.; hierzu sogleich Näheres) und schließlich die erwerbsbedingten Kinderbetreuungskosten (vgl. BVerfGE 112, 268, 281 f.).

433 Siehe hierzu nochmals Teil 1 § 2 B.II.

434 Siehe Teil 3 § 9 C. und Teil 4 § 17.

435 Bei der Einordnung der betreffenden Aufwendungen begnügt sich das BVerfG zumeist damit festzustellen, dass die Aufwendungen im Schnittbereich zwischen der Erwerbs- und der Privatsphäre liegen und damit *gemischte Aufwendungen* darstellen; siehe hierzu auch *Meyer*, in: BeckOK EStG, § 4, Rn. 2704.2. Wie noch zu zeigen sein wird, muss innerhalb des Schnitt- oder Graubereichs allerdings sowohl bezüglich der Terminologie als auch bezüglich der steuerlichen Behandlung der einzelnen Aufwendungen mit Mischcharakter zwischen einer gemischten *Veranlassung* und der bloßen *Berührung* der Lebensführung differenziert werden; näher hierzu

lichen Entscheidungen macht dabei deutlich, dass die Rechtsprechung des BVerfG im Laufe der Zeit immer großzügiger wurde und dem Gesetzgeber zunehmend mehr Entscheidungsspielraum eingeräumt hat. Diese maßgeblichen Entscheidungen, zu denen der Beschluss aus dem Dezember 2002 über die Begrenzung des Abzugs der Aufwendungen für eine *doppelte Haushaltsführung*,[436] das Urteil aus dem Dezember 2008 zur Neuerung der *Pendlerpauschale*,[437] der Beschluss aus dem Juli 2010 über das Abzugsverbot für Aufwendungen bezüglich des *häuslichen Arbeitszimmers*[438] und zuletzt der Beschluss aus dem November 2019 über die steuerliche Behandlung von *Erstausbildungskosten*[439] gehören, werden im Folgenden chronologisch untersucht und dabei kritisch gewürdigt.

II. BVerfGE 107, 27 – Doppelte Haushaltsführung

Die erste für die Analyse des gesetzgeberischen Gestaltungsspielraums relevante Entscheidung des BVerfG betraf den neu eingeführten § 9 Abs. 1 S. 3 Nr. 5 S. 3 EStG idF des Jahressteuergesetzes 1996[440]. Hiernach waren Aufwendungen für eine aus beruflichem Anlass begründete *doppelte Haushaltsführung*, die zuvor als Werbungskosten bzw. Betriebsausgaben geltend gemacht werden konnten, bei einer Beschäftigung des Steuerpflichtigen am selben Ort nur noch bis zum Ablauf von zwei Jahren abziehbar.[441] Das BVerfG sah in dieser zeitlichen Beschränkung zwei Verfassungsverstöße und erklärte die Norm daher für mit dem Grundgesetz unvereinbar.[442] Zum einen liege ein Verstoß gegen Art. 3 Abs. 1 GG iVm Art. 6 Abs. 1 GG vor, soweit beide Ehegatten berufstätig und gleichermaßen von der Abzugsbeschränkung betroffen sind.[443] Zum anderen sei die neue Regelung nicht mit dem allgemeinen Gleichheitssatz nach Art. 3 Abs. 1 GG in Einklang zu bringen, soweit auch Fälle der sog. „Kettenabordnung“ betroffen sind,[444] bei denen der Arbeitgeber den Arbeitnehmer für begrenzte Zeiträume mehrfach an den gleichen Beschäftigungsort abordnet, ohne dass dieser im Vorfeld über

---

Teil 3 § 8. Für die Zwecke der Ermittlung des verfassungsrechtlichen Rahmens im 1. Teil der Arbeit genügt es indessen, der Einordnung des BVerfG zunächst zu folgen.

436 BVerfGE 107, 27.

437 BVerfGE 122, 210.

438 BVerfGE 126, 268.

439 BVerfGE 152, 274.

440 BGBl. I 1995, 1250.

441 Siehe BGBl. I 1995, 1250, 1256; *Kögel*, FR 1997, 433; *H. Lange*, DStZ 1995, 682.

442 Vgl. BVerfGE 107, 27, 50.

443 BVerfGE 107, 27, 50.

444 BVerfGE 107, 27, 50.

die neuerliche Abordnung informiert wird, so dass er sich nicht auf einen langfristigen Verbleib am selben Ort einstellen und eine sinnvolle Umzugsplanung entwickeln kann.[445] Bei derartigen Kettenabordnungen folge aus dem objektiven Nettoprinzip, dass auch nach Ablauf von zwei Jahren ein steuerlicher Abzug der Mehraufwendungen gewährleistet werden müsse.[446]

Die Entscheidung macht zunächst deutlich, dass das BVerfG generell strengere Maßstäbe an den gesetzgeberischen Gestaltungsspielraum anlegt, wenn der Schutzbereich des Art. 6 Abs. 1 GG betroffen ist.[447] Aus dem verfassungsrechtlich gewährleisteten Schutz von Ehe und Familie folgt, dass der Gestaltungsspielraum des Gesetzgebers kleiner wird, wenn neben Art. 3 Abs. 1 GG auch der Schutzbereich des Art. 6 Abs. 1 GG eröffnet ist.[448] Bemerkenswert ist darüber hinaus, dass das BVerfG im Rahmen der Prüfung des Art. 3 Abs. 1 GG zwar grundsätzlich davon ausgegangen ist, die Aufwendungen für eine doppelte Haushaltsführung befänden sich im Schnittbereich zwischen Erwerbs- und Privatsphäre.[449] Ungeachtet dieses Mischcharakters hat das Gericht aber entschieden, dass die gesetzgeberische Grundentscheidung, notwendige Mehraufwendungen für eine aus betrieblichem/beruflichem Anlass begründete doppelte Haushaltsführung als Betriebsausgaben bzw. Werbungskosten zum Abzug zuzulassen, anzuerkennen[450] und folgerichtig umzusetzen sei.[451] Hieraus folgt einerseits, dass der Gesetzgeber nach Ansicht des BVerfG auch im Graubereich an seine Grundentscheidungen iSd Folgerichtigkeitsgebots gebunden ist. Andererseits stellt sich jedoch die Frage, welche einfachrechtlichen Regelungen Belastungsentscheidungen in diesem Sinne darstellen und demzufolge im Rahmen des Folgerichtigkeitsgebotes

---

445 BVerfGE 107, 27, 50; siehe *Bowitz,* Objektives Nettoprinzip, S. 139.

446 Vgl. BVerfGE 107, 27, 50.

447 Siehe auch *Meyer,* in: BeckOK EStG, § 4, Rn. 2704.1.

448 So auch *Thiemann,* JZ 2015, 866, 873. Siehe hierzu bereits Fn. 432.

449 Siehe BVerfGE 107, 27, 50: „Auch wenn die Begründung des zweiten Haushalts am Arbeitsort im Wesentlichen beruflich veranlasst sein mag, so ist doch die Entscheidung, zusätzlich den alten Hausstand als Wohnsitz zu behalten, aus der Sicht des Steuerpflichtigen in aller Regel der Privatsphäre zuzuordnen". Zu diesem Schluss kommen auch *Drenseck,* GS Trzaskalik, S. 283, 288; *Thiemann,* in: Linien der Rechtsprechung des BVerfG, Bd. 2, S. 179, 197.

450 Siehe BVerfGE 107, 27, 50: „Auch im Schnittbereich von beruflicher Sphäre und privater Lebensführung liegende Mobilitätskosten werden als Werbungskosten oder Betriebsausgaben anerkannt."

451 BVerfGE 107, 27, 50.

Bindungswirkung für den Gesetzgeber entfalten.[452] Im vorliegenden Fall hatte das BVerfG die Grundentscheidung offenbar in der ursprünglichen Fassung des § 9 Abs. 1 S. 3 Nr. 5 S. 1, 2 EStG gesehen, wonach die Aufwendungen für eine aus beruflichem Anlass begründete doppelte Haushaltsführung grundsätzlich ohne zeitliche Beschränkung als Werbungskosten abgezogen werden konnten. Wie sich sogleich bei der Entscheidung zur Pendlerpauschale zeigen wird, verfolgt das BVerfG diesbezüglich aber keine einheitliche Leitlinie,[453] aus der übergreifende Kriterien für die Bestimmung einer folgerichtig umzusetzenden Belastungsentscheidung abgeleitet werden können.[454] Ungeklärt ist insbesondere, ob nur das Veranlassungsprinzip (vgl. § 4 Abs. 4 EStG)[455] eine solche Belastungsentscheidung darstellt oder ob es unterhalb des Veranlassungsprinzips (insbesondere im Rahmen des § 4 Abs. 5 S. 1 Nr. 1-7 EStG bzw. § 9 Abs. 1 S. 3 Nr. 4, 5, 5a EStG, § 9 Abs. 4a, 5 EStG) noch andere einfachrechtliche Grundentscheidungen gibt, die zwar weniger allgemeingültig, gleichwohl aber ebenso bindend im Sinne des Folgerichtigkeitsgebots sind.[456] Diesen offenen Fragen gilt es im Zusammenhang mit der Absteckung des einfachrechtlichen Rahmens weiter nachzugehen.[457]

III. BVerfGE 122, 210 – Pendlerpauschale

Inhalt der zweiten BVerfG-Entscheidung war die äußerst umstrittene Einführung des sog. „*Werkstorprinzips*“[458] in § 9 Abs. 2 S. 1, 2 EStG idF des Steueränderungsgesetzes 2007,[459] wonach die Kosten für Fahrten zwischen Wohnung und Arbeitsstätte keine Werbungskosten mehr darstellten und eine steuerliche Geltendmachung nur noch *wie* Werbungskosten in Form einer Pauschale zur

---

452 Vgl. auch *Bowitz,* Objektives Nettoprinzip, S. 144; *Prokisch,* in: FS Vogel, S. 293, 300; *Thiemann,* JZ 2015, 866, 869; kritisch hierzu auch *Tipke,* BB 2007, 1525, 1529.

453 So auch *Thiemann,* in: Linien der Rechtsprechung des BVerfG, Bd. 2, S. 179, 199.

454 So auch *Brückner,* Folgerichtige Gesetzgebung, S. 44.

455 Näher hierzu Teil 2 § 7.

456 Vgl. auch *Brückner,* Folgerichtige Gesetzgebung, S. 44 f.

457 Siehe hierzu Teil 3 § 9 C. und Teil 4 § 18.

458 Bei dem sog. Werkstorprinzip lässt der Gesetzgeber die Erwerbssphäre des Steuerpflichtigen erst an der Arbeits- bzw. Betriebsstätte, also „am Werkstor“, beginnen und ordnet den Bereich des Wohnens vollständig der Privatsphäre zu. Nach diesem Verständnis stellen die Aufwendungen für Fahrten zwischen Wohnung und Arbeits- bzw. Betriebsstätte, also die Kosten, die „bis zum Werkstor“ anfallen, demzufolge keine Erwerbsaufwendungen, sondern nicht abziehbare Privataufwendungen dar. Siehe hierzu *Leisner-Egensperger,* BB 2007, 639, 640, Fn. 11; *Melchior,* DStR 2006, 1301, 1301; *Plenker,* BC 2006, 233, 233.

459 BGBl. I 2006, 1652.

Abgeltung erhöhter Aufwendungen ab dem 21. Kilometer möglich war.[460] Auch bei dieser Entscheidung legte das BVerfG einen strengen Maßstab an den gesetzgeberischen Gestaltungsspielraum an und erklärte die Norm wegen Verstoßes gegen Art. 3 Abs. 1 GG für verfassungswidrig.[461] Die rechtliche Begründung des BVerfG entspricht dabei zunächst derjenigen, die bereits im Beschluss zur doppelten Haushaltsführung erkennbar wurde, unterscheidet sich anschließend aber in einem entscheidenden Punkt: Auch bei den Aufwendungen für Fahrten zwischen Wohnung und Arbeitsstätte ging das BVerfG im Ausgangspunkt davon aus, dass diese „im Schnittbereich von beruflicher Sphäre und privater Lebensführung"[462] lägen. Zudem stützte das BVerfG die Verfassungswidrigkeit des neuen „Werkstorprinzips" trotz dieses Mischcharakters – ebenso wie bei den Aufwendungen für eine doppelte Haushaltsführung – auf einen Verstoß gegen das objektive Nettoprinzip, der im Hinblick auf das Folgerichtigkeitsgebot nach Art. 3 Abs. 1 GG rechtfertigungsbedürftig sei.[463] Anders als in der ersten Entscheidung begründete das BVerfG diesen Verstoß allerdings nicht damit, dass die Neuregelung von der einfachrechtlichen Grundsatzentscheidung abweiche, „die steuerrechtlich erhebliche Berufssphäre nicht erst ‚am Werkstor' beginnen zu lassen".[464] Obwohl dies auch hier möglich gewesen wäre, greift das BVerfG stattdessen deutlich allgemeiner auf eine Abkehr von dem für das objektive Nettoprinzip maßgeblichen Veranlassungsprinzip zurück[465] und widerspricht damit ausdrücklich der in den Gesetzesmaterialien zum Ausdruck gebrachten Auffassung des Gesetzgebers sowie des BMF[466]. Diese waren nach Veröffentlichung der ersten Entscheidung des BVerfG[467] davon ausgegangen, dass der Gesetzgeber mit der Einführung des „Werkstorprinzips" den Anwendungsbereich des objektiven Nettoprinzips „neu definiert" und diesem die Aufwendungen für die Wege zwischen Wohnung und Arbeitsstätte „entzogen" habe, indem er sie nunmehr als unabziehbare

460 Vgl. BGBl. I 2006, 1652, 1653.

461 Vgl. BVerfGE 122, 210, 230.

462 So bereits BVerfGE 107, 27, 50; daran anschließend BVerfGE 122, 210, 238 f.

463 BVerfGE 122, 210, 240.

464 So noch die für alle Mobilitätskosten abgegebene Begründung des BVerfG in BVerfGE 107, 27, 50, zu denen auch die Fahrtkosten für Fahrten zwischen Wohnung und Erwerbsstätte gehören.

465 Siehe zu dieser Feststellung auch *Thiemann*, in: Linien der Rechtsprechung des BVerfG, Bd. 2, S. 179, 197.

466 Vgl. auch *Bowitz*, Objektives Nettoprinzip, S. 142 f.; *Tipke*, JZ 2009, 533, 537. Näher zur Begründung des Gesetzesentwurfs siehe Richter/*Söhn*, StuW 2008, 117, 118.

467 BVerfGE 107, 27, näher hierzu Teil 1 § 3 B.II.

Aufwendungen der Privatsphäre qualifizierte.[468] Nach deren Vorstellung war mit der gesetzlichen Änderung ein grundlegender Systemwechsel verbunden, der den Gesetzgeber im Rahmen des Folgerichtigkeitsgebots von der Bindung an seine ursprüngliche Grundsatzentscheidung befreit habe.[469] Ursprünglich habe der Gesetzgeber die Fahrtkosten der steuerlich relevanten Erwerbssphäre zugeordnet und damit einen beschränkten Abzug der Aufwendungen bereits ab dem ersten Kilometer ermöglicht. Da diese Aufwendungen aber dem Grunde nach gemischt veranlasst seien, könne der Gesetzgeber frei darüber entscheiden, ob er die Kosten auch weiterhin der Erwerbssphäre zuordnet oder aber als grundsätzlich nicht abzugsfähige Ausgaben der Privatsphäre qualifiziert und damit eine vollkommen neue Systementscheidung trifft, welche nicht mehr der Bindungswirkung des Folgerichtigkeitsgebots unterliegt.[470]

Das BVerfG ist dieser Argumentation indessen nicht gefolgt und hat erklärt, dass mit der Einführung des „Werkstorprinzips“ nur punktuelle Durchbrechungen[471] des Veranlassungsprinzips verbunden seien, durch die noch kein „wirklich […] neues Regelwerk“ geschaffen würde.[472] „Ohne ein Mindestmaß an neuer Systemorientierung“[473] sei der Gesetzgeber weiterhin an die Vorgaben des Folgerichtigkeitsgebots gebunden und bedürfe demnach für die Abweichung vom Veranlassungsprinzip eines sachlichen Rechtfertigungsgrundes.[474] Da für die Einführung des „Werkstorprinzips“ aber nur fiskalische Gründe erkennbar seien, die keinen geeigneten Rechtfertigungsgrund darstellen,[475] sei die Norm nicht mit Art. 3 Abs. 1 GG vereinbar.[476]

Festzuhalten ist damit, dass das BVerfG auch in diesem Urteil noch strenge Anforderungen an den gesetzgeberischen Gestaltungsspielraum gestellt hat,[477] die so weit gehen, dass das objektive Nettoprinzip selbst dann betroffen ist, wenn

468 Siehe BMF-Schreiben IV A 7-S 0623/07/2002 vom 04.05.2007 zu § 9 Abs. 2 EStG idF des Steueränderungsgesetzes 2007; vgl. BT-Drs. 16/1545, 13; BFH BStBl. II 2008, 234, 244 f.

469 Vgl. BMF-Schreiben IV A 7-S 0623/07/2002 vom 04.05.2007 zu § 9 Abs. 2 EStG idF des Steueränderungsgesetzes 2007; vgl. BT-Drs. 16/1545, 13.

470 Vgl. BT-Drs. 16/1545, 13.

471 Siehe *Lang*, StuW 2007, 3, 14.

472 BVerfGE 122, 210, 242.

473 BVerfGE 122, 210, 244.

474 BVerfGE 122, 210, 244.

475 Siehe hierzu bereits Teil 1 § 2 B.IV.2.a.

476 Vgl. BVerfGE 122, 210, 244. Siehe auch *Tipke*, BB 2007, 1525, 1527 f., 1531.

477 So auch *Birk*, DStR 2009, 877, 881.

die Aufwendungen erkennbare Bezüge zur Privatsphäre aufweisen.[478] Dieser enge Maßstab hat in der Literatur vielfach Kritik ausgelöst[479] und wird in den jüngeren Entscheidungen des BVerfG zum gesetzgeberischen Gestaltungsspielraum im Graubereich auch nicht mehr verfolgt.[480] Er macht aber deutlich, dass die Frage, welchen Entscheidungsspielraum der Gesetzgeber im Graubereich hat, maßgeblich davon abhängt, welche Bedeutung dem objektiven Nettoprinzip[481] und damit einhergehend dem einfachrechtlichen Veranlassungsprinzip[482] im Bereich gemischter Aufwendungen zukommt. In der Entscheidung zur Pendlerpauschale hat das BVerfG diesbezüglich auf ein weit verstandenes Veranlassungsprinzip abgestellt, welches als grundlegende Belastungsentscheidung folgerichtig umzusetzen sei.[483] Fraglich ist allerdings, ob dies auch mit den einfachrechtlichen Grundsätzen des § 4 Abs. 4 EStG vereinbar ist. Anlehnend an die Argumentation des Gesetzgebers und des BMF stellt sich zudem die Frage, wann aus einfachrechtlicher Sicht eine grundlegend neue Systementscheidung angenommen werden kann, bei der die gesetzgeberische Bindung an eine ursprüngliche Belastungsentscheidung im Sinne des Folgerichtigkeitsgebots entfällt.[484] Beides gilt es im Kapitel über die einfachrechtlichen Vorgaben des Einkommensteuergesetzes zu klären.[485]

IV. BVerfGE 126, 268 – Häusliches Arbeitszimmer

Die dritte Entscheidung des BVerfG betraf die Neuregelung des Abzugsverbots für die Aufwendungen eines häuslichen Arbeitszimmers nach § 4 Abs. 5 S. 1 Nr. 6b EStG idF des Steueränderungsgesetzes 2007,[486] durch die

---

478 Das Wohnen und damit auch die Wahl des Wohnorts sind ureigen privat, so dass die Fahrtkosten zumindest gewisse Bezüge zur privaten Lebensführung aufweisen, so *Offerhaus,* BB 2006, 129, 130; Richter/*Söhn,* StuW 2008, 117, 121; *Thiemann,* JZ 2015, 866, 871; *Wesselbaum-Neugebauer,* FR 2009, 746, 747. Hiervon geht auch das BVerfG im Grundsatz aus; vgl. BVerfGE 122, 210, 238 f.; BVerfGE 107, 27, 50.

479 Vgl. etwa *Krause-Junk,* StuW 2008, 325 f.; *Lehner,* DStR 2009, 185 ff.; Richter/*Söhn,* StuW 2008, 117 ff.; *Tipke,* JZ 2009, 533 ff.

480 Siehe hierzu Teil 1 § 3 B.V.

481 Hierzu sogleich in Teil 1 § 3 C.

482 Näher hierzu Teil 2 § 7.

483 So auch *Meyer,* in: BeckOK EStG, § 4, Rn. 2695.

484 Vgl. auch *Bowitz,* Objektives Nettoprinzip, S. 143 f.; *Thiemann,* JZ 2015, 866, 869.

485 Siehe hierzu Teil 3 § 9 C.

486 Steueränderungsgesetz 2007 vom 19.07.2006; BGBl. 2006 I, 1652, 1653. Zuvor lautete § 4 Abs. 5 S. 1 Nr. 6 EStG idF des Jahressteuergesetzes 1996 vom 11.10.1996 (BGBl. I 1995, 1250, 1253) wie folgt: „Die folgenden Betriebsausgaben dürfen den Gewinn nicht mindern: (Nr. 6b) Aufwendungen für ein häusliches Arbeitszimmer sowie die

der Abzug von Aufwendungen für ein häusliches Arbeitszimmer nur noch erlaubt war, wenn das Arbeitszimmer den Mittelpunkt der gesamten betrieblichen und beruflichen Betätigung bildete.[487] Auch in dieser Gesetzesänderung sah das BVerfG einen Verstoß gegen den allgemeinen Gleichheitssatz nach Art. 3 Abs. 1 GG, soweit die Aufwendungen für ein häusliches Arbeitszimmer auch dann von der steuerlichen Berücksichtigung ausgeschlossen waren, wenn für die betriebliche oder berufliche Tätigkeit kein anderer Arbeitsplatz zur Verfügung stand.[488] Dabei ist das Gericht allerdings – anders als in den beiden vorherigen Entscheidungen – nicht auf einen möglichen Mischcharakter der Aufwendungen für ein häusliches Arbeitszimmer eingegangen,[489] sondern hat direkt eine gegen das Folgerichtigkeitsgebot verstoßende Durchbrechung des objektiven Nettoprinzips angenommen, da es – wie auch der BFH –[490] davon ausging, dass ein

---

Kosten der Ausstattung. Dies gilt nicht, wenn die betriebliche oder berufliche Nutzung des Arbeitszimmers mehr als 50 vom Hundert der gesamten betrieblichen und beruflichen Tätigkeit beträgt oder wenn für die betriebliche und berufliche Tätigkeit kein anderer Platz zur Verfügung steht. In diesen Fällen wird die Höhe der abziehbaren Aufwendungen [...] begrenzt; die Beschränkung der Höhe nach gilt nicht, wenn das Arbeitszimmer den Mittelpunkt der gesamten betrieblichen und beruflichen Betätigung bildet". Die Sätze 2 und 3 wurden im Rahmen des Steueränderungsgesetz 2007 durch folgenden Satz ersetzt: „Dies gilt nicht, wenn das Arbeitszimmer den Mittelpunkt der gesamten betrieblichen und beruflichen Betätigung bildet".

487 Vgl. BVerfGE 126, 268, 271.

488 Vgl. BVerfGE 126, 268, 276 f. Den Wegfall der anderen bis zur Neuregelung in § 4 Abs. 5 S. 1 Nr. 6b S. 2 EStG enthaltenen Ausnahme, wonach Aufwendungen für ein häusliches Arbeitszimmer auch dann geltend gemacht werden konnten, wenn die betriebliche oder berufliche Nutzung des Arbeitszimmers mehr als 50% der gesamten betrieblichen und beruflichen Tätigkeit betrug, hat das BVerfG dagegen ausdrücklich nicht beanstandet, vgl. BVerfGE 126, 268, 276 f. Näher hierzu *Eismann*, NJW 2010, 2643, 2647.

489 Da sich das häusliche Arbeitszimmer in räumlichem Zusammenhang zum privaten Lebensraum der Wohnung befindet und häufig zumindest teilweise auch privat genutzt wird, ist die Feststellung eines gewissen Mischcharakters der Aufwendungen für ein häusliches Arbeitszimmer nicht von der Hand zu weisen; siehe auch *Thiemann*, in: Linien der Rechtsprechung des BVerfG, Bd. 2, S. 179, 198. Das BVerfG beschränkt sich in seiner Prüfung allerdings erkennbar auf diejenigen Fälle, in denen die Nutzung des Arbeitszimmers zweifelsohne ausschließlich betrieblich veranlasst ist und folgt damit der Rechtsprechung des BFH, der andernfalls gar nicht vom Vorliegen eines häuslichen Arbeitszimmers iSd § 4 Abs. 5 S. 1 Nr. 6b EStG ausgeht. Kritisch hierzu *Meyer*, in: BeckOK EStG, § 4, Rn. 2777 f.

490 Vgl. BFH GrS BStBl. II 2016, 265, 270; BFH BStBl. II 1992, 528, 528; BFH BStBl. II 1992, 304, 305; BFH BStBl. II 1984, 110, 111; BFH BStBl. II 1970, 458, 459.

häusliches Arbeitszimmer iSd § 4 Abs. 5 S. 1 Nr. 6b EStG nur dann vorliegt, wenn der betreffende Raum (nahezu) ausschließlich betrieblich oder beruflich genutzt wird.[491] Potentielle Bezüge zur privaten Lebensführung werden in diesem Beschluss erst auf Ebene der Rechtfertigung relevant, wenn das BVerfG der Frage nach einer sachgerechten gesetzlichen Typisierung nachgeht.[492] Diesbezüglich führt das Gericht aus, dass dem Gesetzgeber für die Abzugsbeschränkung von Aufwendungen für ein häusliches Arbeitszimmer zwar grundsätzlich ein weiter Gestaltungsspielraum zukomme, da „eine effektive Kontrolle der tatsächlichen Nutzung [...] wegen des engen Zusammenhangs zur Sphäre der privaten Lebensführung und des Schutzes durch Art. 13 GG wesentlich eingeschränkt oder gar unmöglich"[493] sei. Dies sei aber nicht der Fall, wenn die Erforderlichkeit des häuslichen Arbeitszimmers durch objektive Merkmale wie dem Mangel eines anderen Arbeitsplatzes bestimmbar ist, so dass eine leicht nachprüfbare Tatsache existiert, aus der sich die tatsächliche betriebliche/berufliche Nutzung des Arbeitszimmers ergibt.[494] Wenn in diesen Fällen der steuerliche Abzug trotzdem ausgeschlossen wird, sei diesbezüglich das „Gebot hinreichender realitätsgerechter Typisierung" verfehlt.[495] Großzügiger behandelte das BVerfG demgegenüber die Fälle, in denen die Nutzung des Arbeitszimmers mehr als 50% der gesamten betrieblichen und beruflichen Tätigkeit beträgt und dem Steuerpflichtigen ein anderer Arbeitsplatz zur Verfügung steht. In diesen Fällen sei kein objektiv nachprüfbares Kriterium der tatsächlichen betrieblichen Nutzung oder Notwendigkeit gegeben, so dass ein vollständiges Abzugsverbot insoweit den Voraussetzungen sachgerechter Typisierung entspreche und damit kein Verstoß gegen Art. 3 Abs. 1 GG vorliege.[496]

Mit dieser Entscheidung wird deutlich, dass das BVerfG die Frage, welcher Gestaltungsspielraum dem Gesetzgeber im Graubereich zwischen Erwerbs- und Privatsphäre zukommt, im Laufe der Jahre uneinheitlich beantwortet hat und die Anforderungen, die er diesbezüglich an den Steuergesetzgeber gestellt hat, sowohl im Hinblick auf das Vorliegen eines Eingriffes in Art. 3 Abs. 1 GG als auch bezüglich der Möglichkeit einer verfassungsrechtlichen Rechtfertigung zunehmend gelockert hat. So hat das BVerfG in dem Urteil aus dem Juli 2010 zunächst kein grundsätzliches verfassungsrechtliches Problem darin gesehen,

491 Vgl. BVerfGE 126, 268, 280.

492 Mit dieser Feststellung auch *Thiemann*, in: Linien der Rechtsprechung des BVerfG, Bd. 2, S. 179, 198 f.

493 So bereits BVerfGE 101, 297, 311; vgl. BVerfGE 126, 268, 282.

494 BVerfGE 126, 268, 282.

495 BVerfGE 126, 268, 282.

496 BVerfGE 126, 268, 283 f.

dass die Aufwendungen für ein häusliches Arbeitszimmer, die ebenso wie die Aufwendungen für eine doppelte Haushaltsführung oder die Fahrtkosten zwischen Wohnung und Arbeitsstätte Bezüge zur Erwerbs- und Privatsphäre aufweisen, auch nach der Neuregelung des § 4 Abs. 5 S. 1 Nr. 6b EStG weiterhin für den Regelfall vollständig vom Betriebsausgabenabzug ausgeschlossen wurden.[497] Einen Verstoß gegen das objektive Nettoprinzip nahm das Gericht nur für die Fällen an, in denen dem Steuerpflichtigen kein anderer Arbeitsplatz zur Verfügung stand. In den Fällen, in denen potentielle Bezüge zur privaten Lebensführung vorlagen, weil die Nutzung des Arbeitszimmers nur zwischen 50% und 100% der gesamten betrieblichen Tätigkeit ausmachte, ging das BVerfG dagegen von einer grundsätzlichen Vereinbarkeit mit Art. 3 Abs. 1 GG aus und wich damit von dem strengen Maßstab ab,[498] den es hinsichtlich der Geltung des objektiven Nettoprinzips für gemischte Aufwendungen in den ersten beiden Entscheidungen festgelegt hatte. Darüber hinaus räumte das Gericht dem Gesetzgeber mit dieser Entscheidung sogar die Möglichkeit ein, die Abziehbarkeit einer Aufwendung davon abhängig zu machen, ob deren Erforderlichkeit durch leicht nachprüfbare objektive Kriterien bestimmt werden kann.[499] Damit hat es den Gesetzgeber in die Lage versetzt, das gerade noch verfassungsrechtlich Zulässige auszuloten[500] und das totale Abzugsverbot für die Aufwendungen eines häuslichen Arbeitszimmers, das auch nach § 4 Abs. 5 S. 1 Nr. 6b EStG idF des Jahressteuergesetzes 2010[501] noch gegolten hat, im Kern bis heute[502] aufrecht zu erhalten.

Des Weiteren kann dem Beschluss auch für die nachgelagerte Prüfung der verfassungsrechtlichen Rechtfertigung möglicher Verstöße gegen Art. 3 Abs. 1 GG eine Lockerung der zuvor an den Gesetzgeber gestellten Anforderungen entnommen werden. So zieht das BVerfG den Umstand, dass eine Aufwendung eine

---

497 Vgl. diesbezüglich bereits die Entscheidung BVerfGE 101, 297, 305 ff., in der das Gericht auch die Vorgängerregelung in der Fassung des JStG 1996, wonach die Aufwendungen für ein häusliches Arbeitszimmer ebenfalls im Regelfall vom Betriebsausgabenabzug ausgeschlossen waren, für verfassungsgemäß erachtete, da es die Begrenzung der Abzugsfähigkeit vor dem Hintergrund der erschwerten Nachprüfbarkeit und dem Schutz des Art. 13 Abs. 1 GG für sachlich gerechtfertigt hielt. Kritisch diesbezüglich *Meyer,* in: BeckOK EStG, § 4, Rn. 2776.3 f.

498 Mit der Feststellung einer großzügigen Interpretation des BVerfG auch *Meyer,* in: BeckOK EStG, § 4, Rn. 2776.1.

499 Siehe *Meyer,* in: BeckOK EStG, § 4, Rn. 2776 f.

500 *Meyer,* in: BeckOK EStG, § 4, Rn. 2776.2.

501 Vgl. BT-Drs. 17/3549, 15.

502 Näher zur historischen Entwicklung des § 4 Abs. 5 S. 1 Nr. 6b EStG und der neuen Fassung des Jahressteuergesetzes 2022 siehe Teil 4 § 17 B.II.4.c. und 5.c.

gewisse Nähe zur privaten Lebensführung aufweist, in der Entscheidung vom Juli 2010 als möglichen Rechtfertigungsgrund für Durchbrechungen des objektiven Nettoprinzips in Betracht, der sogar vollständige Abzugsverbote rechtfertigen können soll.[503] Vor diesem Hintergrund stellt sich allgemein die Frage, ob im Graubereich zwischen Erwerbs- und Privatsphäre noch ein weiterer Rechtfertigungsgrund existiert, der Eingriffe in den Schutzbereich des Art. 3 Abs. 1 GG ebenso rechtfertigen kann wie Förderungs- und Lenkungsziele oder Typisierungs- und Vereinfachungszwecke.[504] Zudem ist streitig, welcher Umfang einem solchen zusätzlichen Rechtfertigungsgrund zukäme. Die Entscheidung des BVerfG, auch totale Abzugsverbote damit zu rechtfertigen, wird in der Literatur teilweise kritisiert,[505] weshalb im Rahmen der weiteren Untersuchung auch der Umfang eines solchen Rechtfertigungsgrundes zu analysieren sein wird.[506]

V. BVerfGE 152, 274 – Erstausbildungskosten

Die jüngste hier zu besprechende Entscheidung des BVerfG aus dem November 2019 befasste sich mit § 9 Abs. 6 EStG[507] idF des BeitrRLUmsG vom 07.12.2011.[508] Hiernach sind Aufwendungen des Steuerpflichtigen für seine erstmalige Berufsausbildung oder für ein Erststudium, das zugleich eine Erstausbildung vermittelt, keine Betriebsausgaben.[509] In dem Beschluss aus dem November 2019 vertrat das BVerfG die Ansicht, dass die Norm verfassungsgemäß sei und insbesondere nicht gegen den allgemeinen Gleichheitssatz des Art. 3 Abs. 1 GG verstoße.[510]

---

503 Vgl. auch *Meyer,* in: BeckOK EStG, § 4, Rn. 2776.3; *Thiemann,* in: Linien der Rechtsprechung des BVerfG, Bd. 2, S. 179, 199.

504 Zu den möglichen Rechtfertigungsgründen für Durchbrechungen des objektiven Nettoprinzips siehe nochmals Teil 1 § 2 B.IV.2.

505 Diesbezüglich kritisch etwa *Meyer,* in: BeckOK EStG, § 4, Rn. 2776.3.

506 Hierzu sogleich in Teil 1 § 3 D.

507 Die verfassungsrechtliche Beurteilung des § 9 Abs. 6 EStG gilt in gleicher Weise für die für Betriebsausgaben geltende Schwestervorschrift des § 4 Abs. 9 EStG; vgl. BFH BStBl. II 2021, 11, 12.

508 Gesetz zur Umsetzung der Beitreibungsrichtlinie sowie zur Änderung steuerlicher Vorschriften (Beitreibungsrichtlinie-Umsetzungsgesetz), BGBl. I 2011, 2592.

509 BGBl. I 2011, 2592, 2600. Die Aufwendungen für eine erstmalige Berufsausbildung sowie für ein Erststudium werden wegen ihres Zusammenhangs mit der Persönlichkeitsentwicklung des Steuerpflichtigen vom Gesetzgeber seit je her der steuerlich unbeachtlichen Privatsphäre zugeordnet, siehe hierzu *Ismer,* DStR 2020, 681; vgl. BVerfGE 152, 274, 276. Zur historischen Entwicklung der Abzugsbeschränkung für die Kosten einer erstmaligen Berufsausbildung siehe BVerfGE 152, 274, 275 ff.

510 Vgl. BVerfGE 152, 274, 311.

Zur Begründung betonte das Gericht, dass der Gesetzgeber bei der Bewertung und Gewichtung von Lebenssachverhalten im Schnittbereich zwischen beruflicher und privater Sphäre verfassungsrechtlich über erhebliche Gestaltungs- und Typisierungsspielräume verfüge.[511] Die Zuordnung gemischter Aufwendungen zu den abziehbaren Werbungskosten/Betriebsausgaben oder den Kosten der Lebensführung, welche gegebenenfalls als Sonderausgaben steuerlich zu berücksichtigen sind, sei eine freie Entscheidung, die in erster Linie dem Gesetzgeber obliege.[512] Vor diesem Hintergrund sei daher von Seiten des BVerfG lediglich eine Willkürkontrolle durchzuführen, wenn es darum gehe zu überprüfen, ob die Erstausbildungskosten aus verfassungsrechtlicher Sicht der unbeachtlichen Privatsphäre zugeordnet werden dürfen.[513] Da für die durch § 9 Abs. 6 EStG vorgenommene Differenzierung zwischen Erst- und Zweitausbildungen aber sachliche Gründe bestünden[514] und insbesondere der objektive Zusammenhang zwischen Erstausbildung und späterer beruflicher Tätigkeit typischerweise gering ausgeprägt sei,[515] sei eine willkürliche Entscheidung des Gesetzgebers hier nicht erkennbar.[516] Er dürfe daher die Erstausbildungskosten als wesentlich private oder jedenfalls untrennbar gemischte Aufwendungen[517] qualifizieren und systematisch den Sonderausgaben zuordnen.[518] Art. 3 Abs. 1 GG stehe einer solchen Einordnung nicht entgegen.[519]

511 Vgl. BVerfGE 152, 274, 311 ff.

512 BVerfGE 152, 274, 318; vgl. zudem bereits BVerfGE 112, 268, 281 f.; BVerfGE 47, 1, 23; siehe *Hey*, FR 2020, 578, 580; *Ismer*, DStR 2020, 681, 683; *Meyer*, in: BeckOK EStG, § 4, Rn. 2863.1. Siehe diesbezüglich zudem schon *Sauren*, DStZ 1989, 189, 190, der feststellt, dass das BVerfG dem Gesetzgeber hinsichtlich der „Zuordnung von Aufwendungen zum Betriebsbereich oder zum Lebensführungsbereich [...] immer schon einen Gestaltungsspielraum eingeräumt hat.".

513 BVerfGE 152, 274, 318; vgl. diesbezüglich auch BVerfGE 47, 1, 23.

514 BVerfGE 152, 274, 322.

515 BVerfGE 152, 274, 324.

516 BVerfGE 152, 274, 324.

517 Die einfachrechtliche Frage der sphärischen Einordnung und steuerlichen Behandlung *untrennbar gemischt veranlasster Aufwendungen* ist äußerst umstritten. Sie führt für die zugrundeliegende Forschungsfrage einer übergeordneten Dogmatik des § 4 Abs. 5 S. 1 Nr. 1-7 EStG zu verschiedenen Folgeproblemen und wird daher an späterer Stelle vertieft behandelt. Siehe hierzu Teil 3 § 10 C.

518 Vgl. BVerfGE 152, 274, 311. Zustimmend *Ismer*, DStR 2020, 681, 683 f.; kritisch dagegen *Hey*, FR 2020, 578, 583.

519 Vgl. BVerfGE 152, 274, 311.

Auffällig ist, dass das BVerfG dieser Entscheidung, anders als zuvor, weder das objektive Nettoprinzip noch das verfassungsrechtliche Folgerichtigkeitsgebot zugrunde gelegt hat.[520] Deutlich liberaler als in den vorangegangenen Entscheidungen, hat das Gericht auch in diesem Fall zunächst einen Mischcharakter der Erstausbildungskosten angenommen, anschließend aber entschieden, dass der Gesetzgeber im Bereich gemischter Aufwendungen einen weiten Typisierungs- und Gestaltungsspielraum habe und es ihm daher frei stehe, die Erstausbildungskosten nicht den Erwerbsaufwendungen, sondern den steuerlich unbeachtlichen Privataufwendungen zuzuordnen.[521] In den ersten beiden Entscheidungen war das Gericht diesbezüglich deutlich strenger und hat gesetzliche Regelungen selbst dann für unvereinbar mit dem Folgerichtigkeitsgebot und dem objektiven Nettoprinzip erklärt, wenn die betreffenden Aufwendungen offensichtliche Bezüge zur Lebensführung aufgewiesen haben.[522] Spätestens nach dieser Entscheidung stellt sich also aus verfassungsrechtlicher Sicht die Frage, ob das objektive Nettoprinzip auch für Aufwendungen im Graubereich Geltung erlangt.[523] Darüber hinaus wird deutlich, dass das BVerfG in seiner jüngsten Entscheidung auf Ebene der verfassungsrechtlichen Rechtfertigung keine Verhältnismäßigkeitskontrolle mehr vorgenommen hat, sondern die gesetzgeberische Maßnahme nur noch auf Willkürlichkeit überprüft hat.[524] Dies entspricht der oben bereits beschriebenen und kritisch gewürdigten Entwicklung der BVerfG-Rechtsprechung, bei welcher der gesetzgeberische Gestaltungsspielraum und damit einhergehend der verfassungsrechtliche Rechtfertigungsmaßstab nicht mehr zweistufig, sondern stufenlos geprüft wird.[525]

VI. Zusammenfassung

Nach Analyse der einzelnen BVerfG-Entscheidungen bleiben hinsichtlich des im Graubereich für den Steuergesetzgeber bestehenden Gestaltungsspielraums einige verfassungsrechtliche, aber auch einfachrechtliche Fragen offen, welche es im weiteren Verlauf der Arbeit zu beantworten gilt. Aus verfassungsrechtlicher Sicht hat sich die Rechtsprechung des BVerfG zur Frage des gesetzgeberischen Gestaltungsspielraums in den letzten Jahren stark gewandelt. Wo anfangs noch

---

520 Vgl. *Hey*, FR 2020, 578, 579; *Meyer*, in: BeckOK EStG, § 4, Rn. 2863.2.

521 Vgl. auch *Hey*, FR 2020, 578, 580.

522 Vgl. auch *Hey*, FR 2020, 578, 580; a.A. *Ismer*, DStR 2020, 681, 686, der in der jüngsten Entscheidung eine Kontinuität der BVerfG-Rechtsprechung sieht.

523 Näher hierzu sogleich in Teil 1 § 3 C.

524 Vgl. *Hey*, FR 2020, 578, 579; *Meyer*, in: BeckOK EStG, § 4, Rn. 2863.2.

525 Siehe hierzu bereits Teil 1 § 2 A.III.1.

ein strenger Verhältnismäßigkeitsmaßstab für die Rechtfertigungsprüfung gegolten hat, wird heute nur noch eine Willkürkontrolle durchgeführt. Das objektive Nettoprinzip, das in der Vergangenheit sogar dann zur Begründung der Verfassungswidrigkeit herangezogen wurde, wenn die betreffenden Aufwendungen erkennbare Bezüge zur Privatsphäre aufgewiesen haben,[526] scheint nach heutiger Ansicht des BVerfG keine Bedeutung mehr zu haben, wenn gemischte Aufwendungen vorliegen.[527] Stattdessen soll der Gesetzgeber in diesem Bereich einen weiten Typisierungs- und Gestaltungsspielraum haben und die Nähe zur privaten Lebensführung sogar als Rechtfertigungsgrund für vollständige Abzugsverbote in Betracht kommen. Verfassungsrechtliche Grenzen scheint es in dieser Gesamtschau im Graubereich zwischen Erwerbs- und Privatsphäre – abgesehen von einer Willkürprüfung – nicht mehr zu geben. Fraglich ist daher, welche Bedeutung dem objektiven Nettoprinzip innerhalb der gemischten Sphäre zukommt[528] und ob die Nähe zur privaten Lebensführung einen geeigneten Rechtfertigungsgrund für Durchbrechungen des objektiven Nettoprinzips darstellen kann.[529]

Daneben stellt sich angesichts der mittelbaren Einwirkung des verfassungsrechtlich verankerten Folgerichtigkeitsgebots auf das normhierarchisch darunter liegende einfache Recht auf zweiter Ebene die Frage, welche Belastungsentscheidungen der Gesetzgeber im Bereich gemischter Aufwendungen bereits getroffen hat und damit Bindungswirkung für ihn entfalten. Das BVerfG verfolgt diesbezüglich keine einheitliche Linie und legt der Folgerichtigkeitsprüfung verschiedene einfachrechtliche Systementscheidungen zugrunde.[530] Mal wird eine gesetzliche Neuregelung am weit verstandenen Veranlassungsprinzip gemessen,[531] ein anderes Mal werden dagegen gesetzgeberische Entscheidungen zur Grundlage des Folgerichtigkeitsgebots gemacht, die sich im einfachen Recht systematisch nach der Veranlassungsprüfung auswirken. Zu dieser zweiten Kategorie gehört etwa die Entscheidungen des Gesetzgebers, Mehraufwendungen mit Bezügen zur Erwerbs- und Privatsphäre als Betriebsausgaben/Werbungskosten zum steuerlichen Abzug zuzulassen.[532] Vor diesem Hintergrund muss auf Ebene des einfachen Rechts der

526 Vgl. auch *Thiemann*, in: Linien der Rechtsprechung des BVerfG, Bd. 2, S. 179, 199.
527 Vgl. auch *Hey*, FR 2020, 578, 579.
528 Siehe hierzu sogleich Teil 1 § 3 C.
529 Siehe hierzu sogleich Teil 1 § 3 D.
530 Siehe hierzu auch *Schneider*, FS BFH, Bd. 2, S. 1243, 1257, der zutreffend feststellt, dass das BVerfG sich der einfachrechtlichen Diskussion um betriebliche/berufliche oder private Veranlassungszusammenhänge entzogen hat.
531 Vgl. BVerfGE 122, 210, 242.
532 Vgl. BVerfGE 107, 27, 50.

Frage nachgegangen werden, was die grundsätzlichen Belastungsentscheidungen, die der Gesetzgeber zur Ausfüllung seines Gestaltungsspielraums getroffen hat, sind[533] und wann eine grundlegend neue Systementscheidung angenommen werden kann, die sich vollständig von vorangegangenen Belastungsentscheidungen unterscheidet und damit keine Bindungswirkung mehr für den Gesetzgeber entfaltet.[534]

C. Geltung des objektiven Nettoprinzips

I. Problemaufriss

Für die Ermittlung des gesetzgeberischen Gestaltungsspielraums nach verfassungsrechtlichen Vorgaben stellt sich demzufolge zunächst die Frage, ob das objektive Nettoprinzip überhaupt Aussagen über gemischte Aufwendungen trifft und damit auch bei Abzugsverboten oder -beschränkungen im Graubereich verletzt oder betroffen sein kann. In der Literatur lassen sich diesbezüglich – angelehnt an die verschiedenen Ansichten zum verfassungsrechtlichen Stellenwert des objektiven Nettoprinzips – zwei Strömungen unterscheiden, die sich zwar bezüglich des Umfangs und Geltungsbereichs des objektiven Nettoprinzips grundsätzlich einig sind, dabei aber den gesetzgeberischen Gestaltungsspielraum in Bezug auf gemischte Aufwendungen unterschiedlich stark eingeschränkt sehen.[535] Die jeweiligen Begründungen der Autoren gehen hierbei teilweise erheblich auseinander, so dass sich innerhalb der Strömungen keine einheitlichen Ansichten festmachen lassen, die trennscharf voneinander abgegrenzt werden können. Da es für die im 4. Teil der Arbeit relevante Frage der sphärischen Einordnung und steuerlichen Behandlung der Aufwendungen nach § 4 Abs. 5 S. 1 Nr. 1-7 EStG aber nur darauf ankommt, welche Unterschiede sich aus den jeweiligen Strömungen für den gesetzgeberischen Gestaltungsspielraum ergeben, werden die verschiedenen Ansichten der beiden Perspektiven im Folgenden zusammengefasst und mit Blick darauf untersucht, welche Konsequenzen sich hieraus für den Gestaltungsspielraum des Gesetzgebers im Schnittbereich zwischen Erwerbs- und Privatsphäre ergeben.

---

533 Vgl. auch *Meyer,* in: BeckOK EStG, § 4, Rn. 2692.

534 Näher hierzu Teil 3 § 9 C.

535 Mit dieser Feststellung auch *Lang,* StuW 2007, 3, 9.

II. Literaturansichten

Der Großteil des Schrifttums[536] geht davon aus, dass das objektive Nettoprinzip in seinem Kernbereich grundsätzlich nur dann unmittelbar betroffen ist, wenn Aufwendungen vorliegen, die bei wertender Betrachtung ausschließlich durch die Erwerbstätigkeit veranlasst sind.[537] Nach dieser Ansicht macht das objektive Nettoprinzip keine konkreten Vorgaben über die steuerliche Berücksichtigung gemischter Aufwendungen[538] und kann demzufolge nur durchbrochen werden, wenn die betreffenden Aufwendungen ausschließlich betrieblich/beruflich veranlasst sind.[539] Diese Literaturansicht entspricht im Ausgangspunkt auch der

536 Siehe etwa *G. Kirchhof,* in: BeckOK EStG, § 12, Rn. 42; *Lang,* StuW 2007, 3, 10; Richter/*Söhn,* StuW 2008, 117, 119; vgl. auch *G. Kirchhof,* DStR 2013, 1867, 1870; *Offerhaus,* BB 2006, 129, 130; *Thiemann,* JZ 2015, 866, 871 f.; *Thiemann,* in: Linien der Rechtsprechung des BVerfG, Bd. 2, S. 179, 197, 199. Siehe ferner *Englisch,* DStR 2009, Beih. zu Heft 34, 92, 96, der die Reichweite des objektiven Nettoprinzips von den jeweiligen Veranlassungszusammenhängen gemischter Aufwendungen abhängig macht. Ähnlich auch *Hey,* in: Tipke/Lang, Steuerrecht, Rn. 8.55, die zwar vertritt, dass der Umstand einer privaten Mitveranlassung das Nettoprinzip nicht vollständig außer Kraft setzen kann, dem Gesetzgeber diesbezüglich aber dennoch einen weiten Gestaltungsspielraum einräumt.

537 Daneben wird zutreffend angebracht, dass der Geltungsbereich des objektiven Nettoprinzips auch bei gemischten Aufwendungen jedenfalls dann eröffnet ist, wenn diese unvermeidlich anfallen und damit zwangsläufig oder pflichtbestimmt sind, siehe etwa *Bowitz,* Objektives Nettoprinzip, S. 87 f.; *Drenseck,* FR 2006, 1, 4; *Hennrichs,* BB 2004, 584, 587; *Lehner,* DStR 2009, 185, 190 f.; *Schilling,* Zwangsläufiger Aufwand, S. 59 ff.; *Tipke,* BB 2007, 1525, 1531; *Tipke,* FS Raupach, S. 177, 186; a.A. Richter/*Söhn,* StuW 2008, 117, 121 f.; *Thiemann,* JZ 2015, 866, 873. Zu der dahinterstehenden Argumentation siehe bereits Teil 1 § 2 B.II.4.

538 *G. Kirchhof,* in: BeckOK EStG, § 12, Rn. 42; vgl. *G. Kirchhof,* DStR 2013, 867, 870; *G. Kirchhof,* FR 2020, 749, 754; Richter/*Söhn,* StuW 2008, 117, 122. Siehe auch *Thiemann,* in: Linien der Rechtsprechung des BVerfG, Bd. 2, S. 179, 197, 199, der vertritt, dass das objektive Nettoprinzip im Graubereich weiterer, bereichsspezifischer Ausprägung bedarf.

539 Vgl. *Offerhaus,* BB 2006, 129; Richter/*Söhn,* StuW 2008, 117, 119. Aus diesem Grund wird in der Literatur bezüglich der oben untersuchten BVerfG-Entscheidungen zumeist darüber gestritten, ob die betreffenden Aufwendungen nur betrieblich veranlasst oder aber wesentlich privat mitveranlasst sind. So legt beispielsweise *Tipke,* BB 2007, 1525, 1527 ff. ausführlich dar, dass die Aufwendungen für Fahrten zwischen Wohnung und Arbeitsstätte echte Erwerbsaufwendungen seien und daher mit der Einführung des „Werkstorprinzips" ein Eingriff in das objektive Nettoprinzip verbunden sei, während *Offerhaus,* BB 2006, 129, 130 für die gleiche gesetzliche Regelung einen Eingriff in das objektive Nettoprinzip mit der Begründung verneint,

jüngeren Rechtsprechung des BVerfG, wonach das objektive Nettoprinzip bei Vorliegen gemischter Aufwendungen offenbar keine Rolle mehr spielen soll.[540] Welche Konsequenzen sich hieraus aus verfassungsrechtlicher Sicht für den Typisierungs- und Gestaltungsspielraum des Gesetzgebers ergeben, wird jedoch von Autor zu Autor unterschiedlich gesehen.

1. *Die Ansicht* G. Kirchhofs, Söhns *und* Leisner-Egenspergers

Nach *G. Kirchhof, Söhn* und *Leisner-Egensperger* soll hieraus folgen, dass der Steuergesetzgeber aus verfassungsrechtlicher Sicht einen weiten Typisierungs- und Gestaltungsspielraum im Graubereich hat und frei darüber entscheiden kann, ob und wie gemischte Aufwendungen abzugsfähig sind.[541] Der Gesetzgeber könne frei bestimmen, ob die gemischten Aufwendungen als Erwerbsaufwendung oder im privaten Bereich als Sonderausgabe bzw. außergewöhnliche Belastung vollständig oder nur teilweise zum Abzug zugelassen werden, und auch die grundlegende Zuordnung zur Erwerbs- oder Privatsphäre obliege allein dem einfachen Gesetzgeber.[542] Zwar müsse die jeweils getroffene Zuordnungsentscheidung folgerichtig umgesetzt werden, die maßgebliche Grundsatzentscheidung sei jedoch frei wählbar.[543] Daran anknüpfend zieht insbesondere *Söhn*[544] zusätzlich die Schlussfolgerung, dass der Gesetzgeber

---

dass tatsächlich wesentlich privat mitveranlasste Aufwendungen vorlägen, für die der Anwendungsbereich des objektiven Nettoprinzips nicht eröffnet sei. Näheres zur sphärischen Einordnung der Fahrtkosten nach § 4 Abs. 5 S. 1 Nr. 6 EStG siehe Teil 3 § 12.E. und Teil 4 § 17 B.

540 Vgl. *Hey,* FR 2020, 478, 479.

541 Siehe *G. Kirchhof,* DStR 2013, 1867, 1870; *G. Kirchhof,* in: BeckOK EStG, § 12, Rn. 42; vgl. *G. Kirchhof,* FS Lang, S. 563, 585; *Leisner-Egensperger,* BB 2007, 639, 643, 644; Richter/*Söhn,* StuW 2008, 117, 123. In diese Richtung wohl auch *Offerhaus,* BB 2006, 129 f.; *Wernsmann,* DStR 2007, 1149, 1152.

542 Vgl. *G. Kirchhof,* DStR 2013, 1867, 1870; *G. Kirchhof,* in: BeckOK EStG, § 12, Rn. 42; *Offerhaus,* BB 2006, 129, 130; Richter/*Söhn,* StuW 2008, 117, 123; bezüglich der freien Zuordnungsentscheidung zustimmend auch *Ismer,* DStR 2020, 681, 683.

543 So Richter/*Söhn,* StuW 2008, 117, 123; siehe auch *G. Kirchhof,* in: BeckOK EStG, § 12, Rn. 42, der diesbezüglich jedoch einschränkend vertritt, dass die grundlegende Zuordnungsentscheidung des Gesetzgebers je nach Nähe der Aufwendung zum betrieblichen oder privaten Bereich aufgrund der Systematik des EStG von vornherein in eine bestimmte Richtung gelenkt werde, vgl. auch *G. Kirchhof,* DStR 2013, 1867, 1870; *G. Kirchhof,* FR 2020, 749, 754.

544 *Söhn,* DStJG 3 (1980), S. 13, 38 ff. unterscheidet aus einfachrechtlicher Sicht zwischen *trennbar gemischt veranlassten Aufwendungen* und *untrennbar gemischt veranlassten Aufwendungen* und geht dabei davon aus, dass nur den *trennbar gemischt veranlassten Aufwendungen* teilweise Betriebsausgabenqualität zukomme. Hinsichtlich der

die einmal getroffene Zuordnungsentscheidung auch durch ihr Gegenteil ersetzen könne, mit der Folge, dass er dann nicht mehr an seine ursprüngliche Grundsatzentscheidung gebunden wäre.[545] Seiner Meinung nach ist beispielsweise die Entscheidung des Gesetzgebers, die Aufwendungen für Fahrten zwischen Wohnung und Tätigkeitsstätte nach § 9 Abs. 1 S. 3 Nr. 4 EStG a.E. als Werbungskosten bzw. gemäß § 4 Abs. 5 S. 1 Nr. 6 EStG als Betriebsausgaben zum steuerlichen Abzug zuzulassen, aus verfassungsrechtlicher Sicht nicht zwingend gewesen und hätte daher – anders als das BVerfG vertreten hat – ebenso durch die gegenteilige Entscheidung, die Kosten vollständig der steuerlich unbeachtlichen Privatsphäre zuzuweisen, ersetzt werden können.[546] Keine der beiden Alternativen unterliege einer verfassungsrechtlichen „Ewigkeitsgarantie“[547] und jede dieser Zuordnungen sei steuersystematisch vertretbar.[548] Daher könne der Gesetzgeber bei gemischten Aufwendungen eine Zuordnung zur Erwerbssphäre sogar nachträglich wieder aufgeben, ohne dass damit ein Verstoß gegen das objektive Nettoprinzip verbunden sei.[549]

Ähnlich argumentiert auch *Leisner-Egensperger*, die ebenfalls im Zusammenhang mit der Einführung des Werkstorprinzips vertritt, dass es dem Gesetzgeber frei stehe, seine selbstgeschaffenen Prinzipien nachträglich wieder zu durchbrechen, und er daher auch berechtigt sei, das objektive Nettoprinzip im Bereich gemischter Aufwendungen durch die Einführung neuer Sub-Prinzipien wie das „werkstornahe Wohnen“ zu relativieren bzw. neu zu definieren.[550] Ihrer Ansicht

---

untrennbar gemischt veranlassten Aufwendungen kommt er daher zu dem Ergebnis, dass ein Verstoß gegen das objektive Nettoprinzip von vornherein ausgeschlossen sei. Näher zu dieser strittigen einfachrechtlichen Einordnung, die auch Auswirkungen auf das verfassungsrechtliche Verständnis gemischter Aufwendungen haben, siehe Teil 3 § 10 C.II.1.

545 So Richter/*Söhn*, StuW 2008, 117, 123 bezüglich der BVerfG-Entscheidung zur Entfernungspauschale (BVerfGE 122, 210), die in Teil 1 § 3 B.III. besprochen wurde.

546 Vgl. Richter/*Söhn*, StuW 2008, 117, 123 f.

547 Vgl. auch FG Baden-Württemberg, DStRE 2007, 538, 539; FG Köln, EFG 2007, 1090, 1091; FG Mecklenburg-Vorpommern, EFG 2007, 1783, 1785; BMF v. 04.05.2007, BStBl. I 2007, 472, 472.

548 So Richter/*Söhn*, StuW 2008, 117, 123.

549 Vgl. Richter/*Söhn*, StuW 2008, 117, 123. So im Hinblick auf die Änderung der „Pendlerpauschale“ durch das Steueränderungsgesetz 2007 (BGBl. I 2006, 1652) auch *Wernsmann*, DStR 2007, 1149, 1154.

550 Vgl. *Leisner-Egensperger*, BB 2007, 639, 643; *Leisner-Egensperger*, DStZ 2010, 185, 188 f.; in diese Richtung auch *Bowitz*, Objektives Nettoprinzip, S. 189 f.; *Droege*, StuW 2011, 105, 109. Siehe zudem BMF v. 04.05.2007, BStBl. I 2007, 472, 472: „Durch die Neuregelung hat der Gesetzgeber für die Wege zwischen Wohnung und

nach handelt es sich bei den Abzugsverboten und -beschränkungen für gemischte Aufwendungen lediglich um neue Grundsatzentscheidungen auf Ebene der einzelnen Abzugsposten, die der Gesetzgeber frei treffen könne, ohne dabei im Rahmen des Folgerichtigkeitsgebots an die Vorgaben des darüberliegenden objektiven Nettoprinzips gebunden zu sein.[551]

2. *Verschiedene Gegenstimmen im Schrifttum*

Dieses weite Verständnis des gesetzgeberischen Gestaltungsspielraums für Aufwendungen im Graubereich wird von anderen Teilen der Literatur stark kritisiert und trotz des gleichsam vertretenen Ausgangspunktes, wonach der Kernbereich des objektiven Nettoprinzip nur für reine Erwerbsaufwendungen unmittelbar Bedeutung erlangt, im Ergebnis abgelehnt. So gibt es im steuerrechtlichen Schrifttum mehrere Stimmen, die zur Zurückhaltung mahnen und verschiedentlich darauf hinweisen, dass das objektive Nettoprinzip nicht zu stark durch allzu viele Abzugsbeschränkungen und -verbote für gemischte Aufwendungen ausgehöhlt werden dürfe.[552] Zwar sei der gesetzgeberische Gestaltungsspielraum im Graubereich größer, als es bei reinen Erwerbsaufwendungen der Fall ist.[553] Dies bedeute aber nicht, dass es dem Gesetzgeber offen stehe, „den betreffenden Regelungsbereich mit mehr oder weniger erratischen Sondervorschriften zu überziehen".[554] So betont *Meyer*, dass es zuvörderst Aufgabe des Gesetzgebers sei, angemessene Regelungen für Aufwendungen zu treffen, die weder der Erwerbssphäre noch der Privatsphäre mit Eindeutigkeit zugeordnet werden können.[555] Maßgeblich

Arbeits- bzw. Betriebsstätte den Anwendungsbereich des objektiven Nettoprinzips neu definiert."

551 Vgl. *Leisner-Egensperger*, BB 2007, 639, 643; *Leisner-Egensperger*, DStZ 2010, 185, 188; BMF v. 04.05.2007, BStBl. I 2007, 472, 472.

552 Siehe etwa *Drenseck*, FR 2006, 1 ff.; *Drüen*, StuW 2008, 3, 10; *Hey*, in: Tipke/Lang, Steuerrecht, Rn. 8.55; *Lang*, StuW 2007, 3, 9 f.; *Thiemann*, JZ 2015, 866, 871 f.; *Tipke*, BB 2007, 1525, 1527; deutlich auch *Tipke*, FS Raupach, S. 177 ff.: „Hütet das Nettoprinzip!".

553 Vgl. *Englisch*, DStR 2009, Beih. zu Heft 34, 92, 96; *Hey*, in: Tipke/Lang, Steuerrecht, Rn. 8.55; *Kreft*, in: Herrmann/Heuer/Raupach, EStG/KStG, § 9 EStG, Rn. 6; *Meyer*, in: BeckOK EStG, § 4, Rn. 2704; *Seer*, BB 2021, 1433, 1436; *Thiemann*, JZ 2015, 866, 871; *Tipke*, JZ 2009, 533, 538.

554 So treffend *Meyer*, in: BeckOK EStG, § 4, Rn. 2692. Siehe außerdem *Kreft*, in: Herrmann/Heuer/Raupach, EStG/KStG, § 9 EStG, Rn. 6; *Schneider*, FS BFH, Bd. 2, S. 1243, 1257.

555 *Meyer*, Leistungsfähigkeitsprinzip, S. 137 ff.; *Meyer*, in: BeckOK EStG, § 4, Rn. 2691; siehe auch *Bowitz*, Objektives Nettoprinzip, S. 84; vgl. auch BFH GrS BStBl. II 2010, 672, 684.

für die Bestimmung des gesetzgeberischen Gestaltungsspielraums im Graubereich sei daher, mit welcher grundsätzlichen Systementscheidung der Gesetzgeber seinen Ausgestaltungsspielraum ausgefüllt habe.[556] Abweichungen von einer solchen Grundentscheidung bedürften entsprechend den Vorgaben des Folgerichtigkeitsgebots eines sachlichen Rechtfertigungsgrundes.[557] Dies lenke den Blick auf die einfachrechtlichen Regelungen und die Frage, wie die steuerrechtliche Behandlungen von Erwerbsaufwendungen nach dem Veranlassungsprinzip iSd § 4 Abs. 4 EStG ausgestaltet sei.[558] Sollte der Gesetzgeber mit den Abzugsbestimmungen für gemischte Aufwendungen von dieser weitreichenden Regelung[559] abweichen, wäre das objektive Nettoprinzip trotz bestehender Berührungspunkte zur privaten Lebensführung gleichwohl betroffen und der gesetzgeberische Gestaltungsspielraum entsprechend eingeschränkt.[560]

Auch *Lang* und *Thiemann* verweisen auf das vom Gesetzgeber festgeschriebene Veranlassungsprinzip nach § 4 Abs. 4 EStG und betonen, dass nicht jede private Mitveranlassung den Gesetzgeber zur Annahme einer gemischten Aufwendung berechtige.[561] Eine vorschnelle Annahme, dass die betreffenden Aufwendungen gemischt veranlasst seien, verleite zu Eingriffen in das objektive Nettoprinzip, die objektiv nicht zu rechtfertigen wären.[562] Wann eine Erwerbsaufwendung vorliegt, richte sich nicht nach dem objektiven Nettoprinzip,[563] sondern allein danach, was der Gesetzgeber mit dem Veranlassungsprinzip einfachrechtlich geregelt habe.[564]

556 *Meyer,* in: BeckOK EStG, § 4, Rn. 2692; siehe auch *Thiemann,* in: Linien der Rechtsprechung des BVerfG, Bd. 2, S. 179, 199; a.A. *Tappe,* DStJG 40 (2017), S. 333, 346.

557 *Meyer,* in: BeckOK EStG, § 4, Rn. 2692; vgl. *Thiemann,* JZ 2015, 866, 871.

558 *Meyer,* in: BeckOK EStG, § 4, Rn. 2693.

559 Siehe hierzu bereits Teil 1 § 2 B.II.4.; vgl. auch BVerfGE 122, 210, 238 ff.

560 Vgl. *Meyer,* in: BeckOK EStG, § 4, Rn. 2691.1; a.A. *Leisner-Egensperger,* BB 2007, 639, 643.

561 Siehe *Lang,* StuW 2007, 3, 9 f.; *Thiemann,* JZ 2015, 866, 871 f.

562 Vgl. *Lang,* StuW 2007, 3, 10 zum häuslichen Arbeitszimmer.

563 Siehe hierzu auch *Englisch,* DStR 2009, Beih. zu Heft 34, 92, 95 f.: „eine wertende Gewichtung der jeweiligen Veranlassungszusammenhänge ist folglich dem verfassungsrechtlich […] fundierten Verständnis des objektiven Nettoprinzips in derartigen Konstellationen nicht schon immanent"; *Tipke,* JZ 2009, 533, 538: „Damit ist der Inhalt des Nettoprinzips nicht exakt festgelegt."

564 Vgl. *Lang,* StuW 2007, 3, 9 f.; *Thiemann,* JZ 2015, 866, 871 f. Siehe auch *Englisch,* DStR 2009, Beih, zu Heft 34, 92, 95, wonach jedenfalls die vollständige Ausblendung des erwerbswirtschaftlichen Zusammenhangs einen Verstoß gegen das objektive Nettoprinzip darstellt, der einer Rechtfertigung bedarf. Siehe zudem BFH BStBl. II 2008, 234, 245: „Das Veranlassungsprinzip konkretisiert das objektive Nettoprinzip."

Zur Vermeidung massiver Eingriffe in das objektive Nettoprinzip müsse daher eine saubere Veranlassungsprüfung zugrunde gelegt werden,[565] die insbesondere nach der Gewichtigkeit der betrieblichen und privaten Veranlassungsbeiträge differenzieren müsse.[566] *Englisch* und *Tipke* verweisen, ebenso wie *Meyer*, auf die grundsätzliche Bedeutung des Folgerichtigkeitsgebots, das auch beim Vorliegen gemischter Aufwendungen zu wahren sei.[567] Besonders *Tipke* hebt hervor, dass der Gesetzgeber das Nettoprinzip nicht heute so und morgen so gestalten dürfe und dass er dem Anwendungsbereich des Nettoprinzips nicht mal dieses und mal jenes entziehen könne.[568] Hiermit richtet er sich ausdrücklich gegen die rechtliche Begründung, mit der das „Werkstorprinzip" im Rahmen des Steueränderungsgesetzes 2007 eingeführt wurde,[569] widerspricht zugleich aber auch der Ansicht *Söhns*, wonach die Zuordnungsentscheidungen des Gesetzgebers zu einer Sphäre keiner „Ewigkeitsgarantie" unterlägen und ebenso durch ihre gegenteilige Zuordnung ausgetauscht werden könnten. Diese Vorgehensweise führt *Tipke* zufolge zu einer unzulässigen Aushöhlung des objektiven Nettoprinzips und ist seiner Ansicht nach nicht mit dem Folgerichtigkeitsgebot vereinbar.[570]

Drüen schließlich wendet sich mit seinen Ausführungen zum objektiven Nettoprinzip deutlich gegen die von *Leisner-Egensperger* und dem BMF vorgebrachte Ansicht, wonach es dem Gesetzgeber im Graubereich frei stehe, das objektive Nettoprinzip durch Schaffung neuer Sub-Prinzipien zu relativieren bzw. seinen Anwendungsbereich durch die Einführung neuer Abzugsverbote und -beschränkungen neu zu definieren.[571] Seiner Ansicht nach hat der Gesetzgeber mit dem objektiven Nettoprinzip eine Grundsatzentscheidung für das *gesamte* Einkommensteuerrecht getroffen, die nicht dadurch atomisiert werden dürfe, dass der Gesetzgeber in der darunterliegenden Ebene vermeintlich neue Grundsatzentscheidungen trifft,[572] die schlimmstenfalls sogar nur zur Regulierung einzelner

---

565 Vgl. auch *Drüen*, StuW 2008, 3, 14.

566 Vgl. *Lang*, StuW 2007, 3, 9 f., der diesbezüglich auf die Wesentlichkeitstheorie verweist; *Thiemann*, JZ 2015, 866, 871 f. Siehe auch *Englisch*, DStR 2009, Beih, zu Heft 34, 92, 95 f., der dem objektiven Nettoprinzip je nach Veranlassungszusammenhang der Aufwendung eine andere Bedeutung beimisst.

567 Siehe *Englisch*, DStR 2009, Beih, zu Heft 34, 92, 96; *Englisch*, FS Lang, S. 167, 183; *Tipke*, JZ 2009, 533, 537.

568 So *Tipke*, BB 2007, 1525, 1527; siehe auch *Drüen*, StuW 2008, 3, 9.

569 Vgl. *Tipke*, BB 2007, 1525, 1527.

570 Vgl. *Tipke*, BB 2007, 1525, 1527 f.

571 *Drüen*, StuW 2008, 3, 10.

572 Kritisch hierzu bereits *Tipke*, StuW 2007, 201, 209.

Abzugsposten bestimmt sind und damit willkürliche Ausnahmeregelungen schaffen.[573] Solche neuen Grundsatzentscheidungen müssten sich der grundlegenden Systematik des Einkommensteuergesetzes und insbesondere den Vorgaben des objektiven Nettoprinzips unterwerfen,[574] da es der Gesetzgeber andernfalls selbst in der Hand hätte, durch die Schaffung neuer Grundsatzentscheidungen auf Ebene der einzelnen Abzugsposten die Bindungswirkung des Folgerichtigkeitsgebots abzustreifen[575] und sich auf diese Weise der vom BVerfG geforderten sachlichen Rechtfertigung zu entziehen.[576]

III. Zusammenfassung und Stellungnahme

Zusammenfassend ist festzuhalten, dass der Geltungsbereich des Kernbereichs des objektiven Nettoprinzips nach überwiegender Literaturansicht und auch nach der jüngeren Rechtsprechung des BVerfG grundsätzlich auf solche Aufwendungen begrenzt ist, die bei wertender Betrachtung ausschließlich durch den Betrieb/Beruf veranlasst sind. Unmittelbare Schranken können dem Kern des objektiven Nettoprinzip daher für Aufwendungen, die weder der Erwerbs- noch der Privatsphäre eindeutig zugeordnet werden können, nicht entnommen werden. Ob dies allerdings dazu führt, dass der Gesetzgeber völlig frei über die sphärische Einordnung und steuerliche Behandlung solcher Aufwendungen entscheiden darf, ist auch nach Erlass der oben besprochenen BVerfG-Entscheidungen im steuerrechtlichen Schrifttum weiterhin umstritten. Nach der ersten Ansicht, die insbesondere von *G. Kirchhof*, *Söhn* und *Leisner-Egensperger* vertreten wird, sind dem Gesetzgeber diesbezüglich nahezu keine Grenzen gesetzt. Nachträgliche Änderungen an der sphärischen Einordnung gemischter Aufwendungen, wie sie der Gesetzgeber mit dem Steueränderungsgesetz 2007[577] für die Aufwendungen für Fahrten zwischen Wohnung und Arbeitsstätte vornehmen wollte, seien ohne Weiteres mit den Vorgaben des objektiven Nettoprinzips vereinbar, und auch die Schaffung neuer Abzugsbeschränkungen und -verbote für gemischte

---

573 So *Drüen*, StuW 2008, 3, 10; zustimmend auch *Jachmann*, DStR 2009, Beih. zu Heft 34, 129, 130; *Tipke*, BB 2007, 1525, 1529.

574 Vgl. auch BFH BStBl. II 2008, 234, 247; *Jachmann*, StuW 1998, 193, 205; *Karrenbrock/Fehr*, DStR 2006, 1303, 1307.

575 Kritisch hierzu auch *Schober*, in: BeckOK AO, § 3, Rn. 78.1.

576 So *Drüen*, StuW 2008, 3, 10; vgl. *Jachmann*, DStR 2009, Beih. zu Heft 34, 129, 130. Siehe auch *Tipke*, BB 2007, 1525, 1529: „Das zur ‚Grundentscheidung' aufgewertete ‚Werkstorprinzip' kann nicht den Inhalt des vorrangigen Nettoprinzips bestimmen oder verändern".

577 BGBl. I 2006, 1652.

Aufwendungen sei trotz der Bindungswirkung des Folgerichtigkeitsgebots möglich, da hiermit neue Grundsatzentscheidungen getroffen würden, die das objektive Nettoprinzip zulässigerweise relativierten bzw. dessen Anwendungsbereich neu definierten. Die andere in der Literatur vertretene Ansicht mahnt demgegenüber zur Vorsicht und sieht den gesetzgeberischen Gestaltungsspielraum im Graubereich jedenfalls hinsichtlich des Folgerichtigkeitsgebotes dadurch eingeschränkt, dass das Veranlassungsprinzip auf einfachrechtlicher Ebene weit gefasst ist und auch solche Aufwendungen betrifft, die gewisse Bezüge zur privaten Lebensführung aufweisen. Eine vorschnelle Annahme gemischter Aufwendungen durch den Gesetzgeber dürfe nicht dazu führen, dass dieser nicht mehr an die Vorgaben des objektiven Nettoprinzips gebunden sei, weshalb seine Grundentscheidung für einen weiten Veranlassungsbegriff folgerichtig umzusetzen sei.

Für diese zweite Ansicht spricht zunächst, dass die Bedeutung des objektiven Nettoprinzips in ihr Gegenteil umgekehrt würde, wenn der Gesetzgeber völlig frei darin wäre, neue Grundsatzentscheidungen auf Ebene der einzelnen Abzugsposten zu schaffen, die sich nicht an die Vorgaben des darüberliegenden objektiven Nettoprinzip anpassen müssten.[578] Könnte der Gesetzgeber durch untergeordnete Prinzipien wie dem „Werkstorprinzip" immer wieder Einfluss darauf nehmen, wie das objektive Nettoprinzip zu definieren ist und in welchem Umfang es seinen Gestaltungsspielraum einschränkt, würde dies zu erheblicher Rechtsunsicherheit führen und zudem das verfassungsrechtlich vorgezeichnete objektive Nettoprinzip[579] so weit aushöhlen, dass es irgendwann keine Bedeutung mehr hätte. Darüber hinaus ist den Warnungen der zweiten Literaturansicht auch darin zuzustimmen, dass gemischte Aufwendungen ein Einfallstor für massive Eingriffe in das objektive Nettoprinzip bilden.[580] Es besteht die Gefahr, dass ein fiskalisch motivierter Gesetzgeber das Hineinspielen privater Gründe ausnutzt, um Kosten der Betriebs- bzw. Berufssphäre steuerlich unbeachtlich zu lassen.[581] Um dem entgegen zu wirken, bedarf es einfachrechtlicher Bestimmungen, welche die steuerliche Behandlung gemischter Aufwendungen einheitlich regeln. Mit dem Veranlassungsprinzip (vgl. § 4 Abs. 4 EStG) hat der Gesetzgeber eine solche

578 So auch *Tipke*, BB 2007, 1527, 1529.

579 Zur verfassungsrechtlichen Bedeutung des objektiven Nettoprinzips siehe nochmals Teil 1 § 2 B.II.

580 Siehe *Lang*, StuW 2007, 3, 9; deutlich auch *Hey*, in: Tipke/Lang, Steuerrecht, Rn. 8.55; *Lang*, in: Tipke/Lang, Steuerrecht, 20. Auflage, 2010, § 9, Rn. 55; in diesem Punkt zustimmend auch *G. Kirchhof*, FS Lang, S. 563, 565: „privat mitveranlasste […] Aufwendungen [sind die] Achillesferse des objektiven Nettoprinzips".

581 Siehe *Lang*, StuW 2007, 3, 9.

Regelung getroffen, die das objektive Nettoprinzip auf einfachrechtlicher Ebene sehr weitreichend umsetzt. An diese Grundsatzentscheidung ist er im Rahmen des Folgerichtigkeitsgebots nach Art. 3 Abs. 1 GG verfassungsrechtlich gebunden.[582]

Demgegenüber führt die Ansicht *G. Kirchhofs*, *Söhns* und *Leisner-Egenspergers* letztlich dazu, dass die Aufwendungen im Graubereich zwischen Erwerbs- und Privatsphäre vollständig aus dem Anwendungsbereich des objektiven Nettoprinzips herausgenommen werden[583] und dem Gesetzgeber im Bereich gemischter Aufwendungen nahezu keine verfassungsrechtlichen Grenzen gesetzt sind. Bei dieser Sichtweise wird außer Acht gelassen, dass nicht alle Aufwendungen innerhalb des Graubereichs das gleiche Veranlassungsniveau aufweisen und auch solche Aufwendungen, die nur Bezüge zur Lebensführung aufweisen, von dem weiten Veranlassungsbegriff des § 4 Abs. 4 EStG erfasst sein können. Einfachrechtlich liegen echte gemischt veranlasste Aufwendungen, Repräsentationsaufwendungen und betrieblich/beruflich bedingte Mehraufwendungen zwar alle im Schnittbereich zwischen Erwerbs- und Privatsphäre. In Bezug auf ihren jeweiligen Veranlassungszusammenhang lassen sich jedoch deutliche Unterschiede hinsichtlich ihrer Nähe zur Erwerbs- bzw. Privatsphäre ausmachen.[584] Anders als *G. Kirchhof, Söhn, Leisner-Egensperger* und auch das BVerfG annehmen, genügt es daher nicht, nur festzustellen, dass die betreffenden Aufwendungen sowohl Bezüge zur Erwerbssphäre als auch zur Privatsphäre aufweisen und der Gesetzgeber folglich einen weitreichenden Gestaltungsspielraum hat.[585] Entscheidend ist vielmehr, welche Reichweite dem objektive Nettoprinzip nach seiner konkreten einfachrechtlichen Umsetzung durch das Veranlassungsprinzip zukommt. Liegen hiernach Erwerbsaufwendungen vor, ist das objektive Nettoprinzip gleichwohl über das Folgerichtigkeitsgebot mittelbar betroffen, und es muss daher auch beim Erlass neuer Abzugsbeschränkungen und -verbote für diese Aufwendungen gewahrt werden. Liegen die Aufwendungen hingegen außerhalb des Anwendungsbereichs des betrieblichen/beruflichen Veranlassungsbegriffs, so kommt dem Gesetzgeber

582 Siehe hierzu bereits Teil 1 § 2 B.II.4.

583 Vgl. *Lang*, StuW 2007, 3, 9.

584 Zu den einfachrechtlichen Unterschieden der verschiedenen Aufwendungsformen im Graubereich siehe Teil 3 § 8.

585 In diese Richtung auch *Ruppe*, DStJG 21 (1998), S. 29, 55, der den Verstoß gegen den Gleichheitssatz bei Abzugsbeschränkungen und -verboten für gemischte Aufwendungen gerade darin sieht, dass „der Steuerpflichtige, bei dem solche Aufwendungen im Einzelfall tatsächlich ausschließlich oder ganz überwiegend betrieblich oder beruflich veranlasst sind, […] demjenigen gleichgestellt [wird], bei dem der Bezug zur Privatsphäre enger ist oder dominiert".

ein weiter Typisierungs- und Gestaltungsspielraum zu, der nur durch die vom subjektiven Nettoprinzip gesetzte äußersten Grenze beschränkt wird, die für die Existenz notwendigen und erforderlichen Aufwendung des Steuerpflichtigen von der steuerlichen Belastung zu verschonen.[586] In welchem Umfang das objektive Nettoprinzip im Bereich gemischter Aufwendungen Geltung erlangt, richtet sich also danach, wie der Graubereich einfachrechtlich ausgestaltet ist und welche Aufwendungen trotz ihrer Nähe zur privaten Lebensführung vom Veranlassungsbegriff des § 4 Abs. 4 EStG umfasst sind. Dies wird im Rahmen des 2. und 3. Teils der Arbeit eingehend untersucht.[587]

D. Nähe zur Lebensführung als zusätzlicher Rechtfertigungsgrund

Nachdem damit feststeht, dass das objektive Nettoprinzip auch bei Abzugsbeschränkungen und -verboten für gemischte Aufwendungen mittelbar über das Folgerichtigkeitsgebot und die gesetzgeberische Bindung an den weiten Veranlassungsbegriff des § 4 Abs. 4 EStG Geltung erlangt, stellt sich in einem zweiten Schritt die Frage, wie Durchbrechungen des objektiven Nettoprinzips in diesem Bereich verfassungsrechtlich gerechtfertigt werden können. Fraglich ist nach den Ausführungen der BVerfG-Entscheidungen insbesondere, ob der Umstand, dass eine Erwerbsaufwendung zugleich Bezüge zur Privatsphäre aufweist, als sachlicher Rechtfertigungsgrund für Durchbrechungen des objektiven Nettoprinzips herangezogen werden kann.[588] In der Literatur wird dies mit Verweis darauf, dass dem Gesetzgeber im Graubereich zwischen Erwerbs- und Privatsphäre angesichts der dort bestehenden Abgrenzungs- und Ermittlungsschwierigkeiten[589] nicht nur

586 Vgl. BVerfGE 122, 210, 243 f.; BVerfGE 107, 27, 52 ff.; *Bowitz*, Objektives Nettoprinzip, S. 85.

587 Maßgeblich ist insbesondere, welche Aufwendungen nach dem Veranlassungsprinzip und der Wesentlichkeitstheorie zu den Erwerbsaufwendungen iSd § 4 Abs. 4 EStG gehören. Näheres hierzu in Teil 2 § 7 und Teil 3 § 9 B.

588 Siehe hierzu auch *Drüen*, StuW 2008, 3, 14.

589 *Seer*, BB 2021, 1433, 1437 verweist hier beispielhaft auf das häusliche Arbeitszimmer iSd § 4 Abs. 5 S. 1 Nr. 6b EStG, bei dem die Überprüfung, ob tatsächlich ein Arbeitszimmer im Sinne der Norm in dem ansonsten selbstgenutzten Haus bzw. der Wohnung zu Erwerbszwecken unterhalten wird, einer unangekündigten Nachschau durch die Finanzbehörde bedürfe, welche eine nicht unerhebliche Grundrechtseingriffsqualität (Art. 13 Abs. 1 GG) besitze und zudem einen erheblichen personellen Verwaltungsaufwand bedürfe. Kritisch zu dieser Argumentation zu Recht *Meyer*, in: BeckOK EStG, § 4, Rn. 2776.4, der darauf hinweist, dass die schwierige Verifizierbarkeit der betrieblichen Nutzung für alle Aufwendungen im Grenzbereich zwischen Erwerbs- und Privatsphäre kennzeichnend sei und bei dieser Argumentation

ein weiter Gestaltungs-, sondern auch ein weiter Typisierungsspielraum zukomme, teilweise angenommen.[590] Nach dieser Ansicht steht es dem Gesetzgeber weitgehend frei, nach seiner Wertung die Veranlassungsteile einer gemischten Aufwendung typisierend festzulegen,[591] mit der Folge, dass sogar vollständige Abzugsverbote allein damit gerechtfertigt werden können, dass die betreffenden Aufwendungen eine Nähe zur privaten Lebensführung aufweisen.[592] Auch das BVerfG hat in seiner Entscheidung zum häuslichen Arbeitszimmer[593] die Ansicht vertreten, dass es dem Gesetzgeber, angesichts der für das Finanzamt bestehenden eingeschränkten Kontrollmöglichkeiten der tatsächlichen Nutzung eines häuslichen Arbeitszimmers sowie des engen Zusammenhangs mit der Privatsphäre des Steuerpflichtigen, unbenommen bleibe, im Rahmen der Abzugsbestimmung für die Kosten eines häuslichen Arbeitszimmers die Möglichkeit einer privaten Mitbenutzung pauschal zu berücksichtigen.[594] Für § 4 Abs. 5 S. 1 Nr. 6b EStG in der Fassung des Steueränderungsgesetzes 2007 kommt das Gericht daher zu dem Ergebnis, dass dieses für den Regelfall vorgesehene Abzugsverbot eine sachgerechte Typisierung darstellt und mögliche Verstöße gegen Art. 3 Abs. 1 GG angesichts der Nähe zum steuerlich unbeachtlichen Privatbereich damit hinreichend gerechtfertigt sind.[595] Eine äußerste Grenze des gesetzgeberischen Typisierungsspielraums für gemischte Aufwendungen nimmt das BVerfG nur für den Fall an,

---

zudem der Schutzbereich des Art. 13 Abs. 1 GG in unzulässiger Verkehrung der verfassungsrechtlichen Verhältnisse gegen den Grundrechtsträger gewendet werde. Auf die konkrete Ermittlungsproblematik des häuslichen Arbeitszimmers wird an späterer Stelle nochmals eingegangen, siehe Teil 4 § 17 B.III.3.

590 Siehe etwa *Bowitz,* Objektives Nettoprinzip, S. 222; *Seer,* BB 2021, 1433, 1436 f.; *Thiemann,* in: Linien der Rechtsprechung des BVerfG, Bd. 2, S. 179, 199. *Wernsmann,* DStR 2007, 1149, 1152 geht sogar davon aus, dass sich die Rechtfertigungslast bei gemischten Aufwendungen dahingehend umkehre, dass nicht die Versagung, sondern im Gegenteil die Ermöglichung des steuerlichen Abzugs der Rechtfertigung bedürfe, da gemäß der gesetzgeberischen Grundentscheidung des § 12 Nr. 1 S. 2 EStG die Nichtabziehbarkeit gemischter Aufwendungen die folgerichtige Umsetzung wäre.

591 *Bowitz,* Objektives Nettoprinzip, S. 222; vgl. *Seer,* BB 2021, 1433, 1437; *Thiemann,* in: Linien der Rechtsprechung des BVerfG, Bd. 2, S. 179, 199.

592 Vgl. *Seer,* BB 2021, 1433, 1437; *Thiemann,* in: Linien der Rechtsprechung des BVerfG, Bd. 2, S. 179, 199.

593 BVerfGE 126, 268.

594 Vgl. BVerfGE 126, 268, 283.

595 Siehe diesbezüglich nochmals Teil 1 § 3 B.IV.

dass die Aufwendungen nach objektiven Maßstäben für den Steuerpflichtigen erforderlich oder zwangsläufig sind.[596]

An dieser Ansicht ist zunächst zutreffend, dass in dem rechtlich schwer zu fassenden Bereich zwischen Erwerbs- und Privatsphäre ein starkes Typisierungsbedürfnis besteht, das darauf zurückzuführen ist, dass die exakte Abgrenzung und Bestimmung betrieblicher Aufwendungsteile oftmals nur schwer möglich ist.[597] Um dem Leistungsfähigkeitsprinzip sowie dem objektiven Nettoprinzip größtmögliche Geltung zu verschaffen, ist der Gesetzgeber daher dazu angehalten, typisierende und pauschalierende Regelungen zu treffen, die den Mischbereich insgesamt handhabbarer gestalten und auf diese Weise zu mehr Steuergerechtigkeit beitragen.[598] Dem Umstand, dass die Aufwendungen im Graubereich zugleich Berührungspunkte zur privaten Lebensführung aufweisen, ist daher bei der Festlegung der Rechtfertigungsanforderungen für diesen Bereich grundsätzlich Rechnung zu tragen.[599] Auch ist zu berücksichtigen, dass dem objektive Nettoprinzip für zwingende, unvermeidbare Erwerbsaufwendungen selbst Verfassungsrang zukommt,[600] weshalb auch gemischte Aufwendungen, soweit sie für die betriebliche Tätigkeit des Steuerpflichtigen erforderlich sind, abzugsfähig bleiben müssen.[601] Zu widersprechen ist dem BVerfG und der angeführten Literaturansicht allerdings dahingehend, dass allein der Umstand der Berührung der privaten Lebensführung ausreichen soll, um für den Regelfall geltende, vollständige Abzugsverbote sachlich zu rechtfertigen.[602] In diesem Fall wäre der Gesetzgeber wiederum frei darin, den Umfang des objektiven Nettoprinzips selbst festzulegen und sich im Bereich gemischter Aufwendungen mithin jeder verfassungsrechtlichen Bindung zu entziehen.[603] Daher bedarf es noch weiterer Gründe, die einen solchen gravierenden Eingriff in das objektive Nettoprinzip rechtfertigen. Zudem müssen

596 Vgl. BVerfGE 126, 268, 282 f.; siehe auch *Hey*, in: Tipke/Lang, Steuerrecht, Rn. 8.73.

597 So zutreffend *Jachmann*, StuW 1998, 193, 204.

598 Vgl. auch *Jachmann*, StuW 1998, 193, 203 f.; *P. Kirchhof*, StuW 2006, 3, 15; *Meyer*, BeckOK EStG, § 4, Rn. 2691, 2704.1.

599 So auch *Meyer*, BeckOK EStG, § 4, Rn. 2696.

600 Siehe hierzu nochmals Teil 1 § 2 B.II.4.

601 Vgl. auch *Bowitz*, Objektives Nettoprinzip, S. 87 f.; *Drenseck*, FR 2006, 1, 4; *Drüen*, StuW 2008, 3, 11; *Hennrichs*, BB 2004, 584, 587; *Krüger*, in: Schmidt, EStG, § 9, Rn. 4; *Lehner*, DStR 2009, 185, 190 f.; *Meyer*, in: BeckOK EStG, § 4, Rn. 2704.1; *Schilling*, Zwangsläufiger Aufwand, S. 59 ff.; *Tipke*, BB 2007, 1525, 1531; *Tipke*, FS Raupach, S. 177, 186.

602 Siehe auch *Drenseck*, FR 2006, 1, 4; *Meyer*, BeckOK EStG, § 4, Rn. 2776.3; vgl. *Lang*, StuW 2007, 3, 10.

603 Vgl. auch *Drüen*, StuW 2008, 3, 14.

auch die Typisierungen im Graubereich auf realitätsgerechten Erwägungen beruhen und dürfen nicht den atypischen Fall zum Leitbild nehmen.[604]

E. Schlussfolgerungen für den gesetzgeberischen Gestaltungsspielraum im Graubereich

Zusammenfassend lässt sich festhalten, dass dem Gesetzgeber in dem rechtlich schwer zu greifenden Graubereich zwischen Erwerbs- und Privatsphäre grundsätzlich ein weiter Typisierungs- und Gestaltungsspielraum zukommt. Dieser Spielraum wird nur durch die Vorgaben des subjektiven Nettoprinzips, des Folgerichtigkeitsgebots und den verfassungsrechtlichen Kern des objektiven Nettoprinzips, wonach jedenfalls zwingende, erwerbsnotwendige Aufwendungen steuerlich abziehbar sein müssen, begrenzt. Daraus folgt allerdings – anders als in der Literatur teilweise vertreten wird – nicht, dass dem Gesetzgeber ansonsten freie Hand gelassen ist und er das Gesetz bezüglich der steuerlichen Behandlung gemischter Aufwendungen willkürlich mit unterschiedlichen Sonderregelungen überziehen kann. Vielmehr ist der Gesetzgeber auch in diesem Bereich kraft des Folgerichtigkeitsgebotes an seine einmal getroffene Belastungsentscheidung gebunden. Dies wirft den Blick auf das einfache Recht und die Frage, wie der Gesetzgeber die steuerliche Behandlung gemischter Aufwendungen einfachrechtlich geregelt hat. Mit dem Veranlassungsbegriff des § 4 Abs. 4 EStG hat der Gesetzgeber eine sehr weite Definition zur Konkretisierung des objektiven Nettoprinzips gewählt, die auch solche Aufwendungen umfasst, die nicht eindeutig der Erwerbssphäre zuzuordnen sind, da sie gleichsam Bezüge zur Privatsphäre aufweisen. Unterfällt eine Aufwendung des Graubereichs also dieser weiten Definition, ist der Gesetzgeber auch diesbezüglich in seinem Gestaltungsspielraum eingeschränkt und hat die Aufwendung folgerichtig steuerlich zu berücksichtigen, wenn kein geeigneter Rechtfertigungsgrund vorliegt. Maßgeblich für die Bestimmung des gesetzgeberischen Gestaltungsspielraums und insbesondere für die Frage, ob der Gesetzgeber den Abzugskatalog des § 4 Abs. 5 S. 1 Nr. 1-7 EStG beliebig erweitern kann, ist daher, welche Aufwendungen des Graubereichs dem weiten Veranlassungsbegriff des § 4 Abs. 4 EStG unterfallen und damit grundsätzlich nach dem Folgerichtigkeitsgebot bzw. dem objektiven Nettoprinzip zum Abzug zuzulassen sind. Dieser Frage, die allein das einfache Recht und die steuerliche Einordnung

604 Vgl. BVerfGE 126, 268, 283; BVerfGE 107, 27, 52; *Breinersdorfer,* DStR 2010, 2492, 2497; *Krüger,* in: Schmidt, EStG, § 9, Rn. 4; *Lang,* StuW 2007, 3, 12; *Meyer,* in: BeckOK EStG, § 4, Rn. 2704.1.

des Abzugskataloges im Verhältnis zu § 4 Abs. 4 EStG betrifft, wird in den folgenden Kapiteln nachgegangen.

Lässt der Gesetzgeber eine gemischte Aufwendung, die dem Veranlassungsbegriff des § 4 Abs. 4 EStG unterfällt, nicht zum Abzug zu, liegt hierin eine Durchbrechung des objektiven Nettoprinzips, die nur durch besondere Gründe gerechtfertigt werden kann. Dabei ist dem Umstand, dass die Aufwendung zugleich die private Sphäre betrifft, grundsätzlich Rechnung zu tragen. Vollständige Abzugsverbote, die für den Regelfall gelten, lassen sich allein mit diesem Umstand allerdings nicht rechtfertigen. Nimmt der Gesetzgeber zur Vereinfachung und Erleichterung der Abgrenzungsschwierigkeiten im Graubereich Typisierungen vor, muss er den typischen Fall zum Leitbild nehmen und darf sich nicht an atypischen Sonderfällen orientieren.

Zweiter Teil: Einfachrechtlicher Rahmen

§ 4 Vorbemerkungen

Nachdem im 1. Teil der verfassungsrechtliche Rahmen, in dem sich § 4 Abs. 5 S. 1 Nr. 1-7 EStG und die anderen Aufwendungen des Graubereichs bewegen, aufgezeigt und zudem der Frage nachgegangen wurde, welcher Gestaltungsspielraum dem Gesetzgeber hinsichtlich der gemischten Aufwendungen aus verfassungsrechtlicher Sicht zukommt, soll im 2. Teil nun auch der einfachrechtliche Rahmen für den Abzug erwerblicher, privater und gemischter Aufwendungen im Einkommensteuerrecht abgesteckt werden. Hierbei soll insbesondere darauf eingegangen werden, welche Ausgangsentscheidungen der Gesetzgeber im einfachen Recht bereits getroffen hat, die ihn nun beim Erlass neuer Abzugsbeschränkungen und -verbote im Rahmen des Folgerichtigkeitsgebots an die Belastungsgleichheit binden. Für die Untersuchung des einfachrechtlichen Rahmens wird zunächst allein auf die beiden äußeren Ränder des Aufwendungsspektrums, d.h. auf die reinen Erwerbsaufwendungen und die reinen Privataufwendungen, eingegangen, bevor im anschließenden 3. Teil der äußerst umstrittene und bislang wenig umrissene Graubereich dazwischen analysiert wird. Maßgebliches Ziel des 2. Teils ist es dabei nicht nur darzulegen, was Erwerbs- und Privataufwendungen sind und wie sie steuerlich zu behandeln sind, sondern anschließend auch der für das Leistungsfähigkeitsprinzip und das objektive Nettoprinzip maßgeblichen Frage nachzugehen, wie die beiden Sphären trennscharf voneinander abzugrenzen sind.

Wie im 1. Teil bereits dargestellt wurde, löst der einfache Gesetzgeber die Abgrenzung zwischen Erwerbs- und Privataufwendungen, die auch für die sphärische Einordnung gemischter Aufwendungen Bedeutung erlangt, unter anderem mit Hilfe des weiten Veranlassungsbegriffs in § 4 Abs. 4 EStG. Ziel des 2. Teils ist es daher herauszufinden, in welcher Struktur und mit welchen Abgrenzungskriterien die für Erwerbs- und Privataufwendungen relevante Veranlassungsprüfung des § 4 Abs. 4 EStG durchzuführen ist, damit auf Grundlage dieser abstrakten Erkenntnisse im 3. Teil die verschiedenen Aufwendungen des Graubereichs hinsichtlich ihrer Definition sowie ihres jeweiligen Veranlassungsniveaus sphärisch eingeordnet und voneinander abgegrenzt werden können.

Bevor allerdings näher auf die beiden Randbereiche des Aufwendungsspektrums und das Veranlassungsprinzip eingegangen werden kann, ist es sinnvoll, sich zunächst vor Augen zu führen, in welchem Regelungsgefüge sich die Normen befinden, aus denen hervorgeht, was Betriebsausgaben/Werbungskosten und

Privataufwendungen sind. Inhaltlich gehören die Vorschriften des § 4 Abs. 4 EStG und des § 9 Abs. 1 S. 1 EStG ebenso wie § 12 Nr. 1 S. 1 EStG wohl zu denjenigen Regelungen, die von allen einkommensteuerrechtlichen Bestimmungen am wenigsten abgegrenzt sind, da sie die kürzesten und zugleich allgemeinsten Gesetzesdefinitionen enthalten.[605] Für eine differenzierende Betrachtung dieser Abzugstatbestände kommt daher eine bloße Untersuchung des Gesetzeswortlauts nicht in Betracht.[606] Vielmehr ist es erforderlich, sich das gesamte übergeordnete Regelungsgefüge anzusehen, innerhalb dessen die verschiedenen Aufwendungen systematisch eingeordnet sind.[607] Erst in einer Gesamtschau des Normengefüges und den dahinterstehenden Wertungen erhalten die allgemeinen Gesetzesdefinitionen von § 4 Abs. 4 EStG, § 9 Abs. 1 S. 1 EStG und § 12 Nr. 1 EStG ihre inhaltliche Bedeutung sowie ihren Sinn und Zweck.[608]

Das maßgebliche Regelungssystem, zu dem § 4 Abs. 4 EStG, § 9 Abs. 1 S. 1 EStG und § 12 Nr. 1 EStG, aber auch § 4 Abs. 5 EStG gehören,[609] ergibt sich aus dem verfassungsrechtlichen Auftrag an den Gesetzgebers, die Vorgaben des Leistungsfähigkeitsprinzips sowie des objektiven Nettoprinzips[610] einfachrechtlich umzu-

605 Zu dieser Einschätzung kommen auch *Kröner*, StuW 1985, 115, 115; *Ruppe*, DStJG 3 j(1980), S. 103, 104; *Tipke*, Steuerrechtsordnung II, S. 768 f.

606 *Birk*, NJW 1985, 1939, 1941; *Kröger*, BB 1979, 1284, 1284; *Ruppe*, DStJG 3 (1980), S. 103, 105; *Söhn*, DStJG 3 (1980), S. 13, 23 f.; *Tipke*, StuW 1979, 193, 195.

607 *Kröner*, StuW 1985, 115, 115; *Ruppe*, DStJG 3 (1980), S. 103, 105; *Söhn*, DStJG 3 (1980), S. 13, 17.

608 *Birk*, NJW 1985, 1939, 1941; *Kröner*, StuW 1985, 115, 115.

609 Vgl. *Kröger*, StuW 1978, 289, 289; *Kröger*, BB 1979, 1284, 1284; *Kröner*, StuW 1985, 115, 115; *Thürmer*, in: Brandis/Heuermann, EStG, § 12, Rn. 60; *Weber*, StuW 2009, 184, 184.

610 Darüber, dass die Geltendmachung der Erwerbsaufwendungen der Verwirklichung des objektiven Nettoprinzips dient, besteht in Rechtsprechung und Literatur heute Einigkeit, vgl. für die Rechtsprechung BVerfG BStBl. II 2003, 534, 540; BVerfGE 43, 108, 119; BVerfGE 27, 58, 64 f.; siehe für die Literatur *Breinersdorfer*, DStR 2010, 2492, 2494; *Drüen*, StuW 2008, 3, 5; *Frotscher*, in: Frotscher/Geurts, EStG, § 4, Rn. 568; *Hey*, in: Tipke/Lang, Steuerrecht, Rn. 8.54; *G. Kirchhof*, in: BeckOK EStG, § 2, Rn. 368; *P. Kirchhof*, in: K/S/M, EStG, § 2, Rn. C 1; *Kreft*, in: Herrmann/Heuer/Raupach, EStG/KStG, § 9 EStG, Rn. 6; *Kröner*, StuW 1985, 115, 115; *Krüger*, in: Schmidt, EStG, § 9, Rn. 1; *Lang*, StuW 2007, 3, 3; *Lang*, Bemessungsgrundlage, S. 60, 185, 491; *Musil*, in: Herrmann/Heuer/Raupach, EStG/KStG, § 2 EStG, Rn. 502; *Nacke*, in: Littmann/Bitz/Pust, EStG, § 4, Rn. 1617; *Prinz*, FR 1986, 397, 398; *Ruppe*, DStJG 3 (1980), S. 103, 105; *Stapperfend*, in: Herrmann/Heuer/Raupach, EStG/KStG, § 4, Rn. 700; *Tanzer*, DStJG 3 (1980), S. 227, 230; *Tipke*, DStJG 3 (1980), S. 1, 5; *Tipke*, Steuerrechtsordnung II, S. 763; *Wanner*, StuW 1987, 302, 302.

setzen.[611] Durch das Regelungsgefüge von § 4 Abs. 4 EStG und § 9 Abs. 1 S. 1 EStG auf der einen Seite sowie § 12 Abs. 1 EStG auf der anderen Seite soll eine einheitliche Trennung zwischen der Einkünfteerzielung und der für das Einkommensteuerrecht grundsätzlich unbeachtlichen Einkommensverwendung geschaffen werden.[612] Sinn und Zweck des § 4 Abs. 4 EStG und des § 9 Abs. 1 S. 1 EStG ist daher nicht nur die inhaltliche Bestimmung von Erwerbsaufwendungen, sondern insbesondere die Abgrenzung betrieblicher/beruflicher Aufwendungen von den steuerlich grundsätzlich unbeachtlichen Privataufwendungen.[613] Dabei werden sie von § 12 Nr. 1 EStG unterstützt, der umgekehrt die Nichtabziehbarkeit von Aufwendungen der privaten Lebensführung regelt.[614] Will man eine der drei Normen auslegen, so ist dies nur unter Berücksichtigung der Wertungen der beiden anderen Vorschriften möglich.[615] Dabei ist zu beachten, dass der gesamte Regelungsbereich einheitlich und widerspruchsfrei abgebildet werden muss. Erwerbs- und Privataufwendungen müssen sich gegenseitig ausschließen,[616] dabei aber in ihrem Regelungsbereich zugleich lückenlos aneinander angrenzen.[617] Darüber hinaus sind bei der Auslegung der Abzugsbestimmungen nach

611 Siehe hierzu bereits Teil 1 § 3 A.III.

612 Vgl. *Kreft*, in: Herrmann/Heuer/Raupach, EStG/KStG, § 9, Rn. 7; *Kröger*, StuW 1987, 289; *Kröger*, BB 1979, 1284, 1284; *Kröner*, StuW 1985, 115, 115; *Prinz*, FR 1986, 397, 398; *Ruppe*, DStJG 3 (1980), S. 103, 118; *Söhn*, FS Spindler, S. 795, 798; *Tipke*, StuW 1979, 193, 194; *Wanner*, StuW 1987, 302, 303; *Weber*, StuW 2009, 184, 184; vgl. grundlegend zur für das EStG prägenden „Trennung zwischen der Erwerbssphäre und der der Besteuerung entzogenen Privatsphäre (Einkommensverwendung)" auch BFH GrS BStBl. II 1990, 817, 823.

613 So auch *von Bornhaupt*, in: K/S/M, EStG, § 9, Rn. A 91; *Frotscher/Watrin*, in: Frotscher/Geurts, EStG, § 4, Rn. 570; *Hey*, in: Tipke/Lang, Steuerrecht, Rn. 8.205; *Jüptner*, Leistungsfähigkeit, S. 165; *Kröger*, StuW 1978, 289, 289; *Kröger*, BB 1979, 1284, 1284; *Kröner*, StuW 1985, 115, 115; *Lang*, Bemessungsgrundlage, S. 299 f.; *Loschelder*, in: Schmidt, EStG, § 4, Rn. 30; *Meurer*, in: Lademann, EStG, § 4, Rn. 528, 536; *Meyer*, in: BeckOK EStG, § 4, Rn. 2215; *Prinz*, FR 1986, 397, 398; *Prinz*, StuW 1996, 267, 267 f.; *Söhn*, DStJG 3 (1980), S. 13, 38; *Söhn*, StuW 1983, 193, 197; *Söhn*, FS Spindler, S. 795, 798; *Söhn*, in: K/S/M, EStG, § 4, Rn. E 55, E 72; *Straßburger*, in: BeckOK EStG, § 9, Rn. 145; *Tipke*, StuW 1979, 193, 195; *Wacker*, BB 2018, 2519; 2519 f.; *Walz*, StuW 1986, 21, 21; *Weber*, StuW 2008, 184, 184. Vgl. auch BFH GrS BStBl. II 1978, 105, 108.

614 *Kröger*, StuW 1978, 289, 289; *Kröger*, BB 1979, 1284, 1284; *Weber*, StuW 2009, 184, 184. Näheres zu den Privataufwendungen in Teil 2 § 6.

615 *Kröger*, BB 1979, 1284, 1284.

616 *von Bornhaupt*, in: K/S/M, EStG, § 9, Rn. A 91.

617 *Kröger*, StuW 1978, 289; *Kröger*, BB 1979, 1284, 1284.

§ 4 Abs. 4 EStG, § 9 Abs. 1 EStG und § 12 Nr. 1 EStG aber auch die Wertungen des Leistungsfähigkeitsprinzips und des objektiven Nettoprinzips zu beachten.[618] Ziel der Auslegung muss es sein, einheitliche Abgrenzungsmerkmale zu schaffen,[619] aus denen klar erkennbar wird, welche Aufwendungen der Erwerbssphäre zuzuordnen sind und welche Aufwendungen steuerlich grundsätzlich unbeachtlich sind, da sie der Privatsphäre angehören.[620] Systematisch und teleologisch kann die folgende Analyse der Betriebsausgaben/Werbungskosten und Privataufwendungen daher nur unter Berücksichtigung der Wertungen des gesamten Regelungsgefüges sowie der Maßgaben des Leistungsfähigkeitsprinzips und des objektiven Nettoprinzips gelingen.

§ 5 Erwerbsaufwendungen

A. Terminologie

I. Einheitlicher Oberbegriff

Der Begriff *Erwerbsaufwendung* wird im Einkommensteuergesetz selbst nicht verwendet. Im wissenschaftlichen Diskurs hat er sich jedoch als einheitlicher Oberbegriff für alle Aufwendungen, die im Zusammenhang mit der Erwerbssphäre stehen,[621] etabliert und soll daher auch im Rahmen dieser Arbeit

---

618 Vgl. *Birk*, NJW 1985, 1939, 1941; *Söhn*, in: K/S/M, EStG, § 4, Rn. E 72; siehe hierzu auch *Ruppe*, DStJG 3 (1980), S. 103, 106 ff., der im objektiven Nettoprinzip ein „teleologisches Interpretationsmittel" für die Auslegung der Erwerbsaufwendungen sieht; vgl. zudem *Söhn*, DStJG 3 (1980), S. 13, 17: „Vielmehr muß eine Auslegung des Begriffs veranlassen in § 4 Abs. 4 EStG auf das insoweit primär einschlägige *systemtragende Prinzip* des Einkommensteuergesetzes zurückgreifen: den Grundsatz der *Besteuerung nach der objektiven Leistungsfähigkeit*" (Hervorhebungen durch den Autor).

619 Siehe hierzu auch *Lang*, StuW 1985, 10, 17; *Weber*, StuW 2009, 184, 184.

620 Vgl. auch *Frotscher*, in: Frotscher/Geurts, EStG, § 4, Rn. 570; *Jahrmarkt*, INF 1982, 129, 130; *Kröner*, StuW 1985, 115, 115; *Prinz*, FR 1986, 397, 398; *Prinz*, StuW 1996, 267, 268; *Söhn*, DStJG 3 (1980), S. 13, 17; *Tipke*, Steuerrechtsordnung II, S. 769; *Weber*, StuW 2009, 184, 184.

621 Vgl. *von Bornhaupt*, in: K/S/M, § 9, Rn. B 15a; *Fissenewert*, in: Herrmann/Heuer/Raupach, EStG/KStG, § 12, Rn. 3; *Hey*, in: Tipke/Lang, Steuerrecht, § 8, Rn. 205; *Lang*, StuW 2007, 3, 3; *Söhn*, StuW 1991, 270, 272; *Söhn*, in: K/S/M, EStG, § 4, Rn. E 29; *Tipke*, FS Raupach, S. 177, 179 f.; *Tipke*, Steuerrechtsordnung II, S. 765. Der Begriff „Erwerbsaufwendung" hat sich aus verschiedenen Vorschlägen (siehe bspw. *Tipke*, StuW 1979, 193, 196, 199: „Berufsausgabe" und *P. Kirchhof*, in: K/S/M, EStG, § 2, Rn. A 127: „Erwerbsausgabe") als einheitlicher Oberbegriff durchgesetzt. So zu

herangezogen werden. Umfasst werden davon zum einen der Begriff der Betriebsausgaben nach § 4 Abs. 4 EStG und zum anderen der Werbungskostenbegriff nach § 9 Abs. 1 S. 1 EStG.[622] Bis zur Einführung des Betriebsausgabenbegriffs in das EStG im Jahr 1934[623] existierte mit dem Werbungskostenbegriff nur ein Terminus für Erwerbsaufwendungen, der für alle Einkunftsarten gleichermaßen galt und die heutigen Betriebsausgaben inhaltlich mit umfasste.[624] Mit der späteren Einführung des Betriebsausgabenbegriffs hat der Gesetzgeber eine terminologische Unterscheidung der abzugsfähigen Erwerbsaufwendungen vorgenommen,[625] die bis heute gilt und sich in der Systematik des § 2 Abs. 2 EStG widerspiegelt.[626] Danach findet der Betriebsausgabenbegriff nur im Rahmen der Gewinneinkunftsarten nach § 2 Abs. 2 S. 1 Nr. 1 iVm § 4 Abs. 3, 4 EStG Anwendung, während der Werbungskostenabzug den Überschusseinkünften nach § 2 Abs. 2 S. 1 Nr. 2 iVm § 9 Abs. 1 S. 1 EStG vorbehalten ist.[627] Beide Begriffe zusammen legen den Maßstab dafür fest, welche Aufwendungen der steuerlich relevanten Erwerbssphäre zuzuordnen sind.

---

finden auch bei BVerfGE 122, 210, 233; BFH GrS BStBl. II 1990, 817, 823; *Gärtner*, Gemischt veranlasste Aufwendungen, S. 52 ff.; *Isensee*, Verhandlungen des 57. DJT (1988), Sitzungsbericht N, S. N 46; Verhandlungen des 57. DJT (1988), Beschlussfassung N, S. N 199, N 214; *Meyer*, in: BeckOK EStG, § 4, Rn. 2191.1; *Weber*, StuW 2009, 184, 184; *Weber-Grellet*, in: Schmidt, EStG, § 2, Rn. 10.

622 *Lang*, StuW 2007, 3, 3; *Tipke*, Steuerrechtsordnung II, S. 765.

623 Einführung durch das Einkommensteuergesetz vom 16.10.1934, RGBl. I 1934, 1005. Die dort geregelte Legaldefinition der Betriebsausgabe gilt bis heute fort. Seit dem 1.2.1938 befindet sie sich in § 4 Abs. 4 EStG, vgl. RGBl. I 1938, 99.

624 Siehe für die Entwicklung der Begriffe „Betriebsausgabe“ und „Werbungskosten“ *Kreft*, in: Herrmann/Heuer/Raupach, EStG/KStG, § 9 EStG, Rn. 3 f.; *Meyer*, in: BeckOK EStG, § 4, Rn. 2196; *Offerhaus*, BB 1979, 617, 618 f.; *Ruppe*, DStJG 3 (1980), S. 103, 111-114; *Söhn*, in: K/S/M, EStG, § 4, Rn. E 1 ff.; *Tipke*, StuW 1979, 193, 194; *Wanner*, StuW 1987, 302, 307 f.

625 *Niestegge*, Dualismus der Einkunftsarten, S. 154; *Offerhaus*, BB 1979, 617, 619. Ob mit dieser terminologischen Spaltung zugleich auch eine inhaltliche Differenzierung verbunden ist, war in der Vergangenheit umstritten; siehe hierzu die Ausführungen in Teil 2 § 5 B.II.

626 *Tipke*, Steuerrechtsordnung II, S. 765. Siehe für die Systematik der Einkünfteermittlung nach § 2 Abs. 2 EStG im Einzelnen Teil 2 § 5 B.I.

627 *Niestegge*, Dualismus der Einkunftsarten, S. 154; *Seiler*, DStJG 34 (2011), S. 61, 62; *Tipke*, StuW 1979, 193, 194 f.; *Tipke*, DStJG 3 (1980), S. 1, 4; *Tipke*, Steuerrechtsordnung II, S. 765.

II. *Aufwendungsbegriff*

1. *Einführung*

Umstritten ist demgegenüber der Begriff der *Aufwendung*,[628] der sowohl in § 4 Abs. 4, 5 EStG als auch in § 9 Abs. 1 S. 1 EStG verwendet, jedoch nirgendwo definiert wird. § 8 Abs. 1 EStG enthält zwar eine Legaldefinition für den Begriff der Einnahme; was Aufwendungen sind, wird gesetzlich aber nicht geregelt.[629] Stattdessen verwendet der Gesetzgeber die Begriffe *Aufwendung*, *Ausgabe* und *Aufwand* weitgehend synonym[630] und verursacht mit dieser terminologischen Ungenauigkeit in Rechtsprechung und Literatur erhebliche Unsicherheit.[631] Wie groß diese Unsicherheit ist, zeigt sich beispielsweise an einer Entscheidung des BFH aus dem August 1986, in der zwei gegensätzliche Definitionen des Aufwendungsbegriffs nebeneinander angebracht werden.[632] Eine konsistente Maßstabsbildung für die Terminologie der Erwerbsaufwendungen kann angesichts solch widersprüchlicher Ausführungen nicht erfolgen.[633] Gerade für die inhaltliche Bestimmung der Betriebsausgaben und Werbungskosten ist es aber erforderlich, klare Abgrenzungsmerkmale zu schaffen. Daher sollte der Begriff der *Aufwendung* in § 4 Abs. 4 EStG und § 9 Abs. 1 S. 1 EStG einheitlich verstanden werden.[634]

---

628 *Holzhäuser*, in: Bordewin/Brandt, EStG, § 4, Rn. 1705 f.; *Nacke*, in: Littmann/Bitz/Pust, EStG, § 4, Rn. 1619; *Söhn*, StuW 1991, 270, 271.

629 *Meurer*, in: Lademann, EStG, § 4, Rn. 532; *Söhn*, StuW 1991, 270, 271; *Söhn*, in: K/S/M, EStG, § 4, Rn. E 20 und E 24; *Stapperfend*, in: Herrmann/Heuer/Raupach, EStG/KStG, § 4 EStG, Rn. 750; siehe auch *Bauer*, Dualismus Betriebsausgaben, S. 3; *Lang*, Bemessungsgrundlage, S 320; *Offerhaus*, BB 1979, 617, 617.

630 Siehe hierzu bspw. BT-Drs. 7/1470, 249; siehe auch *Frotscher/Watrin*, in: Frotscher/Geurts, EStG, § 4, Rn. 586.

631 Vgl. auch *Meyer*, in: BeckOK EStG, § 4, Rn. 2199 ff.; *Offerhaus*, BB 1979, 617, 617; *Söhn*, StuW 1991, 270, 271.

632 BFH BStBl. II 1987, 108, 109: „Unter den Begriff „Aufwendung" fallen alle Güter, die in Geld oder Geldeswert bestehen und bei dem Steuerpflichtigen abfließen" und weiter unten auf S. 110: „Dies ergibt sich aus der Tatsache, daß das EStG den Begriff „Aufwendung" als Oberbegriff für „Ausgaben" und „Aufwand" verwendet und ihn im Sinne aller Wertabflüsse versteht, die nicht Entnahmen sind"; siehe hierzu auch *Meyer*, in: BeckOK EStG, § 4, Rn. 2200.1; *Söhn*, StuW 1991, 270, 271.

633 Vgl. auch *Meyer*, in: BeckOK EStG, § 4, Rn. 2199.

634 Der Begriff „Aufwendung" wird daneben noch in § 10 Abs. 1 S. 1 EStG, § 12 Nr. 1 S. 2 EStG, § 33 Abs. 1 EStG und § 33a Abs. 1 EStG verwendet. Auch hier sollte der Begriff innerhalb des gleichen Gesetzes möglichst einheitlich verstanden werden. So auch *Kröner*, StuW 1985, 115, 116; *Seitrich*, BB 1990, 470, 471; *Söhn*, StuW 1991, 270, 271; *Stapperfend*, FS Kruse, S. 533, 551.

Hierfür werden in Rechtsprechung und Literatur mit dem engen und dem weiten Aufwendungsbegriff[635] im Wesentlichen zwei unterschiedliche Definitionen vertreten, auf die im Folgenden eingegangen wird.[636]

2. Meinungsstand

Nach dem früher in Rechtsprechung und Literatur vertretenen *engen Aufwendungsbegriff* sind Aufwendungen im Umkehrschluss zu den Einnahmen nach § 8 Abs. 1 EStG[637] alle Güter, die in Geld oder Geldeswert bestehen und beim Steuerpflichtigen abfließen.[638] Die Begriffe „Aufwendung" und „Ausgabe" sollen nach dieser Ansicht deckungsgleich und austauschbar sein,[639] so dass Betriebsausgaben und Werbungskosten nur dann vorliegen, wenn Aufwendungen im Sinne von tatsächlichen Ausgaben gegeben sind.[640] Diese Auslegung orientiert sich

---

635 Siehe zu den Begrifflichkeiten des „engen" und „weiten" Aufwendungsbegriffs *Holzhäuser,* in: Bordewin/Brandt, EStG, § 4, Rn. 1705 f.; *Meurer,* in: Lademann, EStG, § 4, Rn. 532; *Söhn,* in: K/S/M, EStG, § 4, Rn. E 21 f.

636 Siehe hierzu auch *Holzhäuser,* in: Bordewin/Brandt, EStG, § 4, Rn. 1704 ff.; *Meurer,* in: Lademann, EStG, § 4, Rn. 532 ff.; *Meyer,* in: BeckOK EStG, § 4, Rn. 2199 ff.; *Söhn,* StuW 1991, 270, 271; *Söhn,* in: K/S/M, EStG, § 4, Rn. E 20 ff.; *Stapperfend,* in: Herrmann/Heuer/Raupach, EStG/KStG, § 4 EStG, Rn. 750 ff.

637 Zur entsprechenden Anwendbarkeit der Norm bei Gewinneinkünften vgl. BFH BStBl. II 1987, 108, 109; BFH BStBl. II 1985, 458, 459; BFH BStBl. II 1975, 526, 527; BFH BStBl. II 1974, 210, 210.

638 Vgl. für die Rechtsprechung BFH BStBl. II 2012, 24, 26; BFH BStBl. II 2010, 48, 49; BFH BStBl. II 1994, 289, 291; BFH GrS BStBl. II 1990, 830, 836; BFH BStBl. II 1987, 108, 109 (jedoch abweichend auf S. 110); BFH BStBl. II 1985, 458, 459; BFH BStBl. II 1974, 210, 210. Für die Literatur siehe *Bauer,* Dualismus Betriebsausgaben, S. 3; *von Bornhaupt,* DStJG 3 (1980), S. 149, 154 f.; *von Bornhaupt,* in: K/S/M, § 9, Rn. B 17; *Kreft,* in: Herrmann/Heuer/Raupach, EStG/KStG, § 9 EStG, Rn. 65; *Krüger,* in: Schmidt, EStG, § 9, Rn. 12; *Offerhaus,* BB 1979, 617, 617; *Prinz,* Werbungskosten, S. 190 f.; *Söhn,* DStJG 3 (1980), S. 13, 33; *Straßburger,* in: BeckOK EStG, § 9, Rn. 98; *Thürmer,* in: Brandis/Heuermann, EStG, § 9, Rn. 103; *Tipke,* StuW 1979, 193, 194; *Wanner,* StuW 1987, 302, 306.

639 Vgl. bereits BFH BStBl. II 1970, 107, 109; *von Bornhaupt,* DStJG 3 (1980), S. 149, 154 f.; *Kreft,* in: Herrmann/Heuer/Raupach, EStG/KStG, § 9 EStG, Rn. 65; *Offerhaus,* BB 1979, 617, 618; *Prinz,* FR 1986, 397, 399; *Ruppe,* DStJG 3 (1980), S. 103, 117; *Söhn,* DStJG 3 (1980), S. 13, 33; *Thürmer,* in: Brandis/Heuermann, EStG, § 9, Rn. 103; *Tipke,* StuW 1979, 193, 194; *Wanner,* StuW 1987, 302, 306; siehe hierzu auch *Söhn,* StuW 1991, 270, 271; *Söhn,* in: K/S/M, EStG, § 4, Rn. E 21; *Stapperfend,* in: Herrmann/Heuer/Raupach, EStG/KStG, § 4 EStG, Rn. 750.

640 *Meurer,* in: Lademann, EStG, § 4, Rn. 532; *Söhn,* StuW 1991, 270, 271.

zum einen an dem Wortlaut des § 4 Abs. 4 EStG, wonach eine Gleichstellung der Begriffe „Aufwendung“ und „Ausgabe“ bereits angedeutet werde.[641] Zum anderen sei sie auf die systematische Stellung des § 4 Abs. 4 EStG hinter § 4 Abs. 3 EStG und dessen Regelungshistorie zurückzuführen. Hieraus sei der Ursprung des Betriebsausgabenbegriffs aus dem Bereich der Kassenrechnung erkennbar.[642] So sei der Begriff „Ausgabe“, wie ihn § 4 Abs. 3 S. 1 EStG und daran anknüpfend auch § 4 Abs. 4 EStG definiert, als Gegenbegriff zur Einnahme nach § 8 Abs. 1 EStG und damit abflussbezogen zu verstehen.[643] Zusätzlich wird argumentiert, dass § 4 Abs. 4 EStG historisch bedingt eng mit dem Werbungskostenbegriff verbunden sei,[644] welcher ebenfalls durch Elemente der Kassenrechnung geprägt sei.[645] Daran anknüpfend wird bei dem engen Aufwendungsbegriff das Abflussprinzip nach § 11 Abs. 2 EStG in den Vordergrund gestellt.[646] Folge dieses engen Verständnisses ist, dass der bilanzsteuerrechtliche Begriff des „Aufwandes“ gerade nicht unter den Aufwendungsbegriff fällt.[647] Aufwand in diesem Sinne ist der einer Periode zuzurechnende, erfolgswirksame Wertverzehr.[648] Er setzt begrifflich keine Ausgabe im Sinne eines Güterabflusses voraus.[649]

---

641 Vgl. *von Bornhaupt*, DStJG 3 (1980), S. 149, 154 f.; *Meyer*, in: BeckOK EStG, § 4, Rn. 2200; *Offerhaus*, BB 1979, 617, 618; *Ruppe*, DStJG 3 (1980), S. 103, 117.

642 So die zusammenfassende Darstellung dieser Ansicht durch *Meyer*, in: BeckOK EStG, § 4, Rn. 2200, der selbst einen anderen Aufwendungsbegriff vertritt.

643 Vgl. BFH BStBl. II 1987, 108, 109; *von Bornhaupt*, DStJG 3 (1980), S. 149, 155; *Meurer*, in: Lademann, EStG, § 4, Rn. 532; *Meyer*, in: BeckOK EStG, § 4, Rn. 2200; *Nacke*, in: Littmann/Bitz/Pust, EStG, § 4, 5, Rn. 1619; *Offerhaus*, BB 1979, 617, 618; *Straßburger*, in: BeckOK EStG, § 9, Rn. 98.

644 Siehe hierzu bereits Teil 2 § 5 A.I.

645 Vgl. *Meyer*, in: BeckOK EStG, § 4, Rn. 2200.

646 Vgl. *Meyer*, in: BeckOK EStG, § 4, Rn. 2200; *Nacke*, in: Littmann/Bitz/Pust, EStG, § 4, 5, Rn. 1619.

647 So *Kreft*, in: Herrmann/Heuer/Raupach, EStG/KStG, § 9 EStG, Rn. 68; *Offerhaus*, BB 1979, 617, 617 f.; *Thürmer*, in: Brandis/Heuermann, EStG, § 9, Rn. 103; *Wanner*, StuW 1987, 302, 306; siehe auch *Holzhäuser*, in: Bordewin/Brandt, EStG, § 4, Rn. 1705; *Söhn*, StuW 1991, 270, 271; vgl. zudem BFH BStBl. II 1979, 143, 146; BFH BStBl. III 1954, 109, 110 f.

648 *Kreft*, in: Herrmann/Heuer/Raupach, EStG/KStG, § 9 EStG, Rn. 68; *Söhn*, StuW 1991, 270, 271; *Söhn*, in: K/S/M, EStG, § 4, Rn. E 21.

649 *Holzhäuser*, in: Bordewin/Brandt, EStG, § 4, Rn. 1705; *Söhn*, StuW 1991, 270, 271; *Söhn*, in: K/S/M, EStG, § 4, Rn. E 21.

Heute wird in Rechtsprechung und Literatur vermehrt ein *weiter Aufwendungsbegriff* vertreten.[650] Danach wird der Begriff der „Aufwendung" als Oberbegriff für tatsächliche Ausgaben, d.h. alle Güter in Geld oder Geldeswert, und betrieblichen Aufwand, also alle Wertabflüsse, die nicht Entnahmen sind,[651] verstanden. Hiervon umfasst sind beispielsweise die AfA[652], Teilwertabschreibungen, passive Rechnungsabgrenzungsposten und Verbindlichkeitsrückstellungen.[653] Begründet wird diese Ansicht damit, dass der enge Aufwendungsbegriff im Wesentlichen auf der falschen Prämisse beruhe, bei der Aufwendung handele es sich um einen Gegenbegriff zur Einnahme iSd § 8 Abs. 1 EStG.[654] Nach Ansicht der Vertreter des weiten Aufwendungsbegriffs sind die Begriffe „Aufwendung" und „Ausgabe" gerade nicht

---

650 Vgl. für die Rechtsprechung BFH BStBl. II 2018, 185, 187; BFH BStBl. II 2016, 44, 44 f.; BFH BStBl. II 1987, 108, 110 (jedoch abweichend auf S. 109); BFH BStBl. II 1986, 904, 905. Für die Literatur siehe *Bode,* in: Kirchhof, EStG, § 4, Rn. 168; *Drüen,* in: Brandis/Heuermann, EStG, § 4, Rn. 552; *Holzhäuser,* in: Bordewin/Brandt, EStG, § 4, Rn. 1706 f.; *Loschelder,* in: Schmidt, EStG, § 4, Rn. 471; *Meurer,* in: Lademann, EStG, § 4, Rn. 532; *Nacke,* in: Littmann/Bitz/Pust, EStG, § 4, 5, Rn. 1619; *Söhn,* StuW 1991, 270, 271; *Söhn,* in: K/S/M, EStG, § 4, Rn. E 22; *Stapperfend,* FS Kruse, S. 533, 551 f.; *Stapperfend,* in: Herrmann/Heuer/Raupach, EStG/KStG, § 4 EStG, Rn. 750.

651 Statt vieler *Meurer,* in: Lademann, EStG, § 4, Rn. 532; *Nacke,* in: Littmann/Bitz/Pust, EStG, § 4, 5, Rn. 1619; *Söhn,* StuW 1991, 270, 271; *Söhn,* in: K/S/M, EStG, § 4, Rn. E 22; vgl. *Hey,* in: Tipke/Lang, Steuerrecht, Rn. 8.229, die Aufwendungen im engeren bilanzrechtlichen Sinn als Aufwand und im weiteren Sinn als Oberbegriff für Aufwand und Ausgabe versteht; vgl. auch BFH BStBl. II 2018, 185, 187; BFH BStBl. II 2016, 44, 44 f.; BFH BStBl. II 1987, 108, 110 (jedoch abweichend auf S. 109); BFH BStBl. II 1986, 904, 905. Im Ergebnis zustimmend auch *Meyer,* in: BeckOK EStG, § 4, Rn. 2202.1, der aber einschränkend darauf hinweist, dass es von der jeweiligen Gewinnermittlungsart abhängt, wann Betriebsausgaben vorliegen und daher entscheidend auf die Erfolgswirksamkeit der jeweiligen Abzugsposition abstellt (bereichsspezifisch-differenzierende Auslegung). Hiernach gehört zum Aufwand nur der erfolgswirksame Wertverzehr; dahingehend zustimmend auch *Bode,* in: Kirchhof, EStG, § 4, Rn. 181.

652 Vgl. BFH BStBl. II 2016, 44, 45; BFH BStBl. II 1987, 108, 110; BFH BStBl. II 1986, 904, 905.

653 Vgl. BFH BStBl. II 2018, 185, 187; *Drüen,* in: Brandis/Heuermann, EStG, § 4, Rn. 552; *Loschelder,* in: Schmidt, EStG, § 4, Rn. 471; *Meurer,* in: Lademann, EStG, § 4, Rn. 535; *Nacke,* in: Littmann/Bitz/Pust, EStG, § 4, 5, Rn. 1619; *Stapperfend,* in: Herrmann/Heuer/Raupach, EStG/KStG, § 4 EStG, Rn. 750.

654 Vgl. *Stapperfend,* FS Kruse, S. 533, 550; *Stapperfend,* in: Herrmann/Heuer/Raupach, EStG/KStG, § 4 EStG, Rn. 751.

deckungsgleich.[655] Und da den Gegenbegriff zur „Einnahme“ allein der engere Begriff der „Ausgabe“ bilde,[656] könne für die Definition des Aufwendungsbegriffs kein Umkehrschluss aus dem Einnahmenbegriff des § 8 Abs. 1 EStG gezogen werden.[657] Zudem werde der weite Aufwendungsbegriff durch den Katalog der nicht abziehbaren Betriebsausgaben nach § 4 Abs. 5 S. 1 EStG bestätigt. So wird vertreten, dass sich die dort geregelten Abzugsverbote für Aufwendungen nach ständiger Rechtsprechung nicht nur auf tatsächliche Ausgaben im Sinne von Abflüssen in Geld oder Geldeswert beziehen, sondern auch auf den betrieblichen Aufwand, beispielsweise in Form von AfA bei unangemessenen Aufwendungen gemäß § 4 Abs. 5 S. 1 Nr. 7 EStG.[658] Dies sei aber nur bei einem weiten Aufwendungsbegriff möglich, der neben den Ausgaben auch den betrieblichen Aufwand umfasst.[659] Diesem weiten Verständnis des Aufwendungsbegriffs entspricht im Ergebnis eine weitere in der Literatur vertretenen Ansicht,[660] wonach der Betriebsausgabenbegriff des § 4 Abs. 4 EStG nicht nur die tatsächlichen Ausgaben umfasst, sondern alle betrieblich veranlassten Wertabgänge und damit gerade in Abgrenzung zu den Entnahmen zu verstehen ist.[661] Nach dieser Ansicht soll der Betriebsausgabenbegriff letztlich der Abgrenzung zwischen betrieblichen und privaten Wertabflüssen dienen.[662]

3. *Stellungnahme*

Gegen den weiten Aufwendungsbegriff kann in der Tat angeführt werden, dass er – anders als der enge Aufwendungsbegriff – nicht mit dem Wortlaut des

---

655 Siehe *Meurer,* in: Lademann, EStG, § 4, Rn. 535; siehe auch *Knobbe-Keuk,* DStZ 1984, 335, 339, Fn. 29, nach der eine Aufwendung begrifflich keine Ausgabe voraussetzt.

656 So *Stapperfend,* FS Kruse, S. 533, 550; *Stapperfend,* in: Herrmann/Heuer/Raupach, EStG/KStG, § 4 EStG, Rn. 751; a.A. *Meurer,* in: Lademann, EStG, § 4, Rn. 533, wonach der Gegenbegriff zur Einnahme der Begriff der Werbungskosten sei.

657 So *Stapperfend,* FS Kruse, S. 533, 550; *Stapperfend,* in: Herrmann/Heuer/Raupach, EStG/KStG, § 4 EStG, Rn. 751.

658 Vgl. etwa BFH BStBl. II 1987, 108, 110; BFH BStBl. II 1986, 904, 905.

659 Vgl. *Söhn,* StuW 1991, 270, 272; *Söhn,* in: K/S/M, EStG, § 4, Rn. E 27; *Stapperfend,* FS Kruse, S. 533, 550 f.; *Stapperfend,* in: Herrmann/Heuer/Raupach, EStG/KStG, § 4 EStG, Rn. 751; *Steenken,* Gesetzliche Pauschalierung, S. 123; a.A. *Kreft,* in: Herrmann/Heuer/Raupach, § 9 EStG, Rn. 65.

660 Vgl. *Söhn,* StuW 1991, 270, 271; *Söhn,* in: K/S/M, EStG, § 4, Rn. E 22; *Steenken,* Gesetzliche Pauschalierung, S. 122.

661 So *Kröner,* StuW 1985, 115, 116; *Ruppe,* DStJG 3 (1980), S. 103, 117-120.

662 Vgl. *Meurer,* in: Lademann, EStG, § 4, Rn. 532; *Söhn,* StuW 1991, 270, 271; *Söhn,* in: K/S/M, EStG, § 4, Rn. E 22; *Steenken,* Gesetzliche Pauschalierung, S. 122.

§ 4 Abs. 4 EStG vereinbar ist. Nach diesem weiten Verständnis würde der Begriff der Betriebsausgabe selbst zum Oberbegriff für alle betrieblich veranlassten Wertabgänge werden, obwohl der Wortlaut des § 4 Abs. 4 EStG nur auf tatsächliche Ausgaben beschränkt ist.[663] Die Auslegung des Aufwendungsbegriffs wäre demnach weiter als der Gesetzeswortlaut.[664] Dem ist allerdings entgegen zu halten, dass der enge Aufwendungsbegriff unberücksichtigt lässt, dass nicht nur ein Abfluss von Geldmitteln, sondern auch der betriebliche Wertverzehr das Betriebsvermögen mindert und damit die wirtschaftliche Leistungsfähigkeit des Steuerpflichtigen schmälert.[665] Insofern kann bezüglich der Zuordnung zur Erwerbs- oder Privatsphäre von Aufwand nichts anderes gelten als für Ausgaben.[666] Die möglichst exakte Messung der wirtschaftlichen Leistungsfähigkeit durch das objektive Nettoprinzip verlangt nicht nur, dass jede Aufwendung berücksichtigt wird, die der Erzielung von Einkünften dient. Sie hat im Umkehrschluss auch zur Folge, dass nur solche Aufwendungen berücksichtigt werden dürfen, die der Erwerbssphäre zugeordnet werden.[667] Privater Aufwand darf den Gewinn demzufolge ebenso wenig mindern wie private Ausgaben.[668] Durch einen engen Aufwendungsbegriff, der den betrieblichen Aufwand unberücksichtigt lässt und damit nicht weit genug ist, um alle betrieblich veranlassten Positionen zu erfassen, kann die notwendige Trennung zwischen Erwerbs- und Privatsphäre aber nicht vollumfänglich erreicht werden.[669] Nur ein weiter Aufwendungsbegriff, der ausnahmslos alle im Rahmen der Gewinnermittlung relevanten negativen Wertveränderungen erfasst, kann eine solche Abgrenzung bewirken und die wirtschaftliche Leistungsfähigkeit des Steuerpflichtigen zutreffend erfassen.[670] Aus diesem Grund wird der enge Aufwendungsbegriff abgelehnt und im weiteren Verlauf der Arbeit der weite Aufwendungsbegriff angewandt.[671] Für den Begriff der Betriebsausgabe folgt damit, dass der Wortlaut

663 Vgl. *Söhn*, StuW 1991, 270, 272; *Söhn*, in: K/S/M, EStG, § 4, Rn. E 25; *Steenken*, Gesetzliche Pauschalierung, S. 123.

664 So auch *Söhn*, StuW 1991, 270, 272; *Söhn*, in: K/S/M, EStG, § 4, Rn. E 25; *Steenken*, Gesetzliche Pauschalierung, S. 123.

665 So auch *Meurer*, in: Lademann, EStG, § 4, Rn. 532; in diesem Punkt zustimmend auch *Wanner*, StuW 1987, 302, 307, die ansonsten den engen Aufwendungsbegriff vertritt.

666 So auch *Ruppe*, DStJG 3 (1980), S. 103, 119; *Söhn*, DStJG 3 (1980), S. 13, 34; *Söhn*, StuW 1991, 270, 272; *Söhn*, in: K/S/M, EStG, § 4, Rn. E 28.

667 *Meurer*, in: Lademann, EStG, § 4, Rn. 532; *Weber*, StuW 2009, 184, 191.

668 Vgl. auch *Söhn*, DStJG 3 (1980), S. 13, 34; *Söhn*, StuW 1991, 270, 272.

669 So auch *Meurer*, in: Lademann, EStG, § 4, Rn. 532; *Söhn*, StuW 1991, 270, 272.

670 So auch *Kröner*, StuW 1985, 115, 116.

671 Aus Gründen der besseren Formulierung werden die Begriffe *Aufwendung*, *Ausgabe* und *Aufwand* im weiteren Verlauf der Arbeit dennoch synonym verwendet. Gemeint

des § 4 Abs. 4 EStG zu eng gefasst ist[672] und es einer weiten Auslegung des Betriebsausgabenbegriffs bedarf.[673]

B. Systematik und steuerliche Behandlung

I. Dualismus der Erwerbsaufwendungen

Systematisch unterscheidet das Gesetz innerhalb der Erwerbsaufwendung zwischen den Betriebsausgaben nach § 4 Abs. 4 EStG und den Werbungskosen nach § 9 Abs. 1 EStG. Ausgangspunkt dieser Unterscheidung sind die verschiedenen Methoden steuerlicher Einkünfteermittlung, die § 2 Abs. 2 EStG vorsieht. Hiernach werden Einkünfte entweder als Gewinn (§ 2 Abs. 2 S. 1 Nr. 1 EStG) oder als Überschuss (§ 2 Abs. 2 S. 1 Nr. 2 EStG) ermittelt.[674] Mit dieser Regelung verbunden sind zugleich zwei wesentliche Grundsatzentscheidungen des Einkommensteuergesetzes: Zum einen wird hierdurch das objektive Nettoprinzip gesetzlich verankert, wonach der Einkommensteuer nur Netto- bzw. Reineinkünfte unterliegen, bei denen die betrieblichen Aufwendungen mithin abgezogen wurden.[675] Zum anderen wird festgelegt, dass die Bestimmung der Einkünfte nicht für alle sieben Einkunftsarten des § 2 Abs. 1 S. 1 EStG einheitlich verläuft, sondern grundsätzlich in zwei unterschiedliche Einkünfteermittlungsmethoden aufgeteilt wird.[676] Nach diesem sog. Dualismus der Einkünfteermittlung[677] werden

---

ist – entsprechend dem weiten Aufwendungsbegriff – jeweils der Oberbegriff der *Aufwendung*.

672 So auch *Meyer*, in: BeckOK EStG, § 4, Rn. 2202; *Ruppe*, DStJG 3 (1980), S. 103, 119 f.; *Tipke*, StuW 1979, 193, 195.

673 Ebenso *Ruppe*, DStJG 3 (1980), S. 103, 120; *Söhn*, StuW 1991, 270, 272; siehe hierzu auch *Meyer*, in: BeckOK EStG, § 4, Rn. 2202.3, der den eigentlichen Inhalt des § 4 Abs. 4 EStG in der Anordnung der Veranlassungsprinzips sieht.

674 *P. Kirchhof*, in: K/S/M, EStG, § 2, Rn. C 1; *Ratschow*, in: Brandis/Heuermann, EStG, § 2, Rn. 1; *Söhn*, DStJG 30 (2007), S. 13; *Weber-Grellet*, in: Schmidt, EStG, § 2, Rn. 1.

675 Hierauf hatte man sich auch in den Verhandlungen des 57. DJT (1988), Beschlussfassungen N, S. N 214 geeinigt, wonach unter „Reineinkünften" das „Ergebnis der Verwirklichung eines Einkünftetatbestandes nach Berücksichtigung der hierdurch veranlassten Erwerbsaufwendungen (Betriebsausgaben und Werbungskosten)" verstanden wird. Zur Bedeutung und verfassungsrechtlichen Einordnung des objektiven Nettoprinzips siehe bereits Teil 1 § 2 B.II.

676 *P. Kirchhof*, in: Kirchhof, EStG, § 2, Rn. 91; *Musil*, in: Herrmann/Heuer/Raupach, EStG/KStG, § 2 EStG, Rn. 500; *Ratschow*, in: Brandis/Heuermann, EStG, § 2, Rn. 5; *Söhn*, DStJG 30 (2007), S. 13 f.; *Tipke*, DStJG 3 (1980), S. 1, 4.

677 Siehe für die historische Entwicklung des Dualismus der Einkünfteermittlung *Hey*, in: Tipke/Lang, Steuerrecht, Rn. 8.184; *Musil*, in: Herrmann/Heuer/Raupach, EStG/

die Einkünfte aus Land- und Forstwirtschaft, Gewerbebetrieb und selbständiger Arbeit nach Durchschnittssätzen (§ 13a EStG), durch Betriebsvermögensvergleich bzw. Bilanzierung im Sinne der §§ 4 Abs. 1, 5 Abs. 1 EStG oder Einnahmen-Überschussrechnung nach § 4 Abs. 3 EStG ermittelt (Gewinneinkünfte im Sinne des § 2 Abs. 2 S. 1 Nr. 1 EStG), während für Einkünfte aus nichtselbständiger Arbeit, aus Kapitalvermögen, aus Vermietung und Verpachtung sowie für die sonstigen Einkünfte der Überschuss der Einnahmen über die Werbungskosten angesetzt wird (Überschusseinkünfte im Sinne des § 2 Abs. 2 S. 1 Nr. 2 EStG).[678]

Vereinfacht dargestellt lässt sich die Einkünfteermittlung für beide Einkunftsarten zusammenfassen als der Saldo aus positiven und negativen Faktoren.[679] Die positiven Faktoren können dabei terminologisch unter dem Begriff *Erwerbsbezüge* zusammengefasst werden.[680] Sie setzen sich zusammen aus Erträgen, Betriebseinnahmen und Einnahmen, d.h. aus allen Bezügen, die auf Einnahmenseite mit der Erwerbsphäre in Zusammenhang stehen.[681] Zu den negativen Faktoren gehören demgegenüber die bereits beschriebenen *Erwerbsaufwendungen*, die im Rahmen der Erwerbstätigkeit bzw. Einkünfteerzielung des Steuerpflichtigen anfallen.[682] Diese werden nicht nur terminologisch,[683] sondern im Zuge der Dualisierung der Einkünfteermittlung nach § 2 Abs. 2 S. 1 Nr. 1 und 2 EStG auch systematisch in Betriebsausgaben für die Gewinneinkunftsarten und Werbungskosten für die

---

KStG, § 2 EStG, Rn. 520 ff.; *Niestegge*, Dualismus der Einkunftsarten, S. 31 ff.; *Söhn*, DStJG 30 (2007), S. 13-17.

678 Siehe *Birk/Desens/Tappe*, Steuerrecht, § 5, Rn. 853 ff.; *Hey*, in: Tipke/Lang, Steuerrecht, Rn. 8.54; *P. Kirchhof*, in: Kirchhof, EStG, § 2, Rn. 91; *Lang*, Bemessungsgrundlage, S. 60; *Musil*, in: Herrmann/Heuer/Raupach, EStG/KStG, § 2 EStG, Rn. 536 f; *Niestegge*, Dualismus der Einkunftsarten, S. 89 f.; *Söhn*, DStJG 30 (2007), S. 13, 14.

679 Siehe *Hey*, in: Tipke/Lang, Steuerrecht, Rn. 8.205; *Wanner*, StuW 1987, 302, 303; zum Begriff der „negativen Faktoren" vgl. auch *Kreft*, in: Herrmann/Heuer/Raupach, EStG/KStG, § 9 EStG, Rn. 6; *Söhn*, StuW 1991, 270, 272; *Söhn*, in: K/S/M, EStG, § 4, Rn. E 29.

680 *Hey*, in: Tipke/Lang, Steuerrecht, Rn. 8.205. Teilweise wird auch der Begriff Erwerbseinnahmen als Oberbegriff verwendet, vgl. etwa *G. Kirchhof*, in: BeckOK EStG, § 2, Rn. 8; *P. Kirchhof*, in: Kirchhof, EStG, § 2, Rn. 10. Vgl. aber auch BFH BStBl. II 1988, 995, 996, nach dem das EStG keinen einheitlichen Oberbegriff für Erträge, Betriebseinnahmen und Einnahmen enthält.

681 *Gärtner*, Gemischt veranlasste Aufwendungen, S. 51; *Hey*, in: Tipke/Lang, Steuerrecht, Rn. 8.205.

682 *Hey*, in: Tipke/Lang, Steuerrecht, Rn. 8.205; vgl. *Kreft*, in: Herrmann/Heuer/Raupach, EStG/KStG, § 9, Rn. 6.

683 Siehe hierzu nochmals Teil 2 § 5 A.I.

Überschusseinkunftsarten aufgeteilt, so dass neben dem Dualismus der Einkünfteermittlung zusätzlich ein Dualismus der Erwerbsaufwendungen vorhanden ist.[684] Dieser spiegelt sich – wie sogleich gezeigt wird – auch im Wortlaut der Abzugstatbestände nach § 4 Abs. 4 EStG und § 9 Abs. 1 S. 1 EStG grundsätzlich wider, seine Auswirkungen werden jedoch durch eine inhaltsgleiche Auslegung der Abzugstatbestände eingeschränkt.

II. Grundsatz der steuerlichen Berücksichtigung und einheitliche Behandlung nach dem Veranlassungsprinzip

Nach § 2 Abs. 2 S. 1 EStG iVm § 4 Abs. 4 und § 9 Abs. 1 S. 1 EStG mindern Erwerbsaufwendungen den Gewinn bzw. den Überschuss und damit die steuerliche Bemessungsgrundlage.[685] Liegen tatbestandlich Betriebsausgaben oder Werbungskosten vor, müssen diese grundsätzlich in vollem Umfang gewinnmindernd berücksichtigt und entsprechend den Vorgaben des objektiven Nettoprinzips bzw. des Leistungsfähigkeitsprinzips von den zu versteuernden Einkünften abgezogen werden.[686] Ausnahmen von diesem Grundsatz stellen eine Durchbrechung des objektiven Nettoprinzips dar und bedürfen daher eines sachlichen Rechtfertigungsgrundes, dessen Anforderungen davon abhängen, wie zwangsläufig die Erwerbsaufwendung angefallen ist.[687]

Wann Betriebsausgaben oder Werbungskosten tatbestandlich vorliegen, ergibt sich grundsätzlich aus den Vorgaben der differenzierenden Wortlaute von § 4 Abs. 4 EStG und § 9 Abs. 1 S. 1 EStG. Nach dem Wortlaut des § 4 Abs. 4 EStG sind Betriebsausgaben alle *Aufwendungen, die durch den Betrieb veranlasst* sind. Demgegenüber definiert § 9 Abs. 1 S. 1 EStG Werbungskosten als *Aufwendungen zur Erwerbung, Sicherung und Erhaltung der Einnahmen*. Aus dieser begrifflichen Unterscheidung wurde in der Vergangenheit gefolgert, dass auch inhaltlich zwischen den beiden Arten von Erwerbsaufwendungen unterschieden werden müsse.[688] Im Rahmen von § 9 Abs. 1 S. 1 EStG wurde daher ein finaler

---

684 *Niestegge*, Dualismus der Einkunftsarten, S. 154; vgl. auch *Bauer*, Dualismus Betriebsausgaben, S. 3 ff.; *von Bornhaupt*, DStJG 3 (1980), S. 149, 154; *Seiler*, DStJG 34 (2011), S. 61, 72; *Tipke*, Steuerrechtsordnung II, S. 765.

685 *Hey*, in: Tipke/Lang, Steuerrecht, Rn. 8.42; *Söhn*, in: K/S/M, EStG, § 4, Rn. E 140.

686 Siehe hierzu bereits Teil 1 § 2 B.I.

687 Siehe hierzu bereits Teil 1 § 2 B.IV.

688 Vgl. *Bauer*, Dualismus Betriebsausgaben, S. 11 f.; *Kreft*, Erwerbsaufwendungen, S. 52 ff.; *Kreft*, in: Herrmann/Heuer/Raupach, EStG/KStG, § 9 EStG, Rn. 23; *Offerhaus*, BB 1979, 617, 618 f.; *Tipke*, StuW 1979, 193, 195.

Werbungskostenbegriff vertreten,[689] der eine strenge finale Beziehung zwischen Aufwendung und Erwerbstätigkeit voraussetzte und sich damit von dem allgemein anerkannten Betriebsausgabenbegriff unterschied, der auf einem kausalen Verständnis basierte.[690] Bei konsequenter Anwendung des Gesetzeswortlauts ist eine solche Interpretation der Aufwendungsbegriffe naheliegend.[691] Denn während § 4 Abs. 4 EStG nur auf das Vorliegen einer betrieblichen Veranlassung abstellt,[692] setzt § 9 Abs. 1 S. 1 EStG mit dem Wort „zur" eine berufliche Zweckbestimmung voraus und definiert den Werbungskostenbegriff damit final.[693] Terminologisch ist der Werbungskostenbegriff also enger gefasst als der Begriff der Betriebsausgabe.[694] Dennoch interpretieren ständige Rechtsprechung[695] und

---

689 Vgl. für die frühere Rechtsprechung BFH BStBl. II 1977, 600, 600 f.; BFH BStBl. II 1969, 650, 652; BFH BStBl. III 1964, 5, 6; BFH BStBl. III 1958, 103, 104; vgl. für die frühere Literatur *Kruse*, F 1981, 473, 474, der einen „erweiterten finalen Werbungskostenbegriff" vertritt, bei dem nur in den Fällen auf die kausale Veranlassung zurückgegriffen werden soll, in denen der Wortlaut des § 9 Abs. 1 S. 1 EStG zu eng ist, es ansonsten aber beim finalen Verständnis bleiben soll; *Jahrmarkt*, INF 1982, 129, 129; *Mienert*, DB 1982, 1129, 1129 f.

690 Siehe *Görlich*, DB 1979, 711, 712; *Kreft*, Vorab veranlasste Erwerbsaufwendungen, S. 52; *Prinz*, FR 1986, 397, 399.

691 Vgl. auch *von Bornhaupt*, DStJG 3 (1980), S. 149, 154; *von Bornhaupt*, DStR 1983, 11, 11; *Gärtner*, Gemischt veranlasste Aufwendungen, S. 54; *Görlich*, DB 1979, 711, 712; *Holthaus*, Bildungskosten, S. 56; *Offerhaus*, BB 1979, 617, 618; *Stapperfend*, FS Kruse, S. 533, 534; *Tipke*, StuW 1979, 193, 195.

692 Ob der Begriff der Veranlassung in § 4 Abs. 4 EStG kausal oder final zu verstehen ist, ist seit langem umstritten. Näher zu diesem Meinungsstreit siehe Teil 2 § 7 B.III.

693 Siehe *Bauer*, Dualismus Betriebsausgaben, S. 10; *von Bornhaupt*, DStJG 3 (1980), S. 149, 168; *von Bornhaupt*, DStR 1983, 11, 11; *Gärtner*, Gemischt veranlasste Aufwendungen, S. 54; *Holthaus*, Bildungskosten, S. 56; *Offerhaus*, BB 1979, 617, 618; *Kreft*, in: Herrmann/Heuer/Raupach, EStG/KStG, § 9 EStG, Rn. 23; *Kruse*, FR 1981, 473, 473 f.; *Prinz*, FR 1986, 397, 399; *Stapperfend*, FS Kruse, S. 533, 534; *Straßburger*, in: BeckOK EStG, § 9, Rn. 148; *Tipke*, Steuerrechtsordnung II, S. 765.

694 *Gärtner*, Gemischt veranlasste Aufwendungen, S. 54; *Holthaus*, Bildungskosten, S. 56; *Kruse*, FR 1981, 473, 473; *Niestegge*, Dualismus der Einkunftsarten, S. 155; *Stapperfend*, in: Herrmann/Heuer/Raupach, EStG/KStG, § 4 EStG, Rn. 717; vgl. auch *Bauer*, Dualismus Betriebsausgaben, S. 10 f. Siehe zur Terminologie der Erwerbsaufwendungen bereits Teil 2 § 5 A.

695 Vgl. aus der Rechtsprechung bereits BFH BStBl. III 1962, 192, 194; grundlegend BFH GrS BStBl. II 1979, 213, 216; BFH GrS BStBl. II 1978, 105, 108; und später BFH BStBl. II 2019, 56, 59; BFH BStBl. II 2017, 409, 410; BFH/NV 2014, 500, 502; BFH BStBl. II 2011, 723, 724; BFH BStBl. II 2007, 459, 459; BFH BStBl. II 2004, 958, 959; BFH BStBl. II 2003, 407, 410; BFH BStBl. II 1995, 457, 458 f.; BFH GrS BStBl. II 1990, 817,

herrschende Literatur[696] Betriebsausgaben und Werbungskosten heute deckungsgleich nach dem in § 4 Abs. 4 EStG geregelten *Veranlassungsprinzip*.[697] Dabei wird § 9 Abs. 1 S. 1 EStG im Wege richterlicher Rechtsfortbildung über seinen Wortlaut hinaus so ausgelegt, dass die Legaldefinition des Betriebsausgabenbegriffs auch auf den Werbungskostenbegriff angewandt wird.[698] Werbungskosten sind danach alle Aufwendungen, die durch die erwerbliche Tätigkeit *veranlasst* sind.[699]

Begründet wird diese Rechtsfortbildung damit, dass der Werbungskostenbegriff, so wie er im Gesetz steht, zu eng und lückenhaft sei, da er nicht alle Formen von Aufwendungen erfasse, die nach dem allgemeinen Rechtsverständnis als

---

823; BFH BStBl. II 1986, 373, 375; BFH BStBl. II 1983, 17, 18; BFH BStBl. II 1982, 467, 468; BFH BStBl. II 1981, 131, 132; vgl. zudem auch BVerfGE 122, 210, 233.

696 Vgl. für die Literatur *von Bornhaupt*, DStJG 3 (1980), S. 149, 181 f.; *von Bornhaupt*, DStR 1983, 11, 11; *Görlich*, DB 1979, 711, 712; *Gärtner*, Gemischt veranlasste Aufwendungen, S. 55; *Gorski*, DStZ 1981, 111, 111; *Hey*, in: Tipke/Lang, Rn. 8.230; *Jüptner*, Leistungsfähigkeit, S. 144; *Kreft*, in: Herrmann/Heuer/Raupach, EStG/KStG, § 9 EStG, Rn. 23; *Lang*, Bemessungsgrundlage, S. 325; *Offerhaus*, BB 1979, 617, 622; *Offerhaus*, BB 1979, 667, 667; *Prinz*, StuW 1996, 267, 268; *Söhn*, FR 1980, 301, 301; *Söhn*, StuW 1983, 193, 193; *Straßburger*, in: BeckOK EStG, § 9, Rn. 45; *Thürmer*, in: Brandis/Heuermann, EStG, § 9, Rn. 121; *Tipke*, StuW 1979, 193, 196; *Tipke*, Steuerrechtsordnung II, S. 765; *Walz*, StuW 1986, 21, 21.

697 Näheres zur Struktur und den Abgrenzungsmerkmalen des Veranlassungsprinzips in Teil 2 § 7.

698 Vgl. BFH BStBl. II 1986, 373, 375; siehe *von Bornhaupt*, DStR 1983, 11, 14; *von Bornhaupt*, in: K/S/M, EStG, § 9, Rn. B 171 f.; *Gärtner*, Gemischt veranlasste Aufwendungen, S. 55 f; *Hey*, in: Tipke/Lang, Steuerrecht, Rn. 8.230; *Kreft*, in: Herrmann/Heuer/Raupach, EStG/KStG, § 9 EStG, Rn. 23; *Wacker*, BB 2018, 2519, 2521 f. Für die Voraussetzungen dieser Rechtsfortbildung siehe *von Bornhaupt*, DStJG 3 (1980), S. 149, 176 ff.; *von Bornhaupt*, DStR 1983, 11, 12 ff. Kritisch hierzu *Stapperfend*, FS Kruse, S. 533, 536 f., nach dessen Ansicht die für eine Rechtsfortbildung erforderliche verdeckte Regelungslücke nicht bei allen Werbungskosten, sondern nur bei nachträglichen, unfreiwilligen oder abwehrenden Aufwendungen vorliegt, weshalb nach seiner Meinung nur in diesen Fällen auf das Veranlassungsprinzip zurückgegriffen werden darf. Siehe allgemein zu den Voraussetzungen einer zulässigen Rechtsfortbildung im Steuerrecht *Jochum*, FS P. Kirchhof, Bd. 2, S. 1611, 1615 ff.; *Woerner*, DStJG 5 (1982), S. 23, 42-44.

699 Vgl. BFH BStBl. II 2012, 24, 26; BFH BStBl. II 2004, 958, 959; BFH BStBl. II 1982, 467, 468; BFH BStBl. II 1981, 131, 132; BFH GrS BStBl. II 1978, 105, 108; siehe *von Bornhaupt*, DStR 1983, 11; *Gärtner*, Gemischt veranlasste Aufwendungen, S. 56; *Krüger*, in: Schmidt, EStG, § 9, Rn. 40; *Söhn*, StuW 1983, 193, 194.

Erwerbsaufwendungen abziehbar sein müssten.[700] Von der Legaldefinition nicht erfasst seien beispielsweise Aufwendungen für bereits gesicherte Einnahmen, unfreiwillige Aufwendungen, Abwehraufwendungen und Aufwendungen, die erst nach Beendigung der Erwerbstätigkeit anfallen.[701] Zudem wird angebracht, dass eine deckungsgleiche Interpretation der Erwerbsaufwendungen trotz des unterschiedlichen Gesetzeswortlauts gerechtfertigt sei, da ansonsten ein Verstoß gegen den Grundsatz gleichmäßiger Besteuerung nach Art. 3 Abs. 1 GG vorliege.[702] So führe eine konsequente Anwendung der jeweiligen Legaldefinitionen dazu, dass die Abgrenzung zwischen Erwerbs- und Privataufwendungen für Gewinn- und Überschusseinkünfte jeweils nach unterschiedlichen Kriterien erfolge.[703] Eine solche terminologische Ungleichbehandlung sei nicht vereinbar mit der ansonsten bestehenden systematischen Funktionsgleichheit von Betriebsausgaben und Werbungskosten[704] und müsse daher im Wege richterlicher Rechtsfortbildung ausgeglichen werden.[705]

Dem ist zuzustimmen. Systematisch dienen beide Abzugstatbestände der Verwirklichung und Konkretisierung des objektiven Nettoprinzips und damit der Abgrenzung der Erwerbs- von der Privatsphäre.[706] Diese Abgrenzung muss für alle Einkunftsarten einheitlich erfolgen[707] und bedarf eines gemeinsamen, überge-

---

700 So *von Bornhaupt* DStJG 3 (1980), S. 149, 176; *von Bornhaupt,* DStR 1983, 11, 12; *von Bornhaupt,* in: K/S/M, EStG, § 9, Rn. B 152; *Kruse,* FR 1981, 473, 473; *Prinz,* StuW 1996, 267, 268; vgl. auch die Beispiele von *Tipke,* StuW 1979, 193, 200.

701 So *von Bornhaupt,* DStJG 3 (1980), S. 149, 176 ff.; *von Bornhaupt,* DStR 1983, 11, 12 f.; *Gärtner,* Gemischt veranlasste Aufwendungen, S. 54; *Prinz,* StuW 1996, 267, 268.

702 So *Bauer,* Dualismus Betriebsausgaben, S. 12, 38 ff.; *von Bornhaupt,* DStJG 3 (1980), S. 149, 179 ff.; *von Bornhaupt,* in: K/S/M, EStG, §9, Rn. B 181, B 250; *Hey,* in: Tipke/Lang, Steuerrecht, Rn. 8.230; *Jüptner,* Leistungsfähigkeit, S. 147; *Krüger,* in: Schmidt, EStG, § 9, Rn. 41; *Offerhaus,* BB 1979, 617, 622; *Tipke,* Steuerrechtsordnung II, S. 765; vgl. auch BFH BStBl. III 1962, 192, 194.

703 So *Gärtner,* Gemischt veranlasste Aufwendungen, S. 54; *Hey,* in: Tipke/Lang, Steuerrecht, Rn. 8.230.

704 Siehe hierzu *Bauer,* Dualismus Betriebsausgaben, S. 18; *von Bornhaupt,* DStJG 3 (1980), S. 149, 184; *Gärtner,* Gemischt veranlasste Aufwendungen, S. 54; *Holthaus,* Bildungskosten, S. 57; *Kreft,* in: Herrmann/Heuer/Raupach, EStG/KStG, § 9 EStG, Rn. 6, 23; *Kröner,* StuW 1985, 115, 116; *Prinz,* FR 1986, 397, 401.

705 So *Wassermeyer,* StuW 1982, 352, 355; im Ergebnis zustimmend auch *Meurer,* Lademann, EStG, § 4, Rn. 536.

706 Siehe zur Abgrenzungsfunktion der § 4 Abs. 4 EStG und § 9 Abs. 1 S. 1 EStG bereits Teil 2 § 4.

707 Vgl. auch BFH GrS BStBl. II 1979, 213, 216; BFH GrS BStBl. II 1978, 105, 108; *von Bornhaupt,* DStJG 3 (1980), S. 149, 184; *Gärtner,* Gemischt veranlasste

ordneten Abgrenzungsprinzips.[708] Darüber hinaus sprechen auch die historische Entwicklung der Aufwendungsbegriffe[709] und die Tatsache, dass das Veranlassungsprinzip inzwischen stellenweise Eingang in den Wortlaut der Werbungskostenvorschriften gefunden hat,[710] für eine deckungsgleiche Interpretation nach dem Veranlassungsprinzip.

Aufwendungen, S. 56; *Görlich,* DB 1979, 711, 712; *Loschelder,* in: Schmidt, EStG, § 4, Rn. 30; *Meurer,* in: Lademann, EStG, § 4, Rn. 528; *Ruppe,* DStJG 3 (1980), S. 103, 115 f.; *Söhn,* FR 1980, 301, 301; *Tipke,* StuW 1979, 193, 196; *Wassermeyer,* StuW 1982, 352, 353.

708 Vgl. auch *Bauer,* Dualismus Betriebsausgaben, S. 44; *von Bornhaupt,* DStJG 3 (1980), S. 149, 184 f.; *von Bornhaupt,* DStR 1983, 11, 14; *von Bornhaupt,* in: K/S/M, EStG, § 9, Rn. B 250; *Gärtner,* Gemischt veranlasste Aufwendungen, S. 58; *Kreft,* in: Herrmann/Heuer/Raupach, EStG/KStG, § 9 EStG, Rn. 23; *Kröger,* StuW 1978, 289, 294; *Weber,* StuW 2009, 184, 184.

709 Bereits vor Einführung des Betriebsausgabenabzugs in das EStG 1934 war der Begriff der Betriebsausgabe gebräuchlich. Dieser wurde als Unterfall der Werbungskosten verstanden und erfasste inhaltlich Aufwendungen, die durch den Betrieb veranlasst waren. Mangels eigener gesetzlicher Definition war allerdings nicht erkennbar, inwiefern sich dieser Begriff inhaltlich von dem gesetzlich verankerten finalen Werbungskostenbegriff unterschied. Zudem hat der RFH bereits 1927 (RFHE 20, 208, 210) entschieden, dass der *finale* Werbungskostenbegriff zu eng ist und „als Werbungskosten […] alle durch den Betrieb veranlaßten Aufwendungen zu behandeln" seien. Folglich wurde der Werbungskostenbegriff auch früher schon kausal ausgelegt. Schließlich lässt auch die Einführung des Betriebsausgabenabzugs 1934 nicht darauf schließen, dass der Gesetzgeber hiermit eine inhaltliche Unterscheidung der Erwerbsaufwendungen bezwecken wollte. Die Gesetzesbegründung in RStBl. 1935, 33, 39 deutet vielmehr auf eine inhaltliche Entsprechung der beiden Begriffe hin. Dort heißt es: „Diesen Begriffen *Einnahmen* und *Werbungskosten* entsprechen bei den Einkünften aus Land- und Forstwirtschaft, aus Gewerbebetrieb und aus selbständiger Arbeit die Begriffe *Betriebseinnahmen* und *Betriebsausgaben*." (Hervorhebungen durch die Verfasserin). Zur Entwicklung der Begriffe siehe auch *Söhn,* in: K/S/M, EStG, § 4, Rn. E 1 ff. Auf diese historische Argumentation berufen sich etwa *Bauer,* Dualismus Betriebsausgaben, S. 37 f.; *von Bornhaupt,* DStJG 3 (1980), S. 149, 182 ff.; *von Bornhaupt,* DStR 1983, 11, 14.; *Gärtner,* Gemischt veranlasste Aufwendungen, S. 56 f.; *Jüptner,* Leistungsfähigkeit, S. 144 ff.; *Kreft,* in: Herrmann/Heuer/Raupach, EStG/KStG, § 9 EStG, Rn. 2 f.; *Offerhaus,* BB 1979, 617, 622; *Ruppe,* DStJG 3 (1980), S. 103, 115 f.

710 So ist in § 9 Abs. 1 S. 3 Nr. 4a EStG beispielsweise die Rede von „Aufwendungen des Arbeitnehmers für beruflich *veranlasste* Fahrten". § 9 Abs. 1 S. 3 Nr. 5 EStG spricht zudem von Mehraufwendungen „wegen einer beruflich *veranlassten* doppelten Haushaltsführung". Siehe *von Bornhaupt,* DStR 1983, 11, 15; *Gärtner,* Gemischt

Mittlerweile wird die definitionsbedingte Abweichung der beiden Aufwendungsarten aufgrund der Übertragung des Veranlassungsprinzips auf den Werbungskostenbegriff als überwunden angesehen.[711] Auch wenn die inhaltliche Verbundenheit der Legaldefinitionen im Ergebnis nicht grenzenlos ist,[712] trägt ihre deckungsgleiche Auslegung dennoch dazu bei, die Auswirkungen des Dualismus der Erwerbsaufwendungen abzumildern[713] und eine einheitliche Grenzlinie zu den Aufwendungen der privaten Lebensführung zu schaffen.[714] Festzuhalten bleibt damit, dass mit dem *Veranlassungsprinzip* nach § 4 Abs. 4 EStG für beide Aufwendungsarten ein zentrales, übergeordnetes Abgrenzungsprinzip[715] existiert, das nach einheitlichen Kriterien die steuerlich relevante Erwerbssphäre von der grundsätzlich unbeachtlichen Privatsphäre trennt.[716] Einzige Voraussetzung dafür, dass Betriebsausgaben bzw. Werbungskosten gegeben sind, ist mithin das Vorliegen eines Veranlassungszusammenhangs zwischen der betreffenden Aufwendung und dem Betrieb oder Beruf des Steuerpflichtigen.[717] Auf die Üblichkeit, Notwendigkeit

---

veranlasste Aufwendungen, S. 57; *Holthaus*, Bildungskosten, S. 57; *Jüptner*, Leistungsfähigkeit, S. 147; *Prinz*, StuW 1996, 267, 268 f.; *Weber*, StuW 2009, 184, 185.

711 Vgl. *Gärtner*, Gemischt veranlasste Aufwendungen, S. 57; *Kreft*, in: Herrmann/Heuer/Raupach, EStG/KStG, § 9 EStG, Rn. 115; *Niestegge*, Dualismus der Einkunftsarten, S. 156; *Prinz*, StuW 1996, 267, 272; *Straßburger*, in: BeckOK EStG, § 9, Rn. 45.

712 Siehe für verbleibende Unterschiede der Aufwendungsbegriffe *von Bornhaupt*, DStR 1983, 11, 15 f.; *von Bornhaupt*, in: K/S/M, EStG, § 9, Rn. B 182 ff.; *Kreft*, in: Herrmann/Heuer/Raupach, EStG/KStG, § 9 EStG, Rn. 23; *Kröner*, StuW 1985, 115, 117 m.w.N.; *Niestegge*, Dualismus der Einkunftsarten, S. 156 f.

713 Siehe auch *Lang*, Bemessungsgrundlage, S. 301; vgl. im Ergebnis auch *Niestegge*, Dualismus der Einkunftsarten, S. 170.

714 Siehe auch *Kreft*, in: Herrmann/Heuer/Raupach, EStG/KStG, § 9 EStG, Rn. 2.

715 Siehe hierzu auch *von Bornhaupt*, in: K/S/M, EStG, § 9, Rn. B 250 f.; *Gärtner*, Gemischt veranlasste Aufwendungen, S. 58; *Kröger*, StuW 1978, 289, 289; *Kröger*, BB 1979, 1284, 1284; *Offerhaus*, BB 1979, 617, 622; *Prinz*, StuW 1996, 267, 268; *Wanner*, StuW 1987, 302, 303.Vgl. auch BFH GrS BStBl. II 1978, 105, 108 f. Wie noch zu zeigen sein wird, gilt dieses einheitliche Abgrenzungsprinzip auch für die Ermittlung von Privataufwendungen, siehe hierzu Teil 2 § 6 B.II.

716 Vgl. BVerfGE 122, 210, 233 f.; siehe *von Bornhaupt*, DStJG 3 (1980), S. 149, 184 f.; *von Bornhaupt*, DStR 1983, 11, 14; *von Bornhaupt*, in: K/S/M, EStG, § 9, Rn. B 250; *Hey*, in: Tipke/Lang, Steuerrecht, Rn. 8.205; *Kreft*, in: Herrmann/Heuer/Raupach, EStG/KStG, § 9 EStG, Rn. 136; *Kröger*, StuW 1978, 289, 289; *Loschelder*, in: Schmidt, EStG, § 4, Rn. 30; *Ruppe*, DStJG 3 (1980), S. 103, 115 f.; *Weber*, StuW 2009, 184, 185.

717 Vgl. *Meyer*, in: BeckOK EStG, § 4, Rn. 2214; *Nacke*, in: Littmann/Bitz/Pust, EStG, § 4, Rn. 1625; *Söhn*, DStJG 3 (1980), S. 13, 100. Wann ein solcher

oder Angemessenheit der Aufwendung kommt es nach dem Wortlaut der § 4 Abs. 4 EStG, § 9 Abs. 1 S. 1 EStG nicht an.[718] Von diesem Grundsatz macht der Gesetzgeber allerdings verschiedene Ausnahmen. Einige Aufwendungen sind nach § 4 Abs. 5 S. 1 Nr. 7 EStG beispielsweise nicht oder nur beschränkt abziehbar, weil sie von der allgemeinen Verkehrsauffassung als unangemessen angesehen werden. Die systematische Einordnung dieser Abzugsbeschränkung für unangemessene Betriebsausgaben bildet eine der Kernfragen dieser Arbeit und wird daher an späterer Stelle eingehend analysiert.[719]

§ 6 Privataufwendungen

A. Vorbemerkungen zur Bedeutung des § 12 Nr. 1 S. 1 EStG

Für den Bereich der Privataufwendungen ist es dem Gesetzgeber bislang nicht gelungen, ein einheitliches, in sich geschlossenes und widerspruchsfreies Regelungssystem zu entwickeln.[720] Das Gesetz enthält keine Legaldefinition, aus der hervorgeht, was Privataufwendungen sind und wie sie von den Erwerbsaufwendungen nach § 4 Abs. 4 EStG und § 9 Abs. 1 S. 1 EStG abzugrenzen sind.[721] Auch findet sich – anders als bei den Erwerbsaufwendungen mit § 2 Abs. 2 EStG – keine gesetzliche Bestimmung, welche die steuerliche Behandlung von Privataufwendungen allgemein regelt.[722] § 12 Nr. 1 S. 1 EStG normiert zwar, dass *„die für den Haushalt des Steuerpflichtigen und für den Unterhalt seiner Familienangehörigen aufgewendeten Beträge"* weder bei den einzelnen Einkunftsarten noch

---

Veranlassungszusammenhang vorliegt, wird einheitlich für Erwerbs- und Privataufwendungen in Teil 2 § 7 untersucht.

718 Statt vieler BFH BStBl. II 1981, 368, 369; *Jahrmarkt,* INF 1982, 192, 192; *Loschelder,* in: Schmidt, EStG, § 4, Rn. 483; *Meyer,* in: BeckOK EStG, § 4, Rn. 2214.1; *Offerhaus,* BB 1979, 617, 621; *Prinz,* StuW 1996, 267, 271; *Stapperfend,* in: Herrmann/Heuer/Raupach, EStG/KStG, § 4 EStG, Rn. 845. Auf die grundlegende Thematik der Angemessenheit im Steuerrecht wird an späterer Stelle nochmals eingegangen, siehe Teil 4 § 17 C.II.3.a.

719 Siehe hierzu Teil 4 § 16 und § 17.

720 Vgl. *Hey,* in: Tipke/Lang, Steuerrecht, Rn. 8.77, 8.700; *G. Kirchhof,* FR 2020, 749, 749; kritisch zur gegenwärtigen Ausgestaltung der gesetzlichen Regelungen für Privataufwendungen auch *G. Kirchhof,* in: BeckOK EStG, § 12, Rn. 4; *Mellinghoff,* FS P. Kirchhof, Bd. 2, S. 1889, 1895, Rn. 16; *Offerhaus,* BB 1979, 617, 667; *Tipke,* Steuerrechtsordnung II, S. 786 f.

721 Siehe *Gärtner,* Gemischt veranlasste Aufwendungen, S. 69; *Görlich,* DB 1979, 711, 713; *G. Kirchhof,* in: BeckOK EStG, § 12, Rn. 96; *Scheich,* DStR 1997, 905, 906.

722 *G. Kirchhof,* in: BeckOK EStG, § 12, Rn. 8.

vom Gesamtbetrag der Einkünfte abgezogen werden dürfen, soweit nicht in § 10 Abs. 1 Nr. 2-5, 7, 9, Abs. 1a Nr. 1, §§ 10a, 10b und §§ 33-33b EStG etwas anderes bestimmt ist. Aus dieser vermeintlich abschließenden Aufzählung folgt jedoch keine allgemeine Systematisierung des privaten Aufwands.[723] Vielmehr sind die Hinweise auf die Ausnahmevorschriften mit den genannten Sonderausgaben und außergewöhnlichen Belastungen nur exemplarisch[724] und werden darüber hinaus im Rahmen des einfachrechtlich nur unzureichend konkretisierten[725] subjektiven Nettoprinzips ergänzt.[726] Darüber hinaus sind die Normen, aus denen sich Regelungen über Privataufwendungen ergeben, ungeordnet über das gesamte EStG verteilt.[727] Diese gesetzliche Ausgangslage macht es schwer, allgemeingültige Aussagen über die Einordnung und steuerliche Behandlung privater Aufwendungen zu treffen.

Nichtsdestotrotz wird § 12 Nr. 1 S. 1 EStG gemeinhin als die „Grundsatznorm für die Abziehbarkeit privater Aufwendungen"[728] verstanden.[729] Der Tatbestand trägt dazu bei, die steuerlich relevante Erwerbssphäre von der grundsätzlich unbeachtlichen Privatsphäre abzugrenzen[730] und stärkt damit die Grenze, welche durch § 4 Abs. 4 EStG und § 9 Abs. 1 EStG bereits aus Sicht der Erwerbsaufwendungen

---

723 Vgl. *G. Kirchhof*, in: BeckOK EStG, § 12, Rn. 4; *Schmieszek*, in: Bordewin/Brandt, EStG, § 12, Rn. 38.

724 Siehe *Schmieszek*, in: Bordewin/Brandt, EStG, § 12, Rn. 71.

725 Vgl. *G. Kirchhof*, DStR 2013, 1867, 1868; *G. Kirchhof*, FR 2020, 749, 754; *G. Kirchhof*, in: BeckOK EStG, § 12, Rn. 6. Kritisch auch *Hey*, in: Tipke/Lang, Steuerrecht, Rn. 8.77.

726 Näher hierzu *G. Kirchhof*, in: BeckOK EStG, § 12, Rn. 4, 8; vgl. auch *Loschelder*, in: Schmidt, EStG, § 12, Rn. 5. Zur Bedeutung des subjektiven Nettoprinzips siehe bereits Teil 1 § 2 C.I.

727 Siehe *G. Kirchhof*, DStR 2013, 1867, 1868; *G. Kirchhof*, in: BeckOK EStG, § 12, Rn. 4; vgl. *Hey*, in: Tipke/Lang, Steuerrecht, Rn. 8.77, 8.700 („Konglomerat privater Abzüge"); *Mellinghoff*, FS P. Kirchhof, Bd. 2, S. 1889, 1895.

728 *G. Kirchhof*, in: BeckOK EStG, § 12, Rn. 3, 8.

729 Siehe etwa *Fissenewert*, in: Herrmann/Heuer/Raupach, EStG/KStG, § 12 EStG, Rn. 1; *Gärtner*, Gemischt veranlasste Aufwendungen, S. 69 („zentrale und allgemeinste Norm"); *Hey*, in: Tipke/Lang, Steuerrecht, Rn. 8.241 („Grundvorschrift").

730 *Arndt*, in: K/S/M, EStG, § 12, Rn. A 1; *Fissenewert*, in: Herrmann/Heuer/Raupach, EStG/KStG, § 12 EStG, Rn. 3; *G. Kirchhof*, in: BeckOK EStG, § 12, Rn. 3; *Loschelder*, in: Schmidt, EStG, § 12, Rn. 1; *Schmieszek*, in: Bordewin/Brandt, EStG, § 12, Rn. 72; *Söhn*, DStJG 3 (1980), S. 13, 43; *Thürmer*, in: Brandis/Heuermann, EStG, § 12, Rn. 50; *Tipke*, StuW 1979, 193, 194.

gezogen wird, von Seiten des privaten Bereichs.[731] § 12 Nr. 1 S. 1 EStG formuliert demnach den allgemeinen Grundsatz, dass Privataufwendungen grundsätzlich nicht abziehbar sind.[732] Dieser Grundsatz folgt zwar bereits aus einem Umkehrschluss zum objektiven Nettoprinzip iSd § 2 Abs. 2 EStG, wonach nur Erwerbsaufwendungen das Erwerbseinkommen mindern dürfen.[733] Das heißt jedoch nicht, dass sich die Bedeutung des § 12 Nr. 1 S. 1 EStG in einer bloßen Feststellung dieser allgemeinen Vorgabe erschöpft, wie es in Rechtsprechung[734] und Literatur aber vielfach vertreten wird.[735] Eine solche Einordnung würde dem Stellenwert des § 12 Nr. 1 S. 1 EStG innerhalb des einkommensteuerlichen Regelungssystems nicht gerecht werden.[736] Wenn der Gesetzgeber es für notwendig erachtet, den Kreis nichtabzugsfähiger Aufwendungen in § 12 EStG näher zu umschreiben,

731 Vgl. *Fissenewert,* in: Herrmann/Heuer/Raupach, EStG/KStG, § 12 EStG, Rn. 11; *G. Kirchhof,* in: BeckOK EStG, § 12, Rn. 3, 8; *Mellinghoff,* FS P. Kirchhof, Bd. 2, S. 1889, 1890; *Weber,* StuW 2009, 184, 184. Zu diesem übergeordneten Regelungsgefüge zwischen § 4 Abs. 4, § 9 Abs. 1 S. 1 EStG und § 12 EStG siehe bereits die Vorbemerkungen in Teil 2 § 4.

732 Vgl. BFH GrS BStBl. II 2010, 672, 674; siehe *Drenseck,* DB 1987, 2483; *G. Kirchhof,* in: BeckOK EStG, § 12, Rn. 8, 94; *Scheich,* DStR 1997, 905, 906; *Schmieszek,* in: Bordewin/Brandt, EStG, § 12, Rn. 21.

733 Vgl. *G. Kirchhof,* in: BeckOK EStG, § 12, Rn. 8; *Krüger,* DB 2006, Beil. 6 zu Heft 39, 39, 43; *Rundshagen,* in: Korn, EStG, § 12, Rn. 6; *Strahl,* KÖSDI 2003, 13833, 13834; siehe für diese h.M. auch *Drenseck,* DB 1987, 2483, 2483; *Fissenewert,* in: Herrmann/Heuer/Raupach, EStG/KStG, § 12, Rn. 3; *Gärtner,* Gemischt veranlasste Aufwendungen, S. 77; *Görlich,* DB 1979, 711, 713; *Loschelder,* in: Schmidt, EStG, § 12, Rn. 8; *Schmieszek,* in: Bordewin/Brandt, EStG, § 12, Rn. 23; *Söhn,* DStJG 3 (1980), S. 13, 42; *Thürmer,* in: Brandis/Heuermann, EStG, § 12, Rn. 50, die die Nichtabziehbarkeit von Privataufwendungen ebenfalls nicht mit § 12 Nr. 1 EStG, sondern mit einem Umkehrschluss aus den positiven Definitionen der abziehbaren Betriebsausgaben, Werbungskosten, Sonderausgaben und außergewöhnlichen Belastungen begründen. Sehr deutlich in diesem Zusammenhang auch *Spitaler,* StbJb. 1953/54, 290, 291, der meint, dass sich nur „der geistig Minderbemittelte" für die Abgrenzung der Erwerbs- von der Privatsphäre der Stütze des § 12 Nr. 1 S. 1 EStG bedienen müsste.

734 Vgl. etwa BFH BStBl. II 2014, 484, 486.

735 Siehe z.B. *Arndt,* in: K/S/M; EStG, § 12, Rn. A 1; *Fissenewert,* in: Herrmann/Heuer/Raupach, EStG/KStG, § 12, Rn. 3; *Görlich,* DB 1979, 711, 713; *Thürmer,* in: Brandis/Heuermann, EStG, § 12, Rn. 50, 80; *Tipke,* StuW 1979, 193, 203, Fn. 44.

736 So auch *G. Kirchhof,* in: BeckOK EStG, § 12, Rn. 8; *Ruppe,* DStJG 3 (1980), S. 103, 120 f.; die allgemeine Bedeutung der Norm betonend auch *Arndt,* in: K/S/M; EStG, § 12, Rn. A 2; *Gärtner,* Gemischt veranlasste Aufwendungen, S. 77 f.; *Hey,* in: Tipke/Lang, Steuerrecht, Rn. 8.241; siehe auch *Leisner-Egensperger,* DStZ 2010, 185, 186: „einer der Zentralnormen des Einkommensteuerrechts".

obwohl eine positive Umschreibung der abzugsfähigen Ausgabeposten mit den Erwerbsaufwendungen nach § 2 Abs. 2 EStG, den Sonderausgaben gemäß §§ 10 ff. EStG und den außergewöhnlichen Belastungen iSd §§ 33 ff. EStG bereits existiert, muss davon ausgegangen werden, dass hiermit nicht allein feststellende Zwecke verfolgt werden.[737] Durch den in § 12 Nr. 1 S. 1 EStG genannten Gegenbegriff der „Aufwendungen für die Lebensführung"[738] soll vielmehr eine zusätzliche Interpretationshilfe geschaffen werden, die das objektive Nettoprinzip und damit die Definition der Erwerbsaufwendungen nach § 4 Abs. 4 EStG und § 9 Abs. 1 EStG von der Kehrseite der Privataufwendungen aus verdeutlicht.[739]

Darüber hinaus muss berücksichtigt werden, dass es im Einkommensteuerrecht neben § 12 EStG keine andere Norm gibt, die sich allgemein mit der Abziehbarkeit von Privataufwendungen als Gegenstück zu den Erwerbsaufwendungen beschäftigt.[740] Die systematische Stellung innerhalb des EStG, wonach die Norm als einziger Paragraf in dem amtlichen Abschnitt „II. Einkommen" unter Nr. 7 „Nicht abzugsfähige Aufwendungen" eingeordnet ist,[741] macht dies deutlich.[742] Schließlich erlangt die Norm auch dadurch Bedeutung, dass der Gesetzgeber mit § 12 Nr. 1 S. 2, Nr. 2-4 EStG typisierende bzw. wertende Zuordnungen von Zweifelsfällen vorgenommen hat, die dazu beitragen, den unbestimmten Bereich privater Aufwendungen weiter auszudifferenzieren.[743] Auch wenn der allgemeine Grundsatz der Nichtabziehbarkeit von Privataufwendungen bereits aus einem Umkehrschluss zum objektiven Nettoprinzip folgt und damit unabhängig von § 12 Nr. 1 S. 1 EStG feststeht, kommt der Norm dennoch eigene Bedeutung im Hinblick auf die Wertungen zu, die der Gesetzgeber mit dieser nicht abschließenden Aufzählung[744] vorgenommen hat. Mit § 12 Nr. 1 S. 2, Nr. 2-4 EStG ordnet er

---

737 So auch *Arndt,* in: K/S/M; EStG, § 12, Rn. A 2; *Ruppe,* DStJG 3 (1980), S. 103, 121.

738 Vgl. BFH BStBl. II 2003, 724, 725; siehe *G. Kirchhof,* in: BeckOK EStG, § 12, Rn. 8.

739 Siehe auch *Arndt,* in: K/S/M; EStG, § 12, Rn. A 2 ff.; *Fissenewert,* in: Herrmann/Heuer/Raupach, EStG/KStG, § 12, Rn. 3; *Hey,* in: Tipke/Lang, Steuerrecht, Rn. 8.241; *Loschelder,* in: Schmidt, EStG, § 12, Rn. 8; *Ruppe,* DStJG 3 (1980), S. 103, 120 ff.; *Schmieszek,* in: Bordewin/Brandt, EStG, § 12, Rn. 23, 79; *Thürmer,* in: Brandis/Heuermann, EStG, § 12, Rn. 80.

740 Siehe *G. Kirchhof,* in: BeckOK EStG, § 12, Rn. 8.

741 Vgl. BFH BStBl. II 2006, 30, 34; BFH BStBl. II 2003, 724, 725; *Fissenewert,* in: Herrmann/Heuer/Raupach, EStG/KStG, § 12 EStG, Rn. 30.

742 *G. Kirchhof,* in: BeckOK EStG, § 12, Rn. 8.

743 In diese Richtung auch *Hey,* in: Tipke/Lang, Steuerrecht, Rn. 8.241; *G. Kirchhof,* in: BeckOK EStG, § 12, Rn. 8; *Thürmer,* in: Brandis/Heuermann, EStG, § 12, Rn. 80.

744 Siehe *Fissenewert,* in: Herrmann/Heuer/Raupach, EStG/KStG, § 12, Rn. 1; *G. Kirchhof,* in: BeckOK EStG, § 12, Rn. 5; *Offerhaus,* BB 1979, 617, 667.

Aufwendungen, bei denen Zweifel über eine rein private Veranlassung bestehen, teilweise deklaratorisch, teilweise konstitutiv der Privatsphäre zu[745] und konkretisiert auf diese Weise das grundsätzliche Abzugsverbot für Lebensführungskosten nach § 12 Nr. 1 S. 1 EStG.[746] Dabei stellt er mit den Repräsentationsaufwendungen (§ 12 Nr. 1 S. 2 EStG), freiwilligen Zuwendungen (§ 12 Nr. 2 EStG), Personensteuern (§ 12 Nr. 3 EStG) und Geldstrafen (§ 12 Nr. 4 EStG) auf ganz konkrete Abzugspositionen ab[747] und drückt damit unmittelbare Wertungen darüber aus, welche Aufwendungen nach seiner Vorstellung dem ansonsten nicht näher bestimmten Privatbereich angehören. Angesichts dieser Konkretisierung ist die Bedeutung des § 12 Nr. 1 S. 1 EStG für die Abgrenzung und sphärische Einordnung privater Aufwendungen daher nicht zu unterschätzen.[748]

B. Begriffsbestimmung

I. Problemdarstellung

Nach dem Wortlaut des § 12 Nr. 1 EStG werden Privataufwendungen im Gesetz allgemein als „Aufwendungen für die Lebensführung" bezeichnet.[749] Zwar

---

745 Näher hierzu *Fissenewert,* in: Herrmann/Heuer/Raupach, EStG/KStG, § 12, Rn. 1, 3; *G. Kirchhof,* in: BeckOK EStG, § 12, Rn. 5; *Loschelder,* in: Schmidt, EStG, § 12, Rn. 1; *Schmieszek,* in: Bordewin/Brandt, EStG, § 12, Rn. 26 ff. Auf diese Systematik wird hinsichtlich der Repräsentationsaufwendungen nach § 12 Nr. 1 S. 2 EStG an späterer Stelle nochmal näher eingegangen, siehe Teil 3 § 11 C.

746 Siehe *G. Kirchhof,* in: BeckOK EStG, § 12, Rn. 5; *Seiler,* in: Kirchhof/Seer, EStG, § 12, Rn. 1; für § 12 Nr. 2 EStG zustimmend auch *Schmieszek,* in: Bordewin/Brandt, EStG, § 12, Rn. 26.

747 Siehe hierzu auch *G. Kirchhof,* in BeckOK EStG, § 12, Rn. 10, der es als hergebrachtes Konzept des § 12 EStG ansieht, dass mit der Norm zwar praktische Rechtsfolgen punktuell geregelt werden, eine Systematik der steuerlichen Behandlung privaten Aufwands aber nicht entwickelt wird.

748 Siehe auch *Hey,* in: Tipke/Lang, Steuerrecht, Rn. 8.241. Dies wird sich auch im weiteren Verlauf der Arbeit zeigen, insbesondere wenn systematische Parallelen zwischen § 12 Nr. 1 S. 2 EStG und § 4 Abs. 5 S. 1 Nr. 1-7 EStG und deren jeweilige Bedeutung für die Definition von Erwerbs- und Privataufwendungen aufgezeigt werden, siehe hierzu Teil 3 § 11 F. und Teil 4 § 17 B.V.

749 Weitere im Schrifttum verwendete Synonyme sind „Kosten der (privaten) Lebensführung" oder „Lebensführungskosten" bzw. „Lebensführungsaufwendungen". Gemeint ist damit nach dem allgemeinen Sprachgebrauch eine Lebensführung im weitesten Sinn, d.h. der „gesamte Bereich des persönlichen und menschlichen Daseins", der nicht erwerblich veranlasst ist, siehe *Fissenewert,* in: Herrmann/Heuer/Raupach, EStG/KStG, § 12 EStG, Rn. 33; *Gärtner,* Gemischt veranlasste Aufwendungen, S. 70;

wird dieser Begriff nur in § 12 Nr. 1 S. 2 EStG verwendet. Aus der Formulierung „Dazu gehören auch“ am Anfang des Satzes folgt jedoch nach h.M., dass dieser Begriff auch für die in § 12 Nr. 1 S. 1 EStG genannten Aufwendungen gilt und damit den Oberbegriff für *alle* Aufwendungen der Privatsphäre darstellt.[750] Was „Aufwendungen für die Lebensführung“ konkret sind, kann dem Gesetz damit allerdings noch nicht positiv entnommen werden.[751] Wie in der Literatur teilweise vertreten wird, ist eine positive Bestimmung der Privataufwendungen angesichts der Vielfältigkeit der Lebenswirklichkeit und der Freiheit des Steuerpflichtigen, sein Einkommen nach eigenem Ermessen zu verwenden, auch nicht möglich.[752] Der Steuerpflichtige bestimmt selbst, welchen Freizeitbeschäftigungen er nachgehen möchte, welche Konsumgüter er erwerben will oder welche kulturellen, politischen oder gesellschaftlichen Tätigkeiten er ausüben möchte.[753] Eine solche Vielzahl freiheitlicher Möglichkeiten kann daher nicht positiv im Wege einer abschließenden Aufzählung durch das Gesetz erfasst werden.[754] Betrachtet man allerdings die Kehrseite des Veranlassungsprinzips nach dem verallgemeinerungsfähigen Grundgedanken des § 4 Abs. 4 EStG, ist es dennoch möglich, eine negative

Thürmer, in: Brandis/Heuermann, EStG, § 12, Rn. 46; vgl. zudem BFH BStBl. II 1986, 373, 375, der unter Verweis auf verschiedene Wörterbücher von der „(sittlichen) Gestaltung des Lebens“, „Gestaltung des Daseins“ und dem „Aufwand für das Leben“ spricht.

750 Siehe nur *Arndt*, in: K/S/M, EStG, § 12, Rn. B 10; *Claßen*, in: Lademann, EStG, § 12, Rn. 14; *Fissenewert*, in: Herrmann/Heuer/Raupach, EStG/KStG, § 12 EStG, Rn. 31; *G. Kirchhof*, in: BeckOK EStG, § 12, Rn. 96; *Kratzsch*, in: Frotscher/Geurts, EStG, § 12, Rn. 14; *Hey*, in: Tipke/Lang, Steuerrecht, Rn. 8.241; *Offerhaus*, BB 1979, 617, 667; *Thürmer*, in: Brandis/Heuermann, EStG, § 12, Rn. 41.

751 In der Vorgängernorm zu § 12 Nr. 1 EStG, dem § 8 Abs. 3 Nr. 2 Preuss. EStG vom 19.6.1906, war eine positive Konkretisierung der Privataufwendungen enthalten, wonach „insbesondere alle Aufwendungen zur Befriedigung persönlicher Bedürfnisse, wie die Wohnung, Nahrung, Kleidung, Bedienung, Pflege, Erziehung einschließlich des Geldwertes der zu diesen Zwecken verbrauchten Erzeugnisse des eigenen landwirtschaftlichen gewerblichen Betriebs“ nicht abzugsfähig waren, siehe *Keil, A./Gallenkamp, H.*, Gesetz-Sammlung für die Königlich-Preußischen Staaten, Siebenter Band, 1900-1906, S. 841 f. In den Nachfolgeregelungen wurde diese Konkretisierung allerdings nicht übernommen. Näher zur historischen Entwicklung des § 12 EStG *Arndt*, in: K/S/M, EStG, § 12, Rn. A 30 ff.; *Fissenewert*, in: Herrmann/Heuer/Raupach, EStG/KStG, § 12 EStG, Rn. 2 ff.; *G. Kirchhof*, in: BeckOK EStG, § 12, Rn. 10 ff.

752 Siehe etwa *G. Kirchhof*, in: BeckOK EStG, § 12, Rn. 98.

753 *G. Kirchhof*, in: BeckOK EStG, § 12, Rn. 98.

754 So *G. Kirchhof*, in: BeckOK EStG, § 12, Rn. 98.

Begriffsbestimmung für Privataufwendungen vorzunehmen.[755] Positiv kann der Begriff zudem durch den Bereich der Ausgaben zur Sicherung des Existenzminimums präzisiert werden.[756]

II. Negative Bestimmung nach dem Veranlassungsprinzip

Die steuerliche Einordnung von Erwerbsaufwendungen orientiert sich – wie gezeigt wurde – an dem in § 4 Abs. 4 EStG formulierten Veranlassungsprinzip,[757] das für Betriebsausgaben und Werbungskosten gleichermaßen Anwendung findet.[758] Hiernach gehören zu den Erwerbsaufwendungen diejenigen Aufwendungen, die durch den Betrieb/Beruf veranlasst sind. Spiegelbildlich dazu kann dem Veranlassungsprinzip aber gleichzeitig auch entnommen werden, dass diejenigen Aufwendungen, die nicht durch den Betrieb/Beruf veranlasst sind, auch nicht der Erwerbssphäre zugeordnet werden können, da sie im Gegenteil durch die private Lebensführung veranlasst sind und damit dem Bereich der steuerlich grundsätzlich unbeachtlichen Privatsphäre angehören.[759] Damit trifft das Veranlassungsprinzip nicht nur positive Aussagen über die Zuordnung betrieblicher/beruflicher Aufwendungen zur Erwerbssphäre, sondern weist zugleich die übrigen Aufwendungen, die nicht erwerblich veranlasst sind, der grundsätzlich unbeachtlichen Privatsphäre zu.[760]

Mit diesem negativen Begriffsverständnis ergibt sich für das Verhältnis der Erwerbsaufwendungen und Privataufwendungen zueinander zugleich ein

---

755 Vgl. *G. Kirchhof,* FR 2020, 749, 754; *G. Kirchhof,* in: BeckOK EStG, § 12, Rn. 40, 98; *Raupach,* FS P. Kirchhof, Bd. 2, S. 1883, 1887; *Scheich,* DStR 1997, 905, 906.

756 Vgl. *G. Kirchhof,* in: BeckOK EStG, § 12, Rn. 40, 98.

757 Näheres zum Inhalt und der Prüfungssystematik des Veranlassungsprinzip sogleich in Teil 2 § 7.

758 Siehe hierzu nochmals Teil 2 § 5 B.

759 Vgl. BFH BStBl. II 2013, 282, 283; BFH BStBl. II 2005, 666, 668; *Gärtner,* Gemischt veranlasste Aufwendungen, S. 69 f.; *G. Kirchhof,* DStR 2013, 1867, 1870; *G. Kirchhof,* FR 2020, 749, 754; *G. Kirchhof,* in: BeckOK EStG, § 12, Rn. 40, 117; *Offerhaus,* BB 1979, 617, 668; *Raupach,* FS P. Kirchhof, Bd. 2, S. 1883, 1887; *Scheich,* DStR 1997, 905, 906; *Söhn,* DStJG 3 (1980), S. 13, 38; *Thürmer,* in: Brandis/Heuermann, EStG, § 12, Rn. 60 ff.; *Tipke,* StuW 1979, 193, 200; *Wasssermeyer,* StuW 1981, 245, 247; *Weber,* StuW 2009, 184, 185.

760 Vgl. *Loschelder,* in: Schmidt, EStG, § 12, Rn. 11; *Offerhaus,* BB 1979, 617, 668; *Pflückebaum,* StBp 1963, Beil. zu Heft 3, 1, 3; *Thürmer,* in: Brandis/Heuermann, EStG, § 12, Rn. 60.

systematisches Bild der Alternativität,[761] bei dem die Privataufwendungen das Gegenstück zu den Erwerbsaufwendungen bilden.[762] Ist eine Aufwendung nicht betrieblich/beruflich veranlasst, wird sie nicht der Erwerbssphäre zugeordnet und gehört damit denklogisch der Privatsphäre an.[763] Anhand des Kriteriums der Veranlassung werden die Aufwendungen des Steuerpflichtigen demzufolge entweder der Erwerbs- oder der Privatsphäre zugeordnet.[764] Dieses Bild der Gegenseitigkeit entspricht auch der allgemeinen Darstellung im Steuerrecht, wonach mit dem Erwerbs- und Privatbereich zwei Sphären existieren, die steuerlich unterschiedlich zu behandeln sind.[765] Bereits jetzt sei allerdings darauf hingewiesen, dass dieses zweigeteilte Bild unvollständig ist und gemischte Aufwendungen, die weder der Erwerbs- noch der Privatsphäre eindeutig zugeordnet werden können, nicht erfasst.[766] Hierfür bedarf es der Erweiterung durch einen dritten steuerlichen Bereich, der im 3. Teil der Arbeit eingehend analysiert wird.

---

761 A.A. *P. Kirchhof*, DStJG 3 (1980), S. 201, 217, der davon ausgeht, dass Erwerbsaufwendungen und Privataufwendungen in einem Verhältnis der Spezialität stehen, weil die gemischten Aufwendungen zeigten, dass ein exakt-logisches „Entweder-Oder" in Bezug auf die Zuordnung einer Aufwendung nicht aufrechterhalten werden könne. Dem ist insoweit zuzustimmen, als das zweigeteilte Bild von Erwerbsaufwendungen auf der einen Seite und Privataufwendungen auf der anderen Seite den Bereich der gemischten Aufwendungen nicht abbildet. Hierzu sogleich.

762 *Gärtner*, Gemischt veranlasste Aufwendungen, S. 69 f.; vgl. auch *Jüptner*, Leistungsfähigkeit, S. 168 („Residualbereich der Erwerbssphäre"); *Scheich*, DStR 1997, 905, 906 („Negativabgrenzung"); *Tipke*, StuW 1979, 193, 200.

763 Siehe *Gärtner*, Gemischt veranlasste Aufwendungen, S. 69 f.; *Scheich*, DStR 1997, 905, 906; *Walz*, StuW 1986, 21, 21; vgl. *Kröger*, StuW 1978, 289, 289; *Thiemann*, JZ 2015, 866, 867.

764 Vgl. *Gärtner*, Gemischt veranlasste Aufwendungen, S. 69 f.; *G. Kirchhof*, in: BeckOK EStG, § 12, Rn. 46; *Scheich*, DStR 1997, 905, 906; *Weber*, StuW 2009, 184, 184.

765 Vgl. *Gärtner*, Gemischt veranlasste Aufwendungen, S. 69; siehe *G. Kirchhof*, DStR 2013, 1867, 1867; *G. Kirchhof*, FR 2020, 749, 754; *G. Kirchhof*, in: BeckOK EStG, § 12, Rn. 115.

766 Siehe auch *G. Kirchhof*, DStR 2013, 1867, 1870; *G. Kirchhof*, FR 2020, 749, 754 f.; *Kröger*, BB 1979, 1284, 1284; *Scheich*, DStR 1997, 905, 906, der die gemischten Aufwendungen als Spezialfall betrachtet; kritisch auch *Kröner*, StuW 1985, 115, 115; *Wassermeyer*, StuW 1981, 245, 248.

III. *Positive Bestimmung nach dem Begriff des Existenzminimums*

Darüber hinaus kann der Begriff der Privataufwendung aber auch mit Hilfe des verfassungsrechtlich geschützten Existenzminimums positiv präzisiert werden.[767] Finanzielle Mittel, die der Steuerpflichtige zur Sicherung eines menschwürdigen Daseins für sich und seine Familie aufwenden muss, hat die öffentliche Hand nach den Vorgaben des subjektiven Nettoprinzips steuerlich zu verschonen.[768] Dieser Existenzbedarf wird einfachrechtlich über den Grundfreibetrag nach § 32a EStG sowie die Abzugsregelungen für Sonderausgaben (§§ 10-10b EStG) und außergewöhnliche Belastungen (§§ 33-33b EStG) steuerfrei gestellt.[769] Sphärisch gehört er aber grundsätzlich dem Privatbereich an, da es ansonsten nicht verhindert werden könnte, dass dieselben Aufwendungen, die bereits durch den Grundfreibetrag steuerlich berücksichtigt wurden, zugleich als Erwerbsaufwendungen abgezogen und damit doppelt geltend gemacht werden.[770] Damit prägt der Existenzbedarf die Privatsphäre zugleich inhaltlich, indem er vorgibt, welche Aufwendungspositionen typischerweise der privaten Lebensführung angehören.[771] Nach der Konkretisierung des BVerfG gehören zu dem steuerlich zu verschonenden Existenzminimum die notwendigen Aufwendungen für Nahrung, Kleidung, Hausrat, Unterkunft, Heizung, Hygiene und Gesundheit, für den Betreuungs- und Existenzbedarf der Kinder sowie für die Möglichkeit zur Pflege zwischenmenschlicher Beziehungen und zu einem Mindestmaß an Teilhabe am gesellschaftlichen, kulturellen und politischen Leben.[772] Aufwendungen, die in diese Bereiche fallen, gehören mithin typischerweise zu den Kosten der allgemeinen Lebensführung und sind daher der steuerlich unbeachtlichen Privatsphäre zuzuordnen.[773]

---

767 Näher hierzu *G. Kirchhof*, DStR 2013, 1867, 1870; *G. Kirchhof*, FR 2020, 749, 754; *G. Kirchhof*, in: BeckOK EStG, § 12, Rn. 40, 98.

768 Siehe hierzu bereits Teil 1 § 2 C.I.

769 Näheres hierzu sogleich in Teil 2 § 6 C.

770 Vgl. BFH BStBl. II 2013, 282, 283; BFH GrS BStBl. II 2010, 672, 684; siehe *Drenseck*, DB 1987, 2483, 2483; *Ruppe*, DStJG 3 (1980), S. 103, 122; *Söhn*, FS Spindler, S. 795, 805; *Weber*, StuW 2009, 184, 191; *Wolf/Schäfer*, DB 2004, 775, 778.

771 Vgl. BFH BStBl. II 2021, 86, 89; *G. Kirchhof*, DStR 2013, 1867, 1870; *G. Kirchhof*, in: BeckOK EStG, § 12, Rn. 40.

772 Siehe hierzu bereits Teil 1 § 2 C.II.1.b.

773 *G. Kirchhof*, DStR 2013, 1867, 1870; vgl. *G. Kirchhof*, FR 2020, 749, 754; *G. Kirchhof*, in: BeckOK EStG, § 12, Rn. 98; *Söhn*, FS Spindler, S. 795, 803. Dieses positive Begriffsverständnis weist deutliche Parallelen zu der vormals in § 8 Abs. 3 Nr. 2 Preuss. EStG vom 19.6.1906 enthaltenen Konkretisierung auf, siehe *G. Kirchhof*, in: BeckOK EStG, § 12, Rn. 98.1.

Zu beachten ist allerdings, dass der Steuerpflichtige in seiner freiheitlichen Lebensführung darüber hinaus noch andere Aufwendungen tätigt, die ebenfalls privat veranlasst sind, von der Konkretisierung des Existenzbedarfs jedoch nicht erfasst sind. Zudem können auch diejenigen Aufwendungen, die in einen der konkretisierten Bereiche fallen, im Einzelfall trotzdem betrieblich/beruflich veranlasst und damit nicht der Privat-, sondern der Erwerbssphäre zuzuordnen sein.[774] Mit Hilfe der positiven Begriffsbestimmung durch das Existenzminimum können Privataufwendungen daher allenfalls präzisiert, nicht aber abschließend definiert werden.[775] Maßgeblich für die Bestimmung der Privataufwendungen bleibt damit – ebenso wie für die Erwerbsaufwendungen – die für den Einzelfall vorzunehmende wertende Auswahl und Zuordnung des Veranlassungsprinzips.[776]

C. Steuerliche Behandlung

Aufwendungen, die nach den Vorgaben des Veranlassungsprinzips der Privatsphäre angehören, sind nach dem Grundsatz des § 12 Nr. 1 EStG sowie dem Umkehrschluss des § 2 Abs. 2 EStG steuerlich nicht abziehbar, soweit nicht das Gesetz die Abziehbarkeit ausdrücklich regelt.[777] Derartige Regelungen finden sich in den

---

774 In diesem Zusammenhang sind insbesondere die betrieblich/beruflich bedingten Mehraufwendungen zu nennen, auf die an späterer Stelle vertieft eingegangen wird, siehe Teil 3 § 12.

775 Vgl. *G. Kirchhof*, DStR 2013, 1867, 1870; *G. Kirchhof*, FR 2020, 749, 754; *G. Kirchhof*, in: BeckOK EStG, § 12, Rn. 98. In älterer Judikatur hat der BFH Ansätze einer positiven Beschreibung des Bereichs der Lebensführung verfolgt, die im Ergebnis eine ähnliche Begriffsbestimmung aufweisen. Siehe etwa BFH BStBl. II 1986, 373, 376: „Unter den Begriff ‚Aufwendungen für die Lebensführung' fallen […] die Kosten der Haushaltsführung eines Steuerpflichtigen, worunter in erster Linie die Kosten für Wohnung, Kleidung und Nahrung zu verstehen sind. Dazu gehören aber in Übereinstimmung mit dem allgemeinen Sprachgebrauch auch alle anderen Aufwendungen, die für die Lebensführung eines Menschen in geistiger, sittlicher und weltanschaulicher Sicht bestimmend sind."; vgl. zudem BVerfGE 47, 1, 23; BFH BStBl. II 1981, 303, 304. Näher hierzu *G. Kirchhof*, in: BeckOK EStG, § 12, Rn. 104.

776 Näher hierzu sogleich in Teil 2 § 7.

777 Allgemeine Auffassung, vgl. etwa BVerfGE 122, 210, 233 f.; BFH BStBl. II 2014, 484, 485 f.; siehe statt aller *Fissenewert*, in: Herrmann/Heuer/Raupach, EStG/KStG, § 12 EStG, Rn. 1, 12; *Hey*, in: Tipke/Lang, Steuerrecht, Rn. 8.241; *G. Kirchhof*, DStR 2013, 1867; *G. Kirchhof*, FR 2020, 749, 754; *G. Kirchhof*, in BeckOK EStG, § 12, Rn. 2; *Loschelder*, in: Schmidt, EStG, § 12, Rn. 2; *Mellinghoff*, FS P. Kirchhof, Bd. 2, S. 1889 f.; *Ruppe*, DStJG 3 (1980), S. 103, 120 ff.; *Thürmer*, in: Brandis/Heuermann, EStG, § 12, Rn. 23.

Spezialnormen der §§ 10-10b EStG für Sonderausgaben und in §§ 33-33b EStG für die außergewöhnlichen Belastungen. Diese Bestimmungen tragen zusammen mit dem Begriff des Einkommens in § 2 Abs. 4 EStG dazu bei, dass diejenigen Privataufwendungen, die dem Steuerpflichtigen zur Sicherung seiner Existenzgrundlage notwendigerweise anfallen, ausnahmsweise steuerlich berücksichtigt werden und dienen damit der einfachrechtlichen Umsetzung des subjektiven Nettoprinzips.[778] Maßgeblich für die Sicherung des Existenzbedarfs ist darüber hinaus der Grundfreibetrag des § 32a Abs. 1 S. 2 Nr. 1 EStG, der pauschal denjenigen Betrag von der Besteuerung freistellt, den der Gesetzgeber[779] zur Sicherung eines menschwürdigen Daseins für erforderlich erachtet.[780] Die Mindesthöhe des Grundfreibetrages orientiert sich dabei an dem im Sozialhilferecht anerkannten Mindestbedarf,[781] was darauf zurückzuführen ist, dass dem Steuerpflichtigen jedenfalls so viel belassen bleiben soll, dass er nicht gezwungen ist, öffentliche Mittel in Anspruch zu nehmen, um seiner Steuerpflicht nachzukommen.[782] Von der Pauschale des § 32a Abs. 1 S. 2 Nr. 1 EStG erfasst ist allerdings nur der

---

778 Vgl. *Hey,* in: Tipke/Lang, Steuerrecht, Rn. 8.77 ff.; *Loschelder,* in: Schmidt, EStG, § 12, Rn. 1; *Tipke,* StuW 1979, 193, 194.

779 Die Höhe des steuerlich zu verschonenden Einkommens zu schätzen, ist Aufgabe des Gesetzgebers, vgl. BT-Drs. 16/11065, 1; BVerfGE 87, 153, 170; siehe *Esser,* in: Bordewin/Brandt, EStG, § 32a, Rn. 79; *Wagner,* in: Brandis/Heuermann, EStG, § 32a, Rn. 29.

780 Siehe BT-Drs. 16/11065, 1; *Pfirrmann,* in: Kirchhof/Seer, EStG, § 32a, Rn. 8; *Tipke,* StuW 1979, 193, 202; *Tipke,* Steuerrechtsordnung II, S. 798 f.

781 Vgl. BT-Drs. 16/11065, 1 f.; BVerfGE 87, 153, 169 ff.; BVerfGE 82, 198, 207 f.; BVerfGE 82, 60, 93 f.; *Hey,* in: Tipke/Lang, Steuerrecht, Rn. 8.72; *Moes,* Steuerfreiheit des Existenzminimums, S. 164; *Söhn,* FinArch 46 (1988), S. 154, 168; *Tipke,* Steuerrechtsordnung II, S. 802 ff.; *Wagner,* in: Brandis/Heuermann, EStG, § 32a, Rn. 28.

782 Siehe BVerfGE 87, 153, 171: „Der Steuergesetzgeber muß dem Einkommensbezieher von seinen Erwerbsbezügen zumindest das belassen, was er dem Bedürftigen zur Befriedigung seines existenznotwendigen Bedarfs aus öffentlichen Mitteln zur Verfügung stellt." Näher hierzu *Moes,* Steuerfreiheit des Existenzminimums, S. 171 ff. m.w.N., der zutreffend darlegt, dass die eigentliche Grundlage für die Steuerfreiheit des Existenzminimums das Subsidiaritätsprinzip darstellt, wonach die Eigenversorgung des Bürgers insofern Vorrang vor der staatlichen Fürsorge hat, als derjenige, der das Existenzminimum für sich und seine Familie selbst bestreiten kann, keinen verfassungsrechtlichen Anspruch auf die Gewährung staatlicher Transferzahlungen hat, woraus umgekehrt folgt, dass dem Steuerpflichtigen nicht das Existenzminimum entzogen werden darf, auf dessen Gewährung er einen grundrechtlich geschützten Anspruch (Sozialstaatsprinzip iSd Art. 20 Abs. 1 GG) hat.

„Normalbedarf“, der für die existenznotwendigen und zwingenden, pflichtbestimmten Privataufwendungen[783] anfällt.[784] Ein etwaig darüber hinausgehender *Mehrbedarf* ist dogmatisch davon zu unterscheiden und kann nach Ansicht des BFH trotz der abgeltenden Wirkung[785] des Grundfreibetrages steuerliche Berücksichtigung finden, wenn er betrieblich/beruflich veranlasst ist.[786] Die konkrete sphärische Einordnung und steuerliche Behandlung solcher betrieblich/beruflich bedingter Mehraufwendungen ist eine der Kernfragen, die sich im Zusammenhang mit dem Abzugskatalog des § 4 Abs. 5 S. 1 Nr. 1-7 EStG stellt. Ihr wird im Rahmen des 3. Teils eingehend nachgegangen.[787]

§ 7 Veranlassungsprinzip

A. Stellenwert des Veranlassungsprinzips

Nach den Ausführungen zur Definition und steuerlichen Behandlung von Erwerbs- und Privataufwendungen soll nun der Frage nachgegangen werden, wie die Aufwendungen der beiden Sphären voneinander abzugrenzen sind. Wie bereits gezeigt wurde, bildet das in § 4 Abs. 4 EStG geregelte Veranlassungsprinzip das zentrale Abgrenzungskriterium für die Unterscheidung zwischen Erwerbsaufwendungen auf der einen Seite und privat veranlassten Aufwendungen auf der anderen Seite.[788] Seine Bedeutung für die Ermittlung der wirtschaftlichen Leistungsfähigkeit sowie die einfachrechtliche Verwirklichung des objektiven Nettoprinzips im Rahmen der Abgrenzung von Erwerbsaufwendungen ist seit langem unbestritten.[789] So wird mit großer Regelmäßigkeit betont, dass das Veranlassungsprinzip einen der tragenden Grundsätze des Einkommensteuergesetzes

---

783 Siehe hierzu nochmals Teil 1 § 2 C.II.1.b. Näher zur Ermittlung des „Normalbedarfs“ siehe Teil 3 § 12 D.

784 Vgl. *Gärtner*, Gemischt veranlasste Aufwendungen, S. 82; *Söhn*, DStJG 3 (1980), S. 13, 48, Fn. 173; *Tipke*, StuW 1979, 193, 202; *Tipke*, DStJG 3 (1980), S. 1, 8.

785 Vgl. BFH BStBl. II 1998, 211, 212; *Drenseck*, DB 1987, 2483; *Söhn*, DStJG 3 (1980), S. 13, 48, Fn. 173; *Söhn*, FR 1980, 301, 306; *Söhn*, StuW 1983, 193, 199; *Söhn*, FS Offerhaus, 477, 488, Fn. 45.

786 Vgl. BFH GrS BStBl. II 2010, 672, 684.

787 Siehe Teil 3 § 12 E.

788 Siehe hierzu bereits Teil 2 § 5 B.II. und § 6 B.II. Für die Abgrenzungsfunktion des Veranlassungsprinzips siehe zudem *Meyer*, in: BeckOK EStG, § 4, Rn. 2215; *Söhn*, in: K/S/M, EStG, § 4, Rn. E 55; *Tipke*, StuW 1979, 193, 195.

789 Siehe hierfür nur *Söhn*, in: K/S/M, EStG, § 4, Rn. E 60; *Weber*, StuW 2009, 184, 185. Siehe zudem bereits Teil 1 § 2 B I.

bildet.[790] *Tipke* räumt dem Veranlassungsprinzip sogar die Qualität eines weiteren Unterprinzips des Leistungsfähigkeitsprinzips ein, das wertungsmäßig neben dem objektiven und subjektiven Nettoprinzip steht.[791] Darüber hinaus kommt dem Veranlassungsprinzip grundlegende Bedeutung für das gesamte Ertragsteuerrecht zu, da seine Wertungen über die Betriebsausgaben- bzw. Werbungskostenzuordnung nach § 4 Abs. 4 EStG und § 9 Abs. 1 EStG hinaus von der steuerrechtlichen Literatur und Rechtsprechung seit langem auch für andere Abgrenzungsprobleme herangezogen werden.[792]

B. Inhalt des Veranlassungsprinzips

I. Einleitung

In gewissem Gegensatz zu der weitgehenden Einigkeit über den Stellenwert des Veranlassungsprinzips und dessen Bedeutung für die Abgrenzung von Erwerbs- und Privataufwendungen steht die kontroverse Beurteilung seines Inhalts.[793] Nach § 4 Abs. 4 EStG sind Betriebsausgaben „Aufwendungen, die durch den Betrieb veranlasst sind". Mit diesen vermeintlich einfachen Worten trifft der Gesetzgeber eine der wichtigsten Abgrenzungsentscheidungen[794] im

---

790 Vgl. etwa *von Bornhaupt,* in: K/S/M, EStG, § 9, Rn. B 178; *Jakob/Jüptner,* FR 1988, 141, 146; *Wassermeyer,* StuW 1982, 352, 352 f.; siehe *Schneider,* FS BFH, Bd. 2, S. 1234 („Fundamentalprinzip des Rechts selbst"); *Wacker,* BB 2018, 2519, 2523 („systembildendes Fundament dieses Rechtsgebiets").

791 Siehe *Tipke,* Steuerrechtsordnung I, S. 70.

792 Siehe hierzu *Prinz,* StuW 1996, 267, 268, 271 ff.; *Wacker,* BB 2018, 2519, 2521 f.; *Weber* StuW 2009, 184, 185 jeweils mit Beispielen. Für die Rechtsprechung vgl. für die veranlassungsbezogene Zuordnung von Vermögenszugängen zum steuerbaren bzw. nicht steuerbaren Bereich durch die Rechtsprechung bereits BFH BStBl. II 2001, 496, 497; BFH BStBl. II 1988, 995, 997; BFH BStBl. II 1978, 52, 54; für die veranlassungsbezogene Zuordnung von Wirtschaftsgütern vgl. BFH BStBl. II 2000, 297, 297; BFH BStBl. II 1991, 27, 28. Für die Zuordnung von Einnahmen in der Literatur siehe etwa *Hey,* in: Tipke/Lang, Steuerrecht, Rn. 8.209 f. m.w.N.; *Kröger,* StuW 1978, 289, 293 f.; *Lang,* Bemessungsgrundlage, S. 288 ff.; *Langohr,* Veranlassungsprinzip, S. 132ff; *Wassermeyer,* StuW 1982, 352, 353 f.; für die Zuordnung von Wirtschaftsgütern in der Literatur siehe bspw. *Knobbe-Keuk,* Bilanz- und Unternehmenssteuerrecht, S. 65; *Wassermeyer,* DStJG 3 (1980), S. 315, 322.

793 *Söhn,* in: K/S/M, EStG, § 4, Rn. E 60; *Weber,* StuW 2009, 184, 185.

794 *Kröner,* StuW 1985, 115, 115; *Tipke,* DStJG 3 (1980), S. 1, 2 stellt hierzu treffend fest: "die Abgrenzung der Betriebs- oder Berufssphäre von der Privatsphäre ist für das Steuerrecht fundamental. Sie berührt jeden Steuerpflichtigen;" siehe auch *Wacker,* BB 2018, 2519.

Einkommensteuerrecht, verursacht dabei aber zugleich auch einen der umstrittensten Problembereiche.[795] Denn was unter einer *betrieblichen Veranlassung* zu verstehen ist, wird nicht legaldefiniert.[796] Der Gesetzgeber hat sich hier eines unbestimmten Rechtsbegriffs[797] bedient und die Ausfüllung und Konkretisierung des weiten Tatbestandsmerkmals[798] der Rechtsprechung und steuerrechtlichen Wissenschaft überlassen. Welche Voraussetzungen erfüllt sein müssen, damit Aufwendungen durch den Betrieb/Beruf veranlasst sind und folglich steuerlich abziehbare Betriebsausgaben/Werbungskosten darstellen, geht aus dem Gesetzeswortlaut nicht hervor.[799]

Ausgehend von dieser Gesetzeslage werden bezüglich des Inhalts des Veranlassungsprinzips bis heute zahlreiche Einzelmeinungen in Rechtsprechung und Literatur vertreten, welche sich mit unterschiedlichen Fragestellungen zum Veranlassungsbegriff beschäftigen.[800] Trotz oder gerade wegen der großen Bedeutung des Veranlassungsprinzip bestehen in diesem Bereich viele dogmatische und systematische Unstimmigkeiten, die eine trennscharfe Abgrenzung der Erwerbs- von den Privataufwendungen zusätzlich erschweren.[801] Im Kern lassen sich die in der

---

795 *Gärtner,* Gemischt veranlasste Aufwendungen, S. 95; *Tipke,* Steuerrechtsordnung II, S. 768; vgl. auch *Bowitz,* Objektives Nettoprinzip, S. 85; *Wanner,* StuW 1987, 302, 318; *Weber,* StuW 2009, 184, 184. Zu der besonderen Streitanfälligkeit, die überdies mit der Abgrenzung der Erwerbs- von der Privatsphäre im Rahmen des Veranlassungsprinzips einhergeht, siehe *Haegert,* BB 1991, 36, 36 ff.; *Lang,* DStJG 21 (1998), S. 1, 5; *Seer,* DStJG 45 (2023), S. 13, 17.

796 Die Amtliche Begründung von 1935 enthält keine Stellungnahme zu § 4 Abs. 4 EStG, der im Wortlaut bis heute unverändert ist; siehe hierzu RStBl. 1935, 33, 36 f.; *Söhn,* DStJG 3 (1980), S. 13, 15; vgl. auch BFH BStBl. II 1982, 465, 466.

797 *Birk,* NJW 1985, 1939, 1941; *Gärtner,* Gemischt veranlasste Aufwendungen, S. 95; *Kreft,* in: Herrmann/Heuer/Raupach, § 9, EStG/KStG, § 9, Rn. 140; *Prinz,* StuW 1996, 267, 270; *Seiler,* DStJG 34 (2011), S. 61, 73; *Wacker,* BB 2018, 2519, 2523.

798 Siehe *Görlich,* DB 1979, 711, 712; *P. Kirchhof,* DStJG 3 (1980), S. 201, 202; vgl. auch BFH BStBl. III 1960, 511, 511. Zu der Feststellung, dass der Gesetzgeber sich mit § 4 Abs. 4 EStG für einen weiten Veranlassungsbegriff entschieden hat, siehe bereits Teil 1 § 3 C.III.

799 Siehe hierzu auch *Söhn,* DStJG 3 (1980), S. 13, 14.

800 *Stapperfend,* in: Herrmann/Heuer/Raupach, EStG/KStG, § 4 EStG, Rn. 790; *Weber,* StuW 2009, 184, 185. Siehe für einen ausführlichen Überblick zu den Einzelmeinungen und Begrifflichkeiten auch *Prinz,* FR 1986, 397, 397 ff.; *Wanner,* StuW 1987, 302, 302 ff.

801 Zur Beschreibung des Veranlassungszusammenhangs werden in Literatur und Rechtsprechung verschiedene Begriffe herangezogen, die zwar zur Erleichterung der Abgrenzung beitragen sollen, teilweise aber synonym oder mit unterschiedlicher

Literatur geführten Streitigkeiten zum Veranlassungsprinzip auf zwei wesentliche Problemfelder[802] herunterbrechen, auf die im Folgenden näher eingegangen werden soll.[803] Daneben hat sich auch in der Rechtsprechung eine eigene Dogmatik entwickelt, welche im Anschluss daran ebenfalls untersucht wird.

II. Vorfragen

1. Bedeutung für die Veranlassungsprüfung

Bevor aber die eigentlichen Streitfragen des Veranlassungsprinzips geklärt werden können, müssen zunächst zwei Vorfragen beantwortet werden, welche im Rahmen der Auslegung des Veranlassungsbegriffs zu beachten sind. In der wissenschaftlichen Diskussion werden diese Problembereiche nur vereinzelt oder am Rande angesprochen.[804] Für das allgemeine Verständnis des Veranlassungsprinzips sind sie jedoch von großer Bedeutung, weshalb im Rahmen dieser Arbeit zunächst darauf eingegangen wird.

2. Bezugspunkt der Veranlassungsprüfung

Um das Veranlassungsprinzip inhaltlich bestimmen zu können, muss zunächst geklärt werden, welche Größen dadurch in Beziehung zueinander gesetzt werden

---

Bedeutung verwendet werden und damit das Problem eher verstärken. Hierzu gehören Begriffe wie „auslösendes Moment", „innere und äußere Auslöser", „final", „kausal", „objektiv", „subjektiv", „unmittelbar", „mittelbar", „wesentliche und unwesentliche Ursachen", „wirtschaftlicher Zusammenhang" u.a. Siehe zu dieser Feststellung auch *Gärtner,* Gemischt veranlasste Aufwendungen, S. 95, Fn. 250; *Prinz,* FR 1986, 397, 397.

802 Siehe auch *Gärtner,* Gemischt veranlasste Aufwendungen, S. 96; *Kröner,* StuW 1985, 115, 117 ff.; *Prinz,* FR 1986, 397, 399 ff.; *Schilling,* Zwangsläufiger Aufwand, S. 108 ff.; *Walz,* StuW 1986, 21, 21 ff.; *Wanner,* StuW 1978, 302, 310 f.; *Weber,* StuW 2009, 184, 186 ff.

803 Die Ansichten und Entscheidungen, die zu diesen Kernproblemen veröffentlicht sind, betreffen teilweise nur entweder Betriebsausgaben oder Werbungskosten. Aufgrund der einheitlichen Interpretation von § 4 Abs. 4 EStG und § 9 Abs. 1 S. 1 EStG (siehe Teil 2 § 5 B.II.) sind die Argumente und Meinungen, die dabei angebracht werden, allerdings auch auf die jeweils andere Bestimmung übertragbar, weshalb im Rahmen der Zitierung keine einzelne Kennzeichnung erfolgt, zu welcher Norm die Ausführungen jeweils gemacht wurden.

804 Siehe für die Behandlung einiger Vorfragen aber beispielsweise *Gärtner,* Gemischt veranlasste Aufwendungen, S. 97 f.; *Wassermeyer,* StuW 1982, 352, 355 ff.; *Weber,* StuW 2009, 184, 185 f.

sollen.[805] Bezogen auf die Erwerbsaufwendungen muss also geklärt werden, zu welchem konkreten Bezugspunkt die Aufwendung einen betrieblichen/beruflichen Veranlassungszusammenhang aufweisen muss.[806] Bereits die Beantwortung dieser ersten Vorfrage ist umstritten.[807] Teilweise wird vertreten, dass sich die betrieblichen bzw. beruflichen Aufwendungen auf die Einnahmen des Steuerpflichtigen beziehen müssen.[808] Begründet wird dies insbesondere mit dem Wortlaut des § 9 Abs. 1 S. 1 EStG, wonach Werbungskosten „Aufwendungen zur Erwerbung, Sicherung und Erhaltung der Einnahmen" sind.[809] Andere gehen demgegenüber mit ähnlicher Argumentation davon aus, dass die Erzielung von Einnahmen[810] bzw. Einkünften[811] die richtige Bezugsgröße der Veranlassungsprüfung darstellt.

Nach ganz überwiegender Ansicht wird jedoch die Erwerbstätigkeit des Steuerpflichtigen als korrekter Bezugspunkt angesehen.[812] Hierfür spricht zum einen, dass § 4 Abs. 4 EStG nach seinem Wortlaut nur den Betrieb, also die steuerbare betriebliche Erwerbstätigkeit, nicht aber die Einnahmen als Bezugspunkt der

---

805 *Wassermeyer,* StuW 1982, 352, 355; *Weber,* StuW 2009, 184, 186.

806 *Weber,* StuW 2009, 184, 186.

807 Vgl. *Seiler,* DStJG 34 (2011), S. 61, 74, Fn. 45; *Wassermeyer,* StuW 1982, 352, 355; *Weber,* StuW 2009, 184, 186.

808 So etwa *Kruse,* FR 1981, 473, 473; *Wolff-Diepenbrock,* DStZ 1982, 331, 333.

809 Vgl. *Kruse,* FR 1981, 473, 473; *Wassermeyer,* StuW 1982, 352, 355.

810 Vgl. etwa BFH BStBl. II 1985, 286, 287; *Biergans,* FR 1984, 297, 297; *Prinz,* FR 1986, 397, 398; *Tipke,* StuW 1985, 185, 185; *Tipke,* StuW 1985, 279, 283. Siehe hierzu auch *Gröpl,* DStZ 2001, 65, 66: „Veranlassungszusammenhang zwischen Erwerbsbezügen und Erwerbsaufwendungen".

811 So z.B. *von Bornhaupt,* DStJG 3 (1980), S. 149, 199. Kritisch hierzu *Wassermeyer,* StuW 1982, 352, 355, der anmerkt, dass mit der „Erzielung von Einkünften" sowohl der Zufluss von Einnahmen und Abfluss von Ausgaben, als auch die Tätigkeit zur Erzielung der Einkünfte gemeint sein könnte und insofern eine ungenaue Formulierung vorliegt.

812 So in der Literatur etwa *Hey,* in: Tipke/Lang, Steuerrecht, Rn. 8.208; *Jakob,* DStR 1987, 784, 784; *Jakob,* Einkommen I, S. 57 f.; *Jakob/Jüptner,* FR 1988, 141, 142, 144; *Lang,* StuW 1985, 10, 17; *Meurer,* in: Lademann, EStG, § 4, Rn. 536; *Prinz,* StuW 1996, 267, 270; *Ruppe,* DStJG 1 (1978), S. 7, 18; *Seitz,* FR 2006, 201, 202 f.; *Söhn,* in: K/S/M, EStG, § 4, Rn. E 56; *Stapperfend,* in: Herrmann/Heuer/Raupach, EStG/KStG, § 4 EStG, Rn. 785; *Tipke,* StuW 1977, 293, 298 f.; *Wassermeyer,* StuW 1982, 352, 355 f.; *Weber,* StuW 2009, 184, 186; vgl. für die Rechtsprechung BFH BStBl. II 1983, 17, 18; BFH BStBl. II 1986, 373, 375; BFH BStBl. II 1987, 330, 331 f.; BFH BStBl. II 2012, 24, 26.

Aufwendungen nennt.[813] Der hiergegen vorgebrachte Verweis auf den anders lautenden Wortlaut des § 9 Abs. 1 S. 1 EStG überzeugt nicht, da dieser – wie oben bereits festgestellt wurde – nach mittlerweile einhelliger Ansicht zu eng gefasst ist und im Wege richterlicher Rechtsfortbildung an den Wortlaut des § 4 Abs. 4 EStG anzupassen ist.[814] Auch für Werbungskosten ist demnach nicht die Erzielung von Einnahmen, sondern der Bezug zur jeweiligen Einkunftsquelle, beispielweise zum Beruf des Steuerpflichtigen, entscheidend.[815] Zum anderen stellt auch § 2 Abs. 1 EStG auf einen Zusammenhang zwischen der jeweiligen Erwerbstätigkeit und den daraus erlangten Einkünften ab.[816] Da Erwerbsaufwendungen nichts anderes sind als die negativen Einzelpositionen der Einkünfte, muss für sie der gleiche Bezugspunkt gelten.[817] Die richtige Antwort auf die erste Vorfrage lautet daher, dass mit dem Veranlassungsprinzip das Verhältnis zwischen den Aufwendungen und der Erwerbstätigkeit des Steuerpflichtigen dargestellt wird.

3. *Struktur der Veranlassungsprüfung*

Daneben ist noch zu klären, nach welcher Struktur die Veranlassungsprüfung im Einzelnen erfolgen soll.[818] § 4 Abs. 4 EStG enthält keine Angaben darüber, ob oder wie die Prüfung des Veranlassungszusammenhangs zu gliedern ist.[819] Auch in Literatur und Rechtsprechung wird dieser Frage nur selten explizit nachgegangen.[820] Dennoch ist es sinnvoll, die Veranlassungsprüfung systematisch aufzuteilen, damit das Veranlassungsprinzip mehr Kontur bekommt und die daraus resultierenden Probleme und Einzelmeinungen besser eingeordnet werden können.[821] Wie noch zu zeigen sein wird, hat insbesondere der Große Senat des BFH dazu beigetragen, einen dogmatischen Rahmen zu prägen, bei dem

---

813 So auch *Stapperfend*, in: Herrmann/Heuer/Raupach, EStG/KStG, § 4 EStG, Rn. 785; *Wassermeyer*, StuW 1982, 352, 355.

814 Siehe hierzu bereits Teil 2 § 5 B.II.

815 So auch *Seitz*, FR 2006, 201, 203, Fn. 17; *Wassermeyer*, StuW 1982, 352, 355.

816 Vgl. *Jakob*, Einkommen I, S. 57; *Jüptner*, Leistungsfähigkeit, S. 103 f.; *Lang*, Bemessungsgrundlage, S. 234; *Ruppe*, DStJG 1 (1978), S. 7, 15 f.; *Tipke*, StuW 1977, 293, 298 f.; *Tipke*, FR 1983, 580; *Weber*, StuW 2009, 184, 186.

817 So auch *Weber*, StuW 2009, 184, 186.

818 Siehe hierzu auch *Weber*, StuW 2009, 184, 186.

819 Mit dieser Feststellung auch *Gärtner*, Gemischt veranlasste Aufwendungen, S. 96; *Weber*, StuW 2009, 184, 186.

820 So auch *Gärtner*, Gemischt veranlasste Aufwendungen, S. 96; *Weber*, StuW 2009, 184, 186.

821 So auch *Gärtner*, Gemischt veranlasste Aufwendungen, S. 96; *Weber*, StuW 2009, 184, 186.

die Veranlassungsprüfung in zwei Schritte aufgeteilt wird.[822] Auch in der Literatur finden sich – teilweise ausdrücklich, teilweise erkennbar durch die beschriebene Vorgehensweise – vermehrt Hinweise auf zweistufige Prüfungsstrukturen.[823] Die einzelnen Stufen bzw. Phasen sind dabei nicht immer deckungsgleich und unterscheiden sich zum Teil in ihren Randbereichen.[824] Zu Weilen wird in der Literatur sogar von einer Gliederung in drei oder mehr Schritte gesprochen.[825]

Für ein besseres Verständnis der verschiedenen Problempunkte zum Veranlassungsprinzip bietet sich eine Aufteilung der Prüfungsstruktur in mehrere Einzelschritte zweifellos an. Sie erleichtert die systematische und inhaltliche Trennung der unterschiedlichen Streitpunkte und macht damit die gesamte Prüfung inhaltlich handhabbarer.[826] Daher ist es vorteilhaft, die verhältnismäßig unbestimmte Frage der Veranlassung[827] zunächst in zwei Schritte aufzuteilen. Im ersten Schritt wird ermittelt, auf welche Ursache bzw. welchen Auslöser die Aufwendung des Steuerpflichtigen zurückzuführen ist. Anschließend wird in einem zweiten Schritt geprüft, ob diese Ursache bzw. dieser Auslöser der Erwerbs- oder Privatsphäre zuzuordnen ist.[828] Streitpunkte zum Inhalt des Veranlassungsprinzips bestehen dabei auf beiden Stufen. So kann auf erster Ebene zwischen der kausalen und der finalen Veranlassungstheorie unterscheiden werden.[829] Anschließend stellt sich auf zweiter Ebene die Frage, ob der notwendige Veranlassungszusammenhang zwischen Aufwendung und Erwerbstätigkeit nach subjektiven und/oder objektiven

822 Siehe hierzu Teil 3 § 10 B.III.

823 So etwa *Tipke*, StuW 1979, 193, 200; siehe zudem *Jakob/Jüptner*, StuW 1983, 206, 210 f. („Veranlassung 1. Stufe", „Veranlassung 2. Stufe"); *Lang*, Bemessungsgrundlage, S. 322 („erste Stufe" und „zweite Stufe"); *Schilling*, Zwangsläufiger Aufwand, S. 117 ff. („Erste Stufe" und „Zweite Stufe"); *Wanner*, StuW 1987, 302, 315 („erster Schritt", „nächster Schritt"); *Weber*, StuW 2009, 184, 186 („zweistufige Prüfung").

824 Zu dieser Erkenntnis kommt auch *Gärtner*, Gemischt veranlasste Aufwendungen, S. 96 f., Fn. 256.

825 Siehe z.B. *Gärtner*, Gemischt veranlasste Aufwendungen, S. 97 („weiteren (dritten) Stufe"); *Kröner*, StuW 1985, 115, 126 f. („dreistufige Betrachtung"); *Ruppe*, DStJG 3 (1980), S. 103, 133 („Mehrphasiger Entscheidungsprozess"); *Söhn*, in: K/S/M, EStG, § 4, Rn. E 68 („1. Schritt", „2. Schritt", „3. Schritt").

826 So auch *Gärtner*, Gemischt veranlasste Aufwendungen, S. 97; *Weber*, StuW 2009, 184, 186.

827 *Weber*, StuW 2009, 184, 186.

828 Vgl. auch *Gärtner*, Gemischt veranlasste Aufwendungen, S. 97; *Söhn*, in: K/S/M, EStG, § 4, Rn. E 68; *Tipke*, StuW 1979, 193, 200; *Weber*, StuW 2009, 184, 186.

829 So auch *Gärtner*, Gemischt veranlasste Aufwendungen, S. 96.

Kriterien zu bewerten ist.[830] Beide Problembereiche werden im Folgenden einzeln untersucht. Für den im Rahmen dieser Arbeit äußerst relevanten Grenzbereich zwischen den Erwerbs- und den Privataufwendungen kommt schließlich noch eine dritte Stufe hinzu, bei der eine Gewichtung der einzelnen Veranlassungsbeiträge vorgenommen wird.[831] Diese wird an späterer Stelle separat analysiert.[832]

III. Kausale und finale Veranlassungstheorie der Literatur

1. Vorbemerkungen

Der erste wesentliche Streitpunkt, über den im Schrifttum seit langem Uneinigkeit besteht und der sich auf der ersten Stufe der Veranlassungsprüfung auswirkt, ist die Frage, ob der Veranlassungsbegriff kausal oder final zu verstehen ist. Konkret geht es dabei um den Wortlaut des § 4 Abs. 4 EStG und die Frage, ob *veranlassen* das Gleiche bedeutet wie *verursachen*, oder ob hierin ein Unterschied zu sehen ist.[833] Hierzu werden mit der kausalen und der finalen Veranlassungstheorie bis heute zwei gegenläufige Auffassungen vertreten.

2. Kausalitätsproblem

Die Vertreter der kausalen Veranlassungstheorie gehen davon aus, dass die Begriffe Veranlassung und Verursachung gleichzusetzen sind.[834] Hierfür soll bereits die historische Entwicklung des Veranlassungsbegriffs sprechen.[835] Es wird argumentiert, dass die Gesetzesbegründung zum Einkommensteuergesetz 1934 keine Anhaltspunkte dafür enthalte, dass der Gesetzgeber bewusst zwischen den Begriffen veranlassen und verursachen unterscheiden wollte.[836] Zudem wird an-

---

830 So auch *Gärtner,* Gemischt veranlasste Aufwendungen, S. 96.

831 Vgl. auch *Gärtner,* Gemischt veranlasste Aufwendungen, S. 97; *Pfab,* Bildungsaufwendungen, S. 139; *Söhn,* in: K/S/M, EStG, § 4, Rn. E 68.

832 Siehe hierzu Teil 3 § 9 B.

833 Vgl. *Lang,* Bemessungsgrundlage, S. 322; *Ruppe,* DStJG 3 (1980), S. 103, 126 ff.; *Söhn,* in: K/S/M, EStG, § 4, Rn. E 61; *Stapperfend,* FS Kruse, S. 533, 539 ff.; *Stapperfend,* in: Herrmann/Heuer/Raupach, EStG/KStG, § 4 EStG, Rn. 790; *Valta,* FR 2020, 586, 587 f.; *Wanner,* StuW 1987, 302, 310 ff.; *Weber,* StuW 2009, 184, 186.

834 So *Jüptner,* Leistungsfähigkeit, S. 144; *Kammergruber,* Betriebsausgabenabzug, S. 45; *Plückebaum,* StBp 1963, Sonderbeil. zu Heft 3, S. 1, 3; *Söhn,* DStJG 3 (1980), S. 13, 40; *Söhn,* in: K/S/M, EStG, § 4, Rn. E 63.

835 So *Holthaus,* Bildungskosten, S. 61; *Jüptner,* Leistungsfähigkeit, S. 144 ff.; *Söhn,* in: K/S/M, EStG, § 4, Rn. E 66; *Wanner,* StuW 1987, 302, 314.

836 So *Holthaus,* Bildungskosten, S. 61; *Jüptner,* Leistungsfähigkeit, S. 155; *Ruppe,* DStJG 3 (1980), S. 103, 115; *Söhn,* in: K/S/M, § 4, Rn. E 66; *Wanner,* StuW 1987,

gebracht, dass auch der RFH[837] und das Schrifttum aus der Zeit vor 1934[838] nicht zwischen Veranlassung und Verursachung unterschieden, sondern die beiden Begriffe synonym verwendet haben.[839] Schließlich wird darauf hingewiesen, dass eine zu starre Orientierung am Wortlaut des § 4 Abs. 4 EStG den eigentlichen Zweck der Norm, nämlich die Abgrenzung zwischen Erwerbs- und Privataufwendungen, verdecke.[840] Eine reine Wortlautinterpretation käme daher nicht in Betracht. Vielmehr sei bei der Auslegung der Norm von der einkommensteuerrechtlichen Systematik, insbesondere dem Leistungsfähigkeitsprinzip und dem objektiven Nettoprinzip, auszugehen.[841]

Nach diesem Verständnis des § 4 Abs. 4 EStG ist die Frage, welche Aufwendungen durch den Betrieb veranlasst bzw. verursacht sind, ein Kausalitätsproblem,[842] das ebenso wie in anderen Rechtsgebieten auch, mithilfe der Äquivalenz- oder

---

302, 309, 314.

837 RFHE 21, 84, 84 ff. spricht beispielsweise im Leitsatz von Ausgaben, zu denen der Steuerpflichtige „veranlasst werde", und in den Entscheidungsgründen von den durch eine Tätigkeit wirtschaftlich „verursachten" Ausgaben; vgl. ferner RFHE 11, 238, 242; RFHE 19, 201, 203. Siehe zur Entwicklung der RFH-Rechtsprechung in diesem Zusammenhang *Jüptner,* Leistungsfähigkeit, S. 151 ff.

838 Siehe etwa *Schachian,* in: Blümich, EStG 1925, § 12, Rn. 2; *Strutz,* EStG 1925, § 12, Rn. 11a.

839 So *Holthaus,* Bildungskosten, S. 60; *Jüptner,* Leistungsfähigkeit, S. 151 ff.; *Söhn,* in: K/S/M, EStG, § 4, Rn. E 66.

840 So *Holthaus,* Bildungskosten, S. 60.

841 Vgl. *Holthaus,* Bildungskosten, S. 60; *Jüptner,* Leistungsfähigkeit, S. 147 f.; *Ruppe,* DStJG 3 (1980), S. 103, 105; *Söhn,* DStJG 3 (1980), S. 13, 17; *Söhn,* in: K/S/M, EStG, § 4, Rn. E 66; *Tipke,* StuW 1979, 193, 195; *Wanner,* StuW 1987, 302, 314.

842 So *Bauer,* Dualismus Betriebsausgaben, S. 37; *Droege,* StuW 2011, 105, 106; *Frotscher/Watrin,* in: Frotscher/Geurts, EStG, § 4, Rn. 572; *Gärtner,* Gemischt veranlasste Aufwendungen, S. 110; *Hey,* in: Tipke/Lang, Steuerrecht, Rn. 8.208, 8.211; *Holthaus,* Bildungskosten, S. 60 f.; *P. Kirchhof,* DStJG 3 (1980), S. 201, 203; *Jakob,* Einkommen I, S. 128; *Jüptner,* Leistungsfähigkeit, S. 144; *Kröner,* StuW 1985, 115, 127; *Lange,* BB 1971, 405, 406; *Lang,* Bemessungsgrundlage, S. 299 ff.; *Lange,* DB 1978, 1854, 1855; *Langohr,* Veranlassungsprinzip, S. 84; *Pfab,* Bildungsaufwendungen, S. 139; *Plückebaum,* StBp 1963, Sonderbeil. zu Heft 3, S. 1, 3; *Schneider,* FS BFH, Bd.2, S. 1243, 1244; *Schuck,* Veranlassungszusammenhang, S. 47; *Söhn,* DStJG 3 (1980), S. 13, 22 ff; *Söhn,* StuW 1983, 193, 194; *Söhn,* in: K/S/M, EStG, § 4, Rn. 65; *Tanzer,* ÖStZ 1975, 50, 51; *Tiedtke,* FR 1978, 493, 495; *Tipke,* StuW 1979, 193, 200; *Tipke,* Steuerrechtsordnung II, S. 765 f.; *Wanner,* StuW 1987, 302, 314; *Wacker,* BB 2018, 2519, 2523.

Bedingungstheorie zu lösen ist.[843] Auch im Steuerrecht soll demnach die Feststellung eines philosophisch-logisch-naturwissenschaftlichen Ursachenzusammenhang stets den Ausgangspunkt der Prüfung bilden.[844] Hierbei wird ein weiter Ursachenkreis gezogen, bei dem jede Handlung als erfolgsursächlich angesehen wird, die nicht hinweggedacht werden kann, ohne dass der Erfolg entfiele (conditio-sine-qua-non-Formel).[845] Alle Ursachen, die nach dieser Vorgehensweise als Betriebsausgaben/Werbungskosten in Betracht kommen, werden als gleichwertig erachtet. Eine Wertung einzelner Ursachen wird nach der Äquivalenztheorie gerade nicht vorgenommen.[846] Angewandt auf den Betriebsausgabenbegriff nach § 4 Abs. 4 EStG bedeutet dies, dass eine Aufwendung durch den Betrieb veranlasst ist, wenn die Ausgabe bei Hinwegdenken des Betriebes nicht angefallen wäre.[847] Umgekehrt führt aber auch jede noch so geringfügige Privatursache zu einer gleichwertigen privaten Mitveranlassung,[848] da die Aufwendung in diesem Fall

---

843 So *Frotscher/Watrin*, in: Frotscher/Geurts, EStG, § 4, Rn. 572; *Lang/Seer*, FR 1994, 521, 525; *Ruppe*, DStJG 3 (1980), S. 103, 129; *Schilling*, Zwangsläufiger Aufwand, S. 108; *Söhn*, DStJG 3 (1980), S. 13, 22 ff.

844 *Lang*, Bemessungsgrundlage, S. 301 f.; *Lange*, BB 1971, 405, 406; *Lange*, DB 1978, 1854, 1855; *Söhn*, DStJG 3 (1980), S. 13, 19, 21; *Söhn*, in: K/S/M, EStG, § 4, Rn. 68; *Tanzer*, ÖStZ 1975, 50, 55; *Wanner*, StuW 1987, 302, 314; *Weber*, StuW 2009, 184, 186.

845 *Frotscher/Watrin*, in: Frotscher/Geurts, EStG, § 4, Rn. 572; *Hey*, in: Tipke/Lang, Steuerrecht, Rn. 8.211; *Lang*, Bemessungsgrundlage, S. 301 f.; *Schilling*, Zwangsläufiger Aufwand, S. 108; *Tiedtke*, FR 1978, 493, 498; *Wanner*, StuW 1987, 302, 314.

846 Siehe *Haueisen*, JZ 1961, 9, 9; *Helkenberg*, Unangemessenheit von Betriebsausgaben, S. 38; *Lang*, Bemessungsgrundlage, S. 301; *Lange*, DB 1978, 1854, 1855; *Schilling*, Zwangsläufiger Aufwand, S. 108; *Söhn*, DStJG 3 (1980), S. 13, 20, 22; *Tanzer*, ÖStZ 1975, 50, 55; *Wanner*, StuW 1987, 302, 314.

847 Vgl. BFH BStBl. II 2008, 234, 245; FG Schleswig-Holstein, EFG 1975, 105, 106; *Gorski*, DStZ 1981, 111, 111; *Holthaus*, Bildungskosten, S. 59; *Lange*, BB 1971, 405, 406; *Plückebaum*, StBp 1963, Sonderbeil. zu Heft 3, S. 1, 4; *Ruppe*, DStJG 3 (1980), S. 103, 129; *Söhn*, DStJG 3 (1980), S. 13, 22 f.; *Tiedtke*, FR 1978, 493, 498.

848 Vgl. *Schilling*, Zwangsläufiger Aufwand, S. 108; *Söhn*, DStJG 3 (1980), S. 13, 72; a.A. *Tiedtke*, FR 1978, 493, 498, der die Äquivalenztheorie dahingehend interpretiert, dass eine private Mitveranlassung für die Abzugsfähigkeit einer Erwerbsaufwendung keine Rolle spielen darf. Dieses Verständnis der Bedingungslehre scheint jedoch nicht mit der grundsätzlichen Gleichwertigkeit sämtlicher philosophisch-logisch-naturwissenschaftlicher Ursachen vereinbar zu sein. Eine Wertung dahingehend, dass private Ursachen als nicht rechtserheblich einzustufen sind, wird hier gerade nicht vorgenommen. Zu Recht kritisch *Schilling*, Zwangsläufiger Aufwand, S. 109, Fn. 454; *Söhn*, DStJG 3 (1980), S. 13, 65, Fn. 248.

auch dann entstanden wäre, wenn man den Betrieb hinwegdenkt.[849] Ob die private Ursache dabei für die Tätigung der Ausgabe wesentlich war, spielt keine Rolle, da bei konsequenter Anwendung der conditio-sine-qua-non-Formel alle Ursachen als gleichwertig anzusehen sind. Um dennoch zu einer Abzugsfähigkeit der Erwerbsaufwendung zu kommen, müsste die private Ursache somit stillschweigend ignoriert werden.[850]

Aufgrund dieser Problematik, die insbesondere bei Aufwendungen mit gemischten Ursachen auftritt, wird im Schrifttum durchgängig die Auffassung vertreten, dass die Äquivalenztheorie im Steuerrecht nicht uneingeschränkt Anwendung finden kann.[851] Es wird angeführt, dass letztlich jede betriebliche Handlung ihren Ursprung zugleich im privaten Bereich habe, wenn der Ursachenkreis im Sinne der conditio-sine-qua-non-Formel nur groß genug gezogen wird. Selbst Aufwendungen, die eindeutig der Erwerbssphäre zuzuordnen sind, seien auf die Geburt des Steuerpflichtigen und damit auf eine private Ursache zurückzuführen.[852] Auf diese Weise könne für Erwerbsaufwendungen immer zugleich auch ein Zusammenhang zur privaten Lebensführung hergestellt werden.[853] Eine systematische Trennung zwischen Erwerbs- und Privatsphäre nur anhand der Äquivalenztheorie sei daher nicht möglich.[854] Zudem höhle eine isolierte Anwendung der conditio-sine-qua-non-Formel im Steuerrecht das objektive Nettoprinzip übermäßig aus,[855] so dass die Äquivalenztheorie nicht mit dem Leistungsfähigkeitsprinzip vereinbar sei.[856]

---

849 Vgl. *Plückebaum*, StBp 1963, Sonderbeil. zu Heft 3, S. 1, 4; *Ruppe*, DStJG 3 (1980), S. 103, 129; *Stapperfend*, in: Herrmann/Heuer/Raupach, EStG/KStG, § 4 EStG, Rn. 793; *Tipke*, DStJG 3 (1980), S. 1, 9; ähnlich auch *Kröger*, StuW 1978, 289, 290.

850 *Kröger*, StuW 1978, 289, 290.

851 So *Helkenberg*, Unangemessenheit von Betriebsausgaben, S. 39; *Hey*, in: Tipke/Lang, Steuerrecht, Rn. 8.219; *Hofstetter*, DStZ 1991, 658, 660; *Kröger*, StuW 1978, 289, 290; *Kröner*, StuW 1985, 115, 127; *Lang/Seer*, FR 1994, 521, 525 f.; *Ruppe*, DStJG 3 (1980), S. 103, 129 ff.; *Schilling*, Zwangsläufiger Aufwand, S. 108 f.; *Söhn*, DStJG 3 (1980), S. 13, 74; *Tanzer*, ÖStZ 1975, 50, 55; *Tipke*, StuW 1979, 193, 201; *Tipke*, FS Raupach, S. 177, 184.; *Wacker*, BB 1991, 248, 251; *Wanner*, StuW 1987, 302, 314.

852 *Hey*, in: Tipke/Lang, Steuerrecht, Rn. 8.219; *Schilling*, Zwangsläufiger Aufwand, S. 108.

853 *Lang*, StuW 2007, 3, 10; *Plückebaum*, StBp 1963, Sonderbeil. zu Heft 3, S. 1; *Tipke*, FS Raupach, S. 177, 184; *Wacker*, BB 1991, 248, 257, Fn. 37.

854 *Schilling*, Zwangsläufiger Aufwand, S. 109; *Söhn*, DStJG 3 (1980), S. 13, 74.

855 *Tipke*, FS Raupach, S. 177, 184.

856 *Ruppe*, DStJG 3 (1980), S. 103, 130; *Wanner*, StuW 1987, 302, 314.

Um diese nicht allein im Steuerrecht bestehenden Probleme der Bedingungslehre zu überwinden, wird einhellig vertreten, dass die Äquivalenztheorie nur den Ausgangspunkt der Veranlassungsprüfung bilden kann. In einem zweiten Schritt soll dann im Wege einer normativen Ursachenbewertung herausgefiltert werden, welche Ursachen rechtliche Relevanz für die steuerliche Abgrenzung der Erwerbs- zur Privatsphäre haben.[857] Nach welchen Kriterien die Ursachenbewertung dabei durchzuführen ist, ist wiederum umstritten.[858] *Lange* verfolgt in diesem Zusammenhang den Begriff der modifizierten Bedingungstheorie, bei der die Ursachenbewertung des Veranlassungsprinzips in der Form durch § 12 EStG modifiziert werden soll, dass diejenigen Ursachen, die durch die private Lebensführung des Steuerpflichtigen gesetzt werden, für die steuerliche Bewertung nicht relevant sind.[859] *Tipke* geht demgegenüber davon aus, dass die steuerspezifischen Probleme der Äquivalenztheorie ähnlich wie im gesetzlichen Unfallversicherungsrecht durch eine Anwendung der Theorie der wesentlichen Bedingung gelöst werden könnten.[860] Danach werden nur diejenigen Ursachen

857 Siehe statt aller *Droege*, StuW 2011, 105, 106; *Frotscher/Watrin*, in: Frotscher/Geurts, EStG, § 4, Rn. 577; *Helkenberg*, Unangemessenheit von Betriebsausgaben, S. 39; *Hey*, in Tipke/Lang, Steuerrecht, Rn. 8.219; *Jakob*, Einkommen I, S. 128; *Jüptner*, Leistungsfähigkeit, S. 150; *Kröner*, StuW 1985, 115, 127; *Lang*, Bemessungsgrundlage, S. 301 f.; *Lange*, BB 1971, 405, 406; *Langohr*, Veranlassungsprinzip, S. 86; *Pfab*, Bildungsaufwendungen, S. 138; *Plückebaum*, StBp 1963, Sonderbeil. zu Heft 3, S. 1, 4; *Ruppe*, DStJG 3 (1980), S. 103, 129 ff.; *Schneider*, FS BFH, Bd. 2, S. 1243, 1244; *Söhn*, DStJG 3 (1980), S. 13, 69 ff.; *Söhn*, in: K/S/M, EStG, § 4, Rn E 68; *Tipke*, StuW 1979, 193, 200 f.; *Tipke*, FS Raupach, S. 177, 184; *Wacker*, BB 2018, 2519, 2523; *Wanner*, StuW 1987, 302, 314 f. Die hier angesprochene wertende Auswahl der Kriterien wird in der Literatur zumeist schon auf der ersten Stufe der Veranlassungsprüfung vorgenommen. Wie noch zu zeigen sein wird, ist es allerdings sinnvoll, hierfür eine eigene dritte Stufe einzuführen. Näher hierzu Teil 3 § 9 B.

858 Siehe hierzu W*anner*, StuW 1987, 302, 315 ff.

859 *Lange*, BB 1971, 405, 408; *Lange*, DB 1978, 1854, 1854 f; siehe hierzu auch *Balke*, FR 1979, 424, 424 ff.; *von Bornhaupt*, in: K/S/M, EStG, § 9, Rn. B 188; a.A. *Langohr*, Veranlassungsprinzip, S. 91.

860 *Tipke*, StuW 1979, 193, 198, 200; *Tipke*, FS Raupach, S. 177, 184. So auch *Frotscher/Watrin*, in: Frotscher/Geurts, EStG, § 4, Rn. 578; *Hey*, in: Tipke/Lang, Steuerrecht, Rn. 8.220; *Jakob/Jüptner*, StuW 1983, 206, 212; *P. Kirchhof*, DStJG 3 (1980), S. 201, 204; *Meyer*, in: BeckOK EStG, § 4, Rn. 2218.3; *Schilling*, Zwangsläufiger Aufwand, S. 117 ff.; *Weber*, StuW 2009, 184, 192. Grundlegend zur Abgrenzung wesentlicher und unwesentlicher Ursachen bereits *Söhn*, DStJG 3 (1980), S. 13, 69 ff. A.A. *Lange*, BB 1971, 405, 407; *Langohr*, Veranlassungsprinzip, S. 98 f.; *Tanzer*, ÖStZ 1975, 50, 54; *Tiedtke*, FR 1978, 493, 496 ff.; *Wanner*, StuW 1987, 302, 314 f., die davon ausgehen,

als rechtserheblich angesehen, die wegen ihrer besonderen Beziehung zum Erfolg bei natürlicher Betrachtung wesentlich zu dessen Eintritt beigetragen haben.[861] *Ruppe* schlägt wiederum vor, die Entscheidung über die Rechtserheblichkeit einer Ursache bei unterschiedlichen Veranlassungen einzelfallorientiert zu lösen. Seiner Meinung nach ist es Aufgabe der Rechtsprechung, diejenigen Indizien und Faktoren herauszuarbeiten, aus denen sich ergibt, welche Ursachen für die steuerliche Aufwendungsabgrenzung rechtlich relevant sind.[862]

Weitgehende Einigkeit besteht indes darüber, dass die im Zivilrecht anerkannte Adäquanztheorie, nach der nur diejenigen Ursachen rechtserheblich sind, bei denen nach dem gewöhnlichen Lauf der Dinge die Herbeiführung des Erfolges mit Wahrscheinlichkeit zu erwarten ist,[863] im Steuerrecht keine Anwendung finden kann.[864] Hiernach wären inadäquate Aufwendungen, die vom Standpunkt eines typischen Steuerpflichtigen aus unangemessen oder unnötig sind, von vornherein von dem Ursachenkreis möglicher Betriebsausgaben ausgeschlossen.[865] Eine solche Klassifizierung, bei der bestimmte Aufwendungen bereits nach der

---

dass die Zwecksetzung des Unfallversicherungsrechts nicht mit derjenigen des Steuerrechts vereinbar ist und eine unmittelbare Übernahme der dort herangezogenen Ursachenbewertung daher ausscheidet. Kritisch auch *Kröger,* StuW 1978, 289, 290; *Lang,* StuW 2007, 3, 10; *Lang,* Bemessungsgrundlage, S. 304 f.; *Lang/Seer,* FR 1994, 521, 526 f.; *Ruppe,* DStJG 3 (1980), S. 103, 136, die zu Recht darauf hinweisen, dass die Wesentlichkeitstheorie nur dann Anwendung finden kann, wenn das Verständnis von Wesentlichkeit steuerspezifisch am Leistungsfähigkeitsprinzip ausgerichtet wird.

861 *Haueisen,* JZ 1961, 9, 10; *Söhn,* DStJG 3 (1980), S. 13, 70; *Tanzer,* ÖStZ 1975, 50, 54; *Weber,* StuW 2009, 184, 192; vgl. auch BFH GrS BStBl. II 1978, 105, 108; *Tipke,* StuW 1979, 193, 200; *Tipke,* FS Raupach, S. 177, 184. Ähnlich argumentiert auch *Jakob,* Einkommen I, S. 128: „Aufwendungen sind grundsätzlich Werbungskosten, wenn ihre „entscheidende, „gewichtigste" oder „auslösende" Ursache auf eine steuerbare Leistung zurückgeht". Näher zur Wesentlichkeitstheorie in Teil 3 § 9 B.II.

862 *Ruppe,* DStJG 3 (1980), S. 103, 133-135; siehe auch *Orth,* FR 1980, 205, 206; *Wanner,* StuW 1987, 302, 317; für eine fallgruppenorientierte Lösung im Ergebnis auch *Walz,* StuW 1986, 21, 28 ff. Ähnlich auch *Wacker,* BB 2018, 2519, 2523, der sich für eine richterliche Konkretisierung ausspricht.

863 *Hofstetter,* DStZ 1991, 658, 659; *Lang,* Bemessungsgrundlage, S. 302; *Lange,* BB 1971, 405, 406; vgl. auch *Grüneberg,* in: Grüneberg, BGB, vor § 249, Rn. 26.

864 *Bode,* in: Kirchhof, EStG, § 4, Rn. 170; *Hofstetter,* DStZ 1991, 658, 660; *Kröger,* StuW 1985, 289, 290; *Lange,* BB 1971, 405, 406 f.; *Ruppe,* DStJG 3 (1980), S. 103, 132; *Söhn,* DStJG 3 (1980), S. 13, 71; *Tanzer,* ÖStZ 1975, 50, 54; *Tipke,* StuW 1979, 193, 198; *Wacker,* BB 1991, 248, 251; *Wanner,* StuW 1987, 302, 314.

865 *Hofstetter,* DStZ 1991, 658, 660; *Lang,* Bemessungsgrundlage, S. 303; *Lange,* BB 1971, 405, 407.

allgemeinen Lebenserfahrung typischerweise der Erwerbs- oder Privatsphäre zugeordnet werden, schränke die Dispositionsfreiheit des Steuerpflichtigen übermäßig ein.[866] Sie sei darüber hinaus auch nicht mit dem Leistungsfähigkeitsprinzip vereinbar, da sich die Ermittlung der Leistungsfähigkeit des Steuerpflichtigen am typischen bzw. gewöhnlich zu erwartenden Regelfall orientiere und nicht für den konkreten Einzelfall vorgenommen werde.[867] Zudem widerspreche eine Differenzierung nach adäquaten und inadäquaten Aufwendungen der allgemein vorherrschenden Meinung, wonach die Angemessenheit, Gewöhnlichkeit oder Zweckmäßigkeit einer Aufwendung gerade keine Rolle für deren Abziehbarkeit spielt.[868] Nahezu alle Vertreter der kausalen Veranlassungstheorie sind daher der Meinung, dass für das Einkommensteuerrecht weder auf die Äquivalenz- noch auf die Adäquanztheorie zurückgegriffen werden dürfe, sondern eine eigene steuerliche Kausalitätstheorie (sog. Veranlassungstheorie) gelte, welche die besonderen gesetzlichen Wertungen des Einkommensteuerrechts berücksichtigt.[869]

3. *Auslösendes Moment*

Die Vertreter der finalen Veranlassungstheorie gehen demgegenüber davon aus, dass es für die Bestimmung des Veranlassungsbegriffs nicht auf Kausalitätserwägungen, sondern allein auf den Wortlaut des § 4 Abs. 4 EStG ankommt.[870]

---

866 *Hofstetter,* DStZ 1991, 658, 660.

867 *Pfab,* Bildungsaufwendungen, S. 153 ff.; *Tanzer,* ÖStZ 1975, 50, 54; *Wanner,* StuW 1987, 302, 314; siehe auch *Langohr,* Veranlassungsprinzip, S. 89; a.A. *Plückebaum,* StBp 1963, Sonderbeil. zu Heft 3, S. 1, 3 f., der davon ausgeht, dass betrieblich veranlasste Aufwendungen nur dann abziehbar sind, wenn sie nach der Lebenserfahrung typischerweise aus betrieblichen oder beruflichen Motiven gemacht zu werden pflegen. Zu Recht kritisch hierzu *Hofstetter,* DStZ 1991, 658, 660; *Lange,* BB 1971, 405, 406 f.; *Ruppe,* DStJG 3 (1980), S. 103, 130, Fn. 102.

868 Vgl. *Görlich,* DB 1979, 711, 712; *Lange,* BB 1971, 405, 407; *Offerhaus,* BB 1979, 617, 621; *Prinz,* StuW 1996, 267, 271; *Tanzer,* ÖStZ 1975, 50, 54. Siehe zur Angemessenheit im Steuerrecht Teil 4 § 17 C.II.3.a.

869 So etwa *Bode,* in: Kirchhof, EStG, § 4, Rn. 170; *Hey,* in: Tipke/Lang, Steuerrecht, Rn. 8.206; *Lang,* Bemessungsgrundlage, S. 306; *Pfab,* Bildungsaufwendungen, S. 138; *Söhn,* DStJG 3 (1980), S. 13, 73; *Söhn,* in: K/S/M, EStG, § 4, Rn. E 68; *Tipke,* StuW 1979, 193, 198; *Wacker,* BB 1991, 248, 250; *Wacker,* BB 2018, 2519, 2523; *Wanner,* StuW 1987, 302, 314 f.; a.A. *Lange,* DB 1978, 1854, 1855, der davon ausgeht, dass es keine spezifische steuerrechtliche Kausalität gibt.

870 So *Görlich,* DB 1979, 711, 711; *Hofstetter,* DStZ 1991, 658, 660; *Kreft,* Erwerbsaufwendungen, S. 57; *Prinz,* Werbungskosten, S. 230; *Stapperfend,* FS Kruse, S. 533, 540 f.; *Wassermeyer,* StuW 1982, 352, 358.

Dieser spreche nur von veranlassen und gerade nicht von verursachen. Eine inhaltliche Gleichsetzung der beiden Begriffe, wie sie von den Vertretern der kausalen Veranlassungstheorie vorgenommen wird, soll der Gesetzgeber gerade nicht beabsichtigt haben und wird im Rahmen der finalen Veranlassungstheorie daher abgelehnt.[871] Nach dieser Ansicht ist der in § 4 Abs. 4 EStG verwendete Begriff der Veranlassung enger als derjenige der Verursachung.[872] So soll es bei der Veranlassung auf das auslösende Moment, also den äußeren Anstoß für eine Aufwendung ankommen, während bei einer Verursachung der Grund, aus dem die Aufwendung getätigt wurde, maßgeblich ist.[873]

Zusätzlich geht die finale Veranlassungstheorie davon aus, dass der Begriff der Veranlassung ein subjektives Element enthält.[874] Dies wird wiederum darauf zurückgeführt, dass die Verursachung einen naturgesetzlichen, mechanischen oder ausschließlich logischen Kausalablauf ausdrücke, während der Veranlassungsbegriff bereits nach dem allgemeinen Sprachgebrauch auf ein menschliches Handeln abstelle.[875] Entscheidend für die betriebliche Veranlassung einer Aufwendung sei

---

871 So *von Bornhaupt,* DStJG 3 (1980), S. 149, 180; *Görlich,* DB 1979, 711, 711; *Kreft,* Erwerbsaufwendungen, S. 63 f.; *Kreft,* in: Herrmann/Heuer/Raupach, EStG/KStG, § 9 EStG, Rn. 142; *Kröger,* StuW 1978, 289, 291; *Stapperfend,* FS Kruse, S. 533, 539 f.; *Stapperfend,* in: Herrmann/Heuer/Raupach, EStG/KStG, § 4 EStG, Rn. 790; *Wassermeyer,* StuW 1981, 245, 250; *Wassermeyer,* StuW 1982, 352, 358; siehe auch *Offerhaus,* BB 1979, 617, 620, der zwar betont, dass Ursache und Anlass verschieden seien, im nächsten Schritt jedoch die conditio-sine-qua-non-Formel anwendet, wenn er darauf abstellt, dass „eine Aufwendung jedenfalls dann durch den Betrieb veranlaßt [ist], wenn sie ohne ihn nicht entstanden wäre"; zu Recht kritisch daher *Wanner,* StuW 1987, 302, 311; *Weber,* StuW 2009, 184, 187.

872 Vgl. *Stapperfend,* in: Herrmann/Heuer/Raupach, EStG/KStG, § 4 EStG, Rn. 793.

873 *von Bornhaupt,* DStJG 3 (1980), S. 149, 180; *Offerhaus,* BB 1979, 617, 620; *Prinz,* FR 1986, 397, 406; *Prinz,* Werbungskosten, S. 230; *Stapperfend,* FS Kruse, S. 533, 540 f.; *Stapperfend,* in: Herrmann/Heuer/Raupach, EStG/KStG, § 4 EStG, Rn. 790; *Wassermeyer,* DStJG 3 (1980), S. 315, 323; siehe auch *Ruppe,* DStJG 3 (1980), S. 402, der davon ausgeht, dass Anlass und wesentliche Bedingung nicht gleichbedeutend sind. Zur Auslegung des Veranlassungsbegriffs im Einzelnen siehe *Wassermeyer,* StuW 1982, 352, 358.

874 *von Bornhaupt,* DStJG 3 (1980), S. 149, 181; *Görlich,* DB 1979, 711, 711 f.; *Hofstetter,* DStZ 1991, 658, 660; *Kröger,* StuW 1978, 289, 291; *Offerhaus,* BB 1979, 617, 621; *Prinz,* FR 1986, 397, 405; *Stapperfend,* FS Kruse, S. 533, 540 f.; *Stapperfend,* in: Herrmann/Heuer/Raupach, EStG/KStG, § 4 EStG, Rn. 790; *Wassermeyer,* DStJG 3 (1980), S. 315, 323, 402.

875 So *von Bornhaupt,* DStJG 3 (1980), S. 149, 181; *Hofstetter,* DStZ 1991, 658, 660; *Kröger,* StuW 1978, 289, 291; *Stapperfend,* FS Kruse, S. 533, 540 f.; *Stapperfend,* in:

demnach die subjektive Zweckbestimmung des Steuerpflichtigen.[876] Wenn die getätigte Aufwendung nicht nur objektiv, sondern auch subjektiv der Förderung des Betriebes dient, handelt es sich nach dieser Ansicht um eine Betriebsausgabe im Sinne des § 4 Abs. 4 EStG.[877] Wird die Aufwendung dagegen nur gelegentlich im Rahmen der betrieblichen Tätigkeit vorgenommen, so wird nicht bereits aus diesem Grund eine betriebliche Veranlassung angenommen.[878] Diese finale Sichtweise wird teilweise auch darauf zurückgeführt, dass die Übernahme des Veranlassungsprinzips auf den Werbungskostenbegriff nach § 9 Abs. 1 S. 1 EStG zur Folge habe, dass das Veranlassungsprinzip alle Auswirkungen des finalen Werbungskostenbegriffs und damit auch die subjektive Zweckbestimmung in sich aufnehme.[879]

Nach der finalen Veranlassungstheorie ist das Vorliegen einer Betriebsausgabe im Sinne des § 4 Abs. 4 EStG damit letztlich abhängig von dem die Aufwendung auslösenden Moment und der subjektiven Zweckbestimmung des Steuerpflichtigen.[880] Wann ein Umstand dabei als auslösendes Moment anzusehen ist, wird im Schrifttum unterschiedlich gewertet.[881] Eine Auffassung versteht steuerliche Ausgaben letztlich als zivilrechtliche Vermögensverfügungen und orientiert sich bei der Suche nach den für die Aufwendung relevanten Umständen am Zivilrecht. Entscheidend seien danach alle inneren und äußeren Umstände, die zur Bildung eines entsprechenden rechtsgeschäftlichen Willens zur Tätigung der Vermögensverfügung beigetragen haben.[882] Nach anderer Auffassung sind die Umstände, aus denen sich das auslösende Moment ergibt, nicht zivilrechtlich, sondern im Wege einer eigenständigen steuerrechtlichen Wertung zu ermitteln.[883] Hiernach kommt

---

Herrmann/Heuer/Raupach, EStG/KStG, § 4 EStG, Rn. 793; *Wassermeyer,* StuW 1982, 352, 359.

876 *Görlich,* DB 1979, 711, 712; *Stapperfend,* in: Herrmann/Heuer/Raupach, EStG/KStG, § 4 EStG, Rn. 790; *Wassermeyer,* StuW 1982, 352, 359.

877 *Görlich,* DB 1979, 711, 712; *Offerhaus,* BB 1979, 617, 621; *Stapperfend,* in: Herrmann/Heuer/Raupach, EStG/KStG, § 4 EStG, Rn. 793.

878 *Offerhaus,* BB 1979, 617, 621.

879 So etwa *von Bornhaupt,* in: K/S/M, EStG, § 9, Rn. B 172 f.

880 So *Bode,* in: Kirchhof, EStG, § 4, Rn. 170; *Holzhäuser,* in: Bordewin/Brandt, EStG, § 4, Rn. 1714; *Kröger,* StuW 1978, 289, 291; *Meurer,* in: Lademann, EStG, § 4, Rn. 537; *Offerhaus,* BB 1979, 617, 621.

881 *Holthaus,* Bildungskosten, S. 60; teilweise bleibt diese Frage auch unbeantwortet, siehe etwa *von Bornhaupt,* DStJG 3 (1980), S. 149, 180 f.

882 So etwa *Wassermeyer,* StuW 1982, 352, 359; in diese Richtung auch *Kröger,* StuW 1978, 289, 291.

883 So *Kreft,* in: Herrmann/Heuer/Raupach, EStG/KStG, § 9 EStG, Rn. 140.

es allein auf die inneren und äußeren Umstände an, die den Steuerpflichtigen dazu bewogen haben, Aufwendungen zu tätigen oder einen Vermögensschaden zu erdulden, um damit einen steuerrelevanten Überschuss zu erzielen.[884] Maßgeblich ist nach beiden Ansichten das Vorliegen einer subjektiven Zweckbestimmung.

IV. Objektives und subjektives Verständnis des Veranlassungszusammenhangs in der Literatur

1. Vorbemerkungen

Neben der Frage, ob der Begriff der Veranlassung im Sinne von § 4 Abs. 4 EStG kausal oder final zu verstehen ist, gibt es einen zweiten wesentlichen Streitpunkt im steuerrechtlichen Schrifttum, bei dem auf zweiter Stufe der Veranlassungsprüfung darüber diskutiert wird, ob der Zusammenhang zwischen den Aufwendungen und der Erwerbstätigkeit des Steuerpflichtigen nach objektiven, subjektiven oder nach objektiven und subjektiven Kriterien zu bestimmen ist.[885] Die Beurteilung dieser Frage ist sowohl unter Vertretern der kausalen als auch Vertretern der finalen Veranlassungstheorie umstritten.[886]

Bevor jedoch die verschiedenen Ansichten im Einzelnen betrachtet werden können, muss zunächst die Frage beantwortet werden, was unter objektiven und subjektiven Kriterien zu verstehen ist.[887] Trotz ihrer praktischen Relevanz wird dieser Frage im wissenschaftlichen Diskurs nur selten explizit nachgegangen.[888] Zumeist wird nur die Maßgeblichkeit einzelner Kriterien begründet, ohne jedoch vorab allgemeingültig zu erklären, wie die Kriterien jeweils zu verstehen sind. Bei genauer Betrachtung der verschiedenen Ansichten zeigt sich allerdings, dass

---

884 *Kreft*, in: Herrmann/Heuer/Raupach, EStG/KStG, § 9 EStG, Rn. 140.

885 Siehe hierzu *Prinz*, FR 1986, 397, 402 ff.; *Wassermeyer*, StuW 1981, 245, 250; *Weber*, StuW 2009, 184, 187 f. Siehe auch *Wanner*, StuW 1978, 302, 315 ff., die in diesem Zusammenhang von einer sphärischen Zuordnung der Kausalfaktoren nach objektiven oder subjektiven Kriterien spricht.

886 *Kreft*, Erwerbsaufwendungen, S. 55; *Wanner*, StuW 1987, 302, 311 ff.; *Weber*, StuW 2009, 184, 187 f.

887 So auch *Kammergruber*, Betriebsausgabenabzug, S. 66.

888 Siehe für diese Feststellung auch *Wassermeyer*, StuW 1982, 352, 361 f., der die Ansicht der Rechtsprechung unter anderem damit kritisiert, dass sie keine Antwort auf die Frage gebe, was unter einem „objektiven" Zusammenhang zu verstehen ist; in diese Richtung auch *Walz*, StuW 1986, 21, 24. Siehe aber etwa *Kammergruber*, Betriebsausgabenabzug, S. 66 ff., der für beide Merkmale allgemeine Beschreibungen abgibt; siehe zudem *Wanner*, StuW 1987, 302, 316: „Ist der Kausalfaktor nach subjektiven (motivationsabhängigen) oder objektiven (situationsabhängigen) Kriterien zuzuordnen?"

bestimmte Argumente ihre Gültigkeit verlieren, wenn für das betreffende Veranlassungsmerkmal eine andere Definition zugrunde gelegt wird. Manche Streitigkeiten ergeben sich gerade daraus, dass nicht immer mit letzter Sicherheit gesagt werden kann, was jeweils mit den Begriffen objektiv und subjektiv gemeint ist.[889] Diese könnten bereits im Vorfeld ausgeräumt werden, wenn nach allen Ansichten einheitliche Definitionen herangezogen würden. Im Folgenden sollen die beiden Faktoren daher zunächst näher umschrieben werden.

2. *Definition der Kriterien*

Weitgehende Einigkeit besteht wohl darüber, dass mit subjektiven Kriterien nur diejenigen Faktoren gemeint sein können, die den einzelnen Steuerpflichtigen individuell betreffen und seiner eigenen Willensbildung entspringen.[890] *Tipke* hat in diesem Zusammenhang bereits 1979 eine Umschreibung des subjektiven Veranlassungszusammenhangs vorgenommen, nach der es allein auf das Motiv oder den Zweck des Steuerpflichtigen ankommen soll.[891] Auf diese Beschreibung subjektiver Kriterien greifen sowohl das Schrifttum[892] als auch die Rechtsprechung[893] bis heute zurück, ohne dies jedoch explizit zu erklären.[894] Zu den subjektiven

---

889 Vgl. auch *Kammergruber,* Betriebsausgabenabzug, S. 66.

890 *Kammergruber,* Betriebsausgabenabzug, S. 66.

891 *Tipke,* StuW 1979, 193, 199; *Tipke,* DStJG 3 (1980), S. 1, 6. Siehe hierzu auch *Kröner,* StuW 1985, 115, 121; *Tipke,* Steuerrechtsordnung II, S. 767; *Wanner,* StuW 1987, 302, 316.

892 Vgl. z.B. *Hey,* in: Tipke/Lang, Steuerrecht, Rn. 8.21: („Motive und Zwecke"); *Kammergruber,* Betriebsausgabenabzug, S. 66 („bewusste und unbewusste Motive des Steuerpflichtigen, sowie dessen Wissen und Wollen"); *Kreft,* in: Herrmann/Heuer/Raupach, EStG/KStG, § 9 EStG, Rn. 148 („subjektive Absicht oder das Motiv des Steuerpflichtigen"); *Ruppe,* DStJG 3 (1980), S. 103, 134 („Umstände, die sich in der subjektiven Willenssphäre des Beteiligten abspielen"); *Söhn,* in: K/S/M, EStG, § 4, Rn. E 80 („Erwerbsmotive/Erwerbszwecke").

893 Vgl etwa BFH GrS BStBl. II 1978, 105, 106; BFH BStBl. II 1984, 106, 107 („berufliche Zielvorstellung"); BFH BStBl. II 1981, 368, 369 („subjektive Absicht, mit der Ausgabe den Beruf bzw. den Betrieb zu fördern"); BFH BStBl. II 1982, 442, 443 („subjektive Förderungsabsicht"); BFH GrS BStBl. II 1990, 817, 823; BFH BStBl. II 1998, 193, 197 („Verwendungszweck").

894 *Tipke* geht im ersten Schritt von einer kausalen Veranlassungstheorie aus und beschreibt den subjektiven Veranlassungszusammenhang daher als eine Aufteilung zwischen der Motivursache (causa movens) und der Zweckursache (causa finalis); *Tipke,* StuW 1979, 193, 199; *Tipke,* DStJG 3 (1980), S. 1, 6. Dieser kausale Bezugspunkt wird wie bereits gezeigt wurde nicht von Allen übernommen.

Veranlassungskriterien gehören danach unstreitig alle inneren Beweggründe[895] des Steuerpflichtigen, also insbesondere die von ihm vorgenommene Zweckbestimmung, aber auch seine Absichten, Motive, Wünsche und Vorstellungen.[896]

Schwierigkeiten bereitet dagegen die Umschreibung der objektiven Veranlassungskriterien. Wörtlich genommen könnten hiermit „sachliche" oder auch „gegenständliche" Faktoren gemeint sein.[897] Berücksichtigt man jedoch, dass den Bezugspunkt des Veranlassungszusammenhangs keine Sache und kein Gegenstand, sondern eine Tätigkeit darstellt,[898] so wird deutlich, dass dieses Verständnis in jedem Fall zu eng wäre.[899] Im allgemeinen Diskurs scheint sich auch eher eine Auslegung durchgesetzt zu haben, welche die objektiven Faktoren als Gegenbegriff zu den subjektiven Faktoren begreift.[900] Hiernach stellen die objektiven Kriterien gerade solche Elemente dar, die sich außerhalb der Willensbildung des Steuerpflichtigen manifestieren[901] und durch äußere Merkmale und nähere Umstände des Sachverhalts festgestellt werden können.[902] Darüber hinaus bedeutet die Prüfung objektiver Kriterien aber auch, dass nicht die individuelle Vorstellung des Steuerpflichtigen, sondern die allgemeine Verkehrsanschauung[903] herangezogen wird. Fraglich ist danach, ob die konkrete Aufwendungsursache bei objektiver, d.h. unvoreingenommener Betrachtung durch einen objektiven Dritten aus dem Verkehrskreis des Steuerpflichtigen allgemein der Erwerbssphäre zuzurechnen wäre. Letztlich gehören zu den objektiven Kriterien also nicht nur erkennbare äußere Umstände des Einzelfalls, sondern auch die allgemeine

---

895 *Kammergruber*, Betriebsausgabenabzug, S. 67 spricht hier treffend vom „inneren Zusammenhang".

896 Vgl. auch *Leisner-Egensperger*, DStZ 2010, 185, 189; *Meurer*, in: Lademann, EStG, § 4, Rn. 537; *Ruppe*, DStJG 3 (1980), S. 103, 134; *Söhn*, in: K/S/M, EStG, § 4, Rn. E 77.

897 So etwa *Wassermeyer*, StuW 1982, 352, 362.

898 Siehe hierzu bereits Teil 2 § 7 B.II.2.

899 So auch *Kammergruber*, Betriebsausgabenabzug, S. 67.

900 Vgl. mit dieser Feststellung auch *Kammergruber*, Betriebsausgabenabzug, S. 67.

901 Vgl. *Ruppe*, DStJG 3 (1980), S. 103, 127; siehe auch *Kammergruber*, Betriebsausgabenabzug, S. 67, der hier vom „äußeren Zusammenhang" spricht.

902 Vgl. *Wanner*, StuW 1982, 302, 317 f., die beispielsweise im Fall eines Autounfalls, der sich auf der Fahrt zur Arbeit ereignet hat, nicht nur auf die subjektive betriebliche Motivation des Steuerpflichtigen abstellt, sondern zusätzlich objektive Kriterien betrachtet, für die z.B. von Bedeutung wäre, ob ein Besprechungstermin vorlag oder der Unfall sich in räumlicher Nähe zum Ort der steuerbaren Tätigkeit ereignet hat. Vgl. auch BFH GrS BStBl. II 1978, 620, 626; BFH GrS BStBl. II 1990, 160, 164.

903 Vgl. hierzu auch *Weber*, StuW 2009, 184, 190.

Verkehrsanschauung, welche sich aus den Wertungen und Vorstellungen breitester Bevölkerungskreise[904] ergibt.

Unzutreffend wäre es dagegen, das Wort objektiv mit „typisierend“ [905] oder „angemessen“[906] gleichzusetzen.[907] Anders als bei einer typisierenden Betrachtungsweise wird bei der Berücksichtigung der allgemeinen Verkehrsauffassung gerade kein typischer Normalfall zugrunde gelegt, sondern der konkrete Einzelfall nach allgemein anerkannten Gesichtspunkten untersucht.[908] Auch die Frage der Angemessenheit oder Üblichkeit einer Aufwendung betrifft die Prüfung des Veranlassungszusammenhangs zunächst nicht, sondern wird grundsätzlich erst ex post relevant.[909] Dies ergibt sich, wie gezeigt wurde, bereits aus dem Wortlaut des § 4 Abs. 4 EStG, wonach die *einzige* Tatbestandsvoraussetzung für Betriebsausgaben darin besteht, dass die Aufwendung betrieblich veranlasst ist.[910]

Festzuhalten bleibt damit, dass sowohl die objektiven als auch die subjektiven Kriterien einer einheitlichen Definition zugänglich sind. Wie sich gezeigt hat, wird in Bezug auf den subjektiven Veranlassungszusammenhang im Schrifttum bereits eine einheitliche Definition vertreten. Im Bereich der objektiven Faktoren gehen die Vorstellungen dagegen teilweise stark auseinander, was sich auch in den verschiedenen Einzelansichten widerspiegelt. Wie sich sogleich zeigen wird, ist hiervon insbesondere die subjektive Theorie betroffen, nach der allein subjektive Kriterien maßgeblich sind und objektive Kriterien für den Veranlassungszusammenhang keine Rolle spielen sollen.

3. *Maßgeblichkeit subjektiver Kriterien*

Hinsichtlich der Ausgangsfrage, nach welchen Kriterien der Zusammenhang zwischen den Aufwendungen und der Erwerbstätigkeit des Steuerpflichtigen zu

---

904 Siehe diesbezüglich die Beschreibung der „allgemeinen Verkehrsanschauung“ in BT-Drs. III/1811, 8.

905 So etwa *Kröger,* StuW 1978, 289, 292; *Kröner,* StuW 1985, 115, 118, Fn. 26; *Ruppe,* DStJG 3 (1980), S. 103, 134; *Schuck,* Veranlassungszusammenhang, S. 104 f.; *Weber,* StuW 2009, 184, 190.

906 So etwa *Ruppe,* DStJG 3 (1980), S. 103, 135; *Schuck,* Veranlassungszusammenhang, S. 104 f.; *Weber,* StuW 2009, 184, 190 f.; vgl. auch *Prinz,* FR 1986, 397, 405.

907 Siehe zu dieser Feststellung auch *Kammergruber,* Betriebsausgabenabzug, S. 68.

908 Vgl. auch *Kammergruber,* Betriebsausgabenabzug, S. 68.

909 So auch *Söhn,* in: K/S/M, EStG, § 4, Rn. E 81; *Wanner,* StuW 1987, 302, 318. Zur hiervon betroffenen Problematik der Angemessenheit im Steuerrecht siehe Teil 4 § 17 C.II.3.a.

910 Siehe hierzu bereits Teil 2 § 5 B.II.

beurteilen ist, vertritt ein Teil der Literatur eine rein subjektive Sichtweise, wonach der Veranlassungszusammenhang ausschließlich auf Grundlage subjektiver Kriterien bestimmt werden soll. Die objektiven Kriterien stellen nach dieser Ansicht kein Tatbestandsmerkmal des § 4 Abs. 4 EStG dar und sollen lediglich auf Ebene der Beweiswürdigung und Beweiserhebung herangezogen werden.[911] Konsequenz dieser Sichtweise ist, dass bei entsprechender Zwecksetzung des Steuerpflichtigen letztlich jede Aufwendung erwerblich veranlasst sein kann und eine Ausgabe, die schlechthin nur als Privataufwendung qualifiziert werden kann, nicht existiert.[912]

Für eine solche Maßgeblichkeit allein subjektiver Kriterien[913] soll zunächst der Wortlaut des § 4 Abs. 4 EStG sprechen. Ähnlich wie bei der finalen Veranlassungstheorie wird auch hier aus dem Begriff der Veranlassung das Erfordernis eines menschlichen Verhaltens gefolgert, da nur der Mensch den Anlass für eine Aufwendung setzen könne.[914] Darüber hinaus wird argumentiert, dass jede Tätigkeit, die den Bezugspunkt für die erwerbliche oder private Veranlassung darstellt, auf ein subjektiv motiviertes, finales Handeln zurückzuführen sei und sich daher auch der Veranlassungszusammenhang an der subjektiven Zweckbestimmung des Steuerpflichtigen orientieren müsse.[915] Äußerlich betrachtet sei jede Aufwendung und die ihr zugrundeliegende Handlung neutral, so dass eine Zuordnung zur

---

911 *Prinz,* FR 1986, 397, 405; *Prinz,* Werbungskosten, S. 245 ff.; *Schuck,* Veranlassungszusammenhang, S. 108; *Tipke,* StuW 1979, 193, 199, 206; *Wassermeyer,* StuW 1981, 245, 251; *Wassermeyer,* StuW 1982, 352, 363; *Weber,* StuW 2009, 184, 191; siehe auch *Kröner,* StuW 1985, 115, 119 f.

912 *Weber,* StuW 2009, 184, 191. Eine Begrenzung dieser Auffassung ergibt sich allein aus § 12 Nr. 1 S. 2 EStG iVm § 32a Abs. 1 S. 2 Nr. 1 EStG für den existenziellen Grundbedarf des Steuerpflichtigen. Siehe hierzu bereits Teil 2 § 6 B.III.

913 So *Frotscher/Watrin,* in: Frotscher/Geurts, EStG, § 4, Rn. 573 f.; *Kröner,* StuW 1985, 115, 119; *Prinz,* FR 1986, 397, 405; *Prinz,* StuW 1996, 267, 271; *Prinz,* Werbungskosten, S. 245 f.; *Schuck,* Veranlassungszusammenhang, S. 106; *Tipke,* StuW 1979, 193, 199; *Tipke,* DStJG 3 (1980), S. 1, 6; *Tipke,* Steuerrechtsordnung II, S. 767; *Wassermeyer,* StuW 1981, 245, 251; *Wassermeyer,* StuW 1982, 352, 359; *Weber,* StuW 2009, 184, 191.

914 *Görlich,* DB 1979, 711, 712; *Hey,* in: Tipke/Lang, Steuerrecht, Rn. 8.212; *Hofstetter,* DStZ 1991, 658, 660; *Lang,* Bemessungsgrundlage, S. 310; *Stapperfend,* FS Kruse, S. 533, 544; *Stapperfend,* in: Herrmann/Heuer/Raupach, EStG/KStG, § 4 EStG, Rn. 793; *Weber,* StuW 2009, 184, 188; a.A. *Söhn,* in: K/S/M, EStG, § 4, Rn. E 79.

915 *Frotscher/Watrin,* in: Frotscher/Geurts, EStG, § 4, Rn. 573 f.; *Hey,* in: Tipke/Lang, Steuerrecht, Rn. 8.212; *Kröger,* StuW 1978, 289, 291; *Lang,* Bemessungsgrundlage, S. 309; *Prinz,* FR 1986, 397, 405; *Prinz,* StuW 1996, 267, 270; *Tipke,* StuW 1979, 193, 199; *Tipke,* DStJG 3 (1980), S. 1, 6; *Tipke,* Steuerrechtsordnung II, S. 767; *Wassermeyer,* StuW 1982, 352, 359; *Weber,* StuW 2009, 184, 188.

Erwerbs- oder Privatsphäre durch bloße Beobachtung des Vorgangs nicht möglich sei.[916] Erst die subjektive Zweckbestimmung des Steuerpflichtigen mache aus einer neutralen Aufwendung eine erwerblich oder privat veranlasste Aufwendung und ermögliche damit eine sphärische Zuordnung.[917] Entscheidend für die Abzugsfähigkeit sei demzufolge die vorherrschende Absicht des Steuerpflichtigen, mit dieser Aufwendung tatsächlich der Erwerbstätigkeit zu dienen.[918] Dem Steuerpflichtigen komme damit ein eigener subjektiver Entscheidungsspielraum zu, welche Aufwendungen zu betrieblichen Zwecken getätigt werden.[919]

Daran anschließend wird darauf hingewiesen, dass nur bei Berücksichtigung subjektiver Kriterien eine lückenlose Erfassung aller betrieblich veranlasster Aufwendungen möglich sei.[920] Zum einen existiere bei vorab entstandenen Aufwendungen im Zeitpunkt der Ausgabentätigung noch keine Einkunftsquelle und damit auch kein objektiver Zusammenhang zu einer Erwerbstätigkeit.[921] Die gebotene Abzugsfähigkeit dieser Aufwendungen könne demzufolge nur anhand von subjektiven Kriterien begründet werden, nämlich damit, dass der Steuerpflichtige die Aufwendungen in der Absicht getätigt hat, seinem zukünftigen Betrieb zu dienen.[922] Zum anderen sei auch die allgemein anerkannte Abziehbarkeit unangemessener, unzweckmäßiger oder unüblicher Aufwendungen nur unter

---

916 *Schuck,* Veranlassungszusammenhang, S. 80 f.; *Weber,* StuW 2009, 184, 188.

917 Siehe *Görlich,* DB 1979, 711, 712; *Kreft,* Erwerbsaufwendungen, S. 68; *Kreft,* in: Herrmann/Heuer/Raupach, EStG/KStG, § 9 EStG, Rn. 149; *Schuck,* Veranlassungszusammenhang, S. 80 f.; *Weber,* StuW 2009, 184, 188.

918 Siehe *Hey,* in: Tipke/Lang, Steuerrecht, Rn. 8.212; *Prinz,* FR 1986, 397, 405; *Prinz,* Werbungskosten, S. 245 f.; *Tipke,* StuW 1979, 193, 199; *Tipke,* DStJG 3 (1980), S. 1, 6; *Tipke,* Steuerrechtsordnung II, S. 767.

919 Siehe *Görlich,* DB 1979, 711, 712; *Hey,* in: Tipke/Lang, Steuerrecht, Rn. 8.212; *Kreft,* in: Herrmann/Heuer/Raupach, EStG/KStG, § 9 EStG, Rn. 149; *Tipke,* StuW 1979, 193, 199. *Wassermeyer,* StuW 1981, 245, 249 f. räumt dem Entscheidungsspielraum des Steuerpflichtigen in diesem Zusammenhang sogar die Qualität eines eigenen Prinzips ein, das sich aus den Grundsätzen des EStG ergeben und Vorrang vor dem Leistungsfähigkeitsprinzip haben soll.

920 Vgl. *Weber,* StuW 2009, 184, 188.

921 Siehe *Frotscher/Watrin,* in: Frotscher/Geurts, EStG, § 4, Rn. 590; *Kreft,* Erwerbsaufendungen, S. 59; *Prinz,* FR 1986, 397, 403 f.; *Walz,* StuW 1986, 21, 22; *Wanner,* StuW 1987, 302, 318; *Wassermeyer,* StuW 1981, 245, 251; *Weber,* StuW 2009, 184, 188.

922 Siehe *von Bornhaupt,* FR 1982, 313, 317 f.; *Frotscher/Watrin,* in: Frotscher/Geurts, EStG, § 4, Rn. 590; *Günther,* DStZ 1986, 540, 541 (für vorweggenommene Werbungskosten); *Kreft,* in: Herrmann/Heuer/Raupach, EStG/KStG, § 9 EStG, Rn. 149; *Prinz,* FR 1986, 397, 403; *Prinz,* Werbungskosten, S. 247; *Schuck,* Veranlassungszusammenhang, S. 124; *Wassermeyer,* StuW 1981, 245, 251; *Weber,* StuW 2009, 184, 188.

Berücksichtigung subjektiver Kriterien möglich.[923] Auch in diesem Fall fehle es an einem erkennbaren objektiven Zusammenhang zur Erwerbstätigkeit, so dass es maßgeblich auf die subjektive Zweckbestimmung des Steuerpflichtigen ankomme, auch mit einer unzweckmäßigen Aufwendung seinem Betrieb zu dienen.[924]

In diesem Zusammenhang wird schließlich darauf hingewiesen, dass eine Beschränkung der Veranlassungsprüfung auf rein objektive Kriterien die Gefahr berge, die Grenzziehung zwischen Erwerbs- und Privataufwendungen zu stark zu typisieren und damit die Wirkung des objektiven Nettoprinzips zu untergraben.[925] So wird angebracht, dass ein objektiver Zusammenhang zur Erwerbstätigkeit stets davon abhängig sei, ob ein solcher nach der typischerweise zu erwartenden, gesellschaftlichen Normalvorstellung[926] angenommen wird.[927] Durch eine derart typisierende Betrachtungsweise[928] werde nicht berücksichtigt, dass der Steuerpflichtige auch bei ungewöhnlichen Aufwendungen seine Leistungsfähigkeit mindere, obwohl er damit von der genannten Normalvorstellung abweicht. Um dennoch eine Besteuerung zu gewährleisten, die sich gemäß den Vorgaben des objektiven Nettoprinzips an der Ist- und nicht an der Soll-Leistungsfähigkeit

---

923 Siehe hiergegen jedoch bereits Teil 2 § 7 B.IV.2.

924 Siehe *Görlich,* DB 1979, 711, 712; *Prinz,* FR 1986, 397, 405; *Prinz,* Werbungskosten, S. 242; *Schuck,* Veranlassungszusammenhang, S. 106; *Wassermeyer,* StuW 1981, 245, 249 f.; *Wassermeyer,* StuW 1982, 352, 353; *Weber,* StuW 2009, 184, 190.

925 So *Kröner,* StuW 1985, 115, 118 ff.; *Weber,* StuW 2009, 184, 190.

926 Vgl. etwa *Kröger,* StuW 1978, 289, 292, der die objektive Interessenlage anhand einer „Normal- bzw. Durchschnittseinschätzung" unwiderleglich vermutet und vertritt, dass „nicht die tatsächliche Nutzung, sondern die typischerweise zu vermutende Nutzung als allein erheblich anzusehen" ist; *Walz,* StuW 1986, 21, 31, der die sphärische Zuordnung einer Aufwendung nach „vorherrschenden Normalitätsvorstellungen" vornimmt; *Jüptner,* Leistungsfähigkeit, S. 158, 165, der eine generalisierende Kausalität damit umschreibt, „was man allgemein zu erwarten pflegt"; ähnlich auch *Görlich,* DB 1979, 711, 712.

927 *Weber,* StuW 2009, 184, 190.

928 Siehe zum Terminus der „typisierenden Betrachtung" in diesem Zusammenhang *Kröner,* StuW 1985, 115, 118, Fn. 26 m.w.N. Zur Beurteilung dieser Vorgehensweise als typisierende Sachverhaltsbeurteilung siehe auch *Wanner,* StuW 1978, 302, 311; a.A. *Kammergruber,* Betriebsausgabenabzug, S. 68, der eine Gleichsetzung des objektiven Zusammenhangs mit einer typisierenden Betrachtungsweise für unzutreffend hält. Siehe hiergegen auch bereits Teil 2 § 7 B.IV.2.

des Steuerpflichtigen orientiert,[929] müsse demnach allein die subjektive Zweckbestimmung maßgeblich sein.[930]

4. *Maßgeblichkeit objektiver Kriterien*

Gegen dieses rein subjektive Verständnis und für eine Maßgeblichkeit rein objektiver Kriterien wird demgegenüber eingewandt, dass eine lückenlose Erfassung aller Aufwendungen, welche die Leistungsfähigkeit des Steuerpflichtigen mindern, auch dann nicht möglich sei, wenn objektive Kriterien bei der Prüfung des Veranlassungszusammenhangs unberücksichtigt blieben.[931] So fehle es an einem subjektiven Zusammenhang zur Erwerbstätigkeit, wenn sog. Zwangsaufwendungen vorliegen, bei denen die Ausgabe ohne oder gegen den Willen des Steuerpflichtigen angefallen ist.[932] In diesen Fällen liege zwar ebenfalls eine Minderung der wirtschaftlichen Leistungsfähigkeit vor, eine Zuordnung zur betrieblichen Sphäre könne aber nicht mithilfe der subjektiven Zweckbestimmung des Steuerpflichtigen getroffen werden, so dass es maßgeblich auf die objektiven Kriterien ankomme.[933] Das Beispiel einer Zwangsaufwendung, die durch höhere Gewalt wie eine Naturkatastrophe verursacht werde, mache zudem deutlich, dass die Veranlassung gerade nicht stets auf ein finales Handeln des Steuerpflichtigen zurückzuführen sei, wie es die Vertreter der subjektiven Theorie annehmen.[934]

---

929 Vgl. *Desens,* StuW 2016, 240, 243; *Schuck,* Veranlassungszusammenhang, S. 75; *Tipke,* Steuerrechtsordnung II, S. 631 ff.; *Weber,* StuW 2009, 184, 190.

930 So *Weber,* StuW 2009, 184, 190.

931 *Söhn,* in: K/S/M, EStG, § 4, Rn. E 78.

932 *von Bornhaupt,* FR 1982, 313, 315; *von Bornhaupt,* DStR 1983, 11, 13; *Meurer,* in: Lademann, EStG, § 4, Rn. 538; *Ruppe,* DStJG 3 (1980), S. 103, 127; *Söhn,* FR 1980, 301, 302; *Söhn,* DStJG 3 (1980), S. 13, 27; *Söhn,* StuW 1983, 195, 194; *Söhn,* in: K/S/M, EStG, § 4, Rn. E 77, E 80; *Stapperfend,* FS Kruse, S. 533, 542.

933 *Söhn,* FR 1980, 301, 302; *Söhn,* DStJG 3 (1980), S. 13, 27; *Söhn,* StuW 1983, 193, 194; *Söhn,* in: K/S/M, EStG, § 4, Rn. E 77, E 80; *Tanzer,* ÖStZ 1975, 50, 51.

934 *Langohr,* Veranlassungsprinzip, S. 117; *Söhn,* in: K/S/M, EStG, § 4, Rn. E 80; kritisch auch *Kreft,* Erwerbsaufwendungen, S. 66; siehe zudem *Kröner,* StuW 1985, 115, 120 ff., der bei den Ursachen für eine besteuerungsrelevante Vermögensveränderung zwischen „inneren Auslösern", die in der Person des Steuerpflichtigen liegen und durch seine Handlung oder die seines Vertreters verursacht werden, und „äußeren Auslösern", die durch Marktveränderungen, Naturereignisse oder Ähnlichem ausgelöst werden und auf die der Steuerpflichtige willentlich keinen Einfluss nehmen kann, unterscheidet. Der Begriff der Betriebsausgabe umfasst nach seiner Ansicht beide Formen von Auslösern.

Darüber hinaus wird angeführt, dass das Veranlassungsprinzip dem objektiven Nettoprinzip auch dann nicht gerecht werde, wenn allein auf subjektive Kriterien abgestellt wird. In diesem Fall wäre es dem Steuerpflichtigen nämlich möglich, eigenständig mithilfe seiner Motivationsgründe über die Grenze zwischen Erwerbs- und Privatsphäre zu verfügen und damit das objektive Nettoprinzip zu manipulieren.[935] Eine Privataufwendung könne aber nicht aufgrund einer betrieblichen Zweckbestimmung zu einer Erwerbsaufwendung gemacht werden und umgekehrt.[936] Schon der Grundsatz der Gleichmäßigkeit der Besteuerung gebiete es, die Abgrenzung zur Privatsphäre nicht allein von der subjektiven Vorstellung des Steuerpflichtigen abhängig zu machen, sondern auf objektive Gesichtspunkte abzustellen.[937] Schließlich wird vermehrt auf die Beweisschwierigkeiten hingewiesen, die sich bei alleiniger Berücksichtigung schwer nachweisbarer subjektiver Kriterien ergeben würden.[938]

Auf Grundlage dieser Argumentation vertritt ein anderer Teil der Literatur eine streng objektive Theorie,[939] wonach Aufwendungen nur dann Betriebsausgaben

---

935 *Hofstetter,* DStZ 1991, 658, 660 f.; *Mittmann,* DStZ 1987, 99, 99; *Söhn,* DStJG 3 (1980), S. 13, 27; *Söhn,* StuW 1983, 193, 196; *Söhn,* in: K/S/M, EStG, § 4, Rn. E 77, E 81; siehe auch *Jakob,* Einkommen I, S. 127; *Meurer,* in: Lademann, EStG, § 4, Rn. 537; a.A. *Weber,* StuW 2009, 184, 190.

936 *Jahrmarkt,* INF 1982, 129, 129; *Jüptner,* Leistungsfähigkeit, S. 165; *Söhn,* DStJG 3 (1980), S. 13, 27; *Söhn,* StuW 1983, 193, 196; *Söhn,* in: K/S/M, EStG, § 4, Rn. E 77; *Stapperfend,* in: Herrmann/Heuer/Raupach, EStG/KStG, § 4 EStG, Rn. 793; *Straßburger,* in: BeckOK EStG, § 9, Rn. 152. Grundlegend zur Berücksichtigung subjektiver Tatbestände im Steuerrecht bereits *P. Kirchhof,* NJW 1987, 3217, 3223: „Nicht der subjektive Wille [...] bestimmt die Belastbarkeit des Steuerpflichtigen, sondern allein seine objektive wirtschaftliche Ausgangslage"; *P. Kirchhof,* Gutachten F, S. F 28: „Subjektive Vorstellungen des Steuerpflichtigen sind für den Einkünftetatbestand unerheblich und dürfen für Zwecke der Besteuerung nicht einmal erfragt werden."

937 *Jahrmarkt,* INF 1982, 129, 129 f.; *Söhn,* in: K/S/M, EStG, § 4, Rn. E 77; siehe auch *Bilsdorfer,* DStZ 1981, 340, 343; *Stapperfend,* FS Kruse, S. 533, 543; *Stapperfend,* in: Herrmann/Heuer/Raupach, EStG/KStG, § 4 EStG, Rn. 193.

938 Siehe *Balke,* FR 1979, 424, 425; *Hofstetter,* DStZ 1991, 658, 661; *Langohr,* Veranlassungsprinzip, S. 108, 115; *Kröger,* StuW 1978, 289, 291 f.; *Ruppe,* DStJG 3 (1980), S. 103, 134; *Tipke,* StuW 1979, 193, 206; *Wanner,* StuW 1987, 302, 317; a.A. *Kreft,* Erwerbsaufwendungen, S. 68; *Schuck,* Veranlassungszusammenhang, S. 106; *Weber,* StuW 2009, 184, 189, die darauf hinweisen, dass Beweisschwierigkeiten über die Erhebung subjektiver Elemente auch aus anderen Rechtsgebieten (z.B. dem Strafrecht) bekannt seien und dort ebenfalls bewältigt würden.

939 Siehe zum Begriff der „streng objektiven Theorie" *Hey,* in: Tipke/Lang, Steuerrecht, Rn. 8.216.

bzw. Werbungskosten sind, wenn sie in einem objektiven wirtschaftlichen Zusammenhang zur betrieblichen Tätigkeit des Steuerpflichtigen stehen.[940] Hierbei wird – entgegen der rein subjektiven Ansicht – der objektive Zusammenhang als ein unverzichtbares Tatbestandselement des § 4 Abs. 4 EStG verstanden und nicht nur auf Ebene der Beweiswürdigung berücksichtigt.[941] Die subjektiven Kriterien sollen demgegenüber nur indizielle Wirkung haben und gerade kein notwendiges Merkmal des Veranlassungszusammenhangs darstellen.[942]

5. *Maßgeblichkeit subjektiver und objektiver Kriterien*

Beide Ansichten, sowohl die subjektive als auch die objektive Theorie, werden vielfach damit begründet, dass die jeweilige Gegenansicht lückenhaft sei, wenn sie bestimmte Fallgruppen von Aufwendungen nicht berücksichtige.[943] Eine solche Lückenhaftigkeit würde dazu führen, dass das jeweilige Tatbestandsmerkmal nur in manchen Fällen Wirkung entfalte, in anderen Situationen aber entbehrlich sei.[944] Dies zugrunde gelegt, spricht sich die wohl herrschende Meinung in der Literatur gegen die Berücksichtigung von nur einem Kriterium zur Bestimmung des Veranlassungszusammenhangs aus.[945] Es wird angeführt, dass ein Tatbestandsmerkmal, das je nach Situation entbehrlich sei, nicht mehr die Funktion eines echten Tatbestandsmerkmals erfüllen könne.[946] Zwar wird diesen Bedenken teilweise durch ein weites Verständnis der jeweiligen Beurteilungskriterien begegnet,[947] die Mehrheit im Schrifttum geht dennoch davon aus, dass sowohl

---

940 So *Balke,* FR 1979, 424, 425; *Jahrmarkt,* INF 1982, 129, 129; *Langohr,* Veranlassungsprinzip, S. 125; *Söhn,* FR 1980, 301, 302; *Söhn,* DStJG 3 (1980), S. 13, 26 f.; *Söhn,* StuW 1983, 196, 196; *Söhn,* in: K/S/M, EStG, § 4, Rn. E 77; *Tanzer,* ÖStZ 1975, 50, 51.

941 So *von Bornhaupt,* DStJG 3 (1980), S. 149, 173; *von Bornhaupt,* FR 1982, 313, 318; *von Bornhaupt,* DStR 1983, 11, 13; *Kreft,* Erwerbsaufwendungen, S. 69; *Kreft,* in: Herrmann/Heuer/Raupach, EStG/KStG, § 9 EStG, Rn. 149; *Söhn,* StuW 1983, 196, 196.

942 *von Bornhaupt,* FR 1982, 313, 318; *Söhn,* FR 1980, 301, 302; *Söhn,* DStJG 3 (1980), S. 13, 26 f.; *Söhn,* StuW 1983, 196, 196; *Söhn,* in: K/S/M, EStG, § 4, Rn. E 77.

943 Vgl. *Gorski,* DStZ 1981, 111, 112; *Ruppe,* DStJG 3 (1980), S. 103, 127; *Söhn,* in: K/S/M, EStG, § 4, Rn. E 78; *Walz,* StuW 1986, 21, 23; *Weber,* StuW 2009, 184, 189. Siehe zu dieser Feststellung auch *Gärtner,* Gemischt veranlasste Aufwendungen, S. 111.

944 *Weber,* StuW 2009, 184, 189.

945 Siehe hierzu *Wanner,* StuW 1987, 302, 311 f.; *Weber,* StuW 2009, 184, 187 f.

946 Vgl. *Wassermeyer,* StuW 1982, 352, 353; *Weber,* StuW 2009, 184, 189.

947 So stellen Vertreter der subjektiven Theorie beispielsweise bei Zwangsaufwendungen auf die subjektive Zuordnung des betreffenden Wirtschaftsguts zur Erwerbs- oder

subjektive als auch objektive Elemente bei der Prüfung des Veranlassungszusammenhangs Berücksichtigung finden müssten.[948] Nach dieser Ansicht ist ein betrieblicher Veranlassungszusammenhang im Sinne des § 4 Abs. 4 EStG gegeben, wenn die Aufwendung objektiv mit dem Betrieb zusammenhängt und subjektiv dem Betrieb zu dienen bestimmt ist.[949]

Innerhalb dieser Ansicht besteht wiederum Uneinigkeit darüber, welches Rangverhältnis den einzelnen Kriterien zukommen soll.[950] Angelehnt an die Argumentation der subjektiven Theorie wird nach einer Ansicht vertreten, dass die subjektive Vorstellung des Steuerpflichtigen Vorrang hätte. Da diese jedoch nicht allein über die Abgrenzung betrieblicher und privater Aufwendungen entscheiden dürfe, sollen objektive Kriterien als ein Korrektiv daneben treten, durch das die

Privatsphäre ab, vgl. *Balke,* FR 1979, 424, 425; *Glanegger,* DStZ 1984, 583, 584; *Kröner,* StuW 1985, 115, 122; *Lange,* BB 1971, 405, 408; *Meurer,* in: Lademann, EStG, § 4, Rn. 538; *Prinz,* FR 1986, 397, 404; *Tipke,* StuW 1979, 193, 201 f.; *Tipke,* DStJG 3 (1980), S. 1, 7 f. Die Vertreter der objektiven Theorie berufen sich z.B. für die Fallgruppe der vorab entstandenen Aufwendungen auf objektiv bestimmbare betriebliche Vorbereitungshandlungen, vgl. *Kreft,* Erwerbsaufwendungen, S. 69 f.; *Kruse,* FR 1981, 473, 475 ff.; *Söhn,* in: K/S/M, EStG, § 4, Rn. E 82; *Weber,* StuW 2009, 184, 189.

948 So *Bode,* in: Kirchhof, EStG, § 4, Rn. 170; *von Bornhaupt,* DStJG 3 (1980), S. 149, 175, 181; *von Bornhaupt,* FR 1982, 313, 318; *von Bornhaupt,* DStR 1983, 11, 14; *Droege,* StuW 2011, 105, 106; *Drüen,* in: Brandis/Heuermann, EStG, § 4, Rn. 556; *Frotscher/Watrin,* in: Frotscher/Geurts, EStG, § 4, Rn. 573; *Gärtner,* Gemischt veranlasste Aufwendungen, S. 122; *Görlich,* DB 1979, 711, 712; *Hey,* in: Tipke/Lang, Steuerrecht, Rn. 8.211 ff.; *Hofstetter,* DStZ 1991, 658, 661; *Holthaus,* Bildungskosten, S. 62; *Holzhäuser,* in: Bordewin/Brandt, EStG, § 4, Rn. 1714; *Kreft,* in: Herrmann/Heuer/Raupach, EStG/KStG, § 9, Rn. 149; *Kreft,* Erwerbsaufwendungen, S. 67, 70; *Kröger,* StuW 1978, 289, 291; *Krüger,* in: Schmidt, EStG, § 9, Rn. 40; *Lang,* Bemessungsgrundlage, S. 310; *Lang/Seer,* FR 1994, 521, 524; *Loschelder,* in: Schmidt, EStG, § 4, Rn. 480; *Meyer,* in: BeckOK EStG, § 4, Rn. 2217; *Nacke,* in: Littmann/Bitz/Pust, EStG, § 4, Rn. 1625; *Offerhaus,* BB 1979, 617, 621; *Prinz,* StuW 1996, 267, 270; *Raupach,* FS P. Kirchhof, Bd. 2, S. 1883, 1886; *Ruppe,* DStJG 3 (1980), S. 103, 138; *Stapperfend,* FS Kruse, S. 533, 543; *Stapperfend,* in: Herrmann/Heuer/Raupach, EStG/KStG, § 4 EStG, Rn. 793; *Straßburger,* in: BeckOK EStG, § 9, Rn. 152; *Wassermeyer,* StuW 1982, 352, 359; *Wanner,* StuW 1987, 302, 318.

949 Statt vieler *von Bornhaupt,* DStR 1983, 11, 14; *Drüen,* in: Brandis/Heuermann, EStG, § 4, Rn. 556; *Offerhaus,* BB 1979, 617, 621; *Loschelder,* in: Schmidt, EStG, § 4, Rn. 480; *Nacke,* in: Littmann/Bitz/Pust, EStG, § 4, Rn. 1625; *Stapperfend,* in: Herrmann/Heuer/Raupach, EStG/KStG, § 4 EStG, Rn. 793.

950 Vgl. *Kreft,* in: Herrmann/Heuer/Raupach, EStG/KStG, § 9 EStG, Rn. 149; *Weber,* StuW 2009, 184, 188.

Vorstellung des Steuerpflichtigen objektiviert wird.[951] Demgegenüber wird nach anderer Ansicht vertreten, dass die objektiven Kriterien als zwingende Voraussetzung der Veranlassung im Vordergrund stünden. Zusätzliche subjektive Elemente sollen nach dieser Ansicht nur von sekundärer Bedeutung[952] oder sogar fakultativ sein und im Einzelfall, insbesondere bei unfreiwilligen Aufwendungen, entfallen können.[953] Hierbei zeigen sich deutliche Parallelen zur objektiven Theorie, nach der die subjektiven Elemente keine zwingende Tatbestandsvoraussetzung des § 4 Abs. 4 EStG darstellen sollen.[954]

Schließlich wird in einer dritten Ansicht vertreten, dass die objektiven und subjektiven Kriterien ohne Maßgeblichkeit eines einzelnen Elementes gleichwertig nebeneinanderstehen. Hiernach sollen sich die beiden Merkmale innerhalb eines beweglichen Systems gegenseitig ausgleichen.[955] Für den Fall, dass die subjektive Komponente fehlt, wird angenommen, dass der objektive Zusammenhang umso stärker ausgeprägt sein muss. Umgekehrt soll es bei schwacher Ausprägung oder Fehlen der objektiven Komponente erforderlich sein, dass die subjektiven Elemente stärker in Erscheinung treten.[956]

---

951 So *Görlich,* DB 1979, 711, 712; *Offerhaus,* BB 1979, 617, 621; *Stapperfend,* FS Kruse, S. 533, 543; *Stapperfend,* in: Herrmann/Heuer/Raupach, EStG/KStG, § 4 EStG, Rn. 793; *Straßburger,* in: Herrmann/Heuer/Raupach, EStG/KStG, § 9, Rn. 152; ähnlich auch *Lang,* Bemessungsgrundlage, S. 310, nach dem die inneren Ursachen einer Ausgabe im Vordergrund stehen und durch äußere Ursachen „indiziell objektiviert" werden.

952 *Wanner,* StuW 1978, 302, 318.

953 So *von Bornhaupt,* DStJG 3 (1980), S. 149, 183 f.; *von Bornhaupt,* FR 1982, 313, 314; *von Bornhaupt,* DStR 1983, 11, 14; *Drüen,* in: Brandis/Heuermann, EStG, § 4, Rn. 559; *Hey,* in: Tipke/Lang, Steuerrecht, Rn. 8.216; *Holzhäuser,* in: Bordewin/Brandt, EStG, § 4, Rn. 1714; *Krüger,* in: Schmidt, EStG, § 9, Rn. 42; *Lang/Seer,* FR 1994, 521, 524; *Meyer,* in: BeckOK EStG, § 4, Rn. 2217; kritisch zur bloß fakultativen Wirkung einzelner Tatbestandsmerkmale *Kröner,* StuW 1985, 115, 119; *Wassermeyer,* StuW 1982, 352, 352 f.; *Weber,* StuW 2009, 184, 188. Diese Meinung entspricht im Ergebnis der Ansicht der Rechtsprechung. Siehe hierzu sogleich Teil 2 § 7 B.V.

954 *Weber,* StuW 2009, 184, 188; vgl. auch *Söhn,* FR 1980, 301, 302.

955 So *Kreft,* Erwerbsaufwendungen, S. 70; ähnlich auch *Holthaus,* Bildungskosten, S. 62, der objektive und subjektive Kriterien „im Wege einer topischen Gesamtbewertung" zusammen berücksichtigt.

956 So etwa *Ruppe,* DStJG 3 (1980), S. 103, 138 f.

V. Auffassung der Rechtsprechung

Ebenso wie in der Literatur war die Auslegung des Veranlassungsbegriffs nach § 4 Abs. 4 EStG auch in der Rechtsprechung lange Zeit umstritten. Gerade der BFH hat in der Vergangenheit diesbezüglich oft verschiedene Ansätze verfolgt, ohne jedoch eine abstrakte Prüfung des Veranlassungsbegriffs vorzunehmen oder diesen einheitlich zu definieren.[957] Zumeist hat er sich darauf beschränkt, den Wortlaut des § 4 Abs. 4 EStG wiederzugeben[958] und anschließend Prüfungen für den konkreten Einzelfall vorzunehmen.[959] Die wenigen vorhandenen Erläuterungen des BFH lassen dennoch eine kontinuierliche Entwicklung der Steuerrechtsprechung erkennen, auf die im Folgenden näher eingegangen werden soll.[960]

Ähnlich wie zuvor der RFH[961] hat auch der BFH lange Zeit die Begriffe veranlassen und verursachen gleichgesetzt, ohne hierfür eine nähere Begründung abzugeben.[962] Dabei hat er zwar immer wieder auch verschiedene Kausalitätserwägungen[963] angestellt, indem er beispielsweise die Prüfung des Veranlassungszu-

---

957 Vgl. hierzu *Kröger,* StuW 1978, 289, 293; *Offerhaus,* BB 1979, 617, 619; *Söhn,* DStJG 3 (1980), S. 13, 15; *Walz,* StuW 1986, 21, 23 f.; *Wanner,* StuW 1987, 302, 310.

958 Vgl. etwa BFH BStBl. II 1981, 303, 303; BFH GrS BStBl. II 1978, 105, 108; BFH BStBl. II 1975, 70, 71; BFH BStBl. II 1974, 184, 185; *Offerhaus,* BB 1979, 617, 620; *Söhn,* DStJG 3 (1980), S. 13, 15.

959 Vgl. auch *Gärtner,* Gemischt veranlasste Aufwendungen, S. 95, Fn. 251.

960 Es wird darauf hingewiesen, dass es nicht möglich ist, auf alle Entscheidungen einzugehen, die zum Veranlassungsprinzip ergangen sind. An dieser Stelle wird daher lediglich der Versuch unternommen, einige wesentliche Entscheidungen auszuwerten und hieraus einen Überblick über die Rechtsprechungsentwicklung zu erstellen. Für eine überblickartige Darstellung der Rechtsprechungsentwicklung siehe auch *Drüen,* in: Brandis/Heuermann, EStG, § 4, Rn. 556; *Walz,* StuW 1986, 21, 23 ff.; *Wanner,* StuW 1987, 302, 309 f.; *Wassermeyer,* StuW 1982, 352 f.

961 Vgl. etwa RFHE 31, 112, 116; RFHE 30, 10, 11; RFHE 21, 84, 84; RFHE 19, 201, 203; RFHE 11, 238, 242. Siehe zur Entwicklung des Veranlassungsbegriffs im Rahmen der Rechtsprechung des RFH *Jüptner,* Leistungsfähigkeit, S. 151 ff.

962 Vgl. z.B. BFH BStBl. II 1970, 662, 663; BFH BStBl. II 1969, 316, 317; BFH BStBl. III 1967, 734, 735; BFH BStBl. III 1960, 511, 511; BFH BStBl. III 1959, 269, 269 f. Auch einige Finanzgerichte haben die Begriffe synonym verwendet, vgl. z.B. FG Münster, EFG 1979, 119, 119 f.; FG Schleswig-Holstein, EFG 1975, 105, 105 f.; FG Rheinland-Pfalz, EFG 1975, 564, 565.

963 Vgl. nur BFH GrS BStBl. II 1978, 105, 108; BFH BStBl. III 1967, 734, 735; BFH BStBl. III 1966, 590, 591; BFH BStBl. III 1962, 192, 193, wonach der „Kausalzusammenhang" bzw. „ursächliche Zusammenhang" zwischen der beruflichen Tätigkeit und den Ausgaben des Steuerpflichtigen „durchbrochen" oder „gelockert" werden kann; siehe hierzu auch *Kröger,* StuW 1978, 289, 290; *Lange,* DB 1978, 1854 f. Vgl. zudem

sammenhangs von der Suche nach dem relevanten „Ursachenzusammenhang“[964] oder den in Betracht kommenden „Kausalketten“[965] abhängig gemacht hat. Einer der im Schrifttum vertretenen Ansichten zur Kausalität oder Finalität des Veranlassungsbegriffs hat er sich jedoch nie explizit angeschlossen.[966] So nimmt der BFH in seiner Grundsatzentscheidung aus dem Februar 1970[967] zwar kurz Stellung zu den gängigen Kausalitätstheorien, stellt anschließend aber klar, dass die im Strafrecht anerkannte Äquivalenztheorie, ebenso wie die im Zivilrecht verwendete Adäquanztheorie, im Steuerrecht keine Anwendung finden könnten.[968] Er begründet diese Entscheidung damit, dass insbesondere die Äquivalenztheorie für die Abgrenzung der betrieblichen und privaten Sphäre ungeeignet sei.[969] Ähnlich wie auch die Literatur geht der BFH davon aus, dass eine uneingeschränkte Anwendung der conditio-sine-qua-non-Formel das objektive Nettoprinzip auflösen würde, da logisch-naturwissenschaftlich immer ein entfernter Zusammenhang zwischen Erwerbsaufwendungen und privater Lebensführung bestehe.[970] Die

---

BFH BStBl. II 1970, 662, 663; BFH BStBl. III 1962, 192, 195, wo die Senate ausdrücklich an die Rechtsprechung zur Kausalität des Unfallversicherungs- und Entschädigungsrechts anknüpfen, indem sie bei der Suche nach den rechtserheblichen Ursachen auf die später in der Literatur ebenfalls vertretene Theorie der wesentlichen Bedingung zurückgreifen; siehe hierzu auch *von Bornhaupt,* in: K/S/M, EStG, § 9, Rn. B 188; *Hey,* in: Tipke/Lang, Steuerrecht, Rn. 8.221; *P. Kirchhof,* DStJG 3 (1980), S. 201, 204; *Tiedtke,* FR 1978, 493, 495; *Walz,* StuW 1986, 21, 23; vgl. zudem FG Rheinland-Pfalz, EFG 1975, 564, 565. Teilweise finden sich in der Rechtsprechung auch klassische Kausalitätsprüfungen im Sinne der conditio-sine-qua-non-Formel, vgl. etwa BFH BStBl. II 1981, 368, 371; FG Schleswig-Holstein, EFG 1975, 105, 105 f. Für weitere Beispiele kausaler Erwägungen des BFH siehe *Lang,* StuW 1985, 10, 17 f.; *Lange,* BB 1971, 405, 405 jeweils m.w.N.

964 BFH BStBl. III 1960, 511, 511; vgl. auch BFH BStBl. II 2008, 234, 246 („Ursachenkette“).

965 Vgl. z.B. BFH BStBl. II 1974, 184, 184; BFH BStBl. II 1970, 662, 663.

966 *Stapperfend,* in: FS Kruse, S. 533, 540; *Stapperfend,* in: Herrmann/Heuer/Raupach, EStG/KStG, § 4 EStG, Rn. 790.

967 BFH BStBl. II 1970, 662, 663; bestätigt durch BFH BStBl. II 2008, 234, 246; BFH GrS BStBl. II 1990, 817, 823; BFH GrS BStBl. II 1978, 105, 108.

968 Vgl. BFH BStBl. II 2008, 234, 246; BFH BStBl. II 1970, 662, 663. Siehe hierzu auch *Drüen,* in: Brandis/Heuermann, EStG, § 4, Rn. 556; *Lange,* BB 1971, 405, 405; *Lange,* DB 1978, 1854, 1855; *Offerhaus,* BB 1979, 617, 619; *Tiedtke,* FR 1978, 493, 495; *Wanner,* StuW 1987, 302, 310.

969 Vgl. BFH BStBl. II 2008, 234, 246.

970 Vgl. BFH BStBl. II 2008, 234, 246.

betriebliche Veranlassung einer Aufwendung sei daher für die steuerliche Beurteilung selbständig zu prüfen.[971]

Wie diese steuerrechtliche Prüfung auszusehen hat, erklärt er allerdings nicht.[972] Auch eine Definition der betrieblichen Veranlassung kann der Entscheidung nicht entnommen werden. Stattdessen gibt der BFH in anderen Entscheidungen an, dass der Betriebsausgabenbegriff weit zu verstehen sei und sowohl unmittelbar als auch mittelbar mit dem Betrieb zusammenhängende Ausgaben erfasse.[973] Zudem könne der Begriff der *Veranlassung* nach § 4 Abs. 4 EStG sowohl kausal als auch final verstanden werden.[974] Daran anknüpfend hat er zusätzlich zu den genannten Kausalitätserwägungen teilweise auch finale Argumentationslinien verfolgt, bei denen die Bestimmung des mit der Aufwendung verfolgten Zwecks im Vordergrund steht.[975] So geht der BFH in ständiger Rechtsprechung davon aus, dass bei Darlehen der tatsächliche Verwendungszweck des Steuerpflichtigen maßgeblich dafür sei, ob die Aufwendung in wirtschaftlichem Zusammenhang mit dem Betrieb bzw. Beruf steht.[976] Auch bei anderen Aufwendungsformen wie beispielsweise Schuldübernahmen[977] oder Reisekosten[978] wird häufig darauf abgestellt,

---

971 Vgl. BFH BStBl. II 2008, 234, 246; BFH BStBl. II 1970, 662, 663. Siehe hierzu auch *Drüen*, in: Brandis/Heuermann, EStG, § 4, Rn. 556; *Lange*, BB 1971, 405, 405; *Lange*, DB 1978, 1854, 1855; *Offerhaus*, BB 1979, 617, 619; *Tiedtke*, FR 1978, 493, 495; *Wanner*, StuW 1987, 302, 310.

972 *Lange*, BB 1971, 405, 405; *Offerhaus*, BB 1979, 617, 620; *Tiedtke*, FR 1978, 493, 495; *Walz*, StuW 1986, 21, 23 f.; *Wanner*, StuW 1987, 302, 310.

973 Vgl. z.B. BFH BStBl. II 1970, 379, 379; BFH BStBl. III 1967, 734, 735; BFH BStBl. III 1963, 3, 4; BFH BStBl. III 1960, 511, 511; siehe hierzu auch *Görlich*, DB 1979, 711, 712; *Wanner*, StuW 1987, 302, 309.

974 Vgl. BFH BStBl. II 1986, 161, 163; BFH BStBl. II 1982, 465, 466; BFH BStBl. II 1981, 511, 513; BFH BStBl. II 1975, 664, 664; BFH BStBl. II 1970, 379, 379; siehe hierzu auch *von Bornhaupt*, DStR 1983, 11, 14; *Görlich*, DB 1979, 711, 712; *Kammergruber*, Betriebsausgabenabzug, S. 88; *Offerhaus*, BB 1979, 617, 619; *Walz*, StuW 1986, 21, 23; *Wanner*, StuW 1987, 302, 310.

975 Vgl. *von Bornhaupt*, DStR 1983, 11, 14; *Kröger*, StuW 1978, 289, 291; *Offerhaus*, BB 1979, 617, 621; *Walz*, StuW 1986, 21, 25. Häufig prüft der BFH auch kausale und finale Gesichtspunkte nebeneinander, vgl. z.B. BFH BStBl. II 1982, 465, 466; BFH BStBl. II 1970, 379, 379 f.

976 Vgl. BFH BStBl. II 2000, 458, 459; BFH BStBl. II 1998, 193, 197; BFH GrS BStBl. II 1990, 817, 823.

977 Vgl. BFH BStBl. II 1986, 161, 163 („Zweck der Schuldübernahme"); *Wacker*, BB 1991, 248, 248 ff.

978 Vgl. z.B. BFH/NV 1998, 961, 962; BFH BStBl. II 1997, 357, 357 f.; BFH BStBl. II 1991, 92, 93; BFH BStBl. II 1987, 208, 209 („Zweck der Reise"); BFH BStBl. II 1985, 325,

welcher Zweck mit der jeweiligen Ausgabe verfolgt wurde. Die Beschränkung dieser finalen Argumentationslinien[979] auf einzelne Formen von Aufwendungen macht deutlich, dass der BFH auch hierbei keine abstrakte Prüfung vornimmt, sondern je nach Einzelfall verschiedene Ansatzpunkte verfolgt, die auf andere Sachverhalte nicht ohne weiteres übertragbar sind.

Von dieser fallgruppenorientierten Prüfung[980] löste sich der BFH erstmals 1979, indem er allgemeingültig definiert, dass eine betriebliche Veranlassung vorliege, „wenn ein objektiver Zusammenhang mit dem Beruf besteht und die Aufwendung subjektiv zur Förderung des Berufs getätigt wird".[981] Dabei sollen die objektiven und subjektiven Kriterien nicht gleichwertig nebeneinander stehen.[982] Vielmehr schränkt der BFH seine Definition später dahingehend ein, dass der objektive Zusammenhang stets ein zwingendes Erfordernis darstelle, während die subjektive Förderungsabsicht im Einzelfall entfallen könne und kein notwendiges

---

326 f.

979 Vgl. für weitere finale Prüfungen des BFH auch BFH GrS BStBl. II 1978, 105, 109, wonach es für die Abziehbarkeit von Unfallosten darauf ankommt, ob der Verstoß gegen Verkehrsvorschriften noch im Rahmen der „beruflichen Zielvorstellung" liegt; *Offerhaus,* BB 1979, 617, 621. Siehe auch *Walz,* StuW 1986, 21, 25 m.w.N.

980 Vgl. *Walz,* StuW 1986, 21, 25.

981 Vgl. BFH BStBl. II 1980, 75, 76; st. Rspr. vgl. z.B. BFH BStBl. II 1982, 37, 39; BFH BStBl. II 1981, 368, 369; BFH BStBl. II 1981, 131, 132; für Betriebsausgaben vgl. BFH/NV 2018, 1336, 1339; BFH/NV 2018, 335, 336; BFH BStBl. II 2016, 391, 393; BFH GrS BStBl. II 2010, 672, 680; BFH BStBl. II 2009, 11, 12; BFH BStBl. II 2008, 234, 244; BFH BStBl. II 2007, 459, 459; BFH/NV 2003, 900, 902; BFH BStBl. II 1992, 819, 820 f.; BFH GrS BStBl. II 1990, 817, 823; BFH GrS BStBl. II 1990, 160, 163; BFH BStBl. II 1985, 92, 93; BFH GrS BStBl. II 1984, 160, 163; BFH BStBl. II 1982, 467, 468: „Die Aufwendungen sind durch den Betrieb veranlasst, wenn sie objektiv mit dem Betrieb zusammenhängen und subjektiv dem Betrieb zu dienen bestimmt sind." Zuvor hatte der BFH in anderen Entscheidungen bereits einen „objektiven, wirtschaftlichen oder tatsächlichen Zusammenhang" zwischen Aufwendung und Betrieb gefordert, ohne diesen jedoch näher zu erläutern, vgl. etwa BFH BStBl. II 1976, 560, 560; BFH BStBl. III 1958, 75, 75; *Walz,* StuW 1986, 21, 24. Nach Ansicht von *von Bornhaupt,* DStJG 3 (1980), S. 149, 181, Fn. 153; *von Bornhaupt,* DStR 1983, 11, 14; *Görlich,* DB 1979, 711, 712 war diese Definition des BFH auch in den früheren Entscheidungen, in denen die Prüfung nach kausalen und finalen Gesichtspunkten stattfand, schon angelegt, da mit „kausaler Verursachung" der objektive Zusammenhang und mit „Finalität" die subjektive Zweckbestimmung gemeint gewesen sei.

982 *Prinz,* FR 1986, 397, 403; *Wassermeyer,* StuW 1982, 352.

Merkmal des Betriebsausgabenbegriffs sei.[983] Diese abgestufte Bewertung der Kriterien begründet er damit, dass beispielsweise auch unfreiwillige Ausgaben wie Schadensersatzzahlungen oder Zwangsaufwendungen nach dem objektiven Nettoprinzip Betriebsausgaben seien.[984]

Eine solche Argumentation für die Maßgeblichkeit objektiver Kriterien hatte sich bereits in früheren Entscheidungen des BFH abgezeichnet.[985] In seinem Urteil aus dem Oktober 1960[986] stellt er beispielsweise klar, dass der Begriff der Betriebsausgaben zwar auch solche Aufwendungen umfasse, die der Steuerpflichtige über die objektive Notwendigkeit seines Betriebes hinaus tätigt, weil er damit subjektiv seinen Betrieb zu fördern glaubt. Dies dürfe jedoch nicht dazu führen, dass der Steuerpflichtige durch seinen Willensentschluss Aufwendungen zu Betriebsausgaben macht, die ihrem Wesen nach nicht mit dem Betrieb in Zusammenhang stehen.[987] Die Frage, ob eine Aufwendung betrieblich/beruflich oder privat veranlasst ist, sei daher allein nach objektiven Gesichtspunkten zu entscheiden.[988] Mit der neuerlichen Entscheidung des BFH, subjektive Kriterien als fakultativ zu betrachten[989] und nur den objektiven Zusammenhang als zwingendes Tatbestandsmerkmal zu prüfen, hat er diese Argumentationslinie letztlich fortgeführt.

---

983 Vgl. BFH BStBl. II 1982, 442 f.; BFH BStBl. II 1981, 735, 736; BFH BStBl. II 1981, 368, 369; *Richter,* FR 1981, 556 f.

984 Vgl. BFH BStBl. II 2007, 762, 763; BFH/NV 2006, 534, 535; BFH BStBl. II 2004, 641, 642; BFH/NV 1992, 449, 451; BFH BStBl. II 1982, 442, 442 f.; BFH BStBl. II 1981, 368, 369.

985 Vgl. *Kröger,* StuW 1978, 289, 292; *Lange,* BB 1971, 405, 405; *Meurer,* in: Lademann, EStG, § 4, Rn. 537; *Prinz,* FR 1986, 397, 403. Allgemein zur Forderung der Rechtsprechung nach einem objektiven Zusammenhang mit dem Beruf siehe *Tipke,* StuW 1979, 193, 199.

986 BFH BStBl. III 1960, 511, 511 f.

987 Vgl. BFH BStBl. III 1960, 511, 511; vgl. hierzu auch BFH/NV 2000, 262, 264: „Der wirtschaftliche Zusammenhang kann nicht durch einen bloßen Willensakt des Steuerpflichtigen begründet werden."

988 Vgl. BFH BStBl. III 1960, 511, 511; *Lange,* BB 1971, 405, 405; vgl. auch BFH BStBl. II 1989, 405, 406; BFH BStBl. III 1956, 304, 305; BFH BStBl. III 1956, 195, 195; BFH BStBl. III 1954, 358, 359; FG Hamburg, EFG 1979, 435, 435. Ähnlich argumentiert BFH BStBl. II 1974, 161, 162 beispielsweise auch im Fall vorweggenommener Werbungskosten: „Die Absicht der Einkünfteerzielung muß anhand äußerer Umstände einleuchtend dargetan sein."; vgl. hierzu auch BFH/NV 1998, 961, 962; BFH BStBl. II 1992, 819, 821; BFH BStBl. II 1975, 70, 72; BFH BStBl. II 1974, 198, 199; BFH BStBl. II 1972, 930, 931.

989 Kritisch hierzu *Wassermeyer,* StuW 1982, 352, 352 f.

Eine vorerst letzte Konkretisierung des Veranlassungsbegriffs erfolgte im Juli 1990 durch den sog. Kontokorrentzinsen-Beschluss des Großen Senats.[990] Darin betont der BFH die Bedeutung des Veranlassungsprinzips für die Abgrenzung der Erwerbsaufwendungen von den grundsätzlich nicht abziehbaren Privataufwendungen und präzisiert entsprechend dieser Zielsetzung die Definition der Betriebsausgaben dahingehend, dass diese in einem steuerlich anzuerkennenden wirtschaftlichen Zusammenhang zu einer Einkunftsart stehen müssten.[991] Ob ein solcher Zusammenhang bestehe, sei eigenständig im Wege einer zweistufigen steuerrechtlichen Prüfung zu ermitteln.[992] Entscheidend sei hierfür zum einen die wertende Beurteilung des die betreffende Aufwendung „auslösenden Moments" und zum anderen die Zuweisung dieses maßgeblichen Bestimmungsgrundes zur einkommensteuerrechtlich relevanten Erwerbssphäre.[993] Mit dieser Konkretisierung gibt der BFH der Veranlassungsprüfung erstmals einen dogmatischen Rahmen[994] und macht zugleich deutlich, dass er das Veranlassungsprinzip als ein Prinzip wertender Selektion und Zuordnung versteht[995]. Seiner Meinung nach muss sich die Abziehbarkeit einer Aufwendung an den das Einkommensteuergesetz

990 BFH GrS BStBl. II 1990, 817.

991 Vgl. BFH GrS BStBl. II 1990, 817, 823.

992 Vgl. BFH GrS BStBl. II 1990, 817, 823; *Drüen,* in: Brandis/Heuermann, EStG, § 4, Rn. 556; *Gärtner,* Gemischt veranlasste Aufwendungen, S. 96 f.; *Wacker,* BB 2018, 2519, 2521.

993 Vgl. grundlegend BFH GrS BStBl. II 1990, 817, 823; st. Rspr. vgl. etwa BFH BStBl. II 2017, 409, 410; BFH/NV 2016, 922, 924; BFH/NV 2015, 486, 488; BFH/NV 2013, 1685, 1686; BFH GrS BStBl. II 2010, 672, 680 f.; BFH BStBl. II 2007, 762, 763; BFH BStBl. II 1999, 600, 601; BFH BStBl. II 1997, 290, 292. Vgl. auch *Drüen,* in: Brandis/Heuermann, EStG, § 4, Rn. 556; *Söhn,* in: K/S/M, EStG, § 4, Rn. E 68; *Stapperfend,* in: FS Kruse, S. 533, 540; *Stapperfend,* in: Herrmann/Heuer/Raupach, EStG/KStG, § 4 EStG, Rn. 791; *Wacker,* BB 2018, 2519, 2521.

994 Vgl. *Drüen,* in: Brandis/Heuermann, EStG, § 4, Rn. 556; *Gärtner,* Gemischt veranlasste Aufwendungen, S. 96 f.; *Hey,* FR 2020, 578, 580.

995 Vgl. BFH/NV 2016, 922, 924; BFH/NV 2015, 900, 902; BFH/NV 2013, 1768, 1769 f.; *Drüen,* in: Brandis/Heuermann, EStG, § 4, Rn. 557; *Meyer,* in: BeckOK EStG, § 4, Rn. 2180; *Schneider,* FS BFH Bd. 2, S. 1243, 1245; *Söhn,* in: K/S/M, EStG, § 4, Rn. E 68; *Wacker,* BB 1991, 248, 251 f.; *Wacker,* BB 2018, 2519, 2521. Ähnlich hat *Tipke,* StuW 1979, 193, 195 bereits zuvor ausgeführt, dass „§ 4 Abs. 4 EStG […] Stellung zu einem Zuordnungsproblem [nimmt, nämlich] zum Problem der Zuordnung von Ausgaben/Aufwand […] zur Betriebs-/Berufssphäre oder zur Privatsphäre"; vgl. auch *Tipke,* DStJG 3 (1980), S. 1, 6, wonach man „die relevanten Faktoren [einer Aufwendung] auswählen und sie – nach einem Maßstab – der Berufssphäre oder Privatsphäre zuordnen [muss]."

prägenden Grundsätzen sowie dem eigentlichen Ziel des Veranlassungsprinzips orientieren, nämlich daran, eine nachvollziehbare Trennlinie zwischen der Erwerbs- und Privatsphäre zu schaffen.[996] Hierfür weist der BFH ausdrücklich darauf hin, dass eine bloße Auswahl des maßgeblichen Bestimmungsgrundes nicht ausreicht, um den Grundsätzen des Einkommensteuergesetzes gerecht zu werden. Vielmehr bestehe auf einer zweiten Prüfungsstufe zusätzlich die Notwendigkeit der wertenden Zurechnung dieses Bestimmungsgrundes zur einkommensteuerrechtlich relevanten Erwerbssphäre.[997] Nach welchen Kriterien eine solche Zuordnung vorzunehmen ist, richte sich wiederum nicht nach speziellen Zurechnungslehren anderer Rechtsgebiete, sondern allein nach den positiv-rechtlichen Wertungen des Einkommensteuergesetzes.[998]

Dieser Einordnung des Veranlassungsprinzips als ein eigenständiges steuerrechtliches Prinzip wertender Selektion und Zuordnung hat sich das überwiegende Schrifttum im Ergebnis angeschlossen.[999] Uneinigkeit besteht allerdings darüber, auf welche Veranlassungstheorie diese Zuordnungslehre zurückzuführen ist.[1000] Teilweise wird angenommen, der BFH habe sich der finalen Veranlassungstheorie angeschlossen,[1001] da er in seinem Beschluss aus dem Juli 1990 auf Vertreter der finalen Veranlassungstheorie verweist.[1002] Hierfür könnte auch die vom BFH übernommene Umschreibung[1003] des Veranlassungsbegriffs mit dem

996 Vgl. BFH GrS BStBl. II 1990, 817, 823.

997 Vgl. BFH BStBl. II 2000, 458, 459; BFH GrS BStBl. II 1990, 817, 823.

998 Vgl. BFH GrS BStBl. II 1990, 817, 823. So auch die Feststellung von *Drüen,* in: Brandis/Heuermann, EStG, § 4, Rn 556; *Lang,* Bemessungsgrundlage, S. 306; *Meyer,* in: BeckOK EStG, § 4, Rn. 2220; *Wacker,* BB 1991, 248, 251; *Wacker,* BB 2018, 2519, 2523.

999 Vgl. etwa *Bode,* in: Kirchhof, EStG, § 4, Rn. 170; *von Bornhaupt,* FR 1982, 313, 318; *von Bornhaupt,* DStR1983, 11, 14; *Drüen,* in: Brandis/Heuermann, EStG, § 4, Rn. 557; *Hey,* in: Tipke/Lang, Steuerrecht, Rn. 8.211; *Holzhäuser,* in: Bordewin/Brandt, EStG, § 4, Rn. 1713 f.; *Loschelder,* in: Schmidt, EStG, § 4, Rn. 30; *Nacke,* in: Littmann/Bitz/Pust, EStG, § 4, Rn. 1625; *Schneider,* FS BFH, Bd. 2, S. 1243, 1244; *Söhn,* FS Spindler, S. 795, 798; *Söhn,* in: K/S/M, EStG, § 4, Rn. E 68, E 74; *Stapperfend,* in: Herrmann/Heuer/Raupach, EStG/KStG, § 4 EStG, Rn. 793; *Wacker,* BB 2018, 2519, 2519. Vgl. auch bereits *von Bornhaupt,* DStJG 3 (1980), S. 149, 180; *Görlich,* DB 1979, 711, 712; *Offerhaus,* BB 1979, 617, 621; *Ruppe,* DStJG 3 (1980), S. 103, 147.

1000 *Gärtner,* Gemischt veranlasste Aufwendungen, S. 107.

1001 So etwa *Stapperfend,* in: Herrmann/Heuer/Raupach, EStG/KStG, § 4, Rn. 791.

1002 So verweist BFH GrS BStBl. II 1990, 817, 823 auf *von Bornhaupt, Offerhaus, Prinz* und *Wassermeyer*; vgl. auch BFH/NV 2016, 922, 924, der in diesem Zusammenhang *Stapperfend* zitiert.

1003 Vgl. *Söhn,* in: K/S/M, EStG, § 4, Rn. E 67.

„auslösenden Moment" sprechen. Andere argumentieren demgegenüber, dass der BFH keinen begrifflichen Unterschied zwischen veranlassen und verursachen vorgenommen habe und eine Austauschbarkeit der beiden Begriffe weder ausdrücklich ausgeschlossen habe, noch von seinem Standpunkt aus hätte unterstellen müssen.[1004] Nach dieser Ansicht soll der BFH dem kausal geprägten Veranlassungsbegriff daher keine Absage erteilt haben.[1005]

VI. Stellungnahme

Vorab sei anzumerken, dass sich die beschriebenen Ansichten in Rechtsprechung und Literatur mit der Zeit zunehmend angenähert haben[1006] und die Unterschiede der Einzelmeinungen inzwischen nur noch marginal ausfallen oder verwischen.[1007] Oftmals wird sogar davon gesprochen, dass es sich bei den Problemen zum Veranlassungsprinzip nur noch um bloße Theorienstreitigkeiten handele,[1008] die in der Praxis wenig Bedeutung hätten.[1009] Bei dieser Einschätzung gilt es jedoch zu bedenken, dass sich gerade im ohnehin schon wenig ausdifferenzierten Grenzbereich zu § 12 Nr. 1 EStG Auslegungsschwierigkeiten ergeben,[1010] die Auswirkungen auf die steuerliche Behandlung gemischter Aufwendungen haben.[1011] Mit Blick darauf, dass dem Veranlassungsprinzip gerade für diesen Problembereich zwischen Erwerbs- und Privatsphäre Abgrenzungsfunktion zukommt, genügt es also nicht, sich auf bestehende Gemeinsamkeiten abstrakter Theorien zu besinnen. Ziel der Auslegung muss vielmehr sein, dem Veranlassungsprinzip mit einheitlichen Kriterien so viel Kontur zu verschaffen, dass auch Zweifelsfälle im Grenzbereich eindeutig zugeordnet werden können.[1012] Nur so kann eine klar

1004 So etwa *Söhn,* in: K/S/M, EStG, § 4, Rn. E 67.

1005 Vgl. *Bowitz,* Objektives Nettoprinzip, S. 81; *Gärtner,* Gemischt veranlasste Aufwendungen, S. 107; *Lang,* StuW 1985, 10, 17; *Prinz,* StuW 1996, 267, 268; *Söhn,* in: K/S/M, EStG, § 4, Rn. E 68.

1006 Siehe zu dieser Feststellung auch *Söhn,* in: K/S/M, EStG, § 4, Rn. E 60.

1007 So auch *Gärtner,* Gemischt veranlasste Aufwendungen, S. 96.

1008 So z.B. *Gärtner,* Gemischt veranlasste Aufwendungen, S. 107; *Söhn,* in: K/S/M, EStG, § 4, Rn. E 68.

1009 Vgl. etwa *Stapperfend,* in: Herrmann/Heuer/Raupach, EStG/KStG, § 4 EStG, Rn. 793.

1010 Vgl. BFH GrS BStBl. II 1978, 105, 109.

1011 *Kreft,* in: Herrmann/Heuer/Raupach, EStG/KStG, § 9 EStG, Rn. 142; *Stapperfend,* in: Herrmann/Heuer/Raupach, EStG/KStG, § 4, Rn. 793.

1012 Siehe hierzu auch *Walz,* StuW 1986, 21, 23: „Die konkurrierenden Theorien sind abstrakt genug, um auch solche Fälle, auf die sie nicht zugeschnitten sind, terminologisch zu erfassen. Aber gerade das zeigt, wie wenig sie im Zweifelsfall den konkreten Wertungsvollzug anleiten können". Siehe zudem *Söhn*, DStJG 3 (1980), S. 13, 32 der

differenzierte Trennlinie zwischen Erwerbsaufwendungen und Privataufwendungen geschaffen werden. Ein erster wichtiger Schritt in Richtung mehr Präzisierung und Konturierung ist in diesem Zusammenhang die von Rechtsprechung und Literatur bereits vereinzelt vorgenommene Aufteilung der Veranlassungsprüfung in mehrere Stufen.[1013]

1. *Erste Stufe: Auswahl der ausschlaggebenden Faktoren (Veranlassungstheorien)*

Auf der ersten Stufe der Veranlassungsprüfung geht es darum, diejenigen Faktoren zu ermitteln, die ursächlich dazu beigetragen haben, dass der Steuerpflichtige eine Aufwendung getätigt hat. Hierfür werden – wie gezeigt – im Schrifttum zwei Veranlassungstheorien vertreten, die sich auf den ersten Blick vor allem in Bezug auf ihre Reichweite zu unterscheiden scheinen.[1014] Während die kausale Veranlassungstheorie zunächst jede mögliche Ursache iSd conditio-sine-qua-non-Formel betrachtet und erst in einem zweiten Schritt korrigierend eingreift, indem sie die Ursachen durch verschiedene Wertungen auf ihre steuerliche Relevanz hin überprüft, gehen die Vertreter der finalen Veranlassungstheorie bereits von Anfang an selektiver vor und begrenzen ihre Auswahl durch Wertung nur auf diejenigen inneren und äußeren Auslöser, die unmittelbar Anlass bzw. auslösendes Moment für die Aufwendung geworden sind.[1015]

Betrachtet man die Theorien im direkten Vergleich, so stellt man fest, dass letztlich nach beiden Ansichten die gleiche Wertungsfrage gestellt wird.[1016] Sowohl die Auswahl rechtserheblicher Ursachen iSd Kausalitätstheorie[1017] als auch die

---

in diesem Zusammenhang mit gemischten Aufwendungen von der „Nagelprobe" der steuerrechtlichen Kausalitätstheorie spricht; siehe auch *Hey*, in: Tipke/Lang, Steuerrecht, Rn. 8.339. Vgl. zudem *Meyer*, in: BeckOK EStG, § 4, Rn. 2218; *Ruppe*, DStJG 3 (1980), S. 103, 147.

1013 Siehe zur Strukturierung der Veranlassungsprüfung nochmals Teil 2 § 7 B.II.3.

1014 *Weber*, StuW 2009, 184, 187.

1015 Siehe für die Einzelheiten der Ansichten nochmals Teil 2 § 7 B.III.

1016 Siehe auch *Ruppe*, DStJG 3 (1980), S. 103, 147; *Söhn*, in: K/S/M, EStG, § 4, Rn. E 68. In diese Richtung auch *Meyer*, in: BeckOK EStG, § 4, Rn. 2218; *Schilling*, Zwangsläufiger Aufwand, S. 115; *Wassermeyer*, StuW 1981, 245, 245 f.

1017 Vgl. *Gärtner*, Gemischt veranlasste Aufwendungen, S. 109; *Hey*, in: Tipke/Lang, Steuerrecht, Rn. 8.219; *P. Kirchhof*, DStJG 3 (1980), S. 201, 204 f.; *Kreft*, in: Herrmann/Heuer/Raupach, EStG/KStG, § 9 EStG, Rn. 142; *Söhn*, DStJG 3 (1980), S. 13, 69 f.; *Söhn*, in: K/S/M, EStG, § 4, Rn. E 68; *Weber*, StuW 2009, 184, 187.

Bestimmung des auslösenden Moments nach der finalen Veranlassungstheorie[1018] setzen eine juristisch-wertende, teleologische Betrachtung voraus, aus der erkennbar wird, welche Faktoren für die Aufwendung letztlich ausschlaggebend[1019] waren und damit steuerrechtliche Relevanz haben. Ob diese Faktoren dann rechtserhebliche Ursache[1020] oder auslösendes Moment[1021] genannt werden, ist keine Frage des Inhalts des Veranlassungsprinzips, sondern eine rein begriffliche Streitigkeit.[1022] Das durch Wertung bestimmte auslösende Moment ist der für die Besteuerung relevante Kausalfaktor.[1023] Die vermeintlichen Unterschiede der beiden Veranlassungstheorien fallen damit im Ergebnis nur geringfügig aus.[1024] Vor diesem Hintergrund kann die finale Veranlassungstheorie auch als einkommensteuerrechtliche Kausalitätstheorie „unter anderem Namen" verstanden werden.[1025]

Entscheidend für die erste Stufe der Veranlassungsprüfung ist damit nicht die begriffliche Erwägung, ob der Veranlassungsbegriff kausal oder final zu

---

1018 Vgl. BFH GrS BStBl. II 2010, 672, 681; BFH BStBl. II 2005, 91, 92; BFH BStBl. II 2004, 641, 642; BFH BStBl. II 2000, 476, 477; BFH GrS BStBl. II 1990, 817, 823; *Gärtner,* Gemischt veranlasste Aufwendungen, S. 109; *Kreft,* in: Herrmann/Heuer/Raupach, EStG/KStG, § 9 EStG, Rn. 140; *Schilling,* Zwangsläufiger Aufwand, S. 109; *Söhn,* in: K/S/M, EStG, § 4, Rn. E 68; *Weber,* StuW 2009, 184, 187.

1019 Siehe für den vermittelnden Begriffsvorschlag des „ausschlaggebenden Faktors" als Synonym für „relevante Kausalursache" (Vertreter der Kausallehre) und „auslösendes Moment" (Finalisten) *Söhn,* DStJG 3 (1980), S. 401.

1020 So die Vertreter der kausalen Veranlassungstheorie.

1021 So die Vertreter der finalen Veranlassungstheorie.

1022 So auch *Gärtner,* Gemischt veranlasste Aufwendungen, S. 107; *Schilling,* Zwangsläufiger Aufwand, S. 109 f.; *Weber,* StuW 2009, 184, 187; siehe auch *Walz,* StuW 1986, 21; vgl. ferner *Söhn,* in: K/S/M, EStG, § 4, Rn. E 68, der sich aus diesem Grund dafür ausspricht, den Theorienstreit zumindest insoweit aufzugeben.

1023 Vgl. *Gärtner,* Gemischt veranlasste Aufwendungen, S. 109; *Schuck,* Veranlassungszusammenhang, S. 67; *Söhn,* FS Spindler, S. 795, 798; *Söhn,* in: K/S/M, EStG, § 4, Rn. E 68. Siehe hierzu auch *Weber,* StuW 2009, 184, 187, der zutreffend feststellt, dass eine Ursache, die zwar auslösendes Moment iSd finalen Veranlassungstheorie, nicht aber zumindest kausal iSd conditio-sine-qua-non-Formel, nur schwer vorstellbar ist.

1024 Vgl. auch *Ruppe,* DStJG 3 (1980), S. 103, 147; *Walz,* StuW 1986, 21, 21. Ein Unterschied scheint jedoch darin bestehen zu bleiben, dass nach der kausalen Veranlassungstheorie im Gegensatz zur finalen Veranlassungstheorie gerade keine subjektive Komponente berücksichtigt wird. Siehe hierzu auch *Kreft,* in: Herrmann/Heuer/Raupach, EStG/KStG, § 9 EStG, Rn. 142.

1025 So etwa *Gärtner,* Gemischt veranlasste Aufwendungen, S. 110; *Söhn,* in: K/S/M, EStG, § 4, Rn. E 67.

verstehen ist.[1026] Maßgeblich ist vielmehr, nach welchen normativen Kriterien über die Rechtserheblichkeit einer Aufwendungsursache bzw. eines Auslösers zu entscheiden ist.[1027] Hiervon geht wohl auch der BFH aus, wenn er die wertende Beurteilung des eine Aufwendung auslösenden Moments verlangt,[1028] ohne sich dabei einer der bestehenden Theorien zum Veranlassungsprinzip explizit anzuschließen. Seiner Meinung nach sind „Aufwendungen dann als durch eine Einkunftsart veranlasst anzusehen, wenn sie hierzu in einem *steuerrechtlich anzuerkennenden* wirtschaftlichen Zusammenhang stehen".[1029] Auf welche Veranlassungstheorie die Ansicht der Rechtsprechung dann im Einzelnen zurückzuführen ist, spielt letztlich keine Rolle. Entscheidend ist allein, dass eine wertende Auswahl vorgenommen wird, die sich an den gesetzlichen Grundentscheidungen des Einkommensteuerrechts orientiert.[1030]

Ausgangspunkt einer solchen Auswahlentscheidung ist zwar – ebenso wie in anderen Rechtsgebieten auch – eine juristische Kausalitätsprüfung.[1031] Aufgrund der im Steuerrecht existierenden Vielzahl möglicher Lebenssachverhalte muss darüber hinaus jedoch eine Gesamtwürdigung alle Umstände des Einzelfalls vorgenommen werden,[1032] bei der auch finale Elemente, also insbesondere die sub-

1026 Vgl. auch *Meyer,* in: BeckOK EStG, § 4, Rn. 2218; *Ruppe,* DStJG 3 (1980), S. 103, 128; *Schilling,* Zwangsläufiger Aufwand, S. 110; *Söhn,* in: K/S/M, EStG, § 4, Rn. E 68.

1027 Vgl. auch *P. Kirchhof,* DStJG 3 (1980), S. 201, 203; *Prinz,* StuW 1996, 267, 270; *Ruppe,* DStJG 3 (1980), S. 103, 147; *Söhn,* in: K/S/M, EStG, § 4, Rn. E 68; *Wanner,* StuW 1987, 302, 315; *Weber,* StuW 2009, 184, 187.

1028 Vgl. BFH GrS BStBl. II 1990, 817, 823.

1029 BFH GrS BStBl. II 1990, 817, 823 (Hervorhebung durch Verfasserin).

1030 Vgl. auch BFH GrS BStBl. II 1990, 817, 823; *Wacker,* BB 2018, 2519, 2523; *Wanner,* StuW 1987, 302, 314 f.

1031 Siehe hierzu auch *Lange,* BB 1971, 405, 406: „Wie sonst in der Rechtswissenschaft muß ebenfalls das Steuerrecht vom philosophischen Kausalbegriff ausgehen; denn der Kausalbegriff ist kein juristischer Begriff, sondern eine Seinskategorie, […]". Siehe zudem *Wanner,* StuW 1987, 302, 314: „Wenn keine Verursachung mehr im logisch-naturwissenschaftlichen Sinn angenommen werden kann, dann darf keine Verursachung (=Veranlassung) im Rechtssinn festgestellt werden, denn Schranke jeder juristischen Kausaltheorie ist die Logik."

1032 Vgl. auch BFH GrS BStBl. II 2010, 672, 681; BFH BStBl. II 2009, 11, 12; BFH/NV 2008, 357, 357 f.; BFH BStBl. II 2007, 762, 763; siehe zudem *Schneider,* DStR 2009, Beih. zu Heft 34, 87, 89; *Söhn,* in: K/S/M, EStG, § 4, Rn. E 55; *Wacker,* BB 2018, 2519; *Weber-Grellet,* Steuern im modernen Verfassungsstaat, S. 180.

jektive Vorstellung[1033] des Steuerpflichtigen, berücksichtigt werden.[1034] In Betracht kommen daher zunächst alle Ursachen, Umstände, Handlungen, innere und äußere Auslöser, Motive, Beweggründe oder tatsächliche Verwendungszwecke, die den Grund für die Tätigung oder das unfreiwillige Erleiden der Aufwendung darstellen könnten.[1035] Anschließend ist – ganz im Sinne der Rechtsprechung – unter allen auf diesem Wege ermittelten Faktoren eine wertende Selektion mit dem Ziel vorzunehmen, die steuerrechtlich relevanten Ursachen herauszufiltern.[1036]

Auf welcher Ebene der Veranlassungsprüfung die wertende Auswahl dabei vorzunehmen ist, wird im Schrifttum unterschiedlich gesehen. Vielfach wird davon ausgegangen, dass sie zusammen mit der kausalen Ursachenbestimmung auf der ersten Stufe erfolgt.[1037] Da die konkrete Gewichtung der einzelnen Veranlassungsbeiträge allerdings nur bei gemischten Aufwendungen zum Tragen kommt, wenn nämlich die Zuordnung auf der zweiten Stufe der Veranlassungsprüfung zu unterschiedlichen Ergebnissen führt, ist es zielführend, auf der ersten Stufe zunächst nur die kausalen Veranlassungsbeiträge zu ermitteln und die wertende Selektion der einzelnen Ursachen erst nachgelagert auf einer dritten Stufe vorzunehmen.[1038] Auf diese dritte Stufe wird an späterer Stelle im Zusammenhang mit den Ausführungen zum Graubereich eingegangen.[1039]

1033 Hierin besteht ja gerade ein wesentlicher Kritikpunkt der Vertreter der finalen Veranlassungstheorie.

1034 So auch *Gärtner*, Gemischt veranlasste Aufwendungen, S. 110; *Seiler*, DStJG 34 (2011), S. 61, 75.

1035 So auch *Gärtner*, Gemischt veranlasste Aufwendungen, S. 110; *Prinz*, StuW 1996, 267, 270.

1036 Vgl. BFH GrS BStBl. II 1990, 817, 823. So auch *Jakob/Jüptner*, StuW 1983, 206, 210; *Söhn*, DStJG 3 (1980), S. 13, 21; *Wacker*, BB 2018, 2519, 2521. In Rechtsprechung und Literatur wird hierfür oftmals auf die bereits beschriebene Theorie der wesentlichen Bedingung zurückgegriffen. Wie noch zu zeigen sein wird, betrifft diese jedoch eher die Gewichtung der einzelnen Faktoren bei gemischten Aufwendungen und wird daher erst auf der dritten Stufe relevant. Siehe hierzu Teil 3 § 9 B.

1037 Siehe etwa *Söhn*, DStJG 3 (1980), S. 13, 69 f.; *Steenken*, Gesetzliche Pauschalierung, S. 130 ff.; *Tipke*, DStJG 3 (1980), S. 1, 6 f.; *Wanner*, StuW 1987, 302, 315; *Weber*, StuW 2009, 184, 187, 191.

1038 So auch *Gärtner*, Gemischt veranlasste Aufwendungen, S. 123; *Pfab*, Bildungsaufwendungen, S. 139; *Söhn*, in: K/S/M, EStG, § 4, Rn. E 68.

1039 Siehe hierzu Teil 3 § 9 B.

2. *Zweite Stufe: Zuordnung zur Erwerbssphäre (Bestimmung des Veranlassungszusammenhangs)*

Nachdem auf der ersten Stufe die ausschlaggebenden Faktoren der Aufwendung ermittelt wurden, ist auf der zweiten Stufe für jede herausgefilterte Ursache eine sphärische Zuordnung zur Erwerbs- oder Privatsphäre vorzunehmen.[1040] Für die hierbei bestehende Streitigkeit nach der Maßgeblichkeit objektiver und/oder subjektiver Kriterien zur Bestimmung des Veranlassungszusammenhangs ist zunächst festzuhalten, dass es aus Sicht der Praxis keinen Unterschied macht, ob ein objektiver Zusammenhang bereits tatbestandlich vorausgesetzt wird oder erst auf Beweisebene verlangt wird.[1041] Da in jedem Fall nur objektiv nachweisbare Ursachen berücksichtigt werden, führen die verschiedenen Ansichten letztlich nicht zu unterschiedlichen Ergebnissen.[1042] Hinzu kommt, dass einige Kritikpunkte der subjektiven Theorie schon dadurch ausgeräumt werden können, dass vorab einheitlich definiert wird, was unter den subjektiven und objektiven Kriterien zu verstehen ist. Insbesondere den Argumenten zur Abzugsfähigkeit unangemessener Aufwendungen und der Gefahr einer übermäßigen Typisierung der Veranlassungsprüfung könnte durch ein einheitliches Verständnis des objektiven Veranlassungszusammenhangs begegnet werden. Daraus wird erkennbar, dass ein Großteil der Streitigkeiten sich mehr auf die Definition der jeweiligen Kriterien bezieht und weniger darauf, welche Kriterien veranlassungserheblich sind. Die Frage, ob subjektive Vorstellungen überhaupt maßgeblich über das Vorliegen eines Veranlassungszusammenhang entscheiden können und objektive Kriterien demzufolge nur auf Beweisebene relevant sind, ist jedoch eine rechtssystematische Grundsatzfrage,[1043] die es zu beantworten gilt.

Zwar ist den Vertretern der subjektiven Theorie zunächst darin zuzustimmen, dass eine Aufwendungsursache für sich genommen steuersystematisch zumeist dem neutralen Bereich angehört und daher nur mithilfe der subjektiven Zweckbestimmung des Steuerpflichtigen in eine Sphäre eingeordnet werden kann.[1044]

1040 Vgl. auch *Tipke*, StuW 1979, 193, 199; *Wanner*, StuW 1987, 302, 315.

1041 *Gärtner*, Gemischt veranlasste Aufwendungen, S. 118; *Söhn*, in: K/S/M, EStG, § 4, Rn. E 76.

1042 Vgl. *Söhn*, in: K/S/M, EStG, § 4, Rn. E 76.

1043 Vgl. auch *Gärtner*, Gemischt veranlasste Aufwendungen, S. 118; *Söhn*, in: K/S/M, EStG, § 4, Rn. E 77.

1044 So etwa *Görlich*, DB 1979, 711, 712; *Kreft*, Erwerbsaufwendungen, S. 68; *Kreft*, in: Herrmann/Heuer/Raupach, EStG/KStG, § 9 EStG, Rn. 149; *Schuck*, Veranlassungszusammenhang, S. 80 f.; *Tipke*, StuW 1979, 193, 199; *Weber*, StuW 2009, 184, 188. Dem stimmen auch Vertreter der objektiven Theorie grundsätzlich zu, vgl.

Dies zeigt sich beispielsweise an dem in der Rechtsprechung vielfach entschiedenen Fall der Aufnahme eines Darlehens durch den Steuerpflichtigen. Weder die Kreditaufnahme noch die hiermit in Zusammenhang stehende Zinsbelastung können für sich genommen eindeutig der Erwerbs- oder Privatsphäre zugeordnet werden.[1045] Erst die subjektive Vorstellung des Steuerpflichtigen, die sich im tatsächlichen Verwendungszweck des Darlehens zeigt, ermöglicht eine steuerrechtliche Qualifikation als Erwerbs- oder Privataufwendung.[1046] Aus diesem Grund ist dem BFH darin zuzustimmen, dass der subjektiven Förderungsabsicht des Steuerpflichtigen in Fällen wie diesem eine gewichtige Rolle zukommt.[1047]

Nichtsdestotrotz ist der herrschenden Ansicht in Literatur und Rechtsprechung zu folgen, wonach objektive Kriterien für die Bestimmung des Veranlassungszusammenhangs obligatorisch sind, während subjektive Elemente nur fakultativ sind und im Zweifel entfallen können. Dies folgt aus der zwingenden Feststellung, dass die Zuordnungsentscheidung auf der zweiten Stufe der Veranlassungsprüfung den Wertungen des Einkommensteuergesetzes unterliegt[1048] und demnach nicht allein dem Gestaltungsspielraum des Steuerpflichtigen überlassen werden darf.[1049] Anliegen des Veranlassungsprinzips ist es, die systematischen Grundsatzentscheidungen des Einkommensteuergesetzes inhaltlich auszuformen.[1050] Hierzu gehören insbesondere das Leistungsfähigkeitsprinzip und das objektive Nettoprinzip iSd § 2 Abs. 2 EStG, wonach nur diejenigen Aufwendungen berücksichtigt werden dürfen, die tatsächlich der steuerlich relevanten Erwerbssphäre zuzuordnen sind.[1051] Liegen Ursachen vor, die nur nach dem Willen des Steuerpflichtigen betrieblich veranlasst, tatsächlich jedoch der Privatsphäre zuzuordnen sind, dürfen diese gerade nicht berücksichtigt und als Erwerbsaufwendung abgezogen werden.[1052] Andernfalls wäre die Grenzziehung zwischen Erwerbs- und

etwa *Söhn,* StuW 1983, 193, 196; *Söhn,* in: K/S/M, EStG, § 4, Rn. E 80; *Wacker,* BB 2018, 2519, 2521. Eine Ausnahme hiervon bilden – wie gezeigt wurde – die Zwangsaufwendungen.

1045 Vgl. auch *Wacker,* BB 2018, 2519, 2521.

1046 Vgl. auch *Wacker,* BB 2018, 2519, 2521.

1047 Vgl. BFH GrS BStBl. II 1990, 817, 823 f.

1048 Vgl. auch BFH GrS BStBl. II 1990, 817, 823; *Wacker,* BB 2018, 2519, 2523.

1049 So auch *Gärtner,* Gemischt veranlasste Aufwendungen, S. 118 f.; *Söhn,* in: K/S/M, EStG, § 4, Rn. E 77; *Wacker,* BB 2018, 2519, 2523.

1050 *Wacker,* BB 2018, 2519, 2523.

1051 Vgl. auch *Gärtner,* Gemischt veranlasste Aufwendungen, S. 118; *Söhn,* in: K/S/M, EStG, § 4, Rn. E 77.

1052 Vgl. auch *Holzhäuser,* in: Bordewin/Brandt, EStG, § 4, Rn. 1715; *Söhn,* StuW 1983, 193, 196; *Söhn,* in: K/S/M, EStG, § 4, Rn. E 77.

Privatsphäre abhängig von den Vorstellungen und Motiven des Einzelnen.[1053] Folge einer alleinigen Berücksichtigung subjektiver Kriterien wäre damit zum einen ein Verstoß gegen den Grundsatz gleichmäßiger Besteuerung[1054] und zum anderen eine Zuordnungslehre, die sich nicht mehr an den grundsätzlichen Entscheidungen des Gesetzgebers, sondern an der Beliebigkeit des Steuerpflichtigen orientiert.[1055] Entscheidend für die Bestimmung des Veranlassungszusammenhangs können daher nach Maßgabe der gesetzlichen Wertungen des objektiven Nettoprinzips nur objektive Kriterien sein.

Der hiergegen vorgebrachte Einwand *Webers*, wonach eine Manipulation durch den Steuerpflichtigen in Wahrheit nicht zu befürchten sei, da objektive Kriterien spätestens auf Beweisebene einzubringen seien und weitergehende Folgerungen nicht aus dem objektiven Nettoprinzip geschlossen werden könnten,[1056] kann nicht überzeugen. Wenn ein objektiver Zusammenhang tatsächlich nicht besteht, darf dieser auch nicht auf Beweisebene durch eine Objektivierung der subjektiven Vorstellungen des Steuerpflichtigen kreiert werden.[1057] Zudem dürfte ein objektives Merkmal, das als Beweis für den bestehenden Veranlassungszusammenhang angebracht werden kann, in aller Regel auch dazu führen, dass auf Tatbestandsebene objektive Elemente vorliegen, die einen entsprechenden Veranlassungszusammenhang selbst begründen können.[1058] Viel wichtiger jedoch ist die Feststellung, dass ein tatbestandlicher Verstoß gegen das Leistungsfähigkeitsprinzip und den Grundsatz gleichmäßiger Besteuerung nicht dadurch ausgeglichen werden darf, dass auf Beweisebene doch noch objektive Kriterien verlangt werden. Die Auslegung und Konkretisierung des Veranlassungsprinzips nach § 4 Abs. 4 EStG ist eine rein tatbestandliches Problem,[1059] das nicht auf Ebene

---

1053 Vgl. auch *Gärtner*, Gemischt veranlasste Aufwendungen, S. 118; *Söhn*, in: K/S/M, EStG, § 4, Rn. E 77.

1054 So auch *Bilsdorfer*, DStZ 1981, 340, 343; *Jahrmarkt*, INF 1982, 129, 129 f.; *Söhn*, in: K/S/M, EStG, § 4, Rn. E 77; *Stapperfend*, FS Kruse, S. 533, 543; *Stapperfend*, in: Herrmann/Heuer/Raupach, EStG/KStG, § 4 EStG, Rn. 193.

1055 So auch *Söhn*, in: K/S/M, EStG, § 4, Rn. E 81; *Wacker*, BB 2018, 2519, 2523. *Gärtner*, Gemischt veranlasste Aufwendungen, S. 118 nennt diesen Zustand treffend „einen Betriebsausgaben- bzw. Werbungskostenabzug auf Zuruf".

1056 *Weber*, StuW 2008, 184, 190; siehe auch *Kröner*, StuW 1985, 115, 119.

1057 Vgl. auch *Gärtner*, Gemischt veranlasste Aufwendungen, S. 118 f.; *Söhn*, in: K/S/M, EStG, § 4, Rn. E 81; *Walz*, StuW 1986, 21, 23.

1058 So auch *Gärtner*, Gemischt veranlasste Aufwendungen, S. 118 f.

1059 Vgl. hierzu auch *von Bornhaupt*, in: K/S/M, EStG, § 9, Rn. B 177; *Söhn*, in: K/S/M, EStG, § 4, Rn. E 81.

der Beweisführung gelöst werden kann.[1060] Auch die gesetzlichen Wertungen, die bei der sphärischen Zuordnung zugrunde gelegt werden, stellen gesetzgeberische Grundentscheidungen zur Konkretisierung des Tatbestands der betrieblichen Veranlassung dar.[1061] Eine Berücksichtigung objektiver Kriterien nur auf Ebene der Beweisführung kommt daher nicht in Betracht.

Im Ergebnis bleibt für die zweite Stufe damit festzuhalten, dass die Zuordnung der ausschlaggebenden Faktoren zur Erwerbs- oder Privatsphäre an den Wertungen des Einkommensteuergesetzes auszurichten ist. Hierbei sind objektive Kriterien für die Bestimmung des Veranlassungszusammenhangs obligatorisch, während subjektive Elemente fakultativ sind. In bestimmten Fällen kann der subjektiven Förderungsabsicht des Steuerpflichtigen besondere Bedeutung zukommen.

C. Zwischenergebnis

Das Veranlassungsprinzip nach § 4 Abs. 4 EStG ist nach all dem ein Prinzip wertender Selektion und Zuordnung, das in zwei dogmatisch voneinander zu trennenden Schritten zu prüfen ist. Im ersten Schritt werden im Wege einer Gesamtwürdigung aller Umstände des Einzelfalls die relevanten Aufwendungsursachen herausgefiltert. Anschließend wird in einem zweiten Schritt untersucht, ob die herausgearbeiteten Ursachen bzw. Auslöser der Erwerbs- oder Privatsphäre zuzuordnen sind. Hierbei sind die Wertungen des Einkommensteuergesetzes, insbesondere das Leistungsfähigkeitsprinzip und das objektive Nettoprinzip, zugrunde zu legen. Geprägt wird die Zurechnungsentscheidung maßgeblich von objektiven Kriterien, subjektive Förderungsabsichten des Steuerpflichtigen spielen aber auch eine gewichtige Rolle.

Liegt nach dieser Prüfung nur eine Ursache vor, die eindeutig der Erwerbssphäre bzw. Privatsphäre zuzuordnen ist, so stellt die hierdurch veranlasste Aufwendung eindeutig eine Erwerbsaufwendung bzw. Privataufwendung dar und ist demzufolge (nicht) abzugsfähig. Gleiches gilt für den Fall, dass mehrere Ursachen vorliegen, die alle eindeutig der Erwerbssphäre/Privatsphäre zuzuordnen sind. Sind dagegen mehrere Ursachen gegeben, die teilweise der Erwerbs- und teilweise der Privatsphäre zuzuordnen sind, oder kann nicht mit Sicherheit gesagt werden,

---

1060 Siehe auch *Gärtner,* Gemischt veranlasste Aufwendungen, S. 119, *Wanner,* StuW 1982, 302, 318, die darauf hinweisen, dass ein alleiniges Abstellen auf den subjektiven Veranlassungszusammenhang zur Folge hätte, dass das Problem schlicht von der Tatbestands- auf die Beweisebene verlagert wird.

1061 Vgl. auch *Gärtner,* Gemischt veranlasste Aufwendungen, S. 119.

welcher Sphäre die Ursachen zuzurechnen sind, bedarf es zusätzlich einer dritten Stufe, auf der eine Gewichtung der Veranlassungsbeiträge vorgenommen wird. In diesen Fällen gemischter Veranlassung helfen die bis hier herausgearbeiteten Theorien nicht weiter, da sie nur die Frage beantworten, ob überhaupt Betriebsausgaben oder Werbungskosten vorliegen können, nicht aber, wie zu entscheiden ist, wenn zugleich ein Zusammenhang mit der Privatsphäre besteht.[1062] Daher ist im Zusammenhang mit der folgenden Analyse des Graubereichs noch die dritte Stufe der Veranlassungsprüfung zu untersuchen, auf der die verschiedenen Ursachen nach ihrer jeweiligen Bedeutung bewertet und gewichtet werden.[1063]

1062 So auch *Gorski,* DStZ 1981, 111, 112; *Ruppe,* DStJG 3 (1980), S. 103, 131; *Wassermeyer,* StuW 1981, 245, 246.

1063 Siehe hierzu Teil 3 § 9 B.

Dritter Teil: Aufwendungen im Graubereich zwischen Erwerbs- und Privatsphäre

§ 8 Grundlegende Problematik und Gang der Untersuchung

Neben der Erwerbssphäre auf der einen Seite und der Privatsphäre auf der anderen Seite gibt es noch einen *dritten steuerlichen Bereich*, den sog. *Misch-* oder *Graubereich*, der bildlich gesprochen zwischen den beiden Sphären steht und solche Aufwendungen erfasst, die weder der einen noch der anderen Seite eindeutig zugeordnet werden können.[1064] Innerhalb dieses Graubereichs ist in Rechtsprechung und Literatur einiges umstritten. Zudem sind die Grenzen und konkreten Aufwendungsformen, die den Graubereich von den beiden Randbereichen der reinen Erwerbs- und Privataufwendungen unterscheiden, rechtlich schwer zu greifen.[1065]

Gleichzeitig besteht innerhalb des Graubereichs jedoch sowohl von Seiten der Finanzverwaltung als auch von Seiten der Steuerpflichtigen ein erhöhtes Interesse an einheitlichen und nachvollziehbaren Regelungen, aus denen hervorgeht, wie die betreffenden Aufwendungen steuerlich zu behandeln sind. Anders als Erwerbs- oder Privataufwendungen können gemischte Aufwendungen[1066] gerade nicht mit Sicherheit einer Sphäre zugewiesen[1067] und damit eindeutig einer steuerlichen Behandlung zugeführt werden. Dies macht gemischte Aufwendungen besonders anfällig für Missbrauch und Manipulation von Seiten

---

1064 Siehe hierzu bereits Teil 1 § 3 A.

1065 Näher hierzu sogleich in Teil 3 § 9 A.

1066 Im Rahmen dieser Arbeit wird der Begriff „gemischte Aufwendung" als Oberbegriff für alle Aufwendungen innerhalb des Graubereichs verwendet. Er umfasst alle Aufwendungen, die – unabhängig von der Gewichtung der einzelnen Veranlassungsbeiträge – sowohl zur Erwerbs- als auch zur Privatsphäre Bezüge aufweisen; vgl. zu dieser Terminologie auch BMF BStBl. I 2010, 614, 614 ff.; *Fissenewert,* in: Herrmann/Heuer/Raupach, EStG/KStG, § 12 EStG, Rn. 62; *Jochum,* DStZ 2010, 665, 665 f.; *Thürmer,* in: Brandis/Heuermann, EStG, § 12, Rn. 100. Abzugrenzen ist der Begriff der „gemischten Aufwendung" von dem in dieser Arbeit verwendeten Terminus der „echten gemischt veranlassten Aufwendung", der nur wesentlich betrieblich und wesentlich privat mitveranlasste Aufwendungen umfasst. Näher zu den echten gemischt veranlassten Aufwendungen in Teil 3 § 10.

1067 Vgl. *Valta,* FR 2020, 586, 588.

des Steuerpflichtigen und erschwert somit deren rechtliche Handhabung für die Finanzverwaltung.[1068] Da gemischte Aufwendungen außerdem einen Bezug zur privaten Lebensführung aufweisen, wird dieses Problem zusätzlich dadurch verschärft, dass die Finanzbehörden und Finanzgerichte, die nach dem Amtsermittlungsgrundsatz gemäß § 88 AO bzw. § 76 Abs. 1 S. 1 FGO zur vollständigen und wahrheitsgemäßen Ermittlung und Feststellung des für die Besteuerung erheblichen Sachverhalts verpflichtet sind,[1069] aufgrund des grundrechtlichen Schutzes der Privat- und Intimsphäre des Steuerpflichtigen[1070] nur eingeschränkte Nachprüfungsmöglichkeiten haben.[1071] Beispielsweise wird die Möglichkeit der Finanzbehörde, die tatsächliche Existenz eines vom Steuerpflichtigen geltend gemachten häuslichen Arbeitszimmers zu überprüfen, regelmäßig dadurch eingeschränkt, dass Finanzbeamte wegen des Schutzes der Unverletzlichkeit der Wohnung nach Art. 13 Abs. 1 GG die Wohnräume des Steuerpflichtigen nicht gegen dessen Willen betreten dürfen.[1072]

1068 Vgl. BFH GrS BStBl. II 2010, 672, 684; *Albert,* FR 2010, 220, 223; *Helkenberg,* Unangemessenheit von Betriebsausgaben, S. 26; *Jochum,* DStZ 2010, 665, 665; *G. Kirchhof,* FS Lang, S. 563, 565; *G. Kirchhof,* in: BeckOK EStG, § 12 Rn. 132; *Leisner-Egensperger,* DStZ 2010, 185, 189; *Tipke,* StuW 1979, 193, 197.

1069 Vgl. *Drüen,* in: Hübschmann/Hepp/Spitaler, AO/FGO, § 88 AO, Rn. 194; *E. Krüger,* DStZ 2017, 761; *Nacke,* in: Littmann/Bitz/Pust, EStG, § 4, Rn. 1646; *Rönitz,* DStJG 3 (1980), S. 297, 303; *Seer,* in: Tipke/Kruse, AO/FGO, § 88 AO, Rn. 1; *Söhn,* DStJG 3 (1980), S. 13, 61; *Stapperfend,* in: Herrmann/Heuer/Raupach, EStG/KStG, § 4 EStG, Rn. 735; *Weber-Grellet,* StuW 1981, 48. Der Amtsermittlungsgrundsatz wird ergänzt durch die Mitwirkungspflichten des Steuerpflichtigen nach §§ 90 ff. AO, siehe *Drüen,* in: Hübschmann/Hepp/Spitaler, AO/FGO, § 88 AO, Rn. 74 ff.; *E. Krüger,* DStZ 2017, 761; *Rätke,* in: Klein, AO, § 88, Rn. 7; *Seer,* in: Tipke/Kruse, AO/FGO, § 88 AO, Rn. 3 ff.

1070 Siehe hierzu *Drüen,* in: Hübschmann/Hepp/Spitaler, AO/FGO, § 88 AO, Rn. 189 ff.; *Seer,* in: Tipke/Kruse, AO/FGO, § 88 AO, Rn. 25.

1071 *Rönitz,* DStJG 3 (1980), S. 297, 305; vgl. auch BFH GrS BStBl. II 2010, 672, 683; *Thiemann,* JZ 2015, 866, 871; *Tipke,* StuW 1979, 193, 206.

1072 Vgl. BVerfGE 126, 268, 282; BVerfGE 101, 297, 311; BFH/NV 2022, 1266, 1268 f.; BFH GrS BStBl. II 2016, 265, 269; BFH BStBl. II 2013, 374, 375; BFH GrS BStBl. II 1971, 17, 19; *Anders,* DStR 2012, 1779, 1783; *Heger,* DB 2016, 249, 253; *Seer,* BB 2021, 1433, 1436; *Spilker,* in: K/S/M, EStG, § 4, Rn. Lb 7; *Wittwer,* FR 2021, 1019, 1020.

Umgekehrt treffen den Steuerpflichtigen, der nach den Regeln der objektiven Beweislast[1073] für steuerentlastende und steuermindernde Tatsachen[1074] und damit auch für das tatsächliche Vorliegen und die genaue Höhe von Erwerbsaufwendungen das Risiko der Unerweislichkeit trägt,[1075] angesichts der Komplexität der im Graubereich vorherrschenden Lebenssachverhalte regelmäßig einige praktische Beweisschwierigkeiten. So hat etwa die Analyse der zweiten Stufe der Veranlassungsprüfung gezeigt, dass für die Zuordnung einer Aufwendung zur Erwerbs- oder Privatsphäre neben den objektiven Kriterien auch subjektive Kriterien, also insbesondere die Absichten, Ziele und Motive des Steuerpflichtigen, eine Rolle spielen können. Für diese subjektiven Kriterien fällt es naturgemäß schwer, geeignete Beweismittel zu finden, die der Finanzverwaltung zugänglich gemacht

---

1073 Wenn entscheidungserhebliche Tatsachen nach den für den steuerrechtlichen Amtsermittlungsgrundsatz geltenden Maßstäben nicht feststellbar sind, ist zu entscheiden, zu wessen Lasten die Unaufklärbarkeit des jeweiligen Sachverhalts geht (objektive Beweislast). Diese non-liquet Situation wird im Besteuerungsverfahren, angelehnt an die im Zivilverfahren geltenden Beweislastgrundsätze, nach der sog. negativen Beweislastgrundregel gelöst; vgl. BFH BStBl. II 2001, 9, 10 f. Hiernach geht die Unerweislichkeit einer Tatsache zulasten desjenigen, der daraus eine für ihn günstige Rechtsfolge herleitet. Voraussetzung für eine Entscheidung nach objektiver Beweislast ist allerdings, dass das Ermittlungsverfahren der Finanzbehörde nach § 88 AO ungeachtet des Rechts zur freien Beweiswürdigung nicht zu einer sicheren Feststellung des Sachverhalts führt, eine Feststellung mit reduziertem Beweismaß bei Verletzung der Mitwirkungspflicht des Steuerpflichtigen nicht in Betracht kommt und eine Schätzung iSd § 162 AO ausscheidet. Näher zur objektiven Beweislast im Steuerrecht *Drüen*, in: Hübschmann/Hepp/Spitaler, AO/FGO, § 88 AO, Rn. 344 f.; *E. Krüger*, DStZ 2017, 761, 765 ff.; *Martens*, StuW 1981, 322, 325 ff.; *Seer*, in: Tipke/Kruse, AO/FGO, § 88 AO, Rn. 45; *Stapperfend*, in: Herrmann/Heuer/Raupach, EStG/KStG, § 4 EStG, Rn. 736; *Weber-Grellet*, StuW 1981, 48, 48 ff.

1074 Vgl. BFH BStBl. II 2014, 458, 461; BFH BStBl. II 2013, 151, 153; BFH BStBl. II 2001, 9, 11. Für steuerbegründende und steuererhöhende Tatsachen trägt demgegenüber die Finanzbehörde die Beweislast. Näher hierzu *Drüen*, in: Hübschmann/Hepp/Spitaler, AO/FGO, § 88 AO, Rn. 350 ff.; *E. Krüger*, DStZ 2017, 761, 762, 767; *Martens*, StuW 1981, 322.

1075 Vgl. BFH/NV 2010, 2038, 2041; BFH/NV 1994, 173, 174; BFH BStBl. II 1992, 819, 821; BFH BStBl. II 1986, 373, 374; BFH BStBl. II 1981, 14, 15; BFH BStBl. II 1979, 149, 149; BFH BStBl. II 1976, 562, 563; BFH BStBl. II 1971, 220, 224; *Gärtner*, Gemischt veranlasste Aufwendungen, S. 180 ff.; *Söhn*, DStJG 3 (1980), 13, 62; *Stapperfend*, in: Herrmann/Heuer/Raupach, EStG/KStG, § 4 EStG, Rn. 736; *Tipke*, StuW 1979, 193, 206; *Weber-Grellet*, StuW 1981, 48, 57.

werden können,[1076] weshalb der Steuerpflichtige gerade in Grenzfällen, in denen das subjektive Kriterium oftmals den Ausschlag für eine betriebliche/berufliche Veranlassung gibt, seiner Beweislast häufig nicht hinreichend nachkommen kann.

Diese Abgrenzungsschwierigkeiten, welche den gesamten Problemkreis gemischter Aufwendungen durchziehen,[1077] machen deutlich, dass gerade in dem schwer zu greifenden Graubereich einheitliche und nachvollziehbare Regelungen gefunden werden müssen, die sich an den bestehenden steuerlichen Grundsätzen orientieren und eindeutige Vorgaben über die sphärische Einordnung und steuerliche Behandlung der verschiedenen Aufwendungsformen machen. Mit § 4 Abs. 5 S. 1 Nr. 1-7 EStG will der Gesetzgeber einigen dieser Abgrenzungsschwierigkeiten begegnen, weshalb es für die dogmatische Untersuchung des Abzugskataloges unerlässlich ist, sich zunächst mit den konkreten Besonderheiten und verschiedenen Aufwendungsformen des Graubereichs näher zu beschäftigen. Fraglich ist etwa, was mit den Begriffen „Repräsentationsaufwendung" und „betrieblich/beruflich bedingte Mehraufwendung", die häufig in einem Atemzug mit den Aufwendungen in § 4 Abs. 5 S. 1 Nr. 1-7 EStG genannt werden, inhaltlich gemeint ist und in welchem Verhältnis diese Aufwendungsformen zu den echten gemischt veranlassten Aufwendungen stehen. Darüber hinaus stellt sich die Frage, ob innerhalb der verschiedenen Aufwendungsformen des Mischbereichs graduelle Unterschiede hinsichtlich ihres Veranlassungsniveaus möglich sind und wie sich diese Unterschiede auf die sphärische Einordnung und steuerliche Behandlung der jeweiligen Aufwendungsformen auswirken. Wie im 1. Teil der Arbeit bereits herausgearbeitet wurde, hat der Gesetzgeber mit dem Veranlassungsbegriff des § 4 Abs. 4 EStG eine Definition für Erwerbsaufwendungen gewählt, die sehr weit geht und auch solche Aufwendungen erfasst, die nach den verfassungsrechtlichen Vorgaben des objektiven Nettoprinzips nicht zwingend steuerlich berücksichtigt werden müssten. Fraglich ist damit zum einen, wie sich diese weite Definition auf die sphärische Einordnung der verschiedenen Aufwendungen des Graubereichs auswirkt. Zum anderen stellt sich die bereits im 1. Teil der Arbeit aufgeworfene Frage, welcher Gestaltungsspielraum dem Gesetzgeber angesichts dieser weiten Definition für gemischte Aufwendungen zukommt.

Um diesen Fragen nachzugehen und den Graubereich dabei möglichst umfassend zu erschließen und von den beiden anderen Sphären abzugrenzen, wird im Folgenden zunächst auf die rechtliche Ausgestaltung des Graubereichs in seiner

---

1076 Vgl. *Rönitz,* DStJG 3 (1980), S. 297, 305; *Tipke,* StuW 1979, 193, 206; *Wanner,* StuW 1987, 302, 317.

1077 Vgl. auch *Rönitz,* DStJG 3 (1980), S. 297, 305; *Tipke,* DStJG 3 (1980), S. 1, 9.

Gesamtheit eingegangen. Hierbei wird vorab das bisherige Verständnis erörtert, das in Rechtsprechung und Literatur hinsichtlich der Existenz und Bedeutung einer dritten Sphäre zwischen der Erwerbs- und Privatsphäre vertreten wird. Anschließend wird die dritte Stufe der Veranlassungsprüfung analysiert, welche in der Untersuchung des 2. Teils der Arbeit bislang ausgeklammert wurde und mit der sog. Wesentlichkeitstheorie dazu beiträgt, den Graubereich insgesamt handhabbarer zu machen. Daraufhin wird die Analyse des gesetzgeberischen Gestaltungsspielraums aus dem 1. Teil der Arbeit dadurch zum Abschluss gebracht, dass die Ergebnisse, die zur einfachrechtlichen Ausgestaltung des § 4 Abs. 4 EStG gefunden wurden, in die Untersuchung mit eingebunden werden.

Nachdem der Graubereich in seiner Gesamtheit dargestellt wurde, werden die wesentlichen Aufwendungsformen, die sich innerhalb dieses Bereichs befinden, namentlich die *echten gemischt veranlassten Aufwendungen*, die *Repräsentationsaufwendungen* und die *betrieblich/beruflich bedingten Mehraufwendungen*,[1078] einzeln analysiert und auf ihre Besonderheiten hin untersucht. Ziel des 3. Teils ist es, einheitliche Definitionen und Abgrenzungsmerkmale für alle drei Aufwendungsformen zu finden, die einerseits dazu beitragen, den Graubereich insgesamt greifbarer zu machen, andererseits aber auch einheitliche Maßstäbe setzen, die für die sphärische Einordnung der Aufwendungen des § 4 Abs. 5 S. 1 Nr. 1-7 EStG nötig sind, welche im nachfolgenden 4. Teil vorgenommen wird.

§ 9 Rechtliche Ausgestaltung des Graubereichs

A. Mangelnde gesetzliche Regelung und bisheriges Verständnis in Rechtsprechung und Literatur

Um den Graubereich zwischen Erwerbs- und Privatsphäre näher zu untersuchen, ist zunächst maßgeblich, welche gesetzlichen Regelungen in diesem Bereich existieren. Dabei fällt auf, dass es im Einkommensteuerrecht keine einheitliche Systematik und kein übergeordnetes Konzept gibt, aus dem hervorgeht, wie Aufwendungen im Mischbereich sphärisch einzuordnen und steuerlich zu behandeln sind.[1079] Zentrale Regelungen zur Bestimmung und Abgrenzung der

---

1078 Wie noch zu zeigen sein wird, sind das auch die drei Aufwendungsformen, zwischen denen der Große Senat des BFH in seinem richtungsweisenden Beschluss über die steuerliche Behandlung gemischter Aufwendungen vom 21.09.2009 (BFH GrS BStBl. II 2010, 672) differenziert. Näher hierzu in Teil 3 § 10 B.III.

1079 Vgl. *P. Kirchhof*, DStR 2003, Beih. 5 zu Heft 37, 1, 4; *Schneider*, FS BFH, Bd. 2, S. 1243, 1247; *Tipke*, StuW 1979, 193, 203; *Tipke*, Steuerrechtsordnung II, S. 779.

verschiedenen Aufwendungsformen existieren nicht[1080] und auch die bestehenden Vorschriften (§ 4 Abs. 5 S. 1 Nr. 1-7 EStG, § 9 Abs. 1 S. 3 EStG, § 9 Abs. 4a, 5 EStG und § 12 Nr. 1 S. 2 EStG) treffen keine allgemeingültigen Aussagen, sondern regeln nur verschiedene Einzelfälle.[1081] Zudem sind die Normen unvollständig und unsystematisch über das gesamte EStG verteilt.[1082] Angesichts dieser Gesetzeslage bleibt die nähere Ausgestaltung des Graubereichs sowie die Entwicklung nachvollziehbarer Differenzierungskriterien für Aufwendungen innerhalb dieser Sphäre Rechtsprechung und Wissenschaft überlassen.[1083]

Doch auch ein Blick in die wissenschaftlichen Ausführungen macht deutlich, dass der Graubereich rechtlich schwer zu greifen ist und inhaltlich bislang nicht hinreichend durchdrungen wurde. Zwar wird die Existenz eines solchen Mischbereichs mittlerweile von vielen Autoren anerkannt,[1084] nähere Auseinandersetzungen mit einzelnen Aufwendungsformen oder den genauen Grenzen des Graubereichs bereiten jedoch nach wie vor Schwierigkeiten.[1085] Substantiierte Darstellungen, die den gesamten Bereich dogmatisch erfassen, sind in der Literatur daher kaum zu finden.[1086] Und auch die Rechtsprechung befasst sich nur selten aus einer übergeordneten Sicht mit unterschiedlichen Formen gemischter Aufwendungen. Zwar wird in dem Beschluss des Großen Senats aus dem September 2009,[1087] in dem der BFH seine über Jahrzehnte verfolgte Rechtsprechung zur steuerlichen Behandlung gemischter Aufwendungen aufgegeben hat,[1088] deutlich, dass das Gericht dem Grunde nach zwischen Repräsentationsaufwendungen, betrieblich/beruflich bedingten Mehraufwendungen und gemischten Aufwendungen mit wesentlichen oder unwesentlichen Bezügen zur Erwerbs- bzw.

1080 *Schneider,* FS BFH, Bd. 2, S. 1243, 1247; *Tipke,* StuW 1979, 193, 197, 203.

1081 Vgl. *Tipke,* StuW 1979, 193, 203; *Tipke,* Steuerrechtsordnung II, S. 779.

1082 Vgl. *Tipke,* Steuerrechtsordnung II, S. 779.

1083 *Schneider,* FS BFH, Bd. 2, S. 1243, 1247.

1084 Siehe hierzu bereits Teil 1 § 3 A. Fn. 426.

1085 Siehe auch *Offerhaus,* BB 1979, 667, 667, der darauf hinweist, dass es im Graubereich an einer „konsequenten Linie" fehlt. Zu dieser Feststellung in Bezug auf die Rechtsprechung siehe auch *Jochum,* DStZ 2010, 665, 666.

1086 Ansätze einer solchen dogmatischen Untersuchung sind etwa in der Arbeit von *Gärtner,* Gemischt veranlasste Aufwendungen, S. 216 ff. enthalten. Siehe außerdem schon *Tipke,* StuW 1979, 193, 196 ff.

1087 BFH GrS BStBl. II 2010, 672.

1088 Mit diesem Beschluss wurde die steuerliche Behandlung der – nach der hier verwendetet Terminologie – echten gemischt veranlassten Aufwendungen von einem allgemeinen Aufteilungs- und Abzugsverbot zu einem grundsätzlichen Aufteilungs- und Abzugsgebot gewandelt. Näher hierzu in Teil 3 § 10 B.III.

Privatsphäre unterscheidet und zudem davon ausgeht, dass diese Aufwendungsformen nicht alle steuerlich gleich behandelt werden dürfen.[1089] Konkrete Ausführungen darüber, wodurch sich die genannten Aufwendungsformen inhaltlich auszeichnen, hat das Gericht allerdings nicht gemacht.[1090]

Auch ist es in Rechtsprechung und Literatur bislang nicht gelungen, einheitliche Definitionen und Abgrenzungsmerkmale für die verschiedenen Aufwendungen innerhalb des Mischbereichs zu finden. Oftmals wird hier nur allgemein von „gemischten Aufwendungen" gesprochen, ohne dass bezüglich der Terminologie oder sphärischen Einordnung zwischen den einzelnen Aufwendungspositionen unterschieden wird.[1091] Daneben finden sich Begriffe, wie „gemischt veranlasste Aufwendungen",[1092] „Aufwendungen, die die Lebenssphäre berühren",[1093] „Repräsentationsaufwendungen"[1094] oder „betrieblich/beruflich be-

---

1089 Vgl. BFH GrS BStBl. II 2010, 672, 682 ff.

1090 Vgl. BFH GrS BStBl. II 2010, 672, 682 ff.

1091 Für die entsprechende Terminologie des BVerfG siehe bereits Teil 1 § 3 B. Fn. 435; für die Literatur siehe etwa *Schneider,* FS BFH, Bd. 2, S. 1243, 1244, der die Terminologie des BVerfG übernimmt; siehe ferner *Söhn,* FS Spindler, S. 795, 802 ff., der unter der Überschrift „Gemischt veranlasste Aufwendungen – allgemeine Grundsätze" nach der hier verwendeten Terminologie zugleich echte gemischt veranlasste Aufwendungen und betrieblich/beruflich bedingte Mehraufwendungen abhandelt. Siehe auch *Gärtner,* Gemischt veranlasste Aufwendungen, S. 82 ff., der anschließend zwischen echten und unechten gemischten Aufwendungen unterscheidet, um deutlich zu machen, dass es Aufwendungen gibt, die nur scheinbar Bezüge zu beiden Sphären aufweisen, tatsächlich aber einzelne, abgrenzbare Erwerbs- oder Privataufwendungen darstellen.

1092 *Frotscher/Watrin,* in: Frotscher/Geurts, EStG, § 4, Rn. 583; *Meurer,* in: Lademann, EStG, § 4, Rn. 542; *Meyer,* in: BeckOK EStG, § 4, Rn. 2228; *Nacke,* in: Littmann/Bitz/Pust, EStG, § 4, Rn. 1628.

1093 BFH BStBl. II 2014, 679, 681; BFH BStBl. II 1987, 853, 854; BFH BStBl. II 1978, 93, 93; *Drüen,* in: Brandis/Heuermann, EStG, § 4, Rn. 870; *Helkenberg,* Unangemessenheit von Betriebsausgaben, S. 19, 47; *Lang,* Bemessungsgrundlage, S. 328; *Meurer,* in: Lademann, EStG, § 4, Rn. 542; *Steilen,* BB 1992, 755, 756.

1094 *Ehlers,* DStR 1973, 269, 269; *Fissenewert,* in: Herrmann/Heuer/Raupach, EStG/KStG, § 12 EStG, Rn. 56; *Heuer,* StbJb. 1959/60, 327, 379; *Hey,* in: Tipke/Lang, Steuerrecht, Rn. 8.242; *G. Kirchhof,* in: BeckOK EStG, § 12, Rn. 109; *Leisner-Egensperger,* FR 2006, 705, 709; *Leisner-Egensperger,* DStZ 2010, 673, 679; *Ruppe,* DStJG 3 (1980), S. 103, 124; *Söhn,* DStJG 3 (1980), S. 13, 49; *Tipke,* StuW 1979, 193, 203; siehe auch BFH BStBl. II 1986, 904, 905: „Repräsentationsaufwand".

dingte Mehraufwendungen",[1095] die zwar dazu beitragen sollen, den Graubereich besser zu umreißen, tatsächlich aber nur zu mehr Rechtsunsicherheit führen, da sie uneinheitlich und wenig zielgerichtet nebeneinander verwendet werden.[1096] Beispielsweise wird der Begriff der Repräsentationsaufwendungen seit jeher sowohl für die Aufwendungen des § 4 Abs. 5 S. 1 Nr. 7 EStG[1097] als auch im Anwendungsbereich des § 12 Nr. 1 S. 2 EStG[1098] angewandt, ohne dass dabei die unterschiedliche Systematik der beiden Normen berücksichtigt wird.[1099]

Dieses terminologische Problem wird zusätzlich dadurch verschärft, dass zur näheren Beschreibung einzelner Mischaufwendungen oftmals Formulierungen verwendet werden, die zwar Hinweise auf die betriebliche/berufliche oder private Veranlassung einer Aufwendung geben könnten. Diese Formulierungen werden dann aber nicht einheitlich angewandt und teilweise sogar widersprüchlich verstanden. So könnte der Begriff einer Aufwendung, welche die Lebensführung nur *berührt*, gerade dazu verwendet werden, eine Abgrenzung zur privaten (Mit-) *Veranlassung* zu schaffen, um auszudrücken, dass hieraus auch eine abweichende sphärische Einordnung zu folgern ist.[1100] Trotzdem gibt es Stimmen in Rechtsprechung und Literatur, die vertreten, dass die Begriffe „Berühren der Lebensführung" und „private (Mit-)Veranlassung" inhaltlich gleichzusetzen sind.[1101] Ähnlich verhält es sich mit dem Begriff der betrieblich/beruflich bedingten Mehraufwendungen. Hier lässt bereits der Wortlaut der gewählten Formulierung den Schluss auf eine entsprechende betriebliche/berufliche Veranlassung der Aufwendung zu. Dennoch wird teilweise vertreten, dass es sich hierbei um typische Kosten der Lebensführung iSd § 12 Nr. 1 EStG handelt, also um privat

---

1095 *Hey,* in: Tipke/Lang, Steuerrecht, Rn. 8.242; *Jochum,* DStZ 2010, 665, 667; *Ruppe,* DStJG 3 (1980), 103, 122. Siehe ferner BFH BStBl. II 2013, 282, 284: „beruflich veranlasster Mehraufwand"; *Schneider,* FS BFH, Bd. 2, S. 1243, 1256: „beruflicher Mehraufwand"; *Tipke,* StuW 1979, 193, 196 „beruflich veranlasste Mehraufwendungen".

1096 So auch *Hey,* in: Tipke/Lang, Steuerrecht, Rn. 8.239.

1097 So die Bezeichnung im Entwurf des Steueränderungsgesetzes 1960, BT-Drs. III/1811, 8.

1098 So die Bezeichnung in der amtlichen Begründung RStBl. 1935, 33, 41.

1099 Näher hierzu in Teil 3 § 11 C.III.

1100 So argumentieren bspw. BFH BStBl. II 1987, 853, 854; *Drüen,* in: Brandis/Heuermann, EStG, § 4, Rn. 870; *Meurer,* in: Lademann, EStG, § 4, Rn. 731; *Meyer,* in: BeckOK EStG, § 4, Rn. 2220; *Stapperfend,* in: Herrmann/Heuer/Raupach, EStG/KStG, § 4 EStG, Rn. 1620.

1101 Vgl. BFH BStBl. II 1979, 387, 388; BFH BStBl. II 1978, 93, 95; *Hey,* in: Tipke/Lang, Steuerrecht, Rn. 8.291; *Tipke,* StuW 1979, 193, 203.

(mit-)veranlasste Aufwendungen, die bei der Einkommensteuerermittlung nicht berücksichtigt werden dürften.[1102]

Diese Beispiele machen deutlich, dass sich im Schnittbereich zwischen Erwerbs- und Privatsphäre bislang keine einheitliche Terminologie oder Systematik eingestellt hat und auch die Grenzen des Mischbereichs bisher nur wenig umrissen sind. Um dennoch eine rechtliche Handhabung gemischter Aufwendungen zu ermöglichen, hat sich in Rechtsprechung und Literatur seit langem die sog. Wesentlichkeitstheorie durchgesetzt, bei der die Veranlassungsbeiträge gemischter Aufwendungen abhängig von ihrer jeweiligen Bedeutung für die Entstehung der Aufwendung wertend gewichtet werden, so dass die unterschiedlichen Aufwendungsformen innerhalb des Graubereichs hinsichtlich ihres jeweiligen Veranlassungsniveaus voneinander abgegrenzt werden können. Die wertende Gewichtung ist dabei nach der hier vertretenen Struktur des Veranlassungsprinzips nicht bereits auf der ersten, sondern erst auf der dritten Stufe der Veranlassungsprüfung vorzunehmen[1103] und wird im Folgenden näher erörtert.

B. Ermittlung der konkreten Veranlassung gemischter Aufwendungen (dritte Stufe der Veranlassungsprüfung)

I. Problemaufriss

Die Aufwendungen des Graubereichs zeichnen sich allgemein dadurch aus, dass sie im Rahmen der ersten Stufe der Veranlassungsprüfung[1104] eine oder mehrere Ursachen aufweisen, die auf der zweiten Stufe der Veranlassungsprüfung[1105] unterschiedlichen Sphären zuzuordnen sind.[1106] In diesen Fällen

---

1102 So etwa *Drenseck,* DB 1987, 2483, 2483; *Jochum,* DStZ 2010, 665, 667; *Söhn,* FS Offerhaus, S. 477, 479 f.; *Tipke,* StuW 1979, 193, 196.

1103 Siehe hierzu bereits Teil 2 § 7 B.VI.

1104 Zur ersten Stufe der Veranlassungsprüfung siehe nochmals Teil 2 § 7 B.VI.1.

1105 Zur zweiten Stufe der Veranlassungsprüfung siehe nochmals Teil 2 § 7 B.VI.2.

1106 Siehe hierzu bereits Teil 2 § 7 C. Vgl. auch *Gärtner,* Gemischt veranlasste Aufwendungen, S. 123; *Gorski,* DStZ 1981, 111, 112; *Hey,* in: Tipke/Lang, Steuerrecht, Rn. 8.220; *Jüptner,* Leistungsfähigkeit, S. 166; *Lang,* Bemessungsgrundlage, S. 303; *Söhn,* in: K/S/M, EStG, § 4, Rn. E 95; *Weber,* StuW 2009, 184, 191. Bevor aber das Vorliegen einer gemischten Aufwendung nach diesem Schema angenommen wird, muss stets geprüft werden, ob nicht die Wahl einer geeigneten kleineren Beurteilungseinheit eine eindeutige Sphärenzuordnung auf der zweiten Stufe der Veranlassungsprüfung ermöglicht, so dass sich das Problem der gemischten Veranlassung gar nicht stellt. Zusammengefasste Aufwendungen sind daher stets in Einzelaufwendungen zu zerlegen und separat auf ihre Veranlassung hin zu überprüfen. Führt der Steuerpflichtige

erweist sich die Abgrenzung zwischen Erwerbs- und Privatsphäre als besonders schwierig,[1107] da die Frage, welcher Sphäre die betreffende Aufwendung angehört, nicht allein im Wege kausaler Ursachenauswahl und wertender Zuordnung beantwortet werden kann.[1108] Vielmehr bedarf es in solchen Fällen zusätzlich einer dritten Stufe, auf der die einzelnen Ursachen der gemischten Aufwendung nach ihrer jeweiligen Bedeutung bewertet und gewichtet werden, so dass klar wird, ob der maßgebliche Auslöser der Aufwendung eine erwerbliche, eine private oder aber eine erwerbliche und private Ursache darstellt.[1109] So ist beispielsweise der Auslöser eines Verkehrsunfalls, der sich im Rahmen einer Betriebsfahrt des Steuerpflichtigen ereignet, allein der berufliche Termin, für den der Steuerpflichtige die Fahrt ursprünglich angetreten hat und der eindeutig dem Bereich der Erwerbssphäre zuzuordnen ist. Ist der Unfall dagegen darauf zurückzuführen, dass der Steuerpflichtige während der Fahrt betrunken war, so hat diese private Ursache des Alkoholtrinkens maßgeblich zur Entstehung der Aufwendung beigetragen und rechtfertigt es damit, die Unfallkosten wertungsmäßig als wesentlich privat mitveranlasst anzusehen.[1110] Geht man weiterhin davon aus, dass eine Betriebsfahrt nur im nüchternen Zustand betrieblich angezeigt ist, kann der steuerliche Abzug sogar vollständig ausgeschlossen werden, da die private Ursache des Alkoholtrinkens dann alleiniger Auslöser des Verkehrsunfalls ist und die dabei entstandenen Kosten ausschließlich privat veranlasst sind.[1111]

---

etwa von seinem privaten Telefon sowohl berufliche als auch private Telefonate, so ist jeder Anruf für sich genommen auf seine Veranlassung hin zu überprüfen. Dass die Kosten jedes Telefonats zusammen auf einer Gesamtrechnung aufgeführt werden, macht die Einzelpositionen nicht zu einer einheitlichen Mischaufwendung. Näher hierzu *Drüen,* in: Brandis/Heuermann, EStG, § 4, Rn. 570; *von Glasenapp,* BB 2011, 160, 162; *Gorski,* DStZ 1981, 111, 116; *Kröger,* StuW 1987, 289, Fn. 4; *Meyer,* in: BeckOK EStG, § 4, Rn. 2228; *Offerhaus,* BB 1979, 667, 669; *Söhn,* in: K/S/M, EStG, § 4, Rn. E 97; *Weber,* StuW 2009, 184, 191.

1107 *Hey,* in: Tipke/Lang, Steuerrecht, Rn. 8.220; *Weber,* StuW 2009, 184, 191; vgl. auch *Tipke,* StuW 1979, 193, 200.

1108 Siehe hierzu bereits Teil 2 § 7 C.

1109 Vgl. *Hey,* in: Tipke/Lang, Steuerrecht, Rn. 8.220; *Söhn,* in: K/S/M, EStG, § 4, Rn. E 68; *Tipke,* StuW 1979, 193, 201; *Wolf/Schäfer,* DB 2004, 775, 777.

1110 Vgl. BFH GrS BStBl. II 1978, 105, 109; siehe auch *Hey,* in: Tipke/Lang, Steuerrecht, Rn. 8.221; *Offerhaus,* BB 1979, 667, 670 f.; *Söhn,* DStJG 3 (1980), S. 13, 84 f.; *Tipke,* StuW 1979, 193, 201.

1111 So etwa BFH BStBl. II 1984, 434, 435 f.; *Hey,* in: Tipke/Lang, Steuerrecht, Rn. 8.222. Siehe aber BFH GrS BStBl. II 1978, 105, 108, der in einem vergleichbaren Fall, in

Über die grundsätzliche Notwendigkeit und Zulässigkeit einer solchen Gewichtung der Veranlassungsfaktoren bei gemischten Aufwendungen besteht in Rechtsprechung,[1112] Finanzverwaltung[1113] und Literatur[1114] seit langem Einigkeit. Fraglich war in der Vergangenheit allerdings, wie diese Gewichtung im Einzelnen vorzunehmen ist.[1115] Zwar findet auch in anderen Rechtsgebieten,[1116] in denen Kausaltheorien verwendet werden, eine wertende Gewichtung der rechtserheblichen Faktoren statt.[1117] Da für das Steuerrecht aber eigenständige Wertungen vorzunehmen sind, besteht allgemeine Einigkeit darüber, dass die Theorien aus anderen Rechtsgebieten nicht einfach „blind" ins Steuerrecht übernommen werden können.[1118] Für die steuerliche Veranlassungsprüfung hat sich mittlerweile die sog. Wesentlichkeitstheorie[1119] durchgesetzt, welche im Folgenden kurz dargestellt wird.

---

dem der Verkehrsunfall auf einer Betriebsfahrt durch eine herabfallende Zigarette verursacht wurde, nur von einer unwesentlich privaten Mitveranlassung ausgegangen ist und den steuerlichen Abzug der Unfallkosten daher im Ergebnis anerkannt hat. Zu Recht kritisch über diese ungleiche Bewertung von Alkoholkonsum und dem Rauchen einer Zigarette *Hey,* in: Tipke/Lang, Steuerrecht, Rn. 8.222.

1112 Vgl. BFH GrS BStBl. II 2010, 672, 681; BFH GrS BStBl. II 1990, 817, 823; BFH BStBl. II 1989, 405, 406; BFH BStBl. II 1979, 513, 514; BFH GrS BStBl. II 1971, 17, 19 f.; BFH BStBl. III 1967, 249, 250; BFH BStBl. III 1966, 386, 388; BFH BStBl. III 1964, 455, 455; RFH RStBl. 1931, 740, 740; RFH StuW 1927, Sp. 582, 583.

1113 Vgl. R 9.1 Abs. 2 S. 3 Nr. 3 LStR 2023; H 12.2 EStR 2012; BMF BStBl. I 2010, 614, 615 f.

1114 Vgl. schon *Becker,* Einkommensteuer, § 11, S. 15; *Arndt,* in: K/S/M, EStG, § 12, Rn. A 65; *Gorski,* DStZ 1981, 111, 116; *Hey,* in: Tipke/Lang, Steuerrecht, Rn. 8.220; *Kreft,* in: Herrmann/Heuer/Raupach, EStG/KStG, § 9 EStG, Rn. 177; *Kröger,* StuW 1978, 289, 289; *Lang,* Bemessungsgrundlage, S. 303; *Prinz,* StuW 1996, 267, 268; *Ruppe,* DStJG 3 (1980), S. 103, 135; *Söhn,* DStJG 3 (1980), S. 13, 69 f.; *Tipke,* StuW 1979, 193, 201; *Wanner,* StuW 1987, 302, 315, 318; *Weber,* StuW 2009, 184, 191 f.; *Wolf/Schäfer,* DB 2004, 775, 777.

1115 Siehe zu den unterschiedlichen Ansichten etwa *Wanner,* StuW 1987, 302, 314 f.

1116 Beispielsweise im Zivilrecht, Strafrecht oder Unfallversicherungsrecht.

1117 *Weber,* StuW 2009, 184, 191.

1118 Vgl. nur BFH GrS BStBl. II 1978, 105, 108; BFH BStBl. II 1970, 662, 663; *Jakob,* Einkommen I, S. 128; *Lang,* Bemessungsgrundlage, S. 306; *Tipke,* StuW 1979, 193, 201; *Wanner,* StuW 1987, 302, 314 f.; *Weber,* StuW 2009, 184, 191 f.

1119 *Lang,* StuW 2007, 3, 10; *Schilling,* Pflichtbestimmter Aufwand, S. 115. Siehe auch *Kreft,* in: Herrmann/Heuer/Raupach, EStG/KStG, § 9 EStG, Rn. 177: „Wesentlichkeitsprinzip".

II. Dogmatische Herleitung und Rechtfertigung der Wesentlichkeitstheorie

Nach der Wesentlichkeitstheorie werden die verschiedenen Veranlassungsbeiträge gemischter Aufwendungen danach unterschieden, welche Bedeutung ihnen in steuerrechtlicher Hinsicht für die Entstehung der Aufwendung zukommt.[1120] Die einzelnen Ursachen werden demzufolge nicht als gleichwertig angesehen, wie es bei der Äquivalenztheorie der Fall wäre, sondern abgeschichtet nach ihrer jeweiligen Gewichtigkeit betrachtet. Nur diejenigen Ursachen, die *wesentlich* zur Begründung der Aufwendung beigetragen haben, werden als rechtlich relevant eingestuft und dementsprechend bei der sphärischen Einordnung der gemischten Aufwendung berücksichtigt.[1121] Unwesentliche Veranlassungsbeiträge werden demgegenüber als unbeachtlich angesehen und daher vollständig aus der Veranlassungsprüfung ausgegrenzt.[1122]

Eine solche gewichtende Betrachtungsweise, bei der unwesentliche Veranlassungsbeiträge unberücksichtigt bleiben, praktiziert der BFH bereits seit jeher.[1123] Rechtlich hergeleitet hat das Gericht diesen „die Rechtsprechung prägenden Grundsatz“[1124] allerdings bislang nicht.[1125] In der steuerrechtlichen Literatur wird insbesondere die aus dem Unfallversicherungsrecht bekannte Theorie der wesentlichen Bedingung als theoretische Grundlage und dogmatischer Ausgangspunkt der Wesentlichkeitstheorie angesehen.[1126] Überträgt man deren Grundsätze auf das Steuerrecht, stellt sich allerdings die Frage, wie sich der dahinterstehende Gedanke der „Unbeachtlichkeit von Unwesentlichem“[1127] vor dem Hintergrund des

---

1120 Vgl. *Hey,* in: Tipke/Lang, Steuerrecht, Rn. 8.220; *Schilling,* Pflichtbestimmter Aufwand, S. 120.

1121 *Schilling,* Pflichtbestimmter Aufwand, S. 115; vgl. *Hey,* in: Tipke/Lang, Steuerrecht, Rn. 8.220; *Tipke,* StuW 1979, 193, 201; *Tipke,* DStJG 3 (1980), S. 1, 7; *Weber,* StuW 2009, 184, 192.

1122 *Hey,* in: Tipke/Lang, Steuerrecht, Rn. 8.220; *Schilling,* Pflichtbestimmter Aufwand, S. 115.

1123 Vgl. etwa BFH GrS BStBl. II 2010, 672, 684; BFH BStBl. II 1994, 843, 844; BFH BStBl. II 1990, 49, 49; BFH BStBl. II 1984, 110, 111; BFH BStBl. II 1979, 513, 514; BFH GrS BStBl. II 1979, 213, 218; BFH GrS BStBl. II 1978, 105, 108; BFH GrS BStBl. II 1971, 17, 20. Siehe auch *Gärtner,* Gemischt veranlasste Aufwendungen, S. 124; *Schilling,* Pflichtbestimmter Aufwand, S. 117; *Söhn,* DStJG 3 (1980), S. 13, 73; *Tipke,* StuW 1979, 193, 201.

1124 BFH GrS BStBl. II 2010, 672, 684.

1125 Kritisch hierzu bereits *Söhn,* DStJG 3 (1980), S. 13, 68, 73.

1126 Siehe hierzu bereits Teil 2 § 7 B.III.2.

1127 *Gärtner,* Gemischt veranlasste Aufwendungen, S. 125; siehe auch *Offerhaus,* BB 1979, 667, 668: „Gedanke der Unbeachtlichkeit von Geringfügigem“.

objektiven Nettoprinzips rechtfertigen lässt. Dieses gebietet grundsätzlich, dass alle Veranlassungsursachen so exakt wie möglich berücksichtigt werden, damit einerseits jede Aufwendung erfasst wird, die der Erwerbssphäre zuzurechnen ist, andererseits aber keine Aufwendungen erfasst werden, die eigentlich der steuerlich unbeachtlichen Privatsphäre angehören.[1128] Eine vollständige Ausgrenzung unwesentlicher betrieblicher/beruflicher oder privater Veranlassungsbeiträge, wie sie im Rahmen der Wesentlichkeitstheorie vorgenommen wird, verstößt gegen diesen Grundsatz und bedarf daher der Rechtfertigung.[1129]

Eine solche Rechtfertigung erblickt der BFH einmal zu Recht darin, dass „bei wertender Betrachtung eine unwesentliche Mitveranlassung schon aus Gründen der Verhältnismäßigkeit" keine Rolle für die steuerliche Abziehbarkeit von Aufwendungen spielen darf.[1130] Wenn einzelne Ursachen beim Anfall der Aufwendungen keine oder nur eine völlig untergeordnete Rolle spielen, können sie für die steuerliche Beurteilung der Aufwendung auch keine Bedeutung erlangen, so dass es gerechtfertigt ist, diese ausnahmsweise unberücksichtigt zu lassen.[1131] Darüber hinaus sprechen nach Ansicht des BFH auch Gründe der Praktikabilität und Vereinfachung dafür, die Wesentlichkeitstheorie für die steuerliche Veranlassungsprüfung anzuwenden.[1132] Wie bereits gezeigt wurde, weisen gemischte Aufwendungen auf der ersten Stufe der Veranlassungsprüfung eine oder mehrere Ursachen auf, die auf der zweiten Stufe der Veranlassungsprüfung unterschiedlichen steuerlichen Sphären zuzuordnen sind.[1133] Mit dieser Ausgangssituation bereitet sowohl die sphärische Einordnung der einzelnen Mischaufwendung als auch die trennscharfe Abgrenzung dieser Aufwendung zu den reinen Erwerbs- und Privataufwendungen sowie den übrigen Aufwendungsformen des Graubereichs rechtliche wie praktische Schwierigkeiten. Bleiben einzelne Ursachen im Rahmen der Veranlassungsprüfung aber aufgrund ihrer Unwesentlichkeit von vornherein außer Ansatz, so ermöglicht dies die eindeutige Zuordnung zu einer Sphäre und

1128 *Weber,* StuW 2009, 184, 191; vgl. *Schwenke,* FR 2011, 1051, 1053.

1129 So bereits *Söhn,* DStJG 3 (1980), S. 13, 71; siehe auch *Lang,* Bemessungsgrundlage, S. 304; *Schwenke,* FR 2011, 1051, 1053; *Weber,* StuW 2009, 184, 191.

1130 BFH BStBl. II 2007, 121, 126. Zur Rechtfertigung der Wesentlichkeitstheorie mit dem Verhältnismäßigkeitsgrundsatz siehe auch *Kratzsch,* in: Frotscher/Geurts, EStG, § 12, Rn. 42a; *Offerhaus,* BB 1979, 667, 668.

1131 So auch *Arndt,* in: K/S/M, EStG, § 12, Rn. A 66; *Lang,* Bemessungsgrundlage, S. 304; vgl. *Drenseck,* FS Offerhaus, S. 497, 498.

1132 Vgl. BFH BStBl. II 2007, 121, 126; siehe zudem *Arndt,* in: K/S/M, EStG, § 12, Rn. A 66; *Schwenke,* FR 2011, 1051, 1053; *Weber,* StuW 2009, 184, 191.

1133 Siehe Teil 2 § 7 B.VI.

erleichtert damit auch den praktischen Umgang mit den verschiedenen Formen gemischter Aufwendungen.

Anknüpfend an diese Erwägungen des BFH darf zudem nicht außer Acht gelassen werden, dass die Anwendung der Wesentlichkeitstheorie nach dem, was zum Veranlassungsprinzip bisher ermittelt wurde, für die sphärische Einordnung gemischter Aufwendungen nicht nur praktisch, sondern sogar unumgänglich ist.[1134] Wie die Ausführungen im 2. Teil der Arbeit gezeigt haben, können weder die kausale noch die finale Veranlassungstheorie vollständig darauf verzichten, die verschiedenen Ursachen oder Auslöser einer gemischten Aufwendung danach zu beurteilen, ob sie entscheidend oder maßgeblich zur Entstehung der jeweiligen Aufwendung beigetragen haben. Bei der kausalen Veranlassungstheorie wird diese Wertung herangezogen, um die Unzulänglichkeiten auszugleichen, welche die Äquivalenztheorie im Schnittbereich zwischen Erwerbs- und Privatsphäre aufweist.[1135] Bei der finalen Veranlassungstheorie wird das „auslösende Moment" mittels wertender Gewichtung ermittelt.[1136] Daraus folgt, dass die Wesentlichkeitstheorie unabhängig davon, welcher Veranlassungstheorie man auf der ersten Stufe der Veranlassungsprüfung folgt, in jedem Fall erforderlich ist, um für gemischte Aufwendungen überhaupt sinnvolle Zuordnungsergebnisse zu erzielen.[1137] Vor diesem Hintergrund kann auch der Umstand gerechtfertigt werden, dass bei Anwendung der Wesentlichkeitstheorie einzelne Veranlassungsbeiträge entgegen den Vorgaben des objektiven Nettoprinzips unberücksichtigt bleiben.

III. Prüfung der Wesentlichkeit

1. Grundsätzliches zur Gewichtung der Veranlassungsbeiträge

Bislang offen geblieben ist damit die Frage, wie zu bestimmen ist, welche Ursachen wesentlich zur Entstehung der gemischten Aufwendung beigetragen haben und welche Faktoren von so untergeordneter Bedeutung sind, dass sie im steuerlichen Sinn als unwesentlich erachtet werden und damit für die Beurteilung der Aufwendung außer Ansatz bleiben. Die Beantwortung dieser Frage hat nicht nur Einfluss auf die Veranlassungsprüfung selbst und damit auf die sphärische Einordnung und steuerliche Behandlung gemischter Aufwendungen, sondern insbesondere auch darauf, wie die unterschiedlichen Aufwendungsformen des Graubereichs hinsichtlich ihres

---

1134 Siehe auch *Gärtner,* Gemischt veranlasste Aufwendungen, S. 125; *Schilling,* Zwangsläufiger Aufwand, S. 118f.

1135 Siehe hierzu bereits Teil 2 § 7 B.III.2.

1136 Siehe Teil 2 § 7 B.III.3.

1137 Vgl. auch *Schilling,* Zwangsläufiger Aufwand, S. 118 f.

jeweiligen Veranlassungsniveaus voneinander abgegrenzt werden können.[1138] Dies kann mit dem folgenden Bild nochmal gedanklich veranschaulicht werden: Stellt man sich das Veranlassungsniveau, das eine Aufwendung potenziell einnehmen kann, als Skala eines Schiebereglers vor, an dessen linkem Ende die reine Erwerbssphäre steht und dessen rechtes Ende die reine Privatsphäre markiert, so beschreibt der gesamte Bereich, der auf der Skala zwischen diesen beiden Enden steht, den rechtlich schwer zu greifenden Graubereich. Fügt man diesem gedanklichen Bild eines Schiebereglers zusätzlich einen Hebel hinzu, der sich – abhängig davon, wie relevant die einzelnen Ursachenbeiträge für die Entstehung der betreffenden Aufwendung waren – auf der Veranlassungsskala nach links und rechts bewegt, so können der Endstellung dieses Hebels jeweils Aussagen darüber entnommen werden, wie die Mischaufwendung sphärisch einzuordnen und in der Folge steuerlich zu behandeln ist. Denn je nachdem, wie das Gewichtungsergebnis der unterschiedlichen Ursachenbeiträge ausfällt, steht der gedachte Hebel des Schiebereglers entweder näher bei den Erwerbsaufwendungen am linken Rand der Skala, mittig zwischen den beiden Enden oder aber näher bei den Privataufwendungen am rechten Rand der Skala. Und je nachdem wo der Regler steht, liegen dann rechtlich gesehen fast ausschließlich betrieblich/beruflich veranlasste Erwerbsaufwendungen, echte gemischt veranlasste Aufwendungen oder nahezu ausschließlich privat veranlasste Lebensführungskosten vor, die auch steuerlich jeweils als solche einzuordnen und zu behandeln sind.[1139]

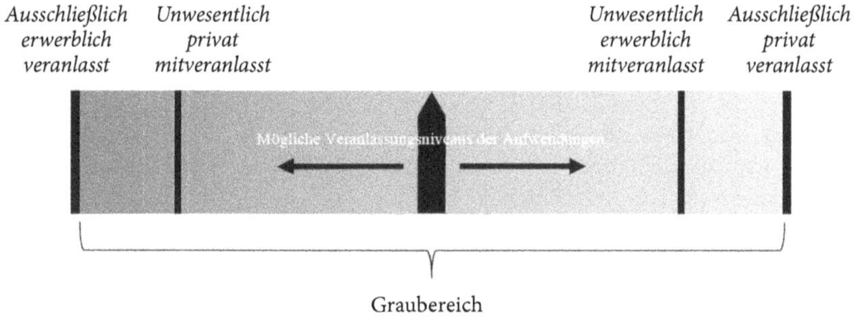

Abb. 1: Mögliche Veranlassungsniveaus innerhalb des Graubereichs.[1140]

1138 Siehe auch *Weber*, StuW 2009, 184, 192.

1139 Siehe hierzu auch *Wolf/Schäfer*, DB 2004, 775, 777, die die Gewichtung der Veranlassungsbeiträge mit einer Waage vergleichen, welche sich je nach Abwägungsergebnis zur einen oder anderen Seite neigt. Näher zur rechtlichen Einordnung der unterschiedlichen Aufwendungen entlang der Veranlassungsskala sogleich in Teil 3 § 9 B.III.3.

1140 Entlang der kontinuierlichen Veranlassungsskala kann der Hebel des Schiebereglers jede Stellung einnehmen, er bewegt sich nicht in diskreten Schritten. Die Enden der

Mit diesem etwas vereinfachten Bild wird deutlich, dass der Graubereich zwischen der Erwerbs- und Privatsphäre zwar einen großen Teil der Veranlassungsskala einnimmt,[1141] dass innerhalb dieses Bereichs aber unterschiedliche Stellungen des Hebels möglich sind, die es aus rechtlicher Sicht rechtfertigen, die jeweiligen Mischaufwendungen steuerlich unterschiedlich zu behandeln.[1142] Die Gewichtung der einzelnen Veranlassungsbeiträge im Wege der Wesentlichkeitstheorie trägt damit dazu bei, den Graubereich insgesamt näher auszudifferenzieren und nach den verschiedenen Aufwendungsformen mit unterschiedlichem Veranlassungsniveau abzuschichten. Wie diese Abschichtung im Einzelnen vorzunehmen ist, an welcher Stelle des Schiebereglers also die *unwesentliche* (Mit-) Veranlassung in eine *wesentliche* (Mit-)Veranlassung übergeht, hängt davon ab, welche Beurteilungskriterien jeweils zur Bestimmung der Wesentlichkeit gewählt werden.

2. *Beurteilungskriterien*

Für die Beurteilung der Wesentlichkeit eines Veranlassungsbeitrages kommen sowohl quantitative als auch qualitative Kriterien in Betracht.[1143] Quantitative Kriterien kommen immer dann in Frage, wenn eine Quantifizierung der Veranlassungsbeiträge möglich ist.[1144] Liegt kein quantifizierbarer Aufteilungsmaßstab vor, wie es bei untrennbar gemischt veranlassten Aufwendungen[1145] der Fall ist,[1146] kann die Gewichtung der einzelnen Veranlassungsbeiträge nur nach qualitativen Kriterien vorgenommen werden.[1147] Ist eine Quantifizierung aber

---

Skala, also die ausschließlich betrieblich veranlassten Erwerbsaufwendungen und die ausschließlich privat veranlassten Aufwendungen der Lebensführung, sind im Graubereich nicht enthalten.

1141 Mit diesem Bild soll nicht der Eindruck erweckt werden, dass reine Erwerbs- oder Privataufwendungen prozentual gesehen seltener vorkommen als gemischte Aufwendungen. Auf die Gesamtheit aller Aufwendungsformen betrachtet, machen die Aufwendungen des Graubereichs in der Praxis nicht den Großteil aus.

1142 So im Ergebnis auch *Wernsmann,* DStR 2009, Beih. zu Heft 34, 101, 105.

1143 Vgl. *Jakob,* Einkommen I, S. 129; *Kanzler,* StbJb. 2010/11, S. 43, 60; *Söhn,* DStJG 3 (1980), S. 13, 74 f.

1144 Vgl. *Kanzler,* StbJb. 2010/11, S. 43, 60; *Söhn,* DStJG 3 (1980), S. 13, 75.

1145 Näheres zur Unterscheidung zwischen trennbar und untrennbar gemischt veranlassten Aufwendungen in Teil 3 § 10 B.III.5.

1146 Näher hierzu Teil 3 § 10 B.III.5.c.

1147 Vgl. *Söhn,* DStJG 3 (1980), S. 13, 75; *Söhn,* FS Offerhaus, S. 477, 483.

möglich, so stellt sich die Frage, bei welchem Wert (z.B. 5 %, 10 % oder 15 %) die Grenze zwischen Wesentlichkeit und Unwesentlichkeit zu ziehen ist. Im steuerrechtlichen Schrifttum[1148] und der Finanzverwaltung[1149] hat sich diesbezüglich eine Bagatellgrenze etabliert, wonach eine *Unwesentlichkeit* jedenfalls dann anzunehmen ist, wenn der Veranlassungszusammenhang der betreffenden Aufwendungsursache weniger als 10 % beträgt. Diese Grenze ist dem Gesetz selbst nicht zu entnehmen, entspricht aber einer auch sonst im Steuerrecht weithin anerkannten Geringfügigkeitsgrenze,[1150] welche beispielsweise für die Zuordnung von gemischt genutzten Wirtschaftsgütern zum gewillkürten Betriebsvermögen bzw. notwendigen Privatvermögen[1151] oder die umsatzsteuerliche Qualifikation als Unternehmensvermögen (§ 15 Abs. 1 S. 2 UStG) angenommen wird. Zu beachten ist hierbei allerdings, dass zahlenmäßige Werte und insbesondere starre Bagatellgrenzen[1152] regelmäßig nur eine Orientierungshilfe für die Gewichtung der Aufwendungsursachen bieten können.[1153] Ob ein Veranlassungsbeitrag wesentlich zur Entstehung der Aufwendung beigetragen hat, kann nicht pauschal

1148 So etwa *Albert*, FR 2010, 220, 224; *Fissenewert*, in: Herrmann/Heuer/Raupach, EStG/KStG, § 12 EStG, Rn. 72; *Kanzler*, StbJb. 2010/11, S. 43, 60; *Krüger*, in: Schmidt, EStG, § 9, Rn. 55; *Thürmer*, in: Brandis/Heuermann, EStG, § 12, Rn. 106; siehe auch *Seiler*, in: Kirchhof, EStG, § 12, Rn. 5, der darin jedenfalls ein Indiz für eine untergeordnete Bedeutung sieht.

1149 Vgl. BMF BStBl. I 2010, 614, 615.

1150 BFH BStBl. II 2004, 985, 986 m.w.N. aus der Rechtsprechung.

1151 Vgl. BFH BStBl. II 2004, 985, 986. Wenn der betriebliche Nutzungsanteil eines Wirtschaftsguts zwischen 50% und 10% liegt, kann das Wirtschaftsgut zum gewillkürten Betriebsvermögen gewidmet werden, wenn es objektiv dazu geeignet und erkennbar dazu bestimmt ist, den Betrieb zu fördern; vgl. R 4.2 Abs. 1 S. 5 EStR 2012. Eine Zuordnung zum Betriebsvermögen scheidet aber aus, wenn das Wirtschaftsgut nur in geringfügigem Umfang betrieblich genutzt wird. Liegt die betriebliche Nutzung unter 10%, ist das Wirtschaftsgut dem notwendigen Privatvermögen zuzurechnen, vgl. R 4.2 Abs. 1 S. 5 EStR 2012. Näher zur Zuordnung von gemischt genutzten Wirtschaftsgütern siehe *Birk/Desens/Tappe*, Steuerrecht, § 5, Rn. 904; *Bode*, in: Kirchhof/Seer, EStG, § 4, Rn. 46; *Hennrichs*, in: Tipke/Lang, Steuerrecht, Rn. 9.213 f.; *Meyer*, in: BeckOK EStG, § 4, Rn. 301 ff.

1152 Vgl. hierzu BFH BStBl. II 2007, 121, 126.

1153 So auch *Kreft*, in: Herrmann/Heuer/Raupach, EStG/KStG, § 9 EStG, Rn. 177; *Schwenke*, FR 2011, 1051, 1053.

beantwortet werden, sondern ist stets eine Wertungsfrage, die von allen Umständen des Einzelfalls abhängt.[1154]

So hat auch der BFH in früheren Entscheidungen keinen starren Wert zur Bestimmung der Wesentlichkeitsgrenze festgelegt, sondern im Rahmen von Einzelfallbetrachtungen jeweils unterschiedliche Quoten herangezogen.[1155] Anders als das oben dargestellte Bild des Schiebereglers vermuten lässt, ist der Übergang von der wesentlichen (Mit-)Veranlassung hin zur unwesentlichen (Mit-)Veranlassung daher keine starre Grenze, die unbeweglich für alle denkbaren Aufwendungen an der gleichen Stelle der Veranlassungsskala liegt. Vielmehr sind die quantitativen Beurteilungskriterien stets durch qualitative Merkmale zu ergänzen,[1156] die dazu führen, dass sich die Wesentlichkeitsgrenze, je nachdem, welche Umstände im konkreten Einzelfall vorliegen, auf der Veranlassungsskala weiter nach rechts oder links bewegt. Auch ein nach quantitativen Kriterien unwesentlicher Veranlassungsbeitrag kann im Ergebnis trotzdem als wesentlich bewertet werden, wenn bestimmten Umständen, die zur Entstehung der Aufwendung beigetragen haben, qualitativ ein höheres Gewicht beizumessen ist.[1157] Beispielsweise hat der BFH die Kosten eines Verkehrsunfalls, der sich während einer eigentlich beruflich veranlassten Fahrt zur Arbeit auf einem kurzen privat veranlassten Umweg ereignete, insgesamt als ausschließlich privat veranlasst eingeordnet, weil er die maßgebliche Wertung allein darin sah, dass das Abweichen von der Normalroute auf private Gründe zurückzuführen ist.[1158] In dem konkreten Fall betrug die Fahrstrecke zwischen der Wohnung der Steuerpflichtigen und ihrer Arbeitsstätte 12 km, während der Umweg, den sie

---

1154 Vgl. BFH BStBl. II 2007, 121, 126; *Arndt*, in: K/S/M, EStG, § 12, Rn. A 67 f.; *Gorski*, DStZ 1981, 111, 116; *Kanzler*, StbJb. 2010/11, S. 43, 60; *Kreft*, in: Herrmann/Heuer/Raupach, EStG/KStG, § 9 EStG, Rn. 177; *Schilling*, Zwangsläufiger Aufwand, S. 121; *Schneider*, FS BFH, Bd. 2, S. 1243, 1245; *Schwenke*, FR 2011, 1051, 1052; *Söhn*, DStJG 3 (1980), S. 13, 75; *Wienbergen*, in: Littmann/Bitz/Pust, EStG, § 12, Rn. 140, 145.

1155 Vgl. etwa BFH BStBl. II 2004, 958, 960: 10% sind bei einer PC-Nutzung unwesentlich; BFH BStBl. II 1987, 262, 264: 15,5% sind bei Sportgeräten und -bekleidung schädlich; BFH BStBl. II 1983, 586, 586: 5% sind bei einer Kfz-Nutzung unwesentlich. Siehe hierzu auch *Claas*, KÖSDI 2002, 13213; *Gärtner*, Gemischt veranlasste Aufwendungen, S. 127 f.; *Kreft*, in: Herrmann/Heuer/Raupach, EStG/KStG, § 9 EStG, Rn. 177; *Prinz*, FR 1987, 330, 332; *Prinz*, StuW 1996, 267, 268.

1156 *Kreft*, in: Herrmann/Heuer/Raupach, EStG/KStG, § 9 EStG, Rn. 177; *Prinz*, FR 1987, 330, 332. Hierzu auch *Gärtner*, Gemischt veranlasste Aufwendungen, S. 129.

1157 So auch *Gärtner*, Gemischt veranlasste Aufwendungen, S. 129.

1158 Vgl. BFH BStBl. II 1996, 375, 375.

fuhr, um ihr Kind zum Hort zu bringen, nur zusätzlich 3 km ausmachte.[1159] Das eingangs mit dem Fall befasste FG Berlin ordnete die Unfallkosten insgesamt als abziehbare Werbungskosten ein und begründete dies unter anderem damit, dass die Fahrt zwischen Wohnung und Arbeitsstätte beruflich veranlasst sei und der Streckenabschnitt für den privat veranlassten Umweg zum Hort im Verhältnis zur Gesamtfahrstrecke nur 20% betrage und damit für die Veranlassungsprüfung unwesentlich sei.[1160] Der BFH lehnte diese quantitative Beurteilung ab und kam stattdessen zu dem Ergebnis, dass die Unfallkosten ausschließlich privat veranlasst seien.[1161] Zur Begründung führte das Gericht an, dass die Kürze des Umwegs keinen Einfluss auf die für die Veranlassungsprüfung entscheidende Wertung habe, ob das für den Unfall maßgebliche Abweichen von der Normalroute durch berufliche oder private Gründe veranlasst ist.[1162] Da die Kosten für Fahrten zum Hort Aufwendungen für den Unterhalt von Familienangehörigen iSd § 12 Nr. 1 EStG darstellen, könne auch für die Kosten eines Unfalls, der sich auf dieser Fahrt ereignet, nichts anderes gelten.[1163] Maßgeblich für die Prüfung der Wesentlichkeit ist also stets die qualitative Betrachtung der jeweiligen Veranlassungsbeiträge.[1164]

Doch auch eine Gewichtung der Aufwendungsursachen nach qualitativen Kriterien ist nicht immer unproblematisch. Qualitative Kriterien sind nur schwer zu greifen und können anders als quantitative Kriterien nicht objektiv gemessen werden,[1165] weshalb sie im Allgemeinen kein rechtssicheres Beurteilungskriterium darstellen.[1166] Qualitative Kriterien bedürfen daher zusätzlich einer teleologischen Konkretisierung, die sich an den Wertungen des Einkommensteuerrechts und insbesondere den Vorgaben des Leistungsfähigkeitsprinzips orientiert.[1167] Darüber hinaus führt die Verwendung qualitativer Kriterien nach Einschätzung

---

1159 Vgl. FG Berlin, EFG 1995, 663, 663.

1160 Vgl. FG Berlin, EFG 1995, 663, 664.

1161 Vgl. BFH BStBl. II 1996, 375, 375.

1162 Vgl. BFH BStBl. II 1996, 375, 375.

1163 Vgl. BFH BStBl. II 1996, 375, 375.

1164 Siehe auch *Tipke,* StuW 1979, 193, 200: „Die *Wesentlichkeit* wird vielmehr als eine *Qualität* verstanden, die nach dem Wert zu beurteilen ist, den ihr die ‚Auffassung des praktischen Lebens' oder des ‚täglichen Lebens' beimißt" (Hervorhebungen durch Verfasserin).

1165 Vgl. *Gärtner,* Gemischt veranlasste Aufwendungen, S. 130; *Söhn,* DStJG 3 (1980), S. 13, 75.

1166 Vgl. *Tipke,* StuW 1979, 193, 200 f.

1167 Vgl. *Lang,* StuW 2007, 3, 10; *Ruppe,* DStJG 3 (1980), S. 103, 136; *Wacker,* BB 2018, 2519, 2525 f.; *Weber,* StuW 2009, 184, 192.

einiger Autoren im Schrifttum dazu, dass dem Rechtsanwender hinsichtlich der Bewertung der Aufwendungsursachen ein nicht unbeachtlicher Beurteilungsspielraum zukommt, der dazu führt, dass letztlich dessen subjektive Ansichten und Überzeugungen zum ausschlaggebenden Kriterium der Wesentlichkeitsprüfung werden.[1168] *Kreft* etwa schreibt in diesem Zusammenhang treffend, dass es „sich letztlich um eine steuerrechtliche Wertungsfrage bezogen auf den einzelnen Sachverhalt [handele], die in der Besteuerungspraxis naturgemäß vom jeweiligen Rechtsanwender auf Basis seines Rechtsgefühls unterschiedlich beantwortet wird".[1169] Ähnlich vertreten auch *Wolf/Schäfer*, dass „die dafür erforderlichen Wertungen […] subjektive, vorwiegend auf den Lebenserfahrungen der wertenden Person beruhende Bezüge, aber auch objektive Bezugspunkte wie z.B. die sich wandelnden Lebensverhältnisse und die Meinung ‚aller billig und gerecht Denkenden'" haben.[1170] Beide Ausführungen machen deutlich, dass bei einer Bewertung nach qualitativen Kriterien zwar einerseits die individuellen Gegebenheiten des Einzelfalls hinreichend gewürdigt werden, dass aber andererseits keine übergeordnete Leitlinie verfolgt wird, aus der einheitliche Entscheidungen über die Wesentlichkeit verschiedener Veranlassungsbeiträge gezogen werden können.[1171] Sowohl subjektive Ansichten als auch die Meinung „aller billig und gerecht Denkenden" können allein für den jeweiligen Einzelfall untersucht werden und sind darüber hinaus stetigem Wandel unterworfen.[1172] Einheitliche Gewichtungsergebnisse lassen sich daher auch mit einer rein qualitativen Betrachtungsweise nicht immer erzielen.

3. *Zusammenfassung und Schlussfolgerungen*

Wie die Wesentlichkeit eines Veranlassungsbeitrages im Rahmen der dritten Stufe der Veranlassungsprüfung zu ermitteln ist, kann angesichts der unendlichen Vielzahl möglicher Wirkungszusammenhänge zwischen erwerblichen und privaten Faktoren nicht pauschal beantwortet werden.[1173] Auch kann kei-

---

1168 Siehe etwa *Hey*, in: Tipke/Lang, Steuerrecht, Rn. 8.222; *Lang*, StuW 2007, 3, 10; *Lang*, in: Tipke/Lang, Steuerrecht, 20. Auflage, 2010, § 9, Rn. 246; *Tipke*, StuW 1979, 193, 201; *Wanner*, StuW 1987, 302, 315.

1169 *Kreft*, in: Herrmann/Heuer/Raupach, EStG/KStG, § 9 EStG, Rn. 177.

1170 *Wolf/Schäfer*, DB 2004, 775, 777.

1171 Vgl. *Wolf/Schäfer*, DB 2004, 775, 778. Siehe auch *Wanner*, StuW 1987, 302, 315, die in dem aus einer qualitativen Betrachtung resultierenden Beurteilungsspielraum das „Kernproblem der steuerrechtlichen Kausalitätsfrage" sieht.

1172 Siehe auch *Wolf/Schäfer*, DB 2004, 775, 778.

1173 *Schilling*, Zwangsläufiger Aufwand, S. 121.

ne allgemeine Rechtsformel gefunden werden, mit der die Wesentlichkeit jedes Veranlassungsbeitrags rechtssicher ermittelt wird.[1174] Ob eine Ursache maßgeblich zur Entstehung einer Aufwendung beigetragen hat, ist immer eine Wertungsfrage, die unter Abwägung sämtlicher Umstände des jeweiligen Einzelfalls zu beantworten ist. Quantitative Kriterien können dabei nur eine Orientierungshilfe für die maßgebliche qualitative Beurteilung bieten und auf diese Weise die Veranlassungsprüfung greifbarer machen.

Ist nach diesen Kriterien eine Differenzierung zwischen den wesentlichen und unwesentlichen Veranlassungsbeiträgen vorgenommen worden, so ergeben sich für die sphärische Einordnung gemischter Aufwendungen drei mögliche Ergebnisse, die anhand des oben beschriebenen gedanklichen Bildes eines Schiebereglers wie folgt veranschaulicht werden können:

1. War der betriebliche Veranlassungsbeitrag für die Entstehung der untersuchten Aufwendung wesentlich, die private Ursache aber nur unwesentlich, so dass der Schieberegler nahe dem linken Rand mit der reinen Erwerbssphäre steht, wird nach der Wesentlichkeitstheorie steuerlich eine fast ausschließlich betriebliche/berufliche Veranlassung iSd § 4 Abs. 4 EStG bzw. § 9 Abs. 1 S. 1 EStG angenommen und die Aufwendung ist grundsätzlich in voller Höhe abziehbar.[1175]
2. Hat umgekehrt der private Veranlassungsbeitrag wesentlich zur Entstehung der Aufwendung beigetragen und ist der betriebliche/berufliche Veranlassungsbeitrag nur unwesentlich ins Gewicht gefallen, so dass der Schieberegler nahe dem rechten Rand mit den reinen Privataufwendungen steht, liegt steuerrechtlich nach der Wesentlichkeitstheorie eine nahezu ausschließlich private Veranlassung iSd § 12 Nr. 1 S. 1 EStG vor, und eine steuerliche Berücksichtigung dieser Aufwendung ist grundsätzlich ausgeschlossen.[1176]

1174 Siehe *Tipke*, FS Raupach, S. 177, 184: „Eine rechtssichere Formel für das Ermitteln des Wesentlichen ist bisher nicht gefunden worden, wohl auch gar nicht findbar." In die gleiche Richtung auch *Kreft*, in: Herrmann/Heuer/Raupach, EStG/KStG, § 9 EStG, Rn. 177; *Söhn*, DStJG 3 (1980), S. 13, 75; *Wanner*, StuW 1987, 302, 315: „keine mathematische Gleichung".

1175 Vgl. BFH GrS BStBl. II 2010, 672, 681; BMF BStBl. I 2010, 614, 615; *Frotscher/Watrin*, in: Frotscher/Geurts, EStG, § 4, Rn. 584; *Hey*, in: Tipke/Lang, Steuerrecht, Rn. 8.243; *Söhn*, in: K/S/M, EStG, § 4, Rn. E 102.

1176 Vgl. BFH GrS BStBl. II 2010, 672, 681; BMF BStBl. I 2010, 614, 615; *Frotscher/Watrin*, in: Frotscher/Geurts, EStG, § 4, Rn. 583; *Hey*, in: Tipke/Lang, Steuerrecht, Rn. 8.243; *Söhn*, in: K/S/M, EStG, § 4, Rn. E 102.

3. Waren sowohl der betriebliche/berufliche als auch der private Veranlassungsbeitrag wesentlich, so dass der Schieberegler mittig zwischen den beiden Randbereichen steht,[1177] ist nach der hier verwendeten Terminologie eine echte gemischte Veranlassung gegeben. Wie diese echten gemischt veranlassten Aufwendungen steuerlich zu behandeln sind, wird im folgenden Kapitel näher erörtert. Bereits jetzt sei allerdings darauf hingewiesen, dass für die Beantwortung dieser Frage von der Rechtsprechung und Teilen der Literatur noch eine weitere Stufe der Veranlassungsprüfung gefordert wird, bei der geprüft wird, ob die gemischt veranlasste Aufwendung in einen betrieblichen/beruflichen und einen privaten Veranlassungsteil aufgeteilt werden kann (sog. trennbar und untrennbar echte gemischt veranlasste Aufwendungen).[1178]

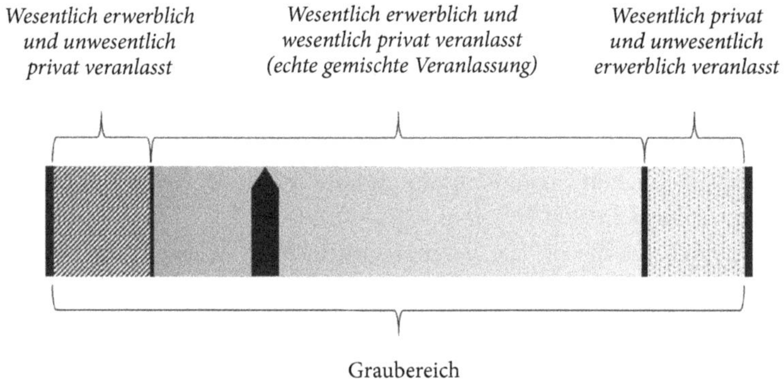

Abb. 2: Unterschiedlich veranlasste Aufwendungsformen innerhalb des Graubereichs.[1179]

1177 Wie die erweiterte Abbildung des Schiebereglers (Abb. 2) sogleich zeigen wird, bedeutet *mittig* hierbei nicht genau zwischen den beiden Enden der Skala, also bei einem Veranlassungsverhältnis von 50% betrieblich/beruflich zu 50% privat. Der Begriff *mittig* beschreibt hier vielmehr den gesamten Bereich zwischen den beiden Grenzen der *unwesentlichen privaten* bzw. *unwesentlichen betrieblichen (Mit-)Veranlassung*. Diese sind, wie bereits gezeigt wurde, nicht starr, sondern beweglich und verändern ihre Position entlang der Skala je nach Umständen des Einzelfalls.

1178 Näher hierzu in Teil 3 § 10 B.III.5.

1179 Es wird darauf hingewiesen, dass auch in diesem Schaubild die Größe der einzelnen Flächen nicht mit der Häufigkeit korreliert, in der die jeweiligen Aufwendungen in der Praxis vorkommen.

C. Gesetzgeberischer Gestaltungsspielraum

I. Wiederholung der verfassungsrechtlichen Grenzen

Nachdem die Untersuchung des Veranlassungsprinzips nach § 4 Abs. 4 EStG damit abgeschlossen ist, kann nun auch der im 1. Teil der Arbeit bislang offen gebliebenen Frage nachgegangen werden, welche Grenzen sich für den gesetzgeberischen Gestaltungsspielraum aus den folgerichtig umzusetzenden Belastungsentscheidungen, die der Gesetzgeber im einfachen Recht bereits getroffen hat, ergeben.[1180] Fraglich ist in diesem Zusammenhang, welche Schranken dem Steuergesetzgeber beim Erlass von Abzugsbeschränkungen und -verboten für Aufwendungen, die nicht eindeutig der Erwerbs- oder Privatsphäre zugeordnet werden können, gesetzt sind.

Im 1. Teil der Arbeit wurde bereits ausgeführt, dass dem Gesetzgeber aus verfassungsrechtlicher Sicht bei gemischten Aufwendungen grundsätzlich ein weiter Typisierungs- und Gestaltungsspielraum zukommt. Unmittelbare Grenzen durch das objektive Nettoprinzip werden ihm grundsätzlich nur hinsichtlich solcher Aufwendungen gesetzt, die eindeutig der Erwerbssphäre zuzuordnen sind. Die gemischten Aufwendungen des Graubereichs fallen dagegen nach herrschender Ansicht nicht in den Kernbereich des objektiven Nettoprinzips und müssen daher verfassungsrechtlich nicht zwingend zum Abzug zugelassen werden.[1181] Darüber hinaus hat die Untersuchung des verfassungsrechtlichen Rahmens allerdings gezeigt, dass auch ein auf echte Erwerbsaufwendungen beschränkter Anwendungsbereich des objektiven Nettoprinzips nach überzeugender Literaturansicht nicht dazu führt, dass der Gesetzgeber völlig frei darin ist, Sonderregelungen für die steuerliche Behandlung gemischter Aufwendungen zu erlassen.[1182] Vielmehr ist er auch im Graubereich an seine einmal getroffenen Belastungsentscheidung gebunden und muss diese folgerichtig im Sinne der Belastungsgleichheit umsetzen. Ausnahmen vom Grundsatz des in Art. 3 Abs. 1 GG verankerten Folgerichtigkeitsgebots bedürfen auch im Bereich gemischter Aufwendungen eines besonderen Rechtfertigungsgrundes, der nicht allein darin bestehen kann, dass eine betriebliche Aufwendung zugleich Bezüge zur Privatsphäre aufweist.[1183]

Wie die Analyse der BVerfG-Entscheidungen im 1. Teil der Arbeit zudem ergeben hat, stellt der Veranlassungsbegriff des § 4 Abs. 4 EStG, mit dem der

---

1180 Siehe Teil 1 § 3 E.

1181 Siehe hierzu nochmals Teil 1 § 3 C.II.

1182 Zu der Literaturansicht siehe Teil 1 § 3 C.II.2.

1183 Siehe hierzu nochmals Teil 1 § 3 D.

Gesetzgeber das objektive Nettoprinzip einfachrechtlich sehr weitreichend umgesetzt hat, eine solche Belastungsentscheidung dar.[1184] Wann eine echte Erwerbsaufwendung vorliegt, für die der Kernbereich des objektiven Nettoprinzips eröffnet ist, entscheidet sich daher nicht nach den verfassungsrechtlichen Vorgaben des objektiven Nettoprinzips, sondern allein nach der vom Gesetzgeber selbst festgelegten Reichweite des einfachrechtlichen Veranlassungsbegriff in § 4 Abs. 4 EStG. Somit orientiert sich auch der gesetzgeberische Gestaltungsspielraum im Graubereich daran, welche Aufwendungen unter den Veranlassungsbegriff des § 4 Abs. 4 EStG fallen und nach den Vorgaben des Folgerichtigkeitsgebot damit steuerlich zu berücksichtigen sind, wenn kein geeigneter Rechtfertigungsgrund vorliegt.[1185] Diese Frage kann nach Abschluss der Analyse des Veranlassungsprinzips nun eindeutig beantwortet werden.

II. Weiter Veranlassungsbegriff des § 4 Abs. 4 EStG als folgerichtig umzusetzende Belastungsentscheidung

Die Untersuchung der Veranlassungsprüfung im 2. Teil der Arbeit hat zunächst bestätigt, dass der Gesetzgeber sich bei der Definition der Betriebsausgaben in § 4 Abs. 4 EStG, welche im Wege der richterlichen Rechtsfortbildung auch auf die Werbungskosten nach § 9 Abs. 1 S. 1 EStG Anwendung findet,[1186] eines weit gefassten und unbestimmten Rechtsbegriffs der „betrieblichen/beruflichen Veranlassung" bedient hat. Hiervon erfasst sind nach mittlerweile herrschender Ansicht alle Aufwendungen, die objektiv dem Betrieb/Beruf dienen und subjektiv dem Betrieb/Beruf zu dienen bestimmt sind.[1187] Aus der Analyse des Wortlauts des § 4 Abs. 4 EStG ist aber auch deutlich geworden, dass es für das Vorliegen von Betriebsausgaben iSd § 4 Abs. 4 EStG nicht auf die Üblichkeit, Notwendigkeit, Zweckmäßigkeit oder Angemessenheit einer Aufwendung ankommt.[1188] Nach dem vom Gesetzgeber selbst geschaffenen Veranlassungsbegriff sind also auch unangemessene Betriebsausgaben und unangemessene Werbungskosten echte Erwerbsaufwendungen iSd § 4 Abs. 4 EStG bzw. § 9 Abs. 1 S. 1 EStG, die nach den Vorgaben des Folgerichtigkeitsgebots grundsätzlich steuerlich berücksichtigt werden müssen. Gesetzliche Bestimmungen, die hiervon abweichen, indem sie den Abzug einzelner unangemessener Erwerbsaufwendungen höhenmäßig

---

1184 Siehe Teil 1 § 3 B.

1185 Siehe hierzu nochmals Teil 1 § 3 C.III.

1186 Siehe Teil 2 § 5 B.II.

1187 Siehe hierzu nochmals Teil 2 § 7 B. VI.

1188 Siehe hierzu bereits Teil 2 § 5 B.II.

einschränken oder sogar vollständig ausschließen,[1189] und diese damit steuerlich anders behandeln als andere unangemessene Erwerbsaufwendungen, die nach § 4 Abs. 4 EStG weiterhin abziehbar sind, stellen daher eine Abkehr vom Gebot der Folgerichtigkeit dar und bedürfen eines Rechtfertigungsgrundes.

Darüber hinaus hat die Untersuchung der dritten Stufe der Veranlassungsprüfung ergeben, dass zu den Erwerbsaufwendungen iSd § 4 Abs. 4 EStG nicht nur solche Aufwendungen gehören, die ausschließlich betrieblich/beruflich veranlasst sind. Vielmehr ergibt sich aus den Maßstäben der in Rechtsprechung und Literatur entwickelten Wesentlichkeitstheorie, dass unwesentliche Veranlassungsbeiträge bei der Zuordnung einer Aufwendung zur Erwerbs- oder Privatsphäre grundsätzlich außer Acht bleiben und Aufwendungen, die wesentlich betrieblich/beruflich und unwesentlich privat veranlasst sind, damit ebenfalls Erwerbsaufwendungen iSd § 4 Abs. 4 EStG sind. Anders als bei den unangemessenen Erwerbsaufwendungen ergibt sich die Entscheidung des Gesetzgebers, auch unwesentlich privat mitveranlasste Aufwendungen unter den weiten Veranlassungsbegriff des § 4 Abs. 4 EStG zu fassen, zwar nicht unmittelbar aus dem Wortlaut der Regelung, da diese nur auf eine „Veranlassung durch den Betrieb" abstellt und nicht danach differenziert, wie die einzelnen Veranlassungsbeiträge zu gewichten sind. Wie noch zu zeigen sein wird, wird der Inhalt der Wesentlichkeitstheorie aber durch das Abzugsverbot des § 12 Nr. 1 S. 2 EStG bestätigt.[1190] Daraus wird deutlich, dass auch der Gesetzgeber im Hinblick auf die sphärische Einordnung gemischter Aufwendungen davon ausgeht, dass die in § 4 Abs. 4 EStG, § 12 Nr. 1 EStG angelegte Veranlassungsprüfung zusätzlich einer steuerrechtlichen Wertung und Gewichtung bedarf.[1191] Auch die historische Entwicklung der Tatbestände des

---

1189 Die Abzugsbeschränkung nach § 4 Abs. 5 S. 1 Nr. 7 EStG, nach der „Aufwendungen, die die Lebensführung des Steuerpflichtigen oder anderer Personen berühren, soweit sie nach allgemeiner Verkehrsauffassung als unangemessen anzusehen sind" den Gewinn nicht mindern dürfen, stellt eine solche Ausnahme dar. Als Schlüsselnorm für das Verständnis des Abzugskataloges nach § 4 Abs. 5 S. 1 Nr. 1-7 EStG wird sie an späterer Stelle eingehend analysiert, siehe Teil 4 § 17 C II.

1190 So auch *Lang,* in: Tipke/Lang, Steuerrecht, 20. Auflage, 2010, § 9, Rn. 242, 244; vgl. zudem *Droege,* StuW 2011, 105, 106; *Fissenewert,* in: Herrmann/Heuer/Raupach, EStG/KStG, § 12 EStG, Rn. 56; *Helkenberg,* Unangemessenheit von Betriebsausgaben, S. 44; *Heuer,* StbJb. 1959/60, S. 327, 386; *Jochum,* DStZ 2010, 665, 667; *Kottke,* DStR 1992, 129, 130 f.; *Lang,* StuW 2007, 3, 10; *Leisner-Egensperger,* FR 2006, 705, 709; *Tipke,* StuW 1979, 193, 204; *Tipke,* Steuerrechtsordnung II, S. 769 f.; *Weber,* StuW 2009, 184, 193. Näher hierzu Teil 3 § 11 C. VI.

1191 Siehe auch *Droege,* StuW 2011, 105, 106; im Ergebnis zustimmend auch *Schilling,* Zwangsläufiger Aufwand, S. 123.

§ 4 Abs. 5 S. 1 Nr. 1-7 EStG, auf die an späterer Stelle näher eingegangen wird,[1192] zeigt, dass der Gesetzgeber den Vorschriften über die Gewinnermittlung ein weites Verständnis der betrieblichen Veranlassung zugrunde gelegt hat, bei dem auch solche Aufwendungen als Erwerbsaufwendung iSd § 4 Abs. 4 EStG verstanden werden, die geringfügige Bezüge zur privaten Lebensführung aufweisen.[1193]

Nach der einfachrechtlichen Konkretisierung des § 4 Abs. 4 EStG und dem weiten Verständnis des Gesetzgebers von dem Begriff der „betrieblichen/beruflichen Veranlassung" ist also auch für diejenigen Aufwendungen des Graubereichs, die nur unwesentlich privat mitveranlasst sind, der Anwendungsbereich des objektiven Nettoprinzips eröffnet.[1194] Daraus folgt, dass der Gesetzgeber nach Maßgabe des Folgerichtigkeitsgebotes auch diese Aufwendungen grundsätzlich in voller Höhe steuerlich zu berücksichtigen hat.[1195] Ausnahmen hiervon durchbrechen wiederum das Gebot der Folgerichtigkeit und bedürfen daher eines verfassungsrechtlichen Rechtfertigungsgrundes.[1196]

D. Zusammenfassung

Die dritte steuerliche Sphäre, welche bildlich gesprochen zwischen der reinen Erwerbssphäre und der reinen Privatsphäre liegt und alle Aufwendungen umfasst, die keiner der beiden Sphären eindeutig zugeordnet werden können, darf hinsichtlich ihrer Bedeutung und praktischen wie rechtlichen Abgrenzungsschwierigkeiten nicht unterschätzt werden. Sie ist rechtlich nur schwer zu greifen und führt in Rechtsprechung und Literatur nach wie vor zu Streitigkeiten, die insbesondere darauf zurückzuführen sind, dass es bislang nicht gelungen ist, einheitliche Terminologien und Abgrenzungsmerkmale zu entwickeln, mit denen der Graubereich vollständig rechtlich durchdrungen wurde. Darüber hinaus fehlt es an gesetzlichen Bestimmungen, welche die steuerliche Behandlung gemischter Aufwendungen nachvollziehbar und einheitlich regeln.

Mit der Wesentlichkeitstheorie, bei der die unterschiedlichen Veranlassungsbeiträge einer gemischten Aufwendung danach bewertet und gewichtet werden, ob sie wesentlich zur Entstehung der Aufwendung beigetragen haben, tragen

1192 Näher hierzu in Teil 4 § 17 B.II.

1193 So auch *Meyer*, in: BeckOK EStG, § 4, Rn. 2693.

1194 So auch *Meyer*, in: BeckOK EStG, § 4, Rn. 2691.1; vgl. zudem BVerfGE 126, 268, 282 f.; *Englisch*, DStR 2009 Beih. zu Heft 34, 92, 95, 100; *Heger*, DB 2016, 249, 251; *Jochum*, DStZ 2010, 665, 670; *Lang*, StuW 2007, 3, 9 f.; *Meyer*, Leistungsfähigkeitsprinzip, S. 138 f.; *Thiemann*, JZ 2015, 866, 871.

1195 So im Ergebnis auch *Schilling*, Zwangsläufiger Aufwand, S. 123.

1196 So auch *Meyer*, in: BeckOK EStG, § 4, Rn. 2693; *Thiemann*, JZ 2015, 866, 871.

Rechtsprechung und Literatur dazu bei, den Graubereich insgesamt handhabbarer zu machen und dabei die verschiedenen Formen gemischter Aufwendungen nach ihrem jeweiligen Veranlassungsniveau nachvollziehbar abzuschichten. Nach diesem Ansatz bleiben solche Veranlassungsbeiträge, die nur geringfügig Einfluss auf die Entstehung der Aufwendung genommen haben, im Rahmen der Zuordnung der Aufwendung zur Erwerbs- oder Privatsphäre grundsätzlich unberücksichtigt. Dies ermöglicht es, gemischte Aufwendungen trotz Vorliegens mehrerer unterschiedlicher Veranlassungsbeiträge eindeutig einer Sphäre zuzuordnen. Anders als *Gärtner* annimmt, ist das maßgebliche Differenzierungskriterium zur näheren Ausgestaltung des Graubereichs daher nicht die Teilbarkeit gemischter Aufwendungen,[1197] sondern die Wesentlichkeit ihrer Verursachungsbeiträge.

Wie aus der Analyse des Veranlassungsbegriffs nach § 4 Abs. 4 EStG zudem hervorgegangen ist, legt auch der Gesetzgeber den Gewinnermittlungsvorschriften nach § 2 Abs. 2 EStG, § 4 Abs. 4 EStG und § 12 Nr. 1 EStG ein weites Verständnis der betrieblichen Veranlassung zugrunde, von dem auch solche Erwerbsaufwendungen umfasst sind, die unangemessen oder unwesentlich privat mitveranlasst sind. Nach den Vorgaben des Folgerichtigkeitsgebots ist der Gesetzgeber verpflichtet, diesen weiten Veranlassungsbegriff folgerichtig umzusetzen, indem er auch die unangemessenen und die unwesentlich privat mitveranlassten Erwerbsaufwendungen in voller Höhe zum Betriebsausgaben- bzw. Werbungskostenabzug zulässt. Abzugsbeschränkungen und -verbote, die davon abweichen und einzelne Aufwendungen aufgrund ihrer Unangemessenheit oder ihrer Nähe zur Privatsphäre nur anteilig oder gar nicht zum Abzug zulassen, verstoßen gegen diesen Grundsatz und bedürfen daher der verfassungsrechtlichen Rechtfertigung. Damit wird deutlich, dass die einfachrechtlichen Grenzen, die der Gesetzgeber sich mit dem weiten Veranlassungsbegriff des § 4 Abs. 4 EStG im Rahmen des Folgerichtigkeitsgebotes selbst auferlegt hat, weniger großzügig sind als die Vorgaben, die sich unmittelbar aus der Verfassung ergeben.

Nachdem damit die rechtlichen Besonderheiten des Graubereichs und auch der einfachrechtliche Gestaltungsspielraum des Gesetzgebers analysiert wurden, soll in einem nächsten Schritt näher darauf eingegangen werden, welche Aufwendungsformen in dem Schnittbereich zwischen Erwerbs- und Privatsphäre

1197 *Gärtner*, Gemischt veranlasste Aufwendungen, S. 87 ff. Ob eine gemischte Aufwendung nach objektiven Kriterien aufgeteilt werden kann, wird nur dann relevant, wenn sowohl der betriebliche als auch der private Veranlassungsbeitrag wesentlich ist und damit echte gemischt veranlasste Aufwendungen im Sinne der hier verwendeten Terminologie vorliegen. Hierzu sogleich Näheres.

unterschieden werden können. Hierfür werden im Folgenden die echten gemischt veranlassten Aufwendungen, Repräsentationsaufwendungen und betrieblich/beruflich bedingten Mehraufwendungen mit ihren jeweiligen Eigenschaften und Besonderheiten analysiert. Ziel der Untersuchung ist es, für jede Aufwendungsform einheitliche Definitionen und Abgrenzungsmerkmale zu finden, mit Hilfe derer der Graubereich inhaltlich noch weiter erschlossen und die im folgenden Kapitel untersuchte sphärische Einordnung der Aufwendungen in § 4 Abs. 5 S. 1 Nr. 1-7 EStG erleichtert werden kann.

§ 10 Echte gemischt veranlasste Aufwendungen

A. Bedeutung und gesetzliche Regelung

Echte gemischt veranlasste Aufwendungen sind nach der hier vertretenen Ansicht solche, bei denen entweder die eine wesentliche[1198] Ursache oder aber – wenn es mehrere auslösende Momente gibt – die verschiedenen wesentlichen Ursachen bei wertender Betrachtung sowohl der betrieblichen/beruflichen als auch der privaten Sphäre zuzuordnen sind.[1199] Ob eine gemischte Veranlassung vorliegt, ist dabei für jede Aufwandsposition gesondert zu ermitteln.[1200]

1198 Zur Wesentlichkeitstheorie siehe bereits Teil 3 § 9 B.

1199 Siehe hierzu bereits Teil 3 § 9 B.I. So auch *Frotscher/Watrin*, in: Frotscher/Geurts, EStG, § 4, Rn. 583; *Gärtner*, Gemischt veranlasste Aufwendungen, S. 141; *Meyer*, in: BeckOK EStG, § 4, Rn. 2228; *Ruppe*, DStJG 3 (1980), S. 103, 140, der diesbezüglich von „gemischten Aufwendungen im engeren Sinn" spricht; *Tipke/Lang*, Systematischer Grundriß, S. 257 f.; *Wienbergen*, in: Littmann/Bitz/Pust, EStG, § 12, Rn. 10; im Ergebnis wohl auch *Weber*, StuW 2009, 184, 191; a.A. *Fissenewert*, in: Herrmann/Heuer/Raupach, EStG/KStG, § 12 EStG, Rn. 62; *Helkenberg*, Unangemessenheit von Betriebsausgaben, S. 28; *Thürmer*, in: Brandis/Heuermann, EStG, § 12, Rn. 100. Darüber hinaus werden zu den gemischt veranlassten Aufwendungen auch solche Aufwendungen gezählt, die auf unterschiedliche Einkunftsarten entfallen, insbesondere weil sie sowohl betrieblich als auch beruflich veranlasst sind; vgl. etwa *Frotscher/Watrin*, in: Frotscher/Geurts, EStG, § 4, Rn. 583; *Meyer*, in: BeckOK EStG, § 4, Rn. 2228.1; *Schneider*, FS BFH, Bd. 2, S. 1243, 1252 f.; *Söhn*, in: K/S/M, EStG, § 4, Rn. E 125. Beispielhaft hierfür ist ein häusliches Arbeitszimmer, das zugleich der Erzielung von Lohneinkünften als Hochschullehrer und der Erzielung von Einkünften aus selbständiger schriftstellerischer Tätigkeit dient, vgl. BFH BStBl. II 2006, 428, 430. Diese Form der gemischten Veranlassung ist für die Untersuchung des Schnittbereichs zwischen Erwerbs- und Privatsphäre allerdings nicht von Bedeutung und wird daher im Folgenden ausgeklammert.

1200 Siehe bereits Fn. 1106.

Aufwendungen, die nach wertender Betrachtung rein betrieblich/beruflich oder rein privat veranlasst sind, gehören nicht zu den echten gemischt veranlassten Aufwendungen, sondern zu den Erwerbsaufwendungen nach § 4 Abs. 4 EStG, § 9 Abs. 1 EStG oder den Privataufwendungen iSd § 12 Nr. 1 S. 1 EStG und sind steuerlich auch als solche zu behandeln.[1201] Ebenfalls nicht zu den echten gemischt veranlassten Aufwendungen gehören nach dem hier vertretenen Verständnis Aufwandspositionen, bei denen der betriebliche/berufliche oder der private Veranlassungsbeitrag unwesentlich ist.[1202] Auch in diesem Fall liegen entweder nahezu ausschließlich erwerblich veranlasste Aufwendungen vor, die vollständig als Betriebsausgaben bzw. Werbungskosten abziehbar sind, oder aber fast ausschließlich privat veranlasste Aufwendungen, für die ein Abzug nicht in Betracht kommt.[1203] Echte gemischt veranlasste Aufwendungen sind nur solche, bei denen sowohl die betriebliche/berufliche als auch die private Veranlassung wesentlich ist.[1204]

Für diese echten gemischt veranlassten Aufwendungen enthält das EStG keine eigene Regelung.[1205] Der BFH hat sie in der Vergangenheit zusammen mit anderen Formen gemischter Aufwendungen in § 12 Nr. 1 S. 2 EStG verortet und hieraus ein allgemeines Aufteilungs- und Abzugsverbot für alle gemischten Aufwendungen abgeleitet.[1206] Mit Beschluss aus dem September 2009[1207] hat der Große Senat des BFH seine langjährige Rechtsprechung allerdings aufgegeben und entschieden,

---

1201 Vgl. *Meurer,* in: Lademann, EStG, § 4, Rn. 542; *Meyer,* in: BeckOK EStG, § 4, Rn. 2228; *Seiler,* in: Kirchhof/Seer, EStG, § 12, Rn. 4; *Thürmer,* in: Brandis/Heuermann, EStG, § 12, Rn. 113.

1202 Siehe bereits Teil 3 § 9 B.III.3. Vgl. BFH GrS BStBl. II 2010, 672, 684; BMF BStBl. I 2010, 614, 615; *Frotscher/Watrin,* in: Frotscher/Geurts, EStG, § 4, Rn. 583; *Meyer,* in: BeckOK EStG, § 4, Rn. 2228.

1203 Vgl. BFH GrS BStBl. II 2010, 672, 684; BMF BStBl. I 2010, 614, 615; *Meyer,* in: BeckOK EStG, § 4, Rn. 2228.

1204 So de lege ferenda auch *Lang, u.a.,* Kölner Entwurf, S. 6: „Sowohl wesentlich durch die Lebensführung als auch wesentlich durch die Erwerbstätigkeit veranlasste Ausgaben (*gemischt veranlasste Aufwendungen*) […]" (§ 15 Abs. 1 S. 2 Kölner EStGE) (Hervorhebung durch die Verfasserin). Siehe auch *Schilling,* Pflichtbestimmter Aufwand, S. 119 f.

1205 Vgl. *Schneider,* FS BFH, Bd. 2, S. 1243, 1247; *Tipke,* StuW 1979, 193, 203.

1206 Vgl. BFH GrS BStBl. II 1979, 213, 218; BFH GrS BStBl. II 1971, 17 19; BFH BStBl. II 1969, 235, 235; *Söhn,* FS Spindler, S. 795; *Spindler,* FS Lang, S. 589; siehe zudem *Jochum,* DStZ 2010, 665; *Krüger,* DB 2006, Beil. 6 zu Heft 39, 39.

1207 BFH GrS BStBl. II 2010, 672.

dass er nicht mehr an dem Aufteilungs- und Abzugsverbot festhalten werde.[1208] Mit dieser Entscheidung hat er insbesondere auf die heftige Kritik des Schrifttums reagiert,[1209] wonach weder dem Wortlaut noch dem historischen Verständnis des § 12 Nr. 1 S. 2 EStG ein Aufteilungs- und Abzugsverbot für echte gemischt veranlasste Aufwendungen zu entnehmen sei.[1210] Diese Rechtsprechungsänderung hat im wissenschaftlichen Diskurs vielfach Beachtung gefunden[1211] und soll daher an dieser Stelle nicht nochmal vollständig wiederholt werden. Es handelt sich hierbei um veraltete Rechtsprechung, die der BFH heute nicht mehr vertritt. Da der Beschluss des Großen Senats aus dem September 2009 jedoch Auswirkungen darauf hatte, wie echte gemischt veranlasste Aufwendungen steuerlich zu behandeln sind und zudem auch Ausführungen dazu gemacht hat, wie diese von den Repräsentationsaufwendungen und betrieblich/beruflich bedingten Mehraufwendungen abzugrenzen sind, ist es sinnvoll, sich nochmals die Entwicklung des ursprünglichen Aufteilungs- und Abzugsverbots, das für alle Aufwendungen im Graubereich gleichermaßen galt, vor Augen zu führen.[1212] Daher wird im Folgenden zunächst die frühere Ansicht der Rechtsprechung mit ihren wesentlichen Kritikpunkten dargestellt. Anschließend werden die maßgeblichen Neuerungen des BFH, welche sich auf die steuerliche Behandlung der echten gemischt veranlassten Aufwendungen ausgewirkt haben, analysiert. Dabei werden die vier Fallgruppen gemischter Aufwendungen nachvollzogen, die der BFH in seinem Beschluss aus dem September 2009 dargestellt hat, um eine Differenzierung der verschiedenen Formen gemischter Aufwendungen vorzunehmen. Schließlich

1208 Vgl. BFH GrS BStBl. II 2010, 672, 682.

1209 Vgl. *Drüen*, StbJb. 2010/11, S. 65, 66; *Leisner-Egensperger*, DStZ 2010, 185, 192; *Spindler*, FS Lang, S. 589, 589.

1210 Näher hierzu sogleich in Teil 3 § 10 B.II.

1211 Siehe nur die vielfältigen Entscheidungsbesprechungen von *Bergkemper*, DB 2010, 143, 147 f.; *Burwitz*, NZG 2010, 260, 260; *Glaser*, SteuK 2010, 54, 54; *Kempermann*, FR 2010, 225, 233 f.; *Macher*, NZA 2010, 382, 382; *Marfels*, StBW 2010, 3, 3 ff.; *Pezzer*, DStR 2010, 93, 93 ff.; *Streck*, NJW 2010, 891, 896; siehe ferner *Drüen*, StbJb. 2010/11, S. 65, 65 ff.; *Gärtner*, Gemischt veranlasste Aufwendungen, S. 307 ff.; *Günther*, EStB 2010, 151, 151 ff.; *Jochum*, DStZ 2010, 665, 665 ff.; *Krüger*, DB 2006, Beil. 6 zu Heft 39, 39 ff.; *G. Kirchhof*, FS Lang, S. 563, 565 ff.; *Leisner-Egensperger*, DStZ 2010, 185, 185 ff.; *Schneider*, FS BFH, Bd. 2, S. 1243, 1246 ff.; *Söhn*, FS Spindler, S. 795, 795 ff.; *Spindler*, FS Lang, S. 589, 589 ff.; *Steck*, DStZ 2011, 191, 193.

1212 Näher zur Rechtsprechungsentwicklung siehe BFH GrS BStBl. II 2010, 672, 675; *Drüen*, StbJb. 2010/11, S. 65, 65 ff.; *Gärtner*, Gemischt veranlasste Aufwendungen, S. 263 ff.; *G. Kirchhof*, FS Lang, S. 563, 565 ff.; *Leisner-Egensperger*, DStZ 2010, 185, 186; *Schneider*, FS BFH, Bd. 2, S. 1243, 1247 ff.; *Spindler*, FS Lang, S. 589, 590 ff.

wird untersucht, wie sog. echte untrennbar gemischt veranlasste Aufwendungen sphärisch einzuordnen sind. Diese Frage ist in der Literatur äußerst umstritten und hat entscheidenden Einfluss darauf, welche Systematik den Tatbeständen des § 4 Abs. 5 S. 1 Nr. 1-7 EStG in der Literatur zugeschrieben wird. Mit der Darstellung des betreffenden Meinungsstandes soll daher bereits an dieser Stelle die dogmatische Grundlage für die übergeordnete Analyse des Abzugskataloges im 4. Teil der Arbeit gelegt werden.

B. Steuerliche Behandlung: Rechtsprechungsänderung mit Beschluss BFH GrS aus dem September 2009

I. Rechtsprechung des BFH bis zum Beschluss aus dem September 2009

Nach § 12 Nr. 1 S. 1 EStG dürfen die für den Haushalt des Steuerpflichtigen und für den Unterhalt seiner Familienangehörigen aufgewendeten Beträge bei der Einkommensteuerermittlung nicht abgezogen werden.[1213] Dazu gehören nach § 12 Nr. 1 S. 2 EStG auch „die Aufwendungen für die Lebensführung, die die wirtschaftliche oder gesellschaftliche Stellung des Steuerpflichtigen mit sich bringt, auch wenn sie zur Förderung des Berufs oder der Tätigkeit des Steuerpflichtigen erfolgen". § 12 Nr. 1 S. 2 EStG ist 1934 mit dem Zweck kodifiziert worden, die damalige Rechtsprechung des RFH aufzugreifen.[1214] Dieser ging grundsätzlich davon aus, dass bei sog. Repräsentationsaufwendungen der Gesichtspunkt des privaten Aufwandes in den Vordergrund zu stellen sei und die betreffenden Aufwendungen daher nicht abziehbar seien.[1215] Mit der neu geschaffenen Norm, die bis heute unverändert fort gilt,[1216] sollte daher klargestellt werden, dass Repräsentationsaufwendungen nur dann zu den Erwerbsaufwendungen gerechnet werden

---

1213 Zur steuerlichen Behandlung von Privataufwendungen siehe bereits Teil 2 § 6 C.

1214 Vgl. die Entwurfsbegründung zum EStG 1934 RStBl. 1935, 33, 41. Auf die Rechtsprechung des RFH wird an späterer Stelle nochmals vertieft eingegangen, siehe zu den Repräsentationsaufwendungen Teil 3 § 11 und bezüglich der betrieblich/beruflich bedingten Mehraufwendungen Teil 3 § 12.

1215 Vgl. RFH RStBl. 1933, 811, 812; RFH RStBl. 1932, 727, 728; RFH RStBl. 1931, 108, 108 f. (Ausgaben eines Kaufmanns zum Zwecke der Erlangung eines Ehrentitels); RFHE 27, 82, 83 f.; RFHE 13, 90, 94; RFHE 12, 152, 153; RFH StuW 1923, Nr. 804; siehe auch BFH GrS BStBl. II 210, 672, 675; *Arndt*, in: K/S/M, EStG, § 12, Rn. B 3a; *Schneider*, FS BFH, Bd. 2, S. 1243, 1247; *Söhn*, DStJG 3 (1980), S. 13, 49; *Spindler*, FS Lang, S. 589, 599; *Tipke*, StuW 1979, 193, 204.

1216 *Spindler*, FS Lang, S. 589, 599; vgl. *Leisner-Egensperger*, DStZ 2010, 185, 186; zur historischen Entwicklung des § 12 Nr. 1 EStG siehe BFH GrS BStBl. II 210, 672, 674; *Arndt*, in: K/S/M, EStG, § 12, Rn. A 30 ff.; *Fissenewert*, in: Herrmann/Heuer/

können, wenn sie ausschließlich betrieblich/beruflich veranlasst sind.[1217] Wirkten private und erwerbliche Gründe beim Anfall der Repräsentationsaufwendungen dagegen zusammen und konnte eine Trennung der einzelnen Beiträge nicht erfolgen, so sollten die Ausgaben durch diese Regelung vollständig der Privatsphäre zugeordnet und der Abzug in Gänze versagt werden.[1218]

Dieses Aufteilungs- und Abzugsverbot, das der RFH nur für Repräsentationsaufwendungen für zutreffend erachtet hatte,[1219] hat der BFH über Jahrzehnte hinweg für alle Aufwendungen des Graubereichs verallgemeinert und unter anderem auch auf die echten gemischt veranlassten Aufwendungen übertragen.[1220] Dabei hat er zunächst entschieden, dass diese ebenfalls vollständig der Privatsphäre zuzuordnen seien.[1221] Die Aufteilung in einen abziehbaren betrieblichen/beruflichen und einen steuerlich grundsätzlich unbeachtlichen privaten Teil lehnte das Gericht generell ab,[1222] so dass die echten gemischt veranlassten Aufwendungen ebenso wie die übrigen Aufwendungen des Graubereichs grundsätzlich als vom steuerlichen Abzug ausgeschlossen angesehen wurden.[1223] Ausnahmen von diesem allgemeinen Abzugsverbot wurden erst später und nur vereinzelt für bestimmte Kostenpositionen zugelassen,[1224] wenn der betriebliche/berufliche Teil

---

Raupach, EStG/KStG, § 12 EStG, Rn. 2, 21; *Schmieszek,* in: Bordewin/Brandt, EStG, § 12, Rn. 1 ff.

1217 Vgl. die Entwurfsbegründung zum EStG 1934 RStBl. 1935, 33, 41.

1218 So die Entwurfsbegründung zum EStG 1934 RStBl. 1935, 33, 41.

1219 *G. Kirchhof,* FS Lang, S. 563, 568.

1220 Vgl. *Arndt,* in: K/S/M, EStG, § 12, Rn. A 5; *Drenseck,* DB 1987, 2483; *Fissenewert,* in: Herrmann/Heuer/Raupach, EStG/KStG, § 12 EStG, Rn. 55; *Heuer,* StbJb. 1959/60, S. 327, 386 f.; *Hey,* in: Tipke/Lang, Steuerrecht, Rn. 8.242; *G. Kirchhof,* FS Lang, S. 563, 569.

1221 Vgl. BFH GrS BStBl. II 1979, 213, 218; BFH BStBl. II 1971, 524, 525; BFH GrS BStBl. II 1971, 17, 19; BFH BStBl. II 1969, 235, 235; BFH BStBl. II 1968, 680, 681; BFH BStBl. III 1967, 773, 773 f. Siehe zu dieser Feststellung auch *Gorski,* DStZ 1981, 111, 112; *Leisner-Egensperger,* DStZ 2010, 185, 186; *Thürmer,* in: Brandis/Heuermann, EStG, § 12, Rn. 111: „Vermutung der Privatheit".

1222 Vgl. BFH GrS BStBl. II 1971, 17, 19. Siehe auch die historischen Ausführungen in BFH GrS BStBl. II 2010, 672, 676 ff., der mittlerweile eine andere Ansicht vertritt.

1223 Vgl. BFH GrS BStBl. II 1979, 213, 218 f.; BFH GrS BStBl. II 1971, 17, 21. Näher zu dieser alten Rechtsprechung *Hey,* in: Tipke/Lang, Steuerrecht, Rn. 8.242; *G. Kirchhof,* FS Lang, S. 563, 566; *Lang,* Bemessungsgrundlage, S. 330; *Thürmer,* in: Brandis/Heuermann, EStG, § 12, Rn. 85.

1224 Eine Aufteilung wurde etwa zugelassen bei abgrenzbaren Mehraufwendungen für betrieblich veranlasste Telefongrundgebühren (vgl. BFH BStBl. II 1981, 131, 133; BFH BStBl. III 1967, 249, 250), Flugzeugkosten (vgl. BFH BStBl. II 1978, 93, 95 f.),

der Aufwendung nicht nur von untergeordneter Bedeutung war und sich nach objektiven und einfach nachprüfbaren Kriterien leicht vom privaten Teil abgrenzen ließ[1225] oder wenn die Förderung des Betriebs bei weitem überwog, so dass die private Lebensführung völlig in den Hintergrund trat.[1226]

Im Laufe der Zeit wurden die von der Rechtsprechung zugelassenen Ausnahmen dann immer stärker ausgeweitet[1227] und zudem oftmals willkürlich festgelegt,[1228] so dass sich bezüglich der Frage, ob gemischte Aufwendungen aufgeteilt und abgezogen werden dürfen, zunehmende Rechtsunsicherheit einstellte.[1229] Trotzdem hielt der BFH bis 2009 an seinem allgemeinen Aufteilungs- und Abzugsverbot fest und begründete dies in erster Linie mit Erwägungen der Steuergerechtigkeit.[1230] Er gab an, dass mit dem Aufteilungs- und Abzugsverbot einer-

---

Reiseabschnitte (vgl. BFH BStBl. II 1975, 70, 72 f.) und Kfz-Kosten (vgl. BFH BStBl. III 1953, 337, 338) sowie bei Aufwendungen für einen häuslichen Computer, der als Arbeitsmittel genutzt wurde (vgl. BFH BStBl. II 2004, 958, 961 f.). Für weitere Beispiele mit Nachweisen siehe BFH GrS BStBl. II 2010, 672, 676; *Bergkemper*, DB 2010, 143, 147; *Gärtner*, Gemischt veranlasste Aufwendungen, S. 283 ff.; *Krüger*, DB 2006, Beil. 6 zu Heft 39, 39, 42 f.; *Lang*, Bemessungsgrundlage, S. 330 ff.; *Leisner-Egensperger*, DStZ 2010, 185, 186; *Schmieszek*, in: Bordewin/Brandt, EStG, § 12, Rn. 94; *Spindler*, FS Lang, S. 589, 591; *Weber*, StuW 2009, 184, 192.

1225 Vgl. BFH BStBl. II 1981, 131, 132 f.; BFH BStBl. II 1975, 70, 71; BFH GrS BStBl. II 1971, 17, 21; BFH BStBl. III 1953, 337, 338; dazu *Arndt*, in: K/S/M, EStG, § 12, Rn. A 5; *Fissenewert*, in: Herrmann/Heuer/Raupach, EStG/KStG, § 12 EStG, Rn. 55; *Gorski*, DStZ 1981, 111, 112; *G. Kirchhof*, FS Lang, S. 563, 566; *Offerhaus*, BB 1979, 667, 668; *Thürmer*, in: Brandis/Heuermann, EStG, § 12, Rn. 86.

1226 Vgl. BFH GrS BStBl. II 1971, 17, 21; dazu *Gärtner*, Gemischt veranlasste Aufwendungen, S. 279; *Gorski*, DStZ 1981, 111, 112; *Offerhaus*, BB 1979, 667, 668; *Thürmer*, in: Brandis/Heuermann, EStG, § 12, Rn. 86.

1227 Vgl. BFH GrS BStBl. II 2010, 672, 676; siehe *Gärtner*, Gemischt veranlasste Aufwendungen, S. 279; *Söhn*. FS Spindler, S. 795, 797.

1228 *Drüen*, StbJb. 2010/11, S. 65, 67; *Hey*, in: Tipke/Lang, Steuerrecht, Rn. 8.242; vgl. *Pezzer*, DStR 2010, 93, 94. Siehe zudem *Kruse*, FS Offerhaus, S. 491, 496, der diesbezüglich treffend von einer „Perforation des Aufteilungsverbots" spricht; *Krüger*, DB 2006, Beil. 6 zu Heft 39, 39, 43; *Lang*, Bemessungsgrundlage, S. 332, der diese Entwicklung eine „kasuistische Praxis" nennt; *Leisner-Egensperger*, DStZ 2010, 185, 186, welche die Tendenz der Rechtsprechung als „weitergehend generalisierte Aufteilungsjudikatur" beschreibt; *Weber*, StuW 2009, 184, 192. Diesbezüglich kritisch mittlerweile auch BFH GrS BStBl. II 2010, 672, 682.

1229 Vgl. BFH GrS BStBl. II 2010, 672, 682; *Drüen*, StbJb. 2010/11, S. 65, 68; *Krüger*, DB 2006, Beil. 6 zu Heft 39, 39, 44; *Leisner-Egensperger*, DStZ 2010, 185, 186 f.

1230 Vgl. BFH BStBl. II 1987, 208, 209; BFH BStBl. II 1980, 386, 387; BFH BStBl. II 1977, 716, 717; BFH BStBl. II 1975, 407, 410; BFH GrS BStBl. II 1971, 17, 19. Näher zur

seits verhindert werden sollte, dass manche Steuerpflichtige durch eine mehr oder weniger zufällige oder bewusst herbeigeführte Verbindung von beruflichen und privaten Erwägungen ihre Lebensführung in einen einkommensteuerrechtlich relevanten Bereich verlagern konnten, während anderen Steuerpflichtigen diese Möglichkeit verwehrt war, weil sie einen entsprechenden Beruf nicht ausüben.[1231] Andererseits sollte vermieden werden, dass Steuerpflichtige durch unrichtige Sachdarstellungen eigentlich privat veranlasste Aufwendungen der Erwerbssphäre zuwiesen, ohne dass dem Finanzamt die erforderlichen Nachprüfungsmöglichkeiten für eine Aufdeckung der tatsächlichen Veranlassung zur Verfügung stand.[1232]

II. Maßgebliche Kritik des Schrifttums

Im steuerrechtlichen Schrifttum hatte diese Rechtsprechung über Jahrzehnte hinweg heftige Kritik ausgelöst.[1233] Die Mehrheit der Literatur sprach sich mit Nachdruck unter Berufung auf verschiedene Begründungen gegen das vom BFH entwickelte Aufteilungs- und Abzugsverbot für echte gemischt veranlasste Aufwendungen aus.[1234] Da hierzu bereits allerhand Literatur existiert[1235] und es sich inzwischen um überholte Rechtsprechung handelt, müssen die vom Schrifttum

---

Begründung der alten Rechtsprechung BFH GrS BStBl. II 2010, 672, 682; *G. Kirchhof*, FS Lang, S. 563, 565 f.; *Lang*, Bemessungsgrundlage, S. 330 ff.

1231 Vgl. BFH GrS BStBl. II 1971, 17, 19; dazu BFH GrS BStBl. II 2010, 672, 682.

1232 Vgl. BFH GrS BStBl. II 1971, 17, 19.

1233 Siehe etwa *Arndt*, in: K/S/M, EStG, § 12, Rn. B 3 ff. (Stand 10/2002); *Drenseck*, DB 1987, 2483, 2486; *Ehlers*, DStR 1973, 269 f.; *Gorski*, DStZ 1981, 111, 113; *Kruse*, FS Offerhaus, S. 491, 496; *Lang*, Bemessungsgrundlage, S. 330 ff.; *Lang*, in: Tipke/Lang, Steuerrecht, 20. Auflage, 2010, § 9, Rn. 245 ff.; *Offerhaus*, BB 1979, 667 ff.; *Offerhaus*, DStR 2005, 446 ff.; *Pezzer*, DStR 2010, 93, 94; *Ruppe*, DStJG 3 (1980), S. 103, 124, 141; *Söhn*, DStJG 3 (1980), S. 13, 49 ff.; *Söhn*, FS Spindler, S. 795, 796; *Steenken*, Gesetzliche Pauschalierung, S. 143 f.; *Strahl*, KÖSDI 2003, 13833, 13840; *Tipke*, StuW 1979, 193, 203 f.; *Tipke*, DStJG 3 (1980), S. 1, 8 f.; *Wassermeyer*, StuW 1981, 245, 248; *Weber*, StuW 2009, 184, 193. Für weitere Nachweise siehe BFH GrS BStBl. II 2010, 672, 680; *Gärtner*, Gemischt veranlasste Aufwendungen, S. 288, Fn. 1139; *Weber*, StuW 2009, 184, 193, Fn. 91. Dem BFH zustimmend dagegen *Görlich*, BB 1979, 711, 713; *Plückebaum*, StBp 1963, Sonderbeil. zu Heft 3, S. 1, 2 f.; *Stuber/Nägele*, Bewirtung und Repräsentation, S. 183; *Völlmeke*, DStR 1995, 745, 750 f.

1234 Vgl. BFH GrS BStBl. II 2010, 672, 680; *Arndt*, in: K/S/M, EStG, § 12, Rn. A 5; *Gärtner*, Gemischt veranlasste Aufwendungen, S. 288; *Leisner-Egensperger*, DStZ 2010, 185, 187; *Söhn*, FS Spindler, S. 795, 796; *Weber*, StuW 2009, 184, 193.

1235 Siehe nur *Arndt*, in: K/S/M, EStG, § 12, Rn. B 3 ff.; *Gärtner*, Gemischt veranlasste Aufwendungen, S. 288 ff.; *Helkenberg*, Unangemessenheit von Betriebsausgaben, S. 32 ff.; *Krüger*, DB 2006, Beil. 6 zu Heft 39, 39, 43; *Leisner-Egensperger*, DStZ

angeführten Argumente für die Zwecke dieser Arbeit nicht vollständig wiederholt werden. Zum besseren Verständnis der Rechtsprechungsänderung für die echten gemischt veranlassten Aufwendungen und der Konsequenzen, die sich daraus auch für die anderen Formen gemischter Aufwendungen, insbesondere die Repräsentationsaufwendungen und betrieblich/beruflich bedingten Mehraufwendungen, ergeben haben, hilft es jedoch, sich im Folgenden die drei wesentlichen Kritikpunkte zu vergegenwärtigen, die maßgeblich dazu beigetragen haben, dass der BFH das Aufteilungs- und Abzugsverbot für echte gemischt veranlasste Aufwendungen mit seinem Beschluss aus dem September 2009 aufgegeben hat.[1236]

1. Unvereinbarkeit mit Wortlaut und Entstehungsgeschichte des § 12 Nr. 1 S. 2 EStG

Der erste Kritikpunkt des Schrifttums bestand zu Recht darin, dass die bis 2009 vom BFH vorgenommene weite Auslegung des § 12 Nr. 1 S. 2 EStG weder mit dem Wortlaut oder der Entstehungsgeschichte der Norm noch mit dem historischen Willen des Gesetzgebers vereinbar gewesen ist.[1237] Zwar gehe aus § 12 Nr. 1 S. 2 EStG tatsächlich ein Abzugsverbot für Aufwendungen des Graubereichs hervor.[1238] Dieses sei nach dem Wortlaut der Norm[1239] aber eindeutig auf solche Aufwendungen beschränkt, „die die wirtschaftliche oder gesellschaftliche Stellung des Steuerpflichtigen mit sich bringt".[1240] Entgegen der früheren Ansicht des BFH gelte das Abzugsverbot des § 12 Nr. 1 S. 2 EStG daher nicht allgemein für sämtliche Aufwendungen mit Mischcharakter sondern nur für eine spezielle

2010, 185 ff.; *Weber*, StuW 2009, 184, 193; *Wiss. Beirat Ernst & Young AG*, BB 2004, 1024 ff.

1236 Vgl. BFH GrS BStBl. II 2010 672, 681 ff.

1237 Siehe etwa *Arndt*, in: K/S/M, EStG, § 12, Rn. B 3 ff.; *Ehlers*, DStR 1973, 269, 269; *Drenseck*, DB 1987, 2483, 2486; *Gorski*, DStZ 1981, 111, 113; *Leisner-Egensperger*, DStZ 2010, 185, 190 f.; *Offerhaus*, DStR 2005, 446, 446 f.; *Pezzer*, DStR 2010, 93, 95; *Söhn*, DStJG 3 (1980), S. 13, 52, 54 f.; *Söhn*, FS Spindler, S. 795, 796; *Tipke*, StuW 1979, 193, 204; *Weber*, StuW 2009, 184, 193; vgl. auch *Ruppe*, DStJG 3 (1980), S. 103, 124; dem zustimmend inzwischen auch BFH GrS BStBl. II 2010, 672, 681 f.

1238 Vgl. *Gorski*, DStZ 1981, 111, 113; *Offerhaus*, DStR 2005, 446, 446; *Söhn*, DStJG 3 (1980), S. 13, 54; *Wiss. Beirat Ernst & Young AG*, BB 2004, 1024, 1028.

1239 Näher zum Wortlaut des § 12 Nr. 1 S. 2 EStG siehe Teil 3 § 11 C.II.

1240 *Ehlers*, DStR 1973, 269, 269; *Gorski*, DStZ 1981, 111, 113; *Leisner-Egensperger*, DStZ 2010, 185, 190 f.; *Scheich*, DStR 1997, 905, 906; *Tipke*, StuW 1979, 193, 203 f.; *Weber*, StuW 2009, 184, 193; *Wiss. Beirat Ernst & Young AG*, BB 2004, 1024, 1028.

Art gemischter Aufwendungen, die sog. Repräsentationsaufwendungen.[1241] Eine solche enge Auslegung des § 12 Nr. 1 S. 2 EStG werde auch durch den historischen Willen des Gesetzgebers bestätigt.[1242] So gehe aus der Entwurfsbegründung zum EStG 1934 deutlich hervor, dass § 12 Nr. 1 S. 2 EStG ins Gesetz aufgenommen wurde, um klarzustellen, dass Repräsentationsaufwendungen nur dann aufgeteilt und anteilig abgezogen werden dürfen, wenn eine entsprechende Trennung der Aufwendungsteile möglich ist.[1243] Daher wurde in der Literatur zu Recht argumentiert, dass der Anwendungsbereich des § 12 Nr. 1 S. 2 EStG nach dem Willen des Gesetzgebers von vornherein auf Repräsentationsaufwendungen beschränkt gewesen sei und nicht einmal für diese ein absolutes Aufteilungsverbot gegolten habe. Aus der Entwurfsbegründung werde vielmehr deutlich, dass das Verbot auch bei Repräsentationsaufwendungen nur dann zur Anwendung kommen sollte, wenn eine Trennung der Aufwendungsanteile nicht möglich war.[1244] Das vom BFH vertretene allgemeine Aufteilungs- und Abzugsverbot für alle Aufwendungen mit Mischcharakter habe diesem eingeschränkten gesetzgeberischen Willen erkennbar widersprochen.[1245] Schließlich wurde darauf hingewiesen, dass bei der Auslegung des § 12 Nr. 1 S. 2 EStG nicht außer Acht gelassen werden dürfe, dass die Einführung der Norm ursprünglich dazu diente, die vormalige Rechtsprechung

---

1241 Vgl. *Arndt,* in: K/S/M, EStG, § 12, Rn. B 5 ff.; *Ehlers,* DStR 1973, 269, 269; *Fissenewert,* in: Herrmann/Heuer/Raupach, EStG/KStG, § 12 EStG, Rn. 24; *Gorski,* DStZ 1981, 111, 113; *Kottke,* DStR 1992, 129, 130; *Leisner-Egensperger,* DStZ 2010, 185, 190; *Offerhaus,* DStR 2005, 446, 446; *Söhn,* DStJG 3 (1980), S. 13, 52; *Söhn,* FS Spindler, S. 795, 796; *Tipke,* StuW 1979, 193, 204; *Weber,* StuW 2009, 184, 193; dem zustimmend inzwischen BFH GrS BStBl. II 2010, 672, 681.

1242 So *Arndt,* in: K/S/M, EStG, § 12, Rn. B 4; *Ehlers,* DStR 1973, 269, 269; *Gorski,* DStZ 1981, 111, 113; *Leisner-Egensperger,* DStZ 2010, 185, 190 f.; *Offerhaus,* DStR 2005, 446, 446; *Söhn,* DStJG 3 (1980), S. 13, 50; *Söhn,* FS Spindler, S. 795, 796; *Tipke,* StuW 1979, 193, 203 f.; *Weber,* StuW 2009, 184, 193; dem zustimmend inzwischen BFH GrS BStBl. II 2010, 672, 681. Näher zur Entstehungsgeschichte des § 12 Nr. 1 S. 2 EStG siehe Teil 3 § 11 C.V.

1243 So *Gorski,* DStZ 1981, 111, 113; *Schneider,* FS BFH, Bd. 2, S. 1243, 1247. Siehe zur Entstehung und Gesetzesbegründung des § 12 Nr. 1 S. 2 EStG bereits Teil 3 § 10 B.II.1.; eine Darstellung der RFH-Rechtsprechung folgt in Teil 3 § 11 C.V.

1244 So *Gorski,* DStZ 1981, 111, 113; *Leisner-Egensperger,* DStZ 2010, 185, 190 f.; vgl. *Ehlers,* DStR 1973, 269, 269; *Söhn,* DStJG 3 (1980), S. 13, 50. Dem zustimmend inzwischen auch BFH GrS BStBl. II 2010, 672, 682.

1245 Vgl. *Arndt,* in: K/S/M, EStG, § 12, Rn. B 4; *Ehlers,* DStR 1973, 269, 269; *Gorski,* DStZ 1981, 111, 113; *Leisner-Egensperger,* DStZ 2010, 185, 190 f.; *Offerhaus,* DStR 2005, 446, 446; *Söhn,* DStJG 3 (1980), S. 13, 50; *Tipke,* StuW 1979, 193, 203 f.; *Weber,* StuW 2009, 184, 193.

des RFH umzusetzen.[1246] Dieser habe ein Aufteilungsverbot ebenfalls nur beim Vorliegen von Repräsentationsaufwendungen angenommen,[1247] während er einen etwaig entstandenen betrieblichen/beruflichen Mehraufwand gegebenenfalls im Wege der Schätzung ermittelt und dann anteilig zum Abzug zugelassen habe.[1248] Ein allgemeines Aufteilungs- und Abzugsverbot für alle gemischten Aufwendungen sei mithin weder mit der Entstehungsgeschichte noch mit dem ursprünglichen Sinn und Zweck des § 12 Nr. 1 S. 2 EStG vereinbar gewesen.[1249]

2. Unvereinbarkeit mit objektivem Nettoprinzip

Der zweite wesentliche und ebenfalls zutreffende Kritikpunkt, den das Schrifttum der früheren BFH-Rechtsprechung entgegen brachte, bezog sich darauf, dass das allgemeine Aufteilungs- und Abzugsverbot für Aufwendungen mit Mischcharakter nicht mit dem objektiven Nettoprinzip vereinbar gewesen sei und die vom BFH angeführten Erwägungen zur steuerlichen Gerechtigkeit daher keine Gültigkeit gehabt hätten.[1250] Zwar sei dem BFH dahingehend zuzustimmen gewesen, dass es der Steuergerechtigkeit diene, wenn durch das Abzugsverbot verhindert wird, dass Steuerpflichtige ihre privaten Aufwendungen in den betrieblichen/beruflichen Bereich verlagern.[1251] Soweit das Verbot darüber hinaus aber zugleich bewirkt hat,

---

1246 Vgl. *Arndt,* in: K/S/M, EStG, § 12, Rn. B 3a; *G. Kirchhof,* FS Lang, S. 563, 568; *Littmann,* DStR 1971, 179, 180; *Söhn,* DStJG 3 (1980), S. 13, 49; *Tipke,* StuW 1979, 193, 203 f.; *Wiss. Beirat Ernst & Young AG,* BB 2004, 1024, 1028.

1247 Vgl. *Arndt,* in: K/S/M, EStG, § 12, Rn. B 3a; *Söhn,* DStJG 3 (1980), S. 13, 49; *Spindler,* FS Lang, S. 589, 590 f.

1248 Vgl. etwa RFH RStBl. 1932, 727, 727 f.; RFH RStBl. 1931, 905, 905; RFH RStBl. 1931, 6, 7; RFH StuW 1928, Bd. II, Sp. 312, 313; dazu BFH GrS BStBl. II 2010, 672, 682; *Ehlers,* DStR 1973, 269, 269; *Krüger,* DB 2006, Beil. 6 zu Heft 39, 39, 40; *Leisner-Egensperger,* DStZ 2010, 185, 186; *Söhn,* DStJG 3 (1980), S. 13, 50; *Spindler,* FS Lang, S. 589, 590 f.

1249 Vgl. *Arndt,* in: K/S/M, EStG, § 12, Rn. B 11; *Ehlers,* DStR 1973, 269, 269; *Söhn,* DStJG 3 (1980), S. 13, 50; dem zustimmend inzwischen auch BFH GrS BStBl. II 2010, 672, 681.

1250 Siehe etwa *Arndt,* in: K/S/M, EStG, § 12, Rn. B 13; *Krüger,* DB 2006, Beil. 6 zu Heft 39, 39, 43 f.; *Strahl,* KÖSDI 2003, 13833, 13840; *Weber,* StuW 2009, 184, 193; vgl. *Gorski,* DStZ 1981, 111, 114; *Lang,* Bemessungsgrundlage, S. 332; *Littmann,* DStR 1971, 179, 181; *Offerhaus,* BB 1979, 667, 668; *Offerhaus,* DStR 2005, 446, 448; *Tipke,* StuW 1979, 193, 204.

1251 Siehe *Gorski,* DStZ 1981, 111, 114; *Krüger,* DB 2006, Beil. 6 zu Heft 39, 39, 44; *Offerhaus,* BB 1979, 667, 668; vgl. *Söhn,* FS Spindler, S. 795, 796 f.; *Söhn,* in: K/S/M, EStG, § 4, Rn. E 100.

dass eindeutig betrieblich/beruflich veranlasste Aufwendungen nicht abgezogen werden konnten, habe die Auslegung des BFH gegen das Leistungsfähigkeitsprinzip verstoßen und damit sogar die steuerliche Gerechtigkeit untergraben.[1252] Da aus dem früheren Aufteilungs- und Abzugsverbot ein Alles-oder-Nichts-Prinzip folge,[1253] das bei konsequenter Anwendung dazu führe, dass auch ein zweifelsfrei nachgewiesener betrieblicher/beruflicher Kostenanteil nicht zum Abzug zugelassen wird, sei mit dem Aufteilungsverbot stets auch ein Verstoß gegen das objektive Nettoprinzip verbunden gewesen, der nicht ausreichend gerechtfertigt werden konnte.[1254] Anders als der BFH in der Vergangenheit angenommen hatte, habe das Aufteilungs- und Abzugsverbot daher nicht mit dem Gebot der Steuergerechtigkeit begründet werden können. Vielmehr gebiete das Leistungsfähigkeitsprinzip gerade eine Aufteilung und steuerliche Berücksichtigung des betrieblich/beruflich veranlassten Teils.[1255]

Daran anknüpfend wurde außerdem zu Recht Kritik an dem Argument des BFH geübt, wonach es der Steuergleichheit widerspreche, wenn Steuerpflichtige nur deshalb bestimmte Aufwendungen absetzten könnten, weil sie einen entsprechenden Beruf ausübten, während anderen, die eine ähnliche Aufwendung nur zur Ausübung ihres privaten Hobbys tätigten, diese Möglichkeit verwehrt sei.[1256] Nach überwiegender Ansicht der Literatur ist damit keine Ungleichbehandlung verbunden, so dass hieraus auch keine Rechtfertigung für ein allgemeines Aufteilungs- und Abzugsverbot fruchtbar gemacht werden kann.[1257] Anders als der BFH früher vermutet hatte, mache es einen Unterschied, ob ein Skilehrer seine

1252 Vgl. *Gorski,* DStZ 1981, 111, 114; *Krüger,* DB 2006, Beil. 6 zu Heft 39, 39, 44; *Lang,* in: Tipke/Lang, Steuerrecht, 20. Auflage, 2010, § 9, Rn. 245; *Littmann,* DStR 1971, 179, 181; *Offerhaus,* BB 1979, 667, 668; *Söhn,* FS Spindler, S. 795, 797; *Söhn,* in: K/S/M, EStG, § 4, Rn. E 100; *Weber,* StuW 2009, 184, 193.

1253 *Albert,* FR 2020, 220, 221; *Gorski,* DStZ 1981, 111, 113 f.; *Krüger,* DB 2006, Beil. 6 zu Heft 39, 39, 44; *Tipke,* Steuerrechtsordnung II, S. 769.

1254 Vgl. *Arndt,* in: K/S/M, EStG, § 12, Rn. A 73; *Krüger,* DB 2006, Beil. 6 zu Heft 39, 39, 43 f.; *Lang,* Bemessungsgrundlage, S. 332; *Offerhaus,* DStR 2005, 446, 448; *Strahl,* KÖSDI 2003, 13833, 13840; siehe zudem *Gärtner,* Gemischt veranlasste Aufwendungen, S. 291; so mittlerweile auch der BFH, vgl. BFH GrS BStBl. II 2010, 672, 682.

1255 Vgl. diesbezüglich bereits den Vorlagebeschluss des 6. Senats BFH BStBl. II 2007, 121, 124; vgl. *Arndt,* in: K/S/M, EStG, § 12, Rn. A 73; *Söhn,* DStJG 3 (1980), S. 13, 57; *Tipke,* StuW 1979, 193, 204; inzwischen zustimmend auch BFH GrS BStBl. II 2010, 672, 683.

1256 Hierzu siehe bereits Teil 3 § 10 B.I.

1257 Siehe nur *Offerhaus,* DStR 2005, 446, 447; *Tipke,* StuW 1979 193, 204; zustimmend inzwischen auch BFH GrS BStBl. II 2010, 672, 682.

Skiausrüstung absetzen kann, während ein Hobbyskifahrer diese Möglichkeit nicht hat. Auch sei es gerechtfertigt, dass ein Gärtner seine Mähmaschine steuerlich geltend machen kann, während einem anderen Steuerpflichtigen dies verwehrt ist, weil die Aufwendung bei ihm zum Bereich der Einkommensverwendung gehört.[1258] Im einen Fall handele es sich tatsächlich um betrieblich/beruflich veranlasste Aufwendungen, im anderen nur um private Kosten der Lebensführung. Da aber nur Erwerbsaufwendungen und gerade keine Privataufwendungen bei der Einkünfteermittlung nach § 2 Abs. 2 EStG berücksichtigt werden dürften, liege hinsichtlich der beispielhaft genannten Situationen auch keine Ungleichbehandlung iSd Art. 3 Abs. 1 GG vor.[1259] Weder der Skilehrer noch der Berufsgärtner würden durch die steuerliche Geltendmachung ihrer Ausgaben besser gestellt als andere Steuerpflichtige, sondern gerade entsprechend ihrer wirtschaftlichen Leistungsfähigkeit besteuert.[1260] Dies sei also keine Frage der Steuergerechtigkeit, sondern eine Frage der gesetzlichen Systematik.[1261] Mithin habe der BFH auch mit dem Gleichheitsargument kein allgemeines Aufteilungs- und Abzugsverbot begründen können.[1262]

3. *Kritik am Argument der Sachverhaltsermittlungsproblematik*

Der dritte und für diese Arbeit letzte relevante Kritikpunkt des Schrifttums betraf schließlich das vom BFH vorgebrachte Argument, ein allgemeines Aufteilungs- und Abzugsverbot nach § 12 Abs. 1 S. 2 EStG trage dazu bei, dass Missbräuche von Seiten des Steuerpflichtigen bei gemischt veranlassten Aufwendungen angesichts der Nachprüfungsschwierigkeiten des Finanzamts weniger begünstigt werden.[1263] Das Gericht wollte mit dem allgemeinen Aufteilungs- und Abzugsverbot für gemischte Aufwendungen verhindern, dass die Finanzverwaltung absichtlich unrichtigen Sachverhaltsdarstellungen ausgeliefert ist, die dazu dienen, tatsächlich privat veranlasste Aufwendungen in missbräuchlicher Weise der Erwerbssphäre zuzuordnen.[1264]

1258 So *Gärtner,* Gemischt veranlasste Aufwendungen, S. 291 f.; *Offerhaus,* DStR 2005, 446, 447; *Tipke,* StuW 1979, 193, 204, jeweils mit weiteren Beispielen.

1259 Vgl. *Offerhaus,* DStR 2005, 446, 447.

1260 Vgl. *Gärtner,* Gemischt veranlasste Aufwendungen, S. 292; vgl. inzwischen auch BFH GrS BStBl. II 2010 672, 682.

1261 So zutreffend *Offerhaus,* DStR 2005, 446, 447.

1262 Vgl. *Offerhaus,* DStR 2005, 446, 447; *Tipke,* StuW 1979, 193, 204; zustimmend mittlerweile auch BFH GrS BStBl. II 2010 672, 683.

1263 Zu dem Argument siehe bereits Teil 3 § 10 B.I.

1264 *Gärtner,* Gemischt veranlasste Aufwendungen, S. 292; vgl. *Leisner-Egensperger,* DStZ 2010, 185, 189 f.

Diesem Standpunkt wurde von Seiten der Literatur zu Recht entgegengehalten, dass das Risiko unrichtiger Sachverhaltsdarstellungen grundsätzlicher Natur sei und nicht nur im Rahmen von gemischten Aufwendungen im Steuerrecht auftrete, sondern bei allen Gerichtszweigen gleichermaßen bestehe.[1265] Derartige Schwierigkeiten beträfen aber als Beweisproblem allein das Verfahrensrecht und könnten daher nicht als Begründung dafür herangezogen werden, dass erkennbar betrieblich/beruflich veranlasste Aufwendungsteile materiellrechtlich vom Abzug ausgeschlossen werden, obwohl damit ein Verstoß gegen das objektive Nettoprinzip verbunden ist.[1266]

III. Rechtsprechung des BFH nach Beschluss vom 21.09.2009

1. Vorbemerkungen

Mit seinem Beschluss aus dem September 2009 hat sich der Große Senat des BFH der Literaturansicht angeschlossen und entschieden, dass er nicht länger an dem aus § 12 Nr. 1 S. 2 EStG abgeleiteten allgemeinen Aufteilungs- und Abzugsverbot für gemischte Aufwendungen festhält.[1267] Gegenstand seiner Entscheidung waren die Kosten für eine Reise, die ein Informatiker angetreten hatte, um für vier Tage an einem Fachkongress in den USA teilzunehmen, der unstreitig mit seiner beruflichen Tätigkeit in Zusammenhang stand.[1268] Da der Steuerpflichtige die Reise nicht allein aus beruflichen Gründen antrat, sondern zusätzlich drei weitere Tage anhängte, um privat Urlaub zu machen,[1269] handelte es sich bei den Reisekosten nicht um reine Werbungskosten iSd § 9 Abs. 1 S. 1 EStG, sondern um echte gemischt veranlasste Aufwendungen, deren steuerliche Behandlung

---

1265 Vgl. nur *Gorski*, DStZ 1981, 111, 114; *Krüger*, DB 2006, Beil. 6 zu Heft 39, 39, 44; *Strahl*, KÖSDI 2003, 13833, 13840; siehe auch *Gärtner*, Gemischt veranlasste Aufwendungen, S. 292 f.

1266 Vgl. *Gorski*, DStZ 1981, 111, 114; *Leisner-Egensperger*, DStZ 2010, 185, 191; *Strahl*, KÖSDI 2003, 13833, 13840; *Weber*, StuW 2009, 184, 193. Näher hierzu *Gärtner*, Gemischt veranlasste Aufwendungen, S. 293. Zustimmend nun auch BFH GrS BStBl. II 2010, 672, 683, der den Abzug gemischter Aufwendungen inzwischen nur noch für den Fall ausschließt, in dem auch nach Ausschöpfung aller im Einzelfall angezeigten Ermittlungsmaßnahmen des Finanzamts weiterhin gewichtige Zweifel an der betrieblichen Veranlassung der Aufwendung bestehen.

1267 BFH GrS BStBl. II 2010, 672, 680 ff.

1268 BFH GrS BStBl. II 2010, 672, 673. Zu dem zugrundeliegenden Sachverhalt siehe auch *Gärtner*, Gemischt veranlasste Aufwendungen, S. 308; *Leisner-Egensperger*, DStZ 2010, 185, 186.

1269 BFH GrS BStBl. II 2010, 672, 673.

der Große Senat des BFH in dem Beschluss aus dem September 2009 zu beurteilen hatte.[1270]

Der Senat entschied – in Abgrenzung zu seiner bisherigen Rechtsprechung über die steuerliche Behandlung von Reisekosten –,[1271] dass die Ausgaben für die Hin- und Rückreise nicht mehr als Einheit zu betrachten seien, sondern nach Maßgabe der jeweiligen Zeitanteile in abziehbare Erwerbsaufwendungen und nicht abziehbare Privataufwendungen aufgeteilt werden könnten.[1272] Damit änderte er nicht nur seine Rechtsprechung über die steuerliche Behandlung von Reisekosten, sondern läutete auch für die übrigen gemischten Aufwendungen die lang erwartete Rechtsprechungswende ein, mit der das Aufteilungs- und Abzugsverbot aufgegeben und in ein Aufteilungs- und Abzugsgebot[1273] umgewandelt wurde.[1274] Mittlerweile vertritt der BFH in ständiger Rechtsprechung, dass gemischte Aufwendungen quantitativ aufgeteilt und anteilig abgezogen werden können, wenn eine Trennung nach objektivierbaren Kriterien möglich ist und der betrieblich/beruflich veranlasste Teil nicht von untergeordneter Bedeutung ist.[1275]

Aus dieser Beschreibung wird bereits deutlich, dass das heute vertretene Aufteilungsgebot nicht für alle Aufwendungen des Graubereichs gilt. Vielmehr findet

---

1270 Vgl. BFH GrS BStBl. II 2010, 672, 673.

1271 Vgl. etwa BFH BStBl. II 1979, 513, 514; BFH GrS BStBl. II 1979, 213, 218; BFH BStBl. II 1977, 238, 239; BFH BStBl. II 1977, 203, 204; BFH BStBl. II 1975, 70, 71; BFH BStBl. II 1971, 524, 525 f.; BFH BStBl. III 1967, 774, 774; BFH BStBl. III 1967, 773, 773; BFH BStBl. III 1965, 644, 646. Zur Entwicklung der Rechtsprechung über die steuerliche Behandlung gemischter Reisen siehe BFH GrS BStBl. II 2010, 672, 677 ff.

1272 Vgl. BFH GrS BStBl. II 2010, 672, 680; siehe auch *Kanzler,* StbJb. 2010/11, 43, 47.

1273 *Krüger,* DB 2006, Beil. 6 zu Heft 39, 39, 44; *Söhn,* FS Spindler, S. 795, 803.

1274 H.M. siehe nur *Albert,* FR 2010, 220, 220 („Kehrtwendung"); *Fissenewert,* in: Herrmann/Heuer/Raupach, EStG/KStG, § 12 EStG, Rn. 60; *Gärtner,* Gemischt veranlasste Aufwendungen, S. 333 f.; *Jochum,* DStZ 2010, 665 („Kehrtwende"); *G. Kirchhof,* FS Lang, S. 563, 567; *Leisner-Egensperger,* DStZ 2010, 185, 187; *Nacke,* in: Littmann/Bitz/Pust, EStG, § 4, Rn. 1629; *Pezzer,* DStR 2010, 93, 96 („Paradigmenwechsel"); *Schwenke,* FR 2011, 1051, 1052; *Söhn,* FS Spindler, S. 795, 802 f.; *Spindler,* FS Lang, S. 589, 599. Die Verwaltung hat diesen Richtungswechsel in der Folge ebenfalls vollzogen, vgl. BMF BStBl. I 2010, 614.

1275 Vgl. BFH BStBl. II 2021, 453, 454; BFH BStBl. II 2019, 376, 377; BFH/NV 2017, 151, 151; BFH BStBl. II 2015, 1013, 1014; BFH/NV 2015, 324, 326; BFH/NV 2013, 1685, 1686; BFH/NV 2013, 552, 552; BFH BStBl. II 2012, 416, 417 f.; BFH BStBl. II 2011, 796, 797; BFH BStBl. II 2011, 522, 524; BFH BStBl. II 2010, 687, 688; BFH BStBl. II 2010, 685, 686 f.; BFH GrS BStBl. II 2010, 672, 680 ff. Näher zur Folgerechtsprechung des BFH nach dem Beschluss des GrS BFH vom 21.09.2009 *Gärtner,* Gemischt veranlasste Aufwendungen, S. 340 ff.

die geänderte Rechtsprechung nur bei den echten gemischt veranlassten Aufwendungen Anwendung, weshalb die Frage, wie die Aufwendungen des Graubereichs sphärisch einzuordnen und steuerlich zu behandeln sind, nunmehr abgeschichtet beantwortet werden muss.[1276] Vor diesem Hintergrund können dem Beschluss des BFH aus dem September 2009 vier verschiedene Fallgruppen mit unterschiedlichen Formen gemischter Aufwendungen entnommen werden,[1277] bei denen sich das Gericht jeweils mit der Frage beschäftigt hat, welche Auswirkungen die Rechtsprechungsänderung auf ihre steuerliche Behandlung hat. Diese Fallgruppen werden im Folgenden der Reihe nach dargestellt. Dabei wird insbesondere die systematische Einordnung der jeweiligen Aufwendungsformen nachvollzogen, die der BFH mit seinen Ausführungen zur Anwendbarkeit des Aufteilungs- und Abzugsgebots vorzeichnet. Diese Systematisierung gibt zum einen Auskunft darüber, wie die verschiedenen Mischaufwendungen steuerlich zu behandeln sind, trägt zugleich aber auch dazu bei, den rechtlich schwer zu greifenden Graubereich inhaltlich auszufüllen und nachvollziehbar abzuschichten. Die ersten drei Fallgruppen, welche die Repräsentationsaufwendungen iSd § 12 Nr. 1 S. 2 EStG,[1278] die unverzichtbaren Aufwendungen der Lebensführung und die unwesentlich betrieblich/beruflich bzw. privat mitveranlassten Aufwendungen betreffen, bilden Ausschlusstatbestände, bei denen eine Aufteilung in abziehbare Erwerbs- und nicht abziehbare Privataufwendungen auch nach der geänderten Rechtsprechung des BFH nicht in Betracht kommt. In diesen drei Fällen bleibt es bei dem bereits in der Vergangenheit vertretenen Aufteilungs- und Abzugsverbot.[1279] Einzig bei

1276 So auch *Gärtner,* Gemischt veranlasste Aufwendungen, S. 382.

1277 Vgl. BFH GrS BStBl. II 2010, 672, 680 ff., siehe auch *Albert,* FR 2010, 220, 223 f.; *Fissenewert,* in: Herrmann/Heuer/Raupach, EStG/KStG, § 12 EStG, Rn. 71; *Gärtner,* Gemischt veranlasste Aufwendungen, S. 382; *Hey,* in: Tipke/Lang, Steuerrecht, Rn. 8.243; *Nacke,* in: Littmann/Bitz/Pust, EStG, § 4, Rn. 1629, die allerdings die Repräsentationsaufwendungen nicht als eigene Fallgruppe behandeln und die gemischt veranlassten Aufwendungen je nach Trennbarkeit in zwei Fallgruppen aufteilen. Ähnlich auch *Schwenke,* FR 2011, 1051, 1052 ff., der mit Auslandsgruppenreisen eine zusätzliche fünfte Fallgruppe definiert. Näher zu den einzelnen Fallgruppen siehe *Gärtner,* Gemischt veranlasste Aufwendungen, S. 381 ff.

1278 Auf die Eigenschaften und Abgrenzungsmerkmale der Repräsentationsaufwendungen wird an späterer Stelle nochmals vertieft eingegangen, siehe Teil 3 § 11. Daher beschränken sich die Ausführungen an dieser Stelle zunächst auf die Auswirkungen, die die neue BFH-Rechtsprechung auf den Abzug der ursprünglich von § 12 Nr. 1 S. 2 EStG erfassten Repräsentationsaufwendungen hatte.

1279 *Gärtner,* Gemischt veranlasste Aufwendungen, S. 382; vgl. auch *Albert,* FR 2010, 220, 223 f.; *Fissenewert,* in: Herrmann/Heuer/Raupach, EStG/KStG, § 12 EStG, Rn. 71;

der vierten Fallgruppe, welche die echten gemischt veranlassten Aufwendungen zum Gegenstand hat,[1280] findet das nunmehr von der Rechtsprechung vertretene Aufteilungs- und Abzugsgebot Anwendung, wenn eine Trennung der Aufwendungsbestandteile nach objektiven Kriterien möglich ist.[1281]

2. Erste Fallgruppe: Repräsentationsaufwendungen iSd § 12 Nr. 1 S. 2 EStG

Die erste Fallgruppe betrifft die Repräsentationsaufwendungen,[1282] für welche der Tatbestand des § 12 Nr. 1 S. 2 EStG ursprünglich normiert wurde.[1283] Nach dem Beschluss des BFH aus dem September 2009 kam bei diesen Aufwendungen in der Literatur teilweise die Frage auf, ob das im Jahr 1934 entwickelte Aufteilungs- und Abzugsverbot auch weiterhin für Repräsentationsaufwendungen aufrechterhalten werden sollte, wenn der BFH zwischenzeitlich seine Ansicht zur Auslegung des § 12 Nr. 1 S. 2 EStG verändert hat. *Leisner-Egensperger* etwa vertritt diesbezüglich die Ansicht, dass das ursprünglich für Repräsentationsaufwendungen erlassene Aufteilungs- und Abzugsverbot der „normative Ausdruck einer bourgeoisen Zeit"[1284] sei und heute nicht mehr umfassend angenommen werden könne.[1285] Mit einer „Repräsentation" iSd § 12 Nr. 1 S. 2 EStG ließe sich eine generelle Nichtabzugsfähigkeit, wenn überhaupt, nur noch in engen Bereichen, etwa für Künstler oder im Medienbereich tätige Steuerpflichtige, begründen.[1286] Daher sei das ursprüngliche Verständnis für Repräsentationsaufwendungen mit der neuen BFH-Rechtsprechung zu den echten gemischt veranlassten Aufwendungen ebenfalls anzupassen und das Abzugsverbot des § 12 Nr. 1 S. 2 EStG daher nur noch restriktiv anzuwenden.[1287] Ebenso wie bei den echten gemischt veranlassten

---

Hey, in: Tipke/Lang, Steuerrecht, Rn. 8.243; *Nacke,* in: Littmann/Bitz/Pust, EStG, § 4, Rn. 1629; *Spindler,* FS Lang, S. 589, 597 f.

1280 Vgl. auch *Wolf/Schäfer,* DB 2004, 775, 778 f.

1281 Vgl. *Fissenewert,* in: Herrmann/Heuer/Raupach, EStG/KStG, § 12 EStG, Rn. 62 ff.; *Gärtner,* Gemischt veranlasste Aufwendungen, S. 382.

1282 Näher zur inhaltlichen Bedeutung von Repräsentationsaufwendungen siehe Teil 3 § 11.B.

1283 Siehe hierzu bereits Teil 3 § 10 B.II.1.

1284 *Leisner-Egensperger,* DStZ 2010, 185, 191. Näher zum historischen und heutigen Verständnis des § 12 Nr. 1 S. 2 EStG siehe Teil 3 § 11 B.V.

1285 *Leisner-Egensperger,* DStZ 2010, 185, 191; vgl. auch *Leisner-Egensperger,* DStZ 2010, 673, 679.

1286 *Leisner-Egensperger,* DStZ 2010, 185, 191.

1287 *Leisner-Egensperger,* DStZ 2010, 185, 191.

Aufwendungen sei auch für Repräsentationsaufwendungen eine grundsätzliche Aufwendungsteilung in Betracht zu ziehen.[1288]

Dieser Sichtweise ist zu widersprechen. Der Gesetzgeber hat mit § 12 Nr. 1 S. 2 EStG eine Wertentscheidung getroffen, wonach Repräsentationsaufwendungen, die die wirtschaftliche oder gesellschaftliche Stellung des Steuerpflichtigen mit sich bringt, der Privatsphäre angehören und damit nicht aufgeteilt und abgezogen werden dürfen.[1289] Diese Wertentscheidung geht deutlich aus der Entwurfsbegründung für das EStG 1934[1290] hervor und bildet bis heute die normative Grundlage für § 12 Nr. 1 S. 2 EStG.[1291] Auch wenn die zugrundeliegenden Erwägungen des Gesetzgebers aus einer Zeit stammen, in der andere gesellschaftliche Maßstäbe gegolten haben, kann nicht einfach davon ausgegangen werden, dass das von § 12 Nr. 1 S. 2 EStG normierte *Aufteilungsverbot* nun contra legem als grundsätzliches *Aufteilungsgebot* auszulegen sei, damit es dem heutigen Verständnis der „Repräsentation" besser entspricht.[1292] Wenn der Gesetzgeber eine solche Auslegung gewollt hätte, hätte er § 12 Nr. 1 S. 2 EStG entsprechend geändert. Da dies nicht der Fall ist, muss davon ausgegangen werden, dass er auch heute noch an seiner ursprünglichen Wertentscheidung festhält,[1293] und Repräsentationsaufwendungen weiterhin einem grundsätzlichen Aufteilungsverbot unterliegen. Anders als *Leisner-Egensperger* annimmt, ändert auch der Beschluss des Großen Senats aus dem September 2009 nichts an dieser Auslegung des § 12 Nr. 1 S. 2 EStG. Im Gegenteil hat das Gericht sogar ausdrücklich darauf hingewiesen, dass der Anwendungsbereich des § 12 Nr. 1 S. 2 EStG nach seinem Wortlaut und seiner Entstehungsgeschichte auf Repräsentationsaufwendungen beschränkt sei.[1294] Damit hat der Große Senat des BFH bestätigt, dass sich für diese Aufwendungen auch nach der neuen Rechtsprechung keine Änderung im

---

1288 Vgl. *Leisner-Egensperger*, DStZ 2010, 185, 191; *Leisner-Egensperger*, DStZ 2010, 673, 679.

1289 Vgl. auch *Weber*, StuW 2009, 184, 193.

1290 RStBl. 1935, 33, 41.

1291 So im Ergebnis auch *Kanzler*, StbJb. 2010/11, 43, 49.

1292 Siehe diesbezüglich auch *Kanzler*, StbJb. 2010/11, 43, 49, der mit aktuelleren Beispielen zur Repräsentation, wie einer Mitgliedschaft im Golfclub, verdeutlicht, dass die hinter § 12 Nr. 1 S. 2 EStG stehende Wertung des Gesetzgebers keinesfalls überholt ist; vgl. auch *Fissenewert*, in: Herrmann/Heuer/Raupach, EStG/KStG, § 12 EStG, Rn. 56.

1293 Vgl. auch *Gärtner*, Gemischt veranlasste Aufwendungen, S. 323. Grundlegend zur Auslegung alter Gesetze siehe *Larenz/Canaris*, Methodenlehre, S. 138 ff., S. 170 ff.; *Wank*, Auslegung von Gesetzen, S. 31 ff.

1294 Vgl. BFH GrS BStBl. II 2010, 672, 681.

Vergleich zur früheren Auslegung des § 12 Nr. 1 S. 2 EStG ergibt.[1295] Für die Repräsentationsaufwendungen iSd § 12 Nr. 1 S. 2 EStG bleibt es daher auch nach dem Beschluss aus dem September 2009 bei dem bereits vom RFH[1296] vertretenen Aufteilungs- und Abzugsverbot.[1297]

3. *Zweite Fallgruppe: Unverzichtbare Aufwendungen der Lebensführung und betrieblicher/beruflicher Mehraufwand*

Ebenfalls nicht von dem seit 2009 vertretenen Aufteilungs- und Abzugsgebot betroffen sind die unverzichtbaren Aufwendungen der Lebensführung, welche nach Maßgabe des subjektiven Nettoprinzips durch die Vorschriften zur Berücksichtigung des steuerlichen Existenzminimums (§ 32a Abs. 1, § 32 Abs. 6 EStG) bereits pauschal abgegolten sind oder als Sonderausgaben (insbesondere nach § 10 EStG) oder außergewöhnliche Belastungen (§§ 33 ff. EStG) steuerlich geltend gemacht werden können.[1298] Nach Ansicht des BFH sind diese unverzichtbaren Aufwendungen der Lebensführung ungeachtet ihres auslösenden Moments[1299] nicht aufteilbar und abziehbar,[1300] so dass es auch hinsichtlich dieser Aufwendungen bei dem bereits in der Vergangenheit angenommenen Aufteilungs- und Abzugsverbot bleibt.[1301] Zwar ließen sich auch derartige Aufwendungen, wie

---

1295 Vgl. auch *Hey,* in: Tipke/Lang, Steuerrecht, Rn. 8.242; *Pezzer,* DStR 2010, 93, 95.

1296 Siehe hierzu bereits Teil 3 § 10 B.I.

1297 Vgl. auch *Claßen,* in: Lademann, EStG, § 12, Rn. 23; *Frotscher/Watrin,* in: Frotscher/Geurts, EStG, § 4, Rn. 584; *Hey,* in: Tipke/Lang, Steuerrecht, Rn. 8.242; *Jochum,* DStZ 2010, 665, 666; *G. Kirchhof,* FS Lang, S. 563, 568, 573; *Krüger,* DB 2006, Beil. 6 zu Heft 39, 39, 44; *Pezzer,* DStR 2010, 93, 95; *Schneider,* FS BFH, Bd. 2, S. 1243, 1250; *Wiss. Beirat Ernst & Young AG,* BB 2004, 1024, 1029. Vgl. zudem BMF BStBl. I 2010, 614, 615 sowie *Drüen,* StbJb. 2010/11, 65, der davon ausgeht, dass die neue Rechtsprechung des BFH in Wahrheit eine „Wende zurück" ist. Im Ergebnis zustimmend auch *Gärtner,* Gemischt veranlasste Aufwendungen, S. 399 f., der die Repräsentationsaufwendungen nach § 12 Nr. 1 S. 2 EStG zu den untrennbar gemischt veranlassten Aufwendungen (hier in der vierten Fallgruppe eingeordnet) zählt. Näher hierzu später in Teil 3 § 11 A.

1298 Vgl. BFH GrS BStBl. II 2010, 672, 684. Siehe zu diesen Privataufwendungen bereits Teil 1 § 2 C.II.1.b.

1299 *Fissenewert,* in: Herrmann/Heuer/Raupach, EStG/KStG, § 12, Rn. 76; vgl. *Gärtner,* Gemischt veranlasste Aufwendungen, S. 438; *Kanzler,* StbJb. 2010/11, 43, 49; *Steck,* DStZ 2011, 191, 193.

1300 Vgl. BFH GrS BStBl. II 2010, 672, 684; bestätigt durch BFH/NV 2014, 1197, 1198 f.; kritisch diesbezüglich *Steck,* DStZ 2011, 191, 193 ff.

1301 Vgl. *Jochum,* DStZ 2010, 665, 666; *Pezzer,* DStR 2009, 93, 96; *Schwenke,* FR 2011, 1051, 1052. Zu der bisherigen Rechtsprechung zur Nichtaufteilbarkeit unverzichtbarer

etwa die Kosten für eine Brille, für bürgerliche Kleidung oder für eine Armbanduhr, die während der betrieblichen/beruflichen Tätigkeit getragen werden, bei feststehender Arbeitszeit entsprechend aufteilen.[1302] Wenn die Aufwendungen aber schon nach den Vorgaben über das steuerliche Existenzminimum, als Sonderausgaben oder als außergewöhnliche Belastung steuerlich berücksichtigt werden, sind sie zur Verhinderung einer steuerlichen Doppelberücksichtigung dem Anwendungsbereich der § 4 Abs. 4 EStG und § 9 Abs. 1 EStG grundsätzlich entzogen.[1303]

Wichtig in diesem Zusammenhang ist allerdings der Hinweis des BFH, dass ein etwaig entstandener betrieblicher/beruflicher Mehraufwand unter Umständen gleichwohl steuerlich zu berücksichtigen sei.[1304] Diese Einschränkung erinnert stark an die früheren Entscheidungen des RFH, wonach ein betrieblicher/

Aufwendungen der Lebensführung siehe etwa BFH BStBl. II 1995, 17, 20; BFH BStBl. II 1993, 192, 192; BFH BStBl. II 1990, 49, 50 (jeweils Kauf von bürgerlicher Kleidung); BFH BStBl. II 1993, 193, 193 (Kosten einer Brille); BFH BStBl. III 1954, 174, 174 f. (Anschaffung eines Hörgeräts); RFHE 54, 270, 271 (Verschleiß von bürgerlicher Kleidung). Aus neuerer Zeit siehe zudem BFH/NV 2022, 842, 843; BFH/NV 2023, 354, 355 (schwarzer Anzug eines Trauerredners). Für weitere Beispiele siehe BFH GrS BStBl. II 2010, 672, 684.

1302 So BFH GrS BStBl. II 2010, 672, 684; *Pezzer,* DStR 2009, 93, 96; *Schneider,* FS BFH, Bd. 2, S. 1243, 1251; a.A. *Söhn,* FS Spindler, S. 795, 804; *Söhn,* in: K/S/M, EStG, § 4, Rn. E 116.

1303 Vgl. BFH GrS BStBl. II 2010, 672, 684; vgl. außerdem BFG/NV 2022, 842, 843; BFH/NV 2014, 335, 335; BFH BStBl. II 1998, 211, 214. Dem wird in der Literatur weitestgehend zugestimmt, siehe nur *Drenseck,* DB 1987, 2483; *Hey,* in: Tipke/Lang, Steuerrecht, Rn. 8.243; *Nacke,* in: Littmann/Bitz/Pust, EStG, § 4, Rn. 1629; *Ruppe,* DStJG 3 (1980), S. 103, 122 f.; *Schwenke,* FR 2011, 1051, 1052 f., der allerdings in Frage stellt, ob z.B. auch Telefon- und Internetkosten nach der aktuellen Rechtsprechung als unverzichtbare Aufwendungen anzusehen sind; *Söhn,* FR 1980, 301, 306; *Söhn,* StuW 1983, 193, 199; *Söhn,* DStJG 3 (1980), S. 13, 48, Fn. 173; *Söhn,* FS Offerhaus, 477, 488, Fn. 45; *Söhn,* FS Spindler, S. 795, 805; *Tipke,* StuW 1979, 193, 202; *Wacker,* BB 2018, 2519, 2525; *Wolf/Schäfer,* DB 2004, 775, 778. Kritisch hierzu *Steck,* DStZ 2011, 191, 193 f., der ein Aufteilungs- und Abzugsverbot für unverzichtbare Aufwendungen der Lebensführung nur bei den Aufwendungen für gerechtfertigt erachtet, die bereits vom steuerfreien Existenzminimum erfasst sind, nicht aber bei den Aufwendungen, die als Sonderausgaben oder außergewöhnliche Belastungen steuerlich zu berücksichtigen sind. Hinsichtlich der Gefahr einer steuerlichen Doppelberücksichtigung siehe bereits Teil 2 § 6 B.III.

1304 Vgl. BFH GrS BStBl. II 2010, 672, 684. Siehe auch *Günther,* EStB 2010, 151, 153; *Pezzer,* DStR 2010, 93, 94; *Söhn,* FS Spindler, S. 795, 804 f.

beruflicher Mehraufwand trotz § 12 Nr. 1 S. 2 EStG ausnahmsweise im Wege der Schätzung ermittelt und anteilig zum Abzug zugelassen wurde.[1305] Für die unverzichtbaren Aufwendungen der Lebensführung folgt hieraus, dass nur der notwendige Aufwand in „normaler" Höhe durch den Grundfreibetrag abgegolten ist und ein darüber hinausgehender betrieblich/beruflich bedingter Mehraufwand systematisch davon zu trennen ist.[1306] Die Entscheidung darüber, ob und inwieweit dieser Mehraufwand steuerlich geltend gemacht werden kann, ist nach Ansicht des BFH „in erster Linie" dem Gesetzgeber überlassen.[1307] Was damit gemeint ist, ob eine solche gesetzliche Regelung im Einkommensteuergesetz existiert und welche Positionen zu den betrieblich/beruflich bedingten Mehraufwendungen gehören, hat entscheidenden Einfluss auf die dogmatische Einordnung einiger Tatbestände des § 4 Abs. 5 S. 1 Nr. 1-7 EStG und wird daher an späterer Stelle eingehend untersucht.[1308]

4. Dritte Fallgruppe: Unwesentlich betrieblich/beruflich und unwesentlich privat veranlasste Aufwendungen

Schließlich gilt das seit 2009 vertretene Aufteilungs- und Abzugsgebot nach den Vorgaben des BFH auch nicht für solche Mischaufwendungen, bei denen entweder die betriebliche/berufliche oder die private Veranlassung von so untergeordneter Bedeutung ist, dass sie völlig in den Hintergrund tritt.[1309] Mit dieser Entscheidung führt der BFH ausdrücklich die vorherige Rechtsprechung[1310] fort, wonach eine unbedeutende private Mitveranlassung dem vollständigen Abzug von Erwerbsaufwendungen nicht entgegen steht und umgekehrt eine unbedeutende betriebliche/berufliche Mitveranlassung von Aufwendungen für die private Lebensführung keinen Betriebsausgaben- oder

---

1305 Vgl. RFH RStBl. 1931, 905, 906; RFH RStBl. 1931, 6, 7; siehe hierzu bereits Teil 3 § 10 B.I.

1306 Vgl. *Drenseck*, DB 1987, 2483, 2483; *Söhn*, DStJG 3 (1980), S. 48, dort Fn. 173; *Söhn*, StuW 1983, 193, 199; *Tipke*, StuW 1979, 193, 202.

1307 Vgl. BFH GrS BStBl. II 2010, 672, 684.

1308 Siehe hierzu Teil 3 § 12.

1309 Vgl. BFH GrS BStBl. II 2010, 672, 684; siehe auch *Albert*, FR 2010, 220, 224; *Fissenewert*, in: Herrmann/Heuer/Raupach, EStG/KStG, § 12 EStG, Rn. 72; *Hey*, in: Tipke/Lang, Steuerrecht, Rn. 8.243.

1310 St. Rspr., erstmals entschieden durch PrOVG v. 26.9.1901, PrOVGE 10, 86, 87; später durch BFH übernommen, vgl. BFH/NV 2008, 1831, 1832; BFH BStBl. II 2007, 121, 126; BFH BStBl. II 2004, 985, 986; BFH BStBl. II 2004, 958, 960; BFH GrS BStBl. II 1990, 817, 823 f.; BFH GrS BStBl. II 1971, 17, 20. Näher hierzu *Söhn*, DStJG 3 (1980), S. 13, 66 ff.

Werbungskostenabzug eröffnet.[1311] Dieser Rechtsprechung zugrunde liegt die oben beschriebene Wesentlichkeitstheorie, nach der unwesentliche Veranlassungsbeiträge für die Frage der Zuordnung einer Aufwendung zur Erwerbs- oder Privatsphäre unberücksichtigt bleiben.[1312] Aus der Entscheidung des BFH, hieran trotz seiner geänderten Rechtsprechung für die echten gemischt veranlassten Aufwendungen weiter festzuhalten, folgt, dass wesentlich betrieblich/beruflich und unwesentlich privat veranlasste Aufwendungen auch weiterhin in voller Höhe als Erwerbsaufwendungen abziehbar sind, während wesentlich privat veranlasste Aufwendungen mit geringen Bezügen zur Erwerbssphäre weiterhin steuerlich nicht zu berücksichtigen sind.[1313] Eine Aufteilung der jeweiligen Veranlassungsbeiträge kommt auch nach der heute vertretenen Rechtsprechung nicht in Betracht.

5. *Vierte Fallgruppe: Echte gemischt veranlasste Aufwendungen*

a) Vorbemerkungen

Anders sieht es dagegen bei den echten gemischt veranlassten Aufwendungen aus, bei denen sowohl die betrieblichen/beruflichen als auch die privaten Veranlassungsbeiträge für sich genommen jeweils nicht von untergeordneter Bedeutung sind.[1314] Für diese Aufwendungen findet das Aufteilungs- und Abzugsgebot, das der BFH seit dem Beschluss aus dem September 2009 vertritt, grundsätzlich Anwendung. Wie den Vorgaben des Großen Senats allerdings zu entnehmen ist, können auch innerhalb dieser vierten Fallgruppe nicht alle Aufwendungen aufgeteilt und abgezogen werden. In einigen Situationen bleibt es vielmehr bei dem bereits zuvor angenommenen Aufteilungs- und Abzugsverbot. Welche Regelung einschlägig ist, hängt nach Ansicht des BFH[1315] und einem Großteil der

---

1311 Vgl. BFH GrS BStBl. II 2010, 672, 681; bestätigt durch Folgerechtsprechung, vgl. BFH BStBl. II 2021, 453, 454; BFH BStBl. II 2019, 376, 377; BFH/NV 2017, 151, 151; BFH BStBl. II 2015, 1013, 1014; BFH BStBl. II 2013, 808, 810; BFH BStBl. II 2013, 282, 283; siehe auch *Fissenewert,* in: Herrmann/Heuer/Raupach, EStG/KStG, § 12 EStG, Rn. 72; *Heger,* DB 2016, 249, 251; *Jochum,* DStZ 2010, 665, 666; *Schwenke,* FR 2011, 1051, 1053; *Söhn,* in: K/S/M, EStG, § 4, Rn. E 104; *Spindler,* FS Lang, S. 589, 597 f.

1312 Zur Wesentlichkeitstheorie siehe nochmals Teil 3 § 9 B.II.

1313 Vgl. BFH GrS BStBl. II 2010, 672, 681; BMF BStBl. I 2010, 614, 615; *Frotscher/Watrin,* in: Frotscher/Geurts, EStG, § 4, Rn. 583; *Hey,* in: Tipke/Lang, Steuerrecht, Rn. 8.243; *Söhn,* in: K/S/M, EStG, § 4, Rn. E 102.

1314 Vgl. BFH GrS BStBl. II 2010, 672, 684; BMF BStBl. I 2010, 614, 615; *Albert,* FR 2010, 220, 224; *Kanzler,* StbJb. 2010/11, 43, 49; *Pezzer,* DStR 2010, 93, 94.

1315 Vgl. BFH GrS BStBl. II 2010, 672, 684.

Literatur[1316] davon ab, ob die betreffende echte gemischt veranlasste Aufwendung trennbar oder untrennbar ist, ob sich der betrieblich/beruflich veranlasste Aufwendungsteil also mithilfe objektiver Kriterien von dem privat veranlassten Aufwendungsteil abgrenzen lässt.

b) Trennbar gemischt veranlasste Aufwendungen

Trennbar gemischt veranlasste Aufwendungen liegen nur dann vor, wenn ein sachgerechter Aufteilungsmaßstab zur Verfügung steht, der nach objektivierbaren, „das heißt nach außen hin erkennbaren und nachvollziehbaren"[1317] Kriterien ermittelt wird[1318] und so dem Wesen nach einer rechnerischen Überprüfung zugänglich,[1319] sprich quantifizierbar ist.[1320] Welcher Aufteilungsmaßstab dabei der richtige ist, lässt sich nicht immer einheitlich festlegen[1321] und bereitet in der praktischen Rechtsanwendung teilweise Schwierigkeiten.[1322] Ob ein Maßstab sachgerecht ist, hängt von der Art der Aufwendung und den Umständen des Einzelfalls ab.[1323] Nach der BFH-Rechtsprechung zu gemischt veranlassten Reisen kommt beispielsweise eine Trennung nach dem Verhältnis der betrieblich/beruflich und privat veranlassten Zeitanteile in Betracht.[1324] Denkbar ist auch eine Aufteilung

---

1316 So etwa *Fissenewert,* in: Herrmann/Heuer/Raupach, EStG/KStG, § 12 EStG, Rn. 66; *Hey,* in: Tipke/Lang, Steuerrecht, Rn. 8.243; *Kanzler,* StbJb. 2010/11, 43, 45; *Krüger,* DB 2006, Beil. 6 zu Heft 39, 39, 43 f.; *Nacke,* in: Littmann/Bitz/Pust, EStG, § 4, Rn. 1629; *Schwenke,* FR 2011, 1501, 1503; *Söhn,* DStJG 3 (1980), S. 13, 35, 57; *Söhn,* in: K/S/M, EStG, § 4, Rn. E 111. Näher zum Kriterium der Trennbarkeit *Gärtner,* Gemischt veranlasste Aufwendungen, S. 87 ff. Zur Gegenansicht und der mit diesem Streit zusammenhängenden Frage der sphärischen Einordnung untrennbar gemischt veranlasster Aufwendungen siehe nachfolgend Teil 3 § 10 C.

1317 BMF BStBl. I 2010, 614, 616.

1318 Vgl. BFH/NV 2011, 1346, 1346; BFH BStBl. II 2010, 687, 689; BFH GrS BStBl. II 2010, 672, 684; *Neufang,* BB 2010, 2409, 2411.

1319 Vgl. BFH BStBl. II 2007, 121, 124; siehe auch *Fissenewert,* in: Herrmann/Heuer/Raupach, EStG/KStG, § 12 EStG, Rn. 73.

1320 *Thürmer,* in: Brandis/Heuermann, EStG, § 12, Rn. 114; vgl. bereits *Krüger,* DB 2006, Beil. 6 zu Heft 39, 39, 44; *Söhn,* FS Offerhaus, S. 477, 482 f., der diesbezüglich von „Mischaufwendungen im weiteren Sinne" spricht.

1321 *Thürmer,* in: Brandis/Heuermann, EStG, § 12, Rn. 115.

1322 Vgl. *Schwenke,* FR 2011, 1501, 1054.

1323 Vgl. BMF BStBl. I 2010, 614, 616; *Gärtner,* Gemischt veranlasste Aufwendungen, S. 453.

1324 Vgl. BFH BStBl. II 2015, 1013, 1014 f.; BFH BStBl. II 2011, 796, 797; BFH BStBl. II 2011, 522, 524; BFH BStBl. II 2010, 687, 689; BFH BStBl. II 2010, 685, 687; BFH GrS 2010, 672, 685. Vgl. ferner BMF BStBl. I 2010, 614, 616. Für weitere Beispiele

nach Finanzierungs-,[1325] Nutzungs-,[1326] Mengen- oder Flächenanteilen[1327] sowie eine Aufteilung nach Köpfen.[1328]

Liegen objektivierbare Kriterien vor, die eine Trennung ermöglichen, so ist die echte gemischt veranlasste Aufwendung nach der geänderten Rechtsprechung des BFH grundsätzlich aufzuteilen und der erwerbliche Teil gemäß den Vorgaben des objektiven Nettoprinzips als Betriebsausgabe bzw. Werbungskosten gemäß § 4 Abs. 4 EStG, § 9 Abs. 1 EStG abzuziehen, während der privat veranlasste Teil entsprechend des in § 12 Nr. 1 S. 1 EStG klargestellten Grundsatzes der Unbeachtlichkeit privater Aufwendungen steuerlich unberücksichtigt bleibt.[1329] Anders als es in der Vergangenheit verlangt wurde,[1330] ist dabei nicht mehr erforderlich, dass die Aufteilung einfach ist oder leicht nachgewiesen werden kann.[1331] Bestehen keine Zweifel daran, dass ein abgrenzbarer Teil der Aufwendung erwerblich veranlasst ist – ist eine Aufteilung dem Grunde nach also möglich –, bereitet die Quantifizierung des betrieblich/beruflich veranlassten Teils aber Schwierigkeiten, so ist dieser Teil nach den Vorgaben des Großen Senats des BFH unter Berücksichtigung aller maßgeblichen Umstände des Einzelfalls notfalls zu schätzen (§ 162 AO, § 96 Abs. 1 S. 1 FGO) und in entsprechender Höhe[1332] steuerlich zu berücksichtigen.[1333] Soweit der BFH schon in früheren Entscheidungen vor

---

trennbarer gemischt veranlasster Aufwendungen siehe *Söhn*, in: K/S/M, EStG, § 4, Rn. E 119.

1325 *Kanzler*, StbJb. 2010/11, 43, 50.

1326 *Fissenewert*, in: Herrmann/Heuer/Raupach, EStG/KStG, § 12 EStG, Rn. 68.

1327 BMF BStBl. I 2010, 614, 616; *Neufang*, BB 2010, 2409, 2411.

1328 BMF BStBl. I 2010, 614, 616; *Kanzler*, StbJb. 2010/11, S. 43, 60; *Neufang*, BB 2010, 2409, 2411.

1329 Vgl. BFH GrS BStBl. II 2010, 672, 681; BMF BStBl. I 2010, 614, 615; *Frotscher/Watrin*, in: Frotscher/Geurts, EStG, § 4, Rn. 583; *Thürmer*, in: Brandis/Heuermann, EStG, § 12, Rn. 112. Siehe hierzu bereits *Krüger*, DB 2006, Beil. 6 zu Heft 39, 39, 44; *Söhn*, DStJG 3 (1980), S. 13, 55; *Söhn*, StuW 1983, 193, 197.

1330 Vgl. BFH BStBl. II 1984, 588, 590; BFH BStBl. II 1981, 131, 132 f.; BFH BStBl. II 1975, 70, 71; BFH GrS BStBl. II 1971, 17, 21; BFH BStBl. III 1953, 337, 338.

1331 Vgl. BFH BStBl. II 2010, 687, 689; BFH GrS BStBl. II 2010, 672, 681; *Gärtner*, Gemischt veranlasste Aufwendungen, S. 88; *Steck*, DStZ 2011, 191, 201 f.

1332 Ob eine Schätzung dem Grunde nach – also darüber, ob überhaupt ein betrieblich veranlasster Aufwendungsteil vorliegt – ebenfalls zulässig ist, ist dagegen umstritten, siehe *Gercke*, in: Koenig, AO, § 162, Rn. 33; *Seer*, in: Tipke/Kruse, AO/FGO, § 162 AO, Rn. 20; *Trzaskalik*, in: Hübschmann/Hepp/Spitaler, AO/FGO, § 162 AO, Rn. 12 ff.

1333 Vgl. BFH GrS BStBl. II 2010, 672, 683; BMF BStBl. I 2010, 614, 616; siehe auch *Albert*, FR 2010, 220, 223; *Jochum*, DStZ 2010, 665, 666; *Krüger*, in: Schmidt, EStG, § 9, Rn. 58, 62; *Nacke*, in: Littmann/Bitz/Pust, EStG, § 4, Rn. 1629; *Pezzer*, DStR

der Rechtsprechungsänderung ausnahmsweise eine Aufteilung gemischt veranlasster Aufwendungen für zulässig erachtet hat, gelten diese Grundsätze nach überwiegender Literaturansicht auch nach dem Beschluss aus dem September 2009 unverändert fort.[1334]

c) Untrennbar gemischt veranlasste Aufwendungen

Weiterhin anders beurteilt der BFH dagegen den Fall der untrennbar gemischt veranlassten Aufwendung. Fehlt es an einer sachgerechten Aufteilungsmöglichkeit, weil die für sich gesehen jeweils nicht unbedeutenden Veranlassungsbeiträge so ineinander greifen, dass eine Trennung nicht möglich ist, kommt ein Abzug der gemischten Aufwendungen nach Auffassung des Großen Senats des BFH insgesamt nicht in Betracht und bleibt es insoweit beim ursprünglichen Aufteilungs- und Abzugsverbot.[1335] In diesen Fällen sind die betrieblichen/beruflichen und privaten Veranlassungsteile so miteinander verschmolzen, dass es von vornherein an objektivierbaren Kriterien für eine Aufteilung fehlt[1336] und die Aufwendung daher insgesamt unberücksichtigt bleiben soll. Als Beispiel für solche untrennbar gemischt veranlassten Aufwendungen nennt der BFH die erwerbliche/private Doppelmotivation für Reisen,[1337] die beispielsweise bei einem Religionslehrer bestehe, der eine Pauschalreise nach Israel antritt, um sich dort aus ebenso beruflichem wie privatem Interesse die religiösen Stätten anzusehen.[1338]

2010, 93, 94; *Schwenke,* FR 2011, 1051, 1054; *Seiler,* in: Kirchhof, EStG, § 12, Rn. 6; *Thürmer,* in: Brandis/Heuermann, EStG, § 12, Rn. 116. Siehe zudem bereits *Söhn,* DStJG 3 (1980), S. 13, 61 f.

1334 Siehe nur *Fissenewert,* in: Herrmann/Heuer/Raupach, EStG/KStG, § 12 EStG, Rn. 66; *Krüger,* in: Schmidt, EStG, § 9, Rn. 71; *Seiler,* in: Kirchhof, EStG, § 12, Rn. 6; *Thürmer,* in: Brandis/Heuermann, EStG, § 12, Rn. 117.

1335 Vgl. BFH GrS BStBl. II 2010, 672, 684 unter Berufung auf *Scheich,* Abzugsgebot und -verbot, S. 39, 50 und *Söhn,* FS Offerhaus, S. 477, 485, der diesbezüglich von „Mischaufwendungen im engeren Sinn" spricht. Zustimmend auch BFH/NV 2010, 880, 881; BMF BStBl. I 2010, 614, 614; *Albert,* FR 2010, 220, 224; *Fissenewert,* in: Herrmann/Heuer/Raupach, EStG/KStG, § 12 EStG, Rn. 73; *Hey,* in: Tipke/Lang, Steuerrecht, Rn. 8.243; *Kanzler,* StbJb. 2010/11, S. 43, 49 f.; *Schwenke,* FR 2011, 1051, 1052; *Söhn,* FS Spindler, S. 795, 801; *Söhn,* in: K/S/M, EStG, § 4, Rn. E 111.

1336 BFH GrS BStBl. II 2010, 672, 684; *Albert,* FR 2010, 220, 224; *Pezzer,* DStR 2010, 93, 95; *Schwenke,* FR 2011, 1051, 1052; siehe bereits *Söhn,* DStJG 3 (1980), S. 13, 57; *Söhn,* FS Offerhaus, S. 477, 482 f.

1337 BFH GrS BStBl. II 2010, 672, 684.

1338 Vgl. BFH/NV 2007, 681, 681 f.; FG Münster, EFG 2022, 487, 488 f.; *Meyer,* in: BeckOK EStG, § 4, Rn. 2230.1; *Söhn,* in: K/S/M, EStG, § 4, Rn. E 111; *Spindler,* FS

Gleiches gelte in dem Fall, in dem der Steuerpflichtige an einen ausländischen Ferienort reist, um dort mit Blick aufs Meer seine Lehrbücher zu aktualisieren.[1339] In beiden Fällen sei ein Betriebsausgaben- bzw. Werbungskostenabzug mangels Aufteilbarkeit der betrieblichen/beruflichen und privaten Verursachungsbeiträge vollständig ausgeschlossen.[1340]

Diese Nichtabziehbarkeit untrennbar gemischt veranlasster Aufwendungen wird auch in der Literatur schon seit langem von einigen Autoren angenommen.[1341] Die dogmatische Begründung hierfür ist allerdings uneinheitlich,[1342] da innerhalb des Schrifttums keine Einigkeit über die sphärische Einordnung untrennbar gemischt veranlasster Aufwendungen besteht.[1343] Diesbezüglich lassen sich im Wesentlichen zwei Meinungslager unterscheiden, welche im Folgenden einzeln analysiert werden. Da die Ansichten in weiten Teilen zum gleichen Ergebnis kommen, wurde in der Literatur lange Zeit angenommen, es handele sich hierbei lediglich um einen theoretischen Meinungsstreit, der sich in der praktischen Rechtsanwendung nicht auswirkt.[1344] Tatsächlich folgen hieraus jedoch weitreichende Konsequenzen für den gesamten Graubereich. So erlangt das Problem, wie gleich gezeigt werden wird, nicht nur Bedeutung für die steuerliche Behandlung echter gemischt veranlasster Aufwendungen, sondern insbesondere auch für die im Rahmen dieser Arbeit zu untersuchende Frage, wie Repräsentationsaufwendungen und betrieblich/beruflich bedingte Mehraufwendungen

---

Lang, S. 589, 598.

1339 Vgl. BFH BStBl. II 2013, 808, 810 f.; *Meyer,* in: BeckOK EStG, § 4, Rn. 2230.1. Für weitere Beispiele siehe *Fissenewert,* in: Herrmann/Heuer/Raupach, EStG/KStG, § 4 EStG, Rn. 73.

1340 Vgl. BFH BStBl. II 2013, 808, 810 f.; BFH/NV 2007, 681, 682.

1341 Siehe statt vieler *G. Kirchhof,* FS Lang, S. 563, 575; *Krüger,* DB 2006, Beil. 6 zu Heft 39, 39, 44; *Söhn,* DStJG 3 (1980), S. 13, 39 f.; *Söhn,* FS Offerhaus, S. 477, 485.

1342 Vgl. *Arndt,* in: K/S/M, EStG, § 12, Rn. A 28; *Wassermeyer,* StuW 1981, 245, 249; näher hierzu *Gärtner,* Gemischt veranlasste Aufwendungen, S. 201 ff.

1343 Zu diesem Meinungsstreit siehe auch *Gärtner,* Gemischt veranlasste Aufwendungen, S. 201 ff.; *Kratzsch,* in: Frotscher/Geurts, EStG, § 12, Rn. 29 ff.; *Scheich,* Abzugsgebot und -verbot, S. 38 f.; *Steenken,* Gesetzliche Pauschalierung, S. 138 ff.; *Weber,* StuW 2009, 184, 193 f.

1344 Vgl. etwa *Gorski,* DStZ 1981, 111, 112; *Kratzsch,* in: Frotscher/Geurts, EStG, § 12, Rn. 29 („rechtstheoretische Frage"); *Söhn,* StuW 1983, 193, 197; siehe aber auch *Arndt,* in: K/S/M, EStG, § 12, Rn. A 28, A 73; *Drenseck,* DB 1987, 2483, 2484; *Gärtner,* Gemischt veranlasste Aufwendungen, S. 209; *Söhn,* FS Offerhaus, S. 477, 484, welche die eigentliche Bedeutung des Meinungsstreits ebenfalls betonen.

sphärisch einzuordnen und von den echten gemischt veranlassten Aufwendungen abzugrenzen sind.

C. Problem: Sphärische Einordnung untrennbar gemischt veranlasster Aufwendungen

I. Bedeutung für den Untersuchungsgegenstand

Im Kern geht es bei diesem Meinungsstreit darum, ob echte gemischt veranlasste Aufwendungen überhaupt danach zu differenzieren sind, ob sie trennbar bzw. aufteilbar sind[1345] und in welche Sphäre diejenigen Aufwendungen einzuordnen sind,[1346] bei denen objektive Kriterien für eine quantitative Aufteilung fehlen.[1347] Ein Teil der Literatur[1348] – und wie gesehen seit dem Beschluss aus dem September 2009 auch der BFH –[1349] nimmt eine solche Unterscheidung zwischen trennbar und untrennbar gemischt veranlassten Aufwendungen vor und kommt nur bei den trennbar gemischt veranlassten Aufwendungen zu einer Abziehbarkeit des betrieblich/beruflich veranlassten Teils. Untrennbar gemischt veranlasste Aufwendungen können nach dieser Ansicht weder aufgeteilt noch anteilig abgezogen werden. Eine andere Ansicht im Schrifttum[1350] nimmt eine solche Unterscheidung gerade nicht vor, sondern geht grundsätzlich bei allen echten gemischt veranlassten Aufwendungen von einer Teilbarkeit in einen abziehbaren erwerblichen und einen nicht abziehbaren privaten Teil aus. Im Ergebnis kommen aber auch einige Vertreter dieser Ansicht über § 12 Nr. 1 S. 2 EStG zu einer Nichtabziehbarkeit untrennbar gemischt veranlasster Aufwendungen, so dass jedenfalls bezüglich der steuerlichen Behandlung dieser Aufwendungen weitgehend Einigkeit besteht.[1351]

Uneinigkeit besteht demgegenüber in Bezug auf die dogmatische Begründung dieser Nichtabziehbarkeit.[1352] Während die erste Ansicht davon ausgeht,

---

1345 Siehe auch *Gärtner*, Gemischt veranlasste Aufwendungen, S. 202; *Schmieszek*, in: Bordewin/Brandt, EStG, § 12, Rn. 96; *Weber*, StuW 2009, 184, 193.

1346 Siehe auch *Arndt*, in: K/S/M, EStG, § 12, Rn. A 73; *Drenseck*, DB 1987, 2483, 2484; *Gärtner*, Gemischt veranlasste Aufwendungen, S. 202; *Scheich*, Abzugsgebot und -verbot, S. 38 f.

1347 Nach der Terminologie des BFH also die untrennbar gemischt veranlassten Aufwendungen.

1348 Siehe sogleich Teil 3 § 10 C.II.1.

1349 Siehe diesbezüglich bereits Teil 3 § 10 B.III.5.

1350 Siehe zu dieser Ansicht sogleich Teil 3 § 10 C.II.2.

1351 Vgl. *Arndt*, in: K/S/M, EStG, § 12, Rn. A 28; *Gärtner*, Gemischt veranlasste Aufwendungen, S. 201 f.; *Söhn*, StuW 1983, 193, 197, *Söhn*, FS Offerhaus, S. 477, 484.

1352 *Gärtner*, Gemischt veranlasste Aufwendungen, S. 202.

dass untrennbar gemischt veranlasste Aufwendungen schon dem Grunde nach keine Erwerbsaufwendungen sind, nimmt die zweite Ansicht an, dass auch diese Aufwendungen jedenfalls anteilig Erwerbsaufwand darstellen und als solcher grundsätzlich abziehbar wären. Damit hat der Streit um die Differenzierung zwischen trennbaren und untrennbaren gemischt veranlassten Aufwendungen zugleich auch Einfluss darauf, wie untrennbar gemischt veranlassten Aufwendungen sphärisch einzuordnen sind.

Darüber hinaus erlangt der Streit noch an anderer Stelle Bedeutung, die für den vorliegenden Untersuchungsgegenstand maßgeblich ist: Sowohl Repräsentationsaufwendungen als auch betrieblich/beruflich bedingte Mehraufwendungen werden in der Literatur vielfach mit untrennbar gemischt veranlassten Aufwendungen gleichgesetzt.[1353] Sollte diese Einschätzung – was an späterer Stelle noch zu untersuchen sein wird –[1354] zutreffend sein, wäre auch die Veranlassung und sphärische Einordnung dieser beiden Aufwendungsformen abhängig davon, ob untrennbar gemischt veranlasste Aufwendungen anteilig Erwerbsaufwand darstellen. Zudem wären die Tatbestände des § 4 Abs. 5 S. 1 Nr. 1-7 EStG, in denen der steuerliche Abzug bestimmter Repräsentationsaufwendungen und betrieblich/beruflich bedingter Mehraufwendungen geregelt wird, je nachdem, welcher Ansicht man an dieser Stelle folgt, entweder deklaratorisch oder konstitutiv. Auch auf diese Frage wird an späterer Stelle noch vertieft eingegangen.[1355] Das Fundament, auf dem diese Diskussion aufbaut, soll allerdings bereits an dieser Stelle gelegt werden, damit die beiden grundlegenden Ansichten, die zur Wirkung des § 4 Abs. 5 S. 1 Nr. 1-7 EStG vertreten werden (deklaratorische Ansicht und konstitutive Ansicht), inhaltlich besser eingeordnet werden können. Daher werden im Folgenden die wesentlichen Literaturansichten ebenso wie die heute vom BFH vertretene Ansicht zur sphärischen Einordnung untrennbar gemischt veranlasster Aufwendungen dargestellt und anschließend kritisch gewürdigt.

1353 Die Vertreter dieser Ansicht sind für die Repräsentationsaufwendungen unten in Fn. 1549 und für die betrieblich/beruflich bedingten Mehraufwendungen unten in Fn. 1741 genannt.

1354 Siehe Teil 3 § 11 D. für die Repräsentationsaufwendungen und Teil 3 § 12 E. für die betrieblich/beruflich bedingten Mehraufwendungen.

1355 Siehe zu dem diesbezüglich vertretenen Meinungsstand Teil 4 § 16 und zu der kritischen Würdigung Teil 4 § 17.

II. Meinungsstand

1. Eine Ansicht: Keine Erwerbsaufwendungen

Nach der ersten Ansicht, welche vornehmlich von *Söhn*[1356] geprägt wurde, ist bei den echten gemischt veranlassten Aufwendungen grundsätzlich zwischen trennbar und untrennbar gemischt veranlassten Aufwendungen zu differenzieren.[1357] Trennbar gemischt veranlasste Aufwendungen seien gemäß ihrer unterschiedlichen Veranlassungsbeiträge grundsätzlich aufzuteilen, wobei der betrieblich/beruflich veranlasste Teil als Erwerbsaufwand iSd § 4 Abs. 4 EStG, § 9 Abs. 1 EStG abzuziehen sei.[1358] Untrennbar gemischt veranlasste Aufwendungen seien demgegenüber schon begrifflich, d.h. dem Grunde nach, keine Erwerbsaufwendungen und könnten als solche weder vollständig noch anteilig vom Gewinn des Steuerpflichtigen abgezogen werden.[1359] Eine steuermindernde Berücksichtigung dieser Aufwendungen sei nur dann möglich, wenn der Gesetzgeber konstitutiv entsprechende Abzugsregelungen geschaffen habe.[1360] Hierbei könne der Gesetzgeber völlig frei entscheiden, ob oder wie er derartige Abzugsregelungen ausgestalte,

---

1356 Vgl. *Söhn,* DStJG 3 (1980), S. 13, 35 ff.; *Söhn,* FR 1980, 301, 304; *Söhn,* StuW 1983, 193, 197 f.; *Söhn,* FS Offerhaus, S. 477, 482 f.; *Söhn,* FS Spindler, S. 795, 801; *Söhn,* in: K/S/M, EStG, § 4, Rn. E 111.

1357 Vgl. auch *Claßen,* in: Lademann, EStG, § 12, Rn. 12; *Fissenewert,* in: Herrmann/Heuer/Raupach, EStG/KStG, § 12 EStG, Rn. 73; *Gärtner,* Gemischt veranlasste Aufwendungen, S. 213; *Heger,* DB 2016, 249, 252; *Kanzler,* StbJb. 2010/11, S. 43, 49; *G. Kirchhof,* FS Lang, S. 563, 575; *Krüger,* DB 2006, Beil. 6 zu Heft 39, 39, 44; *Scheich,* Abzugsgebot und -verbot, S. 38; *Scheich,* DStR 1997, 905, 906 f.; *Schwenke,* FR 2010, 1051, 1053 f.; *Spilker,* in: K/S/M, EStG, § 4, Rn. F 7; *Stapperfend,* in: Herrmann/Heuer/Raupach, EStG/KStG, § 4 EStG, Rn. 832, 1600; *Steenken,* Gesetzliche Pauschalierung, S. 140; *Thürmer,* in: Brandis/Heuermann, EStG, § 12, Rn. 108; *Wolf/Schäfer,* DB 2004, 775, 779.

1358 Siehe *Söhn,* DStJG 3 (1980), S. 13, 35, 55; *Söhn,* FS Offerhaus, S. 477, 482; *Söhn,* StuW 1983, 193, 197.

1359 Siehe *Drenseck,* DB 1987, 2483, 2484; *Heger,* DB 2016, 249, 252; *Söhn,* DStJG 3 (1980), S. 13, 38 ff.; *Söhn,* FR 1980, 301, 304; *Söhn,* StuW 1983, 193, 197 f.; *Söhn,* FS Offerhaus, S, 477, 483 ff.; *Söhn,* FS Spindler, S. 795, 801; *Söhn,* in: K/S/M, EStG, § 4, Rn. E 111; vgl. *Claßen,* in: Lademann, EStG, § 12, Rn. 12; *Kanzler,* StbJb. 2010/11, S. 43, 49; *Scheich,* Abzugsgebot und -verbot, S. 38, 50. Kritisch hierzu *Gorski,* DStZ 1981, 111, 112.

1360 Siehe *Söhn,* FS Offerhaus, S. 477, 485; vgl. *Söhn,* FS Spindler, S. 795, 805 f.; *Söhn,* in: K/S/M, EStG, § 4, Rn. E 117, der in § 4 Abs. 5 S. 1 Nr. 1-7 EStG genau solche konstitutiven Abzugsregelungen erblickt. Siehe etwa für § 4 Abs. 5 S. 1 Nr. 5 EStG *Söhn,* FS Offerhaus, S. 477, 486; *Söhn,* FS Spindler, S. 795, 806. Näheres hierzu in Teil 4 § 16 C.

da er mangels Erwerbsqualität der untrennbaren Aufwendungen insbesondere nicht an das objektive Nettoprinzip gebunden sei.[1361]

Für die Frage der sphärischen Einordnung untrennbar gemischt veranlasster Aufwendungen folgt nach dieser Ansicht nicht, dass diese im Umkehrschluss Privataufwendungen iSd § 12 Nr. 1 S. 1 EStG darstellen. Laut *Söhn* sind diese Aufwendungen vielmehr „weder *Betriebsausgaben noch Privatausgaben*, sondern *gemischte Aufwendungen*, die schon als solche nicht abzugsfähig sind […]".[1362] Demzufolge sei die Nichtabziehbarkeit untrennbar gemischt veranlasster Aufwendungen auch „unabhängig von § 12 Nr. 1 S. 2 EStG".[1363] Begründet wird diese Ansicht zunächst mit der aus § 4 Abs. 4 EStG, § 9 Abs. 1 EStG folgenden Definition für Erwerbsaufwendungen.[1364] Nach diesen Normen lägen Betriebsausgaben oder Werbungskosten nur dann vor, wenn die Aufwendung ausschließlich oder nahezu ausschließlich durch die Erwerbstätigkeit veranlasst ist.[1365] Eine bloße betriebliche/berufliche *Mit*veranlassung, die nicht abgegrenzt und isoliert als rein

---

1361 Vgl. *Heger,* DB 2016, 249, 253; *Söhn,* FS Offerhaus, S. 477, 486 f. Wie im 1. Teil bereits gezeigt wurde, vertritt *Söhn* bei Aufwendungen aus dem Graubereich allgemein die Auffassung, dass dem Gesetzgeber ein weiter Gestaltungsspielraum zukommt und er in dieser Sphäre nicht an die Vorgaben des objektiven Nettoprinzips gebunden ist, siehe nochmals Teil 1 § 3 C.II.1.

1362 *Söhn,* DStJG 3 (1980), S. 13, 39 f. (Hervorhebungen durch den Autor). Siehe diesbezüglich auch die anderen Beschreibungen in *Söhn,* FR 1980, 301, 304: „nichtabzugsfähige Mischausgaben"; *Söhn,* FS Offerhaus, S. 477, 485: „Nicht-Betriebsausgaben/Nicht-Werbungskosten". Siehe aber auch *Gärtner,* Gemischt veranlasste Aufwendungen, S. 215, der die untrennbar gemischt veranlassten Aufwendungen vollumfänglich der steuerlich unbeachtlichen Privatsphäre zuordnet; anders auch *Söhn,* FR 1983, 193, 201.

1363 *Söhn,* FS Offerhaus, S. 477, 485; vgl. auch *Gärtner,* Gemischt veranlasste Aufwendungen, S. 214; *Söhn,* FR 1980, 301, 304; a.A. *Spilker,* in: K/S/M, EStG, § 4, Rn. F 7, die § 12 Nr. 1 S. 2 EStG auch für untrennbar gemischt veranlasste Aufwendungen als einschlägig erachtet; so auch *Söhn,* FR 1983, 193, 201.

1364 Vgl. *Scheich,* Abzugsgebot und -verbot, S. 39; *Scheich,* DStR 1997, 905, 907; *Schwenke,* FR 2010, 1051, 1053 f.; *Söhn,* DStJG 3 (1980), S. 13, 38 ff.; *Söhn,* StuW 1983, 193, 197 f.

1365 Die Vertreter der ersten Ansicht gehen davon aus, dass es – ganz im Sinne der Wesentlichkeitstheorie – für die Annahme von Erwerbsaufwendungen ausreicht, wenn die Aufwendung „so gut wie ausschließlich" oder „ganz überwiegend" betrieblich bzw. beruflich veranlasst ist, da eine minimale private Veranlassung ihrer Ansicht nach nicht völlig ausgeschlossen werden kann, siehe diesbezüglich *Kröger,* BB 1979, 1284, 1285; *Scheich,* Abzugsgebot und -verbot, S. 39, Fn. 103; *Söhn,* DStJG 3 (1980), S. 13, 76; *Söhn,* StuW 1983, 193, 197.

erwerblich veranlasst betrachtet werden kann, sei indessen nicht ausreichend.[1366] Zwar sei der betrieblich/beruflich mitveranlasste Teil nicht unwesentlich und demzufolge für die steuerliche Behandlung auch nicht unbeachtlich.[1367] Da er aber schon per Definition nicht von dem privaten Veranlassungsteil abgegrenzt werden könne, sei bereits begrifflich kein reiner Erwerbsaufwand iSd § 4 Abs. 4 EStG, § 9 Abs. 1 EStG gegeben.[1368]

Dieses Auslegungsergebnis führt *Scheich*[1369] unmittelbar auf den Wortlaut des § 4 Abs. 4 EStG zurück und argumentiert, dass der Gesetzgeber offensichtlich nicht gewollt habe, dass schon eine betriebliche *Mit*veranlassung zur Annahme von Erwerbsaufwendungen genügt, da er ansonsten normiert hätte, dass Betriebsausgaben die Aufwendungen sind, die *auch* durch den Betrieb veranlasst sind. Da dieses „*auch*" aber keinen Eingang in den Gesetzeswortlaut gefunden hat, sei davon auszugehen, dass der Gesetzgeber nur diejenigen Aufwendungen erfassen wollte, die ausschließlich durch den Betrieb veranlasst sind.[1370] *Söhn*[1371] seinerseits ist der Ansicht, dass das Fehlen einer rechtserheblichen privaten Mitveranlassung negatives Begriffsmerkmal des Betriebsausgabenbegriffs sei. Seiner Meinung nach setzt der Grundsatz der Besteuerung nach der objektiven Leistungsfähigkeit voraus, dass betrieblich/beruflich veranlasste Aufwendungen nicht zugleich untrennbar privat mitveranlasst sind.[1372] Untrennbar gemischt veranlasste Aufwendungen könnten daher nur dann dem Stadium der Einnahmenerzielung zugeordnet werden, wenn die private Mitveranlassung unwesentlich ist.[1373]

Daneben wird argumentiert, dass es für die Frage der steuerlichen Behandlung untrennbar gemischt veranlasster Aufwendungen ohnehin keine „ideale" Lösung gebe und es daher darauf ankomme, welche Lösung die besseren Gründe

---

1366 Vgl. *Kanzler*, StbJb. 2010/11, S. 43, 49; *Kröger*, BB 1979, 1284, 1285; *Scheich*, Abzugsgebot und -verbot, S. 39; *Scheich*, DStR 1997, 905, 907; *Söhn*, DStJG 3 (1980), S. 13, 38; *Söhn*, StuW 1983, 193, 197 f.

1367 Vgl. *Scheich*, Abzugsgebot und -verbot, S. 39; *Scheich*, DStR 1997, 905, 907; *Söhn*, DStJG 3 (1980), S. 13, 38.

1368 *Scheich*, Abzugsgebot und -verbot, S. 39; *Scheich*, DStR 1997, 905, 907; vgl. auch *Söhn*, DStJG 3 (1980), S. 13, 38.

1369 *Scheich*, Abzugsgebot und -verbot, S. 39; *Scheich*, DStR 1997, 905, 907.

1370 *Scheich*, Abzugsgebot und -verbot, S. 39; *Scheich*, DStR 1997, 905, 907.

1371 *Söhn*, DStJG 3 (1980), S. 13, 38.

1372 *Söhn*, DStJG 3 (1980), S. 13, 38, 56. Siehe auch *Steenken*, Gesetzliche Pauschalierung, S. 140.

1373 *Söhn*, DStJG 3 (1980), S. 13, 38, 73; *Söhn*, FS Spindler, S. 795, 799. Siehe hierzu nochmals die dritte Fallgruppe in Teil 3 § 10 B.III.4.

für sich biete und insoweit sachlich gerechtfertigt sei.[1374] Zwar widerspreche die Nichtberücksichtigung von Aufwendungen, die auch betrieblich/beruflich veranlasst sind, dem Grundsatz der Besteuerung nach der wirtschaftlichen Leistungsfähigkeit sowie dem objektiven Nettoprinzip[1375] und führe zudem zu einer steuerlichen Ungleichbehandlung gegenüber denjenigen Steuerpflichtigen, bei denen die gemischt veranlasste Aufwendung aufteilbar ist.[1376] Andererseits führe aber auch die Berücksichtigung teilweise privat veranlasster Aufwendungen zu Kollisionen mit dem Gleichbehandlungsgrundsatz, der steuerlichen Gerechtigkeit und dem Leistungsfähigkeitsprinzip.[1377] Dieser Befund dürfe zwar nicht durch eine einseitige Betrachtung negiert werden, sei aber aufgrund der Untrennbarkeit der Aufwendungen, welche eine sachliche Aufteilung unmöglich macht, nicht zu vermeiden.[1378] Da die Nichtberücksichtigung teilweise betrieblich/beruflich veranlasster Aufwendungen die besseren Gründe für sich habe und demzufolge sachlich gerechtfertigt sei, sei diese Alternative vorzugswürdig.[1379]

Nicht zuletzt wird die erste Ansicht damit begründet, dass eine schätzungsweise Aufteilung nach § 162 AO, wie sie von der Gegenansicht gefordert wird, nicht möglich,[1380] jedenfalls aber willkürlich und daher unzulässig sei.[1381] Dieser Fall unterscheide sich von dem Fall, in dem der betrieblich/beruflich veranlasste Teil

---

1374 So insbesondere *Söhn,* DStJG 3 (1980), S. 13, 41, 56.

1375 *Scheich,* Abzugsgebot und -verbot, S. 40; *Söhn,* StuW 1983, 193, 201.

1376 *Söhn,* DStJG 3 (1980), S. 13, 40, 56.

1377 *Krüger,* DB 2006, Beil. 6 zu Heft 39, 39, 43 f.; *Söhn,* DStJG 3 (1980), S. 13, 40, 56. Zu diesem Prinzipienkonflikt siehe auch *Ruppe,* DStJG 3 (1980), S. 103, 141; *Weber,* StuW 2009, 184, 194, die allerdings Vertreter der Gegenansicht sind.

1378 *Söhn,* DStJG 3 (1980), S. 13, 41, 56.

1379 So insbesondere *Söhn,* StuW 1983, 193, 201; *Söhn,* DStJG 3 (1980), S. 13, 41, 56. Welche Gründe im Einzelnen für die Nichtabziehbarkeit sprechen, erklärt *Söhn* nicht, sondern argumentiert lediglich, dass eine reine Verwirklichung des Leistungsfähigkeitsprinzips nicht möglich sei und mehr für ein Abzugsverbot spreche als dagegen; siehe *Söhn,* DStJG 3 (1980), S. 13, 56. *Scheich,* Abzugsgebot und -verbot, S. 40 sieht diesbezüglich für die Nichtberücksichtigung teilweise betrieblich veranlasster Aufwendungen einen sachlichen Rechtfertigungsgrund in der *Notwendigkeit einer praktikablen Steuerverwaltung,* die mit der gesetzgeberischen Pflicht zur Steuergerechtigkeit einhergehe (Hervorhebung durch die Verfasserin). Beide Erklärungen werden von der Gegenansicht zu Recht abgelehnt; hierzu sogleich.

1380 *Söhn,* DStJG 3 (1980), S. 13, 61.

1381 Siehe etwa *Fissenewert,* in: Herrmann/Heuer/Raupach, EStG/KStG, § 12 EStG, Rn. 73; *Schwenke,* FR 2010, 1051, 1053 f.; *Söhn,* FS Offerhaus, S. 477, 483; *Söhn,* FS Spindler, S. 795, 801; *Söhn,* in: K/S/M, EStG, § 4, Rn. E 111; *Thürmer,* in: Brandis/Heuermann, EStG, § 12, Rn. 108, 116; *Wolf/Schäfer,* DB 2004, 775, 779; vgl. auch

unzweifelhaft feststeht, seine Quantifizierung aber Schwierigkeiten bereitet,[1382] und erfordere gerade nicht nur eine Schätzung der Höhe nach, sondern eine Schätzung dem Grunde nach, welche nach § 162 AO grundsätzlich nicht zulässig sei.[1383] Darüber hinaus fehle bei den untrennbar gemischt veranlassten Aufwendung jedes „plausible Kriterium"[1384] für eine quantitative Aufteilung, so dass diese nicht nur schwierig, sondern sogar willkürlich wäre und damit für den Steuerpflichtigen und das Finanzamt in jedem Fall ausgeschlossen sei.[1385] Das im Rahmen von § 162 AO zu verfolgende Ziel, mit der Schätzung ein Ergebnis zu erreichen, das dem wahren Sachverhalt möglichst nahekommt,[1386] könne in diesen Fällen von vornherein nicht erreicht werden.[1387]

2. Andere Ansicht: Anteilige Erwerbsaufwendungen

Nach anderer Ansicht[1388] sind dagegen auch echte gemischt veranlasste Aufwendungen, bei denen die Veranlassungsbeiträge so miteinander verschmolzen

---

BFH/NV 2019, 812, 814; BFH BStBl. II 2015, 713, 716; BFH BStBl. II 1986, 143, 146; siehe ferner BMF BStBl. I 2010, 614, 614.

1382 Siehe diesbezüglich nochmals die Rechtsprechung des BFH in Teil 3 § 10 B.III.5.

1383 Vgl. BFH/NV 2019, 812, 814; BFH BStBl. II 1979, 345, 347; *Heger,* DB 2016, 249, 253; *Schwenke,* FR 2010, 1051, 1053 f.; *Söhn,* DStJG 3 (1980), S. 13, 61; *Stapperfend,* in: Herrmann/Heuer/Raupach, EStG/KStG, § 4 EStG, Rn. 736; *Thürmer,* in: Brandis/Heuermann, EStG, § 12, Rn. 72; *Tipke,* StuW 1979, 193, 206; *Wienbergen,* in: Littmann/Bitz/Pust, EStG, § 12, Rn. 151 f., der Vertreter der Gegenansicht ist. A.A. dagegen *Gercke,* in: Koenig, AO, § 162, Rn. 33; *Martens,* StuW 1981, 322, 327; *Rüsken,* in: Klein, AO, § 162, Rn. 9. Zu den verschiedenen Ansichten siehe *Gercke,* in: Koenig, AO, § 162, Rn. 33; *Seer,* in: Tipke/Kruse, AO/FGO, § 162 AO, Rn. 20; *Trzaskalik,* in: Hübschmann/Hepp/Spitaler, AO/FGO, § 162 AO, Rn. 12 ff.

1384 *Söhn,* FS Offerhaus, S. 477, 483.

1385 Vgl. *Fissenewert,* in: Herrmann/Heuer/Raupach, EStG/KStG, § 12 EStG, Rn. 73; *Söhn,* FS Offerhaus, S. 477, 484 f.; *Söhn,* in: K/S/M, EStG, § 4, Rn. E 111; *Thürmer,* in: Brandis/Heuermann, EStG, § 12, Rn. 108.

1386 Vgl. BFH BStBl. II 2015, 743, 751; BFH BStBl. II 1986, 721, 723; *Rüsken,* in: Klein, AO, § 162, Rn. 36; *Seer,* DStJG 45 (2023), S. 13, 23; *Seer,* in: Tipke/Kruse, AO/FGO, § 162 AO, Rn. 21, 29.

1387 Vgl. *Söhn,* FS Offerhaus, S. 477, 483.

1388 Diese wird z.B. vertreten von *Arndt,* in: K/S/M, EStG, § 12, Rn. A 29, A 74 ff., A 96; *Görlich,* DB 1979, 711, 713; *Hey,* in: Tipke/Lang, Steuerrecht, Rn. 8.220, 8.242; *Kratzsch,* in: Frotscher/Geurts, EStG, § 12, Rn. 31; *Kottke,* DStR 1992, 129, 130; *Lang,* Bemessungsgrundlage, S. 329, Fn. 303; *Lang,* in: Tipke/Lang, Steuerrecht, 20. Auflage, 2010, § 9, Rn. 242 ff.; *Lang,* StuW 2007, 3, 11; *Rudolph,* BB 1978, 1614, 1615, 1616; *Steck,* DStZ 2011, 191, 201 ff.; *Wassermeyer,* StuW 1981, 245, 248; *Wassermeyer,* StuW

sind, dass kein sachliches Aufteilungskriterium existiert, dem Grunde nach Erwerbsaufwendungen, soweit sie betrieblich/beruflich veranlasst sind.[1389] Untrennbar gemischt veranlasste Aufwendungen gibt es nach dieser Ansicht schlichtweg nicht, so dass hiernach grundsätzlich alle echten gemischt veranlassten Aufwendungen, bei denen die Veranlassungsbeiträge jeweils nicht unwesentlich sind, nötigenfalls im Wege der Schätzung aufzuteilen sind.[1390] Da einige Vertreter[1391] dieser Ansicht davon ausgehen, dass trotz dieses Befundes untrennbar gemischt veranlasste Aufwendungen letztlich auch anteilig nicht abgezogen werden können, wurde der Meinungsstreit in der Vergangenheit häufig als ergebnisneutral bezeichnet.[1392] Diese Nichtabziehbarkeit wird allerdings – anders als nach der ersten Ansicht – nicht auf die mangelnde Erwerbsqualität der untrennbar gemischt veranlassten Aufwendungen zurückgeführt, sondern auf das Abzugsverbot

---

1982, 352, 364; *Weber,* StuW 2009, 184, 193 f.; *Wienbergen,* in: Littmann/Bitz/Pust, EStG, § 12, Rn. 10; wohl auch *Gorski,* DStZ 1981, 111, 112, 116; *Offerhaus,* BB 1979, 667, 668; *Ruppe,* DStJG 3 (1980), S. 103, 140 f.; *Schmieszek,* in: Bordewin/Brandt, EStG, § 12, Rn. 93, 96; *Tipke,* StuW 1979, 193, 204; *Tipke,* DStJG 3 (1980), S. 1, 9; *Wiss. Beirat Ernst & Young AG,* BB 2004, 1024, 1029 f. Nicht eindeutig *Drenseck,* DB 1987, 2483, 2483 f., der zwar davon spricht, dass auch untrennbar gemischt veranlasste Aufwendungen teilweise betrieblich veranlasst sind, sich dann aber ausdrücklich der ersten Ansicht anschließt. Seine weitere Argumentation spricht meiner Meinung nach allerdings dafür, ihn ebenfalls als Vertreter der zweiten Ansicht anzusehen.

1389 Vgl. *Kratzsch,* in: Frotscher/Geurts, EStG, § 12, Rn. 31; *Lang,* in: Tipke/Lang, Steuerrecht, 20. Auflage, 2010, § 9, Rn. 249.

1390 Vgl. *Arndt,* in: K/S/M, EStG, § 12, Rn. A 81, A 96; *Hey,* in: Tipke/Lang, Steuerrecht, Rn. 8.220; *Lang,* Bemessungsgrundlage, S. 329, Fn. 303; *Schilling,* Zwangsläufiger Aufwand, S. 127 f.; *Steck,* DStZ 2011, 191, 205; *Tipke,* DStJG 3 (1980), S. 1, 9; *Weber,* StuW 2009, 184, 193; *Wienbergen,* in: Littmann/Bitz/Pust, EStG, § 12, Rn. 10; vgl. ferner *Lang,* StuW 2007, 3, 11; *Lang,* in: Tipke/Lang, Steuerrecht, 20. Auflage, 2010, § 9, Rn. 246, der nicht auf die Trennbarkeit gemischt veranlasster Aufwendungen, sondern auf deren Angemessenheit abstellt, näher zur Angemessenheit im Steuerrecht in Teil 4 § 17 C.II.3.a.

1391 Siehe etwa *Arndt,* in: K/S/M, EStG, § 12, Rn. A 29; *Görlich,* DB 1979, 711, 713; *Gorski,* DStZ 1981, 111, 116; *Kratzsch,* in: Frotscher/Geurts, EStG, § 12, Rn. 31; *Offerhaus,* BB 1979, 667, 668; *Wassermeyer,* StuW 1981, 245, 248; *Wienbergen,* in: Littmann/Bitz/Pust, EStG, § 12, Rn. 85.

1392 Diesbezüglich und zur Begründung, warum der Streit dennoch Bedeutung hat, siehe bereits Teil 3 § 10 C.I.

des § 12 Nr. 1 S. 2 EStG,[1393] welches insoweit konstitutiv wirke, als es anteilige Erwerbsaufwendungen vollständig der steuerlich unbeachtlichen Privatsphäre zuordne.[1394] Durch die private Mitveranlassung der untrennbar gemischt veranlassten Aufwendungen werde aber in Wahrheit nicht der Erwerbscharakter der Aufwendung eingeschränkt, sondern nur ihre Abziehbarkeit,[1395] weshalb untrennbar gemischt veranlasste Aufwendungen letztlich nicht abziehbare Erwerbsaufwendungen seien.[1396] Andere Vertreter dieser Ansicht gehen demgegenüber davon aus, dass gemischt veranlasste Aufwendungen, die sowohl wesentlich betrieblich/beruflich als auch wesentlich privat veranlasst sind, in jedem Fall anteilig abzuziehen seien[1397] und dafür notfalls eine Aufteilung im Verhältnis 50:50 vorzunehmen sei.[1398] Bei diesem Verständnis gilt das Aufteilungs- und Abzugsverbot des § 12 Nr. 1 S. 2 EStG nicht für alle untrennbar gemischt veranlassten Aufwendungen, sondern nur für die hiervon zu trennenden echten Repräsentationsaufwendungen.[1399]

1393 Vgl. *Arndt,* in: K/S/M, EStG, § 12, Rn. A 29; *Görlich,* DB 1979, 711, 713; *Gorski,* DStZ 1981, 111, 116; *Kratzsch,* in: Frotscher/Geurts, EStG, § 12, Rn. 31; *Offerhaus,* BB 1979, 667, 668; *Wassermeyer,* StuW 1981, 245, 248.

1394 Vgl. *Arndt,* in: K/S/M, EStG, § 12, Rn. A 81; *Görlich,* DB 1979, 711, 713; *Kratzsch,* in: Frotscher/Geurts, EStG, § 12, Rn. 31, 55 f.; *Wienbergen,* in: Littmann/Bitz/Pust, EStG, § 12, Rn. 85. Nach den Vertretern der ersten Ansicht hat § 12 Nr. 1 S. 2 EStG demgegenüber nur deklaratorische Wirkung, soweit damit die Nichtabziehbarkeit der untrennbar gemischt veranlassten Aufwendungen bestätigt wird, siehe *Scheich,* DStR 1997, 905, 907; *Söhn,* DStJG 3 (1980), S. 13, 50; *Söhn,* FS Offerhaus, S. 477, 478.

1395 *Kratzsch,* in: Frotscher/Geurts, EStG, § 12, Rn. 31; vgl. *Wassermeyer,* StuW 1981, 245, 247.

1396 Vgl. *Arndt,* in: K/S/M, EStG, § 12, Rn. A 29; *Kratzsch,* in: Frotscher/Geurts, EStG, § 12, Rn. 31; *Wassermeyer,* StuW 1981, 245, 249.

1397 Vgl. *Heuer,* StbJb. 1959/60, S. 327, 390; *Hey,* in: Tipke/Lang, Steuerrecht, Rn. 8.242; *Lang,* Bemessungsgrundlage, S. 78, 329 und dort Fn. 303; *Lang,* in: Tipke/Lang, Steuerrecht, 20. Auflage, 2010, § 9, Rn. 246; *Ruppe,* DStJG 3 (1980), S. 103, 141; *Schmieszek,* in: Bordewin/Brandt, EStG, § 12, Rn. 93, 96; *Tipke,* StuW 1979, 193, 205; *Weber,* StuW 2009, 184, 194.

1398 So etwa *Schilling,* Zwangsläufiger Aufwand, S. 127 f.; *Steck,* DStZ 2011, 191, 204; *Wiss. Beirat Ernst & Young AG,* BB 2004, 1024, 1030; vgl. auch BFH/NV 2013, 552, 552; *Wanner,* StuW 1987, 302, 318.

1399 Vgl. *Drenseck,* DB 1987, 2483, 2486; *Tipke,* StuW 1979, 193, 197, 204; *Wiss. Beirat Ernst & Young AG,* BB 2004, 1024, 1029. Näher zum Anwendungsbereich des § 12 Nr. 1 S. 2 EStG und dessen Bedeutung für die Definition der Repräsentationsaufwendungen siehe Teil 3 § 11 C.

Zur Begründung für beide Ansichten wird angeführt, dass es allein Sache des Gesetzgebers und nicht des Normanwenders sei, gemischt veranlasste Aufwendungen danach zu differenzieren, ob sie in einen betrieblichen/beruflichen und einen privaten Teil aufgeteilt werden können.[1400] Aus der Systematik des Einkommensteuergesetzes[1401] und insbesondere aus dem Wortlaut des § 12 Nr. 1 S. 2 EStG gehe eine solche Differenzierung zwischen trennbar und untrennbar gemischt veranlassten Aufwendungen aber nicht hervor.[1402] Vielmehr sei die Abziehbarkeit einer Aufwendung nach § 4 Abs. 4 EStG, § 9 Abs. 1 S. 1 EStG allein von ihrer betrieblichen bzw. beruflichen Veranlassung abhängig.[1403] Zudem ordne der Gesetzgeber sogar bestimmte untrennbar gemischt veranlassten Aufwendungen, wie beispielsweise die Fahrtkosten nach § 9 Abs. 1 S. 3 Nr. 4 EStG oder die Mehraufwendungen wegen doppelter Haushaltsführung iSd § 9 Abs. 1 S. 3 Nr. 5 EStG,[1404] ausdrücklich der Erwerbssphäre zu, woraus deutlich werde, dass derartige Aufwendungen nach dem gesetzgeberischen Willen trotz ihrer privaten Mitveranlassung anteilig Erwerbsaufwendungen seien.[1405]

Weiterhin wird dem vornehmlich von *Söhn* vorgebrachten Argument eines unausweichlichen Prinzipienkonflikts zwischen dem objektiven Nettoprinzip und der Nichtabziehbarkeit privater Aufwendungen entgegen gehalten, dass dieser von vornherein vermieden werden könne,[1406] wenn auch die untrennbar gemischt veranlassten Aufwendungen zumindest anteilig steuerlich berücksichtigt

---

1400 So etwa *Arndt,* in: K/S/M, EStG, § 12, Rn. A 75; *Weber,* StuW 2009, 184, 194.

1401 Vgl. *Arndt,* in: K/S/M, § 12, Rn. A 27.

1402 Vgl. *Arndt,* in: K/S/M, § 12, Rn. A 27, A 74 f.; *Steck,* DStZ 2011, 191, 202; *Tipke,* StuW 1979, 193, 204; *Wassermeyer,* StuW 1981, 245, 249; *Weber,* StuW 2009, 184, 194.

1403 Vgl. *Arndt,* in: K/S/M, § 12, Rn. A 27.

1404 Ob diese Aufwendungen tatsächlich untrennbar gemischt veranlasste Aufwendungen sind, ist umstritten. Vielfach wird angenommen, es handele sich hierbei nicht um echte gemischt veranlasste Aufwendungen, sondern um reine Werbungskosten, die schon nach § 9 Abs. 1 S. 1 EStG abziehbar sind. Auf diesen Meinungsstreit wird zusammen mit dem gleichlaufenden Streit bezüglich der Schwestervorschriften des § 4 Abs. 5 S. 1 Nr. 1-7 EStG an späterer Stelle genauer eingegangen, siehe Teil 4 § 16.

1405 Vgl. *Arndt,* in: K/S/M, § 12, Rn. A 29; *Wassermeyer,* StuW 1981, 245, 248; *Wiss. Beirat Ernst & Young AG,* BB 2004, 1024, 1030.

1406 Diese Argumentation wird vornehmlich von denjenigen Autoren angebracht, die vertreten, dass alle echten gemischt veranlassten Aufwendungen aufzuteilen und anteilig abzuziehen sind. Wenig überzeugend ist dieses Argument freilich, wenn man wie die anderen Vertreter der zweiten Ansicht vertritt, dass § 12 Nr. 1 S. 2 EStG den Abzug untrennbar gemischt veranlasster Aufwendungen konstitutiv versagt.

würden.[1407] Zwar sei ein Verstoß gegen grundlegende Prinzipien der Besteuerung tatsächlich unvermeidbar, wenn man wie die Gegenansicht den Standpunkt vertritt, dass untrennbar gemischt veranlasste Aufwendungen existieren und als solche nur entweder insgesamt oder gar nicht abgezogen werden können.[1408] Gerade aus diesem Grund müsse die Existenz solcher untrennbar gemischt veranlasster Aufwendungen aber von vornherein hinterfragt werden.[1409] Schließlich folge aus dem objektiven Nettoprinzip bei konsequenter Anwendung, dass wesentlich betrieblich/beruflich und zugleich wesentlich privat veranlasste Aufwendungen weder vollständig der Erwerbssphäre noch vollständig der Privatsphäre zugeordnet werden dürfen.[1410] Die exakte Messung steuerlicher Leistungsfähigkeit erfordere vielmehr, dass echte gemischt veranlasste Aufwendungen quantitativ aufgeteilt werden.[1411] Anders als die Gegenansicht annimmt, gelte dies auch für diejenigen Aufwendungen, bei denen eine Trennung schwierig ist oder nur im Wege der Schätzung erfolgen kann.[1412] Denn eine nur griffweise Schätzung des betrieblich/beruflich veranlassten Teils komme einer Verwirklichung des objektiven Nettoprinzips näher als gar keine steuerliche Berücksichtigung.[1413] Zudem könne praktischen Schwierigkeiten bei der Aufteilung im Wege der Typisierung begegnet werden.[1414] Die von der ersten Ansicht gebilligte Durchbrechung des objektiven Nettoprinzips durch Nichtberücksichtigung betrieblicher/beruflicher Veranlassungsteile könne mithin durch eine schätzungsweise Aufteilung von vornherein vermieden werden und sei damit weder gerechtfertigt noch hinnehmbar.[1415]

Darüber hinaus wird kritisiert, dass das objektive Nettoprinzip nicht konsequent umgesetzt werde, wenn echte gemischt veranlasste Aufwendungen nach äußeren oder technischen Umständen wie der objektiven Aufteilbarkeit unterschieden werden.[1416] Dies zeige sich beispielsweise daran, dass die ande-

1407 Vgl. *Ruppe*, DStJG 3 (1980), S. 103, 141 f.; *Weber*, StuW 2009, 184, 194.

1408 Vgl. *Ruppe*, DStJG 3 (1980), S. 103, 141 f.; *Weber*, StuW 2009, 184, 194.

1409 Vgl. *Ruppe*, DStJG 3 (1980), S. 103, 141 f.; *Weber*, StuW 2009, 184, 194.

1410 *Lang*, in: Tipke/Lang, Steuerrecht, 20. Auflage, 2010, § 9, Rn. 243; *Steck*, DStZ 2011, 191, 202.

1411 Vgl. *Lang*, in: Tipke/Lang, Steuerrecht, 20. Auflage, 2010, § 9, Rn. 220; *Steck*, DStZ 2011, 191, 203; *Wanner*, StuW 1987, 302, 318.

1412 Vgl. *Lang*, in: Tipke/Lang, Steuerrecht, 20. Auflage, 2010, § 9, Rn. 246; *Ruppe*, DStJG 3 (1980), S. 103, 141 f.; *Weber*, StuW 2009, 184, 194.

1413 *Ruppe*, DStJG 3 (1980), S. 103, 141 f.; *Weber*, StuW 2009, 184, 194.

1414 *Ruppe*, DStJG 3 (1980), S. 103, 142.

1415 *Ruppe*, DStJG 3 (1980), S. 103, 141 f.; *Steck*, DStZ 2011, 191, 203; *Weber*, StuW 2009, 184, 194.

1416 *Ruppe*, DStJG 3 (1980), S. 103, 141; *Steck*, DStZ 2011, 191, 203 f.

re Ansicht eine Aufteilung nach Zeitanteilen regelmäßig nur dann annehme, wenn die betrieblichen bzw. beruflichen Veranlassungsteile zeitlich gesehen nacheinander auftreten,[1417] während sie in den Fällen einer erwerblich/privaten Doppelmotivation,[1418] bei der die jeweiligen Veranlassungsmomente zeitgleich vorliegen, von einer Unteilbarkeit der gemischt veranlassten Aufwendung ausgehe.[1419] In beiden Fällen sei das objektive Nettoprinzip betroffen, eine steuerliche Berücksichtigung des betrieblich/beruflich veranlassten Teils werde aber nur im ersten Fall vorgenommen.[1420] Für die anteilige Abziehbarkeit des betrieblich/beruflich veranlassten Teils könne es aber nicht darauf ankommen, ob die Veranlassungsbeiträge gleichzeitig oder nacheinander entstanden sind.[1421] Schließlich wird darauf hingewiesen, dass die bestehenden Beweisschwierigkeiten nicht dadurch beseitigt werden, dass untrennbar gemischt veranlasste Aufwendungen vollständig vom Abzug ausgeschlossen werden. Auch bei trennbaren gemischt veranlassten Aufwendungen sei das Finanzamt auf die Angaben des Steuerpflichtigen angewiesen, ohne dabei verlässliche Nachprüfungsmöglichkeiten zu haben.[1422] Zudem müsse auch die erste Ansicht Schätzungen darüber vornehmen, ob der betriebliche/berufliche Anteil der Aufwendung wesentlich ist, um herauszufinden, ob eine steuerliche Berücksichtigung überhaupt in Betracht kommt.[1423] Diese Schätzung unterscheide sich aber nicht von der hier vorgenommenen Aufteilung im Schätzungswege.[1424]

1417 Zu denken ist hier beispielsweise an den vom BFH GrS v. 21.09.2009, BStBl. II 2010, 672 entschiedenen Fall, bei dem der Steuerpflichtige seinen privaten Urlaub in Amerika erst angetreten hatte, nachdem der aus beruflichen Gründen besuchte Kongress beendet war.

1418 Zu den entsprechenden Beispielen aus der Rechtsprechung siehe bereits Teil 3 § 10 B.III.5.c.

1419 Vgl. *Offerhaus,* BB 1979, 667, 668 f.; *Ruppe,* DStJG 3 (1980), S. 103, 141; *Steck,* DStZ 2011, 191, 203 f. Zu dieser Vorgehensweise siehe *Wienbergen,* in: Littmann/Bitz/Pust, EStG, § 12, Rn. 155.

1420 *Steck,* DStZ 2011, 191, 202 f.

1421 *Ruppe,* DStJG 3 (1980), S. 103, 141; *Steck,* DStZ 2011, 191, 202 f.; vgl. *Offerhaus,* BB 1979, 667, 668; *Tipke,* StuW 1979, 193, 204 f.

1422 *Arndt,* in: K/S/M, EStG, § 12, Rn. A 76; *Weber,* StuW 2009, 184, 194; vgl. *Drenseck,* DB 1987, 2483, 2486; *Tipke,* StuW 1979, 193, 205.

1423 Vgl. *Arndt,* in: K/S/M, EStG, § 12, Rn. A 76; *Drenseck,* DB 1987, 2483, 2486 f.; *Offerhaus,* BB 1979, 667, 670.

1424 Vgl. *Arndt,* in: K/S/M, EStG, § 12, Rn. A 76; *Kottke,* DStR 1992, 129, 131; *Offerhaus,* BB 1979, 667, 670.

3. *Auffassung der Rechtsprechung*

Die Rechtsprechung des BFH war bezüglich der sphärischen Einordnung untrennbar gemischt veranlasster Aufwendungen lange Zeit uneinheitlich.[1425] Besonders die Grundsatzentscheidung des Großen Senats aus dem Oktober 1970[1426] ist in diesem Punkt widersprüchlich und verdeutlicht damit die Wankelmütigkeit des Gerichts. In dem Beschluss wird zunächst ausdrücklich angegeben, dass der betrieblich/beruflich veranlasste Teil echter gemischt veranlasster Aufwendungen ohne das Aufteilungsverbot des § 12 Nr. 1 S. 2 EStG in der Regel abzuziehen sei und eine Aufteilung in diesem Fall auch nicht mit dem Argument verwehrt werden könne, dass sie schwierig sei oder sich keine objektiven Anhaltspunkte dafür finden ließen.[1427] Wie selbstverständlich geht der BFH an dieser Stelle also mit der zweiten Literaturansicht davon aus, dass auch der betriebliche/berufliche Teil untrennbar gemischt veranlasster Aufwendungen abzugsfähigen Erwerbsaufwand darstellt.[1428] An anderer Stelle weist er demgegenüber ebenso ausdrücklich darauf hin, dass Aufwendungen keine Betriebsausgaben oder Werbungskosten seien, wenn sie in gleicher Weise als Kosten der Lebensführung anzusehen sind.[1429] Ebenso wie die Anhänger der ersten Literaturansicht begründet er dies damit, dass diese Aufwendungen schon begrifflich nicht die Voraussetzungen des § 4 Abs. 4 EStG bzw. des § 9 Abs. 1 EStG erfüllten.[1430]

In seinem Beschluss aus dem September 2009 hat sich der Große Senat des BFH nun offenbar der ersten Ansicht angeschlossen, wonach untrennbar gemischt veranlasste Aufwendungen schon dem Grunde nach keine Erwerbsaufwendungen darstellen.[1431] Dies zeigt sich nicht nur daran, dass der BFH seit dieser Entscheidung echte gemischt veranlasste Aufwendungen nach ihrer Trennbarkeit

1425 *Arndt*, in: K/S/M, EStG, § 12, Rn. A 27; vgl. *Kratzsch*, in: Frotscher/Geurts, EStG, § 12, Rn. 31.

1426 BFH GrS BStBl. II 1971, 17.

1427 Vgl. BFH GrS BStBl. II 1971, 17, 19; vgl. ferner BFH BStBl. II 1986, 139, 141, der ausführt, dass Aufwendungen, deren betriebliche Veranlassung außer Frage steht, ihre Eigenschaft als Betriebsausgaben nicht dadurch verlieren, dass sie zusammen mit Kosten der Lebensführung abgerechnet werden und sich dadurch ihre Höhe nur durch Schätzung ermitteln lässt.

1428 Vgl. *Arndt*, in: K/S/M, EStG, § 12, Rn. A 27; *Scheich*, Abzugsgebot und -verbot, S. 38 f.

1429 Vgl. BFH GrS BStBl. II 1971, 17, 19.

1430 Vgl. BFH GrS BStBl. II 1971, 17, 19.

1431 Vgl. auch *Heger*, DB 2016, 249, 252; *Fissenewert*, in: Herrmann/Heuer/Raupach, EStG/KStG, § 12 EStG, Rn. 73; *Söhn*, FS Spindler, S. 795, 801; *Söhn*, in: K/S/M, EStG, § 4, Rn. E 111.

unterscheidet,[1432] sondern insbesondere auch daran, dass er in seinen Ausführungen zu den untrennbar gemischt veranlassten Aufwendungen in dem Beschluss auf die Arbeiten von *Söhn* und *Scheich* verweist,[1433] welche beide Vertreter der ersten Ansicht sind. Eine Begründung für diese Einordnung hat der BFH allerdings nicht abgegeben, weshalb hieraus keine neuen Erkenntnisse gezogen werden können. Sieht man sich die neueren Entscheidungen des BFH zu untrennbar gemischt veranlassten Aufwendungen an, bestätigt sich dieses unklare Bild. So vertrat beispielsweise der 10. Senat in seiner Antwort auf die Anfrage des dem Großen Senat vorlegenden 9. Senats zur sphärischen Einordnung der Aufwendungen für ein häusliches Arbeitszimmer die Ansicht, dass diese mangels objektiv nachprüfbarer Kriterien untrennbar gemischt veranlasst seien „und damit bereits dem Grunde nach keine Betriebsausgaben oder Werbungskosten" darstellten.[1434] Der Große Senat sodann ließ die Frage, ob dem 10. Senat hinsichtlich dieser Einordnung zuzustimmen ist, ausdrücklich offen,[1435] weshalb sich auch hieraus keine eindeutige Begründung für die Sichtweise der Rechtsprechung ablesen lässt.

4. *Stellungnahme*

Die Entscheidung des BFH, echte gemischt veranlasste Aufwendungen nur dann zum Abzug zuzulassen, wenn ein objektives Aufteilungskriterium zur Verfügung steht, ist aus praktischen Gründen auf den ersten Blick nachvollziehbar. Untrennbar gemischt veranlasste Aufwendungen, bei denen die betrieblichen/beruflichen und privaten Veranlassungsteile so ineinandergreifen, dass eine Aufteilung nur im Wege der Schätzung erfolgen kann, führen in der praktischen Handhabung zu einigen Unsicherheiten, da die Schätzung nach § 162 AO immer nur ein ungefähres Bild der Realität wiedergeben kann, ohne aber den tatsächlichen Sachverhalt vollständig abzubilden. Trotz dieser nachvollziehbaren Erwägungen ist dem BFH und den Vertretern der ersten Ansicht allerdings entgegenzuhalten, dass rein praktische Schwierigkeiten auf Tatsachen- und Beweisebene nicht dazu führen dürfen, dass den untrennbar gemischt mitveranlassten Aufwendungen auf rechtlicher Ebene die anteilige Erwerbsqualität abgesprochen wird. Ob objektive Kriterien existieren, mit denen eine Aufteilung der gemischt veranlassten Aufwendung vorgenommen werden kann, ist keine Frage der sphärischen Einordnung der

1432 Vgl. etwa BFH BStBl. II 2021, 453, 454; BFH BStBl. II 2019, 376, 377; BFH/NV 2017, 151, 151; BFH BStBl. II 2015, 1013, 1014; BFH/NV 2015, 324, 326; BFH BStBl. II 2014, 372, 373; BFH BStBl. II 2013, 808, 810; BFH/NV 2013, 552, 552.

1433 BFH GrS BStBl. II 2010, 672, 684.

1434 Vgl. BFH GrS BStBl. II 2016, 265, 271; *Heger,* DB 2016, 249, 253.

1435 Vgl. BFH GrS BStBl. II 2016, 265, 271.

echten gemischt veranlassten Aufwendungen, sondern allein abhängig von den tatsächlichen Umständen des Einzelfalls. Wie die Vertreter der zweiten Ansicht mit Blick auf die Aufwendungen mit erwerblich/privater Doppelmotivation zutreffend argumentieren, hängt es oftmals nur vom Zufall ab, ob ein geeignetes Aufteilungskriterium gefunden wird, das darüber hinaus so belastbar ist, dass es für die Feststellungsansprüche der Finanzverwaltung ausreicht. Zudem übersieht der BFH bei seinen praktischen Erwägungen, dass auch eine Aufteilung nach objektiven Kriterien – wie sie bei trennbar gemischt veranlassten Aufwendungen vorgenommen wird – häufig mit Ungenauigkeiten und Rechtsunsicherheiten verbunden ist. So sind die Aufteilungskriterien, welche üblicherweise von der Rechtsprechung herangezogen werden, nicht immer eindeutig und zweifelsfrei. Ähnlich wie die Schätzung nach § 162 AO führen auch pauschale Aufteilungen nach Zeit-, Flächen- bzw. Nutzungsanteilen oder Köpfen oftmals dazu, dass die tatsächlichen Veranlassungsbeiträge nur ungefähr abgebildet werden. So hat der BFH die Aufwendungen für eine Feier, die der Steuerpflichtige aus Anlass seines Geburtstags und der Bestellung zum Steuerberater abgehalten hat, beispielsweise pauschal nach Köpfen der Teilnehmer aufgeteilt, wobei er davon ausging, dass Verwandte und Freunde nur aus privaten Gründen teilgenommen haben, während die Gäste aus dem beruflichen Umfeld ausschließlich wegen der Bestellung zum Steuerberater kamen und damit beruflich bewirtet wurden.[1436] Diese Kostenaufteilung nach Köpfen ist zwar pragmatisch und leicht umzusetzen. Sie spiegelt die tatsächlichen Veranlassungsbeiträge aber ebenso vage wider wie es bei einer Schätzung nach § 162 AO der Fall wäre.[1437] Auch die Gäste aus dem beruflichen Umfeld des Steuerpflichtigen waren eingeladen, um neben dessen Bestellung zum Steuerberater seinen Geburtstag zu feiern und wurden folglich aus gleichermaßen beruflichen wie privaten Gründen bewirtet.[1438] Daher geht *Meyer* zu Recht davon aus, dass es sich bei den Aufwendungen für die Feierlichkeiten tatsächlich um untrennbar gemischt veranlasste Aufwendungen handelt, die nach der Ansicht der Rechtsprechung eigentlich vollständig vom Werbungskostenabzug auszuschließen wären.[1439] Dass der BFH die Kosten trotzdem anteilig zum Ab-

---

1436 Vgl. BFH BStBl. II 2015, 1013, 1014 f.; siehe hierzu *Meyer,* in: BeckOK EStG, § 4, Rn. 2734.1; *Spilker,* in: K/S/M, EStG, § 4, Rn. H 41; vgl. auch das Beispiel eines Firmenjubiläums in BMF BStBl. I 2010, 612, 614.

1437 A.A. *Nacke,* in: Littmann/Bitz/Pust, EStG, § 4, Rn. 1685; *Spilker,* in: K/S/M, EStG, § 4, Rn. H 41.

1438 *Meyer,* in: BeckOK EStG, § 4, Rn. 2734.1.

1439 *Meyer,* in: BeckOK EStG, § 4, Rn. 2734.1; vgl. auch *Nacke,* in: Littmann/Bitz/Pust, EStG, § 4, Rn. 1688.

zug zugelassen hat, macht deutlich, dass auch objektive Aufteilungskriterien die tatsächlichen Veranlassungsverhältnisse nicht in jedem Fall zutreffend abbilden können. In einer anderen Entscheidung mit vergleichbarem Sachverhalt hat der BFH sogar davon abgesehen, die Kosten für die gemischt veranlasste Feierlichkeit nach Köpfen aufzuteilen und stattdessen eine Schätzung nach § 162 AO mit der Begründung zugelassen, dass bei einigen Personen aus dem beruflichen Umfeld unsicher war, ob sie auch aus privaten Gründen eingeladen wurden.[1440] Auch bei diesen Aufwendungen wäre es gerade wegen der Unsicherheit der konkreten Veranlassung konsequent gewesen, von einer fehlenden Trennbarkeit der Aufwendungen auszugehen und den steuerlichen Abzug entsprechend der im Beschluss aus dem September 2009 aufgestellten Grundsätze damit vollständig auszuschließen.[1441] Wie auch das oben genannte macht dieses Beispiel deutlich, dass die Heranziehung objektivierbarer Kriterien zur Aufteilung trennbar gemischt veranlasster Aufwendungen ebenso wie die Schätzung zu ungenauen und zuweilen inkonsequenten Ergebnissen führen kann, die es vor dem Hintergrund des objektiven Nettoprinzips nicht rechtfertigen, untrennbar gemischt veranlasste Aufwendungen wegen der vermeintlichen Ungenauigkeiten einer Schätzung nach § 162 AO stets in voller Höhe vom Betriebsausgaben-/Werbungskostenabzug auszuschließen.

Anders als die Vertreter der ersten Ansicht annehmen, lässt sich diese Ungleichbehandlung von trennbar und untrennbar gemischt veranlassten Aufwendungen auch nicht mit dem Wortlaut der § 4 Abs. 4 EStG, § 9 Abs. 1 EStG oder der Systematik des Einkommensteuergesetzes begründen. Die Argumentation von *Söhn* und *Scheich*, wonach untrennbar gemischt veranlasste Aufwendungen schon begrifflich keine Erwerbsaufwendungen seien, kann dem weit verstandenen Betriebsausgabenbegriff des § 4 Abs. 4 EStG nicht entnommen werden. Dieser trifft nur Aussagen darüber, wie Betriebsausgaben positiv zu definieren sind, nicht aber darüber, welche negativen Tatbestandsmerkmale zu beachten sind. Auch ist nicht nachvollziehbar, warum unwesentlich privat mitveranlasste Aufwendungen vom Wortlaut der Norm erfasst sein sollen, während der erwerbliche Teil einer wesentlich betrieblich/beruflich und wesentlich privat veranlassten Aufwendung nicht unter den Begriff der Erwerbsaufwendungen fallen soll. § 4 Abs. 4 EStG spricht nur von einer betrieblichen Veranlassung, nicht aber von einer ausschließlich oder nahezu ausschließlich betrieblichen Veranlassung. Trotzdem gehen auch

1440 Vgl. BFH/NV 2019, 812, 813; siehe hierzu *Meyer*, in: BeckOK EStG, § 4, Rn. 2734.1; *Spilker*, in: K/S/M, EStG, § 4, Rn. H 41.

1441 So zutreffend *Meyer*, in: BeckOK EStG, § 4, Rn. 2734.1.

die Vertreter der ersten Ansicht einhellig davon aus, dass § 4 Abs. 4 EStG nach der Wesentlichkeitstheorie auch solche Aufwendungen erfasst, die nicht nur betrieblich, sondern auch unwesentlich privat (mit-)veranlasst sind.[1442]

Schließlich ist die sphärische Einordnung, die *Söhn* bei untrennbar gemischt veranlassten Aufwendungen vornimmt, nicht mit der grundlegenden Systematik des Einkommensteuergesetzes vereinbar. Nach dem Verständnis des Gesetzes gibt es nur Erwerbsaufwendungen auf der einen Seite und Privataufwendungen auf der anderen Seite. Zwar haben die bisherigen Ausführungen deutlich gemacht, dass mit dem Graubereich noch eine dritte Sphäre existiert, die zwischen den beiden anderen Bereichen liegt. Auch diese dritte Sphäre orientiert sich aber an den bestehenden gesetzlichen Vorgaben der § 4 Abs. 4 EStG, § 9 Abs. 1 EStG und § 12 Abs. 1 EStG. Um eine einheitliche und nachvollziehbare steuerliche Handhabung aller Aufwendungen im Graubereich zu gewährleisten, müssen auch untrennbar gemischt veranlasste Aufwendungen eindeutig einer dieser drei Sphären zugewiesen und normativ angebunden werden. Die Zuordnung *Söhns,* wonach untrennbar gemischt veranlasste Aufwendungen weder Betriebsausgaben noch Privataufwendungen seien, sondern gemischte Aufwendungen, die unabhängig von § 12 Nr. 1 S. 2 EStG und jeder anderen Vorschrift dem Grunde nach nicht abziehbar sind, ist nicht mit der grundlegenden Systematik des EStG vereinbar. Damit schafft *Söhn* eine neue Sphäre für untrennbar gemischt veranlasste Aufwendungen, die keine normative Anbindung im Gesetz hat und zudem dazu beiträgt, dass der ohnehin schon schwer zu greifende Graubereich noch undurchdringbarer wird. Die erste Ansicht, wonach echte gemischt veranlasste Aufwendungen danach differenziert werden, ob sie nach objektiven Kriterien aufgeteilt werden können und untrennbar gemischt veranlasste Aufwendungen keine anteiligen Erwerbsaufwendungen darstellen, ist daher abzulehnen. Zuzustimmen ist dagegen der zweiten Literaturansicht, nach der auch untrennbar gemischt veranlasste Aufwendungen anteilige Erwerbsaufwendungen darstellen, die jedenfalls im Wege der Schätzung aufzuteilen und sodann in Höhe des betrieblich/beruflich veranlassten Teils steuerlich zu berücksichtigen sind.

Damit ist klargestellt, dass echte untrennbar gemischt veranlasste Aufwendungen eigentlich nicht existieren und eine Gleichsetzung der Repräsentationsaufwendungen und betrieblich/beruflich bedingten Mehraufwendungen mit diesen bereits aus diesem Grund nicht in Betracht kommt. Wie die weitere Untersuchung des Graubereichs jedoch zeigen wird, scheidet eine solche pauschale

1442 Siehe *Kröger,* BB 1979, 1284, 1285; *Scheich,* Abzugsgebot und -verbot, S. 39, Fn. 103; *Söhn,* DStJG 3 (1980), S. 13, 76; *Söhn,* StuW 1983, 193, 197.

Gleichsetzung auch bei Zugrundelegung der Ansicht des Großen Senats des BFH aus, wonach zwischen trennbaren und untrennbaren gemischt veranlassten Aufwendungen zu differenzieren ist.[1443]

D. Zusammenfassung und Vorausschau auf die nachfolgende Untersuchung

Echte gemischt veranlasste Aufwendungen sind nach der hier vertretenen Dogmatik, welche auch der BFH seinen Ausführungen in dem richtungsweisenden Beschluss aus dem September 2009 zugrunde legt, solche, bei denen das auslösende Moment bzw. die wesentliche Ursache bei wertender Betrachtung sowohl der Betriebs- als auch der Privatsphäre zuzuordnen ist. Diese Aufwendungen sind nach neuerer Rechtsprechung des BFH in einen abziehbaren Erwerbsaufwand und einen nicht abziehbaren Privataufwand aufzuteilen, wenn die Möglichkeit zur Trennung nach objektivierbaren Kriterien besteht (Aufteilungs- und Abzugsgebot für echte trennbar gemischt veranlasste Aufwendungen). Nach hier vertretener Ansicht ist die Unterscheidung zwischen trennbaren und untrennbaren gemischt veranlassten Aufwendungen abzulehnen. Auch solche Aufwendungen, bei denen der wesentlich betriebliche/berufliche und der wesentlich private Veranlassungsteil so ineinandergreifen, dass eine Trennung nicht möglich ist, stellen anteilige Erwerbsaufwendungen dar, die notfalls im Wege der Schätzung aufzuteilen und anteilig abzuziehen sind. Ist entweder der betriebliche/berufliche oder der private Veranlassungsbeitrag unwesentlich, so liegt keine echte gemischt veranlasste Aufwendung, sondern eine abziehbare Erwerbs- bzw. eine nicht abziehbare Privataufwendung vor.

Daneben hat der BFH in dem Beschluss aus dem September 2009 Ausführungen zur rechtlichen Einordnung von Repräsentationsaufwendungen und betrieblich/beruflich bedingten Mehraufwendungen gemacht, auf die in den beiden folgenden Kapiteln näher eingegangen werden soll. Hiernach sind Repräsentationsaufwendungen, für die das Aufteilungs- und Abzugsverbot des § 12 Nr. 1 S. 2 EStG nach dem historischen Willen des Gesetzgebers eigentlich geschaffen wurde, auch nach der geänderten Rechtsprechung des BFH grundsätzlich nicht aufteilbar und abziehbar. Der Gesetzgeber hat diesbezüglich eine Wertentscheidung getroffen, wonach Repräsentationsaufwendungen, die zwar den Betrieb/Beruf des Steuerpflichtigen fördern, zugleich aber auch dem Bereich der privaten Lebensführung angehören, vollständig der Privatsphäre zuzuordnen sind und damit steuerlich keine Berücksichtigung finden. Ob diese Zuweisung

---

1443 Siehe hierzu Teil 3 § 11 E. und § 12 F.

zur Privatsphäre darauf zurückzuführen ist, dass es sich bei den Aufwendungen dem Grunde nach um Privataufwendungen oder aber – wie eine Literaturansicht vertritt – um untrennbar gemischt veranlasste Aufwendungen handelt, wird in den folgenden Kapiteln näher analysiert. Dort wird außerdem der Frage nachgegangen, was Repräsentationsaufwendungen sind und wie sie sich von den echten gemischt veranlassten Aufwendungen unterscheiden.[1444]

Darüber hinaus ist dem Beschluss des BFH aus dem September 2009 zu entnehmen, dass ein etwaig entstandener betrieblicher/beruflicher Mehraufwand gleichwohl steuerlich zu berücksichtigen sein kann, auch wenn die unverzichtbaren Aufwendungen der privaten Lebensführung grundsätzlich nicht aufgeteilt und abgezogen werden dürfen. Nach der Darstellung des BFH ist eine solche steuerliche Berücksichtigung betrieblicher/beruflicher Mehraufwendungen „in erster Linie der Entscheidung des Gesetzgebers überlassen". Ob damit eine konstitutive Anordnung im Sinne einer gesetzlichen Sonderregelung oder lediglich ein deklaratorischer Hinweis von Seiten des Gesetzgebers gemeint ist, wird ebenfalls in den folgenden Kapiteln näher erörtert, wenn untersucht wird, was betrieblich/beruflich bedingte Mehraufwendungen sind, wie sie systematisch und sphärisch einzuordnen sind und wodurch sie sich von den echten gemischt veranlassten Aufwendungen und den Repräsentationsaufwendungen unterscheiden.[1445]

§ 11 Repräsentationsaufwendungen

A. Vorbemerkungen und Gang der Untersuchung

Obwohl der Begriff „Repräsentationsaufwendungen" seit jeher von Rechtsprechung und Literatur verwendet wird, um eine bestimmte Art von Aufwendungen im Mischbereich zu beschreiben, ist er im Gesetzestext selbst nicht zu finden.[1446] Der Gesetzgeber verwendet diesen Begriff nur in der amtlichen Begründung zu § 12 Nr. 1 S. 2 EStG[1447] und der Gesetzesbegründung zur Vorgängerregelung des heutigen § 4 Abs. 5 S. 1 Nr. 1, 3, 4 und 7 EStG,[1448] ohne dabei aber eine eindeutige

1444 Teil 3 § 11 E.

1445 Teil 3 § 12 F.

1446 Siehe auch *Gärtner,* Gemischt veranlasste Aufwendungen, S. 229; *Littmann,* DStR 1971, 179, 180.

1447 Siehe RStBl. I 1935, 33, 41.

1448 Siehe Entwurf des Steueränderungsgesetzes 1960, BT-Drs. III/ 1811, 8. Zur historischen Entwicklung des Abzugskataloges nach § 4 Abs. 5 S. 1 Nr. 1-7 EStG siehe später Teil 4 § 17 B.II.

Erklärung abzugeben, was Repräsentationsaufwendungen sind. Angesichts dieser Ausgangslage verwundert es nicht, dass sich auch im wissenschaftlichen Diskurs bislang keine festen Abgrenzungsmerkmale für Repräsentationsaufwendungen gefunden haben[1449] und der Begriff besonders in der Literatur unterschiedlich verstanden wird.[1450] Zur sphärischen Einordung und dogmatischen Untersuchung der Aufwendungen nach § 4 Abs. 5 S. 1 Nr. 1-7 EStG ist es indessen erforderlich, den Begriff der Repräsentationsaufwendungen abstrakt zu untersuchen und zu analysieren, wie er sich von den echten gemischt veranlassten Aufwendungen unterscheidet. Fraglich ist dabei insbesondere, wie Repräsentationsaufwendungen veranlasst sind und welche sphärische Einordnung damit für sie vorzunehmen ist. Ziel dieses Kapitels ist es daher, den schillernden Begriff der einkommensteuerrechtlichen Repräsentationsaufwendung von allen Seiten zu beleuchten und dabei seine wesentlichen Eigenschaften und Abgrenzungsmerkmale herauszuarbeiten.

Um sich dem Begriff der Repräsentationsaufwendung umfassend zu nähern, sollen im Folgenden alle Informationen ausgewertet werden, die der Gesetzgeber diesbezüglich in seinen Gesetzesbegründungen zur Verfügung gestellt hat. Dabei wird zunächst der Begriff der Repräsentationsaufwendungen auf seine Bedeutung hin untersucht. Sodann werden § 12 Nr. 1 S. 2 EStG und § 4 Abs. 5 S. 1 Nr. 1, 3, 4 und 7 EStG sowie die ihnen zugrundeliegenden Gesetzesbegründungen mit Hilfe der klassischen Auslegungsmethoden[1451] untersucht, um

---

1449 Vgl. *Gärtner,* Gemischt veranlasste Aufwendungen, S. 229; *Kratzsch,* in: Frotscher/Geurts, EStG, § 12, Rn. 80; *Littmann,* DStR 1971, 179, 180.

1450 Siehe auch *Gärtner,* Gemischt veranlasste Aufwendungen, S. 221; *Fissenewert,* in: Herrmann/Heuer/Raupach, EStG/KStG, § 12 EStG, Rn. 56. Näher hierzu in Teil 3 § 11 B.

1451 Zur Gesetzesauslegung siehe *Beger,* Methodenlehre im Steuerrecht, S. 32 ff.; *Geserich,* DStR 2011, Beih. zu Heft 31, 59, 61; *Englisch,* in: Tipke/Lang, Steuerrecht, Rn. 5.55 ff.; *Jochum,* FS P. Kirchhof, Bd. 2, S. 1611, 1611 ff.; *Larenz/Canaris,* Methodenlehre, S. 133 ff.; *Tipke,* Steuerrechtsordnung III, S. 1595 ff.; *Wank,* Auslegung von Gesetzen, S. 29 ff. Zu den einzelnen Auslegungskriterien siehe zudem *Drüen,* in: Tipke/Kruse, AO/FGO, § 4 AO, Rn. 250 ff.; *Hartmann/Walter,* Auslegung von Steuergesetzen, S. 180 ff.; *Koenig,* in: Koenig, AO, § 4, Rn. 94 ff. Ziel der Auslegung ist es, den Sinn des Gesetzes zu ermitteln, indem aus verschiedenen möglichen Bedeutungen des Gesetzestextes die „richtige" ausgewählt wird. Zur Verfügung stehen dabei insbesondere die „klassischen" oder „gängigen" Auslegungsmethoden der grammatikalischen, systematischen, teleologischen und historischen Auslegung, siehe *Hartmann/Walter,* Auslegung von Steuergesetzen, S. 179; vgl. auch BFH BStBl. II 2014, 135, 138. Diese stehen grundsätzlich gleichberechtigt nebeneinander, siehe *Beger,* Methodenlehre

weitere Erkenntnisse über die Definition und Veranlassung der dort geregelten Repräsentationsaufwendungen zu erlangen. Ein besonderes Augenmerk soll dabei auf den Umstand gelegt werden, dass der Gesetzgeber für die Begründung zweier Normen, die unterschiedliche Abzugsregelungen enthalten – § 12 Nr. 1 S. 2 EStG normiert ein vollständiges Abzugsverbot, während § 4 Abs. 5 S. 1 Nr. 7 EStG den Abzug nur soweit einschränkt, als die Aufwendung unangemessen ist –, dieselbe Terminologie für die betreffenden Aufwendungen verwendet. Dies legt auf den ersten Blick die Vermutung nahe, dass die beiden Regelungen inhaltliche und systematische Parallelen aufweisen, welche für die übergeordnete Systematisierung sowie die sphärische Einordnung der Aufwendungen des Graubereich von Bedeutung sein könnten. Für die Definition der Repräsentationsaufwendungen könnte hieraus zudem der Schluss gezogen werden, dass in beiden Normen derselbe Aufwendungstypus mit dem gleichen Veranlassungsniveau gemeint ist und damit alle Repräsentationsaufwendungen, unabhängig von dem differenzierenden Inhalt der Abzugsregelungen, einer einheitlichen und übergeordneten Definition zugänglich sind. Bei diesem Verständnis würde aus der oben beschriebenen Literaturansicht, nach der Repräsentationsaufwendungen iSd § 12 Nr. 1 S. 2 EStG mit untrennbar gemischt veranlassten Aufwendungen gleichzusetzen sind,[1452] zugleich folgen, dass auch die Repräsentationsaufwendungen in § 4 Abs. 5 S. 1 Nr. 1, 3, 4 und 7 EStG als untrennbar gemischt veranlasste Aufwendungen einzuordnen sind, die dann nach der vom BFH und der herrschenden Literatur vertretenen Ansicht nicht steuerlich berücksichtigt werden dürften.[1453]

Andererseits könnte die Verwendung desselben Begriffs in zwei unterschiedlichen Abzugsbestimmungen aber auch dafür sprechen, dass einkommensteuerrechtliche Repräsentationsaufwendungen in unterschiedlichen Formen auftauchen und die vom Gesetzgeber gewählte Terminologie lediglich als eine Art Oberbegriff zu verstehen ist, der dazu dient, mehrere Aufwendungsformen

---

im Steuerrecht, S. 34; *Hartmann/Walter,* Auslegung von Steuergesetzen, S. 211; a.A. *Tipke,* Steuerrechtsordnung III, S. 1597 ff. Wenn die Auslegungsmethoden zu unterschiedlichen Ergebnissen führen, müssen die verschiedenen Begründungen gegeneinander abgewogen werden. Dabei wird der Auslegung nach dem Sinn und Zweck mittlerweile die größte Überzeugungskraft zugesprochen, wobei aber darauf zu achten ist, dass die durch den Wortlaut gezogenen Grenzen der Auslegung nicht überschritten werden, vgl. *Beger,* Methodenlehre im Steuerrecht, S. 34; *Drüen,* in: Tipke/Kruse, AO/FGO, § 4 AO, Rn. 254 m.w.N.

1452 Siehe hierzu nochmals Teil 3 § 10 C.I. Näher hierzu Teil 3 § 11 C.IV.

1453 Für den Meinungsstreit um die sphärische Einordnung untrennbar gemischt veranlasster Aufwendungen siehe nochmals Teil 3 § 10 C.II.

mit vergleichbaren Eigenschaften, aber unterschiedlichen Veranlassungsniveaus zusammenzufassen. Hierfür könnte etwa sprechen, dass die Tatbestände des § 4 Abs. 5 S. 1 Nr. 1, 3, 4 und 7 EStG und das Abzugsverbot des § 12 Nr. 1 S. 2 EStG, abgesehen von der Verwendung des Begriffs Repräsentationsaufwendungen in den jeweiligen Gesetzesbegründungen, keinerlei Gemeinsamkeiten aufweisen. Deutliche Unterschiede ergeben sich etwa in Bezug auf die systematische Stellung der Normen im Gesetz oder hinsichtlich der steuerlichen Behandlung der jeweils betroffenen Aufwendungen.[1454] Diese gesetzlichen Diskrepanzen könnten dafür sprechen, dass die Repräsentationsaufwendungen in § 4 Abs. 5 S. 1 Nr. 1, 3, 4 und 7 EStG und diejenigen in § 12 Nr. 1 S. 2 EStG nicht den gleichen Veranlassungsgrad aufweisen und eine übergeordnete Definition für alle einkommensteuerrechtlichen Repräsentationsaufwendungen daher von vornherein nicht gefunden werden kann.

Für eine strukturierte und vollständige Untersuchung der einkommensteuerlichen Repräsentationsaufwendungen ist es mithin erforderlich, § 12 Nr. 1 S. 2 EStG und § 4 Abs. 5 S. 1 Nr. 1, 3, 4 und 7 EStG nebeneinander zu analysieren und die Gemeinsamkeiten und Unterschiede herauszuarbeiten, die sich hieraus für die Aufwendungsform der Repräsentationsaufwendungen ergeben.[1455] Wichtig für die Untersuchung ist dabei die Erkenntnis, dass im Folgenden zwei unterschiedliche Fragen beantwortet werden, die inhaltlich miteinander verknüpft sind: Die erste Frage betrifft allgemein die inhaltliche Bestimmung des Begriffs „Repräsentationsaufwendungen" und dessen Abgrenzung von den übrigen Aufwendungsformen des Graubereichs. Bei der zweiten Frage geht es darum, den konkreten Anwendungsbereich des § 12 Nr. 1 S. 2 EStG und der Tatbestände in § 4 Abs. 5 S. 1 Nr. 1, 3, 4 und 7 EStG zu ermitteln und miteinander zu vergleichen, um herauszufinden, welche Repräsentationsaufwendungen dort jeweils geregelt sind und warum diese steuerlich unterschiedlich behandelt werden. Auch wenn diese Fragen inhaltlich zusammenhängen, da beide Fragen Rückschlüsse auf die übergeordnete Definition und Veranlassung von Repräsentationsaufwendungen ermöglichen, müssen sie systematisch getrennt werden. Auch muss die Antwort auf die beiden Fragen nicht notwendigerweise deckungsgleich ausfallen, da es ebenso denkbar ist, dass weder § 12 Nr. 1 S. 2 EStG noch § 4 Abs. 5 S. 1 Nr. 1, 3, 4 und 7 EStG oder auch beide Normen zusammen genommen sämtliche Arten denkbarer Repräsentationsaufwendungen erfassen.

1454 Siehe auch *Helkenberg,* Unangemessenheit von Betriebsausgaben, S. 71.

1455 Zur Methode der systematischen Gegenüberstellung unterschiedlicher steuerrechtlicher Normen siehe *Jochum,* FS P. Kirchhof, Bd. 2, S. 1611, 1614.

Vor diesem Hintergrund wird im Folgenden zunächst der Begriff der Repräsentationsaufwendungen allgemein auf seinen Wortsinn hin untersucht. Anschließend werden die beiden gesetzlichen Regelungen mit Blick auf den Terminus „Repräsentationsaufwendung" nebeneinander auf ihre Entstehungsgeschichte und gesetzgeberische Bedeutung hin analysiert und der Anwendungsbereich der beiden Normen miteinander verglichen. Die erlangten Erkenntnisse werden sodann dazu verwendet, allgemeine Schlussfolgerungen über die Veranlassung, sphärische Einordnung und steuerliche Behandlung von Repräsentationsaufwendungen zu ziehen. Abschließend sollen die Repräsentationsaufwendungen definiert und von den echten gemischt veranlassten Aufwendungen abgegrenzt werden.

B. Begriff der einkommensteuerrechtlichen Repräsentationsaufwendungen

Der Begriff der Repräsentationsaufwendung[1456] ist ein unbestimmter Rechtsbegriff, der weder nach allen Seiten trennscharf abgegrenzt, noch durch abschließende Aufzählung eindeutig definiert werden kann.[1457] Gleichwohl findet sich im steuerrechtswissenschaftlichen Diskurs ein breit geteiltes Verständnis dafür, welche Arten von Aufwendungen unter diesen Begriff zu fassen sind.[1458] Diese Aufwendungsformen sollen im Folgenden mit Hilfe des Wortsinns sowie der historischen Entwicklung des Repräsentationsaufwendungsbegriffs herausgearbeitet und anschließend mit der vorherrschenden Literaturansicht abgeglichen werden. Als Erstes soll dabei der Wortsinn des Begriffs Repräsentationsaufwendung mit Hilfe des steuerrechtlichen und – nicht zwingend damit übereinstimmenden –[1459] allgemeinen Sprachgebrauchs umrissen werden.[1460] Einen spezifisch steuerrecht-

---

1456 Zum Begriff der *Repräsentationsaufwendung* siehe auch *Fissenewert*, in: Herrmann/Heuer/Raupach, EStG/KStG, § 12 EStG, Rn. 56.

1457 *Gärtner*, Gemischt veranlasste Aufwendungen, S. 229; vgl. auch *Kratzsch*, in: Frotscher/Geurts, EStG, § 12, Rn. 80 unter „Repräsentationsaufwendungen"; *Littmann*, DStR 1971, 179, 180; *Seiler*, in: Kirchhof/Seer, EStG, § 12, Rn. 2.

1458 *Gärtner*, Gemischt veranlasste Aufwendungen, S. 229.

1459 Methodisch ist hierbei zu beachten, dass sich die grammatikalische Auslegung unbestimmter Rechtsbegriffe vornehmlich nach dem fachsprachlichen Gebrauch des Wortes zu richten hat und der allgemeine Sprachgebrauch nur heranzuziehen ist, wenn ein spezifisch fachsprachlicher Gebrauch nicht existiert; siehe hierzu *Wank*, Auslegung von Gesetzen, S. 43.

1460 Zur Untersuchung des Wortsinns des Repräsentationsaufwendungsbegriffs siehe auch *Gärtner*, Gemischt veranlasste Aufwendungen, S. 229.

lichen Sprachgebrauch scheint es für den Repräsentationsaufwendungsbegriff nicht zu geben.[1461] Dem einschlägigen Handwörterbuch des Steuerrechts ist nur allgemein zu entnehmen, dass unter den Begriff „Repräsentationsaufwendungen“ unterschiedliche Aufwendungsformen fallen, die steuerlich nicht einheitlich behandelt werden.[1462] Nach dieser Beschreibung können die Aufwendungen betrieblich/beruflich, privat oder gemischt veranlasst sein.[1463] Eine einheitliche, übergeordnete Definition kann diesen Ausführungen also nicht entnommen werden. Nichtsdestotrotz lässt sich daraus aber der Schluss ziehen, dass der Terminus „Repräsentationsaufwendungen“ im Steuerrecht nicht dazu verwendet wird, um ein bestimmtes Veranlassungsniveau zu beschreiben. Vielmehr scheint der Begriff besondere Eigenschaften oder Charakteristika zu benennen, die einigen Aufwendungen – unabhängig von ihrer jeweiligen Veranlassung – im Steuerrecht gemein ist. Erste Hinweise darauf, welche Eigenschaften oder Charakteristika das sind, lassen sich zwar nicht dem spezifisch steuerrechtlichen, dafür aber dem allgemeinen Sprachgebrauch entnehmen. Hiernach entstammt der für den Begriff Repräsentationsaufwendung maßgebliche Terminus „Repräsentation“ dem lateinischen Wort *„repraesentatio“*,[1464] was übersetzt „bildliche Darstellung“ oder „Abbildung“ bedeutet.[1465] Darüber hinaus wird der Begriff „Repräsentation“ im Wörterbuch unter anderem als „an einem gehobenen gesellschaftlichen Status orientierter, auf Wirkung nach außen bedachter, aufwendiger [Lebens]stil“[1466] beschrieben. Dem allgemeinen Sprachgebrauch nach sind mit Repräsentationsaufwendungen also solche Kosten gemeint, die der Steuerpflichtige tätigt, um sich mit Wirkung nach außen gegenüber der Gesellschaft auf bestimmte Weise darzustellen.

Der Kreis der hiervon erfassten Aufwendungen kann noch weiter eingegrenzt werden, indem als Zweites die historische Entwicklung des Repräsentationsaufwendungsbegriffs analysiert wird. Wie bereits beschrieben, taucht der Begriff Repräsentationsaufwendung im Gesetz selbst nicht auf, sondern wird vom Gesetzgeber erstmals 1934 in der Gesetzesbegründung zu § 12 Nr. 1 S. 2 EStG verwendet. Zuvor ist der Begriff jedoch bereits durch die steuerrechtliche Rechtsprechung

1461 So auch *Gärtner,* Gemischt veranlasste Aufwendungen, S. 229.

1462 *Beisse,* in: Handwörterbuch des Steuerrechts, 2. Bd., S. 1143 f.

1463 Vgl. *Beisse,* in: Handwörterbuch des Steuerrechts, 2. Bd., S. 1143 f.

1464 Vgl. Dudenredaktion (Hrsg.): *„Repräsentation“*, in: Duden Wörterbuch online, https://www.duden.de/node/121067/revision/1275615 (Abrufdatum: 14. Juni 2024).

1465 Vgl. *„repraesentatio“*, in: Langenscheidt Latein-Deutsch Online-Wörterbuch, https://de.langenscheidt.com/latein-deutsch/repraesentatio (Abrufdatum: 14. Juni 2024).

1466 Dudenredaktion (Hrsg.): *„Repräsentation“*, in: Duden Wörterbuch online, https://www.duden.de/node/121067/revision/1275615 (Abrufdatum: 14. Juni 2024).

geprägt und erst später – unter Zugrundelegung dieses historischen Verständnisses – in die Gesetzesbegründung zu § 12 Nr. 1 S. 2 EStG aufgenommen worden.[1467] Der RFH hat Repräsentationsaufwendungen ursprünglich als Ausgaben beschrieben, die einem Steuerpflichtigen daraus erwachsen, dass er „auf Grund seiner Stellung verpflichtet [ist], seinen Haushalt in einer Weise zu führen, der über das seinem Stande Entsprechende hinausgeht".[1468] Hieraus lässt sich bereits erkennen, dass Repräsentationsaufwendungen nach dem Verständnis des RFH mit einer gewissen Zwangsläufigkeit[1469] bzw. mangelnden Freiwilligkeit einhergehen, die dadurch entsteht, dass der Steuerpflichtige eine herausgehobene Position in der Gesellschaft oder im Rahmen seiner wirtschaftlichen beruflichen Tätigkeit inne hat.[1470] Auch andere von dem Gericht gewählte Umschreibungen machen deutlich, dass der RFH mit dem Begriff der Repräsentationsaufwendungen solche Ausgaben verbunden hat, die der Außenwirkung bzw. dem Image, dem Ansehen oder der Reputation des Steuerpflichtigen dienen.[1471] Um als Repräsentationsaufwendung eingestuft zu werden, muss der Ausgabe also offenbar eine bestimmte Zweckrichtung inhärent sein, die darauf gerichtet ist, die gehobene, über dem eigenen Stand liegende Stellung des Steuerpflichtigen zu fördern.[1472] Daneben finden sich aber auch Entscheidungen, in denen der RFH darauf abstellt, dass der Steuerpflichtige zum Zweck der eigenen Außendarstellung gerade solche Aufwendungen tätigt, die seinem gesellschaftlichen Stand entsprechen.[1473] Vom

---

1467 Zur Entstehungsgeschichte des § 12 Nr. 1 S. 2 EStG siehe später Teil 3 § 11 C.V.

1468 RFH StuW 1928, Bd. II, Sp. 312, 312 f.

1469 Gemeint ist damit keine Zwangsläufigkeit im Sinne des objektiven oder subjektiven Nettoprinzips, wonach solche erwerblichen bzw. privaten Aufwendungen, die dem Steuerpflichtigen zwangsläufig entstehen und denen er sich nicht entziehen kann, bereits von Verfassungs wegen steuerlich berücksichtigt werden müssen. Zu diesen zwangsläufigen Erwerbs- und Privataufwendungen siehe nochmals Teil 1 § 2 B.II.4. und Teil 1 § 2 C.II.1.b.

1470 Siehe auch *Fissenewert*, in: Herrmann/Heuer/Raupach, EStG/KStG, § 12 EStG, Rn. 56.

1471 Hierzu auch *Gärtner*, Gemischt veranlasste Aufwendungen, S. 230.

1472 So auch *Gärtner*, Gemischt veranlasste Aufwendungen, S. 230.

1473 Siehe etwa RFH StuW 1928, Bd. II, Sp. 40, 40 f. „[…] *Ausfluß des der Standesrücksichtigen*, der Sorge um das persönliche Ansehen des Gebers […]"; RFH StuW 1928, Bd. II, Sp. 312, 313: „Stellungen […], die ein aufwändigeres Auftreten verlangen"; RFH RStBl. 1936, 814, 815: „Aufwendungen für die Lebensführung, die die wirtschaftliche und gesellschaftliche Stellung des Steuerpflichtigen und die daraus sich ergebenden Leistungen für das Auftreten nach außen (in und außer dem Haus) *mit sich bringen.*" (Hervorhebungen durch die Verfasserin).

RFH als Repräsentationsaufwendungen eingestuft wurden etwa die Ausgaben für Einladungen und Gastereien, Bewirtungen, Ausflüge mit Geschäftsfreunden, Haushalt und Bedienung, die Wahl zur Schützenkönigin, die Abwehr ehrenrühriger Vorwürfe oder die Villa eines Geschäftsmannes.[1474] Anders als beispielsweise *Gärtner*[1475] annimmt, kann der RFH-Rechtsprechung daher nicht entnommen werden, dass Repräsentationsaufwendungen nur dann vorliegen, wenn damit ein gehobener oder sogar luxuriöser Standard bedient werden soll.[1476] Maßgeblich ist vielmehr der mit der Aufwendung verfolgte Zweck, seine eigene Stellung durch entsprechende Außendarstellung zu verbessern.

Darüber hinaus macht die historische Entwicklung des Repräsentationsaufwendungsbegriffs aber auch deutlich, dass die Antwort auf die Frage, welche Voraussetzungen Repräsentationsaufwendungen zu erfüllen haben, von gesellschaftlichen Wertungen abhängt, die im Laufe der Zeit Veränderungen unterliegen.[1477] War zur Zeit des Inkrafttretens von § 12 Nr. 1 S. 2 EStG noch ein sehr kleiner, wohlhabender Kreis von Steuerpflichtigen von dem Abzugsverbot für Repräsentationsaufwendungen betroffen, hat sich dieser im Laufe der Zeit stetig vergrößert, da sich die Vorstellung davon, welche Aufwendungen regelmäßig unter den Begriff Repräsentationsaufwendung fallen, im Laufe der Zeit gewandelt hat.[1478] So hat der Gesetzgeber etwa die mit dem Steueränderungsgesetz 1960 neu geschaffenen Abzugsbeschränkungen in § 4 Abs. 5 Nr. 1-3 EStG a.F.[1479] damit begründet, dass die zunehmende Steigerung des Lebensstandards in den 1950er Jahren dazu geführt habe, dass Steuerpflichtige in immer mehr Bereichen immer

---

1474 Näher hierzu in Teil 3 § 11 C.V. Zu weiteren Beispielen siehe *Gärtner,* Gemischt veranlasste Aufwendungen, S. 232, *Söhn,* DStJG 3 (1980), S. 13, 49, Fn. 178.

1475 Siehe *Gärtner,* Gemischt veranlasste Aufwendungen, S. 230; vgl. auch *Kratzsch,* in: Frotscher/Geurts, EStG, § 12, Rn. 80 unter „Repräsentationsaufwendungen".

1476 Insofern wird in der Literatur teilweise zwischen Repräsentationsaufwendungen i.w.S., die auch die Kosten für „normale" Öffentlichkeitsarbeit umfassen, und Repräsentationsaufwendungen i.e.S., welche hier dargestellt werden, unterschieden; vgl. etwa *Kratzsch,* in: Frotscher/Geurts, EStG, § 12, Rn. 80 unter „Repräsentationsaufwendungen".

1477 Vgl. *Gärtner,* Gemischt veranlasste Aufwendungen, S. 232; *Leisner-Egensperger,* DStZ 2010, 673, 679. Zum Altern von Gesetzen und deren veränderter Bedeutung siehe *Wank,* Auslegung von Gesetzen, S. 31 f.

1478 Vgl. *Gärtner,* Gemischt veranlasste Aufwendungen, S. 233.

1479 Siehe StÄndG 1960, BGBl. 1960 I, 616. Dieser Katalog entspricht den heutigen Abzugsbeschränkungen in § 4 Abs. 5 S. 1 Nr. 1, 3, 4 und 7 EStG; siehe *Meyer,* in: BeckOK EStG, § 4, Rn. 2718. Zur historischen Entwicklung des Abzugskataloges nach § 4 Abs. 5 S. 1 Nr. 1-7 EStG siehe Teil 4 § 17 B.II.

größere Ausgaben für Repräsentationszwecke getätigt hätten.[1480] Dies zugrunde gelegt wurden in der Gesetzesbegründung zur Vorgängerregelung des heutigen § 4 Abs. 5 S. 1 Nr. 1, 3, 4 und 7 EStG, neben den bereits von der RFH-Rechtsprechung bekannten Aufwendungen für Unterkunft und Bewirtung, nunmehr auch die Kosten für gesellschaftliche Veranstaltungen und zur Ausstattung von Geschäftsräumen als typische Beispiele für Repräsentationsaufwendungen genannt.[1481] Setzt man diese Entwicklung gedanklich fort, mag es auch aus heutiger Sicht Aufwendungen geben, die nach aktueller Verkehrsanschauung als Repräsentationsaufwendung einzuordnen sind, zur damaligen Zeit jedoch noch gar keine Rolle spielten.[1482] Wo früher der Titel des Kommerzienrats verliehen wurde, könnte heute die Würde des Schützenkönigs Repräsentationswirkung entfalten.[1483] Doch auch wenn sich die unter den Begriff der Repräsentationsaufwendung gefassten Positionen im Laufe der Zeit verändert haben, bleibt das normative Grundverständnis, das sich insbesondere aus der ursprünglichen Rechtsprechung des RFH zu § 12 Nr. 1 S. 2 EStG ergibt, bis heute unverändert.[1484]

Ein ähnliches Bild davon, was Repräsentationsaufwendungen sind, ergibt sich schließlich aus der vorherrschenden steuerrechtlichen Literaturansicht.[1485] Bereits *Enno Becker* beschrieb Repräsentationsaufwendungen mit der von ihm selbst offen gelassenen Frage „Was ist man seiner Stellung schuldig?“ und nennt als typische Beispiele hierfür Ausgaben von Generaldirektoren für „Geselligkeit und Wohnung“, Beiträge zu gemeinnützigen oder politischen Zwecken sowie die Aufwendungen eines Pelzhändlers, „der mit Frau und Töchtern kostbare Pelze trägt – tragen muß – um den Ruf der Firma zu heben“.[1486] Auch *Fissenewert* und

---

1480 Vgl. BT-Drs. III/1811, 8.

1481 Siehe BT-Drs. III/1811, 8.

1482 Umgekehrt würden Aufwendungen, die der Gesetzgeber 1934 im Sinn hatte, heute vielleicht nicht mehr ohne weiteres unter den Begriff der Repräsentationsaufwendungen gefasst werden. Näher hierzu *Fissenewert,* in: Herrmann/Heuer/Raupach, EStG/KStG, § 12, Rn. 56; *Gärtner,* Gemischt veranlasste Aufwendungen, S. 232, Fn. 885; *Kanzler,* StbJb. 2010/11, 43, 49; *Leisner-Egensperger,* DStZ 2010, 185, 191.

1483 So das Beispiel von *Kanzler,* StbJb. 2010/11, 43, 49; für weitere Beispiele siehe *Gärtner,* Gemischt veranlasste Aufwendungen, S. 232.

1484 In diesem Sinne auch *Fissenewert,* in: Herrmann/Heuer/Raupach, EStG/KStG, § 12 EStG, Rn. 56; *Gärtner,* Gemischt veranlasste Aufwendungen, S. 233; *Kanzler,* StbJb. 2010/11, 43, 49; a.A. *Leisner-Egensperger,* DStZ 2010, 185, 191.

1485 Zu den Ansichten des Schrifttums siehe auch *Fissenewert,* in: Herrmann/Heuer/Raupach, EStG/KStG, § 12 EStG, Rn. 56; *Gärtner,* Gemischt veranlasste Aufwendungen, S. 230 f.

1486 *Becker,* Einkommensteuer, § 11, S. 15.

andere Autoren definieren Repräsentationsaufwendungen als Ausgaben, „zu denen sich der Steuerpflichtige aufgrund seiner Position im Erwerbsleben verpflichtet sieht und denen er sich nach Brauch und Sitte billigerweise nicht entziehen kann“[1487] und deuten damit die gleiche Zwangsläufigkeit bzw. Unfreiwilligkeit an, die bereits aus der Definition des RFH erkennbar wurde. Als Beispiele werden in diesem Zusammenhang zusätzliche Aufwendungen für eine repräsentative Haushaltsführung,[1488] Luxusgüter wie Flugzeuge und Landhäuser,[1489] Aufwendungen oder Beiträge für kostspielige Sportarten (z.B. Tennisanlagen, Segelboote, Mitgliedsbeiträge im Jacht- oder Poloklub)[1490] sowie verschiedene gesellschaftliche Veranstaltungen[1491] genannt. *Tipke* schließlich hebt besonders den Aspekt des gehobenen Lebensstils hervor, indem er Repräsentationsaufwendungen als „Ausgaben für gehobene Bedürfnisse“ beschreibt, die „von Steuerpflichtigen in gehobener wirtschaftlicher oder gesellschaftlicher Position, insbesondere aus Gründen der Repräsentation oder des Renommees (Lebenskomfort)“[1492] getätigt werden, und ergänzend angibt, dass es sich dabei um Ausgaben des „highlife“[1493] handele. Nach allen drei Definitionen zeichnen sich Repräsentationsaufwendungen also dadurch aus, dass der Steuerpflichtige sie mit einer gewissen Zwangsläufigkeit tätigt oder sogar tätigen muss, um den gehobenen bzw. übertriebenen Lebensstil, der typischerweise mit seiner gesellschaftlichen Stellung einhergeht, zu wahren.

Zusammenfassend hat die Untersuchung des Begriffs der Repräsentationsaufwendungen damit gezeigt, dass mit diesem Terminus bestimmte Aufwendung beschrieben werden, die der Steuerpflichtige aufgrund seiner gehobenen

---

1487 *Fissenewert,* in: Herrmann/Heuer/Raupach, EStG/KStG, § 12 EStG, Rn. 56, so auch *Thürmer,* in: Brandis/Heuermann, EStG, § 12, Rn. 93.

1488 *Gorski,* DStZ 1981, 111, 113.

1489 *Kratzsch,* in: Frotscher/Geurts, EStG, § 12, Rn. 80 unter „Repräsentationsaufwendungen“; *Thürmer,* in: Brandis/Heuermann, EStG, § 12, Rn. 94; vgl. *Loschelder,* in: Schmidt, EStG, § 12, Rn. 11.

1490 Siehe *Drenseck,* FS Offerhaus, S. 497, 500; *Gärtner,* Gemischt veranlasste Aufwendungen, S. 232, *Kratzsch,* in: Frotscher/Geurts, EStG, § 12, Rn. 80 unter „Repräsentationsaufwendungen“; *Thürmer,* in: Brandis/Heuermann, EStG, § 12, Rn. 94.

1491 Siehe *Drenseck,* FS Offerhaus, S. 497, 500; *Gorski,* DStZ 1981, 111, 113; *Kratzsch,* in: Frotscher/Geurts, EStG, § 12, Rn. 80 unter „Repräsentationsaufwendungen“; *Loschelder,* in: Schmidt, EStG, § 12, Rn. 11; *Thürmer,* in: Brandis/Heuermann, EStG, § 12, Rn. 94.

1492 *Tipke,* StuW 1979, 193, 204. Siehe außerdem *Leisner-Egensperger,* DStZ 2010, 673, 679: „gesellschaftliche Stellung“; *Littmann,* DStR 1971, 179, 180: „gehobene Lebensführung“.

1493 *Tipke,* StuW 1979, 193, 204, Fn. 52.

wirtschaftlichen oder gesellschaftlichen Stellung zur Herstellung, Aufrechterhaltung oder Verbesserung seines Images bzw. seiner Reputation tätigen muss. Ob Repräsentationsaufwendungen allerdings betrieblich/beruflich, privat oder gemischt veranlasst sind und demzufolge der Erwerbs- oder Privatsphäre zuzuordnen sind, lässt sich dem Begriff, der nur die besonderen Eigenschaften der betreffenden Aufwendungen umschreibt, allein nicht entnehmen. Auch die Frage der steuerlichen Behandlung von Repräsentationsaufwendungen bleibt damit noch ungeklärt. Daher werden im Folgenden die gesetzlichen Regelungen des § 12 Nr. 1 S. 2 EStG und § 4 Abs. 5 S. 1 Nr. 1-7 EStG mit Blick auf die Definition sowie die steuerliche Behandlung von Repräsentationsaufwendungen untersucht.

C. Bedeutung und Anwendungsbereich des § 12 Nr. 1 S. 2 EStG

I. Wiederholung der bisherigen Erkenntnisse und Ausgangsfrage

Nach den Ausführungen zu den echten gemischt veranlassten Aufwendungen[1494] steht fest, dass der Anwendungsbereich des § 12 Nr. 1 S. 2 EStG nach mittlerweile ständiger Rechtsprechung und herrschender Literaturansicht auf eine bestimmte Art gemischter Aufwendungen beschränkt ist und für diese auch nach der geänderten Rechtsprechung des BFH weiterhin ein Aufteilungs- und Abzugsverbot gilt. Dieses enge Normverständnis ergibt sich insbesondere aus dem begrenzten Wortlaut sowie der in der Gesetzesbegründung erkennbaren Entstehungsgeschichte des § 12 Nr. 1 S. 2 EStG.[1495] Es wurde deutlich, dass das Abzugsverbot des § 12 Nr. 1 S. 2 EStG gerade nicht, wie der BFH lange Zeit annahm, für alle Aufwendungen des Graubereichs gilt, sondern nur für diejenigen Aufwendungen, die der Gesetzgeber in der Gesetzesbegründung zu § 12 Nr. 1 S. 2 EStG als sog. Repräsentationsaufwendungen bezeichnet hat.[1496]

Damit stellt sich nachgelagert jedoch die Frage, was typische Repräsentationsaufwendungen[1497] iSd § 12 Nr. 1 S. 2 EStG sind bzw. wie diese Repräsentationsaufwendungen sphärisch einzuordnen sind.[1498] Um dieser Frage nachzugehen, ist es

1494 Siehe Teil 3 § 10.

1495 Siehe hierzu nochmals Teil 3 § 10 B.II.1.

1496 Vgl. RStBl. I 1935, 33, 41.

1497 Siehe zu diesem häufig in der Literatur verwendeten Terminus etwa *Arndt,* in: K/SM/, EStG, § 12, Rn. A 5 („typische Repräsentationskosten"); *Drenseck,* DB 1987, 2483; *Drenseck,* FS Offerhaus, S. 497, 498 („typische Repräsentationskosten"); *Gärtner,* Gemischt veranlasste Aufwendungen, S. 221 („typische bzw. echte Repräsentationsaufwendungen"); *Kottke,* DStR 1992, 129, 130 („typische Repräsentationsaufwendungen").

1498 Vgl. auch *Fissenewert,* in: Herrmann/Heuer/Raupach, EStG/KStG, § 12 EStG, Rn. 56.

erforderlich die gesetzliche Bedeutung des § 12 Nr. 1 S. 2 EStG zu analysieren,[1499] um herauszufinden, welches Veranlassungsniveau Repräsentationsaufwendungen im Sinne der Norm haben müssen. Ziel der Untersuchung ist es, die in § 12 Nr. 1 S. 2 EStG beschriebenen Aufwendungen so zu konkretisieren, dass einheitliche Abgrenzungsmerkmale zu anderen Mischaufwendungen gefunden werden können. Als Hilfsmittel für die Untersuchung des Tatbestandes dienen dabei die gängigen Auslegungsmethoden der grammatikalischen, systematischen, teleologischen und historischen Auslegung. Ein besonderes Augenmerk wird zugleich auf die Gesetzesbegründung sowie die ursprüngliche RFH-Rechtsprechung gelegt, die durch § 12 Nr. 1 S. 2 EStG umgesetzt werden sollte.

II. Wortlaut

Zunächst gilt es, den Wortlaut des § 12 Nr. 1 S. 2 EStG auf seine Bedeutung hin zu untersuchen. Dieser lautet wie folgt:

> „*Dazu* [zu den nicht abziehbaren Aufwendungen gemäß § 12 Nr. 1 S. 1 EStG] *gehören auch die Aufwendungen für die Lebensführung, die die wirtschaftliche oder gesellschaftliche Stellung des Steuerpflichtigen mit sich bringt, auch wenn sie zur Förderung des Berufs oder der Tätigkeit des Steuerpflichtigen erfolgen.*“

Aus diesem Wortlaut wird zunächst deutlich, dass das Abzugsverbot des § 12 Abs. 1 S. 2 EStG auf solche Aufwendungen beschränkt ist, „die die wirtschaftliche oder gesellschaftliche Stellung des Steuerpflichtigen mit sich bringt“.[1500] Fraglich ist aber, welche Aufwendungen damit gemeint sind. In der Literatur wird diesbezüglich teilweise vertreten, dass der Wortlaut des § 12 Nr. 1 S. 2 EStG missglückt sei[1501] und sich hieraus keine eindeutigen Auslegungsergebnisse ziehen ließen.[1502] Vor dem Hintergrund, dass § 12 Nr. 1 S. 2 EStG ursprünglich geschaffen wurde, um die Rechtsprechung des RFH zu den Repräsentationsaufwendungen umzusetzen,[1503] der Begriff „Repräsentationsaufwendung“ jedoch selbst nicht im Wortlaut der Norm vorkommt, ist dem zunächst beizupflichten. Ungeachtet

---

1499 Siehe diesbezüglich bereits *Arndt,* in: K/S/M, EStG, § 12, Rn. B 1 ff.; *Drenseck,* DB 1987, 2483, 2484 f.; *Offerhaus,* DStR 2005, 446 f.; *Söhn,* DStJG 3 (1980), S. 13, 49 ff.; *Tipke,* StuW 1979, 193, 203 ff.; siehe zudem *Gärtner,* Gemischt veranlasste Aufwendungen, S. 217 ff.

1500 Zu dieser Feststellung siehe bereits Teil 3 § 10 B.II.1.

1501 Siehe nur *Kottke,* DStR 1992, 129, 130 („verkorkster Wortlaut“); *Söhn,* DStJG 3 (1980), S. 13, 51 („verfehlter Wortlaut des § 12 Nr. 1 EStG“).

1502 So etwa *Drenseck,* DB 1987, 2483, 2486; *Gärtner,* Gemischt veranlasste Aufwendungen, S. 218.

1503 Siehe diesbezüglich bereits Teil 3 § 10 B.II.1.

dessen lassen sich in der Literatur aber mehrere Untersuchungen finden, die den Wortlaut des § 12 Nr. 1 S. 2 EStG auf ähnliche Weise interpretieren und damit durchaus erste Rückschlüsse auf die Bedeutung des § 12 Nr. 1 S. 2 EStG sowie den Begriff derjenigen Repräsentationsaufwendungen, die davon erfasst sind, ermöglichen.

Tipke etwa versteht den Wortlaut des § 12 Nr. 1 S. 2 EStG dahingehend, dass unter die Norm nur diejenigen Aufwendungen zu subsumieren sind, die der Steuerpflichtige primär im Zusammenhang mit seiner exponierten wirtschaftlichen oder gesellschaftlichen Stellung für die Lebensführung ausgibt und damit nur nebenbei zugleich auch seinen Beruf fördern.[1504] Seiner Meinung nach deutet die Formulierung, bei der der Begriff „Aufwendung für die Lebensführung" voran gestellt ist und der Bezug zur Erwerbssphäre nur nachrangig in einem Relativsatz gebildet wird, darauf hin, dass der Akzent der Norm auf der Lebensführung liegt[1505] und die Betriebs- bzw. Berufssphäre demgegenüber nur unwesentlich betroffen ist.[1506] Auch der *Wiss. Beirat der Ernst & Young AG* sieht den Schwerpunkt des Wortlauts in dem Terminus „Aufwendungen für die Lebensführung" und deutet § 12 Nr. 1 S. 2 EStG daher als Aufteilungs- und Abzugsverbot für Aufwendungen, die wesentlich privat veranlasst sind.[1507] Zu einem vergleichbaren Ergebnis kommen darüber hinaus *Jakob*[1508] und *Weber*[1509], die vertreten,

1504 *Tipke,* StuW 1979, 193, 204. Siehe auch *G. Kirchhof,* in: BeckOK EStG, § 12, Rn. 109 ff., der vertritt, dass Repräsentationsaufwendungen iSd § 12 Nr. 1 S. 2 EStG „*Aufwendungen der Lebensführung* [sind], die dadurch entstehen, dass der Steuerpflichtige seinen Lebensstil sozialen Erwartungen anpasst, die auf seine besondere berufliche oder gesellschaftliche Stellung zurückzuführen sind." (Hervorhebung durch die Verfasserin). Vgl. auch *Fissenewert,* in: Herrmann/Heuer/Raupach, EStG/KStG, § 12 EStG, Rn. 24, 56; *Kratzsch,* in: Frotscher/Geurts, EStG, § 12, Rn. 22. A.A. wohl *Meurer,* in: Lademann, EStG, § 4, Rn. 543.

1505 So auch *Lang,* in: Tipke/Lang, Steuerrecht, 20. Auflage, 2010, § 9, Rn. 242; *Lang,* StuW 2007, 3, 10.

1506 Vgl. *Tipke,* Steuerrechtsordnung II, S. 769 f.; *Tipke,* StuW 1979, 193, 204 und dort insbesondere Fn. 51. Siehe zudem *Kratzsch,* in: Frotscher/Geurts, § 12, Rn. 55; *Lang,* StuW 2007, 3, 10; *Leisner-Egensperger,* FR 2006, 705, 709; *Schilling,* Zwangsläufiger Aufwand, S. 125; vgl. auch *Jochum,* DStZ 2010, 665, 666.

1507 Vgl. *Wiss. Beirat Ernst & Young AG,* BB 2004, 1024, 1028 f., der diesbezüglich von „Lebensführungskosten mit beruflichem Bezug (Repräsentationsaufwendungen)" spricht; vgl. zudem *Seiler,* in: Kirchhof/Seer, EStG, § 12, Rn. 2. Siehe ferner *Loschelder,* in: Schmidt, EStG, § 12, Rn. 9: „sog. private Repräsentationskosten".

1508 *Jakob,* Einkommen I, S. 130.

1509 *Weber,* StuW 2009, 184, 193.

dass § 12 Nr. 1 S. 2 EStG nur solche gemischten Aufwendungen erfasse, „denen von vornherein eine gewisse Neigung zur ‚Lebensqualität' anhaftet". *Kottke* geht noch weiter und nimmt an, dass sich der Wortlaut des § 12 Nr. 1 S. 2 EStG ausschließlich auf Lebensführungsaufwendungen beziehe und Betriebsausgaben bzw. Werbungskosten hiervon überhaupt nicht betroffen sind.[1510] Die Ausführungen zeigen also, dass sich in der Literatur durchaus ein einheitliches Ergebnis der grammatikalischen Auslegung des § 12 Nr. 1 S. 2 EStG gefunden hat. Hiernach haben Repräsentationsaufwendungen iSd § 12 Nr. 1 S. 2 EStG ihren Kern im Bereich der privaten Lebensführung und weisen daneben nur unbedeutende oder unwesentliche Bezüge zur Erwerbssphäre auf.[1511]

In gleicher Weise deutet auch der BFH den Wortlaut des § 12 Nr. 1 S. 2 EStG, wenn er angibt, dass „derartige *ihrer Natur nach private Aufwendungen* [...] nicht dadurch zu abziehbaren Betriebsausgaben oder Werbungskosten [werden], dass sie zur Förderung des Berufs dienen".[1512] Nach Ansicht des Großen Senats handelt es sich bei den Aufwendungen nach § 12 Nr. 1 S. 2 EStG trotz ihres Bezugs zum Beruf bzw. Betrieb des Steuerpflichtigen nicht um Erwerbs-, sondern um Privataufwendungen.[1513] Daraus lässt sich schließen, dass auch das Gericht davon ausgeht, dass der betrieblich/beruflich veranlasste Teil der Aufwendungen nur von untergeordneter Bedeutung ist und für die Frage der Abziehbarkeit dieser Aufwendungen letztlich keine Rolle spielt.[1514]

Dieser Auslegung des Wortlauts ist zuzustimmen. Schon die Einleitung des Satzes mit den Worten „*Dazu gehört auch*", macht deutlich, dass § 12 Nr. 1 S. 2 EStG in Zusammenhang mit § 12 Nr. 1 S. 1 EStG verstehen ist,[1515] der die Nichtabziehbarkeit privater Aufwendungen regelt.[1516] Auch der Terminus „Aufwendungen für die Lebensführung", der gemeinhin als Oberbegriff für alle Privataufwendungen verstanden wird,[1517] weist darauf hin, dass der Schwerpunkt der Aufwendungen im Bereich der Privatsphäre liegt. Versteht man die Formulierung „die die wirtschaftliche oder gesellschaftliche Stellung [...] mit sich bringt" zudem als

---

1510 Siehe *Kottke,* DStR 1992, 129, 130.

1511 Vgl. auch *Weber,* StuW 2009, 184, 193; *Wiss. Beirat Ernst & Young AG*, BB 2004, 1024, 1028.

1512 BFH GrS BStBl. II 2010, 672, 681 (Hervorhebung durch die Verfasserin).

1513 So auch *G. Kirchhof,* in: BeckOK EStG, § 12, Rn. 109 ff.

1514 Vgl. auch *G. Kirchhof,* in: BeckOK EStG, § 12, Rn. 109 ff.

1515 So auch BFH GrS BStBl. II 2010, 672, 681; *Arndt,* in: K/S/M, EStG, § 12, Rn. B 5a; *Fissenewert,* in: Herrmann/Heuer/Raupach, EStG/KStG, § 12 EStG, Rn. 56.

1516 Zur Bedeutung des § 12 Nr. 1 S. 1 EStG siehe nochmals Teil 2 § 6 A.

1517 Siehe hierzu bereits Teil 2 § 6 B.

tatbestandliche Umschreibung des gesellschaftlichen „Repräsentierens",[1518] so kann hieraus bereits der erste Schluss gezogen werden, dass § 12 Nr. 1 S. 2 EStG wesentlich privat veranlasste Aufwendungen betrifft, die getätigt werden, weil der Steuerpflichtige eine wirtschaftliche oder gesellschaftliche Stellung innehat, die bei ihm ein gewisses Bedürfnis nach Repräsentation oder Renommee hervorruft.[1519]

Darüber hinaus kann dem Wortlaut des § 12 Nr. 1 S. 2 EStG aber auch entnommen werden, dass die betreffenden Aufwendungen neben der wesentlich privaten Veranlassung auch einen gewissen Bezug zur Erwerbssphäre aufweisen und damit Aufwendungen des Graubereichs sind. Anders als bei echten gemischt veranlassten Aufwendungen fällt der betriebliche/berufliche Veranlassungsanteil nach dem Wortlaut des § 12 Nr. 1 S. 2 EStG bei Repräsentationsaufwendungen allerdings deutlich geringer aus als die private Mitveranlassung. Dies ergibt sich zum einen daraus, dass der Relativsatz, in dem der Bezug zur Erwerbssphäre hergestellt wird, mit den Worten „auch wenn" eingeleitet wird.[1520] Mit dieser Formulierung wird ersichtlich, dass eine betriebliche Mitbetroffenheit nicht den gedachten Ausgangsfall der Norm darstellt, sondern lediglich ein denkbarer Sonderfall ist, der neben dem eigentlich entscheidenden Grundfall der privaten Veranlassung iSd § 12 Nr. 1 S. 1 EStG ebenfalls vom Abzugsverbot erfasst sein sollte. Zum anderen verwendet der Gesetzgeber zur Beschreibung der betrieblichen/beruflichen Betroffenheit in § 12 Nr. 1 S. 2 EStG nicht wie gewöhnlich im Rahmen des § 4 Abs. 4 EStG die Formulierung der betrieblichen Veranlassung, sondern wählt mit der „Förderung des Berufs" eine Terminologie, die in ihrer Intensität erkennbar schwächer ausfällt.[1521] Aufwendungen, die betrieblich/beruflich veranlasst sind, stehen unmittelbar in Zusammenhang mit der Einkünfteerzielung.[1522]

1518 So auch *Leisner-Egensperger,* FR 2006, 705, 709; vgl. ferner *Fissenewert,* in: Herrmann/Heuer/Raupach, EStG/KStG, § 12 EStG, Rn. 56; *Lang,* Bemessungsgrundlage, S. 79; *Littmann,* DStR 1971, 179, 180; *Strahl,* KÖSDI 2004, 14019, 14020.

1519 Vgl. auch *Fissenewert,* in: Herrmann/Heuer/Raupach, EStG/KStG, § 12 EStG, Rn. 56; *Gärtner,* Gemischt veranlasste Aufwendungen, S. 219; *Ruppe,* DStJG 3 (1980), S. 103, 124; *Tipke,* StuW 1979, 193, 204.

1520 Siehe auch *Strahl,* KÖSDI 2004, 14019, 14020.

1521 Vgl. auch *Arndt,* in: K/S/M, EStG, § 12, Rn. B 6; *Drenseck,* DB 1987, 2483, 2486; *Fissenewert,* in: Herrmann/Heuer/Raupach, EStG/KStG, § 12 EStG, Rn. 56; *Helkenberg,* Unangemessenheit von Betriebsausgaben, S. 44 f.; *Kratzsch,* in: Frotscher/Geurts, EStG, § 12, Rn. 80 unter Repräsentationsaufwendungen; *Steenken,* Gesetzliche Pauschalierung, S. 144.

1522 *Arndt,* in: K/S/M, EStG, § 12, Rn. B 6. Siehe hierzu auch nochmal die Ausführungen zum Veranlassungsprinzip in Teil 2 § 7.

Dagegen erlangen Aufwendungen, die den Beruf lediglich fördern, nur beiläufig Bedeutung für die Erwerbssphäre des Steuerpflichtigen.[1523] Ihr wirtschaftlicher Zusammenhang zur Einkünfteerzielung ist lockerer als bei Aufwendungen, die durch den Betrieb/Beruf veranlasst sind.[1524] Der eigentliche Zweck des Aufwands ist dann gerade nicht betrieblicher/beruflicher Natur.[1525] Die schwächere Formulierung in § 12 Nr. 1 S. 2 EStG scheint daher ein Hinweis darauf zu sein, dass der Bezug zur Erwerbssphäre bei den betreffenden Aufwendungen unterhalb der Schwelle der wesentlichen Veranlassung liegt.[1526]

Als erstes Zwischenergebnis der grammatikalischen Auslegung kann an dieser Stelle also festgehalten werden, dass es sich bei den in § 12 Nr. 1 S. 2 EStG beschriebenen Aufwendungen um wesentlich privat veranlasste Aufwendungen[1527] handelt, die anfallen, weil der Steuerpflichtige ein gewisses Interesse an Repräsentation oder Renommee hat, und beiläufig auch unwesentlich Einfluss auf den Betrieb/Beruf des Steuerpflichtigen haben. Dem Wortlaut allein können allerdings noch keine endgültigen Schlüsse[1528] über die Bedeutung des § 12 Nr. 1 S. 2 EStG oder die Definition von Repräsentationsaufwendungen entnommen werden. Daher müssen zusätzlich die anderen Auslegungsmethoden herangezogen werden, um den Sinnzusammenhang, in den § 12 Nr. 1 S. 2 EStG eingebettet ist, zu identifizieren.[1529]

1523 Vgl. auch *Helkenberg,* Unangemessenheit von Betriebsausgaben, S. 72.

1524 So *Helkenberg,* Unangemessenheit von Betriebsausgaben, S. 45 f., die aus dem Wortlaut des § 12 Nr. 1 S. 2 EStG zu Recht den Umkehrschluss zieht, dass keine Erwerbsaufwendungen vorliegen, wenn der Betrieb/Beruf durch die Aufwendung nur gefördert wird.

1525 Vgl. auch *Arndt,* in: K/S/M, EStG, § 12, Rn. B 6; *Fissenewert,* in: Herrmann/Heuer/Raupach, EStG/KStG, § 12 EStG, Rn. 56; in die gleiche Richtung auch *Tipke,* StuW 1979, 193, 204.

1526 Vgl. auch *Fissenewert,* in: Herrmann/Heuer/Raupach, EStG/KStG, § 12 EStG, Rn. 56; *Helkenberg,* Unangemessenheit von Betriebsausgaben, S. 44, 72 f.; *Kratzsch,* in: Frotscher/Geurts, EStG, § 12, Rn. 80 unter „Repräsentationsaufwendungen". In diesem Punkt zustimmend auch *Gärtner,* Gemischt veranlasste Aufwendungen, S. 224, der im Ergebnis aber eine andere Ansicht vertritt.

1527 Zur Wesentlichkeitstheorie siehe nochmals Teil 3 § 9 B II.

1528 Siehe hierzu auch *Geserich,* DStR 2011, Beih. zu Heft 31, 59, 61.

1529 Zur Auslegung allein nach dem Wortlaut siehe bereits BFH BStBl. II 2011, 277, 280; BFH/NV 2008, 1529, 1530; *Geserich,* DStR 2011, Beih. zu Heft 31, 59, 61.

III. Systematik

Auch aus der systematischen Stellung des § 12 Nr. 1 S. 2 EStG lassen sich keine eindeutigen Schlüsse für die Bedeutung der Norm oder die allgemeine Definition von Repräsentationsaufwendungen ziehen.[1530] Ebenso wie der Wortlaut des § 12 Nr. 1 S. 2 EStG spricht auch die systematische Stellung direkt hinter dem Abzugsverbot für Privataufwendungen nach § 12 Nr. 1 S. 1 EStG zunächst dafür, dass die beiden Sätze miteinander in Verbindung stehen und § 12 Nr. 1 S. 2 EStG demnach ebenfalls Aufwendungen betrifft, die einen starken Bezug zur Privatsphäre aufweisen.[1531] Auch steht der mit „Nicht abzugsfähige Ausgaben" überschriebene § 12 EStG unmittelbar hinter den Sonderausgaben nach § 10 ff. EStG, welche trotz ihrer privaten Veranlassung zum steuerlichen Abzug zugelassen werden.[1532] Eine sphärische Einordnung des § 12 Nr. 1 S. 2 EStG im Bereich der Privatsphäre ließe sich daher auch mit der Systematik des Gesetzes begründen.

Mehr als diese Nähe zur Privatsphäre kann der systematischen Stellung des § 12 Nr. 1 S. 2 EStG allerdings nicht entnommen werden.[1533] Insbesondere lassen sich keine Schlüsse darauf ziehen, wie stark der in § 12 Nr. 1 S. 2 EStG a.E. genannte Bezug zur Erwerbssphäre ausgeprägt ist, da das Gesetz keine Norm für echte gemischt veranlasste Aufwendungen kennt, bei denen sowohl die betriebliche als auch die private Veranlassung wesentlich ist.[1534] Ob die betriebliche Mitveranlassung der Repräsentationsaufwendungen nach § 12 Nr. 1 S. 2 EStG wesentlich oder unwesentlich ist, würde sich daher an der übergeordneten Systematik des Gesetzes nicht widerspiegeln. Für weitere Erkenntnisse über die Bedeutung und den Anwendungsbereich des § 12 Nr. 1 S. 2 EStG bedarf es mithin zusätzlich der teleologischen und historischen Auslegung.

1530 Siehe auch *Arndt,* in: K/S/M, EStG, § 12, Rn. B 11.

1531 Vgl. auch *Arndt,* in: K/S/M, EStG, § 12, Rn. A 12, B 11, der aus der systematischen Stellung zwischen haushalts- (§ 12 Nr. 1 S. 1 EStG) und unterhaltsbezogenen (§ 12 Nr. 2 EStG) Vorschriften folgert, dass von § 12 Nr. 1 S. 2 EStG nur haushaltsbezogene gemischte Aufwendungen betroffen sind.

1532 *Gärtner*, Gemischt veranlasste Aufwendungen, S. 219.

1533 So auch *Gärtner*, Gemischt veranlasste Aufwendungen, S. 219.

1534 Siehe hierzu bereits Teil 3 § 10 A.

IV. *Sinn und Zweck unter Beachtung der amtlichen Begründung zu § 12 EStG*

Den Schlüssel zum Verständnis des § 12 Nr. 1 S. 2 EStG sehen die meisten Autoren[1535] in der teleologischen Auslegung, für die insbesondere die amtliche Begründung zu § 12 EStG herangezogen wird, da hieraus nach überwiegender Ansicht der Sinn und Zweck der Norm deutlich hervorgeht.[1536] Weil der Begriff „Repräsentationsaufwendung" zudem nur dort verwendet wird, ist es auch für die vorliegende Untersuchung unerlässlich, den konkreten Wortlaut der Gesetzesbegründung zu analysieren, um herauszufinden, was für Aufwendungen inhaltlich gemeint sind. In der amtlichen Begründung heißt es diesbezüglich:

> „§ 12 gilt für *sämtliche* Einkunftsarten. In Ziffer 1 sind – entsprechend der Rechtsprechung des Reichsfinanzhofs – als nicht abzugsfähig auch aufgeführt die *Aufwendungen für die Lebensführung*, die die wirtschaftliche oder gesellschaftliche Stellung des Steuerpflichtigen mit sich bringt, auch wenn sie zur Förderung des Berufs oder der Tätigkeit des Steuerpflichtigen erfolgen. Damit ist klargestellt, daß die sogenannten *Repräsentationsaufwendungen* nur dann zu den Betriebsausgaben oder zu den Werbungskosten gerechnet werden können, wenn sie *ausschließlich* zur landwirtschaftlichen, gewerblichen, beruflichen usw. *Tätigkeit gehören und nichts mit dem Privatleben* zu tun haben. Wenn bei Repräsentationsaufwendungen private und berufliche Gründe zusammenwirken und eine *Trennung nicht erfolgen kann, sind die Ausgaben nicht abzugsfähig.*". [1537]

In dieser amtlichen Begründung sieht die herrschende Literaturansicht zunächst den eindeutigen Beleg dafür, dass das Aufteilungs- und Abzugsverbot des § 12 Nr. 1 S. 2 EStG nach dem Willen des Gesetzgebers nur für Repräsentationsaufwendungen und gerade nicht für alle Aufwendungen im Graubereich gilt.[1538] Betrachtet man die Formulierung des dritten Satzes, aus dem unmissverständlich hervorgeht, dass § 12 Nr. 1 S. 2 EStG ins Gesetz aufgenommen wurde, um klarzustellen, dass sogenannte Repräsentationsaufwendungen nur unter bestimmten Voraussetzungen zum Abzug zugelassen werden können,[1539] ist dieser Auslegung zweifellos zuzustimmen. Auch wenn der missglückte Wortlaut des

1535 Siehe etwa *Arndt,* in: K/S/M, EStG, § 12, Rn. B 3; *Drenseck,* DB 1987, 2483, 2486; *Littmann,* DStR 1971, 179, 180; *Söhn,* DStJG 3 (1980), S. 13, 49 f.; *Tipke,* StuW 1979, 193, 204; *Weber,* StuW 2009, 184, 193; *Wiss. Beirat Ernst & Young AG,* BB 2004, 1024, 1028.

1536 Siehe nur *Söhn,* DStJG 3 (1980), S. 13, 49.

1537 RStBl. I 1935, 33, 41 (Hervorhebungen durch den Gesetzgeber).

1538 Siehe hierzu bereits Teil 3 § 10 B.II.1.

1539 Vgl. auch *Littmann,* DStR 1971, 179, 180; *Söhn,* DStJG 3 (1980), S. 13, 49; *Wiss. Beirat Ernst & Young AG,* BB 2004, 1024, 1028.

§ 12 Nr. 1 S. 2 EStG eine solche Interpretation des Anwendungsbereichs nicht zweifelsfrei widerspiegelt, geht der vom Gesetzgeber verfolgte Zweck der Norm aus dieser Begründung eindeutig hervor.

Weniger eindeutig ist dagegen die Antwort auf die – für die vorliegende Untersuchung maßgebliche – Folgefrage, wie der Begriff „Repräsentationsaufwendungen" im Sinne dieser Gesetzesbegründung inhaltlich zu deuten ist.[1540] Auch wenn dieser Terminus – anders als im Gesetzestext – in der amtlichen Begründung zu § 12 Nr. 1 S. 2 EStG tatsächlich verwendet wird, findet sich auch hier keine Definition dafür. Legt man den Wortlaut der Gesetzesbegründung allerdings vollständig aus,[1541] lassen sich hieraus mehrere Erkenntnisse über die inhaltliche Bedeutung der Repräsentationsaufwendungen iSd § 12 Nr. 1 S. 2 EStG ziehen. Zunächst fällt bei Durchsicht des zweiten und dritten Satzes der Begründung auf, dass der bereits untersuchte Wortlaut des § 12 Nr. 1 S. 2 EStG nach dem Willen des Gesetzgebers tatsächlich eine Umschreibung für die in der amtlichen Begründung genannten „Repräsentationsaufwendungen" darstellen soll.[1542] Dies ergibt sich unmittelbar aus der Formulierung des dritten Satzes, in dem erklärt wird, dass mit dem Gesetzeswortlaut („Damit"), der im zweiten Satz der amtlichen Begründung nahezu wörtlich wiedergegeben wird, klargestellt ist, „daß die sogenannten Repräsentationsaufwendungen" nicht abziehbar sind.[1543] Hieraus kann gefolgert werden, dass der umständliche Gesetzeswortlaut des § 12 Nr. 1 S. 2 EStG nach dem historischen Willen des Gesetzgebers dazu beitragen sollte, den aus der Rechtsprechung des RFH zwar bereits bekannten, aber dennoch unbestimmten Rechtsbegriff der „Repräsentationsaufwendung" inhaltlich auszufüllen. Damit kommt der oben durchgeführten grammatikalischen Auslegung des § 12 Nr. 1 S. 2 EStG für die inhaltliche Bestimmung und Abgrenzung der Repräsentationsaufwendungen besondere Bedeutung zu.

Des Weiteren lässt sich feststellen, dass Repräsentationsaufwendungen, anders als der Wortlaut des § 12 Nr. 1 S. 2 EStG vermuten lässt,[1544] nach der Vorstellung des Gesetzgebers *nicht in jedem Fall* unwesentlich betrieblich/beruflich und wesentlich privat veranlasst sein müssen. Aus dem dritten Satz der Begründung geht vielmehr hervor, dass Repräsentationsaufwendungen ebenso ausschließlich betrieblich/beruflich veranlasst sein können („wenn sie ausschließlich zur landwirtschaftlichen, gewerblichen, beruflichen usw. Tätigkeit gehören und nichts mit

1540 Vgl. auch *Gärtner,* Gemischt veranlasste Aufwendungen, S. 221.

1541 Siehe hierzu bereits *Söhn,* DStJG 3 (1980), S. 13, 49 f.

1542 So auch *Littmann,* DStR 1971, 179, 180; *Pezzer,* DStR 2010, 93, 95; vgl. *Gorski,* DStZ 1981, 111, 113; *Söhn,* DStJG 3 (1980), S. 13, 49.

1543 So auch *Littmann,* DStR 1971, 179, 180.

1544 Siehe hierzu nochmals Teil 3 § 11 C.II.

dem Privatleben zu tun haben") und in diesem Fall sogar im Umkehrschluss zu § 12 Nr. 1 S. 2 EStG vollständig als Werbungskosten oder Betriebsausgaben abgezogen werden können. Auch deutet der vierte Satz der Begründung („Wenn bei Repräsentationsaufwendungen private und berufliche Gründe zusammenwirken und eine Trennung nicht erfolgen kann [...]") darauf hin, dass der Gesetzgeber die Möglichkeit in Betracht zieht, dass Repräsentationsaufwendungen wesentlich betrieblich/beruflich und wesentlich privat veranlasst sind, so dass sich wie bei den echten gemischt veranlassten Aufwendungen nach heute vom BFH vertretener Ansicht die Frage nach der Trennbarkeit der Veranlassungsbeiträge stellt. Für die inhaltliche Bestimmung des Begriffs „Repräsentationsaufwendung" folgt hieraus, dass von diesem Terminus auch Aufwendungen umfasst sind, die ein anderes Veranlassungsniveau aufweisen und damit nicht dem Anwendungsbereich des § 12 Nr. 1 S. 2 EStG unterfallen.

Damit wird klar, dass die beiden oben angesprochenen, systematisch zu trennenden Fragen zur Bedeutung der Repräsentationsaufwendungen[1545] tatsächlich nicht deckungsgleich beantwortet werden können, weil der Anwendungsbereich des § 12 Nr. 1 S. 2 EStG auf bestimmte Repräsentationsaufwendungen beschränkt ist und gerade keine gesetzliche Regelung für sämtliche Aufwendungen mit Bezug zur gesellschaftlichen Stellung des Steuerpflichtigen darstellt.[1546] Zudem bestätigt sich hiermit das Ergebnis, das bereits die Untersuchung des Wortsinns der Repräsentationsaufwendungen ergeben hat:[1547] In der amtlichen Begründung zu § 12 Nr. 1 S. 2 EStG verwendet der Gesetzgeber den Begriff „Repräsentationsaufwendung" für mehrere Aufwendungen, die unterschiedlich veranlasst sind, und versteht ihn damit offenbar als eine Art Oberbegriff für alle Aufwendungen, bei denen ein besonderes Bedürfnis nach Repräsentation oder Renommee im Vordergrund steht.

Fraglich ist dann allerdings, welche Teilmenge der Repräsentationsaufwendungen von dem Aufteilungs- und Abzugsverbot des § 12 Nr. 1 S. 2 EStG erfasst ist. Der Wortlaut der Norm spricht – wie bereits gezeigt wurde – dafür, hierunter nur wesentlich privat und unwesentlich betrieblich/beruflich veranlasste Repräsentationsaufwendungen zu fassen.[1548] In der Literatur wird jedoch mit Verweis auf die amtliche Begründung des § 12 Nr. 1 S. 2 EStG teilweise etwas

---

1545 Siehe Teil 3 § 11 A.

1546 So im Ergebnis auch *Gärtner*, Gemischt veranlasste Aufwendungen, S. 221; *Pezzer*, DStR 2010, 93, 95. Hierfür würde zudem sprechen, dass der Gesetzgeber den Begriff „Repräsentationsaufwendung" zusätzlich in der Begründung zu § 4 Abs. 5 S. 1 Nr. 1, 3, 4 und 7 EStG verwendet hat. Näher hierzu in Teil 3 § 11 D.

1547 Siehe Teil 3 § 11 B.

1548 Siehe hierzu nochmals Teil 3 § 11 C.II.

anderes vertreten. Eine Ansicht im Schrifttum[1549] nimmt etwa an, dass Repräsentationsaufwendungen iSd § 12 Nr. 1 S. 2 EStG eine Form der echten gemischt veranlassten Aufwendungen seien, bei denen der wesentlich privat und der wesentlich erwerblich veranlasste Teil so miteinander verbunden sind, dass eine Trennung nicht möglich ist. Diese Gleichsetzung von Repräsentationsaufwendungen iSd § 12 Nr. 1 S. 2 EStG und untrennbar gemischt veranlassten Aufwendungen[1550] begründen die Anhänger dieser Ansicht unter anderem damit, dass der Gesetzgeber im vierten Satz der amtlichen Begründung zu § 12 EStG das Abzugsverbot des § 12 Nr. 1 S. 2 EStG ausdrücklich auf diejenigen Repräsentationsaufwendungen beschränkt habe, bei denen „private und berufliche Gründe zusammenwirken und eine Trennung nicht erfolgen kann".[1551] Zusammen mit der Einleitung der amtlichen Begründung, wonach die Regelung „entsprechend der Rechtsprechung des Reichsfinanzhofs" gelte, sei hieraus erkennbar, dass der Sinn und Zweck des § 12 Nr. 1 S. 2 EStG nach dem Willen des Gesetzgebers darin bestehe, diejenigen Fälle gesetzlich zu regeln, in denen bereits der RFH mangels Teilbarkeit den Abzug von Repräsentationsaufwendungen abgelehnt hat.[1552] Teilweise wird hieraus auch der Schluss gezogen, dass der Anwendungsbereich des § 12 Nr. 1 S. 2 EStG nicht allein auf Repräsentationsaufwendungen

---

1549 Vertreter dieser Ansicht sind z.B. *Claßen,* in: Lademann, EStG, § 12, Rn. 23; *Ehlers,* DStR 1973, 269, 269; *Heger,* DB 2016, 249, 253; *Kanzler,* StbJb. 2010/11, S. 43, 49; *Kratzsch,* in: Frotscher/Geurts, § 12, Rn. 55; *Loschelder,* in: Schmidt, EStG, § 12, Rn. 9; *Meurer,* in: Lademann, EStG, § 4, Rn. 543; *Pezzer,* DStR 2010, 93, 95; *Rundshagen,* in: Korn, EStG, § 12, Rn. 8, 16; *Scheich,* DStR 1997, 905, 906; *Schwenke,* FR 2011, 1051, 1054; *Söhn,* DStJG 3 (1980), S. 13, 50; *Wienbergen,* in: Littmann/Bitz/Pust, EStG, § 12, Rn. 57. Vgl. auch *Helkenberg,* Unangemessenheit von Betriebsausgaben, S. 37; *Wiss. Beirat Ernst & Young AG,* BB 2004, 1024, 1029. Hierzu ist wohl auch *Gärtner,* Gemischt veranlasste Aufwendungen, S. 221, 224, 400, zu zählen, der Repräsentationsaufwendungen wie untrennbar gemischt veranlasste Aufwendungen behandelt, auch wenn er den Anwendungsbereich des § 12 Nr. 1 S. 2 EStG auf untrennbar gemischt veranlasste typische Repräsentationsaufwendungen beschränkt wissen will. Für die sphärische Einordnung der Repräsentationsaufwendungen nach § 12 Nr. 1 S. 2 EStG macht dies aber keinen Unterschied.

1550 Zu den untrennbar gemischt veranlassten Aufwendungen siehe nochmals Teil 3 § 10 B.III.5.b.

1551 So etwa *Ehlers,* DStR 1973, 269, 269; *Gärtner,* Gemischt veranlasste Aufwendungen, S. 221 f.; *Gorski,* DStZ 1981, 111, 113; *Jüptner,* Veranlassungsprinzip, S. 169; *Scheich,* DStR 1997, 905, 906; *Söhn,* DStJG 3 (1980), S. 13, 50, 54; *Wiss. Beirat Ernst & Young AG,* BB 2004, 1024, 1029; vgl. *Littmann,* DStR 1971, 179, 180 f.

1552 Vgl. *Ehlers,* DStR 1979, 269, 269 f.; *Gärtner,* Gemischt veranlasste Aufwendungen, S. 222, 267; *Gorski,* DStZ 1981, 111, 113; *Krüger,* DB 2006, Beil. 6 zu Heft 39, 39, 40;

beschränkt sei, sondern schlichtweg alle untrennbar gemischt veranlassten Aufwendungen erfasse.[1553]

Demgegenüber sieht eine andere Literaturansicht[1554] das entscheidende Merkmal der Repräsentationsaufwendungen nach § 12 Nr. 1 S. 2 EStG nicht in der Unteilbarkeit der Aufwendungen, sondern in der Unwesentlichkeit ihrer betrieblichen/beruflichen Mitveranlassung. Nach dieser Ansicht bestätigt der Gesetzgeber mit § 12 Nr. 1 S. 2 EStG die Wesentlichkeitstheorie,[1555] indem er klarstellt, dass Repräsentationsaufwendungen iSd § 12 Nr. 1 S. 2 EStG zwar auch betriebliche/berufliche Bezüge aufweisen, bei wertender Betrachtung jedoch im Wesentlichen auf privaten Ursachen beruhen und daher insgesamt der Privatsphäre zuzuordnen sind.[1556] Damit sind die betreffenden Aufwendungen zwar ebenso vollständig vom steuerlichen Abzug ausgeschlossen wie nach der ersten Ansicht. Anders als dort

---

Söhn, DStJG 3 (1980), S. 13, 49 f., 54 f.; *Spindler,* FS Lang, S. 589, 590. Siehe zudem BFH GrS BStBl. II 2010, 672, 675.

1553 Vgl. etwa *Kratzsch,* in: Frotscher/Geurts, § 12, Rn. 55; *Loschelder,* in: Schmidt, EStG, § 12, Rn. 10; *Rundshagen,* in: Korn, EStG, § 12, Rn. 16; *Söhn,* DStJG 3 (1980), S. 13, 54 ff.; *Thürmer,* in: Brandis/Heuermann, EStG, § 12, Rn. 93; *Wienbergen,* in: Littmann/Bitz/Pust, EStG, § 12, Rn. 57. Nicht eindeutig *Fissenewert,* in: Herrmann/Heuer/Raupach, EStG/KStG, § 12 EStG, Rn. 56, der zwar ebenfalls vertritt, dass § 12 Nr. 1 S. 2 EStG auch andere untrennbar gemischt veranlasste Aufwendungen erfasse, zugleich aber auch bei Repräsentationsaufwendungen auf die Unwesentlichkeit der betrieblichen Mitveranlassung abstellt und zusätzlich vertritt, dass auch alle Aufwendungen mit unwesentlicher betrieblicher Mitveranlassung dem Abzugsverbot des § 12 Nr. 1 S. 2 EStG unterlägen.

1554 Vertreter dieser Ansicht sind etwa *Arndt,* in: K/S/M, EStG, § 12, Rn. B 15; *Hey,* in: Tipke/Lang, Steuerrecht, Rn. 8.242; *Jochum,* DStZ 2010, 665, 667; *G. Kirchhof,* in: BeckOK EStG, § 12, Rn. 110; *Kottke,* DStR 1992, 129, 130 ff.; *Lang,* in: Tipke/Lang, Steuerrecht, 20. Auflage, 2010, § 9, Rn. 244 ff.; *Lang,* StuW 2007, 3, 10; *Leisner-Egensperger,* FR 2006, 705, 709; *Ruppe,* DStJG 3 (1980), S. 103, 139; *Stuber/Nägele,* Bewirtung und Repräsentation, S. 191; *Tipke,* Steuerrechtsordnung II, S. 769 f.; *Tipke,* StuW 1979, 193, 204; *Tipke/Lang,* Systematischer Grundriß, S. 259; *Weber,* StuW 2009, 184, 193. Wohl auch *Drenseck,* DB 1987, 2483, 2487; *Fissenewert,* in: Herrmann/Heuer/Raupach, EStG/KStG, § 12 EStG, Rn. 24, 56.

1555 Zur Wesentlichkeitstheorie siehe nochmals Teil 3 § 9 B.

1556 *Fissenewert,* in: Herrmann/Heuer/Raupach, EStG/KStG, § 12 EStG, Rn. 56; *Lang,* in: Tipke/Lang, Steuerrecht, 20. Auflage, 2010, § 9, Rn. 242, 244; *Leisner-Egensperger,* FR 2006, 705, 709; vgl. *Heuer,* StbJb. 1959/60, S. 327, 386; *Jochum,* DStZ 2010, 665, 667; *Kottke,* DStR 1992, 129, 130 f.; *Lang,* StuW 2007, 3, 10; *Tipke,* Steuerrechtsordnung II, S. 769 f.; *Tipke,* StuW 1979, 193, 204; *Tipke/Lang,* Systematischer Grundriß. S. 259; *Weber,* StuW 2009, 184, 193.

werden Repräsentationsaufwendungen iSd § 12 Nr. 1 S. 2 EStG nach dieser Ansicht jedoch nicht mit untrennbar gemischt veranlassten Aufwendungen gleichgesetzt, sondern als wesentlich privat veranlasste Aufwendungen verstanden, die schon dem Grunde nach der Privatsphäre angehören.[1557] Begründet wird diese Ansicht zum einen mit dem Wortlaut des § 12 Nr. 1 S. 2 EStG, der erkennbar auf solche Aufwendungen abstelle, bei denen die Lebensführung dominiert.[1558] Zum anderen wird darauf verwiesen, dass auch der RFH, dessen Rechtsprechung gemäß der amtlichen Begründung im Rahmen des § 12 Nr. 1 S. 2 EStG umgesetzt wurde, die Nichtabziehbarkeit der Repräsentationsaufwendungen in erster Linie damit begründet habe, dass der betrieblich/beruflich veranlasste Teil unwesentlich ist.[1559]

Festzuhalten ist mithin, dass im Rahmen der teleologischen Auslegung des § 12 Nr. 1 S. 2 EStG zwei unterschiedliche Interpretationen vertreten werden, die zwar beide mit dem vermeintlich bestehenden historischen Willen des Gesetzgebers begründet werden, bei der Frage, welche Repräsentationsaufwendungen von dem Aufteilungs- und Abzugsverbot umfasst sind, aber zu unterschiedlichen Ergebnissen kommen. Unstreitig ist vor diesem Hintergrund nur, dass der ursprüngliche Zweck des § 12 Nr. 1 S. 2 EStG darin bestand, die Rechtsprechung umzusetzen, die der RFH vor 1934 zu Repräsentationsaufwendungen vertreten hat. Um zu entscheiden, welches Merkmal für die Nichtabziehbarkeit der in § 12 Nr. 1 S. 2 EStG genannten Aufwendungen maßgeblich ist, ist es mithin erforderlich, zusätzlich die historische Entwicklung des § 12 Nr. 1 S. 2 EStG und insbesondere die diesem zugrunde liegende Rechtsprechung des RFH vor 1934 zu analysieren.

1557 Vgl. *Arndt*, in: K/S/M, EStG, § 12, Rn. B 15; *Hey*, in: Tipke/Lang, Steuerrecht, Rn. 8.242; *Jochum*, DStZ 2010, 665, 667; *G. Kirchhof*, in: BeckOK EStG, § 12, Rn. 109 ff.; *Lang*, in: Tipke/Lang, Steuerrecht, 20. Auflage, 2010, § 9, Rn. 244 ff.; *Lang*, StuW 2007, 3, 10; *Tipke*, StuW 1979, 193, 204; *Weber*, StuW 2009, 184, 193.

1558 So etwa *Lang*, StuW 2007, 3, 10; vgl. auch *Kottke*, DStR 1992, 129, 130 f.; *Leisner-Egensperger*, FR 2006, 705, 709.

1559 Vgl. *Heuer*, StbJb. 1959/60, S. 327, 386; *G. Kirchhof*, FS Lang, S. 563, 568; *Lang*, Bemessungsgrundlage, S. 79; *Schneider*, FS BFH, Bd. 2, S. 1243, 1247; *Tipke*, StuW 1979, 193, 204. Siehe diesbezüglich auch *Gärtner*, Gemischt veranlasste Aufwendungen, S. 224, Fn. 582, der ansonsten Vertreter der anderen Ansicht ist.

V. *Entstehungsgeschichte mit Blick auf die durch § 12 Nr. 1 S. 2 EStG umgesetzte Rechtsprechung des RFH*

Während der Geltung des EStG 1925 hatte der RFH[1560] zunehmend Fälle zu entscheiden, in denen das Ansehen des Steuerpflichtigen für die Entstehung der Aufwendungen eine besondere Rolle spielte.[1561] Konkret ging es bei diesen Entscheidungen, die auch der Große Senat des BFH in seiner Grundsatzentscheidung aus dem September 2009 aufzählt,[1562] um Aufwendungen für den gehobenen Haushalt und die Bedienung eines Fabrikdirektors,[1563] die Villa eines Generaldirektors,[1564] die Bewirtung und sonstige Einladungen eines Korrespondenzanwalts,[1565] die Erlangung des Titels eines Kommerzienrats durch einen Einzelkaufmann,[1566] die Wahl der Tochter eines Gewerbetreibenden zur Schützenkönigin,[1567] Beiträge an politische Parteien[1568] und Zuwendungen für wohltätige Zwecke.[1569] Ergänzend können außerdem die Fälle der Beiträge eines Anwalts für häusliche Geselligkeit und verschiedene Vereine (darunter etwa der Offiziersverein, Tennisklub, landwirtschaftlicher Verein, Konzertverein, Reitverein, Verein für Heimatkunde und die Schützengilde),[1570] Zuwendungen eines Gewerbetreibenden an einen Sportverein,[1571] Aufwendungen von Ärzten und Zahnärzten für gesellschaftliche oder repräsentative Veranstaltungen und Bewirtungen[1572] sowie die Aufwendungen eines Generaldirektors für die Ehrendoktorwürde[1573] und eines Geschäftsführers für die Jagd[1574] genannt werden.[1575] Diese und weitere Fälle prägten bis zur Normierung des § 12 Nr. 1 S. 2 EStG die steuerliche Rechtsprechung über

---

1560 Zur Entwicklung der RFH-Rechtsprechung bis 1934 siehe auch *Gärtner,* Gemischt veranlasste Aufwendungen, S. 263 ff.

1561 Vgl. BFH GrS BStBl. II 2010, 672, 675; *Gärtner,* Gemischt veranlasste Aufwendungen, S. 265 f.; *Schneider,* FS BFH, Bd. 2, S. 1243, 1247; *Weber,* StuW 2009, 184, 193.

1562 Siehe BFH GrS BStBl. II 2010, 672, 675.

1563 RFH StuW 1928, Bd. II, Sp. 312, 312.

1564 RFH RStBl. 1930, 679, 679 ff.

1565 RFH RStBl. 1932, 727, 727 ff.; RFH StuW 1931, Bd. II, Sp. 1305, 1305 f.

1566 RFH RStBl. 1931, 108, 108 ff.

1567 RFH StuW 1931, Bd. II, Sp. 40, 40 ff.

1568 RFH RStBl. 1931, 740, 740 ff.; RFHE 27, 82, 82 ff.

1569 RFH RStBl. 1933, 811, 811 ff.

1570 RFH RStBl. 1931, 876, 876 ff.

1571 RFH RStBl. 1931, 19, 19 ff.

1572 RFH RStBl. 1933, 634, 634 ff.

1573 RFH RStBl. 1932, 708, 708 ff.

1574 RFH RStBl. 1932, 1026, 1026.

1575 Siehe hierzu auch *Gärtner,* Gemischt veranlasste Aufwendungen, S. 266.

Repräsentationsaufwendungen, welche mit der Schaffung des Abzugsverbots gesetzlich umgesetzt werden sollte. Für die historische Auslegung des § 12 Nr. 1 S. 2 EStG und die in der Literatur umstrittene Frage, ob hiermit echte untrennbar gemischt veranlasste oder unwesentlich betrieblich/beruflich veranlasste Aufwendungen gemeint sind,[1576] ist daher entscheidend, wie der RFH die Repräsentationsaufwendungen in diesen Fällen ursprünglich beurteilt hat.

Bei der Analyse der Entscheidungen fällt zunächst auf, dass der RFH in den genannten Fällen die Abgrenzung zwischen Lebensführungskosten und Erwerbsaufwendungen tatsächlich oftmals als besonders schwierig eingestuft und in der Folge einen Abzug der betreffenden Aufwendung vollständig abgelehnt hat.[1577] Hieraus könnte mit der ersten Literaturansicht[1578] einerseits der Schluss gezogen werden, dass § 12 Nr. 1 S. 2 EStG geschaffen wurde, um untrennbar gemischt veranlasste Repräsentationsaufwendungen, bei denen eine Trennung der Veranlassungsteile unmöglich ist, vom steuerlichen Abzug auszuschließen. Andererseits lässt sich aber auch feststellen, dass der RFH in den genannten Fällen stets auch die private Veranlassung der Aufwendung als wesentlich und im Vergleich zur betrieblichen/beruflichen Veranlassung überwiegend bewertet hat[1579] und zudem die bestehenden Trennungsschwierigkeiten nicht als entscheidenden Grund dafür angebracht hat, dass die Aufwendungen insgesamt der unbeachtlichen Privatsphäre zuzuordnen sind.[1580] Vielmehr hat das vom RFH angeführte Argument für die Nichtabziehbarkeit der Repräsentationsaufwendung zumeist darin bestanden, dass die Aufwendung bei typischer Betrachtung in erster Linie persönlichen Bedürfnissen und Interessen und nur beiläufig – wohl im Sinne von

1576 Siehe hierzu soeben Teil 3 § 11 C.

1577 Vgl. etwa RFH RStBl. 1933, 811, 812; RFH RStBl. 1932, 727, 728; RFH StuW 1931, Bd. II, Sp. 135, 136; siehe zu dieser Feststellung auch *Gärtner*, Gemischt veranlasste Aufwendungen, S. 266.

1578 Zu den Vertretern dieser Ansicht siehe nochmals Fn. 1549.

1579 Vgl. z.B. RFH RStBl. 1933, 811, 812; RFH RStBl. 1933, 634, 634; RFH RStBl. 1932, 1026, 1027; RFH RStBl. 1932, 727, 728; RFH RStBl. 1932, 708, 709; RFH RStBl. 1931, 740, 740; RFH RStBl. 1931, 19, 19; RFH StuW 1931, Bd. II, Sp. 135, 136; RFH StuW 1931, Bd. II, Sp. 40, 41. Siehe diesbezüglich auch BFH GrS BStBl. II 2010, 672, 675, der die vom RFH zu beurteilenden Ausgaben als Aufwendungen beschreibt, „die im Wesentlichen privat veranlasst waren und nur in einem losen, allenfalls mittelbaren Zusammenhang zur Berufstätigkeit standen"; *Gärtner*, Gemischt veranlasste Aufwendungen, S. 266; *G. Kirchhof*, FS Lang, S. 563, 568.

1580 Zu dieser Feststellung siehe auch *Gärtner*, Gemischt veranlasste Aufwendungen, S. 224, Fn. 852, der ansonsten Vertreter der anderen Ansicht ist.

unwesentlich – dem Betrieb des Steuerpflichtigen diente.[1581] Dieser Umstand spricht eher dafür, dass § 12 Nr. 1 S. 2 EStG – wie die zweite Literaturansicht annimmt[1582] –Repräsentationsaufwendungen betrifft, die wesentlich privat und nur unwesentlich betrieblich/beruflich veranlasst sind. Hierfür lässt sich auch anbringen, dass der RFH in den zu entscheidenden Fällen mehrfach darauf hingewiesen hat, dass die betreffenden Aufwendungen durchaus abziehbare Erwerbsaufwendungen sein können, wenn sie fast ausschließlich betrieblich bzw. beruflich veranlasst sind.[1583] Dies bedeutet zum einen, dass Repräsentationsaufwendungen nicht nur nach dem Verständnis des Gesetzgebers,[1584] sondern auch nach der Vorstellung des RFH erwerblich veranlasst und demzufolge abziehbar sein können. Zum anderen kann hieraus aber auch der Umkehrschluss gezogen werden, dass der RFH den Abzug von Repräsentationsaufwendungen in den genannten Fällen abgelehnt hat, weil sie gerade nicht wesentlich erwerblich, sondern nur unwesentlich betrieblich/beruflich und wesentlich privat veranlasst sind und damit ihrer Natur nach der Sphäre der Einkommensverwendung angehören.[1585]

Für die historische Auslegung kann damit festgehalten werden, dass die Entstehungsgeschichte des § 12 Nr. 1 S. 2 EStG, welche maßgeblich auf die Umsetzung der früheren RFH-Rechtsprechung zu Repräsentationsaufwendungen zurückzuführen ist, mit der zweiten Literaturansicht dafürspricht, dass der Anwendungsbereich des § 12 Nr. 1 S. 2 EStG auf unwesentlich betrieblich/beruflich und wesentlich privat veranlasste Repräsentationsaufwendungen beschränkt ist. Damit bestätigt die Entstehungsgeschichte auch das Ergebnis der grammatikalischen Auslegung, welches ergeben hat, dass Repräsentationsaufwendungen, deren

---

1581 Vgl. etwa RFH RStBl. 1933, 634, 634; RFH RStBl. 1932, 1026, 1027; RFH RStBl. 1932, 708, 709; RFH StuW 1931, Bd. II, Sp. 135, 137; RFH StuW 1931, Bd. II, Sp. 40, 40; und nach Erlass des § 12 Nr. 1 S. 2 EStG vgl. RFH RStBl. 1940, 28, 29 (Kosten eines Geschäftsmannes zur Abwehr ehrenrühriger Vorwürfe). Siehe diesbezüglich auch *Gärtner*, Gemischt veranlasste Aufwendungen, S. 224, Fn. 852; *Heuer*, StbJb. 1959/60, S. 327, 386; vgl. *Schneider*, FS BFH, Bd. 2, S. 1243, 1247.

1582 Zu den Vertretern dieser Ansicht siehe nochmals Fn. 1559.

1583 Siehe bspw. RFH RStBl. 1932, 708, 709; vgl. RFH RStBl. 1936, 814, 814 f.; RFH RStBl. 1932, 1026, 1027; RFH RStBl. 1932, 727, 727; RFH RStBl. 1931, 740, 740.

1584 Siehe hierzu nochmals die teleologische Auslegung in Teil 3 § 11 C.IV.

1585 Besonders deutlich wird dieser Umkehrschluss in einem Fall von Dienstaufwandsentschädigungen an ein Direktionsmitglied einer AG (RFH StuW 1923, Bd. II, Sp. 402, 402), in dem der RFH die Abziehbarkeit derartiger „Repräsentationspflichten" trotz mangelnder Trennbarkeit angenommen und damit begründet hat, dass die Aufwendungen in diesem Fall wesentlich betrieblich veranlasst waren, vgl. RFH StuW 1923, Bd. II, Sp. 402, 403. Siehe zudem RFH RStBl. 1936, 814, 815.

besonderes Merkmal darin besteht, dass sie dem Ansehen des Steuerpflichtigen dienen, zwar grundsätzlich unterschiedlich veranlasst sein können, dass die von § 12 Nr. 1 S. 2 EStG erfassten Aufwendungen aber vornehmlich privat veranlasst sind und nur beiläufig auch dem Betrieb/Beruf des Steuerpflichtigen dienen.

VI. Zusammenfassung und Ergebnis der Auslegung

Insgesamt lässt sich festhalten, dass die Auslegung des § 12 Nr. 1 S. 2 EStG zu unterschiedlichen Ergebnissen führt. Dem Wortlaut der Norm lässt sich entnehmen, dass der Anwendungsbereich des Abzugsverbots auf solche Aufwendungen beschränkt ist, die ihren Kern im Bereich der privaten Lebensführung haben und nur nebenher auch dem Betrieb oder Beruf des Steuerpflichtigen dienen. Berücksichtigt man zusätzlich die Systematik der Norm, bestätigt sich diese Nähe der Repräsentationsaufwendungen iSd § 12 Nr. 1 S. 2 EStG zur steuerlich unbeachtlichen Privatsphäre. Demgegenüber wird die Gesetzesbegründung zu § 12 Nr. 1 S. 2 EStG allerdings vielfach dahingehend verstanden, dass die vom Gesetzgeber vorgesehene Nichtabziehbarkeit der betreffenden Aufwendungen ihren Ursprung in der mangelnden Trennbarkeit der Veranlassungsbeiträge hat und Repräsentationsaufwendungen iSd § 12 Nr. 1 S. 2 EStG damit als ein Sonderfall der untrennbar gemischt veranlassten Aufwendungen zu verstehen sind. Da die Voraussetzung der Untrennbarkeit jedoch keinen Eingang in den Wortlaut des Gesetzes gefunden hat, welcher als eine Umschreibung des Gesetzgebers für Repräsentationsaufwendungen verstanden werden kann, kann der Zweck des § 12 Nr. 1 S. 2 EStG andererseits auch in der Klarstellung bestehen, dass privat veranlasste Repräsentationsaufwendungen auch dann vom Abzug ausgeschlossen sind, wenn sie einen losen, allenfalls mittelbaren Zusammenhang zur Erwerbssphäre haben.

Eindeutige Ergebnisse über den Anwendungsbereich der Norm liefert schließlich die Entstehungsgeschichte des § 12 Nr. 1 S. 2 EStG, welche ihren Ursprung in der vom RFH vor 1934 geprägten Rechtsprechung zu Repräsentationsaufwendungen hat. Im Rahmen dieser Rechtsprechung wurde zwar stets darauf hingewiesen, dass bei Repräsentationsaufwendungen iSd § 12 Nr. 1 S. 2 EStG Trennungsschwierigkeiten zwischen der Erwerbs- und der Privatsphäre bestehen. Diese sind aber letztlich nicht als Grund für die mangelnde Abziehbarkeit der Repräsentationsaufwendungen angeführt worden. Entscheidend hierfür war vielmehr die wesentlich private und demgegenüber nur unwesentlich betriebliche/berufliche Veranlassung der jeweiligen Aufwendungen. Somit wird deutlich, dass Repräsentationsaufwendungen zwar ebenso wie alle anderen gemischten Aufwendungen im Grenzbereich zwischen Erwerbs- und Privatsphäre angesiedelt sind und ihre sphärische Einordnung demzufolge mit Schwierigkeiten verbunden ist. Der Anwendungsbereich des § 12 Nr. 1 S. 2 EStG ist jedoch auf solche Repräsentationsaufwendungen beschränkt, die ihren Kern im Bereich der privaten Lebensführung haben.[1586] Entgegen der ersten Literaturansicht geht es bei der Einordnung und steuerlichen Behandlung von Repräsentationsaufwendungen iSd § 12 Nr. 1 S. 2 EStG also nicht darum, ob eine Aufteilung in einen betrieblichen/beruflichen und einen privaten Teil vorgenommen werden kann,[1587] sondern um die entscheidende Vorfrage, ob überhaupt eine wesentliche betriebliche/berufliche Veranlassung vorliegt.[1588] Ist dies nicht der Fall, ist der Anwendungsbereich des § 12 Nr. 1 S. 2 EStG eröffnet[1589] und die wesentlich privat veranlasste Repräsentationsaufwendung ist insgesamt nicht abziehbar.[1590]

Für die Definition und Veranlassung von Repräsentationsaufwendungen kann damit bis hierhin festgehalten werden, dass § 12 Nr. 1 S. 2 EStG nur einen Teilbereich dieser spezifischen Aufwendungsform abdeckt und daneben auch andere

1586 Siehe auch *von Glasenapp,* BB 2011, 160, 161; *Jochum,* DStZ 2010, 665, 667; *Schilling,* Zwangsläufiger Aufwand, S. 125; *Tipke,* StuW 1979, 193, 204.

1587 Siehe diesbezüglich bereits *Lenski,* Kleine Steuerreform, S. 11 f., der ebenfalls zwischen den reinen Kosten der Lebensführung nach § 12 Nr. 1 EStG, zu denen auch die Repräsentationsaufwendungen iSd § 12 Nr. 1 S. 2 EStG zählen, und den Aufwendungen, die teilweise betrieblichen und teilweise privaten Charakter haben, unterscheidet und nur bei Letzteren die steuerliche Behandlung von einer Trennungsmöglichkeit abhängig macht.

1588 Die Prüfung der Wesentlichkeitstheorie findet nach dem, was der BFH GrS BStBl. II 2010, 672 in den oben beschriebenen Fallgruppen entschieden hat, vor der Untersuchung der Trennbarkeit der gemischten Aufwendungen statt. Ist ein Veranlassungsteil *unwesentlich* und damit für die Zuordnung zur Erwerbs- oder Privatsphäre unbeachtlich, kommt es auf die Frage der Trennbarkeit gar nicht mehr an: „Greifen die – *für sich gesehen jeweils nicht unbedeutenden* – beruflichen und privaten Veranlassungsbeiträge […] so ineinander, dass eine Trennung nicht möglich ist, fehlt es also an objektivierbaren Kriterien für eine Aufteilung, so kommt ein Abzug insgesamt nicht in Betracht […]."(Hervorhebung durch die Verfasserin), siehe BFH GrS BStBl. II 2010, 672, 684. So im Ergebnis auch *Arndt,* in: K/S/M, EStG, § 12, Rn. A 76.

1589 Oder umgekehrt formuliert: Voraussetzung des § 12 Nr. 1 S. 2 EStG ist eine ausschließlich oder nahezu ausschließlich private Veranlassung der Repräsentationsaufwendung; siehe hierzu *Kratzsch,* in: Frotscher/Geurts, EStG, § 12, Rn. 80 unter „Repräsentationsaufwendungen". Siehe auch *Tipke,* StuW 1979, 193, 202: „[…] so muß in § 12 Nr. 1 EStG eine private Veranlassung hineingelesen werden.".

1590 Vgl. auch *Kratzsch,* in: Frotscher/Geurts, EStG, § 12, Rn. 80 unter „Repräsentationsaufwendungen".

Formen von Repräsentationsaufwendungen denkbar sind, bei denen das Veranlassungsniveau anders ausfällt.[1591]

D. Bedeutung und Anwendungsbereich des § 4 Abs. 5 S. 1 Nr. 1, 3, 4 und 7 EStG

I. Vorbemerkungen

Neben § 12 Nr. 1 S. 2 EStG findet sich im Einkommensteuergesetz noch eine zweite Abzugsregelung, welche sich mit Aufwendungen beschäftigt, die nach Ansicht des Gesetzgebers[1592] der Repräsentation oder übertriebenen Außendarstellung des Steuerpflichtigen dienen. Konkret geht es hierbei um § 4 Abs. 5 S. 1 Nr. 1, 3, 4 und 7 EStG,[1593] d.h. um einen Teil des Katalogs der nicht bzw. beschränkt abzugsfähigen Betriebsausgaben[1594] iSd § 4 Abs. 5 EStG. Mit dieser Regelung benennt der Gesetzgeber gezielt einzelne Repräsentationsaufwendungen, namentlich Aufwendungen für Geschenke (§ 4 Abs. 5 S. 1 Nr. 1 EStG), für Einrichtungen des Steuerpflichtigen, die der Bewirtung, Beherbergung oder Unterhaltung dienen (Gästehäuser, § 4 Abs. 5 S. 1 Nr. 3 EStG), für Jagd, Fischerei, Segel- oder Motorjachten und ähnliche Zwecke (§ 4 Abs. 5 S. 1 Nr. 4 EStG) sowie für unangemessene Aufwendungen, die die Lebensführung des Steuerpflichtigen oder anderer Personen berühren (§ 4 Abs. 5 S. 1 Nr. 7 EStG), und führt sie einer eigenen steuerlichen

---

1591 Vgl. auch *Gärtner*, Gemischt veranlasste Aufwendungen, S. 234; *Leisner-Egensperger*, FR 2006, 705, 709; *Tipke*, Steuerrechtsordnung II, S. 770.

1592 Vgl. BT-Drs. III/1811, 8.

1593 Wie später noch zu zeigen sein wird, gehören auch die Aufwendungen für Bewirtung gemäß § 4 Abs. 5 S. 1 Nr. 2 EStG zu den Repräsentationsaufwendungen iSd § 4 Abs. 5 S. 1 EStG. Da der Tatbestand des § 4 Abs. 5 S. 1 Nr. 2 EStG jedoch erst mit dem EStRefG 1974 (BGBl. I 1974, 1769) ins Gesetz aufgenommen wurde und in der amtlichen Begründung zum StÄndG 1960 nicht als Aufwendung aufgeführt wird, die im Zusammenhang mit der Repräsentation des Steuerpflichtigen steht, soll er bei der Untersuchung der Bedeutung des Repräsentationsaufwendungsbegriffs zunächst ausgeklammert werden. Zu der Einordnung der Bewirtungskosten als Repräsentationsaufwendungen vgl. auch *Meyer*, in: BeckOK EStG, § 4, Rn. 2705; *Meurer*, in: Lademann, EStG, § 4, Rn. 657; *Spilker*, in: K/S/M, EStG, § 4, Rn. H 11; *Stuber/Nägele*, Bewirtung und Repräsentation, S. 198 ff. Näher hierzu später in Teil 4 § 17 B.II. und III.

1594 So die treffende Bezeichnung von *Frotscher/Watrin*, in: Frotscher/Geurts, EStG, § 4, Rn. 664; *G. Kirchhof*, DStJG 3 (1980), S. 201; *Meurer*, in: Lademann, EStG, § 4, Rn. 548; *Meyer*, in: BeckOK EStG, § 4, Rn. 2689; *Tipke*, StuW 1979, 193, 203.

Abzugsregelung zu.[1595] Denn anders als im Rahmen des § 12 Nr. 1 S. 2 EStG unterliegen nicht alle Repräsentationsaufwendungen iSd § 4 Abs. 5 S. 1 Nr. 1, 3, 4 und 7 EStG einem vollständigen Abzugsverbot. Bei einigen Ausgaben wird der Abzug nur höhenmäßig eingeschränkt. Beispielsweise sind Aufwendungen, die die Lebensführung berühren, nach § 4 Abs. 5 S. 1 Nr. 7 EStG nur so weit vom Abzug ausgeschlossen, wie sie nach allgemeiner Verkehrsanschauung als unangemessen anzusehen sind. Während § 12 Nr. 1 S. 2 EStG also ein grundsätzliches Aufteilungs- und Abzugsverbot normiert, gibt § 4 Abs. 5 S. 1 Nr. 7 EStG die Aufteilung in einen angemessenen und einen unangemessenen Aufwendungsteil sogar ausdrücklich vor.[1596] Diese unterschiedliche steuerliche Behandlung der Repräsentationsaufwendungen in § 12 Nr. 1 S. 2 EStG und in § 4 Abs. 5 S. 1 Nr. 1, 3, 4 und 7 EStG führt zu der Frage, wie die Repräsentationsaufwendungen iSv § 4 Abs. 5 S. 1 Nr. 1, 3, 4 und 7 EStG definiert und von den Aufwendungen nach § 12 Nr. 1 S. 2 EStG abzugrenzen sind.[1597] Wie soeben gezeigt wurde, sind die Repräsentationsaufwendungen iSd § 12 Nr. 1 S. 2 EStG wesentlich privat veranlasst und fördern nur nebenbei auch den Betrieb/Beruf des Steuerpflichtigen.[1598] Fraglich ist jedoch, ob dies auch bei den einzeln aufgezählten Aufwendungen in § 4 Abs. 5 S. 1 Nr. 1, 3, 4 und 7 EStG der Fall ist. Um diese Frage zu beantworten und zugleich die abstrakte Untersuchung, was Repräsentationsaufwendungen im einkommensteuerrechtlichen Sinn sind, zum Abschluss zu bringen, soll im Folgenden die Bedeutung des § 4 Abs. 5 S. 1 Nr. 1, 3, 4 und 7 EStG näher untersucht werden. Hierfür werden insbesondere der Sinn und Zweck, der Wortlaut sowie die systematische Stellung der Norm unter dem Gesichtspunkt der inhaltlichen Bedeutung des Repräsentationsaufwendungsbegriffs analysiert und anschließend mit den bereits gefundenen Ergebnissen zu § 12 Nr. 1 S. 2 EStG verglichen. Eine vertiefte Untersuchung der Bedeutung und übergeordneten Dogmatik des § 4 Abs. 5 S. 1 Nr. 1-7 EStG soll an dieser Stelle noch nicht erfolgen, da dies das Ziel des 4. Teils der Arbeit ist. Für den Moment wird die Untersuchung daher auf die wesentlichen Eigenschaften und Abgrenzungsmerkmale

---

1595 Vgl. BT-Drs. III/1811, 8. Ob diese Abzugsregelung deklaratorischen oder konstitutiven Charakter hat, ist in der Literatur seit langem umstritten. Näher hierzu Teil 4 § 16.

1596 *Helkenberg,* Unangemessenheit von Betriebsausgaben, S. 71 f.; vgl. *Görlich,* DB 1979, 711, 713; *Gorski,* DStZ 1981, 111, 114; *Tipke,* StuW 979, 193, 203.

1597 Hierzu auch *Helkenberg,* Unangemessenheit von Betriebsausgaben, S. 71 f.

1598 Siehe hierzu bereits Teil 3 § 11 C.VI.

der Repräsentationsaufwendungen iSd § 4 Abs. 5 S. 1 Nr. 1, 3, 4 und 7 EStG beschränkt. Eine umfassende Auslegung des gesamten Abzugskataloges erfolgt dann an späterer Stelle.[1599]

II. Sinn und Zweck unter Beachtung der Entwurfsbegründung zum StÄndG 1960

Die spezifischen Abzugsregelungen für Repräsentationsaufwendungen nach § 4 Abs. 5 S. 1 Nr. 1, 3, 4 und 7 EStG sind erst mit dem StÄndG 1960[1600] in das Einkommensteuergesetz aufgenommen worden. Zu diesem Zeitpunkt war § 12 Nr. 1 S. 2 EStG, der ausweislich der amtlichen Begründung eingeführt wurde, um klarzustellen, dass Repräsentationsaufwendungen nur von den Erwerbseinnahmen abgezogen werden können, wenn sie ausschließlich betrieblich/beruflich veranlasst sind,[1601] bereits seit über 25 Jahren in Kraft. Angesichts dieser langen Zeit, in der bereits ein allgemeines Abzugsverbot für Repräsentationsaufwendungen existierte, stellt sich die Frage, welchen Grund der Gesetzgeber hatte, zusätzlich zu § 12 Nr. 1 S. 2 EStG die spezifischen Abzugstatbestände in § 4 Abs. 5 S. 1 Nr. 1, 3, 4 und 7 EStG zu schaffen. Fraglich ist also, welchen Sinn und Zweck die gesonderten Abzugsbeschränkungen und -verbote für Geschenke, Gästehäuser, Jagden, Fischereien, Jachten und andere unangemessene Aufwendungen haben und inwiefern sich diese Aufwendungen von den Repräsentationsaufwendungen in § 12 Nr. 1 S. 2 EStG unterscheiden, dass es hierfür einer eigenen steuerlichen Regelung bedurfte.

Für die Beantwortung dieser Fragen kann zunächst die Entwurfsbegründung[1602] zu § 4 Abs. 5 EStG in der Fassung des StÄndG 1960 herangezogen wer-

---

1599 Siehe Teil 4 § 17.B.

1600 BT-Drs. III/1811.

1601 Siehe hierzu bereits Teil 3 § 11 C.IV.

1602 Die Auslegung anhand der Begründung des Gesetzesentwurfs und dem historischen Ursprung des Gesetzes wird auch als „entstehungszeitlich-subjektive teleologische Auslegung“ bezeichnet, siehe *Wank*, Methodenlehre, § 11, Rn. 4; vgl. *Drüen*, in: Tipke/Kruse, AO/FGO, § 4 AO, Rn. 286; *Englisch*, in: Tipke/Lang, Steuerrecht, Rn. 5.50; *Wank*, Auslegung von Gesetzen, S. 32. Bei dieser Auslegungsmethode sind die Motive, Absichten und Wertvorstellungen des Gesetzgebers in ihrem jeweiligen geschichtlichen Zusammenhang entscheidend, vgl. BVerfGE 11, 126, 129 f.; *Hartmann/Walter*, Auslegung von Steuergesetzen, S. 171; *Wank*, Auslegung von Gesetzen, S. 32. Diese werden unter Zuhilfenahme aller verfügbarer Informationen über die Entstehung der Norm – insbesondere die amtliche Begründung des Regierungsentwurfs, die Stellungnahme des Bundesrates, die Gegenäußerung der Bundesregierung, die Plenarsitzungsprotokolle und Gesetzesentwürfe – ermittelt,

den. Hiernach hat der Gesetzgeber die Vorgängernorm zu den Abzugsregelungen in § 4 Abs. 5 S. 1 Nr. 1, 3, 4 und 7 EStG geschaffen, um dem in den 1950er Jahren zunehmend als Ärgernis empfundenen „Spesenunwesen" in Form übertriebener „betrieblicher Repräsentation" entgegen zu treten.[1603] Der Gesetzgeber vertrat die Ansicht, dass der Aufwand, den Unternehmer vermehrt tätigten, um Geschäftsfreunde zu bewirten, gesellschaftliche Veranstaltungen zu organisieren, Geschäftsräume auszustatten oder in anderer Form „durch Repräsentation werbend tätig"[1604] zu werden, im Interesse der Steuergerechtigkeit und des sozialen Friedens nicht länger über den Betriebsausgabenabzug auf die Allgemeinheit abgewälzt werden könne.[1605] Aus diesem Grund setzte er mit dem StÄndG 1960 in § 4 Abs. 5 EStG zwei wesentliche Maßnahmen um, die dazu beitragen sollten, dem von ihm beschriebenen „Spesenunwesen" künftig Einhalt zu gebieten: Als Erstes schränkte er den verhältnismäßig weiten Rahmen für unangemessene Aufwendungen, die die Lebensführung des Steuerpflichtigen berühren (vormals § 4 Abs. 4 S. 2 EStG 1953[1606]), ein, indem er die zentrale Abzugsbeschränkung[1607]

---

siehe *Hartmann/Wank*, Auslegung von Steuergesetzen, S. 184 f. Daneben gibt es die „entstehungszeitlich-objektive teleologische Auslegung", bei der es losgelöst von den Gesetzesmaterialien allein auf den objektiven Willen des Gesetzes ankommt, der sich daran orientiert, durch die Verwendung von verallgemeinerungsfähigen normativen Maßstäben gesetzliche Wertungswidersprüche zu vermeiden, siehe *Wank*, Methodenlehre, § 11, Rn. 4; vgl. BVerfGE 11, 126, 130; *Englisch*, in: Tipke/Lang, Steuerrecht, Rn. 5.50 ff.; *Wank*, Auslegung von Gesetzen, S. 32 f. Welche der Auslegungsmethoden vorzugswürdig ist, ist umstritten. Das BVerfG und der BFH sprechen sich in ständiger Rechtsprechung für eine objektiv-historische Gesetzesauslegung aus, bei der insbesondere auf den im Gesetzestext objektivierten Willen des Gesetzgebers abgestellt wird, vgl. etwa BVerfGE 33, 265, 294; BVerfGE 11, 126, 131; BVerfGE 1, 299, 312; BFH BStBl. III 1966, 692, 693; siehe *Englisch*, in: Tipke/Lang, Steuerrecht, Rn. 5.52. Beide Gerichte greifen aber des Öfteren auch auf Gesetzesmaterialien zurück, vgl. nur BVerfG NJW 2019, 351, 355; BVerfGE 149, 126, 143; BVerfGE 133, 168, 205 f. Zur Auslegung unter Berücksichtigung von Gesetzesmaterialien siehe auch *Kanzler*, FR 2007, 525, 525 ff.

1603 Vgl. BT-Drs. III/1811, 8.

1604 BT-Drs. III/1811, 8.

1605 Vgl. BT-Drs. III/1811, 8.

1606 BGBl. I 1953, 413.

1607 Siehe hierzu auch *Meyer*, in: BeckOK, EStG, § 4, Rn. 2718. Näher zur Schlüsselrolle des § 4 Abs. 5 S. 1 Nr. 7 EStG in Teil 4 § 17 C.I.

des heutigen § 4 Abs. 5 S. 1 Nr. 7 EStG[1608] schuf.[1609] Den Weg eines allgemeinen Abzugsverbots hat der Gesetzgeber dabei ganz bewusst nicht gewählt, da er sicherstellen wollte, dass solche Repräsentationsaufwendungen, „die in einem angemessenen Rahmen liegen oder sogar als betrieblich unbedingt erforderlich anzusehen sind", auch weiterhin steuerlich geltend gemacht werden können.[1610] Anschließend nahm der Gesetzgeber zusätzlich die spezifischen Abzugsregelungen des heutigen § 4 Abs. 5 S. 1 Nr. 1, 3 und 4 EStG[1611] ins Gesetz auf und begründete dies damit, dass es weiterhin erforderlich sei „bestimmte Betriebsausgaben, die bereits ihrer Art nach als überflüssig und unangemessene Repräsentation anzusehen sind, im Gesetz ausdrücklich zu benennen und ihren Abzug vom steuerlichen Gewinn zu verbieten."[1612]

Diesen Erklärungen kann zunächst entnommen werden, dass nach der Vorstellung des Gesetzgebers nicht nur § 12 Nr. 1 S. 2 EStG, sondern auch § 4 Abs. 5 S. 1 Nr. 1, 3, 4 und 7 EStG Aufwendungen betrifft, die einen besonderen repräsentativen Charakter aufweisen.[1613] Formulierungen wie „durch Repräsentation werbend tätig"[1614] oder „unangemessene Repräsentation",[1615] aber insbesondere auch die Auswahl der vom Gesetzgeber genannten Beispiele für unangemessene Aufwendungen (Bewirtung von Geschäftsfreunden, gesellschaftliche Veranstaltungen u.a.) lassen deutlich erkennen, dass es insgesamt um Aufwendungen geht, die mit einer übertriebenen gesellschaftlichen Außendarstellung des Steuerpflichtigen zusammenhängen.[1616] In diesem Punkt stimmen die Aufwendungen nach § 4 Abs. 5 S. 1 Nr. 1, 3, 4 und 7 EStG also mit den Repräsentationsaufwendungen iSd § 12 Nr. 1 S. 2 EStG überein.[1617]

1608 § 4 Abs. 5 S. 2 EStG in der Fassung des StÄndG 1960.

1609 Hiernach war die Unangemessenheit der Aufwendungen nicht mehr – wie zuvor in § 4 Abs. 4 S. 2 EStG 1953 – nur nach der Verkehrsauffassung der beteiligten Wirtschaftskreise zu prüfen, sondern nunmehr nach der Anschauung breitester Bevölkerungskreise; vgl. BT-Drs. III/1811, 8. Näher hierzu Teil 4 § 17 B.II.2.

1610 Vgl. BT-Drs. III/1811, 8.

1611 Siehe auch *Meyer,* in: BeckOK EStG, § 4, Rn. 2718.

1612 BT-Drs. III/1811, 8.

1613 So auch *Helkenberg,* Unangemessenheit von Betriebsausgaben, S. 13, 71.

1614 BT-Drs. III/1811, 8.

1615 BT-Drs. III/1811, 8.

1616 Vgl. auch *Helkenberg,* Unangemessenheit von Betriebsausgaben, S. 71 mit Verweis auf die von der Finanzverwaltung herausgearbeiteten, teilweise deckungsgleichen Beispiele.

1617 Vgl. auch *Helkenberg,* Unangemessenheit von Betriebsausgaben, S. 71.

Demgegenüber wird der maßgebliche Unterschied zwischen den beiden Aufwendungsformen sichtbar, wenn man sich zusätzlich die Ausgangssituation vergegenwärtigt, die den Gesetzgeber ursprünglich zur Schaffung der neuen Abzugstatbestände in § 4 Abs. 5 S. 1 Nr. 1, 3, 4 und 7 EStG veranlasst hat: Immer mehr Steuerpflichtige hatten im Rahmen ihrer betrieblichen Tätigkeit auf missbräuchliche Weise immer größere Aufwendungen zur Repräsentation getätigt, die in der Folge als Betriebsausgaben iSd § 4 Abs. 4 EStG abgezogen werden konnten und damit die Allgemeinheit zunehmend finanziell belasteten.[1618] Diese Entwicklung wollte der Gesetzgeber unterbinden, indem er spezifische Abzugsbeschränkungen bzw. -verbote für bestimmte Betriebsausgaben normierte, *„die bereits ihrer Art nach als überflüssig und unangemessene Repräsentation anzusehen sind"*.[1619]

Vor diesem Hintergrund könnte der Sinn und Zweck der § 4 Abs. 5 S. 1 Nr. 1, 3, 4 und 7 EStG einerseits in einer bloßen Klarstellung bestehen, mit der der Gesetzgeber verdeutlichen will, dass auch die von ihm aufgezählten Repräsentationsaufwendungen, welche zwar vom allgemeinen Abzugsverbot des § 12 Nr. 1 S. 2 EStG erfasst sind, dort aber nicht ausdrücklich genannt werden, nicht in voller Höhe steuerlich geltend gemacht werden können. Hiergegen spricht allerdings, dass eine solche Klarstellung über den Anwendungsbereich des § 12 Nr. 1 S. 2 EStG gesetzessystematisch auch bei dem betreffenden Abzugsverbot angesiedelt sein müsste, damit die Klarstellung verdeutlicht wird. Da der Gesetzgeber die neuen Tatbestände aber in § 4 Abs. 5 S. 1 EStG und damit an einer ganz anderen Stelle des Gesetzes eingeordnet hat, ist die Annahme einer solchen Verdeutlichung des § 12 Nr. 1 S. 2 EStG eher fernliegend. Darüber hinaus machen die weiteren Ausführungen in der Entwurfsbegründung zum StÄndG 1960 deutlich, dass der Gesetzgeber bei Schaffung der neuen Abzugstatbestände davon ausgegangen ist, bei den hiervon umfassten Repräsentationsaufwendungen handele es sich dem Grunde nach um Betriebsausgaben iSd § 4 Abs. 4 EStG, die als reine Erwerbsaufwendungen eigentlich steuerlich abgezogen werden dürften.[1620] So heißt es in der Begründung des Gesetzesentwurfs: „Im gegenwärtigen Einkommensteuerrecht

---

1618 Siehe hierzu auch *Helkenberg,* Unangemessenheit von Betriebsausgaben, S. 53; *Maetz,* in: Bordewin/Brandt, EStG, § 4, Rn. 2255; vgl. *Spilker,* in: KSM, EStG, § 4, Rn. M 10.

1619 BT-Drs. III/1811, 8.

1620 So auch *Littmann,* StbJb. 1960/61, S. 125, 135; a.A. *Helkenberg,* Unangemessenheit von Betriebsausgaben, S. 52, die annimmt, dass der Gesetzgeber den Begriff der Betriebsausgaben in diesem Zusammenhang nur deshalb verwendet habe, weil die Steuerpflichtigen die betreffenden Aufwendungen im Zuge des „Spesenunwesens" als Betriebsausgaben iSd § 4 Abs. 4 EStG deklariert haben, obwohl eigentlich

befaßt sich die Vorschrift des § 4 Abs. 4 EStG mit den *betrieblich veranlaßten* Repräsentationsaufwendungen und sonstigen Spesen."[1621]

Mit dieser Einordnung wird klar, dass das Abzugsverbot des § 12 Nr. 1 S. 2 EStG, das nur den Abzug wesentlich privat veranlasster Repräsentationsaufwendungen verbietet, von vornherein kein geeignetes Vehikel gewesen wäre, um das vom Gesetzgeber beschriebene „Spesenunwesen" zu bekämpfen, bei dem die unangemessenen Aufwendungen vornehmlich im betrieblichen/beruflichen Bereich getätigt wurden. Damit besteht der Sinn und Zweck des § 4 Abs. 5 S. 1 Nr. 1, 3, 4 und 7 EStG im Vergleich zu § 12 Nr. 1 S. 2 EStG also tatsächlich darin, besondere betrieblich/beruflich veranlasste Repräsentationsaufwendungen,[1622] die aufgrund ihrer erwerblichen Veranlassung gerade nicht von dem Aufteilungs- und Abzugsverbot des § 12 Nr. 1 S. 2 EStG umfasst sind, gesondert aufzuzählen[1623] und sodann zur Bekämpfung des Spesenunwesens einer eigenen steuerlichen Abzugsbeschränkung zu unterwerfen.[1624] Für diese Auslegung spricht auch die in der Entwurfsbegründung angeführte Erklärung, dass es sich bei den Aufwendungen in § 4 Abs. 5 S. 1 Nr. 1, 3 und 4 EStG um „*bestimmte Betriebsausgaben* [handele], die bereits ihrer Art nach als überflüssig und unangemessene Repräsentation anzusehen sind".[1625]

Zusammenfassend ist damit für den übergeordneten Begriff der Repräsentationsaufwendungen festzuhalten, dass der Unterschied zwischen den Aufwendungen in § 12 Nr. 1 S. 2 EStG und den ebenfalls der Repräsentation dienenden Aufwendungen in § 4 Abs. 5 S. 1 Nr. 1, 3, 4 und 7 EStG nach der Vorstellung des Gesetzgebers in der Veranlassung der jeweiligen Aufwendung liegt. Während

untrennbar gemischt veranlasste Aufwendungen vorliegen. Hierzu später mehr, siehe Teil 4 § 16 C.II.

1621 BT-Drs. III/1811, 8 (Hervorhebung durch die Verfasserin).

1622 Ob § 4 Abs. 5 EStG tatsächlich Aufwendungen betrifft, die betrieblich veranlasst sind, oder ob in Wahrheit Aufwendungen der privaten Lebensführung bzw. untrennbar gemischt veranlasste Aufwendungen vorliegen, die nur konstitutiv zu Betriebsausgaben gemacht werden, ist in der Literatur äußerst umstritten und wird im 4. Teil der Arbeit eingehend untersucht, siehe Teil 4 § 16 und § 17. Bis hierhin genügt es jedoch festzustellen, dass die Repräsentationsaufwendungen in § 4 Abs. 5 S. 1 Nr. 1, 3, 4 und 7 EStG jedenfalls nach der ursprünglichen Vorstellung des Gesetzgebers nicht privat, sondern (wesentlich) betrieblich veranlasst sind und sich damit entscheidend von den Repräsentationsaufwendungen in § 12 Nr. 1 S. 2 EStG, die nur unwesentlich betrieblich und wesentlich privat veranlasst sind, abgrenzen.

1623 Vgl. BT-Drs. III/1811, 8.

1624 Vgl. auch BFH BStBl. II 1981, 58, 59 f.

1625 BT-Drs. III/1811, 8 (Hervorhebung durch die Verfasserin).

§ 12 Nr. 1 S. 2 EStG nur solche Repräsentationsaufwendungen umfasst, die wesentlich privat und unwesentlich betrieblich/beruflich veranlasst sind (im Folgenden: *private Repräsentationsaufwendungen*), ist der Anwendungsbereich der § 4 Abs. 5 S. 1 Nr. 1, 3, 4 und 7 EStG nach dem historischen Willen des Gesetzgebers auf betrieblich veranlasste Repräsentationsaufwendungen (im Folgenden: *betriebliche Repräsentationsaufwendungen*) beschränkt.[1626] Da dem gesetzgeberischen Willen allein jedoch noch keine definitive Aussage über den Anwendungsbereich des § 4 Abs. 5 S. 1 Nr. 1, 3, 4 und 7 EStG entnommen werden kann, wird im Folgenden mit Blick auf die Veranlassung von Repräsentationsaufwendungen iSd § 4 Abs. 5 S. 1 EStG zusätzlich der Wortlaut und die Systematik der Norm untersucht.

III. *Wortlaut des Einleitungssatzes gemäß § 4 Abs. 5 S. 1 EStG und der Generalklausel nach § 4 Abs. 5 S. 1 Nr. 7 EStG*

Maßgeblich für den Wortlaut der Tatbestände in § 4 Abs. 5 S. 1 Nr. 1, 3, 4 und 7 EStG ist zum einen der Einleitungssatz nach § 4 Abs. 5 S. 1 EStG und zum anderen die Terminologie der Generalklausel in § 4 Abs. 5 S. 1 Nr. 7 EStG.[1627] Stellt man lediglich auf den Einleitungssatz ab, so bestätigt der Wortlaut zunächst das Ergebnis der teleologischen Auslegung. Dieser lautet: „Die folgenden *Betriebsausgaben* dürfen den Gewinn nicht mindern". Streng nach dem Wortlaut des Einleitungssatzes sind die Repräsentationsaufwendungen in § 4 Abs. 5 S. 1 Nr. 1, 3, 4 und 7 EStG also betrieblich veranlasst[1628] und unterscheiden sich damit hinsichtlich

---

1626 So auch *Gärtner*, Gemischt veranlasste Aufwendungen, S. 236; vgl. *Meyer*, in: BeckOK EStG, § 4, Rn. 2706.

1627 § 4 Abs. 5 S. 1 Nr. 7 EStG wird gemeinhin als „Schlüssel für das Verständnis des § 4 Abs. 5 EStG" verstanden (BFH BStBl. II 1981, 58, 59), da er aus historischer Sicht übergeordnete Maßstäbe aufstellt, die auch für die anderen Tatbestände gelten und bei deren Auslegung zu berücksichtigen sind; vgl. *Drüen*, in: Brandis/Heuermann, EStG, § 4, Rn. 869; *Meyer*, in: BeckOK EStG, § 4, Rn. 2705. Näher zur Auffangfunktion und dem Generalklauselcharakter des § 4 Abs. 5 S. 1 Nr. 7 EStG in Teil 4 § 17 C.I.

1628 So auch *Bode*, in: Kirchhof, EStG, § 4, Rn. 196; *Gärtner*, Gemischt veranlasste Aufwendungen, S. 236; *Helkenberg*, Unangemessenheit von Betriebsausgaben, S. 75; *Maetz*, in: Bordewin/Brandt, EStG, § 4, Rn. 2261; *Meyer*, in: BeckOK EStG, § 4, Rn. 2700; *Stapperfend*, in: Herrmann/Heuer/Raupach, EStG/KStG, § 4 EStG, Rn. 1600; vgl. zudem BFH BStBl. II 2018, 185, 187; *Tipke*, StuW 1979, 193, 203. Nach anderer Ansicht macht der Gesetzgeber mit diesem Einleitungssatz dagegen Aufwendungen, die eigentlich untrennbar gemischt veranlasst sind, konstitutiv zu

ihrer sphärischen Einordnung von den privaten Repräsentationsaufwendungen iSd § 12 Nr. 1 S. 2 EStG.

Fraglich ist allerdings, ob diese Einordnung als reine Erwerbsaufwendung auch in Einklang mit dem Wortlaut des § 4 Abs. 5 S. 1 Nr. 7 EStG steht. Hiernach dürfen „andere [...] Aufwendungen, die *die Lebensführung* [...] *berühren*“,[1629] nur so weit sie als angemessen anzusehen sind, von den Erwerbseinnahmen abgezogen werden. Mit der dort verwendeten Formulierung des *Berührens der Lebensführung* wird ein Bezug zur steuerlich unbeachtlichen Privatsphäre hergestellt, der die Einordnung der Repräsentationsaufwendungen in § 4 Abs. 5 S. 1 Nr. 1, 3, 4 und 7 EStG als reine Betriebsausgaben iSd § 4 Abs. 4 EStG in Frage stellen könnte. Ähnlich wie bei dem Wortlaut des § 12 Nr. 1 S. 2 EStG („Förderung des Berufs“) verwendet der Gesetzgeber aber auch hier nicht die gängige Terminologie einer privaten „(Mit-)Veranlassung“, sondern scheint mit dem „Berühren der Lebensführung“ ebenfalls bewusst eine Begrifflichkeit gewählt zu haben, die sich davon terminologisch absetzt. Ob die Repräsentationsaufwendungen iSd § 4 Abs. 5 S. 1 EStG also tatsächlich (nahezu) ausschließlich betrieblich veranlasst sind, oder aber wesentlich private Mitveranlassungsbeiträge enthalten, hängt maßgeblich davon ab, wie der Begriff des Berührens der Lebensführung im Verhältnis zu dem aus § 4 Abs. 4 EStG bekannten Begriff der privaten Mitveranlassung inhaltlich einzuordnen ist. In der Rechtsprechung und dem steuerrechtlichen Schrifttum werden diesbezüglich im Wesentlichen zwei gegenläufige Ansichten vertreten.[1630]

Nach einer Ansicht *berühren* Aufwendungen die Lebensführung, wenn sie durch die persönlichen Motive des Steuerpflichtigen mitveranlasst sind, ohne dass deshalb die betriebliche Veranlassung zu verneinen ist.[1631] Bei dieser Definition

---

Betriebsausgaben kraft gesetzlicher Zuordnung. Näher zur grammatikalischen Auslegung des § 4 Abs. 5 S. 1 EStG in Teil 4 § 17 B.I.

1629 Hervorhebungen durch die Verfasserin.

1630 Zu den einzelnen Ansichten siehe auch *Gärtner*, Gemischt veranlasste Aufwendungen, S. 241 ff.; *Helkenberg*, Unangemessenheit von Betriebsausgaben, S. 47 ff.; *Spilker*, in: K/S/M, EStG, § 4, Rn. M 18. Neben den beiden Ansichten, die sogleich vorgestellt werden, gibt es noch weitere Auffassungen zur Auslegung des Tatbestandsmerkmals „Berühren der Lebensführung“, auf die an späterer Stelle im Zusammenhang mit der Analyse der Generalklausel nochmal vertieft eingegangen wird, siehe hierzu Teil 4 § 17 C.II.2.a.

1631 Vgl. BFH/NV 1988, 356, 357; BFH BStBl. II 1987, 108, 110; BFH BStBl. II 1986, 904, 905; BFH BStBl. II 1979, 387, 387; *Drüen*, in: Brandis/Heuermann, EStG, § 4, Rn. 869; *Feldgen*, in: Korn, EStG, § 4, Rn. 1143; *Hey*, in: Tipke/Lang, Steuerrecht, § 8, Rn. 291; *Maetz*, in: Bordewin/Brandt, EStG, § 4, Rn. 2973. Siehe zudem *Tipke*,

werden die Begriffe *berühren* und *mitveranlassen* inhaltlich gleichgesetzt und die Repräsentationsaufwendungen in § 4 Abs. 5 S. 1 Nr. 7 EStG demzufolge als echte gemischt veranlasste Aufwendungen verstanden, bei denen sowohl die betriebliche als auch die private Veranlassung wesentlich ist.[1632] Begründet wird diese Ansicht damit, dass es ähnlich wie bei § 12 Nr. 1 S. 2 EStG um Aufwendungen gehe, die nicht notwendig für den Betrieb/Beruf des Steuerpflichtigen sind und zugleich die private Lebensführung betreffen.[1633] Nach anderer Ansicht ist die Lebensführung iSd § 4 Abs. 5 S. 1 Nr. 7 EStG dagegen bereits *berührt*, wenn ungeachtet der betrieblichen Veranlassung auch persönliche Motive oder Bedürfnisse des Steuerpflichtigen oder einer anderen Person eine Rolle spielen.[1634] Nach dieser Ansicht ist bei den Repräsentationsaufwendungen iSd § 4 Abs. 5 S. 1 EStG zwar anders als bei rein betrieblich veranlassten Aufwendungen iSd § 4 Abs. 4 EStG zusätzlich ein privates Motiv vorhanden.[1635] Dieses private Motiv ist jedoch nicht von so großer Bedeutung, dass bereits eine wesentliche private Mitveranlassung angenommen wird.[1636] Vielmehr wird davon ausgegangen, dass „berühren der Lebensführung" graduell weniger bedeutet als „privat mitveranlasst" und dass die

---

StuW 1979, 193, 203 zu § 4 Abs. 5 S. 1 Nr. 1-5, 7 EStG: „Geht man den Dingen aber weiter auf den Grund, so lassen sich die unangemessenen Ausgaben auch als *wesentlich privat veranlaßte* ansehen. Im Falle des § 12 (Nr. 1) S. 2 EStG mag die private Motivation allerdings oft noch dominierender sein als im Falle des § 4 V EStG." (Hervorhebung durch die Verfasserin).

1632 Vgl. *Tipke*, StuW 1979, 193, 203.

1633 So etwa *Tipke*, StuW 1979, 193, 203.

1634 Vgl. BFH BStBl. II 2018, 185, 188; BFH BStBl. II 2017, 526, 528; BFH BStBl. II 2014, 679, 681; *Frotscher/Watrin*, in: Frotscher/Geurts, EStG, § 4, Rn. 823; *Loschelder*, in: Schmidt, EStG, § 4, Rn. 601; *Meurer*, in: Lademann, EStG, § 4, Rn. 731; *Meyer*, in: BeckOK EStG, § 4, Rn. 2801; *Stapperfend*, in: Herrmann/Heuer/Raupach, EStG/KStG, § 4 EStG, Rn. 1620; *Wenzig*, StBp. 1979, 272, 274; vgl. *Grund*, StuW 1955, Sp. 353, 360; *Wetter*, Abgrenzung der Betriebsausgaben, S. 22. Nicht eindeutig *Helkenberg*, Unangemessenheit von Betriebsausgaben, S. 66 ff., die zwar einerseits annimmt, dass bei dem „Berühren" der privaten Lebensführung ein geringer privater Anlass genügt und die Mindestvoraussetzung des § 4 Abs. 5 S. 1 Nr. 7 EStG allein darin besteht, „daß die Ausgabe auch der Befriedigung privater Interessen [...] dient", in Widerspruch dazu aber dem Grunde nach von untrennbar gemischt veranlassten Aufwendungen ausgeht und damit zugleich eine wesentlich private Mitveranlassung annimmt.

1635 *Stapperfend*, in: Herrmann/Heuer/Raupach, EStG/KStG, § 4 EStG, Rn. 1620; vgl. *Meurer*, in: Lademann, EStG, § 4, Rn. 731.

1636 *Stapperfend*, in: Herrmann/Heuer/Raupach, EStG/KStG, § 4 EStG, Rn. 1620; vgl. *Meurer*, in: Lademann, EStG, § 4, Rn. 731.

Aufwendungen in § 4 Abs. 5 S 1 Nr. 7 EStG daher fast ausschließlich betrieblich und nur unwesentlich privat veranlasst sind.[1637]

Gegen die erste und für die zweite Ansicht spricht zunächst, dass der Gesetzgeber für die Beschreibung der Aufwendungen in § 4 Abs. 5 S. 1 Nr. 7 EStG gerade nicht den üblichen Begriff der Veranlassung verwendet hat, sondern ausdrücklich von einem Berühren der Lebensführung spricht und damit eine Formulierung wählt, die erkennbar schwächer ausfällt.[1638] Dass der Gesetzgeber eine Gleichsetzung der beiden Begriffe auch nicht im Sinn hatte, zeigt sich nicht zuletzt daran, dass der Terminus des Veranlassens mit § 4 Abs. 4 EStG unmittelbar im Absatz vor § 4 Abs. 5 S. 1 Nr. 7 EStG verwendet wird,[1639] um das für die sphärische Zuordnung von Aufwendungen maßgebliche Veranlassungsprinzip zu normieren. Bei dieser gesetzessystematischen Nähe der unterschiedlichen Terminologien zueinander wird deutlich, dass die Formulierung in § 4 Abs. 5 S. 1 Nr. 7 EStG bewusst gewählt wurde, um die Abgrenzung zur Veranlassung im Sinne des § 4 Abs. 4 EStG zu verdeutlichen.[1640] Darüber hinaus haben bereits die Untersuchungen über das Telos der Norm und den Wortlauts des Einleitungssatzes nach § 4 Abs. 5 S. 1 EStG gezeigt, dass die Repräsentationsaufwendungen in § 4 Abs. 5 S. 1 Nr. 7 EStG grundsätzlich abziehbare Betriebsausgaben darstellen,[1641] deren Abzugsmöglichkeit durch § 4 Abs. 5 S. 1 Nr. 1, 3, 4 und 7 EStG nur eingeschränkt wird. Das bloße Berühren der Lebensführung ändert daher nichts an der Betriebsausgabenqualität der Repräsentationsaufwendungen iSd

---

1637 Siehe auch *Frotscher/Watrin*, in: Frotscher/Geurts, EStG, § 4, Rn. 823; vgl. *Helkenberg*, Unangemessenheit von Betriebsausgaben, S. 72 f.; *Meurer*, in: Lademann, EStG, § 4, Rn. 731; *Stapperfend*, in: Herrmann/Heuer/Raupach, EStG/KStG, § 4 EStG, Rn. 1620; im Ergebnis auch *Drenseck*, DB 1987, 2483, 2485; *Gärtner*, Gemischt veranlasste Aufwendungen, S. 243; *Görlich*, DB 1979, 711, 713; *Nacke*, in: Littmann/Bitz/Pust, EStG, § 4, Rn. 1800.

1638 So im Ergebnis auch *Frotscher/Geurts*, in: Frotscher/Watrin, EStG, § 4, Rn. 823; *Gärtner*, Gemischt veranlasste Aufwendungen, S. 243; *Helkenberg*, Unangemessenheit von Betriebsausgaben, S. 70; *Meurer*, in: Lademann, EStG, § 4, Rn. 731; *Stapperfend*, in: Herrmann/Heuer/Raupach, EStG/KStG, § 4 EStG, Rn. 1620.

1639 Die wortlautgleiche Vorgängerregelung zu § 4 Abs. 5 S. 1 Nr. 7 EStG stand in der Fassung des StÄndG 1953 in § 4 Abs. 4 S. 2 EStG und war damit sogar im gleichen Absatz wie das Veranlassungsprinzip in § 4 Abs. 4 S. 1 EStG geregelt.

1640 Vgl. auch *Frotscher/Watrin*, in: Frotscher/Geurts, EStG, § 4, Rn. 823; *Stapperfend*, in: Herrmann/Heuer/Raupach, EStG/KStG, § 4 EStG, Rn. 1620. Im Ergebnis zustimmend auch *Helkenberg*, Unangemessenheit von Betriebsausgaben, S. 50.

1641 Vgl. auch *Gärtner*, Gemischt veranlasste Aufwendungen, S. 242; *Stapperfend*, in: Herrmann/Heuer/Raupach, EStG/KStG, § 4 EStG, Rn. 1620.

§ 4 Abs. 5 S. 1 Nr. 1, 3, 4 und 7 EStG.[1642] Damit kommt auch die grammatikalische Auslegung zu dem Ergebnis, dass der Anwendungsbereich der Abzugsregelungen in § 4 Abs. 5 S. 1 Nr. 1, 3, 4 und 7 EStG auf fast ausschließlich betrieblich veranlasste Repräsentationsaufwendungen beschränkt ist. Zwar weisen diese zugleich einen unbedeutenden Bezug zur steuerlich unbeachtlichen Privatsphäre auf und gehören damit ebenso wie die Repräsentationsaufwendungen in § 12 Nr. 1 S. 2 EStG zu den Aufwendungen des Graubereichs. Sphärisch sind die Repräsentationsaufwendungen iSd § 4 Abs. 5 S. 1 Nr. 1, 3, 4 und 7 EStG aber gerade nicht dem Bereich der privaten Lebensführung, sondern der Erwerbssphäre zuzuordnen.

IV. Systematik

Dieses Auslegungsergebnis wird schließlich auch durch die Gesetzessystematik der §§ 4 ff. EStG bestätigt. Während § 12 Nr. 1 S. 2 EStG im Bereich der nicht abzugsfähigen Privatausgaben eingeordnet ist,[1643] schließt § 4 Abs. 5 S. 1 Nr. 1, 3, 4 und 7 EStG unmittelbar an die Legaldefinition für Betriebsausgaben in § 4 Abs. 4 EStG an und steht zudem, ebenso wie die übrigen Gewinnermittlungsvorschriften der §§ 4 ff. EStG, unter der Überschrift „Gewinn". Damit verdeutlicht auch die systematische Stellung, dass die Repräsentationsaufwendungen in § 4 Abs. 5 S. 1 Nr. 1, 3, 4 und 7 EStG grundsätzlich der steuerlich relevanten Erwerbssphäre angehören und der zusätzlich bestehende private Bezug – anders als bei den Aufwendungen nach § 12 Nr. 1 S. 2 EStG – nur von untergeordneter Bedeutung ist. Denn auch wenn § 4 Abs. 5 S. 1 Nr. 1, 3, 4 und 7 EStG ebenso wie §§ 10 ff., § 12, und §§ 33 ff. EStG den Aufwendungsabzug jedenfalls anteilig untersagt, steht diese Regelung im Gesetz gerade nicht bei den anderen Vorschriften über nicht abziehbare Privataufwendungen, sondern im Bereich der Gewinnermittlung, die allein die steuerlich relevante Erwerbssphäre betrifft.

V. Zusammenfassung und Ergebnis der Auslegung

Zusammenfassend ist damit festzuhalten, dass die Abzugsregelungen in § 4 Abs. 5 S. 1 Nr. 1, 3, 4 und 7 EStG nach der teleologischen und systematischen Auslegung solche Aufwendungen betreffen, die sich ebenso wie die Aufwendungen in § 12 Nr. 1 S. 2 EStG durch einen repräsentativen Charakter auszeichnen, anders als die privaten Repräsentationsaufwendungen in § 12 Nr. 1 S. 2 EStG jedoch der

---

1642 Vgl. auch *Meyer*, in: BeckOK EStG, § 4, Rn. 2704; *Stuber/Nägele*, Bewirtung und Repräsentation, S. 191. Näher zur Systematik des § 4 Abs. 5 S. 1 Nr. 7 EStG in Teil 4 § 17 C.I. und II.

1643 Siehe hierzu bereits Teil 3 § 11 C.III.

Erwerbssphäre angehören (betriebliche Repräsentationsaufwendungen).[1644] Auch dem Wortlaut des Einleitungssatzes in § 4 Abs. 5 S. 1 EStG ist zu entnehmen, dass es sich bei den Aufwendungen in § 4 Abs. 5 S. 1 Nr. 1, 3, 4 und 7 EStG um Betriebsausgaben iSd § 4 Abs. 4 EStG handelt. Umstritten ist allerdings, ob die Formulierung der Generalklausel in § 4 Abs. 5 S. 1 Nr. 7 EStG, wonach die Aufwendungen die Lebensführung des Steuerpflichtigen oder einer anderen Person berühren, bedeutet, dass die Repräsentationsaufwendungen in § 4 Abs. 5 S. 1 Nr. 1, 3, 4 und 7 EStG nicht nur betrieblich, sondern auch wesentlich privat mitveranlasst sind. Hiergegen ist einzuwenden, dass der Gesetzgeber mit dem Berühren der Lebensführung bewusst eine Begrifflichkeit gewählt hat, die sich graduell von dem üblichen Terminus der privaten Mitveranlassung unterscheidet, um zu verdeutlichen, dass der private Bezug der betrieblichen Repräsentationsaufwendungen nur von untergeordneter Bedeutung ist. Die bloße Berührung der Lebensführung ändert mithin nichts an der Zuordnung der Repräsentationsaufwendungen iSd § 4 Abs. 5 S. 1 Nr. 1, 3, 4 und 7 EStG zur Erwerbssphäre.

E. Schlussfolgerungen für die Definition und Veranlassung von Repräsentationsaufwendungen und Abgrenzung zu echten gemischt veranlassten Aufwendungen

Ziel des Kapitels war es, geeignete Abgrenzungsmerkmale und eine übergeordnete Definition für den Begriff der Repräsentationsaufwendungen zu finden. Dabei war insbesondere fraglich, ob alle Repräsentationsaufwendungen das gleiche Veranlassungsniveau aufweisen oder ob es sich hierbei um eine Art Oberbegriff handelt, der unabhängig von der konkreten Veranlassung bestimmte Eigenschaften und Merkmale beschreibt, welche die betreffenden Aufwendungen gemein haben. Zudem stellte sich die Frage, wie das Verhältnis zwischen Repräsentationsaufwendungen und echten gemischt veranlassten Aufwendungen aussieht.

Die vorstehenden Untersuchungen haben zunächst gezeigt, dass Repräsentationsaufwendungen sich allgemein durch einen gehobenen, repräsentativen Charakter sowie den Zweck der eigenen Außendarstellung auszeichnen. Sie werden getätigt, um die gesellschaftliche, wirtschaftliche oder berufliche Stellung des Steuerpflichtigen zu verbessern und unterscheiden sich insofern von den echten gemischt veranlassten Aufwendungen, welche diesen repräsentativen Charakter nicht notwendigerweise aufweisen. Zugleich wurde aber auch deutlich, dass nicht alle Repräsentationsaufwendungen gleich veranlasst sind und damit auch nicht derselben steuerlichen Behandlung zu unterwerfen sind. Während

1644 So im Ergebnis auch *Meurer*, in: Lademann, EStG, § 4, Rn. 542.

Repräsentationsaufwendungen iSd § 12 Nr. 1 S. 2 EStG wesentlich privat und unwesentlich betrieblich/beruflich veranlasst sind[1645] und einem allgemeinen Aufteilungs- und Abzugsverbot unterliegen, zeichnen sich die Repräsentationsaufwendungen in § 4 Abs. 5 S. 1 Nr. 1, 3, 4 und 7 EStG durch eine wesentlich betriebliche und unwesentlich private Veranlassung sowie spezifische Abzugsbeschränkungen aus. Damit steht fest, dass die Frage der Veranlassung von Repräsentationsaufwendungen nicht einheitlich beantwortet werden kann und der Begriff der Repräsentationsaufwendung somit nur einen Oberbegriff für alle Aufwendungen mit repräsentativem Charakter darstellt.[1646] Dies ergibt sich bereits daraus, dass die unterschiedliche steuerliche Behandlung in § 12 Nr. 1 S. 2 EStG und § 4 Abs. 5 S. 1 Nr. 1, 3, 4 und 7 EStG nicht gerechtfertigt werden könnte, wenn beide Normen dieselbe Form von Repräsentationsaufwendungen beträfen.[1647]

Schließlich hat die Untersuchung gezeigt, dass Repräsentationsaufwendungen nicht in jedem Fall mit untrennbar gemischt veranlassten Aufwendungen gleichgesetzt werden können.[1648] Zwar wird es bei den Aufwendungen, die zur äußerlichen Darstellung einer gehobenen gesellschaftlichen Stellung getätigt werden, immer zu Abgrenzungsschwierigkeiten kommen, da diese zugleich auch immer ein Stück weit der privaten Bedürfnisbefriedigung des Steuerpflichtigen dienen.[1649] Das bedeutet jedoch nicht, dass alle Repräsentationsaufwendungen *notwendigerweise* untrennbar gemischt veranlasst sind.[1650] So hat bereits der RFH hat in seinen Entscheidungen darauf hingewiesen, dass Repräsentationsaufwendungen auch (fast) ausschließlich betrieblich/beruflich veranlasst sein können und dann als Erwerbsaufwendungen vollständig abziehbar sind. Zudem wurde gezeigt, dass der Gesetzgeber in § 4 Abs. 5 S. 1 EStG und § 12 Nr. 1 S. 2 EStG den steuerlichen Abzug von Repräsentationsaufwendungen regelt, die nur unwesentlich privat oder unwesentlich betrieblich/beruflich mitveranlasst sind und damit von vornherein nicht mit echten gemischt veranlassten Aufwendungen

---

1645 Vgl. auch *Drenseck*, DB 1987, 2483, 2487.

1646 Siehe auch *Leisner-Egensperger*, DStZ 2010, 673, 679, nach der die Repräsentation nur einen „Gemenge-Begriff" darstellt, der beschreibt, dass in die gesellschaftliche Stellung des Steuerpflichtigen private und berufliche Überlegungen einfließen. Für eine Unterscheidung zwischen betrieblichen und privaten Repräsentationsaufwendungen auch *Kammergruber*, Betriebsausgabenabzug, S. 274.

1647 So auch *Gorski*, DStZ 1981, 111, 114; vgl. zudem *Görlich*, DB 1979, 711, 713; *Helkenberg*, Unangemessenheit von Betriebsausgaben, S. 47 ff.

1648 So im Ergebnis auch *Gärtner*, Gemischt veranlasste Aufwendungen, S. 233 f.

1649 Vgl. auch *Gärtner*, Gemischt veranlasste Aufwendungen, S. 233 f.

1650 So auch *Gärtner*, Gemischt veranlasste Aufwendungen, S. 233 f.

gleichgesetzt werden können, bei denen unabhängig von ihrer Trennbarkeit sowohl die erwerbliche als auch die private Veranlassung wesentlich ist.

Darüber hinaus sind auch Repräsentationsaufwendungen vorstellbar, die zwar wesentlich betrieblich/beruflich *und* wesentlich privat veranlasst sind, dabei aber nach objektiven Kriterien aufgeteilt werden können und mithin nach heutiger Rechtsprechung des BFH[1651] echte trennbar gemischt veranlasste Aufwendungen darstellen.[1652] Zu denken ist hierbei etwa an eine gehobene Feier für ein Firmenjubiläum, bei der neben Arbeitskollegen auch Freunde und Familie des Steuerpflichtigen eingeladen werden und eine Aufteilung der Kosten nach Köpfen möglich ist.[1653] Weitere Beispiele für solche trennbar gemischt veranlassten Repräsentationsaufwendungen sind die Kosten für luxuriöse Wirtschaftsgüter wie Jachten oder Privatflugzeuge, die teilweise betrieblich und teilweise privat genutzt werden und dementsprechend nach den jeweiligen Zeitanteilen quantitativ aufgeteilt werden können.[1654] Dass solche trennbar gemischt veranlassten Repräsentationsaufwendungen existieren müssen, zeigt sich nicht zuletzt an der Gesetzesbegründung zu § 12 Nr. 1 S. 2 EStG, in der es heißt: „*Wenn* bei Repräsentationsaufwendungen private und berufliche Gründe zusammenwirken und eine Trennung nicht erfolgen kann, sind die Ausgaben nicht abzugsfähig.“[1655] Diese Begründung wird mit dem Wort „wenn“ und nicht „da“ eingeleitet, womit

---

1651 Siehe hierzu nochmals Teil 3 § 10 C.II.3.; zur kritischen Würdigung der Differenzierung zwischen trennbar und untrennbar gemischt veranlassten Aufwendungen siehe zudem Teil 3 § 10 C.II.4.

1652 So auch *Gärtner,* Gemischt veranlasste Aufwendungen, S. 234.

1653 Vgl. *Gärtner,* Gemischt veranlasste Aufwendungen, S. 235; *Offerhaus,* DStR 2005, 446, 448. Für die Möglichkeit der Aufteilung nach Köpfen bei gemischt veranlassten Feiern vgl. auch BFH BStBl. II 2015, 1013, 1014 f.; BMF BStBl. I 2010, 412, 414; *Spilker,* in: K/S/M, EStG, § 4, Rn. H 41; kritisch hierzu allerdings zu Recht *Meyer,* in: BeckOK EStG, § 4, Rn. 2734.1. Siehe hierzu nochmals die Ausführungen in Teil 3 § 10 C.II.4.

1654 Siehe *Gärtner,* Gemischt veranlasste Aufwendungen, S. 235. Vgl. etwa BFH BStBl. II 1978, 93, 94 f. für den Fall eines Privatflugzeugs, das ein Musiker teilweise aus beruflichem Anlass genutzt hat, um damit zu Konzerten und Proben zu fliegen. In diesem Fall nahm der BFH eine Teilbarkeit der Unterhaltskosten des Flugzeugs nach objektiven und nachprüfbaren Kriterien an, da sich anhand des Bordbuchs die genauen Flugzeiten ermitteln ließen, zu denen der Steuerpflichtige das Flugzeug betrieblich oder aber privat nutzte. Siehe diesbezüglich aber auch *Meyer,* in: BeckOK EStG, § 4, Rn. 2745.1, der zutreffend darauf hinweist, dass es wegen des totalen Abzugsverbots in § 4 Abs. 5 S. 1 Nr. 4 EStG in diesen Fällen oftmals praktisch keiner Veranlassungsprüfung bedarf.

1655 RStBl. 1935, 33, 41 (Hervorhebung durch die Verfasserin).

deutlich wird, dass auch der historische Gesetzgeber die Existenz echter trennbar gemischt veranlasster Repräsentationsaufwendungen grundsätzlich für möglich erachtet hat.[1656]

Insgesamt ist damit festzuhalten, dass die einkommensteuerrechtlichen Repräsentationsaufwendungen nicht stets das gleiche Veranlassungsniveau aufweisen und daher auch nicht pauschal mit untrennbar gemischt veranlassten Aufwendungen gleichgesetzt werden können.[1657] Anders als bei den echten gemischt veranlassten Aufwendungen wird mit dem Begriff der Repräsentationsaufwendungen auch keine bestimmte Veranlassungsform bezeichnet, sondern vielmehr eine Beschreibung der maßgeblichen Eigenschaften abgegeben, die die betreffenden Aufwendungen gemein haben. Hiernach sind Repräsentationsaufwendungen solche Aufwendungen, die der Steuerpflichtige unabhängig von einer bestimmten Veranlassung aufgrund seiner gehobenen wirtschaftlichen oder gesellschaftlichen Stellung tätigt, um damit sein Image bzw. seine Reputation zu verbessern oder aufrechtzuerhalten. Da Repräsentationsaufwendungen mithin jede mögliche Stellung entlang der oben beschriebenen Veranlassungsskala[1658] einnehmen können, hängt auch die steuerliche Behandlung dieser Aufwendungen stets davon ab, wie das Ergebnis der Veranlassungsprüfung im Einzelfall ausfällt.[1659] Sind die Repräsentationsaufwendungen wesentlich betrieblich/beruflich und zugleich wesentlich privat veranlasst, so handelt es sich um echte gemischt veranlasste Repräsentationsaufwendungen, deren Abzug ebenso wie bei den übrigen echten gemischt veranlassten Aufwendungen nach heute vertretener Rechtsprechung des BFH davon abhängt, ob eine Aufteilung der Veranlassungsanteile nach objektiven Kriterien möglich ist. Gesetzliche Sonderregelungen zur steuerlichen Behandlung von Repräsentationsaufwendungen enthält das EStG nur für wesentlich privat und unwesentlich betrieblich/beruflich veranlasste Repräsentationsaufwendungen

---

1656 Vgl. auch *Gärtner,* Gemischt veranlasste Aufwendungen, S. 234.

1657 So auch *Gärtner,* Gemischt veranlasste Aufwendungen, S. 235.

1658 Siehe hierzu nochmals Abb. 1 und Abb. 2 in Teil 3 § 9 B.

1659 Siehe auch BFM BStBl. I 2010, 614, 615: „Ob Repräsentationsaufwendungen im Sinne des § 12 Nummer 1 Satz 2 EStG oder (zumindest teilweise) Betriebsausgaben/Werbungskosten darstellen, ist stets durch eine Gesamtwürdigung aller Umstände des Einzelfalls festzustellen." und BFM BStBl. I 2010, 614, 615: „Aufwendungen im Sinne der Rn. 4 und 5 [gemeint sind u.a. *Repräsentationsaufwendungen*] sind Betriebsausgaben oder Werbungskosten, soweit sie ausschließlich oder nahezu ausschließlich betrieblich/beruflich veranlasst sind […]". Vgl. zudem *Gärtner,* Gemischt veranlasste Aufwendungen, S. 235; *Kratzsch*, in: Frotscher/Geurts, EStG, § 12, Rn. 80 unter „Repräsentationsaufwendungen".

(private Repräsentationsaufwendungen), für die § 12 Nr. 1 S. 2 EStG zur Klarstellung der Wesentlichkeitstheorie ein vollständiges Abzugsverbot normiert, sowie für einzelne ausdrücklich benannte wesentlich betrieblich und unwesentlich privat veranlasste Repräsentationsaufwendungen (betriebliche Repräsentationsaufwendungen), die nach § 4 Abs. 5 S. 1 Nr. 1, 3, 4 und 7 EStG spezifischen Abzugsbeschränkungen unterworfen werden.

F. Erste Erkenntnisse für das Verhältnis zwischen § 12 Nr. 1 S. 2 EStG und § 4 Abs. 5 S. 1 Nr. 1-7 EStG

Mit § 12 Nr. 1 S. 2 EStG und § 4 Abs. 5 S. 1 Nr. 1, 3, 4 und 7 EStG hat der Gesetzgeber zwei unterschiedliche Regelungsregime geschaffen, mit denen der steuerliche Abzug bestimmter Repräsentationsaufwendungen ausgeschlossen oder beschränkt wird. Damit stellt sich speziell für die Aufwendungsform der Repräsentationsaufwendung, aber auch für die gesamte Systematisierung des Graubereichs die Frage, in welchem Verhältnis § 12 Nr. 1 S. 2 EStG und § 4 Abs. 5 S. 1 Nr. 1-7 EStG zueinander stehen.[1660] Nach den vorangegangenen Ausführungen kann diese Frage speziell für Repräsentationsaufwendungen bereits an dieser Stelle beantwortet werden:[1661] Wie soeben gezeigt wurde, betreffen sowohl § 12 Nr. 1 S. 2 EStG als auch § 4 Abs. 5 S. 1 Nr. 1, 3, 4 und 7 EStG Aufwendungen, die sich durch einen repräsentativen Charakter auszeichnen und zugleich unterschiedlich starke Bezüge zur Erwerbs- und Privatsphäre aufweisen.[1662] Beide Regelungen erfassen Aufwendungsgruppen, die im Graubereich zwischen Erwerbs- und Privatsphäre angesiedelt sind.[1663] Zugleich ist aber auch deutlich geworden, dass die jeweils von den Abzugsbestimmungen betroffenen Repräsentationsaufwendungen nicht gleichgesetzt werden können. Vor diesem Hintergrund ist *Tipke* darin zuzustimmen, dass beide Normen der gleichen gedanklichen Wurzel entspringen, gleichzeitig jedoch bezüglich der Frage der Veranlassung unterschiedlich akzentuiert

---

1660 Hierzu auch *Görlich,* DB 1979, 711, 712 f.

1661 In welchem Verhältnis das Aufteilung- und Abzugsverbot des § 12 Nr. 1 S. 2 EStG und die Tatbestände des § 4 Abs. 5 S. 1 Nr. 1-7 EStG allgemein zueinander stehen, hängt maßgeblich davon ab, ob man die Aufwendungen des Abzugskataloges als echte Betriebsausgaben oder untrennbar gemischt veranlasste Aufwendungen, die der Gesetzgeber konstitutiv zu Betriebsausgaben kraft gesetzlicher Zuordnung gemacht hat, begreift. Dies ist in der Literatur sehr umstritten und wird an späterer Stelle eingehend untersucht, siehe Teil 4 § 16 und § 17.

1662 Siehe auch *Helkenberg,* Unangemessenheit von Betriebsausgaben, S. 71.

1663 So auch *Gorski,* DStZ 1981, 111, 114.

sind.[1664] Zwar ist für beide Normen der Unterschied zu einer ausschließlich erwerblichen bzw. privaten Veranlassung nur gradueller Natur.[1665] Allerdings sind die Vorzeichen der jeweiligen Veranlassung umgekehrt: § 12 Nr. 1 S. 2 EStG regelt die privaten Repräsentationsaufwendungen, die zusätzlich den Beruf oder die betriebliche Tätigkeit des Steuerpflichtigen fördern und damit unwesentlich betrieblich/beruflich mitveranlasst sind. Spiegelbildlich dazu bestimmt § 4 Abs. 5 Nr. 1, 3 , 4 und 7 EStG den Abzug von betrieblichen Repräsentationsaufwendungen, die die Lebensführung des Steuerpflichtigen oder eines Dritten *berühren* und damit unwesentlich privat mitveranlasst sind.[1666] Anders als die Verwendung desselben Terminus in den jeweiligen Gesetzesbegründungen also vermuten lässt, ist der Anwendungsbereich der beiden Abzugsverbote nicht deckungsgleich.[1667] Vielmehr stehen sich die beiden Normen systematisch betrachtet spiegelbildlich gegenüber[1668] und können dabei hinsichtlich der steuerlichen Behandlung der jeweils von ihrem Anwendungsbereich erfassten Repräsentationsaufwendungen nicht miteinander konkurrieren.

§ 12 Betrieblich/beruflich bedingte Mehraufwendungen

A. Vorbemerkungen

Neben den echten gemischt veranlassten Aufwendungen und den Repräsentationsaufwendungen bilden die sog. betrieblich/beruflich bedingten Mehraufwendungen[1669] den dritten wesentlichen Problemkreis innerhalb des Graubereichs zwischen Erwerbs- und Privatsphäre, den es im Rahmen der vorliegenden Arbeit zu untersuchen gilt. Beispielhaft für diese betrieblich/beruflich bedingten Mehraufwendungen können zum einen die im

---

1664 Siehe *Tipke*, StuW 1979, 193, 203; *Tipke/Lang*, Systematischer Grundriß, S. 259.

1665 Vgl. auch *Helkenberg*, Unangemessenheit von Betriebsausgaben, S. 72 f.

1666 Vgl. auch *Frotscher/Watrin*, in: Frotscher/Geurts, EStG, § 4, Rn. 821; *Helkenberg*, Unangemessenheit von Betriebsausgaben, S. 72 f; *Meurer*, in: Lademann, EStG, § 4, Rn. 542; *Tipke*, StuW 1979, 193, 203.

1667 In diesem Punkt zustimmend auch *Gärtner*, Gemischt veranlasste Aufwendungen, S. 236 f.; *Gorski*, Harzburger Protokoll 1978, S. 59, 90; *Görlich*, DB 1979, 711, 713.

1668 So im Ergebnis auch *Drenseck*, DB 1987, 2483, 2485; *Helkenberg*, Unangemessenheit von Betriebsausgaben, S. 72; *Jochum*, DStZ 2010, 665, 667; *Kratzsch*, in: Frotscher/Geurts, EStG, § 12, Rn. 80 unter „Repräsentationsaufwendungen"; *Tipke*, StuW 1979, 193, 203 und insbesondere 204, Rn. 51.

1669 Siehe auch BFH GrS BStBl. II 2010, 672, 684, der in diesem Zusammenhang von einem „beruflichen Mehraufwand" spricht; *Jochum*, DStZ 2010, 665, 667: „Beruflich bedingte Mehrkosten"; *Meyer*, in: BeckOK EStG, § 4, Rn. 2705.

Abzugskatalog des § 4 Abs. 5 S. 1 Nr. 1-7 EStG gesetzlich geregelten Fälle der Verpflegungsmehraufwendungen iSd § 4 Abs. 5 S. 1 Nr. 5 EStG, der Fahrtkosten für die Wege zwischen Wohnung und Betriebsstätte/erster Tätigkeitsstätte nach § 4 Abs. 5 S. 1 Nr. 6 EStG bzw. § 9 Abs. 1 S. 3 Nr. 4 EStG, der Mehraufwendungen für eine betrieblich bzw. beruflich veranlasste doppelte Haushaltsführung gem. § 4 Abs. 5 S. 1 Nr. 6a EStG bzw. § 9 Abs. 1 S. 3 Nr. 5 EStG sowie des häuslichen Arbeitens nach § 4 Abs. 5 S. 1 Nr. 6b, 6c EStG bzw. § 9 Abs. 5 EStG genannt werden.[1670] Darüber hinaus umfasst der Bereich aber noch einige weitere Aufwandspositionen, die nicht im Katalog des § 4 Abs. 5 EStG aufgeführt sind, für das allgemeine Verständnis der betrieblich/beruflich bedingten Mehraufwendungen und die grundlegende Systematisierung des Graubereichs aber dennoch von Bedeutung sind. Hierzu gehören etwa die Mehraufwendungen Berufstätiger für die Betreuung ihrer Kinder nach § 10 Abs. 1 Nr. 5 EStG,[1671] die Aufwendungen des Steuerpflichtigen für beruflich genutzte bürgerliche Kleidung[1672] oder die Kosten für eine Brille, die der Steuerpflichtige wegen seiner Sehschwäche auch während der beruflichen Tätigkeit trägt.[1673]

Wie betrieblich/beruflich bedingte Mehraufwendungen sphärisch einzuordnen und steuerlich zu behandeln sind, ist in der steuerrechtlichen Literatur äußerst umstritten. Die Antworten hierauf gehen zum Teil weit auseinander und variieren je nachdem, welche Aufwendung konkret in Rede steht. Ähnlich wie bei den Repräsentationsaufwendungen haben diese Meinungsverschiedenheiten auch bei den betrieblich/beruflich bedingten Mehraufwendungen Einfluss darauf, wie die Abzugsverbote und -beschränkungen des § 4 Abs. 5 S. 1 Nr. 1-7 EStG rechtlich eingeordnet werden.[1674] Bevor daher im 4. Teil der Arbeit auf die zur rechtlichen Wirkung des § 4 Abs. 5 S. 1 EStG vertretene deklaratorische und konstitutive Ansicht eingegangen wird, ist es sinnvoll, zunächst abstrakt zu untersuchen, was betrieblich/beruflich bedingte Mehraufwendungen sind und wie sie sich von anderen Aufwendungen im Graubereich unterscheiden. Gerade für die Verständlichkeit der konstitutiven Ansicht ist es hilfreich, sich zunächst vor Augen zu führen, wie betrieblich/beruflich bedingte Mehraufwendungen veranlasst sind und welche Ansichten diesbezüglich im Schrifttum vertreten werden.

1670 Vgl. auch *Jochum,* DStZ 2010, 665, 668 f.; *Meyer,* in: BeckOK EStG, § 4, Rn. 2705; *Söhn,* StuW 1983, 193, 199.

1671 Siehe *Hey,* in: Tipke/Lang, Steuerrecht, Rn. 8.755; *Jochum,* DStZ 2010, 665, 669; *Schneider,* in: FS BFH, Bd. 2, S. 1247, 1255; *Tipke,* FS Raupach, S. 177, 187.

1672 Siehe *Hey,* in: Tipke/Lang, Steuerrecht, Rn. 8.243; *Söhn,* FS Spindler, S. 795, 803.

1673 Siehe *Söhn,* FS Spindler, S. 795, 803.

1674 Siehe zu diesem Zusammenhang nochmals Teil 3 § 10 C.I.

Ziel des Kapitels ist es daher – wie auch zuvor bei den Repräsentationsaufwendungen – eine einheitliche Definition sowie geeignete Abgrenzungsmerkmale für betrieblich/beruflich bedingte Mehraufwendungen zu finden, mit der der schwer zu fassende Graubereich zwischen der steuerlichen Erwerbs- und Privatsphäre strukturierter und inhaltlich näher ausgestaltet wird. Auf die einzelnen Aufwendungspositionen nach § 4 Abs. 5 S. 1 Nr. 5-6c EStG wird sodann im 4. Teil der Arbeit vertieft eingegangen.[1675]

B. Wiederholung der bisherigen Erkenntnisse und Einleitung der Folgeuntersuchung

In Wiederholung der bisher gewonnenen Erkenntnisse zu den betrieblich/beruflich bedingten Mehraufwendungen soll zunächst nochmal zusammengefasst werden, welche Art von Aufwendungen unter diesem Begriff verstanden werden. Wie im Rahmen der Rechtsprechung zu den echten gemischt veranlassten Aufwendungen bereits erläutert wurde,[1676] geht der BFH in ständiger Rechtsprechung davon aus, dass es sich bei betrieblich/beruflich bedingten Mehraufwendungen dem Grunde nach um unverzichtbare Aufwendungen der Lebensführung handelt,[1677] die zu den existenznotwendigen und zwingenden, pflichtbestimmten Privataufwendungen gehören.[1678] Es wurde gezeigt, dass diese existenziellen Aufwendungen in ihrer „normalen" Höhe bereits durch den Grundfreibetrag nach § 32a Abs. 1 EStG pauschal berücksichtigt werden und daher, um eine Doppelberücksichtigung zu vermeiden, nicht anderweitig nochmal steuerlich geltend gemacht werden können.[1679]

Zugleich wurde aber auch darauf hingewiesen, dass ein etwaig entstandener betrieblicher/beruflicher Mehraufwand nach Ansicht des BFH gleichwohl steuerliche Berücksichtigung finden kann. Hierbei handelt es sich dem Namen nach um Aufwendungen, die aufgrund von Umständen, die in der Erwerbssphäre

---

1675 Siehe hierzu Teil 4 § 17.

1676 Siehe hierzu nochmals Teil 3 § 10 B.III.3.

1677 Hierüber besteht auch in der Literatur Einigkeit, siehe etwa *Bergkemper,* in: Herrmann/Heuer/Raupach, EStG/KStG, § 9 EStG, Rn. 490; *Claßen,* in: Lademann, EStG, § 12, Rn. 29, Rn. 139; *Drenseck,* DB 1987, 2483, 2483; *Hey,* in: Tipke/Lang, Steuerrecht, Rn. 8.243; *Jochum,* DStZ 2010, 665, 667; *H. Lange,* DStZ 1995, 682, 686; *Loschelder,* in: Schmidt, EStG, § 12, Rn. 32 Stichwort „Verpflegungskosten"; *Ruppe,* DStJG 3 (1980), S. 103, 122 f.; *Söhn,* DStJG 3 (1980), S. 13, 48; *Söhn,* StuW 1983, 193, 198; *Söhn,* FS Offerhaus, S. 477, 479; *Tipke,* StuW 1979, 193, 202.

1678 Siehe zu diesen Privataufwendungen nochmals Teil 1 § 2 C.II.1.b.

1679 Siehe hierzu nochmals Teil 3 § 10 B.III.3.

liegen („betrieblicher/beruflicher"), höher als gewöhnlich ausfallen („*Mehr*aufwand") und damit über dem normalen Grundbedarf liegen, der bereits durch § 32a Abs. 1 EStG abgedeckt wird.[1680] Mehraufwendungen für eine betrieblich bzw. beruflich veranlasste doppelte Haushaltsführung sind beispielsweise die Aufwendungen für Übernachtung, Verpflegung und Familienheimfahrten, die dem Steuerpflichtigen *mehr* entstehen, weil er nicht am Ort seiner Tätigkeitsstätte wohnt.[1681] Ebenso stellen Verpflegungsmehraufwendungen die *Mehr*kosten dar, die allein dadurch entstehen, dass der Steuerpflichtige seine betriebliche/berufliche Tätigkeit nicht an dem Ort ausübt, an dem sich seine Wohnung oder der Mittelpunkt seiner dauerhaft angelegten betrieblichen/beruflichen Tätigkeit befindet, und er daher nicht an der üblichen Stelle eine kostengünstige Mahlzeit einnehmen kann.[1682] Solche *Mehr*aufwendungen werden aus dogmatischer Sicht nicht durch das steuerfreie Existenzminimum berücksichtigt,[1683] so dass sich für diesen Teil wiederum die Frage der sphärischen Einordnung und steuerlichen Behandlung stellt.[1684] Zur Beantwortung dieser Frage ist im Folgenden insbesondere zu untersuchen, wie betrieblich/beruflich bedingte Mehraufwendungen veranlasst sind. Zuvor soll jedoch der Anwendungsbereich der betrieblich/beruflich bedingten Mehraufwendungen stärker eingegrenzt werden, indem erörtert wird, welche Aufwandspositionen nicht zu diesem Problemkomplex gehören und wo die Grenze des „normalen" Grundbedarfs, der gerade noch vom steuerfreien Existenzminimum abgedeckt wird, gezogen wird.

1680 Vgl. *Drenseck*, DB 1987, 2483, 2483; *Gärtner*, Gemischte Aufwendungen, S. 253; *Hey*, in: Tipke/Lang, Steuerrecht, Rn. 8.243; *Jochum*, DStZ 2010, 665, 667; *Schmitt/Meyen*, DB 2013, 1578, 1579; *Söhn*, DStJG 3 (1980), S. 13, 48, Fn. 173; *Söhn*, StuW 1983, 193, 198; *Tipke*, StuW 1979, 193, 202.

1681 *Söhn*, StuW 1983, 193, 198; vgl. auch *Jochum*, DStZ 2010, 665, 667.

1682 *Meurer*, in: Lademann, EStG, § 4, Rn. 692; *Stapperfend*, in: Herrmann/Heuer/Raupach, EStG/KStG, § 4 EStG, Rn. 1360. Hierbei wird unterstellt, dass durch die bloße Auswärtstätigkeit Mahlzeiten eingenommen werden müssen, die teurer sind als diejenigen, die der Steuerpflichtige in seiner Wohnung oder ersten Tätigkeitsstätte einnehmen würde, vgl. BFH/NV 2014, 1359, 1361; BFH BStBl. II 2012, 27, 28; *Albert*, FR 1996, 437, 439; *Meurer*, in: Lademann, EStG, § 4, Rn. 692; *Stapperfend*, in: Herrmann/Heuer/Raupach, EStG/KStG, § 4 EStG, Rn. 1360.

1683 Vgl. *Drenseck*, DB 1987, 2483, 2483; *Gärtner*, Gemischte Aufwendungen, S. 253; *Rose*, Mehraufwendungen doppelte Haushaltsführung, S. 101 f.; *Söhn*, DStJG 3 (1980), S. 13, 48, Fn. 173; *Steck*, DStZ 2010, 191, 198 f.

1684 *Kanzler*, StbJb. 2010/11, S. 43, 62.

C. Abgrenzung zu den zusätzlich angefallenen, reinen Erwerbsaufwendungen

Nach dem soeben Gesagten sind betriebliche/berufliche Mehraufwendungen solche Aufwendungen, die dem Grunde nach zwar privat bedingt sind, aber aus Gründen, die der betrieblichen bzw. beruflichen Sphäre zuzuordnen sind, *höher als gewöhnlich* ausfallen. Hiervon abzugrenzen sind diejenigen Ausgaben, die ebenfalls Positionen des täglichen Lebens betreffen, einem Steuerpflichtigen aufgrund seiner betrieblichen/beruflichen Tätigkeit aber *zusätzlich* zu den „normalen" Aufwendungen der Lebensführung entstehen und dem Grunde nach reine Erwerbsaufwendungen darstellen.[1685] Hierzu gehören etwa Aufwendungen für spezielle Fachliteratur,[1686] Krankheitskosten, die durch eine typische Berufskrankheit bzw. einen Arbeitsunfall verursacht wurden,[1687] oder Aufwendungen für typische Berufskleidung,[1688] die sich eindeutig von anderer Kleidung, die auch im privaten Bereich getragen werden kann, unterscheidet (Bsp.: Robe für Richter und Rechtsanwälte, Uniform von Polizeibeamten, Arbeitskleidung von Bergleuten, Zunftkleidung der Handwerker und Ähnliches).[1689]

1685 Vgl. *Jochum,* DStZ 2010, 665, 667.

1686 Vgl. *Jochum,* DStZ 2010, 665, 667.

1687 Vgl. *Offerhaus,* BB 1979, 667, 669; *Söhn,* FS Spindler, S. 795, 803, Fn. 51; *Tipke,* StuW 1979, 193, 202. Zum Begriff der typischen Berufskrankheit siehe *Söhn,* in: K/S/M, EStG, § 4, Rn. E 1200, Stichwort „Krankheitskosten".

1688 Vgl. *Hey,* in: Tipke/Lang, Steuerrecht, Rn. 8.243; *Jochum,* DStZ 2010, 665, 667. Siehe auch *Tipke,* StuW 1979, 193, 202, der die Abgrenzung zu den zusätzlichen Erwerbsaufwendungen jedoch selbst nicht vornimmt: „Jedenfalls versteht die h.M. unter Ausgaben für Berufskleidung nicht Mehrausgaben für Kleidung aus beruflicher Veranlassung, sondern Ausgaben für typische Berufskleidung". Siehe etwa für einen Arztkittel BFH BStBl. II 1991, 348, 349: „Zur typischen Berufskleidung gehört der weiße Arztkittel. Das folgt schon daraus, daß er nicht wegen des Bedürfnisses, bekleidet zu sein, sondern *zusätzlich* zu der bürgerlichen Kleidung getragen wird." (Hervorhebung durch die Verfasserin). Für typische Berufskleidung ist der Werbungskostenabzug in § 9 Abs. 1 S. 3 Nr. 6 EStG ausdrücklich geregelt. Zum Begriff der *typischen Berufskleidung* siehe BFH/NV 2022, 842, 843; BFH BStBl. II 1996, 202, 203; BFH BStBl. II 1991, 348, 349; *Bergkemper,* in: Herrmann/Heuer/Raupach, EStG/KStG, § 9 EStG, Rn. 514; *Söhn,* FR 1980, 301, 304 f.; *Straßburger,* in: BeckOK EStG, § 9, Rn. 569 ff.

1689 Siehe *Bergkemper,* in: Herrmann/Heuer/Raupach, EStG/KStG, § 9 EStG, Rn. 514 mit weiteren Beispielen und Einzelnachweisen der Rechtsprechung; *Tipke,* StuW 1979, 193, 202.

Bei diesen Aufwandspositionen handelt es sich nicht um gewöhnliche Bücher oder übliche Kleidungsstücke, die aus betrieblichen/beruflichen Gründen in größerer Menge oder zu einem höheren Preis als normalerweise angeschafft werden.[1690] Vielmehr handelt es sich um Kosten, die deutlich von den üblichen Ausgaben der Lebensführung abgegrenzt werden können.[1691] Diese *zusätzlichen* Aufwendungen weisen einen eindeutigen Bezug zur steuerlich relevanten Erwerbssphäre auf und können daher grundsätzlich als Betriebsausgaben oder Werbungskosten abgezogen werden.[1692] Beispielsweise wird ein Buch für spezielle Fachliteratur in der Regel zur beruflichen Weiterbildung gekauft und lässt sich ohne Weiteres von dem Roman, der allein aus privatem Interesse angeschafft wird, abgrenzen. Problematisch sind daher nur die bereits beschriebenen Fälle betrieblich/beruflich bedingter Mehrkosten, in denen Aufwendungen, die ansonsten der privaten Sphäre angehören, betriebs-/berufsbedingt höher als „normal" ausfallen. Nur in diesen Fällen, beispielsweise bei bürgerlicher Kleidung, die auch im beruflichen Bereich getragen wird, ist die Trennbarkeit zwischen den privaten Aufwendungen der menschlichen Bedürfnisbefriedigung und den betrieblich/beruflich bedingten Mehraufwendungen fraglich.[1693] Daher werden die unproblematisch abziehbaren, zusätzlich entstandenen Erwerbsaufwendungen für die weitere Prüfung ausgeklammert und der zu untersuchende Problemkomplex allein auf die höher als gewöhnlich ausfallenden betrieblich/beruflich bedingten Mehraufwendungen begrenzt.

D. „Normalbedarf" im Sinne des steuerfreien Existenzminimums

I. Einleitung

Darüber hinaus kann der Anwendungsbereich der betrieblich/beruflich bedingten Mehraufwendungen noch weiter eingegrenzt werden, indem die Grenze abgesteckt wird, die zwischen den schwer einzuordnenden betrieblich/beruflich

---

1690 *Jochum,* DStZ 2010, 665, 667.

1691 *Jochum,* DStZ 2010, 665, 667.

1692 *Jochum,* DStZ 2010, 665, 667 f.; vgl. *Offerhaus,* BB 1979, 667, 669. Bezüglich der Kosten für typische Berufskrankheiten vgl. zudem *Tipke,* StuW 1979, 193, 202.

1693 Kritisch hierzu *Helkenberg,* Unangemessenheit von Betriebsausgaben, S. 62; *Oertel,* in: Kirchhof/Seer, § 9, Rn. 130; *Tipke,* StuW 1979, 193, 202, die vertreten, dass auch das Tragen typischer Berufskleidung dazu diene, das allgemeine menschliche Bedürfnis des „Bekleidetseins" zu befriedigen und dem Steuerpflichtigen durch den Kauf typischer Berufskleidung keine Mehrkosten entstünden, da stattdessen bei der Anschaffung bürgerlicher Kleidung gespart werde. Vgl. auch BFH BStBl. II 1993, 837, 838.

bedingten Mehraufwendungen und den gerade noch vom steuerlichen Existenzminimum[1694] erfassten unverzichtbaren Aufwendungen der Lebensführung gezogen wird. Hierfür ist es erforderlich, sich bewusst zu machen, was zwingende Aufwendungen der Lebensführung sind und bis zu welcher Höhe sie „normal" hoch sind und damit noch vom Grundfreibetrag erfasst werden. Alle Aufwendungen, die im Zusammenhang mit dem steuerlichen Existenzminimum stehen, betrieblich/beruflich bedingt aber höher als „normal" ausfallen, gehören im Umkehrschluss zu den betrieblich/beruflich bedingten Mehraufwendungen, welche nicht bereits durch den Grundfreibetrag abgegolten sind und damit aus systematischer Sicht einer eigenen sphärischen Zuordnung bedürfen.[1695]

Welche Arten von Aufwendungen bereits vom steuerlichen Existenzminimum erfasst sind und bei welcher Höhe dieser Aufwendungen jeweils die Grenze zu den nicht mehr betroffenen Mehraufwendungen zu ziehen ist, kann allerdings mangels entsprechender gesetzlicher Regelungen nicht pauschal beantwortet werden.[1696] Insbesondere die Tarifvorschrift des § 32a EStG enthält keine Informationen darüber, aus welchen Einzelwerten sich der Grundfreibetrag nach § 32a Abs. 1 S. 2 Nr. 1 EStG zusammensetzt und welche konkreten Kostenpositionen dabei zugrunde gelegt werden. Eine erste Orientierung, welche Aufwendungen zum steuerfreien Existenzminimum gehören, kann der im 1. Teil der Arbeit bereits herausgearbeiteten Konkretisierung des BVerfG entnommen werden. Hiernach gehören zu den existenznotwendigen Aufwendungen die Kosten für „Nahrung, Kleidung, Hausrat, Unterkunft, Heizung, Hygiene und Gesundheit", für den Betreuungs- und Erziehungsbedarf der Kinder sowie für die „Möglichkeit zur Pflege zwischenmenschlicher Beziehungen und zu einem Mindestmaß an Teilhabe am gesellschaftlichen, kulturellen und politischen Leben".[1697]

Weitere Anhaltspunkte darüber, welche Aufwendungen in welcher Höhe den „Normalbedarf" im Sinne des steuerfreien Existenzminimums bilden, können den Kostenpositionen und Zahlenwerten entnommen werden, die der Gesetzgeber

1694 Das steuerliche Existenzminimum, also die Beschreibung des dem Steuerzugriff durch den Staat verwehrten Einkommensbereichs, ist begrifflich von dem sozialrechtlichen Existenzminimum zu unterscheiden, welches den Leistungsanspruch des Einzelnen auf die Gewährung von Leistungen zur Sicherung eines menschwürdigen Daseins beschreibt, siehe *Wagner,* in: Brandis/Heuermann, EStG, § 32a, Rn. 26.

1695 Zu dieser Schlussfolgerung kommen auch *Gärtner,* Gemischt veranlasste Aufwendungen, S. 421; *Steck,* DStZ 2011, 199, 196.

1696 Vgl. *Albert,* FR 1996, 437, 439; *Ruppe,* DStJG 3 (1980), S. 103, 123, 144; *Söhn,* FinArch 46 (1988), S. 154, 168; *Wolf/Schäfer,* DB 2004, 776, 779, Fn. 56.

1697 Siehe hierzu bereits Teil 1 § 2 C.II.1.b.

für die Bemessung des Grundfreibetrages in § 32a Abs. 1 S. 2 Nr. 1 EStG heranzieht.[1698] Diese ergeben sich zum einen aus dem Existenzminimumbericht, den die Bundesregierung in Anlehnung an die Rechtsprechung des BVerfG, wonach das Einkommen insoweit steuerfrei zu belassen ist, als es zum Bestreiten der lebensnotwendigen Ausgaben erforderlich ist,[1699] alle zwei Jahre vorlegt.[1700] Zum anderen kann für die Ermittlung der vom Grundfreibetrag maximal erfassten Aufwendungen auf den im Sozialhilferecht anerkannten Mindestbedarf zurückgegriffen werden,[1701] den der Gesetzgeber nach den Vorgaben des BVerfG bei der Bemessung des steuerlichen Existenzminimums zugrunde zu legen hat.[1702]

II. Existenzminimumbericht der Bundesregierung als Anhaltspunkt

Den aktuellen 14. Existenzminimumbericht für das Jahr 2024[1703] hat die Bundesregierung am 02.11.2022 veröffentlicht.[1704] In diesem Bericht nimmt die Regierung – wie auch in den vorangegangenen Existenzminimumberichten –[1705] zunächst Bezug auf die soeben beschriebene BVerfG-Rechtsprechung und legt sodann, entsprechend der Vorgaben des Gerichts, fest, dass der sozialhilferechtliche Mindestbedarf die Grundlage für die Bemessung des steuerfrei zu stellenden

---

1698 Dazu auch *Gärtner,* Gemischt veranlasste Aufwendungen, S. 415 ff.; *Steck,* DStZ 2011, 199, 194 ff.; *Wolf/Schäfer,* DB 2004, 776, 779, Fn. 56.

1699 Vgl. BVerfG BStBl. II 1993, 413, 418; BVerfGE 82, 198, 206 f.; BVerfGE 82, 60, 85; zustimmend auch BFH BStBl. II 1990, 969, 971. Siehe hierzu auch *Wagner,* in: Brandis/Heuermann, EStG, § 32a, Rn. 25.

1700 Vgl. hierzu den entsprechenden Beschluss des Deutschen Bundestages vom 02.06.1995, in dem die Bundesregierung beauftragt wurde, alle zwei Jahre einen Bericht über die Höhe des von der Einkommensteuer freizustellenden Existenzminimums von Erwachsenen und Kindern vorzulegen (BT-Drs. 13/1558 vom 31.05.1995; Plenarprotokoll 13/42 vom 02.06.1995) und den vorausgegangenen Beschluss des Deutschen Bundestages vom 20.01.1994, wonach die Bundesregierung erstmalig über die entsprechenden Existenzminima berichten sollte (BT-Drs. 12/6329 vom 02.12.1993; Plenarsitzungsprotokoll 12/205 vom 20.01.1994). Vgl. auch BT-Drs. 20/4443, 1.

1701 So auch *Söhn,* FinArch 46 (1988), S. 154, 168 f.

1702 Siehe hierzu bereits Teil 2 § 6 C.

1703 Bericht über die Höhe des steuerfrei zu stellenden Existenzminimums von Erwachsenen und Kindern für das Jahr 2024, abrufbar unter: https://www.bundesfinanzministerium.de/Content/DE/Downloads/Steuern/14-existenzminimumbericht.html (Abrufdatum: 14. Juni 2024); BT-Drs. 20/4443.

1704 Siehe BT-Drs. 20/4443.

1705 Vgl. etwa BT-Drs. 17/11425, 1 ff. (9. Existenzminimumbericht für das Jahr 2014); BT-Drs. 19/22800, 1 ff. (13. Existenzminimumbericht für das Jahr 2022).

Existenzminimums bildet.[1706] Anschließend gibt die Regierung die folgenden Komponenten, aus denen sich im Rahmen der Hilfe zum Lebensunterhalt nach dem SGB XII der notwendige Lebensunterhalt zusammensetzt, wörtlich wieder:

„- Regelbedarfe, die insbesondere Leistungen für Ernährung, Kleidung, Körperpflege, Hausrat, Haushaltsenergie ohne die auf die Heizung und Erzeugung von Warmwasser entfallenden Anteile sowie für persönliche Bedürfnisse des täglichen Lebens umfassen,
- Bildungs- und Teilhabebedarfe für Kinder, sofern sie typische Bedarfspositionen darstellen,
- Kosten der Unterkunft (Bruttokaltmiete und vergleichbare Aufwendungen für Haus- oder Wohnungseigentum) sowie
- Heizkosten (einschließlich der Kosten für Warmwasserbereitung)."[1707]

Dabei wird deutlich, dass die Aufzählung der einzelnen Positionen ebenso wie die oben genannte Konkretisierung durch das BVerfG einen ersten Eindruck davon vermittelt, aus welchen Lebensbereichen die Aufwendungen stammen, die bei der Bestimmung des steuerfrei zu stellenden Existenzminimums zugrunde gelegt werden. So lässt sich der Liste beispielsweise entnehmen, dass Leistungen für Ernährung, die den Verpflegungsmehraufwendungen nach § 4 Abs. 5 S. 1 Nr. 5 EStG inhärent sind, ebenso wie die Kosten der Unterkunft, welche bei den Mehraufwendungen für eine betrieblich veranlasste doppelte Haushaltsführung iSd § 4 Abs. 5 S. 1 Nr. 6a EStG und auch beim häuslichen Arbeitszimmer nach § 4 Abs. 5 S. 1 Nr. 6b EStG von Bedeutung sind, an sich zum notwendigen Lebensunterhalt im Sinne des sozialrechtlichen Mindestbedarfs gehören.

Gleichzeitig sind aber nicht alle Formulierungen, die für die Umschreibung der aufgelisteten Komponenten verwendet werden, dazu geeignet, konkrete Folgerungen dafür zuzulassen, welche Aufwendungen in welcher Höhe durch den Grundfreibetrag abgegolten sind.[1708] Beispielsweise stellt die erste Komponente

1706 Vgl. BT-Drs. 20/4443, 4.

1707 BT-Drs. 20/4443, 4. Diese Auflistung entspricht den Vorgaben des § 27a Abs. 1 S. 1 SGB XII, in dem es heißt: „Der für die Gewährleistung des Existenzminimums notwendige Lebensunterhalt umfasst insbesondere Ernährung, Kleidung, Körperpflege, Hausrat, Hausenergie ohne die auf Heizung und Warmwasser entfallenden Anteile, persönliche Bedürfnisse des täglichen Lebens sowie Unterkunft und Heizung.".

1708 Zu diesem Ergebnis kommen auch *Gärtner*, Gemischt veranlasste Aufwendungen, S. 417; *Steck*, DStZ 2011, 191, 194 f.

nur auf einen nicht näher bezifferten „Regelbedarf“ für Aufwendungen ab, die mit dem Körper und Haushalt des Steuerpflichtigen in Zusammenhang stehen. Auch kann dem Begriff der „persönlichen Bedürfnisse des täglichen Lebens“ ohne weitere Konkretisierung nicht entnommen werden, ob davon zum Beispiel auch der private Internetzugang oder der in der Wohnung des Steuerpflichtigen befindliche Fernseher erfasst sind.[1709] Schließlich wird allein aus der dargestellten Auflistung der Bundesregierung nicht erkennbar, was „typische Bedarfspositionen“ für die Bildungs- und Teilhabebedarfe der Kinder sind.

Mit diesen allgemein gehaltenen Formulierungen zeigt sich also, dass es für die Ermittlung des „Normalbedarfs“ im Sinne des steuerfreien Existenzminimums nicht nur der einzelnen Komponenten bedarf, aus denen sich der notwendige Lebensunterhalt im Sinne des Sozialhilferechts zusammensetzt. Um ein möglichst genaues Bild davon zu erlangen, welche Aufwendungen in welcher Höhe vom Grundfreibetrag abgedeckt sind, muss vielmehr zusätzlich berücksichtigt werden, wie der Gesetzgeber den konkreten Umfang und die Höhe des Existenzminimums festlegt.[1710] Dies erfolgt innerhalb des Existenzminimumberichts in zwei systematisch zu trennenden Schritten, die sich daran orientieren, welche Aufwendungen nach § 27a Abs. 2 SGB XII im sozialhilferechtlichen Regelbedarf enthalten sind: Die Kosten für Unterkunft und Heizung nach § 27a Abs. 2 SGB XII sind ausdrücklich nicht im Regelbedarf enthalten, sondern nach § 35 SGB XII separat geregelt, weshalb auch die Ermittlung der berücksichtigungsfähigen Aufwendungen für Unterkunft und Heizung jeweils in gesonderten Rechnungen erfolgt.[1711] Diese gesonderten Rechnungen werden unmittelbar in dem 14. Existenzminimumbericht angestellt, so dass diesem detaillierte Informationen darüber entnommen werden können, in welcher Höhe die Aufwendungen für Unterkunft und Heizung vom Grundfreibetrag abgegolten sind. So führt die Bundesregierung in dem Bericht hinsichtlich der Kosten für die Unterkunft des Steuerpflichtigen aus, dass sie für alleinstehende Erwachsene eine Wohnung mit einer Wohnfläche von 40m^2 und für Ehepaare ohne Kinder eine Wohnung mit einer Wohnfläche von 60m^2 für angemessen erachtet und vor diesem Hintergrund unter Anwendung eines anerkannten Durchschnittsmietpreises[1712] zu einer vom Grundfreibetrag erfassten Bruttokaltmiete von 3.828 EUR/Jahr (319 EUR/Monat) für Alleinstehende und

1709 So auch der Einwand von *Steck*, DStZ 2011, 191, 194 f.

1710 Siehe hierzu BT-Drs. 20/4443, 4 ff.

1711 Vgl. BT-Drs. 20/4443, 5 f.

1712 Hierfür wurde die Wohngeldstatistik 2020 zugrunde gelegt und entsprechend der jährlichen Mietsteigerung von 2,5 Prozent für 2021 bis 2024 fortgeschrieben, siehe BT-Drs. 20/4443, 6.

5.892 EUR/Jahr (491 EUR/Monat) für Ehepaare kommt.[1713] Auch für die Heizkosten enthält der Bericht konkrete Angaben, wonach die Bundesregierung einen Betrag von 1.056 EUR/Jahr (88 EUR/Monat) für Alleinstehende und 1.500 EUR/Jahr (125 EUR/Monat) für Ehepaare als vom steuerlichen Existenzminimum erfasste Aufwendungen ansieht.[1714]

Bei den übrigen Komponenten des notwendigen Lebensunterhalts, die im Regelbedarf nach § 27a Abs. 1 S. 1 SGB XII enthalten sind, wird der sozialhilferechtliche Mindestbedarf nicht unmittelbar im Existenzminimumbericht, sondern unter Zuhilfenahme von externen Quellen ermittelt.[1715] Diese externen Quellen, welche maßgeblich dem Sozialhilferecht entstammen, können auch für die weitere Untersuchung zur Konkretisierung der vom steuerfreien Existenzminimum erfassten Aufwendungen herangezogen werden.[1716] Dabei handelt es sich nach § 28 Abs. 3 SGB XII einerseits um die Sonderauswertung der Einkommen- und Verbraucherstichprobe (EVS),[1717] auf der die für den sozialhilferechtlichen Mindestbedarf (§ 27a SGB XII) maßgeblichen Regelsätze basieren,[1718] und andererseits

1713 Vgl. BT-Drs. 20/4443, 5 f., 10. Die Ermittlung basiert – unter Berücksichtigung der im Steuerrecht notwendigen Typisierung – auf den gesetzlichen Vorgaben des § 35 Abs. 1 SGB XII bzw. § 22 Abs. 1 SGB II, wonach Leistungen für die Unterkunft in Höhe der tatsächlichen Aufwendungen erbracht werden.

1714 Vgl. BT-Drs. 20/4443, 6, 10. Diese Zahlen basieren auf den in der EVS 2018 ausgewiesenen Aufwendungen für Heizung und Warmwasser im gesamten Bundesgebiet. Näheres zur EVS siehe sogleich.

1715 Hinsichtlich dieser Positionen gibt die Bundesregierung in dem 14. Existenzminimumbericht nur einen Gesamtbetrag (sog. Regelbedarfsniveau) von 6.024 EUR/Jahr (502 EUR/Monat) für Alleinstehende und 11.952 EUR/Jahr (966 EUR/Monat) für Ehepaare an, der bei der Festlegung des aktuellen Grundfreibetrages zugrunde gelegt wird, siehe BT-Drs. 20/4443, 5, 10.

1716 Siehe hierzu auch *Gärtner*, Gemischt veranlasste Aufwendungen, S. 417 ff.; *Steck*, DStZ 2011, 191, 195 f.

1717 Die EVS ist eine amtliche Statistik über die Lebensverhältnisse privater Haushalte in Deutschland, die alle fünf Jahre (zuletzt 2018) vom Statistischen Bundesamt durchgeführt wird, vgl. BT-Drs. 17/3404, 51. Näher zur Erhebung der EVS 2018 siehe https://www.forschungsdatenzentrum.de/de/haushalte/evs (Abrufdatum: 14. Juni 2024).

1718 Vgl. BT-Drs. 20/4443, 4. Sofern keine neue EVS ausgewertet vorliegt, werden jeweils zum 1. Januar eines neuen Jahres die Regelsätze mit dem nach § 28a SGB XII anzuwendenden Mischindex fortgeschrieben, der die bundesdurchschnittliche Entwicklung der Preise für regelbedarfsrelevante Güter und Dienstleistungen sowie bundesdurchschnittliche Entwicklung der Nettolöhne und -gehälter berücksichtigt. Ab 2024 wird zusätzlich die Inflation berücksichtigt, vgl.

um das Regelbedarfs-Ermittlungsgesetz (RBEG),[1719] in dem die konkrete Ermittlung der Regelbedarfe nach § 28 SGB XII festgelegt ist.

III. Sozialhilferechtliches Regelbedarfs-Ermittlungsgesetz und Einkommens- und Verbrauchstrichprobe als Anhaltspunkte

Konkretere Angaben darüber, welche Positionen, abgesehen von den bereits vorgestellten Kosten für Unterkunft und Heizung, noch vom sozialhilferechtlichen Regelbedarf und damit auch vom steuerlichen Grundfreibetrag erfasst sind, können § 5 Abs. 1 RBEG entnommen werden. In diesem Paragrafen hat der Gesetzgeber zwölf Abteilungen mit unterschiedlichen Aufwendungsgruppen aufgelistet, die er zu den regelbedarfsrelevanten Verbrauchsausgaben der Einpersonenhaushalte zählt.[1720] Konkret in der Liste aufgeführt werden: Nahrungsmittel, Getränke, Tabakwaren, Bekleidung und Schuhe, Wohnungsmieten, Energie und Wohnungsinstandhaltung, Innenausstattung, Haushaltsgeräte und -gegenstände, laufende Haushaltsführung, Gesundheitspflege, Verkehr, Post und Telekommunikation, Freizeit, Unterhaltung und Kultur, Bildungswesen, Beherbergungs- und Gaststättendienstleistungen sowie andere Waren und Dienstleistungen.

Es zeigt sich, dass auch diese Liste hinsichtlich der einzelnen Kostenpositionen eher oberflächlich bleibt, dabei aber schon ausführlichere Angaben zu den vom Grundfreibetrag erfassten Aufwendungen macht, als es bei dem 14. Existenzminimumbericht oder der Konkretisierung durch das BVerfG der Fall ist.[1721] Anders als den anderen Beschreibungen kann dieser Aufzählung etwa entnommen werden, dass auch Ausgaben für den Verkehr, welche auch den Kosten für Fahrten

---

Regelbedarfsstufen-Fortschreibungsverordnung 2024 vom 24.10.2023, BGBl. I 2023, Nr. 287. Aktuell wird eine Neuermittlung der Regelbedarfsstufen erst für das Jahr 2025 auf Basis der dann vollständig ausgewerteten und aufbereiteten EVS 2023 erwartet. Näher zum Ganzen siehe BT-Drs. 20/4443, 4 f.

1719 Gesetz zur Ermittlung der Regelbedarfe nach § 28 des Zwölften Buches Sozialgesetzbuch (Regelbedarfs-Ermittlungsgesetz-RBEG) vom 24.03.2011, BGBl. I 2011, 453, zuletzt geändert durch das Gesetz zur Ermittlung der Regelbedarfe und zur Änderung des Zwölften Buches Sozialgesetzbuch sowie weiterer Gesetze vom 09.12.2020, BGBl. I 2020, 2855.

1720 Nicht alle Verbrauchsangaben, die in der EVS ermittelt werden, sind auch regelbedarfsrelevant iSd § 5 RBEG. Die Entscheidung darüber, welche Angaben der jeweiligen EVS regelbedarfsrelevant sind, obliegt dem Gesetzgeber, vgl. BT-Drs. 17/3404, 51; BT-Drs. 19/22750, 13. Die nach Ansicht des Gesetzgebers regelbedarfsrelevanten Verbrauchsausgaben für Familienhaushalte sind in § 6 Abs. 1 RBEG aufgelistet.

1721 Vgl. auch *Gärtner,* Gemischt veranlasste Aufwendungen, S. 419; *Steck,* DStZ 2011, 191, 195.

zwischen Wohnung und Betriebsstätte nach § 4 Abs. 5 S. 1 Nr. 6 EStG zugrunde liegen, Teil des sozialhilferechtlichen Mindestbedarfs sind. Darüber hinaus wird den einzelnen Aufwendungsgruppen in § 5 Abs. 1 RBEG ein Regelbedarf zugeordnet, der jeweils in Geldwerten ausgedrückt ist und damit konkrete Hinweise darauf enthält, in welcher Höhe die genannten Aufwendungen vom sozialhilferechtlichen Mindestbedarf und damit auch im steuerlichen Grundfreibetrag berücksichtigt sind.[1722] Diese Angaben können zur näheren Konkretisierung des steuerlichen Existenzminimums herangezogen werden.

Die detailliertesten Informationen darüber, welche Aufwendungen durch den steuerlichen Grundfreibetrag erfasst sind oder jedenfalls davon erfasst sein können, finden sich schließlich in der ausführlichen Liste der EVS 2018,[1723] auf deren Grundlage auch die vom Gesetzgeber getroffene Auswahl in § 5 Abs. 1 RBEG erfolgt.[1724] Dort werden die Aufwendungsgruppen des § 5 Abs. 1 RBEG ebenfalls aufgeführt und sodann in weitere Einzelpositionen unterteilt, für die zur näheren Umschreibung jeweils nicht abschließend verschiedene konkrete Aufwendungsformen benannt werden.[1725] Beispielsweise wird die Abteilung 3 (Bekleidung und Schuhe) in § 5 Abs. 1 RBEG nochmals aufgeteilt in Positionen wie „Bekleidung für Herren ab 14 Jahre“; „Bekleidung für Damen ab 14 Jahre“ und „Bekleidungsstoffe zum Anfertigen von Kleidung“, wobei die Position „Bekleidung für Damen“ dabei wie folgt beschrieben wird: „Alle Arten von Bekleidung (Konfektion, Maßkleidung), Sportkleidung (z.B. Reit- und Badekleidung), Damenwäsche, einschließlich Miederwaren, Strümpfe, Strumpfhosen“.[1726]

IV. Zusammenfassung und Schlussfolgerungen

Zusammenfassend lässt sich sagen, dass der „Normalbedarf“ im Sinne des steuerfreien Existenzminimums näherungsweise bestimmt werden kann, indem die Berechnungsgrundlagen des sozialhilferechtlichen Mindestbedarfs, der nach der Rechtsprechung des BVerfG die Untergrenze des Grundfreibetrags nach

---

1722 Beispielsweise werden für Abteilung 1 und 2 (Nahrungsmittel, Getränke, Tabakwaren) 150,93 EUR, für Abteilung 7 (Verkehr) 39,01 EUR und für Abteilung 10 (Bildungswesen) 1,57 EUR als Regelbedarf angesetzt. Die in § 5 Abs. 1 RBEG genannten Werte basieren auf der Sonderauswertung des EVS 2018, vgl. § 1 Abs. 2 RBEG.

1723 Zu den Ergebnissen der EVS 2018 siehe *Statistisches Bundesamt,* EVS 2018, Fachserie 15, Heft 5, S. 23 ff.

1724 Vgl. BT-Drs. 19/22750, 21.

1725 Vgl. *Statistisches Bundesamt,* Qualitätsbericht EVS 2018, Anlage Haushaltsbuch, S. 36-55.

1726 *Statistisches Bundesamt,* Qualitätsbericht EVS 2018, Anlage Haushaltsbuch, S. 46.

§ 32a Abs. 1 S. 2 Nr. 1 EStG bilden muss, zur Konkretisierung herangezogen werden.[1727] Mit Hilfe des sozialhilferechtlichen Regelbedarfs-Ermittlungsgesetzes sowie der Einkommen- und Verbrauchsstichprobe können konkrete Aufwendungsformen benannt werden, die vom sozialhilferechtlichen Mindestbedarf und damit auch vom steuerlichen Grundfreibetrag erfasst sind. Zudem hat sich gezeigt, dass der Gesetzgeber den regelbedarfsrelevanten Aufwendungspositionen auch Regelbedarfssätze mit bestimmten Geldwerten zuordnet, die es ermöglichen, auch die jeweilige Höhe der vom Existenzminimum erfassten Aufwendungen näherungsweise zu bestimmen.

Gleichzeitig darf aus diesen Konkretisierungen jedoch nicht der Schluss gezogen werden, dass die sozialhilferechtlichen Angaben zur Art und Höhe der für ein menschenwürdiges Dasein notwendigen Aufwendungen harte Grenzen darstellen, die eins zu eins ins Steuerrecht übertragen werden können. Welche der im EVS 2018 gelisteten Positionen in welcher Höhe als bedarfsrelevant gewertet und in der Folge vom steuerlichen Grundfreibetrag erfasst werden, entscheidet der Gesetzgeber.[1728] Dieser überträgt die sozialhilferechtlichen Bedarfe, die sich an den tatsächlichen Kosten und individuellen Bedürfnissen des einzelnen Empfängers ausrichten, aber nicht eins zu eins ins Steuerrecht.[1729] Um dem Besteuerungsverfahren als Massenverfahren Rechnung zu tragen, legt er das steuerfrei zu stellende Existenzminimum vielmehr pauschalierend fest.[1730] Daher können mit Hilfe der sozialhilferechtlichen Geldwerte keine trennscharfen Abgrenzungen zwischen den gerade noch vom steuerlichen Grundfreibetrag erfassten Aufwendungen und den nicht mehr betroffenen Mehraufwendungen vorgenommen werden.

Auch sind die vorgestellten Kategorien des § 5 Abs. 1 RBEG, in denen der Gesetzgeber die für das steuerliche Existenzminimum maßgeblichen bedarfsrelevanten Aufwendungen benennt, auch mit der Konkretisierung durch die

---

1727 Vgl. auch BVerfGE 87, 153, 173.

1728 Siehe hierzu die nach den in § 5 RBEG genannten Abteilungen untergliederte Darstellung der konkreten bedarfsrelevanten Verbrauchsausgaben für die EVS 2018 in BT-Drs. 19/22750, 21-34.

1729 *Steck*, DStZ 2011, 191, 197; *Wagner*, in: Brandis/Heuermann, EStG, § 32a, Rn. 28.

1730 Vgl. BFH BStBl. II 2018, 96, 99; *Steck*, DStZ 2011, 191, 197; *Wagner*, in: Brandis/Heuermann, EStG, § 32a, Rn. 28; näher hierzu *Moes*, Steuerfreiheit des Existenzminimums, S. 231 ff. Die typisierende Bestimmung des Grundfreibetrages begegnet nach ständiger Rechtsprechung keinen verfassungsrechtlichen Bedenken, da sie dem verfassungsrechtlichen Gebot, existenzsichernden Aufwand von der Einkommensteuer zu verschonen, genügt, vgl. BVerfGE 120, 125, 155, 165 f.; BVerfGE 99, 246, 261; BVerfGE 87, 153, 172; BVerfGE 82, 60, 91; BFH BStBl. II 2018, 96, 99; BFH/NV 2017, 149, 150; BFH/NV 2014, 179, 180.

EVS immer noch zu oberflächlich, um hieraus konkrete Rückschlüsse über die steuerliche Einordnung spezifischer Aufwendungsarten zu treffen. So ist sowohl in § 5 Abs. 1 RBEG als auch im 14. Existenzminimumbericht die Position „Unterkunft“ als Teil der unter den Grundfreibetrag fallenden Kosten aufgeführt. Zudem stellt die Regierung für die Berechnung der Höhe des Existenzminimums hinsichtlich der Position „Unterkunft“ im 14. Existenzminimumbericht lediglich auf die Bruttokaltmiete für eine Wohnung mit angemessener Wohnfläche ab, ohne dabei eine Unterscheidung zwischen den einzelnen Räumen innerhalb der Wohnung vorzunehmen. Streng nach dieser allgemein gehaltenen Umschreibung müssten damit die Kosten für alle Zimmer innerhalb der „Unterkunft“ bereits vom Grundfreibetrag erfasst sein und damit – zur Vermeidung einer steuerlichen Doppelberücksichtigung – vollständig vom Betriebsausgabenabzug ausgeschlossen sein.[1731] Trotzdem hat das BVerfG aber entschieden, dass die Aufwendungen für ein häusliches Arbeitszimmer steuerlich zu berücksichtigen sind, wenn dem Steuerpflichtigen kein anderer Arbeitsplatz zur Verfügung steht.[1732]

Damit wird deutlich, dass das steuerfreie Existenzminimum mit Hilfe der sozialhilferechtlichen Bestimmungen stets nur konkretisiert und näherungsweise bestimmt, nicht aber abschließend in alle Richtungen abgegrenzt werden kann. Für die Einordnung der betrieblich/beruflich bedingten Mehraufwendungen folgt hieraus, dass die Beantwortung der Frage, welche Aufwendungen in welcher Höhe vom Grundfreibetrag umfasst sind, zwar ein genaueres Bild davon vermitteln kann, welche Aufwendungen gerade nicht mehr erfasst sind und damit dogmatisch betrachtet steuerlichen Mehraufwand darstellen. Die genaue Abgrenzung und sphärische Einordnung dieses Mehraufwandes sind jedoch immer mit praktischen und rechtlichen Schwierigkeiten verbunden, welche nur für den konkreten Einzelfall gelöst werden können. Maßgeblich hierbei ist die konkrete Veranlassung der jeweiligen Mehraufwendung, auf die im folgenden Kapitel eingegangen wird.

E. Veranlassung und steuerliche Behandlung

I. Problemdarstellung

Zu beantworten bleibt damit noch die Frage, wie betrieblich/beruflich bedingte Mehraufwendungen veranlasst und damit sphärisch einzuordnen sind. Hierüber besteht in der steuerrechtlichen Literatur seit langem Streit, der unter anderem Auswirkungen darauf hat, welche rechtliche Wirkung (deklaratorisch oder

---

1731 Vgl. auch *Steck*, DStZ 2011, 191, 198.
1732 Vgl. BVerfGE 126, 268, 276 f.

konstitutiv) den Abzugsbeschränkungen und -verboten für betriebliche Mehraufwendungen in § 4 Abs. 5 S. 1 Nr. 5-6c EStG zugesprochen wird.[1733] Ähnlich wie bei den Repräsentationsaufwendungen werden auch hier zwei unterschiedliche Ansichten vertreten, von denen die erste Ansicht wiederum davon ausgeht, dass betrieblich/beruflich bedingte Mehraufwendungen eine Form der untrennbar gemischt veranlassten Aufwendungen sind.[1734] Die zweite Ansicht vertritt demgegenüber, dass betrieblich/beruflich bedingte Mehraufwendungen rein erwerblich veranlasste Aufwendungen sind, die als Betriebsausgaben oder Werbungskosten anteilig steuerlich geltend gemacht werden können.[1735]

1733 Zu diesem Zusammenhang siehe nochmals Teil 3 § 10 C.I.

1734 Zu den Vertretern dieser Ansicht gehören etwa *Drenseck*, DB 1987, 2483, 2483; *Drenseck*, FS Offerhaus, S. 497, 501 jeweils nur für Verpflegungsmehraufwendungen; *Gärtner*, Gemischt veranlasste Aufwendungen, S. 445; *Heger*, DB 2016, 249, 252 nur für Verpflegungsmehraufwendungen; *Helkenberg*, Unangemessenheit von Betriebsausgaben, S. 61 ff.; *Hey*, in: Tipke/Lang, Steuerrecht, Rn. 8.243; *Ihlas*, FR 1989, 321, 323 für Mehraufwendungen aufgrund einer doppelten Haushaltsführung; *P. Kirchhof*, DStR 2003, Beih. 5 zu Heft 37, 1, 4 für Fahrtkosten zwischen Wohnung und Tätigkeitsstätte; *Krüger*, in: Schmidt, EStG, § 9, Rn. 52; *Lang*, Bemessungsgrundlage, S. 335 ff.; *Loschelder*, in: Schmidt, EStG, § 12, Rn. 32 Stichwort „Verpflegungskosten" für Verpflegungsmehraufwendungen; *Oertel*, in: Kirchhof/Seer, EStG, § 9, Rn. 100 für Mehraufwendungen wegen doppelter Haushaltsführung; *Offerhaus*, BB 1979, 667, 668 für Mehraufwendungen wegen doppelter Haushaltsführung; *Offerhaus*, BB 2006, 129, 130 für Fahrten zwischen Wohnung und Tätigkeitstätte; *Rose*, Mehraufwendungen doppelte Haushaltsführung, S. 67 ff. für Fahrtkosten, Verpflegungsmehraufwendungen und Mehraufwendungen für eine doppelte Haushaltsführung; *Schneider*, FS BFH, Bd. 2, S. 1243, 1255 für Übernachtungskosten, Verpflegungsmehraufwendungen, Fahrtkosten zwischen Wohnung und Tätigkeitsstätte, Mehrkosten für eine doppelte Haushaltsführung, Berufsausbildungskosten und Kinderbetreuungskosten; Richter/*Söhn*, StuW 2008, 117, 120 ff. für Fahrtkosten zwischen Wohnung und Betriebsstätte/Arbeitsstätte; *Söhn*, DStJG 3 (1980), S. 13, 57; *Söhn*, StuW 1983, 193, 198 f.; *Söhn*, FS Offerhaus, S. 477, 482, *Söhn*, in: K/S/M, EStG, § 4, Rn. E 115, 117 jeweils bezüglich Mehraufwendungen für Übernachtung und Verpflegung; *Söhn*, in: K/S/M, EStG, Stand 1995, § 4, Rn. F 14 f., für Verpflegungsmehraufwendungen und Fahrtkosten; *Spilker*, in: K/S/M, EStG, § 4, Rn. La 7 für Aufwendungen im Rahmen einer doppelten Haushaltsführung; *Wienbergen*, in: Littmann/Bitz/Pust, EStG, § 12, Rn. 160; *Wolf/Schäfer*, DB 2004, 775, 779 für Verpflegungsmehraufwendungen; wohl auch *Schmitt/Meyen*, DB 2013, 1578, 1580.

1735 Zu den Vertretern dieser Ansicht gehören beispielsweise *Bergkemper*, DB 2006, Beil. 6 zu Heft 39, 45, 47 f.; *Bergkemper*, in: Herrmann/Heuer/Raupach, EStG/KStG, § 9 EStG, Rn. 490 jeweils für Mehraufwendungen wegen doppelter Haushaltsführung; *Claßen*, in: Lademann, EStG, § 12, Rn. 29/139 für Verpflegungskosten; *Drenseck*, DB 1987,

Zusätzlich verschärft wird der Streit um die Veranlassung betrieblich/beruflich bedingter Mehraufwendungen dadurch, dass auch die Rechtsprechung bislang keine eindeutige Zuordnung für diese Art der Aufwendungen vorgenommen hat.[1736] Zwar hat der RFH einen etwaig entstandenen Mehraufwand des Steuerpflichtigen in der Vergangenheit anteilig zum steuerlichen Abzug zugelassen, wenn er betrieblich/beruflich veranlasst war.[1737] In seiner Grundsatzentscheidung aus dem September hat der Große Senat des BFH die Abziehbarkeit betrieblich/beruflich bedingter Mehraufwendungen allerdings mit folgenden Worten

---

2483, 2485 nur für Mehraufwendungen wegen doppelter Haushaltsführung; *Elicker,* StB 2005, 209, 211 für die Fahrtkosten zwischen Wohnung und Tätigkeitsstätte; *Fissenewert,* in: Herrmann/Heuer/Raupach, EStG/KStG, § 12 EStG, Rn. 23, 41, 62; *Heger,* DB 2016, 249 für das häusliche Arbeitszimmer; *Hey,* in: Tipke/Lang, Steuerrecht, Rn. 8.242; *Jochum,* DStZ 2010, 665, 667 ff.; *Kanzler,* StbJb. 2010/11, S. 43, 62; *Lang,* StuW 2007, 3, 14 für Fahrtkosten zwischen Wohnung und Arbeitsstätte; *Lang,* in: Tipke/Lang, Steuerrecht, 20. Auflage, 2010, § 9, Rn. 247; *Lang,* Bemessungsgrundlage, S. 338, für Verpflegungsmehraufwendungen; *Lenk,* BB 2006, 1305, 1307 für Fahrtkosten zwischen Wohnung und Arbeitsstätte und Mehraufwendungen für eine doppelte Haushaltsführung; *Meyer,* in: BeckOK EStG, § 4, Rn. 2750 ff.; *Pezzer,* DStR 2010, 93, 94; *Ruppe,* DStJG 3 (1980), S. 103, 122 f. bezüglich Mehrausgaben für Wohnen, Ernährung; Gesundhaltung, Kleidung etc.; *Schneider,* FS BFH, Bd. 2, S. 1243, 1256 für Verpflegungsmehraufwand; *Steck,* DStZ 2010, 191, 199 f.; *Tipke,* StuW 1979, 193, 202 bezüglich Mehrausgaben für Ernährung, Wohnung, Kleidung, Gesundhaltung etc.; *Tipke,* DStJG 3 (1980), S. 1, 8; *Tipke,* BB 2007, 1525, 1533 jeweils für Fahrtkosten zwischen Wohnung und Arbeitsstätte; *Tipke,* Steuerrechtsordnung II, S. 770; *Wesselbaum-Neugebauer,* FR 2006, 807, 817 für Fahrten zwischen Wohnung und Tätigkeitsstätte; *Wiss. Beirat Ernst & Young AG,* BB 2004, 1024, 1030 für Verpflegungsmehraufwendungen; *Zitzelsberger,* BB 1995, 2296, 2297 ff. für Kosten der doppelten Haushaltsführung, Fahrtkosten für Wege zwischen Wohnung und Arbeitsstätte und Aufwendungen für das häusliche Arbeitszimmer.

1736 Dies lässt sich darauf zurückführen, dass die Rechtsprechung für den Einzelfall keine Zuordnung treffen muss, sofern es eine gesetzliche Regelung gibt, die den Abzug eindeutig regelt. Ob diese Bestimmung dann konstitutiv oder deklaratorisch ist, macht für die steuerliche Behandlung der konkret in Rede stehenden Aufwendung keinen Unterschied und wird daher von der Rechtsprechung nicht in Frage gestellt; vgl. diesbezüglich auch *Heger,* DB 2016, 249, 251. In den Fällen, in denen (noch) keine Sonderregelung existiert (hat), lässt sich jedoch sowohl durch den RFH als auch später durch den BFH eine sphärische Zuordnung bestimmter betrieblicher/beruflicher Mehraufwendungen erkennen, die Rückschlüsse auf die allgemeine Ansicht der Rechtsprechung zulässt. Näher hierzu Teil 3 § 12 E.III.

1737 Siehe hierzu bereits Teil 3 § 10 B.III.3., näher zur Rechtsprechung des RFH sogleich in Teil 3 § 12 E.III.

zusätzlich von einer entsprechenden Entscheidung des Gesetzgebers abhängig gemacht: „Inwieweit gleichwohl ein etwa gegebener beruflicher Mehraufwand zu berücksichtigen ist, bleibt danach in erster Linie der Entscheidung des Gesetzgebers überlassen (vgl. § 4 Abs. 5 Nr. 5 EStG; § 9 Abs. 1 S. 3 Nr. 6 EStG: „typische Berufskleidung").“[1738] Um herauszufinden, in welche Sphäre betrieblich/beruflich bedingte Mehraufwendungen im wissenschaftlichen Diskurs eingeordnet werden, ist es daher unerlässlich, neben den Literaturansichten auch die ursprüngliche RFH-Rechtsprechung sowie die jüngere Rechtsprechung des BFH zu analysieren.

II. Ansichten des Schrifttums

1. Vorbemerkung

Bevor auf die einzelnen Literaturansichten eingegangen wird, sollte man sich zunächst bewusst machen, dass es nicht möglich ist, eine pauschale Antwort auf die Frage der Veranlassung betrieblicher/beruflicher Mehraufwendungen zu geben, ohne dabei konkret die einzelnen Aufwendungsformen, die unter diesem Begriff zusammengefasst werden, zu betrachten.[1739] Daher verwundert es auch nicht, dass die Meinungen innerhalb des Schrifttums nicht durchgängig für jede einzelne Aufwendung im Abzugskatalog des § 4 Abs. 5 S. 1 Nr. 1-7 EStG verfolgt werden und einige Autoren sogar je nach konkret in Rede stehender Aufwendung gegenläufige Ansichten vertreten.[1740] Dennoch erscheint es sinnvoll, sich zunächst abstrakt die beiden Meinungsströme mit ihren jeweiligen Argumenten zu vergegenwärtigen und diese miteinander zu vergleichen, bevor im 4. Teil der Arbeit näher auf die einzelnen Abzugspositionen nach § 4 Abs. 5 S. 1 Nr. 5-6c EStG eingegangen wird. Die abstrakten Erkenntnisse, die hierbei gewonnen werden, können sodann als Diskussionsgrundlage für die spätere Untersuchung der übergeordneten Dogmatik des Abzugskataloges nach § 4 Abs. 5 S. 1 Nr. 1-7 EStG herangezogen werden.

1738 BFH GrS BStBl. II 2010, 672, 684.

1739 Siehe diesbezüglich auch *Jochum*, DStZ 2010, 665, 667 ff.

1740 Siehe etwa *Drenseck*, DB 1987, 2483, 2485, der für Verpflegungsmehraufwendungen die erste Ansicht und für Mehraufwendungen wegen doppelter Haushaltsführung die zweite Ansicht vertritt; siehe auch *Heger*, DB 2016, 249, 252, die hinsichtlich der Verpflegungsmehraufwendungen der ersten Auffassung und hinsichtlich der Aufwendungen für ein häusliches Arbeitszimmer der zweiten Auffassung folgt.

2. Erste Ansicht: Untrennbar gemischt veranlasste Aufwendungen

Die erste Ansicht im Schrifttum,[1741] welche insbesondere von *Söhn* vertreten worden ist, begreift betrieblich/beruflich bedingte Mehraufwendungen stets als untrennbar gemischt veranlasste Aufwendungen, bei denen sowohl der betriebliche/berufliche als auch der private Veranlassungsbeitrag wesentlich ist und ein quantitatives Aufteilungskriterium regelmäßig fehlt.[1742] Bei diesem Verständnis ergeben sich für die sphärische Einordnung und steuerliche Behandlung betrieblich/beruflich bedingter Mehraufwendungen die gleichen Fragen wie für die übrigen untrennbar gemischt veranlassten Aufwendungen, welche bereits im Rahmen des dort geschilderten Meinungsstandes dargestellt wurden.[1743] Die meisten Vertreter dieser Ansicht gehen zugleich davon aus, dass untrennbar gemischt veranlasste Aufwendungen keine Erwerbsqualität haben und ein Abzug betrieblich/beruflich bedingter Mehraufwendungen daher nur möglich ist, wenn der Gesetzgeber dies im Rahmen einer gesetzlichen Sonderregelung *konstitutiv* anordnet.[1744] Dem Gesetzgeber wird dabei ein weiter Beurteilungs- und Gestaltungsspielraum eingeräumt, da mangels Erwerbsqualität davon ausgegangen wird, dass das objektive Nettoprinzip nicht betroffen ist und der Gesetzgeber daher entweder eine (anteilige) steuerliche Berücksichtigung oder aber auch ein völliges Abzugsverbot vorsehen kann, ohne dabei gegen das Prinzip zu verstoßen.[1745] Wenn eine entsprechende Sonderregelung nicht existiert, sind betrieblich/beruflich bedingte Mehraufwendungen nach dieser Ansicht insgesamt nicht zum Abzug zugelassen.[1746]

1741 Siehe zu den Vertretern dieser Ansicht bereits Fn. 1734.

1742 Zur Definition der untrennbar gemischt veranlassten Aufwendungen siehe nochmals Teil 3 § 10 B.III.5.c.

1743 Siehe hierzu nochmals Teil 3 § 10 C.II.

1744 Vgl. *Oertel*, in: Kirchhof/Seer, EStG, § 9, Rn. 100; *Krüger*, in: Schmidt, EStG, § 9, Rn. 52; *Söhn*, DStJG 3 (1980), S. 13, 48; *Söhn*, FS Spindler, S. 795, 803; *Söhn*, in: K/S/M, EStG, § 4, Rn. E 115; *Wolf/Schäfer*, DB 2004, 775, 779. Ob mit den Tatbeständen in § 4 Abs. 5 S. 1 Nr. 5-6c EStG solche konstitutiven Sonderregelungern normiert wurden, wird im folgenden Kapitel eingehend untersucht, siehe Teil 4 § 17.

1745 Siehe *Hey*, in: Tipke/Lang, Steuerrecht, Rn. 8.243; *Söhn*, FS Offerhaus, S. 477, 484, 486 f.; vgl. Richter/*Söhn*, StuW 2008, 117, 119 ff.; a.A. *Kanzler*, StbJb. 2010/11, S. 43, 62.

1746 Vgl. *Söhn*, DStJG 3 (1980), S. 13, 48; *Söhn*, FS Offerhaus, S. 477, 485. Autoren, die auch untrennbar gemischt veranlasste Aufwendungen für anteilige Erwerbsaufwendungen halten (siehe Teil 3 § 10 C.II.2.), argumentieren hier mit § 12 Nr. 1 S. 2 EStG und kommen so ebenfalls zu einem vollständigen Abzugsverbot für betrieblich/beruflich bedingte Mehraufwendungen, siehe etwa *Drenseck*, FS Offerhaus, S. 497, 500 f.; *Offerhaus*, BB 1979, 667, 668; *Wienbergen*, in: Littmann/Bitz/Pust, EStG, § 12, Rn. 160.

Begründet wird diese Gleichsetzung mit untrennbar gemischt veranlassten Aufwendungen zunächst damit, dass betrieblich/beruflich bedingte Mehraufwendungen nicht allein auf Handlungen beruhen könnten, die mit der Erwerbssphäre zusammenhängen, sondern immer zugleich auch auf solche Handlungen zurückzuführen seien, die der Privatsphäre angehören, weil sie „ein menschliches Bedürfnis befriedigen".[1747] Auch wenn grundsätzlich die Möglichkeit bestehe, dass betrieblich/beruflich bedingte Mehraufwendungen wesentlich erwerblich mitveranlasst sind,[1748] ändere dies nichts daran, dass dem Grunde nach unverzichtbare Aufwendungen der Lebensführung vorlägen, die „ihrem Wesen nach"[1749] ohne Ausnahme immer zugleich[1750] wesentlich privat mitveranlasst seien.[1751] Beispielsweise seien die Kosten für Übernachtung und Verpflegung, die auf einer Geschäftsreise des Steuerpflichtigen entstehen und deshalb höher als „normal" ausfallen, trotzdem insgesamt wesentlich privat (mit-)veranlasst, da sie immer noch den privaten Grundbedürfnissen „Schlafen und Essen" dienten.[1752] Auch die Wahl des Wohnortes sei so fundamental für die persönliche Existenz des Steuerpflichtigen, dass eine steuerliche Bewertung, wonach beispielsweise die Fahrtkosten zwischen Wohnung und Arbeitsstätte nur unwesentlich privat mitveranlasst sind, nicht gerechtfertigt sei.[1753] Betrieblich/beruflich bedingte Mehraufwendungen, die fast ausschließlich erwerblich und nur unwesentlich privat veranlasst sind, seien daher von vornherein nicht möglich, es liege immer zugleich auch eine wesentlich private (Mit-)Veranlassung vor.[1754]

1747 *Söhn,* StuW 1983, 193, 198, 201; vgl. auch *Ihlas,* FR 1989, 321, 323; *Rose,* Mehraufwendungen doppelte Haushaltsführung, S. 70 f.

1748 Vgl. *Söhn,* FS Offerhaus, S. 477, 480; *Söhn,* FS Spindler, S. 795, 803.

1749 *Söhn,* FS Offerhaus, S. 477, 479.

1750 *Söhn,* StuW 1983, 193, 198.

1751 Vgl. *Heger,* DB 2016, 249, 252; *Offerhaus,* BB 2006, 129, 130; *Söhn,* FR 1980, 301, 304; *Söhn,* StuW 1983, 193, 198; *Söhn,* FS Spindler, S. 795, 803; *Spilker,* in: K/S/M, EStG, § 4, Rn. La 7. Siehe auch *Söhn,* FS Offerhaus, S. 477, 481: „Die betrieblich/berufliche *Mit*veranlassung mag wesentlich sein, die private Veranlassung ist und bleibt immer ‚wesentlicher'" (Hervorhebung durch den Autor).

1752 Vgl. *Schneider,* FS BFH, Bd. 2, S. 1247, 1255; *Söhn,* StuW 1983, 193, 198; *Söhn,* FS Spindler, S. 795, 804; *Söhn,* in: K/S/M, EStG, § 4, Rn. E 117.

1753 So etwa *Lang,* Bemessungsgrundlage, S. 337; *Offerhaus,* BB 1979, 617, 622; *Rose,* Mehraufwendungen doppelte Haushaltsführung, S. 68; *Schneider,* FS BFH, Bd. 2, S. 1247, 1255; Richter/*Söhn,* StuW 2008, 117, 120.

1754 Vgl. *Gärtner,* Gemischt veranlasste Aufwendungen, S. 445; *Söhn,* StuW 1983, 193, 198; *Söhn,* FS Spindler, S. 795, 803. Zur doppelten Haushalsführung führt *Söhn,* FS

Darüber hinaus wird angeführt, dass betriebliche/berufliche Mehraufwendungen auch nicht trennbar und damit anteilig abziehbar seien, weil es hierfür an dem erforderlichen objektiven Aufteilungskriterium fehle.[1755] Aufwendungen, die „elementare Grundbedürfnisse des Menschen befriedigen“[1756] und „Voraussetzung für eine Existenz schlechthin sind“,[1757] ließen sich nicht in einen ausschließlich privaten und einen ausschließlich erwerblichen Teil aufspalten.[1758] So argumentiert *Söhn* etwa überspitzt, dass niemand rein betrieblich/beruflich schlafe oder esse und Mehraufwendungen für Übernachtung und Verpflegung daher per se nicht aufgeteilt werden könnten.[1759] Vor diesem Hintergrund seien betrieblich/beruflich bedingte Mehraufwendungen nicht nur wesentlich, sondern zudem auch untrennbar privat mitveranlasst und könnten demzufolge mangels Erwerbsqualität schon dem Grunde nach nicht als Betriebsausgaben bzw. Werbungskosten abgezogen werden.

3. *Zweite Ansicht: Ausschließlich betrieblich/beruflich veranlasste Aufwendungen*

Nach der zweiten Literaturansicht[1760] wird der betrieblich/beruflich bedingte Mehraufwand, der die „normalen“ existenznotwendigen Aufwendungen der

---

Offerhaus, S. 477, 481 f. etwa aus, dass die von der Natur der Sache her wesentliche private Veranlassung der Aufwendungen nicht zurücktrete, sondern lediglich eine wesentliche betriebliche/berufliche Mitveranlassung hinzukomme.

1755 Vgl. *Drenseck*, DB 1987, 2483; *Ihlas*, FR 1989, 321, 323; *P. Kirchhof*, DStR 2003, Beih. 5 zu Heft 37, 1, 4 für Fahrtkosten zwischen Wohnung und Tätigkeitsstätte; *Loschelder*, in: Schmidt, EStG, § 12, Rn. 32 Stichwort „Verpflegungskosten“; *Söhn*, DStJG 3 (1980), S. 13, 57; *Söhn*, StuW 1983, 193, 198; *Söhn*, FS Offerhaus, S. 479, 482 f.; *Söhn*, FS Spindler, S. 795, 803; *Spilker*, in: K/S/M, EStG, § 4, Rn. La 7.

1756 *Söhn*, StuW 1983, 193, 198; *Söhn*, FS Spindler, S. 795, 804.

1757 *Söhn*, StuW 1983, 193, 198; *Söhn*, FS Spindler, S. 795, 804.

1758 Vgl. *Rose*, Mehraufwendungen doppelte Haushaltsführung, S. 71, 102; *Söhn*, FR 1980, 301, 304; *Söhn*, StuW 1983, 193, 198 f.; *Söhn*, FS Offerhaus, S. 477, 479; *Söhn*, FS Spindler, S. 795, 804.

1759 *Söhn*, FS Offerhaus, S. 477, 480; *Söhn*, in: K/S/M, EStG, § 4, Rn. E 117. Siehe auch *Helkenberg*, Unangemessenheit von Betriebsausgaben, S. 61: „Der Mensch schläft auch in seiner Funktion als Unternehmer und Steuerpflichtiger privat!“; *Söhn*, StuW 1983, 193, 198: „Wer nicht ißt, schläft usw., kann weder „privat“ noch „beruflich“ existieren, so daß die für die Verpflegung und Unterkunft *notwendigen* Ausgaben […] immer privat *und* beruflich und (immer) *untrennbar* privat und beruflich veranlaßt sind […]“ (Hervorhebungen durch den Autor).

1760 Zu den Vertretern dieser Ansicht siehe bereits Fn. 1735.

privaten Lebensführung übersteigt, indessen als reiner Erwerbsaufwand eingeordnet, der ausschließlich bzw. ganz überwiegend betrieblich/beruflich veranlasst ist und demzufolge als Betriebsausgabe oder Werbungskosten iSd § 4 Abs. 4 EStG, § 9 Abs. 1 EStG steuerlich geltend gemacht werden kann. Diese Auffassung wird insbesondere von denjenigen Autoren vertreten, die im Rahmen des oben geschilderten Meinungsstandes zur sphärischen Einordnung untrennbar gemischt veranlasster Aufwendungen annehmen, dass diese anteilig Erwerbsaufwendungen sind, welche notfalls im Wege der Schätzung zu ermitteln, abzugrenzen und als Betriebsausgaben bzw. Werbungskosten abzuziehen sind.[1761] Nach dieser Ansicht sind betrieblich/beruflich bedingte Mehraufwendungen keine gemischten Aufwendungen,[1762] sondern reine Erwerbsaufwendungen, die unabhängig von den als *deklaratorisch* angesehenen Bestimmungen in § 4 Abs. 5 S. 1 Nr. 1-7 EStG und § 9 Abs. 1 S. 3 EStG nach § 4 Abs. 4 EStG bzw. § 9 Abs. 1 S. 1 EStG iVm § 2 Abs. 2 EStG grundsätzlich zum Abzug zuzulassen sind.[1763]

Diese Einordnung wird vorrangig darauf zurückgeführt, dass betrieblich/beruflich bedingte Mehraufwendungen – anders als die erste Ansicht annimmt – nicht immer zugleich auch wesentlich privat mitveranlasst seien und eine ausschließlich betriebliche/berufliche Veranlassung demzufolge nicht per se ausgeschlossen sei. Wenn die Handlung, welche eine entsprechende Mehraufwendung auslöst, allein Erwerbszwecken diene, sei die private Lebensführung hiervon gerade nicht betroffen und demzufolge auch keine gemischte Veranlassung gegeben.[1764] So argumentiert etwa *Drenseck* in Bezug auf die Mehraufwendungen für eine doppelte Haushaltsführung, dass derjenige, der eine zweite Wohnung im Rahmen einer doppelten Haushaltsführung anmietet, ausschließlich aus beruflichen Gründen außerhalb seines sonstigen Lebensmittelpunktes wohne und dieses Wohnen daher kein Umstand der privaten Lebensführung sei.[1765] Zwar sei es richtig, dass die Wahl des Wohnortes eine private Entscheidung

1761 Siehe zu dieser zutreffenden Ansicht nochmals Teil 3 § 10 C.II.2. und II.4.

1762 Vgl. *Bergkemper*, DB 2006, Beil. 6 zu Heft 39, 45, 47.

1763 *Drenseck*, DB 1987, 2483, 2485.

1764 Siehe *Bergkemper*, DB 2006, Beil. 6 zu Heft 39, 45, 47; vgl. auch *Tipke*, StuW 1979, 193, 207; *Tipke*, DStJG 3 (1980), S. 1, 8, nach dem die über dem Existenzminimum liegenden Mehrausgaben abziehbare Berufsausgaben sind, wenn sie auf Handlungen beruhen, die beruflichen Zwecken dienen, und außergewöhnliche Belastungen darstellen, wenn die auslösende Handlung privaten Zwecken dient.

1765 *Drenseck*, DB 1987, 2483, 2485; siehe auch *Bergkemper*, DB 2006, Beil. 6 zu Heft 39, 45, 47, der diese Argumentation auch auf die Fahrtkosten zwischen Wohnung und Betriebsstätte anwendet.

der Lebensführung ist, welche Einfluss auf die Höhe der jeweiligen betrieblich/beruflich bedingten Mehraufwendungen hat.[1766] Dies sei allerdings ein Umstand, der von vornherein aus der steuerrechtlichen Behandlung auszuschließen sei, da er aufgrund des Umstandes, dass der Arbeitnehmer nicht im Betrieb des Arbeitgebers wohnen kann, einen neutralen „Nullzustand" darstelle.[1767] Auch *Enno Becker* hat – gegensätzlich zu dem, was *Söhn* im oben beschriebenen gleich gelagerten Fall vertreten hat –[1768] bereits zum EStG 1925 angenommen, dass die Kosten, die einem Steuerpflichtigen während seiner Geschäftsreise durch seinen Lebensunterhalt entstehen, „an sich Werbungskosten" seien, sofern der Kaufmann dabei nicht übermäßigen persönlichen Aufwand betreibe.[1769] Diese betrieblich/beruflich veranlassten Mehrkosten dürften allerdings nur anteilig steuerlich berücksichtigt werden, da der Steuerpflichtige das abziehen müsse, was er an grundsätzlich unbeachtlichen Lebenshaltungskosten erspare.[1770] Nach dieser Darstellung ist der betriebliche/berufliche Mehraufwand also nicht, wie Söhn vertritt, „seinem Wesen nach" wesentlich privat mitveranlasst, sondern bei entsprechender betrieblicher/beruflicher Veranlassung schon „an sich" Erwerbsaufwand, der jedenfalls anteilig kraft seines Betriebsausgaben-/Werbungskostencharakters abzuziehen ist.[1771]

Darüber hinaus wird der Einordnung betrieblich/beruflich bedingter Mehraufwendungen als untrennbar gemischt veranlasster Aufwendungen aber auch im Hinblick auf die von der ersten Ansicht pauschal angenommene Untrennbarkeit betrieblicher/beruflicher Mehraufwendungen widersprochen. So wird einerseits argumentiert, dass ein betrieblicher/beruflicher „Mehraufwand" schon begrifflich immer von den durch den Grundfreibetrag abgegoltenen Lebensführungsaufwendungen abgegrenzt werden könne und daher notfalls im Wege der Schätzung zu ermitteln sei.[1772] Andererseits wird ausgeführt, dass auch bei betrieblichen/beruflichen Mehraufwendungen objektive Aufteilungskriterien

---

1766 *Drenseck,* DB 1987, 2483, 2485; zustimmend für die Fahrtkosten zwischen Wohnung und Tätigkeitstätte auch *Elicker,* StB 2005, 209, 210 f.; *Tipke,* BB 2007, 1525, 1530.

1767 *Drenseck,* DB 1987, 2483, 2485; zustimmend für die Fahrtkosten zwischen Wohnung und Tätigkeitstätte auch *Elicker,* StB 2005, 209, 210 f.; *Lenk,* BB 2006, 1305, 1307; *Tipke,* BB 2007, 1525, 1530. Siehe hierzu bereits RFHE 13, 166, 168 f.

1768 Siehe nochmals Teil 3 § 12 E.II.2.

1769 *Becker,* Einkommensteuergesetz 1925, Bd. II, S. 432.

1770 *Becker,* Einkommensteuergesetz 1925, Bd. II, S. 432.

1771 Siehe zu dieser Gegenüberstellung auch *Söhn,* DStJG 3 (1980), S. 13, 47.

1772 *Steck,* DStZ 2010, 193, 199, Fn. 85; vgl. auch *Lang,* in: Tipke/Lang, Steuerrecht, 20. Auflage, 2010, § 9, Rn. 247.

vorliegen können, die eine Trennung zwischen dem erwerblichen und privaten Veranlassungsbeitrag grundsätzlich ermöglichen.[1773] So vertritt beispielsweise *Lang* – anders als *Söhn* –, dass Verpflegungsmehraufwendungen und die Kosten einer Zweitwohnung, die im Rahmen einer doppelten Haushaltsführung bezogen wird, durchaus quantitativ abgeschichtet und bei entsprechender Veranlassung anteilig abgezogen werden könnten.[1774] *Kratzsch* führt in diesem Zusammenhang zudem an, dass die Teilbarkeit der Verpflegungsmehraufwendungen seit jeher von der Rechtsprechung anerkannt gewesen sei.[1775] Schließlich wird ebenso wie bei den übrigen untrennbar gemischt veranlassten Aufwendungen vertreten, dass das objektive Nettoprinzip stets eine angemessene Berücksichtigung des betrieblich/beruflich veranlassten Teils erfordere, weshalb auch bei Mehraufwendungen, bei denen kein objektives Aufteilungskriterium existiert, der erwerbsbedingt höher ausfallende Kostenteil notfalls im Wege der Schätzung zu ermitteln und anteilig abzuziehen sei.[1776]

III. Auffassung der Rechtsprechung

1. Einleitung

Nach Darstellung der in der Literatur vertretenen Ansätze zur sphärischen Einordnung betrieblich/beruflich bedingter Mehraufwendungen ist nun fraglich, wie die Rechtsprechung die betreffenden Aufwendungen versteht. Sowohl der RFH als auch der BFH haben sich schon häufig mit dem Problembereich betrieblich/beruflich bedingter Mehraufwendungen beschäftigt, dabei aber keine eindeutige sphärische Einordnung dieser Aufwendungsform vorgenommen.[1777]

1773 Vgl. *Steck,* DStZ 2010, 193, 198. Dass eine Trennung grundsätzlich möglich sein kann, nimmt wohl auch *Söhn,* DStJG 3 (1980), S. 13, 48 an, wenn er eine Ausnahme von dem Abzugsverbot für berufliche Mehraufwendungen für den Fall zulässt, dass der Mehraufwand ausschließlich betrieblich/beruflich veranlasst und *quantitativ abgrenzbar* ist (Hervorhebung durch die Verfasserin).

1774 Siehe *Lang,* in: Tipke/Lang, Steuerrecht, 20. Auflage, 2010, § 9, Rn. 247; vgl. auch *Fissenewert,* in: Herrmann/Heuer/Raupach, EStG/KStG, § 12 EStG, Rn. 41 „gegenüber der Lebensführung abgrenzbare[r] Mehraufwand".

1775 *Kratzsch,* in: Frotscher/Geurts, EStG, § 12, Rn. 80 Stichwort „Verpflegungsaufwendungen, Mehraufwand" mit Verweis auf BFH BStBl. II 1995, 324.

1776 So etwa *Pezzer,* DStR 2010, 93, 94; vgl. auch *Jochum,* DStZ 2010, 665, 668; *Kanzler,* StbJb. 2010/11, S. 43, 62; *Steck,* DStZ 2011, 193, 200.

1777 Eine Untersuchung sämtlicher Entscheidungen des RFH und BFH zu betrieblich/beruflich bedingten Mehraufwendungen kann im Rahmen dieser Arbeit freilich nicht erfolgen. Dennoch zeichnet sich mit den im Folgenden erörterten Entscheidungen

Auch der Große Senat des BFH geht in seiner Grundsatzentscheidung aus dem September 2009,[1778] in der er das bis dahin vertretene Aufteilungs- und Abzugsverbot für echte gemischt veranlasste Aufwendungen nach § 12 Nr. 1 S. 2 EStG aufgegeben hat, am Rande auf betriebliche/berufliche Mehraufwendungen ein. Welcher steuerlichen Sphäre diese Aufwendungen seiner Meinung nach angehören, wird allerdings auch in dieser Entscheidung nicht deutlich. Zwar verweist der Große Senat zunächst auf die zuvor vom RFH vertretene Rechtsprechung, wonach ein betrieblich/beruflich bedingter Mehraufwand trotz § 12 Nr. 1 S. 2 EStG zum Abzug zugelassen wurde,[1779] was dafürsprechen könnte, dass der BFH wie die zweite Literaturansicht davon ausgeht, dass betriebliche/berufliche Mehraufwendungen als Erwerbsaufwand anteilig zum steuerlichen Abzug zuzulassen sind. Andererseits fügt der Große Senat aber an späterer Stelle hinzu, dass es „in erster Linie der Entscheidung des Gesetzgebers überlassen" sei, inwieweit ein betrieblicher/beruflicher Mehraufwand steuerlich zu berücksichtigen ist.[1780] Hieraus könnte umgekehrt gefolgert werden, dass der BFH sich der ersten Literaturansicht angeschlossen hat, wonach betriebliche/berufliche Mehraufwendungen untrennbar gemischt veranlasste Aufwendungen darstellen, die nur kraft konstitutiver Sonderregelung zum Abzug zugelassen werden.[1781] Welcher Ansicht der BFH folgt, hängt mithin davon ab, wie die ursprüngliche Rechtsprechung des RFH einzuordnen ist und welche Bedeutung der Formulierung des Großen Senats beizumessen ist, wonach die Abziehbarkeit betrieblicher/beruflicher Mehraufwendungen „in erster Linie der Entscheidung des Gesetzgebers überlassen [sei]".

ein deutliches Bild ab, mit dem die von der Rechtsprechung vorgenommene sphärische Einordnung der betreffenden Mehraufwendungen erkennbar wird.

1778 BFH GrS BStBl. II 2010, 672.

1779 Vgl. BFH GrS BStBl. II 2010, 672, 682.

1780 Siehe BFH GrS BStBl. II 2010, 672, 684.

1781 So etwa die Schlussfolgerung von *Fissenewert,* in: Herrmann/Heuer/Raupach, EStG/KStG, § 12 EStG, Rn. 76; *Günther,* EStB 2010, 46, 47; *Günther,* EStB 2010, 151, 153; *Söhn,* FS Spindler, S. 795, 805 f.; *Söhn,* in: K/S/M, EStG, § 4, Rn. E 117; *Söhn,* in: K/S/M, EStG, § 4, Rn. E 117; *Thürmer,* in: Brandis/Heuermann, EStG, § 12, Rn. 102; *Wacker,* BB 2018, 2519, 2525; im Ergebnis auch *Gärtner,* Gemischt veranlasste Aufwendungen, S. 443 ff.

2. Ursprüngliche Rechtsprechung des RFH

Der RFH hat bereits früh anerkannt, dass ein etwaig entstandener Mehraufwand, etwa für eine doppelte Haushaltsführung,[1782] für Verpflegung,[1783] Bekleidung[1784] oder die Gesundheit des Steuerpflichtigen[1785] bei entsprechender betrieblicher bzw. beruflicher Veranlassung steuerlich geltend gemacht werden kann.[1786] So hat er im Fall eines Geschäftsmannes, der seine Mahlzeiten während der Arbeitszeiten außerhalb der eigenen Wohnung einnahm, argumentiert, dass die Kosten der Verpflegung zwar dem Grunde nach zu den nicht abzugsfähigen Kosten der Lebensführung gehörten, ein Abzug als Werbungskosten aber dennoch möglich sei, soweit die betreffenden Verpflegungsaufwendungen durch den Dienst veranlasst sind.[1787] Auch die Kosten für die Anschaffung und Reinigung bürgerlicher Kleidung, welche regelmäßig dem steuerlich unbeachtlichen Privatbereich zugeordnet wurden, hat das Gericht ausnahmsweise zum Werbungskostenabzug zugelassen, wenn der Beruf des Steuerpflichtigen – in diesem Fall war der Beschwerdeführer Vertreter einer Fachzeitschrift für das Schneidergewerbe – entsprechende Mehraufwendungen erforderlich machte.[1788]

Diese Ausführungen machen deutlich, dass der RFH – ebenso wie die zweite Literaturansicht – ursprünglich davon ausging, dass das betrieblich bzw. beruflich begründete „Mehr" an Aufwendungen, das über die allgemeinen Lebenshaltungskosten hinausgeht, dem Grunde nach abziehbarer Erwerbsaufwand ist, wenn eine entsprechende erwerbliche Veranlassung vorliegt.[1789] So hat das Gericht den

1782 RFH RStBl. 1933, 99, 99, der im konkreten Fall den Abzug von Mehraufwendungen für eine doppelte Haushaltsführung aufgrund fehlender betrieblicher Veranlassung versagt, zugleich aber betont, dass ein Mehraufwand für Wohnung und Ernährung bei entsprechender betrieblicher Veranlassung abziehbar sein kann.

1783 RStBl. 1933, 1315, 1316; RFH RStBl. 1932, 727, 728; RFH RStBl. 1930, 265, 265; RFH StuW 1927, Sp. 582, 582 ff.; RFH StuW 1923, Sp. 568, 568 f.

1784 RFH RStBl. 1931, 921, 921.

1785 RFH RStBl. 1933, 1314, 1315; RFH RStBl. 1931, 6, 6.

1786 Dazu auch BFH GrS BStBl. II 2010, 672, 675, 682; *Söhn*, DStJG 3 (1980), S. 13, 50.

1787 RFH RStBl. 1930, 265, 265; vgl. auch RFH RStBl. 1933, 99, 99 im Fall einer doppelten Haushaltsführung.

1788 RFH RStBl. 1931, 921, 921 f. Mittlerweile wird bürgerliche Kleidung nach ständiger Rechtsprechung ausnahmslos den nicht abziehbaren und nicht aufteilbaren unverzichtbaren Aufwendungen der Lebensführung zugerechnet, siehe etwa BFH/NV 2022, 842, 843 m.w.N.

1789 Vgl. auch *Söhn*, DStJG 3 (1980), S. 13, 50. An dieser Einordnung hat der RFH auch nach Einführung des § 12 Nr. 1 S. 2 EStG festgehalten, siehe BFH GrS BStBl. II 2010, 672, 675.

Abzug dieser Aufwendungen zum einen zugelassen, obwohl etwaige Sonderregelungen wie § 4 Abs. 5 S. 1 Nr. 1-7 EStG oder § 9 Abs. 1 S. 3 EStG, durch die der Abzug konstitutiv hätte geregelt werden können, zum damaligen Zeitpunkt noch nicht existierten.[1790] Damit konnte die Abzugsfähigkeit der Mehraufwendungen also nur darauf zurückgeführt werden, dass es sich um abziehbare Erwerbsaufwendungen iSd § 4 Abs. 4 EStG handelt. Zum anderen fällt auf, dass das Gericht die Teilbarkeit betrieblicher/beruflicher Mehraufwendungen nicht in Frage gestellt, sondern im Gegenteil sogar angenommen hat.[1791] Anders als die erste Literaturansicht hat der RFH die enge Verbindung zwischen betrieblichen/beruflichen Mehraufwendungen und der existenziellen Lebensführung des Steuerpflichtigen nicht als Argument gegen die steuerliche Geltendmachung betrieblicher/beruflicher Mehraufwendungen angeführt.[1792] Stattdessen hat er zur Ermittlung des abziehbaren Teils die „üblichen" Aufwendungen des Steuerpflichtigen unter Berücksichtigung seines jeweiligen Standes zugrunde gelegt[1793] und die Höhe der abziehbaren Mehraufwendungen notfalls geschätzt.[1794] Damit steht fest, dass die ursprüngliche Rechtsprechung des RFH dem Ansatz der zweiten Literaturansicht entsprochen hat, wonach betrieblich/beruflich bedingte Mehraufwendungen dem Grunde nach als Betriebsausgaben oder Werbungskosten abgezogen werden können, ohne dass es dafür konstitutiver Sonderregelungen bedarf. Fraglich ist allerdings, ob auch der BFH diese Einordnung später übernommen hat.

1790 Die Abzugsregelungen in § 4 Abs. 5 EStG fanden erst 1960 Eingang ins Gesetz, siehe StÄndG 1960, BGBl. I 1960, 616. Die Beschränkungen für berufliche Mehraufwendungen in § 9 Abs. 1 S. 3 EStG gehen maßgeblich auf das StÄndG 1966 zurück, siehe BGBl. I 1966, 702.

1791 Vgl. auch *Gärtner,* Gemischt veranlasste Aufwendungen, S. 267 f.; *Leisner-Egensperger,* DStZ 2010, 185, 186; *Spindler,* FS Lang, S. 289, 590 f. Anders allerdings BFH GrS BStBl. II 2010, 672, 675, der anführt, dass eine Berücksichtigung des Mehraufwandes historisch nur anerkannt wurde, sofern der Mehraufwand abgrenzbar war.

1792 Siehe etwa RFH RStBl. 1933, 1315, 1316, der den Abzug von Verpflegungsmehraufwendungen für Mahlzeiten, die von einem Beamten außer Haus eingenommen wurden, nicht aufgrund mangelnder Teilbarkeit, sondern zugunsten einer gleichmäßigen steuerlichen Behandlung mit den übrigen Beamten abgelehnt und zugleich betont hat, dass ein Abzug unter anderen Umständen in Betracht käme.

1793 Vgl. RFH RStBl. 1930, 265, 265; RFH StuW 1928, Bd. II, Sp. 312, 313.

1794 Vgl. RFH RStBl. 1937, 778, 779; RFH RStBl. 1931, 905, 905; RFH RStBl. 1931, 6, 6; RFH StuW 1928, Bd. II, Sp. 312, 313 f. Zu der vom RFH notfalls vorgenommenen Schätzung siehe auch BFH GrS BStBl. II 2010, 672, 682; *Leisner-Egensperger,* DStZ 2010, 185, 186; *Spindler,* FS Lang, S. 289, 590, 591.

3. Geänderte Rechtsprechung des BFH

Ein Blick in die frühen Entscheidungen des BFH zeigt, dass dieser die Ansicht des RFH zunächst fortführte, indem er Mehraufwendungen, die einen rein betrieblichen bzw. beruflichen Anlass hatten, weiterhin zum Abzug zuließ.[1795] So sind beispielsweise die Kosten für ein häusliches Arbeitszimmer[1796] oder Verpflegungsmehraufwendungen[1797] grundsätzlich als abzugsfähige Betriebsausgaben/ Werbungskosten angesehen und deren Höhe notfalls im Schätzungswege ermittelt worden. Auch die Mehraufwendungen wegen einer doppelten Haushaltsführung konnten nach Ansicht des Gerichts als Werbungskosten geltend gemacht werden, wenn und soweit sie zwangsläufig durch das Arbeitsverhältnis veranlasst waren.[1798] Da diese Entscheidungen ebenfalls ergingen, bevor die spezifischen Abzugsregelungen in § 4 Abs. 5 S. 1 Nr. 5-6c EStG und § 9 Abs. 1 S. 3 Nr. 5, Abs. 4a EStG geschaffen wurden,[1799] kann auch diesbezüglich davon ausgegangen werden, dass der BFH bereits dem Grunde nach von der Erwerbsqualität der betreffenden Mehraufwendungen ausgegangen ist.[1800]

Fraglich ist allerdings, ob sich mit der Entscheidung des Großen Senats aus dem September 2009 an dieser Einordnung etwas geändert hat. Anders als in den vorherigen Entscheidungen hat der Große Senat in dieser Grundsatzentscheidung nicht mehr nur darauf hingewiesen, dass ein etwaig entstandener betrieblicher/beruflicher Mehraufwand unter bestimmten Voraussetzungen steuerlich geltend gemacht werden könne, sondern stattdessen seinen Ausführungen

---

1795 So auch *Gärtner,* Gemischt veranlasste Aufwendungen, S. 274; vgl. für Mehraufwendungen wegen doppelter Haushaltsführung zudem *Bergkemper,* DB 2006, Beil. 6 zu Heft 39, 45, 48.

1796 Vgl. BFH BStBl. II 1984, 112, 112; BFH BStBl. II 1984, 110, 111; BFH BStBl. III 1965, 16, 16 f.; vgl. BFH BStBl. II 1992, 528, 528; BFH BStBl. II 1992, 304, 305.

1797 Vgl. BFH BStBl. II 1975, 407, 410 f.; BFH BStBl. III 1967, 792, 792 f.; BFH BStBl. III 1965, 31, 31; BFH BStBl. III 1955, 305, 305; BFH BStBl. III 1955, 110, 110 f.; BFH BStBl. III 1955, 109, 109 f.; BFH BStBl. III 1951, 6, 6. Mit dieser Feststellung auch *Albert,* FR 1996, 437, 439.

1798 Vgl. BFH BStBl. III 1966, 386, 388; BFH BStBl. III 1957, 361, 361.

1799 Die Tatbestände des § 4 Abs. 5 S. 1 Nr. 5, 6 EStG gehen ebenso wie § 9 Abs. 4a EStG auf das Einkommensteuerreformgesetz 1974 vom 01.01.1975 zurück, siehe BGBl. I 1974, 1769, 1771 f. § 4 Abs. 5 S. 1 Nr. 6a EStG entstammt dem Jahressteuergesetz vom 11.10.1995 (JStG 1996), siehe BGBl. I 1995, 1250. § 9 Abs. 1 S. 3 Nr. 5 EStG geht auf das Steueränderungsgesetz vom 23.12.1966 zurück, siehe BGBl. I 1966, 702. Zur historischen Entwicklung des Abzugskataloges nach § 4 Abs. 5 S. 1 Nr. 1-7 EStG siehe Teil 4 § 17 B.II.

1800 Zur Folgerechtsprechung siehe sogleich.

zu § 12 Nr. 1 S. 2 EStG folgenden Satz als *obiter dictum* angefügt: „Inwieweit gleichwohl ein etwa gegebener beruflicher Mehraufwand zu berücksichtigen ist, bleibt in erster Linie der Entscheidung des Gesetzgebers überlassen (vgl. z.B. § 4 Abs. 5 Nr. 5 EStG; § 9 Abs. 1 Satz 3 Nr. 6 EStG: „typische Berufskleidung").“[1801] Weitere Ausführungen zu betrieblich/beruflich bedingten Mehraufwendungen macht der Große Senat in dieser Entscheidung nicht, so dass sich vor dem Hintergrund der Veranlassungsproblematik die Frage stellt, wie dieser Satz inhaltlich einzuordnen ist. Hierzu werden in der Literatur drei unterschiedliche Interpretationsmöglichkeiten vertreten,[1802] welche im Folgenden dargestellt und kritisch gewürdigt werden sollen.

a) Erste Interpretationsmöglichkeit: Abzug betrieblicher/beruflicher Mehraufwendungen ist *ausschließlich* der Entscheidung des Gesetzgebers überlassen

Bei alleiniger Zugrundelegung des fraglichen Satzes scheint es auf den ersten Blick offensichtlich zu sein, dass der BFH sich nunmehr der ersten Literaturansicht[1803] angeschlossen hat, wonach betriebliche/berufliche Mehraufwendungen nur aufgrund konstitutiver Sonderregelungen zum Abzug zugelassen werden können.[1804] Zum einen macht der Große Senat den Abzug betrieblicher/beruflicher Mehraufwendungen mit diesen Ausführungen offenbar abhängig davon, ob eine entsprechende gesetzgeberischen Entscheidung vorliegt („der Entscheidung des Gesetzgebers überlassen"). Zum anderen nennt er mit § 4 Abs. 5 S. 1 Nr. 5 EStG und § 9 Abs. 1 S. 3 Nr. 6 EStG zugleich zwei Vorschriften, bei denen es sich um konstitutive Abzugsregelungen im Sinne der ersten Literaturansicht handeln könnte. Einige Anhänger dieser Ansicht sehen sich daher mit den neuen Ausführungen darin bestätigt, dass betriebliche/berufliche Mehraufwendungen nunmehr auch nach dem Verständnis des BFH untrennbar gemischt veranlasste Aufwendungen seien, die nicht bereits nach § 4 Abs. 4 EStG, § 9 Abs. 1 EStG steuerlich geltend gemacht werden könnten. Ihrer Meinung nach sei die Aussage des Großen Senats so zu verstehen, dass es *ausschließlich* der Entscheidung des Gesetzgebers obliegt, ob und in welcher Höhe ein steuerlicher Abzug für betriebliche/berufliche Mehraufwendungen in Betracht kommt.[1805]

1801 BFH GrS BStBl. II 2010, 672, 684.

1802 Siehe hierzu auch *Gärtner,* Gemischt veranlasste Aufwendungen, S. 438 ff.

1803 Teil 3 § 12 E.II.2.

1804 So auch *Gärtner*, Gemischt veranlasste Aufwendungen, S. 439.

1805 Vgl. etwa *Günther,* EStB 2010, 46, 47; *Günther,* EStB 2010, 151, 153; *Kolbe,* BBK 2010, 203, 207; *Söhn,* FS Spindler, S. 795, 805 f.; *Söhn,* in: K/S/M, EStG, § 4, Rn. E 117;

Gegen eine solche Interpretation ist allerdings einzuwenden, dass der BFH es nach seiner Wortwahl nur „in erster Linie" der Entscheidung des Gesetzgebers überlässt, inwieweit ein betrieblicher/beruflicher Mehraufwand steuerlich geltend gemacht werden kann. Dem allgemeinen Wortsinn nach bedeutet der Begriff „in erster Linie" aber nicht „ausschließlich", sondern nur „insbesondere", „primär", „hauptsächlich" oder „vornehmlich".[1806] Daher ist davon auszugehen, dass der BFH den Abzug betrieblicher/beruflicher Mehraufwendungen gerade nicht ausnahmslos von der Entscheidung des Gesetzgebers abhängig machen wollte. Darüber hinaus lässt sich feststellen, dass auch nach der Grundsatzentscheidung aus dem September 2009[1807] noch Entscheidungen ergangen sind, in denen der BFH betrieblich/beruflich bedingte Mehraufwendungen, für die keine gesetzliche Sonderregelung existiert, unter bestimmten Voraussetzungen zum steuerlichen Abzug zugelassen hat.[1808] Mit einer Interpretation, nach der der Abzug betrieblicher/beruflicher Mehraufwendungen ausschließlich der Entscheidung des Gesetzgebers überlassen sein soll, ist diese Folgerechtsprechung nicht vereinbar. Daher ist davon auszugehen, dass die erste Interpretationsmöglichkeit nicht dem entspricht, was der BFH zur sphärischen Einordnung betrieblich/beruflich bedingter Mehraufwendungen vertritt. Dies nehmen auch einige Vertreter der ersten Literaturansicht an und legen den Ausführungen des BFH – wie sogleich gezeigt wird – daher ein großzügigeres Verständnis zugrunde.

b) Zweite Interpretationsmöglichkeit: Abzug ist *vor allem, aber nicht ausschließlich* der Entscheidung des Gesetzgebers überlassen (sog. Überlagerungsgedanke)

Nach dieser zweiten Interpretationsmöglichkeit, die insbesondere von *Gärtner* vertreten wird, wird die Aussage des BFH so verstanden, dass der Abzug betrieblich/beruflich bedingter Mehraufwendungen zwar „in erster Linie", das

---

Thürmer, in: Brandis/Heuermann, EStG, § 12, Rn. 102; wohl auch *Fissenewert,* in: Herrmann/Heuer/Raupach, EStG/KStG, § 12 EStG, Rn. 76, der allerdings Vertreter der zweiten Literaturansicht ist.

1806 Vgl. Dudenredaktion (Hrsg.): „*in erster Linie*", in: Duden Synonymwörterbuch online, https://www.duden.de/suchen/synonyme/in%20erster%20Linie (Abrufdatum: 14. Juni 2024). Siehe auch *Gärtner,* Gemischt veranlasste Aufwendungen, S. 440; *Wacker,* BB 2018, 2519, 2525: „*primär* Aufgabe des Gesetzgebers" (Hervorhebung durch die Verfasserin).

1807 BFH GrS BStBl. II 2010, 672.

1808 Mit dieser Feststellung auch *Gärtner,* Gemischt veranlasste Aufwendungen, S. 441 ff. Näheres zur Folgerechtsprechung sogleich.

heißt *vor allem, nicht aber ausschließlich* der Entscheidung des Gesetzgebers überlassen sei.[1809] Anhänger dieser zweiten Deutungsmöglichkeit[1810] gehen im Ausgangspunkt ebenfalls davon aus, dass betrieblich/beruflich bedingte Mehraufwendungen stets untrennbar gemischt veranlasste Aufwendungen seien, die nur kraft konstitutiver Sonderregelung zum Abzug zugelassen werden könnten. Anders als bei der ersten Interpretationsmöglichkeit wird allerdings zusätzlich angenommen, dass es im Einzelfall möglich sei, dass der erwerbliche Veranlassungsmoment betrieblicher/beruflicher Mehraufwendungen derart dominant ist, dass er die regelmäßig bestehende wesentlich private Mitveranlassung ausnahmsweise überlagert und damit als unwesentlich zurückdrängt.[1811] Dieser sog. Überlagerungsgedanke[1812] habe zur Folge, dass im Ergebnis nur unwesentlich privat mitveranlasste Aufwendungen vorlägen, die unabhängig von einer Aufteilbarkeit vollumfänglich der Erwerbssphäre zuzuordnen seien und damit auch ohne gesetzliche Sonderregelung steuerlich geltend gemacht werden könnten.[1813] Damit bleibe der Rechtsprechung und Finanzverwaltung ein Entscheidungsspielraum erhalten, betriebliche/berufliche Mehraufwendungen, die nicht im Gesetz geregelt sind, im Einzelfall trotzdem zum Abzug zuzulassen,[1814] wenn die private Mitveranlassung ausnahmsweise in den Hintergrund tritt. In den Fällen, in denen eine gesetzliche Abzugsregelung vorliegt, gebe das Gesetz dagegen selbst vor, unter welchen Voraussetzungen die betriebliche bzw. berufliche Verursachung die private Mitveranlassung verdrängt.[1815]

Zur Begründung dieser großzügigeren Deutung der Ausführungen des Großen Senats wird insbesondere auf drei Entscheidungen aus der Folgerechtsprechung des BFH verwiesen, in denen das Gericht den Abzug betrieblich/beruflich bedingter Mehraufwendungen, für die keine gesetzliche Sonderregelung existiert, ebenfalls unter Rückgriff auf den beschriebenen Überlagerungsgedanken zugelassen

---

1809 *Gärtner,* Gemischt veranlasste Aufwendungen, S. 441 f.

1810 Hierzu gehören *Gärtner,* Gemischt veranlasste Aufwendungen, S. 443 ff.; *Geserich,* NWB 2012, 4201; *Heger,* DB 2016, 249, 249 ff.; *Schmitt/Meyen,* DB 2013, 1578, 1578 ff.; *Wienbergen,* in: Littmann/Bitz/Pust, EStG, § 12, Rn. 161; wohl auch *Wacker,* BB 2018, 2519, 2525.

1811 Vgl. *Gärtner*, Gemischt veranlasste Aufwendungen, S. 443, 445; *Geserich,* NWB 2012, 4201, 4201; *Heger,* DB 2016, 249, 252; *Schmitt/Meyen,* DB 2013, 1578, 1578 f.; *Wienbergen,* in: Littmann/Bitz/Pust, EStG, § 12, Rn. 161.

1812 *Geserich,* NWB 2012, 4201, 4201; *Schmitt/Meyen,* DB 2013, 1578, 1578.

1813 Siehe *Gärtner*, Gemischt veranlasste Aufwendungen, S. 443; *Geserich,* NWB 2012, 4201; *Heger,* DB 2016, 249, 252; *Schmitt/Meyen,* DB 2013, 1578, 1578 f.

1814 So *Gärtner,* Gemischt veranlasste Aufwendungen, S. 443.

1815 So etwa *Heger,* DB 2016, 249, 252.

haben soll.[1816] Im Einzelnen geht es dabei um Urteile über die Mehrkosten eines Marinesoldaten für private Telefongespräche,[1817] die Übernachtungsmehraufwendungen eines Lkw-Fahrers[1818] sowie die Unterkunftskosten eines Studenten[1819]. Es wird argumentiert, dass der BFH in allen drei Fällen zwar dem Grunde nach nicht abziehbare Aufwendungen der Lebensführung angenommen habe, anschließend aber Abgrenzungskriterien aufgestellt habe, unter denen originär private Aufwendungen ausnahmsweise der betrieblichen/beruflichen Sphäre zuzuordnen sind, wenn die privaten Veranlassungsmomente durch eine dominante erwerbliche Prägung überlagert werden.[1820] Da den Entscheidungen unterschiedliche Sachverhalte zugrunde liegen, wird außerdem angenommen, dass dieser vom BFH bemühte Überlagerungsgedanke auch für andere Fälle betrieblich/beruflich bedingter Mehraufwendungen verallgemeinert werden könne.[1821] *Schmitt/Meyen* sind sogar der Ansicht, die Rechtsprechung, die der BFH in den drei Entscheidungen zugrunde legt, hätte weitreichende Konsequenzen für alle Aufwendungen im Graubereich, da hierdurch der Umfang abziehbarer Werbungskosten bzw. Betriebsausgaben dahingehend erweitert werde, dass nunmehr auch originär privat veranlasste Aufwendungen unter den Begriff der Erwerbsaufwendungen fallen könnten.[1822]

Diesen weitreichenden Schlussfolgerungen ist allerdings nicht zuzustimmen. Bei den betreffenden Sachverhalten – insbesondere dem Fall des Marinesoldaten – handelt es sich um besondere Einzelfälle, die nicht mit anderen Fällen betrieblich/beruflich bedingter Mehraufwendungen vergleichbar sind.[1823] Zudem sind der Folgerechtsprechung des BFH – wie an späterer Stelle noch gezeigt werden wird – auch andere Entscheidungen zu entnehmen, in denen das Gericht betrieblich/beruflich bedingte Mehraufwendungen nicht als untrennbar gemischt veranlasste Aufwendungen, sondern als abziehbaren Erwerbsaufwand

1816 Siehe *Gärtner,* Gemischt veranlasste Aufwendungen, S. 443, der sich nur auf eines der drei Urteile (BFH BStBl. II 2013, 282) beruft; *Geserich,* NWB 2012, 4201, 4201; *Heger,* DB 2016, 249, 252; *Schmitt/Meyen,* DB 2013, 1578, 1578.

1817 BFH BStBl. II 2013, 282, 282 ff.

1818 BFH BStBl. II 2012, 926, 926 f.

1819 BFH BStBl. II 2013, 284, 284 ff.

1820 Vgl. *Gärtner,* Gemischt veranlasste Aufwendungen, S. 443 f. (nur für den Fall der Telefonkosten des Marinesoldaten); *Schmitt/Meyen,* DB 2013, 1578, 1578 f.

1821 Vgl. *Geserich,* NWB 2012, 4201, 4201; *Schmitt/Meyen,* DB 2013, 1578, 1579.

1822 Vgl. *Schmitt/Meyen,* DB 2013, 1578, 1579.

1823 Siehe auch *Wienbergen,* in: Littmann/Bitz/Pust, EStG, § 12, Rn. 123: „Solche Überlagerungen sind aber auf seltene Fälle begrenzt.“.

einordnet.[1824] Damit ist bereits der Verallgemeinerungsfähigkeit der angeführten Entscheidungen für betrieblich/beruflich bedingte Mehraufwendungen zu widersprechen. Dies nimmt wohl auch die BFH-Richterin *Heger* an, wenn sie den Überlagerungsgedanken zwar für Verpflegungsmehraufwendungen heranzieht,[1825] das häusliche Arbeitszimmer demgegenüber unter Rückgriff auf die frühere Rechtsprechung des BFH von vornherein als grundsätzlich abziehbaren Erwerbsaufwand einordnet.[1826] Des Weiteren ist umgekehrt zu berücksichtigen, dass der BFH den angeführten Überlagerungsgedanken nicht allein in Fällen betrieblich/beruflich bedingter Mehraufwendungen anwendet. Entscheidungen, in denen nach Ansicht des BFH ein privater Veranlassungszusammenhang durch einen dominanten betrieblichen oder beruflichen Veranlassungsbeitrag überlagert wurde, sind beispielsweise auch zu den Kosten eines aus beruflichen Gründen unterbrochenen Privaturlaubs[1827] oder den Maklerkosten für eine Grundstücksveräußerung[1828] ergangen.[1829] Spezifische Aussagen über die Veranlassung oder sphärische Einordnung betrieblich/beruflich bedingter Mehraufwendungen können der Überlagerungsrechtsprechung mithin nicht entnommen werden.

Schließlich ist auch die dogmatische Herleitung des Überlagerungsgedankens für betrieblich/beruflich bedingte Mehraufwendungen inkonsequent und nicht mit der übrigen Rechtsprechung des BFH vereinbar. Nach den vom Großen Senat im September 2009 aufgestellten Grundsätzen zur steuerlichen Behandlung gemischter Aufwendungen ist bei Vorliegen mehrerer Veranlassungsursachen aus unterschiedlichen Sphären zunächst die Wesentlichkeit jedes Veranlassungsbeitrages zu prüfen.[1830] Unwesentliche Veranlassungsmomente scheiden hiernach für die weitere Prüfung aus und werden im Rahmen der weiteren

---

1824 Vgl. etwa BFH BStBl. II 2013, 234, 235; BFH BStBl. II 2012, 831, 832 f.; BFH/NV 2009, 1256, 1257; BFH BStBl. II 2009, 1016, 1017; BFH BStBl. II 2009, 1012, 1014; BFH BStBl. II 2008, 234, 245; BFH BStBl. II 2005, 782, 783 f.; BFH BStBl. II 1982, 297, 298; BFH BStBl. II 1978, 26, 27; BFH BStBl. II 1975, 607, 608; BFH BStBl. II 1972, 134, 136.

1825 Vgl. *Heger*, DB 2016, 249, 252.

1826 Vgl. *Heger*, DB 2016, 249, 249.

1827 Vgl. BFH BStBl. II 1990, 423, 424.

1828 BFH/NV 2014, 1195, 1197.

1829 Siehe hierzu auch *Heuermann*, StBp 2009, 85, 86; *Krüger*, in: Schmidt, EStG, § 9, Rn. 48; *Wienbergen*, in: Littmann/Bitz/Pust, § 12, Rn. 122 f. jeweils m.w.N.

1830 Zur Wesentlichkeitstheorie siehe nochmals Teil 3 § 9 B. Zur Rechtsprechung des Großen Senats siehe nochmals Teil 3 § 10 B.III.

Zuordnungsentscheidung nicht mehr berücksichtigt (dritte Fallgruppe).[1831] Nur wenn sowohl der betriebliche/berufliche als auch der private Veranlassungsbeitrag wesentlich ist (echte gemischt veranlasste Aufwendungen, vierte Fallgruppe), stellt sich nach der Rechtsprechung des BFH in einem zweiten Schritt die Frage nach der Trennbarkeit der gemischten Aufwendung, welche zugleich Einfluss darauf hat, ob die Aufwendung steuerlich geltend werden kann.[1832] Aus diesen Grundsätzen ergibt sich für die Untersuchung der Veranlassung und steuerlichen Behandlung gemischter Aufwendungen eine feststehende Prüfungsreihenfolge,[1833] die im Hinblick auf das objektive Nettoprinzip konsequent einzuhalten ist.[1834] Bei der dogmatischen Herleitung der zweiten Interpretationsmöglichkeit wird

1831 Dies vertritt die Rechtsprechung seit jeher; vgl. *Söhn,* DStJG 3 (1980), S. 13, 66 ff. Siehe nochmals Teil 3 § 10 B.III.4.

1832 Deutlich hierzu BFH GrS BStBl. II 2010, 672, 684: „Greifen die – *für sich gesehen jeweils nicht unbedeutenden* – beruflichen und privaten Veranlassungsbeiträge [...] so ineinander, dass eine Trennung nicht möglich ist, fehlt es also an objektiven Kriterien für eine Aufteilung, so kommt ein Abzug der Aufwendungen insgesamt nicht in Betracht [...]" (Hervorhebung durch die Verfasserin). Das erkennen auch *Gärtner,* Gemischt veranlasste Aufwendungen, S. 141 und *Söhn*, DStJG 3 (1980), S. 13, 73; *Söhn,* FS Spindler, S. 795, 799; *Söhn,* in: K/S/M, EStG, § 4, Rn. E 117, die selbst Anhänger der ersten Literaturansicht sind. Zur kritischen Würdigung der vom BFH vorgenommenen Differenzierung zwischen trennbar und untrennbar gemischt veranlassten Aufwendungen siehe nochmals Teil 3 § 10 C.II.4.

1833 Siehe nur BMF, BStBl. I 2010, 614, 614; *Birk/Desens/Tappe,* Steuerrecht, § 5, Rn. 1000 ff.; *Hey,* in: Tipke/Lang, Steuerrecht, Rn. 8.243; *Söhn,* FS Spindler, S. 795, 799 ff.

1834 A.A. *Wienbergen,* in: Littmann/Bitz/Pust, EStG, § 12, Rn. 121, der mit Blick auf den Überlagerungsgedanken vertritt, dass das Veranlassungsprinzip nicht schematisch angewandt werden dürfe, da sich jedenfalls der BFH stets die Freiheit lasse, einzelfallbezogene Wertungsentscheidungen zu treffen. Dem muss allerdings entgegengehalten werden, dass die Systematik der Veranlassungsprüfung zwar nicht dem Gesetz selbst zu entnehmen ist, die Rechtsfolge daraus – Aufwendungen, die betrieblich bzw. beruflich veranlasst sind, sind als Erwerbsaufwendungen abzuziehen – dagegen schon (§ 2 Abs. 2 EStG iVm § 4 Abs. 4 EStG, § 9 Abs. 1 EStG; dies ergibt sich zudem bereits aus dem objektiven Nettoprinzip). Über diese Rechtsfolge kann nicht einfach frei verfügt werden, indem die Reihenfolge der Veranlassungsprüfung so geändert wird, dass andere Zuordnungsergebnisse herbeigeführt werden, indem Erwerbsaufwendungen künstlich zu nicht abziehbaren Privataufwendungen gemacht werden. Andernfalls könnte die Rechtsprechung völlig frei über die Grenzen des objektiven Nettoprinzips sowie des Leistungsfähigkeitsprinzips verfügen. Ebenfalls kritisch *von Glasenapp,* BB 2011, 160, 162, der die systematische Prüfungsreihenfolge, welche seiner Meinung nach auch vom BMF vorgegeben wird, nicht für praktikabel hält.

diese Prüfungsreihenfolge allerdings ohne ersichtlichen Grund in ihr Gegenteil verkehrt und damit in der Folge das Ergebnis der Veranlassungsprüfung unzulässig verfälscht: Im ersten Schritt wird ohne Prüfung des Einzelfalls direkt angenommen, dass betriebliche/berufliche Mehraufwendungen stets wesentlich privat mitveranlasst seien und als untrennbar gemischt veranlasste Aufwendungen grundsätzlich nicht steuerlich berücksichtigt werden könnten. Anschließend wird in einem zweiten Schritt doch noch auf die Wesentlichkeit der konkret in Frage stehenden Veranlassungsbeiträge eingegangen,[1835] indem die Dominanz der erwerblichen Ursache herausgestellt und als so wesentlich bewertet wird, dass sie die privaten Mitursachen, die zuvor noch als wesentlich eingestuft wurden, in den Hintergrund drängt und überlagert. Die hieraus folgende endgültige Einordnung der betrieblich/beruflich bedingten Mehraufwendung als abziehbarer Erwerbsaufwand wird also nur aufgrund des an zweiter Stelle angeführten spezifischen Überlagerungsgedankens angenommen.

Richtigerweise wäre der betriebliche/berufliche Mehraufwand aber schon im ersten Schritt als abziehbare Erwerbsaufwendung identifiziert worden, wenn die Wesentlichkeit der konkreten Veranlassungsbeiträge entsprechend der beschriebenen Prüfungsreihenfolge als erstes untersucht und die eigentlich nachgelagerte Frage der Trennbarkeit[1836] hintangestellt worden wäre. Dann wäre der unbedeutende private Veranlassungsbeitrag von vornherein als unwesentlich ausgeschieden, die betriebliche/berufliche Mehraufwendung vollumfänglich der Erwerbssphäre zugeordnet und die Frage der Trennbarkeit, welche bei Fehlen objektiver Aufteilungskriterien nach BFH und der überwiegenden Ansicht der Literatur zur Nichtabziehbarkeit der Aufwendung führt, konsequenterweise nicht mehr gestellt worden. Damit wird deutlich, dass auch bei betrieblich/beruflich bedingten Mehraufwendungen die Frage der Veranlassung stets für den Einzelfall zu prüfen ist und nicht losgelöst von der konkret in Rede stehenden Aufwendung

---

1835 Dies stellt auch *Gärtner*, Gemischt veranlasste Aufwendungen, S. 444 ff. fest, der allerdings ebenfalls erst die Wesentlichkeit der Veranlassungsbeiträge prüft, nachdem er bereits angenommen hat, dass untrennbar gemischt veranlasste Aufwendungen vorliegen. Siehe zudem *Hey*, in: Tipke/Lang, Steuerrecht, Rn. 8.243, Fn. 468, die im Rahmen der Veranlassungsprüfung unter dem Gesichtspunkt der Wesentlichkeitstheorie genau die drei genannten BFH-Entscheidungen zur Überlagerung zitiert (BFH BStBl. II 2012, 926; BFH BStBl. II 2013, 282; BFH BStBl. II 2013, 284.).

1836 Siehe diesbezüglich auch *Steck*, DStZ 2011, 191, 200, der darauf hinweist, dass es „eine *andere Frage* [sei], ob im Einzelfall eine Berücksichtigung daran scheitert, dass de[m] berufliche[n] Anteil nur eine untergeordnete Bedeutung zugemessen werden kann“ (Hervorhebung durch die Verfasserin).

beantwortet werden kann.[1837] Aufwendungen können nicht allein deshalb der steuerlich unbeachtlichen Privatsphäre zugewiesen werden, weil sie mit der existenziellen Lebensführung in Zusammenhang stehen.[1838] Insbesondere pauschale Schlussfolgerungen aus der möglichen Trennbarkeit oder Untrennbarkeit von betrieblichem/beruflichem Mehraufwand und dem durch den Grundfreibetrag abgegoltenen privaten Aufwendungsteil führen zu Ergebnissen, die sich dogmatisch nicht begründen lassen und abziehbare Erwerbsaufwendungen unzulässigerweise in nicht abziehbaren Privataufwand umqualifizieren.[1839] Eine Interpretationsmöglichkeit, bei der auf diesem Weg das Ergebnis der Veranlassungsprüfung ohne wertende Betrachtung im Einzelfall pauschal vorweggenommen wird, ist nicht mit dem Leistungsfähigkeitsprinzip bzw. dem objektiven Nettoprinzip vereinbar[1840] und widerspricht zusätzlich den vom BFH aufgestellten Grundsätzen zur steuerlichen Behandlung gemischter Aufwendungen. Sie ist daher abzulehnen.

c) Dritte Interpretationsmöglichkeit: Abziehbarkeit *dem Grunde nach* ergibt sich weiterhin allein aus § 4 Abs. 4 EStG, § 9 Abs. 1 EStG; Beschränkungen *der Höhe nach* obliegen der Entscheidung des Gesetzgebers

Zu untersuchen bleibt damit noch die dritte Interpretationsmöglichkeit, welche insbesondere von Vertretern der zweiten Literaturansicht herangezogen wird.[1841] Bei dieser Deutung wird angenommen, dass der BFH trotz der neuen Ausführungen, wonach es in erster Linie der Entscheidung des Gesetzgebers überlassen sei, inwieweit betriebliche/berufliche Mehraufwendungen steuerlich geltend gemacht werden können, nicht von der Richtung seiner bisherigen Rechtsprechung abweiche. Es wird zutreffend darauf hingewiesen, dass sich der BFH eine solche

1837 So auch *Steck*, DStZ 2010, 191, 200.

1838 So auch *Steck*, DStZ 2010, 191, 198 f.

1839 Siehe diesbezüglich auch *Jochum*, DStZ 2010, 665, 667: „Soweit eine nicht unwesentliche berufliche Mitveranlassung der Aufwendungen außer Zweifel steht, darf eine steuermindernde Geltendmachung nicht pauschal ausgeschlossen werden."

1840 Vgl. auch *Steck*, DStZ 2010, 191, 200.

1841 Hierzu gehören etwa *Kanzler*, StbJb. 2010/11, S. 43, 62; *Steck*, DStZ 2010, 191, 200; wohl auch *Jochum*, DStZ 2010, 665, 667 f.; *Wiss. Beirat Ernst & Young AG*, BB 2004, 1024, 1030, welche die Grundsatzentscheidung des Großen Senats aus dem September 2009 besprechen und keine Änderung in Bezug auf die Rechtsprechung zu betrieblich/beruflich bedingten Mehraufwendungen darlegen, sondern weiterhin vertreten, dass dem Grunde nach Erwerbsaufwand vorliegt. Siehe zudem BMF BStBl. I 2010, 614, 615.

Zurückhaltung, die eine alleinige Abzugslegitimation des Gesetzgebers bedeuten würde, bisher nicht auferlegt habe.[1842] Außerdem wird argumentiert, dass einer solchen Einschränkung auch jede Rechtsgrundlage fehle, da der betriebliche/berufliche Mehraufwand, der über den Grundfreibetrag hinausgeht, tatbestandlich die Voraussetzungen der § 4 Abs. 4 EStG und § 9 Abs. 1 EStG erfülle und damit zwingend zum Abzug zuzulassen sei.[1843] Wenn der BFH also vertrete, dass es in erster Linie der Entscheidung des Gesetzgebers überlassen bleibe, inwieweit ein betrieblicher/beruflicher Mehraufwand steuerlich geltend gemacht werden kann, sei dem hinzuzufügen, dass der Gesetzgeber diese Entscheidung bereits durch die Auswahl des Systems des objektiven Nettoprinzips getroffen habe und entsprechende Mehraufwendungen hiernach abzuziehen seien.[1844] Demzufolge bleibe es auch nach der neuen Rechtsprechung dabei, dass betrieblich/beruflich bedingte Mehraufwendungen bei entsprechender erwerblicher Veranlassung unabhängig von konstitutiven Sonderregelungen steuerlich geltend gemacht werden könnten.[1845]

Für diese Deutungsmöglichkeit spricht zunächst, dass der BFH sich im Rahmen seiner Ausführungen – anders als die erste Literaturansicht annimmt – nicht darauf berufen hat, dass betrieblich/beruflich bedingte Mehraufwendungen stets untrennbar gemischt veranlasste Aufwendungen seien.[1846] Untersucht man die zuvor ergangenen Entscheidungen des BFH und vergleicht sie mit der Folgerechtsprechung, stellt man auch fest, dass das Gericht eine solche pauschale Einordnung betrieblicher/beruflicher Mehraufwendungen so gut wie nie vorgenommen hat.[1847] Stattdessen wird deutlich, dass der BFH für jede Aufwendung die Veranlassung im Einzelfall prüft.[1848]

1842 Siehe *Kanzler,* StbJb. 2010/11, S. 43, 62. Zur früheren Rechtsprechung des BFH siehe nochmals den Anfang dieses Kapitels.

1843 *Kanzler,* StbJb. 2010/11, S. 43, 62.

1844 *Steck,* DStZ 2010, 191, 200.

1845 Vgl. *Kanzler,* StbJb. 2010/11, S. 43, 62; *Steck,* DStZ 2011, 191, 200.

1846 So auch das Argument von *Kanzler,* StbJb. 2010/11, S. 43, 49, Fn. 38.

1847 Anders allein BFH BStBl. II 2013, 282, 283 f., der zunächst scheinbar pauschal davon ausgeht, die betreffende Aufwendung sei untrennbar gemischt veranlasst, anschließend unter Zuhilfenahme des Überlagerungsgedankens korrigierend zu dem Ergebnis einer wesentlichen betrieblichen und nur unwesentlich privaten Veranlassung kommt. Siehe hierzu nochmals Teil 3 § 12 E.III.3.b.

1848 Vgl. etwa BFH BStBl. II 1991, 751, 752; BFH BStBl. II 1990, 49, 50; BFH/NV 1990, 765, 765; BFH BStBl. II 1980, 75, 76 jeweils für bürgerliche Kleidung; BFH BStBl. II 1987, 262, 263 f. für Sportgeräte und Sportkleidung eines Diplom-Pädagogen; BFH BStBl. II 2004, 1074, 1076 f. für Übernachtungs- und Verpflegungsmehraufwendungen;

Des Weiteren wird zutreffend angeführt, dass der Große Senat sich im Rahmen der Erklärungen zu betrieblich/beruflich bedingten Mehraufwendungen explizit auf *Ruppe* bezogen hat,[1849] der ausdrücklich die „Abzugsfähigkeit von betrieblich oder betrieblich/beruflich bedingten Mehraufwendungen in den Bereichen Wohnung, Verpflegung, Kleidung etc. [...]“[1850] annimmt.[1851] Hieraus lässt sich schließen, dass auch der BFH davon ausgeht, dass betrieblich/beruflich bedingte Mehraufwendungen dem Grunde nach abziehbaren Erwerbsaufwand darstellen und *konstitutive* Sonderregelungen daher für einen steuerlichen Abzug nicht erforderlich sind. Zu diesem Ergebnis kommt offenbar auch das BMF, das in seiner Stellungnahme zum Beschluss des Großen Senats aus dem September 2009 explizit erklärt, dass die zuvor beschriebenen nicht abziehbaren Aufwendungen der Lebensführung dennoch „Betriebsausgaben oder Werbungskosten [sind], soweit sie nahezu ausschließlich betrieblich/beruflich veranlasst sind (z.B. § 4 Absatz 5 Satz 1 Nummer 6 b EStG: Arbeitszimmer; § 9 Absatz 1 Satz 3 Nummer 6 EStG: Arbeitsmittel, typische Berufskleidung) oder ein abgrenzbarer betrieblicher/beruflicher Mehraufwand gegeben ist“.[1852]

Nicht zuletzt sprechen auch die beiden Abzugsregelungen, die der Große Senat beispielhaft für die gesetzgeberische Entscheidung zum Abzug betrieblicher/beruflicher Mehraufwendungen nennt, für die dritte Deutungsmöglichkeit. Konkret vom Gericht benannt wird zum einen das Abzugsverbot des § 4 Abs. 5 S. 1 Nr. 5 EStG für Verpflegungsmehraufwendungen und zum anderen die Abzugsbestimmung für typische Berufskleidung nach § 9 Abs. 1 S. 3 Nr. 6 EStG. Scheint es sich bei diesen Beispielen zwar auf den ersten Blick um konstitutive Sonderregelungen im Sinne der ersten Literaturansicht zu handeln, so ist doch zugunsten einer vertiefteren Analyse konkret zu fragen, wie der BFH die Mehraufwendungen, welche den

---

BFH BStBl. II 2008, 234, 245 ff.; BFH BStBl. II 1988, 706, 707 f.; BFH BStBl. II 1980, 655, 656 f.; BFH GrS BStBl. II 1978, 105, 109 jeweils für Kosten der Fahrten zwischen Wohnung und Betriebs-/Arbeitsstätte; BFH BStBl. II 1975, 607, 608 für Mehraufwendungen aufgrund einer doppelten Haushaltsführung. Siehe auch *Kanzler,* StbJb. 2010/11, S. 43, 62; *Steck,* DStZ 2011, 191, 199 f.

1849 Vgl. BFH GrS BStBl. II 2010, 672, 684. Konkret verweist der BFH dabei auf *Ruppe,* DStJG 3 (1980), S. 103, 143 f. Allerdings beschäftigt *Ruppe* sich dort ausweislich der Überschrift nicht mit beruflichen Mehraufwendungen, sondern mit Fixkosten gemischt genutzter Wirtschaftsgüter, weshalb davon auszugehen ist, dass die Zitierung an dieser Stelle falsch ist. Die Ausführungen zu beruflichen Mehraufwendungen befinden sich an anderer Stelle bei *Ruppe,* DStJG 3 (1980), S. 103, 122 f.

1850 *Ruppe,* DStJG 3 (1980), S. 103, 122 f.

1851 So das Argument von *Steck,* DStZ 2011, 191, 199 f.

1852 BMF BStBl. I 2010, 614, 615.

Abzugsregelungen zu Grunde liegen, selbst sphärisch einordnet. Nur wenn das Gericht davon ausgeht, dass Verpflegungsmehraufwendungen und die Kosten für typische Berufskleidung nicht bereits dem Grunde nach Erwerbsaufwendungen iSd § 4 Abs. 4 EStG, § 9 Abs. 1 EStG sein können, ist die Annahme zutreffend, dass es sich bei den Abzugsverboten nach Ansicht der Rechtsprechung um konstitutive Sonderregelungen handelt, mit denen der Gesetzgeber den Abzug betrieblicher/beruflicher Mehraufwendungen ausschließlich (so die erste Interpretationsmöglichkeit) oder nahezu ausschließlich (iSd zweiten Interpretationsmöglichkeit) gesetzlich regelt. Ein vertiefter Blick in die Rechtsprechung zeigt allerdings, dass der BFH in einigen Entscheidungen tatsächlich davon ausgeht, dass es sich bei den genannten Aufwandspositionen dem Grunde nach um Erwerbsaufwendungen handelt. So sind Verpflegungsmehraufwendungen, wie bereits gezeigt wurde, schon früh vom RFH[1853] und auch später vom BFH[1854] als abziehbare Betriebsausgaben/Werbungskosten eingeordnet und notfalls im Schätzungswege steuerlich berücksichtigt worden. An dieser Einordnung hat sich auch nach Einführung des § 4 Abs. 5 S. 1 Nr. 5 EStG nichts geändert, was sich daran zeigt, dass der BFH auch in jüngeren Entscheidungen regelmäßig die konkrete betriebliche Veranlassung der Verpflegungsmehraufwendungen prüft.[1855] Und auch die Kosten für typische Berufskleidung ordnet der BFH – anders als die Aufwendungen für bürgerliche Kleidung, welche grundsätzlich den nicht abziehbaren und nicht aufteilbaren Aufwendungen für die Lebensführung zugerechnet werden –[1856] seit jeher der Erwerbssphäre des Steuerpflichtigen zu und lässt sie entsprechend dieser Einordnung zum Betriebsausgaben-/Werbungskostenabzug zu.[1857] Damit wird deutlich,

1853 Siehe hierzu nochmals Teil 3 § 12 E.III.2.

1854 Siehe hierzu nochmals den Anfang des Kapitels.

1855 Vgl. etwa BFH BStBl. II 2004, 1074, 1076 f.; siehe zur weiterhin bestehenden Notwendigkeit der Prüfung der betrieblichen Veranlassung von Verpflegungsmehraufwendungen auch *Bergkemper,* in: Herrmann/Heuer/Raupach, EStG/KStG, § 4, Rn. 565; *Brandis/Heuermann,* EStG, § 4, Rn. 764; *Paintner,* DStR 2013, 217, 221.

1856 Vgl. BFH/NV 2022, 842, 843; BFH GrS BStBl. II 2010, 672, 684.

1857 Siehe bereits BFH BStBl. III 1956, 195, 195: „Aufwendungen für typische Berufskleidung sind Betriebsausgaben (Werbungskosten). Aufwendungen für andere Kleidung gehören grundsätzlich zu den Kosten der Lebensführung, auch wenn und soweit diese Kleidung gleichzeitig der Berufsausübung benutzt wird (§ 12 Ziff. 1 Satz 2 EStG).“; vgl. auch BFH/NV 2022, 842, 843; BFH/NV 2005, 1792, 1792; BFH BStBl. II 1996, 202, 203; BFH BStBl. II 1995, 17, 20; BFH BStBl. II 1991, 751, 751; BFH BStBl. II 1980, 75, 76; BFH BStBl. II 1972, 379, 380 f. (Uniform eines Bundeswehrangehörigen); BFH BStBl. II 1971, 50, 51 (schwarzer Anzug eines Leichenbestatters); BFH BStBl. III 1959, 328, 328 f. und BFH BStBl. III 1958, 117, 117 (jeweils Robe eines

dass aus der Nennung der beiden Abzugsregelungen nicht pauschal der Schluss gezogen werden kann, der BFH ordne alle betrieblich/beruflich bedingten Mehraufwendungen nunmehr stets als untrennbar gemischt veranlasste Aufwendungen ein, welche nur kraft konstitutiver Sonderregelung zum Abzug zugelassen werden können. Vielmehr bleibt es dabei, dass das Gericht die Veranlassung für jede Aufwendung einzeln prüft und betriebliche/berufliche Mehraufwendungen hiernach bei entsprechender betrieblicher Veranlassung auch als Erwerbsaufwendungen eingeordnet werden können.

Festzuhalten ist damit, dass der BFH nach der zutreffenden dritten Interpretationsmöglichkeit keine verallgemeinerungsfähige Aussage darüber getroffen hat, wie betrieblich/beruflich bedingte Mehraufwendungen veranlasst und damit sphärisch einzuordnen sind. Er hat auch keine Aussage darüber getroffen, dass der Gesetzgeber den Abzug betrieblicher/beruflicher Mehraufwendungen ausschließend oder nahezu ausschließlich regelt. Was der BFH dagegen mit den neuen Ausführungen erklärt hat, ergibt sich allein aus dem von ihm verwendeten Wort „inwieweit": Nach der ersten und der zweiten Interpretationsmöglichkeit wird im Kern angenommen, der BFH habe die Frage, ob betrieblich/beruflich bedingter Mehraufwand steuerlich geltend gemacht werden kann, in erster Linie dem Gesetzgeber überlassen. Dagegen spricht allerdings, dass der BFH seine Ausführungen nicht mit dem Wort „Ob" einleitet, sondern stattdessen darauf abstellt, „*Inwieweit* ein etwa gegebener beruflicher Mehraufwand zu berücksichtigen ist [...]".[1858] Damit wird deutlich, dass dem Gesetzgeber nach Ansicht des Gerichts nicht die Entscheidung über das *Ob* des Abzugs zusteht, sondern nur die Möglichkeit zur Bestimmung des Ausmaßes,[1859] also der *Höhe* des Abzugs. Bei dieser Deutung kann der Gesetzgeber den Abzug betrieblich/beruflich bedingter Mehraufwendungen aufgrund der Nähe zur existenziellen Lebensführung zwar höhenmäßig beschränken.[1860] Ob ein steuerlicher Abzug überhaupt geltend gemacht werden kann, bleibt jedoch weiterhin abhängig von der betrieblichen/beruflichen Veranlassung der jeweiligen Aufwendung.[1861]

Richters); a.A. allerdings BFH BStBl. II 1993, 838, 839; BFH/NV 1986, 160, 160 f.; BFH BStBl. II 1980, 73, 74.

1858 BFH GrS BStBl. II 2010, 672, 684 (Hervorhebung durch die Verfasserin).

1859 Zur Bedeutung des Wortes „inwieweit" siehe Dudenredaktion (Hrsg.): „*inwieweit*", in: Duden Wörterbuch online, https://www.duden.de/node/147576/revision/1347057 (Abrufdatum: 14. Juni 2024).

1860 Vgl. auch *Jochum,* DStZ 2010, 665, 668.

1861 Vgl. auch *Steck,* DStZ 2011, 191, 200.

IV. Zusammenfassung

Der gesamte Bereich betrieblich/beruflich bedingter Mehraufwendungen ist äußerst komplex und unübersichtlich, da für jede Aufwendung etwas anderes vertreten wird. Verpflegungsmehraufwendungen etwa werden von *Söhn* als untrennbar gemischt veranlasste Aufwendungen eingeordnet,[1862] während *Lang* vertritt, dass eine quantitative Abschichtung dieser Aufwendungen durchaus möglich sei und die Mehraufwendungen daher als Erwerbsaufwand anzuerkennen seien.[1863] Die Fahrtkosten zwischen Wohnung und Tätigkeitsstätte werden, je nachdem, ob man sich für die Frage der Veranlassung auf den Weg von der Wohnung zur Arbeit oder umgekehrt auf den Weg von der Arbeit zur Wohnung beruft, entweder als ausschließlich betrieblich/beruflich[1864] oder aber untrennbar gemischt veranlasste Aufwendungen[1865] verstanden.[1866] Und auch bei den Mehraufwendungen für eine doppelte Haushaltsführung wird die Frage der Veranlassung abhängig davon beantwortet, mit welchem Blickwinkel man das Bestehen zweier Wohnsitze betrachtet. Während beispielsweise *Drenseck*[1867] entscheidend darauf abstellt, dass die Anmietung einer Zweitwohnung außerhalb des sonstigen Lebensmittelpunktes des Steuerpflichtigen allein auf berufliche Gründe zurückzuführen ist, und die Mehraufwendungen daher als reine Erwerbsaufwendungen einordnet, begründet *Ihlas*[1868] die wesentlich private Mitveranlassung der doppelten Haushaltsführung damit, dass die Aufrechterhaltung des ursprünglichen Familienwohnsitzes außerhalb des Ortes der Tätigkeitsstätte hauptsächlich aus privaten Gründen erfolge.[1869] Damit wird deutlich, dass pauschale und übergeordnete Aussagen über die

1862 Vgl. *Söhn*, FS Spindler, S. 795, 804; *Söhn*, in: K/S/M, EStG, § 4, Rn. E 117.

1863 Vgl. *Lang*, in: Tipke/Lang, Steuerrecht, 20. Auflage, 2010, § 9, Rn. 247.

1864 Siehe z.B. *Drenseck*, DB 1987, 2483, 2485.

1865 Siehe etwa *P. Kirchhof*, DStR 2003, Beihefter 5 zu Heft 37, 1, 4.

1866 Auf das Paradoxon dieser gegenläufigen Ansichten weist auch *Drüen*, StuW 2008, 3, 14, Fn. 175 deutlich hin: „Man fühlt sich an die Diskussion erinnert, ob zunächst die Henne oder das Ei da war: Steht am Anfang die private Entscheidung für den Wohnsitz und folgen erst dann die Transferkosten zur Arbeits- oder Betriebsstätte oder umgekehrt?" Zu den einzelnen Ansichten siehe *Elicker*, StB 2005, 209, 209 f.; *P. Kirchhof*, DStR 2003, Beihefter 5 zu Heft 37, 1, 4.

1867 *Drenseck*, DB 1987, 2483, 2485.

1868 *Ihlas*, FR 1989, 321, 323.

1869 Siehe diesbezüglich auch BVerfG BStBl. II 2003, 534, 541: „Auch wenn die Begründung des zweiten Haushalts am Arbeitsort im Wesentlichen beruflich veranlasst sein mag, so ist doch die Entscheidung, zusätzlich den alten Hausstand als Wohnsitz beizubehalten, aus der Sicht des Steuerpflichtigen in aller Regel der Privatsphäre zuzuordnen."

Veranlassung und sphärische Einordnung betrieblich/beruflich bedingter Mehraufwendungen, losgelöst von den einzelnen Aufwendungspositionen, nicht getroffen werden können.

Nichtsdestotrotz bieten die beiden Ansichten, die in der Literatur zur Veranlassung betrieblicher/beruflicher Mehraufwendungen vertreten werden, eine geeignete Diskussionsgrundlage für die später folgende Untersuchung der übergeordneten Dogmatik des § 4 Abs. 5 S. 1 Nr. 1-7 EStG. Eine Ansicht geht davon aus, dass betrieblich/beruflich bedingte Mehraufwendungen stets untrennbar gemischt veranlasste Aufwendungen sind, die nur kraft *konstitutiver* Sonderregelung zum Abzug zuzulassen sind. Die andere Ansicht vertritt demgegenüber, dass es sich um reinen Erwerbsaufwand handelt, der bereits nach § 4 Abs. 4, § 9 Abs. 1 EStG zum Abzug zuzulassen ist, und die gesetzlichen Abzugsbeschränkungen und -verbote für betriebliche/berufliche Mehraufwendungen daher nur *deklaratorischer* Natur sind. Demgegenüber entscheidet die Rechtsprechung stets nur für die konkret in Frage stehende Aufwendung, welche Veranlassung vorliegt. Daran hat sich auch mit den Ausführungen des Großen Senats in der Grundsatzentscheidung aus dem September 2009, wonach die Entscheidung, inwieweit betrieblicher/beruflicher Mehraufwand zu berücksichtigen ist, in erster Linie dem Gesetzgeber überlassen sei, nichts geändert. Auch nach der jüngeren Rechtsprechung ist die Frage ob betrieblich/beruflich bedingter Mehraufwand steuerlich geltend gemacht werden kann, abhängig von der Veranlassung der Aufwendung im Einzelfall. Hiernach sind betrieblich/beruflich bedingte Mehraufwendungen weder stets untrennbar gemischt noch in jedem Fall ausschließlich betrieblich/beruflich veranlasst. Vielmehr können betrieblich/beruflich bedingte Mehraufwendungen unterschiedliche Veranlassungsniveaus einnehmen.

F. Schlussfolgerungen für Definition und Abgrenzung zu Repräsentationsaufwendungen und echten gemischt veranlassten Aufwendungen

Ziel der abstrakten Untersuchung war es, eine übergeordnete Definition herauszuarbeiten, mit der betrieblich/beruflich bedingte Mehraufwendungen von anderen Formen gemischter Aufwendungen abgegrenzt werden können. Dabei wurde gezeigt, dass es sich dem Grunde nach um Aufwendungen handelt, die zu den unverzichtbaren Aufwendungen der Lebensführung gehören, aus Gründen, die in der Betriebs-/Berufssphäre des Steuerpflichtigen liegen, aber höher als „normal" ausfallen und damit systematisch nicht vom Grundfreibetrag umfasst sind. Betrieblich/beruflich bedingte Mehraufwendungen zeichnen sich also, anders als andere Formen gemischter Aufwendungen, durch ihre besondere Nähe zur existenziellen Lebensführung aus.

Mit dieser Eigenschaft unterscheiden sie sich deutlich von den zuvor untersuchten Repräsentationsaufwendungen,[1870] denen eine solche unmittelbare Verknüpfung mit der steuerlichen Existenzgrundlage gerade nicht anhaftet. Repräsentationsaufwendungen zeichnen sich durch einen gehobenen, repräsentativen oder übertriebenen Lebensstil aus. Sie haben ebenfalls unterschiedlich stark ausgeprägte Berührungspunkte zur steuerlich unbeachtlichen Privatsphäre, betreffen aber zumeist keine Aufwendungen, die für die Existenz des Steuerpflichtigen unverzichtbar sind.[1871] Abgrenzungsprobleme ergeben sich bei Repräsentationsaufwendungen zumeist dadurch, dass die Aufwendungen zugleich der privaten Bedürfnisbefriedigung dienen und der repräsentative und gehobene Charakter dieser Aufwendungen oftmals mit unangemessen hohen Ausgaben einhergeht. Demgegenüber sind betrieblich/beruflich bedingte Mehraufwendungen unmittelbar mit der Existenzgrundlage verknüpft und betreffen Aufwendungen, die für die menschliche Bedürfnisbefriedigung unverzichtbar sind. Eine Trennung der betrieblichen/beruflichen Mehraufwendungen von den bereits durch den Grundfreibetrag abgegoltenen Aufwendungen der Lebensführung bereitet aufgrund dieser Nähe zur steuerlichen Existenzgrundlage besondere Schwierigkeiten.

Fraglich ist hingegen, wie betrieblich/beruflich bedingte Mehraufwendungen von den echten gemischt veranlassten Aufwendungen abzugrenzen sind. Wie bereits gezeigt wurde, nimmt eine in der Literatur vertretene Ansicht an, dass betriebliche/berufliche Mehraufwendungen stets untrennbar gemischt veranlasste Aufwendungen darstellen. Damit wären betrieblich/beruflich bedingte Mehraufwendungen ein Teil der echten gemischt veranlassten Aufwendungen, der allerdings aufgrund der mangelnden Trennbarkeit nach Ansicht des BFH grundsätzlich nicht steuerlich geltend gemacht werden kann. Nach anderer Ansicht im Schrifttum sind betrieblich/beruflich bedingte Mehraufwendungen reine Erwerbsaufwendungen und gehören damit von vornherein nicht dem Kreis gemischter Aufwendungen an. Hiernach wären betrieblich/beruflich bedingte Mehraufwendungen also kein Unterfall der echten gemischt veranlassten Aufwendungen. Die abstrakte Untersuchung hat allerdings gezeigt, dass es nicht möglich ist, pauschale Aussagen über die Veranlassung betrieblich/beruflich bedingter Mehraufwendungen zu treffen, ohne dabei einzelne Aufwendungspositionen

---

1870 Siehe zu den Repräsentationsaufwendungen im Einzelnen nochmals Teil 3 § 11.

1871 Eine Ausnahme bilden hierbei die Bewirtungsaufwendungen nach § 4 Abs. 5 S. 1 Nr. 2 EStG, da diese auch die Eigenbewirtung des Steuerpflichtigen umfassen.

ins Auge zu fassen.[1872] Je nach Art der konkret in Rede stehenden Aufwendung ist eine rein betriebliche, eine trennbar gemischt veranlasste oder auch eine untrennbar gemischt veranlasste Aufwendung denkbar. Insbesondere die Verknüpfung mit der steuerlichen Existenzgrundlage, die Einfluss auf die Veranlassung der Aufwendungen hat, fällt nicht für jede Form betrieblich/beruflich bedingter Mehraufwendungen gleich stark aus.[1873] So ist zum Beispiel die Verpflegung eine für den Steuerpflichtigen unverzichtbare Form der menschlichen Bedürfnisbefriedigung,[1874] die unabhängig davon anfällt, ob der Steuerpflichtige sich an seinem Wohnort, seiner ersten Tätigkeitsstätte oder betrieblich/beruflich bedingt an einem anderen Ort aufhält.[1875] In jedem Fall ist der Steuerpflichtige gezwungen, Nahrung aufzunehmen, die Frage ist nur, in welcher Höhe die jeweiligen Aufwendungen anfallen. Demgegenüber würden beispielsweise die Kosten für ein häusliches Arbeitszimmer oder auch die Fahrtkosten für die Wege zwischen Wohnung und Arbeitsstätte gar nicht anfallen, wenn der Steuerpflichtige keiner betrieblichen oder beruflichen Tätigkeit nachginge.[1876] Im ersten Fall könnte der Steuerpflichtige sich eine kleinere Wohnung mieten, im zweiten Fall müsste er die entsprechenden Fahrten nicht antreten, so dass die betreffenden Aufwendungen nicht aus privaten Gründen unvermeidlich und damit unverzichtbar im Sinne des steuerfreien Existenzminimums sind.[1877]

Diese Beispiele zeigen, dass eine Abgrenzung zwischen betrieblich/beruflich bedingten Mehraufwendungen und echten gemischt veranlassten Aufwendungen stets von der konkreten Aufwendungsposition abhängt. Eine pauschale Gleichsetzung mit untrennbar gemischt veranlassten Aufwendungen ist daher ebenso abzulehnen[1878] wie die pauschale Annahme reiner Erwerbsaufwendungen.

1872 Zu dieser Erkenntnis kommt auch *Rose*, Mehraufwendungen doppelte Haushaltsführung, S. 66 f.

1873 Siehe hierzu auch *Steck*, DStZ 2011, 191, 199 f., der mit Blick darauf vorschlägt, betrieblich/beruflich bedingte Mehraufwendungen immer dann aus den Gesamtaufwendungen herauszunehmen und zum Abzug zuzulassen, wenn die Aufwendungen – verglichen mit dem Fall, in dem er nicht erwerblich tätig wird – durch die betriebliche oder berufliche Tätigkeit des Steuerpflichtigen erforderlich sind.

1874 Siehe diesbezüglich auch *Fissenewert*, in: Herrmann/Heuer/Raupach, EStG/KStG, § 12 EStG, Rn. 37, der die Ernährung als eine „Grundvoraussetzung für die Erhaltung des eigenen Lebens" bezeichnet.

1875 Vgl. BFH/NV 2014, 1359, 1361.

1876 Hierauf weist auch *Steck*, DStZ 2011, 191, 199 hin.

1877 Vgl. auch *Steck*, DStZ 2011, 191, 199.

1878 Vgl. speziell für Verpflegungsmehraufwendungen auch BFH BStBl. II 1972, 152, 153.

Vielmehr kommt es mit der ständigen Rechtsprechung allein darauf an, wie die Mehraufwendung im konkreten Einzelfall veranlasst ist.[1879] Welche rechtliche Wirkung den einzelnen Abzugstatbeständen für bestimmte betrieblich bedingte Mehraufwendungen nach § 4 Abs. 5 S. 1 Nr. 5-6c EStG vor diesem Hintergrund zukommt, wird in den folgenden Kapiteln eingehend untersucht.

§ 13 Zusammenfassung und erste Ergebnisse

Zwischen der reinen Erwerbssphäre auf der einen Seite und der reinen Privatsphäre auf der anderen Seite gibt es einen dritten steuerlichen Bereich, den sog. *Grau-* oder *Mischbereich*, der solche Aufwendungen umfasst, die Bezüge zu beiden Sphären aufweisen und daher nicht eindeutig einem der beiden Bereiche zugeordnet werden können. Innerhalb dieses Graubereichs, dessen Existenz in der Literatur mittlerweile anerkannt ist, ist einiges umstritten, da es keine allgemeingültigen gesetzlichen Vorgaben zur steuerlichen Behandlung gemischter Aufwendungen gibt und die konkrete Abgrenzung und sphärische Einordnung der einzelnen Aufwendungen, die in diesen Bereich fallen, schwerfällt. Vor diesem Hintergrund war Ziel des 3. Teils, den bislang wenig ausdifferenzierten Graubereich näher zu untersuchen und dabei dessen genaue Grenzen und konkrete Aufwendungsformen abzustecken. Fraglich war in diesem Zusammenhang, ob gemischte Aufwendungen dahingehend unterschieden werden können, dass ihr Veranlassungsniveau graduelle Unterschiede aufweist und welche Auswirkungen dies auf die steuerliche Behandlung und sphärische Einordnung der jeweiligen Aufwendungen hat. Zudem stellte sich übergeordnet für den gesamten Bereich die Frage, welchen Gestaltungsspielraum der Gesetzgeber vor dem Hintergrund des Folgerichtigkeitsgebots und der im einfachen Recht bereits getroffenen Belastungsentscheidungen beim Erlass von Abzugsbeschränkungen und Abzugsverboten für Aufwendungen hat, die zugleich Bezüge zur Erwerbs- und Privatsphäre aufweisen. Schließlich sollte bezogen auf die drei wesentlichen Aufwendungsformen innerhalb des Graubereichs der Frage nachgegangen werden, wie sich echte gemischt veranlasste Aufwendungen, Repräsentationsaufwendungen und betrieblich/beruflich bedingte Mehraufwendungen zueinander verhalten und welche Arten von Aufwendungen jeweils darunter zu fassen sind. Die Untersuchung ergab dabei folgende Ergebnisse:

Um Aufwendungen mit unterschiedlich starken Bezügen zur Erwerbs- und Privatsphäre im Rahmen des Veranlassungsprinzips nach § 4 Abs. 4 EStG eindeutig

---

1879 Vgl. auch *Steck*, DStZ 2011, 191, 200.

einer Sphäre zuordnen zu können, hat sich in Rechtsprechung und Literatur die sog. *Wesentlichkeitstheorie* etabliert, nach der die einzelnen Veranlassungsbeiträge danach gewichtet werden, ob sie wesentlich zur Entstehung der Aufwendung beigetragen haben. Unwesentliche Ursachen, die nur eine untergeordnete Rolle für die Entstehung der Aufwendung gespielt haben, werden nach dieser Sichtweise als unbeachtlich bewertet und für die Frage der sphärischen Einordnung der betreffenden Aufwendung daher außer Acht gelassen. Auf diese Weise wird dazu beigetragen, dass der schwer zu greifende Graubereich insgesamt handhabbarer gestaltet wird und die verschiedenen Aufwendungsformen innerhalb des Graubereichs nach ihrem jeweiligen Veranlassungsniveau abgeschichtet werden können. Bildlich beschrieben werden kann der Graubereich vor diesem Hintergrund als der gesamte Bereich, der entlang einer kontinuierlichen Veranlassungsskala eines gedachten Schiebereglers zwischen der reinen Erwerbssphäre und der reinen Privatsphäre steht.[1880] Dabei richtet sich die steuerliche Behandlung der jeweiligen Mischaufwendung nach der Stellung, die der bewegliche Hebel des Schiebereglers entlang der Skala einnehmen kann: Die Aufwendungen nahe dem linken Rand der Veranlassungsskala sind wesentlich betrieblich/beruflich und unwesentlich privat veranlasst und werden steuerlich als echte abziehbare Erwerbsaufwendungen behandelt. Die Aufwendungen nahe dem rechten Rand sind umgekehrt wesentlich privat und nur unwesentlich betrieblich/beruflich veranlasst und werden damit als echte Privataufwendungen steuerlich nicht berücksichtigt. Für alle Aufwendungen dazwischen – die echten gemischt veranlassten Aufwendungen, bei denen sowohl der erwerbliche als auch der private Veranlassungsteil wesentlich ist – ist die steuerliche Behandlung nach Ansicht des BFH abhängig davon, ob eine Trennung nach objektiven Kriterien möglich ist, während nach der vorzugswürdigen Literaturansicht stets eine Aufteilung in einen abziehbaren erwerblichen und einen nicht abziehbaren privaten Teil vorzunehmen ist[1881] Mit diesem Bild wird deutlich, dass auch graduelle Unterschiede im Veranlassungsniveau angesichts der Wesentlichkeit oder Unwesentlichkeit eines Veranlassungsbeitrages den entscheidenden Ausschlag dafür geben können, ob eine gemischte Aufwendung abziehbar oder aber steuerlich unbeachtlich ist.

Der Umfang des gesetzgeberischen Gestaltungsspielraums richtet sich auch im Graubereich nach dem Folgerichtigkeitsgebot und damit nach den Belastungsentscheidungen, die der Gesetzgeber einfachrechtlich bereits getroffen und somit

1880 Siehe hierzu nochmals Abb. 1 in Teil 3 § 9 B.III.1.
1881 Zu den unterschiedlichen Stellungen entlang der Veranlassungsskala siehe nochmals Abb. 2 in Teil 3 § 9 B.III.3.

folgerichtig umzusetzen hat. Diesbezüglich legt der Gesetzgeber der steuerlichen Behandlung von Erwerbsaufwendungen mit § 4 Abs. 4 EStG einen weiten Veranlassungsbegriff zugrunde, der auch solche Aufwendungen erfasst, die nach den weniger strengen verfassungsrechtlichen Vorgaben des objektiven Nettoprinzips nicht notwendigerweise steuerlich zu berücksichtigen wären. Hiernach hat der Gesetzgeber auch solche Betriebsausgaben und Werbungskosten vollständig zum Abzug zuzulassen, die unangemessen oder unwesentlich privat mitveranlasst sind. Ausnahmen hiervon bedürfen wegen Verstoßes gegen das Folgerichtigkeitsgebot einer verfassungsrechtlichen Rechtfertigung.

Zu den wesentlichen Aufwendungsformen des Graubereichs gehören die echten gemischt veranlassten Aufwendungen, die Repräsentationsaufwendungen und die betrieblich/beruflich bedingten Mehraufwendungen. Echte gemischt veranlasste Aufwendungen zeichnen sich dadurch aus, dass sie wesentlich betrieblich/beruflich und zugleich wesentlich privat veranlasst sind. Sie sind nach hier vertretener Ansicht stets in einen abziehbaren Erwerbsaufwand und einen nicht abziehbaren Privataufwand aufzuteilen. Davon abzugrenzen sind die Repräsentationsaufwendungen, die sich durch einen gehobenen oder übertriebenen Charakter auszeichnen und vom Steuerpflichtigen getätigt werden, um damit eine bestimmte Außenwirkung zu erzielen, die seine Reputation oder sein Image verbessert. Anders als echte gemischt veranlasste Aufwendungen können Repräsentationsaufwendungen jedes Veranlassungsniveau entlang der Veranlassungsskala einnehmen und beschreiben damit nicht eine spezifische Form der Veranlassung. Vielmehr werden hierunter verschiedene Aufwendungen zusammengefasst, die unabhängig von ihrer konkreten Veranlassung die gleichen repräsentativen Eigenschaften aufweisen. Wie Repräsentationsaufwendungen steuerlich zu behandeln sind, richtet sich nach der jeweiligen Veranlassung der in Rede stehenden Aufwendung. § 12 Nr. 1 S. 2 EStG und § 4 Abs. 5 S. 1 Nr. 1, 3, 4 und 7 EStG stellen diesbezüglich keine abschließenden gesetzlichen Regelungen für sämtliche Formen möglicher Repräsentationsaufwendungen dar. Mit § 12 Nr. 1 S. 2 EStG stellt der Gesetzgeber lediglich klar, dass privat veranlasste Repräsentationsaufwendungen auch dann vom steuerlichen Abzug ausgeschlossen sind, wenn sie einen unwesentlichen Bezug zur Erwerbssphäre aufweisen. Die Abzugsbestimmungen des § 4 Abs. 5 S. 1 Nr. 1, 3, 4 und 7 EStG legen demgegenüber mit umgekehrten Vorzeichen fest, dass bestimmte Repräsentationsaufwendungen, die dem Grunde nach wesentlich betrieblich/beruflich und nur unwesentlich privat veranlasst sind, nur eingeschränkt zum steuerlichen Abzug zugelassen werden. Für Repräsentationsaufwendungen, die sowohl wesentlich erwerblich als auch wesentlich privat veranlasst sind, gelten die gleichen Grundsätze wie für echte gemischt veranlasste

Aufwendungen, wobei der erwerblich veranlasste Teil der Abzugsbeschränkung des § 4 Abs. 5 S. 1 Nr. 7 EStG unterliegt.[1882]

Betrieblich/beruflich bedingte Mehraufwendungen schließlich zeichnen sich dadurch aus, dass sie Aufwendungen betreffen, die aufgrund ihrer Nähe zum steuerlichen Existenzminimum dem Grunde nach der Privatsphäre zuzuordnen sind, dabei aber aus betrieblichen bzw. beruflichen Gründen höher als „normal" ausfallen und daher systematisch nicht vom Grundfreibetrag umfasst sind. Auch diese Aufwendungen können je nach den Umständen des Einzelfalls und je nachdem, wie stark die Nähe zum steuerfreien Existenzminimum jeweils ausgeprägt ist, unterschiedlich veranlasst sein und jedes Veranlassungsniveau entlang der Skala einnehmen. Damit unterscheiden sie sich wiederum von den echten gemischt veranlassten Aufwendungen, die stets wesentlich betrieblich/beruflich und wesentlich privat veranlasst sind.

1882 Näher hierzu in Teil 4 § 17 C.

Vierter Teil: Rechtsdogmatische Untersuchung des § 4 Abs. 5 S. 1 Nr. 1-7 EStG

§ 14 Überblick und Problemaufriss

Nachdem in den ersten drei Teilen die wesentlichen Grundlagen zur steuerlichen Behandlung und sphärischen Einordnung gemischter Aufwendungen herausgearbeitet wurden, soll für die weitere Untersuchung der Blickwinkel gewechselt werden. Wo es bislang darum ging, die verfassungsrechtlichen und einfachrechtlichen Rahmenbedingungen zur Einordnung gemischter Aufwendungen abzustecken und bestimmte Formen von Aufwendungen im Graubereich abstrakt zu untersuchen, soll nun konkret danach gefragt werden, welche Rolle § 4 Abs. 5 S. 1 Nr. 1-7 EStG in diesem äußerst komplexen Problembereich gemischter Aufwendungen spielt. Mit § 4 Abs. 5 S. 1 Nr. 1-7 EStG hat der Gesetzgeber einen Katalog unterschiedlicher Abzugsregelungen geschaffen, wonach bestimmte Aufwendungen mit Berührungspunkten zur privaten Lebensführung entweder nicht oder nur eingeschränkt steuerlich geltend gemacht werden können. Die Regelung wurde mit dem StÄndG 1960[1883] eingeführt und hat seither nicht nur in der Praxis der Rechtsprechung, sondern auch im steuerwissenschaftlichen Diskurs zunehmend an Bedeutung erlangt. Ursprünglich bestand der Zweck der Abzugsbestimmungen nach der einschlägigen Entwurfsbegründung darin, dem aufkommenden Spesenunwesen zu begegnen, das in den 1950er Jahren entstanden war. Unangemessene Repräsentationsaufwendungen sollten nach dem Willen des Gesetzgebers nicht länger über den Betriebsausgabenabzug auf die Allgemeinheit abgewälzt werden können und wurden daher mit dem neu eingefügten § 4 Abs. 5 EStG (teilweise) vom steuerlichen Abzug ausgeschlossen.[1884] In der Folgezeit ist der Katalog des § 4 Abs. 5 S. 1 Nr. 1-7 EStG allerdings aus verschiedenen Gründen stetig erweitert worden,[1885] so dass sich mittlerweile ein heterogenes Bild von Abzugsregelungen für bestimmte Aufwendungen ergibt, die

---

1883 Steueränderungsgesetz vom 30.7.1960, BGBl. I 1960, 616; BStBl. I 1960, 516.

1884 Siehe hierzu bereits Teil 3 § 11 D.II.

1885 Zur historischen Entwicklung des § 4 Abs. 5 S. 1 Nr. 1-7 EStG siehe *Maetz*, in: Bordewin/Brandt, EStG, § 4, Rn. 2250; *Meyer*, in: BeckOK EStG, § 4, Rn. 2718 f.; *Spilker*, in: K/S/M, EStG, § 4, Rn. F 1; siehe zudem *Gorski*, Harzburger Protokoll 1978, S. 59, 67 f. Näher hierzu Teil 4 § 17 B.II.

auf den ersten Blick keine Gemeinsamkeiten aufzuweisen scheinen.[1886] Zeichneten sich die ersten Abzugsbeschränkungen für Geschenke (§ 4 Abs. 5 S. 1 Nr. 1 EStG), Beherbergungen (§ 4 Abs. 5 S. 1 Nr. 3 EStG), Jagd- und Angelausflüge sowie Segel- und Motorjachten (§ 4 Abs. 5 S. 1 Nr. 4 EStG) noch durch klare Bezüge zum gesellschaftlichen Ansehen bzw. der Reputation des Steuerpflichtigen aus,[1887] steht bei den später hinzugefügten Regelungen für Verpflegungsmehraufwendungen (§ 4 Abs. 5 S. 1 Nr. 5 EStG) und den Kosten für eine doppelte Haushaltsführung (§ 4 Abs. 5 S. 1 Nr. 6a EStG) die Nähe zur existenziellen Lebensführung des Steuerpflichtigen im Vordergrund.[1888] Wie die Untersuchungen des 3. Teils gezeigt haben, setzt sich der Katalog mittlerweile nicht mehr nur aus Abzugsbeschränkungen für betriebliche Repräsentationsaufwendungen (§ 4 Abs. 5 S. 1 Nr. 1-4, 7 EStG) zusammen, sondern regelt zusätzlich in § 4 Abs. 5 S. 1 Nr. 5-6c EStG den Abzug verschiedener betrieblich bedingter Mehraufwendungen, die in Abgrenzung dazu gerade keinen repräsentativen oder übertriebenen Charakter aufweisen.[1889] Damit stellt sich die Frage, ob § 4 Abs. 5 S. 1 Nr. 1-7 EStG noch einer übergeordneten Dogmatik folgt oder nur eine Ansammlung unterschiedlicher Abzugsregelungen für bestimmte Aufwendungen darstellt,[1890] die aus verschiedenen Gründen unterschiedlich starke Berührungspunkte zur Privatsphäre aufweisen. Die Beantwortung dieser Frage hängt von mehreren Gesichtspunkten ab, welche im Rahmen des 4. Teils eingehend untersucht werden sollen und im Folgenden zunächst überblicksartig dargestellt werden.

Der *erste Gesichtspunkt*, der in diesem Zusammenhang anzusprechen ist, betrifft das übergeordnete Telos des § 4 Abs. 5 S. 1 Nr. 1-7 EStG. Fraglich ist, ob auch die später hinzugefügten Abzugsbeschränkungen für betrieblich bedingte

---

1886 Vgl. auch *Meurer*, in: Lademann, EStG, § 4, Rn. 657; *Meyer*, in: BeckOK EStG, § 4, Rn. 2690; *Tipke*, StuW 1979, 193, 197.

1887 Siehe hierzu bereits Teil 3 § 11 D.

1888 Siehe diesbezüglich Teil 3 § 12 B.

1889 Hierauf weist auch *Meyer*, in: BeckOK EStG, § 4, Rn. 2705 hin: „Der Gedanke *übertriebener betrieblicher Repräsentation* ist bis heute prägend für die Tatbestände des § 4 Abs. 5 S. 1 Nr. 1-4, 7 EStG. Für die erst in späterer Zeit eingefügten Regelungen des § 4 Abs. 5 S. 1 Nr. 5-6c EStG passt er jedoch nur in Randbereichen. Hier dominiert der Gedanke der typisierenden Abschichtung *betrieblich veranlassten Mehraufwands* durch Pauschalierung abzugsfähiger Aufwendungen.“ (Hervorhebungen durch den Autor); vgl. auch *Meurer*, in: Lademann, EStG, § 4, Rn. 657. Zur Abgrenzung zwischen Repräsentationsaufwendungen und betrieblich/beruflich bedingten Mehraufwendungen siehe nochmals Teil 3 § 12 F.

1890 Siehe etwa *Schneider*, FS BFH, Bd. 2, S. 1243, 1255: „Sammeltatbestand der nicht abziehbaren Betriebsausgaben und Werbungskosten (§ 4 Abs. 5, § 9 Abs. 5 EStG)“.

Mehraufwendungen iSd § 4 Abs. 5 S. 1 Nr. 5-6c EStG noch vom ursprünglichen Zweck der Missbrauchsvermeidung und Bekämpfung des Spesenunwesens getragen werden und vor diesem Hintergrund ebenso teleologisch eingeordnet werden können wie die anfänglich eingeführten Abzugsbeschränkungen für Repräsentationsaufwendungen. Sinn und Zweck der ursprünglichen Abzugsbeschränkungen war es, im problematischen Grenzbereich zwischen Erwerbs- und Privatsphäre Abzugsregelungen zu schaffen, mit denen verhindert wird, dass übertrieben hohe betriebliche Repräsentationsaufwendungen getätigt werden, die zugleich den persönlichen Bedürfnissen des Steuerpflichtigen oder anderer Personen dienen und trotzdem in voller Höhe als Betriebsausgaben geltend gemacht werden.[1891] Angesichts der Nähe der betrieblich bedingten Mehraufwendungen zur existenziellen Lebensführung und dem daraus folgenden Umstand, dass die betreffenden Aufwendungen dem Steuerpflichtigen notwendigerweise anfallen, stellt sich allerdings die Frage, ob eine solche Missbrauchsgefahr bei den neu hinzugefügten Aufwendungsformen überhaupt besteht. Es wäre denkbar, dass die später erlassenen Tatbestände des § 4 Abs. 5 S. 1 Nr. 5-6c EStG aus anderen Gründen ins Gesetz aufgenommen wurden und damit nicht mehr den gleichen Zweck verfolgen, der ursprünglich vom Gesetzgeber vorgesehen war. Um dies herauszufinden, ist es erforderlich den gesamten Abzugskatalog aus übergeordneter Sicht auf sein Telos hin zu untersuchen und dabei insbesondere auch die gesamthistorische Entwicklung der Norm in den Blick zu nehmen.[1892]

Der *zweite Gesichtspunkt*, der im weiteren Verlauf zu untersuchen sein wird, betrifft die sphärische Einordnung der in dem Abzugskatalog genannten Aufwendungen und deren Verhältnis zu anderen Aufwendungen im Graubereich. Zwar ist allen Tatbeständen des § 4 Abs. 5 S. 1 Nr. 1-7 EStG grundsätzlich gemein, dass die betreffenden Aufwendungen eine gewisse Nähe zur privaten Lebensführung des Steuerpflichtigen aufweisen.[1893] Fraglich ist allerdings, ob diese private Betroffenheit bei allen Aufwendungen des Kataloges gleich stark ausgeprägt ist und damit tatsächlich als übergeordneter Gesichtspunkt für alle Tatbestände in Betracht kommt. So ist schon umstritten, ob alle Aufwendungen in § 4 Abs. 5 S. 1 Nr. 1-7 EStG *rein betrieblich* oder aber *wesentlich privat mitveranlasst* sind und damit derselben Sphäre zugeordnet werden können. Teilweise wird vertreten, dass einige Aufwendungen des Kataloges untrennbar gemischt veranlasst

1891 Siehe hierzu bereits Teil 3 § 11 D.I. Vgl. zudem BFH BStBl. II 1981, 58, 59; *Maetz*, in: Bordewin/Brandt, EStG, § 4, Rn. 2255.

1892 Siehe hierzu Teil 4 § 17 B.II. und III.

1893 Vgl. *Drüen*, in: Brandis/Heuermann, EStG, § 4, Rn. 670; *Meyer*, in: BeckOK EStG, § 4, Rn. 2690.

seien und damit grundsätzlich nicht als Erwerbsaufwendungen abgezogen werden könnten.[1894] Nach anderer Ansicht soll es sich demgegenüber bei allen Aufwendungen des Kataloges um originäre Betriebsausgaben iSd § 4 Abs. 4 EStG handeln. Darüber hinaus sind nach der Generalklausel des § 4 Abs. 5 S. 1 Nr. 7 EStG von den Abzugsbeschränkungen des Kataloges nur solche Aufwendungen erfasst, die die Lebensführung des Steuerpflichtigen oder anderer Personen „berühren". Was damit gemeint ist und ob diese Anordnung für alle Tatbestände gleichermaßen gilt, ist allerdings bislang nicht abschließend geklärt. So wurde für die Repräsentationsaufwendungen in § 4 Abs. 5 S. 1 Nr. 1, 3, 4 und 7 EStG bereits festgestellt, dass das bloße Berühren der Lebensführung nicht mit einer privaten Mitveranlassung gleichgesetzt werden kann und die Aufwendungen daher nur einen unbedeutenden Bezug zur privaten Lebensführung aufweisen.[1895] Fraglich ist aber, ob dies auch für die in § 4 Abs. 5 S. 1 Nr. 5-6c EStG geregelten betrieblich bedingten Mehraufwendungen gilt, die schon dem Grunde nach zu den Aufwendungen der existenziellen Lebensführung gehören[1896] und damit zwangsläufig eine besondere Nähe zur steuerlich unbeachtlichen Privatsphäre aufweisen. Noch komplexer wird die Frage der Veranlassung zudem, wenn man zusätzlich berücksichtigt, dass die Rechtsfolge der Abzugsregelungen in § 4 Abs. 5 S. 1 Nr. 1-7 EStG je nach konkret in Frage stehender Aufwendung unterschiedlich ausfällt. Während die Regelungen in § 4 Abs. 5 S. 1 Nr. 2, 5, 6, 6a, 7 EStG[1897] den Betriebsausgabenabzug der Höhe nach auf ein zum Teil typisierend festgelegtes, angemessenes Maß beschränken, führen die Bestimmungen in § 4 Abs. 5 S. 1 Nr. 1, 3, 4 EStG grundsätzlich zu einem vollständigen Abzugsverbot. Hieraus könnte der Schluss gezogen werden, dass die erstgenannten Aufwendungen nach dem Verständnis des Gesetzgebers jedenfalls anteilig abziehbare Erwerbsaufwendungen darstellen, die Aufwendungen der zweiten Kategorie aber dem Grunde nach als Privataufwendungen

---

1894 Zu den Einzelansichten über die sphärische Einordnung der Aufwendungen nach § 4 Abs. 5 S. 1 Nr. 1-7 EStG siehe sogleich Teil 4 § 16.

1895 Zu dem Meinungsstand hierzu siehe nochmals Teil 3 § 11 D.III.

1896 Siehe hierzu nochmals Teil 3 § 12 B.

1897 Die Verpflegungsmehraufwendungen iSd § 4 Abs. 5 S. 1 Nr. 5 EStG unterliegen gemäß § 4 Abs. 5 S. 1 Nr. 5 S. 1 EStG grundsätzlich einem Abzugsverbot. Der eigentliche Regelungsgehalt, wonach der Abzug der Aufwendungen auf ein typisierend festgesetztes Maß beschränkt wird, erschließt sich aber erst bei Hinzunahme des § 4 Abs. 5 S. 1 Nr. 5 S. 2 EStG, wonach Verpflegungsmehraufwendungen nach Maßgabe des § 9 Abs. 4a EStG, also insbesondere in Höhe der dort geregelten Pauschbeträge, abziehbar sind. Zu dieser Regelungssystematik, die letztlich zu einer höhenmäßigen Beschränkung und gerade nicht zu einem vollständigen Abzugsverbot führt, siehe *Meyer*, in: BeckOK EStG, § 4, Rn. 2750.

verstanden werden und bereits aus diesem Grund vollständig vom Abzug ausgeschlossen sind. Bei den Regelungen in § 4 Abs. 5 S. 1 Nr. 6b und 6c EStG reichen die Rechtsfolgen je nach Einzelfall sogar von einem vollständigen Abzugsverbot (§ 4 Abs. 5 S. 1 Nr. 6b S. 1 EStG) über eine gesetzliche Pauschalierung (§ 4 Abs. 5 S. 1 Nr. 6b S. 3 EStG und § 4 Abs. 5 S. 1 Nr. 6c S. 1 EStG) bis hin zur Möglichkeit eines unbeschränkten Betriebsausgabenabzugs (§ 4 Abs. 5 S. 1 Nr. 6b S. 4 EStG). Diese Bestimmungen stehen angesichts der Vielfalt ihrer Rechtsfolgen irgendwo zwischen den beiden anderen Kategorien und lassen vor diesem Hintergrund keinen Rückschluss darauf zu, ob der Gesetzgeber die Aufwendungen für häusliches Arbeiten als überhaupt nicht abziehbaren Privataufwand oder aber vollständig abziehbaren Erwerbsaufwand einordnet. Für die Untersuchung der sphärischen Einordnung der Aufwendungen in § 4 Abs. 5 S. 1 Nr. 1-7 EStG wird es daher auch von Bedeutung sein, welche dogmatischen und historischen Hintergründe die unterschiedlichen Rechtsfolgen der einzelnen Abzugsbestimmungen haben. Schließlich stellt sich in diesem Zusammenhang noch die Frage, in welchem Verhältnis § 4 Abs. 5 S. 1 Nr. 1-7 EStG zu den anderen Abzugsregelungen für Aufwendungen im Graubereich und insbesondere zu dem seit dem Beschluss des Großen Senats aus dem September 2009 vertretenen Aufteilungsgebot für echte gemischt veranlasste Aufwendungen iSd § 12 Nr. 1 S. 2 EStG[1898] steht.[1899] Beide Regelungen betreffen Aufwendungen, die nicht eindeutig einer Sphäre zugeordnet werden können und damit Teil des umstrittenen Grenzbereichs gemischter Aufwendungen sind. Während § 12 Nr. 1 S. 2 EStG jedoch nach ständiger Rechtsprechung die Aufteilung echter trennbar gemischt veranlasster Aufwendungen anordnet, beschränkt § 4 Abs. 5 S. 1 Nr. 1-7 EStG den Abzug der betreffenden Aufwendungen von vornherein auf festgesetzte Pauschalen oder schließt ihn vollständig aus. Daher ist fraglich, wie § 12 Nr. 1 S. 2 EStG und § 4 Abs. 5 S. 1 Nr. 1-7 EStG mit ihren unterschiedlichen Rechtsfolgen systematisch in Einklang gebracht werden können. Um diesen Fragen nachzugehen, ist es erforderlich, die Aufwendungen des Kataloges im weiteren Verlauf auf ihre konkrete Veranlassung hin zu überprüfen und miteinander zu vergleichen. Zudem ist die allgemeine Dogmatik und systematische Einordnung des § 4 Abs. 5 S. 1 Nr. 1-7 EStG zu untersuchen und von den übrigen Abzugsregelungen für Mischaufwendungen abzugrenzen.[1900]

Mit der Frage der sphärischen Einordnung in Zusammenhang steht auch der *dritte Gesichtspunkt*, der das Problem der verfassungsrechtlichen Zulässigkeit des

---

1898 Zum Aufteilungsgebot für echte gemischt veranlasste Aufwendungen siehe nochmals Teil 3 § 10 B.III.5.b.

1899 Vgl. auch *Nacke*, in: Littmann/Bitz/Pust, EStG, § 4, Rn. 1662.

1900 Siehe hierzu Teil 4 § 17.

§ 4 Abs. 5 S. 1 Nr. 1-7 EStG und der Reichweite des gesetzgeberischen Gestaltungsspielraums betrifft.[1901] Geht man mit der einen in der Literatur vertretenen Ansicht davon aus, dass es sich bei den Aufwendungen in § 4 Abs. 5 S. 1 Nr. 1-7 EStG ausschließlich um Betriebsausgaben iSd § 4 Abs. 4 EStG handelt, so ist der Gesetzgeber für die Einschränkungen nach § 4 Abs. 5 S. 1 Nr. 1-7 EStG zunächst an die Vorgaben des objektiven Nettoprinzips sowie des Folgerichtigkeitsgebots gebunden und bedarf daher für alle Abzugsregelungen des Kataloges eines geeigneten Rechtfertigungsgrundes. Neue Abzugsbeschränkungen könnten vor diesem Hintergrund nicht ohne Weiteres in den Katalog des § 4 Abs. 5 S. 1 Nr. 1-7 EStG aufgenommen werden. Und auch für die bereits existierenden Beschränkungen wäre angesichts der bestehenden Unterschiede zwischen Repräsentationsaufwendungen und betrieblich bedingten Mehraufwendungen fraglich, ob für die verschiedenen Tatbestände ein einheitlicher Rechtfertigungsgrund gefunden werden kann. Darüber hinaus ist in diesem Fall aber auch fraglich, in welchem Verhältnis § 4 Abs. 4 EStG und § 4 Abs. 5 S. 1 Nr. 1-7 EStG zueinanderstehen. Wie bereits dargelegt wurde, hat sich der Gesetzgeber bei der Definition der Betriebsausgaben mit dem Veranlassungsprinzip nach § 4 Abs. 4 EStG eines unbestimmten Rechtsbegriffes bedient und den Begriff der Erwerbsaufwendungen sehr weit gefasst.[1902] Vor diesem Hintergrund stellt sich die Frage, ob es mit dem Folgerichtigkeitsgebot und dem objektiven Nettoprinzip vereinbar ist, diesen weiten Rahmen des § 4 Abs. 4 EStG nachträglich wieder einzuschränken, indem der Gesetzgeber einzelne, scheinbar willkürlich ausgewählte Erwerbsaufwendungen mit den Beschränkungen nach § 4 Abs. 5 S. 1 Nr. 1-7 EStG typisierend und pauschalierend vom eigentlich zu gewährenden Abzug ausschließt. Nimmt man demgegenüber mit der Gegenansicht an, dass nicht alle Aufwendungen in § 4 Abs. 5 S. 1 Nr. 1-7 EStG Betriebsausgaben sind, so stellt sich schon grundlegend die Frage, ob das objektive Nettoprinzip hiervon überhaupt betroffen ist und welcher Gestaltungsspielraum dem Gesetzgeber in diesem Fall beim Erlass neuer Abzugsbeschränkungen zukommt. Beide Ansichten sind daher im weiteren Verlauf eingehend zu untersuchen und kritisch zu würdigen.[1903]

Hierbei ist zugleich auf den *vierten Gesichtspunkt* einzugehen, der die umstrittene Frage der rechtlichen Wirkung des Einleitungssatzes nach § 4 Abs. 5 S. 1 EStG betrifft.[1904] Auch die Beantwortung dieser Frage ist abhängig davon, wie die in

1901 Siehe hierzu auch *Meyer,* in: BeckOK EStG, § 4, Rn. 2691.

1902 Siehe hierzu nochmals Teil 3 § 9 C.

1903 Siehe hierzu Teil 4 § 16 und § 17.

1904 Siehe hierzu auch *Söhn,* in: K/S/M, EStG, Stand 1995, § 4, Rn. F 11 ff.; *Stapperfend,* in: Herrmann/Heuer/Raupach, EStG/KStG, § 4 EStG, Rn. 1115.

dem Katalog geregelten Aufwendungen veranlasst sind. Geht man mit der ersten Ansicht davon aus, dass § 4 Abs. 5 S. 1 EStG nur Betriebsausgaben betrifft, die schon nach § 4 Abs. 4 EStG abzuziehen sind und daher keiner besonderen Abzugsregelung bedürften, hat § 4 Abs. 5 S. 1 EStG lediglich *deklaratorische* Wirkung. Demgegenüber hätte der Einleitungssatz *konstitutive* Wirkung, wenn man mit der zweiten Ansicht davon ausgeht, dass die Aufwendungen iSd § 4 Abs. 5 S. 1 Nr. 1-7 EStG untrennbar gemischt veranlasst sind und damit grundsätzlich nicht – auch nicht anteilig – abgezogen werden dürften.

Schließlich stellt sich als *fünfter Gesichtspunkt*, der im Folgenden zu untersuchen ist, die Frage, welche Rolle § 4 Abs. 5 S. 1 Nr. 7 EStG für die übergeordnete Dogmatik der Abzugsregelungen nach § 4 Abs. 5 S. 1 Nr. 1-6c EStG spielt. Die Norm wurde 1960 im Zuge der Bekämpfung des Spesenunwesens als zentrale Regelung für alle Aufwendungen mit Berührungspunkten zur Privatsphäre, die nach allgemeiner Verkehrsauffassung als unangemessen anzusehen sind, ins Gesetz aufgenommen.[1905] Da die Abzugsbeschränkungen für betrieblich bedingte Mehraufwendungen aber erst später hinzugefügt wurden, stellt sich die Frage, ob und bejahendenfalls in welcher Form das Kriterium der Angemessenheit auch für diese Bestimmungen Geltung erlangt. Aufwendungen des Steuerpflichtigen für die Fahrten zwischen Wohnung und Betriebsstätte (§ 4 Abs. 5 S. 1 Nr. 6 EStG) oder das häusliche Arbeiten (§ 4 Abs. 5 S. 1 Nr. 6b und 6c EStG) werden im Vergleich zu den Kosten für einen Ausflug mit der Segeljacht (§ 4 Abs. 5 S. 1 Nr. 4 EStG) nach allgemeiner Verkehrsauffassung typischerweise nicht als unangemessen angesehen. Daher ist fraglich, in welchem Verhältnis die jüngeren Abzugsbeschränkungen für betrieblich bedingte Mehraufwendungen zu der Generalklausel des § 4 Abs. 5 S. 1 Nr. 7 EStG stehen. Darüber hinaus ist umstritten, ob das Kriterium der Angemessenheit auch über den Anwendungsbereich des § 4 Abs. 5 S. 1 Nr. 1-7 EStG hinaus allgemeine Bedeutung für die Frage der steuerlichen Behandlung von Erwerbsaufwendungen im Einkommensteuerrecht hat. Zuletzt stellt sich die Frage, auf wessen Sphäre es für das Berühren der privaten Lebenssphäre iSd § 4 Abs. 5 S. 1 Nr. 7 EStG ankommt.

§ 15 Gang der Untersuchung

Für die Suche nach einer übergeordneten Dogmatik des § 4 Abs. 5 S. 1 Nr. 1-7 EStG soll die folgende Analyse in zwei Schritte aufgeteilt werden. Zunächst werden die wesentlichen Ansichten, welche in Rechtsprechung und Literatur über die

---

1905 Siehe hierzu nochmals Teil 3 § 11 D.II.

rechtliche Wirkung und sphärische Einordnung des gesamten Kataloges nach § 4 Abs. 5 S. 1 Nr. 1-7 EStG vertreten werden, mit ihren jeweiligen Argumenten dargestellt und miteinander vergleichen.[1906] Dabei wird insbesondere auf die Diskussionsgrundlagen zurückgegriffen, die im Rahmen der abstrakten Untersuchung der echten gemischt veranlassten Aufwendungen, Repräsentationsaufwendungen und betrieblich/beruflich bedingten Mehraufwendungen im 3. Teil der Arbeit bereits gelegt wurden. Diese Vorgehensweise ergibt sich daraus, dass der Meinungsstand, der im Zusammenhang mit der Wirkung und inhaltlichen Bedeutung des § 4 Abs. 5 S. 1 Nr. 1-7 EStG existiert, letztlich auch eine Konsequenz daraus ist, dass im Schrifttum weder hinsichtlich der sphärischen Einordnung von untrennbar gemischt veranlassten Aufwendungen[1907] noch in Bezug auf die Veranlassung von Repräsentationsaufwendungen[1908] oder betrieblich/beruflich bedingten Mehraufwendungen[1909] Einigkeit besteht. Mit der Untersuchung der verschiedenen Ansichten zu § 4 Abs. 5 S. 1 Nr. 1-7 EStG werden daher die Standpunkte aus den drei Problembereichen, die im 3. Teil bereits einzeln erörtert wurden, nochmals aufgegriffen und zusammengeführt. Zugleich werden die rechtlichen Konsequenzen, die sich aus den jeweiligen Ansichten für die Systematisierung des Graubereichs sowie die Abziehbarkeit von Repräsentationsaufwendungen und betrieblichen Mehraufwendungen iSd § 4 Abs. 5 S. 1 EStG ergeben, eingehend untersucht.

Im zweiten Schritt sollen die angeführten Literaturansichten sodann einer kritischen Würdigung unterzogen werden.[1910] Hierfür wird der Abzugskatalog zunächst mit Hilfe der gängigen Methoden ausgelegt und auf seine Wirkung für die in den Tatbeständen des § 4 Abs. 5 S.1 Nr. 1-7 EStG aufgeführten Aufwendungen hin analysiert. Anschließend wird die Generalklausel des § 4 Abs. 5 S. 1 Nr. 7 EStG im Hinblick auf ihre Bedeutung für die übrigen Abzugsregelungen untersucht. Entscheidend ist hierbei insbesondere die Frage, wie der Terminus „Berühren der Lebensführung" inhaltlich zu verstehen ist und welche Bedeutung dem Kriterium der Angemessenheit zukommt. Daraufhin werden die Besonderheiten und Unterschiede, welche sich aus dem anders lautenden Wortlaut der Schwesternorm nach

---

1906 Siehe Teil 4 § 16.

1907 Zur Streitigkeit über die sphärische Einordnung untrennbar gemischt veranlasster Aufwendungen siehe bereits Teil 3 § 10 C.

1908 Zum Problem der Veranlassung von Repräsentationsaufwendungen siehe bereits Teil 3 § 11 C. und D.

1909 Zum Problem der Veranlassung von betrieblich/beruflich bedingten Mehraufwendungen siehe bereits Teil 3 § 12 E.

1910 Siehe Teil 4 § 17.

§ 9 Abs. 1 S. 3 Nr. 4, 5, 5a EStG ergebenen könnten, in die Analyse der rechtlichen Wirkung einbezogen. Schließlich wird untersucht, ob die Abzugsbeschränkungen und -verbote des § 4 Abs. 5 S. 1 Nr. 7 EStG mit der Verfassung vereinbar sind und ob die Rechtfertigungsgründe, die für die einzelnen Tatbestände in Betracht kommen, Gemeinsamkeiten aufweisen.

Ziel der Untersuchung ist es, mithilfe der Analyse des Abzugskataloges im Ganzen übergeordnete Gesichtspunkte herauszuarbeiten, die alle Aufwendungsbeschränkungen innerhalb des Kataloges gleichermaßen betreffen. Darüber hinaus soll die Untersuchung dazu beitragen, herauszufinden, welche Bedeutung § 4 Abs. 5 S. 1 Nr. 1-7 EStG innerhalb des umstrittenen Graubereich zwischen Erwerbs- und Privatsphäre zukommt, wie die Aufwendungen in dem gesamten System sphärisch einzuordnen sind und in welchem Verhältnis § 4 Abs. 5 S. 1 Nr. 1-7 EStG zu anderen Abzugsregelungen des EStG steht. Dreh- und Angelpunkt zur Beantwortung dieser Fragen wird insbesondere die Untersuchung der Veranlassung aller Aufwendungen innerhalb des Abzugskataloges sein.

§ 16 Meinungsstand zur Bedeutung und rechtlichen Wirkung des § 4 Abs. 5 S. 1 Nr. 1-7 EStG

A. Vorbemerkungen

Im Hinblick auf die systematische Einordnung und rechtliche Wirkung des § 4 Abs. 5 S. 1 Nr. 1-7 EStG werden in Rechtsprechung und Literatur im Wesentlichen zwei gegenläufige Ansichten vertreten, die im Folgenden mit den Begriffen *deklaratorische* Ansicht[1911] und *konstitutive* Ansicht[1912] beschrieben werden sollen. Die beiden Ansichten unterscheiden sich schon im Ausgangspunkt in der Frage, wie die Aufwendungen des § 4 Abs. 5 S. 1 Nr. 1-7 EStG veranlasst und damit sphärisch einzuordnen sind, und führen auch im Ergebnis zu unterschiedlichen Antworten, wenn es darum geht, das Verhältnis des § 4 Abs. 5 S. 1 Nr. 1-7 EStG zum objektiven Nettoprinzip und den anderen einkommensteuerrechtlichen Abzugsregelungen nach § 4 Abs. 4 EStG und § 12 Nr. 1 EStG zu klären. Bevor jedoch im Einzelnen auf die verschiedenen Ansichten und deren rechtliche Konsequenzen eingegangen wird, sollte man sich zunächst vor Augen führen, welchen Status quo die wissenschaftliche Diskussion rund um den Abzugskatalog des § 4 Abs. 5 S. 1 Nr. 1-7 EStG hat und

---

1911 Siehe hierzu Teil 4 § 16 B.

1912 Siehe hierzu Teil 4 § 16 C.

welche Schwierigkeiten in Rechtsprechung und Literatur bislang hinsichtlich einer übergeordneten Einordnung der dort geregelten Abzugsbeschränkungen und -verbote bestehen. Zum einen ist festzuhalten, dass sich nur wenige Autoren im steuerrechtlichen Schrifttum überhaupt aus einer übergeordneten Sicht, d.h. aus der „Vogelperspektive", mit § 4 Abs. 5 S. 1 Nr. 1-7 EStG beschäftigen. Oftmals werden nur einzelne Tatbestände des Kataloges untersucht und auf ihre Einzelprobleme hin analysiert.[1913] Auch die Rechtsprechung äußert sich nur selten zur systematischen Einordnung des § 4 Abs. 5 S. 1 Nr. 1-7 EStG im Ganzen, da sich Streitigkeiten zwischen Steuerpflichtigem und Finanzverwaltung, die in diesem Bereich entstehen, in aller Regel auf einzelne Aufwendungspositionen, nicht aber auf die grundlegende Einordnung des gesamten Abzugskataloges beziehen. Auch die Ausführungen der Gerichte zur rechtlichen Wirkung des § 4 Abs. 5 S. 1 EStG fallen daher meist kurz aus und betreffen jeweils nur einzelne Tatbestände des § 4 Abs. 5 S. 1 Nr. 1-7 EStG.[1914]

Zum anderen wird bei der Analyse derjenigen Schriften, die sich aus übergeordneter Sicht mit § 4 Abs. 5 S. 1 Nr. 1-7 EStG beschäftigen, deutlich, dass es bisher nicht gelungen ist, einheitliche Terminologien zu etablieren, die wenigstens innerhalb einer Ansicht konsequent angewendet werden. So werden Begriffe wie „typisierende" Regelung"[1915] oder „typisierende[...] Zuordnung"[1916] uneinheitlich sowohl von Vertretern der deklaratorischen Ansicht als auch von Vertretern der konstitutiven Ansicht verwendet, um die jeweils aus ihrer Sicht zutreffende, aber trotzdem voneinander abweichende rechtliche Wirkung des § 4 Abs. 5 S. 1 Nr. 1-7 EStG zu beschreiben.[1917] Oftmals wird dabei auch nur auf eine Typisierung gemäß § 4 Abs. 5 S. 1 EStG hingewiesen, ohne dass deutlich gemacht wird, worin die konkrete Typisierungsentscheidung des Gesetzgebers

---

1913 Siehe nur *Elicker,* StB 2005, 209, 209 ff.; *Heger,* DB 2016, 249, 249 ff.; *Klein,* DStZ 1995, 630, 630 ff.; *Sauren,* DStZ 1989, 189, 189 ff.; *Thomas,* DStZ 2002, 877, 877 ff.; *Tipke,* BB 2007, 1525, 1525 ff.; *Wesselbaum-Neugebauer,* FR 2006, 807, 807 ff.

1914 Vgl. etwa BFH/NV 2023, 1339, 1340 ff.; BFH BStBl. II 2018, 185, 187 ff.; BFH BStBl. II 2017, 224, 226 ff.; BFH BStBl. II 1986, 904, 905 f.; BFH BStBl. II 1982, 394, 395 f.; BFH BStBl. II 1976, 97, 98 f.; BFH BStBl. II 1974, 210, 210 f.

1915 Siehe *Drüen,* in: Brandis/Heuermann, EStG, § 4, Rn. 670; *Hey,* in: Tipke/Lang, Steuerrecht, Rn. 8.291 und zuvor schon *Lang,* in: Tipke/Lang, Steuerrecht, 20. Auflage, 2010, § 8, Rn. 291; vgl. *Spilker,* in: K/S/M, EStG, § 4, Rn. F 5.

1916 So beispielsweise *Hey,* DStJG 33 (2010), S. 139, 144.

1917 So ist *Drüen,* in: Brandis/Heuermann, EStG, § 4, Rn. 670 Vertreter der deklaratorischen Ansicht, während *Hey,* in: Tipke/Lang, Steuerrecht, Rn. 8.291, zuvor schon *Lang,* in: Tipke/Lang, Steuerrecht, 20. Auflage, 2010, § 8, Rn. 291, und *Spilker,* in: K/S/M, EStG, § 4, Rn. F 5 (teilweise) die konstitutive Ansicht vertreten.

besteht.[1918] Solche terminologischen Ungenauigkeiten erwecken den Eindruck, dass einige Teile des Schrifttums den Katalog des § 4 Abs. 5 S. 1 Nr. 1-7 EStG zwar aus einer übergeordneten Sicht betrachten, sich dabei aber letztlich nicht festlegen wollen, welche rechtliche Wirkung der Regelung tatsächlich zukommt, und daher auf Formulierungen zurückgreifen, die unverfänglich beschreiben, dass hiermit Zuordnungsprobleme im Bereich gemischter Aufwendungen gelöst werden. Wie die Lösung dieser Zuordnungsprobleme im Einzelnen aussieht, wird häufig nicht näher erläutert. Diese Vorgehensweise führt allerdings dazu, dass die inhaltliche Bedeutung und sphärische Einordnung des § 4 Abs. 5 S. 1 Nr. 1-7 EStG nicht verständlicher gemacht werden, sondern im Gegenteil die Abgrenzungsprobleme, die innerhalb des schwer zu greifenden Graubereichs ohnehin schon bestehen,[1919] zusätzlich verstärkt werden.

Schließlich bestehen innerhalb der beiden Ansichten auch dogmatische Ungenauigkeiten, die eine Abgrenzung der unterschiedlichen Perspektiven zusätzlich erschweren. So fehlt es zuweilen entweder gänzlich an einer dogmatischen Begründung für die jeweils vertretene rechtliche Einordnung des § 4 Abs. 5 S. 1 Nr. 1-7 EStG oder die Ausführungen dazu sind so widersprüchlich, dass es zu inhaltlichen Überschneidungen mit der Gegenansicht kommt. Dies kann einerseits darauf zurückgeführt werden, dass einige Autoren nicht konsequent über alle Tatbestände des § 4 Abs. 5 S. 1 Nr. 1-7 EStG hinweg die gleiche Ansicht vertreten. Oftmals wird je nach zugrunde liegender Aufwendung

---

1918 Siehe etwa *Bode,* in: Kirchhof/Seer, EStG, § 4, Rn. 196: „In [den Fällen des § 4 Abs. 5 S. 1 Nr. 1-6b EStG] entscheidet der Gesetzgeber *typisierend* die private Mitveranlassung von Erwerbsaufwendungen"; *Drüen,* in: Brandis/Heuermann, EStG, § 4, Rn. 670, der annimmt, dass § 4 Abs. 5 S. 1 EStG *typisierend* Missbräuche verhindere; *Hey,* in: Tipke/Lang, Steuerrecht, Rn. 8.291 f. und zuvor schon *Lang,* in: Tipke/Lang, Steuerrecht, 20. Auflage, 2010, § 8, Rn. 291 f., die davon ausgehen, dass bei den Aufwendungen des § 4 Abs. 5 S. 1 Nr. 1-7 EStG eine private Mitveranlassung *typisierend* angenommen werde; gleichsinnig auch *Hey,* DStJG 33 (2010), S. 139, 144, die vertritt, dass § 4 Abs. 5 S. 1 EStG eine *typisierende* Zuordnung der Aufwendungen zur Erwerbs- oder Privatsphäre enthalte; siehe ferner *Söffing,* StbJb. 1988/89, S. 121, 136, der der Meinung ist, vom Gesetzgeber werde *typisierend* unterstellt, dass unangemessen hohe Aufwendungen hinsichtlich des den angemessenen Teil übersteigenden Teils privat veranlasst sind; siehe *Spilker,* in: K/S/M, EStG, § 4, Rn. F 5: „Die Abzugsbeschränkungen in Nr. 1 bis Nr. 6b sind spezielle *Typisierungen* zu § 4 Abs. 5 Satz 1 Nr. 7"; *Valta,* FR 2020, 586, 589, der vertritt, dass der Gesetzgeber in § 4 Abs. 5 S. 1 EStG Zurechnungsfragen *typisierend* gelöst habe (Hervorhebungen jeweils durch die Verfasserin).

1919 Zur grundlegenden Problematik des Graubereichs siehe nochmals Teil 3 § 8.

entweder die eine oder aber die andere Ansicht vertreten, und je nachdem, welche Aufwendung dann konkret in Frage steht, mit einer anderen Begründung argumentiert.[1920] Andererseits gründen sich die Widersprüchlichkeiten aber auch darauf, dass die Analyse des § 4 Abs. 5 S. 1 Nr. 1-7 EStG im steuerrechtlichen Schrifttum häufig nicht „vom Großen zum Kleinen", also von der übergeordneten Wirkung des Einleitungssatzes nach § 4 Abs. 5 S. 1 EStG hin zu den einzelnen Tatbeständen, sondern genau umgekehrt „vom Kleinen zum Großen", also von den Tatbeständen zum Einleitungssatz, vorgenommen wird. So werden die verschiedenen Aufwendungspositionen vielfach einzeln oder vergleichend auf Basis weniger, nebeneinander betrachteter Tatbestände untersucht und die Ergebnisse anschließend als allgemeingültige Erkenntnis auch auf die übrigen Tatbestände des § 4 Abs. 5 S. 1 Nr. 1-7 EStG übertragen.[1921] Dass diese Vorgehensweise unsystematisch und wenig zielführend ist, zeigt sich nicht zuletzt an der gesamthistorischen Entwicklung des § 4 Abs. 5 S. 1 Nr. 1-7 EStG, aus der deutlich wird, mit welch großem zeitlichen Abstand und aus wie vielen unterschiedlichen Motiven heraus der Katalog des § 4 Abs. 5 S. 1 Nr. 1-7 EStG gewachsen ist.[1922]

Zusammenfassend ist damit festzuhalten, dass die von Rechtsprechung und Literatur angebrachten Ausführungen zu § 4 Abs. 5 S. 1 Nr. 1-7 EStG kein klares Meinungsbild ergeben und eine detaillierte Auseinandersetzung mit der Frage, ob § 4 Abs. 5 S. 1 Nr. 1-7 EStG einer übergeordneten Dogmatik folgt, bislang fehlt. Ziel der folgenden Kapitel ist es daher, die in Rechtsprechung und Literatur bestehenden Ansichten zur rechtlichen Wirkung des § 4 Abs. 5 S. 1 Nr. 1-7 EStG mit ihren jeweiligen Argumenten und rechtlichen Konsequenzen möglichst genau nachzuvollziehen, voneinander abzugrenzen[1923] und anschließend kritisch

1920 Dies könnte bereits ein Indiz dafür sein, dass eine übergeordnete Dogmatik, die alle Tatbestände des § 4 Abs. 5 S. 1 Nr. 1-7 EStG durchzieht, nicht existiert.

1921 Wie noch zu zeigen sein wird, gründet sich insbesondere die konstitutive Ansicht in der pauschalen Annahme, dass Repräsentationsaufwendungen und/oder betrieblich/beruflich bedingte Mehraufwendungen stets mit untrennbar gemischt veranlassten Aufwendungen gleichzusetzen seien, und kommt damit aufgrund des Umstandes, dass die Tatbestände des § 4 Abs. 5 S. 1 Nr. 1-7 EStG inhaltlich den Abzug von Repräsentationsaufwendungen und betriebliche Mehraufwendungen regeln, zu der Annahme, dass der Einleitungssatz des § 4 Abs. 5 S. 1 EStG, der den einzelnen Tatbeständen eigentlich sein Gepräge gibt, (teilweise) konstitutive Wirkung habe. Hierzu sogleich mehr in Teil 4 § 16 C.

1922 Zur gesamthistorischen Entwicklung des § 4 Abs. 5 S. 1 Nr. 1-7 EStG siehe Teil 4 § 17 B II.

1923 Siehe sogleich Teil 4 § 16 B. und C.

zu würdigen[1924]. Mit den Ergebnissen, die hierbei gefunden werden, soll sodann der konkreten Forschungsfrage nach einer übergeordneten Dogmatik des § 4 Abs. 5 S. 1 Nr. 1-7 EStG nachgegangen werden.[1925]

B. Erste Ansicht: Beschränkung des Betriebsausgabenabzugs nach § 4 Abs. 4 EStG (deklaratorische Wirkung)

I. Inhaltliche Darstellung

Nach der ersten Ansicht, die zur rechtlichen Wirkung des § 4 Abs. 5 S. 1 Nr. 1-7 EStG vertreten wird (*deklaratorische Ansicht*),[1926] handelt es sich bei den dort geregelten Abzugsbeschränkungen und -verboten insgesamt um Ausnahmetatbestände, die von dem in § 4 Abs. 4 EStG verankerten Grundsatz abweichen, wonach betrieblich veranlasste Aufwendungen unabhängig von ihrer Erforderlichkeit, Zweckmäßigkeit oder Angemessenheit vollständig zum steuerlichen Abzug zuzulassen sind.[1927] Bei dieser Sichtweise eröffnen die Tatbestände des § 4 Abs. 5 S. 1 Nr. 1-7 EStG den Betriebsausgabenabzug nicht etwa, sondern schränken ihn im Gegenteil ein oder

---

1924 Siehe Teil 4 § 17.

1925 Siehe hierzu Teil 4 § 19.

1926 Vertreten wird diese Ansicht von der Rechtsprechung, vgl. z.B. BFH, DStR 2023, 2156, 2159; BFH BStBl. II 2018, 185, 187 f.; BFH BStBl. II 2017, 224, 226; BFH BStBl. II 2017, 222, 223; BFH BStBl. II 2012, 824, 824; BFH BStBl. II 1992, 342, 343; BFH BStBl. II 1987, 853, 854; BFH BStBl. II 1986, 904, 905; BFH BStBl. II 1984, 315, 316 f.; BFH BStBl. II 1982, 394, 395; BFH BStBl. II 1976, 97, 99; BFH BStBl. II 1974, 210, 211 und weiten Teilen der Literatur, siehe etwa *Birk*, StuW 1989, 212, 216; *Bode*, in: Kirchhof/Seer, EStG, § 4, Rn. 196; *Breuninger*, DStR 1994, 1401, 1405; *Bordewin*, BB 1975, 127, 128; *Drenseck*, DB 1987, 2483, 2485; *Drüen*, in: Brandis/Heuermann, EStG, § 4, Rn. 670 ff.; *Freundlieb*, FR 1988, 219, 220; *Frotscher/Watrin*, in: Frotscher/Geurts, EStG, § 4, Rn. 664 ff.; *Gärtner*, *Gemischt veranlasste Aufwendungen*, S. 58 ff.; *Gorski*, Harzburger Protokoll 1978, S. 59, 86, 90; *Gorski*, DStZ 1981, 111, 114; *Görlich*, DB 1979, 711, 713; *Klein*, DStZ 1995, 630, 631; *Maetz*, in: Bordewin/Brandt, EStG, § 4, Rn. 2259 ff.; *Meurer*, in: Lademann, EStG, § 4, Rn. 548, 657; *Meyer*, in: BeckOK EStG, § 4, Rn. 2694 ff.; *Nacke*, in: Littmann/Bitz/Pust, EStG, § 4, Rn. 1663; *Stapperfend*, in: Herrmann/Heuer/Raupach, EStG/KStG, § 4 EStG, Rn. 1115; *Steilen*, BB 1992, 755, 756; *Stuber/Nägele*, Bewirtung und Repräsentation, S. 191, 220; wohl auch *Sauren*, DStZ 1989, 189, 190; *Tipke*, StuW 1971, 2, 15; *Tipke*, StuW 1979, 193, 197; *Tipke*, StuW 1988, 262, 274; *Walz*, StuW 1986, 21, 25; vgl. für die Schwesternorm des § 9 Abs. 1 S. 3 EStG zudem *Bergkemper*, DB 2006, Beilage 6 zu Heft 39, S. 45, 48; *Lenk*, BB 2006, 1305, 1306; *Zitzelsberger*, BB 1995, 2296, 2298.

1927 Zur Bedeutung des § 4 Abs. 4 EStG siehe nochmals Teil 2 § 7.

verbieten ihn vollständig[1928] und haben daher – anders als die Gegenansicht annimmt – *nur insoweit* konstitutive Wirkung.[1929] Im Übrigen wird angenommen, dass der Vorschrift – insbesondere dem Einleitungssatz nach § 4 Abs. 5 S. 1 EStG – lediglich deklaratorische Wirkung zukomme, soweit hierdurch bloß klargestellt werde, was bereits aus § 4 Abs. 4 EStG folge, nämlich dass die Aufwendungen des § 4 Abs. 5 S. 1 Nr. 1-7 EStG betrieblich veranlasst und damit grundsätzlich abzugsfähig seien.[1930] Es wird vertreten, dass § 4 Abs. 5 S. 1 Nr. 1-7 EStG nur für solche Aufwendungen gelte, die die Voraussetzungen des Betriebsausgabenbegriffs nach § 4 Abs. 4 EStG bereits erfüllen und mithin schon dem Grunde nach abziehbarer Erwerbsaufwand sind.[1931] Für Aufwendungen, die gemäß § 12 Nr. 1 EStG der unbeachtlichen Privatsphäre zuzuordnen sind, sei der Anwendungsbereich des § 4 Abs. 5 S. 1 Nr. 1-7 EStG demgegenüber nicht eröffnet und es bleibe bei den einkommensteuerrechtlichen Grundsätzen, wonach Privataufwendungen allenfalls als Sonderausgaben oder außergewöhnliche Belastung steuerlich geltend gemacht werden können.[1932] Vor diesem Hintergrund sei auch die Prüfung der einzelnen Tatbestände des § 4 Abs. 5 S. 1 Nr. 1-7 EStG in zwei systematisch zu trennenden Schritten vorzunehmen.[1933] Im ersten Schritt müsse die konkrete

---

1928 Vgl. *Frotscher/Watrin*, in: Frotscher/Geurts, EStG, § 4, Rn. 664; *Maetz*, in: Bordewin/Brandt, EStG, § 4, Rn. 2259; *Stapperfend*, in: Herrmann/Heuer/Raupach, EStG/KStG, § 4 EStG, Rn. 1100 f.

1929 So *Meyer*, in: BeckOK EStG, § 4, Rn. 2695; siehe auch *von Bornhaupt*, in: K/S/M, EStG, § 9, Rn. A 36: „Die Abzugsregelungen sind konstitutiv, weil die dort genannten Aufwendungen gemäß Satz 1 der Vorschrift „Die folgenden Betriebsausgaben…" ihrem Wesen nach Betriebsausgaben bzw. Werbungskosten sind, ihre Abziehbarkeit jedoch vom Gesetzgeber aus besonderen Gründen eingeschränkt oder verneint wird." Bezüglich der Schwesterregelungen in § 9 Abs. 1 S. 3 Nr. 4 und 5 EStG siehe zudem *Drenseck*, DB 1987, 2483, 2485.

1930 Vgl. *Stapperfend*, in: Herrmann/Heuer/Raupach, EStG/KStG, § 4 EStG, Rn. 1115; bezüglich der Schwesterregelungen in § 9 Abs. 1 S. 3 Nr. 4 und 5 EStG siehe auch *Drenseck*, DB 1987, 2483, 2485.

1931 Vgl. BFH/NV 2003, 754, 754; BFH BStBl. II 1992, 342, 343; BFH BStBl. II 1974, 210, 211; siehe *Frotscher/Watrin*, in: Frotscher/Geurts, EStG, § 4, Rn. 667; *Drüen*, in: Brandis/Heuermann, EStG, § 4, Rn. 673; *Maetz*, in: Bordewin/Brandt, EStG, § 4, Rn. 2261; *Meyer*, in: BeckOK EStG, § 4, Rn. 2694, 2700; *Sauren*, DStZ 1989, 189, 190; *Stapperfend*, in: Herrmann/Heuer/Raupach, EStG/KStG, § 4 EStG, Rn. 1115.

1932 Siehe *Frotscher/Watrin*, in: Frotscher/Geurts, EStG, § 4, Rn. 667; *Meyer*, in: BeckOK EStG, § 4, Rn. 2700.

1933 Siehe hierzu *Drenseck*, DB 1987, 2843, 2485; *Drüen*, in: Brandis/Heuermann, EStG, § 4, Rn. 673; *Frotscher/Watrin*, in: Frotscher/Geurts, EStG, § 4, Rn. 667; *Meyer*, in: BeckOK EStG, § 4, Rn. 2701.

Aufwendung auf ihre betriebliche Veranlassung iSd § 4 Abs. 4 EStG hin untersucht werden.[1934] Nur wenn tatsächlich Betriebsausgaben vorliegen, dürften in einem zweiten Schritt die Voraussetzungen der jeweils betroffenen Abzugsbeschränkung nach § 4 Abs. 5 S. 1 Nr. 1-7 EStG geprüft werden.[1935] Wenn deren Voraussetzungen gegeben sind, sei der steuerliche Abzug nur eingeschränkt möglich oder werde, abhängig vom jeweiligen Tatbestand, vollständig ausgeschlossen.[1936] Liegen die Voraussetzungen des § 4 Abs. 5 S. 1 Nr. 1-7 EStG hingegen nicht vor, so bleibe es bei dem Grundsatz des § 4 Abs. 4 EStG und die Betriebsausgaben könnten in voller Höhe steuerlich geltend gemacht werden.[1937]

Mit dieser Einordnung entspricht die erste Ansicht im Ergebnis den bereits im 3. Teil vorgestellten Literaturansichten, wonach betriebliche Repräsentationsaufwendungen nach § 4 Abs. 5 S. 1 Nr. 1, 3, 4 und 7 EStG und betrieblich bedingte Mehraufwendungen iSd § 4 Abs. 5 S. 1 Nr. 5-6c EStG reine Erwerbsaufwendungen und gerade keine untrennbar gemischt veranlassten Aufwendungen sind.[1938] Auch nach diesen Ansichten wird die Abzugsfähigkeit der genannten Aufwendungsformen nicht etwa durch die Sonderregelung des § 4 Abs. 5 S. 1 Nr. 1-7 EStG konstitutiv ermöglicht, sondern sie folgt bereits unmittelbar aus dem Grundsatz des Betriebsausgabenabzugs nach § 2 Abs. 2 EStG iVm § 4 Abs. 4 EStG. Den Tatbeständen des § 4 Abs. 5 S. 1 Nr. 1-7 EStG kommt bei diesem Verständnis lediglich die Rolle einer den Betriebsausgabenabzug einschränkenden Ausnahmeregelung zu.

II. Wesentliche Argumente

Begründet wird die erste Ansicht zunächst mit der Bedeutung des Einleitungssatzes gemäß § 4 Abs. 5 S. 1 EStG, wonach *„Die folgenden Betriebsausgaben [...]*

1934 *Drüen*, in: Brandis/Heuermann, EStG, § 4, Rn. 673; *Maetz*, in: Bordewin/Brandt, EStG, § 4, Rn. 2297; *Stapperfend*, in: Herrmann/Heuer/Raupach, EStG/KStG, § 4 EStG, Rn. 1100; vgl. *Breuninger*, DStR 1994, 1401, 1405.

1935 Vgl. *Breuninger*, DStR 1994, 1401, 1405; *Bordewin*, BB 1975, 127, 128. Soweit das Gesetz „totale" Abzugsverbote vorsieht, vgl. etwa § 4 Abs. 5 S. 1 Nr. 3, 4 EStG, wird teilweise vertreten, dass eine Zuordnung zur betrieblichen bzw. privaten Sphäre entbehrlich sei. So z.B. *Meyer*, in: BeckOK EStG, § 4, Rn. 2700.1 mit Verweis auf BFH BStBl. II 2017, 224, 226.

1936 Siehe *Stapperfend*, in: Herrmann/Heuer/Raupach, EStG/KStG, § 4 EStG, Rn. 1100.

1937 Siehe *Meyer*, in: BeckOK EStG, § 4, Rn. 2701.

1938 Für diese Ansichten siehe in Bezug auf die Repräsentationsaufwendungen nochmals Teil 3 § 11 D. und für die betrieblich/beruflich bedingten Mehraufwendungen Teil 3 § 12 E.II.3.

den Gewinn nicht mindern [dürfen]". Es wird argumentiert, dass bereits aus dem Wortlaut dieses Satzes eindeutig hervorgehe, dass das Vorliegen von Betriebsausgaben Voraussetzung dafür sei, dass die nachfolgenden Tatbestände des § 4 Abs. 5 S. 1 Nr. 1-7 EStG Anwendung finden.[1939] Des Weiteren wird angebracht, dass auch die Entstehungsgeschichte des § 4 Abs. 5 S. 1 Nr. 1-7 EStG dafür spreche, dass die dort geregelten Abzugsbeschränkungen und -verbote an das Vorliegen von Betriebsausgaben iSd § 4 Abs. 4 EStG anknüpfen.[1940] So weist etwa *Meyer* darauf hin, dass eine Sonderregelung für das häusliche Arbeitszimmer erst 1996 in das Gesetz aufgenommen wurde und diese nicht etwa abzugsbegründenden, sondern lediglich abzugsbeschränkenden Charakter hatte.[1941] Diese Entwicklung mache beispielhaft deutlich, dass es sich bei den Tatbeständen des § 4 Abs. 5 S. 1 EStG nach der Vorstellung des Gesetzgebers um Ausnahmevorschriften handele, die den Grundsatz der steuerlichen Berücksichtigung betrieblicher Aufwendungen nach § 4 Abs. 4 EStG einschränkten.[1942] Auch bei Durchsicht der Entwurfsbegründung zum Steueränderungsgesetz von 1960 werde deutlich, dass es dem Gesetzgeber bei Einführung der Kernregelung des § 4 Abs. 5 S. 1 EStG offensichtlich fern lag, die betriebliche Veranlassung der in dem Abzugskatalog geregelten Aufwendungen zu negieren.[1943]

Zusätzlich zu diesen historischen Argumenten wird aus systematischer Sicht vorgetragen, dass ein Verständnis, bei dem § 4 Abs. 5 S. 1 Nr. 1-7 EStG eine Ausnahmeregelung zu § 4 Abs. 4 EStG darstellt, auch der typischen Gesetzessystematik entspreche, wonach die Ausnahme unmittelbar hinter dem gesetzlichen Grundsatz normiert ist.[1944] Dieser Systematik folgend, ordne § 4 Abs. 5 S. 3 EStG außerdem an, dass § 12 Nr. 1 EStG unberührt bleibt und bestätige damit ebenfalls,

---

1939 Vgl. BFH BStBl. II 2021, 703, 707; BFH BStBl. II 2018, 185, 187; *Bordewin,* BB 1975, 127, 128; *Freundlieb,* FR 1988, 219, 220; *Frotscher/Watrin,* in: Frotscher/Geurts, EStG, § 4, Rn. 667; *Gorski,* Harzburger Protokoll 1978, S. 59, 90; *Maetz,* in: Bordewin/Brandt, EStG, § 4, Rn. 2261; *Meurer,* in: Lademann, EStG, § 4, Rn. 548; *Meyer,* in: BeckOK EStG, § 4, Rn. 2694, 2700; siehe zudem *Stapperfend,* in: Herrmann/Heuer/Raupach, EStG/KStG, § 4 EStG, Rn. 1115; *Tipke,* StuW 1979 193, 197; *Tipke,* FS Wallis, S. 133, 145.

1940 So *Maetz,* in: Bordewin/Brandt, EStG, § 4, Rn. 2261; *Meyer,* in: BeckOK EStG, § 4, Rn. 2693 f.; siehe auch *Gorski,* Harzburger Protokoll 1978, S. 59, 87.

1941 *Meyer,* in: BeckOK EStG, § 4, Rn. 2693.

1942 Vgl. *Meyer,* in: BeckOK EStG, § 4, Rn. 2693.

1943 Siehe *Meyer,* in: BeckOK EStG, § 4, Rn. 2693 mit Verweis auf BT-Drs. III/1811, 8; vgl. auch *Gorski,* Harzburger Protokoll 1978, S. 59, 87.

1944 So etwa *Meyer,* in: BeckOK EStG, § 4, Rn. 2694; vgl. auch *Maetz,* in: Bordewin/Brandt, EStG, § 4, Rn. 2261; diesbezüglich zustimmend auch *Helkenberg,* Unangemessenheit von Betriebsausgaben, S. 19, die ansonsten Vertreterin der konstitutiven Ansicht ist.

dass § 4 Abs. 5 S. 1 Nr. 1-7 EStG nur dann Anwendung findet, wenn schon dem Grunde nach Erwerbsaufwendungen und keine Privataufwendungen iSd § 12 Nr. 1 EStG vorliegen.[1945] Insbesondere *Maetz* verweist ferner darauf, dass § 4 Abs. 5 S. 1 Nr. 2 S. 1 EStG sogar ausdrücklich verlange, dass die betriebliche Veranlassung der betreffenden Aufwendung nachgewiesen wird.[1946] Diese Nachweispflicht spreche jedenfalls im Hinblick auf die Bewirtungsaufwendungen nach § 4 Abs. 5 S. 1 Nr. 2 EStG dafür, dass eine betriebliche Veranlassung Voraussetzung dafür ist, dass der Abzugstatbestand Anwendung findet.[1947]

Weiterhin wird darauf hingewiesen, dass auch die Generalklausel des § 4 Abs. 5 S. 1 Nr. 7 EStG dafür spreche, dass es sich bei den Aufwendungen des Abzugskataloges um Betriebsausgaben iSd § 4 Abs. 4 EStG handelt. So werde anhand des Auffangtatbestandes gemäß § 4 Abs. 5 S. 1 Nr. 7 EStG deutlich, dass den betreffenden Aufwendungen trotz bestehender Berührungspunkte zur privaten Lebensführung nicht etwa ihre Betriebsausgabenqualität abgesprochen werde.[1948] Vielmehr sei für diese Aufwendungen lediglich eine Angemessenheitskontrolle vorgesehen, die dazu führe, dass der Abzug der Betriebsausgaben höhenmäßig eingeschränkt werde.[1949] Diese Einschränkung führe aber nicht dazu, dass die sphärische Einordnung der Aufwendungen als Erwerbsaufwand entfiele.[1950] Nach der Systematik des Gesetzes finde die Angemessenheitskontrolle des § 4 Abs. 5 S. 1 Nr. 7 EStG vielmehr auf einer nachgelagerten Ebene statt und

1945 Vgl. *Maetz,* in: Bordewin/Brandt, EStG, § 4, Rn. 2261; *Meurer,* in: Lademann, EStG, § 4, Rn. 657; *Meyer,* in: BeckOK EStG, § 4, Rn. 2706, 2839; *Sauren,* DStZ 1989, 189, 190; *Tipke,* StuW 1979, 193, 197.

1946 Siehe *Maetz,* in: Bordewin/Brandt, EStG, § 4, Rn. 2261; vgl. auch *Weber-Grellet,* StuW 1981, 48, 57.

1947 Vgl. *Maetz,* in: Bordewin/Brandt, EStG, § 4, Rn. 2261; siehe auch *Meyer,* in: BeckOK EStG, § 4, Rn. 2693.

1948 Vgl. *Drüen,* in: Brandis/Heuermann, EStG, § 4, Rn. 673; *Gorski,* Harzburger Protokoll 1978, S. 59, 92 ff.; *Maetz,* in: Bordewin/Brandt, EStG, § 4, Rn. 2261, 2975; *Meyer,* in: BeckOK EStG, § 4, Rn. 2694; *Stuber/Nägele,* Bewirtung und Repräsentation, S. 191; in diese Richtung bezüglich § 4 Abs. 5 S. 1 Nr. 2 EStG auch *Stapperfend,* in: Herrmann/Heuer/Raupach, EStG/KStG, § 4 EStG, Rn. 1115.

1949 So *Meyer,* in: BeckOK EStG, § 4, Rn. 2694; vgl. auch *Frotscher/Watrin,* in: Frotscher/Geurts, EStG, § 4, Rn. 823; *Görlich,* DB 1979, 711, 712 f.; *Gorski,* Harzburger Protokoll 1978, S. 59, 94; *Maetz,* in: Bordewin/Brandt, EStG, § 4, Rn. 2975. Insoweit zustimmend auch *P. Kirchhof,* DStJG 3 (1980), S. 201, 202 f., der im Übrigen Vertreter der konstitutiven Ansicht ist.

1950 So *Gorski,* Harzburger Protokoll 1978, S. 59, 94.

setze die betriebliche Veranlassung der Aufwendungen damit gerade voraus.[1951] Gleiches gelte für die übrigen Aufwendungen des Abzugskataloges, die zwar ebenfalls nicht vollständig zum Abzug zugelassen werden, aber weiterhin ihren Charakter als Betriebsausgaben behielten.[1952] In diesem Zusammenhang weist *Stapperfend* außerdem darauf hin, dass die Berührung der privaten Lebensführung iSd § 4 Abs. 5 S. 1 Nr. 7 EStG auch deshalb nichts an der Einordnung als Erwerbsaufwendung ändere, weil die Bezüge zur Privatsphäre – anders als die Gegenansicht annimmt – nur von so untergeordneter Bedeutung seien, dass sie für die Veranlassung der betreffenden Aufwendungen keine Rolle spielten.[1953] Schließlich verweist *Meyer* zusätzlich darauf, dass auch das BVerfG in seiner Entscheidung zur Pendlerpauschale auf die gesetzgeberische Systementscheidung zugunsten eines weiten Veranlassungsprinzip abgestellt und die Abzugsbeschränkung des § 4 Abs. 5 S. 1 Nr. 6 EStG somit ebenfalls als Ausnahmevorschrift zu § 4 Abs. 4 EStG eingeordnet habe.[1954]

III. Rechtliche Konsequenzen für die übergeordnete Dogmatik und systematische Einordnung des § 4 Abs. 5 S. 1 Nr. 1-7 EStG

Bislang unbeantwortet ist die für den Untersuchungsgegenstand maßgebliche Frage, welche rechtlichen Konsequenzen sich aus der ersten Ansicht für die übergeordnete Dogmatik und systematische Einordnung des § 4 Abs. 5 S. 1 Nr. 1-7 EStG ergeben. Hierfür ist zunächst festzuhalten, dass § 4 Abs. 5 S. 1 Nr. 1-7 EStG bei Zugrundelegung der ersten Ansicht ausnahmslos Erwerbsaufwendungen betrifft, die grundsätzlich nach § 4 Abs. 4 EStG vollständig abziehbar wären, aufgrund der gesetzlichen Regelung des § 4 Abs. 5 S. 1 Nr. 1-7 EStG aber nur eingeschränkt zum Abzug zugelassen werden (sog. *nicht bzw. beschränkt abziehbare Betriebsausgaben*[1955]).[1956] Vor diesem Hintergrund steht einerseits fest, dass die übergeordnete Dogmatik des Abzugskataloges nach dem Verständnis der ersten Ansicht im Kern darin besteht, bestimmte Betriebsausgaben, die geringfügige

---

1951 So *Meyer,* in: BeckOK EStG, § 4, Rn. 2694.

1952 Siehe diesbezüglich etwa *Drüen,* in: Brandis/Heuermann, EStG, § 4, Rn. 673; *Maetz,* in: Bordewin/Brandt, EStG, § 4, Rn. 2261; *Stapperfend,* in: Herrmann/Heuer/Raupach, EStG/KStG, § 4 EStG, Rn. 1115.

1953 Siehe *Stapperfend,* in: Herrmann/Heuer/Raupach, EStG/KStG, § 4 EStG, Rn. 1115; a.A. dagegen *Spilker,* in: K/S/M, EStG, § 4, Rn. F 8; näher hierzu sogleich in Teil 4 § 16 C.

1954 Vgl. *Meyer,* in: BeckOK EStG, § 4, Rn. 2695.

1955 Siehe zu diesem Terminus bereits Fn. 1594.

1956 Siehe hierzu auch *Stapperfend,* in: Herrmann/Heuer/Raupach, EStG/KStG, § 4 EStG, Rn. 1115.

Berührungspunkte zur privaten Lebensführung aufweisen, teilweise vom steuerlichen Abzug auszuschließen.[1957] Andererseits kann damit aber auch die Frage, in welchem Verhältnis § 4 Abs. 5 S. 1 Nr. 1-7 EStG zu den anderen einkommensteuerrechtlichen Abzugsregelungen steht, eindeutig beantwortet werden. So wird im Verhältnis zu § 4 Abs. 4 EStG innerhalb der ersten Ansicht weitgehend darauf hingewiesen, dass § 4 Abs. 5 S. 1 Nr. 1-7 EStG einen Ausnahmetatbestand zum Grundsatz des § 4 Abs. 4 EStG bilde und damit das Veranlassungsprinzip systematisch einschränke.[1958] Darüber hinaus wird § 4 Abs. 5 S. 1 Nr. 1-7 EStG von einigen Vertretern der ersten Ansicht zusätzlich der Umkehrschluss entnommen, dass die bloße Betroffenheit der Lebensführung nichts an der Betriebsausgabenqualität einer Aufwendung ändere.[1959] Insbesondere die Generalklausel nach § 4 Abs. 5 S. 1 Nr. 7 EStG mache deutlich, dass Aufwendungen, welche die Lebensführung des Steuerpflichtigen oder eines Dritten berühren, nicht etwa ihre Betriebsausgabenqualität verlieren, sondern lediglich höhenmäßig in ihrer Abziehbarkeit eingeschränkt werden.[1960] Daher folge für das Verhältnis zu § 4 Abs. 4 EStG nicht nur, dass § 4 Abs. 5 S. 1 Nr. 1-7 EStG den Regelungsgehalt des § 4 Abs. 4 EStG als dessen Ausnahmevorschrift einschränke, sondern auch, dass die Reichweite der betrieblichen Veranlassung iSd § 4 Abs. 4 EStG durch den Katalog des § 4 Abs. 5 S. 1 Nr. 1-7 EStG bereichsspezifisch konkretisiert werde.[1961]

1957 Dabei ist allerdings zu beachten, dass dieses Bild stark vereinfacht ist bzw. mit der Veranlassung der Aufwendungen nur einen von mehreren übergeordneten Gesichtspunkten abbildet, der zudem sehr grob und weit gefasst ist. Bei einer detaillierteren Analyse der einzelnen Tatbestände stellt sich freilich die Frage, warum genau diese und nicht andere Betriebsausgaben einer gesetzlichen Sonderregelung zugeführt werden oder warum das Gesetz nicht nur höhenmäßige Beschränkungen (z.B. in § 4 Abs. 5 S. 1 Nr. 2 EStG), sondern zum Teil auch vollständige Abzugsverbote vorsieht (z.B. in § 4 Abs. 5 S. 1 Nr. 4 EStG). Auch bleibt ungeklärt, welchen Gestaltungsspielraum der Gesetzgeber bei Schaffung der Abzugsbeschränkungen in § 4 Abs. 5 S. 1 Nr. 1-7 EStG und potenzieller neuer Abzugsregelungen für andere Betriebsausgaben mit Berührungspunkten zur privaten Lebensführung hat. Diesen und weiteren Fragen, welche sich in diesem Zusammenhang stellen, in der steuerrechtlichen Literatur bisher aber nicht hinreichend beantwortet wurden, wird im Rahmen der kritischen Würdigung in Teil 4 § 17 eingehend nachgegangen.

1958 Siehe statt aller *Birk,* StuW 1989, 212, 216; *Maetz,* in: Bordewin/Brandt, EStG, § 4, Rn. 2261; *Meyer,* BeckOK EStG, § 4, Rn. 2695; *Stapperfend,* in: Herrmann/Heuer/Raupach, EStG/KStG, § 4 EStG, Rn. 1100; vgl. BFH, DStR 2023, 2156, 2159.

1959 So etwa *Görlich,* DB 1979, 711, 712; *Meyer,* in: BeckOK EStG, § 4, Rn. 2704.

1960 Siehe *Meyer,* in: BeckOK EStG, § 4, Rn. 2704.

1961 So *Meyer,* in: BeckOK EStG, § 4, Rn. 2694; siehe zudem *Stapperfend,* in: Herrmann/Heuer/Raupach, EStG/KStG, § 4 EStG, Rn. 1100: „Abs. 5 ist ein Korrektiv zum

Im Verhältnis zu § 12 Nr. 1 EStG wird darüber hinaus mehrheitlich angenommen, dass ein Konkurrenzverhältnis, wie es teilweise von der Gegenansicht beschrieben wird, von vornherein nicht bestehe, da § 12 Nr. 1 EStG nur Aufwendungen für die private Lebensführung betreffe, § 4 Abs. 5 S. 1 Nr. 1-7 EStG aber voraussetze, dass Betriebsausgaben iSd § 4 Abs. 4 EStG vorliegen.[1962] Sofern eine Aufwendung eindeutig der Erwerbssphäre oder aber der Privatsphäre zugewiesen werden kann, sei damit geklärt, welche Norm Anwendung findet.[1963] Lediglich in Zweifelsfällen, also insbesondere bei Aufwendungen im Graubereich, die nicht eindeutig einer Sphäre zugewiesen werden können, bleibe eine wertende Abgrenzung nach den Vorgaben des Veranlassungsprinzips erforderlich.[1964] Diese Abgrenzung sei aber bereits im Rahmen des § 4 Abs. 4 EStG bzw. § 12 Nr. 1 EStG und damit systematisch vorrangig durchzuführen, so dass sich auch in diesen Fällen keine Konkurrenz zwischen § 4 Abs. 5 S. 1 Nr. 1-7 EStG und § 12 Nr. 1 S. 2 EStG ergebe.[1965] § 4 Abs. 5 S. 1 Nr. 1-7 EStG beinhalte vor diesem Hintergrund keine weitere Bestimmung für echte gemischt veranlasste Aufwendungen, sondern regele nur den Abzug von Betriebsausgaben iSd § 4 Abs. 4 EStG.[1966]

---

weiten Betriebsausgabenbegriff des Abs. 4, der für die Abzugsfähigkeit von Aufwendungen lediglich auf deren betriebliche Veranlassung abstellt"; vgl. auch *Görlich,* DB 1979, 711, 712; *Walz,* StuW 1986, 21, 25; *Tipke,* Steuerrechtsordnung II, S. 777. Diesbezüglich zustimmend auch *P. Kirchhof,* DStJG 3 (1980), S. 201, 207 f.: „verdeutlichend und konturierend", der ansonsten Vertreter der konstitutiven Ansicht ist.

1962 Vgl. *Drenseck,* DB 1987, 2843, 2485; *Drüen,* in: Brandis/Heuermann, EStG, § 4, Rn. 673; *Fissenewert,* in Herrmann/Heuer/Raupach, EStG/KStG, § 12 EStG, Rn. 6; *Frotscher/Watrin,* in: Frotscher/Geurts, EStG, § 4, Rn. 667; *Görlich,* DB 1979, 711, 713; *Gorski,* Harzburger Protokoll 1978, S. 59, 86; *Kruschke,* in: Herrmann/Heuer/Raupach, EStG/KStG, § 4 EStG, Rn. 1920; *Maetz,* in: Bordewin/Brandt, EStG, § 4, Rn. 2308; *Meurer,* in: Lademann, EStG, § 4, Rn. 548; *Meyer,* in: BeckOK EStG, § 4, Rn. 2706, 2839; *Nacke,* in: Littmann/Bitz/Pust, EStG, § 4, Rn. 1663; 2066; *Schmieszek,* in: Bordewin/Brandt, EStG, § 12, Rn. 23; *Stapperfend,* in: Herrmann/Heuer/Raupach, EStG/KStG, § 4 EStG, Rn. 1100. In diesem Punkt zustimmend auch *Spilker,* in: K/S/M, EStG, § 4, Rn. F 8, die allerdings als Vertreterin der Gegenansicht annimmt, dass einige Aufwendungen des § 4 Abs. 5 S. 1 Nr. 1-7 EStG nur kraft gesetzlicher Anordnung zu Betriebsausgaben werden, hierzu sogleich mehr.

1963 Vgl. *Gorski,* Harzburger Protokoll 1978, S. 59, 90; *Stapperfend,* in: Herrmann/Heuer/Raupach, EStG/KStG, § 4 EStG, Rn. 1100.

1964 So der zutreffende Hinweis von *Meyer,* in: BeckOK EStG, § 4, Rn. 2839.

1965 Vgl. *Bode,* in: Kirchhof/Seer, EStG, § 4, Rn. 236; *Maetz,* in: Bordewin/Brandt, EStG, § 4, Rn. 2308; *Meyer,* in: BeckOK EStG, § 4, Rn. 2839.

1966 So *Spilker,* in: K/S/M, EStG, § 4, Rn. F 8; vgl. auch *Meyer,* in: BeckOK EStG, § 4, Rn. 2706.

Für den Fall der echten trennbar gemischt veranlassten Aufwendungen wird allerdings angenommen, dass die Vorschriften entsprechend der Anordnung in § 4 Abs. 5 S. 3 EStG auch nebeneinander Anwendung finden könnten.[1967] In diesem Fall seien die Aufwendungen nach der seit dem Beschluss des Großen Senats aus dem September 2009 anerkannten Rechtslage zunächst nach objektiven Maßstäben aufzuteilen. Sodann sei nur für den *betrieblich veranlassten Teil* der Anwendungsbereich des § 4 Abs. 5 S. 1 Nr. 1-7 EStG eröffnet, sodass in einem zweiten Schritt allein für diesen Teil die speziellen Abzugsbeschränkungen des § 4 Abs. 5 S. 1 Nr. 1-7 EStG zu prüfen seien.[1968] Folge hieraus sei, dass auch bei echten trennbar gemischt veranlassten Aufwendungen der betrieblich veranlasste, an sich abziehbare Teil (teilweise) vom Abzug ausgeschlossen sein kann, wenn die Voraussetzungen des § 4 Abs. 5 S. 1 Nr. 1-7 EStG vorliegen.[1969]

Weiterhin ungeklärt bleibt indessen die Frage, in welchem Verhältnis § 4 Abs. 5 S. 1 Nr. 1-7 EStG zu den verfassungsrechtlichen Vorgaben steht. Diesbezüglich werden innerhalb der ersten Ansicht zwei unterschiedliche Sichtweisen vertreten, welche im Folgenden dargestellt und im Rahmen der kritischen Würdigung näher untersucht werden sollen.[1970] Nach der ersten Sichtweise wird angenommen, dass § 4 Abs. 5 S. 1 Nr. 1-7 EStG als Ausnahme zum Grundsatz des steuerlichen Berücksichtigung betrieblicher Aufwendungen sowohl das Leistungsfähigkeitsprinzip als auch das objektive Nettoprinzip durchbreche und damit einer verfassungsrechtlichen Rechtfertigung bedürfe.[1971] Welche Rechtfer-

---

1967 Vgl. *Drüen,* in: Brandis/Heuermann, EStG, § 4, Rn. 31; *Frotscher/Watrin,* in: Frotscher/Geurts, EStG, § 4, Rn. 667; *Gorski,* Harzburger Protokoll 1978, S. 59, 95; *Meyer,* in: BeckOK EStG, § 4, Rn. 2706, 2839; *Spilker,* in: K/S/M, § 4, Rn. F 29 a.E., die allerdings teilweise von einer konstitutiven Wirkung des § 4 Abs. 5 S. 1 Nr. 1-7 EStG ausgeht; *Stapperfend,* in: Herrmann/Heuer/Raupach, EStG/KStG, § 4 EStG, Rn. 1100.

1968 Vgl. *Frotscher/Watrin,* in: Frotscher/Geurts, EStG, § 4, Rn. 667; *Gärtner,* Gemischt veranlasste Aufwendungen, S. 486 ff.; *Görlich,* DB 1979, 711, 713; *Gorski,* Harzburger Protokoll 1978, S. 59, 95; *Maetz,* in: Bordewin/Brandt, EStG, § 4, Rn. 2309; *Spilker,* in: K/S/M, § 4, Rn. F 29 a.E.; *Stapperfend,* in: Herrmann/Heuer/Raupach, EStG/KStG, § 4 EStG, Rn. 1100.

1969 Vgl. *Gärtner,* Gemischt veranlasste Aufwendungen, S. 486 ff.; *Meyer,* in: BeckOK EStG, § 4, Rn. 2706; vgl. zudem bereits BFH BStBl. II 1978, 93, 95 f.

1970 Siehe hierzu Teil 4 § 18.

1971 Vgl. BVerfGE 122, 210, 233 ff.; BVerfG BStBl. II 2003, 534, 541; BFH, DStR 2023, 2156, 2159; BFH BStBl. II 2017, 224, 226; BFH BStBl. II 2012, 824, 825; siehe *Bode,* in: Kirchhof/Seer, EStG, § 4, Rn. 196; *Drüen,* in: Brandis/Heuermann, EStG, § 4, Rn. 674; *Frotscher/Watrin,* in: Frotscher/Geurts, EStG, § 4, Rn. 665; *P. Kirchhof,*

tigungsgründe hierfür in Betracht kommen, unterscheide sich je nach konkret in Frage stehender Abzugsposition.[1972] In jedem Fall sei aber der Nähe der in dem Katalog geregelten Aufwendungen zur privaten Lebensführung insofern Rechnung zu tragen, als in diesem Bereich tendenziell mildere Maßstäbe anzulegen seien als bei Abzugsbeschränkungen, die aus anderen Motiven erlassen werden.[1973] Auch sei zu berücksichtigen, dass das BVerfG dem Gesetzgeber im Grenzbereich zwischen Erwerbs- und Privatsphäre nicht unerhebliche Typisierungsspielräume zugestehe, wodurch die Rechtfertigungsanforderungen im Rahmen des § 4 Abs. 5 S. 1 Nr. 1-7 EStG insgesamt verringert würden.[1974] *Wied* verweist in diesem Zusammenhang insbesondere auf die Begründung des BVerfG, wonach es für die Abgrenzung der betrieblichen von den privaten Veranlassungsgründen jedenfalls auch auf die Unterscheidung zwischen freier und beliebiger Einkommensverwendung einerseits und zwangsläufigem, pflichtbestimmtem Aufwand andererseits ankomme.[1975] Seiner Meinung nach ist für die Frage, welche Anforderungen an die verfassungsrechtliche Rechtfertigung der Beschränkungen

---

in: K/S/M, § 2 EStG, Rn. C 125; *Maetz,* in: Bordewin/Brandt, EStG, § 4, Rn. 2360; *Meurer,* in: Lademann, EStG, § 4, Rn. 658; *Meyer,* in: BeckOK EStG, § 4, Rn. 2696; *Nacke,* in: Littmann/Bitz/Pust, EStG, § 4, Rn. 1662; *Sauren,* DStZ 1989, 189, 189 f.; *Stapperfend,* in: Herrmann/Heuer/Raupach, EStG/KStG, § 4 EStG, Rn. 1100; *Tipke,* StuW 1971, 2, 15; *Wied,* in: Blümich, EStG, Stand: 154. Ergänzungslieferung, März 2020, § 4, Rn. 674; vgl. *Gorski,* Harzburger Protokoll 1978, S. 59, 91; *Klein,* DStZ 1995, 630, 631 f. Bezüglich der Aufwendungen, die sie für originär betrieblich veranlasst halten, zustimmend auch *Söhn,* in: K/S/M, EStG, Stand 1995, § 4, Rn. F 22; *Spilker,* in: K/S/M, EStG, § 4, Rn. F 9. Zum Rechtfertigungserfordernis bei Verstößen gegen das objektive Nettoprinzip siehe nochmals Teil 1 § 2 B.IV.1.

1972 Vgl. *Drüen,* in: Brandis/Heuermann, EStG, § 4, Rn. 674; *Stapperfend,* in: Herrmann/Heuer/Raupach, EStG/KStG, § 4 EStG, Rn. 1100. In Frage kommen etwa die Rechtfertigungsgründe der Typisierung und Vereinfachung, Vorbeugung von Gestaltungsmissbrauch oder Verhinderung von Rechtsstreitigkeiten, siehe *Hey,* in: Tipke/Lang, Steuerrecht, Rn. 8.291; *Spilker,* in: K/S/M, EStG, § 4, Rn. F 5. Näheres hierzu in Teil 4 § 18 D. II.

1973 So *Meyer,* in: BeckOK EStG, § 4, Rn. 2704; vgl. auch *Maetz,* in: Bordewin/Brandt, EStG, § 4, Rn. 2365; *Nacke,* in: Littmann/Bitz/Pust, EStG, § 4, Rn. 1661; *Stapperfend,* in: Herrmann/Heuer/Raupach, EStG/KStG, § 4 EStG, Rn. 1100.

1974 Vgl. *Maetz,* in: Bordewin/Brandt, EStG, § 4, Rn. 2365; *Meyer,* in: BeckOK EStG, § 4, Rn. 2704; *Nacke,* in: Littmann/Bitz/Pust, EStG, § 4, Rn. 1661; *Spilker,* in: K/S/M, EStG, § 4, Rn. F 12.

1975 *Wied,* in: Blümich, EStG, Stand: 154. Ergänzungslieferung, März 2020, § 4, Rn. 674; siehe auch *Drüen,* in: Brandis/Heuermann, EStG, § 4, Rn. 674, der die Kommentierung ab der 155. Ergänzungslieferung übernommen hat.

nach § 4 Abs. 5 S. 1 Nr. 1-7 EStG zu stellen sind, danach zu differenzieren, ob die jeweilige Regelung zwangsläufige oder nicht zwangsläufige Erwerbsaufwendungen betrifft.[1976] Während bei den nicht zwangsläufigen Erwerbsaufwendungen, zu denen er die Aufwandspositionen in § 4 Abs. 5 S. 1 Nr. 1-4, 7 EStG zählt, regelmäßig keine verfassungsrechtlichen Bedenken bestünden, komme bei den zwangsläufigen Erwerbsaufwendungen iSd § 4 Abs. 5 S. 1 Nr. 5-6b EStG jedenfalls dann keine Rechtfertigung in Betracht, wenn der steuerliche Abzug durch die gesetzliche Beschränkung faktisch versagt wird.[1977] Die bloße Pauschalierung von Abzugsbeträgen sei angesichts der Rechtfertigungsgründe der Vereinfachung und der Gleichmäßigkeit der Besteuerung allerdings auch in diesem Fall möglich.[1978]

Hiervon zu unterscheiden ist die zweite Sichtweise, welche insbesondere von *Birk*[1979] und *Tipke*[1980] vertreten wird und gerade im Hinblick auf die von *Wied* angeführten Überlegungen zu einer anderen Schlussfolgerung kommt. Während *Wied* davon ausgeht, dass sich die Unterscheidung zwischen zwangsläufigen und nicht zwangsläufigen Erwerbsaufwendungen auf Ebene der verfassungsrechtlichen Rechtfertigung auswirkt, sind *Birk* und *Tipke* der Ansicht, dass bei einigen Abzugstatbeständen des § 4 Abs. 5 S. 1 Nr. 1-7 EStG schon gar kein Verstoß gegen das Leistungsfähigkeitsprinzip bzw. das objektive Nettoprinzip vorliegt.[1981] Zwar nehmen auch *Birk* und *Tipke* an, dass § 4 Abs. 5 S. 1 Nr. 1-7 EStG dem Grunde nach Erwerbsaufwendungen betreffe und damit das Veranlassungsprinzip nach § 4 Abs. 4 EStG einschränke.[1982] Daraus ziehen sie aber nicht zugleich den Schluss, dass der Abzugskatalog auch gegen das Leistungsfähigkeitsprinzip bzw. das objektive Nettoprinzip verstößt. Vielmehr nehmen die beiden Autoren an, dass das objektive Nettoprinzip als Ausfluss des Leistungsfähigkeitsprinzips auch dann

---

1976 *Wied,* in: Blümich, EStG, Stand: 154. Ergänzungslieferung, März 2020, § 4, Rn. 674; siehe auch *Drüen,* in: Brandis/Heuermann, EStG, § 4, Rn. 674.

1977 *Wied,* in: Blümich, EStG, Stand: 154. Ergänzungslieferung, März 2020, § 4, Rn. 674; siehe auch *Drüen,* in: Brandis/Heuermann, EStG, § 4, Rn. 674. Verfassungsrechtliche Bedenken hat *Wied* daher insbesondere bei der Abzugsregelung für ein häusliches Arbeitszimmer nach § 4 Abs. 5 S. 1 Nr. 6b EStG in der bis einschließlich 2022 geltenden Fassung.

1978 *Wied,* in: Blümich, EStG, Stand: 151. Ergänzungslieferung, März 2020, § 4, Rn. 674; siehe auch *Drüen,* in: Brandis/Heuermann, EStG, § 4, Rn. 674.

1979 *Birk,* StuW 1989, 212, 216.

1980 *Tipke,* StuW 1988, 262, 274, anders allerdings noch *Tipke,* StuW 1971, 2, 15.

1981 Siehe *Birk,* StuW 1989, 212, 216; *Tipke,* StuW 1988, 262, 274; siehe zudem *Klein,* DStZ 1995, 630, 631.

1982 Vgl. *Birk,* StuW 1989, 212, 216; *Klein,* DStZ 1995, 630, 631; *Tipke,* StuW 1988, 262, 274.

gewahrt sei, wenn der Betriebsausgabenabzug nur auf notwendige und angemessene Erwerbsaufwendungen beschränkt werde, wie es bei § 4 Abs. 5 S. 1 Nr. 1-4 und 7 EStG der Fall sei.[1983] Sie begründen diese Sichtweise insbesondere damit, dass es – anders als die Gegenansicht annimmt – von Verfassungs wegen nicht zutreffend sei, dass das objektive Nettoprinzip den vollen Abzug sämtlicher Erwerbsaufwendungen verlange.[1984] So sei es zum einen verfassungsrechtlich nicht zwingend, dass sich die Reichweite des objektiven Nettoprinzips ebenfalls an der weiten Formulierung des einfachrechtlichen Veranlassungsprinzip orientiere.[1985] Zum anderen diene es auch nicht der Herstellung von Lastengleichheit, wenn Aufwendungen, die eine besondere Nähe zur privaten Lebensführung aufweisen und daher von der Finanzverwaltung kaum kontrolliert werden können, mehr oder weniger unbesehen zum Abzug zugelassen würden.[1986] Aus verfassungsrechtlicher Sicht spreche daher nichts dagegen, das Veranlassungsprinzip durch das Element der Notwendigkeit zu ergänzen und den Betriebsausgabenabzug, wie in § 4 Abs. 5 S. 1 Nr. 1-4 ,7 EStG geschehen, auf ein angemessenes Niveau zu beschränken oder sogar vollständig auszuschließen.[1987]

Diese zweite Sichtweise entspricht letztlich der im 1. Teil der Arbeit bereits vorgestellten differenzierten Literaturansicht, wonach das objektive Nettoprinzip nur in seinem Kerngehalt, also nur bezüglich der notwendigen bzw. zwangsläufigen Erwerbsaufwendungen, Verfassungsrang zukommt.[1988] Wie dort bereits angesprochen wurde, stellt sich bei dieser Sichtweise allerdings trotzdem die Folgefrage, welche verfassungsrechtlichen Konsequenzen sich daraus ergeben, dass der Gesetzgeber den weiten Veranlassungsbegriff, den er in § 4 Abs. 4 EStG selbst einfachrechtlich normiert hat, im Rahmen des § 4 Abs. 5 S. 1 Nr. 1-7 EStG typisierend wieder einschränkt. Auch wenn man mit der Ansicht von *Birk* und *Tipke* davon ausgeht, dass das objektive Nettoprinzip durch die Einschränkungen des § 4 Abs. 5 S. 1 Nr. 1-7 EStG nicht in seinem verfassungsrechtlichen Kerngehalt verletzt wird, könnte diese Abweichung dennoch rechtfertigungsbedürftig sein, wenn der Gesetzgeber damit seine eigene Belastungsentscheidung aus § 4 Abs. 4 EStG nicht folgerichtig umgesetzt hat.[1989] Da weder *Birk* noch *Tipke* in

---

1983 Vgl. *Birk,* StuW 1989, 212, 216; *Klein,* DStZ 1995, 630, 631; *Tipke,* StuW 1988, 262, 274; a.A. *Sauren,* DStZ 1989, 189, 190.

1984 So *Birk,* StuW 1989, 212, 216.

1985 Vgl. *Birk,* StuW 1989, 212, 216.

1986 So *Birk,* StuW 1989, 212, 216.

1987 Vgl. *Birk,* StuW 1989, 212, 216.

1988 Siehe Teil 1 § 2 B.II.3.

1989 Siehe hierzu bereits Teil 3 § 9 C.II.

ihren Ausführungen auf diese Folgefrage eingehen, soll das Problem an späterer Stelle, an der die einzelnen Ansichten kritisch gewürdigt wurden, nochmals aufgegriffen werden.[1990]

C. Zweite Ansicht: (teilweise) konstitutive Wirkung

I. Inhaltliche Darstellung

Die Vertreter der zweiten Ansicht (*konstitutive Ansicht*),[1991] zu denen insbesondere *Spilker*[1992] gehört, gehen demgegenüber im Hinblick auf die rechtliche Wirkung des § 4 Abs. 5 S. 1 Nr. 1-7 EStG davon aus, dass nicht alle Aufwendungen des Abzugskataloges originär betrieblich veranlasst seien und die Abzugsregelungen daher teilweise konstitutive Wirkung hätten. Ihrer Meinung nach handelt es sich bei einigen Aufwendungen in Wahrheit um typische Mischaufwendungen[1993] – genauer gesagt echte untrennbar gemischt veranlasste Aufwendungen –, welche die Voraussetzungen des § 4 Abs. 4 EStG nicht erfüllen und damit nach

---

1990 Siehe hierzu Teil 4 § 18 C.

1991 Hierzu gehören z.B. *Fichtelmann*, FR 1974, 454; *Helkenberg*, Unangemessenheit von Betriebsausgaben, S. 50 ff., 74 f.; *Hey*, in: Tipke/Lang, Steuerrecht, Rn. 8.287, 8.291 f.; *Hey*, FR 2020, 578, 584; *Ihlas*, FR 1989, 321, 324 f.; *Kammergruber*, Betriebsausgabenabzug, S. 247; *G. Kirchhof*, in: BeckOK EStG, § 12, Rn. 42, 47 f.; *P. Kirchhof*, DStJG 3 (1980), S. 201, 202 ff.; *Lang*, Bemessungsgrundlage, S. 335 f.; *Lang*, in: Tipke/Lang, Steuerrecht, 20. Auflage, 2010, § 8, Rn. 287, 291 f.; *Littmann*, StbJb. 1960/61, S. 125, 135; *Offerhaus*, BB 1979, 667, 668; *Offerhaus*, BB 2006, 129 f.; *Rose*, Mehraufwendungen doppelte Haushaltsführung, S. 72, 102; *Schneider*, FS BFH, Bd. 2, S. 1243, 1255 f.; *Söhn*, StuW 1983, 193, 200 ff.; *Wacker*, BB 2018, 2519, 2525 f. Für die Schwesternorm des § 9 Abs. 1 S. 3 EStG siehe zudem *von Bornhaupt*, in: K/S/M, EStG, § 9, Rn. A 34 f.

1992 *Spilker*, in: K/S/M, EStG, § 4, Rn. F 8 ff.; siehe aber auch schon *Söhn*, in: K/S/M, EStG, Stand 1995, § 4, Rn. F 12 ff.

1993 Anders dagegen *G. Kirchhof*, in BeckOK EStG, § 12, Rn. 132, der vertritt, dass sich die Aufwendungen des § 4 Abs. 5 S. 1 EStG, die er „lebensführungsnahe Erwerbsaufwendungen" nennt, von den echten untrennbar gemischt veranlassten Aufwendungen unterscheiden. Seiner Meinung nach liegt die erwerbliche und private Mitveranlassung bei untrennbar gemischt veranlassten Aufwendungen gleichzeitig vor. Demgegenüber sei eine solche gleichzeitige Mitveranlassung bei lebensführungsnahen Erwerbsaufwendungen nicht gegeben. Vielmehr sei die Veranlassung dieser Aufwendungen nicht eindeutig bzw. zweifelsfrei bestimmbar, weshalb der Gesetzgeber die lebensführungsnahen Erwerbsaufwendungen erst konstitutiv der steuerbaren Sphäre zuordne und sodann den Abzugsbeschränkungen und -verboten des § 4 Abs. 5 S. 1 Nr. 1-7 EStG unterwerfe.

§ 12 Nr. 1 S. 2 EStG[1994] grundsätzlich vollständig vom Abzug ausgeschlossen wären.[1995] Diese Aufwendungen, zu denen *Spilker* die Bewirtungsaufwendungen nach § 4 Abs. 5 S. 1 Nr. 2 EStG, die Verpflegungsmehraufwendungen nach § 4 Abs. 5 S. 1 Nr. 5 EStG, die Fahrtkosten iSd § 4 Abs. 5 S. 1 Nr. 6 EStG sowie die die Lebensführung berührenden Aufwendungen gemäß § 4 Abs. 5 S. 1 Nr. 7 EStG zählt,[1996] ordne der Gesetzgeber durch den Einleitungssatz des § 4 Abs. 5 S. 1 EStG *konstitutiv* den Betriebsausgaben zu[1997] und schränke anschließend typisierend und pauschalierend ihre Abzugsfähigkeit wieder ein, um den eigentlich privat veranlassten Aufwendungsteil weiterhin vom Abzug auszuschließen.[1998] In Ab-

---

1994 *Spilker*, in: K/S/M, EStG, § 4, Rn. F 7 ordnet untrennbar gemischt veranlasste Aufwendungen dem Abzugsverbot des § 12 Nr. 1 S. 2 EStG zu; a.A. dagegen *Söhn*, FS Offerhaus, S. 477, 485, der die Nichtabziehbarkeit untrennbar gemischt veranlasster Aufwendungen unabhängig von § 12 Nr. 1 S. 2 EStG annimmt. Siehe zu der von beiden Autoren vertretenen Ansicht, wonach untrennbar gemischt veranlasste Aufwendungen keine Erwerbsaufwendungen sind, nochmals Teil 3 § 10 C.II.1.

1995 Siehe *Ihlas*, FR 1989, 321, 324 f.; *Lang*, Bemessungsgrundlage, S. 335 f.; *Littmann*, StbJb. 1960/61, S. 125, 135; *Schneider*, FS BFH, Bd. 2, S. 1243, 1255; *Spilker*, in: K/S/M, EStG, § 4, Rn. F 8. Bei den übrigen Tatbeständen geht *Spilker*, in: K/S/M, EStG, § 4, Rn. F 5 indessen ebenso wie die erste Ansicht davon aus, dass originär betrieblich veranlasste Aufwendungen iSd § 4 Abs. 4 EStG vorliegen und die Abzugsregelungen des § 4 Abs. 5 S. 1 Nr. 1-7 EStG diesbezüglich Ausnahmen zu § 4 Abs. 4 EStG darstellen. Bezüglich dieser Tatbestände ergeben sich damit für das Verhältnis des § 4 Abs. 5 S. 1 Nr. 1-7 EStG zum objektiven Nettoprinzip sowie den übrigen einfachrechtlichen Abzugsregelungen die gleichen Konsequenzen, die bereits im Rahmen der ersten Ansicht in Teil 4 § 16 B.III. vorgestellt wurden, vgl. *Spilker*, in: K/S/M, EStG, § 4, Rn. F 9.

1996 Siehe *Spilker*, in: K/S/M, EStG, § 4, Rn. F 9; siehe zudem schon *Söhn*, in: K/S/M, EStG, Stand 1995, § 4, Rn. F 13 ff. Welche Tatbestände des § 4 Abs. 5 S. 1 Nr. 1-7 EStG im Einzelnen der konstitutiven Wirkung unterliegen, wird innerhalb der zweiten Ansicht unterschiedlich gesehen. *Lang*, Bemessungsgrundlage, S. 335 ff. und *Schneider*, FS BFH, Bd. 2, S. 1243, 1255 gehen offenbar davon aus, dass alle Tatbestände des § 4 Abs. 5 S. 1 EStG dazu gehören, *Helkenberg*, Unangemessenheit von Betriebsausgaben, S. 54 f. nimmt insbesondere bei den Aufwendungen nach § 4 Abs. 5 S. 1 Nr. 1-5 EStG an, dass diese in Wahrheit gemischt veranlasst seien.

1997 So schon *Söhn*, in: K/S/M, EStG, Stand 1995, § 4, Rn. F 12 ff.; vgl. auch *Lang*, Bemessungsgrundlage, S. 336; für die Schwesternorm in § 9 Abs. 1 S. 3 EStG siehe zudem *Offerhaus*, BB 1979, 667, 668; *Söhn*, StuW 1983, 193, 202.

1998 Siehe *Spilker*, in: K/S/M, EStG, § 4, Rn. F 8 f., F 27; so schon *Söhn*, in: K/S/M, EStG, Stand 1995, § 4, Rn. F 5, F 11; vgl. auch *Helkenberg*, in: Unangemessenheit von Betriebsausgaben, S. 82 f.; *G. Kirchhof*, in: BeckOK EStG, § 12, Rn. 48. Teilweise wird die konstitutive Zuordnung zur Betriebssphäre auch darauf zurückgeführt,

grenzung zu § 12 Nr. 1 S. 2 EStG seien die betreffenden Aufwendungen damit keine gemischt veranlassten Aufwendungen, sondern Betriebsausgaben kraft gesetzlicher Zuordnung.[1999]

Mit dieser Sichtweise entspricht die konstitutive Ansicht im Ergebnis der im 3. Teil bereits vorgestellten Literaturmeinung, wonach Repräsentationsaufwendungen nach § 4 Abs. 5 S. 1 Nr. 1, 3, 4 und 7 EStG bzw. betrieblich bedingte Mehraufwendungen iSd § 4 Abs. 5 S. 1 Nr. 5-6c EStG dem Grunde nach untrennbar gemischt veranlasste Aufwendungen sind und damit nur kraft konstitutiver Sonderregelung zum Abzug zugelassen werden.[2000] Auch nach dieser Ansicht, welche vornehmlich von *Söhn* vertreten wurde, kommt dem Abzugskatalog des § 4 Abs. 5 S. 1 Nr. 1-7 EStG konstitutive Wirkung zu, soweit hiervon auch solche Aufwendungen erfasst sind, die schon begrifflich keine Erwerbsaufwendungen iSd § 4 Abs. 4 EStG darstellen.[2001] Die von *Söhn* vorgebrachte dogmatische Begründung für diese *konstitutive* Wirkung unterscheidet sich allerdings teilweise von der soeben beschriebenen: Während *Spilker* und einige andere Vertreter der zweiten Ansicht die konstitutive Wirkung des § 4 Abs. 5 S. 1 Nr. 1-7 EStG darin sehen, dass der Einleitungssatz nach § 4 Abs. 5 S. 1 EStG eigentlich gemischt veranlasste Aufwendungen konstitutiv zu reinen Betriebsausgaben macht,[2002] ging *Söhn* davon aus, dass die konstitutive Wirkung darin besteht, untrennbar gemischt veranlasste Aufwendungen teilweise zum Abzug zuzulassen.[2003] Nach dieser Ansicht ändert § 4 Abs. 5 S. 1 Nr. 1-7 EStG nichts an der sphärischen Einordnung

---

dass der Gesetzgeber mit Hilfe des § 4 Abs. 5 S. 1 EStG im Wege einer gesetzlichen Wertung positivrechtlich entschieden habe, dass der betriebliche Veranlassungsteil der untrennbar gemischt veranlassten Aufwendungen wesentlich ist, siehe etwa *P. Kirchhof*, DStJG 3 (1980), S. 201 f., 208, 210 ff.; *Prinz*, StuW 1996, 267, 268.

1999 So *Spilker*, in: K/S/M, EStG, § 4, Rn. F 8, F 27.

2000 Siehe zu diesen Ansichten nochmals Teil 3 § 11 D. und Teil 3 § 12.E.II.2.

2001 Siehe *Söhn*, StuW 1983, 193, 200; *Söhn*, FS Offerhaus, S. 477, 486; *Söhn*, FS Spindler, S. 795, 805 f.; *Söhn*, in: K/S/M, EStG, § 4, Rn. E 115, 117; vgl. auch *Offerhaus*, BB 1979, 667, 668; *Rose*, Mehraufwendungen doppelte Haushaltsführung, S. 67 f.

2002 Siehe *Spilker*, in: K/S/M, EStG, § 4, Rn. F 8 f., F 27; vgl. auch *G. Kirchhof*, in: BeckOK EStG, § 12, Rn. 48; *P. Kirchhof*, DStJG 3 (1980), S. 201 f.; uneindeutig dagegen *Helkenberg*, in: Unangemessenheit der Betriebsausgaben, S. 74, 82 f., nach der die gemischten Aufwendungen durch § 4 Abs. 5 S. 1 EStG zwar als Betriebsausgaben qualifiziert werden, dabei aber immer noch dem Anwendungsbereich des § 12 Nr. 1 EStG unterliegen sollen.

2003 Vgl. *Söhn*, StuW 1983, 193, 200 ff.; *Söhn*, in: K/S/M, EStG, Stand 1995, § 4, Rn. F 14; *Söhn*, FS Offerhaus, S. 477, 486; *Söhn*, FS Spindler, S. 795, 805 f.; *Söhn*, in: K/S/M, EStG, § 4, Rn. E 115, 117.

der betreffenden Mischaufwendungen, ermöglicht aber kraft gesetzlicher Sonderregelung die anteilige steuerliche Berücksichtigung von Aufwendungen, die nach § 12 Nr. 1 S. 2 EStG eigentlich vollständig vom Abzug ausgeschlossen wären.[2004] Damit bezieht sich die konstitutive Wirkung des § 4 Abs. 5 S. 1 Nr. 1-7 EStG gerade nicht auf die sphärische Zuordnung der Mischaufwendungen, sondern einzig auf ihre steuerliche Behandlung. Insbesondere betrieblich bedingte Mehraufwendungen sind nach Ansicht *Söhns* stets untrennbar mit der Privatsphäre des Steuerpflichtigen verbunden und unterfallen damit selbst dann einem vollständigen Abzugsverbot iSd § 12 Nr. 1 S. 2 EStG, wenn die betriebliche Mitveranlassung qualitativ besonders gewichtig ist.[2005] § 4 Abs. 5 S. 1 Nr. 1-7 EStG stellt daher aus seiner Sicht eine Sonderregelung des Gesetzgebers dar, die erforderlich ist, damit der betriebliche Aufwendungsteil überhaupt steuerlich geltend gemacht werden kann.[2006] Anders als *Spilker* annimmt, werden die betrieblichen Mehraufwendungen damit aber nicht zu Betriebsausgaben kraft gesetzlicher Zuordnung, sondern bleiben weiterhin untrennbar gemischt veranlasste Aufwendungen iSd § 12 Nr. 1 S. 2 EStG.[2007]

Auch wenn damit grundsätzlich zwei unterschiedliche Bezugspunkte für die konstitutive Wirkung des § 4 Abs. 5 S. 1 Nr. 1-7 EStG angenommen werden, kommen die beiden Ansichten bezüglich der übergeordneten Dogmatik und systematischen Einordnung des § 4 Abs. 5 S. 1 Nr. 1-7 EStG letztlich zu den gleichen Ergebnissen.[2008] Für die weitere Untersuchung können die Ansichten von *Spilker* und *Söhn* daher als eine einheitliche Gegenansicht zu der ersten Ansicht

---

2004 Siehe *Ihlas,* FR 1989, 321, 325; *Söhn,* StuW 1983, 193, 200 ff.; *Söhn,* FS Spindler, S. 795, 805 f.; *Söhn,* in: K/S/M, EStG, § 4, Rn. E 117; deutlich auch *Söhn,* FS Offerhaus, S. 477, 486: „Denn erst und nur auf Grund dieser Sondervorschriften können diese Mischaufwendungen i.e.S. als Betriebsausgaben/Werbungskosten abgezogen werden."

2005 So *Söhn,* StuW 1983, 193, 201; *Söhn,* FS Spindler, S. 795, 805. Siehe diesbezüglich nochmals Teil 3 § 12 E.II.2.

2006 Vgl. *Söhn,* StuW 1983, 193, 201; *Söhn,* FS Offerhaus, S. 477, 486; *Söhn,* FS Spindler, S. 795, 805 f.; *Söhn,* in: K/S/M, EStG, § 4, Rn. E 117; zustimmend für die Aufwendungen für Fahrten zwischen Wohnung und Betriebsstätte, die Mehraufwendungen wegen einer doppelten Haushaltsführung und die Verpflegungsmehraufwendungen, die heute in § 4 Abs. 5 S. 1 Nr. 5-6a EStG geregelt sind, auch *Lang,* Bemessungsgrundlage, S. 337. Siehe diesbezüglich bereits Teil 3 § 12 E.II.2.

2007 Vgl. *Söhn,* StuW 1983, 193, 200 f.

2008 Siehe hierzu sogleich Teil 4 § 16 C.III.

betrachtet werden, wonach § 4 Abs. 5 S. 1 EStG lediglich deklaratorische Wirkung zukommt.[2009]

II. Wesentliche Argumente

Zur Begründung der konstitutiven Ansicht werden sowohl von *Spilker* als auch von *Söhn* kaum Argumente vorgebracht. Soweit ersichtlich, bezieht sich die wesentliche Argumentation beider Autoren darauf, dass einige Aufwendungspositionen des § 4 Abs. 5 S. 1 Nr. 1-7 EStG so sehr mit der privaten Lebensführung des Steuerpflichtigen verbunden sind, dass das Vorliegen ausschließlich bzw. fast ausschließlich betrieblich veranlasster Aufwendungen von vornherein ausgeschlossen ist und die entsprechenden Tatbestände damit keine Ausnahmen zu § 4 Abs. 4 EStG bilden können.[2010] Insoweit wird an dieser Stelle nochmals auf die Ausführungen zur Veranlassung der Repräsentationsaufwendungen nach § 4 Abs. 5 S. 1 Nr. 1-4, 7 EStG und betrieblich bedingten Mehraufwendungen gemäß § 4 Abs. 5 S. 1 Nr. 5-6c EStG in Teil 3 verwiesen.[2011]

Auch *Helkenberg* und *Lang* berufen sich im Wesentlichen darauf, dass einige Aufwendungen, die in § 4 Abs. 5 S. 1 Nr. 1-7 EStG aufgezählt werden, typischerweise die private Lebensführung oder Freizeitgestaltung des Steuerpflichtigen

---

2009 Eine einheitliche Behandlung der verschiedenen Herleitungen ist auch deshalb geboten, weil über die dogmatische Begründung der konstitutiven Wirkung auch innerhalb der beiden Perspektiven von *Spilker* und *Söhn* Unklarheit zu bestehen scheint. Insbesondere *Söhn,* in: K/S/M, EStG, Stand 1995, § 4, Rn. F 13 ff. stellt je nach Tatbestand auf unterschiedliche Bezugspunkte der konstitutiven Wirkung ab. Während er bei den Bewirtungskosten nach § 4 Abs. 5 S. 1 Nr. 2 EStG und den Fahrtkosten iSd § 4 Abs. 5 S. 1 Nr. 6 EStG davon ausgeht, dass diese konstitutiv den Betriebsausgaben zugeordnet werden (siehe *Söhn,* in: K/S/M, EStG, Stand 1995, § 4, Rn. F 13, F 15), scheint er die konstitutive Wirkung bei den Verpflegungsmehraufwendungen nach § 4 Abs. 5 S. 1 Nr. 5 EStG eher darin zu sehen, dass der Gesetzgeber trotz der gemischten Veranlassung die Möglichkeit eines steuerlichen Teilabzugs anordnet (siehe *Söhn,* in: K/S/M, EStG, Stand 1995, § 4, Rn. F 14). Siehe außerdem *G. Kirchhof,* in: BeckOK EStG, § 12, Rn. 132; *Söhn,* FS Offerhaus, S. 477, 486, welche die *konstitutive* Wirkung des § 4 Abs. 5 S. 1 EStG sowohl in der Zuordnung zur Betriebssphäre als auch in der Anordnung der partiellen Abzugsfähigkeit sehen.

2010 Vgl. *Spilker,* in: K/S/M, EStG, § 4, Rn. F 8; *Söhn,* StuW 1983, 193, 200 ff.; *Söhn,* FS Offerhaus, S. 477, 486; *Söhn,* FS Spindler, S. 795, 805 f.; *Söhn,* in: K/S/M, EStG, § 4, Rn. E 117; siehe auch *Schneider,* FS BFH, Bd. 2, S. 1243, 1255. Für Mehraufwendungen wegen einer doppelten Haushaltsführung siehe zudem *Ihlas,* FR 1989, 321, 325.

2011 Siehe Teil 3 § 11 D. für die Repräsentationsaufwendungen und Teil 3 § 12 E.II.2. für die betrieblich/beruflich bedingten Mehraufwendungen.

beträfen und damit dem Grunde nach *wesentlich privat mitveranlasst* seien.[2012] Darüber hinaus führen beide Autoren aber noch weitere Argumente an, die sich unmittelbar auf die historische, systematische und teleologische Bedeutung des § 4 Abs. 5 S. 1 Nr. 1-7 EStG beziehen. So sieht *Lang* die Annahme einer konstitutiven Wirkung des § 4 Abs. 5 S. 1 EStG zusätzlich darin bestätigt, dass das Abzugsverbot nach § 4 Abs. 5 S. 2 EStG nicht gilt, soweit die in Nummern 2 bis 4 bezeichneten Zwecke *Gegenstand einer mit Gewinnabsicht ausgebübten Betätigung* des Steuerpflichtigen sind.[2013] Seiner Meinung nach betrifft diese Regelung gerade solche Aufwendungen, die nur betrieblich und nicht zugleich auch privat mitveranlasst sind, und ordnet daher als Ausnahme zu § 4 Abs. 5 S. 1 EStG an, dass diese Aufwendungen vollständig zum Abzug zuzulassen sind.[2014] Daraus folge im Umkehrschluss, dass die Tatbestände des § 4 Abs. 5 S. 1 EStG nur gemischt veranlasste Aufwendungen und keine originär betrieblich veranlassten Aufwendungen betreffen könnten.[2015]

Helkenberg verweist überdies darauf, dass der Wortlaut des Einleitungssatzes, wonach „Die folgenden *Betriebsausgaben* den Gewinn […] nicht mindern [dürfen]“,[2016] trotz der verwendeten Terminologie „Betriebsausgabe“ keine Aussage darüber treffen könne, dass die Aufwendungen der einzelnen Tatbestände betrieblich veranlasst sein müssen, da diese Formulierung in den ursprünglichen Fassungen des § 9a EStG EStÄndG 1951 und § 4 Abs. 5 EStG StÄndG 1960 nicht verwendet wurde.[2017] Ursprünglich wurden die einzelnen Positionen des § 4 Abs. 5 S. 1 EStG a.F. unter dem Begriff „Aufwendung“ zusammengefasst,[2018] woraus *Helkenberg* den Schluss zieht, dass der Gesetzgeber bewusst zwischen Betriebsausgaben iSd § 4 Abs. 4 EStG und anderen Aufwendungen[2019] differen-

2012 Siehe *Helkenberg*, Unangemessenheit von Betriebsausgaben, S. 54 f.; *Lang*, Bemessungsgrundlage, S. 335 f.

2013 *Lang*, Bemessungsgrundlage, S. 336 (Hervorhebung durch den Autor); vgl. auch *Kammergruber*, Betriebsausgabenabzug, S. 246 ff.

2014 Siehe *Lang*, Bemessungsgrundlage, S. 336; vgl. auch *Kammergruber*, Betriebsausgabenabzug, S. 246 ff.

2015 Vgl. *Lang*, Bemessungsgrundlage, S. 336.

2016 Hervorhebung nur hier.

2017 Siehe *Helkenberg*, Unangemessenheit von Betriebsausgaben, S. 5, 52, 74 f.; vgl. auch *Kammergruber*, Betriebsausgabenabzug, S. 244 f.

2018 Vgl. EStÄndG 1951, BGBl. I 1951, 411, 412; StÄndG 1960, BGBl. I 1960, 616.

2019 § 4 Abs. 5 S. 2 EStG 1960 lautete: „Andere Aufwendungen als die in den Ziffern 1 bis 3 bezeichneten, die die Lebensführung des Steuerpflichtigen oder anderer Personen berühren, scheiden bei der Gewinnermittlung aus, als sie nach der allgemeinen Verkehrsauffassung als unangemessen anzusehen sind.“

ziere und den Regelungsbereich des § 4 Abs. 5 EStG allein auf Mischausgaben beschränkt habe.[2020] Sinn und Zweck des § 4 Abs. 5 EStG 1960 sei es gewesen, die partielle Abzugsfähigkeit von untrennbar gemischt veranlassten Aufwendungen zu regeln.[2021] Dass der Gesetzgeber den Begriff „Aufwendung" in § 4 Abs. 5 EStG bei Erlass des EStRefG 1974[2022] in den Terminus „Betriebsausgabe" umgewandelt habe, ändere nichts an diesem Regelungsgegenstand, da mit der neuen Terminologie keine inhaltliche Änderung verbunden werden sollte.[2023] So sei den Gesetzesmaterialien nicht zu entnehmen, dass der Gesetzgeber nunmehr das Ziel verfolgte, die Aufwendungen in § 4 Abs. 5 EStG als Betriebsausgaben zu behandeln.[2024] Insbesondere sei auch nicht erkennbar, dass er mit dem geänderten Wortlaut das widersprüchliche Institut der „nichtabziehbaren Betriebsausgaben"[2025] einführen wollte.[2026] Diese terminologische Ungenauigkeit sei vielmehr darauf zurückzuführen, dass bei der Umformulierung des § 4 Abs. 5 S. 2 EStG a.F. in eine neue Ziffer ein redaktioneller Fehler unterlaufen sei, der dem Umstand geschuldet sein könnte, dass die Steuerpflichtigen ihre eigentlich untrennbar gemischt veranlassten Aufwendungen unzutreffend als Betriebsausgaben deklariert hatten.[2027] Die Entstehungsgeschichte des § 4 Abs. 5 EStG StÄndG 1960 bestätige jedenfalls, dass § 4 Abs. 5 EStG nach der Intention des Gesetzgebers keine Betriebsausgaben, sondern untrennbar gemischt veranlasste Aufwendungen betreffe.[2028] Dieser Regelungsgegenstand ergebe sich darüber hinaus auch aus der Begründung des Gesetzgebers sowie dem ursprünglichen Sinn und Zweck des § 4 Abs. 5 S. 1 Nr. 7 EStG.[2029] In der Begründung des Entwurfs der Bundesregierung zu § 4 Abs. 4 S. 2 EStG,[2030] der mit dem StÄndG 1953 eingeführt wurde, heißt es unter anderem:

2020 Siehe *Helkenberg,* Unangemessenheit von Betriebsausgaben, S. 52; vgl. auch *Kammergruber,* Betriebsausgabenabzug, S. 245.

2021 Vgl. *Helkenberg,* Unangemessenheit von Betriebsausgaben, S. 75.

2022 BGBl. I 1974, 1769.

2023 So *Helkenberg,* Unangemessenheit von Betriebsausgaben, S. 14 f.; 75; vgl. auch *Spilker,* in: K/S/M, EStG, § 4, Rn. F 1 und zuvor schon *Söhn,* in: K/S/M, EStG, Stand 1995, § 4, Rn. F 1.

2024 So *Helkenberg,* Unangemessenheit von Betriebsausgaben, S. 52.

2025 Kritisch hierzu auch *P. Kirchhof,* DStJG 3 (1980), S. 201 f.

2026 So *Helkenberg,* Unangemessenheit von Betriebsausgaben, S. 75.

2027 So *Helkenberg,* Unangemessenheit von Betriebsausgaben, S. 18, 52.

2028 Vgl. *Helkenberg,* Unangemessenheit von Betriebsausgaben, S. 74.

2029 Siehe *Helkenberg,* Unangemessenheit von Betriebsausgaben, S. 51 ff.

2030 § 4 Abs. 4 S. 2 EStG ist die Vorgängernorm zu § 4 Abs. 5 S. 1 Nr. 7 EStG. Zur historischen Entwicklung des § 4 Abs. 5 S. 1 Nr. 1-7 EStG siehe Teil 4 § 17 B.II.

„Es ist hierbei insbesondere an Aufwand bei Gastereien und sonst übermäßigen Spesenaufwand gedacht, also Aufwendungen, die, auch wenn sie im Betrieb erfolgen, mit der persönlichen Lebensführung im Zusammenhang stehen und deren Abgrenzung zu den nicht abziehbaren Kosten der Lebensführung (§ 12 EStG) im Einzelfall schwer zu treffen ist.“[2031]

Helkenberg folgert aus dem zweiten Halbsatz dieser Begründung, dass der Gesetzgeber mit § 4 Abs. 4 S. 2 EStG ausschließlich diejenigen Aufwendungen in ihrer Abzugsfähigkeit beschränken wollte, die tatsächlich die Lebensführung des Steuerpflichtigen betreffen, also untrennbar privat mitveranlasst sind.[2032] Zudem verweist sie darauf, dass der ursprüngliche Zweck des § 4 Abs. 4 S. 2 EStG in der Form des StÄndG vom 24.6.1953 darin bestanden habe, dem Missbrauch von Gestaltungsmöglichkeiten im Bereich der Betriebsausgaben und insbesondere dem Spesenunwesen vorzubeugen.[2033] Nur der missbräuchliche Aufwendungsteil sollte nach der Vorstellung des Gesetzgebers vom Abzug ausgeschlossen werden, was ihrer Meinung nach darauf hinweise, dass die betreffenden Aufwendungen in § 4 Abs. 5 EStG gemischt veranlasst sein müssen, da der missbräuchliche Teil genau dem Betrag entspreche, der der steuerlich unbeachtlichen Privatsphäre zuzuordnen sei.[2034] Eine missbräuchliche Betriebsausgabengestaltung setze die private Mitveranlassung der jeweiligen Aufwendung logisch voraus, so dass § 4 Abs. 5 EStG, der gerade dazu dient, derartige Gestaltungen zu unterbinden, schon aus diesem Grund nicht an das Vorliegen reiner Betriebsausgaben anknüpfen könne.[2035]

III. Rechtliche Konsequenzen für die übergeordnete Dogmatik und systematische Einordnung des § 4 Abs. 5 S. 1 Nr. 1-7 EStG

Noch zu beantworten bleibt auch für diese Ansicht die Frage, welche rechtlichen Konsequenzen sich für die übergeordnete Dogmatik und systematische Einordnung des § 4 Abs. 5 S. 1 Nr. 1-7 EStG ergeben, wenn man die Tatbestände des Abzugskataloges (teilweise) als konstitutive Sonderregelungen begreift.

2031 BT-Drs. I/4092, 37.

2032 Vgl. *Helkenberg*, Unangemessenheit von Betriebsausgaben, S. 51 ff.

2033 Siehe *Helkenberg*, Unangemessenheit von Betriebsausgaben, S. 53.

2034 Siehe *Helkenberg*, Unangemessenheit von Betriebsausgaben, S. 53; siehe in diesem Zusammenhang auch *Hey*, in: Tipke/Lang, Steuerrecht, Rn. 8.287: „Damit ist § 4 V 1 Nr. 7 EStG eine *Grundvorschrift*, die den unangemessenen Teil der Aufwendungen vom Steuerabzug ausschließt, weil dieser Teil verdeckt *privat* veranlasst ist“ (Hervorhebungen durch die Autorin); vgl. zudem *Lang*, Bemessungsgrundlage, S. 328 f.

2035 Vgl. *Helkenberg*, Unangemessenheit von Betriebsausgaben, S. 54.

Je nachdem, welchen Bezugspunkt man für die konstitutive Wirkung des § 4 Abs. 5 S. 1 Nr. 1-7 EStG wählt, können sich diesbezüglich dogmatische Unterschiede ergeben, welche in der folgenden Darstellung berücksichtigt werden sollen. Da die verschiedenen Perspektiven aber für die übergeordnete Dogmatik und systematische Einordnung des § 4 Abs. 5 S. 1 Nr. 1-7 EStG letztlich zu den gleichen Ergebnissen führen, können die unterschiedlichen Perspektiven für die weitere Untersuchung als einheitliche Sichtweise betrachtet werden.

Hinsichtlich der systematischen Einordnung des § 4 Abs. 5 S. 1 Nr. 1-7 EStG besteht innerhalb der konstitutiven Ansicht zunächst Einigkeit darüber, dass die Tatbestände des Kataloges nicht zu einer Einschränkung des Betriebsausgabenabzug nach § 4 Abs. 4 EStG führen, soweit Aufwendungen betroffen sind, die nicht originär betrieblich veranlasst sind.[2036] Bei diesen Aufwendungen handelt es sich sowohl nach der Ansicht *Spilkers* als auch nach der Ansicht *Söhns* dem Grunde nach um untrennbar gemischt veranlasste Aufwendungen, für die der Anwendungsbereich des § 4 Abs. 4 EStG nicht eröffnet sei.[2037] Anders als die Gegenansicht annimmt, stehen § 4 Abs. 4 EStG und die Tatbestände des § 4 Abs. 5 S. 1 Nr. 1-7 EStG daher nach dieser Auffassung nicht (durchgängig) in einem Regel-Ausnahme-Verhältnis zueinander.[2038] Vielmehr wird davon ausgegangen, dass § 4 Abs. 5 S. 1 Nr. 1-7 EStG eigene Tatbestände normiert, mit denen die steuerliche Behandlung bestimmter untrennbar gemischt veranlasster Aufwendungen gesetzlich geregelt wird.[2039]

Dogmatisch auseinander fallen die Ansichten von *Spilker* und *Söhn* demgegenüber in Bezug auf das Verhältnis des § 4 Abs. 5 S. 1 Nr. 1-7 EStG zu § 12 Nr. 1 S. 2 EStG. *Spilker* ist der Ansicht, dass § 4 Abs. 5 S. 1 Nr. 1-7 EStG und § 12 Nr. 1 S. 2 EStG auch für diejenigen Tatbestände, welche die steuerliche Behandlung typischer Mischaufwendungen regeln, nicht in Konkurrenz zueinander stehen, da diese Aufwendungen aufgrund des Einleitungssatzes nach

2036 Vgl. *Lang*, Bemessungsgrundlage, S. 335; *Spilker*, in: K/S/M, EStG, § 4, Rn. F 27; *Söhn*, FS Offerhaus, S. 477, 485 f.

2037 Vgl. *Spilker*, in: K/S/M, EStG, § 4, Rn. F 8; *Söhn*, FS Offerhaus, S. 477, 485 f. Siehe zu dieser umstrittenen sphärischen Einordnung der echten untrennbar gemischt veranlassten Aufwendungen nochmals Teil 3 § 10 C.II.1.

2038 Vgl. *Lang*, Bemessungsgrundlage, S. 335; *Spilker*, in: K/S/M, EStG, § 4, Rn. F 8, F 27; *Söhn*, FS Offerhaus, S. 477, 486; für die Schwestervorschrift des § 9 Abs. 1 S. 3 EStG vgl. auch *Söhn*, StuW 1983, 193, 199 f.; a.A. dagegen *P. Kirchhof*, DStJG 3 (1980), S. 201, 203.

2039 Siehe *Schneider*, in: FS BFH, Bd. 2, S. 1243, 1255; vgl. auch *Hey*, in: Tipke/Lang, Steuerrecht, Rn. 8.291.

§ 4 Abs. 5 S. 1 EStG zu Betriebsausgaben kraft gesetzlicher Zuordnung gemacht werden und damit nicht mehr in den Anwendungsbereich des § 12 Nr. 1 S. 2 EStG fallen.[2040] *Söhn* hingegen ordnet die Repräsentationsaufwendungen und betrieblich bedingten Mehraufwendungen unabhängig von § 4 Abs. 5 S. 1 EStG auch weiterhin den nicht abziehbaren Mischaufwendungen iSd § 12 Nr. 1 S. 2 EStG zu und kommt damit grundsätzlich zu einem Konkurrenzverhältnis zwischen § 12 Nr. 1 S. 2 EStG, der den steuerlichen Abzug der untrennbar gemischt veranlassten Aufwendungen vollständig ausschließt, und § 4 Abs. 5 S. 1 Nr. 1-7 EStG, wonach der Abzug teilweise ermöglicht wird.[2041] Dieses Konkurrenzverhältnis löst sich seiner Meinung nach allerdings dahingehend auf, dass § 4 Abs. 5 S. 1 Nr. 1-7 EStG als gesetzgeberische Sonderregelung für bestimmte untrennbar gemischt veranlasste Aufwendungen *lex specialis* ist und damit systematisch Vorrang vor § 12 Nr. 1 S. 2 EStG hat.[2042] Mithin kommt auch er zu dem Ergebnis, dass das Abzugsverbot nach § 12 Nr. 1 S. 2 EStG keine Anwendung findet, wenn die Voraussetzungen eines Tatbestandes nach § 4 Abs. 5 S. 1 Nr. 1-7 EStG gegeben sind.

Einigkeit zwischen den Ansichten von *Spilker* und *Söhn* besteht wiederum im Hinblick auf das Verhältnis des § 4 Abs. 5 S. 1 Nr. 1-7 EStG zu Art. 3 Abs. 1 GG. Beide Autoren gehen konträr zur ersten Ansicht davon aus, dass die Abzugsbeschränkungen und -verbote in § 4 Abs. 5 S. 1 Nr. 1-7 EStG nicht zu einer

---

2040 Vgl. *Spilker,* in: K/S/M, EStG, § 4, Rn. F 7 f., die diesbezüglich auch auf die Bestimmung des § 4 Abs. 5 S. 3 EStG verweist; im Ergebnis zustimmend auch *Lang,* Bemessungsgrundlage, S. 335. *Spilker,* in: K/S/M, EStG, § 4, Rn. F 7 geht auch für die Tatbestände, die ihrer Ansicht nach originär betrieblich veranlasste Aufwendungen betreffen, mit Verweis auf § 4 Abs. 5 S. 3 EStG von einem Exklusivitätsverhältnis zwischen § 4 Abs. 5 S. 1 EStG und § 12 Nr. 1 S. 2 EStG aus. In Bezug auf diese Tatbestände entspricht ihr Verständnis der deklaratorischen Ansicht in Teil 4 § 16 B.

2041 Vgl. *Söhn,* FS Offerhaus, S. 477, 485; *Söhn,* in: K/S/M, EStG, § 4, Rn. E 117; siehe auch *Helkenberg,* Unangemessene Betriebsausgaben, S. 74: „Die Vorschrift [gemeint ist § 4 Abs. 5 S. 1 Nr. 7 EStG] ist damit systematisch dem Bereich von § 12 Nr. 1 EStG zuzuordnen, […]. […] Dogmatisch muss die Vorschrift als § 12 Nr. 1 S. 3 EStG verstanden werden, […]“ Für die Schwesternorm in § 9 Abs. 1 S. 3 EStG vgl. zudem *Offerhaus,* BB 1979, 667, 668; *Söhn,* StuW 1983, 193, 199 f.

2042 Vgl. *Lang,* Bemessungsgrundlage, S. 335; *Söhn,* FS Offerhaus, S. 477, 486; *Söhn,* FR 1980, 301, 308. Siehe auch *Söhn,* in: K/S/M, EStG, Stand 1995, § 4, Rn. F 29, wonach § 4 Abs. 5 S. 1 EStG das prinzipielle Abzugsverbot für Privatausgaben (§ 12 Nr. 1 EStG) „ergänzt“. Für die Schwesternorm in § 9 Abs. 1 S. 3 EStG siehe außerdem *Ihlas,* FR 1989, 321, 324; *Offerhaus,* BB 1979, 667, 668; *Söhn,* StuW 1983, 193, 200.

Durchbrechung des Leistungsfähigkeitsprinzips oder objektiven Nettoprinzips führen, soweit hiervon Aufwendungen erfasst sind, die nicht originär betrieblich veranlasst sind.[2043] Eine solche Durchbrechung setze voraus, dass es sich bei den betreffenden Aufwendungen um Betriebsausgaben iSd § 4 Abs. 4 EStG handele, was bei denjenigen Tatbeständen in § 4 Abs. 5 S. 1 Nr. 1-7 EStG, die untrennbar gemischt veranlasste Aufwendungen betreffen, gerade nicht der Fall sei.[2044] Für diese Aufwendungen sei der Anwendungsbereich des objektiven Nettoprinzips, das nur die steuerliche Berücksichtigung betrieblich veranlasster Aufwendungen verlange, nicht eröffnet, so dass der Gesetzgeber letztlich frei darin sei, ihren Abzug (teilweise) konstitutiv zu ermöglichen oder aber völlig auszuschließen.[2045] Mit den Beschränkungen in § 4 Abs. 5 S. 1 Nr. 1-7 EStG trage der Gesetzgeber sogar dazu bei, das objektive Nettoprinzip einfachrechtlich umzusetzen, indem er einerseits den betrieblichen Aufwendungsteil typisierend berücksichtige, andererseits aber den privat veranlassten Aufwendungsteil vom Abzug ausschließe.[2046]

So argumentiert *Söhn*, dass eine reine Verwirklichung des Leistungsfähigkeitsprinzips bzw. objektiven Nettoprinzips bei untrennbar gemischt veranlassten Aufwendungen schon definitionsgemäß nicht möglich sei, da eine Berücksichtigung des nicht quantifizierbaren betrieblichen Teils stets auch dazu führe, dass der privat veranlasste Aufwendungsteil zum Abzug zugelassen werde, während ein vollständiges Verbot den betrieblich veranlassten Teil insgesamt unberücksichtigt

2043 Siehe *Spilker,* in: K/S/M, EStG, § 4, Rn. F 9; *Söhn,* in: K/S/M, EStG, Stand 1995, § 4, Rn. F 23 ff.; *Söhn,* FS Offerhaus, S. 477, 487; vgl. auch *Helkenberg,* Unangemessenheit von Betriebsausgaben, S. 76, 82; *Rose,* Mehraufwendungen doppelte Haushaltsführung, S. 103 f.; Richter/*Söhn,* StuW 2008, 117, 123; a.A. dagegen *Hey,* in: Tipke/Lang, Steuerrecht, Rn. 8.292 sowie zuvor schon *Lang,* in: Tipke/Lang, Steuerrecht, 20. Auflage, 2010, § 8, Rn. 292. Bezüglich der originär betrieblich veranlassten Aufwendungen geht *Spilker,* in: K/S/M, EStG, § 4, Rn. F 9 dagegen – ebenso wie die erste Ansicht – davon aus, dass die Beschränkungen des § 4 Abs. 5 S. 1 Nr. 1-7 EStG gegen die Vorgaben des objektiven Nettoprinzips verstoßen und daher rechtfertigungsbedürftig sind.

2044 Siehe *Söhn,* FS Offerhaus, S. 477, 487; vgl. *Spilker,* in: K/S/M, EStG, § 4, Rn. F 9.

2045 Siehe *Söhn,* FS Offerhaus, S. 477, 487; Richter/*Söhn,* StuW 2008, 117, 123.

2046 Siehe *Helkenberg,* Unangemessenheit von Betriebsausgaben, S. 82; *Spilker,* in: K/S/M, EStG, § 4, Rn. F 9; *Söhn,* in: K/S/M, EStG, Stand 1995, § 4, Rn. F 25 f.; *Söhn,* FS Offerhaus, S. 477, 487; für die Schwesterregelung in § 9 Abs. 1 S. 3 EStG siehe zudem *Rose,* Mehraufwendungen doppelte Haushaltsführung, S. 103 ff.; *Söhn,* StuW 1983, 193, 201.

lasse.[2047] Da eine Aufteilung untrennbar gemischt veranlasster Aufwendungen aber nicht möglich sei, bleibe dem Gesetzgeber nur eine Alles-oder-Nichts-Lösung.[2048] Das hierfür verwendete Abzugsverbot in § 12 Nr. 1 S. 2 EStG diene daher zwar insoweit der steuerlichen Gerechtigkeit und Gleichbehandlung, als hierdurch verhindert werde, dass der Steuerpflichtige durch eine mehr oder weniger zufällig oder bewusst herbeigeführte Verbindung zwischen Berufs- und Privatsphäre Aufwendungen der Lebensführung in den steuerlich relevanten Bereich der Erwerbssphäre verlagern könne.[2049] Gleichzeitig werde dieses Abzugsverbot aber dem objektiven Nettoprinzip nicht gerecht, soweit hierdurch auch der untrennbar betrieblich veranlasste Aufwendungsteil vom Abzug ausgeschlossen werde, durch den die wirtschaftliche Leistungsfähigkeit des Steuerpflichtigen ebenfalls gemindert werde.[2050] Eine konstitutive Sonderregelung wie § 4 Abs. 5 S. 1 Nr. 1-7 EStG, bei der ein wesentlicher betrieblicher Veranlassungsteil ausnahmsweise typisierend berücksichtigt wird, trage mithin dazu bei, dem objektiven Nettoprinzip auch bei untrennbar gemischt veranlassten Aufwendungen möglichst viel Geltung zu verschaffen.[2051] Umgekehrt argumentiert *Spilker*, dass aus dem objektiven Nettoprinzip zugleich folgt, dass Aufwendungen, die der unbeachtlichen Privatsphäre zuzuordnen sind, grundsätzlich keine steuerliche Berücksichtigung finden dürfen.[2052] Dieser Grundsatz der Nichtabziehbarkeit privater Aufwendungen werde mit den Tatbeständen des § 4 Abs. 5 S. 1 Nr. 1-7 EStG gerade dadurch gewährleistet, dass der private Nutzungsteil gemischter Aufwendungen typisierend vom Betriebsausgabenabzug ausgeschlossen werde.[2053]

Fraglich ist schließlich, ob die Tatbestände des § 4 Abs. 5 S. 1 Nr. 1-7 EStG bei Zugrundelegung der konstitutiven Ansicht einer übergeordneten Dogmatik folgen. Dies hängt davon ab, ob man wie *Lang* und *Söhn* davon ausgeht, dass alle Aufwendungen des Kataloges untrennbar gemischt veranlasst sind und die

2047 Siehe *Söhn,* DStJG 3 (1980), S. 13, 56; *Söhn,* StuW 1983, 193, 201; vgl. auch *Helkenberg,* Unangemessenheit von Betriebsausgaben, S. 77.

2048 Vgl. *Söhn,* DStJG 3 (1980), S. 13, 56; vgl. auch *Rose,* Mehraufwendungen doppelte Haushaltsführung, S. 103.

2049 So *Söhn,* DStJG 3 (1980), S. 13, 56; *Söhn,* StuW 1983, 193, 201.

2050 So *Söhn,* StuW 1983, 193, 201; vgl. auch *Helkenberg,* Unangemessenheit von Betriebsausgaben, S. 77, 82.

2051 Vgl. *Söhn,* StuW 1983, 193, 201; *Söhn,* in: K/S/M, EStG, Stand 1995, § 4, Rn. F 25 f.; siehe auch *Helkenberg,* Unangemessenheit von Betriebsausgaben, S. 82 f.; *Rose,* Mehraufwendungen doppelte Haushaltsführung, S. 103 ff.

2052 Siehe *Spilker,* in: K/S/M, EStG, § 4, Rn. F 9.

2053 Vgl. *Spilker,* in: K/S/M, EStG, § 4, Rn. F 9.

Tatbestände des § 4 Abs. 5 S. 1 Nr. 1-7 EStG demzufolge *vollumfänglich* konstitutive Sonderregelungen darstellen. In diesem Fall bestünde der Zweck des Abzugskataloges gerade darin, bestimmte untrennbar gemischt veranlasste Aufwendungen, die nach der Vorstellung des Gesetzgebers eng mit dem Betrieb des Steuerpflichtigen zusammenhängen, anteilig vom Abzug zuzulassen, um dem objektiven Nettoprinzip im Abgrenzungsbereich zwischen Erwerbs- und Privataufwendungen ausreichend Geltung zu verschaffen.[2054] Geht man hingegen mit *Spilker* davon aus, dass nur manche Aufwendungen des § 4 Abs. 5 S. 1 Nr. 1-7 EStG untrennbar gemischt veranlasst sind, andere Positionen aber als originär betrieblich veranlasste Aufwendungen eingeordnet werden können, so fehlt es an einer übergeordneten Dogmatik. In diesem Fall wären die Aufwendungen des Kataloges nicht einheitlich veranlasst und die Abzugsbestimmungen würden nicht den gleichen Regelungszweck verfolgen. Vielmehr stünden *Abzugsbeschränkungen und -verbote* für originär betrieblich veranlasste Aufwendungen unsystematisch neben *partiellen Abzugsmöglichkeiten* für typische Mischaufwendungen, die nur konstitutiv zu Betriebsausgaben gemacht wurden.

§ 17 Kritische Würdigung

A. Auswahl der Untersuchungsgegenstände

Nachdem die beiden wesentlichen Ansichten, die zur rechtlichen Wirkung des § 4 Abs. 5 S. 1 Nr. 1-7 EStG vertreten werden, mit ihren jeweiligen Argumenten und rechtlichen Konsequenzen herausgearbeitet wurden, sollen diese in einem zweiten Schritt nunmehr kritisch gewürdigt werden. Dabei ist insbesondere in den Blick zu nehmen, dass es im wissenschaftlichen Diskurs bislang an einer übergeordneten Untersuchung des § 4 Abs. 5 S. 1 Nr. 1-7 EStG fehlt, bei der sämtliche Gesichtspunkte, die für die rechtliche Einordnung des Abzugskatalogs von Bedeutung sind, umfassend nebeneinander analysiert werden. Gerade das Wechselspiel verschiedener Faktoren kann jedoch neue Perspektiven auf die rechtliche Einordnung des § 4 Abs. 5 S. 1 Nr. 1-7 EStG eröffnen, die bisher nicht hinreichend gewürdigt worden sind. So könnte der Wortlaut des § 4 Abs. 5 S. 1 EStG – wie die Vertreter der deklaratorischen Ansicht annehmen – zwar dafür sprechen, dass die nachfolgend aufgeführten Tatbestände die steuerliche Behandlung von Betriebsausgaben regeln. Ein anderes Auslegungsergebnis könnte sich jedoch ergeben, wenn man zusätzlich den abweichenden Wortlaut der Schwestervorschrift in

2054 Auch dieses Bild ist stark vereinfacht und bedarf im weiteren Verlauf näherer Untersuchung.

§ 9 Abs. 1 S. 3 Nr. 4, 5, 5a EStG berücksichtigt, wonach die dort aufgeführten Positionen nur mit den Worten „Werbungskosten sind *auch*" eingeleitet werden. Um § 4 Abs. 5 S. 1 Nr. 1-7 EStG umfassend zu untersuchen, ist es daher erforderlich, sich nicht nur den Einleitungssatz oder einzelne Tatbestände innerhalb des Abzugskataloges anzusehen, sondern zusätzlich weitere übergeordnete Gesichtspunkte in den Blick zu nehmen, die in diesem Zusammenhang ebenfalls eine Rolle spielen. Deshalb wird im Folgenden zunächst der Abzugskatalog des § 4 Abs. 5 S. 1 Nr. 1-7 EStG mit Hilfe der gängigen Auslegungsmethoden[2055] auf seine inhaltliche Bedeutung hin untersucht. Dabei wird zusätzlich analysiert, welche Rückschlüsse sich für die übergeordnete Dogmatik des § 4 Abs. 5 S. 1 Nr. 1-7 EStG aus dem Umstand ziehen lassen, dass die Rechtsfolgen, die für die verschiedenen Aufwendungspositionen angeordnet werden, unterschiedlich ausfallen. Sodann wird auf die übergeordneten Gesichtspunkte eingegangen, die sich aus der Generalklausel des § 4 Abs. 5 S. 1 Nr. 7 EStG für die übrigen Tatbestände des § 4 Abs. 5 S. 1 Nr. 1-6c EStG ergeben. Schließlich wird untersucht, welche Unterschiede bzw. Besonderheiten dadurch entstehen, dass sich der Wortlaut und die Systematik der Schwesternorm in § 9 Abs. 1 S. 3 Nr. 4, 5, 5a EStG von denen des § 4 Abs. 5 S. 1 EStG unterscheiden. Ziel der Analyse ist es, mit Hilfe dieser unterschiedlichen Untersuchungsgegenstände ein umfassendes Gesamtbild des § 4 Abs. 5 S. 1 Nr. 1-7 EStG zu zeichnen, mit dem die übergeordnete Dogmatik der Norm vollständig aufgezeigt werden kann.

B. Auslegung des § 4 Abs. 5 S. 1 Nr. 1-7 EStG

I. Wortlaut des Einleitungssatzes

Erste Hinweise auf die übergeordnete Dogmatik und sphärische Einordnung des § 4 Abs. 5 S. 1 Nr. 1-7 EStG könnten sich bereits aus dem Wortlaut des Einleitungssatzes nach § 4 Abs. 5 S. 1 EStG ergeben, der für alle Tatbestände des Kataloges gleichermaßen gilt. Dieser lautet: *„Die folgenden Betriebsausgaben dürfen den Gewinn nicht mindern:"*. Aus dieser Formulierung folgern die Vertreter der deklaratorischen Ansicht, dass das Vorliegen betrieblicher Aufwendungen iSd § 4 Abs. 4 EStG Voraussetzung dafür ist, dass die Abzugsregelungen des § 4 Abs. 5 S. 1 Nr. 1-7 EStG Anwendung finden.[2056] Für diese Auslegung spricht zunächst, dass alle Aufwendungen, die nachfolgend in den einzelnen Tatbeständen benannt werden („Die folgenden"), ausdrücklich mit

2055 Zu den Auslegungsmethoden siehe nochmals Fn. 1451.

2056 Siehe hierzu nochmals Teil 4 § 16 B.II.

dem Begriff „Betriebsausgaben" überschrieben werden.[2057] Dieser Begriff wird in § 4 Abs. 4 EStG legaldefiniert und erfasst solche Aufwendungen, die wesentlich bzw. fast ausschließlich betrieblich veranlasst sind.[2058] Ob auch untrennbar gemischt veranlasste Aufwendungen hinsichtlich ihres betrieblich veranlassten Teils unter den Begriff fallen, ist zwar umstritten,[2059] insbesondere *Söhn* als Hauptvertreter der konstitutiven Ansicht ist jedoch der Meinung, dass untrennbar gemischt veranlasste Aufwendungen schon begrifflich keine Erwerbsaufwendungen darstellen können.[2060] Die ausdrückliche Benennung mit dem Begriff „Betriebsausgabe" in § 4 Abs. 5 S. 1 EStG steht damit in Widerspruch zu seiner Annahme, die Aufwendungen in § 4 Abs. 5 S. 1 Nr. 1-7 EStG seien dem Grunde nach untrennbar gemischt veranlasst. Dieses Problem sehen auch andere Vertreter der konstitutiven Ansicht und plädieren daher dafür, den Wortlaut so zu ändern, dass hiervon nicht mehr nur rein betrieblich veranlasste Aufwendungen erfasst werden. *Helkenberg* und *Lang* schlagen beispielsweise vor, den Begriff „Betriebsausgabe" gegen die unverfänglichere Formulierung der „Aufwendung" auszutauschen, um deutlich zu machen, dass die Aufwendungen in § 4 Abs. 5 S. 1 Nr. 1-7 EStG tatsächlich untrennbar gemischt veranlasst seien.[2061] Dass der Gesetzgeber demgegenüber ausdrücklich von „Betriebsausgaben" und gerade nicht von „Aufwendungen" spricht, deutet jedenfalls darauf hin, dass § 4 Abs. 5 S. 1 Nr. 1-7 EStG nur für solche Aufwendungen gilt, die originär betrieblich veranlasst sind.

Für diese Interpretation spricht auch die übrige Formulierung des Einleitungssatzes, wonach die aufgezählten Betriebsausgaben „den Gewinn nicht mindern dürfen". Mit dieser negativen Formulierung der Rechtsfolge lässt der Wortlaut des § 4 Abs. 5 S. 1 EStG erkennbar darauf schließen, dass die Aufwendungen, die in den nachfolgenden Tatbeständen aufgelistet werden, nach der Vorstellung des

---

2057 Siehe auch *Tipke*, StuW 1979, 193, 197.

2058 Zum Veranlassungsprinzip nach § 4 Abs. 4 EStG siehe nochmals Teil 2 § 7 und Teil 3 § 9 B.

2059 Siehe diesbezüglich nochmals Teil 3 § 10 C.II.

2060 Siehe die Nachweise in Fn. 1356.

2061 Siehe *Helkenberg*, Unangemessenheit von Betriebsausgaben, S. 75, die den Einleitungssatz wie folgt ändern würde: „Die folgenden *Aufwendungen* dürfen den Gewinn nicht mindern:"; *Lang*, Bemessungsgrundlage, S. 336, der folgende Formulierung befürwortet: „Die folgenden *Aufwendungen* gelten als nicht durch den Betrieb veranlaßt" (Hervorhebungen durch die Verfasserin). Siehe zudem auch *Kammergruber*, Betriebsausgabenabzug, S. 248, der dafür plädiert, den Begriff „Betriebsausgaben" gegen die neutrale Umschreibung „Ausgaben […]" zu tauschen.

Gesetzgebers grundsätzlich abziehbar wären, aufgrund der gesetzlichen Anordnung den Gewinn aber ausnahmsweise nicht mindern dürfen. Voraussetzung für die Anwendbarkeit des § 4 Abs. 5 S. 1 EStG ist also, dass Aufwendungen vorliegen, die dem Grunde nach *betrieblich veranlasst* sind und damit gemäß § 4 Abs. 4 EStG grundsätzlich steuerlich geltend gemacht werden könnten. Wäre demgegenüber die Annahme der konstitutiven Ansicht *Söhns* zutreffend, wonach § 4 Abs. 5 S. 1 Nr. 1-7 EStG untrennbar gemischt veranlasste Aufwendungen nur kraft *konstitutiver* Sonderregelung ausnahmsweise anteilig zum Abzug zulässt, müsste der Einleitungssatz genau umgekehrt formuliert sein und positiv die partielle Abzugsmöglichkeit der betreffenden Aufwendungen anordnen. In diesem Fall wäre nämlich die Nichtabziehbarkeit nach § 12 Nr. 1 S. 2 EStG der Grundsatz und die Ausnahmeregelung des § 4 Abs. 5 S. 1 EStG bestünde gerade darin, die untrennbar gemischt veranlassten Aufwendungen teilweise zum Abzug zuzulassen. Dieses umgekehrte Regel-Ausnahme-Verständnis ließe sich im Gesetzeswortlaut nur dann abbilden, wenn im Einleitungssatz das Wort „nicht" gestrichen und die Abzugsmöglichkeit folgendermaßen positiv angeordnet würde: „Die folgenden Betriebsausgaben *dürfen den Gewinn* in Höhe der jeweils angeordneten Pauschalen *mindern*". Indessen spricht der vom Gesetzgeber tatsächlich verwendete Wortlaut dafür, dass die grundsätzliche Abziehbarkeit der Aufwendungen vorausgesetzt wird und § 4 Abs. 5 S. 1 EStG damit *deklaratorische* Wirkung hat. Ein solches deklaratorisches Verständnis des Einleitungssatzes scheint sich schließlich auch in einigen Formulierungen der Abzugstatbestände des § 4 Abs. 5 S. 1 Nr. 1-7 EStG widerzuspiegeln, in denen ebenfalls darauf abstellt wird, dass eine betriebliche Veranlassung dem Grunde nach vorliegt. So findet sich beispielsweise bei der Abzugsbeschränkung für Bewirtungsaufwendungen in § 4 Abs. 5 S. 1 Nr. 2 EStG der Begriff „betriebliche Veranlassung" und auch der Wortlaut des § 4 Abs. 5 S. 1 Nr. 6a EStG stellt darauf ab, dass die doppelte Haushaltsführung „betrieblich veranlasst" ist.

Zu berücksichtigen ist allerdings, dass diese Sichtweise nur eine von zwei möglichen Interpretationen des Wortlauts nach § 4 Abs. 5 S. 1 EStG darstellt. In Abgrenzung dazu könnte die gezielte Verwendung des Begriffs „Betriebsausgabe" im Einleitungssatz auch so zu verstehen sein, dass der Gesetzgeber – wie insbesondere *Spilker* vertritt –[2062] mit § 4 Abs. 5 S. 1 EStG untrennbar gemischt veranlasste Aufwendungen konstitutiv zu *Betriebsausgaben kraft gesetzlicher*

2062 Siehe die Nachweise in Fn. 1992. Gerade der Umstand, dass die dogmatische Begründung *Spilkers* mit dem Wortlaut des § 4 Abs. 5 S. 1 EStG vereinbar ist, ist vermutlich auch der Grund dafür, dass sie diese etwas abweichende Dogmatik der konstitutiven Ansicht vertritt.

Zuordnung macht und anschließend teilweise vom Abzug ausschließt. Bei dieser Lesart wäre die Verwendung des Begriffs „Betriebsausgabe" nicht etwa ein Hinweis darauf, dass die nachfolgend geregelten Aufwendungen die Voraussetzungen des § 4 Abs. 4 EStG erfüllen müssen. Vielmehr bestünde die Anordnung des Einleitungssatzes gerade darin, dass eigentlich untrennbar gemischt veranlasste Aufwendungen umqualifiziert und nunmehr als „Betriebsausgaben" behandelt werden.[2063] Die konstitutive Wirkung des § 4 Abs. 5 S. 1 EStG würde sich somit gerade in der Verwendung des Terminus „Betriebsausgabe" entfalten. Auch die negative Anordnung der Rechtsfolge („dürfen den Gewinn nicht mindern") wäre dann die Folge daraus, dass die eigentlich untrennbar gemischt veranlassten Aufwendungen nunmehr wie Betriebsausgaben iSd § 4 Abs. 4 EStG behandelt werden und damit grundsätzlich vollständig abziehbar wären.

Vor diesem Hintergrund ist festzuhalten, dass die grammatikalische Auslegung des Einleitungssatzes für sich genommen kein eindeutiges Ergebnis hervorbringt. Die Formulierung des § 4 Abs. 5 S. 1 EStG spricht zwar einerseits dafür, dass die Aufwendungen in § 4 Abs. 5 S. 1 Nr. 1-7 EStG *originär betrieblich veranlasst* sein müssen, kann andererseits aber auch so verstanden werden, dass untrennbar gemischt veranlasste Aufwendungen gerade durch den Einleitungssatz zu *Betriebsausgaben kraft gesetzlicher Zuordnung* gemacht werden. Für zweifelsfreie Erkenntnisse über die übergeordnete Bedeutung des § 4 Abs. 5 S. 1 Nr. 1-7 EStG bedarf es daher zusätzlich der historischen, systematischen und teleologischen Auslegung.

II. Gesamthistorische Entwicklung des Abzugskataloges

1. Einleitung

Mehr Erkenntnisse über die Bedeutung des § 4 Abs. 5 S. 1 Nr. 1-7 EStG und die sphärische Einordnung der dort geregelten Aufwendungen lassen sich aus der gesamthistorischen Entwicklung[2064] des Abzugskataloges ableiten.[2065] Erste Abzugsverbote für betriebliche Aufwendungen, die als unangemessen oder

2063 So auch die Argumentation von *G. Kirchhof*, in: BeckOK EStG, § 12, Rn. 49.

2064 Zur historischen Auslegung siehe nochmals Fn. 1602.

2065 Zur historischen Entwicklung des § 4 Abs. 5 EStG siehe auch *Helkenberg*, Unangemessenheit von Betriebsausgaben, S. 2 ff.; *Maetz*, in: Bordewin/Brandt, EStG, § 4, Rn. 2250; *Meyer*, in: BeckOK EStG, § 4, Rn. 2718 f.; *Spilker*, in: K/S/M, EStG, § 4, Rn. F 1.

überflüssig angesehen wurden, waren bereits im PrEStG 1891[2066] enthalten.[2067] Die Ursprünge des heutigen § 4 Abs. 5 S. 1 Nr. 1-7 EStG finden sich allerdings erst im EStÄndG 1951,[2068] in dem mit § 9a EStG 1951 und der sog. Spesenverordnung[2069] die Abzugsfähigkeit von Bewirtungsaufwendungen, welche der Steuerpflichtige für seine Geschäftsfreunde tätigte, gesondert geregelt und höhenmäßig eingeschränkt wurde. Ziel der Bestimmung war es, offensichtliche Missbräuche bei der Betriebsausgabengestaltung zu verhindern, welche die Steuerpflichtigen zunehmend tätigten, um der angestiegenen Steuerlast der Nachkriegszeit zu entgehen, indem sie möglichst hohe betriebliche Kosten verursachten.[2070]

Diesen Grundgedanken der Missbrauchsbekämpfung hat der Gesetzgeber auch in den darauffolgenden Jahren weiter verfolgt und dabei immer mehr Abzugsbeschränkungen und -verbote für Aufwendungen, die zuvor noch als Betriebsausgabe geltend gemacht werden konnten,[2071] ins Gesetz aufgenommen. Mit dieser stark rechtspolitisch geprägten Entwicklung, welche sogleich in vier Abschnitten näher untersucht werden soll, wird insbesondere deutlich, dass sich die Vorstellung des Gesetzgebers, welche Aufwendungen von den Beschränkungen betroffen sind, im Laufe der Zeit immer mehr gewandelt hat. Ging der Gesetzgeber anfangs noch von *betrieblich veranlassten* Aufwendungen aus, die nur ausnahmsweise vom Abzug ausgeschlossen wurden, erwecken die Entwurfsbegründungen aus jüngerer Zeit eher den Eindruck, dass der Gesetzgeber die partiellen Abzugsmöglichkeiten nach § 4 Abs. 5 S. 1 Nr. 1-7 EStG für steuerliche Subventionen bzw. den Steuerpflichtigen begünstigende Ausnahmetatbestände hält, die zum Zwecke der Besteuerungsgleichheit immer weiter eingeschränkt

---

2066 § 9 Abs. 2 Nr. 1 PrEStG vom 24.6.1891, PrGS 1891, 175 lautete: „*Nicht abzugsfähig* sind dagegen insbesondere: 1. Verwendungen zur Verbesserung und Vermehrung des Vermögens, zu Geschäftserweiterungen, Kapitalanlagen oder Kapitalabtragungen, welche *nicht* lediglich als *durch eine gute Wirtschaft gebotene* und aus den Betriebseinnahmen zu deckende *Ausgaben anzusehen sind*" (Hervorhebungen durch die Verfasserin).

2067 Näher hierzu *Maetz,* in: Bordewin/Brandt, EStG, § 4, Rn. 2250; *Spilker,* in: K/S/M, EStG, § 4, Rn. F 1.

2068 Gesetz zur Änderung und Vereinfachung des Einkommensteuergesetzes und des Körperschaftsteuergesetzes (ESt- und KSt-Änderungsgesetz 1951) vom 27.6.1951, BGBl. I 1951, 411.

2069 *Maetz,* in: Bordewin/Brandt, EStG, § 4, Rn. 2250.

2070 Vgl. BT-Drs. I/4092, 31, 40; siehe auch *Helkenberg,* Unangemessenheit von Betriebsausgaben, S. 4. Näher hierzu sogleich.

2071 Siehe auch *Helkenberg,* Unangemessenheit von Betriebsausgaben, S. 4; vgl. *Tipke,* StuW 1979, 193, 197.

werden müssen.[2072] Zudem wird erkennbar, dass die Beweggründe für den Erlass neuer Tatbestände in § 4 Abs. 5 S. 1 Nr. 1-7 EStG im Laufe der Jahre immer vielfältiger wurden und in der Gesamtschau mittlerweile ein anderes Licht auf den Abzugskatalog werfen, als es zu Beginn noch der Fall war.[2073] Gleichzeitig wird durch die historische Untersuchung aber auch sichtbar, dass der oben beschriebene Meinungsstand um den Regelungsgegenstand des § 4 Abs. 5 S. 1 Nr. 1-7 EStG und die sphärische Einordnung der Aufwendungen innerhalb des Kataloges[2074] bereits seit der „kleinen Steuerreform"[2075] von 1953 existiert[2076] und sich inhaltlich bis heute kaum verändert hat. Teile des Schrifttums gingen bereits zur damaligen Zeit davon aus, dass die Vorgängervorschrift des § 4 Abs. 5 S. 1 Nr. 7 EStG den Zweck hatte, *originär betrieblich veranlasste Aufwendungen* abweichend von § 4 Abs. 4 EStG (teilweise) vom Betriebsausgabenabzug auszuschließen[2077] Andere waren demgegenüber der Ansicht, dass § 4 Abs. 4 S. 2 EStG 1953 und auch die nachfolgenden Änderungen des § 4 Abs. 5 EStG in Wahrheit *untrennbar gemischt veranlasste Aufwendungen* betrafen, die nur aufgrund gesetzlicher Anordnungen steuerlich geltend gemacht werden konnten.[2078] Welcher dieser Ansichten vor dem Hintergrund der historischen Entwicklung zuzustimmen ist, soll im Folgenden näher untersucht werden.

Zum besseren Verständnis wird die Analyse dabei in vier Abschnitte aufgeteilt: In den ersten drei Abschnitten[2079] werden in chronologischer Reihenfolge alle Gesetzesänderungen behandelt, welche die Ursprünge des heutigen § 4 Abs. 5 S. 1 Nr. 1-7 EStG markieren und bei denen in der Folgezeit jeweils neue Abzugstatbestände in den Katalog des § 4 Abs. 5 S. 1 Nr. 1-7 EStG

2072 Siehe zu dieser Feststellung auch *Maetz,* in: Bordewin/Brandt, EStG, § 4, Rn. 2256.

2073 Vgl. auch *Maetz,* in: Bordewin/Brandt, EStG, § 4, Rn. 2256; *Meurer,* in: Lademann, EStG, § 4, Rn. 657.

2074 Siehe hierzu nochmals Teil 4 § 16.

2075 *Grund,* StuW 1955, Sp. 353, 353; *Lenski,* Kleine Steuerreform, S. 1; *Spitaler,* StbJb. 1953/54, S. 290; *Wetter,* Abgrenzung der Betriebsausgaben, S. 18.

2076 Zur Diskussion über die Auslegung des § 4 Abs. 4 S. 2 EStG 1953, der dem heutigen § 4 Abs. 5 S. 1 Nr. 7 EStG entspricht, siehe etwa *Grund,* StuW 1955, Sp. 353, 353 f.

2077 Siehe beispielsweise *Grund,* StuW 1955, Sp. 353, 354 ff.; *Lenski,* Kleine Steuerreform, S. 10 ff.; *Spitaler,* StbJb. 1953/54; S. 290, 297 ff.; *Spitaler,* StuW 1954, Sp. 589, 589 ff.; *Wetter,* Abgrenzung der Betriebsausgaben, S. 19 f.

2078 Siehe etwa *Bubenzer,* StuW 1954, Sp. 577, 581 ff.; *Bubenzer,* FR 1956, 148, 152 f.; *Helkenberg,* Unangemessenheit von Betriebsausgaben, S. 51 f.; *Kammergruber,* Betriebsausgabenabzug, S. 249 ff.

2079 Teil 4 § 17 B.II.2-4.

aufgenommen wurden. Anschließend werden in einem vierten Abschnitt[2080], der thematisch nach den einzelnen Nummern des Kataloges sortiert wird, diejenigen Gesetzesänderungen analysiert, die später an den unterschiedlichen Abzugstatbeständen vorgenommen wurden, nachdem diese bereits Gesetz geworden waren. Ziel der Untersuchung ist dabei jeweils die Frage, wie sich der stetig wachsende Abzugskatalog im Laufe der Zeit entwickelt hat und welcher gesetzgeberische Wille dem jeweils zugrunde lag. Insbesondere der vierte Abschnitt beschäftigt sich sodann mit der Folgefrage, ob sich an diesem ursprünglichen Willen des Gesetzgebers später etwas geändert hat, das Einfluss auf die übergeordnete Dogmatik und das rechtliche Verständnis des ganzen Abzugskataloges hatte.

2. *Erste Einschränkungen des Betriebsausgabenabzugs zur Missbrauchsbekämpfung*

a) Historie des Betriebsausgabenbegriffs

Ausgangspunkt für die Untersuchung der historischen Entwicklung des § 4 Abs. 5 S. 1 Nr. 1-7 EStG ist zunächst die Erkenntnis, dass der Begriff der Betriebsausgabe iSd § 4 Abs. 4 EStG bereits 1934 einer einkommensteuerrechtlichen Legaldefinition zugeführt wurde und diese bis heute keine inhaltliche Änderung erfahren hat.[2081] Schon § 4 Abs. 3 EStG 1934[2082] lautete: „*Betriebsausgaben sind die Aufwendungen, die durch den Betrieb veranlaßt sind.*“ Zwar geht aus der Entwurfsbegründung zum StÄndG 1953 hervor, dass der Gesetzgeber zwischenzeitlich den Plan verfolgte, diese weite Definition[2083] auf solche Aufwendungen zu beschränken, die unter Berücksichtigung der allgemeinen Verkehrsanschauung *nicht als unangemessen anzusehen sind*, um bereits auf diesem Wege offensichtliche Missbräuche bei der Betriebsausgabengestaltung zu bekämpfen.[2084] Tatsächlich ist der

---

2080 Teil 4 § 17 B.II.5.

2081 Siehe hierzu auch *Helkenberg*, Unangemessenheit von Betriebsausgaben, S. 2 f. Bis 1934 waren Werbungskosten die einzige im Einkommensteuergesetz geregelte Abzugsposition für betriebliche und außerbetriebliche Einkünfte. Zur Entwicklung des Werbungskostenbegriffs bis 1934 siehe *Bergkemper*, in: Herrmann/Heuer/Raupach, EStG/KStG, § 9 EStG, Rn. 2 f.

2082 Einkommensteuergesetz vom 16.10.1934, RGBl. I 1934, 1005 ff.

2083 *Spitaler*, StbJb. 1953/54, S. 290 f.

2084 Vgl. BT-Drs. I/4092, 2, 37; siehe diesbezüglich auch das Protokoll der 263. Sitzung des 1. Deutschen Bundestages vom 05.05.1953, S. 12802 f. Hierzu später mehr.

Wortlaut der Definition jedoch über all die Jahre gleich geblieben.[2085] Lediglich die systematische Stellung hat sich mit dem StÄndG 1953 von § 4 Abs. 3 EStG in § 4 Abs. 4 EStG geändert.[2086] Fest steht also, dass sich der Anwendungsbereich des § 4 Abs. 4 EStG und damit die Frage, was Betriebsausgaben sind, im Laufe der Zeit nicht geändert hat. Was sich dagegen geändert hat, ist die gesetzliche Anordnung darüber, wie bestimmte Betriebsausgaben steuerlich zu behandeln sind. Waren betriebliche Aufwendungen in den Jahren 1934-1951 noch grundsätzlich vollständig abziehbar,[2087] änderte sich dies erstmals mit dem EStÄndG vom 27.06.1951[2088].[2089]

b) Einführung der Spesenverordnung (EStÄndG 1951)

Die erste Beschränkung, die über die Abzugsbestimmung in § 4 Abs. 4 EStG hinausging und mit dem StÄndG 1951 erlassen wurde, betraf nur solche Aufwendungen, die der Steuerpflichtige für die „Bewirtung von Geschäftsfreunden mit Speisen, Getränken oder sonstigen Genußmitteln“[2090] tätigte.[2091] Die in der Nachkriegszeit vermehrt aufgetretenen Missbrauchsgestaltungen beim Betriebsausgabenabzug waren gerade bei den Bewirtungsspesen offensichtlich geworden[2092] und daher versuchte der Gesetzgeber mit Einführung eines neuen § 9a EStG 1951,[2093] der Gefahr des „Überhandnehmens betrieblicher Spesen“ zu begegnen.[2094] Nach dieser Regelung durften

2085 § 4 Abs. 4 S. 1 EStG 1953 lautete abweichend von dem Entwurf der Bundesregierung wiederum: „Betriebsausgaben sind die Aufwendungen, die durch den Betrieb veranlaßt sind.“

2086 Siehe BGBl. I 1953, 413.

2087 Bis 1951 konnte der Abzug von Betriebsausgaben nur nach § 205a AO versagt werden, wenn der Steuerpflichtige den Empfänger der Zuwendungen nicht benannte. Diese Vorschrift galt zwar grundsätzlich für alle Betriebsausgaben, fand aber im Wesentlichen Anwendung für Schmiergelder. § 4 Abs. 4 EStG verlangte für die Abziehbarkeit einer Aufwendung dagegen nur, dass diese betrieblich veranlasst ist. Näher hierzu *Helkenberg,* Unangemessenheit von Betriebsausgaben, S. 4 m.w.N.

2088 Siehe BGBl. I 1951, 411.

2089 Vgl. *Helkenberg,* Unangemessenheit von Betriebsausgaben, S. 3 f.; *Kammergruber,* Betriebsausgabenabzug, S. 244.

2090 BGBl. I 1951, 411, 412.

2091 Siehe *Helkenberg,* Unangemessenheit von Betriebsausgaben, S. 4 f.

2092 *Helkenberg,* Unangemessenheit von Betriebsausgaben, S. 4.

2093 BGBl. I 1951, 411, 412.

2094 Siehe BT-Drs. I/4092, 40.

> *„Aufwendungen für die Bewirtung von Geschäftsfreunden […] als Betriebsausgaben (§ 4 Abs. 4) oder Werbungskosten (§ 9) […] nur nach Maßgabe einer Rechtsverordnung abgesetzt werden.“*[2095]

Die hierzu erlassene Rechtsverordnung[2096] (sog. Spesenverordnung) sah in § 3 Abs. 1 Nr. 2 iVm § 4 und § 5 der VO verschiedene Nachweispflichten vor, die erfüllt sein mussten, damit die Kosten zur Bewirtung von Geschäftsfreunden vom Gewinn abgezogen werden konnten.[2097] Zudem durften die Bewirtungsaufwendungen nach § 3 Abs. 1 der VO nur insoweit steuerlich geltend gemacht werden, als sie sich im *„üblichen und angemessenen Rahmen“* hielten und eine Höhe von maximal 10 DM pro bewirteter Person und Tag[2098] nicht überstiegen.[2099] Auffällig ist darüber hinaus, dass § 3 Abs. 1 Nr. 1 der VO den Abzug der Bewirtungsaufwendungen zusätzlich von folgender Voraussetzung abhängig machte:

> *„Die Aufwendungen müssen ausschließlich durch den Betrieb veranlaßt sein (§ 4 Abs. 4 des Einkommensteuergesetzes).“*[2100]

Mit dieser Vorgabe wird deutlich, welche Regelungssystematik der Spesenverordnung und somit auch § 9a EStG 1951 nach dem Verständnis des Gesetzgebers zugrunde lag: Einerseits steht damit fest, dass die steuerliche Berücksichtigung von Bewirtungsaufwendungen nach § 3 Abs. 1 Nr. 1 der VO überhaupt nur dann in Betracht kam, wenn die Voraussetzungen des § 4 Abs. 4 EStG für die gesamte Aufwendung (*„ausschließlich“*) bereits erfüllt waren. Bewirtungsaufwendungen, die teilweise betrieblich und teilweise privat mitveranlasst waren, entsprachen dieser Voraussetzung gerade nicht und konnten somit schon dem Grunde nach nicht steuerlich geltend gemacht werden. Andererseits wird damit aber auch klar, dass die Beschränkungen, welche § 3 Abs. 1 der VO für den Abzug der Bewirtungsaufwendungen vorsah, trotz der *betrieblichen Veranlassung* dieser Aufwendungen galten und damit erkennbar Ausnahmen zu § 4 Abs. 4 EStG 1951 darstellten,

---

2095 BGBl. I 1951, 411, 412.

2096 Verordnung zu § 9a des Einkommensteuergesetzes vom 22.10.1951, BGBl. I 1951, 871.

2097 Hiernach hatte der Steuerpflichtige die Aufwendungen gesondert auszuweisen und unter Angabe mehrerer Informationen (z.B. Ort und Tag der Bewirtung, Name und Anschrift der teilnehmenden Personen) zu belegen.

2098 Für ausländische Geschäftsfreunde lag die Höchstgrenze der abziehbaren Aufwendungen nach § 3 Abs. 2 der VO bei 30 DM pro Tag.

2099 Näher zu den Regelungen der Spesen-VO siehe *Helkenberg,* Unangemessenheit von Betriebsausgaben, S. 5; *Maetz,* in: Bordewin/Brandt, EStG, § 4, Rn. 2250; *Spitaler,* StbJb. 1953/54, S. 290, 294.

2100 BGBl. I 1951, 871.

wonach betrieblich veranlasste Aufwendungen grundsätzlich ohne besondere Nachweise, unabhängig von ihrer Üblichkeit oder Angemessenheit und in voller Höhe abziehbar waren. Mit Einführung des § 9a EStG 1951 hatte sich folglich nicht die sphärische Einordnung der ausschließlich betrieblich veranlassten Bewirtungsaufwendungen geändert. Vielmehr wurde die steuerliche Abziehbarkeit dieser Aufwendungen auf die üblichen und angemessenen Bewirtungsaufwendungen begrenzt und sodann der Höhe nach eingeschränkt.[2101]

Dies übersieht *Helkenberg*, wenn sie argumentiert, dass nach dem Wortlaut des § 9a EStG 1951 nur der absetzbare, angemessene Teil der Bewirtungsaufwendungen eine Betriebsausgabe iSd § 4 Abs. 4 EStG dargestellt habe.[2102] Ihrer Meinung nach sei zu berücksichtigen, dass der Gesetzgeber in § 9a EStG 1951 die Bewirtungsaufwendungen nicht mit dem Wort „Betriebsausgabe" sondern dem Terminus „Aufwendung" betitelte und deren Abzugsfähigkeit anschließend nur „*als*" Betriebsausgabe bzw. Werbungskosten „*nach Maßgabe einer Rechtsverordnung*" anordnete.[2103] Hieraus sei zwar nicht zu entnehmen, dass der Gesetzgeber eine konkrete Aussage über den Betriebsausgabenbegriff iSd § 4 Abs. 4 EStG treffen wollte. Aus der begrifflichen Unterscheidung zwischen „Aufwendungen" und „Betriebsausgaben" sowie der Verwendung des Wortes „als" werde aber deutlich, dass die Bewirtungsaufwendungen nach § 9a EStG 1951 nur in Höhe des absetzbaren Teils und nur kraft gesetzlicher Anordnung zu Betriebsausgaben iSd § 4 Abs. 4 EStG gemacht wurden.[2104] Hiergegen spricht zunächst, dass § 3 Abs. 1 Nr. 1 der Spesenverordnung nach seinem Wortlaut die ausschließliche betriebliche Veranlassung (§ 4 Abs. 4 EStG) der gesamten Bewirtungsaufwendung („Die Aufwendungen [...]") und nicht nur die des absetzbaren Teils vorausgesetzt hat. Auch die Nachweispflicht des § 3 Abs. 1 Nr. 2 iVm § 5 Abs. 2 der VO, wonach der Steuerpflichtige die ausschließlich betriebliche bzw. berufliche Veranlassung der Bewirtungsaufwendungen zu versichern hatte, bezog sich auf die gesamten Ausgaben, die im Zusammenhang mit der Bewirtung angefallen waren, und nicht nur auf den angemessenen Teil.[2105] Darüber hinaus geht aus der amtlichen Überschrift des § 9a EStG 1951 („4a. Beschränkter Abzug von

2101 So auch *Maetz*, in: Bordewin/Brandt, EStG, § 4, Rn. 2970.

2102 Siehe *Helkenberg*, Unangemessenheit von Betriebsausgaben, S. 5; in diese Richtung auch *Kammergruber*, Betriebsausgabenabzug, S. 244; a.A. *Spitaler*, StbJb. 1953/54, S. 290, 293.

2103 Siehe *Helkenberg*, Unangemessenheit von Betriebsausgaben, S. 5; vgl. auch *Kammergruber*, Betriebsausgabenabzug, S. 244.

2104 Vgl. *Helkenberg*, Unangemessenheit von Betriebsausgaben, S. 5.

2105 Vgl. BGBl. I 1951, 871.

Betriebsausgaben und Werbungskosten"), die ebenfalls mit dem StÄndG 1951 ins Gesetz aufgenommen wurde, eindeutig hervor, dass sich die Anordnung des § 9a EStG 1951 nicht auf die sphärische Einordnung der Bewirtungsaufwendungen bezog, sondern allein auf deren eingeschränkte Abziehbarkeit. Das Vorliegen originär betrieblich/beruflich veranlasster Aufwendungen war nach dem Wortlaut dieser Überschrift bereits vorausgesetzt. Schließlich wird bei der Analyse der Entwurfsbegründung zum StÄndG 1953 deutlich, dass die Einführung des § 9a EStG 1951 aus Sicht des Gesetzgebers den Zweck hatte, bestimmte Betriebsausgaben entgegen § 4 Abs. 4 EStG in ihrer Abziehbarkeit einzuschränken. Dort heißt es:

> *„§ 9a EStG stellt eine Einschränkung der nach § 4 Abs. 4 EStG abzugsfähigen Betriebsausgaben dar."*[2106]

Damit steht fest, dass § 9a EStG 1951 sich auch nach dem Verständnis des Gesetzgebers nur auf solche Bewirtungsaufwendungen bezog, die bereits ausschließlich oder nahezu ausschließlich betrieblich veranlasst waren und damit nach § 4 Abs. 4 EStG grundsätzlich vollständig abziehbar gewesen wären. Zusammenfassend ist damit festzuhalten, dass die erste einkommensteuerrechtliche Bestimmung zur Bekämpfung des Spesenunwesens entgegen dem missglückten Wortlaut des § 9a EStG 1951 keine Regelung darstellte, mit der untrennbar gemischt veranlasste Aufwendungen konstitutiv zu Betriebsausgaben oder Werbungskosten gemacht wurden. Vielmehr handelte es sich ausweislich der gesetzgeberischen Begründung um eine Ausnahmeregelung zu § 4 Abs. 4 EStG, welche die grundsätzliche Abzugsfähigkeit originär betrieblich veranlasster Bewirtungsaufwendungen der Höhe nach einschränkte.

c) Kleine Steuerreform (StÄndG 1953)

Fraglich ist allerdings, ob sich an dieser Regelungssystematik etwas änderte, nachdem der Gesetzgeber im Zuge der „Kleinen Steuerreform" mit dem StÄndG 1953[2107] § 9a EStG 1951 abgeschafft und an dessen Stelle die Regelung in § 4 Abs. 4 EStG 1951 um einen zweiten und dritten Satz erweitert hat.[2108]

2106 BT-Drs. I/4092, 40. Siehe auch die Ausführungen aus dem Protokoll der 263. Sitzung des 1. Deutschen Bundestages vom 05.05.1953, S. 12802 zu § 9a EStG 1951: „Dieser Paragraf *beschränkt die Abzugsfähigkeit* von Aufwendungen für die Bewirtung von Geschäftsfreunden […]." (Hervorhebung durch die Verfasserin).

2107 Gesetz zur Änderung steuerlicher Vorschriften und zur Sicherung der Haushaltsführung vom 24.6.1953, BGBl. I 1953, 413.

2108 Siehe hierzu auch *Maetz*, in: Bordewin/Brandt, EStG, § 4, Rn. 2250.

Nach Einführung des § 9a EStG 1951 stellte die Finanzverwaltung zunehmend fest, dass die Steuerpflichtigen nicht nur bei den Bewirtungsspesen, sondern auch in anderen Bereichen Betriebsausgaben bewirkten, die in keinem Verhältnis zum Umfang ihres Betriebes standen.[2109] Daher sollte § 4 Abs. 4 EStG neu gefasst werden, um künftig auch solche offensichtlichen Auswüchse bei der Betriebsausgabengestaltung bekämpfen zu können.[2110] Zu diesem Zweck wollte die Bundesregierung den Wortlaut des § 4 Abs. 4 EStG 1951 zunächst wie folgt ändern:

> „Betriebsausgaben sind die Aufwendungen, die durch den Betrieb veranlasst sind, *soweit sie bei wirtschaftlicher Führung des Betriebes unter Berücksichtigung der Verkehrsauffassung nicht als unangemessen anzusehen sind.*“[2111]

Es fällt auf, dass mit dieser Neufassung sogleich zwei wesentliche Änderungen verbunden gewesen wären, die weitreichende Konsequenzen für die Einordnung und steuerliche Behandlung von Betriebsausgaben nach sich gezogen hätten: Einmal sollten nach dem ersten Entwurf des neuen § 4 Abs. 4 EStG nicht mehr nur die Kosten der Bewirtung von Geschäftsfreunden in ihrer Abziehbarkeit eingeschränkt werden, sondern schlichtweg alle Erwerbsaufwendungen, die die Finanzverwaltung unter Berücksichtigung der Verkehrsauffassung als unangemessen ansieht.[2112] In der Entwurfsbegründung der Bundesregierung heißt es hierzu:

> „Es ist hierbei insbesondere an Aufwendungen bei Gastereien und sonstigen übermäßigen Spesenaufwand gedacht, also *Aufwendungen, die, auch wenn sie im Betrieb erfolgen, mit der persönlichen Lebenshaltung in Zusammenhang stehen und deren Abgrenzung zu den nichtabziehbaren Kosten der Lebensführung (§ 12 EStG) im Einzelnen schwer zu treffen ist.*“[2113]

Ziel des Entwurfs war es, nunmehr alle Betriebsausgaben, die angesichts der erhöhten Steuerbelastung missbräuchlich gestaltet werden könnten, unter eine allgemeine Formel zu fassen und nur noch den angemessenen Teil dieser

---

2109 Siehe BT-Drs. I/4092, 37; *Lenski,* Kleine Steuerreform, S. 11.

2110 Vgl. BT-Drs. I/4092, 37; Protokoll der 263. Sitzung des 1. Deutschen Bundestages vom 05.05.1953, S. 12802; *Lenski,* Kleine Steuerreform, S. 11.

2111 Vgl. Entwurf eines Gesetzes zur Änderung steuerlicher Vorschriften und zur Sicherung der Haushaltsführung vom 21.02.1953, BT-Drs. I/4092, 2 (Hervorhebung durch die Verfasserin).

2112 Vgl. *Spilker,* StbJb. 1953/54, S. 290, 296.

2113 BT-Drs. I/4092, 37 (Hervorhebung durch die Verfasserin).

Aufwendungen zum steuerlichen Abzug zuzulassen.[2114] Darüber hinaus sah die von der Bundesregierung erwogene Neufassung des § 4 Abs. 4 EStG auch vor, den Begriff der Betriebsausgabe, so wie er bislang gegolten hatte, inhaltlich einzuschränken.[2115] Anders als nach § 4 Abs. 4 EStG 1951, der lediglich die betriebliche Veranlassung einer Aufwendung voraussetzte, wären Aufwendungen nach dem neuen § 4 Abs. 4 EStG 1953 nur insoweit als Betriebsausgabe anerkannt worden, als sie betrieblich veranlasst *und nicht als unangemessen anzusehen* sind. Wie sich aus der Entwurfsbegründung zum StÄndG 1953 ergibt, sollte die Missbrauchsbekämpfung nicht mehr nur dazu führen, dass die Abzugsfähigkeit von unangemessenen Betriebsausgaben eingeschränkt wird, sondern sogar unmittelbar zur Folge haben, dass den betreffenden Aufwendungen teilweise die Betriebsausgabenqualität abgesprochen wird.[2116] Dort heißt es:

> „Dabei ist davon auszugehen, daß es sich um Aufwendungen handelt, die durch den Betrieb veranlaßt sind. Von diesen Aufwendungen soll jedoch der Teil, der unter Berücksichtigung der Verkehrsauffassung unangemessen hoch erscheint, *nicht mehr als steuerlich abzugsfähige Betriebsausgaben anerkannt werden.*"[2117]

Festzuhalten ist damit, dass der Gesetzgeber ursprünglich vorhatte, die weite Definition des § 4 Abs. 4 EStG 1951 dahingehend einzuschränken, dass unangemessene Aufwendungen, die *mit der persönlichen Lebenshaltung in Zusammenhang stehen*, nur noch teilweise als Betriebsausgabe anzuerkennen waren. Wäre die Neufassung des § 4 Abs. 4 EStG 1953 also so ausgefallen, wie die Bundesregierung es ursprünglich erwogen hatte, wäre den Vertretern der konstitutiven Ansicht[2118] aus Sicht des historischen Gesetzgebers darin zuzustimmen, dass die unangemessenen Aufwendungen mit Berührungspunkten zur privaten Lebensführung, die heute in der Generalklausel des § 4 Abs. 5 S. 1 Nr. 7 EStG geregelt sind, keine reinen Betriebsausgaben iSd § 4 Abs. 4 EStG darstellen. Hiergegen ist allerdings einzuwenden, dass der Vorschlag der Bundesregierung während der parlamentarischen Verhandlungen äußerst kritisch gesehen wurde und aus Sorge, die Verwaltung könne damit zu weitgehend in die Betriebsführung der Steuerpflichtigen

2114 Siehe *Spitaler*, StbJb. 1953/54, S. 290, 297; vgl. BFH BStBl. II 1978, 93, 95; *Helkenberg*, Unangemessenheit von Betriebsausgaben, S. 7.

2115 Siehe hierzu auch das Protokoll der 263. Sitzung des 1. Deutschen Bundestages vom 05.05.1953, S. 12802.

2116 Vgl. BT-Drs. I/4092, 37; Protokoll der 263. Sitzung des 1. Deutschen Bundestages vom 05.05.1953, S. 12802.

2117 BT-Drs. I/4092, 37 (Hervorhebung durch die Verfasserin).

2118 Zur konstitutiven Ansicht siehe nochmals Teil 4 § 16 C.

eingreifen,[2119] am 24.6.1953 daher nicht wie ursprünglich vorgesehen vom Parlament verabschiedet wurde.[2120] Stattdessen ist § 4 Abs. 4 EStG in der Fassung des EStG 1951 beibehalten und nur um folgende zwei Sätze ergänzt worden:

> *„Berühren Betriebsausgaben im Sinn des Satzes 1 die Lebensführung des Steuerpflichtigen oder anderer Personen, so scheiden die Aufwendungen bei der Gewinnermittlung insoweit aus, als sie unter Berücksichtigung der Verkehrsauffassung als unangemessen anzusehen sind. § 12 Abs. 1 Ziff. 1 EinkStG bleibt unberührt."*[2121]

Auch hiernach wurde die steuerliche Abzugsfähigkeit nicht nur für Bewirtungsaufwendungen, sondern für alle Betriebsausgaben, die *die Lebensführung des Steuerpflichtigen oder anderer Personen berühren*, höhenmäßig eingeschränkt.[2122] Gleichzeitig fällt auf, dass die Legaldefinition der Betriebsausgaben gemäß § 4 Abs. 4 S. 1 EStG 1953 – anders als im ersten Entwurf der Bundesregierung vorgesehen – keine inhaltliche Änderung erfahren hat.[2123] Betriebsausgaben waren auch nach § 4 Abs. 4 S. 1 EStG 1953 weiterhin „die Aufwendungen, die durch den Betrieb veranlaßt sind."[2124] Vor dem Hintergrund, dass die Einschränkung des Betriebsausgabenbegriffs jedoch eines der in der Entwurfsbegründung erklärten Ziele der „kleinen Steuerreform" war, verwundert es nicht, dass die inhaltliche Bedeutung des neuen § 4 Abs. 4 S. 2 EStG 1953 zu einigen Diskussionen im steuerrechtlichen Schrifttum geführt hat.[2125] Da § 4 Abs. 4 S. 2 EStG 1953 darüber hinaus der heutigen Generalklausel des § 4 Abs. 5 S. 1 Nr. 7 EStG entspricht, kann davon

---

2119 Siehe hierzu das Protokoll der 263. Sitzung des 1. Deutschen Bundestages, S. 12802 f. sowie die begründeten Änderungsvorschläge des Bundesrates in BT-Drs. I/4092, 60.

2120 Vgl. BFH BStBl. II 1978, 93, 95; *Spitaler,* StbJb. 1953/54, S. 290, 296; *Spitaler,* StuW 1954, Sp. 589, 592 f. Zum konkreten Ablauf der parlamentarischen Verhandlungen siehe *Helkenberg,* Unangemessenheit von Betriebsausgaben, S. 7 f.; Protokoll der 263. Sitzung des 1. Deutschen Bundestages vom 05.05.1953, S. 12802 f.

2121 BGBl. I 1953, 413.

2122 Siehe auch *Lenski,* Kleine Steuerreform, S. 10 f.; *Maetz,* in: Bordewin/Brandt, EStG, § 4, Rn. 2250. Näher zum Tatbestandsmerkmal des „Berührens der Lebensführung" siehe Teil 4 § 17 C.II.2. Da Bewirtungsaufwendungen ebenfalls davon erfasst waren, sah man für die Sonderregelung des § 9a EStG 1951 keine Notwendigkeit mehr und strich die Norm sowie die daran angeknüpfte Spesen-VO ersatzlos, vgl. BT-Drs. I/4092, 40.

2123 Mit dieser Feststellung auch *Grund,* StuW 1995, Sp. 353, 355; *Helkenberg,* Unangemessenheit von Betriebsausgaben, S. 8 f.; *Spitaler,* StbJb. 1953/54, S. 290, 297; *Wetter,* Abgrenzung der Betriebsausgaben, S. 19.

2124 BGBl. I 1953, 413.

2125 Vgl. *Grund,* StuW 1955, Sp. 353, 353.

ausgegangen werden, dass diese Diskussionen den Grundstein für die auch heute noch andauernde Meinungsverschiedenheit zwischen den Vertretern der deklaratorischen[2126] und der konstitutiven Ansicht[2127] darstellt. Um die Ansichten, die aus heutiger Sicht zu § 4 Abs. 5 S. 1 Nr. 1-7 EStG vertreten werden, besser einordnen zu können, ist es daher zweckmäßig, zuvor die gegenläufigen Positionen zur „kleinen Steuerreform" und der tatsächlichen Änderung des § 4 Abs. 4 EStG 1953 inhaltlich nachzuvollziehen.[2128]

i) Meinungsstand

Diesbezüglich wurde von einer Ansicht im Schrifttum vertreten, dass der Regelungsbereich des § 4 Abs. 4 S. 2 EStG 1953 nach der Intention des Gesetzgebers keine reinen Betriebsausgaben, sondern nur untrennbar gemischt veranlasste Aufwendungen betreffen sollte.[2129] Diese Sichtweise begründet *Helkenberg*[2130] damit, dass aus der Entwurfsbegründung des StÄndG 1953 eindeutig hervorgehe, dass der Gesetzgeber bei Schaffung der Neuregelung nur solche Aufwendungen vor Augen hatte, *„die, auch wenn sie im Betrieb erfolgen, mit der persönlichen Lebenshaltung im Zusammenhang stehen und deren Abgrenzung zu den nicht abziehbaren Kosten der Lebensführung (§ 12 EStG) im Einzelfall schwer zu treffen ist."*[2131] Hieraus werde deutlich, dass der Wortlaut des § 4 Abs. 4 S. 2 EStG 1953 nach dem Willen des Gesetzgebers nur so verstanden werden konnte, dass die betreffenden Aufwendungen tatsächlich die Lebensführung des Steuerpflichtigen oder eines Dritten berühren und somit wesentlich privat mitveranlasst sind.[2132] Darüber hinaus sei den Gesetzesmaterialen weder zu diesem noch zu einem späteren Zeitpunkt zu entnehmen, dass der Gesetzgeber mit Einführung des § 4 Abs. 4 S. 2 EStG 1953 oder einer seiner Nachfolgeregelungen ein in sich widersprüchliches Institut wie das der „nichtabzugsfähigen

---

2126 Zur deklaratorischen Ansicht siehe Teil 4 § 16 B.

2127 Zur konstitutiven Ansicht siehe Teil 4 § 16 C.

2128 Zu den verschiedenen Ansichten rund um die „kleine Steuerreform" siehe auch *Bubenzer*, FR 1956, 148, 152 f.; *Grund*, StuW 1955, Sp. 353, 353 ff.; *Wetter*, Abgrenzung der Betriebsausgaben, S. 18 ff.

2129 Vgl. etwa *Bubenzer*, StuW 1954, Sp. 577, 584; *Bubenzer*, FR 1956, 148, 152 ff.; *Helkenberg*, Unangemessenheit von Betriebsausgaben, S. 52; *Kammergruber*, Betriebsausgabenabzug, S. 244 f.

2130 *Helkenberg*, Unangemessenheit von Betriebsausgaben, S. 51.

2131 BT-Drs. I/4092, 37. Siehe hierzu bereits die Ausführungen oben.

2132 Siehe *Helkenberg*, Unangemessenheit von Betriebsausgaben, S. 51.

Betriebsausgabe" habe schaffen wollen.[2133] Der Annahme der Gegenansicht, wonach § 4 Abs. 4 S. 2 EStG 1953 lediglich die Abziehbarkeit originär betrieblich veranlasster Aufwendungen einschränkte, sei daher nicht zuzustimmen.[2134] Auch *Bubenzer*, der die Neufassung des § 4 Abs. 4 EStG 1953 aus einem bilanziellen Blickwinkel bewertete, sprach sich deutlich gegen die Annahme aus, dass seit Erlass der „kleinen Steuerreform" zwischen abziehbaren und nichtabziehbaren Betriebsausgaben zu differenzieren sei.[2135] Seiner Meinung nach könne eine Rechtsfigur wie die der „nichtabziehbaren Betriebsausgaben" nicht ordnungsgemäß in der steuerrechtlichen Buchführung abgebildet werden, da der Gewinnbegriff des § 4 Abs. 1 EStG dann nicht mehr stimmen würde.[2136] Beim folgerichtigen Durchdenken der einkommensteuerrechtlichen Systematik (§§ 4, 5 EStG) müsse man daher zu dem Ergebnis kommen, dass die nicht abzugsfähigen Betriebsausgaben in Wahrheit Privatentnahmen iSd § 4 Abs. 1 S. 1, 2 EStG seien.[2137] Eine klare systematische Abgrenzung zwischen Betriebsausgaben und Privatausgaben sei seit der Schaffung des § 4 Abs. 4 S. 2 EStG 1953 jedenfalls nicht mehr möglich.[2138]

Dieser Sichtweise wurde nach anderer Ansicht zu Recht entgegen gehalten, dass auch der unangemessene Teil der Aufwendungen nach der Systematik des § 4 Abs. 4 S. 2 EStG 1953 weiterhin zu den Betriebsausgaben gehörte, nach Erlass der „kleinen Steuerreform" allerdings nicht mehr vollständig abgezogen werden konnte.[2139] Der Betriebsausgabenbegriff selbst sei – trotz des ursprünglichen Plans der Bundesregierung, den unangemessenen Teil nicht mehr als Betriebsausgabe anzuerkennen – unangetastet geblieben und auch die gesetzliche Abgrenzung zwischen Erwerbs- und Privataufwendungen sei durch die Neufassung des § 4 Abs. 4 EStG 1953 in keiner Weise verändert worden.[2140] Voraussetzung des § 4 Abs. 4 EStG 1953 sei auch nach Erlass der „kleinen Steuerreform" weiterhin gewesen, dass originär betrieblich veranlasste Aufwendungen vorlagen,

---

2133 Vgl. *Helkenberg*, Unangemessenheit von Betriebsausgaben, S. 15, 74; kritisch auch *Kammergruber*, Betriebsausgabenabzug, S. 245, 250.

2134 Vgl. *Helkenberg*, Unangemessenheit von Betriebsausgaben, S. 50.

2135 Siehe *Bubenzer*, StuW 1954, Sp. 577, 581 ff.; *Bubenzer*, FR 1956, 148, 152 f.

2136 Vgl. *Bubenzer*, StuW 1954, Sp. 577, 579 ff.; *Bubenzer*, FR 1956, 148, 153.

2137 So *Bubenzer*, StuW 1954, Sp. 577, 581, 585; siehe auch *Bubenzer*, FR 1956, 148, 153.

2138 Vgl. *Bubenzer*, StuW 1954, Sp. 577, 581 ff.; *Bubenzer*, FR 1956, 148, 152 f.

2139 Siehe etwa *Grund*, StuW 1955, Sp. 353, 354 ff.; *Lenski*, Kleine Steuerreform, S. 11 f.; *Spitaler*, StbJb. 1953/54; S. 290, 297, 299 f., *Spitaler*, StuW 1954, Sp. 589, 589; *Wenzig*, StBp 1979, 272, 272; *Wetter*, Abgrenzung der Betriebsausgaben, S. 19.

2140 So *Grund*, StuW 1955, Sp. 353, 355; *Spitaler*, StbJb. 1953/54; S. 290, 299; *Lenski*, Kleine Steuerreform, S. 11; *Wenzig*, StBp 1979, 272; *Wetter*, Abgrenzung der Betriebsausgaben, S. 19.

was durch § 4 Abs. 4 S. 3 EStG 1953, wonach § 12 Nr. 1 EStG unberührt blieb, noch einmal klargestellt wurde.[2141] Nur wenn bereits betrieblich veranlasste Aufwendungen vorlagen, habe § 4 Abs. 4 S. 2 EStG 1953 Bedeutung erlangt und lediglich die Abziehbarkeit derjenigen Betriebsausgaben eingeschränkt, welche die Lebensführung des Steuerpflichtigen oder eines Dritten berührten, soweit sie als unangemessen anzusehen waren.[2142] Untrennbar gemischt veranlasste Aufwendungen oder Betriebsausgaben, die die Lebensführung des Steuerpflichtigen nicht berühren, hätten durch § 4 Abs. 4 S. 2 EStG demzufolge keine steuerliche Änderung erfahren.[2143]

ii) Stellungnahme

Für die zweite Ansicht spricht zunächst der Wortlaut des § 4 Abs. 4 S. 2 EStG 1953, der mit *„Berühren Betriebsausgaben im Sinn des Satzes 1"* eingeleitet wird. Anders als beim heutigen Einleitungssatz des § 4 Abs. 5 S. 1 EStG wurde hier nicht nur der interpretationsfähige Begriff der „Betriebsausgabe" verwendet,[2144] sondern zudem unmittelbar auf § 4 Abs. 4 S. 1 EStG 1953 Bezug genommen, der – ebenso wie heute – die gesetzlichen Voraussetzung für das Vorliegen von Betriebsausgaben definierte. Hieraus wird deutlich, dass die Beschränkung des § 4 Abs. 4 S. 2 EStG 1953 tatsächlich nur für Aufwendungen, die originär durch den Betrieb veranlasst waren, Geltung erlangte und nicht etwa für untrennbar gemischt veranlasste Aufwendungen, die kraft gesetzlicher Zuordnung zu Betriebsausgaben gemacht wurden. Hierfür spricht auch, dass der Gesetzgeber mit der Formulierung „Berühren [...] die Lebensführung" erkennbar eine Formulierung gewählt hat, die schwächer ausfällt als die „private (Mit-)Veranlassung",[2145] was darauf schließen lässt, dass eine geringe Betroffenheit der Privatsphäre nichts an der Betriebsausgabenqualität der Aufwendungen in § 4 Abs. 4 S. 2 EStG 1953 ändern sollte. Darüber hinaus macht auch die Entwurfsbegründung zum StÄndG 1953 deutlich, dass der Gesetzgeber mit der Neufassung des § 4 Abs. 4 S. 2 EStG 1953 allein die steuerliche Behandlung originärer Betriebsausgaben ändern wollte. So lässt *Helkenberg* in

---

2141 Siehe *Lenski*, Kleine Steuerreform, S. 11; *Spitaler*, StbJb. 1953/54; S. 290, 299 f.; *Wetter*, Abgrenzung der Betriebsausgaben, S. 19.

2142 Vgl. *Lenski*, Kleine Steuerreform, S. 12; *Spitaler*, StbJb. 1953/54; S. 290, 299 f.; *Wenzig*, StBp 1979, 272, 272; *Wetter*, Abgrenzung der Betriebsausgaben, S. 19, 21.

2143 Vgl. *Lenski*, Kleine Steuerreform, S. 11 f.; *Spitaler*, StbJb. 1953/54, S. 290, 300.

2144 Zur grammatikalischen Auslegung des heutigen § 4 Abs. 5 S. 1 EStG siehe nochmals Teil 4 § 17 B.I.

2145 Siehe hierzu bereits die Ausführungen in Teil 3 § 11 D.III.

ihrer Argumentation einen entscheidenden Teil der weiteren Entwurfsbegründung aus, in dem es heißt:

> *„Dabei ist davon auszugehen, daß es sich um Aufwendungen handelt, die durch den Betrieb veranlaßt sind.“*[2146]

Aus dieser Formulierung lässt sich eindeutig der Wille des Gesetzgebers ablesen, nur für solche Aufwendungen gesetzliche Änderungen vorzunehmen, die bereits nach allgemeinen Grundsätzen betrieblich veranlasst sind. Dass an der Legaldefinition für Betriebsausgaben nach § 4 Abs. 4 S. 1 EStG 1953 selbst letztlich keine Änderung vorgenommen wurde, ändert nichts an diesem Ziel, da auch der Zweck des § 4 Abs. 4 S. 2 EStG 1953 darin bestand, den Abzug unangemessener Aufwendungen, die zuvor noch als Betriebsausgaben geltend gemacht werden konnten, einzuschränken.[2147] Zwar wurde mit dem tatsächlich erlassenen § 4 Abs. 4 EStG 1953 nur eine der beiden in dem Entwurf zum StÄndG 1953 geplanten Maßnahmen der Bundesregierung umgesetzt, der einheitliche Zweck, Missbräuche bei der Betriebsausgabengestaltung zu bekämpfen, hat sich dadurch aber nicht geändert.[2148] Schließlich verkennen *Helkenberg* und *Bubenzer* mit ihrer Kritik am Institut der „nichtabziehbaren Betriebsausgaben“, dass der Gesetzgeber bei der Neufassung des § 4 Abs. 4 EStG 1953 bewusst eine Systematik geschaffen hat, die insoweit von der bisherigen Einordnung betrieblicher Aufwendungen abweicht, als eine Unterscheidung zwischen abziehbaren Betriebsausgaben iSd § 4 Abs. 4 S. 1 EStG 1953 und nicht abziehbaren Betriebsausgaben iSd § 4 Abs. 4 S. 2 EStG 1953, die die Lebensführung des Steuerpflichtigen oder anderer Personen berühren, vorgenommen wird.[2149] Zum einen birgt diese Unterscheidung – anders als *Helkenberg* annimmt – keinen Widerspruch in sich, wenn man entsprechend der gesetzgeberischen Intention annimmt, dass § 4 Abs. 4 S. 2 EStG 1953 nichts an der Betriebsausgabenqualität der Aufwendungen ändert, sondern in Abgrenzung zu § 4 Abs. 4 S. 1 EStG 1953 nur

---

2146 BT-Drs. I/4092, 37.

2147 Siehe auch *Lenski,* Kleine Steuerreform, S. 11; *Spitaler,* StuW 1954, Sp. 589, 591.

2148 Siehe diesbezüglich auch das Protokoll der 263. Sitzung des 1. Deutschen Bundestages, S. 12803, in dem das Ziel des Finanzausschusses, der den tatsächlich verabschiedeten Wortlaut des § 4 Abs. 4 S. 2 EStG 1953 ursprünglich vorgeschlagen hatte, wie folgt beschrieben wird: „Der Finanzausschuß beabsichtigt mit dieser Formulierung, *solche Betriebsausgaben,* die die Lebensführung des Steuerpflichtigen oder eines Dritten [...] berühren und die unter Berücksichtigung der Verkehrsauffassung als nicht angemessen anzusehen sind, auszuscheiden“ (Hervorhebung durch die Verfasserin).

2149 Vgl. auch *Spitaler,* StuW 1954, Sp. 589, 590 f.; *Wetter,* Abgrenzung der Betriebsausgaben, S. 19 f.

ausnahmsweise den unangemessenen Teil der Betriebsausgaben nicht zum Abzug zulässt. Dieses Regel-Ausnahme-Verhältnis zwischen abziehbaren und nichtabziehbaren Betriebsausgaben hatte der Gesetzgeber schon dem EStÄndG 1951 zugrunde gelegt,[2150] weshalb auch der zweite Einwand *Helkenbergs*, wonach der Gesetzgeber eine entsprechende Intention nicht gehabt haben soll, unberechtigt ist. Zum anderen ist *Bubenzer* entgegen zu halten, dass sowohl der Wortlaut als auch die Systematik des § 4 Abs. 4 S. 2 EStG 1953 gegen die Annahme von Entnahmen spricht, die gerade keine betriebliche, sondern eine private Veranlassung voraussetzen.[2151] Die gesetzlichen Regelungen zu Entnahmen und verdeckten Gewinnausschüttungen sind zudem durch die Neufassung des § 4 Abs. 4 EStG 1953 nicht verändert worden, weshalb sie für die Einordnung der Aufwendungen nach § 4 Abs. 4 S. 2 EStG 1953 keine Rolle spielen.[2152] Anders als *Bubenzer* vertritt, führt dies aber nicht zu einer unvollständigen oder fehlerhaften Buchführung. Vielmehr sind Abzugsverbote und -beschränkungen wie diejenigen nach § 4 Abs. 4 S. 2 EStG 1953 oder des heutigen § 4 Abs. 5 S. 1 Nr. 1-7 EStG außerbilanziell im Wege der Hinzurechnung des Abzugsbetrages auf „zweiter Stufe" zu berücksichtigen.[2153]

Als Zwischenergebnis ist damit festzuhalten, dass auch die historische Entwicklung der „kleinen Steuerreform" dafür spricht, dass der Gesetzgeber die Vorgängerregelung zu § 4 Abs. 5 S. 1 Nr. 7 EStG geschaffen hat, um die Abzugsfähigkeit originär betrieblich veranlasster Aufwendungen der Höhe nach einzuschränken. Untrennbar gemischt veranlasste Aufwendungen, die auch nach damaliger Rechtsprechung schon gemäß § 12 Nr. 1 S. 2 EStG vollständig vom Abzug ausgeschlossen waren,[2154] haben dagegen keine steuerliche Änderung durch § 4 Abs. 4 S. 2 EStG 1953 erfahren.[2155]

2150 Siehe hierfür nochmals Teil 4 § 17 B.II.2.a.

2151 Siehe auch *Wetter*, Abgrenzung der Betriebsausgaben, S. 20.

2152 Siehe auch *Spitaler*, StuW 1954, Sp. 589, 592.

2153 Vgl. BFH BStBl. II 2021, 77, 80; BFH BStBl. II 2013, 8, 9; näher hierzu *Henerichs*, FR 1984, 385, 388; *Krumm*, FS BFH, Bd. 2, S. 1457, 1462; *Loschelder*, in: Schmidt, EStG, § 4, Rn. 491; *Meyer*, in: BeckOK EStG, § 4, Rn. 2714 ff.; *Wenzig*, StBp 1979, 272, 277.

2154 Vgl. *Lenski*, Kleine Steuerreform, S. 11 f.

2155 Vgl. auch *Wenzig*, StBp 1979, 272.

3. *Erstmalige Einführung spezifischer Abzugsverbote zur weiteren Bekämpfung des Spesenunwesens (StÄndG 1960)*

Seine heutige Position erhielt § 4 Abs. 5 S. 1 Nr. 1-7 EStG durch das Steueränderungsgesetz vom 30.07.1960.[2156] Damals wurde § 4 Abs. 4 S. 2 und 3 EStG 1953 aus dem ansonsten gleich gebliebenen § 4 Abs. 4 EStG 1953[2157] herausgenommen und in einen neu geschaffenen § 4 Abs. 5 EStG 1960 eingefügt, der wie folgt lautete:

> *„Aufwendungen*
>
> *1. für Geschenke an Personen, die nicht Arbeitnehmer des Steuerpflichtigen sind und nicht in ständiger Geschäftsbeziehung zu dem Steuerpflichtigen [...] stehen, mit Ausnahme von Geschenken, die bei einem Empfänger im Wirtschaftsjahr den Wert von insgesamt 100 Deutsche Mark nicht übersteigen,*
>
> *2. für Einrichtungen des Steuerpflichtigen, soweit sie der Bewirtung oder der Beherbergung von Personen, die nicht Arbeitnehmer des Steuerpflichtigen sind, dienen (Gästehäuser) und sich außerhalb des Ortes eines Betriebes des Steuerpflichtigen befinden,*
>
> *3. für die Pacht oder die Ausübung einer Jagd oder einer Fischerei, für die Haltung oder Benutzung von Segeljachten oder Motorjachten sowie für ähnliche Zwecke und für die hiermit zusammenhängenden Bewirtungen scheiden bei der Gewinnermittlung aus, soweit nicht die [...] bezeichneten Tätigkeiten Gegenstand einer mit Gewinnabsicht ausgeübten Betätigung des Steuerpflichtigen ist. Andere Aufwendungen als die in den Ziffern 1 bis 3 bezeichneten, die die Lebensführung des Steuerpflichtigen oder anderer Personen berühren, scheiden bei der Gewinnermittlung insoweit aus, als sie nach der allgemeinen Verkehrsauffassung als unangemessen anzusehen sind. § 12 Ziff. 1 bleibt unberührt.“*[2158]

Wie der Entwurfsbegründung des StÄndG 1960 zu entnehmen ist, habe die zunehmende Steigerung der Lebensstandards dazu geführt, dass viele Unternehmer in verschiedenen Bereichen (beispielsweise für die Unterkunft und Beköstigung auf Geschäftsreisen, für die Bewirtung von Geschäftsfreunden oder im Rahmen von gesellschaftlichen Veranstaltungen) übertrieben hohe betriebliche

---

2156 Gesetz zur Änderung des Einkommensteuergesetzes, des Körperschaftsteuergesetzes, des Gewerbesteuergesetzes und des Wohnungsbau-Prämiengesetztes (Steueränderungsgesetz 1960) vom 30.07.1960, BGBl. I 1960, 616.

2157 § 4 Abs. 4 EStG 1960 wurde damit, wie vor der kleinen Steuerreform, wieder auf den ersten Satz reduziert, siehe auch *R. Thiel*, FR 1960, Beilage zu Nr. 15, 1 f.

2158 BGBl. I 1960, 616.

Aufwendungen tätigten, die gleichzeitig ihrer privaten Bedürfnisbefriedigung dienten.[2159] Dies habe bei weiten Teilen der Bevölkerung vermehrt Kritik ausgelöst und sei allmählich zu einem öffentlichen Ärgernis geworden.[2160] Um dieser unter dem Stichwort „Spesenunwesen" bekanntgewordenen Entwicklung stärker als bisher entgegentreten zu können, sah sich der Gesetzgeber daher veranlasst, mit dem neuen § 4 Abs. 5 EStG 1960 zwei wesentliche Maßnahmen umzusetzen, die dazu beitragen sollten, den Abzug unangemessener Betriebsausgaben, die regelmäßig zu Repräsentationszwecken getätigt wurden, künftig noch stärker zu reglementieren und damit auf ein als vertretbares angesehenes Maß zurückzuführen.[2161]

Mit der ersten Maßnahme wurde die Angemessenheitsprüfung, die aus § 4 Abs. 4 S. 2 EStG 1953 übernommen und in § 4 Abs. 5 S. 2 EStG 1960 eingefügt wurde, dahingehend verschärft, dass für die Frage der Angemessenheit nicht mehr nur die „Verkehrsauffassung" der beteiligten Wirtschaftskreise, sondern die „allgemeine Verkehrsauffassung", also die Anschauung breitester Bevölkerungskreise, maßgeblich war.[2162] Ziel dieser Regelung war es, die Abziehbarkeit derjenigen Betriebsausgaben, die die Lebensführung des Steuerpflichtigen oder anderer Personen berührten, noch zielgerichteter einzuschränken, indem der Maßstab, nach dem die Unangemessenheit der Aufwendungen zu bemessen war, nicht mehr von denjenigen Wirtschaftskreisen, in denen das Spesenunwesen betrieben wurde, festgelegt werden konnte.[2163] Davon abgesehen sollte mit der Änderung der systematischen Stellung des § 4 Abs. 4 S. 2 EStG 1953 allerdings keine weitere inhaltliche Änderung vorgenommen werden.[2164] Insbesondere die Betriebsausgabenqualität der hiervon betroffenen Aufwendungen sollte mit der Schaffung von § 4 Abs. 5 S. 2 EStG 1960 nicht negiert werden. Zwar ist *Helkenberg*

2159 Vgl. BT-Drs. III/1811, 8.

2160 Vgl. BT-Drs. III/1811, 8.

2161 Vgl. BT-Drs. III/1811, 7 f.; siehe auch BFH BStBl. II 1981, 58, 59; *Helkenberg*, Unangemessenheit von Betriebsausgaben, S. 11; *Littmann*, StbJb. 1960/61, S. 125, 130 f.; *Maetz*, in: Bordewin/Brandt, EStG, § 4, Rn. 2250; *Meyer*, in: BeckOK EStG, § 4, Rn. 2718. Siehe hierzu bereits die verkürzte Darstellung in Teil 3 § 11 D.II.

2162 BT-Drs. III/1811, 8. Siehe auch *Helkenberg*, Unangemessenheit von Betriebsausgaben, S. 13; *Henerichs*, FR 1984, 385, 386; *R. Thiel*, FR 1960, Beilage zu Nr. 15, 1, 4; *Wenzig*, StBp 1979, 272, 276; vgl. BFH BStBl. II 1978, 93, 95; BFH BStBl. II 1976, 97, 98 f. Näher zur Angemessenheitsprüfung nach dem heutigen § 4 Abs. 5 S. 1 Nr. 7 EStG siehe Teil 4 § 17 C.II.3.b.

2163 Vgl. BT-Drs. III/1811, 8. Siehe auch *Börnstein*, DStZ 1960, 221, 226; *R. Thiel*, FR 1960, Beilage zu Nr. 15, 1, 4; *Vogel*, BB 1961, 36, 39.

2164 So auch BFH BStBl. II 1978, 93, 95; *Börnstein*, DStZ 1960, 221, 226; *R. Thiel*, FR 1960, Beilage zu Nr. 15, 1, 4; *Vogel*, BB 1961, 36, 39.

darin zuzustimmen, dass neben der systematischen Stellung auch der Wortlaut des ursprünglichen § 4 Abs. 4 S. 2 EStG 1953 verändert wurde, da die Aufwendungen in § 4 Abs. 5 S. 2 EStG 1960 nicht mehr eindeutig als „Betriebsausgaben", sondern stattdessen mit den neutraleren Worten „Andere Aufwendungen" betitelt wurden.[2165] Wie aus der Entwurfsbegründung zum StÄndG 1960 hervorgeht, sollte die Neufassung aber nur dazu führen, dass die Abziehbarkeit derjenigen Aufwendungen, die vorher in § 4 Abs. 4 S. 2 EStG 1953 geregelt waren, auf ein Niveau beschränkt wurde, das der Gesetzgeber für verhältnismäßig hielt. Die grundsätzliche Einordnung dieser Aufwendungen als Betriebsausgaben iSd § 4 Abs. 4 EStG sollte hierdurch nicht verändert werden.[2166] So heißt es in der Entwurfsbegründung lediglich:

> „*Im gegenwärtigen Einkommensteuerrecht befaßt sich die Vorschrift des § 4 Abs. 4 EStG* mit den *betrieblich veranlaßten* Repräsentationsaufwendungen und sonstigen Spesen. *[...] Die Bundesregierung hält es für erforderlich, diesen noch verhältnismäßig weiten Rahmen einzuschränken. Dies soll [...] dadurch geschehen, daß [...]* in § 4 Abs. 4 EStG an die Stelle des heute festgelegten Rahmens der Verkehrsauffassung der Begriff der allgemeinen Verkehrsauffassung gesetzt [wird]."[2167]

Ebenso wie zuvor schon § 4 Abs. 4 S. 2 EStG 1953 beschränkte also auch § 4 Abs. 5 S. 2 EStG 1960 nur die Abziehbarkeit der die Lebensführung berührenden Betriebsausgaben, veränderte aber nicht ihre sphärische Einordnung als Erwerbsaufwendungen. Interessanter für die historische Entwicklung des § 4 Abs. 5 S. 1 Nr. 1-7 EStG ist daher die zweite Maßnahme, die mit Erlass des neuen § 4 Abs. 5 EStG 1960 umgesetzt wurde. Im Zuge des StÄndG 1960 hat der Gesetzgeber nämlich erstmals *Abzugsverbote* in § 4 Abs. 5 S. 1 Nr. 1-3 EStG 1960 geschaffen,[2168] die neben der allgemeinen Abzugsbeschränkung des § 4 Abs. 5 S. 2 EStG 1960 Anwendung fanden und im Vergleich dazu zwei systematische Besonderheiten aufwiesen. Zum einen galten die Abzugstatbestände des § 4 Abs. 5 S. 1 EStG 1960 nicht für alle die Lebensführung berührenden Betriebsausgaben, sondern nur für bestimmte Aufwendungen, die in der Entwurfsbegründung unter dem Begriff „Repräsentationsaufwendungen"[2169] zusammengefasst

---

2165 Siehe *Helkenberg*, Unangemessenheit von Betriebsausgaben, S. 13, 52, 74.

2166 Vgl. auch BFH BStBl. II 1978, 93, 95; *Börnstein*, DStZ 1960, 221, 226; *R. Thiel*, FR 1960, Beilage zu Nr. 15, 1, 4.

2167 BT-Drs. III/1811, 8 (Hervorhebungen durch die Verfasserin).

2168 *R. Thiel*, FR 1960, Beilage zu Nr. 15, 1, 2.

2169 BT-Drs. III/1811, 8. Zum Begriff, der sphärischen Einordnung und steuerlichen Behandlung von Repräsentationsaufwendungen siehe bereits die Untersuchung in Teil 3 § 11.

und im Gesetz einzeln benannt wurden. Konkret betroffen waren hiervon die Kosten für Geschenke (§ 4 Abs. 5 S. 1 Nr. 1 EStG 1960[2170]), für Gästehäuser (§ 4 Abs. 5 S. 1 Nr. 2 EStG 1960[2171]) sowie für Vergnügungen wie Jagd, Fischerei, Segel- und Motorjachten (§ 4 Abs. 5 S. 1 Nr. 3 EStG 1960[2172]). Zum anderen fällt auf, dass die neuen Tatbestände nicht mehr nur höhenmäßige Abzugsbeschränkungen anordneten, sondern stattdessen vollständige Abzugsverbote vorsahen.[2173] Da diese Tatbestände bis heute nahezu unverändert in § 4 Abs. 5 S. 1 Nr. 1, 3, 4 EStG fortgelten, stellt sich die Frage, welche Schlussfolgerungen aus diesen systematischen Besonderheiten für die sphärische Einordnung der betreffenden Aufwendungen in § 4 Abs. 5 S. 1 Nr. 1-3 EStG 1960 zu ziehen sind.

Helkenberg und *Kammergruber* verweisen auch diesbezüglich wieder auf den Wortlaut des § 4 Abs. 5 S. 1 EStG 1960, der die drei neuen Tatbestände mit dem neutralen Terminus „Aufwendungen" einleitete.[2174] Ihrer Meinung nach werde mit diesem Wortlaut deutlich, dass der Gesetzgeber sich bei Schaffung der neuen Tatbestände bewusst nicht auf eine sphärische Einordnung der betreffenden Aufwendungen festlegen wollte und die Annahme, es handele sich um originär betrieblich veranlasste Aufwendungen, daher verfehlt sei.[2175] Berücksichtigt man zusätzlich, dass die Aufwendungen in § 4 Abs. 5 S. 1 Nr. 1-3 EStG 1960 nicht nur höhenmäßig eingeschränkt, sondern wie Privataufwendungen nach § 12 Nr. 1 EStG vollständig vom steuerlichen Abzug ausgeschlossen wurden, könnte man tatsächlich zu der Annahme kommen, der Gesetzgeber habe mit § 4 Abs. 5 S. 1 Nr. 1-3 EStG 1960 keine Regelung für rein betrieblich veranlasste Aufwendungen iSd § 4 Abs. 4 EStG schaffen wollen.[2176]

2170 Das Abzugsverbot für Geschenke steht auch heute noch in § 4 Abs. 5 S. 1 Nr. 1 EStG.

2171 Das Abzugsverbot für Gästehäuser steht mittlerweile in § 4 Abs. 5 S. 1 Nr. 3 EStG.

2172 Das Abzugsverbot für Jagd, Fischerei und ähnliche Zwecke steht inzwischen in § 4 Abs. 5 S. 1 Nr. 4 EStG.

2173 Siehe auch *Maetz*, in: Bordewin/Brandt, EStG, § 4, Rn. 2250; *Meyer*, in: BeckOK EStG, § 4, Rn. 2718; *Spilker*, in: K/S/M, EStG, § 4, Rn. F 1. § 4 Abs. 5 S. 1 Nr. 1 EStG 1960 enthielt allerdings für Geschenke, die einen Wert von insgesamt 100 DM nicht überstiegen, eine Ausnahme von diesem grundsätzlichen Abzugsverbot.

2174 Siehe *Helkenberg*, Unangemessenheit von Betriebsausgaben, S. 13; *Kammergruber*, Betriebsausgabenabzug, S. 244 f.

2175 Vgl. *Helkenberg*, Unangemessenheit von Betriebsausgaben, S. 13; *Kammergruber*, Betriebsausgabenabzug, S. 244 ff.

2176 Siehe hierzu auch *Littmann*, StbJb. 1960/61, S. 125, 131, der ohnehin davon ausgeht, dass es sich bei diesen Aufwendungen in aller Regel um Aufwendungen der Lebensführungen handelt, die bereits nach § 12 Nr. 1 EStG einem Abzugsverbot unterliegen,

Deutlich wird die eigentliche gesetzgeberische Intention allerdings, wenn man zusätzlich die Entwurfsbegründung zum StÄndG 1960 heranzieht. Darin hat die Bundesregierung die zweite Maßnahme des § 4 Abs. 5 EStG StÄndG 1960 mit folgenden Worten begründet:

> „Weiterhin ist es erforderlich, neben der Einschränkung des allgemeinen Rahmens der Abzugsfähigkeit noch *bestimmte Betriebsausgaben, die bereits ihrer Art nach als überflüssige und unangemessene Repräsentationsaufwendungen anzusehen sind*, im Gesetz ausdrücklich zu benennen und ihren Abzug vom steuerlichen Gewinn zu verbieten."[2177]

Aus dieser Erklärung wird erkennbar, dass es dem Gesetzgeber auch bei den Aufwendungen, die vollständig vom Abzug ausgeschlossen wurden, fern lag, ihre bereits zuvor anerkannte Betriebsausgabenqualität[2178] zu negieren.[2179] Vielmehr begründet der Entwurfsverfasser die abweichende steuerliche Behandlung dieser Aufwendungen damit, dass es zwei Formen unangemessener Betriebsausgaben gebe, die es rechtfertigten, unterschiedliche Abzugsregime zu normieren. Diejenigen Betriebsausgaben, die nach § 4 Abs. 5 S. 2 EStG 1960 lediglich in ihrer Abzugsfähigkeit eingeschränkt worden sind, berühren die Lebensführung des Steuerpflichtigen oder anderer Personen und sind nur *der Höhe nach* („soweit") als unangemessen anzusehen.[2180] Demgegenüber sind die Betriebsausgaben in

---

und § 4 Abs. 5 EStG in der Fassung des StÄndG 1960 daher für systematisch verfehlt hält.

2177 BT-Drs. III/1811, 8 (Hervorhebungen durch die Verfasserin).

2178 Bis zum StÄndG 1960 waren die von den Abzugsverboten betroffenen Aufwendungen vollständig abziehbar, siehe *Breuninger/Prinz*, DStR 1994, 1401, 1404; vgl. für Jagdaufwendungen bereits RFH RStBl. 1932, 1026, 1026 f.; RFH RStBl. 1930, 352, 352.

2179 So auch *Meyer*, in: BeckOK EStG, § 4, Rn. 2693; vgl. zudem BFH BStBl. II 222, 223; BFH BStBl. II 2017, 224, 226; BFH BStBl. II 1981, 58, 59; *R. Thiel*, FR 1960, Beilage zu Nr. 15, 1, 2; *Vogel*, BB 1961, 36. Siehe zudem Abschnitt 1 des gemeinsamen Ländererlasses der Finanzminister der Länder, BStBl. II 1960, 221, 221 f., in dem die Verwaltung ausdrücklich darauf hingewiesen wird, dass § 4 Abs. 5 EStG 1960 nur dann anzuwenden sei, wenn ausschließlich oder nahezu ausschließlich betrieblich veranlasste Aufwendungen vorliegen.

2180 So auch *Meurer*, in: Lademann, EStG, § 4, Rn. 687. Nach Auffassung des BFH kommt allerdings auch bei der allgemeinen Abzugsbeschränkung in § 4 Abs. 5 S. 1 Nr. 7 EStG, der § 4 Abs. 5 S. 2 EStG 1960 entspricht, eine *Unangemessenheit dem Grunde* nach in Betracht, mit der Folge, dass die betreffenden Aufwendungen dann ebenfalls in voller Höhe der Abzugsbeschränkung unterliegen. Angenommen wurde eine solche Unangemessenheit dem Grunde nach beispielsweise bei dem Besuch von „Nachtlokalen", also insbesondere Bordellen und bordellähnlichen Betrieben, bei denen der

§ 4 Abs. 5 S. 1 Nr. 1-3 EStG 1960 nach der Vorstellung des Gesetzgebers bereits *ihrer Art nach*, d.h. von vornherein und unabhängig von ihrer konkreten Aufwandshöhe, als unangemessen oder überflüssig anzusehen und werden aus diesem Grund konsequenterweise in voller Höhe vom Abzug ausgeschlossen. Auch diese Aufwendungen bleiben nach der Vorstellung des Gesetzgebers aber „Betriebsausgaben"[2181] iSd § 4 Abs. 4 EStG und werden nicht etwa aufgrund ihrer Unangemessenheit zu steuerlich unbeachtlichen Privataufwendungen.[2182] Festzuhalten ist damit, dass auch die Aufwendungen in § 4 Abs. 5 S. 1 Nr. 1-3 EStG 1960 aus Sicht des Gesetzgebers originär betrieblich veranlasst waren,[2183] ihr Abzug allerdings vollständig ausgeschlossen worden ist, da es sich um Betriebsausgaben handelt, die bereits dem Grunde nach unangemessen sind.[2184] Zudem macht die Unterscheidung des Gesetzgebers zwischen Betriebsausgaben, die nur der Höhe nach unangemessen sind, und solchen, die bereits ihrer Art nach als überflüssig anzusehen sind, deutlich, warum die heutigen Tatbestände der § 4 Abs. 5 S. 1 Nr. 1, 3, 4 und 7 EStG unterschiedliche Rechtsfolgen aufweisen. Diejenigen Betriebsausgaben, die nur unangemessen hoch sind, werden entsprechend dieser Höhe in ihrer Abzugsfähigkeit eingeschränkt, während die ihrer Art nach unangemessenen Betriebsausgaben konsequent vollständig vom Abzug ausgeschlossen werden.[2185]

Noch unbeantwortet bleibt indessen die Frage, wann eine Betriebsausgabe in diesem Sinne bereits ihrer Art bzw. dem Grunde nach unangemessen ist und inwiefern sich diese von den Betriebsausgaben unterscheidet, die nur der Höhe nach unangemessen sind. Der Gesetzgeber hat im Zuge des StÄndG 1960 keine Beurteilungskriterien zur Beantwortung dieser Frage geschaffen, sondern lediglich bestimmte Aufwendungen ausgewählt, die besonders häufig zu missbräuchlichen Betriebsausgabengestaltungen geführt haben, und diese dann mit

---

Gesamtpreis in offensichtlichem Missverhältnis zum Wert der verzehrten Speisen und Getränke stand, vgl. BFH BStBl. II 1990, 575, 577 f. Siehe diesbezüglich auch *Drüen*, in: Brandis/Heuermann, EStG, § 4, Rn. 872; *Meyer*, in: BeckOK EStG, § 4, Rn. 2803.1. Näheres zu dieser umstrittenen Rechtsprechung in Teil 4 § 17 C.II.3.b.

2181 BT-Drs. III/1811, 8.

2182 Vgl. auch BFH BStBl. II 2017, 224, 226; BFH BStBl. II 2017, 222, 223; *Meurer*, in: Lademann, EStG, § 4, Rn. 736; *R. Thiel*, FR 1960, Beilage zu Nr. 15, 1, 2.

2183 Vgl. auch *Bordewin*, BB 1975, 127, 128.

2184 So auch *Börnstein*, DStZ 1960, 221, 222; *R. Thiel*, FR 1960, Beilage zu Nr. 15, 1, 2, vgl. auch *Littmann*, StbJb. 1960/61, S. 125, 135, der diese Einordnung des Gesetzgebers allerdings für rechtlich verfehlt hält.

2185 Auf die Rechtsfolgen der übrigen Tatbestände wird sogleich eingegangen.

§ 4 Abs. 5 S. 1 Nr. 1-3 EStG 1960 im Gesetz ausdrücklich benannt und spezifischen Abzugsverboten unterworfen.[2186] Fraglich ist damit, welche Betriebsausgaben schon dem Grunde nach unangemessen sind und welcher Gestaltungsspielraum dem Gesetzgeber zukommt, wenn er vollständige Abzugsverbote für originär betrieblich veranlasste Aufwendungen schafft. Zwar wird aus der Entwurfsbegründung zum StÄndG 1960 deutlich, dass die Abzugsverbote in § 4 Abs. 5 S. 1 Nr. 1-3 EStG 1960 aus den gleichen Motiven geschaffen wurden wie die allgemeine Abzugsbeschränkung in § 4 Abs. 5 S. 2 EStG 1960 und ebenso wie diese der Bekämpfung des Spesenunwesens dienen sollten.[2187] Anders als bei der allgemeinen Abzugsbeschränkung wurde für die Abzugsverbote nach § 4 Abs. 5 S. 1 Nr. 1-3 EStG 1960 aber nicht ausdrücklich vorausgesetzt, dass die betroffenen Aufwendungen die Lebensführung des Steuerpflichtigen oder anderer Personen berühren. Daran hat sich bis heute auch nichts geändert.[2188] Daher stellt sich die Frage, ob für diese Aufwendungen überhaupt eine mit § 4 Abs. 4 S. 2 EStG 1960 vergleichbare Nähe zur Privatsphäre besteht, die einerseits als Rechtfertigungsgrund für mögliche Durchbrechungen des objektiven Nettoprinzips in Betracht käme und andererseits dazu führte, dass dem Gesetzgeber ein weiter Gestaltungs- und Beurteilungsspielraum zukommt.[2189] Diesen Fragen gilt es an späterer Stelle weiter nachzugehen.[2190]

4. *Erlass neuer Abzugsregelungen für Bewirtungsaufwendungen und verschiedene betrieblich/beruflich bedingte Mehraufwendungen*

a) Vorbemerkungen

Wie aus der bisherigen Untersuchung deutlich geworden ist, hat die historische Entwicklung des heutigen § 4 Abs. 5 S. 1 Nr. 1-7 EStG in den ersten Jahren nach Erlass des § 9a EStG 1951 einen weitgehend stringenten Verlauf genommen. Die Steuerpflichtigen haben in immer mehr Bereichen betrieblich veranlasste Aufwendungen getätigt, die zugleich die private Lebensführung betrafen und von der Finanzverwaltung als unangemessen erachtet wurden, und so sah der Gesetzgeber sich dazu veranlasst, immer mehr Abzugsbeschränkungen und -verbote zu schaffen, die dieser missbräuchlichen Betriebsausgabengestaltung entgegenwirkten.

2186 Vgl. BT-Drs. III/1811, 8.
2187 Vgl. BT-Drs. III/1811, 8.
2188 Für das Abzugsverbot nach § 4 Abs. 5 S. 1 Nr. 4 EStG vgl. auch BFH BStBl. II 2017, 224, 226; BFH BStBl. II 2017, 222, 223; BFH BStBl. II 2012, 824, 825.
2189 Vgl. Teil 1 § 3 C. und D.
2190 Siehe diesbezüglich Teil 4 § 17 C.III.2.a. und Teil 4 § 18.

Bis hierhin kann also gesagt werden, dass § 4 Abs. 5 S. 1 Nr. 1-7 EStG nach der Intention des Gesetzgebers ursprünglich einen einheitlichen Regelungszweck verfolgte, der darin bestand, originär betrieblich veranlasste Aufwendungen, die häufig zum Zwecke betrieblicher Repräsentation getätigt wurden und entweder unangemessen hoch oder schon ihrer Art nach unangemessen waren, (teilweise) vom steuerlichen Abzug nach § 4 Abs. 4 EStG auszuschließen.

Fraglich ist allerdings, ob dieses klare Bild eines einheitlichen Kataloges, der zur Missbrauchsbekämpfung mehrere Ausnahmen von der grundsätzlichen Abziehbarkeit betrieblich veranlasster Aufwendungen anordnet, auch in den Folgejahren weiterhin aufrechterhalten wurde. In dieser Zeit hat der Gesetzgeber mit dem EStRefG 1974[2191] und dem JStG 1996[2192] fünf weitere Tatbestände in § 4 Abs. 5 S. 1 Nr. 1-7 EStG aufgenommen, mit denen jeweils unterschiedliche gesetzliche Motive verfolgt wurden.[2193] Manche dieser Tatbestände sind nur aus Gründen der Gleichbehandlung in § 4 Abs. 5 EStG eingefügt worden, da für Arbeitnehmer bereits eine entsprechende Regelung in § 9 Abs. 1 S. 3 EStG existierte. Für diese Regelungen stellt sich die Frage, welche Beweggründe ursprünglich dazu geführt haben, dass der Gesetzgeber die Beschränkungen in § 9 Abs. 1 S. 3 EStG aufgenommen und später in § 4 Abs. 5 S. 1 EStG übertragen hat. Um dies herauszufinden, wird im weiteren Verlauf neben § 4 Abs. 5 EStG punktuell auch die Historie des § 9 Abs. 1 S. 3 EStG analysiert. Bei manchen Tatbeständen wurde der Erlass auch damit begründet, dass Subventionen abgebaut werden müssten, die den Steuerpflichtigen bislang dadurch zugutegekommen seien, dass die betreffenden Aufwendungen als Betriebsausgaben geltend gemacht werden konnten.[2194] Bei diesen Tatbeständen stellt sich schon grundsätzlich die Frage, ob der Gesetzgeber selbst noch davon ausgegangen ist, dass hiervon nur solche Aufwendungen betroffen sind, die ausschließlich oder nahezu ausschließlich betrieblich veranlasst sind. Ziel der weiteren Untersuchung wird es daher sein, herauszufinden,

2191 Gesetz zur Reform der Einkommensteuer, des Familienlastenausgleichs und der Sparförderung (Einkommensteuerreformgesetz – EStRG) vom 05.08.1974, BGBl. I 1974, 1769. In Kraft getreten ist das Einkommensteuerreformgesetz 1974 erst am 01.01.1975. Aus Gründen der Nachvollziehbarkeit wird im Folgenden aber vom EStG 1974 gesprochen. Zur politischen Diskussion und der Entwicklung des EStRefG 1974 bis zum Kabinettsentwurf siehe *Gérard/Söffing,* FR 1974, 361, 361 f.

2192 Jahressteuergesetz 1996 vom 11.10.1995, BGBl. I 1995, 1250.

2193 Vgl. auch *Maetz,* in: Bordewin/Brandt, EStG, § 4, Rn. 2256; *Meurer,* in: Lademann, EStG, § 4, Rn. 657; *Meyer,* in: BeckOK EStG, § 4, Rn. 2719.

2194 Vgl. etwa BT-Drs. V/1068, 16; siehe hierzu auch *Maetz,* in: Bordewin/Brandt, EStG, § 4, Rn. 2256.

ob die Erweiterungen des § 4 Abs. 5 EStG 1960 durch das EStRefG 1974 und das JStG 1996 dazu geführt haben, dass die einheitliche Regelungsdogmatik, die § 4 Abs. 5 EStG nach der Vorstellung des Gesetzgebers ursprünglich inne hatte, später verloren ging.

b) Neue Abzugsbeschränkungen für Bewirtungsaufwendungen, Verpflegungsmehraufwendungen und Wegekosten (EStRefG 1974)

Das EStRefG 1974[2195] zeichnet sich zunächst dadurch aus, dass § 4 Abs. 5 EStG hierdurch seine heutige Struktur erhalten hat.[2196] Die allgemeine Abzugsbeschränkung für Betriebsausgaben, die die Lebensführung des Steuerpflichtigen oder anderer Personen berühren (§ 4 Abs. 5 S. 2 EStG 1960), wurde inhaltsgleich in die enumerative Aufzählung des § 4 Abs. 5 S. 1 EStG 1974 aufgenommen[2197] und befindet sich seither in § 4 Abs. 5 S. 1 Nr. 7 EStG.[2198] Zudem wurde der Einleitungssatz des § 4 Abs. 5 S. 1 EStG 1960 neu gefasst, indem das Wort „Aufwendungen" durch die bis heute wie folgt lautende Formulierung ausgetauscht wurde: „Die folgenden Betriebsausgaben dürfen den Gewinn nicht mindern:".[2199] Darüber hinaus wurden aber auch innerhalb des Abzugskataloges nach § 4 Abs. 5 S. 1 Nr. 1-6 EStG 1974 weitreichende Änderungen vorgenommen, durch die entweder bereits bestehende Regelungen verschärft oder neue Abzugstatbestände geschaffen wurden: Zum einen wurde § 4 Abs. 5 S. 1 Nr. 1 EStG 1960 weiter eingeschränkt, so dass von dem Abzugsverbot für Geschenke nur noch solche Aufwendungen ausgenommen

2195 BGBl. I 1974, 1769.

2196 Vgl. *Maetz,* in: Bordewin/Brandt, EStG, § 4, Rn. 2250; *Meyer,* in: BeckOK EStG, § 4, Rn. 2719.

2197 Siehe *Gérard/Söffing,* FR 1974, 361, 367; *Helkenberg,* Unangemessenheit von Betriebsausgaben, S. 16.

2198 Die Änderung der systematischen Stellung des § 4 Abs. 5 S. 2 EStG 1960 wurde damit begründet, dass der Anwendungsbereich der allgemeinen Abzugsbeschränkung durch die Einführung der spezielleren Abzugsregelungen in § 4 Abs. 5 S. 1 Nr. 1-6 EStG 1974 reduziert wurde und die nur subsidiär wirkende Beschränkung daher – gemessen an ihrer Bedeutung – nicht mehr in einem eigenen Satz 2 geregelt werden müsse, siehe hierzu *Helkenberg,* Unangemessenheit von Betriebsausgaben, S. 16. Wie noch zu zeigen sein wird, wird dies allerdings nicht der Schlüsselrolle gerecht, die § 4 Abs. 5 S. 1 Nr. 7 EStG nach wie vor für die anderen Abzugstatbestände hat. Siehe hierzu Teil 4 § 17 C.I.

2199 BGBl. I 1974, 1769, 1770. Vgl. *Helkenberg,* Unangemessenheit von Betriebsausgaben, S. 15; *Kammergruber,* Betriebsausgabenabzug, S. 245; *Meurer,* in: Lademann, EStG, § 4, Rn. 657; *Spilker,* in: K/S/M, EStG, § 4, Rn. F 1; *Söhn,* in: K/S/M, EStG, Stand 1995, Rn. F 1.

waren, die der Steuerpflichtige für seine Arbeitnehmer tätigte oder bei denen die Anschaffungs- und Herstellungskosten einen Gesamtbetrag von 50 DM[2200] im Wirtschaftsjahr nicht überstiegen.[2201] Voraussetzung für die Abziehbarkeit war außerdem, dass der verschenkte Gegenstand dauerhaft und nach außen hin erkennbar als „Werbeträger" gekennzeichnet wurde.[2202] Zum anderen wurden mit § 4 Abs. 5 S. 1 Nr. 2, 5 und 6 EStG 1974 drei weitere Tatbestände aufgenommen, die teilweise neu geschaffen wurden, teilweise aber auch zuvor schon von § 9 Abs. 1 S. 3 EStG erfasst waren und mit dem EStRefG 1974 zusätzlich in den Katalog des § 4 Abs. 5 S. 1 EStG übertragen wurden. Dabei ist die Nummerierung der einzelnen Tatbestände in ihre heutige Form gebracht worden.[2203] Einmal wurde in § 4 Abs. 5 S. 1 Nr. 2 EStG 1974 eine neue Abzugsbeschränkung für Bewirtungsaufwendungen eingefügt. Hiernach durften Aufwendungen für die Bewirtung von Personen, die nicht Arbeitnehmer des Steuerpflichtigen sind, nur soweit sie nach der allgemeinen Verkehrsauffassung als angemessen anzusehen waren und nur soweit ihre Höhe und betriebliche Veranlassung nachgewiesen wurde, vom Gewinn abgezogen werden.[2204] Da Bewirtungsaufwendungen auch zuvor schon nur nach Maßgabe der allgemeinen Abzugsbeschränkung iSd

---

2200 Dieser Höchstbetrag wurde in den Folgejahren mehrfach verändert, siehe hierzu *Meurer*, in: Lademann, EStG, § 4, Rn. 661.

2201 Vgl. BGBl. I 1974, 1769, 1771. Näher hierzu *Bordewin*, BB 1975, 127, 127 ff.

2202 Vgl. BGBl. I 1974, 1769, 1771. Diese Kennzeichnungspflicht wurde allerdings aus Vereinfachungsgründen mit dem Steuerbereinigungsgesetz 1986 vom 19.12.1985 (BGBl. I 1985, 2436) wieder gestrichen, siehe *Meurer*, in: Lademann, EStG, § 4, Rn. 661.

2203 Die Abzugsverbote für Gästehäuser und die Aufwendungen für Jagd, Fischerei und Jachten sind in diesem Zuge jeweils eine Nummer nach hinten gewandert, so dass § 4 Abs. 5 S. 1 Nr. 2 EStG 1960 nun zu § 4 Abs. 5 S. 1 Nr. 3 EStG 1974 wurde und der neue § 4 Abs. 5 S. 1 Nr. 4 EStG 1974 inhaltlich dem § 4 Abs. 5 S. 1 Nr. 3 EStG 1960 entsprach, siehe BT-Drs. 7/1470, 249; *Gérard/Söffing*, FR 1974, 361, 367.

2204 Vgl. BGBl. I 1974, 1769, 1771. Die Bundesregierung hatte ursprünglich vorgesehen, Bewirtungsaufwendungen ebenso wie die Aufwendungen nach § 4 Abs. 5 S. 1 Nr. 1-3 EStG 1960 vollständig vom Abzug auszuschließen (vgl. BT-Drs. 7/1470, 22, 221). Hiergegen wurde allerdings vom Bundesrat vorgebracht, dass ein solches Verbot allein aus Missbrauchsgründen nicht gerechtfertigt erscheine, weshalb der Gesetzgeber den Vorschlag letztlich nicht übernommen hat, siehe hierzu *Gérard/Söffing*, FR 1974, 361, 366. Die Beschränkung des Abzugs auf den Teil der Bewirtungsaufwendungen, der nach allgemeiner Verkehrsauffassung als angemessen anzusehen ist, wurde von dem Finanzausschuss, der diesbezüglich angerufen wurde, vorgeschlagen, vgl. BT-Drs. 7/2180, 16.

§ 4 Abs. 5 S. 2 EStG 1960 geltend gemacht werden konnten,[2205] ging mit dieser Neufassung des § 4 Abs. 5 S. 1 Nr. 2 EStG 1974 zunächst keine wesentliche Änderung einher.[2206] Voraussetzung für die Abziehbarkeit der Bewirtungsaufwendungen war weiterhin, dass diese nach allgemeiner Verkehrsauffassung als angemessen anzusehen waren. Neu war allerdings das zusätzliche Erfordernis eines Nachweises über die Höhe und betriebliche Veranlassung der Aufwendungen.[2207] Zudem fällt auf, dass § 4 Abs. 5 S. 1 Nr. 2 EStG 1974 anders als § 4 Abs. 5 S. 2 EStG 1960 nicht mehr explizit voraussetzte, dass die Bewirtungsaufwendungen die Lebensführung des Steuerpflichtigen oder anderer Personen berührten. Ebenso wie bei den vollständigen Abzugsverboten des § 4 Abs. 5 S. 1 Nr. 1-3 EStG 1960 stellen sich damit mehrere Folgefragen zur verfassungsrechtlichen Zulässigkeit und dem Ausmaß der Betroffenheit der Privatsphäre, die es an späterer Stelle zu beantworten gilt.[2208] Daneben wurde mit § 4 Abs. 5 S. 1 Nr. 5 EStG eine neue Abzugsbeschränkung für Verpflegungsmehraufwendungen geschaffen. Nach dieser Regelung durften Verpflegungsmehraufwendungen, die zuvor nach Maßgabe der allgemeinen Abzugsbeschränkung lediglich einer Angemessenheitskontrolle nach § 4 Abs. 5 S. 2 EStG 1960 unterworfen wurden,[2209] nur noch soweit geltend gemacht werden, als sie die durch Rechtsverordnung (EStDV 1975[2210]) bestimmten Höchstbeträge nicht überstiegen.[2211] Die in § 8 EStDV 1975 genannten Höchstbeträge differenzierten dabei je nachdem, ob der Steuerpflichtige Geschäftsreisen im In- oder Ausland oder bloße Geschäftsgänge tätigte.[2212] Ein Berühren der Lebensführung war auch für diese Abzugsbeschränkung nicht mehr ausdrücklich vorausgesetzt.[2213] Schließlich wurde die Abzugsbeschränkung für Wegekosten,

---

2205 Vgl. BFH BStBl. II 1990, 575, 576; *Meyer*, in: BeckOK EStG, § 4, Rn. 2732; *Spilker*, in: K/S/M, EStG, § 4, Rn. H 3.

2206 Im Ergebnis auch *Meyer*, in: BeckOK EStG, § 4, Rn. 2732.

2207 Vgl. hierzu bereits den Ersten Bericht des Finanzausschusses, BT-Drs. 7/2180, 16; vgl. zudem BFH BStBl. II 1990, 575, 577; *Gérard/Söffing*, FR 1974, 361, 366; *Meyer*, in: BeckOK EStG, § 4, Rn. 2732.

2208 Siehe hierzu Teil 4 § 17 C.III.2.a. und Teil 4 § 18.

2209 Siehe *Gérard/Söffing*, FR 1974, 361, 367; *Maetz*, in: Bordewin/Brandt, EStG, § 4, Rn. 2250; *Meyer*, in: BeckOK EStG, § 4, Rn. 2751; *Spilker*, in: K/S/M, EStG, § 4, Rn. K 1; vgl. *Meurer*, in: Lademann, EStG, § 4, Rn. 691.

2210 Einkommensteuer-Durchführungsverordnung vom 24.01.1975, BGBl. I 1975, 369.

2211 Vgl. BGBl. I 1974, 1769, 1771.

2212 Vgl. BGBl. I 1975, 369, 373; siehe *Maetz*, in: Bordewin/Brandt, EStG, § 4, Rn. 2250.

2213 Zu den Folgefragen, die sich hieraus ergeben, siehe Teil 4 § 17 B.II.3.

die bereits seit dem StÄndG 1966[2214] in § 4 Abs. 5 S. 3 EStG geregelt war, mit § 4 Abs. 5 S. 1 Nr. 6 EStG 1974 ihrem heutigen Platz innerhalb des Abzugskataloges zugewiesen.[2215] Hiernach durften Aufwendungen für Fahrten des Steuerpflichtigen zwischen Wohnung und Betriebsstätte sowie Familienheimfahrten, die zuvor in vollem Umfang als Betriebsausgaben abgezogen werden konnten,[2216] nur noch in Höhe der in § 9 Abs. 1 Nr. 4, 5 EStG bestimmten Pauschbeträge[2217] geltend gemacht werden.[2218]

Mit Blick auf all diese Änderungen stellt sich die Frage, ob die einheitliche Regelungsdogmatik, die § 4 Abs. 5 EStG bis zum StÄndG 1960 inne hatte und darin bestand, originär betrieblich veranlasste Aufwendungen zum Zwecke der Missbrauchsvermeidung (teilweise) vom steuerlichen Abzug auszuschließen, auch nach Inkrafttreten des EStRefG 1974 noch fortbestanden hat. Hierfür spricht zunächst der neue Wortlaut des Einleitungssatzes in § 4 Abs. 5 S. 1 EStG 1974. Bereits aus der Entwurfsbegründung zum StÄndG 1960 wurde deutlich, dass der Gesetzgeber unter dem ursprünglichen Einleitungssatz des § 4 Abs. 5 S. 1 EStG 1966 nur solche Aufwendungen zusammenfassen wollte, die originär betrieblich veranlasst waren.[2219] An diesem Verständnis hat sich auch nach der Neufassung des § 4 Abs. 5 S. 1 EStG 1974 nichts geändert. Zum einen ist den Gesetzesmaterialen nicht zu entnehmen, dass mit der Umformulierung auch inhaltliche Änderungen

---

2214 Zweites Gesetz zur Überleitung der Haushaltswirtschaft des Bundes in eine mehrjährige Finanzplanung (Steueränderungsgesetz 1966) vom 23.12.1966, BGBl. I 1966, 702. Zuvor gab es bereits abzugsbeschränkende Regelungen in § 23 Abs. 2 der Einkommensteuer-Durchführungsverordnung vom 21.12.1955 (BGBl. I 1955, 745) und § 20 Abs. 2 S. 4 Nr. 2 S. 3 der Lohnsteuer-Durchführungsverordnung vom 27.08.1955 (BGBl. I 1955, 461). Zur gesamten Rechtsentwicklung der Pendlerpauschale siehe BFH BStBl. II 2008, 234, 240 ff.

2215 Siehe *Meyer,* in: BeckOK EStG, § 4, Rn. 2719, 2760; *Spilker,* in: K/S/M, EStG, § 4, Rn. L 2; vgl. *Gérard/Söffing,* FR 1974, 361, 367.

2216 Siehe BT-Drs. V/1068, 23; *Maetz,* in: Bordewin/Brandt, EStG, § 4, Rn. 2826; *Spilker,* in: K/S/M, EStG, § 4, Rn. L 1; *Wesselbaum-Neugebauer,* FR 2004, 385, 387; vgl. *Meurer,* in: Lademann, EStG, § 4, Rn. 696; *Schneider,* FS BFH, Bd. 2, S. 1243, 1255.

2217 In § 9 Abs. 1 Nr. 4 in der Form des StÄndG 1966 (BGBl. I 1966, 702) wurde für die Benutzung von Kraftwagen eine Kilometerpauschale von 0,36 DM pro Entfernungskilometer bis zu einer Entfernung von 40 km festgesetzt. Diese wurde in den Folgejahren mehrfach angepasst, näher hierzu *Maetz,* in: Bordewin/Brandt, EStG, § 4, Rn. 2826; *Spilker,* in: K/S/M, EStG, § 4, Rn. L 1 f.

2218 Vgl. BGBl. I 1974, 1769, 1771; *Meurer,* in: Lademann, EStG, § 4, Rn. 696; *Spilker,* in: K/S/M, EStG, § 4, Rn. L 1.

2219 Siehe hierzu bereits Teil 4 § 17 B.II.3.

einhergehen sollten.[2220] Zum anderen wird mit dem neuen Einleitungssatz genau das ausgedrückt, was der Gesetzgeber seit je her mit den Abzugsbeschränkungen und -verboten in § 4 Abs. 5 EStG bezweckte: Bestimmte Betriebsausgaben sollten (anteilig) vom steuerlichen Abzug ausgeschlossen werden.[2221] Somit trägt der Wortlaut des neuen Einleitungssatz gerade dazu bei, den subjektiv vom Gesetzgeber vorgesehenen Regelungsgehalt nunmehr auch objektiv im Gesetzestext des § 4 Abs. 5 S. 1 EStG widerzuspiegeln.[2222] Auch wenn die einzelnen Tatbestände in § 4 Abs. 5 S. 1 Nr. 1-7 EStG 1974 lediglich mit dem neutralen Begriff der „Aufwendung" umschrieben wurden,[2223] kann daher sowohl für die bereits bestehenden als auch für die mit dem EStRefG 1974 neu eingefügten Tatbestände des § 4 Abs. 5 S. 1 Nr. 1-7 EStG 1974 der originäre übergeordnete Schluss gezogen werden, dass diese weiterhin an das Vorliegen echter Betriebsausgaben iSd § 4 Abs. 4 EStG anknüpfen sollten.[2224]

Hierfür spricht auch, dass mit dem EStRefG 1974 sowohl in § 4 Abs. 5 S. 1 Nr. 1 EStG 1974 als auch in § 4 Abs. 5 S. 1 Nr. 2 EStG 1974 Nachweiserfordernisse eingeführt wurden, mit denen die Abziehbarkeit für Geschenk- und Bewirtungsaufwendungen jeweils davon abhängig gemacht wurde, ob der Steuerpflichtige die *betriebliche Veranlassung* der betreffenden Aufwendungen nachweisen konnte. Diese Nachweispflichten machen deutlich, dass es dem Gesetzgeber auch bei Erlass des EStRefG 1974 nach wie vor darauf ankam, dass die von dem Katalog betroffenen Aufwendungen dem Grunde nach betrieblich veranlasst waren. Für diese Einordnung spricht weiterhin, dass von den neuen Tatbeständen in § 4 Abs. 5 S. 1 Nr. 2, 5 und 6 EStG 1974 nur solche Aufwendungen betroffen waren, die vor Inkrafttreten des EStRefG 1974 als Betriebsausgabe iSd

---

2220 So auch *Helkenberg,* Unangemessenheit von Betriebsausgaben, S. 15; *Kammergruber,* Betriebsausgabenabzug, S. 245; *Spilker,* in: K/S/M, EStG, § 4, Rn. F 1; *Söhn,* in: K/S/M, EStG, Stand 1995, Rn. F 1, die allerdings mit der gleichen Begründung an ihrer bereits zum StÄndG 1960 ausgeführten Ansicht festhalten, wonach der Abzugskatalog nur untrennbar gemischt veranlasste Aufwendungen betreffe und der neue Wortlaut trotz der Verwendung des Terminus *„Betriebsausgabe"* hieran nichts ändere.

2221 Siehe diesbezüglich bereits die vorangegangene Untersuchung der historischen Entwicklung in Teil 4 § 17 B.II.2. und 3.

2222 Vgl. auch *Bordewin,* BB 1975, 127, 128.

2223 So das Gegenargument von *Helkenberg,* Unangemessenheit von Betriebsausgaben, S. 15.

2224 Vgl. auch *Bordewin.* BB 1975, 127, 128; *Meurer,* in: Lademann, EStG, § 4, Rn. 657.

§ 4 Abs. 4 EStG geltend gemacht werden konnten.[2225] Zwar war hierfür teilweise die allgemeine Abzugsbeschränkung gemäß § 4 Abs. 5 S. 2 EStG 1960 zu beachten. Voraussetzung für die steuerliche Geltendmachung der Bewirtungsaufwendungen, Verpflegungsmehraufwendungen und Wegekosten war aber in jedem Fall, dass diese betrieblich veranlasst waren. Wie sich aus der Entwurfsbegründung zum EStRefG 1974 ergibt, sollte an der Zuordnung dieser Aufwendungen zur Betriebssphäre auch durch den Erlass der neuen Tatbestände nichts geändert werden. So wurde die Abzugsbeschränkung nach § 4 Abs. 5 S. 1 Nr. 2 EStG 1974 damit begründet, dass der Betriebsausgabenabzug bei Bewirtungsaufwendungen eingeschränkt werden müsse, um dem weiterhin anhaltenden Spesenunwesen noch effektiver als bisher entgegenzutreten.[2226] In der Entwurfsbegründung zum EStRefG 1974 heißt es hierzu:

> „Der steuerliche Abzug von Bewirtungskosten und Geschenken – der sog. Spesenabzug – ist in der Öffentlichkeit seit langem ein Ärgernis, da er leicht mißbräuchlich ausgenutzt werden kann und vielfach auch ausgenutzt wird (z.B. durch gegenseitige Bewirtungen und Geschenke zwischen befreundeten und durch Geschäftsbeziehung verbundenen Personen, durch luxuriöse Aufwendungen und durch die Tarnung von rein privatem Aufwand als Betriebsaufwand). […] Im Interesse der Gleichmäßigkeit der Besteuerung erscheint es deshalb geboten, Aufwendungen für die Bewirtung anderer Personen […] *grundsätzlich vom Betriebsausgabenabzug auszuschließen.*“[2227]

Es wird deutlich, dass der Gesetzgeber die Betriebsausgabenqualität der Bewirtungsaufwendungen selbst dann nicht negiert hätte, wenn der ursprünglich von der Bundesregierung vorgesehene Plan eines vollständigen Abzugsverbotes umgesetzt worden wäre. Für die tatsächlich erlassene Abzugsbeschränkung nach § 4 Abs. 5 S. 1 Nr. 2 EStG 1974, bei der der Betriebsausgabenabzug nur der Höhe nach eingeschränkt wurde, gilt dies erst recht. Daneben hatte auch die Abzugsbeschränkung nach § 4 Abs. 5 S. 1 Nr. 5 EStG 1974 nicht den Zweck, Verpflegungsmehraufwendungen teilweise vom Anwendungsbereich des § 4 Abs. 4 EStG auszuschließen. Zwar könnte der Wortlaut des § 8 Abs. 1 EStDV 1975, wonach „Mehraufwendungen für Verpflegung […] *als Betriebsausgaben* nur bis zu den folgenden Höchstbeträgen *berücksichtigt werden [durften]*“,[2228] dafür sprechen,

---

2225 Siehe hierzu die Nachweise in Fn. 2205 für die Bewirtungsaufwendungen nach § 4 Abs. 5 S. 1 Nr. 2 EStG, Fn. 2209 für Verpflegungsmehraufwendungen iSd § 4 Abs. 5 S. 1 Nr. 5 EStG und Fn. 2216 für die Wegekosten gemäß § 4 Abs. 5 S. 1 Nr. 6 EStG.

2226 Vgl. BT-Drs. 7/1470, 221.

2227 BT-Drs. 7/1470, 221 (Hervorhebung durch Verfasserin).

2228 BGBl. I 1975, 369, 373 (Hervorhebungen durch Verfasserin).

dass denjenigen Aufwendungsteilen, die oberhalb der Höchstgrenzen lagen, die Betriebsausgabenqualität abgesprochen werden sollte. Aus der Entwurfsbegründung zum EStRefG 1974 ergibt sich jedoch eindeutig, dass das vom Gesetzgeber mit § 4 Abs. 5 S. 1 Nr. 5 EStG 1974 verfolgte Ziel allein darin bestand, die Höhe der grundsätzlich abziehbaren Verpflegungsmehraufwendungen dadurch zu deckeln, dass ihre steuerliche Geltendmachung, im Interesse der gleichmäßigen Behandlung aller Steuerpflichtigen, an das beamtenrechtliche Reiserecht angeknüpft wird.[2229] Die von der Bundesregierung abgegebene Erklärung hierzu lautet:

> „Danach sollen Verpflegungsmehraufwendungen anläßlich einer Geschäftsreise oder eines Geschäftsgangs nur *noch in Höhe der beamtenrechtlichen Reisekostenvergütung zum Abzug zugelassen werden.*"[2230]

Hieraus wird der klare Wille des Gesetzgebers erkennbar, nur die Abziehbarkeit der Verpflegungsmehraufwendungen einzuschränken, nicht aber ihre Betriebsausgabenqualität zu negieren.[2231] Dieser Wille hat sodann auch Eingang in den Wortlaut des § 4 Abs. 5 S. 1 Nr. 5 EStG gefunden,[2232] wonach Verpflegungsmehraufwendungen den Gewinn nur, „soweit" sie die Höchstbeträge überschreiten, nicht mindern dürfen, und sich damit im Gesetzestext objektiviert.

Fraglich ist indessen, ob die neue Abzugsbeschränkung nach § 4 Abs. 5 S. 1 Nr. 6 EStG 1974 dazu führte, dass den Aufwendungen für Fahrten zwischen Wohnung und Betriebsstätte oder Familienheimfahrten, die zuvor uneingeschränkt als Betriebsausgaben geltend gemacht werden konnten,[2233] teilweise die Betriebsausgabenqualität abgesprochen wurde. Wie sich aus der Entwurfsbegründung zum EStRefG 1974 ergibt, hatte die Aufnahme der Abzugsbeschränkung in den Katalog des § 4 Abs. 5 S. 1 EStG 1974 lediglich das Ziel, eine steuerliche Gleichbehandlung zwischen Gewinn- und Überschusseinkünften zu gewährleisten.[2234] Das StÄndG 1966, mit dem die ursprüngliche Regelung des § 4 Abs. 5 S. 3 EStG 1966 iVm § 9 Abs. Nr. 4, 5 EStG 1966 erlassen wurde,[2235] wel-

---

2229 Vgl. BT-Drs. 7/1470, 249 f.; *Meyer,* in: BeckOK EStG, § 4, Rn. 2751.

2230 BT-Drs. 7/1470, 249 f. (Hervorhebung durch die Verfasserin).

2231 Siehe hierzu auch den Ersten Bericht des angerufenen Finanzausschusses, BT-Drs. 7/2180, 17: „Der Ausschuß stimmt der im Regierungsentwurf vorgesehenen *Beschränkung des Abzugs der Mehraufwendungen für Verpflegung* […] grundsätzlich zu" (Hervorhebung durch die Verfasserin).

2232 Vgl. *Gérard/Söffing,* FR 1974, 361, 367.

2233 Vgl. Fn. 2216.

2234 Vgl. BT-Drs. 7/1470, 250.

2235 Siehe BGBl. I 1966, 702.

che sodann unverändert in § 4 Abs. 5 S. 1 Nr. 6 EStG 1974 übernommen wurde,[2236] ist allerdings vornehmlich damit begründet worden, dass der Bund ungerechtfertigte Steuersubventionen abbauen müsse, die in den Vorjahren zunehmend entstanden seien und bei den Steuerpflichtigen zu ungleichen Begünstigungen geführt hätten.[2237] Für die Abzugsbeschränkung des § 4 Abs. 5 S. 1 Nr. 6 EStG 1974 könnte hieraus der Schluss gezogen werden, dass der Gesetzgeber die bislang abziehbaren Wegekosten nunmehr als nicht abzugsfähige Aufwendungen der privaten Lebensführung ansah, welche nach § 12 Nr. 1 EStG eigentlich steuerlich nicht geltend gemacht werden dürften.[2238] Entgegen der sonstigen Systematik des § 4 Abs. 5 S. 1 Nr. 1-5, 7 EStG 1974 wäre § 4 Abs. 5 S. 1 Nr. 6 EStG 1974 dann keine Abzugsbeschränkung für betrieblich veranlasste Aufwendungen, sondern vielmehr eine partielle Abzugsmöglichkeit für Privataufwendungen.[2239] Einer solchen sphärischen Einordnung der Wegeaufwendungen ist der Gesetzgeber jedoch selbst entschieden entgegengetreten. So wird in der Entwurfsbegründung zum StÄndG 1966 zunächst vorgetragen, dass auch in anderen Ländern die Abgeltung von Aufwendungen für Fahrten zwischen der Wohnung und der Arbeitsstätte bzw. Betriebsstätte des Steuerpflichtigen üblich sei, dass die Gesetzgeber dieser Länder jedoch der Ansicht seien, bei diesen Kosten handele es sich nicht um Werbungskosten bzw. Betriebsausgaben, sondern um nicht abziehbare Aufwendungen der privaten Lebensführung.[2240] Daran anschließend wird sodann mitgeteilt:

> „*Von einer so weitgehenden Einschränkung hat der Gesetzesentwurf Abstand genommen*, um in gewissem Maße der Entfernung zwischen Wohnung und Arbeitsstätte steuerlich Rechnung zu tragen.“[2241]

Damit wird deutlich, dass der deutsche Gesetzgeber den Wertungen der anderen Länder gerade nicht gefolgt ist und stattdessen die Aufwendungen weiterhin als *originäre betrieblich veranlasste Aufwendungen* angesehen hat, deren Abziehbarkeit allerdings nunmehr auf die gesetzlich festgelegten Pauschalen begrenzt

---

2236 *Gérard/Söffing*, FR 1974, 361, 367; *Spilker*, in: K/S/M, EStG, § 4, Rn. L 2.

2237 Vgl. BT-Drs. V/1068, 16.

2238 Vgl. auch BT-Drs. V/1068, 23.

2239 Siehe diesbezüglich auch die Ausführungen der Entwurfsbegründung zum StÄndG 1966, BT-Drs. V/1068, 23, in der es für diesen nur hypothetisch aufgezeigten Fall heißt: „[…] so erhält die Abzugsfähigkeit der Aufwendungen für Fahrten zwischen Wohnung und Arbeitsstätte *den Charakter einer steuerlichen Subvention*“ (Hervorhebung durch die Verfasserin).

2240 Vgl. BT-Drs. V/1068, 23.

2241 BT-Drs. V/1068, 23 (Hervorhebung durch die Verfasserin).

werden sollte.[2242] Ziel dieser Abzugsbeschränkung war nach der Intention des Gesetzgebers auch nicht der Abbau von Steuersubventionen. Vielmehr sollten hierdurch Anreize für die Steuerpflichtigen geschaffen werden, den Berufsverkehr vom Kraftfahrzeug auf die öffentlichen Verkehrsmittel zu verlagern, damit insbesondere die Verkehrsverhältnisse in den Ballungsräumen verbessert werden konnten.[2243] Damit lässt sich festhalten, dass auch der dritte mit dem EStRefG 1974 neu eingeführte Tatbestand nach der Vorstellung des Gesetzgebers an das Vorliegen *betrieblicher Aufwendungen* iSd § 4 Abs. 4 EStG anknüpfen sollte[2244] und somit die gleiche Regelungsdogmatik wie die übrigen Tatbestände in § 4 Abs. 5 S. 1 Nr. 1-5 EStG verkörperte.

Insgesamt kann damit festgehalten werden, dass die einheitliche Regelungsdogmatik, die § 4 Abs. 5 EStG bis zum StÄndG 1960 aufwies, durch die Erweiterungen des EStRefG 1974 nicht verändert wurde. Zwar unterscheiden sich die vom Gesetzgeber mit den neuen Tatbeständen verfolgten Zwecke teilweise von denen der älteren Tatbestände in § 4 Abs. 5 S. 1, 2 EStG 1960.[2245] Die grundlegende Systematik, wonach *originär betrieblich veranlasste Aufwendungen* entgegen § 4 Abs. 4 EStG in ihrer Abzugsfähigkeit eingeschränkt werden, ist jedoch auch nach in Kraft treten des EStRefG 1974 über alle Nummern des Kataloges gleichgeblieben. Fraglich ist indessen, ob dies auch nach Erlass der durch das JStG 1996[2246] eingeführten Tatbestände in § 4 Abs. 5 S. 1 Nr. 6a und 6b EStG 1996 noch der Fall war.

c) Neue Abzugsbeschränkungen für Mehraufwendungen wegen doppelter Haushaltsführung und die Kosten eines häuslichen Arbeitszimmers (JStG 1996)

Mit dem JStG 1996 ist zunächst die Abzugsbeschränkung für Verpflegungsmehraufwendungen in § 4 Abs. 5 S. 1 Nr. 5 EStG dahingehend verändert worden,

2242 Siehe diesbezüglich auch die Erklärung der Entwurfsbegründung zum StÄndG 1966, BT-Drs. V/1068, 23: „Schließlich ist im Bereich der Steuern vom Einkommen vorgesehen, *die Abzugsfähigkeit* der Aufwendungen für Fahrten zwischen Wohnung und Arbeitsstätte oder Betrieb [...] als Werbungskosten oder Betriebsausgaben [...] *einzuschränken*" (Hervorhebungen durch die Verfasserin); vgl. zudem BFH BStBl. III 1966, 386, 388 f.; *Hey,* in: Tipke/Lang, Steuerrecht, Rn. 8.261; *Meyer,* in: BeckOK EStG, § 4, Rn. 2759.1; *Tipke,* BB 2007, 1525, 1527 f.

2243 Vgl. BT-Drs. V/1068, 23.

2244 So auch *Nacke,* in: Littmann/Bitz/Pust, EStG, § 4, Rn. 1721.

2245 Näher zum Telos der einzelnen Abzugstatbestände siehe Teil 4 § 17 B.III.

2246 BGBl. I 1995, 1249.

dass die Höhe des Abzugs nunmehr durch feste Pauschbeträge bestimmt wurde, welche je nach Dauer der Auswärtstätigkeit unterschiedlich gestaffelt waren.[2247] Hintergrund dieser Regelung war eine zuvor ergangene Neuausrichtung der BFH-Rechtsprechung,[2248] nach der die steuerliche Anerkennung von Verpflegungsmehraufwendungen bei einer Auswärtstätigkeit nicht von der Art der Tätigkeit, sondern der Verpflegungssituation vor Ort abhing.[2249] Folge der daraufhin erlassenen Gesetzesanpassung in § 4 Abs. 5 S. 1 Nr. 5 EStG war allerdings nur, dass die höhenmäßige Beschränkung, der die Verpflegungsmehraufwendungen unterworfen waren, verändert wurde. Die grundsätzliche Einordnung dieser Aufwendungen als Betriebsausgaben sollte dadurch nicht negiert werden.[2250] Gleiches gilt für die Neugestaltung des § 4 Abs. 5 S. 1 Nr. 6 EStG durch das JStG 1996. Hiernach wurde für Aufwendungen für Fahrten zwischen Wohnung und Betriebsstätte sowie Familienheimfahrten aus Vereinfachungsgründen eine neue Listenpreismethode eingeführt, mit der die Höhe der abziehbaren Betriebsausgaben typisierend ermittelt werden konnte.[2251] Auch hierdurch sollte aber nichts am grundsätzlichen Betriebsausgabencharakter der Wegeaufwendungen geändert werden.[2252] Etwas anderes könnte jedoch für die neu eingeführten Abzugsbeschränkungen nach § 4 Abs. 5 S. 1 Nr. 6a und 6b EStG 1996 gelten. Im Zuge des JStG 1996 sind zusätzlich zwei neue Tatbestände in den Katalog des § 4 Abs. 5 S. 1 EStG aufgenommen worden, die in den Folgejahren mehrfach geändert wurden.[2253]

2247 Vgl. BGBl. I 1995, 1250, 1252. Zuvor erfolgte bereits eine Anpassung des abzugsfähigen Betrages an das Bundesreisekostengesetz mit dem StRefG 1990 vom 27.07.1989, siehe BGBl. I 1988, 1093, 1094, näher hierzu *Matz,* in: Bordewin/Brandt, EStG, § 4, Rn. 2250.

2248 BFH BStBl. II 1994, 534, 536; BFH BStBl. II 1994, 532, 532; BFH BStBl. II 1994, 529, 529; BFH BStBl. II 1995, 184, 185.

2249 Vgl. BT-Drs. 13/901, 129; *Maetz,* in: Bordewin/Brandt, EStG, § 4, Rn. 2250. Näher hierzu *Meurer,* in: Lademann, EStG, § 4, Rn. 691.

2250 Vgl. auch *Meurer,* in: Lademann, EStG, § 4, Rn. 691.

2251 Siehe BGBl. I 1995, 1250, 1253; BT-Drs. 13/1686, 8; *Maetz,* in: Bordewin/Brandt, EStG, § 4, Rn. 2250; *Meurer,* in: Lademann, EStG, § 4, Rn. 696; *Spilker,* in: K/S/M, EStG, § 4, Rn. L 3.

2252 Vgl. BT-Drs. 13/1686, 8; *Meurer,* in: Lademann, EStG, § 4, Rn. 696.

2253 § 4 Abs. 5 S. 1 Nr. 6a EStG wurde mit dem StÄndG 2003 vom 15.12.2003, BGBl. I 2003, 2645, ersatzlos gestrichen und erst zum 01.01.2014 mit dem Gesetz zur Änderung und Vereinfachung der Unternehmensbesteuerung und des steuerlichen Reisekostenrechts vom 20.02.2013, BGBl. I 2013, 285, in neuer Form wieder ins Gesetz aufgenommen. Grund für die Aufhebung war eine Entscheidung des BVerfG (BVerfGE 107, 27, 49 f.), in der die im Gesetz vorgesehene Beschränkung

Zunächst ist mit § 4 Abs. 5 S. 1 Nr. 6a EStG 1996 die Abziehbarkeit für Mehraufwendungen wegen einer aus betrieblichem Anlass begründeten doppelten Haushaltsführung auf einen Zeitraum von zwei Jahren beschränkt worden.[2254] Mit dieser Einschränkung ist der Gesetzgeber von der bereits seit 1920 bestandenen Rechtspraxis[2255] abgewichen, wonach betrieblich/beruflich bedingte Mehraufwendungen wegen doppelter Haushaltsführung grundsätzlich als Betriebsausgaben bzw. Werbungskosten anerkannt waren und in dieser Einordnung vollständig zum steuerlichen Abzug zugelassen wurden.[2256] Die neuerliche Abzugsbeschränkung in

---

des Betriebsausgaben- bzw. Werbungskostenabzugs auf zwei Jahre für verfassungswidrig erklärt wurde, näher hierzu Teil 1 § 3 B.II. Da mit dem JStG 1996 jedoch die erste Abzugsbeschränkung für Mehraufwendungen wegen doppelter Haushaltsführung geschaffen wurde und die Regelung im Übrigen (ohne die Beschränkung auf zwei Jahre) in Form des für entsprechend anwendbar erklärten § 9 Abs. 1 S. 3 Nr. 5 EStG a.F. auch nach dem 15.12.2003 weiter fortbestanden hat (siehe hierzu BGBl. I 2003, 2645, 2651; *Meurer,* in: Lademann, EStG, § 4, Rn. 710; *Meyer,* in: BeckOK EStG, § 4, Rn. 277.1), sind die ursprünglichen Gründe für den Erlass des § 4 Abs. 5 S. 1 Nr. 6a EStG 1996 ebenso maßgeblich für die historische Untersuchung des Abzugskataloges wie die der späteren Neufassung durch das UntStReisekÄndG 2013, auf das anschließend auch eingegangen wird.

2254 Siehe BGBl. I 1995, 1250, 1253; dazu *Drüen,* in: Brandis/Heuermann, EStG, § 4, Rn. 829; *Meyer,* in: BeckOK EStG, § 4, Rn. 2771.1; *Söhn,* FS Offerhaus, S. 477. Im gleichen Zuge wurde auch § 9 Abs. 1 S. 3 Nr. 5 EStG 1996 um einen dritten Satz ergänzt, der den entsprechenden Abzug für Arbeitnehmer ebenfalls auf zwei Jahre begrenzte, siehe BGBl. I 1995, 1250, 1256; *von Bornhaupt,* in: K/S/M, EStG, § 9, Rn. A 192b.

2255 Bereits im Runderlass des Reichsministers der Finanzen vom 06.12.1930, RStBl. 1930, 782, in dem es heißt, ein entsprechender Hinweis sei bereits in dem Runderlass vom 04.05.1920 ergangen, wurde hervorgehoben, dass den Werbungskosten auch die durch den Dienst veranlassten Mehraufwendungen für den Unterhalt außerhalb des Haushalts, also insbesondere die Mehrkosten der sog. doppelten Haushaltsführung, angehören. Näher hierzu *von Bornhaupt,* in: K/S/M, EStG, § 9, Rn. A 186; *Ihlas,* FR 1989, 321, 322.

2256 Siehe *von Bornhaupt,* in: K/S/M, EStG, § 9, Rn. A 186; *Ihlas,* FR 1989, 321, 322; *Kögel,* FR 1997, 433, 434; vgl. *Krüger,* in: Schmidt, EStG, § 9, Rn. 220; *H. Lange,* DStZ 1995, 682; *Zitzelsberger,* BB 1995, 2296, 2297 f. Siehe diesbezüglich auch BVerfGE 107, 27, 50, wonach „[d]ie grundsätzliche Abzugsfähigkeit der Kosten einer betrieblich oder beruflich begründeten doppelten Haushaltsführung als Betriebsausgaben oder Werbungskosten […] traditioneller Teil der Grundentscheidung des deutschen Einkommensteuerrechts […]“ ist. Siehe außerdem die Entwurfsbegründung zum StÄndG 1966, BT-Drs. V/1068, 24, in dem der Werbungskostenabzug für Mehraufwendungen wegen doppelter Haushaltsführung erstmals in § 9 Abs. 1 S. 3 Nr. 5 EStG

§ 4 Abs. 5 S. 1 Nr. 6a EStG 1996 und § 9 Abs. 1 S. 3 Nr. 5 S. 3 EStG 1996 ist dabei wie folgt begründet worden:[2257]

> „Mehraufwendungen wegen doppelter Haushaltsführung sind *als gemischte Aufwendungen teils beruflich, teils privat veranlaßt. Sie wären nach dem Aufteilungs- und Abzugsverbot des § 12 Nr. 1 EStG grundsätzlich nicht abziehbar, würden sie nicht durch § 9 Abs. 1 S. 3 Nr. 5 EStG ausdrücklich zum Abzug als Werbungskosten zugelassen.* Aus Gründen der steuerlichen Leistungsfähigkeit ist es vertretbar, wenn bestimmte Mehraufwendungen für eine angemessene Übergangszeit zum Abzug zugelassen werden. *Soweit § 9 Abs. 1 Satz 3 Nr. 5 EStG eine aus beruflichem Anlaß begründete doppelte Haushaltsführung aber zeitlich unbegrenzt als beruflich veranlaßt ansieht, enthält die Vorschrift eine Fiktion, die nicht weiter fortgeführt werden sollte.* Eine zeitliche Begrenzung der Inanspruchnahme des Werbungskostenabzugs ist danach sachgerecht."[2258]

Wie aus dieser Erklärung hervorgeht, ist der Gesetzgeber bei den Mehraufwendungen wegen doppelter Haushaltsführung, anders als bei den Wegekosten nach § 4 Abs. 5 S. 1 Nr. 6 EStG, nunmehr davon ausgegangen, dass diese dem Grunde nach (untrennbar) gemischt veranlasst seien und ihr Abzug bislang nur deswegen zulässig gewesen sei, weil § 9 Abs. 1 S. 3 Nr. 5 EStG dies abweichend von § 12 Nr. 1 EStG konstitutiv angeordnet habe.[2259] Nach der Vorstellung des Entwurfsverfassers hatte die neue Abzugsbeschränkung in § 4 Abs. 5 S. 1 Nr. 6a EStG 1996 den Zweck, betrieblich bedingte Mehraufwendungen, die aufgrund einer doppelten Haushaltsführung entstanden sind, nur noch soweit zum Abzug zuzulassen, wie er die Annahme einer wesentlich

---

geregelt wurde: „Die steuerliche Anerkennung von Mehraufwendungen wegen doppelter Haushaltsführung war bisher nur im Verwaltungswege geregelt".

2257 Der Vorschlag zur Änderung des Abzugs der Mehraufwendungen wegen doppelter Haushaltsführung war weder im ursprünglichen Gesetzesentwurf der Fraktionen der CDU/CSU und der FDP (BT-Drs. 13/901) noch im gleichlautenden Entwurf der Bundesregierung (BT-Drs. 13/1173) enthalten. Er wurde erst im Vermittlungsverfahren nach Art. 77 GG eingebracht, vgl. Beschlussempfehlung des Vermittlungsausschlusses vom 07.07.1995 (BT-Drs. 13/1960, 2) und vom 02.08.1995 (BT-Drs. 13/2100, 2). Näher hierzu *von Bornhaupt,* in: K/S/M, EStG, § 9, Rn. A 192b; *Kruhl,* BB 1995, 1161, 1161 ff.; *Kruhl,* BB 1995, 1669, 1669 ff.; *Kruhl,* BB 1995, 2032, 2032 ff.; *H. Lange,* DStZ 1995, 682, 684 f. Da die Beschlüsse des Vermittlungsverfahrens keine Begründung enthalten, wird diesbezüglich auf die Begründung des Finanzausschusses des Bundesrates vom 23.05.1995 (BR-Drs. 171/2/95) zurückgegriffen.

2258 BR-Drs. 171/2/95, 19 (Hervorhebungen durch die Verfasserin).

2259 Siehe auch *von Bornhaupt,* in: K/S/M, EStG, § 9, Rn. A 192b; *Söhn,* FS Offerhaus, S. 477, 480 f.

betrieblichen Veranlassung für gerechtfertigt hielt. Abweichend von der bisherigen Rechtspraxis, wurde fortan allerdings angenommen, dass für die Beibehaltung der doppelten Haushaltsführung nach Ablauf von zwei Jahren kein hinreichender betrieblicher Anlass mehr bestehe und die Mehraufwendungen, die ab diesem Zeitpunkt anfallen, somit wesentlich privat veranlasst seien.[2260] Ein steuerlicher Abzug dieser Aufwendungen sollte daher – anders als zuvor –[2261] mangels betrieblicher Veranlassung vollständig ausgeschlossen sein.[2262]

Damit wird klar, dass der erste, mit dem JStG 1996 neu eingeführte Tatbestand des § 4 Abs. 5 S. 1 Nr. 6a EStG 1996 nach der Vorstellung des Gesetzgebers von der ansonsten einheitlichen Regelungsdogmatik des § 4 Abs. 5 S. 1 Nr. 1-7 EStG abgewichen ist.[2263] Sinn und Zweck der neuen Abzugsbeschränkung war nicht – wie zuvor[2264] und wie bei den anderen Tatbeständen des Katalogs – die höhenmäßige Einschränkung des Betriebsausgabenabzugs nach § 4 Abs. 4 EStG, sondern vielmehr der steuerliche Ausschluss eines wesentlich privat mitveranlassten Aufwendungsteils. Auch waren die betreffenden Mehraufwendungen wegen einer aus beruflichem Anlass begründeten doppelten Haushaltsführung nach diesem Verständnis nicht mehr originär betrieblich, sondern (untrennbar) gemischt veranlasst. Bei alleiniger Zugrundelegung dieses Tatbestandes käme man somit zu dem Ergebnis, dass der Abzugskatalog des § 4 Abs. 5 S. 1 Nr. 1-7 EStG seine einheitliche Regelungsdogmatik durch Einführung des § 4 Abs. 5 S. 1 Nr. 6a EStG 1996 verloren hat.

2260 Siehe auch *H. Lange,* DStZ 1995, 682, 688; *Kögel,* FR 1997, 433, 434.

2261 Nach der Rechtsprechung des BFH BStBl. II 1982, 297, 301; BFH BStBl. II 1978, 31, 32; BFH BStBl. II 1978, 26, 29 galt für die ersten zwei Jahre nach Begründung der *betrieblich begründeten doppelten Haushaltsführung* die Vermutung, dass auch die Aufrechterhaltung des zweiten Haushaltes *betrieblich veranlasst* war. Nach Ablauf der zwei Jahre entfiel diese Vermutung. Allerdings konnte der Steuerpflichtige einen Nachweis für die andauernde *betriebliche Veranlassung* erbringen und die Mehraufwendungen damit weiterhin steuerlich geltend machen. Diese Nachweismöglichkeit wurde mit der neuen Abzugsbeschränkung abgeschnitten, siehe auch BVerfGE 107, 27, 50 f. Näher hierzu *Ihlas,* FR 1989, 321, 322 f.; *H. Lange,* DStZ 1995, 682, 686 ff. Zu Recht kritisch zu dieser Rechtsprechung *Kögel,* FR 1997, 433, 436 f.

2262 Siehe diesbezüglich auch die Begründung der Einkommensteuer-Kommission vom 10.12.1994, BB 1994, Beil. 24 zu Heft 34, 1, 9: „Soweit ein Steuerpflichtiger nach Ablauf einer Übergangszeit von zwei Jahren noch immer Aufwendungen für doppelte Haushaltsführungen hat, ist typisierend zu unterstellen, daß diese wesentlich privat veranlaßt sind“.

2263 Siehe auch *Kögel,* FR 1997, 433, 435, die diesbezüglich von einer „systemfremden“ Typisierung spricht.

2264 Siehe *Kögel,* FR 1997, 433, 434.

Fraglich ist allerdings, ob der Gesetzgeber dieses Verständnis von der Veranlassung der betrieblich bedingten Mehraufwendungen wegen doppelter Haushaltsführung weiterhin aufrechterhalten hat, als er den Tatbestand des § 4 Abs. 5 S. 1 Nr. 6a EStG im Zuge des StÄndG 2003 vollständig gestrichen und mit dem UntStReisekÄndG 2013 in anderer Form neu erlassen hat. Nachdem das BVerfG die Zwei-Jahres-Beschränkung des § 9 Abs. 1 S. 3 Nr. 5 S. 3 EStG 1996 für verfassungswidrig erklärt hatte,[2265] ist der Gesetzgeber im Zuge des StÄndG 2003 wieder zu seiner alten Gesetzgebung zurückgekehrt, wonach Mehraufwendungen wegen einer aus beruflichen Gründen begründeten doppelten Haushaltsführung vollständig steuerlich geltend gemacht werden konnten.[2266] Da das BVerfG jedoch keine grundlegenden Einwände gegen andere Formen der Abzugsbeschränkung geäußert hatte,[2267] spricht diese Rückkehr zur vorherigen Rechtspraxis dafür, dass der Gesetzgeber, trotz der oben angeführten Erklärung, weiterhin von einer rein betrieblichen Veranlassung der betrieblich bedingten Mehraufwendungen wegen doppelter Haushaltsführung ausgegangen ist.[2268] Hierfür spricht weiterhin, dass der mit dem UntStReisekÄndG 2013 neu eingeführte § 4 Abs. 5 S. 1 Nr. 6a EStG, wonach der Abzug der „Mehraufwendungen für eine betrieblich veranlasste doppelte Haushaltsführung“ nur noch zulässig war, soweit die nach § 9 Abs. 5 EStG 2013 genannten Beträge nicht überschritten wurden,[2269] nicht mehr damit begründet wurde, dass die Aufwendungen privat mitveranlasst seien. In der

---

2265 Vgl. BVerfGE 107, 27.

2266 Siehe BGBl. I 2003, 2654 f.; *von Bornhaupt,* in: K/S/M, EStG, § 9, Rn. A 192g. Voraussetzung war allerdings, dass tatsächlich eine doppelte Haushaltsführung iSd § 9 Abs. 1 S. 3 Nr. 5 S. 2 EStG 1996 vorlag.

2267 Vgl. BVerfGE 107, 27, 27 ff. Näher zu dieser Entscheidung siehe Teil 1 § 3 B.II.

2268 In diese Richtung auch *von Bornhaupt,* in: K/S/M, EStG, § 9, Rn. A 192b, der die Erklärung zum JStG 1996 ohnehin nur als formelle Rechtfertigung der Gesetzesänderung betrachtet und den eigentlichen Grund für die Neufassung des § 9 Abs. 1 S. 3 Nr. 5 EStG 1996 darin sieht, dass dem Fiskus aufgrund einer Rechtsprechungsänderung des BFH im Bereich der doppelten Haushaltsführung ein erheblicher Finanzbedarf entstanden war, den er mit der neuen Abzugsbeschränkung ausgleichen wollte. In diese Richtung auch *Kögel,* FR 1997, 433, 433; *Kruhl,* BB 1995, 1669, 1675; *H. Lange,* DStZ 1995, 682, 686. Siehe zudem BVerfGE 107, 27, 50, das mit Hinweis auf die Gegenfinanzierungsvorschläge des Finanzausschusses (siehe BR-Drs. 171/2/95, 6) ebenfalls auf einen Zusammenhang zwischen der neuen Abzugsbeschränkung des § 9 Abs. 1 S. 3 Nr. 5 S. 3 EStG 1966 und einer damit ermöglichten Kompensation der durch andere Regelungen dieses Gesetzes erwarteten Steuerausfälle hinweist.

2269 Siehe BGBl. I 2013, 285 ff.

Entwurfsbegründung zum UntStReisekÄndG 2013 wird vielmehr darauf hingewiesen, dass die Abzugsbeschränkung dazu diene, den Bereich der doppelten Haushaltsführung zu vereinfachen, zusätzliche Rechtssicherheit zu schaffen und Streitpotential gegenüber den Finanzbehörden zu vermeiden.[2270] Zudem wird erkennbar, dass die Beschränkung den Zweck hatte, unangemessen hohe Aufwendungen anteilig vom Abzug auszuschießen.[2271] Hinweise darauf, dass der Tatbestand dazu führen sollte, die Betriebsausgabenqualität der Mehraufwendungen zu negieren, sind in der neuen Entwurfsbegründung hingegen nicht zu finden. Stattdessen wird sogar ausdrücklich darauf hingewiesen, dass § 4 Abs. 5 S. 1 Nr. 6a EStG den Abzug von Mehraufwendungen für eine *beruflich veranlasste* doppelte Haushaltsführung regele,[2272] was sodann auch Eingang in den Wortlaut des Gesetzes gefunden hat. Schließlich spricht auch die Rechtsfolge des neuen § 4 Abs. 5 S. 1 Nr. 6a EStG 2013 dafür, dass der Gesetzgeber sein in der Begründung zum JStG 1996 vorgetragenes Verständnis von der Veranlassung betrieblich bedingter Mehraufwendungen wegen doppelter Haushaltsführung später wieder aufgegeben hat. War der steuerliche Abzug der Mehraufwendungen nach der alten Regelung des § 4 Abs. 5 S. 1 Nr. 6a EStG 1996 mit Ablauf von zwei Jahren mangels betrieblicher Veranlassung noch vollständig ausgeschlossen, wird die Abzugsmöglichkeit nach dem neuen Tatbestand in § 4 Abs. 5 S. 1 Nr. 6a EStG 2013 nur noch auf eine vom Gesetzgeber für angemessen erachtete Höhe beschränkt.[2273] Ein vollständiges Abzugsverbot für wesentlich privat (mit-)veranlasste Aufwendungen im Rahmen des § 12 Nr. 1 S. 2 EStG ist dagegen gar nicht erwogen worden. Somit wird klar, dass der Gesetzgeber bei Erlass des neuen § 4 Abs. 5 S. 1 Nr. 6a EStG 2013 von einer originär betrieblichen Veranlassung der betreffenden Aufwendungen ausgegangen ist und der Tatbestand allein dazu führen sollte, dass der Betriebsausgabenabzug nach § 4 Abs. 4 EStG höhenmäßig eingeschränkt wird. Im Verhältnis zu den übrigen Tatbeständen des § 4 Abs. 5 S. 1 Nr. 1-7 EStG hat sich die Abzugsbeschränkung in der Fassung des UntStReisekÄndG 2013 damit unproblematisch in die ansonsten einheitliche Regelungsdogmatik des Abzugskataloges eingefügt.

Fraglich ist, ob dies auch bei der Abzugsbeschränkung für die Kosten eines häuslichen Arbeitszimmers nach § 4 Abs. 5 S. 1 Nr. 6b EStG 1996 der Fall war. Mit dem JStG 1996 ist noch ein zweiter Tatbestand in den Katalog des

2270 Siehe BT-Drs. 17/10774, 13.
2271 Vgl. BT-Drs. 17/10774, 13.
2272 Siehe BT-Drs. 17/10774, 12.
2273 Vgl. BT-Drs. 17/10774, 13.

§ 4 Abs. 5 S. 1 Nr. 1-7 EStG aufgenommen worden, wonach Aufwendungen für ein häusliches Arbeitszimmer nur noch dann in voller Höhe als Betriebsausgaben geltend gemacht werden konnten, wenn das Arbeitszimmer den Mittelpunkt der gesamten betrieblichen und beruflichen Betätigung bildete.[2274] Für Fälle, in denen die betriebliche oder berufliche Nutzung des Arbeitszimmers mehr als 50% der gesamten betrieblichen und beruflichen Tätigkeit betrug oder kein anderer Arbeitsplatz zur Verfügung stand, war der Abzug demgegenüber auf 2400 DM jährlich beschränkt.[2275] Zuvor konnten Aufwendungen für ein häusliches Arbeitszimmer vollständig als Betriebsausgaben iSd § 4 Abs. 4 EStG geltend gemacht werden, wenn der hierfür verwendete Raum ausschließlich oder nahezu ausschließlich der betrieblichen Nutzung diente.[2276] Angesichts dieser Entwicklung stellt sich damit auch für § 4 Abs. 5 S. 1 Nr. 6b EStG 1996 die Frage, ob der Gesetzgeber den neuen Tatbestand geschaffen hat, um den Aufwendungen für ein häusliches Arbeitszimmer teilweise die Betriebsausgabenqualität abzusprechen, oder ob die Regelung nur den Zweck hatte, den Betriebsausgabenabzug des § 4 Abs. 4 EStG der Höhe nach einzuschränken.

Der Stellungnahme der Bundesregierung zum JStG 1996 ist diesbezüglich zu entnehmen, dass die Abzugsbeschränkung dazu beitragen sollte, Gestaltungsmöglichkeiten im Grenzbereich zur Privatsphäre zu unterbinden, den Steuervollzug zu vereinfachen und die Abgrenzung zwischen Betriebs- und Privatsphäre sachgerechter auszugestalten.[2277] Hierzu sollte der steuerliche Abzug der Aufwendungen für ein häusliches Arbeitszimmers zunächst *dem Grunde nach* davon abhängig gemacht werden, dass die betriebliche/berufliche Nutzung des Raumes einen festgelegten Mindestanteil erreicht, damit Gestaltungsmöglichkeiten in diesem Bereich eingeschränkt und Streitigkeiten über den Umfang der betriebliche/beruflichen Nutzung oder die Notwendigkeit des Arbeitszimmers vermieden

2274 Siehe BGBl. I 1995, 1250, 1253; BT-Drs. 16/1545, 12.

2275 Siehe BGBl. I 1995, 1250, 1253; BT-Drs. 16/1545, 12.

2276 Siehe *Bergkemper,* FR 2007, 849, 849; *Drenseck,* DStR 2009, 1877, 1880; *Eismann,* DStR 2013, 117, 117; *Heger,* DB 2016, 249, 249; *Spilker,* in: K/S/M, EStG, § 4, Rn. Lb 1; *Zitzelsberger,* BB 1995, 2296, 2299; vgl. BFH BStBl. II 1992, 528, 528; BFH BStBl. II 1992, 304, 305; BFH BStBl. II 1984, 110, 111; BFH BStBl. II 1970, 458, 459 f.; *Maetz,* in: Bordewin/Brandt, EStG, § 4, Rn. 2910; *Märkle,* FS Offerhaus, S. 461; *Tiedtke/Beck,* FR 2004, 801, 801.

2277 Siehe BT-Drs. 13/1686, 16. Einige Autoren im steuerrechtlichen Schrifttum sind allerdings davon ausgegangen, dass der tatsächliche Grund zum ursprünglichen Erlass des § 4 Abs. 5 S. 1 Nr. 6b EStG rein fiskalischer Natur war, siehe etwa *Bergkemper,* FR 2017, 846, 849; vgl. *Meyer,* in: BeckOK EStG, § 4, Rn. 2774.

werden.[2278] Zudem sollte der Abzug *der Höhe nach* auf 2400 DM beschränkt werden, damit Auseinandersetzungen über die Höhe der abziehbaren Aufwendungen, bei deren Ermittlung es in der Vergangenheit häufig zu Schwierigkeiten gekommen war, ebenfalls ausgeschlossen werden.[2279] Der zuvor veröffentlichten Begründung der Einkommensteuer-Kommission vom 10.12.1994 kann darüber hinaus Folgendes entnommen werden:

> *„Ob das häusliche Arbeitszimmer dem Grunde nach anzuerkennen ist, ist wie bisher zu beurteilen. Die Abziehbarkeit der Ausgaben für ein solches Zimmer soll aber wegen der Berührung der privaten Lebenssphäre und auch zur Vermeidung von Rechtsstreitigkeiten typisierend auf 2000 DM begrenzt werden.“*[2280]

Dem kann entnommen werden, dass der Gesetzgeber die Abziehbarkeit der Aufwendungen für ein häusliches Arbeitszimmer auch nach Erlass des § 4 Abs. 5 S. 1 Nr. 6b EStG 1996 weiterhin davon abhängig machen wollte, dass die Aufwendungen dem Grunde nach betrieblich/beruflich veranlasst sind.[2281] Zwar sind die sachlichen Voraussetzungen zur steuerlichen Anerkennung des häuslichen Arbeitszimmers durch § 4 Abs. 5 S. 1 Nr. 6b EStG 1996 eingegrenzt worden, indem die Abziehbarkeit davon abhängig gemacht wurde, dass das häusliche Arbeitszimmer den Mittelpunkt der betrieblichen Tätigkeit bildete, die Nutzung mehr als 50% der gesamten betrieblichen Tätigkeit betrug oder kein anderer Arbeitsplatz zur Verfügung stand.[2282] Dies sollte nach der Vorstellung des Gesetzgebers aber gerade dazu dienen, die innerhalb des privaten Wohnbereichs schwierige Abgrenzung zwischen abziehbaren Betriebsausgaben und nicht abziehbaren Privataufwendungen zu erleichtern.[2283] Darüber hinaus sollte durch den neuen Tatbestand lediglich die Höhe des Betriebsausgabenabzugs nach

---

2278 Siehe BT-Drs. 13/1686, 16.

2279 Siehe BT-Drs. 13/1686, 16.

2280 Begründung der Einkommensteuer-Kommission vom 10.12.1994, BB 1994, Beilage 24 zu Heft 34, 1, 9.

2281 So im Ergebnis auch *Heger,* DB 2016, 249. Siehe zudem die entsprechende Anweisung der Finanzverwaltung im BMF-Schreiben vom 16.7.1998, BStBl. I 1998, 863, Rn. 1: „*Unverändert* muß zunächst weiterhin nach den auch schon vor dem Veranlagungszeitraum 1996 geltenden Grundsätzen geprüft werden, *ob ein häusliches Arbeitszimmer vom Grundsatz her steuerlich anzuerkennen ist.*“ (Hervorhebungen durch die Verfasserin).

2282 *Bergkemper,* FR 2017, 846, 849.

2283 So auch *Bergkemper,* FR 2017, 846, 849. Siehe hierzu auch BT-Drs. 20/3879, 74 f.

§ 4 Abs. 4 EStG eingeschränkt werden,[2284] da auch die betragsmäßige Ermittlung der abziehbaren Aufwendungen für ein häusliches Arbeitszimmer aufgrund der Nähe zur privaten Lebensführung mit Schwierigkeiten verbunden ist.[2285] Auch § 4 Abs. 5 S. 1 Nr. 6b EStG 1996 hat somit der übrigen Regelungsdogmatik des § 4 Abs. 5 S. 1 Nr. 1-7 EStG entsprochen, wonach originär betrieblich veranlasste Aufwendungen anteilig vom steuerlichen Abzug ausgeschlossen wurden.

Insgesamt steht damit fest, dass die einheitliche Regelungsdogmatik des § 4 Abs. 5 S. 1 Nr. 1-7 EStG auch durch die Einführung der Abzugstatbestände nach § 4 Abs. 5 S. 1 Nr. 6a und 6b EStG nicht verändert wurde. Zwar variieren auch hier die Gründe, aus denen der Gesetzgeber die neuen Abzugsbeschränkungen erlassen hat. Die grundlegende Systematik, wonach betrieblich veranlasste Aufwendungen teilweise vom Betriebsausgabenabzug nach § 4 Abs. 4 EStG ausgeschlossen werden sollen, entspricht jedoch derjenigen des restlichen Abzugskataloges nach § 4 Abs. 5 S. 1 Nr. 1-7 EStG. Hinsichtlich der vom Gesetzgeber mit Schaffung der Tatbestände ursprünglich verfolgten Intention kann demzufolge gesagt werden, dass alle Aufwendungen in § 4 Abs. 5 S. 1 Nr. 1-7 EStG einheitlich der Betriebssphäre zuzuordnen sind und die übergeordnete Systematik des Abzugskataloges darin besteht, verschiedene Ausnahmen von der grundsätzlichen Abziehbarkeit betrieblicher Aufwendungen nach § 4 Abs. 4 EStG zu regeln.

5. *Weitere Entwicklung der Tatbestände*

a) Einleitung

Bis hierhin steht also fest, dass der Gesetzgeber bei Erlass sämtlicher Tatbestände in § 4 Abs. 5 S. 1 Nr. 1-7 EStG denselben Regelungszweck verfolgte, der darin bestand, originär betrieblich veranlasste Aufwendungen iSd § 4 Abs. 4 EStG nur noch anteilig oder gar nicht mehr zum steuerlichen Abzug zuzulassen. Ausgehend von dieser Erkenntnis soll im Folgenden auch die weitere Entwicklung der unterschiedlichen Abzugsregelungen analysiert werden, um herauszufinden, ob der Gesetzgeber durch spätere Änderungen der Tatbestände von dieser einheitlichen Regelungsdogmatik abgewichen ist. Hierbei ist zunächst festzuhalten, dass der Einleitungssatz des § 4 Abs. 5 S. 1 EStG, wonach *„Die folgenden Betriebsausgaben […] den Gewinn nicht mindern [dürfen]“*, nach dem EStRefG 1974 nicht mehr verändert wurde, so dass alle Abwandlungen, die in der Folgezeit an den einzelnen Tatbeständen des Abzugskataloges vorgenommen wurden, auch

---

2284 So auch *Bergkemper*, FR 2017, 846, 849; *Meyer*, in: BeckOK, EStG, § 4, Rn. 2693, 2774; vgl. *Hey*, in: Tipke/Lang, Steuerrecht, Rn. 8.254; *Seifert*, in: Korn, EStG, § 4, Rn. 58.

2285 So auch *Zitzelsberger*, BB 1995, 2296, 2299 f.

weiterhin durch diese Worte eingeleitet worden sind. Somit spricht der Wortlaut des § 4 Abs. 5 S. 1 EStG auf den ersten Blick dafür, dass auch die späteren Änderungen der Tatbestände nach der Vorstellung des Gesetzgebers keine Umqualifizierung der Betriebsausgaben in untrennbar gemischt veranlasste Aufwendungen zur Folge haben sollten. Fraglich ist aber, ob dies auch mit dem veränderten Inhalt der konkreten Abzugsbestimmungen in Einklang steht.

b) Weitere Entwicklung der Abzugstatbestände nach § 4 Abs. 5 S. 1 Nr. 1-4 EStG

Die Abzugsverbote nach § 4 Abs. 5 S. 1 Nr. 1, 3 und 4 EStG haben seit ihrem Erlass durch das StÄndG 1960 keine wesentlichen Änderungen mehr erfahren. Einzig die Ausnahmeregelung des § 4 Abs. 5 S. 1 Nr. 1 S. 2 EStG wurde im Laufe der Zeit mehrfach angepasst, indem der abziehbare Höchstbetrag verändert wurde.[2286] Da die übergeordnete Dogmatik des Abzugskataloges hierdurch allerdings nicht verändert wurde, bleibt es dabei, dass die Tatbestände das Vorliegen originärer Betriebsausgaben iSd § 4 Abs. 4 EStG voraussetzen. Etwas anderes könnte dagegen für die Abzugsbeschränkung nach § 4 Abs. 5 S. 1 Nr. 2 EStG gelten. Mit dem StRefG 1990[2287] hat der Gesetzgeber den Abzug für Bewirtungsaufwendungen noch stärker eingeschränkt, indem er auch diejenigen Aufwendungen, die nach der allgemeinen Verkehrsauffassung als angemessen anzusehen sind und deren betriebliche Veranlassung ordnungsgemäß nachgewiesen wurde, nur noch in Höhe von 80 %[2288] zum steuerlichen Abzug zugelassen hat.[2289] Zur Begründung für diese neuerliche Einschränkung, die bis heute mit nur geringfügigen Änderungen fort gilt,[2290] wurde angeführt, dass hiermit „dem Umstand Rechnung getragen [werde], daß durch die Bewirtung *die Lebensführung der daran teilnehmenden*

2286 Siehe *Meurer*, in: Lademann, EStG, § 4, Rn. 661. Zuletzt wurde der Betrag mit dem Gesetz zur Stärkung von Wachstumschancen, Investitionen und Innovationen sowie Steuervereinfachungen und Steuerfairness (Wachstumschancengesetz) vom 27.03.2024 auf 50 EUR angehoben, siehe BGBl. I 2024, Nr. 108, 1, 6.

2287 Steuerreformgesetz 1990 vom 25.07.1988, BGBl. I 1988, 1093.

2288 Mit dem HBeglG 2004 wurde dieser Betrag wiederum auf 70 % gekürzt, siehe BGBl. I 2003, 3076, 3081. Daran hat sich bis heute nichts mehr geändert.

2289 Siehe BGBl. I 1988, 1093, 1094. Hierzu auch *Sauren*, DStZ 1989, 189, 189; *Scheidel*, Steuerreform 1990, S. 34; *Schmidt, Eberhard*, BB 1988, 1938, 1938 f.; *Söffing*, StbJb. 1988/98, S. 121, 135.

2290 Anstelle von 80% sieht das Gesetz heute eine Beschränkung auf 70% vor, siehe hierzu bereits Fn. 2288.

Personen berührt ist.“[2291] Damit steht zwar einerseits fest, dass die Betroffenheit der privaten Lebensführung auch nach Erlass des § 4 Abs. 5 S. 1 Nr. 2 EStG 1974 aus Sicht des Gesetzgebers noch eine Rolle für die eingeschränkte Abziehbarkeit von Bewirtungsaufwendungen spielt,[2292] selbst wenn der Tatbestand dies – anders als § 4 Abs. 5 S. 2 EStG 1960 zuvor – nicht mehr ausdrücklich vorschreibt. Andererseits stellt sich bei Zugrundelegung der Entwurfsbegründung jedoch zugleich die Frage, ob der Gesetzgeber nach der Änderung durch das StRefG 1990 weiterhin von einer rein betrieblichen Veranlassung der Bewirtungsaufwendungen iSd § 4 Abs. 5 S. 1 Nr. 2 EStG ausgeht.[2293] Hiergegen könnte sprechen, dass nach der Neufassung des § 4 Abs. 5 S. 1 Nr. 2 EStG ausdrücklich nicht mehr nur der unangemessene Teil der Bewirtungsaufwendungen vom Abzug ausgeschlossen wird, sondern zusätzlich der angemessene, eigentlich abziehbare Teil einer höhenmäßige Beschränkung unterliegt.[2294] Diese neue Systematik könnte ein Hinweis darauf sein, dass der Gesetzgeber bei dem nicht abziehbaren, aber angemessenen Aufwendungsteil nunmehr von einem privat mitveranlassten Anteil ausgeht, der entsprechend der allgemeinen Grundsätze nach § 12 Nr. 1 S. 2 EStG vom steuerlichen Abzug ausgeschlossen wird. Bedenkt man zudem, dass der nichtabziehbare Teil nach der Anordnung in § 4 Abs. 5 S. 1 Nr. 2 EStG 1990 20 %[2295] der angemessenen Bewirtungsaufwendungen ausmacht,[2296] wäre der private Mitveranlassungsteil nicht mehr nur unwesentlich im Sinne der Wesentlichkeitstheorie und damit für die sphärische Zuordnung der Aufwendung auch nicht unbeachtlich.[2297] Dies zugrunde gelegt würde es sich bei den Bewirtungsaufwendungen

2291 BT-Drs. 11/2157, 139 (Hervorhebung durch die Verfasserin).

2292 Vgl. auch *Horlemann,* DStR 1990, 728, 728.

2293 Siehe hierzu auch *Maetz,* in: Bordewin/Brandt, EStG, § 4, Rn. 2256, der diese Fraglichkeit bereits damit begründet, dass der Gesetzgeber in der Festsetzung der 80%-Grenze einen notwendigen Beitrag zum Subventionsabbau gesehen hat.

2294 Diese Problematik sieht auch *Scheidel,* Steuerreform 1990, S. 34. Eine ähnliche Systematik lag bereits § 9a EStG 1951 iVm der Spesenverordnung zugrunde. Hiernach war der Abzug der Bewirtungsaufwendungen ebenfalls auf solche Aufwendungen beschränkt, die sich im „üblichen und angemessenen Rahmen“ hielten und zusätzlich eine Höhe von maximal 10 DM pro Tag nicht überstiegen. Siehe hierzu bereits Teil 4 § 17 B.II.2.

2295 Heute 30%.

2296 Siehe auch *Kühn,* DB 1989, 2400, 2401.

2297 Nach der Bagatellgrenze, die sich im Zusammenhang mit der Wesentlichkeitstheorie entwickelt hat, haben Veranlassungsbeiträge nur unwesentlich zur Entstehung der Aufwendung beigetragen, wenn ihr Veranlassungszusammenhang weniger als 10% ausmacht, siehe hierzu nochmals Teil 3 § 9 B.III.2.

iSd § 4 Abs. 5 S. 1 Nr. 2 EStG nach geänderter Ansicht des Gesetzgebers also nicht mehr um originär betrieblich, sondern um wesentlich privat mitveranlasste Aufwendungen handeln.

Dem ist allerdings entgegen zu halten, dass der Gesetzgeber in der einschlägigen Entwurfsbegründung zum StRefG 1990 ausdrücklich darauf hingewiesen hat, dass der Betriebsausgabenabzug im Hinblick auf die Bewirtungsaufwendungen durch die Neuregelung nur begrenzt, nicht aber völlig ausgeschlossen werde.[2298] Zudem deutet die bewusste Verwendung der Formulierung des „Berührens der Lebensführung", welche sich auch in § 4 Abs. 5 S. 1 Nr. 7 EStG wiederfindet, in der Entwurfsbegründung darauf hin, dass der Gesetzgeber – ebenso wie bei der Generalklausel – davon ausgegangen ist, dass es sich bei den Bewirtungsaufwendungen iSd § 4 Abs. 5 S. 1 Nr. 2 EStG dem Grunde nach um betrieblich veranlasste Aufwendungen handelt, welche die Privatsphäre der bewirteten Personen lediglich geringfügig betreffen, und damit nicht privat mitveranlasst sind.[2299] Auch dem Bericht des angerufenen Finanzausschusses ist zu entnehmen, dass die Betroffenheit der privaten Lebensführung nichts an der grundsätzlichen Betriebsausgabenqualität der Bewirtungsaufwendungen ändern sollte.[2300] Vielmehr wird ausgeführt, dass der Umstand der privaten Betroffenheit als Rechtfertigungsgrund für die durch § 4 Abs. 5 S. 1 Nr. 2 EStG verursachte Durchbrechung des objektiven Nettoprinzips herangezogen werden könne.[2301] So heißt es in den Ausführungen des Finanzausschusses:

> „Vielmehr handelt es sich insoweit um eine *zulässige Einschränkung des Nettoprinzips* im Rahmen des § 4 Abs. 5 des Einkommensteuergesetzes, *der schon heute verschiedene Beschränkungen des Abzugs von Betriebsausgaben vorsieht, die die Lebensführung des Steuerpflichtigen oder anderer Personen berühren.*"[2302]

Schließlich wird auch nach der Neufassung des § 4 Abs. 5 S. 1 Nr. 2 EStG 1990 für den Abzug der angemessenen Bewirtungsaufwendungen weiterhin vorausgesetzt, dass deren betriebliche Veranlassung durch den Steuerpflichtigen nachgewiesen wird. Diese Nachweispflicht bezieht sich nach dem Wortlaut des § 4 Abs. 5 S. 1 Nr. 2 EStG 1990[2303] auch auf den nicht abziehbaren Teil der angemes-

---

2298 Siehe BT-Drs. 11/2157, 139.

2299 Vgl. auch *Horlemann,* DStR 1990, 728, 728; *Scheidel,* Steuerreform 1990, S. 35.

2300 Vgl. BT-Drs. 11/2536, 46.

2301 Hierzu auch *Sauren,* DStZ 1989, 189, 189; *Söffing,* StbJb. 19898/89, S. 121, 136 f. Zur Frage der Tauglichkeit dieses Rechtfertigungsgrundes siehe Teil 4 § 18 D.II.3.

2302 BT-Drs. 11/2536, 46 (Hervorhebungen durch die Verfasserin).

2303 Siehe BGBl. I 1988, 1093, 1094.

senen Aufwendungen,[2304] so dass nach dem erkennbaren Willen des Gesetzgebers auch dieser Teil originär betrieblich veranlasst sein muss.[2305] Damit ist festzuhalten, dass durch das StRefG 1990 zwar die Systematik des § 4 Abs. 5 S. 1 Nr. 2 EStG grundlegend verändert wurde, die betriebliche Veranlassung der Bewirtungsaufwendungen damit aber nicht negiert werden sollte.[2306] Mithin ist die einheitliche Regelungsdogmatik des Abzugskataloges auch nach dem StRefG 1990 weiterhin aufrechterhalten.

c) Weitere Entwicklung der Abzugstatbestände nach § 4 Abs. 5 S. 1 Nr. 5-6b EStG und Ergänzung des Abzugskatalogs durch die „Homeoffice"-Pauschale in § 4 Abs. 5 S. 1 Nr. 6c EStG

Auch die Änderungen der Abzugsbeschränkungen für Verpflegungsmehraufwendungen iSd § 4 Abs. 5 S. 1 Nr. 5 EStG, Fahrtkosten nach § 4 Abs. 5 S. 1 Nr. 6 EStG und Mehraufwendungen für eine betrieblich veranlasste doppelte Haushaltsführung gemäß § 4 Abs. 5 S. 1 Nr. 6a EStG haben nicht dazu geführt, dass die Anknüpfung der Tatbestände an den Betriebsausgabenbegriff des § 4 Abs. 4 EStG dauerhaft aufgehoben wurde. Seit dem UntStReisekÄndG 2013 befindet sich die Kernregelung für Verpflegungsmehraufwendungen zwar nur noch in § 9 Abs. 4a EStG, auf den § 4 Abs. 5 S. 1 Nr. 5 EStG lediglich Bezug nimmt.[2307] Diese Umstellung der Systematik, die dazu führte, dass der Betriebsausgabenabzug im Wesentlichen auf verschiedene Pauschbeträge beschränkt wurde, sollte nach der Intention des Gesetzgebers aber nur der Vereinfachung und Gleichbehandlung verschiedener Steuerpflichtiger dienen[2308] und nicht dazu führen, dass den Verpflegungsmehraufwendungen anteilig ihr Betriebsausgabencharakter abgesprochen wird.[2309] Außerdem ist der Versuch des Gesetzgebers, die Fahrtkosten zwischen Wohnung und Betriebsstätte gemäß § 4 Abs. 5 S. 1 Nr. 6 EStG mit dem StÄndG 2007[2310] nicht mehr der Betriebssphäre, sondern der nicht abziehbaren

2304 Vgl. auch *Horlemann,* DStR 1990, 728, 729.

2305 So im Ergebnis auch *Horlemann,* DStR 1990, 728, 728; *Kühn,* DB 1989, 2400, 2401; *Maetz,* in: Bordewin/Brandt, EStG, § 4, Rn. 2722; *Sauren,* DStZ 1989, 189, 189; *Söffing,* StbJb. 19898/89, S. 121, 136.

2306 So im Ergebnis auch *Leisner-Egensperger,* DStZ 2010, 673, 679 f.; *Schmidt, Eberhard,* BB 1988, 1938, 1938.

2307 Siehe BGBl. I 2013, 285.

2308 Vgl. BT-Drs. 17/10774, 9 f., 12.

2309 So im Ergebnis auch *Meyer,* in: BeckOK, EStG, § 4, Rn. 2750.

2310 Steueränderungsgesetz 2007 vom 19.07.2006, BGBl. I 2006, 1652.

Privatsphäre zuzuordnen,[2311] daran gescheitert, dass das BVerfG die Neufassung wegen Unvereinbarkeit mit Art. 3 Abs. 1 GG verworfen hat.[2312] Mit der Rückkehr zur vorherigen Rechtslage durch das Gesetz zur Fortführung der Gesetzeslage 2006 vom 20.04.2009[2313] ist auch die Anknüpfung des § 4 Abs. 5 S. 1 Nr. 6 EStG an den Betriebsausgabenbegriff des § 4 Abs. 4 EStG wiederhergestellt worden,[2314] so dass es letztlich zu keiner Änderung der ursprünglichen Regelungsdogmatik kam. Schließlich ist die Abzugsbeschränkung für Mehraufwendungen für eine betrieblich veranlasste doppelte Haushaltsführung nach § 4 Abs. 5 S. 1 Nr. 6a EStG seit dem UntStReisekÄndG 2013 nicht mehr verändert worden,[2315] so dass auch diesbezüglich die einheitliche Regelungsdogmatik des § 4 Abs. 5 S. 1 Nr. 1-7 EStG bis heute aufrechterhalten ist.

Fraglich ist allerdings wiederum, ob dies auch bei der Abzugsbeschränkung nach § 4 Abs. 5 S. 1 Nr. 6b EStG der Fall ist. Mit dem StÄndG 2007 wurde die Abziehbarkeit der Aufwendungen für ein häusliches Arbeitszimmer zunächst in der Weise weiter verschärft, dass die Aufwendungen überhaupt nur noch dann als Betriebsausgaben abgezogen werden konnten, wenn das häusliche Arbeitszimmer den Mittelpunkt der gesamten betrieblichen und beruflichen Betätigung bildete.[2316] Mit dieser Änderung ist die ursprüngliche Regelung des

2311 Mit dem StÄndG 2007 wurde § 4 Abs. 5 S. 1 Nr. 6 EStG gestrichen und stattdessen folgender § 4 Abs. 5a EStG eingefügt: „Keine Betriebsausgaben sind die Aufwendungen für Wege zwischen Wohnung und Betriebsstätte und für Familienheimfahrten. […]“, BGBl. I 2006, 1652, 1653. Vgl. auch die Ausführungen der Entwurfsbegründung in BT-Drs. 16/1545, 8, 12. Näher hierzu *Nacke,* in: Littmann/Bitz/Pust, EStG, § 4, Rn. 1720; *Spilker,* in: K/S/M, EStG, § 4, Rn. L 6; *Tipke,* BB 2007, 1525, 1525 ff. Zum Gesetzgebungsverfahren siehe BFH BStBl. II 2008, 234, 240 ff.

2312 Siehe hierzu bereits Teil 1 § 3 B.III.

2313 BGBl. I 2009, 774.

2314 So auch *Meurer,* in: Lademann, EStG, § 4, Rn. 699; *Nacke,* in: Littmann/Bitz/Pust, EStG, § 4, Rn. 1720; *Spilker,* in: K/S/M, EStG, § 4, Rn. L 7; vgl. *Maetz,* in: Bordewin/Brandt, EStG, § 4, Rn. 2261.

2315 Siehe hierzu *Maetz,* in: Bordewin/Brandt, EStG, § 4, Rn. 2250; *Spilker,* in: K/S/M, EStG, § 4, Rn. L 3.

2316 §4 Abs. 5 S. 1 Nr. 6b EStG 2007 lautete: „Die folgenden Betriebsausgaben dürfen den Gewinn nicht mindern: 6b. Aufwendungen für ein häusliches Arbeitszimmer sowie die Kosten der Ausstattung. Dies gilt nicht, wenn das Arbeitszimmer den Mittelpunkt der gesamten betrieblichen und beruflichen Betätigung bildet“, siehe BGBl. I 2006, 1652, 1653; vgl. BT-Drs. 16/1545, 8. Hierzu auch *Bergkemper,* FR 2017, 846, 849; *Eismann,* DStR 2013, 117, 117; *Jochum,* DStZ 2010, 665, 667; *Meyer,* in: BeckOK EStG, § 4, Rn. 2775; *Seifert,* in: Korn, EStG, § 4, Rn. 58; *Spilker,* in: K/S/M, EStG, § 4, Rn. Lb 2.

§ 4 Abs. 5 S. 1 Nr. 6b EStG 1996, wonach ein beschränkter steuerlicher Abzug beispielweise auch dann möglich war, wenn für den Steuerpflichtigen kein anderer Arbeitsplatz zur Verfügung stand, zu einem beinahe umfassenden Abzugsverbot ausgeweitet worden,[2317] so dass sich erneut die Frage stellt, ob der Gesetzgeber damit eine Negierung der betrieblichen Veranlassung der betreffenden Aufwendungen bezwecken wollte.[2318] Der Entwurfsbegründung zum StÄndG 2007 ist diesbezüglich zu entnehmen, dass die Abgrenzung der abziehbaren Aufwendungen für ein häusliches Arbeitszimmer von den nicht abziehbaren Aufwendungen der privaten Lebensführung aus Sicht des Gesetzgebers mit hohem Verwaltungsaufwand verbunden sei, sehr streitanfällig sei und darüber hinaus zu Mindereinnahmen führe.[2319] Es wird deutlich, dass der gesetzgeberische Grund für die Neufassung des § 4 Abs. 5 S. 1 Nr. 6b EStG maßgeblich darin bestand, Steuermehreinnahmen zu generieren[2320] und die Steuerverwaltung zu vereinfachen. Dass damit zugleich die betriebliche Veranlassung der Aufwendungen für ein häusliches Arbeitszimmer verleugnet werden sollte, ist demgegenüber nicht erkennbar. Auch eine Analyse der späteren Entwicklung des Abzugsverbotes macht deutlich, dass der Gesetzgeber bis heute an der für § 4 Abs. 5 S. 1 EStG erforderlichen Betriebsausgabenqualität der Aufwendungen für ein häusliches Arbeitszimmer festhält:[2321] Nachdem das BVerfG die Regelung des § 4 Abs. 5 S. 1 Nr. 6b EStG 2007 teilweise für unvereinbar mit Art. 3 Abs. 1 GG erklärt hatte,[2322] hat der Gesetzgeber mit dem JStG 2010 die Rechtslage von vor dem StÄndG 2007 insoweit wieder hergestellt, als auch in den Fällen, in denen kein anderer Arbeitsplatz zur Verfügung stand, ein Betriebsausgabenabzug bis zur Höhe von 1.250 Euro zugelassen wurde.[2323] In Fällen, in denen das häusliche Arbeitszimmer den Mittelpunkt der gesamten betrieblichen und beruflichen Betätigung bildete, war der Betriebsausgabenabzug weiterhin in voller Höhe möglich, Voraussetzung war

2317 Vgl. auch *Bergkemper,* FR 2017, 846, 849; *Meyer,* in: BeckOK EStG, § 4, Rn. 2773 ff.; *Seifert,* in: Korn, EStG, § 4, Rn. 58.

2318 Vgl. hierzu auch *Maetz,* in: Bordewin/Brandt, EStG, § 4, Rn. 2256.

2319 Siehe BT-Drs. 16/1545, 12.

2320 Auf den Fiskalzwecknormcharakter des § 4 Abs. 5 S. 1 Nr. 6b EStG weisen auch *Bergkemper,* FR 2017, 846, 849; *Hey,* in: Tipke/Lang, Steuerrecht, Rn. 8.254; *Maetz,* in: Bordewin/Brandt, EStG, § 4, Rn. 2256; *Meyer,* in: BeckOK EStG, § 4, Rn. 2774; *Stapperfend,* in: Herrmann/Heuer/Raupach, EStG/KStG, § 4 EStG, Rn. 1490 hin.

2321 So auch *Meyer,* in: BeckOK EStG, § 4, Rn. 2778.3.

2322 Siehe hierzu bereits Teil 1 § 3 B.IV.

2323 Siehe BGBl. I 2010, 1768, 1769; BT-Drs. 17/3549, 15; *Bergkemper,* FR 2017, 846, 849; *Heger,* DB 2016, 249, 249; *Seifert,* in: Korn, EStG, § 4, Rn. 58.1; *Spilker,* in: K/S/M, EStG, § 4, Rn. Lb 3.

allerdings nunmehr, dass dem Steuerpflichtigen kein anderer Arbeitsplatz zur Verfügung stand.[2324] Diese starke Einschränkung des Betriebsausgabenabzugs lockerte der Gesetzgeber spürbar mit dem JStG 2022,[2325] indem er einerseits den Tatbestand des § 4 Abs. 5 S. 1 Nr. 6b EStG grundlegend reformierte[2326] und andererseits einen neue Tatbestand in § 4 Abs. 5 S. 1 Nr. 6c EStG aufnahm, in dem seither die sog. „Homeoffice"-Pauschale geregelt ist. Nach der Neufassung des § 4 Abs. 5 S. 1 Nr. 6b EStG sind die Aufwendungen für ein häusliches Arbeitszimmer nunmehr auch dann unbeschränkt zum Betriebsausgabenabzug zugelassen, wenn das Arbeitszimmer für den Steuerpflichtigen zwar den Mittelpunkt der gesamten betrieblichen und beruflichen Betätigung bildet, ihm aber auch ein anderer Arbeitsplatz zur Ausführung dieser Tätigkeiten zur Verfügung steht.[2327]

2324 Vgl. diesbezüglich den eindeutigen Wortlaut und die Systematik des Ausnahmetatbestandes in § 4 Abs. 5 S. 1 Nr. 6b S. 3 Hs. 2 EStG a.F. (BT-Drs. 20/3879, 76), der in § 4 Abs. 5 S. 1 Nr. 6b S. 3 Hs. 1 EStG a.F. mit den Worten „In diesem Fall" eingeleitet wurde und demnach ebenfalls an die in § 4 Abs. 5 S. 1 Nr. 6b S. 2 EStG a.F geregelte Voraussetzung des fehlenden anderen Arbeitsplatzes anknüpfte. Mit diesem Normverständnis auch *Drüen,* in: Brandis/Heuermann, EStG, § 4, Rn. 854; *Meyer,* in: BeckOK, EStG, § 4, Rn. 2796; *Paul,* in: Herrmann/Heuer/Raupach, EStG/KStG, § 4 EStG, Rn. 1567; *Steinhauer,* DStZ 2023, 273, 274; *Wittwer,* FR 2021, 1019, 1019; a.A. dagegen BMF vom 06.10.2017, BStBl. I 2017, 1320, 1320; *Grotherr,* NWB 2022, 3026, 3028; *Müller,* EStB 2023, 113, 113; *Seifert,* StuB 2023, 74, 74.

2325 Jahressteuergesetz 2022 vom 16.12.2022, BGBl. I 2022, 2294. Siehe hierzu auch das BMF-Schreiben vom 15.08.2023, BStBl. I 2023, 1551, 1551 ff.

2326 Zuvor wurde § 4 Abs. 5 S. 1 Nr. 6b EStG mit dem Jahressteuergesetz 2020 vom 21.12.2020 (BGBl. I 2020, 3096) in Folge der Corona-Pandemie bereits um einen Satz 4 erweitert, in dem eine Pauschale für das häusliche Arbeiten („Homeoffice"-Pauschale) eingeführt wurde, um für die Jahre 2020-2022 eine befristete Erleichterung für alle Steuerpflichtigen zu schaffen, die in dieser Zeit von zuhause aus Arbeiten mussten, dabei aber nicht die hohen Anforderungen, welche die Rechtsprechung an das häusliche Arbeitszimmer stellt, erfüllten (vgl. BT-Drs. 20/3879, 75 f.). Näher hierzu *Drüen,* in: Brandis/Heuermann, EStG, § 4, Rn. 868a; *Hübner/Berg,* FR 2024, 111, 112; *Meyer,* in: BeckOK EStG, § 4, Rn. 2779; *Müller,* DStR 2021, 1079, 1079 ff.; *Paul,* in: Brandis/Heuermann, EStG/KStG, § 4 EStG, Rn. 1569 f.; *Spilker,* in: K/S/M, EStG, § 4, Rn. Lb 147b; *Wittwer,* FR 2021, 1019, 1019 ff. Diese Änderung hatte zunächst noch keine Auswirkungen auf die grundlegende Systematik des § 4 Abs. 5 S. 1 Nr. 6b EStG und wurde mit dem JStG 2022 zudem in den neuen Tatbestand des § 4 Abs. 5 S. 1 Nr. 6c EStG überführt. Die Hintergründe, die zur Einführung der „Homeoffice"-Pauschale geführt haben, werden daher sogleich im Zusammenhang mit dem neuen § 4 Abs. 5 S. 1 Nr. 6c EStG erörtert.

2327 Vgl. diesbezüglich die Beschlussempfehlung des Finanzausschusses vom 30.11.2022, BT-Drs. 20/4729, 130, der diese Änderung, die im ursprünglichen Entwurf der

Das wesentliche Tatbestandsmerkmal des fehlenden anderen Arbeitsplatzes, das zuvor in § 4 Abs. 5 S. 1 Nr. 6b S. 2 EStG a.F. enthalten war, ist entfallen[2328] und hat damit jedenfalls hinsichtlich der zuvor in § 4 Abs. 5 S. 1 Nr. 6b S. 3 Hs. 2 EStG a.F. geregelten Ausnahmebestimmung zu einer Tatbestandserweiterung geführt.[2329] Zudem hat der Steuerpflichtige mit § 4 Abs. 5 S. 1 Nr. 6b S. 2 EStG nunmehr die Möglichkeit, anstatt der tatsächlichen Kosten des häuslichen Arbeitszimmers eine Jahrespauschale iHv 1.260 EUR geltend zu machen,[2330] die entsprechende Nachweise über die konkrete Höhe der Aufwendungen entbehrlich macht und damit zur Steuervereinfachung beitragen soll.[2331] Mit diesen Änderungen zeigt sich – deutlicher als es bei der Systematik der früheren Fassungen des § 4 Abs. 5 S. 1 Nr. 6b EStG der Fall war – , dass der Gesetzgeber nach wie vor von der grundlegenden Betriebsausgabenqualität der Aufwendungen für ein häusliches Arbeitszimmer ausgeht. Zwar hat er auch in der neuen

Bundesregierung vom 10.10.2022 noch nicht enthalten war (vgl. BT-Drs. 20/3879, 10, 76), zur weiteren Vereinfachung vorgeschlagen hatte. Siehe auch *Seifert,* StuB 2023, 74, 75; *Sopp/Gast/Ullmann,* FR 2023, 7, 7; *Steinhauer,* DStZ 2023, 273, 274.

2328 Mit dieser Feststellung auch *Drüen,* in: Brandis/Heuermann, EStG, § 4, Rn. 863; *Meyer,* in: BeckOK EStG, § 4, Rn. 2779; *Stapperfend,* FR 2023, 253, 254.

2329 Die zuvor in § 4 Abs. 5 S. 1 Nr. 6b S. 3 Hs. 1 EStG enthaltene Ausnahme für Fälle, in denen kein anderer Arbeitsplatz zur Verfügung stand, ist dagegen vollständig gestrichen worden, weshalb in der Literatur nicht zu Unrecht vertreten wird, dass der Anwendungsbereich des § 4 Abs. 5 S. 1 Nr. 6b EStG durch die Änderungen des JStG 2022 insgesamt eingeschränkt wurde; siehe etwa *Haupt,* DStR 2023, 601, 601; *Stapperfend,* FR 2023, 253, 254 f. Hierbei ist allerdings zu berücksichtigen, dass diese Fälle – ebenso wie weitere Fälle des häuslichen Arbeitens, die vorher aufgrund des engen Begriffs des häuslichen Arbeitszimmers vollständig vom steuerlichen Abzug ausgeschlossen waren – nunmehr von der Neuregelung des § 4 Abs. 5 S. 1 Nr. 6c EStG erfasst werden, der einen pauschalen Betriebsausgabenabzug unter erleichterten Bedingungen ermöglicht. Insgesamt sind die meisten Steuerpflichtigen durch den erweiterten Anwendungsbereich des § 4 Abs. 5 S. 1 Nr. 6c EStG und dessen Entkoppelung von der engen Arbeitszimmerdogmatik daher steuerlich bessergestellt, als es nach der alten Fassung des JStG 2010 der Fall war. So im Ergebnis auch *Drüen,* in: Brandis/Heuermann, EStG, § 4, Rn. 868a; *Meyer,* in: BeckOK EStG, § 4, Rn. 2791; *Müller,* EStB 2023, 113, 114; *Sopp/Gast/Ullmann,* FR 2023, 7, 7 f. Näheres zu der Neuregelung des § 4 Abs. 5 S. 1 Nr. 6c EStG sogleich.

2330 Siehe BGBl. I 2022, 2294, 2295.

2331 Vgl. BT-Drs. 20/3879, 76. Näher hierzu *Drüen,* in: Brandis/Heuermann, EStG, § 4, Rn. 864; *Hübner/Berg,* FR 2024, 111, 112 f.; *Meyer,* in: BeckOK EStG, § 4, Rn. 2799.3; *Sopp/Gast/Ullmann,* FR 2023, 7, 7; *Stapperfend,* FR 2023, 253, 254; *Steinhauer,* DStZ 2023, 273, 275.

Fassung des JStG 2022 weiterhin an dem grundsätzlichen Abzugsverbot des § 4 Abs. 5 S. 1 Nr. 6b S. 1 EStG festgehalten.[2332] Die Ausweitung der unbeschränkten Abzugsmöglichkeiten auf Fälle, in denen ein anderer Arbeitsplatz zur Verfügung steht, und auch der Umstand, dass dem Steuerpflichtigen die Möglichkeit eingeräumt wird, seine betrieblichen Aufwendungen auch dann in Form einer Pauschale geltend zu machen, wenn die Ermittlung der konkreten Aufwandshöhe aufgrund der Nähe zur privaten Lebensführung Schwierigkeiten bereitet, sprechen jedoch dafür, dass der Gesetzgeber von der grundsätzlichen Abziehbarkeit der Arbeitszimmeraufwendungen ausgeht. Dies zeigt sich nicht zuletzt an der Entwurfsbegründung des JStG 2022, in der ausdrücklich betont wird:

> „Durch das Vorliegen eines häuslichen Arbeitszimmers, das ausschließlich oder fast ausschließlich für betriebliche oder berufliche Zwecke genutzt wird, *liegen grundsätzlich in vollem Umfang betrieblich oder beruflich veranlasste Aufwendungen vor, die nach dem Leistungsfähigkeitsprinzip bei der Ermittlung der Steuerbemessungsgrundlage abzuziehen sind.* Wegen des *engen Bezugs zur privaten Lebensführung* besteht hier aber ein *weiter gesetzgeberischer Gestaltungsspielraum*, solche Aufwendungen vom Abzug auszuschließen."[2333]

Aus dieser Formulierung wird deutlich, dass der Gesetzgeber – wie schon zuvor – davon ausgeht, dass die Aufwendungen für das häusliche Arbeitszimmer grundsätzlich abziehbare Betriebsausgaben iSd § 4 Abs. 4 EStG darstellen, wenn das Zimmer ausschließlich oder nahezu ausschließlich für betriebliche Zwecke genutzt wird[2334]. Er begründet das Abzugsverbot des § 4 Abs. 5 S. 1 Nr. 6b S. 1 EStG auch nicht damit, dass die Aufwendungen untrennbar privat mitveranlasst seien, sondern macht deutlich, dass das Abzugsverbot für die betrieblich veranlassten Aufwendungen iSd § 4 Abs. 5 S. 1 Nr. 6b EStG gegen das Leistungsfähigkeitsprinzip bzw. objektive Nettoprinzip verstößt, was vor dem Hintergrund des weiten gesetzgeberischen Gestaltungsspielraums im Grenzbereich zur Privatsphäre aber gerechtfertigt sei. Damit wird klar, dass der Gesetzgeber den Betriebsausgabenabzug auch im Fall des häuslichen Arbeitszimmers nur beschränken will, ohne dabei aber die grundsätzliche Betriebsausgabenqualität der Aufwendungen zu negieren.

Fraglich ist allerdings, ob auch der neue Tatbestand des § 4 Abs. 5 S. 1 Nr. 6c EStG als *abzugsbeschränkende* Regelung eingeführt wurde und sich damit in die übrige Regelungsdogmatik des § 4 Abs. 5 S. 1 Nr. 1-7 EStG einfügt. Nach dieser

---

2332 Siehe auch *Grotherr*, NWB 2022, 3026, 3027; *Meyer*, in: BeckOK EStG, § 4, Rn. 2799; *Sopp/Gast/Ullmann*, FR 2023, 7, 7; *Stapperfend*, FR 2023, 253, 254; *Steinhauer*, DStZ 2023, 273, 274.

2333 BT-Drs. 20/3879, 76 (Hervorhebungen durch die Verfasserin).

2334 Siehe hierzu bereits die Ausführungen in Teil 4 § 17 B.II.4.c.

Bestimmung kann der Steuerpflichtige für jeden Kalendertag, an dem er die betriebliche oder berufliche Tätigkeit überwiegend in seiner häuslichen Wohnung ausübt und keine außerhalb der häuslichen Wohnung belegene erste Arbeitsstätte aufsucht, einen Betrag von 6 EUR (Tagespauschale), höchstens 1.260 EUR im Wirtschafts- oder Kalenderjahr, abziehen.[2335] Betrachtet man nur den Wortlaut dieser Bestimmung, drängt sich zunächst der Eindruck auf, dass es sich hierbei um eine *abzugsbegründende* Regelung handeln könnte, welche die pauschale Berücksichtigung von Mehraufwendungen für das häusliche Arbeiten konstitutiv anordnet. Anders als die anderen Tatbestände des § 4 Abs. 5 S. 1 Nr. 1-7 EStG ist § 4 Abs. 5 S. 1 Nr. 6c EStG nicht an den abzugsbeschränkenden Wortlaut des Einleitungssatzes angepasst. Der Tatbestand benennt nicht etwa konkrete Betriebsausgaben, die entsprechend des Einleitungssatzes „den Gewinn *nicht mindern [dürfen]*“, sondern ordnet in sich widersprüchlich[2336] an, dass unter bestimmten Voraussetzungen Tagespauschalen *abgezogen werden können.*[2337] Vor diesem Hintergrund könnte man zu dem Schluss kommen, dass der Gesetzgeber mit § 4 Abs. 5 S. 1 Nr. 6c EStG nicht eine weitere Abzugsbeschränkung für betrieblich bedingte Mehraufwendungen schaffen wollte, sondern im Gegenteil die anteilige steuerliche Berücksichtigung bestimmter Aufwendungen aus dem Bereich der privaten Lebensführung angeordnet hat.[2338] Für eine solche Einordnung spräche auch, dass § 4 Abs. 5 S. 1 Nr. 6c EStG nach seinem Anwendungsbereich gerade diejenigen Aufwendungen erfassen soll, die vor Einführung der „Homeoffice“-Pauschale mit dem JStG 2020[2339] noch nicht als Betriebsausgaben iSd § 4 Abs. 4 EStG geltend gemacht werden konnten, weil diese nicht dem Typusbegriff des „häuslichen Arbeitszimmers“ entsprachen.[2340]

2335 Vgl. BGBl. I 2022, 2294, 2295. Steht dem Steuerpflichtigen für die betriebliche oder berufliche Tätigkeit dauerhaft kein anderer Arbeitsplatz zur Verfügung, kann er die Tagespauschale nach § 4 Abs. 5 S. 1 Nr. 6c S. 2 EStG auch an solchen Tagen geltend machen, an denen er auswärts tätig ist oder die erste Tätigkeitsstätte aufsucht.

2336 So auch *Haupt,* DStR 2023, 601, 601 f.; *Meyer,* in: BeckOK EStG, § 4, Rn. 2779.2.

2337 Mit dieser Feststellung auch *Steinhauer,* DStZ 2023, 273, 275 f.

2338 Hiervon geht wohl *Haupt,* DStR 2023, 601, 602 aus, wenn er in Frage stellt, warum § 4 Abs. 5 S. 1 Nr. 6c EStG, der den anteiligen steuerlichen Abzug der Wohnung regele, systematisch in § 4 Abs. 5 S. 1 EStG verortet ist und nicht etwa als Ausnahme zum Abzugsverbot des § 12 Nr. 1 EStG normiert wurde.

2339 Siehe BGBl. I 2020, 3096, 3097.

2340 Vgl. BT-Drs. 20/3879, 75; BMF BStBl. I 2023, 1551, 1552. Die Rechtsprechung und die Finanzverwaltung definieren den Begriff des häuslichen Arbeitszimmers nach § 4 Abs. 5 S. 1 Nr. 6b EStG wie folgt: Ein Raum, der seiner Lage, Funktion und Ausstattung nach in die häusliche Sphäre des Steuerpflichtigen eingebunden ist,

Dem ist allerdings entgegenzuhalten, dass die Ausweitung des Abzugsverbots nach § 4 Abs. 5 S. 1 Nr. 6b S. 1 EStG auf Aufwendungen, die den Anforderungen des Typusbegriffs des häuslichen Arbeitszimmers nicht genügen, allein auf die Rechtsprechung des BFH zurückzuführen ist und zudem nicht mit dem Wortlaut des § 4 Abs. 5 S. 1 Nr. 6b EStG vereinbar ist.[2341] Es stellte keine gesetzgeberische Entscheidung dar, dass die Mehraufwendungen, die einem Steuerpflichtigen dadurch entstehen, dass er seine betrieblichen oder beruflichen Tätigkeiten in einem nicht abgegrenzten Bereich seiner Wohnung (z.B. der Küche oder dem Wohnzimmer) ausführt, nicht (anteilig) als Betriebsausgaben abgezogen werden konnten. Aus der Entwurfsbegründung zum JStG 2022 geht im Gegenteil sogar hervor, dass sich der Gesetzgeber mit Schaffung des § 4 Abs. 5 S. 1 Nr. 6c EStG gezielt von der engen Arbeitszimmerdogmatik des BFH lösen wollte,[2342] indem er „für alle Fälle der *betrieblichen und beruflichen Betätigung* in der häuslichen Wohnung einen pauschale[n] Abzug in Form einer Tagespauschale“[2343] einführte. Mit den Änderungen des JStG 2022 sollte den Tendenzen zu einer flexibleren Arbeitswelt und der zunehmenden Verlagerung der betrieblichen und beruflichen Betätigung

---

und vorwiegend der Erledigung gedanklicher, schriftlicher, verwaltungstechnischer oder -organisatorischer Arbeiten dient. Räumlichkeiten, die diesen Anforderungen nicht genügen, werden nicht zum Abzug zugelassen, vgl. BFH BStBl. II 2022, 358, 359; BFH BStBl. II 2018, 181, 184; BFH GrS BStBl. II 2016, 265, 270; BFH BStBl. II 2009, 598, 599 f.; BMF BStBl. I 2023, 1551, 1552; BMF BStBl. I 2017, 1320, 1320. Nach der Rechtsprechung des Großen Senats können Aufwendungen für ein häusliches Arbeitszimmer zudem nur dann steuerlich geltend gemacht werden, wenn der betreffende Raum ausschließlich oder nahezu ausschließlich betrieblich genutzt wird und eine räumliche Trennung zum privaten Wohnbereich existiert. Arbeitsecken und Durchgangszimmer konnten nach dieser Rechtsprechung wegen des Abzugsverbotes in § 4 Abs. 5 S. 1 Nr. 6b EStG daher ebenso wenig steuerlich geltend gemacht werden wie Arbeitszimmer, die teilweise privat mitgenutzt wurden. Vgl. zu der Rechtsprechung des Großen Senats BFH GrS BStBl. II 2016, 265, 270 f.; kritisch diesbezüglich *Georg,* DStR 2016, 1353, 1355 f.; *Kempermann,* FR 2016, 314, 317 f.; *Meyer,* in: BeckOK EStG, § 4, Rn. 2777 ff.; *Spilker,* NJW 2016, 842, 843 f. Zur früheren Nichtabzugsfähigkeit der genannten Aufwendungen siehe auch BMF BStBl. I 2017, 1320, 1320 f.; *Drüen,* in: Brandis/Heuermann, EStG, § 4, Rn. 868b; *Hübner/Berg,* FR 2024, 111, 116; *Müller,* DStR 2020, 760, 763 f.; *Sopp/Gast/Ullmann,* FR 2023, 7, 8. Diese Rechtsprechung hat mit Einführung der „Homeoffice“-Pauschale erheblich an Bedeutung verloren, wie sich sogleich zeigen wird.

2341 So auch *Meyer,* in: BeckOK EStG, § 4, Rn. 2777; *Steinhauer,* DStZ 2023, 273, 276.

2342 Vgl. BT-Drs. 20/3879, 75; siehe auch *Drüen,* in: Brandis/Heuermann, EStG, § 4, Rn. 868a; *Meyer,* in: BeckOK EStG, § 4, Rn. 2779.

2343 BT-Drs. 20/3879, 76 (Hervorhebung durch die Verfasserin).

in die häusliche Wohnung, die aus der Corona-Pandemie folgten, unabhängig davon Rechnung getragen werden, ob dem Steuerpflichtigen die Möglichkeit zur Errichtung eines dem Typusbegriff entsprechenden Arbeitszimmers zur Verfügung steht.[2344] Damit wird deutlich, dass § 4 Abs. 5 S. 1 Nr. 6c EStG nicht als eigener abzugsbegründender Tatbestand verstanden werden darf, sondern nur in einer Gesamtschau mit dem Abzugsverbot nach § 4 Abs. 5 S. 1 Nr. 6b EStG zu interpretieren ist.[2345] Ziel der Änderungen des JStG 2022 war es, die steuerliche Abziehbarkeit der Aufwendungen für die betriebliche oder berufliche Betätigung in der häuslichen Wohnung vor dem Hintergrund der veränderten Arbeitsrealitäten insgesamt neu zu regeln.[2346] Daher wurde mit § 4 Abs. 5 S. 1 Nr. 6b EStG n.F. und § 4 Abs. 5 S. 1 Nr. 6c EStG eine einheitliche, aufeinander abgestimmte Gesamtregelung geschaffen, mit der die steuerliche Behandlung aller betrieblich oder beruflich veranlassten häuslichen Arbeitsaufwendungen umfassend und abschließend geregelt werden sollte.[2347] Zwar unterscheiden sich die beiden Tatbestände dahingehend, dass § 4 Abs. 5 S. 1 Nr. 6b EStG an den Begriff des häuslichen Arbeitszimmers anknüpft, während § 4 Abs. 5 S. 1 Nr. 6c EStG die pauschalierte Geltendmachung der übrigen Aufwendungen ohne Arbeitszimmerbezug regelt.[2348] Voraussetzung für die Anwendbarkeit beider Bestimmungen ist allerdings, dass die betreffenden Mehraufwendungen dem Grunde nach betrieblich/beruflich veranlasst sind.[2349] Die in § 4 Abs. 5 S. 1 Nr. 6c EStG vorgesehene höhenmäßige Beschränkung auf eine Tagespauschale dient daher – wie auch bei den anderen Abzugsbestimmungen für betrieblich bedingte Mehraufwendungen – allein der Steuervereinfachung und nicht etwa der typisierenden Zuordnung der

---

2344 BT-Drs. 20/3879, 75.

2345 A.A. dagegen *Haupt*, DStR 2023, 601, 602, der einen verständlichen Sinn des § 4 Abs. 5 S. 1 Nr. 6c EStG nur dann erkennt, wenn die Nr. 6c des § 4 Abs. 5 EStG entgegen dem Wortlaut als eigenständiger (Ab-)Satz unter Außerachtlassung des Einleitungssatzes gelesen wird.

2346 BT-Drs. 20/3879, 75.

2347 So die zutreffende Einordnung von *Meyer*, in: BeckOK EStG, § 4, Rn. 2780. Dies ging aus der früheren Systematik der „Homeoffice"-Pauschale in § 4 Abs. 5 S. 1 Nr. 6b S. 4 EStG in der Fassung des JStG 2020 deutlicher zuvor. Dass es sich auch nach der Aufteilung in zwei Tatbestände weiterhin um eine einheitliche, aufeinander abgestimmte Gesamtregelung handelt, ergibt sich nicht zuletzt aus der Bestimmung des § 4 Abs. 5 S. 1 Nr. 6c S. 3 EStG, wonach der Abzug der Tagespauschale nicht zulässig ist, soweit ein Abzug nach § 4 Abs. 5 S. 1 Nr. 6b EStG vorgenommen wird.

2348 So auch *Grotherr*, NWB 2022, 3026, 3040 f.; *Meyer*, in: BeckOK EStG, § 4, Rn. 2780; *Seifert*, StuB 2023, 74, 76 f.; *Stapperfend*, FR 2023, 253, 255.

2349 Vgl. auch *Hübner/Berg*, FR 2024, 167, 169.

betreffenden Aufwendung zur Erwerbssphäre:[2350] „*Aus Vereinfachungsgründen* wird künftig für alle Fälle der *betrieblichen und beruflichen Betätigung* in der häuslichen Wohnung ein pauschaler Abzug in Form einer Tagespauschale vorgesehen."[2351]

Zusammenfassend ist damit festzuhalten, dass auch die späteren Änderungen der Tatbestände nach § 4 Abs. 5 S. 1 Nr. 1-6b EStG und auch die Erweiterung um einen neuen Tatbestand in § 4 Abs. 5 S. 1 Nr. 6c EStG nichts daran geändert haben, dass der Gesetzgeber die Aufwendungen des Abzugskataloges als originär betrieblich veranlasst erachtet und § 4 Abs. 5 S. 1 Nr. 1-7 EStG damit einer einheitlichen übergeordneten Regelungsdogmatik folgt, die darin besteht, den nach § 4 Abs. 4 EStG grundsätzlich möglichen Betriebsausgabenabzug für bestimmte ausdrücklich genannte Aufwendungen der Höhe nach einzuschränken.

6. *Zusammenfassung der Ergebnisse*

Die Untersuchung der historischen Entwicklung hat gezeigt, dass § 4 Abs. 5 S. 1 Nr. 1-7 EStG nach der Vorstellung des Gesetzgebers eine einheitliche Regelungsdogmatik verfolgt, die bereits in der ersten Abzugsbeschränkung für Bewirtungsaufwendungen nach § 9a EStG 1951 erkennbar war und bis heute aufrechterhalten wurde. Nach dieser Dogmatik erfasst der Abzugskatalog ausnahmslos Aufwendungen, die zwar dem Grunde nach betrieblich veranlasst sind und damit nach § 4 Abs. 4 EStG grundsätzlich vollständig abziehbar wären, aus verschiedenen Gründen heraus jedoch vom Gesetzgeber nur noch eingeschränkt oder gar nicht zum steuerlichen Abzug zugelassen werden. Welche Gründe dies im Einzelnen sind, variiert dabei je nachdem, welche Abzugsregelung konkret in Rede steht. Dies wird im Rahmen der teleologischen Auslegung näher zu analysieren sein.[2352] Ein gewisser Wandel der Motive, aus denen der Gesetzgeber die unterschiedlichen Tatbestände erlassen hat, zeichnet sich jedoch bereits aus der historischen Entwicklung des § 4 Abs. 5 S. 1 Nr. 1-7 EStG ab: Während der Erlass der älteren Tatbestände nach § 4 Abs. 5 S. 1 Nr. 1-4, 7 EStG durchgängig dem Zweck diente, Missbräuche zu vermeiden, die dadurch entstehen, dass die Steuerpflichtigen übermäßig hohe betriebliche Repräsentationsausgaben tätigen und dabei zugleich ihre privaten Bedürfnisse befriedigen, verfolgen die jüngeren

2350 So im Ergebnis auch *Hübner/Berg,* FR 2024, 111, 116 f., die zusätzlich auf den Aspekt der damit ermöglichten Missbrauchsvermeidung hinweisen; *Hübner/Berg,* FR 2024, 167, 169; *Sopp/Gast/Ullmann,* FR 2023, 7, 8; *Stapperfend,* FR 2023, 253, 255.

2351 BT-Drs. 20/3879, 75 (Hervorhebungen durch die Verfasserin).

2352 Hierzu sogleich in Teil 4 § 17 B.III.

Tatbestände in § 4 Abs. 5 S. 1 Nr. 5-6c EStG eher Motive der Steuervereinfachung und der Streitvermeidung. Auch bei diesen Tatbeständen hat sich jedoch gezeigt, dass eine gewisse Betroffenheit der privaten Lebenssphäre omnipräsent ist und bei der konkreten Ermittlung der abziehbaren Aufwendungen zu Abgrenzungsproblemen führt. Vor diesem Hintergrund spricht die historische Entwicklung des § 4 Abs. 5 S. 1 Nr. 1-7 EStG dafür, dass neben der grundsätzlichen betrieblichen Veranlassung der Aufwendungen auch das *Berühren der Privatsphäre* iSd § 4 Abs. 5 S. 1 Nr. 7 EStG aus Sicht des Gesetzgebers einen übergeordneten Gesichtspunkt für alle Tatbestände des § 4 Abs. 5 S. 1 Nr. 1-7 EStG darstellt.[2353] Wie stark die Lebensführung dabei jeweils betroffen ist, ergibt sich jedoch nicht aus dem Gesetz und kann auch anhand der historischen Entwicklung nicht eindeutig gesagt werden. Dieser Frage wird daher im Zusammenhang mit der Untersuchung der Generalklausel nach § 4 Abs. 5 S. 1 Nr. 7 EStG weiter nachzugehen sein.[2354]

Bezüglich der unterschiedlichen Rechtsfolgen des § 4 Abs. 5 S. 1 Nr. 1-7 EStG konnte mit Hilfe der Analyse der historischen Entwicklung gezeigt werden, dass auch die Abzugsverbote nach § 4 Abs. 5 S. 1 Nr. 1, 3 und 4 EStG originär *betrieblich veranlasste Aufwendungen* betreffen und damit, trotz der Anordnung eines totalen Abzugsverbotes, keine Regelung für Privataufwendungen oder untrennbar gemischt veranlasste Aufwendungen iSd § 12 Nr. 1 S. 2 EStG darstellen. Nach der Erklärung des Gesetzgebers handelt es sich bei den Aufwendungen für Geschenke, Gästehäuser, Jagdausflüge, Fischerei, Segelausflüge und ähnliche Zwecke ebenfalls um Betriebsausgaben, die aber bereits *dem Grunde nach* unangemessen sind und daher vollständig vom Betriebsausgabenabzug nach § 4 Abs. 4 EStG ausgeschlossen werden. Wann eine Betriebsausgabe bereits dem Grunde nach unangemessen ist und wie diese sich von solchen betrieblichen Aufwendungen unterscheiden, die nur *der Höhe nach* unangemessen sind, wird im Zusammenhang mit der Generalklausel nach § 4 Abs. 5 S. 1 Nr. 7 EStG noch zu analysieren sein.[2355] Insgesamt spricht die historische Auslegung des § 4 Abs. 5 S. 1 Nr. 1-7 EStG dafür, dass alle Aufwendungen des Abzugskataloges originär betrieblich veranlasst sind und der Regelungszweck der Abzugstatbestände durchgängig darin besteht, Ausnahmen zum Betriebsausgabenabzug nach § 4 Abs. 4 EStG zu bestimmen. Mit Blick

2353 So auch *Stapperfend*, in: Herrmann/Heuer/Raupach, EStG/KStG, § 4 EStG, Rn. 1100. Siehe hierzu auch die Begründung des Regierungsentwurfs zum StRefG 1990, BT-Drs. 11/2157, 139: „§ 4 Abs. 5 EStG enthält heute schon verschiedene Beschränkungen des Abzugs von Betriebsausgaben, die die Lebensführung des Steuerpflichtigen oder anderer Personen berühren."

2354 Siehe diesbezüglich Teil 4 § 17 C.II.2.

2355 Siehe hierzu Teil 4 § 17 C.II.3.

auf die verschiedenen Ansichten, die zur Wirkung des Einleitungssatzes nach § 4 Abs. 5 S. 1 EStG vertreten werden, ist damit festzuhalten, dass die historische Auslegung eindeutig für die Annahme einer *deklaratorischen* Wirkung spricht.

III. Übergeordnetes Telos des Abzugskataloges unter Berücksichtigung der gesamthistorischen Entwicklung

1. Einleitung

Anknüpfend an die Ergebnisse der historischen Untersuchung soll nun der übergeordnete Sinn und Zweck des § 4 Abs. 5 S. 1 Nr. 1-7 EStG näher analysiert werden. Dabei ist zunächst nochmals hervorzuheben, dass der Gesetzgeber mit Schaffung des § 4 Abs. 5 S. 1 Nr. 1-7 EStG nicht ein einzelnes Ziel verfolgt hat, das sich gleichsam über alle Tatbestände des Abzugskataloges erstreckt. Vielmehr ist der Katalog im Laufe der Zeit aus unterschiedlichen Gründen heraus immer weiter gewachsen und später auch verändert worden.[2356] Auf den ersten Blick scheint es daher kein einheitliches Telos zu geben, das als übergeordneter Gesichtspunkt für alle Tatbestände in Betracht käme. Gleichzeitig hat die historische Entwicklung aber auch gezeigt, dass der Gesetzgeber zwei bestimmte Beweggründe im Laufe der Zeit immer wieder herangezogen hat, um den Erlass neuer Bestimmungen des Abzugskataloges zu begründen. Während die Tatbestände der § 4 Abs. 5 S. 1 Nr. 1-4, 7 EStG allesamt zur *Bekämpfung des Spesenunwesens* geschaffen wurden, sollen die Vorschriften des § 4 Abs. 5 S. 5-6c EStG im Wesentlichen[2357] dazu beitragen, die *Steuererhebung zu vereinfachen* und *Streitigkeiten* zwischen den Steuerpflichtigen und der Finanzverwaltung *zu vermeiden*. Ebendiese Beweggründe werden auch im steuerrechtlichen Schrifttum mehrheitlich als übergeordnete Ziele des § 4 Abs. 5 S. 1 Nr. 1-7 EStG genannt[2358] und sind der

---

2356 Zur historischen Entwicklung siehe nochmals Teil 4 § 17 B.II.

2357 Daneben hat der Gesetzgeber noch weitere Gründe zum Erlass der Tatbestände des § 4 Abs. 5 S. 1 Nr. 5-6b EStG genannt, die allerdings nicht auf die anderen Tatbestände übertragbar sind. Beispielsweise wurde die Pendlerpauschale nach § 4 Abs. 5 S. 1 Nr. 6 EStG zusätzlich damit begründet, dass die Verkehrssituation in Ballungsräumen entlastet werden soll, und das Abzugsverbot für die Aufwendungen eines häuslichen Arbeitszimmers nach § 4 Abs. 5 S. 1 Nr. 6b EStG außerdem mit fiskalischen Motiven begründet, siehe hierzu nochmals Teil 4 § 17 B.II.4.c.

2358 Siehe etwa *Bode*, in: Kirchhof/Seer, EStG, § 4, Rn. 196; *Drüen*, in: Brandis/Heuermann, EStG, § 4, Rn. 670; *Frotscher/Watrin*, in: Frotscher/Geurts, EStG, § 4, Rn. 666; *Helkenberg*, Unangemessenheit von Betriebsausgaben, S. 53; *Hey*, in: Tipke/Lang, Steuerrecht, Rn. 8.291; *Maetz*, in: Bordewin/Brandt, EStG, § 4, Rn. 2255; *Meurer*, in: Lademann, EStG, § 4, Rn. 657; *Meyer*, in: BeckOK EStG, § 4, Rn. 2705; *Nacke*,

Grund dafür, dass der Abzugskatalog in der Literatur oftmals in zwei Gruppen aufgeteilt wird.[2359] Dabei betrifft die erste Gruppe Repräsentationsaufwendungen iSd § 4 Abs. 5 S. 1 Nr. 1-4, 7 EStG, bei denen der steuerliche Abzug eingeschränkt wird, um die Abwälzung übertriebener Spesenabrechnungen auf die Allgemeinheit zu verhindern (*Missbrauchsvermeidungsnorm*[2360]).[2361] Die zweite Gruppe umfasst betrieblich bedingte Mehraufwendungen gemäß § 4 Abs. 5 S. 5-6c EStG, bei denen die Abgrenzung zur Privatsphäre aufgrund ihrer Nähe zur steuerlichen Existenzgrundlage häufig mit besonderen Schwierigkeiten verbunden ist.[2362] Bei diesen Aufwendungen geht es nach Ansicht des Schrifttums darum, mithilfe der Abzugsbeschränkungen die auf Ebene der Tatsachenfeststellung und -bewertung bestehenden Abgrenzungsprobleme zwischen Erwerbs- und Privatsphäre durch

in: Littmann/Bitz/Pust, EStG, § 4, Rn. 1661; *Spilker,* in: K/S/M, EStG, § 4, Rn. F 5; *Stapperfend,* in: Herrmann/Heuer/Raupach, EStG/KStG, § 4 EStG, Rn. 1140 ff.

2359 Siehe z.B. *Frotscher/Watrin,* in: Frotscher/Geurts, EStG, § 4, Rn. 666; *Gärtner,* Gemischt veranlasste Aufwendungen, S. 59 f.; *Meyer,* in: BeckOK EStG, § 4, Rn. 2705; vgl. auch *Meurer,* in: Lademann, EStG, § 4, Rn. 657. Wie sich sogleich zeigen wird, sind die Übergänge zwischen diesen beiden Gruppen allerdings nicht trennscharf, sondern fließend, da einige Tatbestände beide Ziele verfolgen. So dient beispielsweise das Abzugsverbot für die Aufwendungen eines häuslichen Arbeitszimmers nach § 4 Abs. 5 S. 1 Nr. 6b EStG nicht nur der Steuervereinfachung, sondern ein Stück weit auch der Missbrauchsvermeidung, was damit zu tun hat, dass dem Finanzamt aufgrund des verfassungsrechtlichen Schutzes der Wohnung nach Art. 13 Abs. 1 GG in diesem Bereich nur eingeschränkte Nachprüfungsmöglichkeiten zur Verfügung stehen. Ferner soll die Abzugsbeschränkung für Bewirtungsaufwendungen nach § 4 Abs. 5 S. 1 Nr. 2 EStG neben der Missbrauchsvermeidung zugleich im Sinne der Steuervereinfachung dem Umstand Rechnung tragen, dass die Lebensführung der bewirteten Personen betroffen ist, siehe hierzu bereits Teil 4 § 17 B.II.4.b.; vgl. *Bowitz,* Objektives Nettoprinzip, S. 223.

2360 In der Literatur werden diese Tatbestände zum Teil auch Hinterziehungspräventionsnormen genannt, vgl. etwa *Gabel,* Missbrauchsnormen im Steuerrecht, S. 17. Sie unterscheiden sich von den spezialgesetzlichen Missbrauchsnormen iSd § 42 Abs. 1 S. 2 AO, da sie keine Wertungen über die Angemessenheit rechtlicher Gestaltungen beinhalten, sondern Probleme der Tatsachenfeststellung und -bewertung lösen sollen, siehe *Gabel,* Missbrauchsnormen im Steuerrecht, S. 17; *Hey,* DStJG 33 (2010), S. 139, 144. Zum Zweck der Missbrauchsabwehr im Steuerrecht allgemein siehe auch *Bowitz,* Objektives Nettoprinzip, S. 221 f.

2361 Siehe *Gärtner,* Gemischt veranlasste Aufwendungen, S. 59 f.; *Frotscher/Watrin,* in: Frotscher/Geurts, EStG, § 4, Rn. 666; *Meyer,* in: BeckOK EStG, § 4, Rn. 2705; vgl. zudem BFH BStBl. II 1981, 58, 59 f.; *Bowitz,* Objektives Nettoprinzip, S. 221.

2362 Siehe hierzu nochmals Teil 3 § 12 B.

Typisierung und Pauschalierung zu lösen und so die praktische Steuererhebung zu vereinfachen (*Vereinfachungszwecknormen*[2363]).[2364]

Von dieser teleologischen Zweiteilung des Abzugskataloges abgesehen, fehlt es im Schrifttum an näheren Ausführungen darüber, was im Einzelnen unter den Motiven der Missbrauchsbekämpfung und Steuervereinfachung zu verstehen ist und wie die unterschiedlichen Tatbestände des § 4 Abs. 5 S. 1 Nr. 1-7 EStG dazu beitragen sollen, die damit verfolgten Ziele zu erreichen. Im Rahmen der folgenden teleologischen Untersuchung soll daher zunächst einzeln analysiert werden, was sich konkret hinter den beiden Beweggründen verbirgt und welche Schlussfolgerungen hieraus jeweils für die Veranlassung und sphärische Einordnung der betroffenen Aufwendungen gezogen werden können. Sodann sollen die Ergebnisse miteinander verglichen und im Hinblick auf eine mögliche übergeordnete Dogmatik auf ihre wesentlichen Gemeinsamkeiten hin untersucht werden. Dabei soll insbesondere der Frage nachgegangen werden, ob es trotz der verschiedenen Einzelmotive der jeweiligen Tatbestände ein übergeordnetes Telos gibt, das alle Abzugsregelungen des § 4 Abs. 5 S. 1 Nr. 1-7 EStG miteinander verbindet.

2. *Missbrauchsbekämpfung und Vermeidung von Spesenunwesen (§ 4 Abs. 5 S. 1 Nr. 1-4, 7 EStG)*

Wie die Untersuchung der historischen Entwicklung gezeigt hat, bestand der ursprüngliche Sinn und Zweck der Abzugsverbote nach § 4 Abs. 5 S. 1 Nr. 1, 3, 4 EStG sowie der Abzugsbeschränkungen gemäß § 4 Abs. 5 S. 1 Nr. 2, 7 EStG darin, Missbräuche bei der Betriebsausgabengestaltung zu bekämpfen und dem besonders

---

2363 Vgl. *Hey,* DStJG 33 (2010), S. 139, 144. Unter Vereinfachungszwecknormen werden allgemeine Rechtsvorschriften verstanden, die „die Steuerrechtsanwendung erleichtern, vereinfachen, praktikabler oder ökonomischer gestalten; sie sollen Überkompliziertheit und Undurchführbarkeit des Gesetzes vermeiden, etwa durch Typisierungen, Pauschalierungen, Vereinfachungsfreibeträge und -grenzen" und Probleme bei der Tatsachenfeststellung und -bewertung lösen, so *Hey,* in: Tipke/Lang, Steuerrecht, Rn. 3.23; siehe auch *Hey,* DStJG 33 (2010), S. 139, 144; *Schmidt,* FS BFH, Bd. 1, S. 321, 322. Dabei zielt die Vereinfachung primär auf eine einfache Durchsetzung durch die Finanzverwaltung ab, bewirkt allerdings mitunter auch Erleichterungen für die Finanzgerichtsbarkeit und die Steuerpflichtigen, siehe *Schober,* Verfassungsrechtliche Restriktionen für den vereinfachenden Einkommensteuergesetzgeber, S. 39. Zum Begriff der Steuervereinfachung siehe *Ruppe,* DStJG 21 (1998), S. 29, 32 ff.

2364 Siehe etwa *Frotscher/Watrin,* in: Frotscher/Geurts, EStG, § 4, Rn. 666; *Meyer,* in: BeckOK EStG, § 4, Rn. 2705; vgl. *Seer,* BB 2021, 1433, 1436; *Tipke,* Steuerrechtsordnung II, S. 777.

in den 1950er Jahren aufgekommenen Spesenunwesen wirksam entgegen zu treten.[2365] Noch ungeklärt ist allerdings, wie die Abzugsregelungen systematisch zur Erreichung dieser Ziele beitragen sollen und welche Schlussfolgerungen hieraus für die Veranlassung und sphärische Einordnung der betreffenden Aufwendungen gezogen werden können. *Helkenberg* vertritt diesbezüglich die Auffassung, dass der Gesetzgeber mit § 4 Abs. 5 S. 1 Nr. 1-4, 7 EStG[2366] nur den missbräuchlichen, unangemessenen Teil der Aufwendungen vom steuerlichen Abzug ausschließen wolle, da dieser Teil genau dem Betrag entspreche, der auf betriebsfremden Erwägungen beruhe und somit dem Bereich der privaten Lebensführung zuzuordnen sei.[2367] Ihrer Meinung nach sei grundsätzlich davon auszugehen, dass der Steuerpflichtige keine unnötigen Betriebsausgaben tätige, und eine missbräuchliche Betriebsausgabengestaltung damit voraussetze, dass die betreffenden Aufwendungen wesentlich privat mitveranlasst sind.[2368] Unangemessene, ausschließlich betrieblich veranlasste Aufwendungen könne es ihrer Ansicht nach nicht geben, da der unangemessene Aufwendungsteil stets aus der Privatsphäre des Steuerpflichtigen herrühre.[2369] Wenn der Gesetzgeber also mit § 4 Abs. 5 S. 1 Nr. 1-4, 7 EStG das Ziel verfolge, missbräuchliche Betriebsausgabengestaltungen zu verhindern, folge hieraus, dass die Aufwendungen der betreffenden Tatbestände dem Grunde nach wesentlich privat mitveranlasst sind.[2370] Auch *Hey* und *Lang* kommen bei ihrer teleologischen Untersuchung der § 4 Abs. 5 S. 1 Nr. 1-4, 7 EStG zu dem Ergebnis, dass die davon erfassten Aufwendungen angesichts des mit den Tatbeständen verfolgten Ziels der Missbrauchsbekämpfung keine reinen Betriebsausgaben iSd § 4 Abs. 4 EStG darstellen können.[2371] Ihrer Meinung nach besteht der Sinn und Zweck dieser

---

2365 Siehe hierzu nochmals Teil 4 § 17 B.II.3.

2366 Diese Argumentation bringt *Helkenberg* zunächst nur für § 4 Abs. 5 S. 1 Nr. 7 EStG an, weitet sie jedoch sodann auch auf die spezielleren Tatbestände des § 4 Abs. 5 S. 1 Nr. 1-4 EStG aus, siehe *Helkenberg,* Unangemessenheit von Betriebsausgaben, S. 54 ff.

2367 Siehe *Helkenberg,* Unangemessenheit von Betriebsausgaben, S. 53. In diese Richtung auch *Gärtner,* Gemischt veranlasste Aufwendungen, S. 59; *Kammergruber,* Betriebsausgabenabzug, S. 247; *Söffing,* StbJb. 1988/89, S. 121, 136.

2368 *Helkenberg,* Unangemessenheit von Betriebsausgaben, S. 53 f.

2369 *Helkenberg,* Unangemessenheit von Betriebsausgaben, S. 54. Näher zu dieser nicht unproblematischen Gleichsetzung von Unangemessenheit und privater (Mit-)Veranlassung in Teil 4 § 17 C.II.1. und II.3.

2370 Vgl. *Helkenberg,* Unangemessenheit von Betriebsausgaben, S. 53 f.

2371 Vgl. *Hey,* in: Tipke/Lang, Steuerrecht, Rn. 8.287, 8291; *Lang,* in: Tipke/Lang, Steuerrecht, 20. Auflage, 2010, § 8, Rn. 287, 291; *Lang,* Bemessungsgrundlage, S. 328 f.

Abzugsbeschränkungen und -verbote gerade darin, den unangemessenen Teil der Repräsentationsaufwendungen vom steuerlichen Abzug auszuschließen, da dieser Teil in Wahrheit verdeckt privat veranlasst sei[2372] und damit nach allgemeinen Grundsätzen nicht abgezogen werden dürfe.[2373] Ausgehend von dieser Annahme kommen sie – ähnlich wie *Helkenberg* – zu der Schlussfolgerung, dass es sich bei den Aufwendungen in § 4 Abs. 5 S. 1 Nr. 1-4, 7 EStG tatsächlich um privat mitveranlasste Erwerbsaufwendungen handele, die der Gesetzgeber als nicht abziehbare Erwerbsaufwendungen deklariere, um damit den Streit über die verdeckte private Mitveranlassung typisierend zu erledigen.[2374]

Beiden Ausführungen ist jedoch entgegenzuhalten, dass die Rückschlüsse, welche hierbei aus dem Telos der Missbrauchsvermeidung gezogen werden, weder folgerichtig noch zwingend sind. Bereits die grundlegende Annahme, missbräuchliche Betriebsausgabengestaltungen würden stets das Vorliegen (verdeckt) privat mitveranlasster Aufwendungen voraussetzen, ist unzutreffend[2375] und auch die hieraus abgeleiteten Schlussfolgerungen über die rechtliche Wirkung der Tatbestände des § 4 Abs. 5 S. 1 Nr. 1-4, 7 EStG stimmen nicht mit der Systematik des Gesetzes überein. So ist bei dem vom Gesetzgeber bezweckten Kampf gegen den Spesenmissbrauch richtigerweise zwischen zwei unterschiedlichen Sachverhalten zu differenzieren,[2376] von denen nur einer das Vorliegen privat (mit-)veranlasster Aufwendungen voraussetzt und für deren Verhinderung

2372 So auch *Bode,* in: Kirchhof/Seer, EStG, § 4, Rn. 196; *Brandis,* in: *Baldauf,* DStR 2019, Beih. zu Heft 34, 1, 4; *Gärtner,* Gemischt veranlasste Aufwendungen, S. 60; *Klein,* DStZ 1995, 630, 631; *Spilker,* in: K/S/M, EStG, § 4, Rn. M 11; *Tipke,* FS Wallis, S. 133, 146; *Tipke,* Steuerrechtsordnung II, S. 772 f.; *Tipke/Lang,* Systematischer Grundriß, S. 272.

2373 Siehe *Hey,* DStJG 33 (2010), S. 139, 144; *Hey,* in: Tipke/Lang, Steuerrecht, Rn. 8.287; *Lang,* in: Tipke/Lang, Steuerrecht, 20. Auflage, § 8, Rn. 287; *Lang,* Bemessungsgrundlage, S. 328 f.

2374 Siehe *Hey,* in: Tipke/Lang, Steuerrecht, Rn. 8.291; *Lang,* in: Tipke/Lang, Steuerrecht, 20. Auflage, 2010, § 8, Rn. 291; ähnlich auch *Maetz,* in: Bordewin/Brandt, EStG, § 4, Rn. 2971, der aus diesem Grund vertritt, dass es sich bei § 4 Abs. 5 S. 1 Nr. 7 EStG nicht um eine Missbrauchsvermeidungsnorm, sondern um eine Vereinfachungszwecknorm handelt, vgl. auch *Brandis,* in: *Baldauf,* DStR 2019, Beih. zu Heft 34, 1, 4; *Hey,* DStJG 33 (2010), S. 139, 144.

2375 So auch *Söhn,* in: K/S/M, EStG, Stand 1995, § 4, Rn. F 27; *Stapperfend,* in: Herrmann/Heuer/Raupach, EStG/KStG, § 4 EStG, Rn. 1115.

2376 Hierzu auch *Börnstein,* DStZ 1960, 221, 222; in diese Richtung auch *Drenseck,* DStR 2009, 1877, 1880, der bezogen auf den Fall des häuslichen Arbeitszimmers darauf hinweist, dass zunächst danach zu fragen ist, worin der Missbrauch bestehen kann.

jeweils unterschiedliche gesetzessystematische Herangehensweisen erforderlich werden: Der erste denkbare Missbrauchssachverhalt ist derjenige, den *Helkenberg, Hey* und *Lang* – ohne tatsächlich eine Differenzierung vorzunehmen – bei ihren Ausführungen zum Zweck des § 4 Abs. 5 S. 1 Nr. 1-4, 7 EStG vor Augen haben. Hierbei werden wesentlich privat (mit-)veranlasste Aufwendungen, die eigentlich nach § 12 Nr. 1 S. 1 bzw. 2 EStG vom Abzug ausgeschlossen wären, vom Steuerpflichtigen missbräuchlich als echte Betriebsausgaben iSd § 4 Abs. 4 EStG getarnt und sodann auf die Allgemeinheit abgewälzt, indem sie unzulässigerweise zum steuerlichen Abzug zugelassen werden.[2377] Beispielhaft hierfür sind Fälle, in denen die Kosten für ausschließlich im privaten Kreis eingenommene Mahlzeiten als Ausgaben anlässlich eines geschäftlichen Essens deklariert werden, Geschenke an befreundete Kollegen als Büromaterialien quittiert werden, Aufwendungen für Fahrzeuge, die nur für Privatfahrten verwendet werden, als Betriebskosten angesetzt werden oder private Wochenendausflüge mit der Familie als betrieblich veranlasste Geschäftsreisen abgerechnet werden.[2378] Davon abzugrenzen ist allerdings der zweite Sachverhalt, bei dem es um den Abzug von Spesen und Repräsentationskosten geht, die zwar *betrieblich veranlasst* sind und damit ihrer Art nach abziehbare Betriebsausgaben iSd § 4 Abs. 4 EStG darstellen, die jedoch mit Rücksicht darauf, dass sie zugleich der persönlichen Bedürfnisbefriedigung des Steuerpflichtigen oder anderer Personen dienen, *in unangemessener Höhe verausgabt werden.*[2379] Hierzu gehören etwa Fälle, in denen betriebliche Feste mit besonders hochwertigen Unterhaltungsprogrammen oder in auffällig luxuriösen Etablissements abgehalten werden,[2380] Dienstreisen mit teuren Sportwagen[2381] bzw. Privatjets[2382] durchgeführt werden oder Geschäftsräume besonders aufwendig ausgestattet werden[2383].

2377 Siehe auch *Bode,* in: Kirchhof/Seer, EStG, § 4, Rn. 196; *Tipke,* Steuerrechtsordnung II, S. 772 f.; *Spilker,* in: K/S/M, EStG, § 4, Rn. G 13; vgl. *R. Thiel,* FR 1960, Beilage zu Heft 15, 1, 2.

2378 Siehe *Börnstein,* DStZ 1960, 221, 222, 226.

2379 *Börnstein,* DStZ 1960, 221, 222.

2380 Vgl. BFH BStBl. II 2017, 161, 162; FG Nürnberg, BeckRS 2022, 37898. Siehe auch *Brandt,* FS BFH, Bd. 1, S. 289, 307.

2381 Vgl. BFH BStBl. II 2014, 679, 679; FG Nürnberg, BeckRS 2003, 26014158; siehe *Börnstein,* DStZ 1960, 221, 226. Näher zur Angemessenheitsprüfung der Aufwendungen für betriebliche Luxusautos und Sportwagen *Zwirner/Krauß,* DStR 2021, 268, 268 ff.

2382 Vgl. BFH BStBl. II 2017, 526, 526.

2383 Siehe *Börnstein,* DStZ 1960, 221, 226; *Meyer,* in: BeckOK EStG, § 4, Rn. 2787.2.

Angesichts der zwischen diesen beiden Missbrauchssachverhalten bestehenden Unterschiede wird deutlich, dass Schlussfolgerungen über die Veranlassung und sphärische Einordnung der Aufwendungen nach § 4 Abs. 5 S. 1 Nr. 1-4, 7 EStG nur dann zutreffend aus dem Sinn und Zweck der Missbrauchsvermeidung abgeleitet werden können, wenn zunächst die Frage beantwortet wird, welche der beiden Situationen konkret mit Hilfe der dort geregelten Abzugsbeschränkungen und -verbote verhindert werden soll. Dabei ist festzuhalten, dass in den Fällen des ersten Missbrauchssachverhaltes tatsächlich keine ausschließlich oder nahezu ausschließlich betrieblich veranlassten Aufwendungen vorliegen und der Betriebsausgabenabzug damit bereits nach § 4 Abs. 4 EStG und § 12 Nr. 1 EStG ausgeschlossen ist.[2384] Die betreffenden Positionen sind als Kosten der privaten Lebensführung oder untrennbar gemischt veranlasste Aufwendungen nach § 4 Abs. 4, § 12 Nr. 1 S. 1, 2 EStG vollständig vom steuerlichen Abzug ausgeschlossen und können damit schon aus diesem Grund nicht auf die Allgemeinheit abgewälzt werden.[2385] Somit wird klar, dass es in den Missbrauchsfällen, die *Helkenberg*, *Hey* und *Lang* ihrer Argumentation zugrunde legen, gar nicht der Abzugsbeschränkungen und -verbote des § 4 Abs. 5 S. 1 Nr. 1-4, 7 EStG bedurft hätte, um das vom Gesetzgeber mit Schaffung der Tatbestände verfolgte Ziel der Missbrauchsbekämpfung zu erreichen[2386]. Hieraus folgt, dass der erste Missbrauchssachverhalt offensichtlich nicht derjenige ist, den der Gesetzgeber mit Einführung der § 4 Abs. 5 S. 1 Nr. 1-4, 7 EStG unterbinden wollte. Sinn und Zweck der Abzugsregelungen für Repräsentationsaufwendungen ist vielmehr die Bekämpfung des zweiten Missbrauchssachverhalts. In diesen Fällen ist der steuerliche Abzug nicht bereits nach § 4 Abs. 4, § 12 Nr. 1 EStG untersagt, weshalb hier aus historischer Sicht tatsächlich neue Abzugsregelungen erforderlich wurden. Die zweiten Missbrauchssachverhalte zeichnen sich nämlich dadurch aus, dass die betreffenden Aufwendungen dem Grunde nach ausschließlich oder nahezu

2384 So auch *Börnstein,* DStZ 1960, 221, 222; *R. Thiel,* FR 1960, Beilage zu Heft 15, 1, 2.

2385 Vgl. auch *Scheidel,* Steuerreform 1990, S. 35.

2386 Zur Vermeidung von missbräuchlichen Spesenabzügen, bei denen dem Finanzamt falsche Belege (z.B. Bewirtungsbelege iSd § 4 Abs. 5 S. 1 Nr. 2 S. 2 EStG) vorgelegt werden, wurde zudem bereits 1956 die Vorschrift des § 406 Abs. 1 Nr. 1 RAO geschaffen (BGBl. I 1956, 418; siehe *Börnstein,* DStZ 1960, 221, 222), der heute als Ordnungswidrigkeitentatbestand in § 379 Abs. 1 Nr. 1 AO geregelt ist. Danach handelt ordnungswidrig, wer „vorsätzlich oder leichtfertig Belege ausstellt, die in tatsächlicher Hinsicht unrichtig sind, und dadurch ermöglicht, Steuern zu verkürzen oder nicht gerechtfertigte Steuervorteile zu erlangen." Der Einreichende selbst macht sich darüber hinaus nach § 370 Abs. 1 Nr. 1 AO der Steuerhinterziehung strafbar.

ausschließlich betrieblich veranlasst sind und damit nach § 4 Abs. 4 EStG grundsätzlich unbeschränkt steuerlich geltend gemacht werden können. Gleichzeitig dienen die Aufwendungen aber auch der privaten Bedürfnisbefriedigung des Steuerpflichtigen oder anderer Personen – beispielsweise vermittelt ein luxuriöser Sportwagen nach Ansicht des FG Nürnberg nicht nur die bloße Transportmöglichkeit, sondern außerdem „Fahrspaß" für den Steuerpflichtigen –[2387] und führen aufgrund ihrer übertriebenen Höhe teilweise zu einer Überwälzung auf die Allgemeinheit, welche gemeinhin als unangemessen angesehen wird.[2388] Da diese Aufwendungen – anders als beim ersten Missbrauchssachverhalt – gerade nicht dem Abzugsverbot des § 12 Nr. 1 EStG unterliegen, wird klar, dass das gesetzgeberische Ziel der Missbrauchsbekämpfung hier nur erreicht werden konnte, indem neue Abzugsbeschränkungen geschaffen wurden. Sinn und Zweck der § 4 Abs. 5 S. 1 Nr. 1-4, 7 EStG ist daher allein die Bekämpfung des zweiten Missbrauchssachverhalts, bei dem Aufwendungen, die dem Grunde nach betrieblich veranlasst sind, angesichts der zugleich verfolgten privaten Bedürfnisbefriedigung in unangemessener Höhe angesetzt werden.[2389]

Zusammenfassend lässt sich damit festhalten, dass die Schlussfolgerung *Helkenbergs*, *Heys* und *Langs*, wonach die Tatbestände der § 4 Abs. 5 S. 1 Nr. 1-4, 7 EStG angesichts ihres Zwecks der Missbrauchsvermeidung logisch das Vorliegen (verdeckt) privat mitveranlasster Aufwendungen voraussetzen, unzutreffend ist. Bei dem mit den Abzugstatbeständen bekämpften Spesenunwesen sind vielmehr zwei unterschiedliche Sachverhalte zu differenzieren, von denen nur einer der speziellen Abzugsregelungen des § 4 Abs. 5 S. 1 Nr. 1-4, 7 EStG bedarf. Sinn und Zweck dieser Tatbestände ist es, übermäßige betriebliche Repräsentationsaufwendungen, die im Rahmen des Betriebsausgabenabzugs nach § 4 Abs. 4 EStG in unangemessener Höhe angesetzt werden, weil sie zugleich der privaten Bedürfnisbefriedigung dienen, steuerlich einzuschränken. Damit kommt auch die teleologische Auslegung zu dem Ergebnis, dass die Tatbestände des § 4 Abs. 5 S. 1 Nr. 1-4, 7 EStG an das Vorliegen originär betrieblich veranlasster Aufwendungen iSd § 4 Abs. 4 EStG anknüpfen. Fraglich ist, ob diese Schlussfolgerung auch aus dem Sinn und Zweck von § 4 Abs. 5 S. 1 Nr. 5-6c EStG gezogen werden kann.

2387 Siehe FG Nürnberg, BeckRS 2003, 26014158.

2388 Vgl. auch BFH BStBl. II 2018, 185, 187; BFH BStBl. II 1993, 367, 368; BFH BStBl. II 1981, 58, 59; *Maetz,* in: Bordewin/Brandt, EStG, § 4, Rn. 2255.

2389 So im Ergebnis auch *Börnstein,* DStZ 1960, 221, 222; *Maetz,* in: Bordewin/Brandt, EStG, § 4, Rn. 2255; *R. Thiel,* FR 1960, Beilage zu Heft 15, 1, 2; *Stapperfend,* in: Herrmann/Heuer/Raupach, EStG/KStG, § 4 EStG, Rn. 1100; vgl. auch BFH BStBl. II 2018, 185, 187; BFH BStBl. II 1981, 58, 59; BT-Drs. 7/1470, 221.

3. *Steuervereinfachung und Streitvermeidung (§ 4 Abs. 5 S. 1 Nr. 5-6c EStG)*

Die Tatbestände der zweiten Gruppe in § 4 Abs. 5 S. 1 Nr. 5-6c EStG haben, abweichend von den Missbrauchsvermeidungsnormen in § 4 Abs. 5 S. 1 Nr. 1-4, 7 EStG, eher das Ziel, im problematischen Grenzbereich zwischen Erwerbs- und Privatsphäre *Schwierigkeiten bei der Steuererhebung* zu umgehen und *Streitigkeiten* zwischen Steuerpflichtigen und Finanzverwaltung *zu vermeiden*. Aus diesem Vereinfachungszweck schließen einige Vertreter der konstitutiven Ansicht, dass die Aufwendungen, die in § 4 Abs. 5 S. 1 Nr. 5-6c EStG in Bezug genommen werden, nicht originär betrieblich veranlasst sind. Ihrer Meinung nach dienen die Tatbestände gerade dazu, Aufwendungen, die im Grenzbereich zwischen Erwerbs- und Privatsphäre liegen, typisierend der Erwerbssphäre zuzuordnen, damit Probleme und Rechtsstreitigkeiten, die bei der Feststellung der Veranlassung der jeweiligen Aufwendungen entstehen können, von vornherein vermieden werden.[2390] Ähnlich wie zuvor bei den Missbrauchsvermeidungsnormen wird in der Literatur allerdings auch in Bezug auf den Zweck der Steuervereinfachung und Streitvermeidung nicht hinreichend danach differenziert, welche Feststellungsprobleme im Abgrenzungsbereich zwischen Erwerbs- und Privatsphäre auftreten können und welches dieser Probleme konkret mit den Abzugsbeschränkungen der § 4 Abs. 5 S. 1 Nr. 5-6c EStG adressiert werden soll.[2391] Durch die besondere Nähe der betrieblich bedingten Mehraufwendungen zur existenziellen Lebensführung des Steuerpflichtigen und der damit verbundene Gefahr einer steuerlichen Doppelberücksichtigung[2392] ergeben sich für die Aufwendungen in § 4 Abs. 5 S. 1 Nr. 5-6c EStG tatsächlich zwei grundverschiedene Problemstellungen, die voneinander abzugrenzen sind:[2393] Das erste Problem betrifft die

---

2390 Vgl. etwa *Heger,* DB 2016, 249, 252; *Hey,* DStJG 33 (2010), S. 139, 144; *Hey,* in: Tipke/Lang, Steuerrecht, Rn. 8.291; *Lang,* Bemessungsgrundlage, S. 326 ff.; *Lang,* in: Tipke/Lang, Steuerrecht, 20. Auflage, 2010, § 8, Rn. 291; *Spilker,* in: K/S/M, EStG, § 4, Rn. F 5, K 15, L 12, La 8; *Valta,* FR 2020, 586, 589.

2391 Zu den in der Literatur bestehenden Ungenauigkeiten bezüglich der konkreten Typisierungswirkung des § 4 Abs. 5 S. 1 Nr. 1-7 EStG siehe bereits Teil 4 § 17 A.

2392 Siehe hierzu nochmals Teil 3 § 12 B.

2393 Zur Unterscheidung zwischen *qualifizierenden* und *quantifizierenden* Typisierungen siehe bereits BFH BStBl. II 2008, 234, 247; vgl. zudem BVerfGE 126, 268, 283; *Lang,* StuW 2007, 3, 11 f. Siehe auch *Ruppe,* DStJG 21 (1998), S. 29, 43, der bei der Steuervereinfachung durch Typisierung zwischen der *gesetzlichen Vermutung eines Sachverhalts* und der *gesetzlichen Festlegung einer Rechtsfolge* unterscheidet (Hervorhebungen durch die Verfasserin). Näher zu der für alle Aufwendungen im Graubereich erforderlichen Trennung zwischen der Feststellung, ob *dem Grunde*

vorrangig zu beantwortende Frage, ob überhaupt ausschließlich oder nahezu ausschließlich betrieblich veranlasste Aufwendungen vorliegen, die als Betriebsausgaben iSd § 4 Abs. 4 EStG abziehbar wären.[2394] Abgrenzungsschwierigkeiten, die in diesem Zusammenhang für die Finanzverwaltung entstehen, betreffen unmittelbar die *Feststellung der sphärischen Einordnung* der betreffenden Aufwendungen und können von Seiten des Gesetzgebers nur vermieden werden, indem – unabhängig von einer konkreten Veranlassungsprüfung im Einzelfall – typisierende Zuordnungsentscheidungen[2395] getroffen werden. Ginge es bei den Tatbeständen des § 4 Abs. 5 S. 1 Nr. 5-6c EStG also darum, Schwierigkeiten bei der Feststellung der Veranlassung der Aufwendungen zu umgehen, wäre den Vertretern der konstitutiven Ansicht darin zuzustimmen, dass die Aufwendungen i.S.v. § 4 Abs. 5 S. 1 Nr. 5-6c EStG nicht notwendigerweise originär betrieblich veranlasst sind und daher zum Zweck der Steuervereinfachung typisierend und (teilweise) rechtsbegründend der Erwerbssphäre zugeordnet werden.

Davon zu unterscheiden ist allerdings die Abgrenzungsfrage des zweiten Problembereichs, bei der nicht etwa die Feststellung der betrieblichen oder privaten Veranlassung Schwierigkeiten bereitet, sondern allein die *Ermittlung der exakten Höhe* der abziehbaren Aufwendungen.[2396] Insbesondere bei Aufwendungen, die menschliche Grundbedürfnisse betreffen (z.B. Wohnen, Essen, Schlafen), entstehen für das Finanzamt regelmäßig Schwierigkeiten zu bestimmen, in welcher Höhe der bereits vom Grundfreibetrag abgedeckte „Normalbedarf" des Steuerpflichtigen besteht und ab welchem Betrag echter betrieblich bedingter Mehraufwand vorliegt.[2397] Beispielsweise ist auch derjenige Verpflegungsmehraufwand, bei dem die ausschließlich betriebliche Veranlassung bereits nachgewiesen wurde, danach abzuschichten, welche Ausgaben der Steuerpflichtige normalerweise

---

nach Erwerbsaufwendungen vorliegen, und der Ermittlung der *Höhe* dieser Aufwendungen siehe *Gärtner,* Gemischt veranlasste Aufwendungen, S. 155 f.

2394 Vgl. auch *Drüen,* in: Brandis/Heuermann, EStG, § 4, Rn. 764.

2395 BFH BStBl. II 2008, 234, 247 spricht diesbezüglich von *qualifizierenden* Bestimmungen. Siehe auch *Ruppe,* DStJG 21 (1998), S. 29, 41: „*qualifizierende* Sachverhaltselemente" (Hervorhebung durch die Verfasserin).

2396 Hierzu auch *Hey,* in: Tipke/Lang, Steuerrecht, Rn. 8.305. Auf die Problematik der Ermittlung der Höhe der abziehbaren Mehraufwendungen weist auch *Stallknecht,* Vereinfachungsnormen, S. 189 ff. hin. Für Probleme bei der Ermittlung der tatsächlichen Höhe abziehbarer Verpflegungsmehraufwendungen siehe zudem *Osterloh,* Typisierungsspielräume bei Anwendung der Steuergesetze, S. 470 f.

2397 *Seer,* BB 2021, 1433, 1436.

für seine Verpflegung tätigt[2398] und welcher *Mehr*betrag demgegenüber allein dadurch anfällt, dass er seiner betrieblichen Tätigkeit ausnahmsweise entfernt von seiner Wohnung und dem Mittelpunkt seiner dauerhaft angelegten betrieblichen Tätigkeit nachgeht.[2399] Probleme dieser zweiten Kategorie, bei denen das Vorliegen betrieblich veranlasster Aufwendungen iSd § 4 Abs. 4 EStG bereits *dem Grunde nach* feststeht,[2400] können schon dadurch vermieden werden, dass der Gesetzgeber Abzugspauschalen normiert, welche die Höhe der abziehbaren Betriebsausgaben gesetzlich festlegen, damit der Steuerpflichtige sie nicht darzulegen und nachzuweisen hat.[2401] Dies zugrunde gelegt würde aus dem Zweck der Steuervereinfachung und Streitvermeidung folgen, dass die Aufwendungen in § 4 Abs. 5 S. 1 Nr. 5-6c EStG originär betrieblich veranlasst sind und die konkrete Vereinfachungsmaßnahme allein darin besteht, die Höhe der abziehbaren Aufwendungen pauschalierend festzulegen.

Fraglich ist mithin, welche dieser beiden Abgrenzungsprobleme die Tatbestände des § 4 Abs. 5 S. 1 Nr. 5-6c EStG nach ihrem Sinn und Zweck verhindern sollen. Die historische Entwicklung der betreffenden Tatbestände spricht zunächst dafür, dass es dem Gesetzgeber bei Erlass des § 4 Abs. 5 S. 1 Nr. 5-6c EStG einzig darum gegangen ist, solchen Schwierigkeiten vorzubeugen, die sich bei der *Ermittlung der Höhe* der abziehbaren Aufwendungen ergeben. Alle erfassten Mehraufwendungen konnten vor Erlass der jeweiligen Tatbestände vollständig als Betriebsausgaben geltend gemacht werden, wenn sie ausschließlich oder nahezu ausschließlich betrieblich veranlasst waren.[2402] Da ihnen mit Erlass der neuen Tatbestände zudem nicht die Betriebsausgabenqualität abgesprochen werden sollte, deutet die historische Entwicklung darauf hin, dass der Gesetzgeber auch bei den betrieblich bedingten Mehraufwendungen nicht auf die Durchführung einer konkreten Veranlassungsprüfung iSd § 4 Abs. 4 EStG verzichten wollte. Vielmehr sollte mit

---

2398 Dieser Betrag entstammt allein dem Bereich der privaten Lebensführung des Steuerpflichtigen und ist bereits durch den Grundfreibetrag abgegolten. Siehe hierzu nochmals Teil 3 § 12 D.

2399 Siehe BT-Drs. 17/10774, 15; *Albert,* FR 1996, 437, 439; *Albert/Heitmann,* FR 1993, 285, 286; *Bowitz,* Objektives Nettoprinzip, S. 223; *Maetz,* in: Bordewin/Brandt, EStG, § 4, Rn. 2801; *Meurer,* in: Lademann, EStG, § 4, Rn. 692.

2400 Vgl. *Osterloh,* Typisierungsspielräume bei Anwendung der Steuergesetze, S. 458 f., 470 ff.

2401 Siehe hierzu auch *Ruppe,* DStJG 21 (1998), S. 29, 40; *Seer,* BB 2021, 1433, 1436; vgl. BFH BStBl. II 1982, 500, 501; *Albert,* FR 1996, 437, 440; *Osterloh,* Typisierungsspielräume bei Anwendung der Steuergesetze, S. 473. BFH BStBl. II 2008, 234, 247 spricht diesbezüglich von *quantifizierenden* Regelungen.

2402 Hierzu bereits Teil 4 § 17 B.II.4.

den Abzugsregelungen lediglich verhindert werden, dass die Steuerpflichtigen im Hinblick darauf, dass die Aufwendungen zugleich die private Lebensführung des Steuerpflichtigen berühren, zu hohe Betriebsausgaben geltend machen und damit – ähnlich wie bei den Missbrauchsvermeidungsnormen – übermäßige Beträge auf die Allgemeinheit abwälzen.[2403] Diese Schlussfolgerung bestätigt sich auch durch einige Entwurfsbegründungen zu den Abzugsbeschränkungen für betrieblich bedingte Mehraufwendungen. So sollte der Abzug für Verpflegungsmehraufwendungen gemäß § 4 Abs. 5 S. 1 Nr. 5 EStG nach der Intention des Gesetzgebers lediglich der Höhe nach gedeckelt werden, um eine Anpassung an das beamtenrechtliche Reiserecht zu ermöglichen.[2404] Zudem wurde die Abzugsbeschränkung für Mehraufwendungen wegen beruflich bedingter doppelter Haushaltsführung iSd § 4 Abs. 5 S. 1 Nr. 6a EStG unter anderem damit begründet, dass der Abzug unangemessen hoher Aufwendungen vermieden werden sollte.[2405] Damit wird deutlich, dass der Gesetzgeber mit beiden Tatbeständen das Ziel verfolgte, solche Schwierigkeiten zu vermeiden, die bei der Feststellung *der Höhe* der abziehbaren Aufwendungen auftreten.

Darüber hinaus sprechen auch der Gesetzeswortlaut und der konkrete Regelungsgehalt der § 4 Abs. 5 S. 1 Nr. 5-6c EStG dafür, dass das Vereinfachungsziel dieser Tatbestände allein darauf beschränkt ist, Probleme bei der Ermittlung der Aufwendungshöhe zu verhindern. Zwar könnte der Wortlaut des Einleitungssatzes nach § 4 Abs. 5 S. 1 EStG – wie *Spilker* vertritt – auch so verstanden werden, dass die Aufwendungen des Abzugskataloges hierdurch zu Betriebsausgaben kraft gesetzlicher Zuordnung gemacht werden.[2406] Ein Vergleich mit den Abzugsbestimmungen in § 4 Abs. 6 EStG und § 4 Abs. 9 EStG macht aber deutlich, dass der Gesetzgeber solche typisierenden Zuordnungsentscheidungen regelmäßig durch entsprechende Formulierungen kenntlich macht und zudem nur dann ins Gesetz aufnimmt, wenn damit Streitigkeiten über die Veranlassung der betreffenden Aufwendungen beendet werden sollen. Beispielsweise ordnet § 4 Abs. 6 EStG an, dass „Aufwendungen zur Förderung staatspolitischer Zwecke (§ 10b Absatz 2) […] keine Betriebsausgaben [sind]". Mit diesem Tatbestand schließt der Gesetzgeber Zuwendungen an politische Parteien nicht nur anteilig vom Betriebsausgabenabzug

---

2403 Vgl. auch *Frotscher/Watrin*, in: Frotscher/Geurts, EStG, § 4, Rn. 666; *Meyer*, in: BeckOK EStG, § 4, Rn. 2705; *Stapperfend*, in: Herrmann/Heuer/Raupach, EStG/KStG, § 4 EStG, Rn. 1100; für die Abzugsbeschränkung nach § 4 Abs. 5 S. 1 Nr. 5 EStG zustimmend auch *Spilker*, in: K/S/M, EStG, § 4, Rn. K 16.

2404 Vgl. BT-Drs. 7/1470, 249 f.; *Meyer*, in: BeckOK EStG, § 4, Rn. 2751.

2405 Vgl. BT-Drs. 17/10774, 13.

2406 Siehe hierzu bereits Teil 4 § 16 C.

nach § 4 Abs. 4 EStG aus, sondern weist sie mit der Formulierung „sind keine Betriebsausgaben" bereits *dem Grunde nach* ausdrücklich der steuerlich unbeachtlichen Privatsphäre zu,[2407] um damit den in Rechtsprechung und Literatur zuvor geführten Streit über die Veranlassung von Parteispenden[2408] endgültig zu beenden.[2409] Auch in § 4 Abs. 9 EStG werden Erstausbildungskosten unabhängig davon, ob diese im Einzelfall (vorab entstandene) Betriebsausgaben iSd § 4 Abs. 4 EStG darstellen können, explizit dem Bereich der privaten Lebensführung zugeordnet, weil der Gesetzgeber deutlich machen will, dass es sich hierbei seiner Ansicht nach um steuerlich unbeachtliche Privataufwendungen handelt.[2410] Nach dem Wortlaut dieses Tatbestandes sind „Aufwendungen des Steuerpflichtigen für seine Berufsausbildung oder sein Studium [...] [daher] *nur dann Betriebsausgaben*, wenn der Steuerpflichtige zuvor bereits eine Erstausbildung (Berufsausbildung oder Studium) abgeschlossen hat."[2411]

Im Vergleich dazu enthält der Wortlaut des § 4 Abs. 5 S. 1 Nr. 5-6c EStG keine entsprechende Formulierung, aus der eine ausdrückliche Zuordnung der betreffenden Aufwendungen zur Erwerbssphäre (z.B. „Verpflegungsmehraufwendungen *sind* Betriebsausgaben, wenn") hervorginge. Die zwischenzeitlich in § 4 Abs. 5a EStG im StÄndG 2007 gewählte Formulierung, wonach Aufwendungen für die Wege zwischen Wohnung und Betriebsstätte „keine Betriebsausgaben sind", macht sogar deutlich, dass der Gesetzgeber dem Grunde nach von *originär betrieblich veranlassten Aufwendungen* ausgeht[2412] und eine typisierende Zuordnungsentscheidung daher, wenn überhaupt, nur hin zum Bereich der privaten Lebensführung[2413] und gerade nicht zur Erwerbssphäre vornehmen würde. Auch wollte der Gesetzgeber mit den Tatbeständen in § 4 Abs. 5 S. 1 Nr. 5-6c EStG keinen Streit über die betriebliche oder private Veranlassung der betreffenden Aufwendungen lösen. Vielmehr besteht die konkrete Vereinfachungs- und Typisierungswirkung der Abzugsbeschränkungen nach § 4 Abs. 5 S. 1 Nr. 5-6c EStG allein darin, gesetzliche Pauschalen, also Bestimmungen, welche die anerkannte

---

2407 Vgl. BT-Drs. 10/697, 7; *Bode,* in: Kirchhof/Seer, EStG, § 4, Rn. 238; *Drüen,* in: Brandis/Heuermann, EStG, § 4, Rn. 926; *Meyer,* in: BeckOK EStG, § 4, Rn. 2849; *Spilker,* in: K/S/M, EStG, § 4, Rn. V 3.

2408 Zur Rechtslage vor Erlass des § 4 Abs. 6 EStG vgl. BFH BStBl. II 1986, 373, 374 ff.

2409 Siehe BT-Drs. 10/697, 7.

2410 Vgl. BT-Drs. 17/7524, 10; *Köhler,* in: Bordewin/Brandt, EStG, § 4, Rn. 5101; *Meyer,* in: BeckOK EStG, § 4, Rn. 2862.

2411 Hervorhebung durch die Verfasserin.

2412 So auch *Maetz,* in: Bordewin/Brandt, EStG, § 4, Rn. 2261.

2413 Vgl. BT-Drs. 16/1545, 8, 12.

Abzugshöhe einer Aufwendung vorgeben, festzulegen.[2414] Zuordnungsfragen, welche vorrangig durch § 4 Abs. 4 EStG, § 12 Nr. 1 EStG zu beantworten sind, werden durch § 4 Abs. 5 S. 1 Nr. 5-6c EStG nicht – auch nicht typisierend – gelöst.

Dem könnte lediglich entgegengehalten werden, dass das Abzugsverbot des § 4 Abs. 5 S. 1 Nr. 6b EStG konkrete Angaben darüber enthält, wann die Aufwendungen nach Ansicht des Gesetzgebers *dem Grunde nach* als abziehbare Betriebsausgaben anerkannt werden. Bei den hiervon betroffenen Aufwendungen für das häusliche Arbeitszimmer hat bereits die historische Entwicklung gezeigt, dass das Abzugsverbot auch zu einer Einschränkung des sachlichen Anwendungsbereichs führt,[2415] da der Gesetzgeber den Abzug bereits dem Grunde nach davon abhängig machen will, in welchem Umfang das häusliche Arbeitszimmer betrieblich/beruflich genutzt wird.[2416] Da häusliche Arbeitszimmer unmittelbar in den Wohnbereich der Steuerpflichtigen integriert sind, sind sie einer sicheren Nachprüfung durch die Finanzverwaltung, insbesondere wegen der Schranken des Art. 13 Abs. 1 GG, regelmäßig entzogen.[2417] Dieser Umstand führt dazu, dass nicht nur die Ermittlung *der Höhe* der abziehbaren Aufwendungen Schwierigkeiten bereitet, sondern auch die vorrangig zu erfolgende *Feststellung der betrieblichen oder privaten Nutzung* des häuslichen Arbeitszimmers.[2418] Da hierdurch zudem einige Gestaltungsmöglichkeiten für den Steuerpflichtigen eröffnet werden, dient § 4 Abs. 5 S. 1 Nr. 6b EStG neben der Steuervereinfachung auch der Missbrauchsvermeidung.[2419] Anders als die übrigen Abzugsregelungen für betrieblich bedingte Mehraufwendungen gibt das Abzugsverbot nach § 4 Abs. 5 S. 1 Nr. 6b EStG daher zusätzlich vor, unter welchen Voraussetzungen betrieblich veranlasste Aufwendungen dem Grunde nach anzuerkennen sind. Dies geschieht aber nicht – wie die Vertreter der konstitutiven Ansicht annehmen – durch eine typisierende Entscheidung über die sphärische Zuordnung der Aufwendungen, sondern allein

---

2414 So im Ergebnis auch *Frotscher/Watrin*, in: Frotscher/Geurts, EStG, § 4, Rn. 666; *Meyer*, in: BeckOK EStG, § 4, Rn. 2705; *Stapperfend*, in: Herrmann/Heuer/Raupach, EStG/KStG, § 4 EStG, Rn. 1100.

2415 *Bergkemper*, FR 2017, 846, 849.

2416 Siehe diesbezüglich bereits Teil 4 § 17 B.II.4.c.

2417 Vgl. BVerfGE 126, 268, 282; BVerfGE 101, 297, 311; BFH/NV 2022, 1266, 1268 f.; BFH GrS BStBl. II 2016, 265, 269; BFH BStBl. II 2013, 374, 375; BFH GrS BStBl. II 1971, 17, 19; *Anders*, DStR 2012, 1779, 1783; *Heger*, DB 2016, 249, 253; *Seer*, BB 2021, 1433, 1436; *Spilker*, in: K/S/M, EStG, § 4, Rn. Lb 7; *Wittwer*, FR 2021, 1019, 1020.

2418 Vgl. auch BVerfGE 126, 268, 282.

2419 Siehe BT-Drs. 13/1686, 16; *Bowitz*, Objektives Nettoprinzip, S. 222; *Maetz*, in: Bordewin/Brandt, EStG, § 4, Rn. 2913. Kritisch hierzu *Meyer*, in: BeckOK EStG, § 4, Rn. 2776.3.

durch die sachliche Einschränkung des Anwendungsbereichs. Voraussetzung für den steuerlichen Abzug der Mehraufwendungen ist weiterhin, dass die Aufwendungen nach den Vorgaben des § 4 Abs. 4 EStG betrieblich veranlasst sind. Wann dies beim häuslichen Arbeitszimmer nach der Vorstellung des Gesetzgebers der Fall ist, wird aber durch § 4 Abs. 5 S. 1 Nr. 6b EStG konkretisierend festgelegt. Zudem ist zu berücksichtigen, dass die sachliche Einschränkung des § 4 Abs. 5 S. 1 Nr. 6b EStG seit Einführung des § 4 Abs. 5 S. 1 Nr. 6c EStG durch das JStG 2022 erheblich an Bedeutung verloren hat, da die Mehraufwendungen für betrieblich/beruflich veranlasstes häusliches Arbeiten nunmehr unabhängig vom Typusbegriff des Arbeitszimmers und dem Umfang seiner erwerblichen Nutzung *stets* als Betriebsausgaben geltend gemacht werden können.[2420] Liegen die engen Voraussetzungen des häuslichen Arbeitszimmers vor und bildet das betreffende Zimmer den Mittelpunkt der gesamten betrieblichen und beruflichen Betätigung, so kann der Steuerpflichtige nach seiner Wahl entweder die tatsächlichen Kosten nach § 4 Abs. 5 S. 1 Nr. 6b S. 2 EStG oder die Jahrespauschale iSd § 4 Abs. 5 S. 1 Nr. 6b S. 3 EStG geltend machen. Sind die Voraussetzungen dagegen nicht gegeben, so wird dem Steuerpflichtigen der Betriebsausgabenabzug seit Einführung des § 4 Abs. 5 S. 1 Nr. 6c EStG mit dem JStG 2022 auch *dem Grunde nach* nicht mehr verwehrt. Vielmehr kann der Steuerpflichtige nun auch in allen übrigen Fällen des betrieblich/beruflich veranlassten häuslichen Arbeitens einen steuerlichen Abzug geltend machen, der aus Vereinfachungsgründen nur *der Höhe nach* auf die Tagespauschale des § 4 Abs. 5 S. 1 Nr. 6c S. 1 EStG beschränkt wird.[2421]

Zusammenfassend kann damit festgehalten werden, dass das maßgebliche Vereinfachungsziel der § 4 Abs. 5 S. 1 Nr. 5-6c EStG darin besteht, die Höhe der abziehbaren Erwerbsaufwendungen, die Berührungspunkte zur existenziellen Lebensführung des Steuerpflichtigen aufweisen, durch Pauschalierung zu bestimmen und damit Streitigkeiten über die Ermittlung oder Bewertung des Sachverhaltes zwischen Steuerpflichtigem und Finanzverwaltung zu vermeiden.[2422]

2420 So zu Recht die Feststellung von *Meyer,* in: BeckOK EStG, § 4, Rn. 2779; vgl. auch *Hübner/Berg,* FR 2024, 111, 113.

2421 Siehe hierzu bereits Teil 4 § 17 B.II.5.c.

2422 So im Ergebnis auch *Frotscher/Watrin,* in: Frotscher/Geurts, EStG, § 4, Rn. 666; *Jochum,* DStZ 2010, 665, 668; *Meyer,* in: BeckOK EStG, § 4, Rn. 2705; *Stapperfend,* in: Herrmann/Heuer/Raupach, EStG/KStG, § 4 EStG, Rn. 1100; für die Verpflegungsmehraufwendungen zustimmend auch *Bowitz,* Objektives Nettoprinzip, S. 223; vgl. zudem BFH BStBl. II 1982, 500, 501. Für die Schwestertatbestände in § 9 Abs. 1 S. 3 Nr. 4, 5, 5a EStG im Ergebnis auch *Stallknecht,* Vereinfachungsnormen, S. 189 ff.

Voraussetzung hierfür ist, dass die Aufwendungen bereits dem Grunde nach *betrieblich veranlasst* und damit nach § 4 Abs. 4 EStG grundsätzlich steuerlich abziehbar sind.

4. *Wesentliche Gemeinsamkeiten im Hinblick auf eine übergeordnete Dogmatik sämtlicher Tatbestände des Abzugskataloges*

Die historische Entwicklung der Tatbestände des § 4 Abs. 5 S. 1 Nr. 1-7 EStG hat gezeigt, dass nicht alle Abzugsbeschränkungen des Kataloges den gleichen Sinn und Zweck verfolgen. Bestand das ursprüngliche Ziel der ersten Abzugsbeschränkungen und -verbote nach § 4 Abs. 5 S. 1 Nr. 1-4, 7 EStG noch darin, missbräuchliche Betriebsausgabengestaltungen zu unterbinden, hat sich der Zweck der jüngeren Tatbestände nach § 4 Abs. 5 S. 1 Nr. 5-6c EStG eher dahin gewandelt, Streitigkeiten zwischen Steuerpflichtigem und Finanzverwaltung zu vermeiden und die Steuererhebung für betrieblich bedingte Mehraufwendungen zu vereinfachen. Die konkrete Untersuchung dieser unterschiedlichen Zweckrichtungen hat aber auch deutlich gemacht, dass der teleologische Kerngehalt beider Tatbestandsgruppen auf denselben Grundgedanken zurückgeführt werden kann. Sowohl bei den Missbrauchsvermeidungsnormen nach § 4 Abs. 5 S. 1 Nr. 1-4, 7 EStG, als auch bei den Vereinfachungszwecknormen iSd § 4 Abs. 5 S. 1 Nr. 5-6c EStG geht es dem Gesetzgeber in erster Linie darum, festzulegen, in welcher Höhe bestimmte Betriebsausgaben, die aus verschiedenen Gründen Berührungspunkte zur privaten Lebensführung aufweisen, steuerlich geltend gemacht werden dürfen.[2423] Wie die Vertreter der deklaratorischen Ansicht zutreffend annehmen, besteht das übergeordnete Ziel des Abzugskataloges nach § 4 Abs. 5 S. 1 Nr. 1-7 EStG also darin, Ausnahmetatbestände zu § 4 Abs. 4 EStG zu schaffen, mit denen der grundsätzlich zu gewährende Betriebsausgabenabzug der Höhe nach eingeschränkt oder vollständig ausgeschlossen wird.

IV. Übergeordnete Systematik des Abzugskataloges

Zuletzt soll die Systematik des Abzugskataloges nach § 4 Abs. 5 S. 1 Nr. 1-7 EStG näher analysiert werden, um herauszuarbeiten, wie die Aufwendungen der betreffenden Tatbestände sphärisch einzuordnen sind und welche rechtliche Wirkung dem Einleitungssatz nach § 4 Abs. 5 S. 1 EStG zukommt. Dabei fällt zunächst auf, dass § 4 Abs. 5 S. 1 Nr. 1-7 EStG innerhalb des Gesamtgefüges des Einkommensteuergesetzes nicht nur unter der amtlichen Überschrift „3. Gewinn" eingeordnet ist, sondern darüber hinaus auch systematisch an die Legaldefinition

---

2423 Siehe auch *Frotscher/Watrin*, in: Frotscher/Geurts, EStG, § 4, Rn. 666; vgl. *Meyer*, in: BeckOK EStG, § 4, Rn. 2704.

für Betriebsausgaben in § 4 Abs. 4 EStG anknüpft. Diese in der Systematik des Gesetzes deutlich zum Ausdruck kommende Einordnung des Abzugskatalogs im Bereich der steuerlich relevanten Erwerbssphäre spricht – wie schon in der historischen Analyse ausgeführt wurde – bereits dafür, dass die Abzugsbeschränkungen und -verbote nur originär betrieblich veranlasste Aufwendungen betreffen und damit durchgängig als Ausnahmetatbestände zum Betriebsausgabenabzug nach § 4 Abs. 4 EStG zu verstehen sind.[2424] Handelte es sich bei den Regelungen des § 4 Abs. 5 S. 1 Nr. 1-7 EStG um Abzugsbestimmungen für untrennbar gemischt veranlasste Aufwendungen, wären die Tatbestände nach dem Verständnis der konstitutiven Ansicht systematisch dem Bereich des § 12 Nr. 1 EStG und gerade nicht dem des § 4 Abs. 4 EStG zuzuordnen.

Dies erkennen auch einige Vertreter der konstitutiven Ansicht, die angeben, dass jedenfalls diejenigen Abzugsbestimmungen, die untrennbar gemischt veranlasste Aufwendungen betreffen, eigentlich dem § 12 Nr. 1 S. 2 EStG unterfallen müssten. *Spilker*, nach deren Ansicht der Gesetzgeber mit § 4 Abs. 5 S. 1 EStG einige eigentlich untrennbar gemischt veranlasste Aufwendungen zu Betriebsausgaben kraft gesetzlicher Zuordnung macht,[2425] räumt beispielsweise ein, dass es aus Sicht der Gesetzessystematik vorzugswürdig wäre, den privaten Anteil dieser Aufwendungen nicht erst den Betriebsausgaben zuzuordnen und anschließend den Abzugsbeschränkungen der § 4 Abs. 5 S. 1 Nr. 1-7 EStG zu unterwerfen.[2426] Systematisch sinnvoller wäre es aus ihrer Sicht, diesen Aufwendungsteil von vornherein nach § 12 Nr. 1 S. 2 EStG vom steuerlichen Abzug auszuschließen.[2427] Auch *Helkenberg* weist in ihren Ausführungen zu § 4 Abs. 5 S. 1 Nr. 7 EStG darauf hin, dass die Vorschrift im Bereich des § 4 Abs. 4 EStG systematisch verfehlt sei und dogmatisch eigentlich als § 12 Nr. 1 S. 3 EStG verstanden werden müsse.[2428] Dass der Gesetzgeber den Abzugskatalog demgegenüber bei den Erwerbsaufwendungen und gerade nicht zusammen mit § 12 Nr. 1 EStG unter der amtlichen Überschrift „7. Nicht abziehbare Aufwendungen" eingeordnet hat, spricht aus systematischer Sicht dafür, dass die Aufwendungen originär betrieblich veranlasst

2424 Vgl. auch *Maetz,* in: Bordewin/Brandt, EStG, § 4, Rn. 2261; *Meurer,* in: Lademann, EStG, § 4, Rn. 657; *Meyer,* in: BeckOK EStG, § 4, Rn. 2690; *Sauren,* DStZ 1989, 189, 190; *Tipke,* StuW 1979, 193, 197. Siehe auch *Helkenberg,* Unangemessenheit von Betriebsausgaben, S. 19, die allerdings Vertreterin der konstitutiven Ansicht ist.

2425 Siehe hierzu nochmal Teil 4 § 16 C.I. und III.

2426 Siehe *Spilker,* in: K/S/M, EStG § 4, Rn. F 27. Diesbezüglich kritisch auch *Helkenberg,* Unangemessenheit von Betriebsausgaben, S. 83.

2427 So *Spilker,* in: K/S/M, EStG § 4, Rn. F 27.

2428 *Helkenberg,* Unangemessenheit von Betriebsausgaben, S. 74.

sind und den Tatbeständen des Abzugskatalogs damit durchgängig *deklaratorische* Wirkung zukommt.

Für die Annahme einer deklaratorischen Wirkung spricht darüber hinaus auch die Anordnung des § 4 Abs. 5 S. 3 EStG, wonach § 12 Nr. 1 EStG „[…] unberührt [bleibt]". Diese Regelung macht deutlich, dass das allgemeine Abzugsverbot für ausschließlich privat und untrennbar gemischt veranlasste Aufwendungen nach § 12 Nr. 1 S. 1 bzw. S. 2 EStG gesetzessystematisch nicht durch die besonderen Abzugsbeschränkungen und -verbote des § 4 Abs. 5 S. 1 Nr. 1-7 EStG verdrängt wird, sondern seine Geltung auch dann behält, wenn eine der im Abzugskatalog speziell geregelten Aufwendungen tatbestandlich betroffen ist.[2429] Nach diesem gesetzlich angeordneten Anwendungsvorrang ist die Abgrenzung zwischen abziehbaren Erwerbsaufwendungen nach § 4 Abs. 4 EStG und nicht abziehbaren Privataufwendungen iSd § 12 Nr. 1 S. 1, 2 EStG also systematisch vorzunehmen, bevor die Voraussetzungen des § 4 Abs. 5 S. 1 Nr. 1-7 EStG geprüft werden.[2430] Nur soweit nicht bereits das Abzugsverbot des § 12 Nr. 1 S. 1 oder S. 2 EStG greift, kommt eine Anwendung der besonderen Tatbestände nach § 4 Abs. 5 S. 1 Nr. 1-7 EStG in Betracht.[2431] Voraussetzung für die Anwendbarkeit des § 4 Abs. 5 S. 1 Nr. 1-7 EStG ist also auch aus gesetzessystematischer Sicht, dass die Aufwendungen entweder ausschließlich bzw. nahezu ausschließlich betrieblich veranlasst sind, oder – im Hinblick auf die neue Rechtsprechung des BFH für echte gemischt veranlasste Aufwendungen –[2432] zumindest *wesentlich* betrieblich mitveranlasst sind und sich nach objektiven Kriterien von dem wesentlich privat mitveranlassten Aufwendungsteil abtrennen lassen.[2433] Untrennbar gemischt veranlasste Aufwendungen, die dem Abzugsverbot des § 12 Nr. 1 S. 2 EStG nach Auffassung der konstitutiven Ansicht vollständig unterfallen,[2434] können den Anwendungsbereich des

---

2429 So auch *Frotscher/Watrin,* in: Frotscher/Geurts, EStG, § 4, Rn. 667; vgl. *Drüen,* in: Brandis/Heuermann, EStG, § 4, Rn. 31; *Meurer,* in: Lademann, EStG, § 4, Rn. 657, 772.

2430 Vgl. auch *Bode,* in: Kirchhof/Seer, EStG, § 4, Rn. 236; *Drüen,* in: Brandis/Heuermann, EStG, § 4, Rn. 31, 673; *Frotscher/Watrin,* in: Frotscher/Geurts, EStG, § 4, Rn. 667; *Gärtner,* Gemischt veranlasste Aufwendungen, S. 486 ff.; *Görlich,* DB 1979, 111, 113; *Maetz,* in: Bordewin/Brandt, EStG, § 4, Rn. 2308; *Meyer,* in: BeckOK EStG, § 4, Rn. 2839; *Stapperfend,* in: Herrmann/Heuer/Raupach, EStG/KStG, § 4 EStG, Rn. 1000.

2431 Vgl. auch *Gärtner,* Gemischt veranlasste Aufwendungen, S. 486 ff.; *Meurer,* in: Lademann, EStG, § 4, Rn. 657; *Meyer,* in: BeckOK EStG, § 4, Rn. 2706, 2839.

2432 Siehe hierzu nochmals Teil 3 § 10 B.III.4.

2433 So auch die Vertreter der deklaratorischen Ansicht, siehe Fn. 1962.

2434 Siehe Teil 4 § 16 C.I.

§ 4 Abs. 5 S. 1 Nr. 1-7 EStG demgegenüber schon gesetzessystematisch nicht eröffnen. Diesen Anwendungsvorrang des § 12 Nr. 1 EStG übergehen *Söhn* und *Lang* als Vertreter der konstitutiven Ansicht, wenn sie umgekehrt annehmen, die Tatbestände des § 4 Abs. 5 S. 1 Nr. 1-7 EStG seien als gesetzgeberische Sonderregelungen für bestimmte untrennbar gemischt veranlasste Aufwendungen *lex specialis* zu § 12 Nr. 1 EStG und damit systematisch vorrangig zu prüfen.[2435]

Wie die folgenden Ausführungen zeigen werden, ist dies jedoch nicht die einzige Unstimmigkeit, die sich aus der Gesetzessystematik für die konstitutive Ansicht ergibt. Daneben gibt es noch weitere offene Fragen, die von den Vertretern der konstitutiven Ansicht nicht vollständig beantwortet, unter Zugrundelegung der deklaratorischen Ansicht aber unproblematisch gelöst werden können. So findet sich bei der von manchen Vertretern der konstitutiven Ansicht formulierten Annahme, sämtliche Tatbestände des § 4 Abs. 5 S. 1 Nr. 1-7 EStG beträfen Aufwendungen, die eigentlich untrennbar gemischt veranlasst sind,[2436] keine Erklärung dafür, welcher konkrete Regelungsgehalt den „totalen" Abzugsverboten nach § 4 Abs. 5 S. 1 Nr. 3 und 4 EStG[2437] zukommt. Ein vollständiges Abzugsverbot für untrennbar gemischt veranlasste Aufwendungen folgt auf der einen Seite nach den Vertretern der konstitutiven Ansicht bereits aus § 12 Nr. 1 S. 2 EStG, weshalb für einen Rückgriff auf die spezifischen Abzugsverbote des § 4 Abs. 5 S. 1 Nr. 3, 4 EStG kein Bedürfnis besteht.[2438] Geht man auf der anderen Seite mit *Helkenberg* davon aus, dass der wesentliche Regelungsgehalt des § 4 Abs. 5 S. 1 Nr. 1-7 EStG darin bestehe, Steuerpflichtigen mit bestimmten untrennbar gemischt veranlassten Aufwendungen entgegen § 12 Nr. 1 S. 2 EStG eine partielle Abzugsmöglichkeit einzuräumen,[2439] ergibt sich auch vor diesem Hintergrund kein eigener Regelungsgehalt für die „totalen" Abzugsverbote nach § 4 Abs. 5 S. 1 Nr. 3 und 4 EStG. Diese

---

2435 Siehe *Lang*, Bemessungsgrundlage, S. 335; vgl. *Söhn*, FS Offerhaus, S. 477, 486; *Söhn*, in: K/S/M, EStG, Stand 1995, § 4, Rn. F 29. Zu einem Anwendungsvorrang des § 4 Abs. 5 S. 1 EStG kommt im Ergebnis auch *Spilker*, in: K/S/M, EStG, § 4, Rn. F 7 f., die annimmt, dass der Gesetzgeber untrennbar gemischt veranlasste Aufwendungen zu Betriebsausgaben kraft gesetzlicher Zuordnung mache, und sie damit von vornherein dem Anwendungsbereich des § 12 Nr. 1 S. 2 EStG entziehe, siehe hierzu bereits Teil 4 § 16 C.III.

2436 Eine konstitutive Wirkung sämtlicher Tatbestände des § 4 Abs. 5 S. 1 Nr. 1-7 EStG nehmen etwa *Lang*, Bemessungsgrundlage, S. 335 ff. und *Schneider*, FS BFH, Bd. 2, S. 1243, 1255 an.

2437 Zum Begriff der „totalen" Abzugsverbote siehe bereits *Meyer*, in: BeckOK EStG, § 4, Rn. 2700.1.

2438 Vgl. auch BFH BStBl. II 2017, 224, 226; *Meurer*, in: Lademann, EStG, § 4, Rn. 687.

2439 Siehe *Helkenberg*, Unangemessenheit von Betriebsausgaben, S. 82 f.

schließen, anders als die übrigen Tatbestände des § 4 Abs. 5 S. 1 Nr. 1-7 EStG, den Betriebsausgabenabzug nicht nur anteilig aus, sondern verbieten ihn vollständig und gewähren dem Steuerpflichtigen damit überhaupt keine Abzugsmöglichkeit. Bei Zugrundelegung der konstitutiven Ansicht haben die Tatbestände des § 4 Abs. 5 S. 1 Nr. 3 und 4 EStG mithin keinen eigenständigen Anwendungsbereich und laufen faktisch leer. Geht man demgegenüber mit der deklaratorischen Ansicht davon aus, dass es sich bei den Aufwendungen für Gästehäuser, Jagdausflüge, Segelausflüge und ähnliche Zwecke um originär betrieblich veranlasste Aufwendungen handeln kann, besteht der konkrete Regelungsgehalt des § 4 Abs. 5 S. 1 Nr. 3 und 4 EStG darin, für diese bereits *dem Grunde nach unangemessenen* Betriebsausgaben ausnahmsweise den steuerlichen Abzug nach § 4 Abs. 4 EStG vollständig auszuschließen.

Weiterhin ungeklärt ist im Rahmen der konstitutiven Ansicht die Frage, warum der Gesetzgeber nur für die in § 4 Abs. 5 S. 1 Nr. 1-7 EStG genannten Aufwendungen gesetzliche Sonderregelungen geschaffen hat, die von dem allgemeinen Abzugsverbot für untrennbar gemischt veranlasste Aufwendungen abweichen.[2440] Insbesondere im Bereich der betrieblich/beruflich bedingten Mehraufwendungen wird von Vertretern der konstitutiven Ansicht vielfach kritisiert, dass es keinen nachvollziehbaren Grund dafür gebe, nur bestimmte Mehraufwendungen systematisch aus dem Kreis der untrennbar gemischt veranlassten Aufwendungen herauszunehmen und durch gesetzliche Sonderregelungen in § 4 Abs. 5 S. 1 EStG und § 9 Abs. 1 S. 3 EStG anteilig zum Abzug zuzulassen.[2441] Begreift man die Tatbestände des § 4 Abs. 5 S. 1 Nr. 1-7 EStG als konstitutive Sonderregelungen, durch die der Betriebsausgabenabzug gesetzlich ermöglicht wird, sind sachliche Gründe für diese Ungleichbehandlung auch nicht ersichtlich. Geht man demgegenüber davon aus, dass die Aufwendungen des § 4 Abs. 5 S. 1 Nr. 1-7 EStG ausschließlich oder nahezu ausschließlich betrieblich veranlasst sind, wird angesichts des weiten

2440 Siehe hierzu auch *Rose,* Mehraufwendungen doppelte Haushaltsführung, S. 105, der diese Frage im Zusammenhang mit der Schwesternorm des § 9 Abs. 1 S. 3 EStG ebenfalls für ungeklärt erachtet.

2441 Siehe etwa *Ihlas,* FR 1989, 321, 326, Fn. 88; *Rose,* Mehraufwendungen doppelte Haushaltsführung, S. 105; *Söhn,* FR 1980, 301, 307 f., der ein allgemeines Prinzip darin sieht, dass betrieblich/beruflich bedingte Mehraufwendungen bei der Einkünfteermittlung allgemein abzugsfähig sein müssen, und aus diesem Grund fordert, dass der Gesetzgeber systematisch konsequent für alle betrieblich/beruflich bedingten Mehraufwendungen (beispielsweise auch für die Mehrkosten von bürgerlicher Kleidung) gesetzliche Sonderregelungen schafft, die von dem Abzugsverbot des § 12 Nr. 1 S. 2 EStG abweichen. Vgl. auch Sondervotum *Simon,* BVerfGE 47, 1, 34 ff.

Veranlassungsprinzips nach § 4 Abs. 4 EStG[2442] und der historischen Entwicklung des § 4 Abs. 5 S. 1 Nr. 1-7 EStG[2443] klar, dass es durchaus Gründe dafür gibt, den Betriebsausgabenabzug nach § 4 Abs. 4 EStG nur für bestimmte betrieblich veranlasste Aufwendungen einzuschränken bzw. vollständig auszuschließen. Bei diesen Aufwendungen handelt es sich – wie im Rahmen der historischen und teleologischen Auslegung gezeigt wurde – um solche Aufwendungen, die zwar betrieblich/beruflich veranlasst sind und damit den Anwendungsbereich des § 4 Abs. 4 EStG grundsätzlich eröffnen, gleichzeitig aber Berührungspunkte zur privaten Lebensführung des Steuerpflichtigen aufweisen und sich aufgrund ihrer Unangemessenheit oder ihrer Nähe zur existenziellen Lebensführung in der Vergangenheit als besonders missbrauchsanfällig oder schwer ermittelbar erwiesen haben.[2444] Für diese konkreten Aufwendungen, die in der Praxis außerdem häufig vorkommen, besteht ein gesetzessystematischer Anlass, nur einzelne Ausnahmen zum Grundsatz des § 4 Abs. 4 EStG zu normieren.

Wenig überzeugend ist schließlich das Argument *Langs*, wonach die Ausnahmeregelung des § 4 Abs. 5 S. 2 EStG im Umkehrschluss dafür sprechen soll, dass die Aufwendungen des Abzugskataloges nach § 4 Abs. 5 S. 1 Nr. 1-7 EStG untrennbar gemischt veranlasst seien.[2445] Zum einen missinterpretiert *Lang* schon inhaltlich die Bedeutung des § 4 Abs. 5 S. 2 EStG, wonach das Abzugsverbot des § 4 Abs. 5 S. 1 EStG nicht gilt, „soweit die in den Nummern 2 bis 4 bezeichneten Zwecke *Gegenstand einer mit Gewinnabsicht ausgeübten Betätigung* des Steuerpflichtigen sind".[2446] *Lang* geht davon aus, dass der Gesetzgeber mit dieser Bestimmung gerade für diejenigen Aufwendungen, die ausschließlich betrieblich veranlasst sind, Rückausnahmen zu den Abzugsverboten und -beschränkungen des § 4 Abs. 5 S. 1 Nr. 2-4 EStG anordnet.[2447] Tatsächlich besteht der Sinn und Zweck des § 4 Abs. 5 S. 2 EStG aber darin, entgegen § 4 Abs. 5 S. 1 Nr. 2-4 EStG

2442 Vgl. hierzu auch BVerfGE 122, 210, 235 ff.; *Meyer,* in: BeckOK EStG, § 4, Rn. 2695.

2443 Siehe hierzu nochmals Teil 4 § 17 B.II.

2444 Siehe hierzu nochmals die Ergebnisse der historischen und teleologischen Auslegung in Teil 4 § 17 B.II. und III. Ob die Ausnahmeregelungen vor dem Hintergrund des objektiven Nettoprinzips auch sachlich gerechtfertigt sind, wird an späterer Stelle noch zu prüfen sein, siehe hierzu Teil 4 § 18 C und D.

2445 Siehe *Lang,* Bemessungsgrundlage, S. 336. In diese Richtung auch *Kammergruber,* Betriebsausgabenabzug, S. 245 ff.

2446 Über die Ausnahmeregelung des § 4 Abs. 5 S. 2 EStG hinaus ist eine teleologische Reduktion der Abzugsbeschränkungen und -verbote in § 4 Abs. 5 S. 1 Nr. 1-4 EStG außerdem dann anerkannt, wenn weder die Lebensführung des Steuerpflichtigen noch die anderer Personen berührt ist, näher hierzu in Teil 4 § 17 C.III.2.a.

2447 Siehe *Lang,* Bemessungsgrundlage, S. 336.

solche Aufwendungen zum Betriebsausgabenabzug zuzulassen, bei denen das die Abzugsbeschränkungen tragende Element der unangemessenen bzw. übertriebenen betrieblichen Repräsentation typischerweise *nicht* gegeben ist.[2448] Wie sich bereits aus der Entwurfsbegründung zum StÄndG 1960 ergibt, in dem die Vorgängerregelung des § 4 Abs. 5 S. 2 EStG geschaffen wurde,[2449] sollte mit dieser Bestimmung sichergestellt werden, dass die Abzugsverbote für Betriebsausgaben, welche der Gesetzgeber bereits *dem Grunde nach* für unangemessen hält, dann nicht eingreifen, wenn der Steuerpflichtige die genannten Tätigkeiten gewerblich oder beruflich ausübt und daraus unmittelbare Einkünfte erzielt.[2450] In diesen Fällen sind die Aufwendungen zwar ebenfalls betrieblich veranlasst, eine Unangemessenheit dem Grunde nach liegt aber typischerweise nicht vor, weshalb auch kein sachlicher Grund für ein Abzugsverbot nach § 4 Abs. 5 S. 1 Nr. 2-4 EStG gegeben ist. Beispielsweise dient die Vermietung eines Gästehauses oder die Jagd, welche ein Land- und Forstwirt zur Pflege des Wildbestandes vornimmt, ebenso wenig der persönlichen Bedürfnisbefriedigung wie die gewerblich betriebene Fischzucht oder Personenschifffahrt[2451] und ist damit nicht bereits dem Grunde nach als unangemessen anzusehen. Anders als *Lang* annimmt, besteht der maßgebliche Unterschied zwischen den nicht abziehbaren Aufwendungen in § 4 Abs. 5 S. 1 Nr. 2-4 EStG und den gewerblich ausgeübten Tätigkeiten nach § 4 Abs. 5 S. 2 EStG also nicht darin, dass die einen Aufwendungen untrennbar gemischt und die anderen Aufwendungen ausschließlich betrieblich veranlasst sind. Den Aufwendungen nach § 4 Abs. 5 S. 2 EStG fehlt es vielmehr allein am Aspekt der Unangemessenheit oder übertriebenen betrieblichen

---

2448 Siehe *Meyer,* in: BeckOK EStG, § 4, Rn. 2707, 2835; vgl. BFH BStBl. II 1993, 367, 368; *Meurer,* in: Lademann, EStG, § 4, Rn. 771.

2449 Die erste Ausnahmeregelung des StÄndG 1960 bezog sich zunächst nur auf die Aufwendungen für Gästehäuser nach § 4 Abs. 5 S. 1 Nr. 3 EStG und Jagd, Fischerei und ähnliche Zwecke nach § 4 Abs. 5 S. 1 Nr. 4 EStG, siehe BGBl. I 1960, 616. Mit dem Einkommensteuerreformgesetz vom 05.08.1974 wurde die Ausnahme auch auf Bewirtungsaufwendungen nach § 4 Abs. 5 S. 1 Nr. 2 EStG ausgedehnt, siehe BGBl. I 1974, 1769, 1771. Zur historischen Entwicklung des § 4 Abs. 5 S. 2 EStG siehe auch *Meurer,* in: Lademann, EStG, § 4, Rn. 771; *Meyer,* in: BeckOK EStG, § 4, Rn. 2835.

2450 Siehe BT-Drs. III/1811, 8, vgl. zudem BT-Drs. 7/1470, 250.

2451 Das sind einige der Beispiele, die der Gesetzgeber in der Entwurfsbegründung zu § 4 Abs. 5 S. 2 EStG 1960 für gewerbliche Tätigkeiten im Sinne des § 4 Abs. 5 S. 2 EStG angebracht hat. Weitere dort genannte Beispiele sind die gewerbliche Binnenfischerei, der Barkassenverkehr einer Schiffswerft, eine gewerbliche Bootsvermietung und ähnliches. Siehe hierzu BT-Drs. III/1811, 8. Siehe außerdem die Beispiele in BFH BStBl. II 1993, 367, 368: „gewerbliche Verpachtung von Segel- oder Motorjachten".

Repräsentation. Rückschlüsse über die sphärische Einordnung der Aufwendungen in § 4 Abs. 5 S. 1 Nr. 1-7 EStG können dem § 4 Abs. 5 S. 2 EStG demzufolge nicht entnommen werden. Zum anderen ist *Lang* entgegen zu halten, dass der Inhalt, den er § 4 Abs. 5 S. 2 EStG entnimmt, auch systematisch unzutreffend ist, da sich die Anordnung, ausschließlich oder nahezu ausschließlich betrieblich veranlasste Aufwendungen uneingeschränkt zum Abzug zuzulassen, bereits aus dem Grundsatz des § 4 Abs. 4 EStG ergibt. Für die von *Lang* vertretene Rückausnahme des § 4 Abs. 5 S. 2 EStG bestünde mithin kein Bedarf. Insgesamt ist damit festzuhalten, dass auch die systematische Auslegung des Abzugskatalogs dafür spricht, dass die Tatbestände des § 4 Abs. 5 S. 1 Nr. 1-7 EStG ausnahmslos originär betrieblich veranlasste Aufwendungen betreffen und damit durchweg Ausnahmeregelungen zum Grundsatz des § 4 Abs. 4 EStG darstellen.

V. Ergebnisse der Auslegung und offene Fragen

Die Beantwortung der mit dieser Arbeit maßgeblich verfolgten Forschungsfrage, ob § 4 Abs. 5 S. 1 Nr. 1-7 EStG einer übergeordneten Dogmatik folgt, hängt wie gezeigt wurde, von mehreren Gesichtspunkten ab.[2452] Einige dieser Gesichtspunkte konnten mit Hilfe der grammatikalischen, historischen, teleologischen und systematischen Auslegung eingehend analysiert werden, so dass die damit verbundenen Fragen nun eindeutig beantwortet werden können. Der erste Gesichtspunkt, der in diesem Zusammenhang erforscht wurde, betrifft die *Veranlassung und sphärische Einordnung* der Aufwendungen nach § 4 Abs. 5 S. 1 Nr. 1-7 EStG. Wie die Analyse der historischen Entwicklung gezeigt hat, betreffen sämtliche Tatbestände des Abzugskataloges Aufwendungen, die vor Erlass der jeweiligen Abzugsbeschränkung als Betriebsausgaben iSd § 4 Abs. 4 EStG steuerlich geltend gemacht werden konnten. Es hat sich gezeigt, dass der Gesetzgeber im Laufe der Jahre immer mehr Abzugsbeschränkungen und -verbote für bestimmte Aufwendungen geschaffen hat, die zwar *betrieblich veranlasst* waren, zugleich aber auch der privaten Bedürfnisbefriedigung des Steuerpflichtigen oder anderer Personen dienten und in der Praxis häufig zu missbräuchlichen Betriebsausgabengestaltungen geführt haben. Dabei bestand der Zweck, den der Gesetzgeber mit sämtlichen Tatbeständen verfolgte, allein darin, den Betriebsausgabenabzug nach § 4 Abs. 4 EStG der Höhe nach einzuschränken oder vollständig auszuschließen. Die betriebliche Veranlassung der Aufwendungen sollte dagegen weder bei den ursprünglichen Abzugsbeschränkungen für Repräsentationsaufwendungen nach § 4 Abs. 5 S. 1 Nr. 1-4, 7 EStG noch

2452 Zu den für die Forschungsfrage zu untersuchenden Gesichtspunkten und den damit verbundenen Problempunkten siehe nochmals Teil 4 § 14.

bei den jüngeren Tatbeständen für betrieblich bedingte Mehraufwendungen gemäß § 4 Abs. 5 S. 1 Nr. 5-6c EStG negiert werden, weshalb die historische Auslegung zu dem eindeutigen Ergebnis kommt, dass die Aufwendungen des Abzugskataloges *durchweg originär betrieblich veranlasst* sind. Diese Schlussfolgerung ergibt sich auch aus der teleologischen und systematischen Auslegung, die deutlich gemacht haben, dass sämtliche Tatbestände des § 4 Abs. 5 S. 1 Nr. 1-7 EStG, unabhängig davon, ob sie der *Missbrauchsbekämpfung* (§ 4 Abs. 5 S. 1 Nr. 1-4, 7 EStG) oder der *Steuervereinfachung und Streitvermeidung* (§ 4 Abs. 5 S. 1 Nr. 5-6c EStG) dienen, das Vorliegen originärer Betriebsausgaben iSd § 4 Abs. 4 EStG voraussetzen und damit durchgängig der betrieblichen Sphäre zuzuordnen sind.

Lediglich die grammatikalische Auslegung des Einleitungssatzes kommt zu keinem eindeutigen Auslegungsergebnis. Einerseits kann der Wortlaut des § 4 Abs. 5 S. 1 EStG so verstanden werden, dass der Anwendungsbereich des § 4 Abs. 5 S. 1 Nr. 1-7 EStG nur dann eröffnet ist, wenn bereits betrieblich veranlasste Aufwendungen iSd § 4 Abs. 4 EStG vorliegen. Anderseits kann aus dem Einleitungssatz – wie insbesondere *Spilker* vertritt – aber auch folgen, dass die betreffenden Aufwendungen tatsächlich untrennbar gemischt veranlasst sind und nur durch § 4 Abs. 5 S. 1 EStG zu Betriebsausgaben kraft gesetzlicher Zuordnung gemacht werden. Wie die gesamthistorische Entwicklung des § 4 Abs. 5 S. 1 Nr. 1-7 EStG jedoch gezeigt hat, ist der Einleitungssatz im Laufe der Jahre mehrfach geändert worden, ohne dass damit nach der Vorstellung des Gesetzgebers inhaltliche Änderungen verbunden gewesen wären. Daraus folgt, dass der grammatikalischen Auslegung des Einleitungssatzes von vornherein nicht das gleiche Gewicht beigemessen werden kann wie der historischen, teleologischen und systematischen Auslegung des Abzugskataloges. Zudem ist dem Auslegungsergebnis *Spilkers* entgegenzuhalten, dass der ursprüngliche Wortlaut des § 4 Abs. 4 S. 2 EStG 1953 nicht nur den Begriff der „Betriebsausgabe“ enthalten, sondern darüber hinaus auch unmittelbar auf die Legaldefinition des § 4 Abs. 4 EStG verwiesen hat. Damit folgt jedenfalls aus dem ursprünglichen Wortlaut eindeutig, dass die Aufwendungen des Abzugskataloges durchgängig an das Vorliegen echter Betriebsausgaben anknüpfen. Für den ersten Gesichtspunkt, der *Veranlassung* und *sphärischen Einordnung*, kann damit festgehalten werden, dass sämtliche Tatbestände des § 4 Abs. 5 S. 1 Nr. 1-7 EStG an das Vorliegen von Betriebsausgaben iSd § 4 Abs. 4 EStG anknüpfen und insofern einer übergeordneten Dogmatik folgen.

Damit in Zusammenhang steht zugleich der zweite Gesichtspunkt, bei dem es um die streitige Frage der *rechtlichen Wirkung des Einleitungssatzes* nach § 4 Abs. 5 S. 1 EStG geht. Anders als es die Vertreter der konstitutiven Ansicht annehmen, handelt es sich bei den Abzugstatbeständen des § 4 Abs. 5 S. 1 Nr. 1-7 EStG nicht um gesetzgeberische Sonderregelungen, durch welche der Betriebsausgabenabzug erst konstitutiv ermöglicht wird. Vielmehr haben sowohl die historische als auch die systematische Auslegung ergeben, dass alle Tatbestände des § 4 Abs. 5 S. 1 Nr. 1-7 EStG Ausnahmeregelungen zum eigentlich zu gewährenden Betriebsausgabenabzug nach § 4 Abs. 4 EStG darstellen und dem Einleitungssatz des § 4 Abs. 5 S. 1 EStG mithin nur *deklaratorische Wirkung* zukommen kann. Daraus folgt zum einen, dass die in § 4 Abs. 4 EStG und § 12 Nr. 1 EStG angelegte Veranlassungsprüfung systematisch vorzunehmen ist, bevor die Tatbestände des § 4 Abs. 5 S. 1 Nr. 1-7 EStG zur Anwendung kommen.[2453] Zum anderen wird hiermit deutlich, dass der Abzugskatalog auch in systematischer Hinsicht einer übergeordneten Dogmatik folgt, die darin besteht, für bestimmte Betriebsausgaben Ausnahmeregelungen zu dem Grundsatz des § 4 Abs. 4 EStG zu normieren, wonach der steuerliche Abzug betrieblich veranlasster Aufwendungen grundsätzlich in voller Höhe zu gewähren ist.

Der dritte Gesichtspunkt, der im Rahmen der Auslegung untersucht wurde, betrifft die Frage nach einem *übergeordneten Telos* der Abzugstatbestände des § 4 Abs. 5 S. 1 Nr. 1-7 EStG. Wie sich aus der historischen Entwicklung des Abzugskataloges ergeben hat, dienen nur die ursprünglich erlassenen Abzugsbeschränkungen in § 4 Abs. 5 S. 1 Nr. 1-4, 7 EStG der Missbrauchsvermeidung und der Bekämpfung des Spesenunwesens. Die später erlassenen Abzugsbestimmungen für betrieblich bedingte Mehraufwendungen nach § 4 Abs. 5 S. 1 Nr. 5-6c EStG verfolgen demgegenüber im Wesentlichen den Zweck der Streitvermeidung und Steuervereinfachung. Mithilfe der teleologischen Auslegung konnte allerdings gezeigt werden, dass die Tatbestände trotz der unterschiedlichen Zielrichtungen auf einen einheitlichen Kernzweck zurückgeführt werden können, der darin besteht, bestimmte betrieblich veranlasste Aufwendungen, die im problematischen Grenzbereich zur Lebensführung liegen und daher rechtliche wie tatsächliche Abgrenzungsschwierigkeiten bereiten, teilweise vom Betriebsausgabenabzug auszuschließen. Damit kann auch im Hinblick auf das Telos des Abzugskataloges von einer übergeordneten Dogmatik gesprochen werden.

Zuletzt ist mit dem vierten Gesichtspunkt der Frage nachgegangen worden, ob der Umstand, dass der Abzugskatalog je nachdem, welche Aufwendung vorliegt, *unterschiedliche Rechtsfolgen* bestimmt (§ 4 Abs. 5 S. 1 Nr. 2, 5-7 EStG schränken

2453 Wie die Vertreter der deklaratorischen Ansicht zutreffend annehmen, ergeben sich damit keine Konkurrenzen zwischen § 12 Nr. 1 S. 2 EStG und § 4 Abs. 5 S. 1 Nr. 1-7 EStG. Siehe hierzu und zu den anderen rechtlichen Konsequenzen der deklaratorischen Ansicht nochmals die Ausführungen in Teil 4 § 16 B.III.

den Betriebsausgabenabzug höhenmäßig ein, während § 4 Abs. 5 S. 1 Nr. 3 und 4 EStG den Abzug vollständig verbieten), der Annahme einer übergeordneten Dogmatik entgegensteht. Die Analyse der historischen Entwicklung hat gezeigt, dass auch die Aufwendungen für Gästehäuser, Jagd- und Angelausflüge, Segel- und Motorjachten sowie andere Zwecke *originär betrieblich veranlasst* sein müssen und der Gesetzgeber die totalen Abzugsverbote damit begründet hat, dass diese Aufwendungen bereits *dem Grunde nach* als unangemessen zu erachten sind. Zudem wurde im Rahmen der teleologischen Auslegung deutlich, dass sich der Sinn und Zweck dieser Abzugsverbote nicht von demjenigen der Abzugsbeschränkungen nach § 4 Abs. 5 S. 1 Nr. 1, 2, 4-7 EStG unterscheidet. Die unterschiedlichen Rechtsfolgen stehen der Annahme einer übergeordneten Dogmatik somit nicht entgegen.

Neben diesen vier Gesichtspunkten, die den Schluss zulassen, dass § 4 Abs. 5 S. 1 Nr. 1-7 EStG einer übergeordneten Dogmatik folgt, gibt es noch weitere Themen, die ebenfalls von Bedeutung für den Untersuchungsgegenstand dieser Arbeit sind, im Rahmen der Auslegung jedoch bislang nicht erörtert werden konnten. Hierzu gehört zunächst die Frage, welche Rolle die Generalklausel in § 4 Abs. 5 S. 1 Nr. 7 EStG für unangemessene Aufwendungen, die die Lebensführung des Steuerpflichtigen berühren, für die übrigen Abzugstatbestände des § 4 Abs. 5 S. 1 Nr. 1-6c EStG spielt. Zwar hat die historische Auslegung deutlich gemacht, dass alle Erweiterungen des Abzugskataloges auf den ursprünglich vom Gesetzgeber mit § 4 Abs. 5 S. 1 Nr. 7 EStG verfolgten Gedanken zurückgeführt werden können. Ob und bejahendenfalls in welchem Umfang die betrieblichen Aufwendungen aber einen Bezug zur privaten Lebensführung aufweisen müssen, damit die Abzugsbeschränkungen Anwendung finden, ist dem Wortlaut der neuen Tatbestände nicht zu entnehmen. Auch ist im Rahmen der Untersuchung der verschiedenen Rechtsfolgen des § 4 Abs. 5 S. 1 Nr. 1-7 EStG bislang offengeblieben, wie sich Betriebsausgaben, die bereits *dem Grunde nach* für unangemessen erachtet werden, von solchen Betriebsausgaben unterscheiden, die nur *der Höhe nach* unangemessen sind. Sollten damit größere Differenzierungen einhergehen, könnte die Generalklausel nach § 4 Abs. 5 S. 1 Nr. 1-7 EStG keinen übergeordneten Maßstab für die übrigen Tatbestände des Abzugskataloges vermitteln. Des Weiteren ist fraglich, ob sich andere Auslegungsergebnisse für die Einordnung des Abzugskataloges ergeben, wenn neben § 4 Abs. 5 S. 1 Nr. 1-7 EStG auch die Besonderheiten des § 9 Abs. 1 S. 3 EStG berücksichtigt werden. Schließlich konnte mit den vier Auslegungsmethoden zwar dargelegt werden, dass die Aufwendungen des Abzugskataloges originär betrieblich veranlasst sind und ihr Abzug entgegen § 4 Abs. 4 EStG der Höhe nach eingeschränkt wird. Ungeklärt bleibt damit allerdings noch die innerhalb der deklaratorischen Ansicht umstrittene

Frage, ob die Tatbestände des § 4 Abs. 5 S. 1 Nr. 1-7 EStG damit zugleich gegen das objektive Nettoprinzip verstoßen und somit einer sachlichen Rechtfertigung bedürfen. Sollte dies der Fall sein, stellt sich außerdem die Folgefrage, ob ein einheitlicher Rechtfertigungsgrund gefunden werden kann, der für alle Tatbestände gleichermaßen gilt und damit ebenfalls für die Annahme einer übergeordneten Dogmatik des Abzugskataloges spräche. Außerdem ist in diesem Zusammenhang fraglich, welcher Gestaltungsspielraum dem Gesetzgeber vor dem Hintergrund des Folgerichtigkeitsgebots zukommt, wenn er den steuerlichen Abzug betrieblich veranlasster Aufwendungen iSd § 4 Abs. 4 EStG einschränkt oder sogar vollständig ausschließt. Diesen offenen Fragen wird in den folgenden Kapiteln nachgegangen.

C. Übergeordnete Bedeutung der Generalklausel in § 4 Abs. 5 S. 1 Nr. 7 EStG

I. Grundlegendes zur Bedeutung der Norm

Nach § 4 Abs. 5 S. 1 Nr. 7 EStG dürfen *„andere als die in Nummern 1 bis 6 und 6b*[2454] *bezeichneten Aufwendungen, die die Lebensführung des Steuerpflichtigen oder anderer Personen berühren, soweit sie nach allgemeiner Verkehrsauffassung als unangemessen anzusehen sind"*, den Gewinn nicht mindern.[2455] Dieser Tatbestand

2454 Der Wortlaut des § 4 Abs. 5 S. 1 Nr. 7 EStG nimmt nur Bezug auf die Abzugsbeschränkungen und -verbote des § 4 Abs. 5 S. 1 Nr. 1-6 und 6b EStG. Systematisch zutreffend wäre es allerdings, wenn auch § 4 Abs. 5 S. 1 Nr. 6a und 6c EStG in den Normtext aufgenommen würden, da auch diese Tatbestände den Charakter speziellerer Abzugsverbote haben und die betreffenden Aufwendungen ebenfalls die private Lebensführung berühren, siehe *Meyer,* in: BeckOK EStG, § 4, Rn. 2801.1; *Spilker,* in: K/S/M, EStG, § 4, Rn. M 5, M 21, vgl. auch *Drüen,* in: Brandis/Heuermann, EStG, § 4, Rn. 869. Dass diese Verweisung gleichwohl nicht in den Wortlaut des § 4 Abs. 5 S. 1 Nr. 7 EStG aufgenommen wurde, dürfte auf ein redaktionelles Versehen im Rahmen der Änderungen durch das UntStReisekÄndG 2013 vom 20.02.2013 zurückzuführen sein, welches auch mit dem JStG 2022 nicht korrigiert wurde, vgl. auch *Meyer,* in: BeckOK EStG, § 4, Rn. 2801.1; *Spilker,* in: K/S/M, EStG, § 4, Rn. M 21. Materiell-rechtlich hat die fehlende Verweisung keine Auswirkungen, da auch die nicht im Normtext genannten Regelungen des § 4 Abs. 5 S. 1 EStG als speziellere Normen Vorrang vor § 4 Abs. 5 S. 1 Nr. 7 EStG haben, siehe hierzu *Meyer,* in: BeckOK EStG, § 4, Rn. 2801.1; vgl. auch *Stapperfend,* in: Herrmann/Heuer/Raupach, EStG/KStG, § 4, Rn. 1600.

2455 Über die Verweisung in § 9 Abs. 5 S. 1 EStG findet die Vorschrift auch auf Werbungskosten Anwendung.

wird in Rechtsprechung und Literatur gemeinhin als „Schlüssel zum Verständnis des § 4 Abs. 5 EStG“[2456] verstanden, da er sich wie eine Generalklausel mit bestimmten Aufwendungen befasst, die nach Auffassung der Allgemeinheit als unangemessen anzusehen sind und daher nur anteilig zum steuerlichen Abzug zuglassen werden sollen.[2457] Hintergrund der Vorschrift sei der Gedanke, dass der Steuerpflichtige zwar grundsätzlich frei entscheiden könne, ob und in welchem Umfang er Aufwendungen für seinen Betrieb tätigt, da § 4 Abs. 4 EStG allein auf die betriebliche Veranlassung, nicht aber auf die Angemessenheit, Notwendigkeit oder Zweckmäßigkeit einer Aufwendung abstelle.[2458] Dieser Grundsatz könne allerdings nur dann uneingeschränkt gelten, wenn und soweit die Entscheidung des Steuerpflichtigen allein durch betriebliche Motive beeinflusst werde.[2459] Sobald die Aufwendung darüber hinaus die Lebensführung des Steuerpflichtigen oder anderer Personen „berühre“, sei nicht auszuschließen, dass zusätzlich private Motive hinzugetreten sind und Einfluss darauf genommen haben, ob oder in welcher Höhe die Aufwendung getätigt wurde.[2460] In diesen Fällen sei der Betriebsausga-

---

2456 So bereits BFH BStBl. II 1981, 58, 59 f. zur Vorgängervorschrift des § 4 Abs. 5 S. 2 EStG in der Fassung des StÄndG 1960; siehe zudem *Bode,* in: Kirchhof/Seer, EStG, § 4, Rn. 196; *Loschelder,* in: Schmidt, EStG, § 4, Rn. 601; *Meyer,* in: BeckOK EStG, § 4, Rn. 2705; *Spilker,* in: K/S/M, EStG, § 4, Rn. M 10.

2457 Vgl. BFH BStBl. II 2018, 185, 187; BFH BStBl. II 1981, 58, 59 f.; *Drüen,* in: Brandis/Heuermann, EStG, § 4, Rn. 869; *Feldgen,* in: Korn, EStG, § 4, Rn. 1140; *Helkenberg,* Unangemessenheit von Betriebsausgaben, S. 73; *Loschelder,* in: Schmidt, EStG, § 4, Rn. 601; *Maetz,* in: Bordewin/Brandt, EStG, § 4, Rn. 2970; *Meurer,* in: Lademann, EStG, § 4, Rn. 730; *Nacke,* in: Littmann/Bitz/Pust, EStG, § 4, Rn. 1800. Siehe auch *Hey,* in: Steuerrecht, Tipke/Lang, Rn. 8.287, die von einer „Grundvorschrift“ ausgeht.

2458 Vgl. BFH BStBl. II 2018, 185, 187; BFH BStBl. II 1978, 93, 95; BFH BStBl. II 1976, 97, 99; siehe auch *Frotscher,* in: Frotscher/Geurts, EStG, § 4, Rn. 825; *Maetz,* in: Bordewin/Brandt, EStG, § 4, Rn. 2970; *Steilen,* BB 1992, 755, 755; *Wendt,* FR 2018, 361, 365; *Wenzig,* StBp 1979, 272, 275. Zur Veranlassungsprüfung nach § 4 Abs. 4 EStG siehe nochmals Teil 2 § 7 und Teil 3 § 9 B.

2459 So *Frotscher,* in: Frotscher/Geurts, EStG, § 4, Rn. 825; *Helkenberg,* Unangemessenheit von Betriebsausgaben, S. 65 f.; *Steilen,* BB 1992, 755; vgl. auch BFH BStBl. II 1976, 97, 99.

2460 Vgl. BFH BStBl. II 2018, 185, 187; BFH BStBl. II 1978, 93, 95; BFH BStBl. II 1976, 97, 99; *Frotscher,* in: Frotscher/Geurts, EStG, § 4, Rn. 825; *Helkenberg,* Unangemessenheit von Betriebsausgaben, S. 65 f.; *Stapperfend,* in: Herrmann/Heuer/Raupach, EStG/KStG, § 4 EStG, Rn. 1620; *Steilen,* BB 1992, 755; *Wenzig,* StBp 1979, 272, 275.

benabzug des § 4 Abs. 4 EStG daher ausnahmsweise in Höhe des unangemessenen Teils einzuschränken.[2461]

Wie die Untersuchung der historischen Entwicklung des § 4 Abs. 5 S. 1 Nr. 1-7 EStG gezeigt hat, war dieser Grundgedanke auch nach der Vorstellung des Gesetzgebers maßgebend dafür, dass die Abzugsbeschränkung für unangemessene Repräsentationsaufwendungen nach § 4 Abs. 5 S. 1 Nr. 7 EStG ursprünglich geschaffen wurde.[2462] Ziel des Gesetzgebers war es, offensichtliche Auswüchse bei der Betriebsausgabengestaltung zu unterbinden, die dadurch entstanden, dass die Steuerpflichtigen vermehrt Aufwendungen zum Abzug brachten, die zwar betrieblich veranlasst waren, zugleich aber auch der persönlichen Bedürfnisbefriedigung dienten.[2463] Dieses Ziel wurde auch in den Folgejahren im Rahmen der Gesetzgebung weiter verfolgt und war ebenfalls prägend für die später hinzugefügten Abzugstatbestände für die ausdrücklich benannten Repräsentationsaufwendungen in § 4 Abs. 5 S. 1 Nr. 1-4 EStG.[2464] Weil der Abzugskatalog anschließend jedoch noch um einige Beschränkungen für betrieblich bedingte Mehraufwendungen erweitert wurde,[2465] bei denen der Gedanke einer übertriebenen betrieblichen Repräsentation eher fern liegt,[2466] stellt sich die Frage, ob das Leitmotiv des § 4 Abs. 5 S. 1 Nr. 7 EStG auch heute noch auf alle Tatbestände des § 4 Abs. 5 S. 1 Nr. 1-7 EStG übertragen werden kann und damit einen übergeordneten Maßstab für den gesamten Abzugskatalog bildet.[2467] Fraglich ist bereits, ob das *Berühren der Lebensführung* ein Tatbestandsmerkmal darstellt, das von allen Abzugsbeschränkungen bzw. -verboten in § 4 Abs. 5 S. 1 Nr. 1-6c EStG vorausgesetzt wird. Bei den Vollverboten nach § 4 Abs. 5 S. 1 Nr. 3 und 4 EStG und bei den Tatbeständen nach § 4 Abs. 5 S. 1 Nr. 2, 5 EStG ergibt sich eine solche Voraussetzung nicht unmittelbar aus dem Gesetzestext, obwohl es sich hierbei jeweils um Aufwendungen handelt, die schon vor Erlass der spezielleren

2461 Vgl. *Frotscher,* in: Frotscher/Geurts, EStG, § 4, Rn. 825; *Helkenberg,* Unangemessenheit von Betriebsausgaben, S. 65 f.; *Meyer,* in: BeckOK EStG, § 4, Rn. 2704, 2801, 2803.

2462 So auch *Meyer*, in: BeckOK EStG, § 4, Rn. 2801; vgl. *Drüen,* in: Brandis/Heuermann, EStG, § 4, Rn. 869.

2463 Siehe hierzu bereits Teil 4 § 17 B.II.2.b.

2464 Siehe hierzu nochmals Teil 4 § 17 B II.2 und 3. So auch *Gärtner,* Gemischt veranlasste Aufwendungen, S. 241; *Meyer,* in: BeckOK EStG, § 4, Rn. 2705.

2465 Siehe Teil 4 § 17 B.II.4.

2466 Siehe hierzu nochmals Teil 3 § 12 F.

2467 Kritisch diesbezüglich etwa *Gärtner,* Gemischt veranlasste Aufwendungen, S. 241; *Meyer,* in: BeckOK EStG, § 4, Rn. 2705.

Tatbestände nur nach Maßgabe der allgemeinen Abzugsbeschränkung iSd § 4 Abs. 5 S. 2 EStG 1953 (heute § 4 Abs. 5 S. 1 Nr. 7 EStG) geltend gemacht werden konnten.[2468] Zudem besteht im steuerrechtlichen Schrifttum Uneinigkeit darüber, ob es sich bei der Angemessenheit iSd § 4 Abs. 5 S. 1 Nr. 7 EStG um ein übergeordnetes Kriterium handelt, das bei allen Aufwendungen des Graubereichs[2469] und insbesondere bei den übrigen Aufwendungen der § 4 Abs. 5 S. 1 Nr. 1-6c EStG zu berücksichtigen ist.

Mit der folgenden Untersuchung soll daher erörtert werden, ob § 4 Abs. 5 S. 1 Nr. 7 EStG ein allgemeines Leitbild vorgibt, aus dem sich eine übergeordnete Dogmatik für den gesamten Abzugskatalog ableiten lässt. Hierfür wird zunächst untersucht, welcher Maßstab der Abzugsregelung des § 4 Abs. 5 S. 1 Nr. 7 EStG zugrunde liegt. Allgemeingültige Kriterien, die auf andere Tatbestände übertragbar wären, können der Generalklausel nur in den Grenzen entnommen werden, die der Wortlaut und die Systematik des § 4 Abs. 5 S. 1 Nr. 7 EStG vorgeben. Maßstäbe, denen schon die Generalklausel nicht folgt oder die der Anordnung des § 4 Abs. 5 S. 1 Nr. 7 EStG sogar zuwiderlaufen, können auch keine Bedeutung für die anderen Abzugstatbestände nach § 4 Abs. 5 S. 1 Nr. 1-6c EStG haben. Bevor daher der Frage nachgegangen werden kann, ob und bejahendenfalls welchen übergeordneten Maßstab § 4 Abs. 5 S. 1 Nr. 7 EStG vermittelt, muss zunächst herausgearbeitet werden, welche Kriterien für die Generalklausel von Bedeutung sind. Diesbezüglich wird einerseits relevant sein, was unter dem Tatbestandsmerkmal des Berührens der Lebensführung zu verstehen ist und auf wessen Privatsphäre hierbei abzustellen ist. Andererseits wird zu untersuchen sein, welche Rolle das Kriterium der Angemessenheit im Einkommensteuerrecht allgemein und insbesondere für § 4 Abs. 5 S. 1 Nr. 7 EStG spielt. Anschließend wird konkret analysiert, inwiefern der herausgearbeitete Maßstab des § 4 Abs. 5 S. 1 Nr. 7 EStG auch auf die anderen Tatbestände nach § 4 Abs. 5 S. 1 Nr. 1-6c EStG übertragen werden kann. Maßgebliche Unterschiede, die gegen die Annahme einer übergeordneten Dogmatik für den gesamten Abzugskatalog sprechen könnten, sind sowohl bei den Repräsentationsaufwendungen nach § 4 Abs. 5 S. 1 Nr. 1-4 EStG als auch bei den betrieblich bedingten Mehraufwendungen iSd § 4 Abs. 5 S. 1 Nr. 5-6c EStG denkbar, bei denen eine besondere Nähe zur existenziellen Lebensführung charakteristisch ist.

2468 Siehe hierzu bereits Teil 4 § 17 B.II.2.c.

2469 Eine Analyse der maßgeblichen Aufwendungen des Graubereichs erfolgte bereits in Teil 3 § 10, § 11 und § 12.

II. Maßstab der Generalklausel

1. Systematik des § 4 Abs. 5 S. 1 Nr. 7 EStG

Entscheidend für die Untersuchung des der Generalklausel zugrundeliegenden Maßstabs ist zunächst die Erkenntnis, dass § 4 Abs. 5 S. 1 Nr. 7 EStG einer klaren Systematik folgt, welche nicht nur bei der Prüfung der Abzugsbeschränkung nach § 4 Abs. 5 S. 1 Nr. 7 EStG zu berücksichtigen ist, sondern auch dann Bedeutung erlangt, wenn der Grundgedanke der Norm auf andere Tatbestände übertragen werden soll.[2470] Die Auslegung des Abzugskataloges hat bereits gezeigt, dass § 4 Abs. 5 S. 1 Nr. 7 EStG – ebenso wie die anderen Bestimmungen des § 4 Abs. 5 S. 1 Nr. 1-6c EStG – dem Grunde nach voraussetzt, dass ausschließlich oder nahezu ausschließlich betrieblich veranlasste Aufwendungen iSd § 4 Abs. 4 EStG vorliegen.[2471] Dies allein führt jedoch noch nicht dazu, dass der Abzug der betreffenden Aufwendungen nach § 4 Abs. 5 S. 1 Nr. 7 EStG der Höhe nach auf ein angemessenes Niveau einzuschränken ist. Vielmehr stellt die Generalklausel darüber hinaus auf zwei weitere Tatbestandsmerkmale ab, welche kumulativ vorliegen müssen, damit die Rechtsfolge der Abzugsbeschränkung eintritt.[2472]

Einmal folgt aus dem Wortlaut des § 4 Abs. 5 S. 1 Nr. 7 EStG, dass die Aufwendungen nicht nur betrieblich veranlasst sein müssen, sondern zusätzlich „*die Lebensführung des Steuerpflichtigen oder anderer Personen berühren*" müssen.[2473] Nur wenn dies der Fall ist, findet neben der in § 4 Abs. 4 EStG und § 12 Nr. 1 EStG angelegten Veranlassungsprüfung, die der Anwendung des § 4 Abs. 5 S. 1 Nr. 7 EStG bereits vorausgegangen ist,[2474] auch eine Angemessenheitsprüfung iSd § 4 Abs. 5 S. 1 Nr. 7 EStG statt. Berühren die Aufwendungen weder die Lebensführung des Steuerpflichtigen noch die eines Anderen, so bleibt

---

2470 Dies wird in der Literatur, insbesondere beim Kriterium der Angemessenheit, teilweise nicht berücksichtigt, weshalb die dogmatische Untersuchung der Abzugsbeschränkungen und -verbote nach § 4 Abs. 5 S. 1 Nr. 1-7 EStG im Schrifttum häufig zu Widersprüchen führt. Näher hierzu in Teil 4 § 17 C.II.3.

2471 Siehe hierzu nochmals Teil 4 § 17 B.V.

2472 Hierzu bereits *Lenski*, Kleine Steuerreform, S. 12 f.; *Wetter*, Abgrenzung der Betriebsausgaben, S. 21 f.; vgl. auch *Frotscher/Watrin*, in: Frotscher/Geurts, EStG, § 4, Rn. 821; *Stapperfend*, in: Herrmann/Heuer/Raupach, EStG/KStG, § 4 EStG, Rn. 1600.

2473 Vgl. auch *Drüen*, in: Brandis/Heuermann, EStG, § 4, Rn. 869; *Frotscher/Watrin*, in: Frotscher/Geurts, EStG, § 4, Rn. 821; *Lenski*, Kleine Steuerreform, S. 12; *Meyer*, in: BeckOK EStG, § 4, Rn. 2705, 2801; *Stapperfend*, in: Herrmann/Heuer/Raupach, EStG/KStG, § 4 EStG, Rn. 1600; *Wetter*, Abgrenzung der Betriebsausgaben, S. 21.

2474 Hierzu bereits Teil 4 § 17 B.V.

es bei dem Grundsatz des § 4 Abs. 4 EStG, wonach die Aufwendung unabhängig davon, ob sie angemessen, notwendig oder zweckmäßig ist, in voller Höhe als Betriebsausgabe geltend gemacht werden kann.[2475] Liegt dagegen ein Berühren der privaten Lebensführung vor, so führt auch dies noch nicht automatisch dazu, dass der Betriebsausgabenabzug nach § 4 Abs. 5 S. 1 Nr. 7 EStG eingeschränkt wird.[2476] Vielmehr greift die Abzugsbeschränkung auch in diesem Fall nach dem Wortlaut des § 4 Abs. 5 S. 1 Nr. 7 EStG nur „*soweit* [die betreffende Aufwendung] *als unangemessen anzusehen ist.*" Zusätzlich zur Berührung der privaten Lebensführung muss die Aufwendung also unangemessen iSd § 4 Abs. 5 S. 1 Nr. 7 EStG sein. Liegt keine Unangemessenheit vor oder ist die Aufwendung nur teilweise als unangemessen anzusehen, so bleibt es hinsichtlich der angemessenen Aufwendung bzw. des angemessenen Teils der Aufwendungen wiederum beim Grundsatz des Betriebsausgabenabzugs nach § 4 Abs. 4 EStG.[2477]

Hieraus folgt zum einen, dass die Unangemessenheit allein noch nicht dazu führt, dass der steuerliche Abzug einer Betriebsausgabe entgegen § 4 Abs. 4 EStG eingeschränkt wird. Die betreffende Aufwendung muss zusätzlich die *Lebensführung* des Steuerpflichtigen oder eines anderen *berühren*, womit bereits deutlich wird, dass die oben geschilderte Ansicht von *Helkenberg, Hey* und *Lang*, wonach der unangemessene Teil der Aufwendungen in Wahrheit (verdeckt) privat mitveranlasst sei,[2478] auch nicht mit der Systematik des § 4 Abs. 5 S. 1 Nr. 7 EStG vereinbar ist. Diese trennt strikt zwischen der Unangemessenheit einer Aufwendung

---

2475 So auch BFH BStBl. II 1978, 93, 95; *Hey,* in: Tipke/Lang, Steuerrecht, Rn. 8.287; *Lenski*, Kleine Steuerreform, S. 12; *Stapperfend,* in: Herrmann/Heuer/Raupach, EStG/KStG, § 4 EStG, Rn. 1600; *Wetter,* Abgrenzung der Betriebsausgaben, S. 21. Im Ergebnis zustimmend auch BFH BStBl. II 1993, 367, 368; FG Düsseldorf, EFG 2002, 1227, 1228; *Meyer,* in: BeckOK EStG, § 4, Rn. 2707.

2476 So auch *Stapperfend,* in: Herrmann/Heuer/Raupach, EStG/KStG, § 4 EStG, Rn. 1620; *Wetter,* Abgrenzung der Betriebsausgaben, S. 23; vgl. auch *Meyer,* in: BeckOK EStG, § 4, Rn. 2803; *Spitaler,* StbJb. 1953/54, S. 290, 304 f.

2477 So auch *Lenski*, Kleine Steuerreform, S. 13; *Spitaler,* StbJb. 1953/54, S. 290, 304; *Wetter,* Abgrenzung der Betriebsausgaben, S. 23, jeweils zur Vorgängernorm des § 4 Abs. 4 S. 2 EStG 1953, dessen Systematik allerdings bis heute unverändert ist; vgl. BFH BStBl. II 1990, 575, 577; BFH BStBl. II 1978, 93, 95; *Feldgen,* in: Korn, EStG, § 4, Rn. 1148; *Maetz,* in: Bordewin/Brandt, EStG, § 4, Rn. 2975; *Meyer,* in: BeckOK EStG, § 4, Rn. 2803; *Stapperfend,* in: Herrmann/Heuer/Raupach, EStG/KStG, § 4 EStG, Rn. 1600.

2478 Siehe zu dieser Argumentation innerhalb der konstitutiven Ansicht nochmals Teil 4 § 16 C.II.

und dem Berühren der Lebensführung durch die Aufwendung und macht damit deutlich, dass diese beiden Tatbestandsmerkmale nicht inhaltlich gleichgesetzt werden können.[2479] Umgekehrt steht damit aber auch fest, dass der Umstand, dass eine betrieblich veranlasste Aufwendung auch der privaten Lebensführung dient, nicht – wie die Vertreter der konstitutiven Ansicht annehmen –[2480] automatisch dazu führt, dass dieser Aufwendung die Betriebsausgabenqualität abgesprochen wird. Vielmehr ordnet § 4 Abs. 5 S. 1 Nr. 7 EStG für diesen Fall lediglich eine Angemessenheitsprüfung an, die auf einer nachgelagerten Ebene, also nach der Prüfung der betrieblichen Veranlassung, vorzunehmen ist und nur dazu führt, dass der Betriebsausgabenabzug der Höhe nach eingeschränkt wird.[2481] Insoweit bestätigt die Systematik des § 4 Abs. 5 S. 1 Nr. 7 EStG das oben dargelegte Auslegungsergebnis, wonach es sich bei den vom Katalog erfassten Aufwendungen dem Grunde nach um originäre Betriebsausgaben iSd § 4 Abs. 4 EStG handelt, deren Abzugsmöglichkeit ausnahmsweise durch den Gesetzgeber eingeschränkt wird.[2482] Für die weitere Untersuchung der Generalklausel folgt aus dieser Systematik, dass der zugrundeliegende Maßstab des § 4 Abs. 5 S. 1 Nr. 7 EStG mit dem Berühren der Lebensführung und der Unangemessenheit zwei unterschiedliche Tatbestandvoraussetzungen umfasst, die grundsätzlich unabhängig voneinander zu prüfen sind, für die Rechtsfolge der Abzugsbeschränkung aber kumulativ vorliegen müssen. Wann die beiden Tatbestandsmerkmale jeweils gegeben sind, wird in den folgenden Kapiteln erörtert.

2. *Tatbestandsmerkmal „Berühren" der Lebensführung*

a) Definition und Abgrenzung zur privaten Mitveranlassung

Was unter dem ersten Tatbestandsmerkmal des Berührens der Lebensführung inhaltlich zu verstehen ist, geht aus dem Wortlaut des § 4 Abs. 5 S. 1 Nr. 7 EStG nicht eindeutig hervor[2483] und wird seit der Einführung des Begriffs mit dem

---

2479 Im Ergebnis auch *Kammergruber*, Betriebsausgabenabzug, S. 249 f.; *Wenzig*, StBp 1979, S. 272, 273.

2480 Zur konstitutiven Ansicht siehe nochmals Teil 4 § 16 C.

2481 Siehe hierzu bereits Fn. 1949.

2482 Siehe hierzu nochmals Teil 4 § 17 B.V.

2483 So auch *Gärtner*, Gemischt veranlasste Aufwendungen, S. 242; siehe zudem bereits *Spitaler*, StbJb. 1953/54, S. 290, 300 zur Vorgängervorschrift des § 4 Abs. 4 S. 2 EStG 1953.

StÄndG 1953[2484] von Rechtsprechung und Literatur uneinheitlich beantwortet.[2485] Mittlerweile existiert eine unüberschaubare Anzahl verschiedener Definitionen, die eigentlich dazu beitragen sollen, das unbestimmte Tatbestandsmerkmal greifbarer zu machen, damit die Aufwendungen in § 4 Abs. 5 S. 1 Nr. 7 EStG eindeutig von den anderen Ausgaben des Graubereichs abgegrenzt werden können.[2486] Dass es bislang nicht gelungen ist, eine einheitliche Definition für den Begriff zu finden, erklärt indessen, warum auch die sphärische Einordnung der Aufwendungen nach § 4 Abs. 5 S. 1 Nr. 1-7 EStG seit jeher Schwierigkeiten bereitet.[2487]

Teilweise wird vertreten, ein Berühren der Lebensführung iSd § 4 Abs. 5 S. 1 Nr. 7 EStG sei gegeben, wenn die Aufwendung durch persönliche Motive *mitveranlasst* ist, ohne dass deshalb die betriebliche Veranlassung entfällt.[2488] Bei dieser Sichtweise wird das Berühren der Lebensführung mit einer privaten Mitveranlassung gleichgesetzt, was zur Folge hat, dass die Aufwendungen, für die der Anwendungsbereich des § 4 Abs. 5 S. 1 Nr. 7 EStG eröffnet sein soll, nicht ausschließlich betrieblich, sondern gemischt veranlasst sind. Gegen diese Definition spricht bereits, dass die oben durchgeführte Auslegung des Abzugskataloges ergeben hat, dass § 4 Abs. 5 S. 1 EStG das Vorliegen originärer Betriebsausgaben iSd § 4 Abs. 4 EStG voraussetzt.[2489] Darüber hinaus macht auch der Wortlaut des § 4 Abs. 5 S. 1 Nr. 7 EStG, der nur von *berühren* und gerade nicht von *veranlassen* spricht, deutlich, dass eine solche Gleichsetzung vom Gesetzgeber nicht gewollt war. Vielmehr deutet die Verwendung des schwächeren Begriffs „berühren" darauf hin, dass die private Lebensführung bei den Aufwendungen nach § 4 Abs. 5 S. 1 Nr. 7 EStG weniger stark betroffen ist als es bei einer

2484 Zu den Änderungen des StÄndG 1953 siehe bereits Teil 4 § 17 B.II.2.c.

2485 Siehe hierzu auch *Gärtner,* Gemischt veranlasste Aufwendungen, S. 242 ff.; *Helkenberg,* Unangemessenheit von Betriebsausgaben, S. 56 ff.; *Spilker,* in: K/S/M, EStG, § 4, Rn. M 18; *Wenzig,* StBp 1979, 272, 273 f.

2486 Insbesondere die Rechtsprechung scheint sich schwer damit zu tun, eine einheitliche Definition zu finden, die konsequent in allen Entscheidungen angewendet wird. Wie die weiteren Ausführungen zeigen, ist nahezu jede Definition, die in der Literatur vertreten wird, auch von der Rechtsprechung schon vorgebracht worden. Siehe diesbezüglich auch *Wenzig,* StBp 1979, 272, 274.

2487 Zu den beiden konträren Ansichten, die bezüglich der Veranlassung der Aufwendungen nach § 4 Abs. 5 S. 1 Nr. 1-7 EStG vertreten werden, siehe nochmals Teil 4 § 16.

2488 Siehe zu dieser Ansicht bereits Teil 3 § 11 D.III. und dort Fn. 1631.

2489 Zu den Ergebnissen der Auslegung siehe nochmals Teil 4 § 17 B.V.

privaten Mitveranlassung im Sinne einer echten gemischten Veranlassung[2490] der Fall wäre.[2491] Fraglich ist daher, wie das bloße Berühren der Lebensführung von der privaten Mitveranlassung abzugrenzen ist.

Diesbezüglich wird abweichend von der ersten Definition teilweise vertreten, dass § 4 Abs. 5 S. 1 Nr. 7 EStG solche Aufwendungen betreffe, „die ihrer Art nach, losgelöst von der besonderen Veranlassung des Einzelfalls, zu den typischen Lebenshaltungskosten gehören“[2492] bzw. die, wenn sie nicht betrieblich veranlasst wären, den typischen Lebensführungskosten zugeordnet würden.[2493] Diese Ansicht wird unter anderem damit begründet, dass man auch bei den Beratungen zum StÄndG 1953 davon ausgegangen sei, dass Betriebsausgaben, die die persönliche Lebensführung berühren, in der Regel diejenigen Aufwendungen sein würden, die, falls sie nicht durch den Betrieb veranlasst sind, zu den Kosten der Lebensführung gehörten.[2494] Hiergegen wird in der Literatur allerdings zu Recht eingewandt, dass mit einer solchen Begriffsbestimmung letztlich nichts gewonnen wird, da sie nichts anderes ausdrückt, als dass § 4 Abs. 5 S. 1 Nr. 7 EStG Aufwendungen betrifft, die, wenn sie nicht betrieblich veranlasst wären, zu den Privatausgaben gehörten.[2495] Da Aufwendungen, die nicht betrieblich veranlasst sind, stets zu den Privatausgaben gehören,[2496] würde hieraus letztlich folgen, dass sämtliche Betriebsausgaben einer Angemessenheitsprüfung iSd § 4 Abs. 5 S. 1 Nr. 7 EStG zu unterziehen sind, was nicht mit dem Grundsatz des § 4 Abs. 4 EStG vereinbar ist.[2497] Darüber hinaus wird zutreffend angemerkt, dass die Frage, ob eine Aufwendung die private Lebensführung des Steuerpflichtigen oder eines anderen *berührt*,

---

2490 Nach der in dieser Arbeit verwendeten Terminologie liegt eine echte gemischte Veranlassung nur dann vor, wenn sowohl die betriebliche als auch die private Mitveranlassung wesentlich ist, siehe Teil 3 § 10 A.

2491 Siehe hierzu bereits Teil 3 § 11 D.III.

2492 BFH BStBl. II 1978, 93, 95; vgl. FG Düsseldorf, EFG 1985, 112, 112; FG Münster, EFG 1982, 403, 403.

2493 Vgl. BFH BStBl. II 1987, 853, 854; FG Baden-Württemberg, EFG 2012, 1134, 1134; FG Hamburg, EFG 1987, 543, 544; FG Berlin, EFG 1975, 151, 151; siehe *Gärtner,* Gemischt veranlasste Aufwendungen, S. 243; *Loschelder,* in: Schmidt, EStG, § 4, Rn. 521; *Steilen,* BB 1992, 755, 755.

2494 So etwa BFH BStBl. II 1978, 93, 95 mit Verweis auf das Protokoll der 263. Sitzung des 1. Deutschen Bundestages vom 05.05.1953, S. 12803.

2495 Siehe etwa *Grund,* StuW 1955, Sp. 353, 359; *Helkenberg,* Unangemessenheit von Betriebsausgaben, S. 59; *Wenzig,* StBp 1979, 272, 273 f.

2496 Zu den zwei gegensätzlichen Sphären siehe nochmals Teil 2 § 5 und Teil 2 § 6.

2497 Siehe *Helkenberg,* Unangemessenheit von Betriebsausgaben, S. 59; vgl. *Grund,* StuW 1955, Sp. 353, 359 f.

nicht losgelöst vom konkreten Einzelfall beantwortet werden kann.[2498] Ob eine Aufwendung, wie beispielsweise ein Opernbesuch, dem Steuerpflichtigen Freude bereitet und damit auch seiner privaten Lebensführung dient oder aber als lästige Pflicht wahrgenommen wird, die allein aus betrieblichen Gründen eingegangen wird, hängt stets von der subjektiven Zweckbestimmung sowie den konkreten Umständen des Einzelfalls ab.[2499] Eine Definition, bei der typisierend festgelegt wird, wann eine Aufwendung die Lebensführung berührt, ist daher jedenfalls in den Fällen, in denen die Grenzziehung zur privaten (Mit-)Veranlassung Schwierigkeiten bereitet, wenig hilfreich.[2500]

Aus dem gleichen Grund ist auch die von *Spilker* vertretene Ansicht abzulehnen, wonach Voraussetzung für die Annahme einer Betriebsausgabe, welche die Lebensführung berührt, sei, dass eine private Mitveranlassung dieser Aufwendung nach der allgemeinen Verkehrsauffassung *möglich* ist.[2501] Wie das Rechtsinstitut der steuerlich unbeachtlichen Liebhaberei beispielhaft deutlich macht, kann nahezu jede objektiv dem Betrieb dienende Aufwendung subjektiv zugleich potentiell privat mitveranlasst sein, wenn nicht allein tatsächliche Gründe gegen eine zusätzliche private Verwendung sprechen.[2502] Für die Abzugsbeschränkung nach § 4 Abs. 5 S. 1 Nr. 7 EStG ist aber nicht entscheidend, ob ein fiktiver oder theoretischer Zusammenhang mit der privaten Lebensführung besteht. Maßgeblich ist allein, ob die private Lebensführung tatsächlich *berührt* ist.[2503] Daran ändert auch die Gefahr einer missbräuchlichen Betriebsausgabengestaltung nichts, da es den Finanzämtern auch ohne die Annahme hypothetischer Mitveranlassungen möglich ist, einer solchen Gefahr durch konsequente Überprüfung der vom Steuerpflichtigen dargelegten betrieblichen Veranlassung entgegenzutreten.[2504]

Vor diesem Hintergrund überzeugt allein die in der Kommentarliteratur vorherrschende Ansicht, wonach die Lebensführung berührt ist, wenn ungeachtet

---

2498 So etwa *Helkenberg,* Unangemessenheit von Betriebsausgaben, S. 58; *Wenzig,* StBp 1979, 272, 273 f. Siehe auch *Meurer,* in: Lademann, EStG, § 4, Rn. 731.

2499 Vgl. auch BFH BStBl. II 1985, 458, 460; BFH BStBl. II 1979, 513, 514; siehe ferner *Helkenberg,* Unangemessenheit von Betriebsausgaben, S. 58; *Wenzig,* StBp 1979, 272, 274.

2500 So auch *Helkenberg,* Unangemessenheit von Betriebsausgaben, S. 58.

2501 Siehe *Spilker*, in: K/S/M, EStG, § 4, Rn. M 18; zuvor schon *Söhn,* in: K/S/M, EStG, Stand 1995, § 4, Rn. M 22.

2502 Diesbezüglich zustimmend auch *Gärtner,* Gemischt veranlasste Aufwendungen, S. 243.

2503 So auch *Helkenberg,* Unangemessenheit von Betriebsausgaben, S. 68, 70.

2504 So auch *Helkenberg,* Unangemessenheit von Betriebsausgaben, S. 68.

der betrieblichen Veranlassung auch persönliche Motive oder Bedürfnisse des Steuerpflichtigen oder einer anderen Person eine Rolle spielen.[2505] Nach dieser Definition werden die Aufwendungen, die die Lebensführung berühren, zwischen den ausschließlich betrieblich veranlassten Aufwendungen iSd § 4 Abs. 4 EStG und den schon nicht mehr als reine Betriebsausgaben zu qualifizierenden privat mitveranlassten Aufwendungen eingeordnet,[2506] da bei ihnen die private Lebensführung zwar betroffen ist, diese Betroffenheit aber weniger stark ausgeprägt ist als es bei einer privaten (Mit-)Veranlassung der Fall wäre.[2507] Diese Definition entspricht nicht nur dem Wortlaut des § 4 Abs. 5 S. 1 Nr. 7 EStG, sondern steht darüber hinaus auch mit den Ergebnissen in Einklang, die bei der Auslegung des Abzugskataloges gefunden wurden. Hiernach ändert das bloße Berühren der privaten Lebensführung zwar nichts daran, dass die Aufwendungen des § 4 Abs. 5 S. 1 Nr. 7 EStG dem Grunde nach als originäre Betriebsausgaben iSd § 4 Abs. 4 EStG einzuordnen sind.[2508] Für die steuerliche Behandlung dieser Betriebsausgaben spielt es aber dennoch eine Rolle, dass bei der Entscheidung über die Art oder den Umfang der Aufwendung zusätzlich private Motive von Bedeutung gewesen sind, die es rechtfertigen, diese Aufwendung nach § 4 Abs. 5 S. 1 Nr. 7 EStG ausnahmsweise auf ihre Angemessenheit hin zu überprüfen. Für das Tatbestandsmerkmal des Berührens der Lebensführung ist daher entscheidend, ob die betrieblich veranlassten Aufwendungen zugleich auch persönlichen Interessen oder Bedürfnissen gedient haben.

b) Für die Beurteilung maßgebliche Person

Noch zu klären bleibt die Frage, auf wessen Sphäre es bei der Prüfung des ersten Tatbestandsmerkmals ankommt. Nach dem Wortlaut des § 4 Abs. 5 S. 1 Nr. 7 EStG muss es sich bei der Person, deren Lebensführung durch die Aufwendung berührt wird, nicht zwingend um den Steuerpflichtigen selbst handeln. Vielmehr ist das Tatbestandsmerkmal auch dann erfüllt, wenn nur die Lebensführung „anderer Personen" berührt wird, was zu der Frage führt, wer eine „andere Person" in diesem Sinn ist und wann dessen Privatsphäre durch eine Aufwendung,

2505 Siehe zu dieser Ansicht bereits Teil 3 § 11 D.III. und dort Fn. 1634.

2506 Siehe *Stapperfend,* in: Herrmann/Heuer/Raupach, EStG/KStG, § 4 EStG, Rn. 1620.

2507 Anders als bei den echten gemischt veranlassten Aufwendungen kann bei den Aufwendungen nach § 4 Abs. 5 S. 1 Nr. 7 EStG daher nur von einer unwesentlichen privaten Mitveranlassung gesprochen werden, siehe Teil 3 § 11 D.II.

2508 Siehe hierzu bereits Teil 3 § 11 D.II.

die der Steuerpflichtige tätigt,[2509] betroffen sein kann. Wie dem Protokoll der 263. Sitzung des Deutschen Bundestages diesbezüglich zu entnehmen ist, bestand bereits in den Beratungsgesprächen zum Erlass der Vorgängernorm des § 4 Abs. 4 S. 2 EStG 1953[2510] ein besonderes Anliegen, den Zusatz „oder eines Dritten" in den Wortlaut der Abzugsbeschränkung mit aufzunehmen.[2511] Dabei hatten die Teilnehmer der Beratungsgespräche offenbar insbesondere Vorstandsmitglieder vor Augen,[2512] eine Beschränkung allein auf Personen dieser Berufsgruppe wurde aber nicht vorgenommen. Dies ergibt sich einmal daraus, dass der Wortlaut des § 4 Abs. 4 S. 2 EStG 1953, der nahezu wortgleich in den heutigen § 4 Abs. 5 S. 1 Nr. 7 EStG übernommen wurde, nicht zwischen Personen unterschiedlicher Berufsgruppen differenziert, sondern schlichtweg alle Personen einbezieht. Darüber hinaus bestand der ursprüngliche Sinn und Zweck des § 4 Abs. 4 S. 2 EStG 1953 gerade darin, umfassend gegen das missbräuchliche Spesenunwesen vorzugehen, bei dem immer mehr Steuerpflichtige unterschiedlicher Berufsgruppen Betriebsausgaben tätigten, die zugleich dazu dienten, ihre oder die privaten Bedürfnisse ihrer Geschäftsfreunde zu befriedigen.[2513] Vor diesem Hintergrund wird deutlich, dass der von § 4 Abs. 5 S. 1 Nr. 7 EStG umfasste

---

2509 Nach dem aus dem Leistungsfähigkeitsprinzip folgenden Kostentragungsprinzip ist grundsätzlich nur derjenige nach § 4 Abs. 4 EStG zum Abzug von Betriebsausgaben berechtigt, der die Kosten auch wirtschaftlich getragen hat und mithin eine Minderung seiner wirtschaftlichen Leistungsfähigkeit erfahren hat, vgl. BFH GrS BStBl. II 1999, 782, 785; siehe *Biergans,* FR 1984, 297, 298; *Brandis,* StuW 1990, 57, 59; *Hey,* in: Tipke/Lang, Steuerrecht, Rn. 8.223; *Seitz,* FR 2006, 201, 204. Ausnahmen hiervon, bei denen der Steuerpflichtigen sich den Aufwand eines Anderen (sog. Drittaufwand) zurechnen lassen kann, sind in Rechtsprechung und Literatur nur in engen Grenzen anerkannt, vgl. BFH BStBl. II 2015, 132, 133 f.; BFH GrS BStBl. II 1999, 787, 788; BFH GrS BStBl. II 1999, 782, 785; BFH GrS BStBl. II 1999, 778, 779 f.; BFH GrS BStBl. II 1999, 774, 775 f.; siehe *Biergans,* FR 1984, 297, 298 ff.; *Brandis,* StuW 1990, 57, 57 ff.; *Drüen,* in: Brandis/Heuermann, EStG, § 4, Rn. 578 f.; *Meyer,* in: BeckOK EStG, § 4, Rn. 2267 ff.; *Paus,* FR 2009, 449, 449 ff.; *Seitz,* FR 2006, 201, 205 ff.; *Steinhauff,* in: Bordewin/Brandt, EStG, § 4, Rn. 1720 ff. Da § 4 Abs. 5 S. 1 Nr. 7 EStG an das Vorliegen originärer Betriebsausgaben iSd § 4 Abs. 4 EStG anknüpft, gelten diese Grundsätze auch für den Anwendungsbereich der Abzugsbeschränkung.

2510 Zur Kleinen Steuerreform (StÄndG 1953) siehe nochmals Teil 4 § 17 B.II.2.c.

2511 Vgl. Protokoll der 263. Sitzung des 1. Deutschen Bundestages vom 05.05.1953, S. 12803.

2512 Vgl. Protokoll der 263. Sitzung des 1. Deutschen Bundestages vom 05.05.1953, S. 12803.

2513 Siehe hierzu nochmals Teil 4 § 17 B.II.2.c.

Personenkreis sehr groß ist[2514] und grundsätzlich jeden betrifft, bei dem wegen des Bezugs zu dessen Privatsphäre die Gefahr einer missbräuchlichen Betriebsausgabengestaltung gegeben ist. Hierzu gehören neben den bereits genannten Geschäftsfreunden des Steuerpflichtigen auch solche Personen, die noch Geschäftsfreunde werden sollen,[2515] Angehörige, Gäste und Freunde des Steuerpflichtigen, ebenso wie dessen Arbeitnehmer oder andere Angehörige seines Betriebs.[2516]

Da der Wortlaut des § 4 Abs. 5 S. 1 Nr. 7 EStG außerdem keine Vorgaben darüber enthält, in welcher Beziehung der Dritte zum Steuerpflichtigen stehen muss,[2517] stellt auch die vorstehende Liste möglicher „anderer Personen" keine abschließende Aufzählung des vom ersten Tatbestandsmerkmal erfassten Personenkreises dar. So ist der Wortlaut des § 4 Abs. 5 S. 1 Nr. 7 EStG beispielsweise auch dann erfüllt, wenn es sich bei der anderen Person, deren Lebensführung durch die Aufwendung berührt wird, um einen Geschäftsmann oder Unternehmer handelt, der mit dem Steuerpflichtigen selbst nicht unmittelbar in geschäftlicher Beziehung steht und auch künftig kein Geschäftsfreund des Steuerpflichtigen werden soll.[2518] Anders als der BFH in einer Entscheidung aus dem Jahr 2017 über die Ausrichtung eines Golfturniers angenommen hat,[2519] ist die Lebensführung einer anderen Person daher auch dann betroffen, wenn es sich bei den Teilnehmern des Turniers, bei dem der Steuerpflichtige sich im Rahmen seiner Geschäftstätigkeit dazu verpflichtet hat, die Kosten für die Platzmiete und die Verpflegung zu übernehmen, nicht um die Geschäftsfreunde *dieses* Steuerpflichtigen handelt.[2520] Denn auch in diesem Fall diente die Ausrichtung der Sportveranstaltung neben den betrieblichen Zielen zugleich der persönlichen Bedürfnisbefriedigung ihrer

---

2514 So auch *Spitaler,* StbJb 1953/54, S. 290, 301; *Wenzig,* StBp 1979, 272, 273.

2515 Vgl. BFH BStBl. II 2017, 224, 226.

2516 *Spitaler,* StbJb 1953/54, S. 290, 301; vgl. BFH BStBl. II 1990, 575, 577; siehe zudem *Frotscher/Watrin,* in: Frotscher/Geurts, EStG, § 4, Rn. 824; *Spilker,* in: K/S/M, EStG, § 4, Rn. M 19; *Stapperfend,* in: Herrmann/Heuer/Raupach, EStG/KStG, § 4 EStG, Rn. 1620; *Wetter,* Abgrenzung der Betriebsausgaben, S. 23.

2517 Vgl. auch *Lauer,* DStR 2021, 1802, 1804; *Stapperfend,* in: Herrmann/Heuer/Raupach, EStG/KStG, § 4 EStG, Rn. 1620; *Wenzig,* StBp 1979, 272, 273.

2518 Vgl. auch *Meyer,* in: BeckOK EStG, § 4, Rn. 2746.2; *Stapperfend,* in: Herrmann/Heuer/Raupach, EStG/KStG, § 4 EStG, Rn. 1620.

2519 Vgl. BFH BStBl. II 2017, 222, 223 f.

2520 So auch *Meyer,* in: BeckOK EStG, § 4, Rn. 2746.2, dem darin zuzustimmen ist, dass der BFH den zugrundeliegenden Sachverhalt insoweit richtig gewertet hat, als die Finanzierung der fremden Veranstaltung aufgrund ihres Charakters als Gegenleistung nicht unter das Abzugsverbot nach § 4 Abs. 5 S. 1 Nr. 4 EStG fällt.

Teilnehmer und zielte zudem auf eine herausgehobene repräsentative Außenwirkung ab, welche durch § 4 Abs. 5 S. 1 Nr. 7 EStG gerade mit einer Abzugsbeschränkung versehen werden soll.[2521] Dass die Geschäftsfreunde dabei in keiner unmittelbaren Beziehung zum Steuerpflichtigen selbst standen, spielt nach dem Wortlaut des § 4 Abs. 5 S. 1 Nr. 7 EStG keine Rolle. Festzuhalten ist damit, dass der von § 4 Abs. 5 S. 1 Nr. 7 EStG erfasste Kreis möglicher „anderer Personen", deren Lebensführung durch die Aufwendung berührt sein kann, umfassend ist und grundsätzlich weder durch den Wortlaut noch durch den ursprünglichen Sinn und Zweck der Norm eingeschränkt wird.[2522]

Fraglich bleibt damit, bei welchen Aufwendungen des Steuerpflichtigen die Lebensführung einer anderen Person berührt wird. Hierzu hat *Spitaler* bereits im Zusammenhang mit dem StÄndG 1953 zu Recht ausgeführt, dass die Lebensführung eines Dritten nur dann durch Aufwendungen des Steuerpflichtigen berührt sein kann, wenn dieser ihm Leistungen gewährt, die für den Fall, dass der Dritte die Aufwendungen für sich selbst tätige, einen Bestandteil seiner privaten Lebensführung darstelle.[2523] Damit unterfallen beispielsweise Gehälter, die der Steuerpflichtige seinen Angestellten bezahlt, nicht dem Anwendungsbereich des § 4 Abs. 5 S. 1 Nr. 7 EStG, weil diese durch die Auszahlung des Geldes noch nicht die Lebensführung des Empfängers berühren. Dieser Bezug wird vielmehr erst durch die spätere Verwendung des Gehaltes hergestellt, wenn der Angestellte sich davon etwas kauft.[2524] Für den Tatbestand des § 4 Abs. 5 S. 1 Nr. 7 EStG maßgeblich ist damit, dass die „andere Person" durch den Steuerpflichtigen Leistungen

2521 Kritisch auch *Schiffers/Feldgen,* DStZ 2016, 325, 330 f.

2522 Im Rahmen des Abzugsverbotes nach § 4 Abs. 5 S. 1 Nr. 4 EStG scheint der BFH den Personenkreis der „anderen Personen" in letzter Zeit allerdings allein auf die Geschäftsfreunde des Steuerpflichtigen beschränken zu wollen, was er an der Definition des in § 4 Abs. 5 S. 1 Nr. 4 EStG vorausgesetzten „ähnlichen Zwecks" festmacht, vgl. etwa BFH BStBl. II 2017, 161, 162; BFH BStBl. II 2012, 824, 825; BFH BStBl. II 1993, 367, 368; etwas offener BFH BStBl. II 2017, 222, 226 f.; hierzu auch *Drüen,* in: Brandis/Heuermann, EStG, § 4, Rn. 754; *Meyer,* in: BeckOK EStG, § 4, Rn. 2746.2. Näher hierzu in Teil 4 § 17 C.III.2.a.

2523 So *Spitaler,* StbJb. 1953/54, S. 290, 301; siehe auch *Lenski,* Kleine Steuerreform, S. 12; *Spitaler,* StuW 1954, Sp. 589, 592 f.

2524 So *Spitaler,* StbJb. 1953/54, S. 290, 301; *Spitaler,* StuW 1954, Sp. 589, 593; siehe auch *Lenski,* Kleine Steuerreform, S. 12. In diese Richtung auch *Wenzig,* StBp 1979, 272, 273, der die Nichtanwendbarkeit der Abzugsbeschränkung beim Arbeitslohn allerdings damit begründet, dass der Arbeitnehmer für sein Gehalt eine Gegenleistung erbracht hat.

empfängt, die bei ihr in den Bereich der privaten Lebensführung fallen.[2525] Und da der Wortlaut des § 4 Abs. 5 S. 1 Nr. 7 EStG auch bei der Lebensführung „anderer Personen" allein darauf abstellt, dass diese durch die Aufwendung des Steuerpflichtigen *berührt* wird, ist für die Frage, wie stark die Betroffenheit der Privatsphäre des Anderen im Vergleich zur betrieblichen Veranlassung der Aufwendung ins Gewicht fallen muss, wiederum der gleiche Maßstab anzulegen, der bereits für die Berührung der Lebensführung des Steuerpflichtigen dargestellt wurde.[2526]

3. *Kriterium der Angemessenheit*

a) Allgemeine Bedeutung der Angemessenheit einer Aufwendung für den steuerlichen Betriebsausgabenabzug

Das zweite Tatbestandsmerkmal des § 4 Abs. 5 S. 1 Nr. 7 EStG, welches ebenfalls näher zu untersuchen ist, betrifft die Frage, ob und in welchem Umfang die betreffende betrieblich veranlasste Aufwendung angemessen oder unangemessen ist. Bei diesem Tatbestandsmerkmal handelt es sich um ein kontrovers diskutiertes Kriterium, das nicht allein im Zusammenhang mit § 4 Abs. 5 S. 1 Nr. 7 EStG Fragen aufwirft, sondern darüber hinaus auch hinsichtlich der steuerlichen Behandlung von Betriebsausgaben und verschiedenen Aufwendungen des Graubereichs im politischen und wissenschaftlichen Diskurs immer wieder zu Meinungsverschiedenheiten führt. Streitig ist dabei insbesondere, ob im Steuerrecht ein allgemeines Kriterium oder Prinzip der Angemessenheit existiert, welches über den Anwendungsbereich des § 4 Abs. 5 S. 1 Nr. 7 EStG hinaus auch in anderen Bereichen und insbesondere bei anderen Aufwendungsformen des Graubereichs Geltung erlangt.

Erste Diskussionen über ein solches übergeordnetes Angemessenheitskriterium wurden bereits im Zusammenhang mit dem Regierungsentwurf zum StÄndG 1953 geführt, welcher vorsah, dass jede Betriebsausgabe im Sinne des § 4 Abs. 4 EStG durch die Finanzbehörden auf ihre Angemessenheit hin zu überprüfen ist.[2527] Wie schon im Zusammenhang mit der historischen Entwicklung des § 4 Abs. 5 S. 1 Nr. 1-7 EStG ausgeführt wurde, sollte der Wortlaut des § 4 Abs. 4 EStG nach dem Vorschlag der Bundesregierung so verändert werden, dass betrieblich veranlasste Aufwendungen nur noch in Höhe ihres *angemessenen*

2525 Siehe auch *Stapperfend,* in: Herrmann/Heuer/Raupach, EStG/KStG, § 4 EStG, Rn. 1620; vgl. *Wenzig,* StBp 1979, 272, 273.

2526 Siehe nochmals Teil 4 § 17 C.II.2.a.

2527 Dazu *Spitaler,* StbJb. 1953/54, S. 290, 296.

Teils als Betriebsausgaben anerkannt werden.[2528] Der unangemessene Teil der Aufwendung sollte mit der Gesetzesänderung nicht mehr als Betriebsausgabe, sondern nur noch als nicht abziehbarer Privataufwand eingeordnet werden, was zur Folge gehabt hätte, dass grundsätzlich jede Betriebsausgabe nach einem allgemeinen Angemessenheitsmaßstab hätte aufgeteilt werden müssen.[2529] Wie bereits gezeigt wurde, ist dieser Vorschlag während des Gesetzgebungsverfahrens allerdings vielfach kritisiert worden, da man befürchtete, dass die Finanzverwaltung mit einer solchen allgemeinen Angemessenheitsprüfung in die Lage versetzt würde, weitgehend in die Betriebsführung des Steuerpflichtigen und seine Investitionsentscheidungen einzugreifen. Daher ist der Wortlaut des § 4 Abs. 4 EStG letztlich nicht geändert und die Angemessenheitsprüfung in § 4 Abs. 4 S. 2 EStG 1953 allein auf solche Betriebsausgaben beschränkt worden, die zugleich die Lebensführung des Steuerpflichtigen oder anderer Personen berühren.[2530] Diese Entwicklung macht einerseits erneut deutlich, dass die Unangemessenheit einer betrieblich veranlassten Aufwendung nach der Systematik des geltenden Einkommensteuergesetzes nicht dazu führt, dass die entsprechende Aufwendung (teilweise) ihre Betriebsausgabenqualität verliert.[2531] Andererseits veranschaulicht sie aber auch eindrücklich, dass die Angemessenheitsprüfung nach der Vorstellung des Gesetzgebers nur den gesetzlich bestimmten Fällen vorbehalten ist und eine darüber hinausgehende allgemeine Geltung des Angemessenheitsprinzips somit nicht vorgesehen ist.[2532]

Trotz dieser deutlichen Positionierung des Gesetzgebers finden sich im steuerrechtlichen Schrifttum allerdings seit einiger Zeit immer wieder Stimmen, die der Angemessenheitsprüfung auch für andere Aufwendungen des Graubereichs, also außerhalb des Anwendungsbereichs des § 4 Abs. 5 S. 1 Nr. 7 EStG, Geltung verschaffen wollen.[2533] Mit Blick auf die im 3. Teil durchgeführte Analyse der

2528 Siehe hierzu nochmals Teil 4 § 17 B.II.2.b.

2529 Vgl. *Spitaler,* StbJb. 1953/54, S. 290, 296.

2530 Siehe Teil 4 § 17 B.II.2.b.

2531 Siehe hierzu bereits Teil 4 § 17 B.V.

2532 So auch *Brandis,* in: *Baldauf,* DStR 2019, Beih. zu Heft 34, 1, 3. Siehe zudem *Drüen,* in: *Baldauf,* DStR 2019, Beih. zu Heft 34, 1, der zu dem Schluss kommt, dass eine steuerliche Angemessenheitskontrolle immer einer gesetzlichen Grundlage bedarf.

2533 Dass ein „allgemeines Angemessenheitsprinzip im Steuerrecht" trotz dieser historischen Entwicklung auch heute noch Diskussionsbedarf auslöst, zeigt sich nicht zuletzt daran, dass dies im Jahr 2019 eines der Tagungsthemen des 7. Steuerwissenschaftlichen Symposiums beim BFH war. Näher zu dem Symposium sowie den abgehaltenen Referaten siehe *Baldauf,* DStR 2019, Beih. zu Heft 34, 1 ff.

rechtlichen Einordnung und steuerlichen Behandlung der verschiedenen Aufwendungen des Graubereichs ist es daher zweckmäßig, sich im Folgenden zunächst mit der diesbezüglich vertretenen Literaturansicht auseinanderzusetzen und sie mit den oben gefundenen Ergebnissen abzugleichen, bevor im nächsten Kapitel auf die konkrete Angemessenheitsprüfung des § 4 Abs. 5 S. 1 Nr. 7 EStG eingegangen wird.[2534] Zu den maßgeblichen Befürwortern eines allgemeinen Angemessenheitsprinzips für gemischte Aufwendungen haben insbesondere *Tipke* und *Lang* gehört. Diese waren der Ansicht, dass es sich bei dem Angemessenheitskriterium des § 4 Abs. 5 S. 1 Nr. 7 EStG um ein übergeordnetes Fundamentalprinzip handele, welches das gesamte Steuerrecht durchzieht und beispielsweise bei unangemessenen Rechtsgestaltungen iSd § 42 AO, unangemessenen Gewinnverteilungen, verdeckten Gewinnausschüttungen und der Beurteilung von Verträgen zwischen Familienangehörigen eingesetzt wird.[2535] Speziell für den Bereich gemischter Aufwendungen vertraten die beiden Autoren zudem die Auffassung, dass § 4 Abs. 5 S. 1 Nr. 7 EStG einen allgemeinen Aufteilungsgrundsatz aufstelle, der für alle Mischaufwendungen gleichermaßen gelte und insbesondere dann zur Anwendung komme, wenn die Aufwendungen wesentlich betrieblich und wesentlich privat veranlasst sind, eine Aufteilung nach objektiven Kriterien aber nicht möglich ist.[2536] Zwar komme es bei reinen Erwerbsaufwendungen nicht auf deren Angemessenheit, Notwendigkeit oder Zweckmäßigkeit an, da auch wirtschaftlich unangemessene Aufwendungen in vollem Umfang Werbungskosten/Betriebsausgaben seien.[2537] Im Bereich der echten gemischt veranlassten Aufwendungen diene der Angemessenheitsmaßstab des § 4 Abs. 5 S. 1 Nr. 7 EStG aber gemeinhin der Isolierung des wesentlich betrieblich veranlassten Aufwendungsteils und trage damit dazu bei, die gemischten Aufwendungen nachvollziehbar

---

2534 Siehe hierzu Teil 4 § 17 C.II.4.b.

2535 *Lang,* in: Tipke/Lang, Steuerrecht, 20. Auflage, 2010, § 9, Rn. 248 f.; *Tipke,* Steuerrechtsordnung II, S. 772; *Tipke,* StuW 1977, 293, 300 f.; *Tipke/Lang,* Systematischer Grundriß, S. 257, 261 ff. Kritisch hierzu *Arndt,* in: K/S/M, EStG, § 12, Rn. A 112; *Brandis,* in: *Baldauf,* DStR 2019, Beih. zu Heft 34, 1, 2 f.; *Drüen,* StuW 1997, 261, 273; *Drüen,* StbJb. 2010/11, S. 65, 70 f.; *Drüen,* in: *Baldauf,* DStR 2019, Beih. zu Heft 34, 1 f.

2536 Vgl. *Lang,* Bemessungsgrundlage, S. 328 f.; *Lang,* StuW 2007, 3, 11; *Lang,* in: Tipke/Lang, Steuerrecht, 20. Auflage, 2010, § 9, Rn. 249; *Tipke,* Steuerrechtsordnung II, S. 772; *Tipke/Lang,* Systematischer Grundriß, S. 257, 261 ff.; gleichsam heute noch *Hey,* in: Tipke/Lang, Steuerrecht, Rn. 8.244, 8.287. Kritisch hierzu *Drüen,* StbJb. 2010/11, S. 65, 70 f.; *Drüen,* in: *Baldauf,* DStR 2019, Beih. zu Heft 34, 1, 2.

2537 *Lang,* in: Tipke/Lang, Steuerrecht, 20. Auflage, 2010, § 9, Rn. 249; vgl. *Lang,* Bemessungsgrundlage, S. 328 f.; *Tipke/Lang,* Systematischer Grundriß, S. 263.

aufzuteilen und sodann eindeutig einer steuerlichen Sphäre zuzuordnen.[2538] Auch bei diesen Aufwendungen sei daher grundsätzlich eine Aufteilung in einen angemessenen (abziehbaren) und einen unangemessenen (nicht abziehbaren) Aufwendungsteil vorzunehmen.[2539]

Im Kern stammt die von *Tipke* und *Lang* vertretene Annahme eines allgemeinen Angemessenheitsprinzips noch aus der Zeit, in der die Rechtsprechung dem § 12 Nr. 1 S. 2 EStG ein allgemeines Aufteilungs- und Abzugsverbot für gemischte Aufwendungen entnommen hat.[2540] Sowohl *Tipke* als auch *Lang* standen dieser Rechtsprechung – wie viele andere Autoren auch – äußerst kritisch gegenüber, da sie dazu führte, dass der betrieblich veranlasste Teil gemischter Aufwendungen, der beim Steuerpflichtigen ebenfalls zu einer Minderung der wirtschaftlichen Leistungsfähigkeit führt, nicht hinreichend steuerlich berücksichtigt wurde.[2541] In der Annahme eines allgemeinen Angemessenheitsprinzips für alle Formen gemischter Aufwendungen sahen die beiden Autoren daher eine Möglichkeit, den betrieblich veranlassten Teil trotz des von der Rechtsprechung vertretenen Aufteilungs- und Abzugsverbots zum Abzug zuzulassen.[2542] Systematisch ist die Ansicht zudem darauf zurückzuführen, dass *Tipke* und *Lang* der Auffassung waren, unangemessene Betriebsausgaben, die zugleich die Lebensführung berühren, seien in Wahrheit verdeckt privat mitveranlasst, weshalb die Angemessenheitsprüfung bei allen Mischaufwendungen dazu diene, den unangemessenen, eigentlich privat mitveranlassten Aufwendungsteil von dem ansonsten abziehbaren betrieblich veranlassten Teil abzuspalten.[2543]

Mittlerweile hat die Forderung *Tipkes* und *Langs* allerdings ihren Nährboden verloren, da sich die rechtliche Ausgangslage, in der diese Forderung entwickelt

---

2538 Vgl. *Lang,* StuW 2007, 3, 11; *Lang,* in: Tipke/Lang, Steuerrecht, 20. Auflage, 2010, § 9, Rn. 249; *Tipke/Lang,* Systematischer Grundriß, S. 263.

2539 Vgl. *Lang,* in: Tipke/Lang, Steuerrecht, 20. Auflage, 2010, § 9, Rn. 248; *Tipke,* Steuerrechtsordnung II, S. 772; *Tipke/Lang,* Systematischer Grundriß, S. 257, 261 ff.; gleichsam heute noch *Hey,* in: Tipke/Lang, Steuerrecht, Rn. 8.244, 8.287.

2540 Zu der alten Rechtsprechung des BFH, welche mit Beschluss aus dem September 2009 aufgegeben wurde, sowie der daran geäußerten Kritik des Schrifttums siehe nochmals Teil 3 § 10 B.I. und II.

2541 Vgl. nur *Tipke/Lang,* Systematischer Grundriß, S. 261 f. Zu den Kritikern der früheren Rechtsprechung siehe bereits Fn. 1233.

2542 Siehe *Lang,* StuW 2007, 3, 11; *Lang,* Bemessungsgrundlage, S. 333 f.; *Tipke/Lang,* Systematischer Grundriß, S. 263.

2543 Vgl. *Lang,* Bemessungsgrundlage, S. 328 f.; *Lang,* in: Tipke/Lang, Steuerrecht, 20. Auflage, 2010, § 9, Rn. 249, 287; *Tipke,* Steuerrechtsordnung II, S. 772; *Tipke/Lang,* Systematischer Grundriß, S. 263. Zu der auch von *Helkenberg* und *Hey*

wurde, grundlegend geändert hat. Der BFH hat mit Beschluss aus dem September 2009 seine Rechtsprechung zu § 12 Nr. 1 S. 2 EStG aufgegeben und das allgemeine Aufteilungs- und Abzugsverbot durch ein Aufteilungs- und Abzugsgebot ersetzt.[2544] Hiernach werden echte gemischt veranlasste Aufwendungen bei Vorliegen objektiver Kriterien in einen abziehbaren betrieblichen und einen nicht abziehbaren privaten Teil aufgeteilt, so dass für ein übergeordnetes Angemessenheitsprinzip, mit dem die Mischaufwendungen ebenfalls aufgeteilt werden sollen, kein Bedarf mehr besteht. Auch wenn man – wie *Lang* – der Ansicht ist, dass die Abziehbarkeit echter gemischt veranlasster Aufwendungen nicht von der Trennbarkeit einer Aufwendung abhängig gemacht werden darf,[2545] ist die Übertragung der Angemessenheitsprüfung nach § 4 Abs. 5 S. 1 Nr. 7 EStG auf andere Formen gemischter Aufwendungen darüber hinaus auch nicht mit der Historie und Systematik des Gesetzes vereinbar. So hat die historische Analyse des StÄndG 1953 bereits gezeigt, dass eine Aufteilung in einen abziehbaren angemessenen und einen nicht abziehbaren unangemessenen Aufwendungsteil nach der Vorstellung des Gesetzgebers nur bei solchen Betriebsausgaben vorgenommen werden soll, die zugleich die Lebensführung des Steuerpflichtigen oder anderer Personen berühren.[2546] Da die Auslegung des Abzugskataloges zudem deutlich gemacht hat, dass § 4 Abs. 5 S. 1 Nr. 7 EStG keine Regelung für echte gemischt veranlasste Aufwendungen ist, sondern an das Vorliegen originär betrieblich veranlasster Aufwendungen anknüpft,[2547] kann das Angemessenheitsprinzip, das dem Tatbestand zugrunde liegt, auch nicht allgemeingültig auf echte gemischt veranlasste Aufwendungen übertragen werden. Schließlich wurde bereits darauf hingewiesen, dass unangemessene Betriebsausgaben – anders als *Tipke* und *Lang* annehmen – nicht notwendigerweise mit (verdeckt) privat mitveranlassten Aufwendungen gleichzusetzen sind[2548] und der Gesetzgeber mit dem StÄndG 1960 sogar deutlich gemacht hat, dass selbst Aufwendungen, die bereits *ihrer Art nach*

---

vertretenen Ansicht, § 4 Abs. 5 S. 1 Nr. 1-4, 7 EStG betreffe unangemessene Aufwendungen, die in Wahrheit verdeckt privat mitveranlasst sind, siehe bereits Teil 4 § 17 B.III.2.

2544 Siehe hierzu bereits Teil 3 § 10 B.III.

2545 So deutlich *Lang*, StuW 2007, 3, 11. Siehe zu dieser zutreffenden Ansicht, nach der echte gemischt veranlasste Aufwendungen nicht nach ihrer Trennbarkeit zu differenzieren und stets – notfalls im Wege der Schätzung – aufzuteilen sind, bereits Teil 3 § 10 C.II.2. und 4.

2546 So auch BFH BStBl. II 1978, 93, 95.

2547 Siehe hierzu bereits Teil 4 § 17 B.V.

2548 Siehe hierzu nochmals Teil 4 § 17 B.III.2. und Teil 4 § 17 C.II.1.

unangemessen sind, originäre Betriebsausgaben iSd § 4 Abs. 4 EStG darstellen können.[2549] Vor diesem Hintergrund ist die Ansicht *Tipkes* und *Langs* abzulehnen und das Angemessenheitsprinzip allein auf die in § 4 Abs. 5 S. 1 Nr. 7 EStG vorgesehenen Fälle zu beschränken, bei denen eine Betriebsausgabe zugleich die private Lebensführung des Steuerpflichtigen oder anderer Personen berührt.[2550] Wie die Angemessenheitsprüfung im Sinne des § 4 Abs. 5 S. 1 Nr. 7 EStG dann im Einzelnen vorzunehmen ist und welche Rechtsfolgen sich daraus für die steuerliche Behandlung unangemessener Betriebsausgaben ergeben, wird im Folgenden näher analysiert.

b) Angemessenheitsprüfung nach § 4 Abs. 5 S. 1 Nr. 7 EStG

Den Ausgangspunkt für die Angemessenheitsprüfung nach § 4 Abs. 5 S. 1 Nr. 7 EStG bilden zunächst die Vorgaben, die im Wortlaut der Norm sowie in der Entwurfsbegründung zum StÄndG 1960 enthalten sind. Hiernach richtet sich die Unangemessenheit einer Aufwendung grundsätzlich nach der „allgemeinen Verkehrsanschauung", also nach der Anschauung breitester Bevölkerungskreise,[2551] und orientiert sich dabei am Maßstab einer „sparsamen Wirtschaftsführung".[2552] Da dieser Prüfungsmaßstab allerdings noch relativ weit gefasst ist und es sich bei der Unangemessenheit iSd § 4 Abs. 5 S. 1 Nr. 7 EStG um einen ausfüllungsbedürftigen, unbestimmten Rechtsbegriff handelt,[2553] bedürfen diese Vorgaben der

2549 Siehe Teil 4 § 17 B.II.3.

2550 So auch *Meyer*, in: BeckOK EStG, § 4, Rn. 2705, 2801, der das Angemessenheitskriterium des § 4 Abs. 5 S. 1 Nr. 7 EStG als einen gesetzlich formulierten, übergreifenden Maßstab für betrieblich veranlasste Aufwendungen, die die Lebensführung berühren und für die das Gesetz keine speziellere Regelung bereitstellt, versteht. Ob der Grundgedanke des § 4 Abs. 5 S. 1 Nr. 7 EStG darüber hinaus auch auf die anderen Tatbestände des Abzugskataloges nach § 4 Abs. 5 S. 1 Nr. 1-6c EStG übertragen werden kann, wird an späterer Stelle untersucht, siehe hierzu Teil 4 § 17 C.III.

2551 Die „allgemeine Verkehrsanschauung" unterscheidet sich von der „Verkehrsanschauung", bei der gerade nicht die Ansicht des Durchschnittsbürgers, sondern allein die Meinung der beteiligten Wirtschaftskreise maßgeblich ist, vgl. BFH/NV 2002, 1145, 1146; BFH BStBl. II 1990, 575, 578; *Drüen*, in: Brandis/Heuermann, EStG, § 4, Rn. 872; *Frotscher/Watrin*, in: Frotscher/Geurts, EStG, § 4, Rn. 825; *Herden*, BB 1990, 1251, 1251. Zu der entsprechenden Verschärfung des Prüfungsmaßstabs, die der Gesetzgeber mit dem StÄndG 1960 vorgenommenen hat, siehe nochmals Teil 4 § 17 B.II.3.

2552 Siehe BT-Drs. III/1811, 8.

2553 Vgl. BFH BStBl. II 1972, 26, 27; *Frotscher/Watrin*, in: Frotscher/Geurts, EStG, § 4, Rn. 825; *Helkenberg*, Unangemessenheit von Betriebsausgaben, S. 90; *Meurer*, in:

weiteren Konkretisierung. Hierfür ist zunächst festzuhalten, dass die Entscheidung darüber, was für den Betrieb erforderlich, notwendig oder zweckmäßig ist, auch nach Einführung der Abzugsbeschränkung in § 4 Abs. 5 S. 1 Nr. 7 EStG weiterhin allein beim Steuerpflichtigen liegt.[2554] Wie oben bereits ausgeführt wurde, wollte der Gesetzgeber verhindern, dass die Finanzverwaltung mit der Angemessenheitsprüfung zu sehr in die Investitionsentscheidungen des Steuerpflichtigen eingreifen kann, und hat daher bewusst nur die Abziehbarkeit der betreffenden Betriebsausgaben eingeschränkt, ohne dabei ihre sphärische Einordnung von der Angemessenheit der Aufwendung abhängig zu machen.[2555] Zudem bestand der ursprüngliche Sinn und Zweck, den der Gesetzgeber mit der Abzugsbeschränkung in § 4 Abs. 5 S. 1 Nr. 7 EStG verfolgt hat, darin, nur die „offensichtliche[n] Auswüchse" bei der Betriebsausgabengestaltung zu verhindern.[2556] Somit wird deutlich, dass bei der Prüfung der Unangemessenheit nach der Vorstellung des Gesetzgebers nicht zu kleinlich verfahren werden soll.[2557] Voraussetzung für die Annahme einer unangemessenen Betriebsausgabe ist vielmehr, dass die Aufwendung den als normal empfundenen Aufwand deutlich oder auffällig übersteigt.[2558]

Des Weiteren ist zu beachten, dass sich die Unangemessenheit iSd § 4 Abs. 5 S. 1 Nr. 7 EStG nicht nach allgemeingültigen Maßstäben oder absoluten Höchstgrenzen bemessen lässt.[2559] Auch bei der Anschaffung von Luxusgütern

---

Lademann, EStG, § 4, Rn. 734; *Stapperfend,* in: Herrmann/Heuer/Raupach, EStG/KStG, § 4 EStG, Rn. 1631.

2554 Vgl. BFH BStBl. II 2014, 679, 680; BFH BStBl. II 1978, 93, 95; *Drüen,* in: Brandis/Heuermann, EStG, § 4, Rn. 872; *Frotscher/Watrin,* in: Frotscher/Geurts, EStG, § 4, Rn. 825; *Meyer,* in: BeckOK EStG, § 4, Rn. 2802.1; *Nacke,* in: Littmann/Bitz/Pust, EStG, § 4, Rn. 1801; *Wenzig,* StBp 1979, 272, 275.

2555 Siehe hierzu bereits Teil 4 § 17 B.II.3. und Teil 4 § 17 C.II.4.a.

2556 Siehe BT-Drs. I/4092, 37.

2557 So im Ergebnis auch *Breuninger/Prinz,* DStR 1994, 1401, 1407; *Drüen,* in: Brandis/Heuermann, EStG, § 4, Rn. 872; *Klempt,* DStZ 1987, 207, 208; *Spitaler,* StbJb. 1953/54, S. 290, 296; *Steilen,* BB 1992, 755, 757; *Wetter,* Abgrenzung der Betriebsausgaben, S. 24.

2558 Vgl. BFH BStBl. II 1985, 458, 460; siehe *Feldgen,* in: Korn, EStG, § 4, Rn. 1145; *Klempt,* DStZ 1987, 207, 208; *Maetz,* in: Bordewin/Brandt, EStG, § 4, Rn. 2971; *Nacke,* in: Littmann/Bitz/Pust, EStG, § 4, Rn. 1801; *Wenzig,* StBp 1979, 272, 277.

2559 Vgl. BFH BStBl. II 2018, 185, 189; BFH BStBl. II 2017, 526, 528; BFH BStBl. II 2014, 679, 680; BFH BStBl. II 1990, 575, 577; BFH/NV 1988, 356, 357; BFH BStBl. II 1988, 629, 631; BFH BStBl. II 1987, 853, 855; BFH BStBl. II 1978, 93, 95 f.; siehe *Drüen,* in: Brandis/Heuermann, EStG, § 4, Rn. 872; *Frotscher/Watrin,* in: Frotscher/Geurts,

kann nicht allein aufgrund des Umstandes, dass es sich um ein besonders teures Wirtschaftsgut wie beispielsweise einen Sportwagen handelt, darauf geschlossen werden, dass die Aufwendung unangemessen ist.[2560] Entscheidend sind vielmehr die Umstände des jeweiligen Einzelfalls.[2561] Daher ist für die Abzugsbeschränkung in § 4 Abs. 5 S. 1 Nr. 7 EStG insbesondere zu prüfen, ob die konkrete Betriebsausgabe zweckmäßig, zur Verfolgung des mit der jeweiligen Maßnahme erstrebten Ziels erforderlich und durch wirtschaftlich vernünftige Gründe zu rechtfertigen ist.[2562] Zur weiteren Konkretisierung der Unangemessenheit nimmt die Rechtsprechung darüber hinaus einen Fremdvergleich vor, bei dem sie danach fragt, ob ein ordentlicher und gewissenhafter Unternehmer – ungeachtet seiner Freiheit, den Umfang seiner Erwerbsaufwendungen selbst bestimmen zu dürfen – die fragliche Aufwendung angesichts der erwarteten Vorteile und Kosten ebenfalls auf sich genommen hätte.[2563] Maßgebliche Kriterien für die Beurteilung der Unangemessenheit sind dabei neben der Größe des Unternehmens und der Höhe des längerfristigen Umsatzes und Gewinns auch die Bedeutung des Repräsentationsaufwandes für den Geschäftserfolg nach der Art der ausgeübten Tätigkeit sowie seine Üblichkeit in vergleichbaren Betrieben.[2564] Ebenfalls entscheidungs-

---

EStG, § 4, Rn. 826; *Maetz,* in: Bordewin/Brandt, EStG, § 4, Rn. 1974; *Nacke,* in: Littmann/Bitz/Pust, EStG, § 4, Rn. 1802; *Stapperfend,* in: Herrmann/Heuer/Raupach, EStG/KStG, § 4 EStG, Rn. 1631; *Steilen,* BB 1992, 755, 755; *Wetter,* Abgrenzung der Betriebsausgaben, S. 23. Kritisch hierzu *Rößler,* DStZ 1991, 121, 121.

2560 Vgl. BFH BStBl. II 2018, 185, 189; BFH BStBl. II 2014, 679, 681; BFH/NV 1989, 362, 362; BFH BStBl. II 1987, 853, 855; FG Baden-Württemberg, EFG 2022, 438, 440; FG Hamburg, EFG 2019, 135, 138; FG Berlin-Brandenburg, EFG 2018, 159, 161; siehe *Stapperfend,* in: Herrmann/Heuer/Raupach, EStG/KStG, § 4 EStG, Rn. 1631.

2561 Siehe Fn. 2484.

2562 Vgl. BFH BStBl. II 1978, 93, 95 f.; *Frotscher/Watrin,* in: Frotscher/Geurts, EStG, § 4, Rn. 825; *Meurer,* in: Lademann, EStG, § 4, Rn. 734.

2563 Vgl. BFH BStBl. II 2018, 185, 189; BFH BStBl. II 2017, 526, 528; BFH BStBl. II 2014, 679, 681; BFH/NV 1992, 207, 207; BFH/NV 1989, 362, 362 f.; BFH BStBl. II 1987, 853, 854; BFH BStBl. II 1987, 108, 110; BFH BStBl. II 1985, 458, 460; FG Baden-Württemberg, EFG 2022, 438, 440; FG Hamburg, EFG 2019, 135, 138; FG Berlin-Brandenburg, EFG 2018, 159, 161; FG Berlin-Brandenburg, EFG 2017, 192, 194 f. Zu dieser Rechtsprechung auch *Drüen,* in: Brandis/Heuermann, EStG, § 4, Rn. 872; *Maetz,* in: Bordewin/Brandt, EStG, § 4, Rn. 2974; *Meurer,* in: Lademann, EStG, § 4, Rn. 734; *Meyer,* in: BeckOK, EStG, § 4, Rn. 2802; *Stapperfend,* in: Herrmann/Heuer/Raupach, EStG/KStG, § 4 EStG, Rn. 1631.

2564 Vgl. BFH BStBl. II 2017, 526, 528; BFH BStBl. II 2014, 679, 680. Dazu auch *Drüen,* in: Brandis/Heuermann, EStG, § 4, Rn. 872; *Frotscher/Watrin,* in: Frotscher/Geurts, EStG, § 4, Rn. 826; *Maetz,* in: Bordewin/Brandt, EStG, § 4, Rn. 2974; *Meurer,* in:

erheblich kann darüber hinaus sein, ob ein objektiver Grund für den aufgewendeten Mehrbedarf vorgelegen hat, ob der Aufwand also beispielsweise durch ein günstiges Gegengeschäft ausgelöst wurde, das ohne entsprechende Koppelung nicht zustande gekommen wäre.[2565] Schließlich geht die Rechtsprechung und die überwiegende Literaturansicht davon aus, dass auch der Grad der Berührung der privaten Lebenssphäre bei der Angemessenheitsprüfung zu berücksichtigen sei.[2566] Je stärker die persönlichen Motive des Steuerpflichtigen sind, desto eher wird davon ausgegangen, dass eine Betriebsausgabe nach den Vorgaben des § 4 Abs. 5 S. 1 Nr. 7 EStG unangemessen ist.[2567] Wie sogleich zu zeigen sein wird, kann dem allerdings nur insoweit zugestimmt werden, als die betreffende Aufwendung die Schwelle zur wesentlichen privaten Mitveranlassung noch nicht überschritten hat.[2568]

Abschließend ist außerdem festzuhalten, dass für die Beurteilung der Unangemessenheit jeweils nur die einzelne Aufwendung und nicht etwa ein Gesamtposten, der aus mehreren Aufwendungen gebildet wird, herangezogen werden kann.[2569] Zudem ist bei der Angemessenheitsprüfung stets auf diejenige „allgemeine Verkehrsauffassung" abzustellen, die im Zeitpunkt der Aufwendungstätigung vorherrscht.[2570] Da diese nicht statisch, sondern dynamisch ist und damit dem gesellschaftlichen Wandel unterliegt, kann sie sich im Laufe der Zeit so verändern,

---

Lademann, EStG, § 4, Rn. 734; *Meyer,* in: BeckOK EStG, § 4, Rn. 2802; *Stapperfend,* in: Herrmann/Heuer/Raupach, EStG/KStG, § 4 EStG, Rn. 1631.

2565 Vgl. BFH BStBl. II 1987, 108, 110. Siehe hierzu auch *Feldgen,* in: Korn, EStG, § 4, Rn. 1146; *Maetz,* in: Bordewin/Brandt, EStG, § 4, Rn. 2974; *Nacke,* in: Littmann/Bitz/Pust, EStG, § 4, Rn. 1802.

2566 Vgl. BFH BStBl. II 2018, 185, 189; BFH BStBl. II 2014, 679, 680; BFH BStBl. II 1990, 575, 577 f.; BFH/NV 1989, 362, 362; BFH/NV 1988, 356, 357; BFH BStBl. II 1987, 853, 854; BFH BStBl. II 1987, 108, 110; BFH BStBl. II 1986, 904, 906; FG München, EFG 1987, 542, 544; siehe *Drüen,* in: Brandis/Heuermann, EStG, § 4, Rn. 872; *Feldgen,* in: Korn, EStG, § 4, Rn. 1146; *Klempt,* DStZ 1987, 207, 208; *Maetz,* in: Bordewin/Brandt, EStG, § 4, Rn. 2974; *Meyer,* in: BeckOK EStG, § 4, Rn. 2802; *Stapperfend,* in: Herrmann/Heuer/Raupach, EStG, § 4, Rn. 1631; *Steilen,* BB 1992, 755.

2567 Siehe *Stapperfend,* in: Herrmann/Heuer/Raupach, EStG/KStG, § 4 EStG, Rn. 1631; vgl. BFH BStBl. II 1990, 575, 578; FG Hamburg, EFG 2019, 135, 138; FG München, EFG 1987, 542, 544.

2568 Anders aber BFH BStBl. II 1990, 575, 578. Hierzu sogleich.

2569 Vgl. BFH BStBl. II 1990, 575, 576; *Feldgen,* in: Korn, EStG, § 4, Rn. 1147; *Horlemann,* DStR 1990, 728, 729; *Meyer,* in: BeckOK EStG, § 4, Rn. 2802.2; *Rößler,* DStZ 1991, 121; *Stapperfend,* in: Herrmann/Heuer/Raupach, EStG/KStG, § 4 EStG, Rn. 1631; *Wenzig,* StBp 1979, 272, 275.

2570 *Meyer,* in: BeckOK EStG, § 4, Rn. 2802.

dass Betriebsausgaben, die in der Vergangenheit noch als unangemessen wahrgenommen wurden, heute möglicherweise dem als normal empfundenen Aufwand entsprechen und damit als angemessene Betriebsausgaben steuerlich abziehbar sind.[2571]

Liegt nach den vorgenannten Kriterien dagegen eine unangemessene Betriebsausgabe vor, so greift das Abzugsverbot des § 4 Abs. 5 S. 1 Nr. 7 EStG nach dem eindeutigen Gesetzeswortlaut grundsätzlich nur, *soweit* die Aufwendung unangemessen ist, d.h. der steuerliche Abzug dieser Aufwendung wird nur *der Höhe nach* eingeschränkt.[2572] Der BFH wendet § 4 Abs. 5 S. 1 Nr. 7 EStG darüber hinaus in Ausnahmefällen auch auf solche Aufwendungen an, die bereits ihrer Art, d.h. *dem Grunde nach*, als unangemessen angesehen werden.[2573] Beispielsweise kommt der 3. Senat in einer Entscheidung über den Besuch von „Nachtlokalen", also insbesondere Bordellen und bordellähnlichen Einrichtungen, bei denen die Aufwendungen für Varieté, Striptease und andere Darbietungen in offensichtlichem Missverhältnis zum Wert der verzehrten Speisen stehen,[2574] zu dem Ergebnis, dass die betreffenden Aufwendungen bereits *ihrer Art nach* unangemessen seien und daher gemäß § 4 Abs. 5 S. 1 Nr. 7 EStG insgesamt vom Betriebsausgabenabzug auszuschließen seien.[2575] Das Gericht begründet diese Schlussfolgerung im Wesentlichen damit, dass es im Rahmen der Angemessenheitsprüfung nach § 4 Abs. 5 S. 1 Nr. 7 EStG auch auf den Grad des Berührens der privaten Lebensführung ankomme und eine Betriebsausgabe jedenfalls dann nicht mehr als angemessen anzusehen sei, wenn das persönliche Vergnügen, das mit der Aufwendung verbunden sei, entscheidend in den Vordergrund trete.[2576]

2571 Siehe hierzu *Klempt,* DStZ 1987, 207, 208; *Meurer,* in: Lademann, EStG, § 4, Rn. 733; *Spilker,* in: K/S/M, EStG, § 4, Rn. M 34.

2572 Vgl. BFH BStBl. II 1990, 575, 577; BFH BStBl. II 1978, 93, 95 f.; *Bode,* in: Kirchhof/Seer, EStG, § 4, Rn. 221; *Feldgen,* in: Korn, EStG, § 4, Rn. 1148; *Horlemann,* DStR 1990, 728, 729; *Maetz,* in: Bordewin/Brandt, EStG, § 4, Rn. 2975, 2977; *Meurer,* in: Lademann, EStG, § 4, Rn. 736; *Meyer,* in: BeckOK EStG, § 4, Rn. 2803; *Stapperfend,* in: Herrmann/Heuer/Raupach, EStG/KStG, § 4 EStG, Rn. 1640; *Steilen,* BB 1992, 755.

2573 Vgl. BFH BStBl. II 1990, 575, 575; in eine ähnliche Richtung auch BFH BStBl. II 2018, 185, 188 f.

2574 Aufgrund dieses Missverhältnisses und des Umstandes, dass die Bewirtung der Geschäftsfreunde in dem zu entscheidenden Fall nicht im Vordergrund stand, lehnte der BFH eine Anwendbarkeit der Abzugsbeschränkung nach § 4 Abs. 5 S. 1 Nr. 2 EStG ab, vgl. BFH BStBl. II 1990, 575, 577.

2575 BFH BStBl. II 1990, 575, 577 f.

2576 BFH BStBl. II 1990, 575, 577 f.

In diesen Fällen werde die betriebliche Veranlassung derart durch private Motive überlagert, dass schon eine Unangemessenheit dem Grunde nach vorliege, bei der kein steuerlicher Abzug – auch kein gekürzter – mehr in Frage käme.[2577] Eine vergleichbare Wertung habe der Gesetzgeber auch im letzten Halbsatz des § 4 Abs. 5 S. 1 Nr. 4 EStG vorgenommen, wonach Bewirtungsaufwendungen ebenfalls schon dem Grunde nach nicht abziehbar seien, wenn sie mit Jagdausflügen, Segelfahrten und ähnlichen Vergnügungen in Zusammenhang stehen. Hieraus folge allgemein, dass eine betriebliche Aufwendung das Schicksal der im Vordergrund stehenden Vergnügung, mit der sie zusammenhängt, teile und damit ebenfalls in voller Höhe vom Betriebsausgabenabzug ausgeschlossen sei.[2578]

In der Literatur ist diese Entscheidung nur teilweise auf Zustimmung gestoßen.[2579] Einige Autoren stimmen dem Gericht im Ergebnis zu und sind der Ansicht, dass insbesondere der Wortlaut des § 4 Abs. 5 S. 1 Nr. 7 EStG einer Annahme der Unangemessenheit bereits dem Grunde nach nicht entgegen stehe, da er auch solche betrieblichen Aufwendungen erfasse, die insgesamt unangemessen sind und damit auch in diesen Fällen den steuerlichen Abzug untersage, *„soweit"* die Aufwendung als unangemessen anzusehen ist.[2580] Vor diesem Hintergrund nimmt ein Teil der Literatur an, dass die Rechtsprechung des BFH auch auf andere betrieblich veranlasste Aufwendungen wie beispielsweise die Kosten für Theater-, Konzert- oder Museumsbesuche mit dem Geschäftspartner, bei denen das private Vergnügen ebenfalls gegenüber dem Ziel der Schaffung eines angenehmen Rahmens für geschäftliche Gespräche in den Vordergrund tritt, übertragbar sei.[2581]

Andere Teile der Literatur wenden dagegen ein, dass ein solches generelles Abzugsverbot für betriebliche Aufwendungen, die gesellschaftlich unerwünscht

---

2577 BFH BStBl. II 1990, 575, 578.

2578 BFH BStBl. II 1990, 575, 578.

2579 Zu den verschiedenen Ansichten siehe auch *Stapperfend*, in: Herrmann/Heuer/Raupach, EStG/KStG, § 4 EStG, Rn. 1640.

2580 Siehe etwa *Spilker*, in: K/S/M, EStG, § 4, Rn. M 35; *Stapperfend*, in: Herrmann/Heuer/Raupach, EStG/KStG, § 4 EStG, Rn. 1640; im Ergebnis zustimmend auch *Drüen*, in: Brandis/Heuermann, EStG, § 4, Rn 872; *Horlemann*, DStR 1990, 728, 729; *Rößler*, DStZ 1991, 121, 121.

2581 Für eine Übertragbarkeit auf andere Aufwendungen etwa *Drüen*, in: Brandis/Heuermann, EStG, § 4, Rn. 872; *Feldgen*, in: Korn, EStG, § 4, Rn. 1147; *Frotscher/Watrin*, in: Frotscher/Geurts, EStG, § 4, Rn. 827 f.; *Horlemann*, DStR 1990, 728, 729.

sind,[2582] rechtsdogmatisch bedenklich sei.[2583] Eine Unangemessenheit bereits dem Grunde nach sei weder mit dem Wortlaut noch mit der Systematik des § 4 Abs. 5 S. 1 Nr. 7 EStG vereinbar, der deutlich darauf abstellt, dass eine Betriebsausgabe nur, *„soweit"* sie als unangemessen anzusehen ist, vom steuerlichen Abzug ausgeschlossen wird.[2584] Darüber hinaus werde mit einem solchen Verbot, das ohne eine konkrete Prüfung im Einzelfall bestimmte bereits ihrer Art nach unangemessene Aufwendungen schon kategorisch vom Betriebsausgabenabzug ausschließe, der gesetzgeberische Zweck des § 4 Abs. 5 S. 1 Nr. 7 EStG unterlaufen, welcher gerade darin bestehe, nur offensichtliche Auswüchse der missbräuchlichen Betriebsausgabengestaltung zu verhindern.[2585] Die Rechtsprechung des BFH zu den Aufwendungen für „Nachtlokale" sei daher nicht auf andere Situationen als den in der konkreten Entscheidung gegenständlichen Einzelfall zu übertragen.[2586]

Dieser Ansicht ist im Ergebnis zuzustimmen. Zwar ist es zutreffend, dass mit dem Wortlaut des § 4 Abs. 5 S. 1 Nr. 7 EStG grundsätzlich auch eine Abzugsbeschränkung *in voller Höhe* möglich ist. Zudem hat die historische Entwicklung der Abzugsverbote in § 4 Abs. 5 S. 1 Nr. 1, 3 und 4 EStG gezeigt, dass der Gesetzgeber sogar selbst davon ausgeht, dass bestimmte Betriebsausgaben bereits *dem Grunde nach unangemessen* sind und zur Vermeidung missbräuchlicher Betriebsausgabengestaltungen daher vollständig vom steuerlichen Abzug auszuschließen sind.[2587] Gerade der Vergleich mit den Tatbeständen des § 4 Abs. 5 S. 1 Nr. 1, 3 und 4 EStG macht allerdings deutlich, warum die Annahme, § 4 Abs. 5 S. 1 Nr. 7 EStG enthalte zugleich ein allgemeines Abzugsverbot für betriebliche Aufwendungen, die bereits ihrer Art nach unangemessen sind, abzulehnen ist. Wie die Ausführungen zur historischen Entwicklung deutlich gemacht haben, handelt es sich bei den von § 4 Abs. 5 S. 1 Nr. 1, 3 und 4 EStG

2582 *Spilker,* in: K/S/M, EStG, § 4, Rn. M 36; vgl. auch *Meurer,* in: Lademann, EStG, § 4, Rn. 736; *Steilen,* BB 1992, 755, 757.

2583 Siehe etwa *Loschelder,* in: Schmidt, EStG, § 4, Rn. 601; *Steilen,* BB 1992, 755, 756 f.; kritisch auch *Herden,* BB 1990, 1251, 1251 f.

2584 Siehe *Breuninger/Prinz,* DStR 1994, 1401, 1407; *Loschelder,* in: Schmidt, EStG, § 4, Rn. 601; *Maetz,* in: Bordewin/Brandt, EStG, § 4, Rn. 2976; *Nacke,* in: Littmann/Bitz/Pust, EStG, § 4, Rn. 1801; *Steilen,* BB 1992, 755, 756.

2585 So *Steilen,* BB 1992, 755, 757; a.A. *Stapperfend,* in: Herrmann/Heuer/Raupach, EStG/KStG, § 4 EStG, Rn. 1640.

2586 Siehe *Herden,* BB 1990, 1251, 1251 f.; *Loschelder,* in: Schmidt, EStG, § 4, Rn. 601; *Steilen,* BB 1992, 755, 757; diesbezüglich zustimmend auch *Meurer,* in: Lademann, EStG, § 4, Rn. 736; *Meyer,* in: BeckOK EStG, § 4, Rn. 2803.1.

2587 Siehe hierzu nochmals Teil 4 § 17 B.II.3. Mit diesem Argument auch *Meurer,* in: Lademann, EStG, § 4, Rn. 736.

enthaltenen Betriebsausgaben nämlich um besondere Aufwendungen, die der Gesetzgeber aus rechtspolitischen Gründen einem vollständigen Abzugsverbot unterworfen hat, weil dies die Kostenpositionen waren, die in der Praxis besonders häufig zu missbräuchlichen Betriebsausgabengestaltungen geführt haben.[2588] Mit diesen Totalverboten greift der Gesetzgeber jedoch massiv in das objektive Nettoprinzip bzw. das Folgerichtigkeitsgebot ein, weil die steuerliche Geltendmachung der betreffenden Betriebsausgaben damit nicht nur eingeschränkt, sondern in voller Höhe untersagt wird. Für solche starken Eingriffe ist verfassungsrechtlich auch ein entsprechend belastbarer Rechtfertigungsgrund erforderlich. Diesem Rechtfertigungserfordernis könnte sich der Gesetzgeber allerdings entziehen, wenn die Überlegungen aus der Entscheidung zu den „Nachtlokalen" auch auf andere Aufwendungen übertragbar wären und damit der Rechtsprechung über § 4 Abs. 5 S. 1 Nr. 7 EStG die Möglichkeit eingeräumt würde zu entscheiden, welche Aufwendungen bereits ihrer Art nach unangemessen und damit schon kategorisch insgesamt nicht abziehbar sind.

Darüber hinaus ist auch die Begründung, die der BFH in seiner Entscheidung zu den „Nachtlokalen" anführt, nicht überzeugend. Nach Ansicht des Gerichtes ist eine Betriebsausgabe dann als bereits dem Grunde nach unangemessen anzusehen, wenn die privaten Motive so stark in den Vordergrund treten, dass die betrieblichen Gründe der Aufwendung dadurch verdrängt werden.[2589] Diese Argumentation betrifft systematisch gesehen[2590] aber nicht die Angemessenheitsprüfung nach § 4 Abs. 5 S. 1 Nr. 7 EStG, bei der auch der Grad der Berührung der privaten Lebensführung eine Rolle spielt, sondern die maßgebliche Vorfrage, ob *überhaupt Betriebsausgaben* iSd § 4 Abs. 4 EStG vorliegen.[2591] Sollte der BFH in seiner Entscheidung davon ausgehen, dass die privaten Motive bei den Aufwendungen für „Nachtlokale" so stark ausgeprägt sind, dass kein Berühren der Lebensführung mehr vorliegt, sondern bereits die Schwelle zur wesentlichen privaten Mitveranlassung überschritten ist, darf sich die Frage der Angemessenheit gar nicht mehr in Bezug auf die ganze Aufwendung stellen, da der Abzug hinsichtlich des privaten Teils dann bereits nach § 12 Nr. 1 EStG ausgeschlossen ist.[2592] Der Anwendungsbereich des § 4 Abs. 5 S. 1 Nr. 7 EStG wäre dann nur

2588 Siehe hierzu nochmals Teil 4 § 17 B.II.3.
2589 Vgl. BFH BStBl. II 1990, 575, 577 f.
2590 Siehe zu dieser Systematik bereits Teil 4 § 17 B.V.
2591 So auch *Meyer*, in: BeckOK EStG, § 4, Rn. 2803.1.
2592 Siehe auch *Meurer*, in: Lademann, EStG, § 4, Rn. 736; *Meyer*, in: BeckOK EStG, § 4, Rn. 2803.1.

noch hinsichtlich des betrieblichen Teils der Aufwendung eröffnet.[2593] Schließlich wird auch aus dem Argument, das der BFH im Hinblick auf die gesetzliche Wertung des § 4 Abs. 5 S. 1 Nr. 4 EStG letzter Halbsatz anführt, deutlich, dass die Überlegungen zu den Aufwendungen für „Nachtlokale" nicht verallgemeinerungsfähig sind. In dieser Gesetzesvorgabe geht es – ebenso wie in der in Rede stehenden Entscheidung – ausschließlich um Bewirtungsaufwendungen, die mit anderen Aufwendungen in Zusammenhang stehen. Allgemeine Wertungen für andere Aufwendungen, die nicht der Bewirtung von Geschäftsfreunden dienen, können daraus also nicht hergeleitet werden. Zudem stellt die Situation, welche der Entscheidung des BFH zugrunde lag, vor dem Hintergrund eine Sondersituation dar, dass es sich hierbei um Aufwendungen gehandelt hat, die – anders als etwa Opern- oder Museumsbesuche – aus moralischen Gründen von der Gesellschaft zumindest als fragwürdig eingeordnet werden.[2594] Dieser Umstand lässt die Annahme zu, dass der BFH in seiner Entscheidung vor allem vom Ergebnis her gedacht hat und nicht die Absicht verfolgte, § 4 Abs. 5 S. 1 Nr. 7 EStG ein allgemeines Abzugsverbot für bereits dem Grunde nach unangemessene Aufwendungen zu entnehmen.

Zusammenfassend ist damit festzuhalten, dass die BFH-Entscheidung zu den Aufwendungen für „Nachtlokale" wegen ihres Einzelfallcharakters nicht ohne Weiteres auf andere Aufwendungen iSd § 4 Abs. 5 S. 1 Nr. 7 EStG übertragen werden sollte. Maßgeblicher Bezugspunkt der Angemessenheitsprüfung ist gerade nicht die *Art* der Aufwendung, sondern allein ihre *Höhe* im konkreten Einzelfall. Hieraus folgt allerdings auch, dass Betriebsausgaben, die die Lebensführung berühren und nach den oben genannten Kriterien *in voller Höhe* als unangemessen anzusehen sind, auch *„soweit"*, d.h. insgesamt, vom steuerlichen Abzug ausgeschlossen werden können. Insoweit ergibt sich ein entsprechendes Abzugsverbot bereits aus dem Wortlaut und der Systematik des § 4 Abs. 5 S. 1 Nr. 7 EStG.

2593 So auch *Meyer*, in: BeckOK EStG, § 4, Rn. 2803.1. Siehe zudem *Meurer*, in: Lademann, EStG, § 4, Rn. 736.

2594 So auch *Meurer*, in: Lademann, EStG, § 4, Rn. 736.

III. *Übergeordnete Bedeutung für die übrigen Tatbestände nach § 4 Abs. 5 S. 1 Nr. 1-6c EStG*

1. *Verhältnis des § 4 Abs. 5 S. 1 Nr. 7 EStG zu den anderen Abzugstatbeständen und allgemeine Übertragbarkeit des dahinterstehenden Grundgedankens*

Nachdem nun der Maßstab des § 4 Abs. 5 S. 1 Nr. 7 EStG mit seiner Gesetzessystematik und den beiden Tatbestandsmerkmalen des „Berührens" der Lebensführung und der Unangemessenheit der betreffenden Betriebsausgaben herausgearbeitet wurde, stellt sich in einem zweiten Schritt die Frage, ob dieser Maßstab allgemeingültiger Natur ist und damit auch auf die anderen Tatbestände des § 4 Abs. 5 S. 1 Nr. 1-6c EStG uneingeschränkt übertragen werden kann. Hierfür spricht zunächst, dass § 4 Abs. 5 S. 1 Nr. 7 EStG aus systematischer Sicht einen Auffangtatbestand darstellt, der nur dann zum Tragen kommt, wenn nicht bereits eine der spezielleren Abzugsbestimmungen nach § 4 Abs. 5 S. 1 Nr. 1-6c EStG eingreift.[2595] Nach dem eindeutigen Wortlaut des § 4 Abs. 5 S. 1 Nr. 7 EStG unterliegen Betriebsausgaben, die die Lebensführung des Steuerpflichtigen oder anderer Personen berühren, soweit sie nach allgemeiner Verkehrsauffassung als unangemessen anzusehen sind, nur dann einem Abzugsverbot, wenn sie nicht bereits von den Beschränkungen und Verboten der § 4 Abs. 5 S. 1 Nr. 1-6c EStG[2596] erfasst werden.[2597] Damit wird einerseits klar, dass § 4 Abs. 5 S. 1 Nr. 7 EStG einen allgemeinen Grundsatz formuliert, der durch die speziellen Abzugsregelungen

2595 Vgl. BFH BStBl. II 2018, 185, 187; BFH BStBl. II 1981, 58, 59 f.; *Bode*, in: Kirchhof/Seer, EStG, § 4, Rn. 196; *Bordewin*, BB 1975, 127, 128; *Drüen*, in: Brandis/Heuermann, EStG, § 4, Rn. 869; *Feldgen*, in: Korn, EStG, § 4, Rn. 1140; *Frotscher/Watrin*, in: Frotscher/Geurts, EStG, § 4, Rn. 822; *Meurer*, in: Lademann, EStG, § 4, Rn. 730; *Meyer*, in: BeckOK EStG, § 4, Rn. 2801; *Nacke*, in: Littmann/Bitz/Pust, EStG, § 4, Rn. 1800; *Spilker*, in: K/S/M, EStG, § 4, Rn. M 21.

2596 Dass der Wortlaut des § 4 Abs. 5 S. 1 Nr. 7 EStG tatsächlich nur die „Nummern 1 bis 6 und 6b" erfasst, ist auf ein redaktionelles Versehen zurückzuführen, das sich materiell-rechtlich aber nicht auswirkt, da auch die nicht im Normtext genannten Abzugsbestimmungen als speziellere Regelungen Vorrang vor der Generalklausel haben. Siehe hierzu bereits Fn. 2454.

2597 So auch *Drüen*, in: Brandis/Heuermann, EStG, § 4, Rn. 869; *Feldgen*, in: Korn, EStG, § 4, Rn. 1140; *Meurer*, in: Lademann, EStG, § 4, Rn. 730; *Meyer*, in: BeckOK EStG, § 4, Rn. 2801.

der § 4 Abs. 5 S. 1 Nr. 1-6c EStG weiter konkretisiert wird.[2598] Andererseits wird aber auch deutlich, dass bei der Auslegung der spezielleren Abzugsbeschränkungen und -verbote nach § 4 Abs. 5 S. 1 Nr. 1-6c EStG der Maßstab der Generalklausel und insbesondere der damit verfolgte Sinn und Zweck zu Grunde zu legen sind.[2599] Zwar besteht dieser – wie die historische und teleologische Auslegung[2600] gezeigt haben – im Wesentlichen darin, übermäßigen betrieblichen Repräsentationsaufwand zu verhindern. Der Auffang- und Generalklauselcharakter des § 4 Abs. 5 S. 1 Nr. 7 EStG erstreckt sich nach dem Wortlaut und der Gesetzessystematik des § 4 Abs. 5 S. 1 Nr. 7 EStG aber nicht allein auf die Repräsentationsaufwendungen iSd § 4 Abs. 5 S. 1 Nr. 1-4 EStG. Vielmehr wird allen Tatbeständen des § 4 Abs. 5 S. 1 Nr. 1-6c EStG als lex specialis der Vorrang eingeräumt, woraus der Schluss gezogen werden kann, dass der Maßstab des § 4 Abs. 5 S. 1 Nr. 7 EStG auch für die betrieblich bedingten Mehraufwendungen von Bedeutung ist. Hierfür spricht auch, dass einige der Mehraufwendungen, für die später eine Abzugsbeschränkung in § 4 Abs. 5 S. 1 Nr. 5-6c EStG aufgenommen wurde, zuvor unter den Grundtatbestand für unangemessene Betriebsausgaben nach § 4 Abs. 5 S. 2 EStG 1960 subsumiert wurden, welcher später inhaltsgleich in § 4 Abs. 5 S. 1 Nr. 7 EStG übernommen wurde.[2601] Auch wenn vordergründig nur die Tatbestände des § 4 Abs. 5 S. 1 Nr. 1-4 EStG unmittelbar auf den Gedanken der übertriebenen betrieblichen Repräsentation zurückgeführt werden können, zeigt diese Historie, dass auch die Tatbestände für betrieblich bedingte Mehraufwendungen ihren Ursprung in der Vorgängerregelung des § 4 Abs. 5 S. 1 Nr. 7 EStG haben. Daraus folgt, dass der wesentliche Grundgedanke der Generalklausel, welcher darin besteht, unangemessene Betriebsausgaben, die Berührungspunkte zur Privatsphäre aufweisen, teilweise vom Betriebsausgabenabzug auszuschließen, grundsätzlich auch bei den anderen Abzugsbestimmungen nach § 4 Abs. 5 S. 1 Nr. 1-6c EStG zum Tragen kommt.[2602]

2598 Siehe *Bode,* in: Kirchhof/Seer, EStG, § 4, Rn. 196; *Drüen,* in: Brandis/Heuermann, EStG, § 4, Rn. 869; *Gärtner,* Gemischt veranlasste Aufwendungen, S. 241; *Hey,* in: Tipke/Lang, Steuerrecht, Rn. 8.287; *Meurer,* in: Lademann, EStG, § 4, Rn. 730.

2599 Vgl. BFH BStBl. II 1993, 367, 368; FG Niedersachsen EFG 2014, 122, 122; *Drüen,* in: Brandis/Heuermann, EStG, § 4, Rn. 869; *Meurer,* in: Lademann, EStG, § 4, Rn. 730.

2600 Für die historische Auslegung siehe Teil 4 § 17 B.II., für die teleologische Auslegung siehe Teil 4 § 17 B.III.

2601 Siehe diesbezüglich bereits Teil 4 § 17 B.II.4.

2602 Siehe auch *Meyer,* in: BeckOK EStG, § 4, Rn. 2725, 2746.1, nach dessen Ansicht der in § 4 Abs. 5 S. 1 Nr. 7 EStG zum Ausdruck kommende Grundgedanke der Berührung

Zu beachten ist allerdings, dass die Tatbestandsmerkmale des § 4 Abs. 5 S. 1 Nr. 7 EStG nicht bei allen Abzugsbeschränkungen und -verboten des Kataloges gleichermaßen deutlich zum Ausdruck kommen. So hat die historische Auslegung des § 4 Abs. 5 S. 1 Nr. 1-7 EStG bereits gezeigt, dass nicht jeder Tatbestand des Kataloges daran anknüpft, dass die Aufwendung die Lebensführung des Steuerpflichtigen oder anderer Personen berührt. Insbesondere bei den Repräsentationsaufwendungen nach § 4 Abs. 5 S. 1 Nr. 1-4 EStG, aber auch bei einigen betrieblich bedingten Mehraufwendungen iSd § 4 Abs. 5 S. 1 Nr. 5-6c EStG wird das Berühren der Lebensführung nach dem Wortlaut des Gesetzes nicht ausdrücklich zur Voraussetzung dafür gemacht, dass der Betriebsausgabenabzug eingeschränkt oder sogar vollständig ausgeschlossen wird.[2603] Zudem wurde bereits deutlich, dass das Kriterium der Unangemessenheit, welches der Generalklausel und auch den spezielleren Abzugsregelungen für Repräsentationsaufwendungen immanent ist, nur bedingt auf die Tatbestände der betrieblich bedingten Mehraufwendungen übertragbar ist. Anders als Aufwendungen für Segel- oder Motorjachten werden die Ausgaben, die der Steuerpflichtige beispielsweise für das betriebliche/berufliche Tätigwerden in seiner Wohnung aufwendet, nicht typischerweise von der Verkehrsauffassung als unangemessen angesehen. Vor diesem Hintergrund stellt sich die Frage, welche Besonderheiten zu beachten sind, wenn der Grundgedanke der Generalklausel auf die einzelnen Abzugsbestimmungen übertragen wird und wie sich diese Besonderheiten auf die übergeordnete Dogmatik des Abzugskataloges auswirken. Diese Fragen sollen im Folgenden in drei Abschnitten beantwortet werden. Dabei wird zunächst darauf eingegangen, welche Besonderheiten bei den Repräsentationsaufwendungen nach § 4 Abs. 5 S. 1 Nr. 1-4 EStG zu berücksichtigen sind. Sodann wird analysiert, welche Abweichungen vom Grundgedanken des § 4 Abs. 5 S. 1 Nr. 7 EStG bei den betrieblich bedingten Mehraufwendungen nach § 4 Abs. 5 S. 1 Nr. 5-6c EStG vorliegen. Abschließend werden die Ergebnisse zusammengefasst und in einer Gesamtschau danach untersucht, ob der hinter der Generalklausel stehende Grundgedanke trotz der beschriebenen Besonderheiten eine übergeordnete Dogmatik für den gesamten Abzugskatalog begründet.

---

der privaten Lebensführung die Tatbestände des § 4 Abs. 5 S. 1 Nr. 1-7 EStG verklammert; in diese Richtung auch *Bordewin,* BB 1975, 127, 128.

2603 Siehe hierzu nochmals Teil 4 § 17 B.II.3. und Teil 4 § 17 B.II.4.

2. *Besonderheiten für betriebliche Repräsentationsaufwendungen iSd § 4 Abs. 5 S. 1 Nr. 1-4 EStG*

a) Typisierende Annahme eines „Berührens" der Lebensführung und Notwendigkeit der teleologischen Reduktion

Die historische Analyse des Abzugskataloges hat deutlich gemacht, dass alle Abzugsbeschränkungen und -verbote, die der Gesetzgeber für betriebliche Repräsentationsaufwendungen in § 4 Abs. 5 S. 1 Nr. 1-4 EStG erlassen hat, auf die gleichen Motive zurückzuführen sind wie die Generalklausel des § 4 Abs. 5 S. 1 Nr. 7 EStG. Dabei hat sich aber auch gezeigt, dass die neuen Abzugstatbestände – insbesondere die Vollverbote nach § 4 Abs. 5 S. 1 Nr. 3 und 4 EStG – nach ihrem Wortlaut nicht mehr ausdrücklich darauf abstellen, dass die betreffenden Betriebsausgaben zugleich die Lebensführung des Steuerpflichtigen oder anderer Personen berühren.[2604] Vor diesem Hintergrund stellt sich die Frage, ob die Betroffenheit der Privatsphäre auch von den besonderen Abzugstatbeständen der § 4 Abs. 5 S. 1 Nr. 1-4 EStG vorausgesetzt wird.

Die Mehrheit des steuerrechtlichen Schrifttums nimmt aufgrund der historischen Entwicklung der Abzugsbestimmungen an, dass auch bei den besonderen Abzugsbeschränkungen und -verboten nach § 4 Abs. 5 S. 1 Nr. 1-4 EStG ein Bezug zur privaten Lebensführung gegeben sein muss.[2605] Dabei wird in Anknüpfung an die Entwurfsbegründung zum StÄndG 1960 zutreffend ausgeführt, dass ein konkret feststellbarer Zusammenhang mit der Lebensführung nicht erforderlich sei, da das Gesetz in § 4 Abs. 5 S. 1 Nr. 1-4 EStG das Ziel verfolge, Missbräuche im Grenzbereich zur Privatsphäre zu vermeiden und vor diesem Hintergrund bereits typisierend darauf abstelle, dass die in den Tatbeständen ausdrücklich genannten Aufwendungen zugleich der privaten Bedürfnisbefriedigung dienen.[2606] Nach

---

2604 Zur historischen Analyse der § 4 Abs. 5 S. 1 Nr. 1-4 EStG siehe nochmals Teil 4 § 17 B.II.

2605 Vgl. etwa *Bode,* in: Kirchhof/Seer, EStG, § 4, Rn. 209; *Brandt,* FS BFH, Bd. 1, S. 289, 307; *Frotscher/Watrin,* in: Frotscher/Geurts, EStG, § 4, Rn. 706 f.; *Hey,* in: Tipke/Lang, Steuerrecht, Rn. 8.292; *Maetz,* in: Bordewin/Brandt, EStG, § 4, Rn. 2781; *Meurer,* in: Lademann, EStG. § 4, Rn. 687; *Meyer,* in: BeckOK EStG, § 4, Rn. 2745.1; *Nacke,* in: Littmann/Bitz/Pust, EStG, § 4, Rn. 1703, 1707; *Schiffers/Feldgen,* DStZ 2016, 325, 330; *Stapperfend,* in: Herrmann/Heuer/Raupach, EStG/KStG, § 4 EStG, Rn. 1240, 1300.

2606 Vgl. *Bode,* in: Kirchhof/Seer, EStG, § 4, Rn. 209; *Hey,* in: Tipke/Lang, Steuerrecht, Rn. 8.292; *Maetz,* in: Bordewin/Brandt, EStG, § 4, Rn. 2781; *Meurer,* in: Lademann, EStG. § 4, Rn. 687; *Nacke,* in: Littmann/Bitz/Pust, EStG, § 4, Rn. 1703, 1707; *Schiffers/Feldgen,* DStZ 2016, 325, 330; *Stapperfend,* in: Herrmann/Heuer/Raupach,

diesem Verständnis wird die Voraussetzung des Berührens der Lebensführung, die § 4 Abs. 5 S. 1 Nr. 7 EStG ausdrücklich vorschreibt, in die Tatbestände der § 4 Abs. 5 S. 1 Nr. 1-4 EStG hineingelesen.[2607] Hierfür spricht zum einen, dass alle vier Tatbestände mit dem Ziel eingeführt wurden, die allgemeine Abzugsbeschränkung für unangemessene Betriebsausgaben, die zugleich die Lebensführung berühren, zu verschärfen und auf diese Weise stärker missbräuchlichen Betriebsausgabegestaltungen entgegen zu wirken.[2608] In dieser Zweckbestimmung zeigt sich der gesetzgeberische Wille, dass auch die Aufwendungen in § 4 Abs. 5 S. 1 Nr. 1-4 EStG solche sind, die neben ihrer betrieblichen Veranlassung von privaten Motiven oder Bedürfnissen getragen werden. Zum anderen ist zu berücksichtigen, dass der Anwendungsbereich der Abzugsbestimmungen vor dem Hintergrund des objektiven Nettoprinzips eng auszulegen ist.[2609] Ein vollständiges Verbot des Betriebsausgabenabzugs, wie es in § 4 Abs. 5 S. 1 Nr. 3 und 4 EStG vorgesehen ist, wäre verfassungsrechtlich nicht zu rechtfertigen, wenn die betreffenden Aufwendungen nicht zumindest in geringem Maße zugleich der privaten Bedürfnisbefriedigung dienten.[2610] Aus diesem Grund spricht sich auch die Rechtsprechung dafür aus, dass § 4 Abs. 5 S. 1 Nr. 1-4 EStG in Fallkonstellationen, in denen weder die Lebensführung des Steuerpflichtigen noch die anderer Personen berührt ist, nach § 4 Abs. 5 S. 2 EStG teleologisch zu reduzieren ist, und lässt den Betriebsausgabenabzug für Geschenke, Schifffahrten oder ähnliche Zwecke daher trotz der Abzugsbeschränkungen in § 4 Abs. 5 S. 1 Nr. 1-4 EStG in voller Höhe zu, wenn ein Zusammenhang mit der Repräsentation des Steuerpflichtigen oder der privaten Nutzung bzw. Unterhaltung anderer Personen aus tatsächlichen Gründen ausgeschlossen ist.[2611] Da es in diesen Situationen von

---

EStG/KStG, § 4 EStG, Rn. 1140, 1180, 1240, 1300; vgl. auch BFH BStBl. II 2017, 224, 226; BFH BStBl. II 2017, 222, 223; BFH BStBl. II 2012, 824, 824; BT-Drs. 11/2157, 139; FG Nürnberg, DStRE 2023, 1285, 1287.

2607 Siehe hierzu auch *Gärtner*, Gemischt veranlasste Aufwendungen, S. 248, der in dem „Berühren der Lebensführung" ein ungeschriebenes Tatbestandsmerkmal erachtet.

2608 Siehe hierzu bereits Teil 4 § 17 B.II.

2609 So auch *Schiffers/Feldgen*, DStZ 2016, 325, 330; *Spilker*, in: K/S/M, EStG, § 4, Rn. G 75; vgl. *Maetz*, in: Bordewin/Brandt, EStG, § 4, Rn. 2261.

2610 Vgl. auch *Meurer*, in: Lademann, EStG, § 4, Rn. 687; *Schiffers/Feldgen*, DStZ 2016, 325, 330.

2611 Vgl. etwa BFH/NV 2020, 207, 207; BFH BStBl. II 2017, 224, 226; BFH BStBl. II 2017, 222, 223; BFH BStBl. II 2017, 161, 162; BFH BStBl. II 2012, 824, 825; BFH/NV 2009, 752, 753; BFH BStBl. II 1993, 367, 368; FG Berlin-Brandenburg EFG 2019, 1565, 1569; FG Düsseldorf EFG 2002, 1227, 1228; FG München EFG 1988, 463, 463 f.; zustimmend auch *Meyer*, in: BeckOK EStG, § 4, Rn. 2707, 2725 f., 2746.1; *Schiffers/*

vornherein an der Nähe zur privaten Lebensführung und damit auch an einer Missbrauchsanfälligkeit der Betriebsausgaben fehlt, ist eine solche teleologische Reduktion angezeigt.[2612]

Abzulehnen ist dagegen die in jüngerer Zeit vorzufindende Neigung des BFH,[2613] die Prüfung der privaten Betroffenheit im Rahmen des § 4 Abs. 5 S. 1 Nr. 4 EStG nur auf begünstigte Geschäftsfreunde des Steuerpflichtigen zu beschränken.[2614] Bei dieser Rechtsprechung, die insbesondere zu Golfturnieren[2615] und Herrenabenden[2616] ergangen ist, wird hinsichtlich der teleologischen Reduktion der Abzugstatbestände nur noch darauf abgestellt, ob mit der Aufwendung ein gesellschaftlicher oder sportlicher Nutzen für die Geschäftsfreunde des Steuerpflichtigen verbunden ist.[2617] Ist dies nicht der Fall, wird der Betriebsausgabenabzug entgegen § 4 Abs. 5 S. 1 Nr. 4 EStG auch dann in voller Höhe zugelassen, wenn die betreffenden Repräsentationsaufwendungen zugleich den privaten Bedürfnissen des Steuerpflichtigen oder anderer Personen dienen, die (noch) nicht in geschäftlicher Beziehung zu diesem stehen.[2618] Diese Rechtsprechung verstößt nicht nur gegen das mit § 4 Abs. 5 S. 1 Nr. 4 EStG verfolgte Ziel einer umfassenden Missbrauchsbekämpfung, sondern widerspricht außerdem dem Wortlaut des § 4 Abs. 5 S. 1 Nr. 7 EStG, der es unabhängig von der konkreten Geschäftsbeziehung des Aufwendungsempfängers genügen lässt, wenn durch die Betriebsausgabe die Lebensführung des Steuerpflichtigen oder irgendeiner anderen Person berührt ist[2619]. Darüber hinaus lässt sich eine solche zusätzliche Einschränkung des Anwendungsbereichs des § 4 Abs. 5 S. 1 Nr. 4 EStG auch nicht

Feldgen, DStZ 2016, 325, 329 f.; *Spilker,* in: K/S/M, EStG, § 4, Rn. G 75, J 17; siehe zudem *Bode,* in: Kirchhof/Seer, EStG, § 4, Rn. 210; *Brandt,* FS BFH, Bd. 1, S. 289, 308; *Drüen,* in: Brandis/Heuermann, EStG, § 4, Rn. 754; *Nacke,* in: Littmann/Bitz/Pust, EStG, § 4, Rn. 1707.

2612 So im Ergebnis auch *Meyer,* in: BeckOK EStG, § 4, Rn. 2707; *Schiffers/Feldgen,* DStZ 2016, 325, 330; *Spilker,* in: K/S/M, EStG, § 4, Rn. G 75.

2613 Vgl. etwa BFH BStBl. II 2017, 222, 223 f.; BFH BStBl. II 2017, 161, 162; BFH/NV 2016, 631, 632 f.; BFH BStBl. II 2012, 824, 825; offener BFH BStBl. II 2017, 224, 226 f.; vgl. auch FG Nürnberg, DStRE 2023, 1285, 1287; in diese Richtung auch *Nacke,* in: Littmann/Bitz/Pust, EStG, § 4, Rn. 1707.

2614 So auch *Meyer,* in: BeckOK EStG, § 4, Rn. 2461.2.

2615 Vgl. BFH BStBl. II 2017, 222, 222 ff.; BFH BStBl. II 2017, 224, 224 ff.; näher hierzu *Schiffers/Feldgen,* DStZ 2016, 325, 326 f.

2616 Vgl. BFH BStBl. II 2017, 161, 161 ff.

2617 Vgl. BFH BStBl. II 2017, 222, 223.

2618 Vgl. BFH BStBl. II 2017, 224, 226; BFH BStBl. II 2017, 222, 223.

2619 Siehe hierzu bereits die Ausführungen in Teil 4 § 17 C.II.2.b.

mit der übrigen Systematik des Tatbestandes in Einklang bringen. Zwar kann die Rechtsprechung des BFH auf die von ihm vertretene Definition des „ähnlichen Zwecks" in § 4 Abs. 5 S. 1 Nr. 4 EStG zurückgeführt werden.[2620] In Bezug auf den davon erfassten Personenkreis ist diese Definition aber zu eng gefasst. So versteht der BFH unter Aufwendungen für „ähnliche Zwecke" alle Ausgaben, die der sportlichen Betätigung, der Unterhaltung von *Geschäftsfreunden*, der Freizeitgestaltung oder der Repräsentation dienen.[2621] Wie aus der Entwurfsbegründung zum StÄndG 1960 hervorgeht, wollte der Gesetzgeber mit dem unbestimmten Rechtsbegriff „ähnliche Zwecke" aber erreichen, dass neben den im Gesetz bereits genannten Repräsentationsaufwendungen auch andere „ähnliche Arten betrieblichen Aufwands zur Pflege der Geschäftsbeziehungen"[2622] erfasst werden.[2623] Aus dieser Umschreibung geht nicht hervor, dass eine Berührung der Lebensführung in § 4 Abs. 5 S. 1 Nr. 4 EStG nur dann anzunehmen ist, wenn es sich bei dem Empfänger der Leistung um einen begünstigten Geschäftsfreund des Steuerpflichtigen handelt. Vielmehr wird deutlich, dass es sich bei den Aufwendungen für „ähnliche Zwecke" um solche Ausgaben[2624] handeln muss, die mit den bereits genannten Positionen für Jagd, Fischerei, Segeljachten und Motorjachten vergleichbar sind.[2625] Bei diesen Positionen nimmt der Gesetzgeber typisierend an, dass sie neben der betrieblichen Veranlassung auch die Lebensführung des Steuerpflichtigen

2620 Vgl. BFH BStBl. II 2017, 161, 162; *Drüen,* in: Brandis/Heuermann, EStG, § 4, Rn. 754.

2621 Vgl. BFH BStBl. II 2017, 222, 222 f.; BFH BStBl. II 2017, 161, 162; BFH BStBl. II 2012, 824, 825; BFH/NV 2009, 752, 753; BFH/NV 2007, 1230, 1231; BFH BStBl. II 1993, 367, 368; vgl. auch FG Nürnberg, DStRE 2023, 1285, 1286 (Hervorhebung durch die Verfasserin).

2622 BT-Drs. III/1811, 8.

2623 Näher hierzu *Drüen,* in: Brandis/Heuermann, EStG, § 4, Rn. 753 f.

2624 Zu den „ähnlichen Zwecken" iSd § 4 Abs. 5 S. 1 Nr. 4 EStG gehören etwa Flugzeuge (BFH/NV 2007, 1230, 1230 ff.; FG München EFG 2010, 1345, 1345 ff.), Golfplätze (BT-Drs. III/1811, 8), Oldtimer (BFH/NV 2011, 2097, 2097 ff.), Parkanlagen (*Spilker,* in: K/S/M, EStG, § 4, Rn. J 41), Renn- und Reitpferde (BFH BStBl. II 2009, 206, 206 ff.; BFH/NV 2008, 2144, 2144 ff.) sowie Reitsport (BFH/NV 1995, 205, 205 ff.), Rennwagen (BFH/NV 2009, 579, 579 ff.; FG München EFG 2023, 744, 744 ff.), Schwimmbecken (*Loschelder,* in: Schmidt, EStG, § 4, Rn. 567) und Tennisplätze (*Bode,* in: Kirchhof/Seer, EStG, § 4, Rn. 210). Näher hierzu *Stapperfend,* in: Herrmann/Heuer/Raupach, EStG/KStG, § 4, Rn. 509.

2625 So im Ergebnis auch *Drüen,* in: Brandis/Heuermann, EStG, § 4, Rn. 754; *Maetz,* in: Bordewin/Brandt, EStG, § 4, Rn. 2785; *Meurer,* in: Lademann, EStG, § 4, Rn. 687; *Meyer,* in: BeckOK EStG, § 4, Rn. 2747.1; *Schiffers/Feldgen,* DStZ 2016, 325, 330; *Spilker,* in: K/S/M, EStG, § 4, Rn. J 41; *Stapperfend,* in: Herrmann/Heuer/Raupach, EStG/KStG, § 4 EStG, Rn. 1320; vgl. auch BFH BStBl. II 2017, 161, 162. Zu der Frage

oder anderer Personen berühren. Eine Beschränkung dieser Typisierung auf eine bestimmte Art von Empfängern wird allerdings nicht vorgenommen. Um daher eine Vergleichbarkeit der Aufwendungen für „ähnliche Zwecke" mit den übrigen Aufwendungen des § 4 Abs. 5 S. 1 Nr. 4 EStG zu gewährleisten, welche insbesondere vor dem Hintergrund des allgemeinen Gleichheitssatzes unumgänglich ist, darf der Kreis möglicher Betroffener auch bei den „ähnlichen Zwecken" nicht allein auf solche Personen beschränkt werden, die bereits Geschäftsfreunde des Steuerpflichtigen sind. Stattdessen muss sich der Umfang der teleologischen Reduktion für alle in § 4 Abs. 5 S. 1 Nr. 4 EStG genannten Aufwendungen nach den gleichen Grundsätzen richten, die § 4 Abs. 5 S. 1 Nr. 7 EStG bezüglich des Tatbestandsmerkmals „Berühren der Lebensführung" vorgibt.[2626]

b) Unangemessenheit der Art nach

Neben der Frage, ob auch die Abzugsverbote in § 4 Abs. 5 S. 1 Nr. 3, 4 EStG ein Berühren der privaten Lebensführung voraussetzen, besteht bei den hiervon erfassten Aufwendungen für Gästehäuser, Jagd, Fischerei, Segeljachten, Motorjachten und ähnliche Zwecke noch eine weitere Besonderheit gegenüber der Generalklausel, die es im Folgenden näher zu untersuchen gilt. Im Rahmen der historischen Analyse des § 4 Abs. 5 S. 1 Nr. 1-7 EStG ist bereits deutlich geworden, dass der Gesetzgeber die Abzugsverbote des § 4 Abs. 5 S. 1 Nr. 3 und 4 EStG eingeführt hat, um bestimmte Betriebsausgaben, die bereits *ihrer Art nach* als überflüssig und unangemessen anzusehen sind, vom steuerlichen Abzug auszuschließen. Damit stellt sich die Frage, wie sich Betriebsausgaben, die bereits ihrer Art nach als unangemessen anzusehen sind, von solchen unterscheiden, die nur *der Höhe nach* unangemessen sind, und welche dogmatischen Besonderheiten vor diesem Hintergrund hinsichtlich der totalen Abzugsverbote nach § 4 Abs. 5 S. 1 Nr. 3, 4 EStG zu beachten sind.

Bei einem Vergleich mit den übrigen Aufwendungen des Abzugskataloges fällt zunächst auf, dass die Repräsentationsaufwendungen, die in § 4 Abs. 5 S. 1 Nr. 3 und 4 EStG ausdrücklich genannt und vollständig vom Betriebsausgabenabzug ausgeschlossen sind, ausnahmslos solche Positionen betreffen, die bei einer

---

welches Vergleichskriterium hierbei heranzuziehen ist siehe sogleich Teil 4 § 17 C.III.2.b.

2626 Siehe zu diesen Grundsätzen nochmals Teil 4 § 17 C.II.2.

typisierenden Betrachtungsweise[2627] hauptsächlich der Freizeitgestaltung dienen.[2628] Auch wenn die Abzugsverbote nicht dazu führen, dass den betreffenden Aufwendungen ihre Betriebsausgabenqualität abgesprochen wird[2629] und zudem die teleologische Reduktion für den Fall, dass eine Berührung der Privatsphäre ausgeschlossen ist, auch bei den totalen Abzugsverboten Anwendung findet,[2630] sind von den Tatbeständen der § 4 Abs. 5 S. 1 Nr. 3 und 4 EStG gleichwohl besondere Repräsentationsaufwendungen betroffen, denen Elemente der privaten Freizeitgestaltung immanent sind.[2631] Aus diesem Umstand und dem in der Entwurfsbegründung zum StÄndG 1960[2632] erkennbaren gesetzgeberischen Willen zieht der BFH den Schluss, dass der Gesetzgeber bei diesen Tatbeständen die Unangemessenheit der genannten Aufwendungen nach der Art einer unwiderleglichen Vermutung unterstelle.[2633] Anders als im Rahmen des § 4 Abs. 5 S. 1 Nr. 7 EStG könne bei den Aufwendungen für Gästehäuser, Fischerei, Jagd, Segel- und Motorjachten nicht von der Höhe der Aufwendungen auf deren Abziehbarkeit bzw. Nichtabziehbarkeit geschlossen werden.[2634] Vielmehr seien die Aufwendungen, die die Voraussetzungen des § 4 Abs. 5 S. 1 Nr. 3, 4 EStG erfüllen, wegen ihres Zusammenhangs mit der wirtschaftlichen und gesellschaftlichen Stellung des Steuerpflichtigen bereits ihrer Art nach als unangemessen

---

2627 Siehe *Meyer,* in: BeckOK EStG, § 4, Rn. 2745; *Nacke,* in: Littmann/Bitz/Pust, EStG, § 4, Rn. 1707; vgl. BFH/NV 2016, 652, 654 f.; BFH/NV 2016, 631, 632; BFH BStBl. II 2012, 824, 824; *Stapperfend,* in: Herrmann/Heuer/Raupach, EStG/KStG, § 4 EStG, Rn. 1240.

2628 Vgl. BFH/NV 2016, 652, 654 f.; BFH/NV 2016, 631, 632; *Hey,* in: Tipke/Lang, Steuerrecht, Rn. 8.292; *Meurer,* in: Lademann, EStG, § 4, Rn. 687; *Nacke,* in: Littmann/Bitz/Pust, EStG, § 4, Rn. 1707; *Stapperfend,* in: Herrmann/Heuer/Raupach, EStG/KStG, § 4 EStG, Rn. 1240, 1300.

2629 Siehe hierzu nochmals die Ausführungen in Teil 4 § 16 B.II.

2630 Siehe Teil 4 § 16 C.III.2.a.

2631 Vgl. BFH BStBl. II 2012, 824, 825; *Meyer,* in: BeckOK EStG, § 4, Rn. 2745.

2632 BT-Drs. III/1811, 8.

2633 Vgl. BFH/NV 2023, 1339, 1341; BFH/NV 2016, 652, 654; BFH/NV 2016, 631, 632; BFH BStBl. II 2012, 824, 824 f.; siehe auch *Meurer,* in: Lademann, EStG, § 4, Rn. 687; *Nacke,* in: Littmann/Bitz/Pust, EStG, § 4, Rn. 1707.

2634 Vgl. BFH/NV 2016, 631, 632; BFH BStBl. II 2012, 824, 824 f.; BFH BStBl. II 1993, 367, 368; FG Niedersachsen EFG 2014, 122, 122; siehe auch *Nacke,* in: Littmann/Bitz/Pust, EStG, § 4, Rn. 1707.

und überflüssig anzusehen und daher insgesamt vom Betriebsausgabenabzug ausgeschlossen.[2635]

Dem ist im Ergebnis zuzustimmen. Bei den in § 4 Abs. 5 S. 1 Nr. 3, 4 EStG ausdrücklich benannten Aufwendungen handelt es sich jeweils um solche, die aufgrund ihrer Nähe zur privaten Freizeitgestaltung mit einer gesteigerten Missbrauchsgefahr einhergehen[2636] und daher vom Gesetzgeber zu Recht als bereits ihrer Art nach unangemessen eingeordnet werden. Ein Fremdvergleich, wie er für die Prüfung der Unangemessenheit nach § 4 Abs. 5 S. 1 Nr. 7 EStG vorzunehmen ist, führt bei diesen Aufwendungen typischerweise zu dem Ergebnis, dass ein ordentlicher und gewissenhafter Unternehmer die Aufwendungen nicht nur in anderer Höhe,[2637] sondern gar nicht tätigen würde. Gerade hierin liegt aber der Unterschied zu den Betriebsausgaben, die nur *der Höhe nach* unangemessen sind: § 4 Abs. 5 S. 1 Nr. 3, 4 EStG geht hinsichtlich der Qualität der Unangemessenheit der betreffenden Aufwendungen über die in der Generalklausel geregelte Unangemessenheit hinaus, welche sich nur aus der Höhe der Aufwendung, nicht aber aus ihrer dem Grunde nach bestehenden besonderen Nähe zu typischen Freizeitgestaltungen ergibt.[2638] Dogmatisch ist bei den Tatbeständen in § 4 Abs. 5 S. 1 Nr. 3, 4 EStG außerdem zu beachten, dass eine Aufteilung in einen angemessenen und einen unangemessenen Teil, wie sie bei § 4 Abs. 5 S. 1 Nr. 7 EStG vorgesehen ist, bei den bereits ihrer Art nach unangemessenen Repräsentationsaufwendungen von vornherein nicht in Betracht kommt.[2639] Liegen die Voraussetzungen der § 4 Abs. 5 S. 1 Nr. 3, 4 EStG vor, ist unwiderleglich davon auszugehen, dass die Aufwendungen bereits ihrer Art nach unangemessen sind und der Betriebsausgabenabzug in voller Höhe ausgeschlossen ist.[2640]

2635 Vgl. BFH, DStR 2023, 2156, 2158; BFH/NV 2016, 631, 632; BFH BStBl. II 2012, 824, 824 f.; BFH BStBl. II 1993, 367, 368; FG Niedersachsen EFG 2014, 122, 122; siehe auch *Meurer,* in: Lademann, EStG, § 4, Rn. 687; *Nacke,* in: Littmann/Bitz/Pust, EStG, § 4, Rn. 1707.

2636 Vgl. BFH/NV 2016, 652, 655; BFH/NV 2016, 631, 632; *Hey,* in: Tipke/Lang, Steuerrecht, Rn. 8.292; *Meurer,* in: Lademann, EStG, § 4, Rn. 687; *Meyer,* in: BeckOK EStG, § 4, Rn. 2745.1; *Nacke,* in: Littmann/Bitz/Pust, EStG, § 4, Rn. 1707; *Stapperfend,* in: Herrmann/Heuer/Raupach, EStG/KStG, § 4 EStG, Rn. 1240, 1300.

2637 Vgl. *Stapperfend,* in: Herrmann/Heuer/Raupach, EStG/KStG, § 4 EStG, Rn. 1645.

2638 Vgl. auch *Meurer,* in: Lademann, EStG, § 4, Rn. 687.

2639 In diese Richtung auch *Meyer,* in: BeckOK EStG, § 4, Rn. 2803.1; *Nacke,* in: Littmann/Bitz/Pust, EStG, § 4, Rn. 1707.

2640 Vgl. BFH/NV 2016, 652, 654 f.; BFH/NV 2016, 631, 632; BFH BStBl. II 2012, 824, 824; BFH/NV 2011, 2097, 2098; BFH BStBl. II 2009, 167, 181; BFH/NV 2007, 1230,

Zu beachten ist allerdings, dass es sich bei den Abzugsverboten – wie auch bei den anderen Tatbeständen des Abzugskataloges – um Ausnahmeregelungen zu § 4 Abs. 4 EStG handelt, deren Tatbestände eng auszulegen sind.[2641] Auch wenn § 4 Abs. 5 S. 1 Nr. 4 EStG zusätzlich ein Abzugsverbot für „ähnliche Zwecke" vorsieht und den Tatbestand damit auf Betriebsausgaben ausweitet, die nicht ausdrücklich im Gesetz genannt werden, darf hierunter nicht schlicht jede betriebliche Aufwendung gefasst werden, die ein ordentlicher und gewissenhafter Unternehmer nicht tätigen würde.[2642] Mit einer so weiten Definition würde wiederum jede betrieblich veranlasste Aufwendung, die nach der Verkehrsauffassung als unangemessen anzusehen ist, vom Betriebsausgabenabzug ausgeschlossen werden, was § 4 Abs. 4 EStG gerade nicht vorsieht.[2643] Maßgeblich ist daher zum einen, dass die Aufwendungen „für ähnliche Zwecke" zugleich die private Lebensführung des Steuerpflichtigen oder eines anderen berühren.[2644] Zum anderen müssen die Aufwendungen mit den ausdrücklich in § 4 Abs. 5 S. 1 Nr. 4 EStG genannten Aufwendungen in der Form vergleichbar sein, dass es sich ebenfalls um Ausgaben für typische Freizeitgestaltungen handelt.[2645] Der besondere Missbrauchscharakter, der den Aufwendungen für Jagd, Fischerei, Segel- und Motorjachten anhaftet, muss analog bei den Aufwendungen „für ähnliche Zwecke" angenommen werden.[2646] Dass eine Aufwendung von der Verkehrsauffassung typischerweise als unangemessen oder unüblich angesehen wird, reicht dagegen – in Abgrenzung zu den Betriebsausgaben in § 4 Abs. 5 S. 1 Nr. 7 EStG, die nur der Höhe nach unangemessen sind – noch nicht aus, um eine Vergleichbarkeit

---

1231; FG Baden-Württemberg EFG 2012, 1103, 1105; *Hey,* in: Tipke/Lang, Steuerrecht, Rn. 8.292; *Nacke,* in: Littmann/Bitz/Pust, EStG, § 4, Rn. 1707.

2641 Vgl. BFH/NV 2023, 1339, 1341; *Meyer,* in: BeckOK EStG, § 4, Rn. 2742.1.

2642 Vgl. auch *Meyer,* in: BeckOK EStG, § 4, Rn. 2747.1.

2643 Zu der gesetzgeberischen Entscheidung unangemessene Betriebsausgaben nicht vom Anwendungsbereich des § 4 Abs. 4 EStG auszuschließen siehe nochmals Teil 4 § 17 B.II.2.a.

2644 So auch *Drüen,* in: Brandis/Heuermann, EStG, § 4, Rn. 754. Siehe hierzu bereits Teil 4 § 17 C.III.2.a.

2645 Vgl. auch *Meyer,* in: BeckOK EStG, § 4, Rn. 2747.1, der den Anwendungsbereich der „ähnlichen Zwecke" noch enger zieht und in Abgrenzung zu den übrigen Tatbeständen des § 4 Abs. 5 S. 1 Nr. 1-4, 7 EStG auf Ausgaben beschränkt, die unter dem Gesichtspunkt der *Nutzung besonderer Einrichtungen zur Freizeitgestaltung* mit den genannten Betriebsausgaben vergleichbar sind (Hervorhebung durch den Autor).

2646 Vgl. *Crezelius,* FR 2008, 889, 896.

mit den in § 4 Abs. 5 S. 1 Nr. 4 EStG genannten bereits ihrer Art nach unangemessenen Repräsentationsaufwendungen zu erreichen.[2647]

3. *Besonderheiten für betrieblich bedingte Mehraufwendungen iSd § 4 Abs. 5 S. 1 Nr. 5-6c EStG*

a) „Berühren" der Lebensführung

Auch bei den betrieblich bedingten Mehraufwendungen nach § 4 Abs. 5 S. 1 Nr. 5-6c EStG folgt das Tatbestandsmerkmal des „Berührens" der Lebensführung nicht unmittelbar aus den gesetzlichen Voraussetzungen der einzelnen Abzugsbestimmungen. Ähnlich wie bei den Repräsentationsaufwendungen wird aber auch hier davon ausgegangen, dass es sich dabei um ein Merkmal handelt, das den betreffenden Aufwendungen inhärent ist.[2648] Trotz ihrer betrieblichen Veranlassung dienen auch betrieblich bedingte Mehraufwendungen zugleich der privaten Bedürfnisbefriedigung und entsprechen vor diesem Hintergrund dem Grundgedanken der Generalklausel des § 4 Abs. 5 S. 1 Nr. 7 EStG.[2649] In Abgrenzung zu den Repräsentationsaufwendungen ist allerdings zu beachten, dass die Nähe zur privaten Lebensführung bei den betrieblich bedingten Mehraufwendungen aus einem anderen Grund besteht. Bei diesen Aufwendungen geht es nicht etwa darum, die Bedürfnisse des Steuerpflichtigen oder seines Geschäftspartners mit privaten Freizeitaktivitäten und anderen der Repräsentation dienenden Betriebsausgaben zu befriedigen. Vielmehr folgt die Berührung der Lebensführung aus dem Umstand, dass es sich bei betrieblich bedingten Mehraufwendungen um Positionen handelt, die dem Grunde nach zur Führung eines menschwürdigen Lebens erforderlich sind und damit eine besondere Nähe zur Existenzgrundlage aufweisen.[2650] Damit wird deutlich, dass das „Berühren" der Lebensführung bei den betrieblich bedingten Mehraufwendungen einen anderen Hintergrund hat und zudem einen

---

2647 So auch *Meyer,* in: BeckOK EStG, § 4, Rn. 2747.1; a.A. demgegenüber offenbar BFH BStBl. II 2017, 161, 162 f.; FG Nürnberg DStRE 2023, 1285, 1287.

2648 Vgl. *Maetz,* in: Bordewin/Brandt, EStG, § 4, Rn. 2802; *Meurer,* in: Lademann, EStG, § 4, Rn. 692, 713; *Meyer,* in: BeckOK EStG, § 4, Rn. 2750, 2759; *Schober,* in: Herrmann/Heuer/Raupach, EStG/KStG, § 4 EStG, Rn. 1360, 1380; *Seer,* BB 2021, 1433, 1436.

2649 Vgl. auch *Bode,* in: Kirchhof/Seer, EStG, § 4, Rn. 196; *Maetz,* in: Bordewin/Brandt, EStG, § 4, Rn. 2255; *Meurer,* in: Lademann, EStG, § 4, Rn. 657; *Meyer,* in: BeckOK EStG, § 4, Rn. 2704 f.; *Nacke,* in: Littmann/Bitz/Pust, EStG, § 4, Rn. 1800; *Stapperfend,* in: Herrmann/Heuer/Raupach, EStG/KStG, § 4 EStG, Rn. 1100.

2650 Siehe diesbezüglich nochmals Teil 3 § 12 D.

anderen Charakter aufweist als bei den Repräsentationsaufwendungen, die der Gesetzgeber mit Einführung des § 4 Abs. 5 S. 1 Nr. 7 EStG im Sinn hatte. Zwar führt dieser Hintergrund – ebenso wie bei den anderen Aufwendungen des Abzugskataloges – nicht dazu, dass die Schwelle zur privaten Mitveranlassung überschritten ist. Die Besonderheit der betrieblich bedingten Mehraufwendungen besteht aber darin, dass diese mit dem existenznotwendigen und unverzichtbaren Aufwand nur einen bestimmten Bereich der privaten Lebensführung[2651] berühren.

Führt man sich darüber hinaus den Personenkreis vor Augen, der für die Berührung der Lebensführung nach § 4 Abs. 5 S. 1 Nr. 7 EStG in Frage kommt, wird noch ein weiterer Unterschied zwischen der Generalklausel und den betrieblich bedingten Mehraufwendungen nach § 4 Abs. 5 S. 1 Nr. 5-6c EStG deutlich: Bei den Mehraufwendungen für Verpflegung, den Kosten für eine doppelte Haushaltsführung, den Aufwendungen für die Fahrten zur Betriebsstätte und auch bei den Mehraufwendungen für häusliches Arbeiten folgt die besondere Nähe zum Existenzminimum allein daraus, dass die Positionen existenzielle und zwingende Grundbedürfnisse *des Steuerpflichtigen* befriedigen. Geschäftsfreunde oder auch Personen, die in keiner geschäftlichen Beziehung zum Steuerpflichtigen stehen, kommen nicht als Empfänger von betrieblich bedingten Mehraufwendungen in Frage und werden demzufolge auch nicht in ihrer Lebensführung berührt, wenn der Steuerpflichtige die entsprechenden Aufwendungen tätigt. Damit ist neben dem Bereich der Privatsphäre, in dessen Nähe die Mehraufwendungen nach ihrem Charakter liegen, auch der Kreis möglicher Personen, deren Lebensführung durch betrieblich bedingte Mehraufwendungen berührt sein kann, im Vergleich zu den Repräsentationsaufwendungen beschränkt. Im Verhältnis zur Generalklausel nach § 4 Abs. 5 S. 1 Nr. 7 EStG folgt hieraus, dass der Grundgedanke des Berührens der Lebensführung nur eingeschränkt auf die Abzugsbestimmungen des § 4 Abs. 5 S. 1 Nr. 5-6c EStG übertragbar ist.

b) Angemessenheit

Eine weitere Besonderheit der betrieblich bedingten Mehraufwendungen iSd § 4 Abs. 5 S. 1 Nr. 6c EStG ergibt sich daraus, dass es sich hierbei typischerweise nicht um Aufwendungen handelt, die von der allgemeinen Verkehrsanschauung als unangemessen angesehen werden. Bei den Abzugsbestimmungen nach § 4 Abs. 5 S. 1 Nr. 5-6c EStG geht es weniger darum, den Abzug unangemessener

---

2651 Zur Unterscheidung zwischen existenznotwendigen und freiwilligen Privataufwendungen siehe nochmals Teil 1 § 2 C.II.

Betriebsausgaben der Höhe nach einzuschränken, sondern eher darum, im Wege der Pauschalierung geeignete Abschichtungen der betrieblichen *Mehr*aufwendungen zu den für die Existenz notwendigen Privataufwendungen vorzunehmen.[2652] Anders als bei der Generalklausel nach § 4 Abs. 5 S. 1 Nr. 7 EStG ist bei den Tatbeständen des § 4 Abs. 5 S. 1 Nr. 5-6c EStG daher auch keine Prüfung der Angemessenheit bzw. Unangemessenheit der betreffenden Aufwendung vorgeschrieben. Vielmehr erfolgt die Beschränkung des Betriebsausgabenabzugs auf die festgesetzte Pauschale nach der Systematik der § 4 Abs. 5 S. 1 Nr. 5-6c EStG unabhängig von einer Angemessenheitsprüfung im Einzelfall.

Trotz der Unterschiede, die bezüglich der Charakteristika der betrieblich bedingten Mehraufwendungen und der Repräsentationsaufwendungen iSd § 4 Abs. 5 S. 1 Nr. 7 EStG bestehen,[2653] ist der aus der Generalklausel folgende Grundgedanke der Unangemessenheit der Betriebsausgaben aber nicht vollkommen bedeutungslos für die Tatbestände des § 4 Abs. 5 S. 1 Nr. 5-6c EStG. Wie die Analyse der Angemessenheitsprüfung nach § 4 Abs. 5 S. 1 Nr. 7 EStG gezeigt hat, kommt es für die Frage der Angemessenheit bzw. Unangemessenheit gerade nicht auf die Art der Aufwendung an, sondern allein darauf, in welcher Höhe die Aufwendung im konkreten Einzelfall angefallen ist. Auch bei betrieblich/beruflich bedingten Mehraufwendungen besteht die Gefahr, dass Steuerpflichtige Aufwendungen, die angesichts der besonderen Nähe zur existenziellen Lebensführung zugleich ihrer privaten Bedürfnisbefriedigung dienen, in übertriebener Höhe verausgaben. Daher ist mit dem von § 4 Abs. 5 S. 1 Nr. 5-6c EStG verfolgten Telos der Steuervereinfachung und Streitvermeidung zugleich auch verbunden, dass eine übermäßige Abwälzung betrieblicher Mehraufwendungen auf die Allgemeinheit verhindert werden soll.[2654] Zudem ging aus der historischen Analyse des § 4 Abs. 5 S. 1 Nr. 1-7 EStG bereits hervor, dass die Abzugsbeschränkung für die Kosten einer betrieblich veranlassten doppelten Haushaltsführung nach § 4 Abs. 5 S. 1 Nr. 6a EStG unter anderem mit dem gesetzgeberischen Ziel eingeführt wurde, den Abzug unangemessen hoher Betriebsausgaben einzuschränken.[2655] Zwar ist es zutreffend, dass die pauschalierende Abschichtung zur existenziellen Lebensführung den Kerngedanken der in § 4 Abs. 5 S. 1 Nr. 5-6c EStG enthaltenen Abzugsbeschränkungen bildet. Gewisse Bezüge zu den Angemessenheitserwägungen der Generalklausel können den Tatbeständen aber dennoch entnommen

2652 So auch *Meyer*, in: BeckOK EStG, § 4, Rn. 2705.

2653 Siehe zu der grundlegenden Abgrenzung von Repräsentationsaufwendungen und betrieblich/beruflich bedingten Mehraufwendungen bereits Teil 3 § 12 F.

2654 Siehe hierzu bereits Teil 4 § 17 B.III.3.

2655 Siehe diesbezüglich nochmals Teil 4 § 17 B.II.4.c.

werden. Damit ist festzuhalten, dass auch das zweite Tatbestandsmerkmal des § 4 Abs. 5 S. 1 Nr. 7 EStG unter Einschränkungen auf die Abzugsbestimmungen für betrieblich bedingte Mehraufwendungen übertragen werden kann.

IV. Erkenntnisse für die übergeordnete Dogmatik des § 4 Abs. 5 S. 1 Nr. 1-7 EStG

Zusammenfassend lässt sich sagen, dass die Generalklausel nach § 4 Abs. 5 S. 1 Nr. 7 EStG – wie es ihre historische Bedeutung für den Abzugskatalog des § 4 Abs. 5 S. 1 Nr. 1-7 EStG bereits vermuten lässt – ein allgemeines Leitbild vermittelt, das jedenfalls in wesentlichen Grundzügen auf die übrigen Tatbestände übertragen werden kann und damit eine übergeordnete Dogmatik für den gesamten Abzugskatalog vermittelt. Alle Aufwendungen iSd § 4 Abs. 5 S. 1 Nr. 1-7 EStG sind dem Grunde nach originär betrieblich veranlasst,[2656] weisen zugleich aber eine zumindest geringfügige Nähe zur privaten Lebensführung auf. Das Berühren der Lebensführung stellt daher nicht nur ein Tatbestandsmerkmal der Generalklausel nach § 4 Abs. 5 S. 1 Nr. 7 EStG dar, sondern bildet zugleich einen wesentlichen Grundgedanken, der für alle Tatbestände des Abzugskataloges gleichermaßen gilt und diese aus übergeordneter Sicht miteinander verklammert.[2657] Zwar ist der Ursprung, aus dem sich die Nähe zur Lebensführung ergibt, nicht für alle Aufwendungen identisch, da betrieblich bedingte Mehraufwendungen eine besondere Nähe zur Existenzgrundlage aufweisen und mithin auch nur Berührungspunkte zu den existenziellen Privataufwendungen,[2658] nicht aber – wie die Repräsentationsaufwendungen – zu den freiwilligen Privataufwendungen[2659] aufweisen. Hinsichtlich der sphärischen Einordnung der Aufwendungen nach § 4 Abs. 5 S. 1 Nr. 1-7 EStG ist aber trotzdem festzuhalten, dass bei allen Tatbeständen des Abzugskataloges die Berührung der Lebensführung entweder ausdrücklich oder typisierend vorausgesetzt wird.

Ähnlich verhält es sich mit dem zweiten Tatbestandsmerkmal der Unangemessenheit betrieblicher Aufwendungen. Auch diesbezüglich kann der Grundgedanke des § 4 Abs. 5 S. 1 Nr. 7 EStG nicht uneingeschränkt auf die übrigen Tatbestände des Abzugskatalogs übertragen werden, seine übergeordnete Bedeutung ist aber auch hier nicht zu unterschätzen. So enthält § 4 Abs. 5 S. 1 Nr. 3, 4 EStG zwei

---

2656 Siehe hierzu nochmals die Ergebnisse der Auslegung des Abzugskatalogs in Teil 4 § 17 B.V.

2657 So auch *Meyer,* in: BeckOK EStG, § 4, Rn. 2725, 2746.1; vgl. *Bordewin,* BB 1975, 127, 128.

2658 Siehe zu dieser Kategorie privater Aufwendungen nochmals Teil 1 § 2 C.II.1.b.

2659 Siehe zu dieser Kategorie privater Aufwendungen nochmals Teil 1 § 2 C.II.1.d.

Abzugsverbote für Repräsentationsaufwendungen, die der Gesetzgeber bereits ihrer Art nach für unangemessen erachtet. Diese Tatbestände unterscheiden sich insofern von der Generalklausel des § 4 Abs. 5 S. 1 Nr. 7 EStG, als dieser nach seiner Systematik allein auf Betriebsausgaben abstellt, die der Höhe nach unangemessen sind. Trotz dieser Diskrepanz lässt sich festhalten, dass der dahinterstehende Gedanke, Betriebsausgaben, die zugleich Berührungspunkte zur Lebensführung aufweisen, nur bezüglich ihres angemessenen Teils zum Abzug zuzulassen, für alle Tatbestände gleichermaßen Bedeutung erlangt. Gleiches gilt für die Abzugsbeschränkungen für betrieblich bedingte Mehraufwendungen: Zwar dienen diese Tatbestände im Kern der Steuervereinfachung und Streitvermeidung und betreffen zudem eigentlich keine Aufwendungen, die typischerweise von der allgemeinen Verkehrsanschauung als unangemessen angesehen werden. Auch bei diesen Aufwendungen sind missbräuchliche Betriebsgestaltungen, bei denen unangemessen hohe Erwerbsaufwendungen geltend gemacht werden, angesichts der besonderen Nähe zur Existenzgrundlage des Steuerpflichtigen allerdings nicht ausgeschlossen. Daher spielt das Kriterium der Angemessenheit auch bei diesen Aufwendungen zumindest am Rande eine übergeordnete Rolle.

D. Besonderheiten der Schwesternorm nach § 9 Abs. 1 S. 3 Nr. 4, 5, 5a EStG

I. Grundsätzliches zum Verhältnis von § 4 Abs. 5 S. 1 Nr. 1-7 EStG und § 9 Abs. 1 S. 3 Nr. 4, 5, 5a EStG

Nach Abschluss der Analyse des § 4 Abs. 5 S. 1 Nr. 1-7 EStG soll der Blick nun nochmals erweitert werden und dabei der Frage nachgegangen werden, ob die bisherigen Auslegungsergebnisse zur rechtlichen Wirkung des § 4 Abs. 5 S. 1 Nr. 1-7 EStG anders zu beurteilen sind, wenn man zusätzlich berücksichtigt, dass sich der Einleitungssatz der Schwesternorm in § 9 Abs. 1 S. 3 Nr. 4, 5, 5a EStG nach seinem Wortlaut von dem Einleitungssatz des § 4 Abs. 5 S. 1 EStG unterscheidet. Zwar hat die alleinige Betrachtung des § 4 Abs. 5 S. 1 Nr. 1-7 EStG zu dem eindeutigen Ergebnis geführt, dass die Tatbestände des Abzugskataloges nur solche Aufwendungen betreffen, die dem Grunde nach betrieblich veranlasst sind. In einer Gesamtschau mit der Schwesternorm des § 9 Abs. 1 S. 3 Nr. 4, 5, 5a EStG, die mit den Worten „Werbungskosten sind *auch*" eingeleitet wird, könnte dieses Auslegungsergebnis jedoch in Frage gestellt werden. Als Ausfluss des Dualismus der Einkunftsarten[2660] bildet § 9 Abs. 1 S. 3 Nr. 4, 5, 5a EStG zusammen mit § 9 Abs. 4a, 5 EStG die Parallelnorm zu § 4 Abs. 5 S. 1 Nr. 1-7 EStG, in welcher der steuerliche Abzug bestimmter Erwerbsaufwendungen aus dem Bereich der Überschusseinkunftsarten nach § 2 Abs. 2 Nr. 2 EStG geregelt wird. Aus diesem Nebeneinander zweier Abzugskataloge für Betriebsausgaben auf der einen Seite und Werbungskosten auf der anderen Seite ergeben sich einige inhaltliche Überschneidungen, die Einfluss darauf nehmen könnten, wie der Einleitungssatz des § 4 Abs. 5 S. 1 EStG inhaltlich zu verstehen ist. So hat die historische Analyse des § 4 Abs. 5 S. 1 Nr. 1-7 EStG bereits gezeigt, dass einige Tatbestände, die heute in dem Abzugskatalog für Betriebsausgaben geregelt sind, nur deswegen aufgenommen wurden, weil es eine entsprechende Regelung bereits für Werbungskosten in § 9 Abs. 1 S. 3 EStG gab und die steuerliche Gleichbehandlung zwischen Arbeitnehmern und selbständig Tätigen einen Gleichlauf zwischen den jeweiligen Abzugsbestimmungen erforderlich gemacht hat.[2661] Des Weiteren ist der Einleitungssatz des § 9 Abs. 1 S. 3 EStG in ähnlicher Form wie heute bereits mit dem preußischen EStG vom 19.6.1906 ins Gesetz aufgenommen worden[2662] und hat mithin Geltung erlangt, bevor der Abzugskatalog des § 4 Abs. 5 S. 1 Nr. 1-7 EStG[2663] erlassen wurde. Dies könnte den Schluss darauf zulassen, dass der Katalog des § 4 Abs. 5 S. 1 Nr. 1-7 EStG sich daran orientieren sollte, was in § 9 Abs. 1 S. 3 EStG ursprünglich geregelt war. Schließlich korrespondieren die Tatbestände des § 4 Abs. 5 S. 1 Nr. 1-7 EStG auch inhaltlich mit den Bestimmungen in § 9 Abs. 1 S. 3 Nr. 4, 5, 5a EStG und § 9 Abs. 4a, 5 EStG.[2664] Insbesondere die Abzugsbeschränkungen für Fahrten zwischen Wohnung und

---

2660 Zum Dualismus der Einkunftsarten und dem damit in Zusammenhang stehenden Dualismus der Erwerbsaufwendungen siehe nochmals Teil 2 § 5 B.I.

2661 Siehe hierzu nochmals Teil 4 § 17 B.II.4.a.

2662 § 8 Nr. I des preußischen EStG vom 19.06.1906 lautete: „Von dem Rohertrage der im § 6 bezeichneten Einkommensquellen sind die Aufwendungen zur Erwerbung, Sicherung und Erhaltung des Ertrags (Werbungskosten) in Abzug zu bringen. *Als Werbungskosten gelten auch*: …" (Hervorhebung durch die Verfasserin), siehe hierzu *von Bornhaupt,* in: K/S/M, EStG, § 9, Rn. A 121; *Keil, A./Gallenkamp, H.,* Gesetz-Sammlung für die Königlich-Preußischen Staaten, Siebenter Band, 1900-1906, S. 841; *Straßburger,* in: BeckOK EStG, § 9, Rn. 7. Die heutige Formulierung „Werbungskosten sind auch" wurde erstmals mit dem EStG 1934 (BGBl. I 1943, 1005) ins Gesetz aufgenommen, siehe hierzu *von Bornhaupt,* in: K/S/M, EStG, § 9, Rn. A 143.

2663 Zum historischen Ursprung des § 4 Abs. 5 S. 1 Nr. 1-7 EStG siehe nochmals Teil 4 § 17 B.II.2.

2664 Vgl. auch *von Bornhaupt,* in: K/S/M, EStG, § 9, Rn. A 65.

Betriebs-/Tätigkeitsstätte sowie die notwendigen Mehraufwendungen für eine betrieblich/beruflich veranlasste doppelte Haushalsführung sind sowohl im Abzugskatalog des § 4 Abs. 5 S. 1 Nr. 6, 6a EStG als auch unter dem Einleitungssatz des § 9 Abs. 1 S. 3 EStG in § 9 Abs. 1 S. 3 Nr. 4, 5, 5a EStG enthalten.[2665] Teilweise finden sich sogar ausdrückliche Verweisungen von § 4 Abs. 5 S. 1 Nr. 6, 6a EStG in § 9 Abs. 1 S. 3 Nr. 4, 5, 5a EStG, sodass die Tatbestände des Abzugskatalogs für Betriebsausgaben nicht ohne die Parallelvorschriften in der Schwesternorm für Werbungskosten verstanden werden können. Diese inhaltlichen und systematischen Überschneidungen könnten dafürsprechen, dass auch der Einleitungssatz des § 4 Abs. 5 S. 1 EStG nicht einzeln analysiert werden kann, sondern in einer Gesamtschau mit § 9 Abs. 1 S. 3 EStG zu interpretieren ist. Maßgeblich für die rechtliche Wirkung des § 4 Abs. 5 S. 1 Nr. 1-7 EStG wäre dann die Frage, ob der Einleitungssatz des § 9 Abs. 1 S. 3 EStG aufgrund seines Wortlauts anders auszulegen ist als § 4 Abs. 5 S. 1 EStG und ob hieraus Rückschlüsse für die rechtliche Wirkung des § 4 Abs. 5 S. 1 EStG zu ziehen sind. Diesen Fragen wird im Folgenden näher nachgegangen.

II. Bedeutung des Einleitungssatzes nach § 9 Abs. 1 S. 3 EStG

1. Meinungsstand

Ebenso wie bei § 4 Abs. 5 S. 1 Nr. 1-7 EStG ist auch bei dem Abzugskatalog des § 9 Abs. 1 S. 3 EStG umstritten, wie der Einleitungssatz, der für alle Tatbestände des § 9 Abs. 1 S. 3 Nr. 1-7 EStG gleichermaßen gilt, rechtlich einzuordnen ist. Nach einer Ansicht (deklaratorische Ansicht)[2666] leiten die Worte „Werbungskos-

---

2665 Weitere Übereinstimmungen finden sich in § 9 Abs. 4a EStG für die Verpflegungsmehraufwendungen, die für die Gewinneinkunftsarten in § 4 Abs. 5 S. 1 Nr. 5 EStG geregelt sind, und in § 9 Abs. 5 EStG für die übrigen Abzugstatbestände des § 4 Abs. 5 S. 1 Nr. 1-4, 6b-7 EStG. Da diese Tatbestände jedoch nicht dem Einleitungssatz des § 9 Abs. 1 S. 3 EStG unterfallen, können sie für die weitere Untersuchung ausgeklammert werden.

2666 Diese Ansicht wird etwa vertreten von *Bergkemper*, DB 2006, Beilage 6 zu Heft 39, 45, 48; *Hey*, in: Tipke/Lang, Steuerrecht, Rn. 8.361; *Kröner*, StuW 1985, 115, 116; *Lenk*, BB 2006, S. 1305, 1306; *Schuhmann*, BB 1980, 983, 986; *Stallknecht*, Vereinfachungsnormen, S. 189; *Tipke*, StuW 1985, 185, 185; *Tipke*, BB 2007, 1525, 1531; *Tipke*, FR 2007, 960, 962; vgl. auch BFH BStBl. II 2008, 234, 245; BFH BStBl. II 1985, 92, 93; BFH BStBl. II 1981, 368, 370; BFH BStBl. II 1975, 607, 608; BFH BStBl. II 1972, 152, 154. Siehe für § 9 Abs. 1 S. 3 Nr. 4, 5, 5a EStG auch *Kreft*, in: Herrmann/Heuer/Raupach, EStG/KStG, § 9 EStG, Rn. 1.

ten sind *auch*" beispielhaft eine nicht abschließende Reihe von Aufwendungen ein, welche bereits dem Grunde nach die Voraussetzungen des allgemeinen Werbungskostenbegriffs nach § 9 Abs. 1 S. 1 EStG erfüllen. Hiernach wird das Wort „auch" im Einleitungssatz als Hinweis darauf verstanden, dass die darunter in den einzelnen Ziffern aufgeführten Anwendungsbeispiele echten Werbungskostencharakter haben müssen[2667] und der allgemeine Werbungskostenbegriff des § 9 Abs. 1 S. 1 EStG durch die zusätzlichen Tatbestände lediglich konkretisiert wird.[2668] Begründet wird diese Ansicht unter anderem damit, dass der Wortlaut des Einleitungssatzes deutlich mache, dass § 9 Abs. 1 S. 3 EStG den Werbungskostenbegriff exemplifiziere.[2669] Die gegenteilige Annahme einer konstitutiven Wirkung sei nur dann verständlich, wenn der Gesetzgeber anstelle der Terminologie „Werbungskosten *sind auch*" eine Formulierung gewählt hätte, bei der es heißt: „Als Werbungskosten *gelten auch*" oder „*Wie* Werbungskosten sind zu behandeln".[2670] Dafür, dass der Gesetzgeber mit dem Einleitungssatz gerade keine Zuordnungsentscheidung treffen wollte, spreche darüber hinaus, dass andernfalls für alle in § 9 Abs. 1 S. 3 Nr. 1-7 EStG aufgeführten Positionen ein Subventionscharakter angenommen werden müsse, der eindeutig nicht vorliege.[2671] Schließlich wird argumentiert, dass § 9 Abs. 1 S. 3 EStG bei einer verfassungskonformen Auslegung, mit der § 9 Abs. 1 EStG entsprechend den Vorgaben des Gleichheitssatzes an die Betriebsausgabendefinition in § 4 Abs. 4 EStG angenähert wird, nur so verstanden werden könne, dass die Tatbestände des § 9 Abs. 1 S. 3 Nr. 1-7 EStG unter den allgemeinen Werbungskostenbegriff des § 9 Abs. 1 S. 1 EStG fallen.[2672] Dies folge daraus, dass die Betriebsausgabendefinition in § 4 Abs. 4 EStG keine dem § 9 Abs. 1 S. 3 Nr. 1-7 EStG entsprechenden Tatbestände enthalte und diese zusätzlichen Bestimmungen mithin gleichheitskonform so ausgelegt werden

---

2667 Vgl. BFH BStBl. II 1975, 607, 608; *Schuhmann,* BB 1980, 983, 986.

2668 *Stallknecht,* Vereinfachungsnormen, S. 189.

2669 *Tipke,* BB 2007, 1525, 1531; vgl. BFH BStBl. II 2008, 234, 246; BFH BStBl. II 1975, 607, 608; BFH BStBl. II 1972, 152, 154.

2670 So *Tipke,* BB 2007, 1525, 1531; in diese Richtung auch *Lenk,* BB 2006, 1305, 1306, der beispielhaft für entsprechende konstitutive Anordnungen § 10e Abs. 1 S. 1 EStG nennt, wonach „[d]er Steuerpflichtige [die genannten Aufwendungen] *wie* Sonderausgaben abziehen [kann]" (Hervorhebung durch den Autor).

2671 Vgl. BFH BStBl. II 2008, 234, 246; *Tipke,* FR 2007, 960, 962.

2672 So *Hey,* in: Tipke/Lang, Steuerrecht, Rn. 8.361; siehe auch *Tipke,* StuW 1985, 185, 185.

müssten, dass sie auch aus der allgemeinen Werbungskostendefinition des § 9 Abs. 1 S. 1 EStG hinausinterpretiert werden können.[2673]

Nach anderer Ansicht (konstitutive Ansicht)[2674] wird dagegen angenommen, dass § 9 Abs. 1 S. 3 EStG in Wahrheit bestimmte Aufwendungen benenne, die nicht originär beruflich, sondern untrennbar gemischt veranlasst sind, und diese im Wege der konstitutiven Anordnung sodann kraft Gesetzes der Erwerbssphäre zuweise. Ähnlich wie bei den Aufwendungen in § 4 Abs. 5 S. 1 Nr. 1-7 EStG wird die konstitutive Ansicht auch hier damit begründet, dass der originäre Werbungskostencharakter der Aufwendungen in § 9 Abs. 1 S. 3 Nr. 4, 5, 5a EStG wegen seiner Bezüge zur Privatsphäre zweifelhaft sei.[2675] Zudem wird angeführt, dass eine beispielhafte Aufzählung verschiedener Werbungskosten – wie sie von den Vertretern der deklaratorischen Ansicht angenommen wird – nur dann in den Einleitungssatz des § 9 Abs. 1 S. 3 EStG hineingelesen werden könne, wenn die Formulierung nicht „auch", sondern „insbesondere" hieße.[2676] Das Wort „auch" verwende der Gesetzgeber an anderen Stellen des Gesetzes, um eigenständige Tatbestände zu beschreiben, nicht aber um unbestimmte Rechtsbegriffe oder weit gefasste Definitionen durch die Nennung verschiedener Beispiele zu konkretisieren.[2677] Nach § 17 EStG etwa gehöre zu den Einkünften aus Gewerbebetrieb „auch" der Veräußerungsgewinn einer Kapitalbeteiligung, obwohl die Kapitalbeteiligung zum Privatvermögen gehört und der Veräußerungsgewinn demzufolge ohne ausdrückliche gesetzliche Anordnung nicht als Einkunft aus Gewerbebetrieb besteuert werden könnte.[2678] Die deklaratorische Ansicht, wonach aus dem Wort „auch" folge, dass die einzelnen Tatbestände des § 9 Abs. 1 S. 3 EStG jeweils dem Werbungskostencharakter des § 9 Abs. 1 S. 3 EStG entsprechen müssen, sei daher nicht überzeugend.[2679]

2673 *Hey,* in: Tipke/Lang, Steuerrecht, Rn. 8.361; vgl. auch *Tipke,* StuW 1985, 185, 185.

2674 Zu den Vertretern dieser Ansicht gehören beispielsweise *Giloy,* DStZ (A) 1975, 440, 441; *Ihlas,* FR 1989, 321, 323; *Kröger*, DStR 1979, 400, 401; *Meyer, B.,* DStR 1982, 134, 135; *Prinz,* FR 1986, 397, 406; *Rose*, Doppelte Haushaltsführung, S. 63 ff.; *Söhn,* StuW 1983, 193, 198, 200. Siehe für § 9 Abs. 1 S. 3 Nr. 4, 5, 5a EStG auch *von Bornhaupt,* in: K/S/M, EStG, § 9, Rn. A 27 ff.; *Krüger,* in: Schmidt, EStG, § 9, Rn. 130.

2675 So etwa *Krüger,* in: Schmidt, EStG, § 9, Rn. 130; vgl. auch *Giloy,* DStZ (A) 1975, 440, 441; *Söhn,* StuW 1983, 193, 200.

2676 So die Argumentation von *Giloy,* DStZ (A) 1975, 440, 441.

2677 Vgl. *Giloy,* DStZ (A) 1975, 440, 441.

2678 *Giloy,* DStZ (A) 1975, 440, 441.

2679 So *Giloy,* DStZ (A) 1975, 440, 441; a.A. *Schuhmann,* BB 1980, 983, 986.

2. *Stellungnahme*

Für eine kritische Würdigung der gegenläufigen Ansichten macht es auch im Rahmen des Abzugskatalogs nach § 9 Abs. 1 S. 3 Nr. 4, 5, 5a EStG Sinn, den Einleitungssatz nach den gängigen Methoden auszulegen.[2680] Dabei führt die grammatikalische Auslegung zunächst zu keinem eindeutigen Ergebnis. Zwar spricht die Verwendung des Wortes „auch" im Einleitungssatz dafür, dass die nachfolgend beschriebenen Tatbestände eine nicht abschließende Aufzählung bestimmter Aufwendungen darstellen, die in Zusammenhang mit dem allgemeinen Werbungskostenbegriff des § 9 Abs. 1 S. 1 EStG stehen.[2681] Ob damit aber zugleich eine konstitutive Zuordnungsentscheidung getroffen werden soll, mit der die betreffenden Aufwendungen kraft Gesetzes ebenfalls zu Werbungskosten gemacht werden, oder nur der allgemeine Werbungskostenbegriff des § 9 Abs. 1 S. 1 EStG konkretisiert wird, lässt sich allein anhand des Wortlauts nicht mit Eindeutigkeit sagen.[2682]

Ein deutlicheres Ergebnis liefert demgegenüber die systematische Auslegung des Einleitungssatzes. Wie auch bei § 4 Abs. 5 S. 1 Nr. 1-7 EStG spricht bei § 9 Abs. 1 S. 3 EStG zunächst die systematische Einordnung hinter der allgemeinen Werbungskostendefinition des § 9 Abs. 1 S. 1 EStG dafür, dass es sich bei den genannten Aufwendungen dem Grunde nach um originär beruflich veranlasste Aufwendungen und nicht um wesentlich privat mitveranlasste Aufwendungen handelt, die systematisch bei § 12 Nr. 1 EStG einzuordnen wären. Deutlicher noch als bei der Betriebsausgabendefinition des § 4 Abs. 4 EStG und seiner Konkretisierung in § 4 Abs. 5 S. 1 Nr. 1-7 EStG befindet sich der Abzugskatalog des § 9 Abs. 1 S. 3 Nr. 4, 5, 5a EStG sogar im gleichen Absatz wie die allgemeine Werbungskostendefinition des § 9 Abs. 1 S. 1 EStG, was dafürspricht, dass die einzelnen Tatbestände der weiteren Konkretisierung des unbestimmten Werbungskostenbegriffs dienen. Zudem macht ein Blick in die einzelnen Tatbestände des § 9 Abs. 1 S. 3 Nr. 1-7 EStG deutlich, dass es sich bei den dort genannten Aufwendungen eindeutig um originär beruflich veranlasste und gerade nicht um untrennbar gemischt veranlasste Aufwendungen handelt.[2683] So ist seit jeher unbestritten, dass die Aufwendungen für typische Berufskleidung, die in

2680 Zur Auslegung des § 4 Abs. 5 S. 1 Nr. 1-7 EStG siehe nochmals Teil 4 § 17 B.

2681 So auch *Kreft,* in: Herrmann/Heuer/Raupach, EStG/KStG, § 9 EStG, Rn. 1; *Krüger,* in: Schmidt, EStG, § 9, Rn. 130; *Stallknecht,* Vereinfachungsnormen, S. 189.

2682 So auch *Kreft,* in: Herrmann/Heuer/Raupach, EStG/KStG, § 9 EStG, Rn. 1; *Tipke,* BB 2007, 1525, 1531; vgl. *Thürmer,* in: Brandis/Heuermann, EStG, § 9, Rn. 1.

2683 So auch *Lenk,* BB 2006, 1305, 1306.

§ 9 Abs. 1 S. 3 Nr. 6 EStG ausdrücklich genannt werden, anders als die Aufwendungen für bürgerliche Kleidung dem Grunde nach beruflich veranlasste Aufwendungen sind, die grundsätzlich in voller Höhe steuerlich zu berücksichtigen sind.[2684] Auch Schuldzinsen, soweit sie mit einer Einkunftsart in wirtschaftlichem Zusammenhang stehen (§ 9 Abs. 1 S. 3 Nr. 1 EStG), Steuern vom Grundbesitz, die für vermietete Grundstücke und Gebäude anfallen (§ 9 Abs. 1 S. 3 Nr. 2 EStG), oder die Beiträge zu Berufsverbänden (§ 9 Abs. 1 S. 3 Nr. 3 EStG) stellen unzweifelhaft originär beruflich veranlasste Aufwendungen dar.[2685] Damit steht aus systematischer Sicht fest, dass der Einleitungssatz des § 9 Abs. 1 S. 3 EStG keine konstitutive Zuordnungsentscheidung für untrennbar gemischt veranlasste Aufwendung trifft, sondern eine beispielhafte Aufzählung von Aufwendungen einleitet, die bereits dem Grunde nach beruflich veranlasst sind und der näheren Konkretisierung des allgemeinen Werbungskostenbegriffs in § 9 Abs. 1 S. 1 EStG dienen.

Dieses Ergebnis wird schließlich durch die historische Entwicklung des § 9 Abs. 1 S. 3 EStG bestätigt. Zwar könnte angeführt werden, dass der ursprüngliche Wortlaut des § 8 Nr. I des preußischen EStG vom 19.06.1906, in dem erstmals eine vergleichbare Formulierung zu der des heutigen Einleitungssatz verwendet wurde,[2686] für die Annahme der konstitutiven Ansicht spricht. Dieser Wortlaut beruht aber eher auf einer gesetzgeberischen Zufälligkeit und lässt in Zusammenschau mit dem ursprünglichen Sinn und Zweck des heutigen § 9 Abs. 1 S. 3 EStG keine Annahme einer konstitutiven Wirkung des Einleitungssatzes zu. Nach dem Wortlaut des § 8 Nr. I des preußischen EStG vom 19.06.1906 wurden die einzelnen Aufwendungen, von denen einige auch heute noch im Abzugskatalog des § 9 Abs. 1 S. 3 Nr. 1-7 EStG aufgelistet sind, mit folgender Formulierung eingeleitet: „Als Werbungskosten *gelten auch*:". Nach dem, was *Tipke* als Vertreter der deklaratorischen Ansicht zum Wortlaut des heutigen § 9 Abs. 1 S. 3 EStG angeführt hat, könnte die ursprüngliche Formulierung *„gelten auch"* tatsächlich dafür sprechen, dass der Gesetzgeber mit dem Einleitungssatz untrennbar gemischt veranlasste Aufwendungen zu Werbungskosten kraft konstitutiver Zuordnung machen wollte. Dem ist allerdings entgegen zu halten, dass alle im Gesetz hinter dem Einleitungssatz aufgeführten Aufwendungen schon historisch als Beispielsfälle für das Vorhandensein von Werbungskosten verstanden wurden.[2687] Bereits

2684 Siehe hierzu bereits Teil 3 § 12 C.

2685 So auch *Lenk*, BB 2006, 1305, 1306.

2686 Vgl. *von Bornhaupt*, in: K/S/M, EStG, § 9, Rn. A 121 ff.; *Kreft*, in: Herrmann/Heuer/Raupach, EStG/KStG, § 9 EStG, Rn. 3.

2687 Siehe *von Bornhaupt*, in: K/S/M, EStG, § 9, Rn. A 127.

die Vorgängerregelung in § 9 Abs. 1 Nr. 1 des preußischen EStG vom 24.06.1891 enthielt in § 9 Abs. 1 Nr. 2-7 eine gesonderte Aufzählung einzelner Aufwendungsarten, mit denen der damals noch nicht ausdrücklich verwendete Begriff der Werbungskosten[2688] inhaltlich präzisiert werden sollte.[2689] Im Unterschied zu den Folgeregelungen wurde diese Aufzählung auch nicht mit einem Einleitungssatz überschrieben, der mit dem heutigen § 9 Abs. 1 S. 3 EStG vergleichbar wäre.[2690] Dass der Einleitungssatz später eingeführt und mehrfach ausgetauscht wurde,[2691] änderte an dem Sinn und Zweck der näheren Konkretisierung des Werbungskostenbegriffs nichts. Dies zeigt sich bereits daran, dass unter dem ersten Einleitungssatz des § 8 Abs. 1 EStG 1906, bei dem erstmals der Begriff „Werbungskosten" verwendet wurde,[2692] in § 8 Abs. 1 Nr. 4 EStG 1906 *Betriebsausgaben* genannt werden.[2693] Damit wird deutlich, dass auch die Einführung des Einleitungssatzes nichts an der originären erwerblichen Veranlassung der betreffenden Aufwendungen ändern sollte und eher den Zweck hatte, die besonderen Aufwendungen, mit denen der allgemeine Werbungskostenbegriff präzisiert werden sollte, übergeordnet einzuleiten.

III. Erkenntnisse für die rechtliche Wirkung und sphärische Einordnung des § 4 Abs. 5 S. 1 Nr. 1-7 EStG

Damit steht fest, dass auch der Einleitungssatz des § 9 Abs. 1 S. 3 Nr. 4, 5, 5a EStG deklaratorische Wirkung hat und sich folglich trotz des anders lautenden Wortlauts in seiner rechtlichen Wirkung nicht von § 4 Abs. 5 S. 1 EStG unterscheidet. Eine andere rechtliche Beurteilung des Abzugskataloges nach § 4 Abs. 5 S. 1 Nr. 1-7 EStG kommt damit auch unter Berücksichtigung der Besonderheiten der Schwesternorm nicht in Betracht. Zudem ist zu beachten, dass sich auch bei Zugrundelegung der konstitutiven Ansicht, wonach § 9 Abs. 1 S. 3 EStG mit dem Wort „auch" bestimmte Aufwendungen zu Werbungskosten kraft konstitutiver Zuordnung

2688 Vgl. *von Bornhaupt,* in: K/S/M, EStG, § 9, Rn. A 116; *Kreft,* in: Herrmann/Heuer/Raupach, EStG/KStG, § 9 EStG, Rn. 3.

2689 Vgl. *Kreft,* in: Herrmann/Heuer/Raupach, EStG/KStG, § 9 EStG, Rn. 3; *Straßburger,* in: BeckOK EStG, § 9, Rn. 6.

2690 Zum Wortlaut des § 9 Abs. 1 Nr. 1 des preußischen EStG vom 24.06.1981 siehe *von Bornhaupt,* in: K/S/M, EStG, § 9, Rn. A 115.

2691 Zur weiteren Entwicklung siehe *von Bornhaupt,* in: K/S/M, EStG, § 9, Rn. A 129 ff.

2692 Vgl. *von Bornhaupt,* in: K/S/M, EStG, § 9, Rn. A 122; *Straßburger,* in: BeckOK EStG, § 9, Rn. 7.

2693 Siehe *von Bornhaupt,* in: K/S/M, EStG, § 9, Rn. A 126; *Kreft,* in: Herrmann/Heuer/Raupach, EStG/KStG, § 9 EStG, Rn. 3.

macht, nicht dazu führen würde, dass § 4 Abs. 5 S. 1 EStG ebenfalls konstitutiv zu interpretieren ist. So ist im Rahmen des Dualismus der Erwerbsaufwendungen bereits deutlich geworden, dass die herrschende Meinung in Rechtsprechung und Literatur den Werbungskostenbegriff des § 9 Abs. 1 EStG und den Betriebsausgabenbegriff des § 4 Abs. 4 EStG gleichheitskonform dahingehend interpretiert, dass beide Definitionen deckungsgleich nach dem Veranlassungsprinzip ausgelegt werden.[2694] Hiernach wird § 9 Abs. 1 EStG im Lichte des § 4 Abs. 4 EStG verstanden und im Rahmen einer Rechtsfortbildung dahingehend erweitert, dass als Werbungskosten alle Aufwendungen verstanden werden, die beruflich veranlasst sind. Dieser Rechtsfortbildung des § 9 Abs. 1 EStG ist auch im Rahmen des § 9 Abs. 1 S. 3 EStG, der systematisch an die allgemeine Werbungskostendefinition in § 9 Abs. 1 S. 1 EStG anschließt, Rechnung zu tragen, da andernfalls Unternehmer und Nichtunternehmer steuerlich ungleich behandelt würden.[2695] Rückschlüsse von einem Einleitungssatz auf den Einleitungssatz der Schwesternorm können daher allenfalls von § 4 Abs. 4 EStG, der durch § 4 Abs. 5 S. 1 Nr. 1-7 EStG konkretisiert wird,[2696] auf § 9 Abs. 1 S. 3 EStG, nicht aber umgekehrt geschlossen werden.

E. Zusammenfassung und Ergebnis

Mit dem Abschluss der Analyse der Generalklausel und der Besonderheiten der Schwesternorm in § 9 Abs. 1 S. 3 Nr. 4, 5, 5a EStG können nun auch die Fragen, die nach der Auslegung des Abzugskatalogs des § 4 Abs. 5 S. 1 Nr. 1-7 EStG bislang offen geblieben waren,[2697] endgültig beantwortet werden. Maßgeblich für die der Arbeit zugrundeliegende Forschungsfrage war dabei unter anderem, welche Bedeutung der Generalklausel für die übrigen Tatbestände des § 4 Abs. 5 S. 1 Nr. 1-7 EStG zukommt und ob diese ein allgemeines Leitbild vorgibt, das im Sinne einer übergeordneten Dogmatik auf die anderen Abzugsbestimmungen des Kataloges übertragen werden kann. Die Analyse des § 4 Abs. 5 S. 1 Nr. 7 EStG hat dabei zunächst gezeigt, dass der Tatbestand der Generalklausel nach seiner eindeutigen Systematik voraussetzt, dass die betreffenden Betriebsausgaben zugleich die Lebensführung des Steuerpflichtigen oder eines anderen berühren und von der allgemeinen Verkehrsanschauung als unangemessen angesehen werden. Nur wenn beide Tatbestandsvoraussetzungen kumulativ vorliegen, wird der Betriebsausgabenabzug nach § 4 Abs. 4 EStG ausnahmsweise in Höhe des unangemessenen

2694 Siehe Teil 2 § 5 B.II.

2695 Vgl. auch *Hey*, in: Tipke/Lang, Steuerrecht, Rn. 8.361; *Tipke*, StuW 1985, 185, 185.

2696 Siehe hierzu nochmals Teil 4 § 17 B.V.

2697 Siehe diesbezüglich nochmals Teil 4 § 17 B.V.

Aufwendungsteils eingeschränkt. Es hat sich gezeigt, dass die beiden Tatbestandsmerkmale des Berührens der Lebensführung und der Unangemessenheit der betrieblichen Aufwendungen nicht inhaltlich gleichgesetzt werden können und den Vertretern der konstitutiven Ansicht, die annehmen, dass die Aufwendungen des § 4 Abs. 5 S. 1 Nr. 1-7 EStG bezüglich des unangemessenen Teils in Wahrheit (verdeckt) privat veranlasst seien, bereits aus diesem Grund zu widersprechen ist. Zudem wurde deutlich, dass der Grundgedanke der Generalklausel zumindest mit Einschränkungen auch auf die anderen Tatbestände des § 4 Abs. 5 S. 1 Nr. 1-7 EStG übertragen werden kann und damit eine übergeordnete Dogmatik für den ganzen Abzugskatalog vermittelt. Diese folgt zum einen aus dem die Tatbestände verklammernden Gedanken der Berührung der privaten Lebensführung und zum anderen aus dem mit allen Abzugsbestimmungen gleichermaßen verfolgten Sinn und Zweck, Betriebsausgaben, die zugleich Berührungspunkte zur Privatsphäre aufweisen, nicht in unangemessener Höhe zum Abzug zuzulassen.

Des Weiteren konnte gezeigt werden, dass die Ergebnisse der Auslegung des § 4 Abs. 5 S. 1 Nr. 1-7 EStG nicht anders ausfallen, wenn man zusätzlich den Wortlaut des Einleitungssatzes der Schwesternorm nach § 9 Abs. 1 S. 3 EStG heranzieht. Auch dieser Einleitungssatz hat – anders als in der Literatur teilweise vertreten wird – keine konstitutive Wirkung, sondern leitet mit deklaratorischer Wirkung die darauffolgende Benennung mehrerer Aufwendungen ein, welche den allgemeinen Werbungskostenbegriff des § 9 Abs. 1 S. 1 EStG exemplarisch konkretisieren. Selbst bei Zugrundelegung der konstitutiven Ansicht bliebe das andere inhaltliche Verständnis des Einleitungssatzes nach § 9 Abs. 1 S. 3 EStG ohne Bedeutung für die Bestimmung des § 4 Abs. 5 S. 1 EStG, da der Werbungskostenbegriff in § 9 Abs. 1 EStG nach überwiegender Auffassung im Wege der Rechtsfortbildung an den Begriff der Betriebsausgaben nach § 4 Abs. 4 EStG angelehnt wird. Zuletzt zu beantworten bleibt damit noch die Frage, ob die Tatbestände des § 4 Abs. 5 S. 1 Nr. 1-7 EStG gegen das objektive Nettoprinzip bzw. das Folgerichtigkeitsprinzip verstoßen und bejahendenfalls ein geeigneter Rechtfertigungsgrund gegeben ist, der für alle Abzugsbestimmungen gleichermaßen gilt. Hierauf wird im nächsten Kapitel eingegangen.

§ 18 Verfassungsrechtliche Zulässigkeit und gesetzgeberischer Gestaltungsspielraum

A. Einleitung

Nachdem die Untersuchungen über die Bedeutung und rechtliche Einordnung des § 4 Abs. 5 S. 1 Nr. 1-7 EStG nunmehr abgeschlossen sind, soll im letzten

Kapitel des 4. Teils schließlich auf die verfassungsrechtliche Zulässigkeit der in dem Katalog geregelten Abzugsbestimmungen eingegangen werden. Wie in der Einleitung des Kapitels bereits ausgeführt wurde, liegt ein wesentlicher Gesichtspunkt der dogmatischen Untersuchung des § 4 Abs. 5 S. 1 Nr. 1-7 EStG in der Frage, ob die Abzugsbeschränkungen und -verbote gegen das objektive Nettoprinzip bzw. das Gebot der Folgerichtigkeit verstoßen und bejahendenfalls über alle Tatbestände hinweg mit den gleichen sachlichen Gründen gerechtfertigt werden können.[2698] Um dieser Frage nachzugehen, soll im Folgenden zunächst der verfassungsrechtliche Rahmen, den der Gesetzgeber im Steuerrecht zu beachten hat, nochmals überblicksartig dargestellt werden. Anschließend wird auf Grundlage dieses Maßstabs erörtert, ob und in welchem Umfang die Abzugstatbestände des § 4 Abs. 5 S. 1 Nr. 7 EStG gegen das objektive Nettoprinzip bzw. das Gebot der Folgerichtigkeit verstoßen. Hierbei wird insbesondere auf die verschiedenen Sichtweisen eingegangen, die von den Anhängern der deklaratorischen und konstitutiven Ansicht hinsichtlich des Verhältnisses zwischen § 4 Abs. 5 S. 1 Nr. 1-7 EStG und Art. 3 Abs. 1 GG vertreten werden.[2699] Schließlich werden die maßgeblichen Rechtfertigungsgründe, welche für die einzelnen Tatbestände des Abzugskataloges in Betracht kommen, einzeln analysiert und nach übergeordneten Gemeinsamkeiten untersucht.

B. Vorbemerkungen zum verfassungsrechtlichen Maßstab

Hinsichtlich des verfassungsrechtlichen Maßstabs, der im 1. Teil der Arbeit erörtert wurde, ist für die weitere Untersuchung Folgendes zu beachten: Der Gesetzgeber hat mit Schaffung der § 4 Abs. 5 S. 1 Nr. 1-7 EStG keinen neuen Steuergegenstand ausgewählt oder einen Steuersatz bestimmt, sondern die bestehenden Tatbestände des Einkommensteuerrechts weiter ausgestaltet. In diesem Bereich wird der gesetzgeberische Gestaltungsspielraum nach Art. 3 Abs. 1 GG durch das Prinzip der Besteuerung nach Maßgabe der wirtschaftlichen Leistungsfähigkeit und das Gebot der Folgerichtigkeit begrenzt. Ungleichbehandlungen, die bei der näheren Ausgestaltung der Steuertatbestände auftreten, sind am Grundsatz der Verhältnismäßigkeit zu messen, dessen Anforderungen je nach Intensität des Eingriffs von

2698 Siehe hierzu bereits Teil 4 § 14.

2699 Zu den unterschiedlichen Meinungen, die unter den Vertretern der deklaratorischen Ansicht angenommen werden, siehe nochmals Teil 4 § 16 B.III., zu dem Standpunkt der Vertreter der konstitutiven Ansicht siehe Teil 4 § 16 C.III.

einem eher großzügigen bis hin zu einem strengen Prüfungsmaßstab reichen.[2700] Darüber hinaus wird das Leistungsfähigkeitsprinzip durch das objektive Nettoprinzip konkretisiert, welches einfachrechtlich insbesondere in § 2 Abs. 2 EStG geregelt ist. Dieses ist in seinem Kerngehalt im Leistungsfähigkeitsprinzip verwurzelt und entfaltet nur insoweit selbst Verfassungsrang nach Art. 3 Abs. 1 GG. Zwingende, notwendige Erwerbsaufwendungen, denen sich der Steuerpflichtige nicht entziehen kann, mindern die wirtschaftliche Leistungsfähigkeit und müssen daher verfassungsrechtlich berücksichtigt werden.[2701] Hiervon zu unterscheiden ist allerdings die einfachrechtliche Ausgestaltung der Erwerbsaufwendungen im Einkommensteuergesetz. Hier hat der Gesetzgeber mit dem verallgemeinerungsfähigen Grundgedanken des § 4 Abs. 4 EStG einen sehr weiten Maßstab für Erwerbsaufwendungen gewählt, der über das verfassungsrechtlich gebotene Maß der zwangsläufigen Erwerbsaufwendungen hinausgeht und auch solche betrieblich/beruflich veranlassten Aufwendungen erfasst, die der Steuerpflichtige freiwillig tätigt. Eine Differenzierung nach der Üblichkeit, Notwendigkeit, Zweckmäßigkeit oder Angemessenheit einer Aufwendung nimmt § 4 Abs. 4 EStG nicht vor. Zudem gehören zu den Erwerbsaufwendungen nach § 4 Abs. 4 EStG nicht nur solche Aufwendungen, die eindeutig der Erwerbssphäre zuzuordnen sind. Auch unwesentlich privat mitveranlasste Aufwendungen fallen unter den weiten Veranlassungsbegriff.[2702] Soweit diese einfachrechtliche Definition über den verfassungsrechtlichen Kern des objektiven Nettoprinzips hinausgeht, ist der Gesetzgeber nicht mehr unmittelbar an Art. 3 Abs. 1 GG, sondern lediglich an den Maßstab des Folgerichtigkeitsgebots gebunden. Hinsichtlich der Rechtfertigung von Durchbrechungen ist allerdings auch in diesem Fall zu berücksichtigen, dass Verstöße gegen das objektive Nettoprinzip bzw. das Folgerichtigkeitsgebot stets eines besonderen sachlichen Grundes bedürfen. Je zwangsläufiger die Erwerbsaufwendung anfällt, desto höher sind die Anforderungen, die an den sachlichen Grund zu stellen sind. Raum für verfassungsrechtliche Rechtfertigungen besteht daher eher bei Abzugsbeschränkungen der Höhe nach und weniger hinsichtlich Abzugsbeschränkungen dem Grunde nach, bei denen eine steuerliche Berücksichtigung des zwangsläufigen/notwendigen Erwerbsaufwandes nicht gewährleistet werden kann.[2703] Zu den Rechtfertigungsgründen, die nach die-

---

2700 Zur bereichspezifischen Konkretisierung des Art. 3 Abs. 1 GG im Steuerrecht siehe bereits Teil 1 § 2 A.III.

2701 Zum Verfassungsrang des objektiven Nettoprinzips siehe Teil 1 § 2 B.II.

2702 Zum Veranlassungsprinzip siehe nochmals Teil 2 § 7 und Teil 3 § 9 B.

2703 Zum Rechtfertigungserfordernis bei Durchbrechungen des objektiven Nettoprinzips siehe bereits Teil 1 § 2 B.IV.1.

sen Grundsätzen geeignet sind, Verstöße gegen das objektive Nettoprinzip bzw. das Folgerichtigkeitsgebot zu rechtfertigen, gehören neben Förderungs- und Lenkungszwecken auch die Typisierung und Pauschalierung zu Vereinfachungszwecken sowie die Missbrauchsabwehr und Vollzugssicherung.[2704]

C. Verstoß des § 4 Abs. 5 S. 1 Nr. 1-7 EStG gegen das objektive Nettoprinzip und das Folgerichtigkeitsgebot

Führt man diese verfassungsrechtlichen Grundsätze mit den Ergebnissen der kritischen Analyse[2705] der deklaratorischen und konstitutiven Ansicht zusammen, so wird schnell deutlich, dass die Abzugsbeschränkungen und -verbote des § 4 Abs. 5 S. 1 Nr. 1-7 EStG durchweg gegen das Gebot der Folgerichtigkeit sowie das objektive Nettoprinzip verstoßen.[2706] Zwar ist *Birk* und *Tipke*,[2707] die beide Vertreter der deklaratorischen Ansicht sind, darin zuzustimmen, dass ein Eingriff in den Kerngehalt des objektiven Nettoprinzips nur dann angenommen werden kann, wenn durch die Abzugsbestimmungen auch zwangsläufige bzw. notwendige Erwerbsaufwendungen vom Betriebsausgabenabzug ausgeschlossen werden. Dabei darf aber nicht außer Acht gelassen werden, dass der Gesetzgeber auch außerhalb des Kernbereichs des objektiven Nettoprinzips an die Vorgaben des Folgerichtigkeitsgebots gebunden ist und damit verfassungsrechtlich dazu verpflichtet ist, seine einmal getroffenen Belastungsentscheidungen folgerichtig umzusetzen.[2708] Eine solche Belastungsentscheidung hat der Gesetzgeber mit der einfachrechtlichen Ausgestaltung des Betriebsausgabenabzugs in § 4 Abs. 4 EStG getroffen.[2709] Hiernach gehören unangemessene Betriebsausgaben ebenso zum abziehbaren Erwerbsaufwand wie betrieblich veranlasste Aufwendungen, die zugleich unwesentlich privat mitveranlasst sind. Wie die Untersuchung der sphärischen Einordnung des § 4 Abs. 5 S. 1 Nr. 1-7 EStG gezeigt hat, handelt es sich bei allen Aufwendungen des Abzugskataloges trotz ihrer Nähe zur privaten Lebensführung um originäre Betriebsausgaben, die nach den Grundsätzen des

2704 Zu den geeigneten Rechtfertigungsgründen und deren abstrakten Anforderungen siehe nochmals Teil 1 § 2 B.IV.2.

2705 Siehe hierzu Teil 4 § 17 B.V. und E.

2706 So auch die meisten Vertreter der deklaratorischen Ansicht, siehe Fn. 1971.

2707 Zu der Ansicht von *Birk* und *Tipke* siehe nochmals Teil 4 § 16 B.III.

2708 So auch *Meyer,* in: BeckOK EStG, § 4, Rn. 2692 f.; vgl. BVerfGE 122, 210, 233 ff.; BVerfG BStBl. II 2003, 534, 541; *Drüen,* in: Brandis/Heuermann, EStG, § 4, Rn. 674 und zuvor *Wied,* in: Blümich, EStG, Stand: 154. Ergänzungslieferung, März 2020, § 4, Rn. 674.

2709 Vgl. BVerfGE 122, 210, 233 ff.; *Meyer,* in: BeckOK EStG, § 4, Rn. 2693, 2695.

§ 4 Abs. 4 EStG eigentlich zum steuerlichen Abzug zuzulassen wären. Da der Gesetzgeber die steuerliche Berücksichtigung dieser Aufwendungen jedoch mit allen Tatbeständen des § 4 Abs. 5 S. 1 Nr. 1-7 EStG entweder der Höhe nach einschränkt oder sogar vollständig ausschließt, liegt eine Abweichung von der Ausgangsentscheidung des § 4 Abs. 4 EStG vor, die vor dem Hintergrund des Folgerichtigkeitsgebots und des objektiven Nettoprinzips der sachlichen Rechtfertigung bedarf.

Selbst wenn man mit der konstitutiven Ansicht annehmen wollte, dass es sich bei den betreffenden Aufwendungen um untrennbar gemischt veranlasste Aufwendungen handelt, die kraft konstitutiver Zuordnung zu Betriebsausgaben gemacht werden, wäre der Gesetzgeber nicht völlig frei darin, den Katalog des § 4 Abs. 5 S. 1 Nr. 1-7 EStG um neue Abzugsbeschränkungen und -verbote zu erweitern oder die bestehenden Tatbestände nachträglich zu ändern. Denn anders als insbesondere *Söhn* vertritt,[2710] handelt es sind auch bei untrennbar gemischt veranlassten Aufwendungen dem Grunde nach um anteilige Erwerbsaufwendungen, die nach den Vorgaben des § 4 Abs. 4 EStG in Höhe des betrieblich/beruflich veranlassten Teils steuerlich zu berücksichtigen sind.[2711] Soweit die Tatbestände des § 4 Abs. 5 S. 1 Nr. 1-7 EStG also auch den Abzug des betrieblichen Aufwendungsteils ausschließen – was beispielsweise bei den Vollverboten nach § 4 Abs. 5 S. 1 Nr. 3, 4 EStG der Fall ist – stellt dies eine Abweichung von der folgerichtig umzusetzenden Ausgangsentscheidung des § 4 Abs. 4 EStG dar, die verfassungsrechtlich zu rechtfertigen ist. Darüber hinaus hat das BVerfG bereits in seiner Entscheidung zur doppelten Haushaltsführung deutlich gemacht, dass auch die Abzugsbestimmungen in § 4 Abs. 5 S. 1 Nr. 1-7 EStG bzw. § 9 Abs. 1 S. 3 Nr. 4, 5, 5a EStG für sich genommen Grundsatzentscheidungen darstellen, an die der Gesetzgeber im Rahmen des Folgerichtigkeitsgebots gebunden ist.[2712] Nimmt man also mit der konstitutiven Ansicht an, dass die rechtliche Bedeutung der § 4 Abs. 5 S. 1 Nr. 1-7 EStG darin besteht, bestimmte untrennbar gemischt veranlasste Aufwendungen konstitutiv der Erwerbssphäre zuzuordnen und anschließend teilweise zum steuerlichen Abzug zuzulassen, so folgt hieraus, dass der Gesetzgeber aufgrund des Folgerichtigkeitsgebots auch künftig an diese Zuordnungsentscheidung gebunden ist und Änderungen, die an den einzelnen Tatbeständen vorgenommen werden, ebenfalls der verfassungsrechtlichen

2710 Zu der Ansicht von *Söhn* siehe nochmals Teil 3 § 10 C.II.1.

2711 Siehe hierzu bereits Teil 3 § 10 C.II.4.

2712 Vgl. BVerfGE 107, 27, 50; siehe zu dieser Feststellung nochmals die Ausführungen in Teil 1 § 3 B.II.

Rechtfertigung bedürfen.[2713] Auch neue Zuordnungsentscheidungen, welche dazu führen, dass die betreffenden Aufwendungen nicht mehr der Erwerbssphäre, sondern der unbeachtlichen Privatsphäre zugewiesen werden, stellen vor diesem Hintergrund keinen vollständigen Systemwechsel dar, der nach den Maßstäben des Folgerichtigkeitsgebots ohne Weiteres zulässig wäre.[2714] Gesetzgeberische Änderungen der sphärischen Einordnung einer Aufwendung führen lediglich zu punktuellen Durchbrechungen des Veranlassungsprinzips und verstoßen damit ebenfalls gegen das objektive Nettoprinzip sowie das Gebot der Folgerichtigkeit.[2715] Damit wird deutlich, dass die Abzugsbestimmungen des § 4 Abs. 5 S. 1 Nr. 1-7 EStG auch bei Zugrundelegung der konstitutiven Ansicht Eingriffe in den Schutzbereich des Art. 3 Abs. 1 GG darstellen, die verfassungsrechtlich zu rechtfertigen sind. Ob eine solche Rechtfertigung bei allen Bestimmungen des Abzugskataloges vorliegt und welche Anforderungen an die möglichen Rechtfertigungsgründe zu stellen sind, wird im nächsten Kapitel näher untersucht.

D. Sachliche Rechtfertigung

I. Rechtfertigungsmaßstab

Bevor näher auf die einzelnen Rechtfertigungsgründe eingegangen wird, soll nochmals aus übergeordneter Perspektive dargestellt werden, welcher Rechtfertigungsmaßstab bei den Abzugsbeschränkungen und -verboten des § 4 Abs. 5 S. 1 Nr. 1-7 EStG zu berücksichtigen ist. Hierbei ist zunächst zu betonen, dass die Aufwendungen, deren steuerliche Behandlung durch den Abzugskatalog geregelt werden, zwar dem Grunde nach Betriebsausgaben darstellen. Da sie aber durchweg zugleich Berührungspunkte zur privaten Lebensführung aufweisen, liegen sie innerhalb des Graubereichs zwischen Erwerbs- und Privatsphäre, in dem der Gesetzgeber nach überwiegender Ansicht einen weiten Typisierungs- und Gestaltungsspielraum hat.[2716] Für die Justierung der jeweiligen Rechtfertigungsanforderungen ist daher über alle Tatbestände hinweg der Nähe zur privaten Lebensführung durch einen milderen Rechtfertigungsmaßstab

2713 So auch Richter/*Söhn*, StuW 2008, 117, 123.

2714 Zur berechtigten Kritik an der von *Söhn* vertretenen Ansicht, wonach solche Zuordnungsentscheidungen keiner „Ewigkeitsgarantie" unterlägen und durch den Gesetzgeber auch in ihr Gegenteil geändert werden könnten, siehe bereits Teil 1 § 3 C.II.2.

2715 Vgl. diesbezüglich bereits BVerfGE 122, 210, 236 f.

2716 Siehe diesbezüglich bereits Teil 1 § 3 D.

Rechnung zu tragen.[2717] Zudem ist auch diesbezüglich zu berücksichtigen, dass das objektive Nettoprinzip nur in seinem Kernbereich selbst Verfassungsrang hat und ansonsten nur mittelbar über das Folgerichtigkeitsgebot Geltung erlangt. Dies führt dazu, dass die Rechtfertigungsanforderungen bei möglichen Durchbrechungen steigen, je zwangsläufiger die betreffenden Erwerbsaufwendungen anfallen.[2718] Vor diesem Hintergrund ist *Wied* darin zuzustimmen,[2719] dass auch hinsichtlich der Abzugsbestimmungen in § 4 Abs. 5 S. 1 Nr. 1-7 EStG danach zu unterscheiden ist, ob der Tatbestand nur solche Erwerbsaufwendungen betrifft, die der Steuerpflichtige freiwillig tätigt, oder ob dadurch auch zwangsläufiger Erwerbsaufwand vom steuerlichen Abzug ausgeschlossen wird. Bezogen auf die einzelnen Tatbestände des § 4 Abs. 5 S. 1 Nr. 1-7 EStG geht *Wied* konkret davon aus, dass die Abzugsbestimmungen für Repräsentationsaufwendungen nach § 4 Abs. 5 S. 1 Nr. 1-4, 7 EStG schon keine Regelung für zwangsläufigen Erwerbsaufwendungen enthielten und damit durchgängig verfassungsrechtlich gerechtfertigt seien. Hinsichtlich der betrieblich bedingten Mehraufwendungen nach § 4 Abs. 5 S. 1 Nr. 5-6c EStG nimmt er ebenfalls eine verfassungsrechtliche Zulässigkeit an, soweit der Gesetzgeber aufgrund von Pauschalierungen nur den freiwilligen Erwerbsaufwand vom Abzug ausschließt, nicht aber die steuerliche Berücksichtigung von zwangsläufigen Erwerbsaufwendungen untersagt. Etwas anderes gelte seiner Meinung nach nur für § 4 Abs. 5 S. 1 Nr. 6b EStG in der Fassung des Steueränderungsgesetzes 2007. Hiernach wurden die Aufwendungen für ein häusliches Arbeitszimmer auch dann vollständig vom Abzug ausgeschlossen, wenn dem Steuerpflichtigen kein anderer Arbeitsplatz zur Verfügung stand. *Wied* sah in dieser Regelung ein Abzugsverbot für zwangsläufigen Erwerbsaufwand, das in den Kernbereich des objektiven Nettoprinzips eingreift und nicht gerechtfertigt werden kann.[2720] Ob die Einschätzungen *Wieds* hinsichtlich der einzelnen Abzugstatbestände zutreffend ist, wird im Folgenden näher untersucht.

2717 So zutreffend *Meyer,* in: BeckOK EStG, § 4, Rn. 2696, 2704; vgl. auch *Maetz,* in: Bordewin/Brandt, EStG, § 4, Rn. 2365; *Nacke,* in: Littmann/Bitz/Pust, EStG, § 4, Rn. 1661; *Stapperfend,* in: Herrmann/Heuer/Raupach, EStG/KStG, § 4 EStG, Rn. 1100.

2718 Siehe hierzu nochmals Teil 1 § 2 B.IV.

2719 Zu der Ansicht *Wieds* siehe nochmals Teil 4 § 16 B.III.

2720 Vgl. *Wied,* in: Blümich, EStG, Stand: 154. Ergänzungslieferung, März 2020, § 4, Rn. 674; siehe auch *Drüen,* in: Brandis/Heuermann, EStG, § 4, Rn. 674; vgl. zudem BVerfGE 126, 268, 282 f.; *Loschelder,* in: Schmidt, EStG, § 4, Rn. 521.

II. Maßgebliche Rechtfertigungsgründe

1. Missbrauchsbekämpfung und Vollzugssicherung

Der erste mögliche Rechtfertigungsgrund, der für die Tatbestände des § 4 Abs. 5 S. 1 Nr. 1-7 EStG in Betracht kommt, ist die Missbrauchsbekämpfung und Vollzugssicherung. Wie die teleologische Untersuchung des Abzugskataloges bereits gezeigt hat, haben insbesondere die Abzugsbeschränkungen und -verbote für betriebliche Repräsentationsaufwendungen nach § 4 Abs. 5 S. 1 Nr. 1-4, 7 EStG den Zweck, Missbräuche zu verhindern, die dadurch entstehen, dass der Steuerpflichtige betrieblich veranlasste Aufwendungen, mit denen er zugleich private Bedürfnisse befriedigt, in unangemessener Höhe als Betriebsausgaben geltend macht.[2721] Dieser Aspekt der Missbrauchsprävention eignet sich auch als sachlicher Rechtfertigungsgrund für die mit den Abzugsbestimmungen einhergehende Durchbrechung des objektiven Nettoprinzips sowie des Folgerichtigkeitsgebots.[2722] Eine konkrete Missbrauchsgefahr ergibt sich bei diesen Tatbeständen aus der Nähe der betreffenden Aufwendungen zur steuerlich unbeachtlichen Privatsphäre.[2723] Wie die Analyse der historischen Entwicklung des § 4 Abs. 5 S. 1 Nr. 1-7 EStG zudem deutlich gemacht hat, stellt die Missbrauchsvermeidung nicht nur einen Vorwand dar, den der Gesetzgeber zur Rechtfertigung der Abzugsbestimmungen nach § 4 Abs. 5 S. 1 Nr. 1-4, 7 EStG geltend macht. Aus den Entwurfsbegründungen geht vielmehr hervor, dass die Bekämpfung des „Spesenunwesens" den Hauptzweck der Abzugstatbestände bildet.[2724] Darüber hinaus steht einer verfassungsrechtlichen Rechtfertigung der § 4 Abs. 5 S. 1 Nr. 1-4, 7 EStG auch nicht der Grundsatz der Verhältnismäßigkeit entgegen. Anders als betrieblich/beruflich bedingte Mehraufwendungen zeichnen sich Repräsentationsaufwendungen gerade nicht dadurch aus, dass sie mit der steuerlichen Existenzgrundlage in

---

2721 Siehe hierzu bereits Teil 4 § 17 B.III.2.

2722 Vgl. auch BFH BStBl. II 2017, 224, 226; BFH BStBl. II 2012, 824, 825; FG Baden-Württemberg EFG 2016, 1197, 1200; *Maetz,* in: Brodewin/Brandt, EStG, § 4, Rn. 2365; *Meyer,* in: BeckOK EStG, § 4, Rn. 2704 ff.; *Spilker,* in: K/S/M, EStG, § 4, Rn. G 14, I 6, J 6; *Stapperfend,* in: Herrmann/Heuer/Raupach, EStG/KStG, § 4 EStG, Rn. 1100.

2723 Vgl. BFH BStBl. II 2017, 224, 226; BFH BStBl. II 2012, 824, 825; BFH BStBl. II 1984, 315, 316 f.; FG Baden-Württemberg EFG 2016, 1197, 1200; *Korn,* in: Korn, EStG, § 4, Rn. 97; *Meurer,* in: Lademann, EStG, § 4, Rn. 658; *Meyer,* in: BeckOK EStG, § 4, Rn. 2704.1; *Stapperfend,* in: Herrmann/Heuer/Raupach, EStG/KStG, § 4 EStG, Rn. 1100.

2724 Siehe diesbezüglich nochmals Teil 4 § 17 B.II.3.

Zusammenhang stehen und sich der Steuerpflichtige ihnen nicht entziehen kann.[2725] Diese Aufwendungen werden typischerweise getätigt, um das gesellschaftliche Ansehen des Steuerpflichtigen zu verbessern, sind aber nach objektiven Maßstäben regelmäßig nicht für den Betrieb erforderlich oder notwendig. Aus diesem Grund ist *Wied* darin zuzustimmen, dass die Tatbestände des § 4 Abs. 5 S. 1 Nr. 1-4, 7 EStG keine Regelungen für zwangsläufige Erwerbsaufwendungen enthalten und die Anforderungen an den Verhältnismäßigkeitsgrundsatz dementsprechend niedrig anzusetzen sind. Diesen Anforderungen werden die Abzugsbestimmungen gerecht, da sie jeweils nicht weiter reichen, als es zur Erreichung des Zwecks der Missbrauchsbekämpfung erforderlich ist: § 4 Abs. 5 S. 1 Nr. 7 EStG ordnet ein Abzugsverbot nur hinsichtlich des unangemessenen Aufwendungsteils an, nach § 4 Abs. 5 S. 1 Nr. 1, 2 EStG kann der Steuerpflichtige einen Teil der Betriebsausgaben weiterhin geltend machen und die Abzugsverbote nach § 4 Abs. 5 S. 1 Nr. 3 und 4 EStG, bei denen aufgrund des Freizeitcharakters der betreffenden Aufwendungen eine gesteigerte Missbrauchsgefahr vorliegt,[2726] sind angesichts ihres strengen Ausnahmecharakters eng auszulegen und nicht auf andere Betriebsausgaben übertragbar.[2727] Damit stehen der verfassungsrechtlichen Zulässigkeit der § 4 Abs. 5 S. 1 Nr. 1-4, 7 EStG keine Bedenken entgegen.[2728]

Eng in Zusammenhang mit dem Rechtfertigungsgrund der Missbrauchsvermeidung steht darüber hinaus die Typisierung zur Sicherung des Gesetzesvollzugs. Diese bildet nach Ansicht des BVerfG einen geeigneten Rechtfertigungsgrund für die Abzugsbeschränkung der Aufwendungen für ein häusliches Arbeitszimmer nach § 4 Abs. 5 S. 1 Nr. 6b EStG. In der Literatur wird dies teilweise kritisch gesehen.[2729] Das BVerfG hatte sich bereits zwei Mal mit der Verfassungsmäßigkeit des § 4 Abs. 5 S. 1 Nr. 6b EStG zu befassen – einmal in der Fassung des JStG 1996[2730]

2725 Siehe hierzu nochmals Teil 3 § 12 F.

2726 Siehe hierzu bereits Teil 4 § 17 C.III.2.b.

2727 Vgl. BFH/NV 2023, 1339, 1341; *Meyer,* in: BeckOK EStG, § 4, Rn. 2742.1.

2728 So im Ergebnis auch *Drüen,* in: Brandis/Heuermann, EStG, § 4, Rn. 674; *Hey,* in: Tipke/Lang, Steuerrecht, Rn. 8.292; *Loschelder,* in: Schmidt EStG, § 4, Rn. 521; *Maetz,* in: Brodewin/Brandt, EStG, § 4, Rn. 2365; *Meyer,* in: BeckOK EStG, § 4, Rn. 2704.1, 2724, 2742.1, 2745.1; *Spilker,* in: K/S/M, EStG, § 4, Rn. G 14, I 6, J 6; *Stapperfend,* in: Herrmann/Heuer/Raupach, EStG/KStG, § 4 EStG, Rn. 1100, 1300, 1600; *Wied,* in: Blümich, EStG, Stand: 154. Ergänzungslieferung, März 2020, § 4, Rn. 674; vgl. BFH BStBl. II 2017, 224, 226; BFH BStBl. II 2012, 824, 825; FG Baden-Württemberg EFG 2016, 1197, 1200 f.

2729 Kritisch insbesondere *Meyer,* in: BeckOK EStG, § 4, Rn. 2776.3.

2730 BVerfGE 101, 297, 297 ff.

und einmal in der Fassung des StÄndG 2007[2731] – und vertrat dabei jeweils die Auffassung, dass die Abzugsbeschränkung zwar gegen das objektive Nettoprinzip bzw. das Gebot der Folgerichtigkeit verstoße, dass diese Durchbrechung aber sachlich gerechtfertigt sei, da die räumliche Einbindung in den privaten Wohnbereich wegen Art. 13 Abs. 1 GG regelmäßig dazu führe, dass dem Finanzamt eine effektive Nachprüfung der tatsächlichen Raumnutzung verwehrt sei.[2732] An diesen Ausführungen ist zunächst zutreffend, dass neben § 4 Abs. 5 S. 1 Nr. 1-4, 7 EStG auch die Abzugsbeschränkung des § 4 Abs. 5 S. 1 Nr. 6b EStG dazu dient, Missbräuche zu vermeiden, die im Grenzbereich zwischen Erwerbs- und Privatsphäre auftreten. Bereits die teleologische Untersuchung des § 4 Abs. 5 S. 1 Nr. 6b EStG hat gezeigt, dass beim häuslichen Arbeitszimmer nicht nur die Ermittlung der Aufwendungshöhe, sondern auch die vorgelagerte Feststellung der Veranlassung der betreffenden Aufwendung Schwierigkeiten bereitet und § 4 Abs. 5 S. 1 Nr. 6b EStG daher den Zweck hat, Gestaltungsmöglichkeiten zu unterbinden, die sich hieraus für den Steuerpflichtigen ergeben.[2733] Wie *Meyer* allerdings zutreffend ausführt, ist hinsichtlich der Rechtfertigungsanforderungen für § 4 Abs. 5 S. 1 Nr. 6b EStG zu beachten, dass der Tatbestand bis zu seiner Neufassung mit dem JStG 2022[2734] ein für den Regelfall geltendes Abzugsverbot vorgesehen hat, das die steuerliche Berücksichtigung von Arbeitszimmeraufwendungen grundsätzlich in voller Höhe ausgeschlossen und nur im Ausnahmefall, wenn die strengen Voraussetzungen des § 4 Abs. 5 S. 1 Nr. 6b S. 2, 3 EStG a.F. vorlagen, teilweise zugelassen hat. Für einen derart massiven Eingriff in das objektive Nettoprinzip bedarf es eines geeigneten Rechtfertigungsgrundes, der dem strengen Grundsatz der Verhältnismäßigkeit gerecht wird.[2735] Allein aus dem Umstand, dass die Art und Höhe einer Aufwendung im Einzelfall schwer nachzuweisen sind, lässt sich ein solch weitreichendes Abzugsverbot nicht rechtfertigen.[2736] Hiergegen spricht

---

2731 BVerfGE 126, 268, 268 ff.

2732 Vgl. BVerfGE 126, 268, 282; BVerfGE 101, 297, 311; zustimmend auch BFH BStBl. II 2016, 265, 269 ff.; *Seer*, BB 2021, 1433, 1436 f.; *Spilker*, in: K/S/M, EStG, § 4, Rn. Lb 7. In der Entscheidung zu § 4 Abs. 5 S. 1 Nr. 6b EStG in der Fassung des StÄndG 2007 hat das BVerfG allerdings auch deutlich gemacht, dass die Neuregelung nicht gerechtfertigt ist, soweit die steuerliche Berücksichtigung von Arbeitszimmeraufwendungen auch dann ausgeschlossen ist, wenn für die betriebliche oder berufliche Tätigkeit kein anderer Arbeitsplatz zur Verfügung steht; siehe diesbezüglich bereits die Ausführungen in Teil 1 § 3 B.IV.

2733 Siehe bereits Teil 4 § 17 B.III.3.

2734 Zu den Änderungen des JStG 2022 siehe Teil 4 § 17 B.II.5.b.

2735 *Meyer*, in: BeckOK EStG, § 4, Rn. 2776.3.

2736 So zu Recht *Meyer*, in: BeckOK EStG, § 4, Rn. 2776.3.

bereits, dass Nachweisschwierigkeiten im Grenzbereich zwischen Erwerbs- und Privatsphäre bei allen Aufwendungen im Graubereich auftreten und nicht allein für die Arbeitszimmerkosten nach § 4 Abs. 5 S. 1 Nr. 6b EStG kennzeichnend sind. Solche Sachverhaltsermittlungsprobleme eignen sich als Rechtfertigungsgrund für gesteigerte Nachweisanforderungen oder pauschale Abzugsbeschränkungen, nicht aber für vollständige Abzugsverbote.[2737] Zudem stellt die Argumentation des BVerfG, wonach der Schutzbereich des Art. 13 Abs. 1 GG dazu führe, dass das Finanzamt keine effektive Nachprüfung durchführen kann, eine unzulässige Verkehrung der verfassungsrechtlichen Verhältnisse dar, bei der das Grundrecht des Art. 13 Abs. 1 GG gegen seinen Grundrechtsträger gewendet wird.[2738] Aus diesen Gründen ist *Meyer* darin zuzustimmen, dass das weitreichende Abzugsverbot des § 4 Abs. 5 S. 1 Nr. 6b EStG in der Fassung des JStG 2010, das für Veranlagungszeiträume bis 2022 auch nach Inkrafttreten des JStG 2022 weiterhin Geltung erlangt,[2739] nicht hinreichend gerechtfertigt werden kann und damit verfassungswidrig ist.[2740] Demgegenüber begegnet die Neuregelung in der Fassung des JStG 2022 aufgrund ihres tatbestandlichen Zusammenspiels mit der Home-Office-Pauschale nach § 4 Abs. 5 S. 1 Nr. 6c EStG keinen verfassungsrechtlichen Bedenken mehr.[2741] Nach diesen Bestimmungen wird der Betriebsausgabenabzug nunmehr unabhängig von der strengen Arbeitszimmerdogmatik für den Regelfall zugelassen, so dass der Eingriff in das objektive Nettoprinzip und das Gebot der Folgerichtigkeit erheblich an Intensität verloren hat.[2742] Die verbleibende Beschränkung des Betriebsausgabenabzugs auf eine Jahrespauschale nach § 4 Abs. 5 S. 1 Nr. 6b S. 2 EStG oder eine Tagespauschale gemäß § 4 Abs. 5 S. 1 Nr. 6c S. 1 EStG lässt sich angesichts der Nähe zur privaten Lebensführung und der für den Steuerpflichtigen tatsächlich bestehenden Missbrauchs- und Gestaltungsmöglichkeiten hinreichend rechtfertigen.[2743]

2737 *Meyer,* in: BeckOK EStG, § 4, Rn. 2776.3.

2738 So zutreffend *Meyer,* in: BeckOK EStG, § 4, Rn. 2776.3.

2739 Siehe BT-Drs. 20/4729, 9; *Drüen,* in: Brandis/Heuermann, EStG, § 4, Rn. 848; *Meyer,* in: BeckOK EStG, § 4, Rn. 2774.

2740 So zutreffend *Meyer,* in: BeckOK EStG, § 4, Rn. 2776.3.

2741 So auch *Meyer,* in: BeckOK EStG, § 4, Rn. 2779; kritisch dagegen *Stapperfend,* FR 2023, 253, 257.

2742 So auch *Drüen,* in: Brandis/Heuermann, EStG, § 4, Rn. 837a; *Hübner/Berg,* FR 2024, 111, 113 ff.; *Meyer,* in: BeckOK EStG, § 4, Rn. 2779; *Spilker,* in: K/S/M, EStG, § 4, Rn. Lb 8; a.A. dagegen *Stapperfend,* FR 2023, 253, 257.

2743 So auch *Hübner/Berg,* FR 2024, 111, 113 ff.; vgl. *Meyer,* in: BeckOK EStG, § 4, Rn. 2779.

2. Vereinfachung und Typisierung

Den zweiten maßgeblichen Rechtfertigungsgrund für die Abzugsbeschränkungen und -verbote in § 4 Abs. 5 S. 1 Nr. 1-7 EStG bildet die Vereinfachung und Typisierung. Wie die teleologische Auslegung des Abzugskatalogs bereits gezeigt hat, stellt die Pauschalierung zu Vereinfachungszwecken den wesentlichen Sinn und Zweck der Abzugsbestimmungen für betrieblich bedingte Mehraufwendungen nach § 4 Abs. 5 S. 1 Nr. 5-6c EStG dar.[2744] Diese Aufwendungen zeichnen sich dadurch aus, dass sie eine besondere Nähe zum Existenzminimum aufweisen und die Ermittlung der konkreten Höhe der betrieblichen Aufwendungen oftmals mit Schwierigkeiten verbunden ist.[2745] Angesichts dieser besonderen Charakteristik der betrieblich bedingten Mehraufwendungen eignet sich die Vereinfachung und Typisierung auch als verfassungsrechtlicher Rechtfertigungsgrund für die mit den Abzugsbestimmungen einhergehende Durchbrechung des objektiven Nettoprinzips und des Folgerichtigkeitsgebots.[2746] Wie *Wied* zutreffend ausführt, ist bei der Rechtfertigungsprüfung dieser Abzugsbestimmungen zunächst zu berücksichtigen, dass es sich bei betrieblich bedingten Mehraufwendungen um zwangsläufigen Erwerbsaufwand handelt,[2747] der zum Kernbereich des objektiven Nettoprinzips gehört. Die Zwangsläufigkeit der Aufwendungen ergibt sich dabei zum einen daraus, dass betrieblich/beruflich bedingter Mehraufwand dem Grunde nach solche Kosten betreffen, die für die Führung eines existenzwürdigen Lebens unerlässlich sind, und dem Steuerpflichtigen daher notwendigerweise anfallen. Beispielsweise entstehen Verpflegungsaufwendungen iSd § 4 Abs. 5 S. 1 Nr. 5 EStG unabhängig davon, ob der Steuerpflichtige sich gerade zuhause aufhält oder außerhalb seiner Wohnung und dem Mittelpunkt seiner dauerhaft angelegten betrieblichen Tätigkeit arbeitet.[2748] Zum anderen ergibt sich die Zwangsläufigkeit der Mehraufwendungen aber auch daraus, dass sie oftmals aus betrieblichen Gründen

---

2744 Siehe hierzu nochmals die Ergebnisse der teleologischen Auslegung in Teil 4 § 17 B.III.

2745 Siehe hierzu bereits Teil 3 § 12 B.

2746 So auch *Drüen,* in: Brandis/Heuermann, EStG, § 4, Rn. 674; *Maetz,* in: Bordewin/Brandt, EStG, § 4, Rn. 2365; *Meyer,* in: BeckOK EStG, § 4, Rn. 2750, 2759; *Korn,* in: Korn, EStG, § 4, Rn. 97 f.; *Spilker,* in: K/S/M, EStG, § 4, Rn. K 16, L 13, Lb 8; *Stapperfend,* in: Herrmann/Heuer/Raupach, EStG/KStG, § 4 EStG, Rn. 1100, 1365, 1490; *Wied,* in: Blümich, EStG, Stand: 154. Ergänzungslieferung, März 2020, § 4, Rn. 674; vgl. *Meurer,* in: Lademann, EStG, § 4, Rn. 658.

2747 *Wied,* in: Blümich, EStG, Stand: 154. Ergänzungslieferung, März 2020, § 4, Rn. 674; siehe auch *Drüen,* in: Brandis/Heuermann, EStG, § 4, Rn. 674.

2748 Siehe hierzu bereits Teil 3 § 12 F.

unerlässlich sind. So hat das BVerfG im Fall der doppelten Haushaltsführung eines erwerbstätigen Ehepaars ausgeführt, dass es sich bei den Aufwendungen nach § 4 Abs. 5 S. 1 Nr. 6a EStG um zwangsläufigen Mehraufwand handelt, der dadurch entsteht, dass ein gemeinsamer Wohnsitz bei dem Beschäftigungsort des einen Ehegatten existiert und zugleich die Unterhaltung eines weiteren Wohnsitzes am Beschäftigungsort des anderen Ehegatten erforderlich ist, damit dieser ebenfalls seiner Erwerbstätigkeit nachgehen kann.[2749] Auch im Fall der Kettenabordnung, bei der der Steuerpflichtige mehrfach an einen anderen Beschäftigungsort geschickt wird, ohne im Vorfeld eine geeignete Umzugsplanung vornehmen zu können, geht das BVerfG davon aus, dass die Mehraufwendungen für eine doppelte Haushaltsführung zwangsläufigen Erwerbsaufwand darstellen, dem sich der Steuerpflichtige nicht entziehen kann.[2750] Daneben wird von Teilen der Literatur zu Recht argumentiert, dass auch die Aufwendungen für die Wege zwischen Wohnung und Betriebsstätte nach § 4 Abs. 5 S. 1 Nr. 6 EStG zwangsläufig anfallen, da der Steuerpflichtige ohne regelmäßige Fahrt zur Betriebsstätte nicht arbeiten und damit keine Einnahmen erzielen kann.[2751] Schließlich ergibt sich auch bei den Aufwendungen für häusliches Arbeiten iSd § 4 Abs. 5 S. 1 Nr. 6b, 6c EStG eine betriebliche Notwendigkeit oftmals daraus, dass dem Steuerpflichtigen entweder kein anderer Arbeitsplatz zur Verfügung steht[2752] oder der andere Arbeitsplatz – wie im Fall der Corona-Pandemie – aufgrund behördlicher Anordnungen nicht aufgesucht werden darf. Insgesamt folgt daraus für die Tatbestände des § 4 Abs. 5 S. 1 Nr. 5-6c EStG, dass die Abzugsbeschränkungen und -verbote bezüglich des zwangsläufigen Teils der Erwerbsaufwendungen nur unter Beachtung des strengen Grundsatzes der Verhältnismäßigkeit gerechtfertigt werden können.[2753] Da seit der Neufassung von § 4 Abs. 5 S. 1 Nr. 6b und Nr. 6c EStG mit dem JStG 2022 jedoch alle Tatbestände des § 4 Abs. 5 S. 1 Nr. 5-6c EStG den

---

2749 Vgl. BVerfGE 107, 27, 53 f.

2750 Vgl. BVerfGE 107, 27, 51 f.

2751 So etwa *Drenseck*, FR 2006, 1, 6; *Hennrichs*, BB 2004, 584, 587; *Micker*, DStR 2007, 1145, 1147 f.; *Stapperfend*, in: Herrmann/Heuer/Raupach, EStG/KStG, § 4 EStG, Rn. 1365; *Tipke*, BB 2007, 1525, 1531; *Wolf/Schäfer*, DB 2003, 2402, 2402, 2402; vgl. auch FG Niedersachsen EFG 2007, 690, 693.

2752 So zu Recht *Wied*, in: Blümich, EStG, Stand: 154. Ergänzungslieferung, März 2020, § 4, Rn. 674; vgl. auch BVerfGE 126, 268, 281 ff.; *Bergkemper*, FR 2017, 846, 849; *Drüen*, in: Brandis/Heuermann, EStG, § 4, Rn. 674; *Meyer*, in: BeckOK EStG, § 4, Rn. 2775 ff.; *Müller*, EStB 2023, 113, 113 f.

2753 Vgl. *Wied*, in: Blümich, EStG, Stand: 154. Ergänzungslieferung, März 2020, § 4, Rn. 674.

Betriebsausgabenabzug nicht in voller Höhe verbieten, sondern nur auf eine betragsmäßig fixierte, gesetzliche Pauschale begrenzen, wird auch dem strengen Grundsatz der Verhältnismäßigkeit durch die Abzugsbeschränkungen hinreichend Rechnung getragen. Mithilfe der gesetzlichen Pauschalen wird über alle Tatbestände hinweg dafür Sorge getragen, dass der typisierend festgelegte, zwangsläufige Teil der Erwerbsaufwendungen weiterhin steuerlich berücksichtigt wird.[2754] Zugleich wird aber auch der gesteigerten Nähe der betrieblich bedingten Mehraufwendungen zur steuerlich unbeachtlichen Privatsphäre in verfassungsrechtlich zulässiger Weise hinreichend Rechnung getragen.[2755] So führt die Beschränkung des Betriebsausgabenabzugs auf feste Pauschalen bei allen Tatbeständen dazu, dass die bestehenden Ermittlungsschwierigkeiten hinsichtlich der konkreten Höhe der Erwerbsauwendungen von vornherein vermieden werden.[2756] Zudem orientieren sich die Pauschalen der § 4 Abs. 5 S. 1 Nr. 5-6c EStG hinsichtlich ihrer gesetzlich festgelegten Höhen durchweg an realitätsgerechten Durchschnittsbetrachtungen. Abweichungen vom typischen Leitbild sind nicht ersichtlich.[2757] Vor diesem Hintergrund ist festzuhalten, dass sich auch die in § 4 Abs. 5 S. 1 Nr. 5-6c EStG enthaltenen Durchbrechungen des objektiven Nettoprinzips sowie des Folgerichtigkeitsgebots hinreichend rechtfertigen lassen.[2758]

3. *Betroffenheit der privaten Lebensführung*

Als letzter Rechtfertigungsgrund für die Abzugsbestimmungen des § 4 Abs. 5 S. 1 Nr. 1-7 EStG kommt noch die Betroffenheit der privaten

2754 *Wied,* in: Blümich, EStG, Stand: 154. Ergänzungslieferung, März 2020, § 4, Rn. 674; siehe auch *Drüen,* in: Brandis/Heuermann, EStG, § 4, Rn. 674.

2755 So zu Recht *Meyer,* in: BeckOK EStG, § 4, Rn. 2750, 2759.

2756 Vgl. *Seer,* BB 2021, 1433, 1436; *Spilker,* in: K/S/M, EStG, § 4, Rn. Lb 7.

2757 Vgl. *Meyer,* in: BeckOK EStG, § 4, Rn. 2750 hinsichtlich der Höhe Verpflegungspauschale des § 4 Abs. 5 S. 1 Nr. 5 EStG; vgl. BFH/NV 2017, 284, 285 f.; *Maetz,* in: Bordewin/Brandt, EStG, § 4, Rn. 2826; *Meyer,* in: BeckOK EStG, § 4, Rn. 2759; *Stapperfend,* in: Herrmann/Heuer/Raupach, EStG/KStG, § 4 EStG, Rn. 1365 jeweils für die Höhe der Entfernungspauschale in § 4 Abs. 5 S. 1 Nr. 6 EStG; vgl. BFH BStBl. II 2013, 642, 645; *Hübner/Berg,* FR 2024, 111, 116 f.; *Maetz,* in: Bordewin/Brandt, EStG, § 4, Rn. 2913 jeweils für die Pauschalen in § 4 Abs. 5 S. 1 Nr. 6b bzw. Nr. 6c EStG.

2758 So im Ergebnis auch *Drüen,* in: Brandis/Heuermann, EStG, § 4, Rn. 674; *Maetz,* in: Bordewin/Brandt, EStG, § 4, Rn. 2365; *Meyer,* in: BeckOK EStG, § 4, Rn. 2750, 2759; *Korn,* in: Korn, EStG, § 4, Rn. 97 f.; *Spilker,* in: K/S/M, EStG, § 4, Rn. K 16, L 13, Lb 8; *Stapperfend,* in: Herrmann/Heuer/Raupach, EStG/KStG, § 4 EStG, Rn. 1100, 1365, 1490; *Wied,* in: Blümich, EStG, Stand: 154. Ergänzungslieferung, März 2020, § 4, Rn. 674; vgl. *Meurer,* in: Lademann, EStG, § 4, Rn. 658.

Lebensführung in Betracht. Diese stellt – wie im 1. Teil der Arbeit bereits ausgeführt wurde[2759] – keinen eigenen Rechtfertigungsgrund dar, der für sich genommen ausreichen würde, um vollständige Abzugsverbote, wie es beispielsweise in § 4 Abs. 5 S. 1 Nr. 6b EStG in der Fassung des StÄndG 2007 enthalten war, verfassungsrechtlich zu rechtfertigen. Derart massive Eingriffe in das objektive Nettoprinzip und das Gebot der Folgerichtigkeit bedürfen neben der Betroffenheit der privaten Lebensführung stets noch anderer Rechtfertigungsgründe, da der Gesetzgeber ansonsten frei darin wäre, die Grenzen des objektiven Nettoprinzips nach seinem Ermessen im Graubereich frei zu verschieben.[2760] Wie die Ausführungen zu den anderen Rechtfertigungsgründen jedoch deutlich gemacht haben, steht bei allen Abzugsbeschränkungen und -verboten des § 4 Abs. 5 S. 1 Nr. 1-7 EStG mit der Missbrauchsvermeidung auf der einen Seite und der Vereinfachung und Typisierung auf der anderen Seite jeweils noch ein weiterer sachlicher Grund zur Verfügung, mit dem die Tatbestände hinreichend gerechtfertigt werden können.[2761] Vor diesem Hintergrund stellt die Betroffenheit der privaten Lebensführung zwar keinen übergeordneten Rechtfertigungsgrund dar, der gleichermaßen für alle Bestimmungen des Abzugskatalogs Geltung erlangt. Ähnlich wie beim Sinn und Zweck der § 4 Abs. 5 S. 1 Nr. 1-7 EStG[2762] bildet die Nähe der Aufwendungen zur privaten Lebensführung aber auch auf Ebene der Rechtfertigung einen verklammernden Grundgedanken, der für alle Abzugsbeschränkungen und -verbote des § 4 Abs. 5 S. 1 Nr. 1-7 EStG gleichermaßen gilt und diese aus einer übergeordneten Sicht miteinander verbindet.[2763] Sowohl die Missbrauchsgefahr der § 4 Abs. 5 S. 1 Nr. 1-4, 7 EStG als auch die Notwendigkeit zur Vereinfachung des Betriebsausgabenabzugs nach § 4 Abs. 5 S. 1 Nr. 5-6c EStG ist darauf zurückzuführen, dass die betreffenden Erwerbsaufwendungen eine besondere Nähe zur privaten Lebensführung aufweisen. Auch wenn die Tatbestände mit der Missbrauchsvermeidung sowie der Vereinfachung und Typisierung grundsätzlich unterschiedliche Rechtfertigungsgründe aufweisen, folgen damit alle Nummern des § 4 Abs. 5 S. 1 Nr. 1-7 EStG dem übergeordneten Gedanken, dass der Gesetzgeber im Graubereich einen weiten Typisierungs- und

---

2759 Siehe hierzu bereits Teil 1 § 3 D.

2760 Siehe Teil 1 § 3 D.

2761 Siehe hierzu Teil 4 § 18 D.3.

2762 Siehe hierzu nochmals Teil 4 § 17 B.III.4.

2763 Vgl. auch *Meurer*, in: Lademann, EStG, § 4, Rn. 658; *Meyer*, in: BeckOK EStG, § 4, Rn. 2704 f.; *Stapperfend*, in: Herrmann/Heuer/Raupach, EStG/KStG, § 4 EStG, Rn. 1100.

Gestaltungsspielraum hat und der Nähe zur privaten Lebensführung hinsichtlich der verfassungsrechtlichen Rechtfertigung besondere Bedeutung zukommt.[2764]

§ 19 Zusammenfassung und Fazit

Ziel der Untersuchung des 4. Teils war es, den Abzugskatalog des § 4 Abs. 5 S. 1 Nr. 1-7 EStG hinsichtlich seiner Systematik und der sphärischen Einordnung der von ihm betroffenen Aufwendungen zu untersuchen und dabei der wesentlichen Forschungsfrage nachzugehen, ob die Abzugsbeschränkungen und -verbote einer übergeordneten Dogmatik folgen. Zur Beantwortung dieser Frage wurden zunächst die beiden gegenläufigen Ansichten dargestellt, die zur rechtlichen Wirkung des Einleitungssatzes nach § 4 Abs. 5 S. 1 EStG vertreten werden. Nach der *deklaratorischen* Ansicht handelt es sich bei den Tatbeständen des § 4 Abs. 5 S. 1 Nr. 1-7 EStG durchweg um Ausnahmen zu dem in § 4 Abs. 4 EStG verankerten Grundsatz, wonach betrieblich veranlasste Aufwendungen unabhängig von ihrer Angemessenheit, Notwendigkeit oder Zweckmäßigkeit vollständig zum Betriebsausgabenabzug zuzulassen sind. Nach dieser Sichtweise eröffnen die Tatbestände des § 4 Abs. 5 S. 1 Nr. 1-7 EStG den Betriebsausgabenabzug nicht etwa, sondern schränken ihn im Gegenteil ein oder verbieten ihn vollständig und haben nur *insoweit* konstitutive Wirkung. Die Abzugsbeschränkungen und -verbote setzen hiernach durchgängig eine betriebliche Veranlassung der betreffenden Aufwendungen voraus. Zudem wird an der sphärischen Einordnung der Aufwendungen durch die bloße Berührung der Lebensführung, die nicht mit einer privaten Mitveranlassung gleichzusetzen ist, nach dieser Ansicht nichts geändert. Bezüglich der Frage nach einer übergeordneten Dogmatik des Abzugskatalogs kann bei Zugrundelegung der deklaratorischen Ansicht gesagt werden, dass alle Tatbestände an das Vorliegen originärer Betriebsausgaben anknüpfen und der steuerliche Abzug aufgrund der Nähe der Aufwendungen zur privaten Lebensführung vom Gesetzgeber der Höhe nach eingeschränkt oder vollständig ausschlossen wird. Zudem durchbrechen nach dieser Ansicht alle Tatbestände das objektive Nettoprinzip sowie das Folgerichtigkeitsgebot und bedürfen damit eines verfassungsrechtlichen Rechtfertigungsgrundes. Die Vertreter der *konstitutiven* Ansicht gehen demgegenüber davon aus, dass nicht alle Aufwendungen des § 4 Abs. 5 S. 1 Nr. 1-7 EStG betrieblich veranlasst sind. Nach dieser Ansicht handelt es sich bei einigen Aufwendungen in Wahrheit um untrennbar gemischt

2764 Vgl. auch *Meurer,* in: Lademann, EStG, § 4, Rn. 658; *Meyer,* in: BeckOK EStG, § 4, Rn. 2704 f.; *Stapperfend,* in: Herrmann/Heuer/Raupach, EStG/KStG, § 4 EStG, Rn. 1100.

veranlasste Aufwendungen, die im Wege einer konstitutiven Anordnung zu Betriebsausgaben kraft Gesetzes gemacht und sodann teilweise zum steuerlichen Abzug zugelassen werden. Bei dieser Sichtweise enthält der Katalog des § 4 Abs. 5 S. 1 Nr. 1-7 EStG neben Abzugsbeschränkungen für originäre Betriebsausgaben auch partielle Abzugsmöglichkeiten für eigentlich privat mitveranlasste Aufwendungen und folgt damit keiner übergeordneten Dogmatik.

Mit Hilfe einer umfassenden kritischen Würdigung dieser beiden Sichtweisen und ihrer jeweiligen Argumente konnte sodann deutlich gemacht werden, dass die konstitutive Ansicht nicht mit der Historie, dem Sinn und Zweck und der Systematik des § 4 Abs. 5 S. 1 Nr. 1-7 EStG vereinbart werden kann und daher abzulehnen ist. Dabei hat die Auslegung des Abzugskatalogs zunächst ergeben, dass alle Tatbestände des § 4 Abs. 5 S. 1 Nr. 1-7 EStG an das Vorliegen originärer Betriebsausgaben iSd § 4 Abs. 4 EStG anknüpfen. Zudem wurde deutlich, dass bei allen Aufwendungen des Kataloges aus unterschiedlichen Gründen eine geringfügige Nähe zur Lebensführung besteht, die es rechtfertigt, den Betriebsausgabenabzug in Abweichung zum Grundsatz des § 4 Abs. 4 EStG der Höhe nach einzuschränken oder auszuschließen. Zwar hat die Berührung der Lebensführung bei den Repräsentationsaufwendungen nach § 4 Abs. 5 S. 1 Nr. 1-4, 7 EStG einen anderen Ursprung als bei den betrieblich bedingten Mehraufwendungen nach § 4 Abs. 5 S. 1 Nr. 5-6c EStG, da diese gerade durch eine besondere Nähe zur Existenzgrundlage des Steuerpflichtigen gekennzeichnet sind. Hinsichtlich der sphärischen Einordnung der betreffenden Aufwendungen als wesentlich betrieblich und nur unwesentlich privat mitveranlasst sind die verschiedenen Abzugsposten aber dennoch vergleichbar. Die originär betriebliche Veranlassung sowie der sämtliche Tatbestände verklammernde Grundgedanke der Berührung der privaten Lebensführung begründen daher eine übergeordnete Dogmatik des § 4 Abs. 5 S. 1 Nr. 1-7 EStG.

Daneben konnten mit der teleologischen Auslegung des Abzugskataloges, einer Untersuchung der Generalklausel nach § 4 Abs. 5 S. 1 Nr. 7 EStG sowie einer Analyse der verfassungsrechtlichen Zulässigkeit der Abzugsbeschränkungen und -verbote noch weitere Gesichtspunkte herausgearbeitet werden, die zu einer übergeordneten Dogmatik des Abzugskataloges führen. So hat die teleologische Auslegung des § 4 Abs. 5 S. 1 Nr. 1-7 EStG deutlich gemacht, dass mit dem Abzugskatalog zwei verschiedene Ziele verfolgt werden, die den Katalog zunächst in zwei Gruppen teilen. Während die Abzugsbeschränkungen und -verbote für Repräsentationsaufwendungen nach § 4 Abs. 5 S. 1 Nr. 1-4, 7 EStG den Zweck haben, missbräuchliche Betriebsausgabengestaltungen zu verhindern, geht es bei den Bestimmungen für betrieblich bedingte Mehraufwendungen nach

§ 4 Abs. 5 S. 1 Nr. 5-6c EStG eher um das Ziel der Steuervereinfachung und Streitvermeidung. Trotz dieser Unterschiede konnte aber gezeigt werden, dass sowohl das Ziel der Missbrauchsbekämpfung als auch das Telos der Steuervereinfachung und Streitvermeidung darauf zurückzuführen sind, dass der Gesetzgeber bestimmte Betriebsausgaben angesichts ihrer Nähe zur privaten Lebensführung teilweise von dem eigentlich zu gewährenden Betriebsausgabenabzug nach § 4 Abs. 4 EStG ausschließen will. Bei den Repräsentationsaufwendungen führt gerade die Nähe zur Lebensführung zu einer erhöhten Missbrauchsgefahr und bei den betrieblich bedingten Mehraufwendungen ist die Nähe zu den existenznotwendigen Privataufwendungen gerade der Grund dafür, dass eine Abschichtung der betrieblich veranlassten Mehraufwendung von dem bereits vom Grundfreibetrag abgedeckten „Normalbedarf" erforderlich ist. Vor diesem Hintergrund rechtfertigt auch das Telos der verschiedenen Abzugsbestimmungen die Annahme einer übergeordneten Dogmatik.

Darüber hinaus konnte gezeigt werden, dass der Grundgedanke der Generalklausel des § 4 Abs. 5 S. 1 Nr. 7 EStG, wonach Betriebsausgaben, die die Lebensführung berühren und zudem als unangemessen angesehen werden, nur teilweise zum Betriebsausgabenabzug zugelassen sind, auch auf die anderen Tatbestände des Abzugskatalogs übertragen werden kann. Hintergrund der Generalklausel ist der Gedanke, dass der Steuerpflichtige zwar grundsätzlich selbst entscheiden kann, ob und in welchem Umfang er Aufwendungen für seinen Betrieb tätigt, da § 4 Abs. 4 EStG allein auf die betriebliche Veranlassung der Aufwendung, nicht aber auf deren Angemessenheit, Notwendigkeit oder Zweckmäßigkeit abstellt. Dieser Grundsatz kann aber nur dann uneingeschränkt gelten, wenn und soweit die Entscheidung des Steuerpflichtigen allein durch betriebliche Motive beeinflusst wird. Sobald die Aufwendung darüber hinaus die Lebensführung berührt, ist nicht auszuschließen, dass zusätzlich private Motive hinzutreten und Einfluss darauf nehmen, ob oder in welcher Höhe die Aufwendungen getätigt werden. Dieser Gedanke liegt offensichtlich auch den Tatbeständen für Repräsentationsaufwendungen nach § 4 Abs. 5 S. 1 Nr. 1-4 EStG zugrunde. Diese Tatbestände betreffen Aufwendungen, die zugleich der persönlichen Bedürfnisbefriedigung des Steuerpflichtigen oder eines anderen dienen und zudem zur betrieblichen Repräsentation beitragen sollen. Doch auch die Abzugsbeschränkungen für betrieblich bedingte Mehraufwendungen nach § 4 Abs. 5 S. 1 Nr. 5-6c EStG lassen sich mit Einschränkungen auf den Grundgedanken der Generalklausel zurückführen. Durch ihre besondere Nähe zur existenziellen Lebensführung dienen die betrieblichen Mehraufwendungen ebenfalls der privaten Bedürfnisbefriedigung und werden damit nicht allein durch erwerbliche Motive des Steuerpflichtigen beeinflusst.

Zudem geht es auch bei den Pauschalierungen nach § 4 Abs. 5 S. 1 Nr. 5-6c EStG darum, einen unangemessen hohen Betriebsausgabenabzug zu verhindern. Auch wenn betrieblich bedingte Mehraufwendungen nicht typischerweise Aufwendungen betreffen, die nach allgemeiner Verkehrsanschauung als unangemessen angesehen werden, ist der Gedanke der Generalklausel daher jedenfalls in Randbereichen auch auf die Tatbestände nach § 4 Abs. 5 S. 1 Nr. 5-6c EStG übertragbar.

Schließlich wird eine übergeordnete Dogmatik der Abzugsbeschränkungen und -verbote nach § 4 Abs. 5 S. 1 Nr. 1-7 EStG auch dadurch begründet, dass sämtliche Tatbestände gegen das objektive Nettoprinzip sowie das Gebot der Folgerichtigkeit verstoßen und damit einer verfassungsrechtlichen Rechtfertigung bedürfen. Hinsichtlich der in Frage kommenden Rechtfertigungsgründe lassen sich dabei wiederum zwei Gruppen innerhalb des Abzugskatalogs unterscheiden. Während die Abzugsbestimmungen für Repräsentationsaufwendungen mit dem sachlichen Grund der Missbrauchsbekämpfung gerechtfertigt werden können, sind die Beschränkungen für betrieblich bedingte Mehraufwendungen vor dem Hintergrund der damit einhergehenden Vereinfachung und Typisierung hinreichend gerechtfertigt. Eine übergeordnete Gemeinsamkeit aller Tatbestände bildet auch hier der verklammernde Grundgedanke der Berührung der Lebensführung. Dieser führt bei allen Abzugsbestimmungen des § 4 Abs. 5 S. 1 Nr. 1-7 EStG dazu, dass dem Gesetzgeber ein weiter Typisierungs- und Gestaltungsspielraum zukommt und für die Rechtfertigungsanforderungen bezüglich der Durchbrechungen des objektiven Nettoprinzips sowie des Folgerichtigkeitsgebots ein milderer Maßstab anzulegen ist.

Gesamtergebnis und Ausblick

Mit dem Abzugskatalog des § 4 Abs. 5 S. 1 Nr. 1-7 EStG schränkt der Gesetzgeber für bestimmte originär betrieblich veranlasste Aufwendungen, die zugleich Berührungspunkte zur privaten Lebensführung aufweisen, den eigentlich zu gewährenden Betriebsausgabenabzug nach § 4 Abs. 4 EStG ein. Damit durchbricht er das objektive Nettoprinzip und auch das Folgerichtigkeitsgebot. Da die betroffenen Betriebsausgaben jedoch zugleich die private Lebensführung berühren und die Abzugsbeschränkungen und -verbote zudem der Missbrauchsbekämpfung sowie der Vereinfachung und Typisierung dienen, sind diese Durchbrechungen hinreichend gerechtfertigt, so dass gegen den Katalog des § 4 Abs. 5 S. 1 Nr. 1-7 EStG keine verfassungsrechtlichen Bedenken bestehen. Gleichzeitig trägt der Katalog mit seinen konkret gefassten Abzugsbestimmungen für Aufwendungen, die im rechtlich schwer zu greifenden Graubereich liegen und daher auf Ebene des einfachen Rechts einige Abgrenzungsschwierigkeiten verursachen, dazu bei, den unbestimmten und inhaltlich weit gefassten Betriebsausgabenbegriff des § 4 Abs. 4 EStG näher zu konkretisieren. Die Bedeutung des § 4 Abs. 5 S. 1 Nr. 1-7 EStG für die Abgrenzung der Erwerbssphäre von der steuerlich unbeachtlichen Privatsphäre sowie die rechtliche Ausgestaltung des Graubereichs ist daher nicht zu unterschätzen. In diesem Bereich hat der Gesetzgeber die Aufgabe, nachvollziehbare Regelungen zu schaffen, mit denen eine eindeutige steuerliche Behandlung gemischter Aufwendungen ermöglicht wird und Abgrenzungsschwierigkeiten sowie Streitigkeiten zwischen Steuerpflichtigen und Finanzamt vermieden werden. Diesem Auftrag kommt der Gesetzgeber unter anderem mit § 4 Abs. 5 S. 1 Nr. 1-7 EStG nach.

Zu beachten ist allerdings, dass der Gesetzgeber nicht völlig frei darin ist, neue Abzugsbestimmungen zu schaffen, mit denen der Betriebsausgabenabzug des § 4 Abs. 4 EStG weiter eingeschränkt wird. Die historische Entwicklung des § 4 Abs. 5 S. 1 Nr. 1-7 EStG hat deutlich gemacht, dass der Gesetzgeber in der Vergangenheit aus verschiedenen Gründen heraus Anlass dazu gesehen hat, immer neue Abzugsbestimmungen für betrieblich veranlasste Aufwendungen zu erlassen und auf diese Weise den Katalog des § 4 Abs. 5 S. 1 Nr. 1-7 EStG stetig zu erweitern. Manche dieser Erweiterungen tragen deutlich zur Steuervereinfachung bei und sind daher zu begrüßen. Beispielsweise wurde die rechtlich komplizierte und verfassungsrechtlich nicht unbedenkliche Problematik des häuslichen

Arbeitszimmers nach § 4 Abs. 5 S. 1 Nr. 6b EStG erheblich entschärft,[2765] als der Gesetzgeber 2020 mit § 4 Abs. 5 S. 1 Nr. 6b S. 4 EStG und später mit einem eigenen Tatbestand in § 4 Abs. 5 S. 1 Nr. 6c EStG eine neue „Home-Office"-Pauschale aufgenommen hat, durch die der Abzug betrieblich veranlasster Aufwendungen für häusliches Arbeiten unabhängig von dem durch die Rechtsprechung geschaffenen Arbeitszimmertypus ermöglicht wurde. Andere Erweiterungen des Abzugskataloges – wie beispielsweise das Abzugsverbot für die Kosten eines häuslichen Arbeitszimmers nach § 4 Abs. 5 S. 1 Nr. 6b EStG –[2766] sind dagegen erkennbar auch auf fiskalische Motive gestützt worden, welche für sich genommen eine Durchbrechung des objektiven Nettoprinzips bzw. des Folgerichtigkeitsgebots nicht rechtfertigen können. Zwar ist zu erwarten, dass der Gesetzgeber angesichts der sich ständig ändernden Lebenswirklichkeiten auch künftig neue Abzugsbestimmungen schaffen und so den Abzugskatalog des § 4 Abs. 5 S. 1 Nr. 1-7 EStG erweitern wird. Dabei hat er jedoch zu berücksichtigen, dass jede Einschränkung des Betriebsausgabenabzugs mit einer Durchbrechung des objektiven Nettoprinzips bzw. des Folgerichtigkeitsgebots einhergeht und damit stets der verfassungsrechtlichen Rechtfertigung durch einen geeigneten sachlichen Grund bedarf.

2765 Siehe hierzu auch *Meyer*, in: BeckOK EStG, § 4, Rn. 2775 ff.
2766 Vgl. BT-Drs. 16/1545, 1 f., 8.

Literaturverzeichnis

Albert, Uwe, Die Vorschriften für Auswärtstätigkeiten ab 1996 in der betrieblichen Praxis. Zugleich Vorschlag für eine Neuregelung, FR 1996, S. 437–447.

Albert, Uwe, Auswirkungen des Beschlusses des Großen BFH-Senats zum Aufteilungs- und Abzugsverbot, FR 2010, S. 220–225.

Albert, Uwe/Heitmann, Joachim, Überlegungen zu einer Neuregelung der lohnsteuerlichen Behandlung von Auswärtstätigkeiten, FR 1993, S. 285–293.

Anders, Hans, Kontrollbesuche durch den „Flankenschutzfahnder", DStR 2012, S. 1779–1785.

Arndt, Hans-Wolfgang, Steuerliche Leistungsfähigkeit und Verfassungsrecht, in: Festschrift für Otto Mühl zum 70. Geburtstag, herausgegeben von Jürgen Damrau, Alfons Kraft und Walther Fürst, Stuttgart, Berlin, Köln und Mainz 1981, S. 17–39 (zit. Arndt, FS Mühl).

Arndt, Hans-Wolfgang, Gleichheit im Steuerrecht, NVwZ 1988, S. 787–794.

Baldauf, Sina, u.a., „Allgemeines Angemessenheitsprinzip im Steuerrecht?" sowie „Vorlageverpflichtung und Vorlagepraxis an den EuGH und an das BVerfG in der Finanzgerichtsbarkeit". Tagungsbericht zum 7. Steuerwissenschaftlichen Symposium beim BFH, DStR 2019, Beih. zu Heft 34, S. 1–12 (zit. Referent, in: Baldauf, DStR 2019, Beih. zu Heft 34).

Balke, Michael, Kraftfahrzeug-Unfallkosten: Nach Aufgabe des Verschuldensprinzips – hin zur Motivationsforschung, FR 1979, S. 424–426.

Bauer, Klaus, Der Dualismus Betriebsausgaben-Werbungskosten, in: Steuerrecht im Rechtsstaat. Wissenschaftliche Hefte zum Deutschen und Internationalen Steuerrecht, herausgegeben von: Gerhard Wacke, Klaus Vogel und Klaus Tipke, Heft 12, München 1974 (zit. Bauer, Dualismus Betriebsausgaben).

Becker, Enno, Handkommentar der Reichsteuergesetze (Besitz- und Verkehrssteuern). Das Einkommensteuergesetz vom 10. August 1925, herausgegeben von Enno Becker, Richard Kloß, Ludwig Wirre und Siegfried Ott, Band II, 1. Teil, §§ 1–18, Stuttgart 1928 (zit. Becker, Einkommensteuergesetz 1925, Bd. II).

Becker, Enno, Die Grundlagen der Einkommensteuer, München und Berlin 1940 (zit. Becker, Einkommensteuer).

Beger, Dietrich, Methodenlehre und Klausurtechnik im Steuerrecht, 5. Auflage, Stuttgart 2004 (zit. Methodenlehre im Steuerrecht).

Beisse, Heinrich, Repräsentationsaufwendung, in: Handwörterbuch des Steuerrechts unter Einfluß von Betriebswirtschaftlicher Steuerlehre, Finanzrecht,

Finanzwissenschaft, herausgegeben in Verbindung mit dem Deutschen Wissenschaftlichen Steuerinstitut der Steuerberater und Steuerbevollmächtigten e.V., Bonn von Georg Strickrodt, Günter Wöhe, Christian Flämig, Günther Felix und Heinz Sebiger, Zweiter Band, K-Z, 2. Auflage, München und Bonn 1981, S. 1143–1144 (zit.: Beisse, in: Handwörterbuch des Steuerrechts, 2. Bd.).

Bergkemper, Winfried, Rechtsgrundlage für den Abzug von Mehraufwendungen durch Arbeitnehmer ohne eigenen Hausstand, DB 2006, Beilage 6 zu Heft 39, S. 45–50.

Bergkemper, Winfried, Aufteilung der Aufwendungen für eine gemischt veranlasste Reise. Wirtschaftlicher Zusammenhang-Objektives Nettoprinzip-Gemischt veranlasste Reise-Unbedeutende private Mitveranlassung, DB 2010, S. 143–148.

Bergkemper, Winfried, Aufwendungen für ein häusliches Arbeitszimmer bei Nutzung durch mehrere Steuerpflichtige. Kommentar zu BFH Urteil vom 15.12.2016 – VI R 53/12, FR 2017, S. 846–850.

Biergans, Enno, Überlegungen zur personellen Zurechnung von Betriebsausgaben und Werbungskosten, FR 1984, S. 297–305.

Bilsdorfer, Peter, Privat veranlaßte Schuldzinsen als Betriebsausgaben?, DStZ 1981, S. 340–343.

Birk, Dieter, Verfassungsrechtliche Bedenken gegen den Betriebsausgabencharakter von Parteispenden, NJW 1985, S. 1939–1943.

Birk, Dieter, Gleichheit und Gerechtigkeit der Besteuerung. Zum Stellenwert zweier Grundprinzipien in der Steuerreform 1990, StuW 1989, S. 212–218.

Birk, Dieter, Verfassungsfragen im Steuerrecht – Eine Zwischenbilanz nach den jüngsten Entscheidungen des BFH und des BVerfG, DStR 2009, S. 877–882.

Birk, Dieter, Das Ungerechte an der Steuergerechtigkeit, StuW 2011, S. 354–364.

Birk, Dieter/Desens, Marc/Tappe, Henning, Steuerrecht, 26. Auflage, Heidelberg 2023 (zit. Birk/Desens/Tappe, Steuerrecht).

Börnstein, Einschränkung des Abzugs von Spesen und anderen Repräsentationskosten, DStZ 1960, S. 221–227.

Bordewin, Arno, Die Neuregelung des Abzugs von Aufwendungen für Geschenke als Betriebsausgaben, BB 1975, S. 127–131.

Bordewin, Arno (Hrsg.)/Brandt, Jürgen (Hrsg.)/Bode, Walter (Hrsg.), Einkommensteuergesetz. Kommentar, Loseblatt, 460. Ergänzungslieferung, Stand: Mai 2024, Heidelberg 2024 (zit. Bearbeiter, in: Bordewin/Brandt, EStG).

von Bornhaupt, Kurt Joachim, Der Begriff der Werbungskosten unter besonderer Berücksichtigung seines Verhältnisses zum Betriebsausgabenbegriff, in: Die Abgrenzung der Betriebs- oder Berufssphäre von der Privatsphäre im

Einkommensteuerrecht, herausgegeben im Auftrag der Deutschen Steuerjuristischen Gesellschaft e.V. von Hartmut Söhn, Band 3, Köln 1980, S. 149–199 (zit. von Bornhaupt, DStJG 3 (1980)).

von Bornhaupt, Joachim, Zur Problematik des Werbungskostenbegriffs, Zugleich Stellungnahme zu den Ausführungen von Kruse, Richter und Wassermeyer, FR 1982, S. 313–321.

von Bornhaupt, Joachim, Ermittlung des Werbungskostenbegriffs nach dem Veranlassungsprinzip im Wege der Rechtsfortbildung, DStR 1983, S. 11–16.

Bowitz, Maximilian, Das Objektive Nettoprinzip als Rechtfertigungsmaßstab im Einkommensteuerrecht. Eine Untersuchung zum Verfassungsrang eines Besteuerungsprinzips und zur Rechtfertigung gesetzgeberischer Einzelentscheidungen vor der Grundentscheidung, Baden-Baden 2016, zugl. Diss. Heidelberg 2016 (zit. Bowitz, Objektives Nettoprinzip).

Brandis, Peter, Drittaufwand als Aufwand des Steuerpflichtigen?, StuW 1990, S. 57–64.

Brandis, Peter (Hrsg.)/Heuermann, Bernd (Hrsg.), Ertragsteuerrecht. Kommentar zum Einkommensteuergesetz, Körperschaftsteuergesetz, Gewerbesteuergesetz, Außensteuergesetz, Investmentsteuergesetz, Umwandlungssteuergesetz und Nebengesetzte, herausgegeben von Bernd Heuermann und Peter Brandis, Loseblatt, 170. Ergänzungslieferung, Stand: Dezember 2023, München 2023 (zit. Bearbeiter, in: Brandis/Heuermann, EStG).

Brandt, Jürgen, Anwendung von Vereinfachungszwecknormen und Vereinfachung als Auslegungstopos – Aus Sicht der Rechtsprechung, in: 100 Jahre Steuerrechtsprechung in Deutschland 1918–2018. Festschrift für den Bundesfinanzhof, herausgegeben von Klaus-Dieter Drüen, Johanna Hey und Rudolf Mellinghoff, Band I, Köln 2018, S. 289–319 (zit. Brandt, FS BFH, Bd. 1).

Breinersdorfer, Stefan, Abzugsverbote und objektives Nettoprinzip – Neue Tendenzen in der verfassungsrechtlichen Kontrolle des Gesetzgebers, DStR 2010, S. 2492–2497.

Breuninger, Gottfried E./Prinz, Ulrich, Neues zum Sozio-Sponsoring aus steuerlicher Sicht, DStR 1994, S. 1401–1408.

Britz, Gabriele, Der allgemeine Gleichheitssatz in der Rechtsprechung des BVerfG. Anforderungen an die Rechtfertigung von Ungleichbehandlungen durch Gesetz, NJW 2014, S. 346–351.

Brückner, Joachim Daniel, Folgerichtige Gesetzgebung im Steuerrecht und Öffentlichen Wirtschaftsrecht. Verfassungsrechtliche Grundlagen der Forderungen nach Folgerichtigkeit in der Rechtsprechung des Bundesverfassungsgerichts, Baden-Baden 2014, zugl. Diss. Tübingen 2014 (zit. Brückner, Folgerichtige Gesetzgebung).

Bubenzer, Fritz, Betriebsausgaben und Entnahmen im Einkommensteuerrecht nach der Neufassung des § 4 Abs. 4 EStG, StuW 1954, Sp. 577–594.

Bubenzer, Fritz, Der Irrtum des Gesetzgebers zu den Begriffen der Entnahme und der unangemessenen Betriebsausgaben im EinkStG, FR 1956, S. 148–154.

Burwitz, Gero, Aufgabe des allgemeinen Aufteilungsverbots für gemischt veranlasste Aufwendungen, NZG 2010, S. 260.

Claas, Fuhrmann, Brennpunkte und neue Rechtsentwicklungen zum Werbungskostenabzug, KÖSDI 2002, S. 13213–13222.

Crezelius, Georg, Analogieanweisungen in Steuergesetzen, FR 2008, S. 889–897.

Cropp, Olaf Christian, Überprüfung der Entfernungspauschale und der Abzugsbeschränkungen für Aufwendungen für ein Arbeitszimmer sowie für die eigene Berufsausbildung am Maßstab des pflichtbestimmten Aufwands, FR 2016, S. 58–66.

Desens, Marc, Die Verwirklichung des Leistungsfähigkeitsprinzips als Maßstab der Steuernormen in der Rechtsprechung des BVerfG, StuW 2016, S. 240–255.

Di Fabio, Steuern und Gerechtigkeit. Das Freiheits- und Gleichheitsgebot im Steuerrecht, JZ 2007, S. 749–800.

Drenseck, Walter, Die Abgrenzung der Betriebsausgaben und Werbungskosten von den Lebenshaltungskosten, DB 1987, S. 2483–2487.

Drenseck, Walter, Gedanken zum Aufteilungs- und Abzugsverbot – § 12 Nr. 1 Satz 2 EStG im Wandel, in: Festschrift für Klaus Offerhaus zum 65. Geburtstag, Steuerrechtsprechung, Steuergesetz, Steuerreform, herausgegeben von Paul Kirchhof, Wolfgang Jakob und Albert Beermann, Köln 1999, S. 497–509 (zit. Drenseck, FS Offerhaus).

Drenseck, Walter, Einkommensteuerreform und objektives Nettoprinzip, FR 2006, S. 1–7.

Drenseck, Walter, Die Neuregelung der Abziehbarkeit von Arbeitszimmerkosten in der Rechtsprechung der Finanzgerichte, DStR 2009, S. 1877–1883.

Droege, Michael, Wie viel Verfassung braucht der Steuerstaat?, StuW 2011, S. 105–112.

Drüen, Klaus-Dieter, Typus und Typisierung im Steuerrecht. Anmerkungen zu Martin Strahl, Die typisierende Betrachtungsweise im Steuerrecht, StuW 1997, S. 261–274.

Drüen, Klaus-Dieter, Die Bruttobesteuerung von Einkommen als verfassungsrechtliches Vabanquespiel, StuW 2008, S. 3–14.

Drüen, Klaus-Dieter, BVerfG, 12.5.2009 – 2 BvL 1/100. Grenzen des verfassungsrechtlichen Folgerichtigkeitsgebots im Steuerrecht. Anmerkung, JZ 2010, S. 91–94.

Drüen, Klaus-Dieter, Der Rechtsprechungswechsel des Großen Senats vom allgemeinen Aufteilungsverbot zum Aufteilungsgebot, in: Steuerberater-Jahrbuch 2010/2011. Zugleich Bericht über den 62. Fachkongress der Steuerberater Köln, 28. und 29. September 2010, herausgegeben im Auftrag des Fachinstituts der Steuerberater von Detlev Piltz, Manfred Günkel und Ursula Niemann, Köln 2011, S. 65–77 (zit. Drüen, StbJb. 2010/11).

Drüen, Klaus-Dieter, Prinzipien und konzeptionelle Leitlinien einer Einkommensteuerreform, in: Erneuerung des Steuerrechts, herausgegeben im Auftrag der Deutschen Steuerjuristischen Gesellschaft e.V. von Monika Jachmann, Band 37, Köln 2014, S. 9–63 (zit. Drüen, DStJG 37 (2014)).

Drüen, Klaus-Dieter, Heinrich Wilhelm Kruse zum Gedenken: Über Folgerichtigkeit im Steuerrecht, StuW 2019, S. 205–211.

Eckhoff, Rolf, Gleichmäßigkeit der Besteuerung, in: Leitgedanken des Rechts. Paul Kirchhof zum 70. Geburtstag, Band 2: Staat und Bürger, herausgegeben von Hanno Kube, Rudolf Mellinghoff, Gerd Morgenthaler, Ulrich Palm, Thomas Puhl und Christian Seiler, Heidelberg 2013, S. 1601–1609 (zit. Eckhoff, FS P. Kirchhof, Bd. 2).

Ehlers, Hans, Abzugsverbot - Aufteilungsverbot - § 12 Nr. 1 EStG - Arbeitnehmer - Selbständige, DStR 1973, S. 269–272.

Eichberger, Michael, Verfassungsrechtliche Rahmenbedingungen, in: Steuerrecht und Wirtschaftspolitik, herausgegeben im Auftrag der Deutschen Steuerjuristischen Gesellschaft e.V. von Susanne Sieker, Band 39, Köln 2016, S. 97–117 (zit. Eichberger, DStJG 39 (2016)).

Eichberger, Michael, Der Gleichheitssatz im Steuerrecht, in: 100 Jahre Steuerrechtsprechung in Deutschland 1918–2018. Festschrift für den Bundesfinanzhof, herausgegeben von Klaus-Dieter Drüen, Johanna Hey und Rudolf Mellinghoff, Band I, Köln 2018, S. 501–518 (zit. Eichberger, FS BFH, Bd. 1).

Eismann, Günther, Abzugsverbot für Arbeitszimmeraufwendungen teilweise verfassungswidrig, NJW 2010, S. 2643–2647.

Eismann, Günther, Einkommensteuerrechtliche Behandlung des teilweise privat genutzten häuslichen Arbeitszimmers, DStR 2013, S. 117–122.

Elicker, Michael, Zur Diskussion um die Abzugsfähigkeit der Fahrtkosten, StB 2005, S. 209–211.

Englisch, Joachim, Wettbewerbsgleichheit im grenzüberschreitenden Handel mit Schlussfolgerungen für indirekte Steuern, Tübingen 2008 (zit. Englisch, Wettbewerbsgleichheit).

Englisch, Joachim, Verfassungsrechtliche Grundlagen und Grenzen des objektiven Nettoprinzips, Beih. zu Heft 34, DStR 2009, S. 92–100.

Englisch, Joachim, Subjektives Nettoprinzip und Familienbesteuerung, in: Erneuerung des Steuerrechts, herausgegeben im Auftrag der Deutschen Steuerjuristischen Gesellschaft e.V. von Monika Jachmann, Band 37, Köln 2014, S. 159–204 (zit. Englisch, DStJG 37 (2014)).

Epping Volker (Hrsg.)/Hillgruber, Christian (Hrsg.), Beck´scher Online-Kommentar Grundgesetz, 57. Edition, Stand: 15.01.2024, München 2024 (zit. Bearbeiter, in: BeckOK GG).

Fichtelmann, Helmar, Anmerkung zu BFH, Urteil vom 13.12.1973 – I R 136/72, BStBl. II 1974, 210 = StRK EStG § 4 BetrEinn. R. 4, FR 1974, S. 454–455.

Freundlieb, Rolf, Nichtabziehbare Betriebsausgaben bei der Ermittlung des Veräußerungsgewinns eines ausscheidenden Gesellschafters, FR 1988, S. 219–222.

Friauf, Karl Heinrich, Verfassungsrechtliche Anforderungen an die Gesetzgebung über die Steuern vom Einkommen und vom Ertrag, in: Steuerrecht und Verfassungsrecht, herausgegeben im Auftrag der Deutschen Steuerjuristischen Gesellschaft e.V. von Karl Heinrich Friauf, Band 12, Köln 1989, S. 3–32 (zit. Friauf, DStJG 12 (1989)).

Frotscher, Gerrit (Hrsg.)/Geurts, Matthias (Hrsg.), Kommentar zum Einkommensteuergesetz, Loseblatt, 240. Ergänzungslieferung, Stand: April 2024, Freiburg im Breisgau 2024 (zit. Bearbeiter, in: Frotscher/Geurts, EStG).

Gabel, Monika G., Verfassungsrechtliche Maßstäbe spezieller Missbrauchsnormen im Steuerrecht, Baden-Baden 2011, zugl. Diss. Köln 2011 (zit. Gabel, Missbrauchsnormen im Steuerrecht).

Gärtner, Steffen, Die Grundsätze der steuerlichen Behandlung gemischt veranlasster Aufwendungen im deutschen Einkommensteuerrecht, Baden-Baden 2017, zugl. Diss. Passau 2017 (zit. Gärtner, Gemischt veranlasste Aufwendungen).

Georg, Yves, Aufwendungen für gemischt genutzte häusliche Arbeitszimmer. Offene Rechtsfragen nach dem Beschluss des BFH v. 27.7.2015 – GrS 1/14, DStR 2016, 210, DStR 2016, S. 1353–1356.

Gérard, Willy/Söffing, Günter, Das Einkommensteuerreformgesetz, FR 1974, S. 361–384.

Geserich, Stephan, Auslegung und Rechtsfortbildung, DStR 2011, Beih. zu Heft 31, S. 59–66.

Geserich, Stephan, Der Kommentar, NBW 2012, S. 4201.

Giloy, Jörg, Doppelte Haushaltsführung auch beim Wegzug vom Beschäftigungsort?, DStZ (A) 1975, S. 440–442.

Glanegger, Peter, Vermögensveränderungen und Veranlassungsprinzip bei den Überschußeinkünften, DStZ 1984, S. 583–586.

von Glasenapp, Gero, Handlungsleitfaden für die Aufteilung gemischter Aufwendungen? Zugleich Besprechung des BMF-Schreibens zur steuerlichen Beurteilung gemischter Aufwendungen vom 6.7.2010 – IV C 3 – S 2227/07/1003:002; BB 2011, S. 160–163.

Glaser, Johann, Aufteilung der Aufwendungen für eine gemischt veranlasste Reise, SteuK 2010, S. 54.

Görke, Roger, Einkommensteuer und objektives Nettoprinzip, Beih. zu DStR 2009, S. 106–109.

Görlich, Wolfgang, Zur Systematik der Begriffe Betriebsausgaben, Werbungskosten und Aufwendungen für die Lebensführung, DB 1979, S. 711–715.

Gorski, Hans-Günter, Das Nettoprinzip in der Einkommensteuer, in: Harzburger Protokoll 1978. Fachtagung Bad Harzburg v. 26.–29.9.1978 des Verbandes der steuerberatenden Berufe in Niedersachsen e.V., S. 58–96 (zit. Gorski, Harzburger Protokoll 1978).

Gorski, Hans-Günter, Zur Abzugsfähigkeit gemischter Aufwendungen (§ 12 Nr. 1 EStG), DStZ 1981, S. 111–119.

Gröpl, Christoph, Die Abgrenzung von Eigen- und Drittaufwand („Dritt-AfA") – Unter Berücksichtigung der sog. Arbeitszimmer-Beschlüsse des Großen Senats des Bundesfinanzhofs vom 23.8.1999 sowie der Anschluss-Urteile des IX. Senats vom 2.12.1999 und des IV. Senats vom 24.2.2000 –, DStZ 2001, S. 65–73.

Grotherr, Siegfried, Geplante Änderungen beim häuslichen Arbeitszimmer und bei der Homeoffice-Pauschale durch das JStG 2022. Erleichterungen und Verschärfungen, NBW 2022, S. 3026–3042.

Grüneberg, Christian (Hrsg.), Beck´sche Kurzkommentare. Bürgerliches Gesetzbuch mit Nebengesetzen, 83. Auflage, München 2024 (zit.: Bearbeiter, in: Grüneberg, BGB).

Grund, W., Wieder einmal: Die steuerliche Behandlung der unangemessenen Betriebsausgaben, StuW 1955, Sp. 353–362.

Günther, Karl-Heinz, Aufwendungen für unbebaute Grundstücke als Werbungskosten, DStZ 1986, S. 540–541.

Günther, Karl-Heinz, Aufteilbarkeit gemischt veranlasster Reisekosten, EStB 2010, S. 46–47.

Günther, Karl-Heinz, Aufteilungs- und Abzugsverbot bei sog. gemischten Aufwendungen. Einschränkende Auslegung durch den Großen Senat des BFH, EstB 2010, S. 151–153.

Haegert, Lutz, Eine empirische Widerlegung der gängigen Thesen über die Ursachen für die Überbelastung der Finanzgerichte, BB 1991, S. 36–46.

Hartmann, Bernhard/Walter, Norbert, Auslegung und Anwendung von Steuergesetzen. Grundlagen der Rechtsanwendung im Steuerrecht, Berlin 1984 (zit. Hartmann/Walter, Auslegung von Steuergesetzen).

Haueisen, Fritz, Die Theorie der wesentlichen Bedingung – eine wichtige Ursachenlehre, JZ 1961, S. 9–12.

Haupt, Heiko, Die neue „Tagespauschale" des § 4 Abs. 5 Nr. 6c EStG – Ein unklares Gesetz und viele neue Fragen zum Kostenabzug für das Homeoffice, DStR 2023, S. 601–607.

Heger, Karin, Kosten für gemischt genutzte häusliche Zimmer nicht abziehbar – Zum BHF-Beschluss vom 27.07.2015 – GrS 1/14, RS 1190445 –, DB 2016, S. 249–253.

Helkenberg, Ulrike, Die Unangemessenheit von Betriebsausgaben nach § 4 Abs. 5 Nr. 7 EStG, Frankfurt am Main/Berlin/Bern/New York/Paris/Wien 1994, zugl. Diss. Passau 1994 (zit. Helkenberg, Unangemessenheit von Betriebsausgaben).

Henerichs, Hans Josef, Die Unangemessenheit von Anschaffungskosten für Kraftfahrzeuge, FR 1984, S. 385–389.

Hennrichs Joachim, Die Fahrtkostenpauschale – ein willkommenes Gegenfinanzierungsinstrument unter dem Banner des Subventionsabbaus? Anmerkungen zur Diskussion über eine Reform der Einkommensteuer und zum Beschluss des BVerfG vom 4.12.2002, DB 2004, S. 584–589.

Hennrichs, Joachim, Leistungsfähigkeit – objektives Nettoprinzip – Rückstellung, in: Gestaltung der Steuerrechtsordnung. Festschrift für Joachim Lang zum 70. Geburtstag, herausgegeben von Klaus Tipke, Roman Seer, Johanna Hey und Joachim Englisch, Köln 2010, S. 237–254 (zit. Hennrichs, FS Lang).

Herden, Christian, Aufwendungen für die Einladung von Geschäftsfreunden in Nachtlokale. Bundesfinanzhof, Urteil vom 16.2.1990 – III R 21/86. Anmerkung, BB 1990, S. 1251–1252.

Herrmann, Carl/Heuer, Gerhard/Raupach, Arndt (Hrsg.), Einkommensteuer- und Körperschaftsteuergesetz, Kommentar, Loseblatt, 324. Ergänzungslieferung, Stand: Mai 2024, Köln 2024 (zit. Bearbeiter, in: Herrmann/Heuer/Raupach, EStG/KStG).

Heuer, Gerhard, Streifzüge durch das geltende Einkommensteuerrecht, in: Steuerberater-Jahrbuch 1959/60. Zugleich Bericht über den XI. Fachkongreß der Steuerberater der Bundesrepublik Deutschland, Köln, 19. bis 21. Oktober 1959, herausgegeben im Auftrag des Fachinstituts der Steuerberater von Armin Spitaler, S. 327–418 (zit. Heuer, StbJb. 1959/60).

Heuermann, Bernd, Rechtsprechung im besonderen Blickpunkt der Außenprüfung, StBp 2009, S. 85–91 und S. 209–214.

Hey, Johanna, Gestaltungsspielraum des Gesetzgebers und Sicherung des Steueraufkommens. Mit einem Plädoyer für eine Vorabprüfung durch die EU-Kommission, FR 2008, S. 1033–1040.

Hey Johanna, Zur Geltung des Gebots der Folgerichtigkeit im unternehmenssteuerrecht. Zugleich Besprechung der Entscheidung des BVerfG zum Verbot von Jubiläumsrückstellungen vom 12.5.2009, DStR 2009, S. 2561–2568.

Hey, Johanna, Spezialgesetzgebung und Typologie zum Gestaltungsmissbrauch, in: Gestaltungsfreiheit und Gestaltungsmissbrauch im Steuerrecht, herausgegeben im Auftrag der Deutschen Steuerjuristischen Gesellschaft e.V. von Rainer Hüttemann, Band 33, Köln 2010, S. 139–176 (zit. Hey, DStJG 33 (2010)).

Hey, Johanna, Der Gleichheitssatz im Steuerrecht. BVerfG vom 19.11.2019 zu den Aufwendungen der Erstausbildung: Für die Zuordnung gemischter Aufwendungen gilt das bloße Willkürverbot, FR 2020, S. 578–586.

Hofstetter, Helmuth, Zur Frage der Anwendbarkeit der juristischen Kausalitätstheorien auf § 4 Abs. 4 EStG, DStZ 1991, S. 658–661.

Holthaus, Tim, Die Berücksichtigung von Bildungskosten im Einkommensteuerrecht. Eine einkommensteuersystematische und steuerverfassungsrechtliche Analyse unter besonderer Berücksichtigung des Bologna-Prozesses, Berlin 2011, zugl. Diss. Bonn 2011 (zit. Holthaus, Bildungskosten).

Hongler, Peter/Kempny, Simon/Valta, Matthias, Thesen zur gleichheitsgrundrechtlichen Bedeutung des Leistungsfähigkeitsprinzips. Eine gemeinsame Anregung zur verfassungsrechtsdogmatischen Rückbesinnung von bundesdeutscher und schweizerischer Warte, IStR 2024, S. 350–352.

Horlemann, Heinz-Gerd, EStÄR 1990: Einschränkung des Betriebsausgabenabzugs für Bewirtungsaufwendungen, DStR 1990, S. 728–731.

Hübner, Hendrik/Berg, Julius, Verfassungsrechtliche Probleme und Überlegungen zur Modernisierung der Neuregelung des häuslichen Arbeitszimmers und der Homeoffice-Pauschale – Teil 1, FR 2024, S. 111–118.

Hübner, Hendrik/Berg, Julius, Verfassungsrechtliche Probleme und Überlegungen zur Modernisierung der Neuregelung des häuslichen Arbeitszimmers und der Homeoffice-Pauschale – Teil 2, FR 2024, S. 167–170.

Hübschmann, Walter (Begr.)/Hepp, Ernst (Begr.)/Spitaler, Armin (Begr.), Abgabenordnung – Finanzgerichtsordnung. Kommentar, Loseblatt, 279. Ergänzungslieferung, Stand: Mai 2024, Köln 2024 (zit. Bearbeiter, in: Hübschmann/Hepp/Spitaler, AO/FGO).

Ihlas, Horst, Der Abzug von Kosten der doppelten Haushaltsführung – Entstehung und Konsequenzen eines Systembruchs, FR 1989, S. 321–326.

Isensee, Josef, Referat, in: Verhandlungen des 57. Deutschen Juristentages 1988, herausgegeben von der Ständigen Deputation des Deutschen Juristentages, Band II, München 1988, Sitzungsbericht N, S. N 32–N 60.

Isensee, Josef, Vom Beruf unserer Zeit für Steuervereinfachung, StuW 1994, S. 3–14.

Ismer, Roland, Bildungsaufwand im Steuerrecht. Zum System der Besteuerung von Humankapitalinvestitionen, Köln 2006, zugl. Diss. München 2006 (zit. Ismer, Bildungsaufwand).

Ismer, Roland, Einkommensteuerliche Behandlung von Aufwendungen für erstmalige Berufsausbildung und Erststudium verfassungsgemäß, DStR 2020, S. 681–687.

Jachmann, Monika, Grundthesen zu einer Verbesserung der Akzeptanz der Besteuerung, insbesondere durch Vereinfachung des Einkommensteuerrechts, StuW 1998, S. 193–207.

Jachmann, Monika, Objektives Nettoprinzip als tragendes Element im Gesamtsystem des Steuerrechts und Grenze für die Steuerpolitik, DStR 2009, Beih. zu Heft 34, S. 129–132.

Jahndorf, Christian, Folgerichtigkeit im Steuerrecht als Verfassungsgebot, StuW 2016, S. 256–263.

Jahrmarkt, M. Höhe und Angemessenheit als Kriterium der Werbungskosten, INF 1982, S. 129–131.

Jakob, Wolfgang, Steuern vom Einkommen I. Grundlage der Einkommensteuer, Überschußeinkünfte, Stuttgart, Berlin, Köln, Mainz 1980 (zit. Jakob, Einkommen I).

Jakob, Wolfgang, Zur Abzugsfähigkeit von Drittaufwand und zur AfA-Übertragung im Bereich der Überschußeinkünfte, DStR 1987, S. 784–792.

Jakob, Wolfgang/Jüptner, Roland, Zur Zwangsläufigkeit außergewöhnlicher Belastungen. Gedanken zur Systematik und Struktur eines Auffangtatbestandes, StuW 1983, S. 206–216.

Jakob, Wolfgang/Jüptner, Roland, Drittaufwand, Nutzungseinlage und Überschußeinkünfte, FR 1988, S. 141–152.

Jochum, Heike, Steuerliche Behandlung gemischt veranlasster Aufwendungen Kehrtwende der Rechtsprechung, DStZ 2010, S. 665–673.

Jochum, Heike, Gesetzmäßigkeit der Besteuerung, in: Leitgedanken des Rechts. Paul Kirchhof zum 70. Geburtstag, herausgegeben von Hanno Kube, Rudolf Mellinghoff, Gerd Morgenthaler, Ulrich Palm, Thomas Puhl und Christian Seiler, Band II, Staat und Bürger, Heidelberg, München, Landsberg, Frechen und Hamburg 2013, S. 1611–1623 (zit. Jochum, FS P. Kirchhof, Bd. 2).

Jüptner, Roland, Leistungsfähigkeit und Veranlassung. Ein ideen- und verfassungskritischer Beitrag zum Leistungsfähigkeitsprinzip und dessen Bedeutung für einen generalisierenden einkommensteuerlichen Verpflichtungsgrund, insbesondere am Beispiel Veranlassung, Heidelberg 1989, zugl. Diss. Augsburg 1989 (zit. Jüptner, Leistungsfähigkeit).

Kammergruber, Johannes, Die teleologische Struktur des Betriebsausgabenabzugs, Regensburg, 1988 (zit. Kammergruber, Betriebsausgabenabzug).

Kanzler, Hans-Joachim, Die „Gesetzesbegründung" im Steuerrecht. Eigene Gedanken zu einem beliebten Strohhalm, FR 2007, S. 525–533.

Kanzler, Hans-Joachim, Großer Senat des BFH zur Abzugsfähigkeit gemischter Aufwendungen, in: Steuerberater-Jahrbuch 2010/2011. Zugleich Bericht über den 62. Fachkongress der Steuerberater Köln, 28. und 29. September 2010, herausgegeben im Auftrag des Fachinstituts der Steuerberater von Detlev Piltz, Manfred Günkel und Ursula Niemann, Köln 2011, S. 43–63 (zit. Kanzler, StbJb. 2010/11).

Karrenbrock, Holger/Fehr, Sebastian, Die einkommensteuerrechtliche Behandlung von Aufwendungen für Fahrten zwischen Wohnung und Arbeitsstätte. Stellungnahme zur Einschränkung der Entfernungspauschale und Vorschlag für eine verfassungskonforme Neuregelung, DStR 2006, S. 1303–1308.

Keil, A./Gallenkamp, H.: Gesetz-Sammlung für die Königlich-Preußischen Staaten. Chronologische Zusammenstellung der in der Preußischen Gesetz-Sammlung und in dem Bundes- und Reichs-Gesetzblatte veröffentlichten Gesetze, Verordnungen, Erlasse, und Bekanntmachungen, Siebente Auflage, Siebenter Band 1900–1906, Berlin 1907 (zit. Keil, A./Gallenkamp, H., Gesetz-Sammlung für die Königlich-Preußischen Staaten, Siebenter Band, 1900–1906).

Kempermann, M., Entscheidungsbesprechung zu BFH GrS 1/06 Beschluss vom 21.9.2009, Aufteilung der Aufwendungen für eine gemischt veranlasste Reise, FR 2010, S. 225–234.

Kempermann, M., Zur Berücksichtigung der Aufwendungen für ein häusliches Arbeitszimmer im Einkommensteuerrecht, FR 2016, S. 314–318.

Kempny, Simon, Steuerverfassungsrechtliche Sonderdogmatik zwischen Verallgemeinerung und Zurückführung. Betrachtet anhand der Beispiele der Erforderlichkeit einer erkennbaren gesetzgeberischen Entscheidung und des Gebots der Folgerichtigkeit, JöR 64 (2016), S. 477–492.

Kempny, Simon, Gedanken zum „Leistungsfähigkeitsprinzip". Rekonstruktion eines Schlüsselbegriffs als Beitrag zur Rationalisierung des Diskurses über Steuergerechtigkeit, StuW 2021, S. 85–110.

Kirchhof, Ferdinand, Das Leistungsfähigkeitsprinzip nach dem Grundgesetz – Zustand und Zukunft, BB 2017, S. 662–667.

Kirchhof, Gregor, Der qualifizierte Gesetzesvorbehalt im Steuerrecht. Schedulenbesteuerung, Nettoprinzip, Steuerkonkurrenz, DStR 2009, S. 135–144.

Kirchhof, Gregor, Nettoprinzip und gemischte Aufwendungen. Zu den drei Ebenen der Verfassungsdeutung, in: Gestaltung der Steuerrechtsordnung. Festschrift für Joachim Lang zum 70. Geburtstag, herausgegeben von Klaus Tipke, Roman Seer, Johanna Hey und Joachim Englisch, Köln 2010, S. 563–588 (zit. G. Kirchhof, FS Lang).

Kirchhof, Gregor, Drei Bereiche privaten Aufwands im Einkommensteuerrecht. Zur Trennung der Erwerbs- von der Privatsphäre unter besonderer Berücksichtigung der außergewöhnlichen Belastungen, DStR 2013, S. 1867–1872.

Kirchhof, Gregor, Die Zukunft der Familienbesteuerung und die Frage nach einem steuerlichen System privater Aufwendungen, FR 2020, S. 749–756.

Kirchhof, Gregor (Hrsg.)/Kulosa, Egmont (Hrsg.)/Ratschow, Eckart (Hrsg.), Beck´scher Onlinekommentar Einkommensteuergesetz, 18. Edition, Stand: 15.03.2024, München 2024 (zit. Bearbeiter, in: BeckOK EStG).

Kirchhof, Paul, Gesetzlich nicht abzugsfähige Betriebsausgaben und Werbungskosten – Begriff, Rechtfertigung, Grenzen –, in: Die Abgrenzung der Betriebs- oder Berufssphäre von der Privatsphäre im Einkommensteuerrecht, herausgegeben im Auftrag der Deutschen Steuerjuristischen Gesellschaft e.V. von Hartmut Söhn, Band 3, Köln 1980, S. 201–226 (zit. P. Kirchhof, DStJG 3 (1980)).

Kirchhof, Paul, Die Kunst der Steuergesetzgebung, NJW 1987, S. 3217–3226.

Kirchhof, Paul, Empfiehlt es sich, das Einkommensteerrecht zur Beseitigung von Ungleichbehandlungen und zur Vereinfachung neu zu ordnen?, Gutachten F für den 57. Deutschen Juristentag, herausgegeben von der Ständigen Deputation des Deutschen Juristentages, Band I, Teil F, München 1988 (zit. Kirchhof, P., Gutachten F).

Kirchhof, Paul, Steueranspruch und Informationseingriff, in: Die Steuerrechtsordnung in der Diskussion. Festschrift für Klaus Tipke zum 70. Geburtstag, herausgegeben von Joachim Lang, Köln 1995, S. 27–45 (zit. P. Kirchhof, FS Tipke).

Kirchhof, Paul, Besteuerung im Verfassungsstaat, Tübingen 2000.

Kirchhof, Paul, Verfassungsrechtliche und steuersystematische Grundlagen der Einkommensteuer, in: Besteuerung von Einkommen, herausgegeben im Auftrag der Deutschen Steuerjuristischen Gesellschaft e.V. von Iris Ebling, Band 24, Köln 2001, S. 9–28 (zit. P. Kirchhof, DStJG 24 (2001)).

Kirchhof, Paul, Der Grundrechtsschutz des Steuerpflichtigen: Zur Rechtsprechung des Bundesverfassungsgerichts im vergangenen Jahrzehnt, AöR 128 (2003), S. 1–51.

Kirchhof, Paul, Das EStGB – ein Vorschlag zur Reform des Ertragsteuerrechts, DStR 2003, Beih. 5 zu Heft 37, S. 1–16.

Kirchhof, Paul, Die freiheitsrechtliche Struktur der Steuerrechtsordnung. Ein Verfassungstest für Steuerreformen, StuW 2006, S. 3–21.

Kirchhof, Paul (Hrsg.)/Seer, Roman (Hrsg.), Einkommensteuergesetz, Kommentar, 23. Auflage, Köln 2024 (zit. Bearbeiter, in: Kirchhof/Seer, EStG).

Kirchhof, Paul (Hrsg.)/Söhn, Hartmut (Hrsg.)/Mellinghoff, Rudolf (Hrsg.), Einkommensteuergesetz. Kommentar, Loseblatt, 343. Ergänzungslieferung, Stand: Mai 2024, Heidelberg u.a. 2024 (zit. Bearbeiter, in: K/S/M, EStG).

Kischel, Uwe, Systembindung des Gesetzgebers und Gleichheitssatz, AöR 124 (1999), S. 174–211.

Klein, Franz, Zur Frage der verfassungsrechtlichen Zulässigkeit von Einschränkungen des objektiven Nettoprinzips, dargestellt an § 4 Abs. 5 Satz 1 Nr. 1 EStG, DStZ 1995, S. 630–632.

Klein, Franz (Begr.)/Orlopp, Gerd (Begr.), Abgabenordnung einschließlich Steuerstrafrecht, 17. Auflage, München 2023 (zit. Bearbeiter, in: Klein, AO).

Klempt, Walter, Zur Angemessenheit von Repräsentationsaufwendungen. Anmerkung, DStZ 1987, S. 207–208.

Knobbe-Keuk, Brigitte, Verdeckte Einlagen in Kapitalgesellschaften und Werbungskosten bei den Einkünften aus Kapitalvermögen, DStZ 1984, S. 335–342.

Knobbe-Keuk, Brigitte, Bilanz- und Unternehmenssteuerrecht, 9. Auflage, Köln 1993.

Kögel, Corina, Beschränkung der doppelten Haushaltsführung durch das JStG 1996 – partiell verfassungswidrig?, FR 1997, S. 433–438.

Koenig, Ulrich (Hrsg.), Abgabenordung §§ 1 bis 368 Kommentar, 4. Auflage, München 2021 (zit.: Bearbeiter, in: Koenig, AO).

Kolbe, Stefan, Zurück zu den Anfängen! Abschied vom Aufteilungsverbot bei gemischt veranlassten Aufwendungen, BBK 2010, S. 203–208.

Korn, Klaus (Hrsg.), Einkommensteuergesetz. Kommentar, Loseblatt, 150. Ergänzungslieferung, Stand: März 2024, Bonn 2024 (zit. Bearbeiter, in: Korn, EStG).

Kottke, Klaus, Zur Irrlehre vom Aufteilungs- und Abzugsverbot im Einkommensteuerrecht, DStR 1992, S. 129–133.

Krause-Junk, Gerold, W.F. Richter zur Pendlerpauschale: Ein Kommentar, StuW 2008, S. 325–326.

Kreft, Volker, Vorab veranlasste Erwerbsaufwendungen im Einkommensteuerrecht, Berlin, Heidelberg, New York 2000, zugl. Diss. Bielefeld 2000 (zit. Kreft, Erwerbsaufwendungen).

Kröger, Horst, Zum Veranlassungsprinzip im Einkommensteuerrecht, StuW 1978, S. 289–294.

Kröger, Horst, Zur steuerrechtlichen Abgrenzung zwischen betrieblich (beruflich) veranlassten und durch die Lebensführung veranlassten Aufwendungen, BB 1979, S. 1284.

Kröger, Horst, Abgrenzung beruflicher und privater Veranlassung. System oder Irrgarten – dargestellt an Rechtsprechung und Gesetzgebung zur „doppelten Haushaltsführung", DStR 1979, S. 400–405.

Kröner, Michael, Differenzierende Betrachtungen zum Betriebsausgaben- und Werbungskostenbegriff, StuW 1985, S. 115–131.

Krüger, Elmar, Beweiswürdigung, Beweislast und Beweismaß im Rahmen von Amtsermittlung und Mitwirkungspflicht, DStZ 2017, S. 761–768 (zit. *E. Krüger*, DStZ 2017).

Krüger, Roland, Das Aufteilungs- und Abzugsverbot in der Rechtsprechung des BFH, DB 2006, Beilage 6 zu Heft 39, S. 39–44.

Kruhl, Alfred, Jahressteuergesetz 1996 in der parlamentarischen Beratung. Schilderung des Ablaufs bis Ende April 1995, BB 1995, S. 1161–1170.

Kruhl, Alfred, Jahressteuergesetz 1996 in der parlamentarischen Beratung. Schilderung des Ablaufs ab 1.5.1995 bis zum Ende des 1. Vermittlungsverfahrens, BB 1995, S. 1669–1676.

Kruhl, Alfred, Jahressteuergesetz 1996 in der parlamentarischen Beratung. Schilderung des Ergebnisses des 2. Vermittlungsausschußverfahrens und Beschlußfassung durch Bundestag und Bundesrat, BB 1995, S. 2032–2038.

Krumm, Marcel, Maßgeblichkeit des Handelsrechts und außerbilanzielle Korrekturen, in: 100 Jahre Steuerrechtsprechung in Deutschland 1918–2018. Festschrift für den Bundesfinanzhof, herausgegeben von Klaus-Dieter Drüen, Johanna Hey, Rudolf Mellinghoff, Band II, Köln 2018, S. 1457–1476 (zit. Krumm, FS BFH, Bd. 2).

Kruse, Wilhelm, Über Werbungskosten, FR 1981, S. 473–479.

Kruse, Heinrich Wilhelm, Steuerspezifische Gründe und Grenzen der Gesetzesbindung, in: Grenzen der Rechtsfortbildung durch Rechtsprechung und Verwaltungsvorschriften im Steuerrecht, herausgegeben im Auftrag der Deutschen Steuerjuristischen Gesellschaft e.V. von Klaus Tipke, Band 5, Köln 1982, S. 71–83 (zit. Kruse, DStJG 5 (1982)).

Kruse, Wilhelm, Zur Feier des Tages, in: Steuerrechtsprechung Steuergesetz Steuerreform Festschrift für Klaus Offerhaus zum 65. Geburtstag, herausgegeben von Paul Kirchhof, Wolfgang Jakob, Albert Beermann, Köln 1999, S. 491–496 (zit. Kruse, FS Offerhaus).

Kühn, Alfons, Eingeschränkte Berücksichtigung von Bewirtungskosten nach dem StRefG 1990, DB 1989, S. 2400–2401.

Lademann, Fritz (Hrsg.)/Söffing, Günter (Hrsg.)/Brockhoff, Hedin (Hrsg.), Kommentar zum Einkommensteuergesetz, Loseblatt, 280. Ergänzungslieferung, Stand: Januar 2024, Stuttgart 2024 (zit. Bearbeiter, in: Lademann, EStG).

Lang, Joachim, Die Bemessungsgrundlage der Einkommensteuer. Rechtssystematische Grundlagen steuerlicher Leistungsfähigkeit im deutschen Einkommensteuerecht, Köln 1981/88 (zit. Lang, Bemessungsgrundlage).

Lang, Joachim, Verfassungsmäßigkeit der rückwirkenden Steuerabzugsverbote für Geldstrafen und Geldbußen. Ein Beitrag zur Anwendung des Gleichheitssatzes und der Rückwirkungsverbote nach Art. 20 III; 103 II GG auf Vorschriften, die das Leistungsfähigkeitsprinzip durchbrechen, StuW 1985, S. 10-32.

Lang, Joachim, Eröffnung und Rechtfertigung des Themas, in: Steuervereinfachung, herausgegeben im Auftrag der Deutschen Steuerjuristischen Gesellschaft e.V. von Peter Fischer, Band 21, Köln 1998, S. 1–7 (zit. Lang, DStJG 21 (1998)).

Lang, Joachim, Konkretisierungen und Restriktionen des Leistungsfähigkeitsprinzips, in: Festschrift für Heinrich Wilhelm Kruse zum 70 Geburtstag, herausgegeben von Walter Drenseck und Roman Seer, Köln 2001, S. 313–338 (zit. Lang, FS Kruse).

Lang, Joachim, Der Stellenwert des objektiven Nettoprinzips im deutschen Einkommensteuerrecht, StuW 2007, S. 3–15.

Lang, Joachim/Herzig, Norbert/Hey, Johanna/Horlemann, Heinz-Gerd/Pelka, Jürgen/Pezzer, Heinz-Jürgen/Seer, Roman/Tipke, Klaus, Kölner Entwurf eines Einkommensteuergesetzes, Köln 2005 (zit. Lang, u.a., Kölner Entwurf).

Lang, Joachim/Seer, Roman, Der Betriebsausgabenabzug im Rahmen eines wirtschaftlichen Geschäftsbetriebes gemeinnütziger Körperschaften, FR 1994, S. 521–535.

Lange, Hans-Friedrich, Zur Verfassungsmäßigkeit der Neuregelung der doppelten Haushaltsführung durch das Jahressteuergesetz 1996, DStZ 1995, S. 682–690 (zit. *H. Lange*, DStZ 1995).

Lange, Joachim, Kausalität und Verschulden im Steuerrecht. Ein Versuch zur Klärung des steuerlichen Kausalitätsbegriffs, BB 1971, S. 405–410.

Lange, Joachim, Schuldhaft verursachte Unfallkosten als Betriebsausgaben oder Werbungskosten, DB 1978, S. 1854–1857.

Langohr, Thomas, Das Veranlassungsprinzip im Einkommensteuerrecht – dargestellt am Beispiel von Vermögensverlusten –, Münster, New York 1990, zugl. Diss. Münster 1990 (zit. Langohr, Veranlassungsprinzip).

Larenz, Karl/Canaris, Klaus-Wilhelm, Methodenlehre der Rechtswissenschaft, 3. Auflage, Berlin, Heidelberg 1995 (zit. Larenz/Canaris, Methodenlehre).

Lauer, Philipp, Abzugsfähigkeit von Sponsoringaufwendungen als Betriebsausgaben unter Berücksichtigung des Abzugsverbots des § 4 Abs. 5 S. 1 Nr. 7 EStG, DStR 2021, S. 1802–1806.

Lehner, Moris, Die Entscheidung des Bundesverfassungsgerichts zur Verfassungswidrigkeit des Grundfreibetrages in den Jahren 1978 bis 1984, 1986, 1988 und 1991, DStR 1992, S. 1642–1644.

Lehner, Moris, Die verfassungsrechtliche Verankerung des objektiven Nettoprinzips. Zum Vorlagebeschluss des BFH und zur Entscheidung des BVerfG über die Verfassungswidrigkeit der Entfernungspauschale, DStR 2009, S. 185–191.

Leisner-Egensperger, Anna, Bewirtung: Repräsentation oder Werbung? Abzugsfähigkeit in Deutschland und Österreich, FR 2006, S. 705–714.

Leisner-Egensperger, Anna, Umbau des Einkommensteuerrechts – Neuorientierung bei den gemischten Erwerbsaufwendungen. Zur Novellierung und Verfassungsmäßigkeit der Entfernungspauschale durch das Steueränderungsgesetz 2007 und zum Vorlagebeschluss des FG Niedersachsen vom 27.7.2007 an das BVerfG, BB 2007, S. 639–645.

Leisner-Egensperger, Anna, Die Abgrenzung von privater Lebensführung und berufsbedingten Aufwendungen (§ 12 Nr. 1 EStG). Zur Entscheidung des Großen Senats des BFH über die Teilbarkeit von Reisekosten (GrS 1/06), DStZ 2010, S. 185–194.

Leisner-Egensperger, Anna, Anteilsmäßige Abzugsfähigkeit berufsfördernder Bewirtungskosten (§ 12 Nr. 1 S. 2 EStG) – nach dem Beschluss des Großen Senats des BFH zur Teilbarkeit von Reisekosten v. 21.9.2009–, DStZ 2010, S. 673–682.

Leisner-Egensperger, Anna, Die Folgerichtigkeit – Systemsuche als Problem für Verfassungsbegriff und Demokratiegebot –, DÖV 2013, S. 533–539.

Lenk, Werner, BB-Forum: Abschaffung der Pendlerpauschale verfassungswidrig? Erwiderung zum Diskussionsbeitrag von Offerhaus, BB 2006, 129, BB 2006, S. 1305–1308.

Lenski, Edgar, Die kleine Steuerreform. Gesetz zur Änderung der steuerlichen Vorschriften und zur Sicherung der Haushaltsführung, Frankfurt am Main 1953 (zit. Lenski, Kleine Steuerreform).

Littmann, Eberhard, Ausgewählte aktuelle Einkommensteuerfragen, in: Steuerberater-Jahrbuch 1960/61. Zugleich Bericht über den 12. Fachkongreß der Steuerberater der Bundesrepublik Deutschland, herausgegeben im Auftrag des Fachinstituts der Steuerberater von Armin Spitaler, Köln 1961, S. 125–212 (zit. Littmann, StbJb. 1960/61).

Littmann, Eberhard, Abgrenzung von Lebenshaltungskosten gegenüber Betriebsausgaben und Werbungskosten nach dem Beschluß des Großen Senats des BFH vom 19.10.1970 GrS 2/70, DStR 1971, S. 179–181.

Littmann, Eberhard (Hrsg.)/Bitz, Horst (Hrsg.)/Pust, Hartmut (Hrsg.), Das Einkommensteuerrecht. Kommentar zum Einkommensteuerrecht, Loseblatt, 171. Ergänzungslieferung, Stand: Februar 2024, Stuttgart 2024 (zit. Bearbeiter, in: Littmann/Bitz/Pust, EStG).

Macher, Ludwig, Neue Zweifel nach Änderung der BFH-Rechtsprechung bei gemischten Aufwendungen, NZA 2010, S. 382.

Märkle, Rudi, Das häusliche Arbeitszimmer nach dem Jahressteuergesetz 1996 – ein Beitrag zur Steuervereinfachung?, in: Steuerrechtsprechung Steuergesetz Steuerreform Festschrift für Klaus Offerhaus zum 65. Geburtstag, herausgegeben von Paul Kirchhof, Wolfgang Jakob, Albert Beermann, Köln 1999, S. 461–476 (zit. Märkle, FS Offerhaus).

Marfels, Michael, Rechtsprechung, Aufteilung der Aufwendungen für eine gemischt veranlasste Reise, StuW 2010, S. 3–5.

Martens, Joachim, Die eigenartige Beweislast im Steuerrecht, StuW 1981, S. 322–332.

Melchior, Jürgen, Änderungen durch das Steueränderungsgesetz 2007 und durch das Erste Gesetz zum Abbau bürokratischer Hemmnisse insbesondere in der mittelständischen Wirtschaft, DStR 2006, S. 1301–1302.

Mellinghoff, Rudolf, Verfassungsgebundenheit des Steuergesetzgebers – unter besonderer Berücksichtigung der neueren Rechtsprechung des Bundesverfassungsgerichts, in: Steuertheorie, Steuerpolitik und Steuerpraxis. Festschrift für Peter Bareis zum 65. Geburtstag, herausgegeben von Theodor Siegel, Paul Kirchhof, Dieter Schneeloch und Uwe Schramm, Stuttgart 2005, S. 171–195 (zit. Mellinghoff, FS Bareis).

Mellinghoff, Rudolf, Verfassungsbindung und weiter Gestaltungsspielraum des Gesetzgebers, in: Steuerrecht im Rechtsstaat. Festschrift für Wolfgang Spindler zum 65. Geburtstag, herausgegeben von Rudolf Mellinghoff, Wolfgang Schön, Hermann-Ulrich Viskorf, Köln 2011, S. 153–168 (zit. Mellinghoff, FS Spindler).

Mellinghoff, Rudolf, Privataufwendungen, in: Leitgedanken des Rechts. Paul Kirchhof zum 70. Geburtstag, Band II. Staat und Bürger, herausgegeben von Hanno Kube, Rudolf Mellinghoff, Gerd Morgenthaler, Ulrich Palm, Thomas Puhl und Christian Seiler, Heidelberg, München, Landsberg, Frechen, Hamburg 2013, S. 1889–1902 (zit. Mellinghoff, FS P. Kirchhof, Bd. 2).

Meyer, André, Steuerliches Leistungsfähigkeitsprinzip und zivilrechtliches Ausgleichssystem. Zum zivilrechtlichen Ausgleich von Steuerfolgen, Köln 2013 (zit. Meyer, Leistungsfähigkeitsprinzip).

Meyer, Bernd, Zur einkommensteuerrechtlichen Behandlung der Anschaffungskosten für Arbeitsmittel – Anmerkung zum BFH-Urteil vom 15.5.1981 –, DStR 1982, S. 134–135 (zit. Meyer, B., DStR 1982).

Micker, Lars, Verfassungsrechtliche Zweifel an der teilweisen Abschaffung der Pendlerpauschale, DStR 2007, S. 1145–1149.

Mienert, Karl, Besondere zeitliche und sachliche Probleme bei der Behandlung von Schuldzinsen als Werbungskosten, DB 1982, S. 1129–1132.

Mittmann, Volker, Aufwendungen für unbebaute Grundstücke als Werbungskosten?. Anmerkung zu Günther, DStZ 1986, 540, DStZ 1987, S. 99.

Moes, Christoph, Die Steuerfreiheit des Existenzminimums vor dem Bundesverfassungsgericht. Eine ökonomische, steuersystematische und grundrechtsdogmatische Kritik des subjektiven Nettoprinzips, Baden-Baden 2011, zugl. Diss. Frankfurt am Main 2011 (zit. Moes, Steuerfreiheit des Existenzminimums).

Moes, Christoph, Das „subjektive Nettoprinzip“ und die Steuerfreiheit des Existenzminimums – Anmerkungen zu einer systemwidrigen Verfassungsdogmatik, DStR 2023, S. 2369–2376.

Müller, Michael, Mögliche Auswirkungen der Corona-Pandemie auf die steuerrechtliche Beurteilung des häuslichen Arbeitszimmers, DStR 2020, S. 760–764.

Müller, Michael, Offene Fragen und mögliche Fallstricke im Zusammenhang mit der neuen Homeoffice-Pauschale, DStR 2021, S. 1079–1084.

Müller, Michael, JStG 2022: Zur Konzeption der Tagespauschale Grundlegende Neugestaltung beim häuslichen Arbeitszimmer und bei der Homeoffice-Pauschale, EStB 2023, S. 113–119.

Müller-Franken, Sebastian, Das Verbot des Abzugs der „Zuwendung von Vorteilen“ nach dem Jahressteuergesetz 1996. Verfassungsprobleme einer Durchbrechung des objektiven Nettoprinzips, StuW 1997, S. 3–23.

Neufang, Bernd, Einkommensteuerrechtliche Behandlung von gemischten Aufwendungen, BB 2010, S. 2409–2412.

Niestegge, Vera, Dualismus der Einkunftsarten. Grundlagen, Schwächen, Überwindungsmöglichkeiten, Wissenschaftliche Schriften der WWU Münster, Reihe III, Band 31, Münster 2018, zugl. Diss. Münster 2018 (zit. *Niestegge,* Dualismus der Einkunftsarten).

Offerhaus, Klaus, Zur steuerrechtlichen Abgrenzung zwischen betrieblich (beruflich) veranlaßten und durch die Lebensführung veranlaßten Aufwendungen, BB 1979, S. 617–622 und S. 667–672.

Offerhaus, Klaus, Geburtstage und Reisen – steuerlich betrachtet. Ein Beitrag zur Auslegung des § 12 Nr. 1 S. 2 EStG, DStR 2005, S. 446–450.

Offerhaus, Klaus, BB-Forum: Abschaffung der Pendlerpauschale verfassungswidrig?, BB 2006, S. 129–130.

Orth, Manfred, Die Abgrenzung der Betriebs- oder Berufssphäre von der Privatsphäre. Bericht von der vierten Jahrestagung der Deutschen Steuerjuristischen Gesellschaft e.V., FR 1980, S. 205–210.

Osterloh, Lerke, Gesetzesbindung und Typisierungsspielräume bei der Anwendung der Steuergesetze, Baden-Baden 1992 (zit. Osterloh, Typisierungsspielräume bei Anwendung der Steuergesetze).

Paetsch, Ralf, „Zulässigkeit und Grenzen der Durchbrechung des objektiven Nettoprinzips im Einkommen- und Körperschaftsteuerrecht“. Tagungsbericht zum 2. Steuerwissenschaftlichen Symposium im Bundesfinanzhof, DStR 2009, Beih. zu Heft 34, S. 78–87.

Pahlke, Armin, Typusbegriff und Typisierung, Beih. zu DStR 2011, S. 66–71.

Paintner, Thomas, Das Gesetz zur Änderung und Vereinfachung der Unternehmensbesteuerung und des steuerlichen Reisekostenrechts im Überblick, DStR 2013, S. 217–224.

Palm, Ulrich, Verfassungsmäßigkeit einer quellenbezogenen Mindestbesteuerung im Ertragsteuerrecht, DStR 2002, S. 152–160.

Palm, Ulrich, Das Steuerverfassungsrecht als dogmatisches Referenzgebiet des allgemeinen Verfassungsrechts, JöR 64 (2016), S. 457–475.

Papier, Hans-Jürgen, Steuerrecht im Wandel – verfassungsrechtliche Grenzen der Steuerpolitik, DStR 2007, S. 973–978.

Paus, Bernhard, Ungelöste Probleme des Drittaufwands. Zu den BFH-Urteilen v. 29.4.2008 – VII R 98/04, FR 2008, 1164 und v. 25.6.2008 – X R 36/05, BFH/NV 2008, 2093, FR 2009, S. 449–454.

Payandeh, Mehrdad, Das Gebot der Folgerichtigkeit: Rationalitätsgewinn oder Irrweg der Grundrechtsdogmatik?, AöR 136 (2011), S. 578–615.

Pezzer, Heinz-Jürgen, Das Aufteilungsverbot ist aufgegeben; wie geht es weiter? – Eine erste Einschätzung des Beschlusses vom 21.9.2009, GrS 1/06, DStR 2010, S. 93–96.

Pfab, Alexander, Die Behandlung von Bildungsaufwendungen im deutschen Einkommensteuerrecht, Frankfurt am Main 2008, zugl. Diss. Passau 2008 (zit. Pfab, Bildungsaufwendungen).

Pfirrmann, Volker (Hrsg.)/Rosenke, Torsten (Hrsg.)/Wagner, Klaus J. (Hrsg.), Beck'scher Online-Kommentar Abgabenordnung, 28. Edition, Stand: 15.04.2024, München 2024 (zit. Bearbeiter, in: BeckOK AO).

Plenker, Jürgen, Die neue Entfernungspauschale für Fahrten zwischen Wohnung und Arbeitsstätte/Betrieb ab 2007, BC 2006, S. 233–237.

Plückebaum, Rudolf, Grundsätze über die Abgrenzung der Lebenshaltungskosten gegenüber den Betriebsausgaben und Werbungskosten, StBp 1963, Sonderbeilage zu Heft 3, S. 1–8.

Pohmer, Dieter, Einige Bemerkungen zu Inhalt und Bedeutung des Leistungsfähigkeitsprinzips, Finanzarchiv 1988, Bd. 46, S. 135–153 (zit. Pohmer, FinArch 46 (1988)).

Prinz, Ulrich, Werbungskosten bei den Einkünften aus Vermietung und Verpachtung. Systematische steuerliche Analyse unter besonderer Berücksichtigung von Bauherren- und Erwerbermodellen, Bamberg 1984 (zit. Prinz, Werbungskosten).

Prinz, Ulrich, Grundsatzbetrachtungen zum Werbungskostenbegriff, FR 1986, S. 397–410.

Prinz, Ulrich, Freizeitgestaltung und Werbungskostenabzug. Einige Überlegungen zum Sportsachen-Urteil des BFH vom 21.11.1986; FR 1987, S. 330–333.

Prinz, Ulrich, Grundfragen und Anwendungsbereiche des Veranlassungsprinzips im Ertragsteuerrecht, StuW 1996, S. 267–274.

Prokisch, Rainer, Von der Sach- und Systemgerechtigkeit zum Gebot der Folgerichtigkeit, in: Staaten und Steuern. Festschrift für Klaus Vogel zum 70. Geburtstag, herausgegeben von Raul Kirchhof, Moris Lehner, Arndt Raupach, Michel Rodi, Heidelberg 2000, S. 293–310 (zit. Prokisch, FS Vogel).

Raupach, Arndt, Erwerbsaufwand und Privataufwand, in: Leitgedanken des Rechts. Paul Kirchhof zum 70. Geburtstag, herausgegeben von Hanno Kube, Rudolf Mellinghoff, Gerd Morgenthaler, Ulrich Palm, Thomas Puhl und Christian Seiler, Band II, Staat und Bürger, Heidelberg, München, Landsberg, Frechen und Hamburg 2013, S. 1883–1887 (zit. Raupach, FS P. Kirchhof, Bd. 2).

Richter, Heinz, Zur Deckungsgleichheit des Werbungskostenbegriffs mit dem Betriebsausgabenbegriff. Gleichzeitig Anmerkung zum BFH-Urteil vom 28.11.1980 VI R 193/77, FR 1981, S. 556–558.

Richter, Wolfgang/Söhn, Hartmut, Streichung der Entfernungspauschale – (verfassungs-) rechtliche und ökonomische Aspekte –, StuW 2008, S. 117–133.

Rönitz, Dieter, Die Abgrenzung der Betriebsausgaben/Werbungskosten von den privaten Ausgaben als Problem der Sachverhaltsermittlung – unter besonderer Berücksichtigung der Lebenserfahrung und der typisierenden Betrachtungsweise, in: Die Abgrenzung der Betriebs- oder Berufssphäre von der Privatsphäre im Einkommensteuerrecht, herausgegeben im Auftrag der Deutschen Steuerjuristischen Gesellschaft e.V. von Hartmut Söhn, Band 3, Köln 1980, S. 297–313 (zit. Rönitz, DStJG 3 (1980)).

Rößler, Gerhard, Zur Angemessenheit der Bewirtung von Geschäftsfreunden. BFH-Urteil vom 16. Februar 1990 III R 21/86. Anmerkung, DStZ 1991, S. 121.

Rose, Klaus-Dieter, Grundlagen und Grenzen der steuerlichen Berücksichtigung von Mehraufwendungen wegen einer doppelten Haushaltsführung nach § 9 Abs. 1 Satz 3 Nr. 5 EStG, München 1994, zugl. Diss. Passau 1994 (zit. Rose, Mehraufwendungen doppelte Haushaltsführung).

Rudolph, Karl, Zum Aufteilungsverbot bei nur teilweise beruflich veranlaßten Aufwendungen, BB 1978, S. 1614–1616.

Ruppe, Georg, Möglichkeiten und Grenzen der Übertragung von Einkunftsquellen als Problem der Zurechnung von Einkünften, in: Übertragung von Einkunftsquellen im Steuerrecht. Möglichkeiten und Grenzen der Einkommensverlagerung durch Nießbrauch, Beteiligung und Darlehen mit einem rechtsvergleichenden Teil, herausgegeben im Auftrag der Deutschen Steuerjuristischen Gesellschaft e.V. von Klaus Tipke, Band 1, 2. Auflage, Köln 1979, S. 7–40 (zit. Ruppe, DStJG 1 (1978)).

Ruppe, Georg, Die Abgrenzung der Betriebsausgaben/Werbungskosten von den Privatausgaben, in: Die Abgrenzung der Betriebs- oder Berufssphäre von der Privatsphäre im Einkommensteuerrecht, herausgegeben im Auftrag der Deutschen Steuerjuristischen Gesellschaft e.V. von Hartmut Söhn, Band 3, Köln 1980, S. 103–147 (zit. Ruppe, DStJG 3 (1980)).

Ruppe, Georg, Steuergleichheit als Grenze der Steuervereinfachung, in: Steuervereinfachung, herausgegeben im Auftrag der Deutschen Steuerjuristischen Gesellschaft e.V. von Peter Fischer, Band 21, Köln 1998, S. 29–65 (zit. Ruppe, DStJG 21 (1998)).

Sauren, Marcel M., Die Einschränkung der Abzugsfähigkeit der Bewirtungsaufwendungen gemäß dem Steuerreformgesetz 1990 -Eine Bestandsaufnahme-, DStZ 1989, S. 189–191.

Scheich, Thomas, Das Abzugsgebot und -verbot gemischter Aufwendungen. Eine kritische Auseinandersetzung mit der Rechtsprechung des BFH zu § 12 Nr. 1 EStG, München 1996, zugl. Diss. Augsburg 1996 (zit. Scheich, Abzugsgebot und -verbot).

Scheich, Thomas, Abzugsfähigkeit von gemischt veranlaßten Reiseaufwendungen, DStR 1997, S. 905–908.

Scheidel, Herbert, Steuerreform 1990. Änderungen und Auswirkungen nach Problem- und Sachbereichen; Modellrechnungen; Steuertabellen; Gesetzestext, 1. Auflage, Zürich, Paris, Mailand u.a. 1988 (zit. Scheidel, Steuerreform 1990).

Schilling, Oliver, Zwangsläufiger, pflichtbestimmter Aufwand in Ehe und Familie. Ein Beitrag zur einkommensteuerrechtlichen Veranlassungstheorie, Baden-Baden 2013, zugl. Diss. Köln 2013 (zit. Schilling, Zwangsläufiger Aufwand).

Schiffers, Joachim/Feldgen, René, Betriebsausgabenabzugsverbot nach § 4 Abs. 5 Satz 1 Nr. 4 EStG und Aufwendungen für Kundenveranstaltungen, Sponsoring und Corporate Social Responsibility-Maßnahmen – zugleich Anmerkungen zu den BFH-Entscheidungen IV R 24/13 und I R 74/13 zu Aufwendungen für Golfturniere, DStZ 2016, S. 325–336.

Schmidt, Eberhard, Zur Neuregelung der Bewirtungskosten, BB 1988, S. 1938–1939 (zit. Schmidt, Eberhard, BB 1988).

Schmidt, Eckehard, Anwendung von Vereinfachungszwecknormen und Vereinfachung als Auslegungstopos – Aus Sicht der Verwaltung, in: 100 Jahre Steuerrechtsprechung in Deutschland 1918–2018. Festschrift für den Bundesfinanzhof, herausgegeben von Klaus-Dieter Drüen, Johanna Hey und Rudolf Mellinghoff, Band I, Köln 2018, S. 321–340 (zit. Schmidt, FS BFH, Bd. 1).

Schmidt, Ludwig, Einkommensteuergesetz. Kommentar, herausgegeben von Heinrich Weber-Grellet, 43. Auflage, München 2024 (zit. Bearbeiter, in: Schmidt, EStG).

Schmitt, Matthias/Meyer, Thomas, Privater Mehraufwand bei Auswärtstätigkeit als Werbungskosten, DB 2013, S. 1578–1580.

Schneider, Stefan, Verfassungsrechtliche Grundlagen und Grenzen des objektiven Nettoprinzips, DStR 2009, Beih. zu Heft 34, S. 87–91.

Schneider, Stefan, Gemischte Veranlassung, in: 100 Jahre Steuerrechtsprechung in Deutschland 1918–2018. Festschrift für den Bundesfinanzhof, herausgegeben von Klaus-Dieter Drüen, Johanna Hey und Rudolf Mellinghoff, Band II, Köln 2018, S. 1243–1259 (zit. Schneider, FS BFH, Bd. 2).

Schober, Tibor, Verfassungsrechtliche Restriktionen für den vereinfachenden Einkommensteuergesetzgeber. Eine Überprüfung verfassungsrechtlicher Grundsätze an ausgewählten Vereinfachungsideen, Baden-Baden 2009, zugl. Diss. Berlin 2009 (zit. Schober, Verfassungsrechtliche Restriktionen für den vereinfachenden Einkommensteuergesetzgeber).

Schön, Wolfgang, Die Steuerbilanz zwischen Handelsrecht und Grundgesetz, StuW 1995, S. 366–377.

Schön, Wolfgang, Grundrechtsschutz gegen den demokratischen Steuerstaat. Das Steuerverfassungsrecht zwischen Staatslehre und *public economics*, in: Jahrbuch des öffentlichen Rechts der Gegenwart, Band 64, herausgegeben von Susanne Baer, Oliver Lepsius, Christoph Schönberger, Christian Waldhoff und Christian Walter, Tübingen 2016, S. 515–537 (zit. Schön, JöR 2016).

Schomäcker, Iris, Steuerverfassungsrecht und gesetzgeberischer Gestaltungsspielraum. Deutschland und die USA im Rechtsvergleich, Tübingen 2020, zugl. Diss. Heidelberg 2020 (zit. Schomäcker, Steuerverfassungsrecht).

Schuck, Stephan, Der Veranlassungszusammenhang als die Frage nach der im Ertragsteuerrecht geltenden Kausalitätstheorie auf der Grundlage einer Analyse der höchstrichterlichen Rechtsprechung zu den Betriebsausgaben, den

Werbungskosten, den (Betriebs-) Einnahmen, dem Betriebsvermögen, der verdeckten Gewinnausschüttung und der „Liebhaberei“, Bonn 1991, zugl. Diss. Bonn 1991 (zit. Schuck, Veranlassungszusammenhang).

Schuhmann, Helmut, Zum Begriff der „Veranlassung“ der doppelten Haushaltsführung bei inländischen Arbeitnehmern. Sind auch privat veranlaßte Aufwendungen abzugsfähig?, BB 1980, S. 983–987.

Schwenke, Michael, Neuausrichtung der Rechtsprechung zur Abzugsfähigkeit sog. gemischter Aufwendungen. Eine Bestandsaufnahme zwei Jahre nach dem Beschluss des Großen Senats v. 21.9.2009, FR 2011, S. 1051–1060.

Seer, Roman, Steuervereinfachung – Postulat des Rechts, BB 2021, S. 1433–1439.

Seer, Roman, Streitfelder im Steuerrecht unter Einschluss grenzüberschreitender Streitigkeiten, in: Streitvermeidung und Streitbeilegung im Steuerrecht, herausgegeben im Auftrag der Deutschen Steuerjuristischen Gesellschaft e.V. von Gregor Kirchhof, Band 45, Köln 2023, S. 13–40 (zit. Seer, DStJG 45 (2023)).

Seifert, Michael, Häusliches Arbeiten: Änderungen durch das JStG 2022, StuB 2023, S. 74–79.

Seiler, Christian, Prinzipien der Einkünfteermittlung-Objektives Nettoprinzip, in: Einkünfteermittlung, herausgegeben im Auftrag der Deutschen Steuerjuristischen Gesellschaft e.V. von Johanna Hey, Band 34, Köln 2011, S. 61–89 (zit. Seiler, DStJG 34 (2011)).

Seitrich, Peter, Zum Begriff „Aufwendungen“ im Sinne des § 33 des Einkommensteuergesetzes. Verlorene Mietkaution als Beispiel, BB 1990, S. 470–472.

Seitz, Georg, Die persönliche Zurechnung von Erwerbsaufwendungen. Anmerkung zum Abzug von Aufwendungen im abgekürzten Vertragsweg nach der BFH-Entscheidung v. 15.11.2005 – IX R 25/03, FR 2006, 229, FR 2006, S. 201–212.

Siegel, Theodor, Ein ökonomisches Verständnis des Leistungsfähigkeitsprinzips ist keine Provokation von Juristen. Zur Beziehung zwischen Leistungsfähigkeits- und Sozialstaatsprinzip, DStR 2023, S. 1617–1621.

Simon, Zur steuerlichen Behandlung der Kosten für eine Haushaltsgehilfin zur Kinderbetreuung. BVerfG Beschluss vom 11.10.1977 – 1 BvR 343/73; 83/74; 183, 428/75 mit Sondervotum Richter Simon, NJW 1978, S. 877–882.

Söffing, Günter, Verletzung des Nettoprinzips, in: Steuerberater-Jahrbuch 1988/89. Zugleich Bericht über den 40. Fachkongreß der Steuerberater Köln, 3. bis 5. Oktober 1988, herausgegeben im Auftrag des Fachinstituts der Steuerberater von R. Curtius-Hartung, Norbert Herzig und Ursula Niemann, Köln 1988, S. 121–145 (zit. Söffing, StbJb. 1988/89).

Söhn, Hartmut, Bürgerliche Kleidung, typische Berufskleidung und Werbungskosten, FR 1980, S. 301–308.

Söhn, Hartmut, Betriebsausgaben, Privatausgaben, gemischte Aufwendungen, in: Die Abgrenzung der Betriebs- oder Berufssphäre von der Privatsphäre im Einkommensteuerrecht, herausgegeben im Auftrag der Deutschen Steuerjuristischen Gesellschaft e.V. von Hartmut Söhn, Band 3, Köln 1980, S. 13–102 (zit. Söhn, DStJG 3 (1980)).

Söhn, Hartmut, Werbungskosten wegen doppelter Haushaltsführung und allgemeiner Werbungskostenbegriff, StuW 1983, S. 193–205.

Söhn, Hartmut, Verfassungsrechtliche Aspekte der Besteuerung nach der subjektiven Leistungsfähigkeit im Einkommensteuerrecht: Zum persönlichen Existenzminimum, Finanzarchiv 1988, Bd. 46, S.154–171 (zit. Söhn, FinArch 46 (1988)).

Söhn, Hartmut, Anschaffungskosten/Herstellungskosten und Betriebsausgabenbegriff, StuW 1991, S. 270–277.

Söhn, Hartmut, Abzugsbeschränkungen und Abzugsverbote für gemischt veranlaßte Aufwendungen Zur Befristung der Abzugsfähigkeit von Aufwendungen bei doppelter Haushaltsführung, in: Festschrift für Klaus Offerhaus zum 65. Geburtstag, Steuerrechtsprechung, Steuergesetz, Steuerreform, herausgegeben von Paul Kirchhof, Wolfgang Jakob und Albert Beermann, Köln 1999, S. 477–489 (zit. Söhn, FS Offerhaus).

Söhn, Hartmut, Der Dualismus der Einkunftsarten im geltenden Recht, in: Einkommen aus Kapital, herausgegeben im Auftrag der Deutschen Steuerjuristischen Gesellschaft e.V. von Wolfgang Schön, Band 30, Köln 2007, S. 13–37 (zit. Söhn, DStJG 30 (2007)).

Söhn, Hartmut, Aufteilbarkeit gemischt veranlasster Aufwendungen. Zum Beschluss des Großen Senats des BFH vom 21.9.2009 – GrS 1/06, in: Steuerrecht im Rechtsstaat. Festschrift für Wolfgang Spindler zum 65. Geburtstag, herausgegeben von Rudolf Mellinghoff, Wolfgang Schön und Hermann-Ulrich Viskorf, Köln 2011, S. 795–807 (zit. Söhn, FS Spindler).

Sopp, Karina/Gast, Marcus/Ullmann, Heike, Arbeitszimmer, Homeoffice-Pauschale (Tagespauschale) und Entfernungspauschale nach dem JStG 2022, FR 2023, S. 7–11.

Spilker, Bettina, Das häusliche Arbeitszimmer im Visier des BFH, NJW 2016, S. 842–844.

Spitaler, Armin, Bemerkungen zum vorstehenden Aufsatz, StuW 1954, Sp. 589–594.

Spitaler, Armin, Betriebsausgaben nach neuem Recht, in: Steuerberater-Jahrbuch 1953/1954. Zugleich Bericht über den V. Fachkongreß der Steuerberater der Bundesrepublik Deutschland, herausgegeben im Auftrag des Fachinstituts der Steuerberater von Armin Spitaler, Köln 1954, S. 289–308 (zit. Spitaler, StbJb. 1953/54).

Spindler, Wolfgang, Der BFH verabschiedet sich vom allgemeinen Aufteilungs- und Abzugsverbot, in: Gestaltung der Steuerrechtsordnung. Festschrift für Joachim Lang zum 70. Geburtstag, herausgegeben von Klaus Tipke, Roman Seer, Johanna Hey und Joachim Englisch, Köln 2010, S. 589–600 (zit. Spindler, FS Lang).

Stallknecht, Philipp A., Vereinfachungsnormen im Lohnsteuerrecht. Analyse des besonderen Vereinfachungsbedarfs und daraus abgeleitete Erwägungen zur Systematisierung und Reformierung, Baden-Baden 2017, zugl. Diss. Köln 2017 (zit. Stallknecht, Vereinfachungsnormen).

Stapperfend, Thomas, Verluste im Einkommensteuerrecht, in: Besteuerung von Einkommen, herausgegeben im Auftrag der Deutschen Steuerjuristischen Gesellschaft e.V. von Iris Ebling, Band 24, Köln 2001, S. 329–381 (zit. Stapperfend, DStJG 24 (2001)).

Stapperfend, Thomas, Über Betriebsausgaben und Werbungskosten, in: Festschrift für Heinrich, Wilhelm Kruse zum 70. Geburtstag, herausgegeben von Walter Drenseck und Roman Seer, Köln 2001, S. 533–553 (zit. Stapperfend, FS Kruse).

Stapperfend, Thomas, Die Abziehbarkeit von Aufwendungen vom häuslichen Arbeiten nach dem JStG 2022, FR 2023, S. 253–258.

Statistisches Bundesamt, Qualitätsbericht. Einkommens- und Verbrauchsstichprobe 2018, Wiesbaden 2021, abrufbar unter: https://www.destatis.de/DE/Methoden/Qualitaet/Qualitaetsberichte/Einkommen-Konsum-Lebensbedingungen/einkommens-verbrauchsstichprobe-2018.pdf?__blob=publicationFile (Abrufdatum: 14. Juni 2024), S. 1–146 (zit. Statistisches Bundesamt, Qualitätsbericht EVS 2018).

Statistisches Bundesamt, Wirtschaftsrechnungen. Einkommens- und Verbrauchsstichprobe. Konsumausgaben privater Haushalte 2018, Fachserie 15, Heft 5, Wiesbaden 2020, abrufbar unter: https://www.destatis.de/DE/Themen/Gesellschaft-Umwelt/Einkommen-Konsum-Lebensbedingungen/Konsumausgaben-Lebenshaltungskosten/Publikationen/Downloads-Konsumausgaben/evs-aufwendung-privater-haushalte-2152605189004.pdf?__blob=publicationFile (Abrufdatum: 14. Juni 2024), S. 1–314 (zit. Statistisches Bundesamt, EVS 2018, Fachserie 15, Heft 5).

Steck, Dieter, Das „neue" Aufteilungs- und Abzugsverbot bei Aufwendungen mit teilweise privater und teilweise beruflicher Veranlassung, DStZ 2011, S. 191–210.

Steenken, Ulf, Die Zulässigkeit gesetzlicher Pauschalierung im Einkommensteuerrecht am Beispiel der Entfernungspauschale, Berlin 2002, zugl. Diss. Passau 2002 (zit. Steenken, Gesetzliche Pauschalierung).

Steilen, Ulf P., Unangemessene Repräsentationsaufwendungen, BB 1992, S. 755–757.

Steinhauer, Maximilian, Die Abzugsfähigkeit der Kosten für häusliche Arbeitstage ab dem Veranlagungszeitraum 2023, DStZ 2023, S. 273–276.

Stellungnahme des Wissenschaftlichen Beirats des Fachbereichs Steuern bei der Ernst & Young AG, Aufteilungs- und Abzugsverbot nach § 12 Nr. 1 S. 2 EStG?, BB 2004, S. 1024–1030 (zit. Wiss. Beirat Ernst & Young AG, BB 2004).

Strahl, Martin, Die Bedeutung der Grundprinzipien des Steuerrechts für die (Abwehr-)Beratung, KÖSDI 2003, S. 13833–13843.

Strahl, Martin, Wider das Aufteilungs- und Abzugsverbot!, KÖSDI 2004, S. 14019–14024.

Streck, Michael, Aufteilung der Aufwendungen für eine gemischt beruflich/betrieblich und privat veranlasste Reise, NJW 2010, S. 891–896.

Strutz, Georg, Kommentar zum Einkommensteuergesetz vom 10. August 1925. Einleitung – §§ 1–18, Band 1, Berlin 1927 (zit. Strutz, EStG 1925).

Stuber, Helmut/Nägele, Günther, Reisekosten Bewirtung Repräsentation im Steuerrecht. Geschäftsreisen – Dienstreisen – Privater KFZ-Nutzungsanteil – Bewirtungskosten – Geschenke – Schmiergelder – Repräsentation – Studienreisen – Kongresse – Fahrten zum Betrieb und zur Arbeitsstätte – Kraftfahrzeug-Überlassung – Doppelte Haushaltsführung – Umzugskosten – Vorsteuerabzug, 23. Auflage, Stuttgart 1996 (zit. Stuber/Nägele, Bewirtung und Repräsentation).

Tanzer, Michael, Die Kausalität im Betriebsausgabenbegriff – Eine Untersuchung des § 4 Abs. 4 EStG, ÖStZ 1975, S. 50–58.

Tanzer, Michael, Die Abzugsfähigkeit von Geldstrafen und Geldbüßen im Einkommensteuerrecht. Eine Darstellung an Hand von § 4 Abs. 4 EStG, in: Die Abgrenzung der Betriebs- oder Berufssphäre von der Privatsphäre im Einkommensteuerrecht, herausgegeben im Auftrag der Deutschen Steuerjuristischen Gesellschaft e.V. von Hartmut Söhn, Band 3, Köln 1980, S. 227–272 (zit. Tanzer, DStJG 3 (1980)).

Tappe, Henning, Festlegende Gleichheit – folgerichtige Gesetzgebung als Verfassungsgebot?, JZ 2016, S. 27–33.

Tappe, Henning, Werbungskosten des Arbeitsnehmers, in: Besteuerung von Arbeitnehmern, herausgegeben im Auftrag der Deutschen Steuerjuristischen Gesellschaft e.V. von Klaus-Dieter Drüen, Band 40, Köln 2017, S. 333–362 (zit. Tappe, DStJG 40 (2017)).

Thiel, Jochen, Die steuerliche Behandlung von Fremdfinanzierungen im Unternehmen, FR 2008, S. 729–733.

Thiel, R., Das Steueränderungsgesetz 1960, FR 1960, Beilage zu Nr. 15, S. 1–7.

Thiemann, Christian, Das Folgerichtigkeitsgebot als verfassungsrechtliche Leitlinie der Besteuerung, in: Linien der Rechtsprechung des Bundesverfassungsgerichts – erörtert von den wissenschaftlichen Mitarbeiterinnen und Mitarbeitern –, herausgegeben von Sigrid Emmenegger und Ariane Wiedmann, Band 2, Berlin und Boston 2011, S. 179–212 (zit.: Thiemann, in: Linien der Rechtsprechung des BVerfG, Bd. 2).

Thiemann, Christian, Das Abzugsverbot für die Berufsausbildungskosten – Mehr oder weniger Gestaltungsspielraum für den Steuergesetzgeber?, JZ 2015, S. 866–875.

Thomas, Michael-Ingo, Die Alibifunktion von Vereinfachungsbekenntnissen am Beispiel der Entfernungspauschale, DStZ 2002, S. 877–881.

Tiedtke, Klaus, Unfallkosten als Betriebsausgaben und Werbungskosten. Zugleich Besprechung des BFH-Beschlusses vom 28.11.1977 GrS 2–3/77, FR 1978, S. 493–499.

Tiedtke, Klaus/Beck, Markus, Das häusliche Arbeitszimmer auf dem Prüfstand – Schlussfolgerungen aus der aktuellen Rechtsprechung des BFH, FR 2004, S. 801–815.

Tipke, Klaus, Steuerrecht – Chaos, Konglomerat oder System?, StuW 1971, S. 2–17.

Tipke, Klaus, Übertragung von Einkunftsquellen. Zum Thema der Münchener Tagung der Deutschen Steuerjuristischen Gesellschaft, StuW 1977, S. 293–301.

Tipke, Klaus, Zur Abgrenzung der Betriebs- oder Berufssphäre von der Privatsphäre im Einkommensteuerrecht. Zur Lübecker Jahrestagung der Deutschen Steuerjuristischen Gesellschaft e.V. am 20./21. September 1979, StuW 1979, S. 193–208.

Tipke, Klaus, Rechtfertigung der Themenwahl; Ziel der Tagung, in: Die Abgrenzung der Betriebs- oder Berufssphäre von der Privatsphäre im Einkommensteuerrecht, herausgegeben im Auftrag der Deutschen Steuerjuristischen Gesellschaft e.V. von Hartmut Söhn, Band 3, Köln 1980, S. 1–12 (zit. Tipke, DStJG 3 (1980)).

Tipke, Klaus, Über „erwirtschaftete" Einkünfte und Einkünfteerzielungsabsicht, FR 1983, S. 580–582.

Tipke, Klaus, Über teleologische Auslegung, Lückenfeststellung und Lückenausfüllung, in: Der Bundesfinanzhof und seine Rechtsprechung. Grundfragen – Grundlagen. Festschrift für Hugo von Wallis zum 75. Geburtstag am 12. April 1985, herausgegeben von Franz Klein und Klaus Vogel, Bonn 1985, S. 133–150 (zit. Tipke, FS Wallis).

Tipke, Klaus, Beiträge an Berufsverband mit allgemein politischer Zielsetzung als Betriebsausgaben, StuW 1985, S. 185–186.

Tipke, Klaus, Parteispenden als Betriebsausgaben, StuW 1985, S. 279–285.

Tipke, Klaus, Über „richtiges Steuerrecht", StuW 1988, S. 262–282.

Tipke, Klaus, Die Steuerrechtsordnung. Band I Wissenschaftsorganisatorische, systematische und grundrechtlich-rechtsstaatliche Grundlagen, 2. Auflage, Köln 2000 (zit. Tipke, Steuerrechtsordnung I).

Tipke, Klaus, Die Steuerrechtsordnung. Band II Steuerrechtfertigungstheorie, Anwendung auf alle Steuerarten, sachgerechtes Steuersystem, 2. Auflage, Köln 2003 (zit. Tipke, Steuerrechtsordnung II).

Tipke, Klaus, Hütet das Nettoprinzip!, in: Festschrift für Arndt Raupach zum 70. Geburtstag. Steuer- und Gesellschaftsrecht zwischen Unternehmerfreiheit und Gemeinwohl, herausgegeben von Paul Kirchhof, Karsten Schmidt, Wolfgang Schön und Klaus Vogel, Köln 2006, S. 177–193 (zit. Tipke, FS Raupach).

Tipke, Klaus, Das Nettoprinzip – Angriff und Abwehr, dargestellt am Beispiel des Werkstorprinzips, BB 2007, S. 1525–1533.

Tipke, Klaus, BFH bestätigt Zweifel des FG Nds. an der Verfassungsmäßigkeit des „Werkstorprinzips", FR 2007, S. 960–963.

Tipke, Klaus, Steuergerechtigkeit unter besonderer Berücksichtigung des Folgerichtigkeitsgebots, StuW 2007, S. 201–220.

Tipke, Klaus, Mehr oder weniger Entscheidungsspielraum für den Steuergesetzgeber?, JZ 2009, S. 533–584.

Tipke, Klaus (Begr.)/Kurse, Wilhelm (Begr.), Abgabenordnung – Finanzgerichtsordnung. Kommentar zur AO und FGO inkl. Steuerstrafrecht, Loseblatt, 180. Ergänzungslieferung, Stand: April 2024, Köln 2024 (zit. Bearbeiter, in: Tipke/Kruse, AO/FGO).

Tipke, Klaus/Lang, Joachim, Steuerrecht. Ein systematischer Grundriß, 13. Auflage, Köln 1991 (zit. Tipke/Lang, Systematischer Grundriß).

Tipke, Klaus/Lang, Joachim, Steuerrecht, 24. Auflage, Köln 2021 (zit. Bearbeiter, in: Tipke/Lang, Steuerrecht).

Trzaskalik, Christoph, Inwieweit ist die Verfolgung ökonomischer, ökologischer und anderer öffentlicher Zwecke durch Instrumente des Abgabenrechts zu empfehlen?, in: Verhandlungen des Dreiundsechzigsten Deutschen Juristentages Leipzig 2000, herausgegeben von der ständigen Deputation des Deutschen Juristentages, Band I, Gutachten Teil E, München 2000, S. 9–118 (zit. Trzaskalik, Gutachten E für den 63. DJT).

Valta, Matthias, Veranlassungszusammenhang und Markteinkommen, FR 2020, S. 586–592.

Vogel, Horst, Die Einschränkung des Spesenmißbrauchs und anderer Repräsentationskosten. Zum Inhalt und zur Anwendung der neuen Verwaltungsanordnung, BB 1961, S. 36–39.

Völlmeke, Monika, Die Rechtsprechung des BFH zu § 12 EStG – Aufweichung des Aufteilungsverbots?, DStR 1995, S. 745–753.

Wacker, Roland, Anmerkungen zum Beschluß des Großen Senats des Bundesfinanzhofs vom 4.7.1990 – GrS 2–3/88, BB 1990, S. 248–257.

Wacker, Roland, Das Veranlassungsprinzip national und international – eine Zwischenbilanz aus Sicht des Ertragssteuerrechts, BB 2018, S. 2519–2528.

Waldhoff, Christian, Steuerverfassungsrecht als Instrument eines prinzipiengeleiteten Steuerrechts – dargestellt anhand des Leistungsfähigkeitsprinzips, DStR 2023, S. 381–386.

Walz, W. Rainer, Steuergerechtigkeit und Rechtsanwendung. Grundlinien einer relativ autonomen Steuerrechtsdogmatik, Heidelberg, Hamburg, 1980 (zit. Walz, Steuergerechtigkeit).

Walz, Rainer, Steuerrechtliches Case Law oder Dictum des Gesetzgebers? Am Beispiel der Betriebsausgaben und Werbungskosten im Einkommensteuerrecht, StuW 1986, S. 21–43.

Wank, Rolf, Die Auslegung von Gesetzen, 6. Auflage, München 2015 (zit. Wank, Auslegung von Gesetzen).

Wank, Rolf, Juristische Methodenlehre. Eine Anleitung für Wissenschaft und Praxis, München 2020 (zit. Wank, Methodenlehre).

Wanner, Eva, Der einkommensteuerrechtliche Zurechnungszusammenhang steuerbarer Wertabgänge. Ein Beitrag zu einer kausalen Veranlassungstheorie im (Einkommen-) Steuerrecht, StuW 1987, S. 302–318.

Wassermeyer, Franz, Rechtssystematische Überlegungen zum Werbungskostenbegriff, StuW 1981, S. 245–254.

Wassermeyer, Franz, Das Erfordernis objektiver und subjektiver Tatbestandsmerkmale in der ertragsteuerlichen Rechtsprechung des BFH. Ein Beitrag zu der im Ertragsteuerrecht maßgeblichen „Kausalitäts"lehre, StuW 1982, S. 352–364.

Weber, Guido, Die Abgrenzung zwischen Erwerbs- und Privatsphäre nach dem Veranlassungsprinzip, StuW 2009, S. 184–196.

Weber-Grellet, Heinrich, In dubio pro quo? Zur Beweislast im Steuerrecht, StuW 1981, S. 48–60.

eber-Grellet, Heinrich, Steuern im modernen Verfassungsstaat. Funktionen, Prinzipien und Strukturen des Steuerstaats und des Steuerrechts, Köln 2001, zugl. Habil.-Schr. Münster 2001 (zit. Weber-Grellet, Steuern im modernen Verfassungsstaat).

Wendt, M., Anwendung des Abzugsverbots nach § 4 Abs. 5 Satz 1 Nr. 7 EStG bei Bildung einer Ansparabschreibung. BFH Urteil vom 10.10.2017 – X R 33/16 mit Urteilsanmerkung, FR 2018, S. 361–365.

Wenzig Herbert, Unangemessene Betriebsausgaben, StBp 1979, S. 272–278.

Wernsmann, Rainer, Die Neuregelung der Entfernungspauschale ist verfassungsgemäß, DStR 2007, S. 1149–1154.

Wernsmann, Rainer, Die Einschränkungen des Werbungskosten- und Betriebsausgabenabzugs im Zusammenhang mit Pendlerpauschale, Arbeitszimmer, Alterseinkünften und Abgeltungssteuer, DStR 2008, Beih. zu Heft 17, S. 37–48.

Wernsmann, Rainer, Einkommensteuer und objektives Nettoprinzip, DStR 2009, Beih. zu Heft 34, S. 101–106.

Wesselbaum-Neugebauer, Claudia, Die Entfernungspauschale – Subvention oder Werbungskosten?, FR 2004, S. 385–393.

Wesselbaum-Neugebauer, Claudia, Beschränkung der Entfernungspauschale auf Fernpendler – Die Geister, die ich rief, FR 2006 S. 807–817.

Wesselbaum-Neugebauer, Claudia, Entfernungspauschale – sachgerechte Vereinfachung und Typisierung?, FR 2009, S. 746–754.

Wetter, Peter, Die Abgrenzung der Betriebsausgaben von den Kosten der Lebenshaltung in ihrer steuerlichen Behandlung, München, 1958, zugl. Diss. München 1958 (zit. Wetter, Abgrenzung der Betriebsausgaben).

Wittwer, Meinhard, Aufwendungen für ein häusliches Arbeitszimmer: Plädoyer für eine Steuervereinfachung, FR 2021, S. 1019–1023.

Woerner, Lothar, Die Steuerrechtsprechung zwischen Gesetzeskonkretisierung, Gesetzesfortbildung und Gesetzeskorrektur, in: Grenzen der Rechtsfortbildung durch Rechtsprechung und Verwaltungsvorschriften im Steuerrecht, herausgegeben im Auftrag der Deutschen Steuerjuristischen Gesellschaft e.V. von Klaus Tipke, Band 5, Köln 1982, S. 23–51 (zit. Woerner, DStJG 5 (1982)).

Wolff-Diepenbrock, Johannes, Zur AfA-Berechtigung bei unentgeltlichem Nießbrauch. Die Urteile des Bundesfinanzhofs vom 28. Juli 1981, DStZ 1982, S. 331–339.

Wolf, Niels G./Schäfer, Horst, Ist die Entfernungspauschale wirklich eine Subvention?, DB 2003, S. 2402–2403.

Wolf, Niels G./Schäfer, Horst, Abgrenzung der beruflichen von der privaten Sphäre im Wandel, DB 2004, S. 775–780.

Zitzelsberger, Heribert, Das Jahressteuergesetz 1996. Ein Beispiel für den Verfall der Steuergesetzgebung, BB 1995, S. 2296–2300.

Zwirner, Christian/Krauß, Felix, „Luxusautos" und „Supersportwagen" im Steuerrecht: Anmerkungen zur Angemessenheitsprüfung nach § 4 Abs. 5 S. 1 Nr. 7 EStG. Darstellung, Würdigung und Schlussfolgerungen zu den von der Rechtsprechung entwickelten Beurteilungskriterien, DStR 2021, S. 268–276.

www.ingramcontent.com/pod-product-compliance
Ingram Content Group UK Ltd.
Pitfield, Milton Keynes, MK11 3LW, UK
UKHW021825290926
8980IPUK00004B/266

9 783631 931851